LERNBÜCHER FÜR WIRTSCHAFT UND RECHT

Herausgegeben von Prof. Dr. Dr. h. c. mult. Günter Wöhe
und Prof. Dr. Dr. h. c. Gerhard Lüke

Bähr, Arbeitsbuch zum Bürgerlichen Recht

Arbeitsbuch zum Bürgerlichen Recht

166 Übungsfälle und 400 Wiederholungsfragen
zur Vertiefung der Grundzüge des Bürgerlichen Rechts

von

Dr. Peter Bähr

Professor
an der Universität des Saarlandes

2., überarbeitete Auflage

Verlag Franz Vahlen München

Die Deutsche Bibliothek – CIP-Einheitsaufnahme

Bähr, Peter:
Arbeitsbuch zum Bürgerlichen Recht : 168 Übungsfälle und
400 Wiederholungsfragen zur Vertiefung der Grundzüge des Bürgerlichen
Rechts / von Peter Bähr. – 2., überarb. Aufl. – München : Vahlen, 2002
(Lernbücher für Wirtschaft und Recht)
ISBN 3-8006-2445-1

ISBN 3 8006 2445 1

Wilhelmstraße 9, 80801 München
Druck und Bindung: Druckerei C.H.Beck Nördlingen
(Adresse wie Verlag)
Satz: jürgen ullrich typosatz
Deininger Str. 8, 86720 Nördlingen
Gedruckt auf säurefreiem, alterungsbeständigem Papier
(hergestellt aus chlorfrei gebleichtem Zellstoff)

Vorwort zur 2. Auflage

Das „Arbeitsbuch“ hat bei der Leserschaft so guten Anklang gefunden, daß es schon nach verhältnismäßig kurzer Zeit vergriffen war. Meine starke berufliche Belastung und dann das lange Warten auf die Schuldrechtsmodernisierung sind die Gründe dafür, daß eine gründlich revidierte Neuauflage erst jetzt vorgelegt werden kann. Die vielen Gesetzesänderungen in den letzten sieben Jahren haben es erforderlich gemacht, nahezu ein Drittel aller Musterfälle entweder ganz neu zu konzipieren oder die Lösungsvorschläge nahezu vollständig umzuschreiben. Noch umfangreicher war die Überarbeitung der Wiederholungsfragen. Die zweite Auflage gibt den Gesetzesstand von Juni 2002 wieder.

Die Arbeit am Manuskript der Neuauflage hat mir gezeigt, daß es kaum möglich ist, „einfache“ Rechtsfälle zu entwerfen und als Aufgabe zu geben. Das Leben ist nun einmal kompliziert; selbst ein auf den ersten Blick scheinbar harmloses Rechtsproblem will sorgfältig und genau gelöst werden. Der Versuch, solche Fragen nur mit juristischem Elementarwissen anzugehen, kann nur zur Oberflächlichkeit und zur Fehleinschätzung der hohen Anforderungen an die Gedankenarbeit führen, die von jedem zu leisten ist, der sich auf die Berarbeitung von Rechtsproblemen einläßt. Der didaktischen Zielsetzung meiner „Grundzüge des Bürgerlichen Rechts“ entsprechend, deren Neuauflage ebenfalls in den nächsten Monaten auf dem Markt sein wird, habe ich zwar auf den in der Fachliteratur für Hauptfachstudenten üblichen wisschaftlichen Apparat verzichtet, der Leser wird jedoch bald feststellen, daß in vielen Fällen die sachgerechte Bearbeitung eines Rechtsproblems auch den Rückgriff auf Rechtsnormen erforderlich macht, die er bei seinen bisherigen Studien eher als exotische Besonderheiten einzuschätzen geneigt war.

Mein Dank gilt erneut meinen Hörerinnen von der Akademie für Arbeit und Sozialwesen und der Verwaltungs- und Wirtschaftsakademie des Saarlandes, die sich bereitwillig für das Probieren der in diesem Buch dargestellten Übungsfälle zur Verfügung gestellt haben. Frau Dipl. Kfr. Stefanie Bähr hat – wie schon seit vielen Jahren – auch an der konzeptionellen Erarbeitung dieser Neuauflage tatkräftig mitgewirkt und Manuskript und Korrekturen mit gewohnter Sorgfalt betreut.

Saarbrücken, im Juli 2002 Peter Bähr

Aus dem Vorwort zur 1. Auflage (1995)

Dieses Arbeitsbuch ist aus den in derselben Schriftenreihe veröffentlichten „Grundzügen des Bürgerlichen Rechts“ hervorgegangen, die nun schon seit fast 20 Jahren an Fachhochschulen und Verwaltungs- und Wirtschaftsakademien als Unterrichtsmaterial für die Vermittlung von Kenntnissen des Bürgerlichen Rechts verwendet werden und darüber hinaus auch bei solchen Universitätsstudenten Anklang gefunden haben, die rechtswissenschaftliche Vorlesungen als Nebenfach hören. Ich habe immer wieder beobachten müssen, daß beim Rechtsstudium die größte Schwierigkeit darin besteht, eine anschauliche Vorstellung von der Anwendung und der Wirkungsweise der Rechtsvorschriften zu gewinnen. Dies läßt sich nur durch ständiges Training am praktischen Fall erlernen. Das Konzept des Arbeitsbuchs beruht darauf, Übungsfälle zusammenzustellen, die den Lehrstoff einer Grundzüge-Vorlesung so weit wie möglich abdecken. Ich hoffe, daß es mir auf diese Weise gelingen wird, bei meinen Leserinnen und Lesern Interesse am Bürgerlichen Recht zu wecken und ihnen schnell eine sichere Routine im Umgang mit dessen Grundlagen zu vermitteln.

In ähnlicher Weise dienen die angefügten Wiederholungsfragen nicht primär als Sammlung von „examensrelevanten“ Problemen; sie sollen nichts anderes sein als ein Hilfsmittel zur Kontrolle darüber, ob der in der Vorlesung oder in einem Lehrbuch aufgenommene Stoff auch tatsächlich gelernt und verstanden worden ist. Die Zusammenfassung des Übungsmaterials in einem eigenständigen Buch bietet darüber hinaus Gelegenheit, die Methodik der Fallbearbeitung zu einer – immer noch recht kompakten – Einführung in die juristische Gutachtentechnik weiter auszuarbeiten.

Inhaltsverzeichnis

Einleitung

Zweiter Teil
Rechtsgeschäftliches Handeln

Dritter Teil
Schuldverhältnisse

Vierter Teil
Überblick über die anderen Rechtsgebiete des Bürgerlichen Rechts

Abkürzungen

AktG	Aktiengesetz
Art.	Artikel
BGB	Bürgerliches Gesetzbuch
BGB-InfoV	Verordnung über Informations- und Nachweispflichten nach bürgerlichem Recht
BeurkG	Beurkundungsgesetz
BVerfG	Bundesverfassungsgericht
c.i.c.	culpa in contrahendo (Verschulden beim Vertragsschluß)
EFZG	Entgeltfortzahlungsgesetz
EGBGB	Einführungsgesetz zum Bürgerlichen Gesetzbuch
ErbbRVO	Verordnung über das Erbbaurecht
EVertr	Einigungsvertrag (Vertrag zwischen der BRD und der DDR zur Herstellung der Einheit Deutschlands)
FGB-DDR	Familiengesetzbuch der DDR
FGG	Gesetz über die Angelegenheiten der freiwilligen Gerichtsbarkeit
GBO	Grundbuchordnung
Ges.	Gesetz
GKG	Gerichtskostengesetz
GG	Grundgesetz für die Bundesrepublik Deutschland
GmbHG	Gesetz betreffend die Gesellschaften mit beschränkter Haftung
GoA	Geschäftsführung ohne Auftrag
Grdz.	*Bähr*, Grundzüge des Bürgerlichen Rechts, 9. Auflage, Verlag Vahlen 1995
GVG	Gerichtsverfassungsgesetz
HGB	Handelsgesetzbuch
i.d.F.	in der Fassung
InsO	Insolvenzordnung
i.V.m.	in Verbindung mit
KSchG	Kündigungsschutzgesetz
LPartG	Lebenspartnerschaftsgesetz
OWiG	Gesetz über Ordnungswidrigkeiten
PartGG	Partnerschaftsgesellschaftsgesetz
ProdHaftG	Gesetz über die Haftung für fehlerhafte Produkte
StGB	Strafgesetzbuch
StPO	Strafprozeßordnung
StVG	Straßenverkehrsgesetz
StVO	Straßenverkehrsordnung

TVG	Tarifvertragsgesetz
UmweltHG	Umwelthaftungsgesetz
VO	Verordnung
WEG	Wohnungseigentumsgesetz
ZGB-DDR	Zivilgesetzbuch der DDR
ZPO	Zivilprozeßordnung
ZVG	Gesetz über die Zwangsversteigerung und die Zwangsverwaltung

EINLEITUNG

Arbeitshinweise

Dieses Arbeitsbuch soll Ihnen helfen, Lernstoff aus einer Vorlesung über Bürgerliches Recht oder aus der Lektüre eines Lehrbuchs zu repetieren. Es ist daher nützlich und empfehlenswert, die einzelnen Kapitel dieses Buches **sofort** durchzuarbeiten, sobald Sie die entsprechenden Abschnitte der Vorlesung gehört haben oder mit dem Studium der einschlägigen Passage Ihres Buches fertig geworden sind. Dagegen muß dringend davon abgeraten werden, dieses Arbeitsbuch als alleiniges Hilfsmittel für Ihr Rechtsstudium zu benutzen, denn Sie müssen sich zunächst einmal einen Überblick über die Systematik der einzelnen Teilabschnitte des Bürgerlichen Rechts verschaffen und etwas gelernt haben, bevor Sie daran gehen können, den Umgang mit den verschiedenen Regeln zu üben und Gelerntes zu wiederholen.

Sie werden sehr schnell die Beobachtung machen, daß Rechtsnormen, die Sie bereits perfekt zu beherrschen glauben, ein ganz neues Gesicht bekommen, wenn sie auf einen Sachverhalt angewendet werden müssen, der von dem Beispiel abweicht, das Sie in der Vorlesung gehört oder im Buch gelesen haben, und an dem die Regel Ihnen zum ersten Mal erläutert worden ist. Lassen Sie sich nicht davon entmutigen, daß Sie plötzlich „überhaupt nichts mehr zu kapieren" scheinen: Das Denken in juristischen Kategorien ist eine für den Laien ungewohnte und – jedenfalls am Anfang – auch sehr schwierige Sache; erst durch ständige Übung und gerade durch das intensive Nachdenken über auf den ersten Blick unverständliche Widersprüche werden Sie allmählich in den Stand versetzt, mit dem Werkzeug „Recht" geschickt umzugehen.

Aufbau und Themenzuschnitt dieses Arbeitsbuchs orientieren sich an dem in derselben Schriftenreihe publizierten Lernbuch **„Grundzüge des Bürgerlichen Rechts"**. Die zu den einzelnen Übungsfällen abgedruckten Lösungshinweise und die Querverweisungen der Wiederholungsfragen nennen Ihnen die Fundstellen, wo Sie in den „Grundzügen" Material zu den konkret angesprochenen Rechtsfragen finden können. Das Lernbuch ist zur Zeit noch als 9. Auflage (1995) erhältlich und wird gegenwärtig zur Anpassung an die in den letzten Jahren zügig voran getriebene Modernisierung des BGB (zuletzt durch das SchuldrechtsmodernisierungsG vom 26.11.2001) überarbeitet. Dabei wird es voraussichtlich auch zu Eingriffen in die Kapiteleinteilung und die weitere Unterteilung des Textes kommen. In der 10. Auflage, die Sie nach ihrem Erscheinen bevorzugt benutzen sollten, werden in einer Synopse alte und neue Fundstellen gegenübergestellt, so daß Sie sich mit den noch in diesem Arbeitsbuch enthaltenen Verweisungen auf die 9. Auflage zurechtfinden können. Selbstverständlich ist es auch möglich, die Übungsaufgaben und Wiederholungsfragen anhand einer Vorlesung oder eines anderen von Ihnen benutzten Lehrbuchs durchzuarbeiten. Die zwanzig Kapitel dieses Arbeitsbuchs geben ziemlich genau eine Art Standardeinteilung der im Nebenfachstudium des Bürgerlichen Rechts dargebotenen Materie wieder, so daß es Ihnen bei einiger Routine im Umgang mit Inhaltsverzeichnissen ohne große Schwierigkeiten möglich sein sollte, die erforderlichen Konkordanzen zwischen dem von Ihnen konkret benutzten Lehrmaterial und diesem Arbeitsbuch herzustellen.

Ein weiteres unverzichtbares Hilfsmittel beim Durcharbeiten dieses Buches ist der **Gesetzestext**; es wäre für Sie schlicht und einfach verlorene Zeit, wenn Sie sich mit diesem Arbeitsbuch beschäftigen, ohne ständig einen aufgeschlagenen BGB-Text neben sich liegen zu haben, in dem Sie jede zitierte Regelung sofort nachlesen. Sie benötigen unbedingt eine aktuelle Ausgabe des BGB und seiner Nebengesetze (z.B. die dtv-Textausgabe) nach dem Stand vom 1.1.2002 und eine Ausgabe des Grundgesetzes aus dem Jahr 2001.

Die vier ersten Teile des Arbeitsbuchs enthalten den eigentlichen Übungsstoff; im fünften Teil ist dann noch eine ergänzende **Methodik der Fallbearbeitung** angefügt, die Ihnen Hinweise für die Arbeitstechnik und den Aufbau bei der Fertigung von Gutachten gibt, mit denen Sie in Übungen und später in der Prüfung Rechenschaft über Ihre Lernfortschritte abzulegen haben. Solche Zusammenstellungen von „Kochrezepten" sind inzwischen in der juristischen Studienliteratur in reicher Vielfalt vorhanden; sie vermitteln die handwerklichen Grundlagen für den praktischen Umgang mit den zunächst nur theoretisch eingelernten Rechtsregeln und bieten zugleich einen Eindruck von dem Denkstil, mit dem Juristen in der ihnen eigenen Betrachtungsweise einen zunächst nur als mehr oder weniger interessantes Ereignis in Erscheinung getretenen Lebenssachverhalt zu einem Rechtsfall verfremden und sodann beurteilen. Zwar werden Sie auch durch die Lektüre der den Übungsfällen beigefügten Musterlösungen und der Antworten zu den Wiederholungsfragen allmählich ein Gespür für die Sprechweise und die Aufbautechnik von Rechtsgutachten gewinnen; es lohnt sich aber doch, auch einmal von der konkreten Fragestellung abgehoben zusammenfassend über die Gedankenführung und die Argumentationsmethoden in juristischen Texten nachzudenken. Sie sollten daher den nur aus technischen Gründen ganz am Schluß abgedruckten fünften Teil nicht erst am Ende, sondern nach Möglichkeit schon dann lesen, wenn Sie die vorangehenden Teile des Arbeitsbuchs etwa zur Hälfte durchquert haben und dann doch schon einigermaßen einen Eindruck von den besonderen Anforderungen gewonnen haben, die beim Aufbau einer juristischen Argumentation gestellt werden.

Die zwanzig Kapitel des Arbeitsteils beginnen jeweils mit einer knappen Zusammenfassung der **Lernschwerpunkte**, die in den angesprochenen Teilmaterien bestehen, also gewissermaßen der „eisernen Ration" an juristischem Fachwissen, welche Sie im Zusammenhang mit dem angesprochenen Themenkomplex auf jeden Fall speichern und ständig reproduzierbar vorhalten müssen. Die große Menge der Rechtssätze ist allerdings so vielgestaltig, daß selbst ein exzellenter und in vielen Berufsjahren trainierter Jurist niemals in der Lage sein wird, sein gesamtes Fachwissen mit sich im Kopf herumzutragen – auch alterfahrene Routiniers machen es sich zum Prinzip, sich bei der Erteilung von Rechtsauskünften niemals ausschließlich auf ihre subjektive Erinnerung an die konkret anzuwendende Rechtsregel zu verlassen, sondern in jedem Fall noch einmal im Gesetzestext oder in einem Kommentar nachzuschlagen. Beim Studium des Rechts ist daher in besonderem Maße die Fähigkeit gefragt, Grundstrukturen zu erkennen und mit ihrer Hilfe den Zugang zu den im Einzelfall notwendigen Details herauszufinden: Rechtskenntnis besteht zu einem hohen Prozentsatz aus der Kunst, „zu wissen, wo was geschrieben steht".

Selbstverständlich ist es in erster Linie Ihre eigene Aufgabe, in der Vorlesung oder bei der Lektüre eines Lehrbuchs „die Spreu vom Weizen zu trennen"; Sie müssen **selbst** herausbekommen, welche der Ihnen übermittelten Informationen so wichtig sind, daß Sie sie als ständig präsentes Grundgerüst des gesamten Lernstoffs memorieren müssen. Nur durch die eigenständige Arbeit des „Aufkonzentrierens" des Ihnen präsentierten Materials finden Sie den Einstieg in die Lernarbeit, die nun einmal geleistet werden muß, wenn Sie sich mit einem neuen Fachgebiet – hier: dem Bürgerlichen Recht – als Teil Ihres Studiums vertraut machen wollen. Die unter der Überschrift „Was Sie über NN lernen müssen" zusammengefaßten Hinweise können und sollen Ihnen diese Aufgabe keinesfalls abnehmen. Für Sie dient vielmehr die hier angebotene Rückschau auf das jeweilige Rechtsgebiet als Kontrolle dafür, daß Sie bei Ihrer eigenständigen Aufbereitung des Kapitels keine wesentlichen Dinge übersehen haben.

Die sodann abgedruckten **Übungsfälle** geben Ihnen Gelegenheit, Ihr Wissen bei der rechtlichen Beurteilung eines Sachverhalts zu erproben, die Technik der Gesetzesauslegung kennenzulernen und die typische Gedankenführung von juristischen Gutachten zu üben. Sie finden jeweils Lösungshinweise, die kurz die Rechtsprobleme skizzieren, die in dem mitgeteilten Fall angesprochen werden und in den meisten Beispielen Querverbindungen zu Textstellen in den „Grundzügen" aufzeigen, in denen die im Übungsfall angesprochenen Rechtsprobleme behandelt sind. Wenn Ihnen dieses Lernbuch zur Verfügung steht, sollten Sie diesen Fingerzeigen unbedingt nachgehen. Es gehört zum didaktischen Konzept des Arbeitsbuchs, Sie zum Nachdenken darüber anzuregen, warum im Zusammenhang mit der Schilderung des jeweiligen Falles gerade auf diesen Textabschnitt verwiesen worden ist.

Die beigefügten **Mustergutachten** sollten Sie erst dann durchlesen, nachdem Sie zunächst selbst den Versuch gemacht haben, eine eigene Lösung für den Fall zu finden und schulmäßig zu begründen. Obwohl im Arbeitsbuch bewußt darauf verzichtet worden ist, schwierige Rechtsfälle darzustellen, werden Sie vor allem in den ersten Kapiteln noch einige Mühe haben, überhaupt zu einer einigermaßen sachverständigen Antwort zu kommen. Davon sollten Sie sich nicht entmutigen lassen; es kommt für Sie darauf an, Schritt für Schritt die Fähigkeit zu erwerben, mit dem Gesetzestext und dem, was Sie allmählich über die Systematik des Bürgerlichen Rechts kennenlernen, eine brauchbare juristische Beurteilung von Lebenssachverhalten abzugeben.

In ähnlicher Weise können Sie die **Wiederholungsfragen** als Lern- und Wissenskontrolle nutzen. Auch hier sollten Sie die Fragen zunächst selbst schriftlich beantworten, bevor Sie bei den Musterantworten nachschauen; die Querverweise auf die „Grundzüge" dienen Ihnen wiederum als Hilfe und als Wegweiser zur Gedächtnisauffrischung. Die Fragen sind so gestellt, daß Ihre Fähigkeit zur Definition von Rechtsbegriffen und zur Erläuterung von Einzelregelungen geprüft wird; eine Kunst, die Sie bei der Formulierung von Gutachten beherrschen müssen. Viele Wiederholungsfragen zielen auch auf Varianten von Grundregeln ab, um Sie dazu zu bringen, eine gesetzliche Bestimmung gewissermaßen „von allen Seiten abzuklopfen" und auf diese Weise richtig kennenzulernen. Schon als Kind haben Sie Ihr Wissen von der Welt dadurch erworben, daß Sie Ihren Eltern und allen Erwachsenen ständig mit Ihren Fragen nach dem „warum?" und „was wäre wenn aber?" auf die Nerven gegangen sind; seit Sokrates arbeiten alle Wissenschaftler nach derselben Methode.

ERSTER TEIL
GRUNDLAGEN

§ 1. Das Wesen des Rechts

I. Was Sie vom Wesen des Rechts wissen müssen

Sie müssen sich als erstes einen Eindruck davon verschaffen, was Recht überhaupt ist. Das Eingangskapitel der „Grundzüge" bietet Ihnen einen Einstieg mit der Schilderung der **Aufgaben**, die durch Anwendung von Rechtsregeln bewältigt werden sollen.

Sie müssen erkennen, daß nicht alle in der Sozialordnung praktizierten Verhaltensregeln als Rechtsnormen anzusehen sind; die Rechtssätze umfassen diejenige Teilmenge von Regeln für zwischenmenschliches Verhalten, die mit **staatlicher Autorität** gesetzt sind und deren Befolgung notfalls durch Einsatz von staatlicher Gewalt erzwungen werden kann. Eine solche technische Definition des Rechts schafft allerdings Probleme für die Erklärung des Völkerrechts als „Recht zwischen den Staaten"; noch wichtiger ist die Frage, ob jede mit staatlicher Autorität formulierte und durch Einsatz von Staatsgewalt durchgesetzte Regel auch als **„richtiges Recht"** angesehen werden kann. Die Idee des **Rechtsstaats** geht davon aus, daß es eine dem Staat vorgegebene Wertordnung gibt, die das freie Belieben des Gesetzgebers begrenzt und ihn nötigt, bei der Durchsetzung von Staatsgewalt „Unrecht" zu vermeiden. Auch beim Studium des Bürgerlichen Rechts müssen Sie sich zumindest einen orientierenden Überblick über das System der **Grundrechte** und Grundkenntnisse der Methoden verschaffen, mit denen das Grundgesetz den Schutz dieser Grundrechte durchsetzt und so das Modell eines an überstaatliche Gerechtigkeitsvorstellungen gebundenen Staatswesens realisiert.

Sie sollten im Laufe Ihres Studiums eine ungefähre Vorstellung von der **Struktur und der Anwendung der Rechtsnormen** gewinnen. Dazu müssen Sie wissen, daß Gesetzesparagraphen und Rechtsnormen keine deckungsgleichen Größen sind: In einem einzigen Paragraphen können mehrere Normen zusammengefaßt sein; umgekehrt kann sich die Notwendigkeit ergeben, die für die Entscheidung eines Sachverhalts maßgebliche Rechtsnorm aus mehreren Paragraphen „zusammenzubauen". Um so wichtiger ist die grundsätzliche Einsicht, daß eine Rechtsnorm immer aus einem **Tatbestand** und der Anordnung einer **Rechtsfolge** zusammengesetzt ist. Sie müssen sich von vornherein angewöhnen, bei der Betrachtung von Rechtssätzen auf die Unterscheidung zwischen Tatbestand und Rechtsfolge zu achten. Sie müssen sich ferner von Anfang an damit vertraut machen, daß nicht jeder Gesetzesparagraph notwendig mit einer (vollständigen) Rechtsnorm gleichzusetzen ist, sondern daß sich Rechtsregeln vielfach erst durch Kombination verschiedener gesetzlicher Bestimmungen aus dem Gesetzestext ableiten lassen. Vertiefende Hinweise darauf, wie aus den Rechtsquellen spezielle Rechtsnormen gewonnen werden können und wie ein konkreter Lebenssachverhalt unter eine Vorschrift **subsumiert** wird, sind im Methodikteil dieses Arbeitsbuchs – vor allem in § 21 IV und in § 22 – zu finden.

Wichtig ist ferner ein grober Überblick über die Lehre von den **Rechtsquellen.** Das deutsche Recht stützt sich traditionell auf ein im wesentlichen schriftlich fixiertes Normensystem, das durch gewohnheitsrechtlich tradierte Rechtssätze nur ergänzt wird. Das geschriebene Recht wird nicht nur ständig vom Gesetzgeber verändert (eine ganz wichtige Reform ist z.B. durch das SchuldrechtsmodernisierungsG vom 26.11.2001 in Kraft gesetzt worden), sondern auch die Auslegung der vorhandenen Gesetzestexte in der Rechtssprechung der Gerichte und in der Fachliteratur unterliegt einem ständigen Wandel des kollektiven Verständnisses vom „richtigen Recht" (eines der bekanntesten Beispiele hierfür ist die in Fall 2.05 diskutierte „Neuinterpretation" des § 253 BGB im Zusammenhang mit der Ausprägung eines „Allgemeinen Persönlichkeitsrechts").

Für den Anfänger zunächst verwirrend ist die Vielzahl der Institutionen, die – jeweils für ihren sachlichen und örtlichen Zuständigkeitsbereich – Rechtsnormen setzen können. Die Kompetenz, verbindliches Recht gestalten zu können, überspringt das landläufige Verständnis von den Grenzziehungen zwischen legislativer und exekutiver Staatsgewalt und folgt im übrigen entsprechend dem föderativen Staatsaufbau der Bundesrepublik Deutschland der Aufgliederung in Bundes- und Landesgesetzgebung sowie lokaler Satzungs- und Verordnungshoheit. Auf überstaatlicher Ebene gewinnt allmählich das Europarecht eine immer größere praktische Bedeutung auch im Bereich des Bürgerlichen Rechts (dazu Fall 1.02).

Außerdem hat die Rechtsordnung eine historische Dimension. Gerade das Bürgerliche Recht spiegelt in seinem Bestand an Rechtsregeln die Geschichte Deutschlands wider und enthält Normen aus unterschiedlichen historischen Epochen, die ungeachtet des Regimes, das sie erlassen hat, nach wie vor uneingeschränkt Geltung beanspruchen, soweit sie nicht durch später erlassenes Recht (wozu vor allem auch die Übergangsregelungen des Grundgesetzes und der Einigungsvertrag von 1990 gehören) außer Kraft gesetzt worden sind.

Am Schluß der einführenden Betrachtungen stehen Hinweise auf die Zusammenfassung der einzelnen Rechtsnormen zu einem geschlossenen **Rechtssystem**. Die Bedeutung einer solchen gedanklichen Verknüpfung werden Sie näher verstehen lernen, wenn Ihnen unten in § 21 IV 3 die Anknüpfung an die Gesetzessystematik als ein wichtiges Hilfsmittel für die Interpretation von

Rechtssätzen vorgestellt werden wird. Einstweilen sollten Sie sich mit der grundlegenden Einteilung des Rechtssystems in das **öffentliche Recht** und das **Privatrecht** und der genaueren Unterteilung dieser beiden Rechtsgebiete in Einzelrechtsmaterien vertraut machen. Praktische Konsequenzen aus dieser Unterscheidung, vor allem ihre Auswirkung auf die Gestaltung der Kompetenzen der Staatsorgane und die Organisation der Gerichtsbarkeit, werden in den Übungsfällen 1.01 und 1.05 angesprochen.

II. Übungsfälle

Fall 1.01: *Ärger mit dem Mieter*

Anton hat eine Einliegerwohnung seines Hauses an den Miesnick vermietet. Es stellt sich schnell heraus, daß der neue Mieter einen unsoliden Lebenswandel führt und seine Schulden nicht pünktlich bezahlt. Als Miesnick mit drei Monatsmieten in Rückstand ist, wird es Anton zu bunt, und er kündigt den Mietvertrag durch eingeschriebenen Brief fristlos. Miesnick reagiert nicht. Von Anton auf die Kündigung angesprochen antwortet er, er habe keine Lust, erneut umzuziehen; Anton könne ihm den Buckel herunterrutschen. Empört wendet sich Anton an das zuständige Polizeirevier mit dem Ersuchen, durch Einsatz von Polizeigewalt seinen renitenten Mieter aus seinem Haus zu entfernen. Was wird sich der Revierleiter überlegen und dem Anton antworten?

Lösungshinweis: Der Fall führt Sie ein in die Vielgestaltigkeit des Behördenaufbaus und die Ordnung der den einzelnen staatlichen Behörden zugewiesenen Aufgaben – hier im Verhältnis zwischen staatlicher Vollzugspolizei und den Zivilgerichten. – Wiederholen Sie Grdz. § 1 I, IV 1, V!

Musterlösung:

Der Revierleiter wird sich zunächst überlegen, ob die Polizei überhaupt dafür zuständig ist, sich um die Mietstreitigkeit zwischen Anton und Miesnick zu kümmern und welche gesetzlichen Grundlagen gegebenenfalls für das von Anton geforderte Einschreiten in Betracht kommen. Organisation und Zuständigkeit der Polizei ist in den Polizeigesetzen der Länder geregelt. Danach hat die Polizei (u.a.) die Befugnis, Anordnungen zu treffen und deren Befolgung notfalls mit den in den Gesetzen näher bezeichneten Zwangsmaßnahmen durchzusetzen, wenn hierdurch eine bestehende oder unmittelbar drohende Gefahr für die Allgemeinheit oder für wichtige Rechtsgüter einzelner Personen abgewendet werden kann (z.B. Schutz der Bürger vor Straftaten oder Einschreiten im Katastrophenfall). Diese Kompetenzen ergeben sich aus der Aufgabe der Polizei, im öffentlichen Interesse zur Aufrechterhaltung der inneren Sicherheit des Staatswesens tätig zu werden.

Im vorliegenden Fall steht dem Anton gegen den Miesnick möglicherweise ein Anspruch auf Räumung und Rückgabe der vermieteten Wohnung zu. Dieses Recht besteht jedoch nicht im Allgemeininteresse, sondern dient allein dem Schutz und der Durchsetzung von privaten Vermögensinteressen des Anton (Recht auf Eigentum, Sicherung einer korrekten Vertragserfüllung) gegenüber einer anderen Privatperson. Damit fällt der Streit zwischen Anton und seinem Mieter in den Regelungsbereich des Zivilrechts, genauer: des Bürgerlichen Rechts. Zur Feststellung und Durchsetzung von bürgerlich-rechtlichen Ansprüchen ist die Polizei jedoch nicht zuständig. Die Rechtsordnung hat vielmehr für die Klärung von zivilen Rechtsstreitigkeiten eigene Institutionen geschaffen, nämlich die „ordentlichen" Gerichte und besondere Vollstreckungsorgane (Gerichtsvollzieher und das Amtsgericht als Vollstreckungsgericht), deren Dienste zur Durchsetzung eines bei Gericht erstrittenen Urteils („Vollstreckungstitel") in Anspruch genommen werden können. Im konkreten Fall müßte sich Anton sonach mit seiner Angelegenheit an das örtlich zuständige Amtsgericht wenden. Die Polizei hat dagegen mit diesem Fall vorerst nichts zu schaffen; sie könnte allenfalls dann einschreiten, wenn es aus Anlaß der Auseinandersetzungen zwischen Anton und Miesnick zu Straftaten kommen oder weil nach Erlaß eines Räumungsurteils der Gerichtsvollzieher um Amtshilfe ersucht, weil Miesnick gegen die von diesem durchgeführte Zwangsvollstreckung Widerstand leistet.

Einstweilen wird der Revierleiter den Anton jedoch unverrichteter Dinge wieder nach Hause schicken.

Fall 1.02: *Der lange Weg zum Europäischen Recht*

Anton wird am 29.6.2000 vom Fitness-Studio Ballermann angerufen, das ihm im Rahmen einer „Kennenlern-Aktion" einen dreimonatigen Fitness-Kurs zum Sonderpreis von 1.798,– DM offeriert. Da Anton endlich einmal etwas für seine Gesundheit tun möchte, läßt er sich schließlich dazu überreden, den Anfang August beginnenden Kurs „per Telefon" zu den üblichen Vertragsbedingungen fest zu buchen. Schon drei Tage später reut ihn allerdings sein Entschluß, als es ihm einfällt, daß er in der zweiten August-Woche eigentlich mit seiner Freundin Evelyn in den Urlaub fahren wollte. Als Evelyn ihn vor die Wahl stellt, entweder seinen Body zu verschönern oder mit ihr zu den schottischen Hochmooren zu reisen, versucht Anton am 6.7.2000, den Ballermann zum „Stornieren" des Fitness-Kurses zu bewegen, stößt dort aber auf eine ebenso harte Ablehnung.

Als Anton weder zum Kurs erscheint noch die Kursgebühren zahlt, wird er von Ballermann verklagt und auch prompt vom Amtsgericht zur Zahlung von 1.798,– DM nebst Zinsen an Ballermann verurteilt. Mit allen Anwaltsgebühren kostet ihn die ganze Affäre letztendlich eine runde Summe von 3.200,– DM. Anton ist um so mehr verärgert, als er in den Urteilsgründen lesen muß, daß die Klage abgewiesen worden wäre, wenn das Telefonat einen Tag später stattgefunden hätte, da er dann nach § 3 Abs. 1 des am 30.6.2000 in Kraft getretenen Fernabsatzgesetzes i.V.m. § 361 a Abs. 1 BGB a.F. die Möglichkeit gehabt hätte, seinen telefonischen Vertragsschluß innerhalb einer Frist von zwei Wochen ohne Angabe von Gründen und ohne Pflicht zur Entschädigung zu widerrufen (vgl. nunmehr §§ 312 d Abs. 1, 355 BGB n.F.). Als Anton schließlich noch von seinem Anwalt erfährt, daß ein solches Rücktrittsrecht bereits in der EU-Fernabsatzrichtlinie vom 20.5.1997 vorgesehen war, die spätestens bis zum 4.6.2000 in nationales Recht hätte umgesetzt werden müssen, stellt er die Frage, ob er wegen der Entscheidung des Amtsgerichts nicht doch noch etwas unternehmen kann.

Lösungshinweis: Die Ablehnung des von Anton gewünschten Widerrufs des Vertrags mit dem Fitness-Studio verstößt seit dem 5.6.2000 klar gegen EU-Recht. Die Frage ist allerdings, ob die Fernabsatzrichtlinie ohne weiteres als innerstaatlich wirksames Recht angesehen werden kann und daher vom Amtsgericht bei seiner Entscheidung hätte berücksichtigt werden müssen.

Musterlösung:

Anton könnte gegen das Urteil des Amtsgerichts Berufung einlegen, wenn die gegen ihn ergangene Entscheidung sachlich falsch wäre und in der Rechtsmittelinstanz aufgehoben werden müßte. Dies hängt davon ab, ob das Amtsgericht dem Anspruch des Ballermann zu Recht oder zu Unrecht stattgegeben hatte. Durch das Telefonat am 29.6.2000 ist zwischen Ballermann und Anton ein Leistungsvertrag über einen Fitness-Kurs zum Preis von 1.798,– DM zustande gekommen, der hinsichtlich der Organisation und fachlichen Überwachung des Kurses als Dienstvertrag i.S.d. § 611 BGB, hinsichtlich der Bereitstellung der Übungsgeräte als Mietvertrag gem. § 535 BGB zu qualifizieren ist. Gem. § 615 BGB sowie § 552 BGB a.F. (= § 537 BGB n.F.) muß Anton das vereinbarte Entgelt zahlen, gleichgültig, ob er die Dienste des Ballermann tatsächlich in Anspruch genommen und die Geräte des Studios benutzt hatte oder nicht.

Der Vertrag könnte allerdings am 6.7.2000 durch die Erklärung des Anton aufgehoben und als Anspruchsgrundlage für das Zahlungsbegehren des Ballermann weggefallen sein. Da Ballermann mit der „Kündigung" des Anton nicht einverstanden gewesen war, wäre dies jedoch nur dann möglich, wenn dem Anton ein besonderes Recht zur einseitigen Auflösung des Vertrags zur Seite gestanden hatte. Eine solche Gestaltungsbefugnis könnte sich aus dem in § 361 a BGB a.F. (= § 355 BGB n.F.) geregelten Widerrufsrecht bei Verbraucherverträgen ergeben. Diese Vorschrift ist jedoch eine unvollständige Rechtsnorm: Sie regelt zwar bestimmte Voraussetzungen und vor allem die Rechtsfolgen des Verbraucherwiderrufs, sie gilt aber nur dann, wenn dem Verbraucher durch eine *andere* im konkreten Fall einschlägige gesetzliche Bestimmung ein Widerrufsrecht eingeräumt ist. Zwar ist der zwischen Anton und Ballermann geschlossene Vertrag ein Verbrauchervertrag, denn Ballermann erbringt seine Leistungen als Unternehmer i.S.d. § 14 Abs. 1 BGB und Anton hat den Kurs für seine persönlichen Zwecke gebucht, mithin gemäß § 13 BGB als Verbraucher einen Vertrag geschlossen. Zur Zeit des Vertragsschlusses am 29.6.2000 galten (noch) keine gesetzlichen Bestimmungen, die für Fälle wie den vorliegenden zugunsten eines Verbrauchers ein besonderes Widerrufsrecht nach § 361 a BGB a.F. (= § 355 BGB n.F.) vorgesehen hatten.

Diese Rechtslage hat sich erst durch das Inkrafttreten des Fernabsatzgesetzes (FernAbsG = nunmehr §§ 312 b – 312 d BGB n.F.) am 30.6.2000 geändert. Nach seinem § 3 Abs. 1 (= § 312 d Abs. 1 BGB n.F.) gewährt dieses Gesetz dem Verbraucher innerhalb einer Frist von zwei Wochen nach Vertragsschluß ein Recht zum Widerruf auch eines bereits fest abgeschlossenen Vertrags ohne Angabe von Gründen und ohne Verpflichtung zu irgendwelchen Ersatzleistungen an den Unternehmer, wenn der Vertrag – wie im vorliegenden Fall – unter ausschließlicher Verwendung eines Fernkommunikationsmittels (hier: durch telefonische Vereinbarung) zustande gekommen war. Nach § 6 Abs. 1 FernAbsG gilt dieses Widerrufsrecht jedoch nicht für Fernabsatzverträge, die schon vor dem 30.6.2000 abgeschlossen worden sind.

Das FernAbsG v. 27.6.2000 diente der Umsetzung der Richtlinie 97/7/EG des Europäischen Parlaments und des Rates vom 20.5.1997 über den Verbraucherschutz bei Vertragsabschlüssen im Fernabsatz, die u.a. ein mit § 3 Abs. 1 FernAbsG vergleichbares Rücktrittsrecht vorsieht. Dieser Regelungsauftrag ist hinreichend bestimmt und könnte ohne weiteres für die Entscheidung eines Einzelfalls angewendet werden. Die Fernabsatz-Richtlinie hätte spätestens am 4.6.2000 in deutsches Recht umgesetzt werden müssen, was jedoch nicht der Fall war, weil der Bundesrat ursprünglich gem. Art. 77 Abs. 2 GG gegen den Entwurf des FernAbsG den Vermittlungsausschuß angerufen und auf diese Weise die fristgerechte Verkündung des Gesetzes verhindert hatte. Es ist daher zu prüfen, ob im vorliegenden Fall dem Anton doch ein Widerrufsrecht zugestanden werden muß, weil die einschlägige EU-Richtlinie nach erfolglosem Ablauf der Umsetzungsfrist unmittelbar verbindliches innerstaatliches Recht geworden ist.

Die von den Institutionen der Europäischen Gemeinschaften erlassenen Rechtsakte erzeugen indessen nur teilweise Normen, die auch für die Organisation der Rechtsbeziehungen zwischen den Bürgern der Mitgliedsstaaten unmittelbar gelten. Nach Art. 249 Abs. 2 EGV gelten nur die EU-Verordnungen in jedem Mitgliedsstaat unmittelbar; die EU-Richtlinien richten sich hingegen gem. Art. 249 Abs. 3 EGV an die einzelnen Mitgliedsstaaten und enthalten daher *keine* für Privatpersonen direkt verbindlichen Rechtssätze. Anton kann sich daher für den von ihm erklärten Widerruf des Vertragsschlusses vom 29.6.2000 nicht auf die EU-Fernabsatz-Richtlinie berufen; damit hat das Amtsgericht der Klage des Ballermann zu Recht stattgegeben.

Durch die verspätete Umsetzung der EU-Fernabsatz-Richtlinie hat der nationale Gesetzgeber jedoch gegen Gemeinschaftsrecht verstoßen. Dieses dient nicht nur dem Bestand und dem Integrationszweck der Europäischen Gemeinschaften, sondern sichert auch die privaten Vermögensinteressen der einzelnen Bürger der Mitgliedsstaaten – vor allem im Hinblick auf Richtlinien, die auf eine schrittweise Ausbildung eines gesamteuropäischen Verbraucherschutzrechts hinwirken sollen. Mit der Verzögerung des Inkraftsetzens des FernAbsG über den EU-rechtlich vorgegebenen „letzten“ Umsetzungstermin hinaus haben somit die verantwortlichen Gesetzgebungsorgane im Ergebnis gegenüber Anton „legislatives Unrecht“ begangen. Nach § 839 BGB i.V.m. Art. 34 GG hat derjenige, der von dem rechtswidrigen Handeln eines Hoheitsträgers betroffen ist, gegen die zuständige Körperschaft Anspruch auf Ersatz des hierdurch verursachten Vermögensschadens. Im vorliegenden Fall war nach Art. 74 Abs. 1 Nr. 1 GG der Bundesgesetzgeber im Rahmen seiner Kompetenz für die konkurrierende Gesetzgebung zuständig dafür und verantwortlich, daß die Fernabsatz-Richtlinie zeitgerecht in innerstaatliches Recht umgesetzt wurde. Anton kann daher von der Bundesrepublik Deutschland Ersatz seines Schadens verlangen und dies notfalls mit einer Amtshaftungsklage nach § 839 BGB, Art. 34 GG durchsetzen.

Fall 1.03: *Arme Emma*

Seit vierzig Jahren betreibt Emma in einem Villenvorort von Saarbrücken ein Lebensmitteleinzelhandelsgeschäft, mit dem sie dank ihres Fleißes und ihrer Geschicklichkeit ihr Auskommen findet. Eines Tages eröffnet in der Nachbarschaft ein großer Supermarkt der Blitz-GmbH. Allmählich verliert Emma ihre Kunden, da sie mit den günstigen Preisen und dem reichhaltigeren Warenangebot des Supermarktes nicht Schritt halten kann. Schließlich muß Emma aufgeben. Sie steht vor den Trümmern ihrer beruflichen Existenz. Kann sie von der Blitz-GmbH Schadensersatz für die Vernichtung ihres Lebenswerks verlangen?

Lösungshinweis: Der Fall zeigt, daß auch ein offenkundig schwerer Vermögensschaden nicht notwendig zu Ersatzansprüchen gegen denjenigen führt, der für diesen Verlust Ursachen gesetzt hat. Sie lernen ferner am Beispiel der Handhabung des Begriffs „Eigentum“ in § 823 Abs. 1 BGB die Methode der Interpretation von Gesetzesformulierungen kennen. – Wiederholen Sie Grdz. § 1 III; vgl. auch Grdz. § 15 I 1, 2, 3 a!

Musterlösung:

Emma hat durch die Vernichtung ihrer beruflichen Existenz einen Schaden erlitten, der auf das Verhalten der Blitz-GmbH zurückzuführen ist, denn ohne die Eröffnung des Supermarktes wäre ihr Lebensmittelgeschäft nicht eingegangen. Sie könnte hierfür von der Verursacherin Schadensersatz verlangen, wenn das Rechtssystem eine Norm enthält, die eine solche Situation als sozialen Konflikt aufgreift und zu dessen Ausgleich die Leistung von Schadensersatz anordnet. Es ist sonach zu prüfen, ob sich für das Schadensersatzbegehren der Emma eine Anspruchsgrundlage finden läßt.

Schadensersatzansprüche können gem. § 280 Abs. 1 BGB aus der Verletzung von vertraglichen Pflichten hergeleitet werden oder sich aus den allgemeinen Vorschriften über unerlaubte Handlungen (§§ 823 ff. BGB und ergänzende Gesetze) ergeben. Dem Sachverhalt lassen sich keine Hinweise darauf entnehmen, daß zwischen Emma und der Blitz-GmbH irgendwelche vertraglichen Sonderbeziehungen bestehen, die von der Blitz-GmbH durch die Einrichtung des Supermarktes verletzt worden sein können, so daß nunmehr Schadensersatz gefordert werden darf. Der Fall kann daher nur nach der allgemeinen Schadensersatzregelung der §§ 823 ff. BGB beurteilt werden.

Zunächst könnte § 826 BGB in Betracht kommen. Die Anwendung dieser Vorschrift setzt voraus, daß die Blitz-GmbH durch die Errichtung des Supermarktes oder dessen Betrieb der Emma in einer gegen die guten Sitten verstoßenden Weise vorsätzlich einen Schaden zugefügt hat. Hierfür gibt der Sachverhalt indessen keine Anhaltspunkte: Es läßt sich weder feststellen, daß die Eröffnung des Supermarktes gezielt zu dem Zweck erfolgt ist, die berufliche Existenz der Emma zu vernichten, noch gibt es Hinweise darauf, daß die Mitarbeiter der Blitz-GmbH das Geschäft der Emma durch unfairen Wettbewerb oder zielgerichtet durch andere unerlaubte Aktionen ruiniert haben. Der Aufbau eines Konkurrenzunternehmens als solches bedeutet noch keinen Verstoß gegen die guten Sitten; die marktwirtschaftliche Wettbewerbsordnung nimmt es vielmehr in Kauf, daß bei der Durchsetzung leistungsfähigerer Produktions- oder Dienstleistungskonzepte schwächere Mitbewerber auch vollständig vom Markt verdrängt werden. Ein Schadensersatzanspruch für Emma kann somit aus § 826 BGB nicht hergeleitet werden.

Als weitere Anspruchsgrundlage ist noch die Schadensersatzregelung des § 823 Abs. 1 BGB in Erwägung zu ziehen. Hiernach ist zum Ersatz des „daraus entstehenden Schadens“ verpflichtet, wer vorsätzlich oder fahrlässig und widerrechtlich u.a. das „Eigentum“ eines anderen verletzt. Wie bereits ausgeführt worden ist, hat die Blitz-GmbH im vorliegenden Fall durch die Neueröffnung eines Supermarktes in unmittelbarer Nachbarschaft die Ursache dafür geschaffen, daß die Emma ihren Kundenstamm eingebüßt hat, ihr Geschäft schließen mußte und so ihre berufliche Existenz verloren hat. Die Frage ist jedoch, ob die unternehmerische Tätigkeit der Emma als „Eigentum“ i. S. d. § 823 Abs. 1 BGB angesehen werden kann. Zweifellos stellten das Geschäft und die damit verbundenen Erwerbschancen für Emma einen Vermögenswert dar, solange ihr Laden noch ging und Gewinne für sie abwarf. In der „Leitvorschrift“ des § 903 Satz 1 BGB wird das „Eigentum“ als die Befugnis des Rechtsinhabers einer *bestimmten Sache* definiert, mit dieser nach Belieben zu verfahren „und andere von jeder Einwirkung aus(zu)schließen“. § 823 Abs. 1 BGB gehört zu den Vorschriften, die das dem Eigentum als Schutzgut innewohnende Abwehrrecht konkret in Ansprüche umsetzen. Daraus ergibt sich, daß der in § 823 Abs. 1 BGB verwendete Begriff „Eigentum“ eng auszulegen ist und sich nicht allgemein auf den gesamten Bestand der Vermögensverhältnisse einer Person anwenden läßt. Eigentum als „Recht“ im Sinne des § 823 Abs. 1 BGB sind daher immer „nur“ die konkret auf bestimmte einzelne Sachen bezogenen Rechte. Als ausgleichspflichtige Eigentumsverletzung kommen daher nur Eingriffe durch Wegnahme,

Beschädigung oder Zerstörung einzelner Sachen aus dem Vermögen der Emma in Betracht. Solche Handlungen können der Blitz-GmbH und ihren Mitarbeitern nicht zur Last gelegt werden; der Schaden der Emma ist vielmehr die Folge davon, daß ihr Unternehmen im Wettbewerb mit dem leistungsfähigeren Konkurrenten allmählich „von selbst" verkümmert ist. Schon aus diesem Grund läßt sich daher der Fall der Emma nicht unter die Regelung des § 823 Abs. 1 BGB subsumieren.

Andere Schadensersatzvorschriften sind nicht vorhanden, Emma kann sonach von der Blitz-GmbH keinen Ausgleich für die Zerstörung ihrer beruflichen Existenz verlangen und muß diesen Schaden selbst tragen.

Fall 1.04: *Der eigensinnige Richter*

Anton wird das Opfer eines Verkehrsunfalls, den der Radfahrer Rudi durch Leichtsinn verschuldet hat. Anton zieht sich eine äußerst schmerzhafte Prellung des Nackenwirbels zu, er muß einige Wochen lang mit einer Stützmanschette herumlaufen und hat während dieser Zeit erhebliche Beschwerden. In einem ähnlich gelagerten Fall hatte das Amtsgericht Sulzbach dem Betroffenen ein Schmerzensgeld von 2.000,– € zugesprochen. Unter Berufung auf dieses Urteil fordert Anton Schmerzensgeld ebenfalls in dieser Höhe, was Rudi, der keine Haftpflichtversicherung hat und arbeitslos ist, als unangemessen zurückweist. Es kommt zum Prozeß, für den ebenfalls das Amtsgericht Sulzbach zuständig ist. Inzwischen ist dort allerdings ein anderer Richter eingesetzt worden. Dieser spricht in seinem Endurteil unter Berücksichtigung der wirtschaftlichen Lage des Rudi dem Anton nur ein Schmerzensgeld von 1.000,– € zu und weist die Klage im übrigen ab. Anton versteht die Welt nicht mehr: Hätte der Richter ihm nicht ebenfalls den Betrag von 2.000,– € zusprechen müssen?

Lösungshinweis: Dieser Fall zeigt den Beurteilungsspielraum eines Richters bei der Handhabung wertausfüllungsbedürftiger Gesetzesbegriffe wie z.B. des Worts „billige Entschädigung" in § 847 BGB und macht die sachliche Unabhängigkeit eines Gerichts auch gegenüber vermeintlichen „Präzedenzfällen" deutlich. – Wiederholen Sie Grdz. § 1 IV 3; vgl. auch Grdz. § 15 I 3 a; § 16 II 1!

Musterlösung:

Anton könnte seinen Schmerzensgeldanspruch gegen Rudi auf die Regelung des § 847 i.V.m. § 823 Abs. 1 BGB stützen. Hiernach besteht bei Körperverletzungen ein Anspruch auf Entschädigung auch für solche Nachteile des Verletzten, die sich nicht unmittelbar als Vermögensschaden bemessen lassen (sogenanntes „Schmerzensgeld"). Daß dem Anton dieser Ersatzanspruch dem Grunde nach zusteht, ist zwischen den Beteiligten unstreitig; umstritten ist nur die Höhe des Betrags, den ihm Rudi als Wiedergutmachung für seine Schmerzen und Unannehmlichkeiten zahlen muß.

§ 847 Abs. 1 BGB legt fest, daß der Verletzte in einem solchen Fall eine „billige Entschädigung in Geld" verlangen kann. Welcher Geldbetrag im Einzelfall billig – d.h. zum Ausgleich des immateriellen Schadens angemessen – ist, hat im Streitfall der Richter zu entscheiden. Er ist dabei gem. Art. 97 Abs. 1 GG unabhängig und nur dem Gesetz unterworfen. Der Richter, der im Prozeß des Anton ein Urteil zu fällen hat, muß daher in eigener Verantwortung darüber befinden, in welcher Höhe dem Anton ein Schmerzensgeld zusteht. Er ist dabei auch nicht daran gebunden, wie seine Richterkollegen ähnlich gelagerte Fälle früher entschieden haben (abgesehen davon, daß gerade bei der Schmerzensgeldbemessung kein Sachverhalt so exakt dem anderen gleicht, daß überhaupt irgendwelche auf Vergleich beruhende Präjudizien geschaffen werden können). – In der Praxis sind zur Bestimmung angemessener Schmerzensgeldbeträge anhand der Rechtsprechung der Gerichte besondere „Schmerzensgeldtabellen" aufgestellt worden, die den Richter allerdings im konkreten Fall auch nicht binden, sondern für ihn nur einen Anhalt für seine eigene Entscheidung bieten. Immerhin hat der Bundesgerichtshof klargestellt, daß es bei einer wesentlichen Abweichung von allgemein anerkannten Entschädigungssätzen zur korrekten Begründung des Urteils gehört, daß das erkennende Gericht seine eigene Bewertung aus den Besonderheiten des Falles genau begründet. Dies hat bei der Klage des Anton der Richter mit dem (zutreffenden) Hinweis auf die wirtschaftliche Lage des Radfahrers Rudi beachtet.

Fall 1.05: *Der Kampf ums Recht*

In Neustadt hat sich ein „Verein zur Erhaltung der Neustädter Sitten" gebildet, der stark rechtsradikale und ausländerfeindliche Tendenzen vertritt. Der Vereinsvorstand möchte in einer öffentlichen Versammlung die Vereinsziele einem größeren Publikum vorstellen und weitere Mitglieder werben, die gleich ihm von „echtem Neustädter Bürgergeist" beseelt sind. Er stellt daher im März 2002 beim Bürgermeisteramt den Antrag, dem Verein die Festhalle der Gemeinde für eine Veranstaltung am Dienstag, dem 7.5.2002, zur Verfügung zu stellen. Die Gemeinde Neustadt ist Eigentümerin der aus Landesmitteln gebauten und mit hohen Zuschüssen der Gemeinde bewirtschafteten Festhalle; sie pflegt das Gebäude an örtliche Vereine auf entsprechenden Antrag gegen ein geringes Entgelt durch Abschluß eines Mietvertrags nach §§ 535, 578 BGB zu vermieten. Der Bürgermeister hat allerdings Bedenken, den politisch ohnehin sehr umstrittenen Verein durch die Vermietung der Festhalle ausgerechnet an einem historisch so bedeutsamen Datum wie dem 7. Mai zu fördern. Lange Zeit reagiert er überhaupt nicht auf den Antrag; erst Mitte April teilt er auf drängende Nachfragen dem Vereinsvorstand mit, daß er den Abschluß eines Mietvertrags ablehne, weil er die Tätigkeit des Vereins für unerwünscht halte.

Der Vereinsvorstand will gegen diese Ablehnung mit Rechtsmitteln vorgehen. Er fragt an, ob er gegen die Entscheidung des Bürgermeisters das Verwaltungsgericht oder das Amtsgericht anrufen soll.

Lösungshinweis: In diesem Fall geht es um die Abgrenzung zwischen privatrechtlichem und öffentlich-rechtlichem Handeln einer Kommune und die sich hieraus ergebenden Rechtswegprobleme. – Wiederholen Sie Grdz. § 1 V; vgl. auch Grdz. § 20 II!

Musterlösung:

Die Beantwortung der Frage, welches Gericht der Verein anrufen soll, richtet sich danach, ob der beabsichtigte Prozeß eine zivilrechtliche Angelegenheit (dann wäre das Amtsgericht zuständig) oder eine öffentlich-rechtliche Streitigkeit betrifft (dann müßte das Verwaltungsgericht angerufen werden). Diese Frage ist nicht schon dadurch beantwortet, daß die Klage gegen eine Kommune – also gegen eine Körperschaft des öffentlichen Rechts – gerichtet ist. Auch der Staat und die vom Staat abgeleiteten Institutionen können nämlich durchaus Privatrechtsgeschäfte tätigen; Rechtsstreitigkeiten, die mit solchen Geschäften in Zusammenhang stehen, sind von den Zivilgerichten zu entscheiden.

Im vorliegenden Fall ist bedeutsam, daß die Gemeinde Neustadt mit den Benutzern ihrer Festhalle Mietverträge abzuschließen pflegt. Ein Mietvertrag begründet ein zivilrechtliches Rechtsverhältnis; dies legt es nahe, daß auch die Ablehnung des Abschlusses eines solchen Vertrags im Einzelfall zu einer bürgerlichrechtlichen Streitigkeit führt, die vor dem Amtsgericht auszutragen wäre. Zu bedenken ist jedoch andererseits, daß die Halle mit öffentlichen Mitteln – den Steuergeldern der Gemeindebürger – gebaut ist und unterhalten wird und daß daher alle Gemeindebürger (und auch die im Gemeindegebiet ansässigen Vereinigungen) jedenfalls im Prinzip einen Anspruch auf gleichen Zugang zu den gemeindeeigenen Einrichtungen haben. Dieses Recht fließt aus dem Status als Gemeindebürger und ist daher ein öffentliches Recht. Damit wird ein Streit über die Entscheidung des Bürgermeisters darüber, ob und inwieweit einzelne Bürger oder eine von den Bürgern der Gemeinde getragene Vereinigung konkret zur Nutzung der gemeindeeigenen Festhalle zugelassen werden, zu einer öffentlich-rechtlichen Streitigkeit, selbst wenn in Anschluß an eine positive Entscheidung über den Antrag sodann die Details der Nutzung durch einen privatrechtlichen Mietvertrag geregelt und somit – gewissermaßen in einer zweiten Stufe der Erledigung der Angelegenheit – ein zivilrechtliches Rechtsverhältnis begründet werden sollte. Der Vereinsvorstand muß sich daher wegen der Ablehnung seines Mietgesuchs an das Verwaltungsgericht wenden.

III. Wiederholungsfragen

1. Welche verschiedenen Aufgaben haben die Rechtsnormen? (Grdz. § 1 I)

Rechtsnormen setzen Rechtsfolgen fest, um bereits eingetretene soziale Konflikte zu lösen; sie formulieren Ge- und Verbote, um solche Konflikte vorsorglich zu verhüten; sie enthalten Handlungsanweisungen für die gezielte Gestaltung von Rechtsverhältnissen und sie definieren Kompetenzen und Verfahrensregeln für die staatlichen Institutionen, die für die Organisation und Bewältigung der Aufgaben des Gemeinwesens eingerichtet sind, insbesondere solche, die mit der Aufrechterhaltung der Rechtsordnung betraut sind.

2. Gibt es Rechtsnormen, die ein bestimmtes Verhalten ausdrücklich als „rechtswidrig“ oder „verboten“ bezeichnen? (Grdz. § 1 I)

Normalerweise nicht. Die Wertung eines Verhaltens als rechtswidrig oder verboten ergibt sich üblicherweise im Rückschluß daraus, daß Rechtssätze für die Verwirklichung bestimmter Tatbestände Sanktionen (Strafen, Schadensersatzverpflichtungen u.ä.) als Rechtsfolgen festlegen.

3. Können alle sozialen Verhaltensregeln als Rechtsnormen angesehen werden? (Grdz. § 1 II)

Nein. Es gibt auch gesellschaftliche Handlungsmuster im vorrechtlichen Raum (z.B. Spielregeln, Handelsbräuche, ethische Forderungen). Als Rechtsnormen sind nur solche Verhaltensregeln anzusehen, die von der Rechtsgemeinschaft, also vor allem vom Staat, mit dem Anspruch auf Rechtsgeltung festgelegt sind und gegebenenfalls auch mit staatlicher Autorität und unter Einsatz des staatlichen Machtapparats durchgesetzt werden.

4. Kann jede von der zuständigen staatlichen Stelle förmlich festgelegte Verhaltensregel auch als Recht betrachtet werden? (Grdz. § 1 II)

Im Prinzip ja. Es gibt jedoch das Problem des staatlichen Unrechts. Eine vom Staat als Rechtsnorm formulierte Regel muß auch in sich gerecht sein; d.h. sie muß sich an allgemein verbindlichen überstaatlichen Vorstellungen von Rechtsstaatlichkeit messen lassen können, wie sie sich z.B. in der Idee der Menschenrechte oder dem Begriff des Naturrechts niedergeschlagen haben. Es ist letztlich ein Problem der Rechts- und Staatsphilosophie, wie solche Regeln gefunden werden können.

5. Wie löst z.B. das Grundgesetz das Problem der Festlegung rechtsstaatlicher Schranken gegenüber legislativem Unrecht; wie werden diese Vorgaben konkret durchgesetzt? (Grdz. § 1 II)

Nach Art. 20 Abs. 3 GG ist der Gesetzgeber an die verfassungsmäßige Ordnung gebunden. Diese umfaßt außer Kompetenz- und Verfahrensregeln (z.B. für die Prozedur der Verabschiedung eines Gesetzes) auch inhaltliche Vorgaben für das staatliche Handeln, die vor allem im Grundrechtsteil des Grundgesetzes (Art. 1 bis 19) formuliert sind. Hierzu gehören der Grundsatz des Schutzes der Menschenwürde und andere wichtige Prinzipien wie der Gleichheitsgrundsatz, der Schutz der persönlichen Freiheit oder des Eigentums. Die Einhaltung dieser Regeln wird vom Bundesverfassungsgericht überwacht, das die Befugnis hat, Gesetze (und andere Akte der staatlichen Gewalt) als verfassungswidrig aufzuheben. Das Bundesverfassungsgericht kann gegenüber legislativem Unrecht sowohl von den verschiedenen Verfassungsorganen und den Gerichten im Normenkontrollverfahren als auch von den betroffenen Bürgern mit der Verfassungsbeschwerde angerufen werden.

6. Wie ist eine Rechtsnorm aufgebaut? (Grdz. § 1 III)

Die Rechtsnorm besteht aus einem *Tatbestand*, der ihren Anwendungsbereich umschreibt, und einer *Rechtsfolgenanordnung*.

7. Enthält jeder Gesetzesparagraph eine vollständige Rechtsnorm? (Grdz. § 1 III)

Nein. Die Technik des Gesetzesaufbaus, insbesondere die Notwendigkeit, eine Vielzahl von Lebenssachverhalten auf möglichst knappem Raum zu regeln, führt dazu, daß viele Rechtsnormen aus Komponenten mehrerer Gesetzesparagraphen zusammengesetzt sind, die nach einem bestimmten System aufeinander bezogen sind. Das führt dazu, daß die einzelnen Gesetzesparagraphen oftmals nur Teilelemente von Rechtsnormen formulieren oder auch nur Definitionen ohne konkreten Regelungsgehalt enthalten. Die im konkreten Fall anzuwendende Rechtsnorm muß daher vielfach erst aus einer Paragraphenkette, dem systematischen Zusammenspiel verschiedener Gesetzesstellen, abgeleitet werden.

8. Was versteht man unter Subsumtion? (Grdz. § 1 III)	Mit diesem Ausdruck wird die Beurteilung eines konkreten Lebenssachverhalts anhand von einschlägigen Rechtsnormen bezeichnet. Sie hat das Ziel, die für Fälle dieser Art im Gesetz festgesetzten Rechtsfolgen und/oder Handlungsanweisungen zu ermitteln.
9. Gibt es ausschließlich schriftlich verfaßte, d.h. vom jeweils zuständigen Gesetzgeber in dem dafür vorgesehenen Verfahren abgefaßte und in amtlichen Verkündungsblättern dokumentierte Rechtsnormen? (Grdz. § 1 IV 4)	Nein. Neben den vom zuständigen Normgeber verfaßten Rechtssätzen gibt es auch noch das Gewohnheitsrecht. Gewohnheitsrechtssätze sind zwar inzwischen ebenfalls in Texten (Fachliteratur, veröffentlichte Gerichtsentscheidungen) dokumentiert; seine Normen sind jedoch nicht in einem förmlichen Gesetzgebungsverfahren entwickelt, sondern durch Überlieferung weitergegeben worden.
10. Was ist Gewohnheitsrecht? (Grdz. § 1 IV 4)	Hierbei handelt es sich um Verhaltensregeln, die auch ohne förmlichen Gesetzesbefehl von der Rechtsgemeinschaft über einen längeren Zeitraum hinweg in dem Bewußtsein beachtet und angewendet werden, daß es sich um verbindliche Rechtssätze handelt.
11. Was ist ein Gesetz? (Grdz. § 1 IV 1)	Gesetze sind Rechtsvorschriften, die von den nach den jeweils maßgeblichen Verfassungsvorschriften zuständigen staatlichen Organen in dem verfassungsmäßig vorgesehenen Verfahren formuliert, festgestellt und amtlich bekannt gemacht worden sind.
12. Wer erläßt z.B. in der Bundesrepublik Deutschland die förmlichen Gesetze? (Grdz. § 1 IV 1)	In der Bundesrepublik Deutschland werden die Gesetze entweder von den Landesparlamenten als Landesgesetze oder vom Bundestag unter Mitwirkung des Bundesrats als Bundesgesetze erlassen. Die Materien, in denen der Bundesgesetzgeber entweder ausschließlich oder neben bzw. in Konkurrenz zu den Ländern zur Gesetzgebung befugt ist, sind hauptsächlich in den Art. 70 bis 75 GG aufgeführt. Soweit das Grundgesetz keine ausdrückliche Kompetenzregelung für den Bund enthält, ist gem. Art. 70 Art. 1 GG für den Erlaß von förmlichen Gesetzen allein der jeweilige Landesgesetzgeber zuständig.
13. Wie ist z.B. das Verfahren für den Erlaß von förmlichen Bundesgesetzen geregelt? (Grdz. § 1 IV 1)	Gem. Art. 77 GG werden Bundesgesetze vom Bundestag (dem von gesamten Volk gewählten Parlament der Bundesrepublik Deutschland) beraten und beschlossen, wobei je nach dem Gegenstand des Gesetzes der Bundesrat (die von den Regierungen der einzelnen Bundesländer beschickte Länderkammer) ausdrücklich zustimmen muß oder nach erfolgloser Anrufung des Vermittlungsausschusses wenigstens ein Einspruchsrecht hat (Art. 78 GG). Der Einspruch des Bundesrats muß vom Bundestag mit besonders qualifizierten Mehrheiten überstimmt werden. Ein ordnungsgemäß zustande gekommenes Bundesgesetz wird vom Bundespräsidenten ausgefertigt und im Bundesgesetzblatt verkündet (Art. 82 Abs. 1 GG).

14. Gibt es außer den förmlichen Gesetzen auch noch andere auf einem staatlichen Willensakt beruhende und schriftlich fixierte Rechtsquellen? (Grdz. § 1 IV 1)

Gem. Art. 80 GG können die Bundes- und/oder Landesregierungen (und nach Maßgabe ergänzender Vorschriften auch Verwaltungsbehörden oder andere Körperschaften) gesetzlich dazu ermächtigt werden, für ihren Zuständigkeitsbereich sogenannte Rechtsverordnungen zur näheren Konkretisierung und zur Regelung der Ausführung des betreffenden Gesetzes zu erlassen. Diese Verordnungen haben für den allgemeinen Rechtsverkehr dieselbe Verbindlichkeit wie ein förmliches Gesetz, soweit sie durch ihre Ermächtigungsgrundlage gedeckt sind. Außerdem steht den Körperschaften des öffentlichen Rechts aufgrund des ihnen verliehenen Selbstverwaltungsrechts die Kompetenz zu, ihre eigenen Angelegenheiten in Satzungen mit Verbindlichkeit für ihre jeweiligen Angehörigen zu regeln (z.B. Studien- und Prüfungsordnungen einer Hochschule).

15. Sind auch Rechtsvorschriften der Europäischen Gemeinschaft eine innerhalb der Bundesrepublik Deutschland unmittelbar verbindliche Rechtsquelle? (Grdz. § 1 IV 4)

Nach Art. 23 Abs. 1 Satz 2 GG hat der Bund Hoheitsrechte, darunter auch Rechtsetzungsbefugnisse auf die Europäische Union übertragen. Unmittelbar verbindliche Rechtssätze enthält das „primäre Gemeinschaftsrecht“, wenn es hinreichend konkrete Regeln formuliert hat. Hierzu zählen außer den von den Mitgliedsstaaten der EU geschlossenen und ergänzten Gemeinschaftsverträgen und den hierzu angenommenen Protokollen die „Allgemeinen Rechtsgrundsätze“, die vor allem vom Europäischen Gerichtshof entwickelt werden.

Von den Rechtsakten des „sekundären Gemeinschaftsrechts“ sind nach Art. 249 Abs. 2 EG-Vertrag die auf Vorschlag der Kommission vom Rat der EG unter Mitwirkung des Europäischen Parlaments erlassenen EG-Verordnungen in allen ihren Teilen verbindlich und in den Mitgliedsstaaten unmittelbar anwendbares Recht.

Außerdem gibt es noch die ebenfalls vom Rat und Parlament erlassenen Richtlinien. Diese wenden sich nach Art. 249 Abs. 3 EG-Vertrag zwar in erster Linie an die Gesetzgebungsorgane der einzelnen Mitgliedsstaaten der Europäischen Union, indem sie ihnen die Umsetzung bestimmter Grundsätze oder Anordnungen der Gemeinschaft durch Erlaß eigener innerstaatlicher Normen innerhalb bestimmter Fristen zur Pflicht machen. Schon vor Erlaß des die Richtlinie umsetzenden innerstaatlichen Gesetzes kann ihr Inhalt aber auf dem Weg über das Gebot der „europarechtskonformen Auslegung“ Einfluß auf die Interpretation und Anwendung von unbestimmten Rechtsbegriffen des nationalen Rechts haben. Die Richtlinie (und gegebenenfalls deren Auslegung durch den EuGH in Luxemburg) ist ferner Beurteilungsmaßstab für die „Richtigkeit“ der zu ihrer Umsetzung erlassenen nationalen Rechtsvorschriften. Wurde die Richtlinie nicht rechtzeitig umgesetzt, so sind ihre Vorgaben im *öffentlichen Recht* unmittelbar verbindlich, wenn sie hinreichend bestimmt sind und sich zur Formulierung von konkreten Rechtsregeln eignen. Im *Zivilrecht* sind Richtlinien dagegen auch nach erfolglosem Ablauf der Umsetzungsfrist nicht unmittelbar anwendbar; Privatpersonen, die durch die Verzögerung der Umsetzung im Einzelfall Schaden erleiden, können jedoch nach § 839 BGB i.V.m. Art. 34 GG gegen die Bundesrepublik Deutschland (unter Umständen auch gegen ein einzelnes Bundesland) Amtshaftungsansprüche wegen „legislativen Unrechts" erheben.

16. Sind nur solche Rechtsvorschriften verbindlich, die unter der Verfassungsordnung des Grundgesetzes, d.h. in der alten BRD seit 1949, in den neuen Ländern seit dem 3.10.1990 in Kraft gesetzt worden sind? (Grdz. § 1 IV 2)

Gem. Art. 123 Abs. 1 GG gilt auch das alte Recht aus der Zeit vor Errichtung der Bundesrepublik Deutschland weiter, wenn es nicht dem Grundgesetz widerspricht oder nicht inzwischen durch den nach dem GG zuständigen Bundes- oder Landesgesetzgeber abgeändert oder aufgehoben worden ist. Für Gesetze und andere Rechtsvorschriften der früheren DDR sind in den Art. 8 und 9 EVertr und in Art. 143 GG besondere Übergangsregelungen getroffen worden.

17. Was versteht man unter dem Begriff Rechtssystem; was ist seine praktische Bedeutung? (Grdz. § 1 V)

Dieser Ausdruck bezeichnet die geordnete Zusammenfassung aller Rechtsnormen zu einer gedanklichen Einheit, die in sich möglichst widerspruchsfrei aufgebaut ist. Dies dient zunächst didaktischen Zwecken, indem die große Vielzahl der verschiedenen Rechtsvorschriften nach gewissen Kriterien geordnet wird, so daß sie besser zu überschauen sind und leichter aufgefunden und gelernt werden können. Das Rechtssystem erlaubt darüber hinaus eine wechselseitige Abstimmung des Inhalts der Rechtssätze und auf diese Weise auch Rückschlüsse auf deren Auslegung, die Ableitung von gemeinsamen Leitprinzipien und die Ergänzung von Gesetzeslücken.

18. Was ist die grundlegende Einteilung des Rechtssystems? (Grdz. § 1 V)

Die Unterscheidung zwischen *öffentlichem Recht* und *Privatrecht* (= Zivilrecht).

19. Was ist der Gegenstand des öffentlichen Rechts? (Grdz. § 1 V)

Das öffentliche Recht ist der Teil des Rechtssystems, in dem die Normen über die Rechtsbeziehungen zwischen den verschiedenen staatlichen Institutionen untereinander und über das Verhältnis zwischen dem Staat und seinen Bürgern geordnet sind. Im einzelnen handelt es sich um Vorschriften über den Aufbau des Staates, die Kompetenzen der verschiedenen staatlichen Einrichtungen, das bei der Ausübung von Staatsgewalt zu beobachtende Verfahren, die Macht- und Eingriffsbefugnisse staatlicher Organe gegenüber Privatpersonen, die Pflichten der Bürger gegenüber dem Staat und umgekehrt die Leistungsverpflichtungen des Staates im Rahmen der Daseinsvorsorge.

20. Welche praktische Bedeutung hat die Unterscheidung zwischen öffentlichem Recht und Privatrecht? (Grdz. § 1 V; § 20 II)

Abgesehen von grundlegenden methodischen Unterschieden bei der Handhabung der jeweiligen Rechtsnormen liegt die unmittelbare praktische Konsequenz der Trennung von öffentlichem und privatem Recht vor allem in der Wahl des Rechtswegs für Rechtsstreitigkeiten, die sich aus der Anwendung der jeweiligen Rechtssätze ergeben können, ferner für die Beantwortung der Frage, nach welchen Regeln sich die Haftung der öffentlich-rechtlichen Körperschaften für Schäden aus Fehlern ihrer Amtsträger richtet.

§ 2. Das Bürgerliche Recht

I. Was Sie allgemein über das Bürgerliche Recht lernen müssen

Nunmehr werden Sie mit dem eigentlichen Gegenstand Ihrer Studien vertraut gemacht, dem Bürgerlichen Recht. Sie lernen eine erste **Definition** dieser Rechtsmaterie kennen, die Ihnen im weiteren Verlauf Ihrer Studien noch besser verständlich werden wird. Wichtig ist vorerst, daß Sie die systematische Einordnung des Bürgerlichen Rechts in den Gesamtzusammenhang des Zivilrechts und dessen Verhältnis zu den beiden anderen privatrechtlichen Teilrechtsmaterien, dem Handelsrecht und dem Arbeitsrecht, begreifen; in Fall 2.01 können Sie dann das Gelernte erstmals erproben.

Einen ersten Eindruck von der Denkweise des Ziviljuristen vermitteln Ihnen einige charakteristische **Leitprinzipien des Bürgerlichen Rechts**. Diese Leitsätze werden Ihnen beim Verständnis und der Auslegung der einzelnen Rechtsregeln dienlich sein; es ist eine gute Lernhilfe, wenn Sie sich bei Ihrem weiteren Studium immer wieder die Frage stellen, auf welchen allgemeinen Rechtsgrundsatz des Bürgerlichen Rechts die konkret geschilderte Rechtsregel zurückzuführen ist. Besonders bedeutsam sind der Gedanke der Privatautonomie und der Grundsatz von Treu und Glauben. Versuchen Sie, ein Gespür dafür zu entwickeln, daß die Grundprinzipien nicht isoliert zu betrachten sind, sondern zueinander in Wechselbeziehungen stehen und sich daher auch in ihrer Wirksamkeit gegenseitig mehr oder weniger stark begrenzen können.

Ein knapper Überblick über die mehr als einhundertjährige **Entwicklungsgeschichte des Bürgerlichen Gesetzbuchs**, der zentralen Rechtsquelle des Bürgerlichen Rechts, gehört zur juristischen Allgemeinbildung. Genauer einprägen müssen Sie sich dagegen die Regelungen, die im Jahr 1990 zur Wiederherstellung der zivilrechtlichen Rechtseinheit über die Anwendung des BGB in den neuen Bundesländern geschaffen worden sind, denn dieses Übergangsrecht hat nach wie vor unmittelbare praktische Bedeutung. Auch die in Art. 229 §§ 5–7 EGBGB enthaltenen Regelungen über die Abgrenzung des zeitlichen Geltungsbereichs des „alten“ Bürgerlichen Rechts gegenüber den seit dem 1.1.2002 verbindlichen Vorschriften des Schuldrechtsmodernisierungsgesetzes vom 29.11.2001 sollten – jedenfalls für die nächsten Jahre – auch von „Nebenfachjuristen“ gekannt werden. Ein Beispiel für die Klärung von Übergangsfragen im Gutachten bietet die Musterlösung von Fall 2.02.

Die Erläuterungen über den **Aufbau des BGB** sollten Sie zum Anlaß nehmen, sich näher mit dem Inhaltsverzeichnis Ihrer BGB-Textausgabe zu beschäftigen und sich mit der Einteilung des Gesetzes in „Bücher“, „Abschnitte“, „Titel“ und „Untertitel“ vertraut zu machen. Je schneller Sie es gelernt haben, sich in diesem Register zurechtzufinden, desto eher verlieren Sie die Furcht vor dem scheinbar undurchdringlichen Paragraphendickicht des BGB. Das erreichen Sie am besten dadurch, daß Sie immer dann, wenn Sie anhand eines Lehrbuchs eine Ihnen als besonders wichtig vorgestellte Gesetzesstelle durchgearbeitet haben, zum Schluß noch einmal im Inhaltsverzeichnis nachschlagen, um sich zu merken, wie Sie dort die soeben betrachteten Paragraphen wiederfinden können.

Angesichts der zunehmenden internationalen Verflechtungen kommt es immer häufiger vor, daß Rechtsgeschäfte zwischen Deutschen und Ausländern oder auch unter Ausländern, jedoch auf deutschem Territorium, abgeschlossen werden, oder daß Rechtsverhältnisse aus dem Ausland in das Inland einstrahlen bzw. in Deutschland begründete Rechtsverhältnisse ins Ausland hinüberwirken *und* daß es hierüber zu Rechtsstreitigkeiten zwischen den Beteiligten kommt. Ein Beispiel hierfür bietet Fall 2.03. Schon als Anfänger müssen Sie sich daher einen ersten Eindruck von den Regeln über den **räumlichen und persönlichen Geltungsbereich des deutschen Bürgerlichen Rechts** verschaffen. Das „Internationale Privatrecht“ kann für Sie zwar nur ganz kursorisch dargestellt werden. Sie sollten sich aber wenigstens darüber klar werden, daß es durchaus möglich ist, daß ein deutsches Gericht einen Rechtsstreit auch unter Anwendung ausländischer Rechtsnormen entscheiden muß. Sie müssen sich auch durch eigene Lektüre einen Eindruck vom Aufbau und den verschiedenen Regelungsinhalten der Art. 3 bis 46 EGBGB verschaffen, in denen das deutsche Internationale Privatrecht kodifiziert ist.

Schließlich erhalten Sie noch eine Liste der **Hilfsmittel**, die für die praktische Arbeit eines Juristen zur Verfügung stehen. Als Student werden Sie allenfalls Zeit und Muße finden, sich mit einem der aufgeführten Kurzlehrbücher oder Kurzkommentare zu befassen, die für Ihre Zwecke auch durchaus ausreichend sind. Sie sollten jedoch die Gelegenheit nutzen, eine juristische Fachbibliothek zu besuchen und in einem der dort verfügbaren großen Standardwerke oder in einer Entscheidungssammlung zu blättern, damit Sie sich einen Eindruck von dem großen Denkaufwand machen können, mit dem unter Fachleuten Rechtsfragen nach allen Regeln der Kunst erörtert werden.

II. Übungsfälle

Fall 2.01: *Teures Lehrgeld*

Anton hat kürzlich in Saarbrücken einen Großhandel für Elektrogeräte und Unterhaltungselektronik eröffnet und seine Firma ins Handelsregister eintragen lassen. Im August bestellt er für das kommende Weihnachtsgeschäft bei der in München ansässigen Impex-GmbH 100 Video-Recorder aus südostasiatischer Produktion. Die Geräte werden pünktlich geliefert und von Anton auf Lager genommen, ohne daß zunächst eine Prüfung der Ware auf etwaige Mängel erfolgt. Erst nach Reklamation eines Kunden beschäftigt sich Anton genauer mit den beigepackten Schaltplänen und muß zu seiner Verärgerung feststellen, daß bei sämtlichen Geräten ein falsches Relais eingebaut ist, so daß sie beim Betrieb mit der in Deutschland üblichen Stromspannung schon nach kurzer Zeit ausfallen. Anton verlangt von der Impex-GmbH die Rücknahme der Ware. Die Verkäuferin erwidert jedoch, daß sie eine Reklamation, die erst vier Wochen nach Auslieferung erfolgt sei, nicht mehr berücksichtigen könne; Anton hätte die Geräte sofort prüfen müssen.

Anton verweist auf die Regelung des § 442 Abs. 1 BGB, wonach ein Käufer die ihm zustehenden Sachmängelrechte nur dann verliert, wenn er beim *Kaufabschluß* den Mangel der Sache positiv kennt oder nur infolge von grober Fahrlässigkeit nicht kennt, was ihm nicht entgegen gehalten werden könne. Eine Prüfung der Ware sofort nach Lieferung und die sofortige Rüge etwaiger Mängel könne daher nicht von ihm erwartet werden. Die Impex-GmbH beruft sich demgegenüber auf § 377 Abs. 1 HGB, wonach dann, wenn der Kauf für beide Teile ein Handelsgeschäft ist, der Käufer gehalten sei, die gelieferte Ware unverzüglich nach Empfang auf etwaige Mängel zu prüfen. Muß die Impex-GmbH den Kaufvertrag mit Anton rückgängig machen und die Recorder gegen Erstattung des Kaufpreises zurücknehmen?

Lösungshinweis: In diesem Fall geht es zunächst darum, ob der Sachverhalt überhaupt nach deutschem Recht zu beurteilen ist. Entscheidend ist dann die Frage, ob die Rechtsbeziehungen zwischen Anton und der Impex-GmbH nur dem „einfachen" Kaufrecht des BGB unterfallen oder auf sie auch die schärferen Bestimmungen über den Handelskauf in den §§ 373 ff. HGB anzuwenden sind; dies richtet sich nach § 343 HGB.

Musterlösung:

Obwohl Gegenstand des Kaufvertrags eine im Ausland hergestellte Ware ist, richtet sich die Beurteilung des Sachverhalts gem. Art. 28 Abs. 1 EGBGB ausschließlich nach deutschem Recht, denn beide Vertragsparteien haben ihren Firmensitz in Deutschland, so daß die Rechtssache mit Deutschland die engste Verbindung aufweist. Es gibt auch keinerlei Hinweise, daß Anton und die Impex-GmbH für das von ihnen abgeschlossene Geschäft die Anwendung von ausländischem Recht besonders vereinbart haben.

Die Video-Recorder sind mit einem Fehler behaftet, der ihre Tauglichkeit zum gewöhnlichen Gebrauch jedenfalls auf dem deutschen Markt erheblich mindert. Gem. §§ 437, 439, 440 BGB könnte Anton sonach von der Impex-GmbH die Nachrüstung der Recorder mit geeigneten Relais verlangen und gegebenenfalls auch vom gesamten Vertrag zurücktreten, wenn er seine Mängelansprüche nicht dadurch verloren hat, daß er es unterlassen hatte, die Ware sofort nach Lieferung durch einen der bei ihm angestellten Fachleute auf mögliche Mängel untersuchen zu lassen und die Ausstattung der Recorder mit einem für Stromspannungen in Deutschland ungeeigneten Relais gegenüber der Verkäuferin zu rügen. § 442 BGB bestimmt, daß ein Käufer keine Sachmängelrechte hat, wenn er bei Abschluß des Kaufvertrags den Sachmangel positiv kennt oder nur infolge von grober Fahrlässigkeit nicht kennt. Hieraus ist der Umkehrschluß möglich, daß das Gesetz dem Käufer die Sachmängelrechte in allen anderen Fällen zubilligt; die Rechte aus § 437 BGB sind daher nicht davon abhängig, daß die Ware sofort nach Empfang auf ihre Fehlerfreiheit hin überprüft wird.

Anders könnte der Fall nach der Vorschrift des § 377 Abs. 1 HGB zu beurteilen sein, die immer dann gilt, wenn der Kaufvertrag für beide Vertragsparteien ein Handelsgeschäft ist. Nach § 343 HGB sind Handelsgeschäfte alle Geschäfte eines Kaufmanns, die zum Betrieb seines Handelsgewerbes gehören. Anton hat seine Firma ins Handelsregister eintragen lassen, damit ist er gem. § 5 HGB auf jeden Fall Kaufmann und der von ihm betriebene Elektrogroßhandel ein Handelsgewerbe. Er hat die 100 Video-Recorder auch nicht für seinen privaten Gebrauch erworben, sondern für seinen Betrieb. Ebenso ist die Impex-GmbH gem. § 6 Abs. 1 HGB Kaufmann, der von beiden Parteien abgeschlossene Kaufvertrag ist sonach ein beiderseitiges Handelsgeschäft i.S.d. § 377 Abs. 1 HGB. Ein Kaufmann ist gem. § 377 Abs. 1 HGB verpflichtet, die von ihm gekaufte Ware unverzüglich nach Ablieferung zu untersuchen und hierbei festgestellte Mängel dem Verkäufer anzuzeigen, soweit dies nach ordnungsmäßigem Geschäftsgang tunlich ist. Gerade bei im Ausland hergestellten Elektrogeräten ist wegen der unterschiedlichen Sicherheitsvorschriften die Prüfung der Ware besonders „tunlich". Anton hat dies unterlassen. Damit tritt die Rechtsfolge des § 377 Abs. 2 HGB ein, daß die von der Impex-GmbH gelieferte Ware in ihrem tatsächlichen Zustand „als genehmigt gilt"; d.h. Anton hat das Recht verloren, sich noch Wochen später auf technische Fehler der Recorder zu berufen und die Sachmängelrechte nach § 437 BGB geltend zu machen.

Anton muß sich damit vertraut machen, daß er nach Eröffnung seines Handelsgewerbes besonderen Rechtsregeln unterliegt, die an seine Sorgfalt und Aufmerksamkeit schärfere Anforderungen stellen, als diese vom Bürgerlichen Recht allgemein für den geschäftlichen Umgang zwischen Zivilpersonen vorausgesetzt werden.

Fall 2.02: *Schlechte Zahlungsmoral*

Anton bestellt sich am 22.2.2000 beim Schneidermeister Böck für ein bevorstehendes Familienfest einen Maßanzug und handelt mit ihm als Vergütung einschließlich der Materialkosten einen festen Preis von 1.950,– DM aus. Nach drei Anproben hat Böck das gute Stück Mitte März 2000 fertiggestellt und dem Anton am 21.3.2000 in dessen Wohnung ausgeliefert, zugleich hat er ihm eine Rechnung ausgehändigt, in der die Zahlung des Macherlohns bis zum 28.3.2000 angefordert wird. Anton nimmt den Anzug zwar entgegen, hat aber an der Paßform Verschiedenes auszusetzen und verweigert daher die Bezahlung der – im übrigen richtigen – Rechnung. Um seinen Kunden zufrieden zu stellen, nimmt Böck den Anzug nochmals zurück und arbeitet einige Nähte im Hüftbereich nach. Schließlich erklärt Anton am 23.5.2000 bei einer weiteren

Anprobe, daß er nunmehr mit der Arbeit des Böck vollkommen zufrieden sei. Allerdings „vergißt" er auch in der Folgezeit die Bezahlung der immer noch offenen Rechnung vom 21.3.2000. Böck, der Anfang Juni 2000 bei einem Verkehrsunfall schwer verletzt wird und viele Monate im Krankenhaus und in der Rehabilitationsklinik verbringen muß, kann sich erst im September 2001 wieder um die Einziehung seiner Außenstände kümmern. Am 12.9.2001 schickt er dem Anton eine Mahnung und konsultiert schließlich, als Anton immer noch nicht reagiert, den Rechtsanwalt Dr. Justus. Er möchte von ihm u.a. wissen, ob er von Anton außer dem vereinbarten Werklohn auch Zinsen nach dem seit dem 1.5.2000 geltenden Gesetz zur Beschleunigung fälliger Zahlungen verlangen kann. Welche Auskunft wird ihm Dr. Justus geben?

Lösungshinweis: Da die Anfänge des Falls bis in das Frühjahr 2000 zurück reichen, geht es vor allem darum, ob die am 1.5.2000 neu in Kraft gesetzte (und inzwischen nochmals geänderte) Regelung des Schuldnerverzugs auf die (an sich unstrittige) Zahlungsforderung des Böck bereits anzuwenden ist. Dieses Problem des intertemporalen Privatrechts ist in Art. 229 § 1 und §§ 5 sowie 7 EGBGB geregelt. Die auf den ersten Blick verblüffenden Konsequenzen aus der Anwendung des im Jahre 2000 neu formulierten § 284 Abs. 3 BGB a.F. auf den vorliegenden Fall zeigen, daß dem Gesetzgeber bei seinem Bemühen, Mißstände der Alltagspraxis normativ in den Griff zu bekommen, auch einmal handwerkliche Fehler unterlaufen, die dann auch nicht durch die Kunst der Auslegung behoben werden können.

Musterlösung:

Böck könnte nach § 641 Abs. 2 BGB a.F. (bzw. § 641 Abs. 4 BGB in der ab 1.5.2000 geltenden Fassung) von Anton Zinsen für den ausstehenden Macherlohn verlangen, wenn der am 22.2.2000 abgeschlossene Vertrag über die Fertigung eines Maßanzugs als Werkvertrag zu qualifizieren ist. Nach Art. 229 § 1 Abs. 2 Satz 2 EGBGB gilt § 641 BGB in der ab 1.5.2000 gültigen Fassung durch das Gesetz zur Beschleunigung fälliger Zahlungen vom 30.3.2000 nicht für Verträge, die vor dem 1.5.2000 abgeschlossen worden sind. Da Anton und Böck ihren Vertrag schon am 22.2.2000 abgeschlossen hatten, ist somit auf den vorliegenden Sachverhalt noch § 641 Abs. 2 BGB a.F. anzuwenden, was allerdings im Ergebnis keinen Unterschied macht, da § 641 Abs. 2 BGB a.F. und § 641 Abs. 4 BGB n.F. textgleiche Regelungen enthalten.

Im Vertrag vom 22.2.2000 hatte sich Böck verpflichtet, aus von ihm selbst beschafften Materialien für Anton einen Maßanzug zu schneidern. Ein eigens für den Kunden hergestelltes und auf ihn individuell zugeschnittenes Kleidungsstück ist keine vertretbare Sache i.S.d. § 91 BGB; das Vertragsverhältnis zwischen Böck und Anton ist sonach als (eigentlicher) Werklieferungsvertrag i.S.d. § 651 Abs. 1 Satz 2 Fall 2 BGB zu qualifizieren. Auch § 651 BGB ist inzwischen geändert worden, und zwar mit Wirkung ab 1.1.2002 durch das SchuldrechtsmodernisierungsG vom 26.11.2001. Nach Art. 229 § 5 Satz 1 EGBGB sind jedoch auf Schuldverhältnisse, die vor dem 1.1.2002 entstanden sind, die bis zum 31.12.2001 gültigen Vorschriften des Bürgerlichen Rechts anzuwenden. Das Schuldverhältnis, aus dem Böck möglicherweise Ansprüche gegen Anton herleiten kann, ist bereits durch den Vertragsschluß vom 22.2.2000 entstanden, so daß im vorliegenden Fall weiterhin von § 651 BGB a.F. auszugehen ist. Nach dieser Vorschrift unterliegen Werklieferungsverträge grundsätzlich dem Kaufrecht; für den Herstellungsanspruch gegen den Unternehmer und für dessen Vergütungsanspruch gelten jedoch die Bestimmungen des Werkvertragsrechts, darunter auch der § 641 BGB. Damit steht dem Böck jedenfalls dem Grunde nach ein Anspruch auf Verzinsung der vereinbarten Vergütung ab Abnahme des Werks, im vorliegenden Fall mithin seit dem 23.5.2000 zu, denn erst an diesem Tag hat Anton den Anzug als vertragsmäßig hergestellt anerkannt und ihn damit i.S.v. § 640 BGB abgenommen.

Nach § 641 Abs. 2 BGB a.F. steht dem Böck ein Anspruch auf Zahlung der „gesetzlichen Zinsen" zu; der gesetzliche Zinssatz beläuft sich nach der (schon immer vorhandenen und auch durch das SchuldrechtsmodernisierungsG nicht geänderten) Vorschrift des § 246 BGB auf 4 v.H. pro Jahr. Der auf 5 v.H. erhöhte Zinssatz des § 352 HGB ist im vorliegenden Fall nicht anzuwenden, denn dann müßte der Vertrag vom 22.2.2000 zu einem beiderseitigen Handelsgeschäft zwischen Böck und Anton geführt haben. Anton hat sich den Anzug für seinen privaten Gebrauch fertigen lassen, so daß jedenfalls auf seiner Seite kein Handelsgeschäft i.S.d. § 343 HGB vorliegt.

Möglicherweise könnte Böck von Anton gem. § 288 BGB höhere Zinsen verlangen, wenn Anton sich mit seiner Zahlungsverpflichtung in Schuldnerverzug befindet. § 288 BGB ist seit Februar 2000 zweimal geändert worden, so daß auch insoweit zunächst die für die Beurteilung des Falles maßgebliche Gesetzesfassung zu ermitteln ist: Gemäß Art. 229 § 1 Abs. 1 Satz 3 EGBGB ist § 288 BGB in der ab 1.5.2000 geltenden Fassung durch das Gesetz zur Beschleunigung fälliger Zahlungen auf alle Geldforderungen anzuwenden, die nach dem 1.5.2000 fällig geworden sind. Es wurde bereits festgestellt, daß auf den Zahlungsanspruch des Böck aus dem mit Anton abgeschlossenen Werklieferungsvertrag gem. § 651 Abs. 1 Satz 2 BGB a.F. die Vorschriften des Werkvertragsrechts anzuwenden sind. Abweichend von der Regel des § 271 Abs. 1 BGB ist somit der Anspruch des Böck auf die vereinbarte Vergütung nicht schon sofort mit dem Vertragsschluß am 22.2.2000 fällig geworden, sondern nach (dem insoweit durch neuere Gesetze nicht veränderten) § 641 Abs. 1 BGB erst mit der Abnahme des Werks durch Anton; im vorliegenden Fall somit am 23.5.2000. Damit richtet sich der Anspruch des Böck auf etwaige Verzugszinsen nach § 288 BGB in der ab 1.5.2000 geltenden Fassung, welche anstelle des bis dahin anzuwendenden gesetzlichen Zinssatzes von 4 v.H. die Verzugszinsen auf den wesentlich höheren Betrag von 5 Prozentpunkten über den Basis-Zinssatz nach dem Diskontsatz-ÜberleitungsG angehoben hat. Ferner wäre nach Art. 229 § 7 Abs. 1 Satz 1 Nr. 1 EGBGB für die nach dem 1.1.2002 anfallenden Verzugszinsen der Basis-Zinssatz nach § 247 Abs. 1 BGB n.F. maßgeblich.

Zu klären ist allerdings, ob Anton mit seiner Zahlungsverpflichtung gegenüber Böck *überhaupt* in Schuldnerverzug geraten ist. Dies kann sich nach § 284 Abs. 1 und 2 BGB a.F., nach § 284 Abs. 3 BGB in der seit dem 1.5.2000 geltenden Fassung des Gesetzes zur Beschleunigung fälliger Zahlungen oder nach § 286 BGB in der seit 1.1.2002 geltenden Fassung des SchuldrechtsmodernisierungsG richten. Auch insoweit gilt wieder die Überleitungsvorschrift des Art. 229 § 5 Satz 1 EGBGB, daß auf das Schuldverhältnis zwischen Böck und Anton noch das bis zum 31.12.2001 maßgebliche Bürgerliche Recht anzuwenden ist. Der seit 1.5.2000 gültige § 284 Abs. 3 BGB in der bis 31.12.2001 bestehenden Gesetzesfassung ist nach Art. 229 Nr. 1 Satz 1 EGBGB auch auf Geldforderungen anzuwenden, die vor dem 1.5.2000 entstanden sind, wobei allerdings die Zusendung einer Rechnung vor dem 1.5.2000 nicht die in dieser Bestimmung vorgesehenen Verzugsfolgen auslöst.

Nach § 284 Abs. 1 BGB a.F. kommt der Schuldner einer Leistung durch eine Mahnung des Gläubigers in Verzug, die nach Fälligkeit der Leistung erfolgt ist. Lediglich in den in § 284 Abs. 2 BGB a.F. aufgezählten Situationen tritt der Schuldnerverzug auch ohne besondere Mahnung bereits bei Fälligkeit des Anspruchs ein. Nach den Angaben des Sachverhalts ist im Vertrag vom 22.2.2000 *kein* kalendermäßig bestimmter Zahlungstermin vereinbart worden. Zwar hat Böck dem Anton in der am 21.3.2000 übergebenen Rechnung eine Zahlungsfrist bis zum 28.3.2000 gesetzt; dies ist jedoch eine einseitige Leistungsbestimmung und erfüllt nicht die für die Anwendung des § 284 Abs. 2 Satz 1 BGB a.F. erforderliche Voraussetzung eines *vertraglich* festgelegten kalendermäßig bestimmten Fälligkeitstermins. Allerdings könnte die Bestimmung eines Zahlungstermins in der Rechnung vom 21.3.2000 auch als Mahnung i.S.d. § 284 Abs. 1 Satz 1 BGB a.F. anzusehen sein. Ob dies tatsächlich der Fall ist, kann in Anbetracht der Unbestimmheit der Formulierung des Böck zweifelhaft sein, braucht hier aber nicht entschieden zu werden, denn eine wirksame Mahnung kann nur *nach Eintritt der Fälligkeit* erklärt werden. Es ist jedoch bereits festgestellt worden, daß der Zahlungsanspruch des Böck gem. § 641 Abs. 1 BGB erst mit der Abnahme des Werks durch Anton am 23.5.2000 fällig geworden ist. Damit kann durch die schon am 21.3.2000 übergebene Rechnung auf keinen Fall eine Mahnung i.S.d. § 284 Abs. 1 Satz 1 BGB a.F. erfolgt sein.

Gem. § 284 Abs. 3 BGB in der bis zum 31.12.2001 geltenden Fassung könnte Anton 30 Tage nach Übergabe der Rechnung, also am 20.4.2000, in Zahlungsverzug gekommen sein. Es wurde jedoch schon festgestellt, daß gem. Art. 229 § 1 Abs. 1 Satz 2 BGB durch den Zugang von Rechnungen vor dem 1.5.2000 keine Verzugsfolgen nach § 284 Abs. 3 BGB n.F. ausgelöst worden sind. Damit hat sich Anton auch ab 20.4.2000 nicht in Zahlungsverzug befunden – abgesehen davon, daß zu diesem Zeitpunkt der Zahlungsanspruch des Böck ohnehin noch nicht fällig gewesen war.

Demnach könnte ein Zahlungsverzug des Anton gem. § 284 Abs. 1 Satz 1 BGB a.F. frühestens durch das Mahnschreiben vom 21.9.2001 ausgelöst worden sein. Jetzt ist aber von Bedeutung, daß gem. Art. 229 § 1 Abs. 1 Satz 1 EGBGB der § 284 Abs. 3 BGB i.d.F. des Gesetzes vom 30.3.2000 ab 1.5.2000 auch auf den bereits früher begründeten Zahlungsanspruch des Böck anzuwenden ist. Nach dieser Vorschrift sind jedoch für Zahlungsforderungen die Voraussetzungen für den Eintritt des Schuldnerverzugs „abweichend von den Absätzen 1 und 2" (des § 284 BGB) festgelegt worden. Daraus ergibt sich, daß ab 1.5.2000 bei Zahlungsforderungen ein Schuldnerverzug nicht mehr durch Mahnung nach § 284 Abs. 1 BGB oder durch Vereinbarung eines kalendermäßig bestimmten Fälligkeitstermins herbeigeführt werden kann, sondern nur noch durch Zusendung einer Rechnung nach Fälligkeit der Forderung. Das führt zwar vor allem bei Verträgen mit einem Festpreis und festen Zahlungsterminen zu Ergebnissen, die gerade mit den Zwecken eines „Zahlungsbeschleunigungsgesetzes" schwerlich in Einklang zu bringen sind. Die Auslegung des § 284 Abs. 3 BGB n.F. ergibt sich jedoch zwingend aus dessen insoweit eindeutigen Wortlaut vor allem daraus, daß nach Absatz 3 Satz 2 dieser Bestimmung für Schuldverhältnisse, die wiederkehrende Geldleistungen zum Gegenstand haben, die Anwendung des Abs. 2 ausdrücklich wiederhergestellt wird. Angesichts des eindeutigen Gesetzeswortlauts ist es auch nicht möglich, die Konkurrenzregelung des § 284 Abs. 3 BGB i.d.F. des Gesetzes zur Beschleunigung fälliger Zahlungen durch teleologische Auslegung des Gesetzestextes einzuschränken. Da nach Lage des vorliegenden Falles der Böck den Anton vor dem 1.5.2000 mangels Fälligkeit seiner Forderung nicht durch Mahnung in Schuldnerverzug setzen konnte und seinem Schuldner nach dem 1.5.2000 keine Rechnung mehr zugeschickt hatte, das Mahnschreiben des Böck vom 21.9.2001 nach § 284 Abs. 3 n.F. aber keinen Schuldnerverzug des Anton mehr auslösen konnte, ergibt sich somit die Konsequenz, daß bisher kein Anspruch des Böck auf Verzugszinsen nach § 288 BGB begründet worden ist.

Erst bei der Neuregelung der Verzugsvoraussetzungen durch § 286 BGB i.d.F. des SchuldrechtsmodernisierungsG ist wieder die Möglichkeit geschaffen worden, auch Schuldner von Zahlungsforderungen durch die Vereinbarung kalendermäßig bestimmter Fälligkeitstermine oder durch Mahnung in Zahlungsverzug zu setzen; die Zusendung einer Rechnung ist nach § 286 Abs. 3 BGB n.F. nur noch eine weitere, die Regelung des § 286 Abs. 1 und 2 BGB ergänzende Möglichkeit, Schuldnerverzug herbeizuführen. Das SchuldrechtsmodernisierungsG gilt aber nicht für Schuldverhältnisse aus der Zeit vor dem 1.1.2002, so daß § 286 BGB n.F. im vorliegenden Fall unanwendbar ist.

Mithin bleibt es für Böck bei der Verzinsung seines Macherlohns gem. § 641 Abs. 2 BGB a.F. zum gesetzlichen Zinssatz von 4 v.H. ab dem 23.5.2000.

Fall 2.03: *Große weite Welt*

Der im Jahr 1927 in Czernowitz in Polen geborene israelische Staatsangehörige Michel Horowitz ist im Dezember 2001 in Frankfurt am Main, seinem letzten Wohnsitz, verstorben. Sein Vermögen besteht aus Grundstücken in Deutschland, Frankreich und Kanada, aus einem Im- und Exportunternehmen mit Hauptsitz in Frankfurt am Main und Filialen in Italien, Griechenland und dem Nahen Osten sowie Wertpapieren, die bei Banken in Frankfurt am Main, in Luxemburg und auf den Bahamas deponiert sind. Er hinterläßt eine in Frankfurt ansässige Ehefrau, die ebenfalls israelische Staatsangehörige ist, sowie Kinder und Enkel, die in den USA, in Frankreich und in Kanada leben und jeweils die Staatsangehörigkeit ihres Aufenthaltslandes haben, darunter auch eine in Frankreich lebende nichteheliche Tochter. Herr Horowitz hat bei einem Notar in Frankfurt am Main ein Testament nach den Formvorschriften des deutschen Beurkundungsgesetzes errichtet, in dem er unter Ausschluß aller übrigen Verwandten seine Ehefrau als seine Alleinerbin eingesetzt hat.

Durch welche Rechtsvorschriften welchen Staates ist die Erbfolge nach Herrn Horowitz geregelt und welches Gericht bzw. welche Behörde kann zur Klärung dieser Frage angerufen werden?

Lösungshinweis: Dargestellt ist ein Sachverhalt mit Auslandsberührung, mit dem sich gleichwohl die deutschen Gerichte zu beschäftigen haben, weil Anknüpfungspunkte für ihre sachliche und örtliche Zuständigkeit bestehen. Welches nationale Recht sie dann für die Klärung der materiellen erbrechtlichen Fragen anzuwenden haben, richtet sich dann nach den Regeln des Internationalen Privatrechts, die für die deutschen Gerichte und Behörden verbindlich in den Art. 3 bis 46 EGBGB festgelegt sind; Erbrechtsfragen sind vor allem in den Art. 25 und 26 EGBGB normiert. – Wiederholen Sie Grdz. § 2 VI; vgl. auch Grdz. § 19 VI!

Musterlösung:

Für die gerichtliche Klärung der Erbfolge sind die deutschen Gerichte zuständig, da der Verstorbene im Zeitpunkt seines Todes seinen Wohnsitz in Deutschland hatte (§§ 27 Abs. 1, 12 ZPO). Sie wenden für das bei ihnen durchzuführende Verfahren deutsches Prozeßrecht an. Das Amtsgericht Frankfurt am Main als Nachlaßgericht ist gem. § 73 Abs. 1 FGG auch für die Erteilung eines Erbscheins zuständig, der nach Maßgabe der §§ 2353 ff. BGB das Erbrecht derjenigen Personen bezeugt, die in Anwendung der maßgeblichen materiellen Rechtsvorschriften als Erben des Herrn Horowitz ermittelt worden sind. Diese Rechtsakte der deutschen Gerichte sind auf jeden Fall bindend, soweit es sich um Nachlaßgegenstände handelt, die in der Bundesrepublik Deutschland belegen sind. Ob sie auch in den anderen Staaten anerkannt werden, in denen sich Vermögen von Herrn Horowitz befindet, und ob sie insbesondere auch für die Gerichte und Behörden seines Heimatstaates Israel verbindlich sind, bestimmt sich nach den jeweiligen zwischenstaatlichen oder internationalen Abkommen über die wechselseitige Anerkennung von Gerichtsentscheidungen und anderen Rechtsakten in Erbsachen.

Die Frage, welches nationale materielle Recht für die Beurteilung des geschilderten Sachverhalts maßgeblich ist, wird in Art. 25 ff. EGBGB geregelt, soweit deutsche Gerichte und Behörden zur Klärung des Erbfalls angerufen werden: Gem. Art. 25 Abs. 1 EGBGB richtet sich die Erbfolge nach dem Recht des Staates Israel, da Herr Horowitz im Zeitpunkt seines Todes israelischer Staatsangehöriger war. Nach diesem Recht bestimmt sich auch, ob Herr Horowitz die Erbfolge in sein Vermögen durch Testament regeln kann und inwieweit es ihm möglich war, seine Ehefrau als Alleinerbin einzusetzen bzw. ob in diesem Fall für nahe Verwandte wenigstens Pflichtteilsansprüche gegen die Erbin bestehen. Gem. Art. 13 Abs. 1 EGBGB ist auch israelisches Recht für die Klärung der Frage maßgeblich, ob Horowitz mit seiner in Frankfurt (Main) lebenden Ehefrau gültig verheiratet war. Ob seine Kinder und Enkel mit ihm im erbrechtlichen Sinn verwandt sind (was für etwaige Pflichtteilsansprüche maßgeblich wäre, wenn israelisches Erbrecht Pflichtteilsansprüche naher Verwandte vorsieht) bestimmt sich gem. Art. 19 Abs. 1 Satz 1 EGBGB in erster Linie nach dem Recht des Staates, in dem diese Personen im Zeitpunkt des Erbfalls ihren gewöhnlichen Aufenthalt hatten; nach Art. 19 Abs. 1 Satz 2 EGBGB kann aber auch das israelische Recht als Heimatrecht des Vaters anzuwenden sein. Sollte das israelische Recht die Regelung der Erbfolge durch letztwillige Verfügungen zulassen, bestimmt sich die Formgültigkeit des von Herrn Horowitz bei einem Frankfurter Notar errichteten Testaments dann allerdings nach deutschem Recht (Art. 26 Abs. 1 Nrn. 2, 3 EGBGB), seine Verfügung von Todes wegen konnte sonach gem. § 2231 Nr. 1 BGB als sogenanntes „öffentliches Testament" zur Niederschrift eines Notars nach den Vorschriften des Beurkundungsgesetzes formgültig abgegeben werden. Die Frage, welche Verfügungen getroffen werden können, ist dann aber wieder nach israelischem Recht zu beurteilen (Art. 26 Abs. 5 EGBGB).

Fall 2.04: *Heimliche Geschäfte*

Anton ist seit vielen Jahren hinreichend glücklich verheiratet. Das Bauunternehmen, dem er vorsteht, gehört seiner Frau. Die Gewinne, die Anton im Laufe seines Lebens erarbeitet hat, sind im wesentlichen in das Unternehmen und in den Ausbau einer stattlichen Villa investiert, die er gemeinsam mit seiner Frau bewohnt und die im Grundbuch auf deren Namen eingetragen ist. Anton selbst nennt außer einigen geringwertigen persönlichen Habseligkeiten nur eine große Ackerparzelle sein eigen, die er von seinen Eltern geerbt hat.

Mit notariellem Vertrag vom 2.5. verkauft Anton dieses Grundstück an Petermann und läßt es in derselben Urkunde an den Käufer auf. Petermann sind die Vermögensverhältnisse des Anton beim Vertragsschluß genau bekannt. Am 11.6. wird Petermann im Grundbuch als neuer Eigentümer eingetragen. Erst jetzt getraut sich Anton, seiner Frau das Grundstücksgeschäft zu beichten. Diese macht ihm heftige Vorwürfe, daß er so leichtfertig über krisensicheres Grundvermögen verfügt hat und lehnt jede Zustimmung ab. Auch Anton kommen im nachhinein Bedenken, ob sein Geschäft mit Petermann richtig war. Am liebsten würde er die ganze Sache rückgängig machen. Können er oder Frau Anton noch etwas unternehmen?

Lösungshinweis: Der Fall betrifft die Verfügungsbefugnis eines in gesetzlichem Güterstand lebenden Ehegatten über Gegenstände seines Vermögens und führt alsbald zur Regelung des § 1365 Abs. 1 BGB. Hier stellt sich das Auslegungsproblem, ob als Verfügung „über das Vermögen im Ganzen" im Sinne dieser Vorschrift auch die Veräußerung eines einzelnen Vermögensgegenstandes angesehen werden kann, der im wesentlichen das gesamte Vermögen des Ehegatten ausmacht. In der nachfolgenden Musterlösung werden die Auslegungsmethoden geschildert, die in der Praxis bei der Anwendung des § 1365 Abs. 1 BGB verwendet werden. – Wiederholen Sie Grdz. § 19 II 3 und in diesem Arbeitsbuch § 21 IV!

Musterlösung:

Anton könnte sich darauf berufen, daß die am 2.5. beurkundete Auflassung der Ackerparzelle trotz ihrer formell ordnungsgemäßen Beurkundung durch einen Notar nichtig ist, so daß Petermann in Wirklichkeit kein Eigentümer des Grundstücks geworden ist. Er könnte dann von Petermann gem. § 894 BGB die Zustimmung zur Berichtigung des Grundbuchs verlangen und einstweilen die Eintragung eines Widerspruchs gegen die Richtigkeit des Grundbuchs nach § 899 BGB bewirken. Die Unwirksamkeit des Vertrags vom 2.5. könnte sich aus der Regelung der §§ 1365, 1366 BGB ergeben. Voraussetzung dafür ist, daß Anton mit seiner Gattin im Güterstand der Zugewinngemeinschaft lebt, und daß die Veräußerung der Ackerparzelle an Petermann sich als eine Verfügung des Anton „über sein Vermögen im Ganzen" darstellt, die – was unstreitig ist – ohne die erforderliche Zustimmung von Frau Anton erfolgt ist.

Der Sachverhalt enthält keine Angaben darüber, in welchem Ehegüterstand der Anton lebt. Gem. § 1363 Abs. 1 BGB gilt der Güterstand der Zugewinngemeinschaft als gesetzlicher Güterstand, wenn Anton nicht mit seiner Frau durch Ehevertrag einen anderen Güterstand vereinbart hat. Wenn der Sachverhalt insoweit keine Angaben enthält, ist zu unterstellen, daß eine solche Vereinbarung (die nach § 1410 BGB notariell beurkundet und gem. § 1412 BGB im Güterrechtsregister eingetragen sein müßte) *nicht* abgeschlossen worden ist. Im folgenden wird daher davon ausgegangen, daß Anton bei Abschluß des Vertrags vom 2.5. im Güterstand der Zugewinngemeinschaft gelebt hat.

Im Güterstand der Zugewinngemeinschaft behält zwar jeder Ehegatte sein eigenes Vermögen und er bleibt auch zur selbständigen Verwaltung und Verfügung über dieses Vermögen befugt (§§ 1363 Abs. 2, 1364 BGB). Über sein Vermögen „im Ganzen" kann er aber nach § 1365 Abs. 1 Satz 1 BGB nur mit Einwilligung seines Ehegatten verfügen. Wie sich aus dem Sachverhalt ergibt, bestand das Vermögen des Anton vor dem Vertrag vom 2.5. im wesentlichen nur aus der später an Petermann veräußerten Ackerparzelle. § 1365 Abs. 1 BGB könnte daher im vorliegenden Fall einschlägig sein, wenn diese Vorschrift sich nicht nur auf Verträge bezieht, in denen gem. § 311 b Abs. 3 BGB ausdrücklich über das gesamte gegenwärtige Vermögen einer Person verfügt wird, sondern auch die Veräußerung einzelner Vermögensgegenstände erfaßt, die wirtschaftlich betrachtet nahezu das gesamte Aktivvermögen ausmachen.

Der Wortlaut des § 1365 Abs. 1 BGB läßt auch (noch) die letztgenannte Auslegungsmöglichkeit zu, obwohl für die erstere, zur ausdrücklichen Offenlegung der Verfügung über das Vermögen als Ganzes zwingende Variante sowohl der Zusammenhang mit der Regelung des § 311 b Abs. 3 BGB als auch – vor allem – der Gesichtspunkt der Rechtsklarheit spricht. Bei Zweifeln über die Interpretation eines Gesetzes verdient die Auslegungsvariante den Vorzug, durch die der erkennbare Zweck der gesetzlichen Vorschrift am besten umgesetzt werden kann. § 1365 Abs. 1 BGB gilt nur für Ehegatten im gesetzlichen Güterstand der Zugewinngemeinschaft und steht damit in einem erkennbaren Zusammenhang mit der spezifischen Besonderheit dieses Güterstandes, dem bei Beendigung der Ehe vorzunehmenden Zugewinnausgleich gem. §§ 1372 ff. BGB. Gerade bei wesentlichen Vermögensverfügungen, die ohne Einwilligung – und damit üblicherweise hinter dem Rücken – des anderen Ehegatten vorgenommen werden, liegt die Sorge nahe, daß Sachwerte „versilbert" werden sollen, um das leichter zu transferierende und zu verbergende Bargeld einer späteren Abrechnung der Zugewinns zu entziehen. Der Zweck des § 1365 Abs. 1 BGB besteht daher darin, dem anderen Ehegatten schon rechtzeitig eine gewisse Kontrolle über die schwerwiegenden geschäftlichen Transaktionen des Ehepartners zu ermöglichen. Ein solches Interesse besteht aber nicht nur in den Fällen, in denen ausdrücklich über das Vermögen im Ganzen verfügt wird, sondern jedenfalls auch dann, wenn es um die Veräußerung einzelner Vermögensgegenstände geht, die im wesentlichen das ganze Vermögen des anderen Teils ausmachen. Gerade in Fällen, in denen in böser Absicht Vermögen beiseite geschafft werden soll, bestünde bei einer anderen Auslegung des § 1365 Abs. 1 BGB immer die Möglichkeit, den Schutzzweck dieser Vorschrift zu unterlaufen, indem immer nur Geschäfte über einzelne Sachen abgeschlossen werden, in Wirklichkeit aber durch diese Transaktionen der Bestand des Gesamtvermögens völlig ausgehöhlt wird. Damit würde in der Praxis die Regelung des § 1365 Abs. 1 BGB leerlaufen. Auch hätten die ergänzenden Vorschriften der §§ 1365 Abs. 2 und 1367 BGB nur dann Sinn, wenn man von Geschäften über einzelne Vermögensgegenstände ausgeht.

Im vorliegenden Fall hätte Anton somit den Verkauf und die Übereignung des Ackerlandes nur mit Einwilligung seiner Frau vereinbaren können. Es besteht allerdings noch die Möglichkeit, daß Petermann durch guten Glauben Eigentum an dem Grundstück erworben hat. Erstreckt man die Anwendung des § 1365 Abs. 1 BGB auch auf die Veräußerung von einzelnen Gegenständen, die im wesentlichen das gesamte Vermögen eines Ehegatten ausmachen, muß nämlich dem Gesichtspunkt der Rechtssicherheit wenigstens insoweit Rechnung getragen werden, als der gute Glaube des Erwerbers darin geschützt wird, daß der veräußerte Gegenstand nicht im wesentlichen das gesamte gegenwärtige Vermögen des Verkäufers darstellt und somit nicht der Verfügungsbeschränkung nach § 1365 Abs. 1 BGB unterliegt. Dies läßt sich aus einer entsprechenden Anwendung der §§ 135 Abs. 2, 932 Abs. 2, 892 BGB herleiten. Petermann hätte wirksam Eigentum an dem Ackergrundstück erwerben können, wenn ihm beim Vertragsschluß die Umstände unbekannt gewesen waren, aus denen sich ergibt, daß die veräußerte Sache im wesentlichen des gesamte Vermögen des Anton darstellt. Nach den Angaben des Sachverhalts waren dem Petermann jedoch die Vermögensverhältnisse des Anton „genau bekannt". Ein gutgläubiger Erwerb scheidet daher aus, der Vertrag vom 2.5. ist daher gem. § 1366 Abs. 4 BGB nichtig, weil Frau Anton inzwischen ihre Zustimmung ausdrücklich verweigert hat.

Petermann ist sonach zu Unrecht als Eigentümer des Grundstücks im Grundbuch eingetragen. Anton als nach wie vor wahrer Eigentümer kann mithin von ihm gem. § 894 BGB die Zustimmung zur Berichtigung des Grundbuchs verlangen; dieser Anspruch steht nach § 1368 BGB auch Frau Anton zu. Gegebenenfalls können die Eheleute auch die Eintragung eines Widerspruchs nach § 899 BGB gegen die Eintragung des Petermann verlangen und dies durch einstweilige Verfügung gem. § 935 ZPO erwirken.

Fall 2.05: *Verletzte Ehre*

Leonhard ist der allseits beliebte Leiter des Gymnasiums in Neustadt. Eines Tages fabriziert Franz, der Nachrichtenredakteur des örtlichen Privatfernsehsenders, aus Ärger über die schlechten Schulnoten seiner Tochter ein Feature, in dem gegen Leonhard anhand gezielt gefälschter Bild-„dokumente" der völlig unzutreffende Vorwurf erhoben wird, extremer Rassist und geistiger Anführer einer radikal rechtsgerichteten Organisation zu sein. Der Beitrag wird gesendet und löst in Neustadt eine heftige Kampagne gegen Leonhard aus, zumal auch der „Spiegel" diese Story in einem Titelbeitrag über „Schulen in der Provinz" aufgreift. Leonhard wird vorläufig vom Dienst suspendiert, der Philologenverband fordert ihn nachdrücklich zur Niederlegung seines Ehrenamtes als stellvertretender Bezirksvorsitzender auf und er und seine gesamte Familie werden in der Öffentlichkeit und im Bekanntenkreis wegen des angeblichen Skandals geschnitten und gelegentlich sogar als „Nazi" beschimpft.

Leonhard gelingt es schließlich in einer sich über mehrere Monate hinziehenden Disziplinaruntersuchung, die Fälschungen des Franz aufzudecken und sich vollständig zu rehabilitieren. Hierüber wird in den Medien – auch in dem von Franz bedienten Fernsehsender – ausführlich berichtet, der Philologenverband trägt ihm das Amt des Vorsitzenden an, die Schulbehörde reaktiviert ihn und beruft ihn unter Beförderung zum leitenden Ministerialrat in das Kultusministerium. Letztlich hat Leonhard durch die leidige Affäre daher keinen materiellen Schaden erlitten.

Zurück bleibt jedoch die Erinnerung an lange Monate der Sorgen und die in dieser Zeit erlittenen Demütigungen. Leonhard möchte wissen, ob er hierfür von Franz eine angemessene Entschädigung verlangen kann.

Lösungshinweis: Der Sachverhalt führt in die Problematik des zivilrechtlichen Schutzes des „Allgemeinen Persönlichkeitsrechts" ein und mündet in die Frage, ob dem Leonhard aufgrund des § 847 BGB ein Schmerzensgeldanspruch zusteht. Da in dieser Vorschrift Angriffe auf das gesellschaftliche Ansehen und die Ehre einer Person nicht ausdrücklich erwähnt sind, kommt insoweit nur eine analoge Anwendung in Betracht. Die in der Praxis hierzu gefundene Lösung bildet ein anschauliches Beispiel für die Fortbildung des Bürgerlichen Rechts durch richterliche Gesetzesauslegung. – Wiederholen Sie Grdz. § 1 II, IV 4; § 4 II 2 b; § 11 II 1; § 15 I 3 und in diesem Arbeitsbuch § 21 IV 3 b und f!

Musterlösung:

Franz hat wider besseres Wissen über Leonhard unwahre Tatsachen behauptet und diese unter Einsatz seiner Möglichkeiten als Fernsehjournalist auf besonders nachdrückliche Weise in der Öffentlichkeit verbreitet. Wie das weitere Schicksal des Leonhard zeigt, waren diese Behauptungen auch geeignet, ihn in der öffentlichen Meinung herabzuwürdigen. Franz hat damit die Straftat einer Verleumdung i.S.v. § 187 StGB begangen. Da diese Vorschrift (auch) den Schutz des Opfers bezweckt, steht dem Leonhard u.a. gem. § 823 Abs. 2 BGB gegen Franz ein Schadensersatzanspruch zu.

Schadensersatz bedeutet nach §§ 249, 253 BGB die Wiedergutmachung von Schäden am Vermögen des Betroffenen. Diese stehen jedoch im vorliegenden Fall nicht zur Diskussion; Leonhard verlangt für sich und seine Familienangehörigen einen angemessenen Ausgleich für die als Folge der Aktivitäten des Franz erlittenen seelischen Beeinträchtigungen. Insoweit liegt aber „nur" ein immaterieller Schaden vor. Nach § 253 BGB kann für Nachteile, die sich nicht als eine Beeinträchtigung des Vermögens des Verletzten ausgewirkt haben, Ausgleich nur in den „durch das Gesetz bestimmten" Fällen verlangt werden.

Als einzige gesetzliche Grundlage für einen solchen Ausgleich kommt der in § 847 BGB geregelte Schmerzensgeldanspruch in Betracht. Nach dem Wortlaut dieser Vorschrift ist eine „billige Entschädigung in Geld" aber nur im Falle der Tötung, der Verletzung des Körpers und der Gesundheit sowie bei Freiheitsentziehung vorgesehen. Solche die körperliche Integrität sichernde Schutzgüter des Leonhard sind jedoch durch die Aktivitäten des Franz nicht verletzt worden. Im vorliegenden Fall geht es vielmehr um eine Beeinträchtigung des gesellschaftlichen Ansehens des Schulleiters und seiner Ehre, also um Schutzgüter, die dem „Allgemeinen Persönlichkeitsrecht" eines Menschen zuzurechnen sind. Die Entscheidung über den Entschädigungsanspruch des Anton hängt somit davon ab, ob § 847 BGB in einem Analogieschluß auch auf Persönlichkeitsrechtsverletzungen angewendet werden kann, oder ob aus der Formulierung und dem systematischen Zusammenhang der gesetzlichen Regelung gefolgert werden muß, daß Schmerzensgeldansprüche nur bei Eingriffen in die körperliche Integrität zugesprochen werden können, so daß sich im Umkehrschluß ergibt, daß immaterielle Schäden aus einer Verletzung des Allgemeinen Persönlichkeitsrechts nicht in Geld entschädigt werden.

Die Wahl zwischen Analogie- und Umkehrschluß im Einzelfall steht nicht in freiem Belieben des Rechtsanwenders; auch insoweit ist er gem. Art. 20 Abs. 3 GG an Gesetz und Recht gebunden, was konkret bedeutet, daß sich die Handhabung des Gesetzes nach den anerkannten Regeln der juristischen Interpretationstechnik zu richten hat. Grundsätzlich setzt die analoge Anwendung einer nach ihrem Wortlaut für andere Sachverhalte formulierten Rechtsnorm voraus, daß im Bestand des positiven Rechts eine Gesetzeslücke festgestellt wird, die unter Berücksichtigung der aus den vorhandenen positiven Regelungen zu erschließenden grundsätzlichen Wertungen des Gesetzgebers, dem „Geist des Gesetzes", geschlossen werden kann. Eine solche Rechtslücke kann insbesondere dann angenommen werden, wenn bei Erlaß des Gesetzes die nunmehr zur Entscheidung anstehende Sachverhaltsvariante nicht bedacht worden war und daher ohne gesetzliche Regelung geblieben ist, oder wenn sich seit Erlaß des Gesetzes die sozialen Verhältnisse oder technischen Rahmenbedingungen so verändert haben, daß die vorhandenen Vorschriften nicht mehr ausreichen oder „passend sind" und daher der Ergänzung durch Rechtsfortbildung bedürfen. Läßt sich dagegen keine Regelungslücke feststellen, so folgt aus dem Schweigen des Gesetzes zu einer bestimmten Sachverhaltskonstellation zwingend der Umkehrschluß, daß die in der Norm angeordnete Rechtsfolge für diesen Fall nicht gilt. I.d.R. ergibt sich daraus für den in Frage stehenden Sachverhalt die genau entgegengesetzte Regelung oder – bei der Formulierung von Anspruchsgrundlagen –, daß der Sachverhalt rechtsfolgenlos ist und gerade nicht zu einem Anspruch geführt hat.

Im vorliegenden Fall legt bereits das systematische Verhältnis zwischen § 847 und § 253 BGB und der Wortlaut der in § 253 BGB für den Ausgleich von immateriellen Schäden formulierten Grundregel (Entschädigung in Geld „nur" in den durch das Gesetz bestimmten Fällen) den Schluß nahe, daß § 847 BGB eine abschließende Auflistung der „schmerzensgeldwürdigen" Rechtsverletzungen enthält, so daß eine Ausweitung des Anwendungsbereichs dieser Vorschrift durch Analogieschlüsse nicht in Betracht kommt. Auch die Betrachtung der Entstehungsgeschichte des seit der Verkündung des BGB im Jahr 1896 unveränderten § 847 BGB zeigt, daß dem historischen Gesetzgeber die Problematik eines Schmerzensgeldanspruchs für Ehrverletzungen durchaus bewußt gewesen war, und daß die nach eingehender Erörterung dieses Themas dann von der Mehrheit akzeptierte gesetzliche Regelung gerade deswegen so formuliert worden war, weil man eine „Kommerzialisierung der Ehre" durch Schmerzensgeldzahlungen bei Verletzungen dieses Rechtsguts als unerwünscht ansah. Die strafrechtlichen Sanktionen für Beleidigungen und die Verfolgung dieser Straftaten durch die Strafbehörden wurden als ausreichender Schutz angesehen. Die Nichterwähnung von Ehrverletzungen in § 847 BGB ist daher nicht als eine bei Erlaß des Gesetzes unbeabsichtigte Gesetzeslücke zu erklären, sondern gerade Ausdruck einer bewußten Entscheidung des damaligen Gesetzgebers.

Eine Gesetzeslücke kann daher nur dann angenommen werden, wenn sich seit Ende des 19. Jahrhunderts die gesellschaftlichen Verhältnisse und allgemein akzeptierten Wertvorstellungen so geändert haben, daß die seinerzeit zur Rechtsnorm gewordene Entscheidung des Gesetzgebers heute zu unangemessenen Ergebnissen führen würde. Eine Änderung des relevanten gesellschaftlichen Umfelds ist insofern zu verzeichnen, als die moderne Nachrichtentechnik heute weitaus mehr Möglichkeiten bietet, mit wesentlich größerer Tragweite für den Betroffenen durch falsche Informationen eine Person herabzuwürdigen, insbesondere kann besser als in früheren Jahren mit Hilfe von Manipulationen bildlicher Darstellungen der falsche Anschein von Authentizität von Verleumdungen geschaffen werden. Damit steigt zugleich die Versuchung, Nachrichtenmedien als Instrument gezielter Diffamierungen zu mißbrauchen und andererseits die Schutzbedürftigkeit von Personen, die Opfer solcher Angriffe werden können. Maßgebend ist aber vor allem, daß die Umsetzung der inhaltlichen Ziele des Grundgesetzes allgemein zu einer Verstärkung des Individualschutzes geführt hat. Die im GG verbürgten Grundrechte bieten nicht nur einen Schutz der Bürger vor rechtsstaatswidrigem Handeln der staatlichen Organe, sondern definieren die Grundlagen einer allgemeinen, auch für die rechtliche Gestaltung der Beziehungen zwischen den Privatpersonen untereinander verbindlichen Wertordnung. Insbesondere formuliert Art. 1 Abs. 1 GG den Schutz der Würde des Menschen als grundlegendes Leitprinzip der Rechtsordnung und verpflichtet „alle" staatliche Gewalt – und damit auch die Zivilrechtsordnung und die zu ihrer Durchsetzung berufenen Zivilgerichte – auf ihre Weise zum Schutz dieses Grundrechts beizutragen.

Der gute Ruf einer Person ist – vor allem dann, wenn sie wegen ihrer beruflichen Stellung einer besonderen Aufmerksamkeit ihres gesellschaftlichen Umfelds ausgesetzt ist – ein wesentliches Element der ihr zukommenden Menschenwürde. Verleumderische Behauptungen, vor allem wenn sie in massiver Form über die Medien verbreitet werden, berühren daher unmittelbar den Schutzbereich des Art. 1 Abs. 1 GG. Zwar sind üble Nachrede und die Verbreitung von Verleumdungen traditionell mit Strafe bedroht, so daß der Staat seiner Aufgabe zum Schutz der Menschenwürde bereits durch die strafrechtliche Verfolgung der Täter nachkommt. Daß dies aber keineswegs die Zubilligung von im Zivilverfahren durchsetzbaren Schmerzensgeldansprüchen ausschließt, beweist gerade die Regelung des § 847 BGB, denn auch Tötung, Körperverletzung und Freiheitsberaubung werden als Straftaten geahndet, gleichwohl gibt das Gesetz dem Verletzten zusätzlich die Möglichkeit, mit der Durchsetzung eines Entschädigungsanspruchs in Geld auch noch aus eigenem Recht beim Täter Genugtuung zu suchen. Zur Würde eines Menschen gehört es auch, in eigener Initiative auf Sanktionen für schwerwiegende Eingriffe in dieses Schutzgut hinzuwirken, ohne daß man hierin heute noch eine – im Grunde verächtliche – „Kommerzialisierung" erlittenen Leids sehen kann. Die im Jahre 1896 getroffene Entscheidung des BGB-Gesetzgebers ist somit von der geänderten Wertordnung des Grundgesetzes überholt worden. Nach Art. 123 Abs. 1 GG geht in solchen Fällen das modernere Verfassungsrecht vor.

Damit kann im vorliegenden Fall eine nachträglich entstandene Lücke im Gesetz festgestellt werden, die durch Analogie zu der in § 847 BGB für die Verletzung der körperlichen Unversehrtheit geschaffenen Schmerzensgeldregelung geschlossen werden kann. Die Verletzung der persönlichen Ehre ist aus der Sicht des Art. 1 Abs. 1 GG nämlich als ein mindestens ebenso schwerer Eingriff in die Würde der Person anzusehen und ebenso verwerflich wie eine Körperverletzung oder Freiheitsberaubung.

Als Journalist könnte sich Franz noch auf das durch Art. 5 Abs. 1 GG ebenfalls im

Grundgesetz verbürgte Recht auf Freiheit der Berichterstattung berufen. Schon nach dem Wortlaut des Art. 5 Abs. 2 GG findet dieses Recht aber seine Grenzen im Recht der persönlichen Ehre anderer. Verleumdungen sind auch für Journalisten strafbar. Pressefreiheit besteht nur für die wahrheitsgemäße Berichterstattung; die Informationsfreiheit der Medien kann nicht dazu mißbraucht werden, aus eigennützigen Motiven bewußt falsche Informationen über eine Person in die Öffentlichkeit zu bringen. Mithin kann Leonhard von Franz eine angemessene Entschädigung in Geld für den durch die Rufmordkampagne des Journalisten bei ihm und seiner Familie hervorgerufenen immateriellen Schaden verlangen.

III. Wiederholungsfragen

1. Erläutern Sie den Begriff des Privatrechts (Zivilrechts)! (Grdz. 1 V)	Das Privatrecht (auch „Zivilrecht" genannt) ist derjenige Teil des Rechtssystems, der die Rechtsbeziehungen der Staatsbürger untereinander regelt.
2. In welchem Verhältnis stehen Bürgerliches Recht und Privatrecht? (Grdz. § 1 V; § 2 I)	Das Bürgerliche Recht ist eine Teilmaterie des Privatrechts. Es regelt gewissermaßen das zivilrechtliche Grundverhältnis, d.h. diejenigen Rechtsbeziehungen mit anderen Zivilrechtssubjekten, die eine Privatperson außerhalb des Handelsrechtsverkehrs und außerhalb von arbeitsrechtlichen Verhältnissen haben oder anknüpfen kann.
3. Bilden das „Bürgerliche Recht" und die beiden anderen Teilrechtsgebiete des Privatrechts Systeme, die völlig beziehungslos nebeneinander stehen? (Grdz. § 2 I)	Handelsrecht und Arbeitsrecht sind nicht in dem Sinne als eigenständige Rechtsgebiete des Privatrechts neben dem Bürgerlichen Recht ausgeprägt, daß sie über einen vollständigen eigenen Normenbestand verfügen. Sie enthalten vielmehr nur diejenigen Rechtssätze, die für das jeweilige Sonderrechtsgebiet von den allgemeinen Vorschriften des Bürgerlichen Rechts abweichen oder dort nicht vorhandene Regelungen ergänzen. Im übrigen setzen Handelsrecht und Arbeitsrecht die Existenz des Bürgerlichen Rechts voraus, das auf diese Weise zur Kernmaterie des gesamten Zivilrechts wird.
4. Was sind die zentralen Leitprinzipien des Bürgerlichen Rechts? (Grdz. § 2 II)	Dies sind der Grundsatz der Rechtsgleichheit, die Privatautonomie, die Bindung an das gegebene Wort, der Schutz des redlichen Rechtsverkehrs, der Grundsatz von Treu und Glauben und der Verbraucherschutz.
5. Was bedeutet z. B. Privatautonomie? (Grdz. § 2 II 2)	Hierunter ist das Prinzip zu verstehen, daß die Gestaltung der Lebensverhältnisse, insbesondere der wirtschaftlichen Beziehungen zwischen den einzelnen Privatpersonen weitgehend ohne Einflußnahme des Staates durch autonomes Handeln der Beteiligten selbst erfolgen soll. Daraus ergibt sich u.a., daß privatrechtliche Rechtsbeziehungen nur dann bestehen, inhaltlich verändert oder aufgehoben werden, wenn dies von den unmittelbar Betroffenen selbst durch eigenes zielbewußtes Handeln veranlaßt worden ist.

Auch die dem Einzelnen zustehenden Rechte können nur vom Rechtsinhaber selbst bzw. mit seinem Zutun auf andere übertragen oder zugunsten von anderen beschränkt werden.

6. Handelt es sich bei den erwähnten Leitprinzipien um starre Regeln, die ausnahmslos anzuwenden sind? (Grdz. § 2 II 2)

Nein. Die Leitprinzipien geben Grundtendenzen für die Entwicklung und Anwendung von bürgerlichrechtlichen Vorschriften an, was nicht ausschließt, daß im Einzelfall ein solches Prinzip auch einmal zugunsten anderer, an dieser Stelle zu sachgerechteren Lösungen führender Wertungen aufgegeben wird. Das hängt auch damit zusammen, daß die Leitprinzipien untereinander in Wertungswidersprüchen stehen, die dazu führen, daß bei der Entwicklung von Normen für den konkreten Fall jeweils verschiedene Lösungsgesichtspunkte gegeneinander abgewogen werden müssen.

7. Wo ist der Grundsatz von Treu und Glauben im BGB erwähnt? (Grdz. § 2 II 5)

Dieser Grundsatz wird in den §§ 157 und 242 BGB ausdrücklich zitiert. Diese Bestimmungen befassen sich mit der Auslegung von Verträgen bzw. mit der Erfüllung von Schuldverhältnissen. Er gilt aber nicht nur für diesen Anwendungsbereich, sondern enthält ein allgemeines Rechtsprinzip, das im gesamten Zivilrecht (und darüber hinaus auch im öffentlichen Recht) als allgemeine Maxime anwendbar ist und z.B. als Grundlage für die Entwicklung neuer Rechtsregeln herangezogen werden kann.

8. Wo ist das Bürgerliche Recht geregelt; gibt es dafür ein oder mehrere Gesetze? (Grdz. § 2 III)

Zentrale Rechtsquelle ist das BGB, das von seinen Verfassern ursprünglich als Kodifikation, d.h. als Zusammenfassung aller wichtigen bürgerlichrechtlichen Vorschriften in einem systematisch geordneten Gesetzbuch konzipiert gewesen war. Inzwischen sind jedoch so viele neue ergänzende Bestimmungen erlassen worden, daß deren Einfügung in den Gliederungszusammenhang des BGB nicht mehr möglich war, so daß mittlerweile außerhalb des BGB eine Reihe von Nebengesetzen existieren, in denen mehr oder weniger umfangreiche Teilmaterien des Bürgerlichen Rechts geregelt sind. In jüngster Zeit bemüht sich die Gesetzgebung wieder mehr, bei früheren Reformen „ausgelagerte" Rechtsmaterien wieder in den Normenbestand des BGB zurückzuführen, so z.B. durch das Mietrechtsreformgesetz vom 19.6.2001 und das Schuldrechtsmodernisierungsgesetz vom 26.11.2001.

9. Ist das BGB ein modernes Gesetz? (Grdz. § 2 III)

Das BGB ist im Jahr 1896 vom Reichstag des damaligen Deutschen Reiches beschlossen und von Kaiser Wilhelm I. verkündet worden. In seiner ursprünglichen Fassung gilt das BGB als typisches Produkt der bürgerlichen Epoche des ausgehenden 19. Jahrhunderts. Inzwischen ist das Gesetz allerdings durch zahlreiche Novellen den geänderten sozialen Verhältnissen und dem Wandel der Rechtsanschauungen angepaßt worden. Eine völlig eigenständige Entwicklung hat vor allem das Arbeitsrecht genommen, dessen Kernmaterie allerdings auch heute noch im Dienstvertragsrecht der §§ 611 ff. BGB geregelt ist.

10. Gilt das BGB auch in den Teilen der Bundesrepublik Deutschland, die vor dem 3.10.1990 zur DDR gehört haben; müssen insoweit Besonderheiten beachtet werden? (Grdz. § 2 III)

Das BGB in seiner im „alten“ Bundesgebiet fortentwickelten Fassung ist am 3.10.1990 im Gebiet der früheren DDR in Kraft gesetzt und gilt dort für alle von diesem Zeitpunkt an neu begründeten Rechtsverhältnisse. Rechtsgeschäfte, die vor diesem Zeitpunkt abgeschlossen und vollständig abgewickelt worden sind, müssen demgegenüber nach dem ZGB und den anderen Vorschriften der DDR beurteilt werden. Für Rechtsbeziehungen und Rechte, die zwar vor dem 3.10.1990 begründet worden sind, aber über diesen Zeitpunkt hinaus noch fortwirken, gelten besondere Überleitungsvorschriften, die vor allem in den Art. 231 bis 236 EGBGB und einer umfangreichen Übergangsgesetzgebung niedergelegt sind.

11. Wie ist das BGB aufgebaut? (Grdz. § 2 IV, VI)

Das BGB ist in fünf Hauptabschnitte, „Bücher“ genannt, unterteilt; nämlich den Allgemeinen Teil, das Schuldrecht, das Sachenrecht, das Familienrecht und das Erbrecht. Wichtig und gewissermaßen als „Sechstes Buch des BGB“ in dieser Aufzählung mit anzuführen ist außerdem noch das Einführungsgesetz zum BGB (EGBGB). In diesem Gesetz sind die Regelungen des Internationalen Privatrechts über den räumlichen und persönlichen Anwendungsbereich des deutschen Bürgerlichen Rechts auf Rechtsfälle mit Auslandsberührung enthalten. In den Art. 219 ff. EGBGB finden sich außerdem Übergangsvorschriften für die seit 1985 erlassenen Gesetze zur Änderung des BGB; seit 2000 sind die Überleitungsbestimmungen in chronologischer Reihenfolge als Unter-§§ des Art. 299 EGBGB aufgeführt (vor allem die §§ 5–7 für das Schuldrechtsmodernisierungsgesetz vom 26.11.2001). In Art. 230–237 EGB ist das Übergangsrecht aus Anlaß der (Wieder-)Einführung des BGB in den neuen Bundesländern am 3.10.2000 (= „Tag des Wirksamwerdens des Beitritts des in Art. 3 des Einigungsvertrags genannten Gebiets“) kodifiziert.

12. Welche Bedeutung hat der Allgemeine Teil des BGB? (Grdz. § 2 IV)

Im Allgemeinen Teil des BGB (§§ 1 bis 240) sind vor allem Vorschriften über Personen und Rechtsgeschäfte sowie solche Bestimmungen aufgeführt, die als gewissermaßen „vor die Klammer gezogene“ Rechtsregeln im gesamten Bürgerlichen Recht angewendet werden können (z.B. Regelungen über die Berechnung von Fristen und Terminen, die Verjährung oder Selbsthilferechte).

13. Wo sind vermögensrechtliche Fragen im BGB hauptsächlich geregelt? (Grdz. § 2 IV)

Soweit vermögensrechtliche Beziehungen auf Leistungsansprüchen gegen andere Personen beruhen, sind sie im Zweiten Buch des BGB, dem Schuldrecht, geregelt (§§ 241 bis 853). Vermögensverhältnisse, die sich aus Herrschaftsbefugnissen über Sachen und andere Gegenstände ergeben, werden im Dritten Buch des BGB, dem Sachenrecht, behandelt (§§ 854 bis 1296).

14. Was ist der Gegenstand des Familienrechts? (Grdz. § 2 IV; § 19 I)

Das im Vierten Buch des BGB (§§ 1297 bis 1921) geregelte Familienrecht befaßt sich mit den Rechtsverhältnissen, die zur Begründung familienrechtlicher Sonderbeziehungen führen können (Ehe, Verwandtschaft, Adoption), den hieraus abzuleitenden persönlichen und vermögensrechtlichen Rechten und Pflichten sowie dem Vormundschafts-, Betreuungs- und Pflegschaftsrecht.

15. Welchen Inhalt hat das Erbrecht? (Grdz. § 2 IV; § 19 V)

Im Erbrecht, das im Fünften Buch des BGB normiert ist (§§ 1922 bis 2385), werden alle sich aus dem Tod einer natürlichen Person ergebenden vermögensrechtlichen Fragen geregelt; d.h. die Festlegung eines Nachfolgers in die Rechte und Pflichten des Verstorbenen (Erbfolge), insbesondere auch die vorsorgliche Gestaltung der Erbfolge durch letztwillige Verfügungen, die Haftung des Erben für die Schulden des Erblassers, der Anfall der Erbschaft und die Fürsorge des Nachlaßgerichts bis zum Antritt der Erbschaft.

16. Was ist das Internationale Privatrecht; ist es in einem von einer überstaatlichen Institution erlassenen Gesetz oder in einem völkerrechtlichen Vertrag geregelt? (Grdz. § 2 VI)

Das Internationale Privatrecht ist für Deutschland in einem vom deutschen Gesetzgeber erlassenen Gesetz, den Art. 3 bis 46 EGBGB, geregelt. Für einzelne Ländergruppen werden diese Vorschriften noch durch internationale Übereinkommen ergänzt oder modifiziert. Das Internationale Privatrecht legt fest, ob deutsche Gerichte bzw. deutsche Behörden deutsches oder einschlägiges nationales Recht anzuwenden haben, wenn sie Sachverhalte bearbeiten müssen, an denen Ausländer beteiligt sind oder die Rechtswirkungen über das Territorium der Bundesrepublik Deutschland hinaus haben bzw. aus dem Ausland in das Inland einstrahlen.

17. Was versteht man unter „Begrifflichkeit“ der Gesetzessprache des BGB; welche Vor- und Nachteile hat diese Darstellungstechnik? (Grdz. § 2 V)

Das BGB versucht, bei der Formulierung der Tatbestände und der Rechtsfolgen seiner Normen mit einer verhältnismäßig kleinen Anzahl von Begriffen auszukommen, die dann einen hohen Abstraktionsgrad besitzen. Damit können Sachverhalte aus den verschiedensten Lebensbereichen und eine Vielzahl möglicher Konflikte auf wenige einheitliche Grundstrukturen zurückgeführt und einzelne Regelungselemente in „Paragraphenketten“ quer durch das gesamte BGB miteinander verknüpft werden. Die Materie des Bürgerlichen Rechts bleibt damit insgesamt noch einigermaßen überschau- und lernbar, wird aber für den Laien weitgehend unverständlich: Das BGB ist kein Volksgesetz, sondern ein hochspezialisiertes Arbeitsmittel für Fachjuristen.

18. Nennen Sie einige juristische Fachausdrücke, die in der Umgangssprache entweder überhaupt nicht oder mit einem vom üblichen Sprachgebrauch abweichenden Sinn verwendet werden! (Grdz. § 2 V)

Begriffe, die in der Umgangssprache ungebräuchlich sind, sind z.B. die Ausdrücke Rechtsgeschäft, Willenserklärung, positive Vertragsverletzung, Hypothek, Auflassung, Vormerkung. Mit einem genaueren, i.d.R. enger als üblich definierten Sinn verwenden Juristen Worte wie z.B. Besitz, Eigentum, Schuld, Kaufmann oder Anspruch.

19. Wo kann man den genauen Text eines Gesetzes finden? (Grdz. § 2 VII)

Gesetze werden in Amtlichen Verkündungsblättern des jeweiligen Gesetzgebers (die Gesetze des Bundes z.B. im Bundesgesetzblatt) abgedruckt und veröffentlicht. Gesetze werden aber in der Folgezeit häufig durch neue Gesetzgebungsakte verändert, wobei üblicherweise nur die Änderung, nicht aber nochmals der gesamte Gesetzestext in der aktuellen Neufassung amtlich veröffentlicht wird. Einen Überblick über sämtliche Änderungen eines Gesetzes bietet der als „Bundesgesetzblatt Teil III" amtlich veröffentlichte „Fundstellennachweis des Bundesrechts". Für die tägliche Praxis empfiehlt es sich, auf Gesetzesausgaben der Fachverlage zurückzugreifen, die zwar nicht amtlich autorisiert sind, aber von zuverlässigen Redaktionen ständig auf dem neuesten Stand gehalten werden. Für das BGB z.B. gibt es sowohl Einzelausgaben (zusammen mit einer mehr oder weniger großen Anzahl von Nebengesetzen) als auch Abdrucke in Gesetzessammlungen, die alle relevanten zivilrechtlichen Vorschriften mehr oder weniger vollständig umfassen.

20. Was ist ein Kommentar; wozu braucht man ihn? (Grdz. § 2 VII)

Die modernen juristischen Kommentare enthalten den aktuellen Gesetzestext und im Zusammenhang damit Erläuterungen der jeweiligen Gesetzesstelle. Je nach Konzeption werden dabei außer Wortsinn und sytematischer Einordnung des Textes auch die einschlägige Rechtsprechung und die Diskussion der Regelung in der Fachliteratur wiedergegeben. Man benötigt Kommentare, um sich schnell über den aktuellen Stand der Auslegung der fraglichen Gesetzesstelle zu informieren und ggf. Fundstellen von Gerichtsentscheidungen und Fachaufsätzen zu finden, in denen ähnliche Fälle wie der in Rede stehende Sachverhalt bereits diskutiert worden sind.

§ 3. Rechtssubjekte

I. Was Sie von den Rechtssubjekten wissen müssen

Vor dem Einstieg in das eigentliche Regelwerk des BGB müssen Sie einige wichtige Institutionen des Bürgerlichen Rechts kennen lernen. Es ist gut, wenn Sie sich mit der zu deren Beschreibung verwendeten Begrifflichkeit schnell vertraut machen, damit Sie bei Ihren Studien von Anfang an über die richtigen Grundlagen verfügen. Bedenken Sie dabei, daß sich hinter juristischen Definitionen häufig Rechtsregeln verbergen, so daß der zutreffende Begriff sehr oft bereits die definitive rechtliche Beurteilung eines Sachverhalts vorzeichnet.

Als erstes geht es um die **Personen** oder **Rechtssubjekte**, durch deren Handeln zivilrechtliche Rechtsverhältnisse gestaltet werden können und die zugleich innerhalb des Rechtssystems als Träger von Rechten und Pflichten des Bürgerlichen Rechts fungieren. Wichtig ist zunächst die Unterscheidung zwischen **natürlichen** und **juristischen** Personen. Sie sind ursprünglich als die einzigen denkbaren Rechtssubjekte angesehen worden; jegliche andere Wesenheit kann nur **Rechtsobjekt** sein, d.h. sie ist selbst Gegenstand von Rechten eines bestimmten Rechtssubjekts. Neuerdings ist diese klare Begrifflichkeit allerdings durch die Regelung des § 14 Abs. 2 BGB und die Diskussion über die Rechtsfähigkeit der in den §§ 705 ff. BGB geregelten Gesellschaft des Bürgerlichen Rechts aufgeweicht worden. Mit den Rechtsobjekten beschäftigt sich das Sachenrecht; die „Grundzüge" kommen hierauf in den §§ 17 und 18 zurück (vgl. einstweilen § 17 I 3).

Den **natürlichen Personen** werden im Bürgerlichen Recht bestimmte Eigenschaften zugeordnet, die gegeben sein müssen, damit ein Individuum tatsächlich am Rechtsleben teilhaben kann. Für Sie wichtig ist vor allem der Unterschied zwischen **Rechtsfähigkeit** und **Geschäftsfähigkeit**; schon der Anfänger muß diese beiden Begriffe exakt auseinander halten können. Einen ersten Eindruck von der praktischen Bedeutung der Rechtsfähigkeit vermittelt Ihnen Fall 3.01. Machen Sie sich außerdem schon jetzt die verschiedenen Stufen der Geschäftsfähigkeit vertraut, die an das Alter oder die physische Fähigkeit einer Person anknüpfen, eigenverantwortlich für sich zu handeln; auch insoweit bietet Ihnen Fall 3.02 eine vorläufige Veranschaulichung (weitere Einzelheiten werden dann später in Grdz. § 8 IV behandelt).

Auch mit der Lehre von der **juristischen Person** müssen Sie sich wenigstens in ganz groben Zügen beschäftigen; wenn Sie sich später mit dem Handelsrecht und insbesondere mit dem Gesellschaftsrecht befassen sollten, werden Sie diese Grundkenntnisse benötigen, um die Organisation der Personenhandelsgesellschaften und der Kapitalgesellschaften besser verstehen zu können. Es geht hier darum, daß eine juristische Person zwar auf einen privatrechtlichen Gründungsakt zurückzuführen ist, an dem sich natürliche Personen (oder auch andere, bereits existente juristische Personen) beteiligt haben, daß sie dann aber in ihrem weiteren Bestand von ihren „Gründervätern“ unabhängig wird, eigenes Vermögen erwirbt und selbst als Rechtssubjekt am Rechtsleben teilnimmt. Dem Zuschnitt des Lernbuchs entsprechend können keine ausführlichen Details dargestellt werden. Sie sollten sich jedoch am Beispiel des eingetragenen Vereins einen ungefähren Eindruck verschaffen von der Gestaltung der Vermögensverhältnisse, der Organisation der Mitwirkungsbefugnisse und Rechte der jeweiligen Mitglieder im Innenverhältnis (dazu auch Fall 3.04) und von der durch besondere Organe vermittelten Teilnahme der juristischen Person am Rechtsverkehr im Außenverhältnis.

Daß das Bürgerliche Recht auch noch andere Organisationsformen für eine gemeinschaftliche Interessenverwirklichung durch mehrere Personen bietet, können Sie dem knappen Hinweis auf nicht rechtsfähige Personenzusammenschlüsse entnehmen; das in den §§ 705 ff. BGB geregelte Modell der Gesellschaft des Bürgerlichen Rechts wird später in Grdz. § 14 IV noch etwas ausführlicher dargestellt. Einstweilen schildert Fall 3.03 einen der vielfältigen Anwendungsfälle dieses Rechtstyps.

II. Übungsfälle

Fall 3.01: *Der ungeduldige Vater*

Anton erfährt zu seiner Freude, daß seine Frau schwanger ist und die Geburt eines Sohns erwartet. Die hochbeglückten Eltern beschließen, das Kind Tobias zu nennen. Damit sein Junge schon vom ersten Tag seines Lebens an mit irdischen Reichtümern gesegnet ist, begibt sich Anton einen Monat vor dem vom Arzt angekündigten Geburtstermin zum Notar, um auf das Kind Teile seines Grundvermögens, nämlich zwei Waldstücke und Ackerland „überschreiben“ zu lassen. Wie wird der Notar sein Ansinnen bescheiden?

Lösungshinweis: Hier geht es um die Rechtsfähigkeit des z.Z. der „Umschreibung“ des Grundbesitzes noch nicht geborenen Kindes des Anton. – Wiederholen Sie Grdz. § 3 II, III 1!

Musterlösung:

Das „Überschreiben“ der Grundstücke ist rechtlich als Übereignung dieser Vermögensgegenstände auf das (noch nicht geborene) Kind Tobias zu beurteilen. Damit das Kind Eigentum erwerben kann, müßte es bereits rechtsfähig sein. Gem. § 1 BGB beginnt jedoch die Rechtsfähigkeit eines Menschen erst mit der Vollendung der Geburt. Nur ausnahmsweise kann auch eine „Leibesfrucht“ schon (künftiger) Träger von Rechten sein; so kann sie z.B. gem. § 1923 Abs. 2 BGB bereits Erbe werden. Der Erwerb von Eigentum durch Rechtsgeschäft ist dagegen nur für ein schon existierendes Rechtssubjekt möglich, da die veräußerte Sache sonst (zumindest vorübergehend) herrenlos werden würde. Der Notar muß daher den Wunsch des Anton abschlagen, schon jetzt die Übereignung der Grundstücke auf das Kind Tobias zu beurkunden.

Fall 3.02: *Der fixe Ferdinand*

Ferdinand ist am 23. August 1983 um 23:00 Uhr geboren. Am Morgen seines 18. Geburtstags trifft er zufällig den Autohändler Kümmerling, der ihm einen gebrauchten VW Golf GTI besonders preisgünstig anbietet und ihm auch gleich noch einen Ratenkreditvertrag zur Finanzierung des Geschäfts vermitteln will. Ferdinand kann sich dem verlockenden Angebot nicht entziehen und setzt gegen 10:45 Uhr zum ersten Mal in seinem Leben eine Unterschrift unter einen ganz allein von ihm ausgehandelten Vertrag. Später kommen ihm dann aber doch Bedenken, ob der Abschluß des Kaufvertrags richtig gewesen ist, zumal ihm seine Eltern unter Hinweis auf seine karge Ausbildungsvergütung heftige Vorhaltungen machen. Nach einem Blick ins Gesetz ist Ferdinand dann aber beruhigt: Er liest in § 2 BGB, daß die Volljährigkeit „mit der Vollendung" des 18. Lebensjahrs eintritt, und kommt daher zum Schluß, daß er beim Vertragsabschluß am 23.8.2001 um 10:45 Uhr noch nicht volljährig gewesen sein kann, da er ja vor 18 Jahren erst um 23:00 Uhr das Licht der Welt erblickt hatte. Da gem. § 107 BGB die Wirksamkeit eines von einem Minderjährigen abgeschlossenen Vertrags von der Einwilligung seiner gesetzlichen Vertreter abhängt und seine Eltern ihre Zustimmung zum Kauf des Autos verweigern, hält Ferdinand den Vertrag mit Kümmerling für nichtig. Mit Recht?

Lösungshinweis: Der Fall führt in die Problematik der Berechnung von Fristen ein. Dies ist in den §§ 186–193 BGB geregelt. – Wiederholen Sie Grdz. § 3 III 2; vgl. auch Grdz. § 8 IV 3!

Musterlösung:

Ferdinand wäre an den am 23.8.2001 abgeschlossenen Vertrag mit Kümmerling gebunden, wenn er zu diesem Zeitpunkt bereits volljährig gewesen war. Dies hängt gem. § 2 BGB davon ab, ob er an diesem Tag um 10:45 Uhr sein achtzehntes Lebensjahr schon vollendet hatte. Geht man von der tatsächlichen Lebenszeit des Ferdinand aus, so hatte er am Vormittag des 23.8.2001 noch keine vollen achtzehn Jahre gelebt, denn er war am 23.8.1983 erst um 23:00 Uhr geboren worden. Für die Berechnung des Lebensalters gilt jedoch die Sondervorschrift des § 187 Abs. 2 Satz 2 BGB. Danach wird unabhängig von der tatsächlichen Geburtsstunde der Tag der Geburt von seinem Beginn an vollständig mitgezählt. Damit tritt gem. § 188 Abs. 2 Fall 2 BGB die Vollendung des 18. Lebensjahrs bereits mit Ablauf des dem Geburtstag vorhergehenden Tages, also am 22.8.2001 um 24:00 Uhr, ein. Ferdinand war sonach im Zeitpunkt des Vertragsschlusses mit Kümmerling schon voll geschäftsfähig; § 108 BGB ist in diesem Fall nicht mehr anwendbar. Der Vertrag ist gültig.

Fall 3.03: *Unglück im Glück*

Anton, Bertram und Christian haben sich zu einer Tippgemeinschaft zusammengeschlossen, der sie den schönen Namen „emtio spei" gegeben haben. Anton ist der Kassierer; er hat die Aufgabe, in jeder Woche den Tippschein mit den jeweils in der Johannisnacht von allen drei Freunden nach einem komplizerten System ausgeknobelten Zahlenreihen auszufüllen und aus der gemeinsamen Skatkasse zu bezahlen. In der ersten Augustwoche hat die Tippgemeinschaft Glück; sie gewinnt im dritten Rang den Betrag von rd. 27.000,– €. Das Geld wird auf ein von Anton bei seiner Hausbank eigens zu diesem Zweck auf seinen Namen, aber ohne jeden weiteren kennzeichnenden Zusatz eingerichtetes Konto überwiesen.

Damit beginnt allerdings auch schon der Ärger: Anton hat aus einer verunglückten geschäftlichen Transaktion bei seiner Bank noch 30.000,– € Schulden. Diese verbucht den Zahlungseingang und verrechnet ihn mit ihren eigenen Forderungen. Als Anton an seine Freunde deren Gewinnanteile überweisen will, verweigert die Bank die Auszahlung mit der Begründung, es sei kein Guthaben vorhanden. Alle Beteiligten sind empört: Der Lottogewinn habe der Tippgemeinschaft „emtio spei" gehört und dürfe nicht mit den Schulden des Anton verrechnet werden. Hat die Bank korrekt gehandelt?

Lösungshinweis: Die Entscheidung hängt davon ab, ob die Tippgemeinschaft der drei Freunde in einer auch gegenüber der Bank des Anton beachtlichen Weise als Kollektiv Rechte an dem auf das Sonderkonto eingezahlten Geldbetrag erworben hat. – Wiederholen Sie Grdz. § 3 IV; vgl. auch Grdz. § 10 III 4; § 14 IV 1 b!

Musterlösung:

Die Bank konnte gem. § 387 BGB mit ihrer eigenen gegen Anton gerichteten Zahlungsforderung über 30.000,– € gegen das durch die Überweisung des Lottogewinns entstandene Guthaben aufrechnen, wenn die Forderung aus diesem Guthaben dem Anton allein zugestanden hatte. Nach Lage des Sachverhalts könnte der Geldbetrag indessen der Tippgemeinschaft „emtio spei" entweder kraft eigenen Rechts geschuldet oder gem. § 719 BGB gesamthänderisch gebundenes gemeinschaftliches Vermögen der drei Freunde geworden sein.

Um das Guthaben aus dem Lottogewinn kraft eigenen Rechts erworben zu haben, müßte die Tippgemeinschaft selbst rechtsfähig sein. Dazu müßte sie als juristische Person entstanden sein. Im vorliegenden Fall kommt die Gründung eines eingetragenen Vereins in Betracht. Die Absprache der drei Freunde, sich zu einer Tippgemeinschaft zusammenzutun, könnte als rechtsgeschäftlicher Vereinsgründungsakt interpretiert werden. Der Zusammenschluß hat auch einen eigenen Namen und im Kassierer Anton eine im Außenverhältnis handlungsbefugte Person, die als Organ und als gesetzlicher Vertreter des Vereins handeln könnte. Zur Errichtung eines Vereins als eigenständiges Rechtssubjekt gehört jedoch auch noch die Anmeldung der Vereinsgründung beim Registergericht und die Eintragung des Vereins im Vereinsregister. Hierzu macht der Sachverhalt keine Aussage, so daß davon auszugehen ist, daß diese Voraussetzung nicht erfüllt ist. Damit kann die „emtio spei" auch nicht als rechtsfähiger Verein eigene Rechte an dem Lottogewinn erworben haben.

Die Tippgemeinschaft ist jedoch als Gesellschaft Bürgerlichen Rechts i.S.v. § 705 BGB anzusehen, denn die drei Freunde haben sich in einer vertraglichen Absprache, die nicht unbedingt schriftlich formalisiert werden muß, zur Förderung eines gemeinsamen Zwecks – der Teilnahme am Lottospiel – zusammengeschlossen und zur Leistung von Beiträgen verpflichtet. Demnach könnte der Lottogewinn als Ertrag dieser gemeinschaftlichen Aktivität gem. § 718 Abs. 1 BGB Gesellschaftsvermögen geworden sein, das nach Maßgabe des § 719 BGB allen drei Partnern in gesamthänderischer Bindung gemeinschaftlich zusteht. Darüber hinaus kommt in Betracht, die von Anton, Bertram und Christian unter dem Namen „emtio spei" errichtete Gesellschaft des Bürgerlichen

Rechts als eine als solche rechtsfähige Personengesellschaft i.S.d. § 14 Abs. 2 BGB anzusehen.

Die Gesellschaften Bürgerlichen Rechts sind dann als eigenständig rechtsfähige Zusammenschlüsse anzusehen, wenn sie im Rechtsverkehr als Kollektiv „nach außen" rechtsgeschäftlich handelnd aufgetreten sind. Um dies zu prüfen, muß im vorliegenden Fall zwischen dem Abschluß des Spielvertrags mit der Lottogesellschaft, der Entgegennahme des Gewinns und der Einrichtung des Kontos bei der Bank des Anton unterschieden werden:

Zumindest dann, wenn kein Dauerspielschein abgegeben ist, sondern der Spielvertrag in jeder Woche durch Abgabe eines Tippscheins neu abgeschlossen wird, ist der Wettvorgang weitgehend anonymisiert: Der Abschluß des Spielvertrags erfolgt gegen Barzahlung, die zusammen mit der gewetteten Zahlenreihe auf dem Spielschein quittiert wird. Der Name der Person, welche die Zahlenreihe gesetzt und den Einsatz bezahlt hat, wird nirgends festgehalten; die Auszahlung des Gewinns erfolgt gegen Vorlage des bestätigten und quittierten Spielscheins, der insoweit die Funktion eines Inhaberpapiers nach §§ 807, 793 BGB hat. Demgemäß ist die von den drei Freunden gebildete Gesellschaft beim Abschluß des Spielvertrags nicht als eigenständiges Kollektiv in Erscheinung getreten. Auch die Anweisung, den Gewinnbetrag auf ein bestimmtes Bankkonto zu überweisen, ist von Anton als (legitimiertem) Besitzer des Spielscheins erteilt worden; der Sachverhalt enthält keine Hinweise darauf, daß Anton bei dieser Gelegenheit als Vertreter der Tippgemeinschaft „emtio spei" in Erscheinung getreten ist. Bis zu diesem Zeitpunkt ist die Gesellschaft somit nicht nach außen handelnd aufgetreten.

In gleicher Weise stellt sich die Einrichtung des Bankkontos, die als Abschluß eines Girovertrags gem. § 676 f BGB zu bewerten ist, gegenüber der Bank allein als ein Rechtsgeschäft des Anton dar. Dieser hat zwar die Absicht gehabt, das Konto zur Verwahrung möglicherweise eingehender Lottogewinne für die Tippgemeinschaft zu halten. Laut Sachverhalt wurde das Konto jedoch „ohne jeden weiteren kennzeichnenden Zusatz" geführt, so daß dieser „Hintergedanke" für die Bank nicht ersichtlich war. Nach § 164 Abs. 2 BGB kommt es aber allein darauf an, was beim Abschluß eines Geschäfts gegenüber dem anderen Teil erkennbar hervorgetreten ist. Auch bei der Einrichtung des Bankkontos ist die Tippgemeinschaft somit nicht nach außen handelnd aufgetreten. Insgesamt betrachtet ist sie daher nur als Innengesellschaft aktiv geworden, so daß sie als solche auch nach der Regelung des § 14 Abs. 2 BGB keine eigenständige Rechtsfähigkeit erlangt hat.

Der Lottogewinn könnte jedoch nach §§ 718, 719 BGB gemeinschaftliches Vermögen der drei Gesellschafter geworden sein. Auch dann wäre es für die Bank mangels Gegenseitigkeit der Forderungen nicht möglich, mit ihrem nur gegen Anton als Einzelschuldner gerichteten Zahlungsanspruch gegen das Guthaben aufzurechnen. Es ist bereits festgestellt worden, daß der Abschluß des Spielvertrags, die Entgegennahme des Gewinns und die Einrichtung des Bankkontos im Außenverhältnis allein von Anton vorgenommen worden ist. Zwar kann er als allein geschäftsführungs- und vertretungsberechtigter Geschäftsführer der Tippgemeinschaft gem. §§ 710, 714 BGB angesehen werden; damit die Gesellschaft aus seinem Handeln unmittelbar Rechte erwirbt, bedarf es auch hier wieder nach § 164 Abs. 2 BGB der Offenlegung der Geschäftsführerrolle gegenüber dem anderen Geschäftspartner. Der auf dem Bankkonto des Anton eingezahlte Gewinn gehörte somit nicht von vornherein zum Gesellschaftsvermögen der Tippgemeinschaft.

Als Geschäftsführer war Anton allerdings gem. §§ 713, 667 BGB verpflichtet, den Lottogewinn als einen aus seiner Geschäftsführung erlangten Vorteil in das gemeinschaftliche Gesellschaftsvermögen zu überführen. Hierzu bedarf es aber noch eines weiteren Geschäftsaktes, so daß sich der Betrag von 27.000,– € zumindest vorübergehend im Alleinvermögen des Anton befunden hatte. Nach den Angaben des Sachverhalts hatte Anton im Zeitpunkt der Erklärung der Aufrechnung durch die Bank über das Guthaben auf „seinem“ Konto noch nicht zugunsten der Tippgemeinschaft verfügt. Damit lag Gegenseitigkeit von Anspruch und Gegenanspruch vor; die Aufrechnung war nach § 387 BGB wirksam und hat dazu geführt, daß der Lottogewinn zur (teilweisen) Tilgung der Bankschulden des Anton verbraucht ist.

Fall 3.04: *Der enttäuschte Golffreund*

Anton hat es endlich geschafft, gegen Zahlung eines Eintrittsgeldes von 10.000,– € Mitglied des renommierten Golfclubs Neustadt e.V. zu werden. Unter fürsorglicher Anleitung des Clubtrainers beschafft er sich eine noch halbwegs bezahlbare Golfausrüstung und nimmt auch eifrig Trainerstunden, um sich mit den Schwierigkeiten des Golfschwungs vertraut zu machen. Schon in der dritten Stunde gelingt ihm das Kunststück, einen geraden Ball mehr als 100 m weit zu schlagen. Davon überzeugt, den Sport nunmehr perfekt zu beherrschen, begibt sich Anton am darauf folgenden Sonntag zur schicklichen Zeit auf den Golfplatz, um seine erste Runde zu spielen. Dazu kommt es jedoch nicht; vielmehr belehrt ihn der Clubsekretär, der Zugang zum Platz sei ihm erst nach Erlangung der „Platzreife“ gestattet. Hierzu müsse er mindestens 15 Trainerstunden, eine schriftliche Prüfung über Golfregeln und Golfetikette sowie eine Proberunde in Gegenwart eines Vorstandsmitglieds absolvieren. Anton ist empört, daß ihm als nunmehrigem Miteigentümer des Clubs und seiner Einrichtungen von einem Angestellten derartige Vorschriften gemacht werden. Wird seine Beschwerde beim Vorstand Erfolg haben?

Lösungshinweis: Der Fall zeigt die Rechtsbeziehungen an einzelnen Vermögensgegenständen einer als eingetragener Verein organisierten juristischen Person und schildert die sich hieraus ergebenden Nutzungsbefugnisse einzelner Vereinsmitglieder. – Wiederholen Sie Grdz. § 3 IV 1, 3!

Musterlösung:

Anton könnte einen Anspruch auf Zulassung zur Benutzung der Golfanlage des Clubs nur auf seine Rechtsstellung als Vereinsmitglied stützen, denn durch die Aufnahme in den Golfclub Neustadt e.V. hat er keine unmittelbaren Miteigentumsrechte am Clubvermögen erworben, sondern nur ein Mitgliedschaftsrecht. Der Verein ist vielmehr eigenständiges Rechtssubjekt und als solches alleiniger Eigentümer der im Laufe der Jahre für den Verein geschaffenen oder erworbenen Vermögensgegenstände, also z.B. auch des Golfplatzes. Welche Mitgliedschaftsrechte Anton hat und inwieweit er befugt ist, das Vereinsvermögen mitzubenutzen, richtet sich nach den vereinsinternen Regeln, die in der Satzung oder durch Einzelbeschlüsse der Mitgliederversammlung bzw. der anderen nach der Satzung zuständigen Vereinsgremien festgelegt worden sind. Wenn (im wohlverstandenen Interesse eines geordneten Spielbetriebs und zur Schonung des Platzes) bestimmt ist, daß Anfänger auf der Anlage erst spielen dürfen, wenn sie die Platzreife nachgewiesen haben, muß Anton sich dem fügen, denn er hat mit seinem Eintritt in den Verein auch zugleich dessen Organisationsstruktur und die im Rahmen dieser Organisation geschaffenen Regelungen akzeptiert.

Fall 3.05: *Die eigensinnige Greisin*

Anton ist vom Vormundschaftsgericht für die hochbetagte Amalie Müller zum Betreuer in allen ihre Person und ihr Vermögen betreffenden Angelegenheiten bestellt worden. Da Amalie Müller ein Pflegefall ist und unter starker Gedächtnisschwäche leidet, hat das Vormundschaftsgericht gem. § 1903 Abs. 1 BGB die Pflegschaft mit Einwilligungsvorbehalt angeordnet.

Amalie Müller ist nicht unvermögend; sie verfügt u.a. über ein beachtliches Depot mit Wertpapieren bei der Volksbank Neustadt. Eines Tages läßt sie den Notar Dr. Mannlich kommen und gibt ihm die Erklärung zu Protokoll, daß sie ihr gesamtes Wertpapiervermögen ihrer Lieblingsnichte Hulda schenke. Sie beauftragt den Notar, der Hulda ihr Schenkungsangebot zu übermitteln und deren Erklärung über die Annahme der Schenkung entgegenzunehmen. Da Amalie Müller keinerlei Zeichen von Verwirrtheit zeigt und auch nach eingehender Belehrung mit klarem Verstand auf der Erfüllung ihres Wunsches besteht, hat der Notar keine Bedenken, die Schenkung zu beurkunden und diese auch der Hulda mitzuteilen, die die Gabe ihrer Tante mit großer Freude annimmt. Pflichtgemäß unterrichtet der Notar auch den Anton, der mit dieser Transaktion jedoch keineswegs einverstanden ist, da er das Wertpapierdepot als Rücklage für den Fall betrachtet hatte, daß die Amalie Müller noch länger leben und ihr sonstiges Vermögen von den Pflegekosten aufgezehrt werden sollte. Kann Hulda die Herausgabe der Wertpapiere an sich verlangen?

Lösungshinweis: Die Gültigkeit des Schenkungsversprechens der Amalie Müller hängt davon ab, ob sie noch in der Lage war, auch ohne Mitwirkung ihres Betreuers Anton wirksam Willenserklärungen abzugeben. – Wiederholen Sie Grdz. § 3 III 2; vgl. auch Grdz. § 8 IV 2, 3; § 19 IV!

Musterlösung:

Hulda kann gem. § 516 BGB die Herausgabe der Wertpapiere verlangen, wenn zwischen ihr und ihrer Tante ein wirksamer Schenkungsvertrag zustande gekommen ist. Bedenken, daß die von Notar Dr. Mannlich entsprechend den Anforderungen des § 518 BGB beurkundete Schenkungserklärung ungültig sein könnte, könnten deshalb bestehen, weil Amalie Müller nicht (mehr) geschäftsfähig ist. In Betracht kommt zunächst, daß Amalie Müller sich bei Vornahme des Geschäfts im Zustand krankhafter Störung der Geistestätigkeit befunden hatte, so daß ihre Willenserklärung aufgrund der §§ 104 Nr. 2, 105 Abs. 2 BGB als nichtig angesehen werden müßte. Der Notar hat jedoch beim Beurkundungsakt trotz der Gebrechlichkeit der Tante keine Anzeichen von geistiger Verwirrtheit feststellen können, so daß eine Anwendung dieser Vorschrift ausscheidet.

Zu prüfen bleibt noch, ob die Schenkung der Einwilligung des Anton bedarf und ob dieser seine Zustimmung hierzu verweigern kann. Anton ist gem. §§ 1896 ff. BGB vom Vormundschaftsgericht zum Betreuer der Amalie Müller bestellt worden, das Gericht hat im Hinblick auf die Gebrechlichkeit der Betreuten nach § 1903 Abs. 1 BGB Einwilligungsvorbehalt angeordnet. Der Aufgabenkreis des Anton erstreckt sich auf das Vermögen der Amalie Müller. Demnach bedarf sie für alle Vermögensgeschäfte, die ihr nicht lediglich einen rechtlichen Vorteil bringen oder eine geringfügige Angelegenheit des täglichen Lebens betreffen (§ 1903 Abs. 3 BGB), der Zustimmung des Anton. Eine

Schenkung ist ein Vermögensgeschäft, das dem Schenker nicht lediglich einen rechtlichen Vorteil bringt, und die Verfügung über einen nicht unerheblichen Teil des Vermögens kann auch nicht mehr als eine geringfügige Angelegenheit des täglichen Lebens betrachtet werden. Gem. §§ 1903 Abs. 1 Satz 2, 108 Abs. 1 BGB hängt sonach die Wirksamkeit der Schenkung und des hierauf beruhenden Vermögenserwerbs der Hulda von der Einwilligung des Anton ab.

Fraglich ist, ob Anton seine Zustimmung nach freiem Belieben verweigern und damit das Zustandekommen des Schenkungsvertrags verhindern kann. Wie der Regelung des § 1901 Abs. 2 Satz 2 BGB zu entnehmen ist, führt die Anordnung einer Betreuung mit Einwilligungsvorbehalt nicht dazu, daß eine betreute Person völlig entmündigt wird; sie behält vielmehr grundsätzlich das Recht, im Rahmen ihrer Möglichkeiten ihr Leben nach eigenen Wünschen und Vorstellungen zu gestalten. Zur Lebensgestaltung gehört auch die Vergabe von Geschenken, um Zuneigung auszudrücken oder – vor allem am Lebensabend – durch Hingabe auch wesentlicher Teile des eigenen Vermögens mit warmer Hand schon jetzt einzelne Personen besonders auszuzeichnen und deren Dankbarkeit für das Geschenk noch zu Lebzeiten zu erfahren. Gem. § 1901 Abs. 3 Satz 1 BGB hat sich Anton bei der Erteilung seiner Einwilligung zur Schenkung in erster Linie nach dem Wunsch der Amalie Müller zu richten; er darf seine Zustimmung nur dann verweigern, wenn die Entäußerung der Wertpapiere dem wohlverstandenen eigenen Wohl der Betreuten zuwiderlaufen würde. Im vorliegenden Fall macht Anton die Besorgnis geltend, daß die hohen Pflegekosten im Laufe der Zeit das übrige Vermögen der Amalie Müller aufzehren könnten, so daß sie auf die Wertpapiere als Notgroschen angewiesen sein kann, um nicht der Sozialhilfe zur Last zu fallen. Dies ist ein triftiger Grund. Anton darf daher seine Einwilligung zur Schenkung verweigern. Die Verfügung der Amalie Müller ist damit nichtig; Hulda kann nicht die Herausgabe der Wertpapiere verlangen.

III. Wiederholungsfragen

1. Was ist ein Rechtssubjekt? (Grdz. § 3 I)

Rechtssubjekte sind die Träger von Rechten und Pflichten.

2. Wer kann Rechtssubjekt sein? (Grdz. § 3 II)

Rechtssubjekte sind alle natürlichen Personen sowie die juristischen Personen des Zivilrechts und des öffentlichen Rechts.

3. Welche juristischen Personen des Zivilrechts gibt es? (Grdz. § 3 IV 2; § 14 IV 1, 2)

Das BGB kennt als juristische Personen den eingetragenen Verein (§§ 55 ff. BGB) und die rechtsfähige Stiftung (§§ 80 ff. BGB). Als juristische Personen des Handelsrechts sind dann noch die Kapitalgesellschaften anzuführen, deren Errichtung und Organisation jeweils in eigenen Gesetzen geregelt ist, nämlich die Aktiengesellschaft, die Gesellschaft mit beschränkter Haftung und der Versicherungsverein auf Gegenseitigkeit. Eine weitere juristische Person des Zivilrechts ist die eingetragene Genossenschaft. Übergangsformen zur juristischen Person bilden die Gesellschaft des Bürgerlichen Rechts (§§ 705 ff. BGB – jedenfalls als „Außengesellschaft" –), die offene Handelsgesellschaft (§§ 105 ff. HGB), die Kommanditgesellschaft (§§ 161 ff. HGB) und die Partnerschaftsgesellschaft nach dem PartGG vom 25.7.1994.

4. Was sind die charakteristischen Eigenschaften des Vereins im Vergleich zur Stiftung des bürgerlichen Rechts? (Grdz. § 3 IV 2)

Der Verein entsteht aus dem körperschaftlichen Zusammenschluß mehrerer (natürlicher oder juristischer) Personen, er dient der Organisation des Zusammenwirkens der Vereinsmitglieder zur Verwirklichung der in der Satzung festgelegten Ziele. Die Bildung eines eigenständigen Vereinsvermögens ist möglich, aber keine notwendige Voraussetzung für die Existenz des Vereins. Die Stiftung des bürgerlichen Rechts ist eine für einen bestimmten Zweck gewidmete Vermögensmasse, die der Stifter im Stiftungsgeschäft aus seinem sonstigen Vermögen ausgegliedert und unter eine eigene Verwaltung gestellt hat. In beiden Fällen tritt zum privatrechtlichen Gründungsakt noch eine staatliche Mitwirkungshandlung hinzu, damit es zur Entstehung einer juristischen Person kommt. Beim Verein ist dies die Eintragung ins Vereinsregister durch das Amtsgericht als Registerbehörde nach Überprüfung der Ordnungsmäßigkeit des Gründungsgeschäfts; bei der Stiftung ist eine Genehmigung durch die Aufsichtsbehörde erforderlich.

5. Sind auch der Staat oder andere Körperschaften des öffentlichen Rechts als juristische Personen anzusehen; wenn ja: Können auch sie Rechtssubjekte des Bürgerlichen Rechts sein? (Grdz. § 1 V; § 3 IV 2)

Ja. Der Staat und die anderen Körperschaften des öffentlichen Rechts (z.B. die Gemeinden und Gemeindeverbände, aber auch z.B. die Universitäten oder die Berufskammern) sowie die öffentlich-rechtlichen Anstalten und Stiftungen sind ebenfalls auch im zivilrechtlichen Sinn als juristische Personen anzusehen. Die Voraussetzungen für ihre Entstehung und ihre Organisation sowie ihre Zuständigkeiten sind zwar durch die Vorschriften des öffentlichen Rechts geregelt. Dies schließt es jedoch nicht aus, daß sie auch als Rechtssubjekte des Bürgerlichen Rechts in Erscheinung treten, soweit sie am Zivilrechtsverkehr teilnehmen (z.B. Eigentum an Sachen des ihnen zugeordneten Verwaltungsvermögens haben oder bei ihrer Tätigkeit auch Rechtsgeschäfte des Bürgerlichen Rechts abschließen).

6. Was sind die wesentlichen Eigenschaften der juristischen Personen? (Grdz. § 3 IV 1)

Eine juristische Person ist als solche Rechtssubjekt, d.h. sie kann Träger von Rechten und Pflichten sein; sie kann insbesondere eigenes Vermögen und selbst Schulden haben. Demgegenüber wird das Privatvermögen der für sie handelnden Organe oder der sie tragenden Personen von ihrer Geschäftstätigkeit normalerweise nicht betroffen. In ihrem Fortbestand ist die juristische Person von der Existenz der am Gründungsakt mitwirkenden Rechtssubjekte unabhängig. Sie kann durch ihre Organe einen vom Willen ihrer einzelnen Mitglieder unabhängigen Kollektivwillen bilden und im Außenverhältnis eigenständig Rechtsgeschäfte vornehmen.

7. Wie entsteht ein Verein als Rechtssubjekt? (Grdz. § 3 IV 3)

Ein Verein entsteht, wenn mindestens sieben (natürliche oder juristische) Personen sich über die Vereinsgründung einigen, eine Satzung beschließen, in der mindestens der Vereinszweck, der Name und der Sitz des Vereins und die anderen in § 58 BGB aufgeführten Erfordernisse geregelt sind, und einen Vorstand wählen. Dieser muß beim zuständigen Amtsgericht den Verein zur Eintragung ins Vereinsregister anmelden. Der Verein wird Rechtssubjekt, sobald seine Eintragung erfolgt ist.

8. Steht dem einzelnen Mitglied eines eingetragenen Vereins von 50 Personen, der aus Beiträgen seiner Mitglieder eine Ferienwohnungsanlage gebaut hat und betreibt, ein Bruchteil von 2 % der Anlage zu; kann es Eigentumsrechte an einem genau bezeichneten Appartement geltend machen? (Grdz. § 3 IV 3)

Nein. Alleiniger Eigentümer der Ferienanlage ist der Verein selbst. Die einzelnen Mitglieder partizipieren am Vereinsvermögen nur im Rahmen ihres Mitgliedschaftsrechts, das durch die Satzung und gegebenenfalls durch ergänzende Entscheidungen der dazu befugten Vereinsorgane festgelegt ist. Insofern ist es auch nicht möglich, Eigentum an einzelnen Gegenständen oder an abgrenzbaren Teilen des Vereinsvermögens zu haben. (Etwas anderes kann beim Abschluß eines Teilzeit-Wohnrechtevertrags mit einem gewerblichen Unternehmer nach §§ 481 ff. BGB gelten.)

9. Kann ein eingetragener Verein „sterben"; wer „beerbt" ihn in diesem Fall? (Grdz. § 3 IV 3)

Da der Verein als juristische Person von der Existenz seiner jeweiligen Mitglieder unabhängig ist, ist ein physischer „Tod" des Vereins nicht denkbar. Der Verein kann jedoch durch Beschluß der Mitgliederversammlung aufgelöst werden, auch verliert er durch Konkurs oder durch gerichtliche Entscheidung gem. §§ 43, 73 BGB die Rechtsfähigkeit, ferner kann er aus vereinspolizeilichen Gründen durch Anordnung der Verwaltungsbehörde aufgelöst werden. In diesem Fall findet eine Liquidation des vorhandenen Vereinsvermögens statt, die in erster Linie der Tilgung der Vereinsschulden dient. Ein danach noch verfügbarer Überschuß ist an die in der Satzung angegebenen oder von der Mitgliederversammlung im Auflösungsbeschluß bestimmten Destinatäre auszukehren; wurde eine solche Regelung nicht getroffen, steht der Überschuß den bei der Auflösung des Vereins vorhandenen Mitgliedern zu gleichen Teilen zu; äußerstenfalls fällt das Vermögen an den Staat.

10. Ist es möglich, in einer Vereinssatzung vorzuschreiben, daß die Wahl des Vorstandes nicht durch die Mitgliederversammlung, sondern durch einen Beirat erfolgt, dessen Angehörige nach bestimmten Kriterien (z.B. nach Zugehörigkeit zu einer Familie) ausgewählt werden? (Grdz. § 3 IV 3)

Die §§ 25 bis 40 BGB regeln die innere Verfassung der Vereine, soweit nicht durch die Satzung abweichende Bestimmungen getroffen sind; die Grenzen der Gestaltungsbefugnis des Satzungsgebers sind in § 40 BGB festgelegt. Zwar soll gem. § 27 Abs. 1 BGB die Wahl des Vorstandes grundsätzlich durch alle Vereinsmitglieder in einer Mitgliederversammlung erfolgen; diese Vorschrift gehört jedoch zu den Bestimmungen, die in § 40 BGB als abänderbar bezeichnet werden. Die vorgeschlagene Satzungsregelung ist also möglich.

11. Ist die Gründung eines rechtsfähigen Vereins die einzige Möglichkeit, die Tätigkeit mehrerer Personen im Bereich des Bürgerlichen Rechts zu koordinieren? (Grdz. § 3 IV 4; § 12 IV 1, 2)

Nein. Im BGB sind als weitere Rechtsformen koordinierten Handelns mehrerer Personen die Gesellschaft des Bürgerlichen Rechts und die Rechtsgemeinschaft vorgesehen. Angehörige Freier Berufe können sich für ihre Tätigkeit als Unternehmer in einer Partnerschaftsgesellschaft zusammenschließen. Auch kann nach Gründung eines Vereins darauf verzichtet werden, diesen zur Eintragung ins Vereinsregister anzumelden. Dann erlangt dieser Zusammenschluß keine Rechtsfähigkeit, sondern unterliegt den Sonderregelungen des § 54 BGB.

12. Was bedeutet der Begriff Rechtsfähigkeit; wie hängt dieser Begriff mit dem Ausdruck Rechtssubjekt zusammen? (Grdz. § 3 I, III 1)

Unter diesem Begriff versteht man die Eignung, Träger von Rechten und Pflichten zu sein. Die Rechtsfähigkeit ist die Grundeigenschaft eines jeden Rechtssubjekts.

13. Gibt es Menschen ohne Rechtsfähigkeit; gibt es vor allem Einschränkungen der zivilrechtlichen Rechtsfähigkeit für Ausländer? (Grdz. § 3 III 1)

Gem. § 1 BGB beginnt die Rechtsfähigkeit des Menschen mit seiner Geburt; sie endet mit seinem Tod. Daraus folgt, daß nach der Rechtsordnung des BGB alle Menschen unabhängig von ihren sonstigen persönlichen Verhältnissen Träger von privatrechtlichen Rechten und Pflichten sein können, also rechtsfähig sind. Dies gilt auch für Ausländer.

14. Gem. § 80 Abs. 1 Insolvenzordnung (InsO) geht mit der Eröffnung des Insolvenzverfahrens das Recht des Schuldners, sein zur Insolvenzmasse gehörendes Vermögen zu verwalten und darüber zu verfügen, auf einen vom Amtsgericht eingesetzten Insolvenzverwalter über. Widerspricht dies nicht der Regel, daß jeder Mensch Zeit seines Lebens uneingeschränkt rechtsfähig ist? (Grdz. § 3 III 1)

Diese Regelung enthält keinen Widerspruch: § 80 Abs. 1 InsO betrifft nur die Befugnis des Schuldners, weiterhin über sein bei Eröffnung des Verfahrens vorhandenes Vermögen zu verfügen oder zu dessen Lasten neue Verbindlichkeiten einzugehen. Der Schuldner bleibt aber nach wie vor rechtsfähig; d.h. er bleibt (bis zu einer anderweitigen Verfügung des Insolvenzverwalters) Rechtsinhaber der zur Masse gehörenden Gegenstände; er kann sie allerdings ohne Mitwirkung des Insolvenzverwalters nicht mehr für sich verwerten, da dieses Vermögen nunmehr für die Befriedigung seiner Gläubiger beschlagnahmt ist. Schon während des Insolvenzverfahrens kann der Schuldner jedoch durch neue Geschäfte selbständig Rechte und Pflichten begründen, die nicht zur Insolvenzmasse gehören und daher auch nicht der Kontrolle durch den Insolvenzverwalter unterliegen. Unter bestimmten, in § 270 Abs. 2 InsO geregelten Voraussetzungen kann dem Schuldner auch die Eigenverwaltung der Insolvenzmasse unter der Aufsicht eines Sachwalters übertragen werden.

15. Was bedeutet Geschäftsfähigkeit; in welchem Verhältnis steht diese Eigenschaft zur Rechtsfähigkeit? (Grdz. § 3 III 1, 2; § 8 IV 1)	Unter dieser Eigenschaft versteht man die Möglichkeit einer natürlichen Person, wirksam am Rechtsverkehr teilzunehmen, insbesondere eigenverantwortlich Rechtsgeschäfte für sich abzuschließen. Ein Mensch ist zwar stets rechtsfähig; die Geschäftsfähigkeit hängt dagegen von seinem Alter und von seiner geistigen Gesundheit ab.
16. Welcher Zusammenhang besteht zwischen Lebensalter und Geschäftsfähigkeit? (Grdz. § 3 III 2)	Kinder bis zur Vollendung des 7. Lebensjahres sind gem. § 104 Nr. 1 BGB schlechthin geschäftsunfähig; Minderjährige, d.h. Personen vom 7. Lebensjahr an bis zum Eintritt der Volljährigkeit nach Vollendung des 18. Lebensjahres (§ 2 BGB), sind gem. § 106 BGB beschränkt geschäftsfähig.
17. Können auch volljährige Personen geschäftsunfähig oder in ihrer Geschäftsfähigkeit beschränkt sein? (Grdz. § 3 III 2)	Volljährige Personen sind gem. § 104 Nr. 2 BGB geschäftsunfähig, wenn sie sich dauernd im Zustand krankhafter Störung ihrer Geistestätigkeit befinden, der ihre freie Willensbestimmung ausschließt. § 105 Abs. 2 BGB stellt diesem Zustand die Situation gleich, daß jemand bei Abschluß eines Rechtsgeschäfts bewußtlos ist oder in seiner Geistestätigkeit vorübergehend gestört ist. Volljährige Personen unterliegen denselben Handlungsbeschränkungen wie ein beschränkt geschäftsfähiger Minderjähriger, wenn für sie wegen einer psychischen Krankheit oder einer geistigen oder seelischen Behinderung vom Vormundschaftsgericht ein Betreuer bestellt *und* gem. § 1903 Abs. 1 BGB Einwilligungsvorbehalt angeordnet worden ist.
18. Bedeutet Geschäftsunfähigkeit, daß die betreffende Person überhaupt nicht am Rechtsverkehr teilnehmen kann, ist es ausgeschlossen, daß mit Wirkung für und gegen sie Rechtsgeschäfte vorgenommen werden können? (Grdz. § 3 III 2; § 8 IV 3)	Nein. Anstelle der geschäftsunfähigen bzw. in der Geschäftsfähigkeit beschränkten Person handelt in den meisten Fällen ihr gesetzlicher Vertreter, wobei für bestimmte Arten von Geschäften noch eine zusätzliche Kontrolle durch das Vormundschaftsgericht vorgesehen ist. Beschränkt geschäftsfähige Personen können sogar selbst Rechtsgeschäfte vornehmen; sie bedürfen hierzu jedoch gem. § 107 BGB in den meisten Fällen der Einwilligung des gesetzlichen Vertreters. Gesetzliche Vertreter von Minderjährigen sind je nach den konkreten Familienverhältnissen deren Eltern bzw. dann, wenn diese kein Sorgerecht haben oder verstorben sind, ein vom Vormundschaftsgericht bestellter und überwachter Vormund. Nach Eintritt der Volljährigkeit haftet allerdings der Minderjährige für Verbindlichkeiten, die durch seine gesetzlichen Vertreter oder von ihm selbst mit deren Zustimmung eingegangen worden sind, nur insoweit, als hierfür der Bestand des am 18. Geburtstag vorhandenen Vermögens ausreicht (Überschuldungsschutz nach § 1629 a BGB). – Erwachsene werden von Betreuern vertreten, die ebenfalls vom Vormundschaftsgericht eingesetzt werden.

19. Können Minderjährige oder Geisteskranke für einen von ihnen verursachten Schaden haftbar gemacht werden? (Grdz. § 3 III 3)

Ob Minderjährige oder Geisteskranke für die Folgen einer von ihnen (objektiv) begangenen unerlaubten Handlung einstehen, d.h. aus ihrem eigenen Vermögen Schadensersatz leisten müssen, richtet sich nach den Regelungen der §§ 827 bis 829 BGB über die Deliktsfähigkeit der natürlichen Personen. Grundsätzlich sind Kinder im Alter bis zu sieben Jahren für den von ihnen verursachten Schaden überhaupt nicht und Heranwachsende im Alter bis zu 18 Jahren nur unter besonderen Voraussetzungen verantwortlich. Deliktsunfähig sind auch Personen, die in einem ihre freie Willensbetätigung ausschließenden Zustand krankhafter Störung ihrer Geistestätigkeit handeln. In diesem Fall ist allerdings die Besonderheit des § 827 Satz 2 BGB zu beachten.

20. Können auch juristische Personen „geschäftsunfähig" werden? (Grdz. § 3 IV 1)

Grundsätzlich nicht. Juristische Personen handeln durch ihre Organe als gesetzliche Vertreter. Es kann allerdings der Fall eintreten, daß die natürlichen Personen, die als Organe der juristischen Person fungieren, weggefallen sind (z.B. durch Rücktritt, Abberufung, Tod oder Geschäftsunfähigkeit). In diesem Fall müssen durch die dazu berufenen Gremien neue gesetzliche Vertreter bestellt werden; äußerstenfalls kann auch das Registergericht einen Notvorstand einsetzen.

§ 4. Subjektive Rechte

I. Was Sie über subjektive Rechte lernen müssen

Das Bürgerliche Recht ordnet die sozialen Beziehungen zwischen den einzelnen Rechtssubjekten als **Rechtsverhältnisse.** Diese sehr abstrakte Rechtsfigur wird Ihnen im weiteren Verlauf Ihrer Studien noch besser verständlich werden; vorerst müssen Sie sich mit dem zentralen Begriff des **subjektiven Rechts** vertraut machen und einiges über die gängigen Oberbegriffe erfahren, unter denen die in der Rechtsordnung vorkommenden subjektiven Rechte einerseits nach ihrer Zielrichtung und andererseits nach ihrem typischen Inhalt geordnet werden. Vor allem die Unterscheidung zwischen den (absoluten) **Herrschaftsrechten** und den (relativen) **Ansprüchen** ist wichtig, da u.a. die systematische Untergliederung des Bürgerlichen Rechts in Schuldrecht und Sachenrecht auf den charakteristischen Besonderheiten dieser Rechtstypen beruht. In Fall 4.01 werden einige dieser Eigenarten erstmals angesprochen.

Eine wichtige Frage ist es dann, wie das in einem subjektiven Recht geschützte individuelle Interesse im Einzelfall **konkret durchgesetzt** werden kann. Hier spielen die **Gestaltungsrechte** eine besondere Rolle, weil sie die

Befugnis verleihen, bestehende Rechtsbeziehungen auch durch einseitigen Willensakt zu verändern, insbesondere sie – wie z.B. im Fall der Kündigung – ganz aufzuheben. Ein Aspekt der durch die Anerkennung individueller subjektiver Rechte begründeten Handlungsmacht zeigt sich auch in der Frage, inwieweit der Rechtsinhaber befugt ist, sein Recht auf eigene Faust gewaltsam durchzusetzen. Sie werden die relativ eng begrenzte Befugnis zur eigenmächtigen Wahrnehmung oder Verteidigung von subjektiven Rechten später wiederfinden, wenn Sie sich im Zusammenhang mit dem Recht der unerlaubten Handlungen mit dem Phänomen des **Rechtfertigungsgrundes** auseinanderzusetzen haben (vgl. Grdz. § 15 I 3 a, bb; § 16 IV 2). Prägen Sie sich daher die Systematik der in den §§ 227 bis 231 BGB geregelten **Verteidigungs- und Selbsthilferechte** ein; in Fall 4.04 finden Sie ein praktisches Anwendungsbeispiel.

Die Prinzipien, nach denen allgemein der **Inhalt von subjektiven Rechten** festgelegt werden kann, sind für Sie zunächst noch sehr unanschaulich und werden Ihnen wohl erst im Verlauf Ihrer weiteren Studien ganz verständlich werden. Immerhin lernen Sie in diesem Zusammenhang erstmals die Wirkungsweise privatautonomer Rechtsgestaltung und deren Steuerung durch gesetzliche Regulative wie den Grundsatz von Treu und Glauben, den Typenzwang für absolute Rechte, die zwingenden Inhaltsnormen des Schuldrechts sowie generelle Schranken in Form von allgemeinen Verbotsgesetzen und des grundsätzlichen Ausschlusses sittenwidrigen Handelns zu Lasten Dritter kennen.

Ein besonderes Problem stellt die Einwirkung des **Zeitablaufs** auf den Bestand eines subjektiven Rechts dar. Dies wird vor allem am Beispiel der **Verjährung von Ansprüchen** deutlich, die seit dem 1.1.2002 im Schuldrechtsmodernisierungsgesetz völlig neu geregelt worden sind (§§ 194 ff. BGB). Bereits als Anfänger müssen Sie sich mit den Verjährungsfristen, der Regelung des Fristbeginns und den Auswirkungen von Hemmung und Neubeginn des Laufs einer Verjährungsfrist sowie der Methode der Berechnung von Fristen vertraut machen.

II. Übungsfälle

Fall 4.01: *Der saumselige Bauunternehmer*

Anton hat bei Eberhard ab dem 1.10. eine Wohnung gemietet, die sich bei Abschluß des Mietvertrags noch im Bau befindet. Eberhard hatte dem Anton besonders versichert, die Wohnung werde rechtzeitig bezugsfertig sein. Am 1.10. sind indessen noch nicht einmal die Estricharbeiten beendet. Anton hat im Vertrauen auf die Terminzusagen seine alte Wohnung gekündigt und muß nun für zwei Monate ins Hotel ziehen, bis er in das Haus des Eberhard einziehen kann. Eberhard hat sich beim Bau seines Hauses finanziell völlig verausgabt, so daß sich Anton wenig Chancen ausrechnet, bei ihm irgendwelche Schadensersatzansprüche realisieren zu können; auch möchte er es sich nicht sogleich bei seinem Einzug mit dem neuen Hauswirt verderben, indem er ihn für die Verzögerung zur Rechenschaft zieht. Kann Anton stattdessen bei dem von Eberhard beauftragten Bauunternehmer Hurtig Regreß nehmen, der ja letztendlich den Fertigstellungstermin nicht eingehalten hat?

Lösungshinweis: Der Fall vermittelt eine Vorstellung vom Unterschied zwischen absolut und relativ wirkenden Rechtsbeziehungen und macht die enge Personenbezogenheit von schuldrechtlichen Leistungsansprüchen deutlich. – Wiederholen Sie Grdz. § 4 II 1, 2 c; vgl. auch Grdz. § 12 I 3 a; § 13 III 1!

Musterlösung:

Anton könnte von Hurtig Schadensersatz wegen der verzögerten Fertigstellung der Wohnung verlangen, wenn insoweit zwischen ihm und Hurtig irgendwelche Rechtsbeziehungen bestehen würden. Als künftiger Mieter des Eberhard verfügt Anton über keine Herrschaftsrechte an dem bei Hurtig in Auftrag gegebenen Neubau, in die dieser in irgendeiner Weise mit Rechtsfolgen zugunsten von Anton hätte einwirken können. Gegenüber Hurtig könnte Anton daher allenfalls aufgrund irgendwelcher schuldrechtlicher Beziehungen einen Schadensersatzanspruch geltend machen. Schuldrechtliche Rechtsverhältnisse sind relativer Natur, von wenigen – im vorliegenden Fall nicht einschlägigen – Ausnahmen abgesehen begründen sie Ansprüche nur zwischen den am Vertragsschluß unmittelbar beteiligten Rechtssubjekten.

Bei dem hier zu entscheidenden Sachverhalt sind einerseits Vertragsbeziehungen zwischen Eberhard und Hurtig und andererseits solche zwischen Anton und Eberhard zu unterscheiden; zwischen Anton und Hurtig wurde dagegen kein Vertrag geschlossen. In Bezug auf die Wohnung steht Anton also nur mit Eberhard in besonderen Rechtsbeziehungen. Insoweit hat er einen Anspruch darauf, daß ihm die vermieteten Räume pünktlich am 1.10. im bezugsfähigen Zustand zur Verfügung gestellt werden. Wenn Anton wegen seiner Hotelkosten Ersatz haben will, muß er sonach seine Hemmungen überwinden und sich an den Hauseigentümer Eberhard als seinen unmittelbaren Vertragspartner halten. Dieser kann dann ggf. die von ihm zu erbringenden Ersatzleistungen seinerseits gegen Hurtig als eigenen Schaden wegen der verzögerten Fertigstellung seines Hauses geltend machen oder von Hurtig die Freistellung von seinen Ersatzpflichten gegenüber Anton fordern.

Fall 4.02: *Ein geschickter Gläubiger*

Der Schreinermeister Hildebrand bestellt am 5.2.1999 beim Weinhändler Klaus 40 Flaschen Sancerre zum Preis von 820,– DM für seine private Geburtstagsfeier. Die Ware wird prompt geliefert, von Hildebrand jedoch trotz wiederholter Mahnungen nicht bezahlt. Um endlich zu seinem Geld zu kommen, erteilt Klaus dem Hildebrand am 17.10.2001 den Auftrag, für die Probierstube seiner Weinhandlung eine neue Theke zu bauen. Als Festpreis wird ein Betrag von 900,– DM vereinbart. Es bedarf wiederum einiger Mahnungen, bis Hildebrand den Auftrag schließlich im Februar 2002 ausführt; am 22.2.2002 wird das Werk schließlich von Klaus abgenommen. Noch am selben

Tag schickt der Schreiner seine Rechnung über 460,16 €. Klaus erklärt mit Brief vom 25.2.2002 die Aufrechnung mit seiner Zahlungsforderung aus der Weinbestellung des Hildebrand vom 5.2.1999, die er einschließlich der inzwischen aufgelaufenen Verzugszinsen mit 469,57 € beziffert.

Hildebrand wendet ein, seine Zahlungsschulden seien längst verjährt und könnten daher nicht gegen seinen Werklohnanspruch aufgerechnet werden. Hat er Recht?

Lösungshinweis: Wie schon im Fall 2.02 muß insbesondere geklärt werden, welche Fassung des BGB für die Beurteilung des Sachverhalts maßgeblich ist, da das seit dem 1.1.2002 geltende Schuldrechtsmodernisierungsgesetz die Verjährungsfristen für gewerbliche Zahlungsforderungen von zwei auf drei Jahre verlängert hat. Im Hinblick auf die Regelung des § 215 BGB n.F. (bzw. § 390 Satz 2 BGB a.F.) kommt es dann darauf an, seit wann der Werklohnanspruch des Hildebrand „entstanden" ist und mit der Zahlungsforderung des Klaus hätte verrechnet werden können.

Musterlösung:

Dem Schreinermeister Hildebrand steht gem. § 631 Abs. 1 BGB unstreitig ein Anspruch auf Werklohn in der schon bei Auftragserteilung vereinbarten Höhe von (umgerechnet) 460,16 € zu. Diese Forderung könnte jedoch nach §§ 387, 389 BGB durch die von Klaus am 25.2.2002 erklärte Aufrechnung mit dessen Gegenforderung erloschen sein. Auch dieser Zahlungsanspruch des Klaus ist unstreitig, er ergibt sich gem. § 433 Abs. 2 BGB aus dem Kaufvertrag vom 5.2.1999.

Hildebrand beruft sich allerdings auf die Verjährung seiner vor mehr als drei Jahren begründeten Kaufpreisschuld. Nach §§ 196 Abs. 1 Nr. 1, 201 BGB a.F. belief sich die Verjährungsfrist für Zahlungsansprüche der Kaufleute aus der Lieferung von Waren auf zwei Jahre zum Jahresende; seit dem 1.1.2002 gilt für solche Ansprüche die „regelmäßige Verjährungsfrist", die gem. §§ 195, 199 Abs. 1 BGB n.F. auf drei Jahre zum Jahresende bemessen ist. Im vorliegenden Fall wäre die von Hildebrand erhobene Einrede der Verjährung daher allenfalls dann beachtlich, wenn sich die Verjährung des Zahlungsanspruchs des Klaus noch nach der bis zum 31.12.2001 geltenden alten Fassung des BGB richtet. Dies ist anhand der Regelung des Art. 229 § 6 Abs. 1 EGBGB zu klären. Danach sind die Vorschriften des Schuldrechtsmodernisierungsgesetzes über die Verjährung – entgegen dem Grundsatz des Art. 229 § 5 EGBGB – prinzipiell auch auf Ansprüche anzuwenden, die schon vor dem 1.1.2002 entstanden sind. Voraussetzung ist jedoch, daß diese Ansprüche bei Inkrafttreten des Schuldrechtsmodernisierungsgesetzes – also am 1.1.2002 – auch nach „altem" Recht noch nicht verjährt waren. Im vorliegenden Fall war der Zahlungsanspruch des Klaus mit Abschluß des Kaufvertrags vom 5.2.1999 entstanden. Die zweijährige Verjährungsfrist des § 196 Abs. 1 Nr. 1 BGB a.F. begann somit gem. § 201 BGB a.F. mit dem Schluß des Jahres 1999, also am 31.12.1999 um 24:00 Uhr, zu laufen. Nach § 188 Abs. 2 BGB ist damit die Verjährung des Kaufpreisanspruchs am 31.12.2001 um 24:00 – also eine „logische Sekunde" vor dem Inkrafttreten des Schuldrechtsmodernisierungsgesetzes am 1.1.2002 um 0:00 Uhr – eingetreten. Der Anspruch des Klaus auf Zahlung von rund 900,– DM war also in dem für die Anwendung des „neuen" Rechts maßgebendem Zeitpunkt bereits verjährt gewesen, so daß es dann auch dabei bleibt.

Wie sich die Verjährung des Zahlungsanspruchs auf die von Klaus am 25.2.2002 erklärte Aufrechnung gegen den Werklohnanspruch des Hildebrand auswirkt, richtet sich gem. Art. 229 § 6 Abs. 1 EGBGB ebenfalls noch nach „altem" Recht, in diesem Falle nach der Bestimmung des § 390 Satz 2 BGB a.F. (die im übrigen mit dem gleichen sachlichen Inhalt in die neue Regelung des § 215 BGB n.F. übernommen worden ist). Danach kann die Aufrechnung auch noch mit einer inzwischen verjährten Gegenforderung erklärt werden, wenn die Aufrechnung schon zu einem früheren Zeitpunkt möglich gewesen und der Anspruch damals noch nicht verjährt war. Es kommt also darauf an, ob Klaus die ihm zustehenden rund 900,– DM schon vor dem 31.12.2001 mit dem Werklohnanspruch des Hildebrand hätte verrechnen können.

Dies könnte fraglich sein, weil Werklohnansprüche nach der (durch das Schuldrechtsänderungsgesetz nicht geänderten) Regelung des § 641 Abs.1 BGB erst fällig werden, wenn das geschuldete Werk fertig gestellt und abgenommen worden ist. Dies war vorliegend erst am 22.2.2002 der Fall gewesen. Insoweit ist jedoch zwischen Begründung und Fälligkeit des Werklohnanspruchs zu unterscheiden: Begründet war der Anspruch des Hildebrand auf die Zahlung von 900,– DM nach § 631 Abs. 1 BGB schon mit Abschluß des Werkvertrags über die Holztheke am 17.10.2001. Hildebrand durfte „sein" Geld nur nicht fordern, bevor er die vereinbarte Leistung erbracht hatte und diese von Klaus als vertragsmäßig abgenommen war. Nach § 271 Abs. 2 BGB schließt dies aber nicht aus, daß Klaus seinerseits an Hildebrand den Werklohn auch schon vor Fälligkeit hätte zahlen können. Die Möglichkeit zur Aufrechnung besteht gem. § 387 BGB immer dann, wenn der Aufrechnende – hier Klaus – die Leistung aus dem zur Aufrechnung gestellten Anspruch fordern kann (was hinsichtlich der Weinrechnung seit 1999 der Fall war) und selbst berechtigt ist, die ihm obliegende Leistung zu bewirken (was er, wie festgestellt, bereits seit dem Abschluß des Werkvertrags am 17.10.2001 tun konnte). Demnach war jedenfalls aus Sicht des Klaus bereits seit dem 17.10.2001 – und damit noch vor dem Eintritt der Verjährung bei Ablauf des 31.12.2001 – die Möglichkeit gegeben, seinen Kaufpreisanspruch gegen den Werklohnanspruch des Hildebrand aufzurechnen. Sonach ist auch die erst am 22.2.2002 erklärte Aufrechnung noch wirksam geworden, der Anspruch des Hildebrand auf Zahlung von (umgerechnet) 460,16 € ist hierdurch getilgt.

Fall 4.03: *Ein wichtiger Unterschied*

Hinz und Kunz haben sich im Mehrfamilienhaus des Ewald Wohnungen gemietet. In Absprache mit dem Hauseigentümer investieren beide erhebliche Summen, um sich ihre Wohnungen nach ihrem persönlichen Geschmack besonders komfortabel einzurichten. Um sicherzugehen, daß dieses Geld nicht verloren ist, vereinbaren beide Mieter mit Ewald, daß ihr Mietvertrag durch den Vermieter nicht vor Ablauf des Jahres 2015 gekündigt werden kann. Kunz will ganz sichergehen und läßt sich von Ewald gegen eine vergleichsweise geringe Erhöhung des Mietzinses im Grundbuch an günstiger Rangstelle noch ein bis zum 31.12.2015 befristetes Wohnungsrecht gem. § 1093 BGB bestellen.

Zwei Jahre nach dem Vertragsschluß kommt Ewald wegen einer mißglückten Aktienspekulation in Schwierigkeiten, die dazu führen, daß über sein Vermögen das Insolvenzverfahren eröffnet wird. Das Mietshaus wird zwangsversteigert und von Raffke erworben, der sämtliche Wohnungen in Büroräume umwandeln will, um seine Erträge zu verbessern. Müssen sich Hinz und Kunz wegen ihrer Mietverträge Sorgen machen? – *Besonderer Hinweis:* Gem. Art. 229 § 3 Nr. 1 EGBGB ist eine etwaige Kündigung der Mietverträge durch

Raffke nach dem z.Z. der Bearbeitung des Falles geltenden Recht des BGB zu beurteilen.

Lösungshinweis: Der Sachverhalt macht den Unterschied zwischen einem lediglich schuldvertraglich fundierten und einem dinglich gesicherten Recht zum Besitz an einer fremden Sache deutlich. – Wiederholen Sie Grdz. § 4 II 2; 17 III 2 c; § 18 II 3!

Musterlösung:

(1) Hinz ist zwar Besitzer seiner Wohnung und in dieser Rolle vor allem durch die §§ 858 ff. BGB auch gegenüber Störungen durch Dritte geschützt, der Mietvertrag mit Ewald gibt ihm aber keine absolut wirkenden Herrschaftsrechte an „seinem Besitztum". Insoweit hat er lediglich gegen Ewald gem. § 535 Abs. 1 Satz 1 BGB einen schuldrechtlichen Anspruch darauf, ihm den Gebrauch der Wohnung mindestens bis zum 31.12.2015 zu gewähren. Ob Raffke als neuer Eigentümer das Hauses dieses Mietverhältnis gegen sich gelten lassen muß, richtet sich danach, ob es besondere Rechtsvorschriften gibt, die ihn als Rechtsnachfolger des Ewald an den seinerzeit zwischen diesem und Hinz abgeschlossenen Vertrag binden.

Tatsächlich tritt bei der Vermietung von Wohnraum nach § 566 BGB der Erwerber eines Grundstücks in die durch Verträge seines Rechtsvorgängers mit den Mietern begründeten Rechte und Pflichten an dessen Stelle ein. Mithin muß auch Raffke die von Ewald getroffene Abmachung beachten, daß die an Hinz vermietete Wohnung vom Vermieter nicht vor Ende 2015 gekündigt werden kann. Raffke hat das Eigentum an dem Anwesen jedoch im Wege der Zwangsversteigerung erworben. Gem. § 57 ZVG gilt zwar grundsätzlich auch dann die Regelung des § 566 BGB im Verhältnis zwischen Mieter und Ersteher, letzterer hat jedoch nach § 57 a ZVG das Recht, ein zeitlich befristetes Mietverhältnis unter Einhaltung der allgemeinen Kündigungsfristen vorfristig zu kündigen. Dieses Kündigungsrecht ist nach § 57 b ZVG nur dann ausgeschlossen, wenn die Wohnung mit Baukostenzuschüssen des Mieters gebaut oder wiederinstandgesetzt worden war. Im vorliegenden Fall hatte Hinz beträchtliche eigene Mittel in „seine" Wohnung investiert, dies geschah jedoch zu seinem privaten Vorteil und diente nicht der Schaffung oder Instandsetzung von Mietraum. Sonach geht zwar der mit Ewald abgeschlossene Mietvertrag auf den Raffke über, dieser kann jedoch das Mietverhältnis spätestens am dritten Werktag des auf den Zuschlag in der Zwangsversteigerung folgenden Monats zum Ablauf des übernächsten Monats kündigen (§ 573 c Abs. 1 BGB). Gegen diese Kündigung kann Hinz nur die einem Wohnungsmieter in solchen Fällen allgemein möglichen Einwendungen erheben; d.h. er kann geltend machen, daß keine die ordentliche Kündigung nach § 537 BGB rechtfertigenden Gründe gegeben sind oder gem. § 574 BGB Widerspruch wegen besonderer Härte erheben. Ob er damit Erfolg haben wird, ist jedoch immerhin unsicher.

(2) Kunz hat demgegenüber durch Bewilligung und Eintragung eines Wohnungsrechts ein dingliches Nutzungsrecht an dem Haus des Ewald erworben, das nach §§ 1093 Abs. 1, 1036 Abs. 1 BGB sein Recht zum Besitz an den Mieträumen zusätzlich zu seinem Anspruch aus dem Mietvertrag mit Ewald gewährleistet. Diese Rechtsposition ist gegenüber allen ihr im Rang nachfolgenden Veränderungen am Eigentum des Hauses gesichert, nach § 879 BGB sind dies alle zeitlich später stattfindenden Verfügungen des Eigentümers und Zugriffe von dritten Gläubigern. Das Wohnungsrecht des Kunz ist also auch in dem zwei Jahre später eröffneten Insolvenzverfahren über das Vermögen des Ewald zu beachten und bei der Zwangsversteigerung des Anwesens nach § 45 Abs. 1 ZVG bei der Feststellung des „geringsten Gebots" zu berücksichtigen. Mit der Erteilung des Zuschlags an Raffke ist das Wohnungsrecht des Kunz somit nicht nach § 91 Abs. 1 ZVG erloschen; Raffke hat vielmehr das Eigentum an dem Mietshaus mit dem Wohnrecht des Kunz belastet erworben. Demnach steht dem Raffke auch nicht das Recht zu,

den Mietvertrag mit Kunz nach § 57 a ZVG vorzeitig zu kündigen; dem Kunz ist auch gegenüber Raffke „sein“ Besitz an der Wohnung jedenfalls bis zum Ende des Jahres 2015 sicher.

Fall 4.04: *Blinder Eifer*

Dem Anton wird bei einem Einbruch in seine Wohnung ein kostbares Gemälde gestohlen. Einige Wochen später findet er sein Bild durch Zufall auf dem Rücksitz eines Pkw. wieder, der verschlossen auf einem Parkplatz in der Saarbrücker Innenstadt abgestellt ist. Das Fahrzeug trägt ein Saarbrücker Kennzeichen. Da jeder Irrtum ausgeschlossen ist, bricht Anton kurzerhand eine Seitenscheibe des Wagens auf, und stellt das Gemälde sicher. Der guten Ordnung halber meldet er den Fall noch der Polizei. Zu seinem großen Befremden setzt sich einige Tage später der Meier mit ihm in Verbindung, stellt sich als Eigentümer des von Anton demolierten Pkw. vor und verlangt unter Androhung gerichtlicher Schritte u.a. Schadensersatz für die zerstörte Fensterscheibe. Auf den Diebstahl des Gemäldes angesprochen, beteuert Meier, damit habe er nichts zu tun, ihm sei das Gemälde just am Tag des Einschreitens des Anton von einem zuverlässigen Kunsthändler verkauft worden. Muß Anton die zerbrochene Fensterscheibe bezahlen?

Lösungshinweis: Bei der Beurteilung des Sachverhalts geht es um die Frage, inwieweit Anton berechtigt ist, zur Verteidigung seines Eigentums an dem Bild fremdes Eigentum zu verletzen. – Wiederholen Sie Grdz. § 4 III 2; vgl. auch Grdz. § 15 I 3 a; § 16 IV 2; § 17 II 3 a!

Musterlösung:

Meier könnte von Anton nach § 823 Abs. 1 BGB Schadensersatz für die Beschädigung seines Pkw. verlangen. Anton ist zur Leistung nur dann nicht verpflichtet, wenn die Sachbeschädigung durch das Vorliegen eines Rechtfertigungsgrundes erlaubt war.

Da Anton seinerseits Opfer eines Einbruchsdiebstahls gewesen war und sich durch sein Vorgehen lediglich sein gestohlenes Eigentum wiederbeschaffen wollte, könnte er sich gem. § 227 BGB auf Notwehr berufen. Als Notwehr wird jedoch nur die Verteidigung auf einen *gegenwärtigen* rechtswidrigen Angriff angesehen; sie ist sonach nur so lange möglich, wie die Diebstahlshandlung noch nicht beendet, mithin noch „gegenwärtig“ ist. Im vorliegenden Fall ist der Einbruchsdiebstahl bei Anton schon längst abgeschlossen; wie sich nachträglich herausstellt, hat Meier mit dem Diebstahl nichts zu tun. Mithin kann Anton ihm gegenüber keine Notwehr ausüben.

Das Bild ist dem Anton ohne seinen Willen weggenommen worden; sein Besitz an der Sache wurde ihm sonach i.S.v. § 858 Abs. 1 BGB durch verbotene Eigenmacht entzogen. Als ehemaliger Besitzer könnte Anton nach § 859 Abs. 2 BGB noch das Recht zur Selbsthilfe (Besitzkehr) haben. Auch dieses Recht besteht indessen nur gegenüber dem auf frischer Tat betroffenen oder verfolgten Täter, nicht dagegen auch gegenüber Meier, der am Diebstahl selbst nicht beteiligt war.

Damit könnte sich Anton allenfalls noch auf das allgemeine Selbsthilferecht des § 229 BGB berufen. Anton hat gehandelt, um seinen Anspruch auf Rückgabe des ihm gestohlenen Bildes durchzusetzen. Diesen Anspruch hätte Meier erfüllen müssen, wenn

Anton von ihm die Herausgabe des Bildes verlangt und ihn notfalls hierauf verklagt hätte. Es bestehen jedoch keine Anhaltspunkte dafür, daß Meier sich der Durchsetzung dieses Anspruchs entzogen haben würde oder daß Anton sonst daran gehindert worden wäre, durch Anrufung obrigkeitlicher Hilfe – z.B. durch eine Klage gegen Meier – zu seinem Recht zu kommen. Anhand des Kfz-Kennzeichens hätte Anton die Möglichkeit gehabt, den gegenwärtigen Besitzer seines Bildes zu ermitteln; da der Wagen in Saarbrücken zugelassen ist, konnte er auch davon ausgehen, daß dessen Halter hier wohnhaft oder zumindest erreichbar sein würde.

Dem Anton stehen sonach für die Beschädigung des Eigentums des Meier keine Rechtfertigungsgründe zur Seite; er hat vielmehr widerrechtlich gehandelt und ist gem. § 823 Abs. 1 BGB dem Meier zum Ersatz seines Schadens verpflichtet.

Fall 4.05: *Der egoistische Chef*

Anton hat in der Firma Meier & Sohn eine Anstellung als Disponent gefunden. Er wird ohne Vereinbarung einer Probezeit auf unbestimmte Zeit angestellt. Da sein Gehalt nur knapp bemessen und überdies das Betriebsklima schlecht ist, sieht er sich jedoch schon drei Monate später nach einer neuen Stelle um und hat auch das Glück, einen ihm besser zusagenden Posten zu finden. Mit einem am Donnerstag, dem 18.8. in der Firma eingegangenen Brief kündigt er bei Meier zum 31.8. Meier weist die Kündigung zurück: Er könne gerade jetzt nicht auf die Dienste des Anton verzichten; im übrigen dürfe in seinem Betrieb nur mit seiner Erlaubnis gekündigt werden. Auch sei die Kündigungsfrist des § 622 Abs. 1 BGB nicht eingehalten. Muß Anton bei Meier & Sohn bleiben?

Lösungshinweis: Der Fall zeigt, wie ein vertraglich begründetes Rechtsverhältnis auch durch einseitige Gestaltungserklärung – hier: durch ordentliche Kündigung des Arbeitsvertrags – gegen den Willen des anderen Teils beendet werden kann. – Wiederholen Sie Grdz. § 4 II 2 d, IV 2, 3 d; vgl. auch Grdz. § 14 I 4!

Musterlösung:

Zu prüfen ist zunächst, ob Anton den Arbeitsvertrag überhaupt ohne Zustimmung des Meier einseitig aufkündigen kann. Bei Arbeitsverhältnissen, die nicht für eine feste Zeit abgeschlossen sind, besteht gem. §§ 620 Abs. 2, 622 BGB das Recht zur Kündigung, die – jedenfalls aus der Sicht des Arbeitnehmers – als ordentliche, an Fristen gebundene Kündigung auch ohne das Vorliegen eines besonderen Kündigungsgrundes erklärt werden kann. Das Kündigungsrecht ist ein Gestaltungsrecht, es kann daher ohne Zustimmung und sogar gegen den Willen des anderen Teils ausgeübt werden. Die Auffassung des Meier, in seinem Betrieb dürfe nur mit seiner Erlaubnis gekündigt werden, ist somit unzutreffend.

Fraglich ist allerdings, ob die am 18.8. ausgesprochene Kündigung des Anton fristgerecht ist. Anton ist bei der Fa. Meier & Sohn ohne Vereinbarung einer Probezeit auf unbestimmte Zeit beschäftigt, sein Kündigungsrecht richtet sich somit nach § 622 Abs. 1 BGB. Diese Vorschrift bestimmt für die Kündigung des Arbeitnehmers eine Frist von vier Wochen zum Fünfzehnten oder zum Ende eines Kalendermonats. Die am 18.8. erklärte Kündigung war mithin für das Ende des Monats August nicht mehr fristgerecht. Möglicherweise könnte die am Donnerstag, dem 18.8., erklärte Kündigung aber wenigstens für Donnerstag, den 15.9., rechtzeitig sein. Da die Kündigung im Verlauf des 18.8. erklärt worden ist, wird gem. § 187 Abs. 1 BGB dieser Tag bei der Berechnung der 4-Wochen-Frist nicht mitgezählt. Nach § 188 Abs. 2, 1. Alternative BGB endigt in diesem Fall die Frist erst mit Ablauf des vierten Donnerstags nach diesem Datum, mithin am 15.9. um 24:00 Uhr. Die Kündigung des Anton ist demnach für diesen Zeitpunkt wirksam.

Im Hinblick darauf, daß Meier einwendet, er könne gerade jetzt nicht auf die Dienste des Anton verzichten, ist noch zu untersuchen, ob die Kündigung des Anton nicht zur Unzeit erfolgt und aus diesem Grund unwirksam ist. Gestaltungsrechte können zwar einseitig ausgeübt werden, nach Treu und Glauben hat der Berechtigte jedoch auf wichtige Gegeninteressen des anderen Teils Rücksicht zu nehmen. Ausnahmsweise darf daher das Kündigungsrecht dann nicht ausgeübt werden, wenn der Arbeitgeber hierdurch in besondere Schwierigkeiten gebracht wird und dem Arbeitnehmer ein Verbleiben am Arbeitsplatz bis zu einem günstigeren Zeitpunkt für die Auflösung des Arbeitsverhältnisses zugemutet werden kann. Hier ist allerdings zu berücksichtigen, daß der Gesetzgeber die Kündigungsfristen so bemessen hat, daß den Beteiligten normalerweise ausreichend Gelegenheit bleibt, sich auf die neue Situation einzustellen. Auch genießt das Interesse des Arbeitnehmers an Freizügigkeit bei der Gestaltung seiner Arbeitsverhältnisse grundsätzlich Vorrang, denn die ordentliche Kündigung ist für ihn praktisch die einzige Möglichkeit, unerfreulichen und unangemessenen Arbeitsbedingungen aus dem Weg zu gehen. Schließlich ist es auch Sache des Arbeitgebers, durch entsprechende materielle Anreize einen für besonders wichtig erachteten Mitarbeiter zum Verbleib auf dem Arbeitsplatz zu bewegen. Der allgemein gehaltene Hinweis des Meier, er könne gerade jetzt nicht auf die Dienste des Anton verzichten, reicht daher nicht aus, um Antons Kündigung als unzeitig zu bewerten. Sonach ist dessen Arbeitsverhältnis bei Meier & Sohn mit Ablauf des 15.9. beendet.

III. Wiederholungsfragen

1. Können Sie die Begriffe Rechtssubjekt, subjektives Recht, Rechtsobjekt und objektives Recht auseinanderhalten? (Grdz. § 3 I, V; § 4 I, II)	*Rechtssubjekte* sind die Träger von Rechten und Pflichten; hierbei handelt es sich entweder um natürliche oder um juristische Personen. *Subjektive Rechte* sind die rechtlich geschützten, d.h. notfalls mit Unterstützung durch den Staat durchsetzbaren Interessen einzelner Rechtssubjekte. *Rechtsobjekte* sind Sachen, die Gegenstand von Herrschaftsrechten einzelner Rechtssubjekte sein können, sowie Forderungen und immaterielle Rechte, soweit ihr Inhaber über sie verfügen kann. *Objektives Recht* sind alle Rechtsregeln, die abstrakt für einzelne gedachte Tatbestände Rechtsfolgen festlegen, Verhaltensmodelle entwerfen oder Handlungsbefugnisse (Zuständigkeiten) zuordnen.
2. Was sind relative und was sind absolute Rechte; welche Rechtstypen sind beiden Gruppen zugeordnet? (Grdz. § 4 II)	*Relative Rechte* sind subjektive Rechte, die zwischen konkreten, durch ein Rechtsverhältnis miteinander verbundenen Rechtssubjekten Ansprüche auf Leistungen bzw. Pflichten oder andere Handlungsbefugnisse begründen. Zu den relativen Rechten zählen die Ansprüche und die meisten Gestaltungsrechte. *Absolute Rechte* sind subjektive Rechte, die von ihrem Inhaber gegenüber jedermann oder einer unbestimmten

Vielzahl von anderen Rechtssubjekten geltend gemacht werden können und die von letzteren beachtet werden müssen, ohne daß zwischen ihnen und dem Rechtsinhaber bereits ein relatives Rechtsverhältnis zu bestehen braucht. Zu den absoluten Rechten zählen die Persönlichkeitsrechte sowie die Herrschaftsrechte an Sachen.

3. Nennen Sie ein Beispiel für ein Herrschaftsrecht; welches Rechtsgebiet des Bürgerlichen Rechts beschäftigt sich mit den Herrschaftsrechten? (Grdz. § 4 II 2 a; § 17 I 1)

Das wichtigste Herrschaftsrecht ist das in § 903 Satz 1 BGB definierte Eigentum an einzelnen Sachen. Die Herrschaftsrechte des Bürgerlichen Rechts sind im 3. Buch des BGB, dem Sachenrecht, geregelt.

4. Gibt es im BGB oder in anderen geschriebenen Rechtsquellen eine Definition des Allgemeinen Persönlichkeitsrechts? (Grdz. § 4 II 2 b; § 15 I 3 a, cc)

Nein. Das Allgemeine Persönlichkeitsrecht ist im Gesetz nicht als eigenständiges subjektives Recht definiert. Es ist nur in einzelnen Ausformungen – z.B. als Recht auf Schutz des Namens, als Recht am eigenen Bild sowie auf Schutz des Lebens, der körperlichen Unversehrtheit und der Bewegungsfreiheit geregelt.

5. Was genau ist das Allgemeine Persönlichkeitsrecht; wodurch ist es gerechtfertigt, dieses Recht heute auch zu einem subjektiven Recht des Privatrechts auszubilden? (Grdz. § 4 II 2 b)

Man kann es als Recht des Individuums auf Achtung, auf Anerkennung und auf Wahrung der Integrität seiner Person in der ihr eigentümlichen Würde und in ihrer leiblich-seelischen Existenz unter Einschluß einer diese Individualität sichernden Privatsphäre definieren. Die Rechtfertigung zur Ausprägung dieses Rechts auch im Privatrecht ergibt sich aus der für *alle* staatliche Gewalt ausgesprochenen Verpflichtung des Art. 1 Abs. 1 Satz 2 GG, die Unantastbarkeit der Würde des Menschen zu schützen. Damit muß auch die Zivilrechtsordnung Rechtsinstitute schaffen, die es dem Einzelnen ermöglichen, die Wahrung seiner Persönlichkeitsrechte selbst in die Hand zu nehmen, statt sich allein auf den Schutz durch die Strafverfolgungsbehörden verlassen zu müssen.

6. Ist der Begriff des Anspruchs irgendwo im Gesetz definiert? (Grdz. § 4 II 2 c)

Nach der Legaldefinition des § 194 Abs. 1 BGB ist der Anspruch „das Recht, von einem anderen ein Tun oder Unterlassen zu verlangen".

7. In welchem Verhältnis stehen die Begriffe Anspruch, Forderung und Schuld(en)? (Grdz. § 4 II 2 c)

Im Grunde genommen handelt es sich jeweils um dasselbe: *Anspruch* ist der gesetzlich definierte Begriff für ein subjektives Recht, das die Aussicht auf die Leistung eines anderen beinhaltet. Die *Forderung* ist der Anspruch aus der Sicht des Rechtsinhabers (Gläubigers), aus der Perspektive des Leistungsverpflichteten (Schuldners) stellt sich der Anspruch als *Schuld* dar.

8. Was sind Gestaltungsrechte; wie vereinbaren sich diese Rechte mit dem aus dem Grundsatz der Privatautonomie und der Bindung an das gegebene Wort abgeleiteten Prinzip, daß Verträge bindend sind und daß der einem Rechtssubjekt zustehende Bestand an subjektiven Rechten nicht ohne dessen Mitwirkung verändert werden kann? (Grdz. § 2 II 2; § 4 II 2 c)	Ein Gestaltungsrecht ist die Befugnis, bestehende Rechtsverhältnisse durch einseitiges Rechtsgeschäft, d.h. auch ohne Mitwirkung oder Zustimmung des anderen Teils, zu verändern oder sogar ganz aufzuheben. Mit den erwähnten Grundprinzipien des Bürgerlichen Rechts steht dies insofern im Einklang, als Gestaltungsrechte entweder beim Abschluß des Rechtsgeschäfts, das zur Begründung des Rechtsverhältnisses geführt hat, von vornherein mit vereinbart und damit auch vom anderen Teil gebilligt worden sind, oder daß diese Rechte kraft Gesetzes als Folge eines bestimmten (i.d.R. pflichtwidrigen) Verhaltens des Betroffenen entstehen, mithin von ihm durch korrektes Handeln hätten vermieden werden können.
9. Wie werden im Normalfall subjektive Rechte durchgesetzt? (Grdz. § 4 III 1)	Nach dem Grundsatz des Vorrangs staatlicher Rechtsschutzgewährleistung dürfen subjektive Rechte im Normalfall nur durch Anrufung der Gerichte und ein sich der gerichtlichen Entscheidung anschließendes staatlich geordnetes Vollstreckungsverfahren durchgesetzt werden.
10. Inwieweit ist die Durchsetzung von Rechten auf eigene Faust erlaubt? (Grdz. § 4 III 2; § 16 IV 2)	Eigene Gewaltanwendung zur Durchsetzung von Rechten ist ausnahmsweise zulässig bei der Abwehr eines *gegenwärtigen* rechtswidrigen Angriffs von sich oder anderen oder als Selbsthilfe dann, wenn staatliche Hilfe nicht mehr rechtzeitig erreicht werden kann und ohne sofortiges Eingreifen die Vereitelung oder eine wesentliche Erschwerung der Durchsetzung des Rechts droht (§§ 227 bis 230 BGB).
11. In welchem Umfang kann der Inhalt von subjektiven Rechten durch privatautonome Rechtsgestaltung der Partner des Rechtsverhältnisses bestimmt werden? (Grdz. § 4 IV 1)	Der Inhalt von absoluten Rechten ist von vornherein durch das Gesetz festgelegt (sog. Typenzwang); hier haben die unmittelbar Beteiligten Gestaltungsfreiheit nur insoweit, als sie i.d.R. unter mehreren möglichen Rechtsformen die ihren Interessen am besten entsprechende Lösung auswählen können. Der Inhalt von Ansprüchen kann dagegen im Rahmen der allgemeinen Verbotsgesetze und der guten Sitten nach freiem Belieben vereinbart werden; lediglich bei bestimmten, sozial besonders „sensiblen" Vertragstypen und im Bereich des Verbraucherschutzes werden durch zwingende Rechtsvorschriften einzelne Leistungsinhalte unabänderlich vorgegeben.
12. Welche Bedeutung hat der Grundsatz von Treu und Glauben für die Festlegung des Inhalts von subjektiven Rechten? (Grdz. § 2 II 5; § 4 IV 2)	Der Grundsatz von Treu und Glauben kann je nach Lage des Falles rechtseinschränkende oder rechtserweiternde Wirkung haben, wenn eine wortgetreue Umsetzung der getroffenen Vereinbarung im Einzelfall zu unangemessenen Ergebnissen führen würde.

13. Was ist eine Einrede; nennen Sie ein Beispiel! (Grdz. § 4 IV 3, 4 a)

Die Einrede ist die Möglichkeit, unter Berufung auf bestimmte Umstände des Falles die Durchsetzung eines an sich bestehenden Rechts hinauszuzögern oder ganz zu verhindern. Ein Beispiel für eine solche Einrede ist etwa die Berufung auf die Verjährung eines Anspruchs (§ 214 Abs. 1 BGB).

14. Welchen Einfluß hat der Ablauf der Zeit auf den Bestand von subjektiven Rechten? (Grdz. § 4 IV 4)

Ansprüche verjähren oder können (wie auch andere Rechte) verwirkt werden; Herrschaftsrechte an Sachen können durch Ersitzung auf einen neuen Rechtsinhaber übergehen und ausnahmsweise auch durch Zeitablauf erlöschen; Gestaltungsrechte können verfristen.

15. Gibt es eine einheitliche Regelung für Verjährungsfristen; was folgt daraus für die praktische Rechtsanwendung? (Grdz. § 4 IV 4 a)

Nein. Bestimmte familienrechtliche Ansprüche verjähren überhaupt nicht (§ 194 Abs. 2 BGB). Im übrigen legt zwar § 195 BGB eine regelmäßige Verjährungsfrist von drei Jahren fest, hiervon gibt es jedoch wichtige Ausnahmen für die in § 196 BGB (zehnjährige Verjährungsfrist) und vor allem in § 197 BGB (dreißigjährige Verjährungsfrist) erwähnten Ansprüche. Außerdem werden in vielen Fällen im Zusammenhang mit der gesetzlichen Regelung der einzelnen Schuldverhältnisse noch besondere Verjährungsfristen bestimmt, so z. B. die zwei- bis dreißigjährige Verjährung von Mängelansprüchen beim Kaufvertrag in § 438 BGB. Darüber hinaus kann im Rahmen des § 202 BGB durch vertragliche Vereinbarung die Verjährung sowohl erleichtert (= die gesetzlichen Fristen werden verkürzt und/oder beginnen früher) als auch erschwert werden (= die gesetzlichen Fristen werden verlängert und/oder beginnen später). Daraus folgt für die praktische Rechtsanwendung, daß vorab mögliche Vereinbarungen der Vertragsparteien über die Anspruchsverjährung zu ermitteln sind. Im Anschluß daran ist jeweils zunächst anhand der Bestimmungen über das Schuldverhältnis, aus dem der Anspruch stammt, und sodann anhand der §§ 196, 197 BGB zu prüfen, ob besondere Verjährungsfristen festgelegt sind. Ist diese Prüfung negativ, verjährt der Anspruch gem. § 195 BGB in der Regelfrist von drei Jahren. Nur bei der Verjährung nach § 195 BGB ist dann aber noch zu beachten, daß der Lauf dieser Verjährungsfrist nach § 199 Abs. 1 BGB häufig erst erheblich später als die eigentliche Entstehung des Anspruchs beginnt, so daß möglicherweise die Verjährung gem. § 199 Abs. 2 bis 4 BGB erst am Ende von je nach der Art des Anspruchs auf zehn bis dreißig Jahre bemessenen Höchstfristen eintritt.

16. Welche Übergangsregelung gilt für die Verjährung von Ansprüchen, die schon vor dem 1.1.2002 entstanden sind?

Das Verjährungsrecht ist durch das am 1.1.2002 in Kraft getretene Schuldrechtsmodernisierungsgesetz neu gestaltet worden. Für die noch nach „altem" Recht begründeten Ansprüche enthält Art. 229 § 6 EGBGB eine besondere Überleitungsvorschrift, die teilweise von dem in Art. 229 § 5 EGBGB festgelegten Grundsatz abweicht, daß das „neue" Recht nur auf die seit dem 1.1.2002 neu entstandenen Schuldverhältnisse anzuwenden ist. Nach Art. 229 § 6 Abs. 1 EGBGB bleibt es dabei, wenn ein vor dem 1.1.2002 entstandener Anspruch an diesem Stichtag nach „altem" Recht bereits verjährt war. Auf die Verjährung der zu Beginn des Jahres 2002 noch nicht verjährten Ansprüche sind die §§ 195 ff. BGB n.F. anzuwenden, wobei aber nach Art. 229 § 6 Abs. 3 EGBGB eine durch das neue Recht vorgesehene Verlängerung der Verjährungsfrist nicht gilt, sondern insoweit noch das „alte" Recht maßgeblich bleibt. Kürzere Verjährungsfristen nach „neuem" Recht sind dagegen gem. Art. 229 § 6 Abs. 4 EGBGB auch auf die schon vor dem 1.1.2002 entstandenen Ansprüche anzuwenden; diese kürzeren Fristen sind ab dem 1.1.2002 neu zu berechnen. Falls in einem solchen Fall die Verjährung des Anspruchs unter Anrechnung des schon vor dem 1.1.2002 erfolgten Zeitablaufs nach dem „alten" Recht zu einem früheren Zeitpunkt eintreten würde, gilt dann aber wieder das „alte" Recht.

Hatte in dem Zeitraum vor dem 1.1.2002 für einen Anspruch nach den damals geltenden Vorschriften der Beginn der Verjährungsfrist schon begonnen oder war der Lauf der Verjährung gehemmt oder unterbrochen, so bleibt es gem. Art. 229 § 6 Abs. 1 Satz 2 EGBGB insoweit ebenfalls bei der Anwendung der „alten" Vorschriften. Eine nach „altem" Recht eingetretene, am 31.12.2001 noch nicht beendete Unterbrechung der Verjährung läuft gem. Art. 229 § 6 Abs. 2 EGBGB ab dem 1.1.2002 als Hemmung der Verjährung gem. § 209 BGB n.F. weiter.

17. Von welchem Zeitpunkt an ist eine Verjährungsfrist zu berechnen?

Diese Frage ist anhand der gesetzlichen Regeln über den Beginn des Laufs der Verjährungsfrist zu beantworten: Grundsätzlich ist Voraussetzung für den Beginn der Verjährung die „Entstehung" des Anspruchs, d.h. dessen Begründung *und* Fälligkeit, so daß der Gläubiger in der Lage ist, auf die Erfüllung zu klagen. Im übrigen ist zwischen „regelmäßigen" und anderen Verjährungsfristen zu unterscheiden: Die regelmäßige Verjährungsfrist beginnt gem. § 199 Abs. 1 BGB mit dem Schluß des Jahres, in dem der Anspruch entstanden ist *und* der Gläubiger über dessen Begründung und die Person des Schuldners Kenntnis erhalten hat oder hiervon nur aus grober Fahrlässigkeit nichts wußte. Die regelmäßige Verjährung tritt aber gem. § 199 Abs. 2 bis 4 BGB auf jeden Fall nach dem Ablauf von Höchstfristen ein, die auf zehn Jahre nach Entstehung des Anspruchs bzw. – vor allem bei Schadensersatzansprüchen wegen Verletzung der körperlichen Integrität – auf 30 Jahre nach der Schädigung begrenzt sind. Für andere Verjährungsfristen kann im

Gesetz der Beginn der Verjährung auch von anderen Ereignissen abhängig gemacht werden; so beginnt z.B. beim Kaufvertrag die Verjährung von Sachmängelansprüchen gem. § 438 Abs. 2 BGB mit der Übergabe des verkauften Grundstücks bzw. beim Kauf von beweglichen Sachen mit deren Ablieferung.

18. Was kann ein Gläubiger unternehmen, um die Verjährung eines vom Schuldner bisher noch nicht erfüllten Anspruchs zu verhindern?

Solange zwischen dem Gläubiger und dem Schuldner Verhandlungen über den Anspruch schweben, ist nach § 203 BGB der Lauf der Verjährungsfrist so lange gehemmt, bis eine Seite die Fortsetzung der Verhandlung endgültig ablehnt. Im Anschluß hieran kann ohne Rücksicht auf den vor Aufnahme der Verhandlungen stattgehabten Fristablauf die Verjährung frühestens nach drei weiteren Monaten eintreten.

Im übrigen kann der Gläubiger den Lauf der Verjährungsfrist dadurch hemmen, daß er eines der in § 204 Abs. 1 BGB aufgezählten Verfahren zur gerichtlichen Feststellung und Durchsetzung seines Anspruchs einleitet. Diese Hemmung endet sechs Monate nach Abschluß des Verfahrens oder dessen Stillstand, wenn es von den Parteien nicht weiter betrieben worden ist.

Auch die Bewilligung einer Stundung der Forderung durch Vereinbarung mit dem Schuldner hemmt nach § 205 BGB während der Stundungsfrist die Verjährung. Erkennt der Schuldner den Anspruch an oder leistet er Teilzahlungen, beginnt nach § 212 BGB die Verjährungsfrist völlig neu zu laufen, das gilt auch dann, wenn wegen des Anspruchs Vollstreckungshandlungen vorgenommen oder mit Erfolg beantragt worden sind.

Ein einseitiges Mahnschreiben, auf das der Schuldner überhaupt nicht reagiert, hat dagegen keine Auswirkung auf die Verjährung des Anspruchs.

19. Was sind „Hemmung", „Ablaufhemmung" und „Neubeginn" der Verjährung?

Bei den in den §§ 203 bis 208 BGB geregelten Fällen der *Hemmung* steht der Lauf der Verjährung still, nach Beendigung des die Hemmung begründenden Umstandes wird i.d.R. der noch vorhandene Rest der Verjährungsfrist weiter berechnet (§ 209 BGB). Die in den §§ 210 und 211 BGB geregelte *Ablaufhemmung* unterscheidet sich von der „einfachen" Hemmung dadurch, daß die Verjährung des Anspruchs frühestens sechs Monate nach Behebung des Hemmnisses eintreten kann. Führt nach § 212 BGB ein Ereignis zum *Neubeginn* der Verjährung, so beginnt von da an die Verjährungsfrist für den Anspruch noch einmal von vorn zu laufen.

20. Welche Folgen hat die Verjährung eines Anspruchs?

Die Verjährung als solche führt nicht zum Erlöschen des Anspruchs, sondern gibt dem Schuldner gem. § 214 BGB „nur" das Recht, unter Berufung auf den Zeitablauf die Erfüllung zu verweigern; d.h. der

Schuldner erwirbt eine dauernde Einrede gegen den Anspruch. Sicherheiten für den Anspruch können nach § 216 BGB allerdings weiter verwertet werden. Unter den Voraussetzungen des § 215 BGB kann auch nicht mehr mit einem verjährten Anspruch aufgerechnet oder deswegen ein Zurückbehaltungsrecht ausgeübt werden. Der Gläubiger eines verjährten Anspruchs kann ferner nicht mehr wegen Nichtleistung oder nicht vertragsgemäßer Leistung vom Vertrag zurücktreten, wenn der Schuldner sich auf die Verjährung beruft (§ 218 BGB); ein nach §§ 323, 326 BGB gleichwohl erklärter Rücktritt ist unwirksam.

ZWEITER TEIL
RECHTSGESCHÄFTLICHES HANDELN

§ 5. Das Rechtsgeschäft

I. Was Sie allgemein über Rechtsgeschäfte lernen müssen

Sie stoßen nunmehr in die eigentliche Materie des Allgemeinen Teils des BGB vor, indem Sie mit dem in der Praxis wichtigsten Instrument zur Gestaltung von Rechtsverhältnissen, dem **Rechtsgeschäft**, befaßt werden. Auch insoweit müssen Sie sich zunächst eine Reihe von Begriffsbildungen einprägen, die das Rechtsgeschäft näher umschreiben; diese Begriffe knüpfen einerseits an dessen Handlungsrichtung (einseitige oder mehrseitige Rechtsgeschäfte) und zum anderen an dessen maßgeblichen Inhalt an. Wichtig für Ihre weitere Beschäftigung mit dem Bürgerlichen Recht ist vor allem die Unterscheidung zwischen Verpflichtungs- und Verfügungsgeschäften; sie wird bei Fall 5.01 deutlich.

Zentrales Element des Rechtsgeschäfts ist die **Willenserklärung**. Auch hier geht es zunächst recht abstrakt zu: Der Tatbestand der Willenserklärung wird analysiert. Die Unterscheidung zwischen subjektivem und objektivem Tatbestand ist jedoch grundlegend für das Verständnis der später (Grdz. § 7) angesprochenen Lehre von den Willensmängeln. Es geht hier aber auch um die Frage, ab wann menschliches Handeln überhaupt als Abgabe einer Willenserklärung anzusehen ist und wie im Alltag die Grenze zwischen verbindlichen Rechtsgeschäften und unverbindlichen **Gefälligkeitserklärungen** gezogen werden kann; Sie können dies an den Fällen 5.02 bis 5.03 noch genauer nachvollziehen. Ein eigener Fragenkomplex ist ferner die Bewertung des **Schweigens** als Willenserklärung; hier kommt es vor allem auf die genaue Abgrenzung zwischen Schweigen (= Nichtstun) und stillschweigender Willenserklärung (= rechtsgeschäftliches Handeln ohne Verwendung von Worten) an.

In den meisten Fällen ist der **Zugang** der Willenserklärung eine notwendige Wirksamkeitsvoraussetzung; bei der Abgabe einer Willenserklärung gegenüber einem Abwesenden kann vor allem bei fristgebundenen Rechtsgeschäften die Feststellung des genauen Zeitpunkts des Zugangs von praktischer Bedeutung sein, wie Fall 5.05 zeigt. Auch Fall 5.07 verdeutlicht einen besonderen Aspekt der Zugangsproblematik bei Willenserklärungen. Sie müssen sich ferner mit den Methoden der **Auslegung** von Willenserklärungen vertraut machen; hier ist für Sie wichtig, daß Sie das nicht leicht zu durchschauende Zusammenspiel der Regelungen der §§ 133 und 157 BGB begreifen, was Ihnen aber möglicherweise erst dann ganz verständlich werden wird, wenn Sie auch den später (Grdz. § 6 III) folgenden Abschnitt über die Vertragsauslegung durchgearbeitet haben. An Fall 5.06 können Sie Ihr Wissen üben.

II. Übungsfälle

Fall 5.01: *Kein königlicher Kaufmann*

Anton findet bei Valentin einen Mercedes 300 SL des Baujahrs 1960 und erreicht es nach langwierigen Verhandlungen, daß Valentin ihm diesen Oldtimer zu einem angemessenen Preis verkauft. Der Kaufvertrag wird am 12.8. schriftlich abgeschlossen; die Auslieferung des Wagens, an dem Valentin noch einige Lackreparaturen machen soll, ist für den 30.8. vorgesehen. Am 18.8. kommt Dittmann mit Valentin in Kontakt; auch er begeistert sich für den Oldtimer und überredet schließlich den Valentin mit Hilfe eines kräftigen Aufschlags auf den von Anton gebotenen Preis, ihm das Fahrzeug ebenfalls zu verkaufen. Er verzichtet auch auf die Lackreparaturen und läßt sich den Wagen sofort übereignen und übergeben und den Kraftfahrzeugbrief aushändigen. Als Anton am 30.8. den Mercedes bei Valentin abholen möchte, muß dieser ihm zerknirscht seinen Wortbruch gestehen. Anton ist hierüber und über die Vorgehensweise des Dittmann äußerst empört. Kann er von Dittmann die Herausgabe „seines" Mercedes verlangen?

Lösungshinweis: Der Sachverhalt macht den Unterschied zwischen dem Abschluß eines Kaufvertrags als „bloßes" Verpflichtungsgeschäft und der tatsächlichen Übereignung der Kaufsache deutlich, die als dinglich wirkendes Verfügungsgeschäft die Rechtslage an der Sache effektiv ändert. – Wiederholen Sie Grdz. § 5 II 3; vgl. auch Grdz. § 13 II 1; § 17 I 4 a!

Musterlösung:

Da Anton mit Dittmann hinsichtlich des Mercedes in keinerlei vertraglichen Rechtsbeziehungen steht, könnte er von ihm die Herausgabe des Wagens nur aufgrund des § 985 BGB verlangen. Dies setzt voraus, daß Anton Eigentümer des Pkw. ist. Da das Fahrzeug ursprünglich im Eigentum des Valentin gestanden hatte, müßte Anton demnach durch den Vertragsschluß vom 12.8. bereits Eigentümer des Wagens geworden sein. An diesem Tag wurde jedoch lediglich ein Kaufvertrag abgeschlossen; die Übergabe und Übereignung des Fahrzeugs in Vollzug dieses Vertrags war erst für den 30.8. vorgesehen. Ein Kaufvertrag ist lediglich ein *Verpflichtungsgeschäft,* durch das der Käufer – hier der Anton – gem. § 433 Abs. 1 Satz 1 BGB nur einen Anspruch darauf erwirbt, daß ihm demnächst Besitz und Eigentum an der Kaufsache übertragen werden. Der Eigentumsübergang an der Kaufsache erfolgt erst aufgrund eines weiteren Rechtsgeschäfts, des *Verfügungsgeschäfts.* Hierzu ist es zwischen Valentin und Anton nicht mehr gekommen, da Valentin am 18.8. durch einen weiteren Kaufvertrag und eine sich diesmal sofort anschließende Übereignung zugunsten des Dittmann über den Mercedes verfügt hatte. Gegenüber Dittmann hat Anton sonach keine Rechte an dem Wagen; er kann sich nur an seinen Vertragspartner Valentin mit etwaigen Schadensersatzansprüchen wegen dessen Vertragsbruch halten.

Fall 5.02: *Der Trick mit dem Autogramm*

Der Fernsehstar Hick gibt im Kaufhaus Mümmelmann Autogrammstunde. Der schlaue Reisevertreter Hurtig schmuggelt sich unter die Fans und schiebt dem eifrig seinen Namen schreibenden Hick ein Anmeldeformular für einen Schallplattenclub unter. Hick unterschreibt den Zettel ohne hinzusehen mit kräftigem Schwung. Ist er nun Abonnent des Schallplattenclubs geworden?

Lösungshinweis: Die Entscheidung über den Rechtsfall hängt davon ab, ob Hick mit dem Autogramm auf dem ihm untergeschobenen Formular eine Willenserklärung abgegeben oder ob der gesamte Vorgang sich noch in der Sphäre rechtlich belangloser gesellschaftlicher Kommunikation abgespielt hat. – Wiederholen Sie Grdz. § 2 II 4; § 5 III 1 a; vgl. auch Grdz. § 6 II 1!

Musterlösung:

Hick wäre Abonnent des Schallplattenclubs geworden, wenn ein entsprechender Vertrag zwischen ihm und der von Hurtig vertretenen Vertriebsfirma zustande gekommen ist. Dies setzt voraus, daß das von ihm unterschriebene Anmeldeformular als rechtsverbindlicher Antrag auf Abschluß eines Ratenlieferungsvertrags gewertet werden kann, der dann – was hier zu unterstellen ist – von der Geschäftsleitung des „Clubs“ angenommen worden ist. Demnach müßte das Verhalten des Hick als Abgabe einer Willenserklärung, nämlich eines Vertragsantrags, anzusehen sein. Eine Willenserklärung setzt u.a. Erklärungsbewußtsein voraus; d.h. derjenige, der handelt, muß wissen und wollen, daß seine Handlung als Rechtsgeschäft bewertet wird und Rechtsfolgen für ihn auslöst. Dies war bei Hick offensichtlich nicht der Fall: Er wollte mit seiner Unterschrift lediglich Autogramme geben, nicht aber irgendwelche Rechtsgeschäfte abschließen.

Die Unterschrift unter dem Anmeldeformular erweckt allerdings für unbefangene Dritte den äußeren Anschein, als sei eine Willenserklärung abgegeben worden. Die Frage ist daher, ob unter dem Gesichtspunkt des Verkehrsschutzes dem Hick seine Handlungsweise nicht doch als Erklärung eines rechtsverbindlichen Aufnahmeantrags zugerechnet werden muß. Dies hängt davon ab, ob dem Hick der Vorwurf gemacht werden kann, durch unsorgfältiges Verhalten diese Rechtsunklarheit herbeigeführt zu haben; d.h. ob er bei Anwendung der im Verkehr üblichen Sorgfalt hätte erkennen müssen, daß er seine Unterschrift unter einen Text gesetzt hatte, der im Geschäftsleben üblicherweise als Willenserklärung angesehen wird.

Mit seiner Unterschrift sollte man immer sehr sorgfältig umgehen, denn sie ist das wichtigste Element einer schriftlich abgegebenen Willenserklärung. Eine Autogrammstunde ist jedoch eine besondere Situation, bei der sich normalerweise alle Beteiligten darüber einig sind, daß der Namenszug des Stars nur zu PR-Zwecken gezeichnet wird, niemals aber irgendeine rechtsgeschäftliche Bedeutung haben kann. Sind viele Fans anwesend, entsteht auch ein gewisses Gedränge, das es dem unterschreibenden Ehrengast schwer macht, die Lage voll unter Kontrolle zu halten. Er muß sich daher darauf verlassen können, daß ihm wirklich nur Autogramme abverlangt werden und niemand die Situation zu seinen Ungunsten ausnutzt. Im vorliegenden Fall war es der Hurtig, der sich nicht an die „Spielregeln“ gehalten und unter Ausnutzung der Situation die Manipulation mit dem Anmeldeformular vorgenommen hatte. Der Schallplattenclub muß sich dieses arglistige Verhalten des Hurtig zurechnen lassen; er kann sich daher nicht auf den durch die Unterschrift unter dem Anmeldeformular erzeugten äußeren Anschein einer Willenserklärung berufen.

Somit kann die Unterschrift des Hick nicht als rechtsgeschäftliche Handlung gewertet werden; demnach ist kein Vertrag über ein Schallplattenabonnement zustande gekommen.

Fall 5.03: *Die Fahrt zum Fußballspiel*

Anton wird von seinem Freund Bertram eingeladen, mit ihm in dessen Pkw zum Fußballspiel zu fahren. Auf der Fahrt kommt es zu einem Unfall, weil Bertram, der den Wagen steuert, zu schnell fährt und in einer engen Kurve die Herrschaft über sein Fahrzeug verliert. Anton wird schwer verletzt; auch wird sein neuer Anzug beschädigt. Hierfür verlangt er von Bertram Schmerzensgeld und Schadensersatz. Bertram ist der Auffassung, er sei dem Anton zu nichts verpflichtet, denn er habe seinen Freund umsonst und nur aus Gefälligkeit mitgenommen und selbstverständlich sei seine Haftung für eventuelle Unfälle stillschweigend ausgeschlossen gewesen. Hat er damit Recht?

Lösungshinweis: Hier sind zwei Fragen zu unterscheiden: 1. Ist zwischen Anton und Bertram durch die Einladung zur Autofahrt ein Beförderungsvertrag zustande gekommen, aus dem Anton nunmehr wegen seines Unfallschadens gem. §§ 241 Abs. 2, 280 Abs. 1 BGB Ersatzansprüche herleiten kann? 2. Hat es zwischen Anton und Bertram irgendeine „stillschweigende“ Absprache gegeben, durch welche Bertram im voraus von Schadensersatzpflichten freigestellt worden ist, die sich nach § 823 Abs. 1 BGB im Falle eines fahrlässig verursachten Verkehrsunfalls mit dem Kfz. ergeben können? In beiden Fällen geht es um die juristische Bewertung von sozialen Kontakten, die außerhalb der üblichen geschäftlichen Handlungsebene stattgefunden haben. – Wiederholen Sie Grdz. § 5 III 1 b, d; vgl. auch Grdz. § 15 I 3 a!

Musterlösung:

(1) Der Abschluß eines Beförderungsvertrags ist nicht schon deswegen zu verneinen, weil der Bertram für die Fahrt keine Bezahlung verlangt hatte. Es gibt nämlich auch unentgeltliche Leistungsverträge, bei denen derjenige, der ohne Anspruch auf Vergütung eine Leistung versprochen hat, gleichwohl zur korrekten Vertragserfüllung verpflichtet ist und somit auch bei etwaigen Pflichtverletzungen haften muß. Die Abgrenzung zwischen bindenden einseitigen (unentgeltlichen) Schuldverhältnissen und unverbindlichen Gefälligkeitsverhältnissen richtet sich danach, ob aus der Absprache zwischen den Beteiligten und aufgrund der äußeren Umstände, vor allem in Anbetracht der auf dem Spiel stehenden Interessen, geschlossen werden kann, daß der versprochene Dienst gefälligkeitshalber erwiesen werden soll, oder ob die Beteiligten sich darüber einig waren, daß die Leistung im Rahmen eines rechtlich bindenden Vertrags mit allen juristischen Konsequenzen für den Fall fehlerhafter Erfüllung geschuldet werden sollte.

Das Mitnehmen im eigenen Pkw gehört typischerweise zu den Gefälligkeiten, die im Rahmen freundschaftlicher oder gesellschaftlicher Kontakte gewährt zu werden pflegen, ohne daß im Normalfall die Beteiligten den Abschluß rechtlich verbindlicher Vereinbarungen zur Sicherung eines korrekten Leistungsvollzugs für erforderlich halten. Zwar ist nicht zu verkennen, daß bei leichtfertigem Verhalten des „Gastgebers" die Mitfahrt im Auto zu einem Unfall mit schwerwiegenden Schäden führen kann. Gastgeber und Mitfahrgast sitzen jedoch gewissermaßen „in einem Boot"; das Risiko eines Unfalls mit fatalen Folgen ist für beide Teile gleich groß. Bei der Annahme der Einladung zur Mitfahrt vertraut daher der Fahrgast darauf, daß der Gastgeber schon im Interesse der eigenen Selbsterhaltung sorgfältig fahren und alles daran setzen wird, einen Unfall zu vermeiden. Diese Erwägung führt im Normalfall dazu, daß es nicht für erforderlich angesehen wird, die korrekte Durchführung der Fahrt durch Abschluß eines (wenn auch unentgeltlichen) Beförderungsvertrags noch einmal formell zu sichern.

Im vorliegenden Fall sind auch keine Anhaltspunkte dafür ersichtlich, daß Anton und Bertram bei ihrer Verabredung ausnahmsweise von diesen Regeln abgewichen sein könnten; ein Beförderungsvertrag, aus dem Anton irgendwelche Ersatzansprüche gegen Bertram herleiten könnte, ist sonach nicht abgeschlossen.

(2) Anton könnte sich allerdings noch auf die allgemeine Regelung des § 823 Abs. 1 BGB berufen, wonach derjenige, der rechtswidrig und zumindest fahrlässig einem anderen eine Körperverletzung zufügt oder dessen Eigentum beschädigt, für den hierdurch verursachten Schaden Ersatz leisten muß. Eine solche unerlaubte Handlung ist dem Bertram zur Last zu legen, so daß dem Anton ein gesetzlicher Schadensersatzanspruch zustehen könnte.

Dieser Ausgleichsanspruch könnte allerdings durch einen zwischen Anton und Bertram vorsorglich vereinbarten Haftungsverzicht ausgeschlossen worden sein. Dann müßte zwischen den beiden Freunden wenigstens insoweit ein Vertrag geschlossen worden sein. Ein Vertragsschluß kommt durch Abgabe von Willenserklärungen zustande. Aus dem Sachverhalt geht nicht hervor, daß Anton und Bertram über die Möglichkeit gesprochen haben, daß es auf der beabsichtigten Fahrt zum Fußballspiel zu einem Verkehrsunfall kommen würde, geschweige denn, daß die Frage eines dann in Betracht kommenden Schadensersatzanspruchs und eines vorsorglichen Verzichts hierauf ausdrücklich beredet worden ist. Willenserklärungen können indessen auch durch schlüssiges Handeln zum Ausdruck gebracht werden. Ein solches Handeln könnte darin gesehen werden, daß Anton in den Wagen des Bertram einstieg, ohne sich zuvor mit ihm über etwaige Haftungsfragen auseinandergesetzt zu haben. Daß Anton insoweit überhaupt irgendwelche Erklärungen abgeben wollte, geht aber ebenfalls nicht aus dem Sachverhalt hervor.

Antons Verhalten könnte daher nur dann als stillschweigender Haftungsverzicht ausgelegt werden, wenn man eine allgemeine Verkehrssitte des Inhalts unterstellen kann, daß die vorbehaltslose Annahme der Einladung zu einer Gefälligkeitsfahrt generell als Verzicht auf die schon nach den allgemeinen Gesetzen bestehende Schadensersatzhaftung des Fahrers für eventuelle schuldhafte Schädigungen des Fahrgastes zu interpretieren ist. Eine solche Verkehrssitte besteht jedoch nicht. Sie würde im Ergebnis dazu führen, daß in einem nicht unerheblichen sozialen Bereich die gesetzliche Regelung der Haftung für schuldhaft zugefügte Schädigungen anderer außer Kraft gesetzt wäre. Es ist auch nicht einzusehen, warum ein Fahrgast auf unter Umständen sehr erhebliche Ersatzansprüche im voraus verzichten und sich hierdurch möglicherweise für den Rest seines Lebens in wirtschaftliche Not bringen soll, nur um den verhältnismäßig geringwertigen Vorteil einer kostenlosen Mitfahrt zu erlangen, zumal ein solcher Haftungsverzicht letztlich nur zu einer wirtschaftlichen Entlastung des Haftpflichtversicherers seines Gastgebers führen würde.

Demnach kann im vorliegenden Fall aus dem Verhalten des Anton nicht geschlossen werden, daß dieser gegenüber Bertram schon im voraus auf sämtliche ihm möglicherweise zustehenden gesetzlichen Schadensersatzansprüche verzichtet hatte. Anton kann sonach von Bertram gem. § 823 Abs. 1 BGB wegen seiner beim Unfall erlittenen Schäden Ersatz fordern.

Fall 5.04: *Fatale Eile*

Anton ist als Bauunternehmer tätig und verhandelt mit dem Architekten der Fidus AG über einen Auftrag zur Errichtung eines Bürogebäudes. Bei den Vertragsverhandlungen geht es u.a. um die Festlegung einer Vertragsstrafe für den Fall des Verzugs bei der Fertigstellung der Bauarbeiten. Diese wird von Anton entschieden abgelehnt und vom Architekten der Fidus AG dann auch nicht mehr weiter gefordert. Schließlich sind alle offenen Punkte besprochen und Anton erhält den Auftrag. Dem Anton wird ein vom Justitiar der Fidus AG entworfener fünf Seiten langer Vertragstext vorgelegt, den er mit einem Seitenblick auf die zur Feier des Abschlusses bereitstehenden Champagnerflaschen unterschreibt, ohne den Wortlaut noch einmal durchzulesen.

Anton hat Schwierigkeiten mit der Organisation der Baustelle, so daß sich die Fertigstellung des Bürogebäudes um 50 Arbeitstage verzögert. Da legt ihm die Fidus AG den von ihm unterschriebenen Vertrag vor, in dem sich u.a. eine Klausel befindet, daß Anton für jeden Arbeitstag Verzug eine Vertragsstrafe von 5.000,– € zahlen muß, und verlangt von ihm eine Vertragsstrafe von 250.000,– €. Anton wendet ein, es sei zwar über eine Vertragsstrafe gesprochen, aber letztendlich keine solche vereinbart worden. Der schriftliche Vertragstext könne ihm nicht entgegengehalten werden, denn er habe die Urkunde sozusagen „blindlings" unterschrieben, so daß in Wirklichkeit keine von seinem Geschäftswillen erfaßte Willenserklärung vorliege. Hat er Recht?

Lösungshinweis: Der Sachverhalt zeigt die Bedeutung einer Unterschrift unter einen schriftlich fixierten Text. – Wiederholen Sie Grdz. § 5 III 1 a , c; vgl. auch Grdz. § 8 I 2 a!

Musterlösung:

Anton müßte gem. § 339 BGB die Vertragsstrafe zahlen, wenn eine solche im Vertrag über die Errichtung des Bürogebäudes wirksam vereinbart worden ist. Dies hängt davon ab, ob zwischen ihm und der Fidus AG nur das mündlich Vereinbarte gilt – dann wäre das Strafversprechen nicht Vertragsbestandteil geworden –, oder ob der von Anton letztendlich unterschriebene Vertragstext maßgeblich ist. Voraussetzung für letzteres wäre, daß die Unterschrift des Anton unter dieses Schriftstück als Abgabe einer Willenserklärung durch Anton angesehen werden kann. In diesem Fall hätte Anton den zuvor mündlich abgesprochenen Vertrag noch durch die im schriftlich formulierten Text enthaltene Vertragsstrafenklausel erweitert.

Eine Willenserklärung kann auch in der Weise abgegeben werden, daß jemand auf einen von einem anderen vorformulierten Text Bezug nimmt und diesen zu seiner eigenen Erklärung macht. Soweit dieser Text schriftlich vorliegt, geschieht dies üblicherweise durch die eigenhändige Namensunterschrift auf der Urkunde, die diesen Text enthält. Allerdings setzt der subjektive Tatbestand einer Willenserklärung beim Erklärenden außer Handlungswillen und Erklärungsbewußtsein auch das Vorhandensein von Geschäftswillen voraus; d.h. er muß sich Vorstellungen über den genauen Inhalt und die rechtlichen Folgen des mit seiner Erklärung zu bewirkenden Rechtsgeschäfts gemacht haben. Wenn Anton die ihm vorgelegte Urkunde „blindlings" unterschreibt, hat er zweifellos einen solchen Geschäftswillen nicht gehabt. Dies scheint für das Argument des Anton zu sprechen, daß der von ihm unterschriebene Vertragstext für ihn nicht verbindlich sein kann.

Anton hat jedoch gewußt, daß er eine Unterschrift unter einen Vertragstext setzt und ihn damit nach der allgemeinen Verkehrsanschauung billigt, und er hat dies auch so gewollt. Wenn er unterschreibt, ohne sich das Unterschriebene noch einmal durchzulesen, so hat er sonach zumindest den Geschäftswillen, den Text in der Fassung zu akzeptieren, wie er ihm vorgelegt worden ist. Denn in Wirklichkeit waren ihm die genaue Formulierung der ihm zuzurechnenden Willenserklärung und die hieraus abzuleitenden Rechtsfolgen jedenfalls im Zeitpunkt seiner Unterschrift gleichgültig; d.h. er war mit allem einverstanden. Dann kann sich Anton aber auch nicht mehr nachträglich darauf berufen, er habe in Wirklichkeit bei seiner Unterschriftsleistung keinen Geschäftswillen gehabt.

Das Argument des Anton, der von ihm unterschriebene Vertragstext könne ihm nicht als seine Willenserklärung zugerechnet werden, ist somit falsch. – Das schließt es allerdings nicht aus, daß Anton seine Unterschrift unter den Vertragstext nach § 119 Abs. 1 BGB wegen Irrtums über den Inhalt der von ihm abgegebenen Willenserklärung anfechten kann; vgl. dazu unten Fall 7.05.

Fall 5.05: *Die vergeßliche Hausfrau*

Anton bietet dem Briefmarkenhändler Banse in einem Brief seine Sammlung mit Briefmarken aus der Saarland-Zeit zum Verkauf für den halben Katalogpreis an und erklärt sich an sein Angebot bis zum 31.8. gebunden. Banse, der die Sammlung des Anton aus einer früheren Besichtigung kennt, ist an dem Geschäft sehr interessiert und begibt sich am 30.8. zur Wohnung des Anton, um den Kaufvertrag abzuschließen. Anton ist jedoch nicht zu Hause. Banse läßt sich daher von der Frau des Anton einen Bogen Schreibpapier geben und teilt dem Anton die Annahme des Angebots schriftlich mit. Diesen Brief übergibt er Antons Frau unter Hinweis auf dessen Wichtigkeit mit der Bitte, ihn unverzüglich ihrem Mann auszuhändigen. Am Abend kommt es zu einem Ehekrach zwischen Anton und seiner Frau, so daß diese ganz vergißt, ihrem Mann von dem Besuch des Banse zu berichten und ihm den Brief zu geben.

Am 1.9. verkauft Anton die Sammlung an Dittmann. Banse, der davon erfährt, ist empört und droht dem Anton Schadensersatzansprüche an, wenn er die Briefmarken dem Dittmann aushändigen sollte. Anton erwidert, er sei dem Banse zu nichts verpflichtet, denn er habe dessen Schreiben von seiner Frau erst am 3.9. ausgehändigt erhalten, als sie den Brief zufällig in ihrer Kittelschürze wiedergefunden hatte. Damit sei aber sein nur bis zum 31.8. befristetes Angebot von Banse zu spät und daher nicht mehr wirksam angenommen worden. Hat er Recht?

Lösungshinweis: Vor dem Hintergrund eines Streits darüber, ob das bis zum 31.8. befristete Vertragsangebot des Anton durch Banse noch rechtzeitig angenommen worden ist, geht es im vorliegenden Sachverhalt darum, wann eine Willenserklärung gem. § 130 Abs. 1 Satz 1 BGB durch Zugang beim Empfänger wirksam geworden ist. – Wiederholen Sie Grdz. § 5 III 2; vgl. auch Grdz. § 6 II 3 a, c!

Musterlösung:

Banse könnte nur dann nach §§ 433 Abs. 1, 283, 280 Abs. 1 BGB von Anton Schadensersatz statt der Leistung verlangen, wenn zwischen den beiden ein Kaufvertrag über die Briefmarkensammlung zustande gekommen ist. Dies setzt voraus, daß Banse das Verkaufsangebot des Anton rechtzeitig, d.h. innerhalb der von Anton gesetzten Frist bis zum 31.8. angenommen hätte (§§ 146, 148 BGB). Die Annahme eines Vertragsangebots erfolgt normalerweise durch empfangsbedürftige Willenserklärung. Hier hatte Banse sein Einverständnis mit der Offerte des Anton in seinem Brief vom 30.8. geäußert. Diesen Brief hat Anton jedoch erst am 3.9., also nach Ablauf der von ihm festgesetzten Annahmefrist, ausgehändigt bekommen und lesen können. Der Vertrag kann daher nur dann zustande gekommen sein, wenn aufgrund besonderer Umstände des Falls davon ausgegangen werden muß, daß die Erklärung des Banse dem Anton schon früher zugegangen ist. Da Banse seinen Brief dem Anton nicht persönlich ausgehändigt, sondern dessen Frau mit der Bitte um Weiterleitung übergeben hatte, liegt eine Erklärung unter Abwesenden vor. Eine solche Willenserklärung ist gem. § 130 Abs. 1 Satz 1 BGB in dem Zeitpunkt zugegangen, in dem sie derart in den Machtbereich des Empfängers gelangt ist, daß bei gewöhnlichem Verlauf der Dinge damit gerechnet werden kann, daß er von der Erklärung Kenntnis nehmen kann. Wann dann eine solche Kenntnisnahme durch den Empfänger tatsächlich erfolgt ist, spielt dann für das Wirksamwerden der Willenserklärung keine Rolle mehr.

Der Brief war der mit ihm in Hausgemeinschaft lebenden Ehefrau des Anton übergeben worden. Nach der allgemeinen Verkehrsanschauung gilt der mit dem Erklärungsempfänger zusammenlebende Ehepartner als von ihm zur Entgegennahme von schriftlichen Mitteilungen beauftragt. Demnach gelangte der Brief des Banse noch am 30.8. in den Machtbereich des Anton. Normal ist es, daß eine Ehefrau ihr anvertraute Nachrichten an ihren Mann alsbald nach seiner Heimkehr weiterleitet. Daher kann auch im vorliegenden Fall davon ausgegangen werden, daß Anton den Brief noch im Laufe des 30.8. von seiner Frau ausgehändigt bekommen hätte, zumal Banse auf die Wichtigkeit seines Schreibens noch ausdrücklich hingewiesen hatte. Daß Frau Anton den Besuch des Banse und dessen Brief wegen eines Ehekrachs mit ihrem Mann zunächst vergessen hatte, liegt nicht mehr im gewöhnlichen Verlauf der Dinge. Solche Zufälle sind vielmehr von Anton zu vertreten, denn er muß immer damit rechnen, daß er in seiner Wohnung zu Händen seiner Frau irgendwelche wichtigen Nachrichten übermittelt bekommt, und er muß daher sicherstellen, daß ihn diese Mitteilungen zuverlässig erreichen.

Im vorliegenden Fall ist sonach der Brief des Banse dem Anton noch am 30.8. zugegangen. Damit war seine Annahmeerklärung rechtzeitig; der Kaufvertrag ist zustande gekommen. Anton wird sich daher gegenüber Banse schadensersatzpflichtig machen, wenn er seine Pflichten aus diesem Vertrag verletzt.

Fall 5.06: *Unklarheiten*

Der Bauunternehmer Anton hat den Auftrag, die Villa eines bekannten Fernsehstars zu renovieren. U.a. soll das Badezimmer des Bauherrn ganz mit weißem Carrara-Marmor ausgestattet werden. Anton steht wegen der Zulieferung von Marmor mit dem Großhändler Steinklopfer in ständiger Geschäftsverbindung; er hat auch Proben der von Steinklopfer vertriebenen Gesteinsarten an Lager und verfügt über dessen Preislisten, in denen die verschiedenen Arten und Farbmuster jeweils mit bestimmten Katalognummern bezeichnet sind. Die Ware wird jeweils unter Angabe von Menge und Listennummer bestellt. Als Anton den Marmor für seinen Bauauftrag bestellen will, kann er die neueste Preisliste der Fa. Steinklopfer nicht finden. In der Annahme, sein Lieferant werde die Katalognummern schon nicht geändert haben, nimmt er eine bereits zwei Jahre alte Liste zur Hand, in welcher weißer Carrara-Marmor mit der Nummer 1001 bezeichnet ist, und bestellt dementsprechend bei Steinklopfer mit Telefax vom 8.6. „54 qm Marmor Nr. 1001 in Platten zu 45 × 95 cm". Die Fa. Steinklopfer antwortet noch am selben Tag mit Telefax: „Auftrag dankend erhalten; Lieferung erfolgt in der 25. Kalenderwoche".

Die Fa. Steinklopfer hatte ein Jahr zuvor ihre Preislisten vollkommen umgestellt. Mit der Katalognummer 1001 wird nunmehr ein braun-schwarz geflammter Comblanchien-Marmor gekennzeichnet, der auch am 20.6. in der von Anton bestellten Menge auf der Baustelle angeliefert wird. Anton will das Material nicht abnehmen; Steinklopfer beruft sich auf die mit Telefax vom 8.6. übermittelte Bestellung. Wer hat Recht?

Lösungshinweis: Der Fall befaßt sich mit der Auslegung der in den beiden Telekopien von Anton und Steinklopfer ausgetauschten Willenserklärungen anhand der §§ 133, 157 BGB. – Wiederholen Sie Grdz. § 5 III 3!

Musterlösung:

Anton muß den von Steinklopfer gelieferten braun-schwarzen Marmor abnehmen und bezahlen, wenn ein Kaufvertrag über eine solche Ware zustande gekommen ist. Anton und Steinklopfer wollten mit ihren beiden Telekopien augenscheinlich einen Kaufvertrag abschließen. Fraglich ist allerdings, ob es tatsächlich zu einem Austausch übereinstimmender Willenserklärungen gekommen und – wenn ja – worüber letztendlich eine vertragliche Einigung erzielt worden ist. Dies muß durch Auslegung der beiden Schreiben ermittelt werden. Das Problem liegt darin, daß nur in dem von Anton abgefaßten Telefax eine Aussage über die Art der bestellten Ware getroffen worden ist; Steinklopfer hat sich darauf beschränkt, den Auftrag zu bestätigen, und damit die Bestellung so, wie sie von Anton abgefaßt worden ist, zum Vertragsinhalt gemacht.

Anton wollte mit seinem Telefax vom 8.6. weißen Carrara-Marmor bestellen. Käme es für die Auslegung seines Bestellschreibens gem. § 133 BGB allein auf seinen „wirklichen Willen" an, wäre somit ein Vertrag über weißen Marmor abgeschlossen worden. Willenserklärungen, die zu einem Vertragsschluß führen, sind jedoch empfangsbedürftige Erklärungen; hier kommt es nach § 157 BGB darauf an, ob und inwieweit der wahre Wille des Erklärenden auch für den Erklärungsempfänger erkennbar zum Ausdruck gekommen ist. Das Telefax des Anton ist somit so auszulegen, wie es von Steinklopfer nach Treu und Glauben mit Rücksicht auf die Verkehrssitte zu verstehen war. Stellt man zunächst auf den allgemeinen Sprachgebrauch ab, so läßt sich aus den im Bestellschreiben verwendeten Worten „54 qm Marmor Nr. 1001" keine eindeutige Aussage über die Art des bestellten Materials gewinnen. Zwischen Anton und Steinklopfer besteht jedoch die geschäftliche Übung, zur näheren Bezeichnung der bestellten Ware jeweils auf die in den Preislisten des Steinklopfer verwendeten Bestellnummern Bezug zu nehmen; dies ist ein näherer Umstand des Einzelfalls, der gem. § 157 BGB bei der Auslegung der Willenserklärung mit berücksichtigt werden muß.

Allerdings scheint auch bei Zuhilfenahme der Katalognummern keine eindeutige Auslegung möglich zu sein: Interpretiert man die von Anton benutzte Bestellnummer 1001 nach dem von ihm verwendeten älteren Katalog, so liegt eine Bestellung über weißen Carrara-Marmor vor; geht man dagegen von den nunmehr bei Steinklopfer eingeführten neuen Preislisten aus, so wäre Antons Telefax als Bestellung von braun-schwarz geflammten Comblanchien-Marmor zu verstehen. Willenserklärungen sind aus der Sicht des Erklärungsempfängers zu interpretieren, denn sie sollen ihm einen bestimmten Geschäftswillen des Erklärenden zur Kenntnis bringen und wenden sich daher an sein Verständnis und sein Auffassungsvermögen. Steinklopfer durfte jedoch ohne weiteres davon ausgehen, daß Anton für seinen Auftrag die Katalognummer aus der jeweils neuesten Preisliste benutzte, so daß für ihn das Telefax vom 8.6. als eine Bestellung von braun-schwarz geflammten Comblanchien-Marmor zu verstehen war. Dementsprechend ist auch Steinklopfers Auftragsbestätigung als Annahme der Bestellung so, wie sie nach Treu und Glauben für ihn als Erklärungsempfänger zu verstehen war, zu interpretieren. Objektiv betrachtet liegen sonach entgegen den Vorstellungen des Anton Willenserklärungen vor, die zum Abschluß eines Kaufvertrags über braun-schwarz geflammten Comblanchien-Marmor geführt haben. – Dies läßt allerdings noch offen, ob Anton den Vertragsschluß nach § 119 Abs. 1 BGB wegen Irrtums anfechten kann; vgl. dazu unten Fall 7.03.

Fall 5.07: *In letzter Minute*

Anton soll für die Nepper AG ein neues Lagerhaus bauen. Da sein Maschinenpark für die Erledigung dieses Auftrags nicht ausreicht, bestellt er bei dem Lkw-Händler Rosner zwei neue Schaufellader. Das unter dem 23.9. datierte und mit der Briefpost versandte Bestellschreiben geht bei Rosner am Morgen des 27.9. während der Bürozeit ein.

Am Wochenende des 25./26.9. erfährt Anton aus zuverlässiger Quelle, daß die Nepper AG sich in wirtschaftlichen Schwierigkeiten befindet und kurz vor der Eröffnung des Insolvenzverfahrens steht. Mit Schrecken denkt er an seinen Bauauftrag und seine eigene Maschinenbestellung bei Rosner. Am Morgen des 27.9. versucht er daher, den Rosner telefonisch zu erreichen, um seinen Auftrag zurückzuziehen. Gegen 11:00 Uhr kommt schließlich das Telefongespräch mit Rosner zustande. Der Fahrzeughändler, der inzwischen die schriftliche Bestellung der Schaufellader vom 23.9. in der Geschäftspost gefunden und zur Kenntnis genommen hatte, ist zwar bereit, den Auftrag zu stornieren, möchte jedoch von Anton eine Abschlagszahlung in Höhe von 10% der Auftragssumme als Entschädigung für seinen entgangenen Gewinn haben. Anton ist der Meinung, daß er dem Rosner nichts schulde, weil ein Kaufvertrag noch nicht zustande gekommen sei. Wer hat Recht?

Lösungshinweis: Der Sachverhalt zeigt, daß rechtliche Bindungen nicht nur durch einen Vertragsschluß, sondern auch schon durch einseitige Willenserklärungen eintreten können. Dies führt erneut zu der Frage, ab wann eine unter Abwesenden abgegebene Willenserklärung wirksam geworden ist, so daß sie von dem Erklärenden nicht mehr abgeändert oder widerrufen werden kann. – Wiederholen Sie Grdz. § 5 III 2; vgl. auch Grdz. § 6 II 2!

Musterlösung:

Anton hat zwar insofern Recht, als bisher in der Tat noch kein Kaufvertrag über die Lieferung von zwei Schaufelladern abgeschlossen ist, weil Rosner noch nicht die Annahme des ihm mit Schreiben des Anton vom 23.9. übermittelten Vertragsangebots erklärt hat. Jedoch ist bereits dieses Vertragsangebot als solches nach § 145 BGB für den Antragenden bindend. Damit könnte Rosner auch die Möglichkeit haben, für seine „Kulanz", nämlich den aus seiner Sicht mit einem ertragreichen Geschäft verbundenen Kaufvertrag entsprechend dem Wunsch des Anton *nicht* durch Annahme dieses Angebots zustande kommen zu lassen, eine Gegenleistung zu verlangen.

Zu prüfen ist daher, ob das Vertragsangebot des Anton vom 23.9. im Zeitpunkt des Telefongesprächs mit Rosner bereits wirksam gewesen war und somit von Anton nicht mehr widerrufen werden konnte. Ein Vertragsangebot ist eine empfangsbedürftige Willenserklärung. Im vorliegenden Fall handelt es sich um eine Willenserklärung unter Abwesenden; ihre „Wirksamkeit" mit der Rechtsfolge des § 145 BGB richtet sich mithin nach der Regelung des § 130 Abs. 1 BGB. Der Brief des Anton ist bei Rosner am Vormittag des 27.9. während der Bürozeit eingegangen und auf diese Weise so in dessen tatsächlichen Verfügungsbereich gelangt, daß er (oder eine von ihm zum Empfang solcher Nachrichten bevollmächtigte Person) von dessen Inhalt Kenntnis nehmen konnte. Damit ist das Vertragsangebot dem Rosner zugegangen und nach § 130 Abs. 1 BGB wirksam geworden.

Allerdings könnte die ebenfalls am Vormittag des 27.9. von Anton telefonisch erklärte „Stornierung" des Auftrags gemäß § 130 Abs. 1 Satz 2 BGB das Wirksamwerden des Vertragsangebots noch verhindert haben. Insoweit handelt es sich um einen Widerruf der mit Schreiben vom 23.9. abgegebenen Willenserklärung. Die Wirksamkeit des Widerrufs richtet sich danach, ob die Erklärung des Anton „vorher oder gleichzeitig" mit dem Bestellschreiben bei Rosner zugegangen ist. Wie aus § 147 Abs. 1 Satz 2 BGB hervorgeht, sind telefonisch übermittelte Äußerungen als Erklärungen unter Anwesenden anzusehen; sie gehen somit dem Geschäftspartner sofort mit der akustischen Wahrnehmung des Gesagten zu. Nach den Angaben des Sachverhalts hatte Rosner jedoch von der schriftlichen Bestellung des Anton bereits Kenntnis genommen, als er das Telefongespräch am Vormittag des 27.9. um 11:00 Uhr geführt hatte. Damit ist der Widerruf erst nach Zugang des Vertragsantrags bei Rosner zugegangen, die Bindung an die Offerte gem. § 145 BGB war also bereits eingetreten. Daraus folgt, daß Anton nur noch mit Zustimmung des Rosner aus dem Geschäft „herauskommen" kann und damit wohl oder übel auch dessen Bedingungen hierfür akzeptieren muß.

III. Wiederholungsfragen

1. Ist jede Handlung eines Rechtssubjekts, welche Rechtsfolgen auslöst, als Rechtsgeschäft anzusehen? (Grdz. § 5 I)	Nein. Unter dem Begriff des Rechtsgeschäfts sind nur solche Handlungen von Rechtssubjekten zu verstehen, durch die gezielt und bewußt Rechtsfolgen herbeigeführt werden, und die gerade deswegen vorgenommen worden sind. Darüber hinaus können kraft Gesetzes unter bestimmten, im Gesetz als „Tatbestandsmerkmale" geregelten Voraussetzungen auch andere Handlungen Rechtsfolgen auslösen, ohne daß

dies vom Handelnden so gewollt gewesen war (z.B. Schadensersatzpflichten, die durch unerlaubte Handlungen nach §§ 823 ff. ausgelöst werden).

2. In welchem Verhältnis stehen die Begriffe Rechtsgeschäft und Willenserklärung? (Grdz. § 5 I, III 1)

Rechtsgeschäfte sind Handlungen, die unmittelbar Rechtsfolgen auslösen. Sie bestehen notwendig aus einer oder mehreren *Willenserklärungen* der Beteiligten, können aber je nach gesetzlicher Regelung darüber hinaus auch noch andere Tatbestandselemente (z.B. Realakte oder behördliche Mitwirkungshand lungen) umfassen.

3. Was ist der Unterschied zwischen einer empfangsbedürftigen Willenserklärung und einem mehrseitigen Rechtsgeschäft? (Grdz. § 5 II 1, III 2)

Eine *empfangsbedürftige Willenserklärung* muß gegenüber einem anderen Rechtssubjekt abgegeben werden; sie wird also nur wirksam, wenn sie dem Erklärungsempfänger zugegangen ist. Ob damit bereits ein Rechtsgeschäft vorliegt, hängt von der jeweils einschlägigen gesetzlichen Regelung des Tatbestandes des Rechtsgeschäfts ab. Ein *mehrseitiges Rechtsgeschäft* besteht demgegenüber aus mehreren aufeinander bezogenen, i.d.R. empfangsbedürftigen Willenserklärungen mehrerer Rechtssubjekte; es wird somit erst wirksam, wenn alle notwendigen Willenserklärungen abgegeben sind.

4. Wie unterscheiden sich Verpflichtungsgeschäfte und Verfügungen; was ist ihnen gemeinsam? (Grdz. § 5 II 3)

In beiden Fällen handelt es sich um Rechtsgeschäfte. *Verpflichtungsgeschäfte* begründen Ansprüche auf bestimmte Leistungen eines anderen Rechtssubjekts; sind sie formell gültig abgeschlossen, so sind sie auch wirksam und erzeugen (irgendwelche) Leistungspflichten. *Verfügungsgeschäfte* ändern den Bestand bereits bestehender Rechte; ihre Wirksamkeit hängt außer von der formellen Gültigkeit des Rechtsgeschäfts grundsätzlich noch davon ab, ob derjenige, der über das Recht verfügt, hierzu auch verfügungsbefugt ist.

5. Aus welchen Tatbestandselementen besteht eine Willenserklärung? (Grdz. § 5 III 1)

Eine Willenserklärung besteht aus einem *subjektiven* Tatbestand, in dem die Einzelelemente Handlungswillen, Erklärungsbewußtsein und Geschäftswillen unterschieden werden können, und einem *objektiven* Tatbestand, der sich normalerweise aus der Willensäußerung, häufig auch in deren Verkörperung in einer Urkunde oder auf einem Datenträger und normalerweise dem Zugang der Erklärung bei einem Erklärungsempfänger zusammensetzt.

6. Müssen Willenserklärungen *immer* schriftlich formuliert werden? (Grdz. § 5 III 1 c)

Nein. Für die Kundgabe des Willens genügt grundsätzlich jede für den Erklärungsempfänger verständliche Ausdrucksform, also vor allem die mündliche Mitteilung eines Sprachtextes, aber auch Gesten und andere Verhaltensformen, aus denen auf das Vorliegen eines bestimmten Willensentschlusses gefolgert werden kann. Die schriftliche Formulierung gehört nur dort zum notwendigen Tatbestand einer Willenser-

	klärung, wo vom Gesetz die Wahrung einer bestimmten Form besonders vorgeschrieben ist oder wo die Rechtsgeschäftspartner vereinbart haben, daß für sie nur schriftliche Erklärungen maßgeblich sein sollen.
7. Kann Schweigen als Abgabe einer Willenserklärung gewertet werden? (Grdz. § 5 III 1 d)	Es kommt darauf an. Grundsätzlich ist Schweigen gleichbedeutend mit Nichthandeln und kann daher schon aus diesem Grund nicht als Abgabe einer Willenserklärung (= bewußte und gewollte Gestaltung von Rechtsverhältnissen) gewertet werden. Es gibt jedoch die Ausnahmefälle des „beredten" und des „normierten" Schweigens, in denen aufgrund vorheriger Vereinbarung oder durch besondere gesetzliche Regelung festgelegt ist, daß das Schweigen (= Nichtäußerung eines abweichenden Willens) als Abgabe einer Willenserklärung mit einem bestimmten Inhalt anzusehen ist (vgl. z.B. § 362 HGB).
8. Was ist der Unterschied zwischen einer stillschweigenden Willenserklärung und Schweigen? (Grdz. § 5 III 1 d)	Bei einer *stillschweigenden Willenserklärung* ist tatsächlich ein Willensentschluß vorhanden, der auch durch eine Handlung des Erklärenden zum Ausdruck gebracht wird; nur verwendet der Erklärende keine Worte als Erklärungszeichen, sondern er benutzt hierfür Gesten oder andere Handlungen. *Schweigen* ist demgegenüber Nichtstun; d.h. es liegt kein Willensentschluß vor, so daß aus dem Nichthandeln – von den in Frage 7 erörterten Ausnahmen abgesehen – auch nicht auf das Vorliegen einer bestimmten Willenserklärung geschlossen werden darf.
9. Liegt eine Willenserklärung immer schon dann vor, wenn ein bestimmter Willensentschluß zum Ausdruck gebracht worden ist? (Grdz. § 5 III 2)	Nicht immer. Bei den empfangsbedürftigen Willenserklärungen gegenüber Abwesenden tritt gem. § 130 Abs. 1 BGB Wirksamkeit erst ein, wenn sie demjenigen zugegangen sind, für den sie bestimmt sind.
10. Wann ist eine Willenserklärung zugegangen; setzt dies insbesondere voraus, daß der Empfänger vom Inhalt der Erklärung auch tatsächlich Kenntnis genommen hat? (Grdz. § 5 III 2)	Eine Willenserklärung ist dem Adressaten zugegangen, sobald sie so in dessen Empfangsbereich gelangt ist, daß er bei üblichem Ablauf der Dinge von ihr Kenntnis nehmen *kann.* Ob er tatsächlich Kenntnis genommen hat, liegt dagegen im Verantwortungsbereich des Empfängers und ist somit für den Zugang unerheblich.
11. Was geschieht, wenn der Erklärende nach Abgabe seiner Willenserklärung, jedoch noch vor deren Wirksamwerden durch Zugang beim Empfänger stirbt oder geschäftsunfähig wird? (Grdz. § 5 III 2)	Gem. § 130 Abs. 2 BGB bleibt die empfangsbedürftige Willenserklärung wirksam; d.h. das Rechtsgeschäft kann so zustande kommen, wie der Erklärende es ursprünglich gewollt hat. Der Erbe bzw. der gesetzliche Vertreter des Erklärenden bleibt somit an diese Willenserklärung gebunden.

12. Sind Willenserklärungen unwiderruflich? (Grdz. § 5 III 2)	Gem. § 130 Abs. 1 Satz 2 BGB kann eine empfangsbedürftige Willenserklärung nach ihrer Abgabe so lange frei widerrufen werden, bis sie dem Erklärungsempfänger zugegangen ist.
13. Worin unterscheiden sich Willenserklärungen von Gefälligkeitserklärungen? (Grdz. § 5 III 1 b)	*Willenserklärungen* sind Handlungen, durch die Rechtsgeschäfte abgeschlossen werden sollen; sie werden daher vom Erklärenden mit Rechtsbindungswillen abgegeben. *Gefälligkeitserklärungen* sind Zusagen oder Versprechen, die im Rahmen informeller sozialer Kontakte erkennbar ohne den Willen zur Übernahme einer rechtlichen Verpflichtung gemacht werden; sie sind daher unverbindlich und führen nicht zum Abschluß eines Rechtsgeschäfts.
14. Woran kann man in der Praxis erkennen, ob ein gegebenes Versprechen eine Gefälligkeitserklärung ist oder zum Abschluß eines verbindlichen Rechtsgeschäfts geführt hat? (Grdz. § 5 III 1 b)	Am einfachsten ist es, wenn der Erklärende ausdrücklich klarstellt oder es sich aus dem Zusammenhang des Gesprächs ergibt, daß das Versprechen nur aus Gefälligkeit und ohne den Willen zum Eingehen einer rechtlichen Bindung abgegeben worden ist. Im übrigen kommt es nach der allgemeinen Verkehrssitte auf die Umstände des Einzelfalls an, inwieweit der Versprechensempfänger nach Treu und Glauben davon ausgehen durfte, daß die gegebene Zusage mit Rechtsbindungswillen gemacht worden ist. Dies ist z.B. regelmäßig zu verneinen bei Gefälligkeiten, die im Rahmen rein gesellschaftlicher Kontakte erwiesen zu werden pflegen. Vom Abschluß eines Rechtsgeschäfts kann dagegen ausgegangen werden, wenn nach Art und Bedeutung der versprochenen Leistung ein auch dem Versprechenden erkennbares besonderes Interesse des Versprechensempfängers an einer zuverlässigen und korrekten Erfüllung der gemachten Zusage besteht.
15. Kann man sagen, daß das Versprechen einer Leistung, für die kein Entgelt gefordert wird, immer nur als Gefälligkeitsgeschäft anzusehen ist? (Grdz. § 5 III 1 b)	Das Fehlen eines Entgelts kann allenfalls ein Indiz, aber kein stets zuverlässiges Kriterium für das Vorliegen einer Gefälligkeitszusage sein, da die Rechtsordnung auch unentgeltliche Rechtsverhältnisse (z.B. Schenkung, Auftrag, unentgeltliche Verwahrung) kennt. Nur umgekehrt kann man sagen, daß Leistungen, für die Bezahlung verlangt wird, nur im Rahmen eines verbindlichen Rechtsverhältnisses versprochen sein können.
16. Gilt die Auslegungsregel des § 157 BGB nur für Verträge? (Grdz. § 5 III 3)	Nein. Die Vorschrift des § 157 BGB bringt einen allgemeinen Rechtsgedanken – den Grundsatz von Treu und Glauben – zum Ausdruck und gilt auch für die Auslegung von empfangsbedürftigen Willenserklärungen, die Bestandteil eines einseitigen Rechtsgeschäfts sind.

17. In welchem Verhältnis steht die Auslegungsregel des § 133 BGB zur Regelung des § 157 BGB? Gibt es da einen sachlichen Gegensatz? (Grdz. § 5 III 3)

Es gibt keinen Gegensatz. § 133 BGB legt als allgemeines Prinzip für jede Auslegung von Willenserklärungen fest, daß unabhängig vom verwendeten Wortlaut der Erklärung deren tatsächlich gewollter Sinn zu erforschen ist. Dieser Sinn muß jedoch in dem Gesagten irgendwie erkennbar zum Ausdruck gekommen sein. Ob dies der Fall ist, richtet sich allerdings nicht nur nach dem allgemeinen Sprachgebrauch, hier sind vielmehr alle Umstände des Einzelfalls zu berücksichtigen, die aus der Sicht des Erklärungsempfängers nach Treu und Glauben für die Auslegung des Gesagten in Betracht kommen. Führt diese Auslegung zu einem vom Willen des Erklärenden abweichenden Bedeutungsinhalt, ist dann allerdings gem. § 157 BGB die Erklärung mit der Bedeutung maßgebend, wie sie vom Empfänger verstanden werden durfte.

18. Gibt es für die Anwendung der Auslegungsregeln einen Unterschied zwischen empfangsbedürftigen und nicht empfangsbedürftigen Willenserklärungen? (Grdz. § 5 III 3)

Die vorstehend zu 17. entwickelten Auslegungsregeln gelten für empfangsbedürftige Willenserklärungen, da es hier darum geht, einem anderen Partner einen bestimmten Geschäftswillen zur Kenntnis zu bringen. Bei nicht empfangsbedürftigen Erklärungen (wichtigstes Beispiel: letztwillige Verfügungen) ist dagegen der tatsächliche Wille des Erklärenden immer maßgebend, soweit dieser überhaupt noch aus dem vorliegenden Wortlaut und sämtlichen zu dessen Interpretation zur Verfügung stehenden Umständen rekonstruiert werden kann.

19. Aus wessen Perspektive beurteilt sich, welche Umstände des Einzelfalles nach Treu und Glauben für die Auslegung einer Willenserklärung mit zu berücksichtigen sind? (Grdz. § 5 III 3)

Bei empfangsbedürftigen Willenserklärungen beurteilt sich dies nach der Perspektive des Erklärungsempfängers; d.h. es sind solche Umstände zu beachten, die für ihn erkennbar waren und von ihm vernünftigerweise beim Verständnis des Erklärten hätten mit bedacht werden müssen.

20. Welche Rolle spielen gesetzliche Auslegungsregeln; wie sind sie zu erkennen? (Grdz. § 5 III 3)

Gesetzliche Auslegungsregeln sind an der Formulierung „gilt“ oder „im Zweifel“ zu erkennen. Sie legen fest, wie bestimmte Äußerungen oder ein bestimmtes Verhalten üblicherweise als Willenserklärung auszulegen sind, soweit nicht im Einzelfall ein abweichender Wille besonders zum Ausdruck gebracht wurde.

§ 6. Der Vertrag

I. Was Sie vom Rechtsgeschäft des Vertragsschlusses wissen müssen

Der Vertragsschluß ist das zentrale Rechtsgeschäft des Bürgerlichen Rechts. Anknüpfend an die Ausführungen in Grdz. § 2 II 2 und 3 zur Privatautonomie erfahren Sie zunächst einiges über die Rolle des Vertrags als Instrument zur Gestaltung von Rechtsbeziehungen und über die **Vertragsfreiheit**; hier sollten Sie sich vor allem die Unterscheidung zwischen Vertragseingehungs- und Vertragsgestaltungsfreiheit merken.

Eines der wichtigsten Probleme der Rechtsgeschäftslehre ist der Tatbestand des **Vertragsschlusses**; bei Ihrer eigenen Arbeit werden Sie immer wieder vor der Frage stehen, ob in dem von Ihnen zu beurteilenden Sachverhalt durch das Handeln der Beteiligten ein Vertrag geschlossen worden ist oder nicht. Einstweilen vermitteln Ihnen die nachfolgenden Übungsfälle 6.01 bis 6.04 einen Eindruck von den vielen Zweifelsfragen, die in diesem Zusammenhang auftauchen können. Wichtige Detailprobleme, die Sie kennen und sicher beherrschen müssen, ist die Unterscheidung zwischen verbindlichem Vertragsangebot und der **Einladung** an den Kunden, seinerseits **Offerten zu machen**, sowie die Handhabung des **§ 151 BGB**, dessen Verständnis auch noch dem vorgerückten Jurastudenten Schwierigkeiten bereiten kann. Sie müssen sich insbesondere den Unterschied zwischen dieser Vorschrift und den Fällen deutlich machen, in denen ausnahmsweise **Schweigen** (= Nichtstun) zu einem Vertragsschluß oder zur nachträglichen Abänderung eines bereits abgeschlossenen Vertrags führen kann. Insofern finden Sie auch in einem BGB-Lehrbuch Ausführungen über die im Handelsrecht entwickelte Figur des **Schweigens auf ein kaufmännisches Bestätigungsschreiben**. Schließlich lernen Sie noch die Möglichkeit kennen, durch die ausdrückliche Vereinbarung von **Bedingungen** und **Befristungen** die Rechtswirksamkeit von Verträgen für die Zukunft so zu gestalten, daß bestimmte künftige Ereignisse auch ohne ergänzende Vertragsverhandlungen ohne weiteres zu einer bereits jetzt vorausbestimmten Veränderung des Vertragsverhältnisses führen können.

Die Regeln über die **Auslegung** von Verträgen werden Sie nur dann ohne Schwierigkeiten nachvollziehen können, wenn Sie sich schon zuvor mit den Grundregeln über die Auslegung von Willenserklärungen vertraut gemacht haben (vgl. Grdz. § 5 III 3). In Kapitel 6 geht es vor allem darum, wichtige praktische Anwendungsbereiche der Vertragsauslegung kennenzulernen. So erfahren Sie u.a., daß die Auslegung der beim Vertragsschluß abgegebenen Willenserklärungen dazu führen kann, daß trotz scheinbarer Einigung der Partner in Wirklichkeit ein Vertragsschluß nicht erfolgt ist. Das damit angesprochene Thema des **versteckten Einigungsmangels** wird später noch einmal bei der Darstellung des beiderseitigen Irrtums beim Vertragsschluß aufgenommen werden (vgl. Grdz. § 7 V); an dieser Stelle ist es für Sie wichtig, den Zusammenhang mit der Vertragsauslegung zu erkennen und den Unterschied zwischen versterktem und offenem Dissens (§ 154 BGB) zu verstehen. Die Bedeutung dieses Problems machen die Übungsfälle 6.05 und 6.07 anschaulich. Ein weiterer praktisch wichtiger Anwendungsfall ist die **ergänzende Vertragsauslegung**; hier stoßen Sie wieder auf ein Beispiel für die Handhabung des Grundsatzes von Treu und Glauben und lernen die hohe Kunst des Juristen kennen, durch Hermeneutik aus dem (beinahe) Nichts eine für beide Partner sinnvolle Gestaltung ihrer Rechtsbeziehungen hervorzuzaubern. Auch hierzu finden Sie in Fall 6.08 ein Beispiel.

Im modernen Geschäftsleben nimmt die inhaltliche Ergänzung von Vertragsabsprachen durch Verwendung von **Allgemeinen Geschäftsbedingungen** eine immer größer werdende praktische Bedeutung ein. Dieser Lernstoff gehört zum Grundwissen; Sie können ihn in den unten abgedruckten Übungsfällen 6.09 und 6.10 erproben.

II. Übungsfälle

Fall 6.01: *Das Schnäppchen*

Anton sieht im Schaufenster der Weinhandlung Schluckebier eine Flasche 1990er Château Mouton Rothschild, die mit einem Preisschild über 22,– € versehen ist. Erfreut, einen derart sensationellen Fund getan zu haben, begibt er sich in den Laden und verlangt gleich drei Flaschen von diesem edlen Bordeaux „zum Preis draußen im Schaufenster". Nicht mehr so erfreut muß er zur Kenntnis nehmen, daß Schluckebier ihm für diesen Kauf den Betrag von 660,– € abverlangt. Auf die Preisangabe im Schaufenster angesprochen, reagiert Schluckebier höchst erstaunt. Er prüft Antons Angaben nach und stellt fest, daß der Dekorateur beim Aufstellen des Preisschildchens irrtümlich eine „0" vergessen hatte; die Flasche dieses edlen Weins sollte nämlich 220,– € kosten. Nur zu diesem Preis will er auch den Wein an Anton verkaufen; die Preisangaben im Schaufenster sind nach Schluckebiers Auffassung unverbindlich. Anton meint dagegen, dies alles brauche ihn nichts anzugehen: Schluckebier sei an sein im Schaufenster veröffentlichtes Angebot gebunden und müsse ihm nunmehr den Wein zum Preis von 22,– € je Flasche überlassen. Hat er Recht?

Lösungshinweis: Anton hätte Recht, wenn die Preisauszeichnung an der Weinflasche im Schaufenster als ein nach § 145 BGB verbindliches Vertragsangebot des Schluckebier bewertet werden kann. –Wiederholen Sie Grdz. § 6 II 2, 3 d!

Musterlösung:

Gemäß § 433 Abs. 1 BGB könnte Anton von Schluckebier die Lieferung von drei Flaschen Château Mouton zum Preis von 66,– € verlangen, wenn durch seine Bestellung im

Laden ein Kaufvertrag mit Schluckebier zu diesen Bedingungen zustande gekommen ist. Mit seiner Erklärung, er kaufe drei Flaschen dieses Weins „zum Preis draußen im Schaufenster" wollte Anton einen solchen Vertragsschluß herbeiführen. Das hat aber nur dann Erfolg, wenn schon zuvor ein entsprechendes Vertragsangebot des Schluckebier vorhanden gewesen war. Ein solches durch schlüssiges Handeln erklärtes Angebot könnte darin zu sehen sein, daß Schluckebier eine Flasche Château Mouton im Schaufenster seiner Weinhandlung ausgestellt und mit einem Preis von 22,– € ausgezeichnet hatte. In diesem Sinn hat jedenfalls der Anton die Warenauslage verstanden.

Daß Schluckebier etwas anderes gemeint hatte, zeigt jedoch seine Reaktion auf die Bestellung des Anton. Aus seiner Sicht sollte die Warenauslage lediglich als eine Einladung an die vorbeigehenden Passanten aufzufassen sein, in seinem Laden nach den ausgestellten Waren zu fragen und ihrerseits Angebote zum Abschluß eines Kaufvertrags zu machen, so daß ihm im Einzelfall immer noch die Möglichkeit bleibt, die genauen Leistungsbedingungen dieses Kaufvertrags festzulegen oder aber den Verkauf abzulehnen. Die Frage ist, ob dies irgendwie nach außen deutlich gemacht worden ist. Es kommt sonach darauf an, wie die Verhaltensweise des Schluckebier als schlüssige Willenserklärung objektiv zu beurteilen ist. Auch insoweit gelten die Regeln der §§ 133, 157 BGB; letztlich ist die allgemeine Verkehrsauffassung maßgeblich.

Nach allgemeiner Verkehrsauffassung werden Warenauslagen in Schaufenstern auch dann, wenn sie mit Preisangaben verbunden sind, nicht als ein i. S. d. § 145 BGB bindender Antrag zum Abschluß eines Kaufvertrags über diese Waren verstanden. Trotz der durch die Schaufensterauslage allgemein zur Kenntnis gegebenen Bereitschaft des Ladeninhabers, Waren dieser Art zu verkaufen, kann es im Einzelfall noch von vielen Umständen abhängen (Lagerbestand, Zahlungsfähigkeit des Kunden etc.), ob es dann tatsächlich zum Vertragsschluß über dieses Objekts kommt. Das Ausstellen von Waren im Schaufenster wird lediglich als Werbung um Angebote der Passanten zum Abschluß eines Kaufvertrags über die ausgestellte Ware angesehen. Dem Ladeninhaber steht es somit noch frei zu entscheiden, ob er sich mit dem Kunden auf den Kaufabschluß einigt, d.h. dessen Angebot annimmt. Auf diese Weise besteht für ihn auch die Möglichkeit, noch Korrekturen an den Preisangaben im Schaufenster vorzunehmen und die Einigung über den Kaufvertrag davon abhängig zu machen, daß der Kunde den von ihm im Laden genannten Preis akzeptiert.

Der vorliegende Fall ist demnach wie folgt zu lösen: Die Erklärung des Anton, drei Flaschen 1990er Château Mouton Rothschild kaufen zu wollen, ist als Antrag an Schluckebier zum Abschluß eines Kaufvertrags anzusehen. Weil Anton sich auf die Auslage im Schaufenster bezieht, in der die Flasche mit einem Preis von 22,– € ausgezeichnet ist, enthält dieser Vertragsantrag ein Preisangebot in Höhe von insgesamt 66,– €. Da Schluckebier zwar bereit ist, dem Anton den Wein zu verkaufen, hierfür aber 660,– € fordert, liegt auf seiner Seite eine Annahme dieses Antrags unter Abänderungen vor, die nach § 150 Abs. 2 BGB als Ablehnung des von Anton erklärten Vertragsantrags und als neues Verkaufsangebot gilt. Anton weist diese Offerte zurück, so daß überhaupt kein Kaufvertrag zustande gekommen ist. Damit hat Anton auch keinerlei Ansprüche gegen Schluckebier.

Fall 6.02: *Das Sonderangebot*

Der Kneipenwirt Fritz begeht das zehnjährige Betriebsjubiläum seiner Kneipe „Zum Alten Fritz" mit einem „Tag des offenen Zapfhahns". Aus diesem Anlaß bietet er seinen Gästen ein 0,25-Liter-Glas Pils zum Sonderpreis von 1,– € an. Von der Werbung angelockt begibt sich Anton in das ihm bisher unbekannte Lokal und trinkt im Verlauf des Abends fünf Gläser Pils. Vor ihm auf dem Tisch steht ein Korb mit frischen Laugenbrezeln. Um für sein Bier die nötige „Unterlage“ zu schaffen, verzehrt Anton nach und nach drei Brezeln.

Als Anton die Rechnung verlangt, fragt ihn Fritz, ob er außer dem Bier noch Brezeln zu sich genommen habe. Auf die entsprechende Antwort des Anton hin macht ihm Fritz zu seiner Überraschung eine Zeche über 11,– €. Davon sollen 5,– € auf die fünf Glas Bier und 6,– € auf die drei Brezeln entfallen. Als Anton widerspricht, verweist ihn Fritz auf das (wie überall im Lokal) an der Rückseite des Brezelkorbs angebrachte Schild „Frische Brezeln, 1 Stück 2,– €“, das Anton bisher übersehen hatte. Anton erklärt, er habe das Aufstellen der Brezeln als eine besonders freundliche, aber kostenlose Aufmerksamkeit „des Hauses“ aus Anlaß des „Tags des offenen Zapfhahns“ aufgefaßt. Muß er trotzdem die Brezeln bezahlen?

Lösungshinweis: Der Sachverhalt zeigt eine andere Variante des „stillschweigenden Vertragsschlusses“. – Wiederholen Sie Grdz. § 6 II; § 5 III 1 d!

Musterlösung:

Fritz könnte den Preis von 6,– € für die drei Brezeln nach § 433 Abs. 2 BGB verlangen, wenn insoweit ein Kaufvertrag zwischen ihm und Anton abgeschlossen worden ist. Das Angebot zu einem solchen Vertragsschluß könnte Fritz durch das Aufstellen des Brezelkorbs mit Preisangabe erklärt haben. Andererseits könnte diese Handlung auch als Einladung zur Abgabe einer Vertragsofferte durch die Gäste des Lokals zu interpretieren sein, so daß das Vertragsangebot erst von Anton ausgegangen wäre, der allerdings die Brezeln für ein Geschenk des Wirtes aus Anlaß des Kneipenjubiläums gehalten hat und daher gerade kein Angebot zum Abschluß eines Kaufvertrags abgeben wollte.

In der Tat könnte auch für diesen Fall ähnlich wie bei der Auslage von Waren in Schaufenstern oder in den Regalen eines Selbstbedienungsmarkts eine allgemeine Verkehrsauffassung unterstellt werden, daß die Initiative zum Vertragsschluß erst von den Kunden ausgeht, sobald diese Besitz von der ausgelegten Ware ergreifen. Die Situation der Bereitstellung von „Zubrot“ in Gaststätten, die in erster Linie auf den Konsum von Getränken eingerichtet sind, ist indessen anders zu beurteilen: Hier muß der Wirt schon aus hygienischen Gründen daran interessiert sein, daß ein Kaufvertrag mit entsprechenden Zahlungsverpflichtungen bereits dann zustande gekommen ist, wenn seine Gäste die ausgelegten Brezeln in die Hand genommen haben. Auch sonst ist kein vernünftiges Interesse der Beteiligten daran ersichtlich, den Abschluß des Kaufvertrags auf den Zeitpunkt hinauszuschieben, zu dem die Gäste mit dem Wirt über die – inzwischen längst verzehrten – Brezeln abrechnen. Demnach ist im vorliegenden Fall bereits in dem Aufstellen des Brotkorbs mit Brezeln (und einer deutlich lesbaren Preisangabe) ein Vertragsangebot des Wirts an die Gäste seines Lokals zu sehen, das jeweils von den Gästen durch schlüssiges Handeln angenommen wird, sobald sie eine Brezel aus dem Korb herausnehmen. Auf die zu seiner Kenntnisnahme übermittelte Erklärung der Annahme dieser Offerte hat der Wirt dann jeweils gem. § 151 Satz 1 BGB verzichtet.

Im vorliegenden Fall könnte gegen diese Deutung des Vertragsschlusses zwischen Anton und Fritz allerdings noch sprechen, daß Anton das Preisschild nicht gesehen hatte und aufgrund der äußeren Umstände (Kneipenjubiläum) von der berechtigten Annahme ausgehen konnte, die Brezeln seien (ausnahmsweise) geschenkt. Sein schlüssiges Handeln könnte somit als Erklärung der Annahme eines Schenkungsangebots auszulegen sein, so daß in Wirklichkeit keine sich deckenden Willenserklärungen abgegeben worden sein könnten und der Abschluß eines Kaufvertrags an einem versteckten Einigungsmangel nach § 155 BGB gescheitert wäre. Es kommt indessen nicht darauf an, was sich Anton bei seiner Vorgehensweise gedacht hat, sondern wie diese unter Würdigung der Gesamtumstände nach Treu und Glauben *objektiv* als schlüssige Willenserklärung auszulegen war. Angesichts des Umstandes, daß alle auf den Tischen des Lokals aufgestellten Brezelkörbe mit einem Preisschild versehen waren und in Anbetracht dessen, daß es jedenfalls in Bierlokalen nicht üblich ist, den Gästen Brezeln und anderes Backwerk kostenlos zur Verfügung zu stellen, kann bei objektiver Betrachtung das Verhalten des Anton nur als die Annahme des Angebots des Fritz ausgelegt werden, die auf den Tischen aufgestellten Brezeln zu dem auf dem Preisschild angegebenen Preis von jeweils 2,– € zu kaufen. Damit ist ein Kaufvertrag zustande gekommen; nach § 433 Abs. 2 BGB hat Fritz Anspruch auch auf die 6,– €. – Die sich noch ergebende Frage, ob Anton diesen Vertrag nach § 119 Abs. 1 BGB wegen Irrtums anfechten kann, wird hier nicht weiter geprüft.

Fall 6.03: *Leberechts Hühnchen*

Anton will im Selbstbedienungsmarkt des Leberecht u.a. zwei Suppenhühner kaufen. In der Kühltruhe findet er ein abgepacktes Huhn, das mit dem Preis von 4,80 € ausgezeichnet ist, und ein weiteres, gleich schweres und auch sonst gleichartiges Huhn, auf dem ein Preisschild über 3,80 € angebracht ist. Über der Kühltruhe hängt eine Werbetafel mit der Aufschrift „Suppenhühner im Sonderangebot – pro Stück nur 4,80 €". Anton legt die beiden Vögel zu den übrigen von ihm ausgesuchten Waren in seinen Einkaufswagen und packt seinen Kauf schließlich ohne jeden weiteren Kommentar an der Kasse aus. Dort drückt Leberecht – ebenfalls wortlos – für *beide* Suppenhühner den Preis von 4,80 € in die Kasse. Dies bemerkt der Anton, nachdem er die geforderte Endsumme bezahlt hat und den Kassenbon mit den aufgelisteten Einzelpreisen noch einmal nachprüft. Er reklamiert bei Leberecht und verlangt von ihm, daß er ihm für das eine Huhn den Betrag von 1,– € wieder zurückgibt. Leberecht erklärt, das Preisschild mit den 3,80 € sei offenbar ein Irrtum; wie auf der Werbetafel angegeben belaufe sich der Sonderangebotspreis für Suppenhühner einheitlich auf 4,80 € pro Stück. Daraufhin will ihm der Anton das eine Huhn zurückgeben und den ganzen Preis von 4,80 € zurückverlangen. Leberecht meint, gekauft sei gekauft; Anton habe von ihm nichts mehr zu fordern und müsse auch das Suppenhuhn behalten, zumal es mittlerweile aufzutauen beginne und für ihn nicht mehr verkäuflich sei. Wer hat Recht?

Lösungshinweis: Der Fall führt zu der rechtstheoretisch nicht uninteressanten Frage, wie es in dem weitgehend anonymisierten Massenbetrieb eines Supermarktes mit Selbstbedienung überhaupt zum Abschluß von Kaufverträgen über die von den Kunden erworbenen Waren kommt. Bei diesem Sachverhalt haben Sie zum ersten Mal ein komplexes Leistungsbegehren zu begutachten, nämlich einerseits den Zahlungsanspruch des Leberecht und andererseits die alternativ formulierten Ansprüche des Anton. Um Ordnung in den Gutachtenaufbau zu bringen und Widersprüche zu vermeiden, empfiehlt es sich, in zwei Prüfschritten nach der Interessenlage des Hauptakteurs – hier also des Anton – vorzugehen: Für ihn wäre es das beste Ergebnis, wenn er das zweite Suppenhuhn zum Preis von 3,80 € behalten könnte. Also klären Sie diese Frage als erstes; damit wäre auch der weitere Streit mit Leberecht erledigt. Sollten Sie insoweit zu einem für Anton negativen Ergebnis kommen, wäre es dann für ihn immer noch das kleinere Übel, wenn er das Huhn zurückgeben und den bereits von Leberecht abgezogenen Betrag von 4,80 € wieder zurückverlangen könnte. Das wäre dann für Sie die zweite Fallfrage. – Wiederholen Sie Grdz. § 6 II 1 bis 3; vgl. auch Grdz. § 15 II 1, 3b!

Musterlösung:

(1) Anton könnte das Suppenhuhn behalten und den nach seiner Ansicht zu viel bezahlten Betrag von 1,– € zurückfordern, wenn hinsichtlich des zweiten Suppenhuhns ein Kaufvertrag zum Preis von 3,80 € zustande gekommen ist, so daß Anton insgesamt 1,– € zu viel bezahlt hat und diesen Betrag gem. § 812 Abs. 1 Satz 1 BGB von Leberecht zurückverlangen kann.

Laut Sachverhalt hat sich der Vorfall im wesentlichen wortlos abgespielt. Gleichwohl muß es zum Abschluß von Rechtsgeschäften über die von Anton ausgesuchte Ware gekommen sein, denn Anton hat hierfür Geld bezahlt und Leberecht hat es zugelassen, daß Anton die an der Kasse vorgezeigten Lebensmittel an sich nimmt, was vernünftigerweise nur dann geschieht, wenn die Beteiligten ein Kaufgeschäft getätigt haben. Der Vertragsabschluß ist sonach durch schlüssiges Handeln erfolgt.

Das zum Vertrag führende Angebot könnte von Leberecht ausgegangen sein, wenn das Bereithalten abgepackter und mit einem Preisaufdruck versehener Waren in den Verkaufsständen und offenen Kühltruhen des Selbstbedienungsmarkts als Offerte zum Verkauf und zur Übereignung dieser Waren interpretiert werden kann. Dann würde die Annahme eines solchen Angebots durch die jeweiligen Kunden entweder durch das Einlegen der Ware in den Einkaufskorb oder -wagen oder durch deren Vorzeigen an der Kasse schlüssig erklärt werden. Dies hätte die Konsequenz, daß der Kaufvertrag bereits abgeschlossen ist (und sogar schon die Übereignung der gekauften Ware erfolgte), bevor der Ladeninhaber oder der von ihm bestellte Kassierer den Preis in die Kasse eindrückt; die Erstellung der Rechnung diente nur noch der Ermittlung der entstandenen Zahlungsforderung, hätte aber sonst keine eigene rechtsgeschäftliche Bedeutung.

Diese Interpretation des Sachverhalts entspricht jedoch keineswegs der allgemeinen Verkehrsanschauung, die insoweit in erster Linie auf eine den praktischen Bedürfnissen des Geschäftsbetriebs entsprechende Organisation abstellt. Der Betreiber des Selbstbedienungsladens muß nämlich die Möglichkeit behalten, ohne Bindung an einen bereits abgeschlossenen Vertrag einen Kunden noch an der Kasse zurückweisen zu können, weil dieser z.B. die gekaufte Ware nicht sofort bezahlen kann oder weil andere Gründe diesem konkreten Kaufabschluß entgegenstehen (z.B. kein Verkauf von Alkohol an Jugendliche). Andererseits sind keine schutzwürdigen Interessen der Kunden des Selbstbedienungsmarkts ersichtlich, die dafür sprechen, einen für beide Teile bindenden Kaufabschluß bereits vor dem Eingeben des Preises in die Ladenkasse anzunehmen; im Gegenteil: auch dem Kunden kann daran gelegen sein, den Kaufabschluß noch hinauszuzögern, weil er sich z.B. beim Kassierer noch einmal nach dem genauen Preis oder anderen Einzelheiten über die ausgesuchte Ware erkundigen will, bevor er sich endgültig festlegt. Für den Kauf im Selbstbedienungsladen kann somit von folgender Situation ausgegangen werden: Die Auslage von Produkten im Verkaufsraum ist ähnlich wie die Warenauslage im Schaufenster oder das „Angebot“ in einem Verkaufsprospekt oder Katalog lediglich als Aufforderung an die Kunden zu interpretieren, ihrerseits Angebote zum Abschluß eines Kaufvertrags über die von ihnen ausgesuchten Waren zu machen. Ein solches Vertragsangebot wird vom Kunden dann dadurch zum Ausdruck gebracht, daß er die Ware an der Kasse vorlegt. Soweit sich an der Ware eine Preisauszeichnung befindet, ist das Verhalten des Kunden als Angebot auszulegen, die Ware zu dem angegebenen Preis erwerben zu wollen. Die Annahme dieses Angebots wird von dem Ladeninhaber (oder der von ihm hierzu ermächtigten Person an der Kasse) dadurch erklärt, daß der Preis in die Registrierkasse gedrückt oder eingescannt wird. Erst zu diesem Zeitpunkt ist der Kaufvertrag über die Ware abgeschlossen.

Im vorliegenden Fall hat sonach der Anton durch Vorlage des mit einem Preis von 3,80 € ausgezeichneten Suppenhuhns an der Kasse das Angebot zum Abschluß eines Kaufvertrags über dieses Huhn zum Preis von 3,80 € erklärt. Leberecht wollte mit dem Eindrücken des Betrags von 4,80 € dieses Angebot annehmen, hat dies aber in Wirklichkeit nicht getan, da er mit seiner Annahmeerklärung das Angebot des Anton abgeändert hat. Gem. § 150 Abs. 2 BGB gilt dies als Ablehnung der ursprünglichen Offerte. Damit ist ein Kaufvertrag zum Preis von 3,80 € nicht zustande gekommen.

(2) Es ist daher weiter zu untersuchen, ob Anton das Huhn zurückgeben und den gesamten Betrag von 4,80 € herausverlangen kann. Er müßte die Ware behalten und den Preis von 4,80 € zahlen, wenn insoweit ein Kaufvertrag mit Leberecht abgeschlossen wäre. Zum Abschluß eines solchen Vertrags kann es nur dadurch gekommen sein, daß Leberecht den Anton das Huhn übergab und dabei den Betrag von 4,80 € in die Kasse eindrückte. Wie bereits ausgeführt worden ist, ist diese Verhaltensweise gem. § 150 Abs. 2 BGB als Ablehnung des ursprünglich von Anton ausgehenden Vertragsangebots zu interpretieren. Zugleich gilt diese Erklärung aber auch als neues Angebot, das Huhn zum Preis von 4,80 € zu verkaufen. Da Anton dem widersprochen hat, sobald er überhaupt von diesem Angebot Kenntnis nehmen konnte (nämlich bei Lektüre des Kassenzettels), ist es über dieses neue Angebot nicht zu einem Vertragsschluß gekommen. Damit ist hinsichtlich des zweiten Suppenhuhns überhaupt kein Kaufvertrag zustande gekommen. Demnach braucht Anton das Huhn nicht mitzunehmen, außerdem hat er insgesamt 4,80 € zu viel, d.h. ohne rechtlichen Grund, an Leberecht gezahlt und kann gem. § 812 Abs. 1 Satz 1 BGB von ihm diesen Betrag herausverlangen.

Fall 6.04: *Mail order*

Anton bestellt für seinen persönlichen Gebrauch beim Versandhaus Meyer mit Postkarte vom 25.4. eine Kamera nach Katalog. Im Katalog sind alle nach § 312 c Abs. 1 BGB i.V.m. § 1 Abs. 1 der InformationspflichtVO i.d.F. vom 2.1.2002 erforderlichen Verbraucherinformationen enthalten. Die Bestellung wird am 7.5. zum Versand gebracht, das Paket geht jedoch verloren. Gleichwohl erhält Anton am 5.6. für die Kamera eine Rechnung der Fa. Meyer. Für Anton ist dies die erste Reaktion des Versandhauses, die er auf seine Bestellung vom 25.4. erhalten hat. Er ist der Meinung, er brauche die Rechnung schon deswegen nicht zu zahlen, weil zwischen ihm und der Fa. Meyer kein Vertrag zustande gekommen ist. Hat er Recht?

Lösungshinweis: Der Fall befaßt sich mit dem ebenfalls in der Praxis häufig auftretenden Problem des Abschlusses von Kaufverträgen im Versandhandel. Dabei wird deutlich, daß bei der immer noch am meisten verbreiteten Vertriebsform der schriftlichen Bestellung nach Katalog die neuen Regelungen über

Fernabsatzverträge nur begrenzt Anwendung finden und immer noch auf die mehr als 100 Jahre alte Vorschrift des § 151 BGB zurückgegriffen werden muß. – Wiederholen Sie Grdz. § 6 II 3!

Musterlösung:

Es ist zu untersuchen, ob zwischen Anton und dem Versandhaus Meyer ein Kaufvertrag über eine Kamera abgeschlossen worden ist. Sollte zwischen Anton und dem Versandhaus Meyer ein Kaufvertrag abgeschlossen worden sein, würde auf dieses Geschäft die ergänzende Regelung der §§ 312 b ff. BGB über Fernabsatzverträge anzuwenden sein. Es würde sich dann nämlich um einen Vertrag zwischen einem Unternehmer und Anton als Verbraucher (§ 13 BGB) über die Lieferung einer Ware im Rahmen eines für den Fernabsatz organisierten Vertriebssystems handeln, wobei der Vertragsschluß unter ausschließlicher Verwendung von Fernkommunikationsmitteln (hier: Kataloge und Postkarten) zustande gekommen wäre. Der Vertragsschluß als solcher unterliegt allerdings nach wie vor der allgemeinen Regelung durch die §§ 145 ff. BGB. Ein Vertrag kommt durch die Annahme eines Vertragsangebots zustande; bei einem Vertragsschluß unter Abwesenden muß diese Annahme des Vertragsangebots rechtzeitig sein. Im vorliegenden Fall wurde der Antrag zum Abschluß eines Kaufvertrags über die Kamera durch Anton mit seiner Bestellkarte vom 25.4. erklärt. Es kommt somit darauf an, ob das Versandhaus Meyer dieses Angebot fristgerecht angenommen hat. Da Anton keine Annahmefrist gem. § 148 BGB gesetzt hat, wäre dies nach § 147 Abs. 2 BGB zu beurteilen.

Anton hat – aus seiner Sicht – auf seine Bestellung von der Fa. Meyer erstmals durch die am 5.6. erfolgte Zusendung einer Rechnung eine Antwort erhalten. Hierin könnte die Erklärung der Annahme des Vertragsantrags gesehen werden. Auch unter Berücksichtigung der bei Fernabsatzverträgen in Kauf zu nehmenden Verzögerungen wird man sicher nicht annehmen können, daß eine Frist von mehr als fünf Wochen noch ein Zeitraum ist, in welchem der Antragende i.S.v. § 147 Abs. 2 BGB „unter regelmäßigen Umständen" mit dem Eingang einer Antwort rechnen darf. Demnach wäre eine dem Anton erst am 5.6. zugegangene Annahmeerklärung nicht mehr rechtzeitig und sein Antrag bereits gem. § 146 BGB erloschen, so daß es nicht mehr zum Vertragsschluß gekommen wäre.

Im Versandhandel besteht indessen die Verkehrssitte, daß die Annahme von Bestellungen gegenüber dem Kunden nicht noch einmal besonders erklärt wird; da der Vertrag nicht im elektronischen Geschäftsverkehr nach § 312 e Abs. 1 BGB abgeschlossen werden soll, besteht vorliegend keine Verpflichtung des Versandhauses aus § 312 e Abs. 1 Nr. 3 BGB, den Vertragsschluß unverzüglich auf elektronischem Weg zu bestätigen. Hier gilt daher die Regelung des § 151 Satz 1 BGB, wonach der Vertrag bereits durch die tatsächliche Annahme des Angebots zustande kommt, ohne daß der Wille zur Annahme des Vertragsangebots gegenüber dem Antragenden noch einmal formell erklärt werden muß. Im vorliegenden Fall wurde die von Anton bestellte Ware am 7.5. zum Versand gebracht; hierin liegt die Kundgabe des Willens, mit Anton entsprechend seiner Bestellung einen Kaufvertrag abzuschließen. Zu diesem Zeitpunkt war sein Vertragsantrag noch nicht erloschen, denn es kann unterstellt werden, daß Anton mit einer Frist von etwa zehn Tagen für die Bearbeitung seiner Bestellung einverstanden war (§ 151 Satz 2 BGB). Damit ist am 7.5. zwischen Anton und der Fa. Meyer wirksam ein Kaufvertrag zustande gekommen; hieraus könnte sich die Verpflichtung zur Zahlung des Kaufpreises ergeben. – Da Anton einen Fernabsatzvertrag i.S.d. § 312 b Abs. 1 BGB abgeschlossen hat, besteht für ihn allerdings noch die Möglichkeit, den Vertragsschluß nach § 312 d Abs. 1 BGB i.V.m. § 355 BGB zu widerrufen. Die Widerrufsfrist von einem Monat ist bisher auf keinen Fall abgelaufen, da deren Lauf gem. § 312 d Abs. 2 BGB erst einen Tag vor

Eingang der Ware beim Empfänger beginnen kann; im vorliegenden Fall hat Anton jedoch gerade keine Ware erhalten.

Fall 6.05: *Unklare Geschäftsbeziehungen*

Der Bauunternehmer Anton steht mit dem Geschäftsführer der Heimbau-GmbH in schwierigen Verhandlungen über den Rohbau eines Objekts mit 20 Eigentumswohnungen. Es gibt zwar einen schriftlichen Vertrag, der u.a. einen Zeitplan mit Fertigstellung der Fundamente bis zum Ende der 39. Kalenderwoche am 1.10. als „poenalisierten Termin" festlegt. Als Vertragsstrafe ist für jeden Arbeitstag Verzögerung ein Betrag von 1.000,– € vereinbart. Beide Seiten stellen aber immer wieder Nachforderungen, über die dann jeweils neue Absprachen getroffen werden, die allerdings nicht immer in schriftlich genau fixierten „Nachträgen" dokumentiert sind. So findet am 2.8. auf Wunsch des Anton eine Besprechung über einen neuen Preis für den Aushub der Baugrube statt, da sich bei den Fundamentarbeiten herausgestellt hatte, daß der Baugrund eine härtere Bodenklasse aufweist, als in den von der Heimbau-GmbH herausgegebenen Ausschreibungsunterlagen angegeben war. Müller, der Geschäftsführer der Heimbau-GmbH, gesteht dem Anton schließlich den geforderten Preisaufschlag zu, verlangt aber, daß Anton ihm zusagt, den vereinbarten Terminplan trotz der schwierigeren Bodenklasse für die Fundamentarbeiten noch um zwei Wochen zu verkürzen. Anton will darauf nicht ohne weiteres eingehen und läßt sich nur dahin ein, daß er erst noch mit seinem Polier besprechen müsse, ob der Terminplan verkürzt werden könne. Er werde dem Müller in den nächsten Tagen Bescheid geben.

Nach Erörterung mit seinem Polier kommt Anton zu dem Ergebnis, daß eine Beschleunigung der Arbeiten ohne die Einstellung weiterer Leute mit entsprechenden Zusatzkosten nicht möglich ist. Da Anton in der zweiten Augustwoche in Urlaub fährt, vergißt er, seine Entscheidung dem Müller mitzuteilen. Am 11.8. geht im Unternehmen des Anton ein Brief der Heimbau-GmbH ein, in dem Müller die neue Preisabsprache vom 2.8. bestätigt; das Schreiben enthält außerdem den Satz: „Nach Prüfung der Voraussetzungen akzeptieren Sie Ihrerseits unseren Wunsch, den Termin für die Fertigstellung der Fundamente um zwei Wochen auf das Ende der 37. Kalenderwoche vorzuverlegen." Wegen des Urlaubs des Anton wird dieser Brief vorerst nicht bearbeitet; auch nach seinem Urlaub geht Anton auf das Schreiben nicht mehr ein.

Die Fundamente werden erst am 1.10. fertig. Die Heimbau-GmbH, die im Hinblick auf den neuen Terminplan bereits disponiert hatte, will den Werklohn des Anton um die vereinbarte Konventionalstrafe von 1000,– € pro Arbeitstag kürzen. Mit Recht?

Lösungshinweis: Bei Schuldverhältnissen, deren Abwicklung sich über einen längeren Zeitraum mit vielen Etappen hinzieht, kommt es beinahe zwangsläufig zu Nachverhandlungen und Vertragsänderungen. Wie der vorliegende Fall zeigt, spielen hierbei auch die Regeln über das Schweigen als Willenserklärung und vor allem über das Schweigen auf Bestätigungsschreiben eine wichtige Rolle (vergleichen Sie auch Fall 5.04 und versuchen Sie, den Unterschied im Lösungsansatz herauszufinden!). – Wiederholen Sie Grdz. § 5 III 1 d; § 6 II 4, 5!

Musterlösung:

Anton müßte gem. § 339 BGB die Vertragsstrafe zahlen, wenn für ihn das Ende der 37. Kalenderwoche als Fertigstellungstermin der Fundamente verbindlich ist. Aus dem Sachverhalt geht hervor, daß der zunächst vereinbarte Zeitplan hierfür die 39. Kalenderwoche, also genau den von Anton eingehaltenen Termin, vorgesehen hatte. Diese im ursprünglichen Werkvertrag getroffene Absprache könnte jedoch nachträglich geändert worden sein, was allerdings ebenfalls einen Vertragsschluß zwischen Anton und der Heimbau-GmbH voraussetzt.

Ein solcher Vertrag könnte in der Besprechung am 2.8. geschlossen worden sein. An diesem Tag haben Anton und Müller zwar nur eine mündliche Vereinbarung getroffen; da es jedoch zwischen beiden Partnern üblich war, Nachträge zum schriftlich festgelegten Hauptvertrag auch mündlich zu vereinbaren, könnte abweichend von der Regel des § 154 Abs. 2 BGB auch die nicht schriftlich fixierte Einigung zu einer Änderung des Terminplans geführt haben. Am 2.8. sind sich Anton und Müller allerdings nur über die Änderung des Einheitspreises für die Ausschachtungsarbeiten einig geworden; hinsichtlich der von Müller außerdem noch geforderten Verkürzung des Terminplans hatte Anton lediglich Prüfung und Bescheid in den nächsten Tagen zugesagt. Ursprünglich hatte Müller der Preiserhöhung zwar nur dann zustimmen wollen, wenn sich Anton auch seinerseits mit einer Verkürzung des Terminplans um zwei Wochen einverstanden erklärt. Er hat sich dann jedoch damit einverstanden erklärt, daß Anton sich mit ihm über diese Forderung nicht sofort einigt, sondern ihm insoweit „noch einmal Bescheid gibt“. Damit ist dieser Punkt einvernehmlich vom Verhandlungsprogramm des Änderungsvertrags abgesetzt worden und nur eine Einigung über die Preiserhöhung für die Ausschachtungsarbeiten getroffen worden.

Zu prüfen bleibt, ob eine Einigung über den neuen Terminplan deswegen unterstellt werden kann, weil Anton entgegen seiner Zusage den Müller nicht in den nächsten Tagen über seine Entscheidung informiert hatte, die geforderte Terminverkürzung abzulehnen. Man kann unterstellen, daß Müller seinen Antrag, den vertraglich festgelegten Terminplan durch eine neue Vereinbarung abzuändern, weiterhin aufrechterhalten hat. Dieser Vertragsantrag müßte von Anton durch sein Schweigen angenommen worden sein. Aus dem Sachverhalt geht indessen hervor, daß Anton nach Überprüfung des Ersuchens mit einer Terminverkürzung gerade nicht einverstanden war; die Benachrichtigung des Müller ist nur deshalb unterblieben, weil Anton dies wegen seines Urlaubs vergessen hatte. Schon aus diesem Grund muß daher sein Verhalten als einfaches Nichtstun und nicht als schlüssige Abgabe einer Willenserklärung interpretiert werden. Der Sachverhalt gibt auch keine Hinweise darauf, daß beide Partner ein etwaiges Schweigen des Anton in der Weise normiert hätten, daß eine Nichtbenachrichtigung des Müller innerhalb einer bestimmten Frist als Zustimmung des Anton zu dessen Terminwünschen gelten solle.

Möglicherweise könnte ein neuer Terminplan noch dadurch vereinbart worden sein, daß Anton dem am 11.8. eingegangenen Bestätigungsschreiben des Müller nicht widersprochen hat, in welchem dieser das Ergebnis des Gesprächs vom 2.8. dahin interpretiert, daß inzwischen auch eine Einigung über die Vorverlegung des Fertigstellungstermins für die Fundamente auf das Ende der 37. Kalenderwoche erzielt worden sei. Anton ist gem. § 1 HGB als Gewerbetreibender und Inhaber eines größeren Unternehmens Kaufmann im Sinne des Handelsrechts; auf seine Handlungsweise sind daher die Regeln über das Schweigen auf ein kaufmännisches Bestätigungsschreiben anzuwenden. Dadurch, daß er entgegen seiner Zusage dem Müller überhaupt keine Mitteilung gemacht hat, zu welchem Ergebnis er bei seiner Überprüfung der Möglichkeiten einer Terminverkürzung gekommen ist, hat er jedenfalls Unklarheiten über die weitere Behandlung dieses Punktes verursacht. Andererseits ist Klarheit über den Terminplan für die weiteren Dispositionen der Heimbau-GmbH wichtig, was auch Anton berücksichtigen muß. Nach Treu und Glauben wäre Anton daher verpflichtet gewesen, dem am 11.8. eingegangenen Bestätigungsschreiben unverzüglich zu widersprechen, wenn er nicht damit einverstanden war, daß sein Schweigen in dieser Sache als Zustimmung zur Änderung des Terminplans ausgelegt wird. Es ist unerheblich, aus welchen Gründen Anton auf den Brief vom 11.8. nicht geantwortet hat.

Mithin ist der vertraglich festgelegte Terminplan durch sein Schweigen zu seinen Ungunsten verändert worden. Da er diesen Terminplan nicht eingehalten hat, ist die Heimbau-GmbH berechtigt, die vereinbarte Vertragsstrafe vom Werklohn des Anton abzuziehen.

Fall 6.06: *Zu lange gezaudert*

Anton verhandelt mit Eberhard über den Erwerb eines ehemaligen Fabrikgeländes für einen Bauhof, den Anton neu errichten möchte. Nach langwierigen, oftmals vertagten Gesprächen sind sich beide im wesentlichen einig; offen ist lediglich noch die Höhe des Preisnachlasses, den Eberhard dem Anton dafür gewähren soll, daß dieser auf die Haftung des Verkäufers für etwaige auf dem Grundstück vorhandene Bodenkontaminationen verzichtet. Insgeheim verhandelt Eberhard auch mit Dienhold über den Verkauf des Grundstücks. Mit ihm wird er allerdings schneller einig, so daß es zwischen beiden zur Beurkundung des notariellen Kaufvertrags kommt. Dies teilt er dem Anton mit und erklärt die bisherigen Verhandlungen mit ihm als beendet. Anton ist empört: Er sei sich doch mit Eberhard schon fast einig gewesen; dieser hätte daher nicht auch mit Dienhold verhandeln dürfen oder ihm zumindest die faire Chance geben müssen, in dessen Angebot einzusteigen. Er fordert als Schadensersatz statt der Leistung eine Vergütung für den Gewinn, den er bei einer Einigung mit Eberhard aus dem Betrieb des Bauhofs hätte ziehen können. Hat Anton Recht?

Lösungshinweis: Der Fall zeigt den Unterschied zwischen der Bindung an ein Vertragsangebot nach § 145 BGB (vgl. den Fall oben 5.07) und der Verpflichtung zur fairen Führung von Vertragsverhandlungen, die aber je nach Lage des Falles immer noch die Möglichkeit offen läßt, es nicht zum Vertragsschluß kommen zu lassen und anderweit zu disponieren. – Wiederholen Sie Grdz. § 6 II 4; § 12 IV 1, 2 a!

Musterlösung:

Anton könnte gegen Eberhard nur dann Rechte geltend machen, wenn seine bisherigen Verhandlungen bereits zu irgendwelchen Bindungen und Verpflichtungen des Eberhard in bezug auf das Fabrikgrundstück geführt haben. Ein beide Teile bindender Kaufvertrag ist bisher – abgesehen von dem Formerfordernis des § 311 b Abs. 1 BGB – noch nicht zustande gekommen, da die endgültige Einigung über die Höhe des Kaufpreises für das Grundstück fehlt. Nach § 154 Abs. 1 Satz 1 BGB ist ein Vertrag so lange nicht geschlossen, wie keine Absprache über *sämtliche* von einer Seite als verhandlungsbedürftig angesehenen Vertragspunkte getroffen worden ist. Nach § 154 Abs. 1 Satz 2 BGB besteht dann auch keine Bindung an solche Vertragselemente, über die ein Einverständnis bereits erzielt werden konnte.

Möglicherweise könnte ein nach § 145 BGB den Eberhard wenigstens einseitig bindender Vertragsantrag darin gesehen werden, daß dieser sich überhaupt zu einem Verkauf seines Grundstücks an Anton bereit erklärt und ihm einen Preis hierfür genannt hatte. Auch insoweit spielt indessen wieder eine Rolle, daß Anton bisher andere Preisvorstellungen ins Gespräch gebracht hatte. Damit hat er i.S.v. § 150 Abs. 2 BGB die Offerte des Eberhard abgelehnt, so daß dieser an sein zu Beginn der Verhandlungen vorgelegtes Angebot auch nicht mehr gem. § 145 BGB gebunden ist.

Allerdings wird nach § 311 Abs. 2 Nr. 1 BGB schon durch die Aufnahme von Vertragsverhandlungen zwischen den Partnern ein Schuldverhältnis eigener Art begründet, das entsprechend den Vorgaben des § 241 Abs. 2 BGB beide Teile wechselseitig zur Rücksichtnahme auf die Rechte, Rechtsgüter und Interessen der anderen Seite verpflichtet. Indessen kann Eberhard durch seinen Vertragsschluß mit Dienhold keine Rechte oder Rechtsgüter des Anton verletzt haben, denn dieser hatte – wie dargelegt – aus den Vertragsverhandlungen mit Eberhard bisher gerade noch keine (neuen) Rechte in Bezug auf das Grundstück erworben, und eine Verletzung sonstiger – gewissermaßen außerhalb des Grundstücksgeschäfts stehender – Rechte des Anton ist auch nicht ersichtlich.

Anton sieht eine Verletzung seiner Interessen darin, daß Eberhard während der Verhandlungen mit ihm auch noch über dasselbe Geschäft mit Dienhold gesprochen und letztlich mit diesem abgeschlossen hat, so daß ihm selbst das Geschäft entgangen ist. Die neuen §§ 311 Abs. 2, 241 Abs. 2 BGB übernehmen bisher nur gewohnheitsrechtlich entwickelte Regeln über die Haftung für Verschulden beim Vertragsschluß. Insoweit werden Schadensersatzansprüche anerkannt, wenn bereits weitgehend fortgeschrittene Vertragsverhandlungen ohne sachlichen Grund – willkürlich – abgebrochen werden und hierdurch Schaden entsteht. Die Haftung für Verschulden beim Vertragsschluß beruht jedoch darauf, daß der Schaden nicht in dem entgangenen Geschäft als solchem besteht, sondern dadurch verursacht worden ist, daß beim anderen Teil Vertrauen erweckt wurde, es werde bei normalem Verlauf der Verhandlungen zu einem Vertragsschluß kommen, so daß er im Hinblick auf diese Erwartung besondere Dispositionen getroffen hat, die sich nun für ihn wegen des Nichtzustandekommens des Geschäfts als Vermögensschaden auswirken. Der vorliegende Sachverhalt enthält indessen keine Anhaltspunkte dafür, daß Anton im Hinblick auf den Erwerb des Grundstücks bei sich überhaupt irgendwelche Dispositionen getroffen hat. Insoweit macht er auch keinen Schaden geltend; Anton beruft sich nur auf Nachteile, die sich für ihn ganz allgemein daraus ergeben haben, daß er nun nicht in den Besitz des Grundstücks kommen wird. Ein solcher Nachteil ist indessen das zwangsläufige Risiko des Mißerfolgs von geschäftlichen Verhandlungen, das jedermann eingehen muß, der eine ihm gegenüber abgegebene Offerte nicht unverändert annimmt, sondern zu seinen Gunsten noch bessere Bedingungen herausschlagen möchte.

Aus der Verpflichtung zur Rücksichtnahme auf die Interessen des anderen Teils folgt auch noch nicht das Verbot, zur gleichen Zeit über dasselbe Objekt Verhandlungen mit anderen Anbietern zu führen. Da normalerweise niemand verpflichtet ist, seine Geschäftsbeziehungen mit dritten Personen offenzulegen, kann Anton von Eberhard auch nicht verlangen, ihn von den Vertragsverhandlungen mit Dienhold in Kenntnis zu setzen, und sich nunmehr darüber beklagen, das alles sei „hinter seinem Rücken geschehen".

Auch aus den §§ 311 Abs. 2, 241 Abs. 2 BGB kann Anton sonach keine Ersatzansprüche gegen Eberhard herleiten; insgesamt ist somit sein Schadensersatzbegehren unbegründet.

Fall 6.07: *Der Kampf um den Arbeitsplatz*

Im Baugeschäft des Anton wird am 1.3. der Bilanzbuchhalter Meier krank. Da nicht abzusehen ist, wann Meier seine Arbeit wieder aufnehmen kann, stellt Anton den Schmidt eine Woche später als Aushilfe ein und vereinbart mit ihm im Arbeitsvertrag, daß das Arbeitsverhältnis zwei Wochen nach Rückkehr des Meier zum Dienst „ohne weiteres" beendet sein soll. Nach achtmonatiger Krankheit und anschließender Kur kehrt Meier am 5.11. wieder wohlbehalten zum Dienst zurück. Daraufhin teilt Anton dem Schmidt mit, daß dessen Arbeitsverhältnis am 19.11. beendet sei. Schmidt widerspricht: Er sei jetzt länger als sechs Monate in der Firma, in der regelmäßig mehr als fünf vollbeschäftigte Arbeitnehmer angestellt sind, und könne daher Kündigungsschutz beanspruchen; eine Kündigung des Arbeitsverhältnisses kurz vor Weihnachten sei sozial unzumutbar. Wenigstens müsse sich Anton an die Regelung des § 622 Abs. 1 BGB halten, wonach das Arbeitsverhältnis nur unter Einhaltung einer Frist von vier Wochen zum Fünfzehnten oder zum Ende des Kalendermonats gekündigt werden könne. Wie ist die Rechtslage?

Lösungshinweis: Dieser Fall zeigt den Unterschied zwischen der Kündigung eines Dauerschuldverhältnisses und dessen Beendigung durch Zeitablauf oder (wie im vorliegenden Sachverhalt:) Eintritt einer auflösenden Bedingung. Auch sind am Beispiel des § 620 Abs. 2 BGB Fragen der Gesetzesauslegung zu diskutieren. – Wiederholen Sie Grdz. § 6 II 6; vgl. auch Grdz. § 14 I 4 und in diesem Arbeitsbuch § 21 I 4!

Musterlösung:

Es ist zu prüfen, ob das Arbeitsverhältnis des Schmidt ohne weiteres beendet ist oder ob es von Anton nur durch Kündigung aufgelöst werden kann, so daß dieser auch die Regeln des § 622 BGB und des arbeitsrechtlichen Kündigungsschutzes (§ 1 KündigungsschutzG) beachten muß.

Im vorliegenden Fall könnte die Beendigung des Arbeitsverhältnisses gem. § 158 Abs. 2 BGB durch Eintritt einer auflösenden Bedingung erfolgt sein. Die Einstellung des Schmidt als Aushilfskraft war mit der Absprache vereinbart worden, daß der Arbeitsvertrag „ohne weiteres" zwei Wochen nach Rückkehr des Meier beendet sein sollte. Dieses Ereignis ist sonach i.S.v. § 158 Abs. 2 BGB als auflösende Bedingung für den Vertragsschluß vereinbart worden, wobei es unerheblich ist, daß im vorliegenden Fall im Anschluß an den Eintritt der eigentlichen Bedingung noch eine Übergangszeit von zwei Wochen festgelegt worden war. Maßgeblich ist allein, daß der Bestand des mit Schmidt abgeschlossenen Arbeitsvertrags im Ergebnis von dem Eintritt eines zwar vorhersehbaren, in seinem genauen Zeitpunkt aber unbestimmten Ereignisses abhängen soll. Nach § 158 Abs. 2 BGB führt der Eintritt der Bedingung dazu, daß die Wirkung des Arbeitsvertrags kraft Gesetzes „endigt"; d.h. er wird mit Wirkung ex nunc aufgelöst, ohne daß es hierzu noch irgendeines Gestaltungsaktes des Arbeitgebers Anton – insbesondere auch keiner ggf. dem Rechtsschutz nach §§ 1 ff. KSchG unterliegender förmlicher Kündigung – bedarf.

Fraglich ist allerdings, ob es überhaupt möglich ist, auflösend bedingte Arbeitsverträge abzuschließen. Arbeitsverhältnisse sind Dienstverhältnisse besonderer Art. Nach § 620 Abs. 1 und 2 BGB endigen Dienstverhältnisse entweder durch Ablauf der vereinbarten Zeit, für die sie eingegangen sind, oder durch Kündigung. Jedenfalls für Dienstverträge sieht das BGB grundsätzlich die Möglichkeit vor, im Rahmen der privatautonomen Vertragsgestaltung bereits im voraus, nämlich schon im Dienstvertrag selbst, Absprachen über die zeitliche Begrenzung der Vertragsdauer zu treffen. Für Arbeitsverträge besteht allerdings seit Anfang 2001 durch § 620 Abs. 3 BGB eine besondere Verknüpfung mit dem Teilzeit- und Befristungsgesetz, durch das die Möglichkeit der zeitlichen Befristung von Arbeitsverhältnissen an besondere Voraussetzungen gebunden wird. Auch dieses Gesetz schließt indessen den Abschluß eines Arbeitsvertrags auf Zeit nicht völlig aus, jedenfalls wenn es hierfür triftige Gründe gibt. Solche Gründe liegen regelmäßig bei Arbeitsverhältnissen mit Aushilfskräften vor, durch die – zwangsläufig nur für einen vorübergehenden Bedarf – Ersatz für fest angestellte, aber durch Krankheit, Mutterschutz oder andere vergleichbare Umstände an der Arbeitsleistung verhinderte Arbeitnehmer geschafft werden soll, wodurch deren Arbeitsplätze gesichert und überhaupt erst bestimmte soziale Errungenschaften bei der Gestaltung des Individualarbeitsrechts machbar werden. Sind jedoch befristete Arbeitsverhältnisse unter bestimmten – im vorliegenden Fall vorhandenen – Voraussetzungen möglich, so muß es auch zulässig sein, anstelle einer festen Frist die Dauer des Arbeitsvertrags an den Eintritt einer auflösenden Bedingung zu knüpfen, die mit dem Grund für die zeitliche Begrenzung des Arbeitsvertrags in sachlichem Zusammenhang steht, denn die Vereinbarung einer auflösenden Bedingung ist neben der festen Befristung nur eine andere Gestaltungsform zur Herbeiführung einer „selbsttätigen" Beendigung des Arbeitsverhältnisses.

Zu prüfen bleibt noch, ob es zulässig war, für das Arbeitsverhältnis des Schmidt eine Auslauffrist von nur zwei Wochen nach Rückkehr des Meier zu vereinbaren. Wäre der Vertrag zu kündigen gewesen, so hätte nach § 622 Abs. 1 BGB eine Frist von vier Wochen zum Fünfzehnten oder zum Ende eines Kalendermonats eingehalten werden müssen, so daß im vorliegenden Fall der Vertrag des Schmidt erst am 15.12. ausgelaufen wäre. Zwar kann nach § 622 Abs. 5 BGB die Kündigungsfrist des § 622 Abs. 1 BGB einzelvertraglich verkürzt werden; bei Arbeitsverhältnissen zur Aushilfe geht dies nach Nr. 1 dieser Vorschrift jedoch nur dann, wenn das Aushilfsverhältnis nicht länger als drei Monate gedauert hat. Im vorliegenden Fall war Schmidt immerhin mehr als acht Monate bei Anton angestellt gewesen.

Allerdings könnte ein Vergleich mit der Regelung des § 622 Abs. 1 BGB von vornherein abzulehnen sein, da das Arbeitsverhältnis des Schmidt gerade nicht durch Kündigung sondern – zulässigerweise – durch Eintritt einer auflösenden Bedingung beendet wird. Anders als bei einem von vornherein auf eine kalendermäßig bestimmte Frist abgeschlossenen Arbeitsvertrag trägt bei der Ankoppelung des Vertragsdauer an den Eintritt einer auflösenden Bedingung der Schmidt allein die Last der Unsicherheit, wie lange seine Arbeitskraft überhaupt benötigt wird. Aus seiner Sicht ist die Rückkehr des Meier genau so unvorhersehbar wie aus der Sicht eines auf unbestimmte Zeit eingestellten Arbeitnehmers die Kündigung des Arbeitsverhältnisses als solche. Wie bei einem „normalen" Arbeitnehmer besteht daher auch bei Schmidt ein schutzwürdiges Interesse daran, durch Wahrung einer Kündigungsfrist wenigstens eine knappe Übergangszeit zu haben, in der er sich auf den Wegfall seines Arbeitsplatzes einstellen kann. Auch die zwingende Regelung des § 622 Abs. 5 BGB läßt erkennen, daß die Einstellung als Aushilfskraft kein vom Gesetzgeber akzeptierter Grund für den Verzicht auf die dem sozialen Schutz des Arbeitnehmers dienenden Kündigungsfristen des § 622 Abs. 1 BGB sein kann, wenn die Beschäftigung die Dauer von drei Monaten überschritten hat. Daraus folgt: Auch dann, wenn es rechtlich zulässig ist, ein Arbeitsverhältnis vertraglich durch Vereinbarung einer auflösenden Bedingung zeitlich zu begrenzen, muß die Beendigung des Arbeitsverhältnisses durch die Bedingung so gestaltet werden, daß der Arbeitnehmer wenigstens den Schutz der Übergangsregelung des § 622 Abs. 1 BGB genießt.

Dieser Forderung kommt die von Anton gewählte Vertragsgestaltung nur teilweise nach: Zwar sieht der Vertrag mit Schmidt überhaupt eine Auslauffrist nach Rückkehr des Meier vor, diese Frist entspricht jedoch nicht den zwingenden Vorgaben des § 622 Abs. 1 BGB. Damit ist die vertragliche Regelung insoweit durch die gesetzliche Vorschrift zu ersetzen mit der Folge, daß der Arbeitsvertrag des Schmidt erst zum 15.12. beendet werden kann.

Fall 6.08: *Währungsprobleme aus der Vor-Euro-Zeit*

Monsieur Hulot, ein Franzose mit Wohnsitz in Saarbrücken, verhandelt im Oktober 2001 in seiner Wohnung mit dem Antiquitätenhändler Bayard aus Brüssel über den Verkauf eines Ölgemäldes eines unbekannten Malers des XIX. Jahrhunderts, das Hulot kürzlich von einem Onkel geerbt hatte. Beide einigen sich schließlich über einen Preis von „150.000 Francs" und halten dies auch so in dem in französischer Sprache abgefaßten schriftlichen Kaufvertrag fest. Als Bayard am nächsten Tag wie besprochen das Bild abholen und bezahlen will, legt er dem Hulot 150.000,– Belgische Francs vor (= ca. 3.700,– €). Hulot weist dieses Geld unter lautem Protest zurück, denn der vereinbarte Kaufpreis sei selbstverständlich in Französischen Francs festgelegt worden (entspricht knapp 22.900,– €). Wer hat Recht?

Lösungshinweis: Der Fall ist durch die Einführung des Euro als Zahlungsmittel in weiten Teilen der EU überholt. Da er jedoch ein anschauliches Beispiel für einen nicht behebbaren versteckten Einigungsmangel bildet, lohnt sich auch heute noch eine Beschäftigung mit dem hier geschilderten, vor vielen Jahrzehnten aus ähnlichem Anlaß erstmals vom Reichsgericht diskutierten Problem der Verwendung objektiv mehrdeutiger Begriffe beim Vertragsschluß. Außerdem lernen Sie einmal mehr (vgl. schon Fall 2.03) wichtige Regeln des Internationalen Privatrechts kennen. – Wiederholen Sie Grdz. § 2 VI; § 6 III 1!

Musterlösung:

Nach Meinung der Beteiligten ist zwischen ihnen ein Kaufvertrag über das im Besitz des Monsieur Hulot stehende Ölgemälde zustande gekommen. Unklar ist allerdings, welcher Kaufpreis vereinbart worden ist. Da beide Vertragsparteien Ausländer sind, muß zunächst geklärt werden, ob diese Rechtsfrage in Anwendung von deutschem Recht entschieden werden kann. Dies richtet sich nach den Vorschriften der Art. 27 ff. EGBGB über vertragliche Schuldverhältnisse. Gem. Art. 27 Abs. 1 EGBGB ist insoweit in erster Linie das von den Parteien gewählte Recht maßgebend. Der Sachverhalt gibt indessen keine Anhaltspunkte dafür, daß Hulot und Bayard in ihrem Kaufvertrag die Anwendung eines bestimmten nationalen Rechtssystems besonders vereinbart haben. Nach Art. 28 Abs. 1 EGBGB ist sodann das Recht anzuwenden, mit dem der Vertrag die engste Verbindung aufweist. Da der Vertrag in französischer Sprache abgeschlossen worden ist, könnte hieraus geschlossen werden, daß auf ihn französisches Recht anzuwenden ist. Französisch wird aber auch in Belgien, der Heimat des Herrn Bayard, gesprochen, so daß dieser Umstand kein Anhaltspunkt für die Rechtswahl sein kann. Aus dem gleichen Grund kann auch die Staatsangehörigkeit der beiden Vertragspartner nicht zu einer engen Verbindung zu einer nichtdeutschen Rechtsordnung führen. Damit bleibt es bei der Regel des Art. 28 Abs. 2 EGBGB, daß der Vertrag im Zweifel die engsten Verbindungen zu demjenigen Staat aufweist, in dem die Partei, die die „charakteristische Leistung" zu erbringen hat, im Zeitpunkt des Vertragsschlusses ihren gewöhnlichen Aufenthalt besitzt. Im vorliegenden Fall geht es um den Verkauf eines alten Bildes aus dem Besitz des Monsieur Hulot; demnach ist dessen Wohnsitz in Saarbrücken maßgebend und damit auf den Vertrag das deutsche Recht anzuwenden.

Die Frage, ob der Kaufvertrag über einen in Französischen oder in Belgischen Francs festgelegten Kaufpreis geschlossen worden ist, muß gem. §§ 133, 157 BGB durch Auslegung des Vertragstextes geklärt werden. Jeder Partner hat den Preis in seiner Landeswährung gemeint; es kommt daher darauf an, ob sich objektive Kriterien für die eine oder andere Interpretation des Begriffs „Franc" finden lassen. In Saarbrücken gab es in der Zeit vor 2002 (trotz der unmittelbaren Nachbarschaft zum französischen Lothringen) keine allgemeine Verkehrssitte, daß Preisangaben in Francs ohne weiteres stets als Preise in französischer Währung anzusehen sind. Wie schon bei der Ermittlung des auf den Vertrag anwendbaren Rechts festgestellt worden ist, gibt auch die Wahl der französischen Sprache für die Formulierung des Vertragstextes keinen eindeutigen Hinweis darauf, in welcher Währung das Wort „Franc" gemeint sein soll. Da es sich bei dem Gegenstand des Kaufs um ein altes Ölgemälde unklarer Herkunft handelt, ist es schließlich nicht möglich, anhand der Preise im Kunstmarkt einen ungefähren Handelspreis für das Bild zu ermitteln, der Anhaltspunkte dafür bieten könnte, daß der ausgehandelte Preis in Französischen oder aber in Belgischen Francs festgelegt ist.

Mit der Vereinbarung eines Preises von „150.000 Francs" haben sich Hulot und Bayard somit in Wirklichkeit überhaupt noch nicht über irgendeinen objektiven Preis geeinigt; zwischen ihnen besteht insoweit ein versteckter Einigungsmangel, der nach § 155 BGB zu beurteilen ist. Hiernach ist der Kaufvertrag nicht ohne weiteres als ungültig anzusehen; es muß vielmehr geklärt werden, ob bei objektiver Betrachtung unterstellt werden kann, daß die Vertragsparteien den Verkauf des Bildes auch ohne Einigung über einen bestimmten Preis vereinbart hätten. Indessen gehört bei Kaufverträgen die Festlegung des Preises zu den notwendigen Bestandteilen des Geschäftsabschlusses; hierauf kann ausnahmsweise nur dann verzichtet werden, wenn sich der Preis aus Tarifen, festgelegten Kursen oder anderen beiderseits anerkannten unabhängigen Berechnungsgrundlagen ermitteln läßt. Eine solche „externe" Preisfestlegung ist jedoch im vorliegenden Fall gerade nicht möglich, anders wäre es zu keinem Streit zwischen den Messieurs Hulot und Bayard über die Bedeutung des Worts „Franc" gekommen. Der versteckte Einigungsmangel zwischen den Vertragspartnern kann mithin nicht durch die Anwendung des § 155 BGB behoben werden: In Wirklichkeit ist bisher ein Kaufvertrag überhaupt noch nicht geschlossen worden. Hulot kann damit von Bayard keine Zahlung verlangen, braucht ihm aber auch nicht das Ölgemälde zu übergeben und zu übereignen.

Fall 6.09: *Wenn der Hahn immer wieder kräht*

Anton ist in eine Reihenhaussiedlung gezogen, in der die Häuser dicht an dicht stehen, jedem Anwesen aber ein schmaler Landstreifen als „Garten" zugeteilt ist. Eines Tages kommt Waldemar, der eine Nachbar des Anton, auf den Gedanken, sich ein Paar Hühner zuzulegen und in seinem Garten zu halten. Diese stören mit ihrem ständigen Gegacker die Nachbarschaft erheblich, vor allem der Hahn macht seiner Abstammung aus der Rasse der „Bergischen Kräher" alle Ehre und begrüßt an jedem Morgen die aufgehende Sonne mit lautem Geschrei. Anton, der ohnehin an Schlafstörungen leidet, versucht ohne Erfolg, den Waldemar zu überreden, die lärmigen Tiere wieder abzuschaffen. Schließlich schafft er es am 3.5. mit viel Überredungskunst, dem Waldemar seine beiden Hühner zum Preis von 250,– € abzukaufen. Hühnchen und Hähnchen geben noch einen wohlschmeckenden Sonntagsbraten ab, und dann zieht in die Siedlung wieder erholsame Ruhe ein.

Drei Tage später wird Anton erneut durch das heftige Krähen eines Hahns aus dem Schlaf gerissen. Entsetzt muß er feststellen, daß in Waldemars Garten ein zweites Hühnerpärchen herumscharrt; diesmal sind es kräftig gebaute Wyandotten. Erbost stellt er seinen Nachbarn zur Rede und fordert die sofortige Beseitigung dieser Hühner; auch soll Waldemar es künftig überhaupt unterlassen, irgendwelches störende Federvieh in seinem Garten zu halten. Schließlich habe er die 250,– € nicht umsonst bezahlt. Waldemar verweist spitzfindig auf den Wortlaut des § 433 Abs. 1 BGB, der die Pflichten eines Verkäufers genau festlege: Die hiernach geschuldeten Leistungen habe er mit der Übergabe und Übereignung der „Bergischen Kräher" an Anton korrekt erbracht; zu mehr sei er nicht verpflichtet. Wie ist die Rechtslage?

Lösungshinweis: Der Fall zeigt eine „ergänzende Vertragsauslegung" unter Beschwörung des „Geistes" des zwischen Anton und Waldemar geschlossenen Vertrags. – Wiederholen Sie Grdz. § 5 III 3; § 6 III 3!

Musterlösung:

Anton macht einen Anspruch darauf geltend, daß Waldemar es unterläßt, in seinem Garten Geflügel zu halten, das ruhestörenden Lärm verursachen kann. Besteht ein solcher Anspruch, kann Anton von ihm auch die Entfernung des neu angeschafften Wyandotten-Pärchens verlangen. Den Unterlassungsanspruch könnte Anton auf den am 3.5. mit Waldemar abgeschlossenen Vertrag stützen. Der Sachverhalt enthält keine Angaben über die damals ausdrücklich getroffenen Absprachen, der Inhalt des Vertrags muß daher im wesentlichen aus den äußeren Umständen des Geschäfts ermittelt werden.

Dem ersten Anschein nach ist nur ein Kaufvertrag über ein Paar Hühner abgeschlossen worden; eine ausdrückliche Vereinbarung darüber, daß Waldemar außerdem in Zukunft auf die Haltung lärmigen Geflügels verzichten soll, liegt nicht vor. Auch aus der gesetzlichen Regelung des Kaufvertrags in den §§ 433 ff. BGB kann ein derartiger Anspruch nicht abgeleitet werden.

Möglicherweise kann jedoch eine solche Absprache durch ergänzende Vertragsauslegung aus der am 3.5. zwischen Anton und Waldemar getroffenen Vereinbarung hergeleitet werden. Ergänzende Vertragsauslegung ist die Schließung von Regelungslücken im Geiste des Vertrags. Gem. § 157 BGB ist auch insoweit maßgeblich, was als Vertragsinhalt übereinstimmend gewollt war, und was die Vertragsparteien daher nach Treu und Glauben vereinbart haben würden, wenn sie schon bei Abschluß des Geschäfts die nunmehr anstehende Streitfrage besprochen hätten. Im vorliegenden Fall besteht die Besonderheit, daß Anton dem Waldemar seine „Bergischen Kräher" zu einem Preis von 250,– € abgekauft hat, der weit über den üblichen Marktpreisen für Hühner liegt, die zu keinem anderen Zweck erworben werden, als verzehrt zu werden. Das Motiv des Anton, dieses Geschäft gleichwohl einzugehen und den hohen Preis zu zahlen, lag offensichtlich darin, sich durch den Erwerb dieser Tiere seine „Ruhe zu erkaufen". Dieser Hintergedanke ist auch für den Waldemar deutlich geworden, denn er wußte, daß sich der Anton durch den Lärm seiner Tiere gestört fühlte und diese entfernt haben wollte. Wenn sich Waldemar auf dieses Geschäft einläßt und den außergewöhnlich hohen Preis verlangt, hat er damit auch den von Anton mit dem Kaufabschluß erkennbar verfolgten Zweck zur Geschäftsgrundlage des Kaufvertrags gemacht. Dieser Zweck wird aber nur erreicht, wenn Waldemar es auch in Zukunft unterläßt, andere den Anton störende Tiere neu anzuschaffen und in seinem Garten zu halten. Waldemar ist daher auch aufgrund des Vertrags vom 3.5. nach Treu und Glauben ohne eine diesbezügliche ausdrückliche Abmachung dazu verpflichtet, das Halten lärmender Tiere in seinem Garten künftig zu unterlassen. Damit besteht der Anspruch des Anton auf Entfernung der Wyandotten zu Recht.

Fall 6.10: *Kleingedrucktes*

Anton bestellt bei der Fa. Häfner einen neuen Bagger für sein Bauunternehmen. Als Liefertermin wird der 18.10. vereinbart. Bei den Vertragsverhandlungen am 5.7. betont Anton, daß die genaue Einhaltung dieses Termins für ihn äußerst wichtig sei; er benötige das Gerät für eine neue Baustelle, die er nach einem ihm vom Bauherrn vorgegebenen Zeitplan exakt zu Beginn der 42. Kalenderwoche in Betrieb nehmen müsse. „Wenn ich diese Termine nicht einhalten kann, kostet mich das viel Geld; der Bagger muß daher unter allen Umständen pünktlich geliefert werden!" sagt Anton im Verkaufsgespräch mit Häfner. Dieser beruhigt ihn mit der Bemerkung, Anton könne sich auf die Terminabsprache „voll und ganz verlassen".

Häfner benutzt für seine Kaufverträge ein vorgedrucktes Formular, das mit dem einleitenden Satz beginnt: „Unter ausdrücklicher Bezugnahme auf die umseitigen Lieferbedingungen schließt die Fa. Häfner mit … folgenden Kaufvertrag: …". In ein solches Formular trägt Häfner den Namen und die Geschäftsadresse des Anton, den Typ des bestellten Baggers, den vereinbarten Preis und als Lieferdatum den 18.10. ein. Das Formular wird von Anton und Häfner noch am 5.7. unterschrieben. Auf der Rückseite des Vertragsformulars sind die „Allgemeinen Lieferbedingungen" der Fa. Häfner abgedruckt. Darin heißt es u.a.: „… 5. Sämtliche Vereinbarungen müssen schriftlich festgehalten und von beiden Vertragsteilen durch Unterschrift anerkannt werden; mündliche Nebenabreden sind ungültig. … 7. Wir bemühen uns, zugesagte Liefertermine einzuhalten, übernehmen aber für pünktliche Lieferung keine Gewähr. Etwaige Schadensersatzansprüche wegen Verzögerung der Leistung sind daher ausgeschlossen …".

Aus Umständen, die durch Fahrlässigkeit eines Angestellten des Häfner verursacht worden sind, kann der Bagger erst am 3.11. ausgeliefert werden. Dem Anton entsteht hierdurch durch die Zahlung von Konventionalstrafen an seinen Auftraggeber ein Schaden in Höhe von 25.000,– €. Als er den Häfner an sein beim Vertragsschluß gegebenes Versprechen erinnert und von ihm Ersatz des Schadens fordert, verweist dieser auf die Ziffern 5 und 7 seiner „Allgemeinen Lieferbedingungen" und lehnt jede Zahlung ab. Mit Recht?

Lösungshinweis: Im vorliegenden Fall geht es um den Widerspruch zwischen dem mündlich gegebenen Versprechen des Häfner, zuverlässig zu dem mit Anton vereinbarten Termin zu liefern, und dem schriftlich vorformulierten Vertragstext, durch den eine Gewähr für pünktliche Lieferung ausgeschlossen wird. Das Problem wird noch durch die im Vertrag ebenfalls vereinbarte Schriftformklausel verschärft. – Wiederholen Sie Grdz. § 6 IV 3, 4, 7; vgl. auch Grdz. § 12 I 3 a!

Musterlösung:

Anton könnte seinen Zahlungsanspruch gem. §§ 280 Abs. 1, 2, 286 i.V.m. § 433 Abs. 1 BGB auf den mit Häfner abgeschlossenen Kaufvertrag vom 5.7. stützen. Durch Fahrlässigkeit eines Angestellten, für den Häfner gem. § 278 Satz 1 BGB einzustehen hat, ist der Verkäufer mit der Lieferung des Baggers in Verzug geraten; demnach steht dem Anton grundsätzlich ein Anspruch auf Schadensersatz wegen Verzögerung der Leistung zu. Dieser Ersatzanspruch könnte allerdings durch die Ziff. 5 und 7 der von Häfner verwendeten „Allgemeinen Lieferbedingungen" abbedungen worden sein.

Der Vertrag vom 5.7. ist auf einem von Häfner vorbereiteten Formular abgeschlossen, das dieser für eine Vielzahl der mit seinen Kunden vereinbarten Lieferungen zu verwenden pflegt. Damit handelt es sich gem. § 305 Abs. 1 BGB um Allgemeine Geschäftsbedingungen, deren Wirksamkeit nach den §§ 305 ff. BGB zu beurteilen ist. Da in dem von Anton unterschriebenen Formular ausdrücklich auf die von Häfner verwendeten „Lieferbedingungen" (ALB) Bezug genommen worden ist, sind diese gem. § 305 Abs. 2 BGB Bestandteil des zwischen Anton und Häfner geschlossenen Vertrags geworden.

In Nr. 7 seiner ALB hat Häfner alle Schadensersatzansprüche seiner Kunden wegen Verzögerung der Leistung ausgeschlossen. Wie aus §§ 278 Satz 2, 276 Abs. 3 BGB zu schließen ist, kann dies grundsätzlich so vereinbart werden, soweit der Schaden – wie im vorliegenden Fall – durch Erfüllungsgehilfen verursacht worden ist. Nach § 309 Nr. 7 lit. b) BGB darf zwar in Allgemeinen Geschäftsbedingungen die Haftung für grob fahrlässige Pflichtverletzungen von Erfüllungsgehilfen nicht abbedungen werden; im vorliegenden Fall steht jedoch nicht fest, ob das Verhalten des Mitarbeiters von Häfner als grob fahrlässig zu beurteilen ist, und außerdem ist Anton, der den Vertrag für sein Baugeschäft geschlossen hat, gem. § 14 BGB als Unternehmer anzusehen, so daß nach § 310 Abs. 1 Satz 1 BGB das Klauselverbot des § 309 BGB auf die ihm gegenüber verwendeten ALB des Häfner nicht anzuwenden ist.

Andererseits hat ihm Häfner am 5.7. die mündliche Zusage gegeben, er könne sich auf pünktliche Lieferung am 18.10. „voll und ganz verlassen". Dies könnte als speziell für den Vertrag mit Anton vereinbarter Verzicht des Häfner auf die Nr. 7 seiner ALB zu interpretieren sein. Nach § 305 b BGB, der auch bei der Verwendung von Allgemeinen Geschäftsbedingungen gegenüber einem Unternehmer gilt (§ 310 Abs. 1 Satz 1 BGB), haben individuelle Abreden beim Vertragsschluß Vorrang vor den gleichzeitig verwendeten Allgemeinen Geschäftsbedingungen.

Allerdings ist diese Zusage des Häfner nicht schriftlich fixiert, sondern anläßlich des Verkaufsgesprächs „nur" mündlich versprochen worden. Es könnte daher noch die Ziff. 5 der Lieferbedingungen eingreifen, wonach mündliche Nebenabreden zum Vertrag ungültig sind. Auch in diesem Fall gilt indessen wieder der in § 305 b BGB festgelegte Vorrang von Individualabreden: Wenn Anton und Häfner eine besondere Garantie für die Einhaltung des Liefertermins vereinbaren und damit die von Häfner verwendeten AGB abändern, so gilt diese Änderung auch für die in den AGB außerdem noch „versteckte" Schriftformklausel, denn § 305 b BGB stellt sicher, daß sich Anton auf jeden Fall auf die mit Häfner außerhalb der AGB vereinbarten Sonderabreden verlassen kann. Häfner kann sich demgemäß nicht auf seine Lieferbedingungen berufen; er muß den Verzugsschaden des Anton ersetzen.

III. Wiederholungsfragen

1. Was bedeuten die Begriffe Vertragseingehungsfreiheit und Vertragsgestaltungsfreiheit; in welchem Verhältnis stehen sie zum Grundsatz der Privatautonomie? (Grdz. § 2 II 2; § 6 I 2, 3)

Vertragseingehungs- und gestaltungsfreiheit sind die wichtigsten Ausprägungsformen der Privatautonomie. *Vertragseingehungsfreiheit* bedeutet, daß es grundsätzlich der freien und selbstverantwortlichen Entscheidung eines jeden Rechtssubjekts überlassen bleibt, ob überhaupt und mit wem es vertragliche Bindungen eingehen will. *Vertragsgestaltungsfreiheit* bedeutet, daß die Vertragspartner es im Prinzip selbst in der Hand haben, wie sie durch übereinstimmende Absprachen im Vertrag ihre künftigen Rechte und Pflichten aus dem neu begründeten Rechtsverhältnis festlegen, und daß sie diese auch später noch durch ergänzende Vereinbarungen verändern können.

2. Was ist Kontrahierungszwang, was ist Typenzwang? (Grdz. § 6 I 3)

Unter *Kontrahierungszwang* versteht man die (i.d.R. auf einer besonderen gesetzlichen Regelung beruhende) Pflicht des Anbieters einer Leistung, mit jedem, der diese Leistung nachfragt, Verträge über die Leistung abzuschließen (z.B. im Bereich der öffentlichen Versorgung oder des öffentlichen Transportwesens). *Typenzwang* ist gegeben, wenn die Vertragspartner sich bei der Gestaltung ihrer Rechtsbeziehungen an bestimmte, im Gesetz vorgeformte Rechtstypen halten müssen (z.B. bei der Organisation von Herrschaftsrechten an Sachen). Kontrahierungszwang und Typenzwang stellen sich somit im Ergebnis als Einschränkungen der Vertragsfreiheit dar.

3. Was sind zwingende Rechtsnormen? (Grdz. § 6 I 3 b)

Zwingende Rechtsnormen sind ebenfalls Regelungen zur inhaltlichen Beschränkung der Vertragsgestaltungsfreiheit, indem sie – i.d.R. aus ordnungs- oder sozialpolitischen Gründen – für bestimmte Rechtsverhältnisse einen Mindeststandard an Leistungsbedingungen vorschreiben, die bei der Begründung solcher Rechtsverhältnisse auf jeden Fall gewährleistet sein müssen. Sie können daher beim Vertragsschluß über das Rechtsverhältnis nicht mehr durch einzelvertragliche Abreden abbedungen oder geändert werden.

4. Wie ist der Grundtatbestand des Vertragsschlusses festgelegt; welche Bedeutung haben seine einzelnen Tatbestandselemente? (Grdz. § 5 II 1; § 6 II)

Ein Vertragsschluß ist ein mehrseitiges Rechtsgeschäft zwischen mindestens zwei Rechtssubjekten. Er besteht aus dem *Vertragsantrag*, einer Willenserklärung, in der der Antragende dem Empfänger mitteilt, daß er überhaupt zu einem Vertragsschluß bereit ist und diesen Vertrag gerade mit ihm abschließen will, und in dem bereits sämtliche Einzelbedingungen des abzuschließenden Vertrags festgelegt sind. Zum

Vertragsschluß gehört ferner die *Annahme* dieses Angebots durch den anderen Teil; hierbei handelt es sich um eine i.d.R. ebenfalls empfangsbedürftige Willenserklärung, in der die Bereitschaft zum Vertragsschluß mit dem Antragenden und das vollständige Einverständnis mit den von ihm festgelegten Vertragsbedingungen mitgeteilt wird.

5. Worin unterscheidet sich ein Vertragsantrag von der Aufforderung zur Abgabe von Vertragsangeboten; nennen Sie Beispiele! (Grdz. § 6 II 2)

Der *Vertragsantrag* ist gem. § 145 BGB für den Antragenden bindend; d.h. der Vertrag kommt immer schon dann zustande, wenn der Adressat der Offerte diese rechtzeitig und unverändert annimmt. Bei einer *Aufforderung zur Abgabe von Angeboten*, wie sie nach der Verkehrsanschauung z.B. in der Warenauslage in einem Schaufenster oder im Selbstbedienungsladen, in der Zusendung von Preislisten oder Warenkatalogen bzw. im Auflegen von Speisekarten in einem Restaurant zum Ausdruck gebracht wird, richtet der Verfasser dieser Erklärung an eine unbestimmte Vielzahl möglicher Kunden die Einladung, mit ihm wegen eines Vertragsschlusses über die offerierten Waren in Kontakt zu treten. Eine Bindung an diese Offerte besteht aber noch nicht. Das eigentliche Vertragsangebot geht vielmehr vom Kunden aus, der Verfasser der „Offerte" hat daher immer noch die Möglichkeit, den Vertragsantrag überhaupt abzulehnen oder einzelne Vertragsbedingungen ad hoc abzuändern.

6. Wie kommt ein Vertragsschluß unter Abwesenden zustande; welche Rolle spielt in diesem Zusammenhang die Regelung des § 151 BGB? (Grdz. § 6 II 3 b, c)

Unter Abwesenden kommt ein Vertrag dann zustande, wenn die Annahmeerklärung des anderen Teils dem Antragenden rechtzeitig (d.h. innerhalb der im Vertragsangebot festgelegten oder sich aus § 147 Abs. 2 BGB ergebenden Frist) zugegangen ist. Gem. § 151 BGB kommt der Vertrag auch ohne Zugang der Annahmeerklärung zustande, wenn auf deren Mitteilung ausdrücklich verzichtet worden ist oder – wie z.B. beim Versandhandel – eine solche nicht üblich ist. Auch in diesem Fall muß allerdings die rechtzeitige Annahme des Angebots durch eine Willensbetätigung erfolgt sein.

7. Was geschieht, wenn der Empfänger einer Offerte diese erst verspätet oder nur mit Zusätzen oder Abänderungen angenommen hat? (Grdz. § 6 II 3 c, d)

Gem. § 146 BGB erlischt der Antrag, wenn er nicht innerhalb der Annahmefrist der §§ 147, 148 BGB angenommen wird; die verspätete Annahmeerklärung geht also ins Leere und es kommt nicht mehr zum Vertragsschluß. Unter den Voraussetzungen des § 149 BGB muß der Antragende allerdings auf den verspäteten Eingang der Annahmeerklärung hinweisen. Die Annahme unter Zusätzen oder Abänderungen gilt gem. § 150 Abs. 2 BGB als Ablehnung des Antrags; auch insoweit kommt es daher nicht zu einem Vertragsschluß. Jedoch werden nach § 150 BGB sowohl die verspätete als auch die abändernde Annahmeerklärung als neuer Vertragsantrag angesehen, der diesmal vom anderen Teil ausgeht. Der Urheber der ursprünglichen Offerte hat es daher in der Hand, durch Annahme dieses (neuen) Antrags das Geschäft doch noch zustande zu bringen.

8. Kommt ein Vertragsschluß auch durch Schweigen der Vertragsparteien zustande? (Grdz. § 5 III 1 d; § 6 II 5)

Normalerweise nicht. Von den Fällen des stillschweigenden Vertragsschlusses abgesehen, bei denen der Wille der Vertragsparteien anstelle der Verwendung von Worten durch schlüssiges Handeln zum Ausdruck gebracht wird, in Wirklichkeit sonach Angebot und Annahme als Willenserklärungen vorhanden sind, bedeutet Schweigen Nichtstun und damit gerade nicht die Abgabe von Willenserklärungen, die für das Zustandekommen eines Vertragsschlusses unentbehrlich sind. Lediglich in den seltenen Fällen, in denen das Schweigen in einer bestimmten Situation vom Gesetz als Vertragsschluß normiert worden ist (so z.B. der Fall des § 362 Abs. 1 HGB und im Anwendungsbereich der hieran anknüpfenden Regeln über das Schweigen auf ein kaufmännisches Bestätigungsschreiben) kann Schweigen (= Nichtstun) ausnahmsweise auch einmal zu einem Vertragsschluß führen.

9. Welche Möglichkeiten haben die Vertragsparteien, die zeitlichen Wirkungen der getroffenen Vereinbarung zu begrenzen oder die eingegangenen Absprachen vom Eintritt eines künftigen Ereignisses abhängig zu machen? (Grdz. § 6 II 6)

Ein durch Vertrag begründetes Rechtsverhältnis kann gem. § 163 BGB durch Vereinbarung eines Anfangs- oder Endtermins (Zeitbestimmung oder Befristung) zeitlich begrenzt werden. Durch Verabredung einer aufschiebenden oder einer auflösenden Bedingung kann gem. §§ 158 ff. BGB das Wirksamwerden einer vertraglichen Regelung auch an den derzeit noch ungewissen Eintritt eines künftigen Ereignisses gebunden werden.

10. Ist ein Vertrag auch schon dann bindend, wenn sich die Geschäftspartner zwar schon über einige, aber noch nicht über alle von ihnen als wesentlich angesehenen Vertragspunkte geeinigt haben? Wie nennt man diese Situation? (Grdz. § 6 II 4)

Gem. § 154 Abs. 1 BGB ist ein Vertrag erst dann bindend zustande gekommen, wenn sich beide Teile über *sämtliche* Vertragspunkte geeinigt haben, die auch nur eine der Verhandlungsparteien als regelungsbedürftig in das Verhandlungsprogramm aufgenommen hat. Solange dies nicht der Fall ist, bestehen auch hinsichtlich der Teile, über die bereits eine Einigung erzielt werden konnte, noch keine vertraglichen Bindungen. Man spricht insoweit von einem offenen Einigungsmangel oder vom offenen Dissens.

11. Worin unterscheiden sich offener und versteckter Dissens? (Grdz. § 6 II 4, III 1; § 7 V 1)

Beim *offenen Dissens* sind sich die Vertragsparteien noch nicht über alle in das Verhandlungsprogramm eingestellten Punkte einig, und sie wissen dies auch. Deshalb ist gem. § 154 BGB ein Vertrag auch noch nicht zustande gekommen. Auch beim *versteckten Dissens* fehlt bisher eine vollständige Einigung über die in das Verhandlungsprogramm eingestellten oder aus anderen Gründen wesentlichen Vertragspunkte;

die Partner gehen jedoch irrtümlich davon aus, daß sie sich bereits vollständig geeinigt haben. Deshalb bleiben sie gem. § 155 BGB an diese Einigung gebunden, wenn die Durchführung des Vertrags auch ohne Regelung der offen gebliebenen Punkte möglich ist und vernünftigerweise angenommen werden kann, daß die Partner den Vertrag letztlich auch ohne eine Einigung hierüber abgeschlossen haben würden. Kann dies nicht unterstellt werden, ist auch beim versteckten Dissens kein Vertrag zustande gekommen.

12. Welche Aufgaben hat die Vertragsauslegung? (Grdz. § 6 III)

Durch Vertragsauslegung nach den Regeln der §§ 133, 157 BGB muß zunächst ermittelt werden, ob zwischen den Beteiligten überhaupt ein Vertragsschluß zustande gekommen ist und nicht in Wirklichkeit trotz scheinbarer Einigung ein Fall des nicht mehr korrigierbaren versteckten Dissenses vorliegt. Ferner muß der tatsächlich vereinbarte Vertragsinhalt festgestellt werden. Soweit sich nachträglich Regelungslücken ergeben, muß schließlich für etwaige Streitfragen durch ergänzende Vertragsauslegung eine Lösung gefunden werden, die nach Treu und Glauben dem Geist des Vertrages und den Interessen beider Seiten am besten entspricht.

13. Was sind Allgemeine Geschäftsbedingungen; wo ist dieser Begriff definiert? (Grdz. § 6 IV 1)

Der Begriff der Allgemeinen Geschäftsbedingungen ist in § 305 Abs. 1 BGB definiert. Hiernach handelt es sich um „für eine Vielzahl von Verträgen vorformulierte Vertragsbedingungen, die eine Vertragspartei (= Anwender) der anderen Vertragspartei beim Abschluß eines Vertrags stellt."

14. Finden die §§ 305 ff. BGB mit ihren besonderen Schutzvorschriften auch dann Anwendung, wenn die Allgemeinen Geschäftsbedingungen in einem notariell beurkundeten Vertrag enthalten sind? (Grdz. § 6 IV 1)

Nach § 305 Abs. 1 Satz 2 BGB ist es gleichgültig, in welcher Form die AGB fixiert sind. Die besonderen Schutzvorschriften der §§ 305 ff. BGB sind daher auch bei notarieller Beurkundung des Vertrags und/oder der AGB anzuwenden.

15. Werden die §§ 305 ff. BGB bei allen Verträgen angewendet, in denen auf AGB Bezug genommen worden ist? (Grdz. § 6 IV 1)

Wie schon die Einordnung der gesetzlichen Regelungen über Allgemeine Geschäftsbedingungen in den Normenbestand des Schuldrechts des BGB und die Überschrift des 2. Abschnitts vor § 305 BGB erwarten läßt, gelten die §§ 305 ff. BGB gem. § 310 Abs. 4 BGB nicht für Leistungsverträge auf dem Gebiet des Erb-, Familien- und Gesellschaftsrechts sowie für Kollektivnormen des Arbeitsrechts. Einige Vorschriften – vor allem die Klauselverbote der §§ 308, 309 BGB – gelten nicht für AGB, die gegenüber Unternehmern i.S.d. § 14 BGB und gegenüber der öffentlichen Hand verwendet werden; es bleibt allerdings insoweit die Inhaltskontrolle nach der Generalklausel des § 307 BGB möglich (§ 310 Abs. 1 BGB). Auch bei AGBs für Verträge der Ver- und Entsorgung gelten die Klauselverbote der §§ 308, 309 BGB nur recht eingeschränkt (§ 310 Abs. 2 BGB).

16. Wie werden AGB zum Bestandteil eines Einzelvertrags? (Grdz. § 6 IV 2)	Die Anwendung von AGB auf einen einzelnen Vertrag setzt jeweils deren Einbeziehung in den Individualvertrag voraus, hierzu müssen die Voraussetzungen des § 305 Abs. 2 BGB erfüllt werden. Nach Abs. 3 dieser Vorschrift kann allerdings für bestimmte Geschäfte (vor allem im Rahmen ständiger Geschäftsbeziehungen zwischen Anwender und Kunde) die Geltung von AGB schon im voraus vereinbart werden. Das Erfordernis der besonderen Einbeziehungsvereinbarung entfällt nach § 310 Abs. 1 BGB bei der Verwendung von AGB gegenüber Unternehmern (§ 14 BGB) und der öffentlichen Hand. Auch gegenüber Verbrauchern werden die (i.d.R. von einer Regulierungsbehörde kontrollierten) AGB von bestimmten Unternehmen der Daseinsvorsorge ohne besondere Einbeziehungsvereinbarung Vertragsbestandteil (§ 305 a BGB).
17. Was bedeutet die Unklarheitenregel beim Umgang mit AGB? (Grdz. § 6 IV 3)	Hierbei handelt es sich um eine besondere Auslegungsregel für AGB. Sie legt fest, daß Zweifel über die Bedeutung von Formulierungen in AGB zu Lasten des Verwenders gehen; d.h. in einem solchen Fall gilt letztlich die für den anderen Vertragspartner günstigere Auslegungsvariante (§ 305 c BGB).
18. Was geschieht, wenn eine Klausel in AGB in Widerspruch mit besonderen Absprachen beim Vertragsschluß steht? (Grdz. § 6 IV 3)	In diesem Fall hat gem. § 305 b BGB die Individualabrede Vorrang vor der AGB-Klausel.
19. Was bedeutet Inhaltskontrolle von AGB; wie vollzieht sie sich z.B. bei einem Vertragsschluß mit einem Verbraucher? (Grdz. § 6 IV 4)	Die Inhaltskontrolle von AGB soll sicherstellen, daß der Vertragspartner des Anwenders nicht entgegen den Grundgedanken der gesetzlichen Regelung, von der durch die AGB abgewichen werden soll, einseitig benachteiligt wird. Bei einem Verbraucher (§ 13 BGB) sind zunächst die Klauselverbote der §§ 308, 309 BGB zu prüfen. Außerdem sind noch die in § 310 Abs. 3 BGB festgelegten Besonderheiten zu beachten. Nach der Auffangregel des § 307 BGB können darüber hinaus AGB-Klauseln auch dann unwirksam sein, wenn sie im Einzelfall den Partner des Anwenders entgegen den Geboten von Treu und Glauben unangemessen benachteiligen.
20. Was ist eine AGB-Unterlassungsklage; wo ist sie geregelt? (Grdz. § 6 IV 6)	Das im Schuldrechtsmodernisierungsgesetz vom 26.11.2001 neu verkündete Unterlassungsklagengesetz (UKlaG) sieht ab 1.1.2002 Klagen gegen die Ver-

wendung von AGB vor, die nach den §§ 307 bis 309 BGB unwirksam sind; ferner kann auf die Unterlassung sonstiger verbraucherschutzgesetzwidriger Geschäftspraktiken geklagt werden. Klagebefugt sind die Industrie- und Handelskammern, Verbände von Gewerbetreibenden des Handels und des Dienstleistungsgewerbes und „qualifizierte Einrichtungen", die bei der EU-Kommission oder beim Bundesverwaltungsamt als nicht gewerbsmäßig tätige Verbände zum Schutz von Verbraucherinteressen registriert sind. Mit dieser Regelung soll in Anknüpfung an Vorkehrungen des ehemaligen AGBG ein vorbeugender Schutz der Allgemeinheit gegen die rechtswidrige Benutzung von AGBs sichergestellt werden.

§ 7. Willensmängel beim Rechtsgeschäft

I. Was Sie über Willensmängel wissen müssen

Die Lehre von den Willensmängeln umfaßt eine erste Gruppe von Einwendungen, die gegen die Wirksamkeit eines nach seinem äußeren Tatbestand ordnungsgemäß zustande gekommenen Rechtsgeschäfts erhoben werden können. Sie gehört zum Grundbestand des Fachwissens über Rechtsgeschäfte.

Die hinter der Regelung der §§ 116 ff. BGB stehenden Wertungen werden Ihnen verständlich, wenn Sie sich den Zielkonflikt zwischen der Wahrung des Grundsatzes der Privatautonomie und der Notwendigkeit des Schutzes des redlichen Rechtsverkehrs vor Augen führen. Dabei brauchen Sie sich von den in den §§ 116 bis 118 BGB geregelten Fällen des **bewußten Auseinanderfallens von Wille und Erklärung** nur mit dem Sonderfall des verdeckenden Scheingeschäfts genauer zu befassen; hierzu finden Sie in Fall 7.01 auch das geläufigste Anwendungsbeispiel.

Wesentlich bedeutsamer ist dagegen der unter dem Begriff des **Irrtums** in § 119 BGB geregelte **unbewußte** einseitige Willensmangel. Hier haben Sie sich mit dem vom allgemeinen Sprachgebrauch abweichenden Irrtumsbegriff des Gesetzes vertraut zu machen und müssen die vom Gesetzgeber allein als beachtlich anerkannten **Irrtumstatbestände** unterscheiden lernen, nämlich den **Inhaltsirrtum,** den **Irrtum in der Erklärungshandlung** und den **Eigenschaftsirrtum**. Besondere Schwierigkeiten bereitet erfahrungsgemäß das Erkennen des **Motivirrtums**, der zwar grundsätzlich kein beachtlicher Irrtumstatbestand ist, in § 119 Abs. 2 BGB dann ausnahmsweise aber doch vom Gesetz – und überdies in einer sprachlich sehr verunglückten Form – als Willensmangel anerkannt wird. Die sehr enge Begriffsbildung des Gesetzes hat in der Praxis eine Reihe von Anwendungsproblemen verursacht; Sie lernen unter den Stichwörtern **Identitätsirrtum** und **Kalkulationsirrtum** einige der in diesem Zusammenhang in der Fachliteratur diskutierten Streitfragen kennen, die auch einem Nebenfachjuristen vertraut sein müssen. In den Fällen 7.02 bis 7.06 werden einige in der Praxis besonders häufige Varianten dieser Problematik angesprochen.

Von grundlegender Bedeutung ist auch die Regelung der **Rechtsfolgen des Irrtums**. Sie lernen mit der **Anfechtbarkeit** des Rechtsgeschäfts eine der Gestaltungsformen kennen, mit der der Gesetzgeber auf irreguläre Abweichungen von Normvorgaben reagiert (die andere Möglichkeit, die **Nichtigkeit**, wird Ihnen noch im Zusammenhang mit den anderen Rechtsgeschäftsmängeln begegnen). Wichtig für Sie ist das Verständnis dafür, daß ein anfechtbares Rechtsgeschäft trotz seiner Mängel zunächst als wirksam behandelt wird, solange es nicht von dem Anfechtungsberechtigten durch eine besondere Willenserklärung angefochten wird, und daß es definitiv wirksam bleibt, wenn die **Anfechtungsfrist** ungenutzt verstrichen ist, die gerade beim Irrtum in § 121 Abs. 1 BGB sehr knapp bemessen ist („unverzüglich"). Sie erfahren auch, daß die Irrtumsanfechtung für den Anfechtungsberechtigten ihren Preis hat, nämlich die Verpflichtung zum **Ersatz des Vertrauensschadens** gegenüber dem Partner des Rechtsgeschäfts (§ 122 BGB). Sie stoßen damit zum ersten Mal auf eine Schadensersatznorm und lernen zugleich eine besondere Form der Schadensabgrenzung (sog. **negatives Interesse**) kennen; hierzu bietet Fall 7.07 weiteres Anschauungsmaterial (den Komplementärbegriff des „positiven Interesses" bzw. des „Schadensersatzes statt der Leistung" werden Sie später im Zusammenhang mit der Darstellung der Leistungsstörungen im Schuldverhältnis kennenlernen). Ein für Nebenfachjuristen schon sehr spezielles Thema wird schließlich noch mit einer knappen Erörterung der **Gesetzeskonkurrenz der Irrtumsregelung** mit anderen Formen der Konfliktlösung bei Kaufverträgen über mangelhafte Sachen und bei der Beendigung von bereits in Vollzug gesetzten Dauerschuldverhältnissen angeschnitten.

Als Formen der einseitigen Willensmängel als Folge einer unerlaubten Beeinflussung des Geschäftswillens haben Sie ferner die in § 123 BGB geregelten Fälle der **arglistigen Täuschung** und der **widerrechtlichen Drohung** zu unterscheiden. Hier sollten Sie durch die Beschäftigung mit der Irrtumslehre bereits so weit vorbereitet sein, daß Ihnen das Verständnis der Grundstruktur der Anfechtung, das Problem der Anfechtungsfristen und die Konkurrenzfragen keine wesentlichen Schwierigkeiten mehr bereiten. Besonderheiten bieten in diesem Zusammenhang noch die arglistige Täuschung durch Verschweigen relevanter Tatsachen, die Täuschung durch andere Personen als den Erklärungsadressaten und die Frage, wann die Drohung mit einem an sich rechtmäßigem Übel gleichwohl widerrechtlich sein kann. Ihr neues Wissen können Sie an den Fällen 7.08 und 7.09 erproben.

Das abschließend noch zu diskutierende Problem des **beiderseitigen Irrtums beim Vertragsschluß** knüpft an Gedankengänge an, die im Zusammenhang mit der Lehre vom Vertragsschluß unter dem Stichwort **versteckter Dis-**

sens bereits angesprochen worden sind. Beim versteckten Dissens liegt nämlich der Irrtum **beider** Partner darüber vor, daß sie sich über ihren Vertrag bereits vollständig geeinigt haben. Sie sollten dies zum Anlaß nehmen, das Thema des Einigungsmangels bei der Lösung des Falls 7.10 noch einmal zu rekapitulieren. Eine weitere wichtige Fallgruppe des beiderseitigen Irrtums beim Vertragsschluß stellt die Täuschung der Partner über das Vorhandensein oder die künftige Entwicklung wesentlicher **Geschäftsgrundlagen** des Vertrages dar. Weitere Auswirkungen dieser Problematik werden Sie später bei der Darstellung der Lehre von den Leistungsstörungen kennenlernen.

II. Übungsfälle

Fall 7.01 : *Krumme Geschäfte*

Anton einigt sich am 28.10. mit Kellermann über den Erwerb eines Grundstücks zum Preis von 25.000,– €. Da Anton „schwarzes Geld" anlegen und auch „Vorsorge" für die künftige steuerliche Bewertung seines Betriebsvermögens treffen möchte, lassen er und Kellermann im notariellen Kaufvertrag vom 2.11. (der u.a. dem Finanzamt vorgelegt werden muß) nur einen Kaufpreis von 10.000,– € beurkunden; den Differenzbetrag von 15.000,– € händigt Anton im Wartezimmer des Notars dem Kellermann vor dem notariellen Akt in bar aus. Drei Tage nach dem geschickt eingefädelten Geschäft stirbt Kellermann. Er wird von seinem Neffen Justus, einem in jeder Hinsicht korrekten Staatsanwalt, allein beerbt. Dieser findet in den Unterlagen des Kellermann Aufzeichnungen mit der genauen Schilderung des Geschäfts mit Anton. Empört über so viel Verruchtheit weigert er sich, die nach den ursprünglichen Vereinbarungen erst im Anschluß an die Vermessung vorgesehene Auflassung des Grundstücks zu beurkunden. Auch die von Anton bereits ausgehändigten und im Nachlaß des Kellermann noch vorhandenen 15.000,– € will er nicht mehr herausgeben, sondern einem gemeinnützigen Zweck zuführen. Welche Rechte hat Anton?

Lösungshinweis: Der Sachverhalt schildert ein typisches Beispiel für ein verdeckendes Scheingeschäft; der Fall gewinnt üblicherweise seine besondere Brisanz durch die Formvorschrift des § 311 b Abs. 1 BGB für Grundstücksgeschäfte. Bei der Prüfung der Ansprüche wegen der Rückabwicklung des formungültigen Kaufvertrags lernen Sie zum ersten Mal die §§ 812 ff. BGB über den Ausgleich von ungerechtfertigten Bereicherungen kennen. – Wiederholen Sie Grdz. § 7 II; vgl. auch Grdz. § 8 I 2 b; § 15 II 3 c!

Musterlösung:

Anton könnte von Justus, der als Alleinerbe nunmehr Eigentümer des von Kellermann zwar verkauften, bisher aber noch nicht übereigneten Grundstücks ist, aber auch für die von seinem Onkel eingegangenen Verbindlichkeiten einstehen muß, gem. § 433 Abs. 1 BGB die Übereignung des Grundstücks verlangen. Dazu müßte ein wirksamer Kaufvertrag bestehen. Ein solcher Vertrag könnte im vorliegenden Fall von Anton und Kellermann mit notarieller Urkunde vom 2.11. abgeschlossen worden sein. In dieser Urkunde ist indessen in beiderseitigem Einverständnis ein falscher Kaufpreis angegeben, so daß die Kaufpreisabsprache gem. § 117 Abs. 1 BGB nichtig ist. Die Einigung über den Kaufpreis ist ein wesentliches Element des Kaufvertrags; demnach führt die Nichtigkeit der Kaufpreisabsprache zur Nichtigkeit des gesamten Vertrags.

Nach der Absprache zwischen Anton und Kellermann sollte der notarielle Vertrag vom 2.11. die am 28.10. mündlich getroffene Vereinbarung über die Veräußerung des Grundstücks zum Preis von 25.000,– € verdecken. Auch bei diesem Vertrag handelt es sich um ein Grundstücksgeschäft, das nach § 311 b Abs. 1 BGB notariell beurkundet werden muß. Gem. § 117 Abs. 2 BGB muß diese Vorschrift auf die Vereinbarung vom 28.10. angewendet werden, mit der Folge, daß der Kaufvertrag zum wahren Preis nicht formgerecht abgeschlossen und damit nach § 125 BGB ebenfalls nichtig ist. Justus weigert sich daher zu Recht, den von seinem Onkel abgeschlossenen Grundstücks"vertrag" zu erfüllen.

Anton könnte daher allenfalls den bereits gezahlten Betrag von 15.000,– € von Justus zurückfordern. Da der Grundstücksvertrag nichtig ist, ist diese Leistung ohne rechtlichen Grund i.S.d. § 812 Abs. 1 Satz 1 BGB erfolgt. Der nach dieser Vorschrift gegebene Rückforderungsanspruch des Anton könnte im vorliegenden Fall allerdings durch die Regelung des § 817 Satz 2 BGB ausgeschlossen sein: Anton wollte „schwarzes" Geld, d.h. aus einer Steuerhinterziehung oder anderen illegalen Geschäften stammende Einnahmen, anlegen und mit seiner Zahlung zugleich die Grundlage für künftige Steuerhinterziehungen durch zu niedrige Bewertung seines Betriebsvermögens schaffen. Damit hat Anton i.S.d. § 817 Satz 2 BGB durch seine Leistung an Kellermann gegen ein gesetzliches Verbot verstoßen; die Rückforderung dieser Zahlung ist somit ausgeschlossen.

Fall 7.02: *Mit der deutschen Sprache auf Kriegsfuß*

Anton bestellt für sein Versicherungsbüro bei der Fa. Wasa verschiedene Papierwaren. Er benutzt hierfür ein vorgefertigtes Bestellformular, in dem die einzelnen lieferbaren Produkte unter Angabe der Mindestliefermenge angegeben sind. U. a. ist in der Liste Toilettenpapier mit der Mengenangabe „... Gros Pakete à 10 Rollen" aufgeführt. Anton will Toilettenpapier bestellen; er hat sich einen Monatsbedarf von 120 Rollen ausgerechnet und will für zwei Monate Vorrat anschaffen. In der Annahme, bei dem Wort „Gros Pakete" handele es sich um einen Druckfehler, der richtig „Großpakete" heißen müsse, schreibt Anton in die entsprechende Spalte die Zahl „24" in der Annahme, damit 24 × 10 Rollen Toilettenpapier bestellt zu haben, und schickt das noch mit anderen Bestellungen ausgefüllte Formular mit seiner Unterschrift und dem Firmenstempel versehen an die Fa. Wasa ab.

Einige Tage später fährt beim Anwesen des Anton ein großer Lkw vor, um 144 × 24 = 3.456 Pakete mit insgesamt 34.560 Rollen Toilettenpapier bei ihm abzuladen. Anton weigert sich, diese Papiermassen abzunehmen und die Rechnung der Fa. Wasa zu bezahlen, die auf den Betrag von 10.580,– € zuzüglich 830,– € Transportkosten + 16% MWSt lautet. Er macht geltend, ihm sei unbekannt gewesen, daß der Ausdruck „Gros“ die Menge von 12 × 12 = 144 Stück bedeutet. Jeder vernünftige Mensch hätte beim Lesen seiner Bestellung erkennen müssen, daß er für sein Versicherungsbüro niemals den Bedarf von so viel Toilettenpapier haben könne und daß es sich daher um einen Irrtum gehandelt habe. Er sei nur bereit, 24 Pakete mit insgesamt 240 Rollen abzunehmen. Wie ist die Rechtslage?

Lösungshinweis: Der Fall fußt auf der Regel „Auslegung geht vor Anfechtung“. Außerdem wird nochmals das Thema des versteckten Einigungsmangels angesprochen (vgl. schon Fall 6.08), ferner lernen Sie ein Anwendungsbeispiel für die „vorvertragliche“ Haftung für Verschulden beim Vertragsschluß nach den §§ 311 Abs. 2, 241 Abs. 2 BGB kennen. – Wiederholen Sie Grdz. § 5 III 3; § 6 II 2; § 7 III 2 a, V 1; vgl. auch Grdz. § 12 IV 2!

Musterlösung:

Die Fa. Wasa könnte von Anton Zahlung des Betrags von 10.580,– € zuzüglich Nebenkosten und Mehrwertsteuer verlangen, wenn durch dessen Bestellung ein Kaufvertrag über 3.456 Pakete Toilettenpapier à 10 Rollen zustande gekommen ist. Die Erklärung des Anton auf dem Bestellformular ist eindeutig: Der Ausdruck „Gros“ bezeichnet in der deutschen Sprache die Mengenangabe von 12 Dutzend = 144 Stück, damit könnte ein Angebot des Anton zum Abschluß eines Kaufvertrags über 24 × 144 Pakete mit je 10 Rollen Toilettenpapier vorliegen, das von der Fa. Wasa gem. § 151 BGB angenommen worden ist.

Fraglich ist allerdings, ob die äußeren Umstände, die gem. §§ 133, 157 BGB bei der Auslegung von Willenserklärungen mit berücksichtigt werden müssen, in einer für die Fa. Wasa erkennbaren Weise auf die von Anton tatsächlich gewollte Bedeutung seines Vertragsantrags, nämlich die Bestellung von 24 „Großpaketen“, hindeuten. Das Bestellformular ist mit dem Firmenstempel des Anton versehen; darüber hinaus wird sich die Fa. Wasa schon im eigenen Interesse über die Verhältnisse des Anton kundig gemacht haben, soweit nicht ohnehin schon länger dauernde Geschäftsbeziehungen bestanden haben sollten. Es ist daher davon auszugehen, daß der Verkäuferin hinreichend bekannt ist, daß es sich bei dem Betrieb des Anton um ein Versicherungsbüro handelt. Der Ankauf einer ganzen Wagenladung von Toilettenpapier ist für einen solchen Betrieb unüblich; eine derartige Bestellung kommt vernünftigerweise allenfalls für einen Supermarkt oder für einen anderen Großhändler in Papierwaren in Betracht. Nach Treu und Glauben mußte die Fa. Wasa daher davon ausgehen, daß mit der von dem Versicherungsbüro Anton abgeschickten Bestellung von „24 Gros Pakete Toilettenpapier à 10 Rollen“ irgendetwas nicht in Ordnung war. Ob für die Fa. Wasa erkennbar ist, daß Anton in Wirklichkeit 24 „Großpakete“ bestellen wollte, mag zweifelhaft sein. Auf jeden Fall liegt jedoch kein unzweideutiges Angebot zum Abschluß eines Kaufvertrags über 24 × 144 Pakete vor. Damit konnte die Annahme dieses „Angebots“ durch die Fa. Wasa auch nicht zum Abschluß eines Kaufvertrags führen; in Wirklichkeit liegt ein nicht behebbarer versteckter Dissens vor. Mangels Vertragsschluß besteht sonach kein Anspruch auf Zahlung des von der Fa. Wasa geforderten Kaufpreises und der in Rechnung gestellten Nebenkosten.

Zu prüfen ist noch, ob die Fa. Wasa wenigstens Anspruch auf Erstattung der von ihr vergeblich aufgewendeten Transportkosten in Höhe von 830,– € + MWSt hat. Als Anspruchsgrundlage könnte § 122 Abs. 1 BGB in Betracht kommen. Die Anwendung dieser Vorschrift setzt voraus, daß eine Willenserklärung z.B. aufgrund des § 119 BGB angefochten worden ist. Im vorliegenden Fall ist ein Vertrag zwischen Anton und der Fa. Wasa jedoch schon deswegen nicht zustande gekommen, weil in Wirklichkeit ein eindeutiges und damit wirksames Vertragsangebot überhaupt nicht vorhanden war; eine Anfechtung des „Vertragsschlusses" durch Anton ist daher nicht mehr erforderlich gewesen. Sonach kann die Fa. Wasa auch keinen Anspruch auf Ersatz ihres Vertrauensschadens als Folge der Durchführung des vermeintlichen Vertrags beanspruchen.

Der Ersatz des Vertrauensschadens könnte von Anton noch gem. §§ 311 Abs. 2, 241 Abs. 2 BGB unter dem Gesichtspunkt der Haftung für Verschulden beim Vertragsschluß verlangt werden, wenn er die unklare Formulierung des Bestellschreibens zu vertreten hat. Dies ist zu bejahen: Es ist schließlich seine Sache, der deutschen Sprache so weit mächtig zu sein, daß ihm die Bedeutung des zwar nicht mehr im Alltagsgebrauch üblichen, im Geschäftsleben aber immerhin noch verwendeten Wortes „Gros" bekannt ist. Wenn er schon von einem Druckfehler im Bestellformular ausgeht, hätte es nahegelegen, diesen Fehler beim Ausfüllen des Formulars zu korrigieren, um Zweifel von vornherein auszuräumen. Wie bereits ausgeführt worden ist, mußte jedoch andererseits der Fa. Wasa der Fehler im Bestellschreiben ins Auge fallen; angesichts des außergewöhnlichen Umfangs der Bestellung und der damit verbundenen Kosten lag es auch für sie nahe, vor der Abfertigung der Sendung bei Anton rückzufragen, was nur geringe Mühe gekostet und ohne weiteres die notwendige Klarheit herbeigeführt hätte. Dadurch, daß die Fa. Wasa von der naheliegenden Möglichkeit einer Rückfrage keinen Gebrauch gemacht hat, hat sie sich letztlich die durch die vergebliche Anlieferung verursachten Kosten selbst zuzuschreiben; sonach kann sie deren Ersatz auch nicht unter dem Gesichtspunkt der Haftung für Verschulden beim Vertragsschluß von Anton verlangen. Dieses Ergebnis wird nicht zuletzt durch die Regelung des § 122 Abs. 2 BGB bestätigt: Auch nach Anfechtung einer Willenserklärung wegen Irrtums oder falscher Übermittlung steht dem Anfechtungsgegner kein Anspruch auf Ersatz seines Vertrauensschadens zu, wenn er die Anfechtbarkeit der Erklärung bei gehöriger Sorgfalt hätte erkennen müssen. Das BGB geht sonach davon aus, daß der Geschäftspartner auf jeden Fall eine gewisse Mitverantwortlichkeit für die Ordnungsmäßigkeit des Vertragsschlusses zu tragen hat, auch wenn die Formulierung korrekter (und eindeutiger) Willenserklärungen an sich in den Verantwortungsbereich des anderen Teils fällt.

Anton kann sonach die Annahme der Lieferung verweigern und braucht auch nicht der Fa. Wasa deren Transportkosten zu zahlen.

Fall 7.03: *Noch einmal: Unklarheiten beim Marmorkauf*

Lesen Sie bitte noch einmal den Marmorkauf-Fall oben Nr. 5.06 durch und prüfen Sie, ob Sie nach Lektüre von Grdz. § 7 dem Anton doch noch einen Hinweis geben können, wie er seine Abnahmeverpflichtungen aus dem mit Steinklopfer abgeschlossenen Vertrag vom 8.6. über die Lieferung von 54 qm Comblanchien-Marmor aufheben kann.

Spielt es eine Rolle, wenn Steinbrecher zur Vorbereitung der Lieferung für Anton seinerseits Spesen in Höhe von 1.500,– € aufgewendet hatte; kann er von Anton darüber hinaus Erstattung seines Gewinns aus dem Geschäft verlangen, den er nach Abzug aller Spesen mit 2.500,– € kalkuliert hatte?

Lösungshinweis: Bei der Weiterbearbeitung des Marmorkauf-Falls oben 5.06 stoßen Sie auf die Möglichkeit der Anfechtung des Kaufvertrags wegen Inhaltsirrtums. Damit verbunden ist allerdings die Schadensersatzregelung des § 122 BGB (s. auch den folgenden Fall 7.07). – Wiederholen Sie Grdz. § 7 III 2 a, 4!

Musterlösung:

Als bisheriges Ergebnis der Bearbeitung des Falles 5.06 ist festzuhalten, daß zwischen Anton und Steinklopfer ein Kaufvertrag über die Lieferung von 54 qm braun-schwarz getöntem Comblanchien-Marmor zustande gekommen ist, weil das Bestellschreiben des Anton vom 8.6. aus der insoweit allein maßgeblichen Sicht des Steinklopfer eindeutig als Antrag zum Abschluß eines entsprechenden Vertrags auszulegen ist.

Da die Bestellung nicht mit dem wahren Willen des Anton übereinstimmt, könnte dieser seine Willenserklärung gem. § 119 Abs. 1 BGB wegen Irrtums anfechten. In Betracht kommt ein Irrtum über den Inhalt der abgegebenen Erklärung: Anton war in dem Glauben, die von ihm verwendete Katalog-Nr. 1001 bezeichne noch die von ihm gewünschte Sorte weißen Carrara-Marmors und werde bei der Annahme der Bestellung von Steinklopfer auch so verstanden. Da dies nicht der Fall ist, hat Anton in seinem Vertragsantrag eine Erklärung mit einem Inhalt abgegeben, der von ihm so nicht gewollt war. Dieser Irrtum ist auch erheblich, denn Anton benötigte zur Durchführung seines Auftrags weißen Carrara-Marmor, so daß er niemals braun-schwarz getönten Comblanchien-Marmor bestellt hätte, wenn ihm die wahre Bedeutung der Katalog-Nr. 1001 bewußt gewesen wäre. Anton kann somit gem. § 119 Abs. 1 BGB gegenüber Steinklopfer den Kaufvertrag vom 8.6. anfechten.

Gem. § 121 Abs. 1 Satz 1 BGB muß die Anfechtung unverzüglich nach Aufdeckung des Irrtums erklärt werden. Anton hat dies getan, indem er bei Anlieferung des Materials dessen Abnahme verweigert und damit zum Ausdruck gebracht hat, daß er sich an die Bestellung so, wie sie von Steinklopfer verstanden worden ist, nicht gebunden fühlt. Dies reicht aus; es ist nicht notwendig, daß Anton für seine Erklärung ausdrücklich den Begriff „Anfechtung" verwendet. Aufgrund der rechtzeitig erklärten Irrtumsanfechtung ist der Vertrag vom 8.6. gem. § 142 Abs. 1 BGB als von Anfang an nichtig anzusehen. Steinklopfer kann sonach keine Bezahlung fordern und muß den von ihm gelieferten Marmor wieder zurücknehmen.

Die Spesen in Höhe von 1.500,– €, die Steinklopfer im Hinblick auf die vereinbarte Lieferung aufgewendet hatte, und die nun nicht durch den Erlös aus dem Kaufvertrag mit Anton gedeckt werden können, stellen sich als Schaden dar, den Steinklopfer dadurch erlitten hat, daß er auf die Gültigkeit des Vertrags vom 8.6. vertraut hatte. Diesen Schaden muß Anton gem. § 122 Abs. 1 BGB dem Steinklopfer ersetzen. Den Gewinn von 2.500,– € hätte Steinklopfer dagegen von vornherein nicht erzielen können, wenn ihm Anton niemals das später wegen Irrtums angefochtene Vertragsangebot gemacht hätte. Sonach kann der entgangene Gewinn auch nicht als Vertrauensschaden i.S.d. § 122 Abs. 1 BGB angesehen werden; insoweit besteht mithin kein Ersatzanspruch des Steinklopfer gegen Anton.

Steinklopfer kann somit von Anton nur die Zahlung von 1.500,– € fordern.

Fall 7.04 : *Die beiden Müllers*

Beim Bauunternehmer Anton haben sich Karl Müller und Adam Müller um eine Buchhalterstelle beworben. Nach der persönlichen Vorstellung der beiden Bewerber entscheidet sich Anton für Adam Müller, da er ihm als der Aufgewecktere erscheint und überdies über ausgezeichnete EDV-Kenntnisse verfügt. Anton verwechselt jedoch den Adam Müller mit seinem Namensvetter; d.h. er glaubt, daß der Bewerber, für den er sich entschieden hat, „Karl Müller" heißt. So läßt er den Arbeitsvertrag mit den Daten des Karl Müller ausfertigen und diesem zuschicken. Erfreut sendet Karl Müller den von ihm gegengezeichneten Vertrag am 20.10. an Anton zurück. Der Irrtum klärt sich zwei Tage vor dem Dienstantritt des neuen Buchhalters auf. Kann Anton noch irgend etwas unternehmen?

Lösungshinweis: Am Beispiel einer Personenverwechslung beim Vertragsschluß haben Sie Gelegenheit, die einzelnen Irrtumstatbestände des § 119 BGB durchzuprüfen. Eine weitere Besonderheit des Falls liegt darin, daß es um die ex tunc wirkende Anfechtung eines (allerdings noch nicht in Vollzug gesetzten) Dauerschuldverhältnisses geht. – Wiederholen Sie Grdz. § 7 III 2 , 5 b!

Musterlösung:

Mit der Rücksendung des von Karl Müller gegengezeichneten Vertragstextes am 20.10. ist zwischen ihm und Anton ein Arbeitsvertrag zustande gekommen. Anton könnte jedoch diesen Vertrag gem. § 119 BGB wegen Irrtums anfechten.

Zunächst ist daran zu denken, daß die dem Anton unterlaufene Verwechslung als „Irrtum über die Eigenschaften einer Person" i.S.d. § 119 Abs. 2 BGB bewertet werden kann. Dies würde voraussetzen, daß sich Anton über bestimmte persönliche Eigenarten seines Vertragspartners Karl Müller getäuscht hat. Dies ist nicht der Fall: Die Eigenschaften des Karl Müller sind dem Anton aufgrund des Vorstellungsgesprächs wohl bekannt, soweit sie für seine Entscheidung von Einfluß gewesen sind; er verbindet mit dem Namen jedoch die Vorstellung von einer anderen Person. Der Name eines Menschen ist indessen – ähnlich wie die Bezeichnung für eine Sache – keine Eigenschaft dieses Menschen. Ein Fall des Eigenschaftsirrtums nach § 119 Abs. 2 BGB liegt somit nicht vor.

Anton könnte sich im Ausdruck vergriffen haben und sich daher auf einen Irrtum in der Erklärungshandlung berufen (§ 119 Abs. 1 Satz 1 Fall 2 BGB). Ein solcher Willensmangel wäre dann anzunehmen, wenn Anton ursprünglich die Worte „Adam Müller" gebrauchen und den Arbeitsvertrag auch tatsächlich an Adam Müller senden wollte, sich dann aber verschrieben hat und stattdessen den Vertrag für Karl Müller ausfertigte bzw. ausfertigen ließ. Dies trifft aber ebenfalls nicht zu, denn Anton glaubte ja, daß derjenige Bewerber, den er einstellen will, den Namen „Karl Müller" trägt, so daß er aus seiner Sicht den richtigen Namen in den Vertragstext eingesetzt und sein Angebot auch richtig adressiert hatte.

Ein „Irrtum über den Inhalt einer Erklärung" (§ 119 Abs. 1 Satz 1 Fall 1 BGB) ist dann anzunehmen, wenn Anton seine Worte zwar bewußt gewählt, bei objektiver Betrachtung durch den Erklärungsempfänger jedoch etwas anderes zum Ausdruck gebracht hat, als er erklären wollte. Anton hatte den Willen, mit Adam Müller einen Arbeitsvertrag abzuschließen. Er hat aber diese Person mit dem falschen Namen bezeichnet und seinen Vertragsantrag überdies noch an den Träger dieses Namens – Karl Müller – zugeschickt. Damit hat er gegen seinen wirklichen Willen gegenüber dem Karl Müller eine Erklärung abgegeben, die bei objektiver Betrachtung als ein Vertragsangebot an Karl Müller auszulegen ist. Es liegt daher ein Inhaltsirrtum (Irrtum über die Identität des mit der Willenserklärung angesprochenen Geschäftspartners) vor. Dieser Irrtum ist auch erheblich, denn Anton wollte von vornherein nur den Adam Müller einstellen, so daß angenommen werden kann, daß er das Vertragsangebot von vornherein richtig an Adam Müller gerichtet hätte, wenn ihm die Namensverwechslung rechtzeitig aufgefallen wäre.

Der Abschluß des Arbeitsvertrags führt zu einem Dauerschuldverhältnis mit stark personenrechtlichem Einschlag, dessen Bestand grundsätzlich nicht mehr rückwirkend durch Anfechtung aufgehoben, sondern allenfalls durch Kündigung für die Zukunft beendet werden kann. Diese Beschränkung des Anfechtungsrechts ist damit begründet, daß ein einmal in Vollzug gesetztes Arbeitsverhältnis sinnvollerweise nicht mehr so rückabgewickelt werden kann, als hätte es von Anfang an nicht bestanden. Im vorliegenden Fall wurde der Irrtum des Anton jedoch entdeckt, bevor Karl Müller seinen Dienst in der Firma angetreten und damit das Arbeitsverhältnis in Vollzug gesetzt hat. Damit entfällt der Grund, das auf § 119 BGB beruhende Anfechtungsrecht des Anton auszuschließen; dieser kann sonach (noch) den am 20.10. mit Karl Müller abgeschlossenen Arbeitsvertrag wegen Irrtums mit der Wirkung anfechten, daß dieser Vertrag gem. § 142 Abs. 1 BGB als von Anfang an nichtig anzusehen ist.

Fall 7.05: *Noch einmal: Fatale Eile*

Wiederholen Sie Fall 5.04 und prüfen Sie, ob Anton den Vertrag mit der Fidus AG oder wenigstens das in diesem Vertrag enthaltene Strafversprechen wegen eines Willensmangels anfechten kann, weil er sich bei seiner Unterschrift unter den Vertragstext nicht über den wahren Inhalt der dort festgelegten Vereinbarungen im klaren war.

Lösungshinweis: Willenserklärungen, die dadurch zustande kommen, daß der Erklärende seine Unterschrift unter einen von einem anderen vorformulierten Text setzt, werfen besondere Irrtumsprobleme auf, wenn sich nachträglich herausstellt, daß dieser Text nicht mit dem Willen des Erklärenden übereinstimmt. Ferner geht es um die Frage, ob es möglich ist, bei einem Irrtum über den Vertrag nur eine einzelne Vertragsklausel anzufechten, den Vertrag als solchen mit seinen sonstigen Vereinbarungen aber bestehen zu lassen. Hier lernen Sie einen besonderen Aspekt der Regelung des § 155 BGB kennen. – Wiederholen Sie Grdz. § 7 III 2, IV 1; vgl. auch Grdz. § 8 III!

Musterlösung:

Da Anton die Tragweite des von ihm unterschriebenen und damit zu seiner eigenen Willenserklärung gemachten Vertragstextes verkannt hat, könnte eine Anfechtung seiner Willenserklärung wegen Inhaltsirrtums gem. § 119 Abs. 1 Satz 1 Fall 1 BGB in Betracht zu ziehen sein.

Wie bereits festgestellt wurde, hat Anton die Vertragsurkunde „blindlings“ unterschrieben und deren Inhalt im einzelnen überhaupt nicht zur Kenntnis genommen. Ein Inhaltsirrtum liegt indessen nur dann vor, wenn jemand bestimmte Vorstellungen über die Bedeutung der von ihm abgegebenen Erklärung hat, diese jedoch bei objektiver Betrachtung aus der Sicht des Erklärungsempfängers einen anderen als den gemeinten Sinn hat. Wer aber nicht weiß, was er unterschreibt, kann sich auch keine irrigen Vorstellungen über Inhalt und Bedeutung der von ihm abgegebenen Erklärung gemacht haben. Er bringt vielmehr durch seine Unterschrift zum Ausdruck, daß er den vorausgehenden Text in seiner Gesamtheit und wie auch immer formuliert vorbehaltslos gegen sich gelten lassen will. Wenn Anton erst nachträglich auf das ihm nachteilige Strafversprechen im Vertragstext stößt, so wird er erst jetzt mit Sachfragen konfrontiert, an die er bei der Unterschriftsleistung überhaupt nicht gedacht hat und über deren Regelung er sich folglich auch keine abweichende Meinung gebildet haben konnte. Eine Anfechtung des Vertrags oder einzelner Vertragsklauseln wegen Inhaltsirrtums kommt somit jetzt nicht mehr in Betracht.

Im vorliegenden Fall besteht allerdings die Besonderheit, daß bei den Vertragsverhandlungen über die Vereinbarung einer Vertragsstrafe ausdrücklich gesprochen worden war und Anton ein solches Strafversprechen abgelehnt hatte. Da es insoweit nicht zu einer Übereinkunft gekommen, der Vertragsschluß dann letztlich (durch Verzicht der anderen Seite auf die von ihr ursprünglich geforderte Klausel) aber doch zustande gekommen war, konnte Anton bei seiner Unterschrift unter den vom Justitiar der Fidus AG vorgefertigten Vertragstext darauf vertrauen, daß der Text die ihn belastende Klausel nicht enthält. Dann ist die von ihm zum Ausdruck gebrachte Erklärung in der Tat mit einem beachtlichen Irrtum behaftet.

Eine Anfechtung des gesamten Vertrags brächte dem Anton jedoch keinen Vorteil, denn damit wäre auch der ihm erteilte Auftrag und damit die Anspruchsgrundlage für die Bezahlung der schon teilweise erbrachten Bauleistungen sowie die Aussicht auf den erwarteten Gewinn hinfällig. Zu prüfen ist daher, ob Anton die Anfechtung seiner Willenserklärung auf den in der Vertragsurkunde enthaltenen Text über die Vertragsstrafe beschränken kann. Das scheint auf den ersten Blick an dem Umstand zu scheitern, daß Anton mit seiner Unterschrift nur *eine* Willenserklärung abgegeben hat, die folgerichtig auch nur *als ganze* entweder richtig oder mit einem Willensmangel behaftet sein kann. Die Anfechtung einer Willenserklärung wegen eines sich nur auf einen Teil ihres Inhalts beziehenden Irrtums ist im Gesetz nicht geregelt; trotzdem erscheint es jedenfalls bei umfangreicheren Verträgen, die mehrere Abmachungen enthalten, sinnvoll, eine solche Teilnichtigkeit zuzulassen. Die Lösung für eine solche Situation kann in einer Analogie zur Regelung des § 155 BGB gefunden werden: In dieser Vorschrift geht es um den vergleichbaren Fall, daß die Vertragsparteien glaubten, sich über einen Vertragsschluß vollständig einig geworden zu sein, in Wirklichkeit aber über eine als wesentlich erachtete Vertragsklausel keine Einigung erzielt hatten. § 155 BGB sieht vor, daß gleichwohl ein Vertrag zustande gekommen ist, wenn anzunehmen ist, daß sich die Parteien auch ohne diesen Punkt geeinigt hätten. Da Anton und die Bevollmächtigten der Fidus AG sich bereits darüber verständigt hatten, daß der Vertrag ohne Strafversprechen abgeschlossen werden soll, steht fest, daß der Vertrag auch ohne die von Anton mit unterschriebene Klausel für den Auftraggeber akzeptabel ist. Anton kann sonach seine Irrtumsanfechtung auf das Strafversprechen beschränken; der sonstige Vertrag bleibt wirksam.

Wenn Anton beweisen kann, daß der Justitiar der Fidus AG bei Redaktion der Endfassung die abgelehnte Klausel vorsätzlich (= „arglistig") in den ihm zur Unterschrift vorgelegten Text eingefügt hatte, um unter Ausnutzung der Unaufmerksamkeit des Anton das Strafversprechen doch noch in den Vertragstext einzufügen, könnte sich Anton mit seiner Anfechtung gem. § 123 Abs. 1 BGB sogar auf arglistige Täuschung berufen.

Auf jeden Fall braucht Anton die ihm abgeforderte Vertragsstrafe nicht zu bezahlen.

Fall 7.06: *Der zweifelhafte Jüngling*

Im März 1992 verkaufte und übereignete Anton an den Kunsthändler Krause ein Ölgemälde „Bildnis eines jungen Mannes" zum Preis von 6.000,– DM. Anton hielt das Bild für ein Werk des amerikanischen Malers Frank Duveneck (1848–1919), so wurde es auch in dem schriftlich fixierten Kaufvertrag mit Krause bezeichnet. Am 19.6.1993 entdeckt Anton das Bild in einer Ausstellung der städtischen Galerie Rosenheim über Wilhelm Leibl. Krause hatte nämlich in der Zwischenzeit das „Bildnis eines jungen Mannes" durch einen

Sachverständigen untersuchen lassen, der es unzweifelhaft dem deutschen Maler Wilhelm Leibl (1844–1900) zuschrieb.

Mit Schreiben vom 26.6.1993 erklärt Anton daraufhin die Anfechtung des Kaufvertrags wegen Irrtums. Krause wendet ein, der Irrtum des Anton sei unbeachtlich, denn in den USA würden Bilder des Malers Duveneck mit etwa den gleichen Preisen gehandelt wie Werke von Leibl in Deutschland. Anton habe sonach durch seinen Irrtum keinen wirtschaftlichen Nachteil erlitten, selbst wenn ein Leibl-Gemälde in der Qualität des „Jünglings" normalerweise mit 20.000,– DM zu bewerten sei. Auch könne sich Anton mehr als ein Jahr nach dem Abschluß des Kaufvertrags nicht mehr auf irgendwelche Willensmängel des Geschäfts berufen. Ist die Anfechtung des Kaufvertrags wirksam?

Lösungshinweis: Der Fall betrifft Probleme des Eigenschaftsirrtums und streift – da ein Kaufvertrag betroffen ist – auch die Besonderheiten der Gesetzeskonkurrenz zwischen Irrtumsanfechtung und Sachmängelhaftung bei erfüllten Kaufverträgen. Die rechtliche Beurteilung richtet sich gem. Art. 229 § 5 Satz 1 EGBGB noch nach den bis zum 31.12.2001 geltenden Bestimmungen des BGB, auf die inhaltlich nicht weiter veränderten neuen Vorschriften wird jeweils hingewiesen. – Wiederholen Sie Grdz. § 7 III 2 c, 3, 5; vgl. auch Grdz. § 12 II 2!

Musterlösung:

Anton könnte den mit Krause abgeschlossenen Kaufvertrag gem. § 119 Abs. 2 BGB wegen Irrtums über eine verkehrswesentliche Eigenschaft der Kaufsache anfechten. Da der Vertrag vom März 1992 durch Übergabe und Übereignung des Bildes bereits vollzogen worden ist, muß zunächst geklärt werden, ob die Möglichkeit einer Anfechtung wegen Irrtums nicht durch die spezielleren Vorschriften über die Sachmängelhaftung (§§ 459 ff. BGB a.F. heute §§ 434, 437 ff. BGB n.F.) ausgeschlossen ist. Beim Kauf einer Sache bedeuten nämlich das Fehlen oder das Abweichen von verkehrswesentlichen Eigenschaften regelmäßig das Vorliegen eines Sachmangels i.S.d. § 459 Abs. 1 BGB a.F. (heute § 434 BGB n.F.). Sachmängelansprüche bei beweglichen Kaufsachen müssen jedoch gem. § 477 BGB a.F. innerhalb einer Frist von sechs Monaten nach der Ablieferung geltend gemacht werden (seit 2002 beträgt diese Frist gem. § 438 Abs. 1 Nr. 3 BGB n.F. nunmehr zwei Jahre); die Versäumung dieser Frist kann nicht durch eine nachträgliche Anfechtung des Vertrags wegen Eigenschaftsirrtums korrigiert werden. Die §§ 459 ff. BGB a.F. (heute §§ 434, 437 ff. BGB n.F.) regeln indessen nur Ansprüche des *Käufers* wegen des Zustandes der Kaufsache. Nur insoweit kann daher auch eine Gesetzeskonkurrenz mit den Vorschriften über die Irrtumsanfechtung nach § 119 Abs. 2 BGB bestehen. Im vorliegenden Fall geht es jedoch darum, ob Anton als *Verkäufer* den Kaufvertrag wegen Eigenschaftsirrtums anfechten kann. Dem Verkäufer werden durch die Regelung der Sachmängelhaftung keinerlei Rechte eingeräumt; er kann somit auch nichts durch Fristablauf versäumt haben. Zugunsten des Verkäufers Anton besteht sonach die Möglichkeit zur Anfechtung des Kaufvertrags wegen eines Eigenschaftsirrtums über die von ihm verkaufte Sache uneingeschränkt, falls die Voraussetzungen des § 119 Abs. 2 BGB im konkreten Fall erfüllt sind.

Ein beachtlicher Eigenschaftsirrtum des Anton könnte darin gefunden werden, daß er bei der Vereinbarung des Kaufpreises mit Krause den Wert des von ihm verkauften

Gemäldes (20.000,– DM nach dem Marktwert für Leibl-Bilder vergleichbarer Qualität statt der geforderten und vereinbarten 6.000,– DM) falsch eingeschätzt hat. Dann müßte der Wert einer Sache als solcher als „verkehrswesentliche Eigenschaft" i.S.d. § 119 Abs. 2 BGB anzusehen sein. Eigenschaften einer Sache sind die auf ihrer natürlichen Beschaffenheit beruhenden Merkmale (bei einem Bild z.B. die angewandte Maltechnik oder dessen Erhaltungszustand) oder solche tatsächlichen bzw. rechtlichen Beziehungen zur Umgebung, die nach der allgemeinen Verkehrsanschauung für die Wertschätzung oder die Benutzbarkeit der Sache von Bedeutung sind. Die Einschätzung des der Kaufpreisbestimmung zugrunde gelegten Werts einer Sache beruht auf der Beurteilung bestimmter Eigenschaften dieser Sache anhand allgemeiner Wertkriterien, i.d.R. anhand von Marktpreisen. Irrt sich ein Verkäufer über den Wert der von ihm verkauften Sache, so kann sein Irrtum zwei Ursachen haben: Entweder er schätzt die im konkreten Fall anwendbaren Wertkriterien, insbesondere den gültigen Marktpreis falsch ein; dann irrt er sich nicht über eine der Kaufsache „anhaftende" Eigenschaft, sondern über das Vorhandensein bestimmter allgemeiner Verhältnisse, die unabhängig von dem zur Diskussion stehenden Kaufgegenstand bestehen. Oder er irrt über bestimmte Eigenschaften der Sache, die bei Anwendung der an sich richtig erkannten Maßstäbe für die Preisbildung zu einer anderen Beurteilung des Werts des Kaufgegenstandes geführt hätten. Nur in diesem zweiten Fall kann ein relevanter „Eigenschaftsirrtum" vorliegen.

Im vorliegenden Fall hat Anton den „Jüngling" deshalb für einen zu niedrigen Preis verkauft, weil er das Gemälde für ein Werk des amerikanischen Malers Duveneck hielt. Hierin lag sein Irrtum, so daß zu fragen ist, ob auch die Herkunft von einem bestimmten Künstler als verkehrswesentliche Eigenschaft eines Gemäldes anzusehen ist. Im Kunsthandel hängt die Wertschätzung eines Gemäldes außer von dessen physischem Zustand und seinem – ohnehin nur schwer zu bestimmenden – objektiven künstlerischen Gehalt maßgeblich davon ab, von welchem Künstler es geschaffen wurde. Die Herkunft eines Bildes aus der Hand eines bestimmten Malers gehört somit zu dessen verkehrswesentlichen Eigenschaften. Insofern liegt im vorliegenden Fall ein *beachtlicher* Eigenschaftsirrtum vor.

Fraglich ist noch, ob dieser Irrtum auch *erheblich* ist, da jedenfalls in den USA Werke des Malers Duveneck gleich hoch bewertet werden wie in Deutschland Bilder von Wilhelm Leibl. Angesichts der Weltoffenheit des Kunstmarkts kann daher davon ausgegangen werden, daß Anton bei entsprechendem Verhandlungsgeschick auch bei einem Verkauf des Bildes als Original des Malers Duveneck bei Krause einen wesentlich höheren Preis als den Betrag von 6.000,– DM hätte heraushandeln können. Das konkrete Geschäftsergebnis beruht daher nicht so sehr auf falschen Vorstellungen über die Person des Künstlers als auf einer unzutreffenden Einschätzung der im Kunstmarkt üblichen Preise durch Anton; dies wäre dann wiederum ein unerheblicher Irrtum über allgemeine Wertmaßstäbe.

Gem. § 119 BGB kann der Erklärende die Willenserklärung jedoch nur dann anfechten (sein Irrtum ist also erheblich), wenn er bei richtiger Kenntnis der Sachlage das Geschäft nicht so, wie es tatsächlich zustande gekommen ist, abgeschlossen hätte. Anton kann sich sonach darauf berufen, daß er den „Jüngling" entweder überhaupt nicht verkauft oder doch das Verkaufsgespräch mit Krause anders geführt hätte, wenn ihm von vornherein bewußt gewesen wäre, daß es sich entgegen seiner Annahme um ein Gemälde von Wilhelm Leibl handelte. Seine irrige Vorstellung über die Urheberschaft des Bildes als einer verkehrswesentlichen Eigenschaft der Kaufsache hat somit die wirtschaftlichen Grundlagen des Vertrags mit Krause beeinflußt; damit war der Eigenschaftsirrtum des Anton auch erheblich.

Krause beruft sich noch darauf, mehr als ein Jahr nach Abschluß des Geschäfts sei eine Anfechtung nicht mehr möglich. Gem. § 121 Abs. 2 BGB ist indessen die Anfechtung wegen Irrtums erst dann ausgeschlossen, wenn seit der Abgabe der Willenserklärung ein Zeitraum von 30 Jahren verstrichen ist (seit 2002 beläuft sich nach § 121

Abs. 2 BGB n.F. die allgemeine Ausschlußfrist für die Irrtumsanfechtung auf zehn Jahre). Im übrigen kommt es darauf an, ob Anton seine Anfechtungserklärung fristgerecht abgegeben hat. Nach § 121 Abs. 1 Satz 1 BGB muß dies „ohne schuldhaftes Zögern (unverzüglich)" erfolgen, nachdem Anton Kenntnis von seinem Irrtum erlangt hatte. Im vorliegenden Fall ist Anton bei seinem Besuch der Kunstausstellung in Rosenheim am 19.6.1993 auf seinen Irrtum aufmerksam gemacht worden; eine Woche später, nämlich am 26.6.1993, hat er die Anfechtung des Kaufvertrags gegenüber Krause erklärt. Dies kann noch nicht als eine schuldhafte Verzögerung der Irrtumsanfechtung bewertet werden, denn dem Anton muß eine angemessene Frist zugestanden werden, um zunächst Erkundigungen über die mittlerweile erstellten Expertisen einzuholen und Rechtsrat über die gegenüber Krause zu ergreifenden Schritte zu suchen. Die Erklärung der Irrtumsanfechtung erfolgte demnach fristgerecht.

Somit hat Anton seine Willenserklärung zum Kaufvertrag mit Krause wirksam angefochten; gem. § 142 Abs. 1 BGB ist der Vertrag vom März 1992 als von Anfang an nichtig anzusehen.

Fall 7.07: *Pech mit der Erbschaft*

Im Nachlaß seines verstorbenen Onkels Ferdinand, der ihn zum Alleinerben eingesetzt hatte, findet Anton einen Mercedes 230 E vor. Da Anton den Wagen nicht benötigt, verkauft er ihn mit Vertrag vom 5.11. zum Preis von 10.000,– € an Kunze. Das Fahrzeug soll nach endgültiger Klärung der Erbschaftsformalitäten dem Kunze Ende November übergeben und übereignet werden.

Auf der Suche nach dem Kraftfahrzeugbrief in den Unterlagen des Erblassers muß Anton jedoch zu seinem Kummer feststellen, daß sein Onkel den Mercedes seinerzeit nicht zu Eigentum erworben, sondern nur gemietet hatte, so daß Anton über das Fahrzeug nicht verfügen kann. Diesen Sachverhalt schildert Anton dem Kunze und ficht den Kaufvertrag vom 5.11. wegen Irrtums an. Kunze ist zwar mit der Rückgängigmachung des Vertrags einverstanden, macht jedoch geltend, daß er ein Fahrzeug vergleichbarer Qualität statt für den vereinbarten Betrag von 10.000,– € im Gebrauchtwagenhandel nur zum Preis von 12.500,– € erwerben kann. Auch hat er im Hinblick auf das Geschäft mit Anton bereits eine Garage zum monatlichen Mietpreis von 150,– € fest für ein Jahr angemietet und – in Absprache mit Anton – mit einem Aufwand von 700,– € eine gründliche Inspektion des Mercedes durchführen lassen, um das Auto auf etwaige Mängel zu prüfen. Insgesamt beziffert Kunze demnach seinen Verlust aus dem Scheitern des Geschäfts mit 5.000,– €. Muß Anton ihm diesen Schaden ersetzen?

Lösungshinweis: Für die Beurteilung dieses Sachverhalts kommt es auf die Unterscheidung zwischen Vertrauensschaden und Schadensersatz statt der Leistung an. – Wiederholen Sie Grdz. § 7 III 4 c; vgl. auch Grdz. § 11 III 2 a; § 16 VII!

Musterlösung:

Da der Vertrag vom 5.11. erfolgreich wegen Irrtums angefochten ist, kann Kunze gegen Anton keine vertraglichen Leistungsansprüche und insoweit auch keine Schadensersatzansprüche nach §§ 280 ff. BGB geltend machen. Er kann seine Forderung allenfalls auf die Vorschrift des § 122 Abs. 1 BGB stützen. Nach dieser Bestimmung ist ihm Anton zum Ausgleich desjenigen Schadens verpflichtet, den er dadurch erlitten hat, daß er im Vertrauen auf die Gültigkeit des Vertrags Aufwendungen gemacht hatte, die sich nunmehr wegen der Anfechtung des Vertrags als nutzlos erweisen. Erstattungsfähig können sonach nur solche Nachteile sein, die dem Krause nicht entstanden wären, wenn der Vertragsschluß vom 5.11. niemals stattgefunden hätte.

Den Kauf eines anderen Mercedes 230 E zum Preis von 12.500,– € auf dem allgemeinen Gebrauchtwagenmarkt hätte Kunze auch dann tätigen müssen, wenn er den Vertrag mit Anton nicht abgeschlossen hätte. Der „Verlust" des Unterschieds von 2.500,– € zwischen dem mit Anton ausgehandelten Kaufpreis und dem tatsächlichen Marktpreis stellt sich sonach nicht als ein Vertrauensschaden des Kunze dar, sondern ist ein typischer Leistungsschaden, der durch die Ersatzregelung des § 122 Abs. 1 BGB gerade nicht gedeckt ist. Insoweit stehen dem Kunze daher keine Ansprüche gegen Anton zu.

Dagegen hat Kunze den Mietvertrag über die Garage im Hinblick auf seinen Autokauf mit Anton abgeschlossen und sich insoweit Zahlungsverpflichtungen aufgebürdet, die sich im Verlauf des einen Jahres, für das der Vertrag fest abgeschlossen ist, auf insgesamt 1.800,– € summieren. Hier handelt es sich daher um Aufwendungen, die Kunze im Vertrauen auf die Gültigkeit des Vertragsschlusses vom 5.11. gemacht hat. Kunze will aber auf jeden Fall ein Auto kaufen, so daß er die Garage ohnehin benötigt. Die ursprünglich im Hinblick auf den Vertragsschluß mit Anton getätigte Ausgabe erweist sich somit letztlich nicht als vergeblich und damit auch nicht als ein Schaden des Kunze. Auch für diesen Betrag kann er daher von Anton keinen Ersatz verlangen.

Die in Absprache mit Anton durchgeführte gründliche technische Untersuchung des Fahrzeugs hat ebenfalls zu Aufwendungen geführt, die Krause im Vertrauen auf die Gültigkeit des Kaufvertrags vom 5.11. gemacht hatte. Diese Ausgabe erweist sich nach Anfechtung des Kaufvertrags aus Sicht des Kunze als nutzlos; in Höhe von 700,– € kann er somit von Anton gem. § 122 Abs. 1 BGB Ersatz seines Vertrauensschadens verlangen.

Fall 7.08: *Gemeinheiten mit der Gemeinnützigkeit*

Stanjek ist alleiniger Gesellschafter und Geschäftsführer der „Promotion GmbH", die sich mit dem Vertrieb von Werbegeschenken befaßt. Unter dem Stichwort „Weihnachten für die Kinder in Afghanistan" veranstaltet er im Herbst eine Aktion zur Vermittlung von Weihnachtspräsenten für Geschäftsleute, bei der er öffentlich verspricht, daß er die Hälfte der ihm aus dem Geschäftsabschluß zustehenden Provision einem Kinderkrankenhaus in Kabul zur Beschaffung dringend notwendiger Medikamente zur Verfügung stellt.

Stanjek arbeitet u.a. mit dem Weinhaus Kiefer zusammen, das Kisten und Geschenkkartons mit französischen Rot- und Weißweinen in guter Qualität und zu angemessenen Preisen vertreibt. Es ist verabredet, daß Stanjek im Rahmen seiner groß angelegten und sogar mit einem eigenen „Markenzeichen" ausgestatteten Werbeaktion die Bestellungen jeweils unmittelbar zwischen dem Kunden und der Fa. Kiefer vermittelt und hierfür von Kiefer eine Provision von 35% des Rechnungswertes bar ausbezahlt bekommt.

Anton wird auf die Aktivitäten des Stanjek durch enthusiastische Berichte in der örtlichen Presse über die „gute Tat" aufmerksam und läßt sich von ihm bei der Fa. Kiefer den Verkauf von 100 Kisten Chablis zum Preis von 6.000,– €

vermitteln, die er zu Weihnachten an die Geschäftsfreunde seines Unternehmens versenden will. Noch vor Abwicklung der Lieferung sickert durch, daß der schlaue Stanjek keineswegs die Absicht hegt, irgendwelche Erlöse aus seinen Aktivitäten nach Kabul zu leiten. Als die Staatsanwaltschaft im Büro der „Promotion GmbH" ermitteln will, ist Stanjek mit den Erträgen seiner Kampagne, die auf mehr als 100.000,– € geschätzt werden, und unter Hinterlassung zahlreicher unbezahlter Rechnungen irgendwo in Osteuropa untergetaucht. Anton erfährt hiervon aus der Presse; empört über diesen Betrug ficht er den Kaufvertrag mit der Fa. Kiefer an und verweigert die Abnahme der Weinkisten mit der Begründung, er habe sich mittlerweile entschlossen, auf Werbegeschenke ganz zu verzichten und es bei der Versendung von geschmackvoll gestalteten UNICEF-Weihnachtskarten an seine Geschäftsfreunde bewenden zu lassen. Mit Recht?

Lösungshinweis: Ein auf den ersten Blick überraschender Aspekt der Anfechtung eines Rechtsgeschäfts wegen arglistiger Täuschung ist der Umstand, daß die Anfechtung auch dann greift, wenn das angefochtene Geschäft für den Getäuschten keine wirtschaftlichen Nachteile gebracht hat. Der Sachverhalt führt außerdem in die Problematik des § 123 Abs. 2 BGB (Anfechtung bei Täuschung durch dritte Personen) ein. – Wiederholen Sie Grdz. § 7 IV 1!

Musterlösung:

Anton könnte die Anfechtung des Kaufvertrags mit der Fa. Kiefer auf § 123 Abs. 1 BGB stützen. Er ist zum Kauf der Weinkisten bewogen worden, weil Stanjek damit geworben hatte, daß ein Teil der Erlöse aus dem Geschäft einem Kinderkrankenhaus in Kabul zur Verfügung gestellt werden sollte. Dieses Versprechen war falsch; Anton ist somit beim Abschluß des Geschäfts arglistig getäuscht worden.

Fraglich ist allerdings, ob das Anfechtungsrecht des Anton auch dann besteht, wenn der durch die Täuschung veranlaßte Vertragsschluß an sich korrekt war, d.h. wenn Anton gute und preiswerte Ware ohne einen wegen des angeblich gemeinnützigen Zwecks erhobenen Aufpreis gekauft hat. Anders als die Regelung des § 119 Abs. 1 BGB fordert indessen § 123 Abs. 1 BGB nicht, daß die arglistige Täuschung zu einer Willenserklärung geführt hat, die er bei verständiger Würdigung des Falls sonst nicht abgegeben hätte (weil nämlich das Geschäft für ihn wirtschaftlich nachteilig ist). Als Vorschrift zum Schutz der rechtsgeschäftlichen Entschließungsfreiheit gegen unerlaubte Manipulationen stellt § 123 Abs. 1 BGB vielmehr allein darauf ab, daß die Täuschung für die Willenserklärung tatsächlich ursächlich gewesen ist. Ob sie zu einem für den Betroffenen nachträglichen Geschäft geführt hat oder nicht, ist dagegen unerheblich. Auch bei einem in seinen wirtschaftlichen Auswirkungen neutralen (oder sogar vorteilhaften) Geschäft bleibt es nach Aufdeckung der Täuschung allein der Entscheidung des Getäuschten vorbehalten, ob er (durch Verzicht auf sein Anfechtungsrecht) an dem Geschäft festhalten oder mit ihm nichts mehr zu tun haben will.

Allerdings hat nicht der Vertragspartner Kiefer die arglistige Täuschung verübt, sondern Stanjek. Gem. § 123 Abs. 2 Satz 1 BGB ist sonach zu prüfen, ob Stanjek bei diesem Geschäftsabschluß als „Dritter" aufgetreten ist, denn dann könnte Anton den mit Kiefer abgeschlossenen Kaufvertrag wegen arglistiger Täuschung nur anfechten, wenn dieser die Betrugsabsichten des Stanjek gekannt hatte oder doch hätte kennen müssen.

Hierfür gibt der Sachverhalt aber keine Hinweise. Der Sachverhalt sagt auch nichts darüber aus, ob Stanjek als Stellvertreter des Kiefer aufgetreten ist oder ob der eigentliche Vertragsschluß unmittelbar zwischen Kiefer und Anton stattgefunden hat. Auf jeden Fall ist das Geschäft jedoch unter dem Mantel einer von Stanjek zentral gestalteten und sogar noch mit einem eigenen „Markenzeichen“ versehenen Werbeaktion zustande gekommen. Nur über diese Kampagne ist überhaupt ein Kontakt zwischen Anton und Kiefer herbeigeführt worden. Damit ist Stanjek zumindest als Vermittlungsgehilfe des Kiefer (und der anderen, an der Kabul-Aktion beteiligten Unternehmen) aufgetreten, so daß er dem Kaufvertrag nicht als unbeteiligter „Dritter“ gegenübersteht. Mithin muß sich Kiefer die Verhaltensweise des Stanjek, die zu dem Kaufabschluß geführt hat, wie eigenes Tun zurechnen und sonach auch die Anfechtung des Geschäfts wegen der von Stanjek verübten Täuschung gegen sich gelten lassen.

Anton kann sonach gem. § 123 Abs. 1 BGB den Kauf der 100 Kisten Chablis mit Erfolg anfechten.

Fall 7.09: *Anton greift hart durch*

Anton hat mit der v. Walderstein-BaubetreuungsGmbH einen Vertrag über den Bau von 20 Reihenhäusern abgeschlossen. Als die GmbH immer mehr mit ihren Zahlungen in Rückstand gerät, setzt sich Anton mit dem Hauptgesellschafter der GmbH, dem Bodo v. Walderstein, einem Grandseigneur alter Schule, in Verbindung und droht ihm an, Insolvenzantrag gegen die GmbH zu stellen, wenn ihm für seine inzwischen auf 250.000,– € aufgelaufenen Außenstände keine angemessenen Sicherheiten geboten werden. Bodo schildert weitschweifig seine eigenen Schwierigkeiten mit Unregelmäßigkeiten des bisher von der GmbH angestellten Geschäftsführers und bittet den Anton inständig, von einem Vollstreckungsverfahren abzusehen, um nicht die Konsolidierung des Unternehmens zu gefährden und den seit mehr als 20 Generationen blank gehaltenen Ehrenschild des Namens derer v. Walderstein durch eine profane Pleite zu beflecken. Anton bleibt jedoch hart; er erklärt sich erst dann zu einer Umwandlung seiner Forderungen in ein langfristiges Darlehen bereit, nachdem Bodo v. Walderstein sich hierfür persönlich verbürgt hat.

Trotz aller Bemühungen bricht die Baubetreuungs-GmbH schließlich doch zusammen, ohne daß die Forderungen des Anton bezahlt sind. Anton wendet sich daraufhin an den immer noch vermögenden Bodo v. Walderstein, um ihn als Bürgen für die Schulden des Unternehmens in Anspruch zu nehmen. Bodo v. Walderstein wendet jedoch ein, der Bürgschaftsvertrag sei von ihm seinerzeit nur wegen der vulgären Erpressung des Anton abgeschlossen worden und werde von ihm nunmehr wegen widerrechtlicher Drohung angefochten. Kommt er damit durch?

Lösungshinweis: Eines der geläufigsten Rechtsprobleme im Zusammenhang mit der Anfechtung einer Willenserklärung wegen widerrechtlicher Drohung ist die Frage, inwieweit § 123 Abs. 1 BGB auch auf die Drohung mit einem „legalen“ Übel angewendet werden kann. – Wiederholen Sie Grdz. § 7 IV 2!

Musterlösung:

Bodo v. Walderstein könnte seine Bürgschaftserklärung gem. § 123 Abs. 1 Fall 2 BGB anfechten, wenn er hierzu von Anton widerrechtlich durch Drohung bestimmt worden ist. „Drohung" ist die Ankündigung eines Übels, das der Drohende dem anderen Teil zufügen will. Im vorliegenden Fall hatte Anton die Einleitung eines Insolvenzverfahrens gegen die v. Walderstein-BaubetreuungsGmbH angekündigt; hierbei handelte es sich zweifellos um die Ankündigung eines „Übels", denn schon der Insolvenzantrag gefährdete den Erfolg der damals eingeleiteten Konsolidierung des Unternehmens und stellte auch den kaufmännischen Ruf des Hauptgesellschafters Bodo v. Walderstein in Frage.

Die Drohung muß allerdings auch widerrechtlich sein. Der Antrag auf Eröffnung eines Insolvenzverfahrens ist nichts Verbotenes, solange – wie im vorliegenden Fall – der Antragsteller begründete Forderungen hat und Anhaltspunkte dafür bestehen, daß der Schuldner nicht mehr zahlungsfähig und überschuldet ist (§§ 17, 19 InsO). In solchen Situationen ist der Insolvenzantrag sogar das von der Rechtsordnung eigens vorgesehene Mittel, um dem Gläubiger wenigstens noch eine begrenzte Chance zur Durchsetzung seiner Rechte zu verschaffen und weiteren Schaden zu verhüten. Anton hatte sonach mit einem Übel gedroht, von dem er durchaus Gebrauch machen durfte.

Auch die Drohung mit einem an sich erlaubten Übel kann indessen widerrechtlich sein, wenn zwischen dem angekündigten Nachteil und dem mit der Drohung erzwungenen Rechtsgeschäft kein innerer Zusammenhang besteht. Im vorliegenden Fall hat Anton mit einem Konkurs der GmbH gedroht, wenn Bodo v. Walderstein nicht mit seinem persönlichen Vermögen für deren Schulden aufzukommen bereit war. Üblicherweise besteht der Sinn der Rechtskonstruktion einer GmbH gerade darin, daß die einzelnen Gesellschafter für die wirtschaftlichen Folgen der Aktivitäten des Unternehmens nur mit ihren Gesellschaftereinlagen, nicht aber auch mit ihrem sonstigen persönlichen Vermögen einstehen müssen. Der Abschluß des Bürgschaftsvertrags zielte sonach darauf ab, eine im Gesetz an sich nicht vorgesehene Durchgriffshaftung auf das Privatvermögen des v. Walderstein zu erzwingen; hierin könnte ein nicht mehr erlaubter Gebrauch des Insolvenzantragsrechts gesehen werden, um die Entschließungsfreiheit des Bürgen zu beeinträchtigen.

Es ist jedoch im Geschäftsleben allgemein üblich, daß die Gläubiger einer GmbH dann, wenn diese in Zahlungsschwierigkeiten geraten ist und das im Unternehmen zusammengefaßte Vermögen keine ausreichenden Sicherheiten mehr bieten kann, den Versuch unternehmen, die hinter der GmbH stehenden Gesellschafter zu persönlichen Beiträgen für die Deckung ihrer Forderungen zu veranlassen. Hiergegen ist angesichts der Unübersichtlichkeit der wirtschaftlichen Verhältnisse einer GmbH für außenstehende Gläubiger, der durch die rechtliche Konstruktion einer GmbH nur unzulänglich bewältigten Unterkapitalisierung derartiger Unternehmungen und im Hinblick darauf, daß die einzelnen Gesellschafter letztlich die unternehmerische Verantwortung für eine sachgerechte Führung der Geschäfte tragen, nichts einzuwenden. Das Geschäft zwischen Anton und Bodo v. Walderstein entspricht sonach den allgemeinen Gepflogenheiten; demnach kann die Verkoppelung des Verzichts auf den ursprünglich angedrohten Insolvenzantrag mit der Abgabe einer Bürgschaftserklärung nicht dazu führen, dieses Rechtsgeschäft als durch *widerrechtliche* Drohung erpreßt anzusehen.

Bodo v. Walderstein muß sonach als Bürge für die Schulden seiner alten Gesellschaft gegenüber Anton einstehen.

Fall 7.10: *Unklare Fernschreiben*

Die Ali-GmbH und die Bohr KG sind Großhandelsfirmen für Chemikalien und Laborbedarf. Sie produzieren die von ihnen gelieferten Produkte nicht selbst, sondern haben hierfür ihre jeweiligen Vorlieferanten. Obwohl sie als Großhändler miteinander in Wettbewerb stehen, liefern sie sich aus ihren Lagerbeständen auch gegenseitig Waren zur Ergänzung ihres Sortiments. Am 10.11. geht bei der Ali-GmbH ein Fax der Bohr KG mit folgendem Text ein: „Erbitten Limit über 100 kg Weinsteinsäure." Die Ali-GmbH antwortet mit Fax vom 11.11.: „Weinsteinsäure kg 640,– € netto Kasse bei Anlieferung loco." Darauf sendet die Bohr KG ein Fax vom 12.11.: „100 kg Weinsteinsäure geordert." Am 17.11. gehen sowohl bei der Ali-GmbH als auch bei der Bohr KG Lieferungen jeweils des anderen Unternehmens mit 100 kg Weinsteinsäure ein.

Diese Verwirrung ist darauf zurückzuführen, daß beide Großhändler aufgrund der gewechselten Fernkopien davon ausgingen, daß der jeweils andere Partner Weinsteinsäure *an*kaufen wollte. In Wirklichkeit hatte jedoch die Bohr KG ihr Fax vom 10.11. abgeschickt, weil sie über einen überschüssigen Vorrat an Weinsteinsäure verfügte und diesen der Ali-GmbH *ver*kaufen wollte. Muß die Ware abgenommen und bezahlt werden; falls nein: besteht wenigstens Anspruch auf Erstattung der Transportkosten, die sich bei beiden Beteiligten jeweils auf 5.000,– € belaufen?

Lösungshinweis: Der Sachverhalt zeigt den Zusammenhang zwischen Vertragsauslegung und der Möglichkeit eines verdeckten Einigungsmangels auf. Im Anschluß an Fall 7.02 lernen Sie ferner einen weiteren Aspekt der Haftung für Verschulden beim Vertragsschluß gem. §§ 311 Abs. 2, 241 Abs. 2 BGB kennen; hier geht es vor allem darum, daß beide Partner gleichermaßen für die Unklarheiten verantwortlich sind, die letztlich zum Nichtzustandekommen eines Vertrags geführt haben. – Wiederholen Sie Grdz. § 5 III 3; § 6 II 1-4, III; § 7 V 1; vgl. auch Grdz. § 12 IV 2 a , 3 ; § 16 VI!

Musterlösung:

Jeder der Beteiligten müßte gem. § 433 Abs. 1 BGB die Lieferung der Ware durch den anderen Teil annehmen und bezahlen, wenn aufgrund der in der Zeit vom 10. bis 12.11. ausgetauschten Telekopien jeweils Kaufverträge über die Lieferung von 100 kg Weinsteinsäure zum Preis von 64.000,– € zustande gekommen sind. Im vorliegenden Fall war jeweils von beiden Teilen das erste Telefax richtig als Aufforderung zur Abgabe eines Vertragsangebots, das Fax vom 11.11. als Vertragsangebot und das abschließende Fax der Bohr KG vom 12.11. als Annahme dieses Angebots aufgefaßt worden; beide Parteien glaubten auch, sich auf diese Weise über einen Vertragsschluß einig geworden zu sein. Der Irrtum der Vertragspartner bestand jedoch darin, daß jeder von ihnen den abgeschlossenen Vertrag als *An*kauf von 100 kg Weinsteinsäure durch den jeweils anderen Teil verstanden hatte. Es muß daher durch Auslegung der abgegebenen Willenserklärungen ermittelt werden, ob überhaupt ein Vertrag mit eindeutigem Inhalt abgeschlossen ist, und, wenn ja: ob dieser Vertrag letztendlich als Vertrag für den *An*kauf von Weinsteinsäure anzusehen ist.

Maßgebend ist gem. §§ 133, 157 BGB zunächst der objektive Wortlaut der drei Telekopien, wie er nach dem allgemeinen Sprachgebrauch zu verstehen ist. Alle von den Beteiligten abgegebenen Erklärungen sind indessen mehrdeutig: Das im Fax vom 10.11.

verwendete Wort „Limit" kann sowohl den niedrigsten Verkaufspreis als auch den höchsten Ankaufspreis bedeuten; im Fax vom 11.11. hat die Ali-GmbH überhaupt nur einen Preis für die Anlieferung der Ware beim Käufer genannt, ohne klarzustellen, ob sie selbst für diesen Preis kaufen oder verkaufen will. Der von der Bohr KG im Fax vom 12.11. verwendete Begriff „geordert" kann sowohl ausdrücken, daß sie bei der Ali-GmbH Ware bestellen will, als auch eine Mitteilung darüber sein, daß sie selbst eine Bestellung der Ali-GmbH zu dem von ihr angegebenen Preisgebot akzeptiert und die Ware inzwischen bei ihrer eigenen Lieferfirma in Auftrag gegeben hat.

Der mehrsinnige Wortlaut könnte durch nähere Umstände des Vertragsschlusses, die den beiden Partnern bekannt sind und von ihnen nach Treu und Glauben bei der Auslegung der abgegebenen Willenserklärungen berücksichtigt werden müssen, genauer zu verdeutlichen sein. Dies wäre z.B. in Geschäftsbeziehungen der Fall, bei denen regelmäßig der eine Teil nur als Lieferant und der andere Teil stets als Abnehmer der georderten Ware in Erscheinung tritt (wie z.B. im Verhältnis zwischen Großhändler und Einzelhändler). Diese Situation ist jedoch im vorliegenden Fall gerade nicht gegeben, denn beide Partner sind Großhändler, d.h. auf einer gleichstufigen Vertriebsebene tätig, und sie sind bei ihren eigenen geschäftlichen Kontakten untereinander bisher sowohl als Käufer als auch als Verkäufer von Chemikalien tätig geworden. Andere Besonderheiten, die zu einer Behebung der bestehenden Unklarheiten beitragen könnten, sind nicht ersichtlich. Eine eindeutige Auslegung der abgegebenen Willenserklärungen ist somit nicht möglich. Da jeder Teil für sich von der jeweils anderen möglichen Interpretationsalternative ausgegangen ist, kam in Wirklichkeit die vermeintlich erzielte „Einigung" nicht zustande; es liegt mithin ein versteckter Dissens vor.

Gem. § 155 BGB ist zu prüfen, ob das tatsächlich Vereinbarte gleichwohl als Vertragsschluß aufrechterhalten und die bestehende Vertragslücke ggf. durch ergänzende Auslegung geschlossen werden kann. Für die sinnvolle Abwicklung eines Leistungsvertrags muß notwendig Klarheit darüber bestehen, ob es sich um einen Kauf oder um einen Verkauf handelt. Gerade dies ist jedoch im vorliegenden Fall unklar und in keiner Weise durch Auslegung festzustellen. Damit besteht entgegen der Annahme der Beteiligten bisher überhaupt kein Kaufvertrag über die Lieferung von 100 kg Weinsteinsäure; keiner der beiden kann mithin vom anderen nach § 433 Abs. 2 BGB die Abnahme und Bezahlung der von ihm angelieferten Ware verlangen.

Da jeder Teil im Hinblick auf den anscheinend abgeschlossenen Vertrag Vorleistungen erbracht hat, die nun nutzlos sind und auch nicht durch die erwartete Kaufpreiszahlung gedeckt werden, ist noch zu prüfen, ob irgendwelche Ersatzansprüche bestehen. Scheitert ein Vertragsschluß am versteckten Dissens zwischen den Vertragsparteien, so ist diejenige Partei, die für diesen Irrtum verantwortlich ist, nach den Regeln der Haftung für Verschulden beim Vertragsschluß gem. §§ 311 Abs. 2, 241 Abs. 2 BGB gegenüber dem anderen Teil zum Ersatz des bei diesem verursachten Vertrauensschadens verpflichtet. Im vorliegenden Fall sind die Unklarheiten durch die ungenauen Formulierungen im Fax der Bohr KG vom 10.11. hervorgerufen worden. Andererseits hätte jedoch auch die Ali-GmbH als ein im Geschäftsleben erfahrenes Unternehmen den mehrdeutigen Wortlaut erkennen und durch Rückfrage aufklären oder wenigstens ihrerseits ein eindeutig formuliertes Fax absenden müssen. Die Verantwortung für den versteckten Dissens beim Vertragsschluß kann sonach nicht einseitig der Bohr KG angelastet werden; die Mitarbeiter der Ali-GmbH haben hierzu einen gleichgewichtigen eigenen Tatbeitrag geleistet. Da überdies beide Unternehmen als Folge des Dissenses jeweils in gleicher Höhe mit Schäden aus nutzlosen Aufwendungen belastet sind, entspricht es dem Rechtsgedanken des § 254 BGB, diese Nachteile gegenseitig aufzuwiegen und sonach im Ergebnis keinem von ihnen einen Anspruch auf Ersatz seiner Anlieferungskosten zuzusprechen.

Aus dem Sachverhalt ergeben sich mithin weder für die Ali-GmbH noch für die Bohr KG irgendwelche Ansprüche gegen den jeweils anderen Teil.

III. Wiederholungsfragen

1. Was ist ein Willensmangel? (Grdz. § 7 I)

Ein Willensmangel liegt vor, wenn eine dem äußeren Anschein nach einwandfrei abgegebene Willenserklärung nicht mit dem wahren Geschäftswillen des Erklärenden übereinstimmt.

2. Welche Gruppen von Willensmängeln unterscheidet das BGB? (Grdz. § 7 I)

Es lassen sich drei Gruppen unterscheiden: Die vom tatsächlich Gewollten *bewußt* abweichende Erklärung (§§ 116 bis 118 BGB), Irrtum und falsche Übermittlung als Fälle des *ungewollten* Abweichens von Wille und Erklärung (§§ 119, 120 BGB) und die durch arglistige Täuschung oder widerrechtliche Drohung *von außen* manipulierte Willenserklärung.

3. Welcher sachliche Zusammenhang besteht zwischen der Prüfung des Tatbestands einer Willenserklärung und der Frage nach dem Vorhandensein von Willensmängeln? (Grdz. § 5 III 1; § 7 I)

Bevor bei der rechtlichen Beurteilung eines Sachverhalts darüber diskutiert werden kann, ob eine Anfechtung wegen eines Willensmangels in Betracht kommt, muß zunächst festgestellt werden, ob das Verhalten der Beteiligten überhaupt schon zur Abgabe von Willenserklärungen im Rechtssinne geführt hat. Liegt (bisher) eine Willenserklärung nicht vor (weil z.B. das Schweigen einer Person fälschlich als Abgabe einer Erklärung interpretiert worden ist oder weil ein Verhalten, das als Willensäußerung ausgelegt wird, in Wirklichkeit nicht vom Handlungswillen desjenigen, dem die Äußerung zugerechnet werden soll, getragen ist; ein anderes Beispiel ist der fehlende Zugang einer empfangsbedürftigen Willenserklärung), so braucht man auch nicht über etwaige Willensmängel zu diskutieren. Hier genügt die einfache Feststellung, daß ein Rechtsgeschäft schon deswegen nicht vorliegt, weil noch keine Willenserklärung abgegeben wurde.

4. Kann jeder Irrtum, der beim Abschluß eines Rechtsgeschäfts unterläuft, zur Anfechtung wegen Willensmängeln führen? (Grdz. § 7 III 1, 2)

Nein. Das BGB erkennt nur bestimmte, genau definierte Fehlvorstellungen über den Hintergrund und den Inhalt eines Rechtsgeschäfts als *beachtlichen* Irrtum und damit als Anfechtungsgrund an. Gem. § 119 Abs. 1 sind dies nur der Inhaltsirrtum und die Abirrung (Irrtum in der Erklärungshandlung); letzterer ist in § 120 die falsche Übermittlung einer Willenserklärung durch einen Dritten gleichgestellt. Außerdem ist nach § 119 Abs. 2 BGB die Irrtumsanfechtung wegen eines Eigenschaftsirrtums möglich. Auch ein nach diesen Vorschriften beachtlicher Irrtum ist nur dann ein Anfechtungsgrund, wenn er für den Abschluß des Geschäfts *erheblich* war; d.h. wenn bei objektiver Beurteilung anzunehmen ist, daß der Erklärende bei richtiger Kenntnis der Sachlage und verständiger Würdigung des Falls seine Willenserklärung nicht abgegeben hätte.

5. Kann es für die Beachtlichkeit eines Irrtums darauf ankommen, daß der Erklärende den Willensmangel durch eigenes schuldhaftes Handeln selbst herbeigeführt hat? (Grdz. § 7 III 1)

Grundsätzlich nein. Eine nach §§ 119, 120 BGB fehlerhafte Willenserklärung kann auch dann angefochten werden, wenn der Willensmangel vom Erklärenden bei gehöriger Sorgfalt hätte vermieden werden können, also von ihm selbst verschuldet worden ist.

6. Was ist unter einem Irrtum im Motiv zu verstehen? (Grdz. § 7 III 1)

Ein Irrtum im Motiv liegt dann vor, wenn sich der Erklärende in den Gründen, die ihn zur Abgabe der Willenserklärung (und damit zum Abschluß des Rechtsgeschäfts überhaupt) bewogen haben, getäuscht hat.

7. Ist auch der Motivirrtum beachtlich? (Grdz. § 7 III 1, 2 c, IV 1)

Grundsätzlich nicht. Ein Motivirrtum ist allerdings dann beachtlich, wenn er auf falschen Vorstellungen über verkehrswesentliche Eigenschaften der den Gegenstand des Rechtsgeschäfts bildenden Sachen oder Personen beruht (§ 119 Abs. 2 BGB) oder wenn er durch arglistige Täuschung hervorgerufen worden ist (Fall des § 123 Abs. 1 BGB).

8. In welchem Verhältnis stehen die Auslegung einer Willenserklärung und der Inhaltsirrtum? (Grdz. § 7 III 2 a)

Ein Inhaltsirrtum beruht auf der Abweichung des tatsächlich Gesagten vom dem in Wirklichkeit Gemeinten. Eine Anfechtung wegen Irrtums kommt daher dann nicht in Betracht, wenn die Auslegung der Willenserklärung ergibt, daß das Gewollte richtig zum Ausdruck gebracht worden ist (selbst wenn der andere Teil die Erklärung anders verstanden hat). Daraus ergibt sich für die praktische Handhabung des § 119 Abs. 1 BGB die Regel: „Auslegung geht immer vor Anfechtung“.

9. Kann eine arglistige Täuschung auch durch Nichterwähnen von Tatsachen begangen werden? (Grdz. § 7 IV 1)

Eine arglistige Täuschung kann auch dadurch begangen werden, daß der andere Teil Tatsachen verschweigt, die er selbst kennt, die aber für die Willensbildung des Erklärenden erkennbar erheblich sind und nach denen er entweder vom Erklärenden zulässigerweise gefragt worden ist oder die er nach Treu und Glauben auch ungefragt hätte offenbaren müssen.

10. Was ist eine Drohung; wann ist diese i.S.v. § 123 Abs. 1 BGB widerrechtlich? (Grdz. § 7 IV 2)

Die Drohung ist die Ankündigung eines Übels, dessen Eintritt der Drohende in der Hand hat oder zumindest in der Hand zu haben vorgibt. Die Drohung mit Handlungen oder Tatfolgen, die gegen die allgemeinen Verbotsgesetze oder gegen die guten Sitten verstoßen, ist immer widerrechtlich. Die Drohung mit einem Übel, dessen Herbeiführung dem Drohenden an sich erlaubt ist, wird dann widerrechtlich, wenn zwischen dem angekündigten Nachteil und der abgeforderten Willenserklärung kein adäquater innerer Sachzusammenhang besteht.

11. Welche Besonderheiten sind bei der Anfechtung einer empfangsbedürftigen Willenserklärung wegen arglistiger Täuschung zu beachten? (Grdz. § 7 IV 1)

Die Anfechtung einer empfangsbedürftigen Willenserklärung wegen arglistiger Täuschung ist gem. § 123 Abs. 2 BGB dann nicht möglich, wenn die Täuschung von einem Dritten ausgegangen ist und der Erklärungsempfänger (d.h. der eigentliche Geschäftspartner) hiervon selbst nichts gewußt hat bzw. hiervon nichts hätte wissen müssen. Hat der Geschäftspartner die Täuschungshandlung nicht selbst begangen, kann es somit darauf ankommen, ob derjenige, der für die Irreführung des Erklärenden tatsächlich verantwortlich ist, in bezug auf das Rechtsgeschäft als „Dritter" angesehen werden muß. Dies ist z.B. dann nicht der Fall, wenn der Täuschende als Stellvertreter oder sonst als Verhandlungsgehilfe des Erklärungsempfängers beim Geschäftsabschluß mitgewirkt hat.

12. Führt das Vorliegen eines relevanten Willensmangels ohne weiteres dazu, daß das betreffende Rechtsgeschäft als unverbindlich (= nichtig) anzusehen ist? (Grdz. § 7 II, III 4 a, IV 3)

Lediglich die wegen bewußten Auseinanderfallens von Wille und Erklärung fehlerhaften Rechtsgeschäfte (Fälle der §§ 116 bis 118 BGB) sind von Anfang an nichtig. Die mit einem beachtlichen Irrtum behafteten oder durch arglistige Täuschung oder widerrechtliche Drohung beeinflußten Willenserklärungen (Fälle der §§ 119, 120 und 123 BGB) sind dagegen „nur" anfechtbar. Die durch sie herbeigeführten Rechtsgeschäfte sind sonach zunächst voll wirksam; sie werden erst dann gem. § 142 Abs. 1 BGB rückwirkend nichtig, wenn sie vom Betroffenen wegen des Willensmangels fristgerecht angefochten worden sind.

13. Kann sich der andere Partner darauf berufen, daß ein Rechtsgeschäft wegen eines Willensmangels bei der Gegenseite fehlerhaft und damit unwirksam ist? (Grdz. § 7 III 4 a)

Nein. Es ist allein Sache des Betroffenen, mit seiner Anfechtungserklärung darüber zu entscheiden, ob das Rechtsgeschäft wegen des Willensmangels nichtig sein soll oder nicht.

14. Ist der andere Partner gegenüber einer Anfechtung des Rechtsgeschäfts wegen eines Willensmangels in irgendeiner Weise geschützt? (Grdz. § 7 III 4 c, 3)

Im Prinzip muß der Geschäftspartner die (fristgerechte) Anfechtung des Rechtsgeschäfts hinnehmen, ohne sich z.B. auf seinen guten Glauben in die Ordnungsmäßigkeit des Geschäftsabschlusses berufen zu können. Lediglich bei einer Anfechtung wegen Irrtums oder falscher Übermittlung (§§ 119, 120 BGB) kann er wenigstens Ersatz seines Vertrauensschadens verlangen.

15. Was bedeutet Ersatz des Vertrauensschadens? (Grdz. § 7 III 4 c)

Gem. § 122 Abs. 1 BGB kann bei einer Anfechtung nach §§ 119, 120 BGB der andere Teil einen Ausgleich derjenigen Nachteile fordern, die ihm daraus entstanden sind, daß er im Vertrauen auf die Gültigkeit der Willenserklärung bereits Dispositionen getroffen hat, deren Aufwand nun nicht mehr durch den Ertrag aus dem Geschäft gedeckt ist. Er ist mithin durch Ersatzleistung so zu stellen, wie er stehen würde, wenn er das durch die Anfechtung rückwirkend beseitigte Rechtsgeschäft von Anfang an niemals abgeschlossen hätte (Ersatz des negativen Interesses).

16. Worin unterscheiden sich die Anfechtung wegen Irrtums und die Anfechtung wegen arglistiger Täuschung oder Drohung? (Grdz. § 7 III 3, IV 3)

Die Anfechtung wegen Irrtums (oder falscher Übermittlung) muß gem. § 121 BGB unverzüglich nach Aufdeckung des Willensmangels erklärt werden; außerdem hat der Erklärungsempfänger Anspruch auf Ersatz seines Vertrauensschadens gem. § 122 Abs. 1 BGB. Bei der Anfechtung wegen arglistiger Täuschung oder widerrechtlicher Drohung besteht demgegenüber gem. § 124 Abs. 1 BGB eine Anfechtungsfrist von einem Jahr nach Behebung des Mangels. Auch braucht der Anfechtende keinen Ausgleich zu leisten, sondern kann gegebenenfalls seinerseits beim Urheber des Willensmangels Schadensersatz wegen Verschuldens beim Vertragsschluß fordern.

17. Inwiefern steht das Recht zur Anfechtung wegen eines Willensmangels in Gesetzeskonkurrenz mit anderen Behelfen zur nachträglichen Aufhebung oder Korrektur von fehlerhaften Leistungsverhältnissen? (Grdz. § 7 III 5, IV 4)

Bei einem bereits erfüllten Kaufvertrag ist das Recht des *Käufers* zur Anfechtung des Vertrags wegen eines Irrtums über wesentliche Eigenschaften der Kaufsache durch die Vorschriften der §§ 434, 437 ff. BGB über die Sachmängelhaftung als die spezielleren Normen ausgeschlossen. Bei bereits in Vollzug gesetzten Dauerschuldverhältnissen mit stark personenrechtlichem Einschlag (z.B. bei Arbeitsverhältnissen) tritt die in § 142 Abs. 1 BGB angeordnete Rückwirkung der Anfechtung wegen Willensmängeln nicht ein; es gibt nur ein Recht zur Auflösung des Schuldverhältnisses für die Zukunft, so daß das Anfechtungsrecht praktisch durch ein Recht zur außerordentlichen Kündigung ersetzt ist.

18. Was ist ein versteckter Dissens; wo ist er geregelt? (Grdz. § 6 III 1; § 7 V 1)

Der in § 155 BGB geregelte versteckte Einigungsmangel (Dissens) ist ein Unterfall des beiderseitigen Irrtums beim Vertragsschluß: Die Vertragsparteien gehen irrtümlich davon aus, daß sie sich über alle wesentlichen Elemente des Vertrags und über alle von ihnen außerdem noch als verhandlungsbedürftig betrachteten Vertragspunkte tatsächlich geeinigt haben. Soweit der Dissens durch ergänzende Vertragsauslegung behoben werden kann, bleibt es beim Vertragsschluß. Fehlt es jedoch in Wirklichkeit an einer Einigung über wesentliche Elemente des Rechtsgeschäfts, besteht insbesondere wegen objektiver Mehrdeutigkeit der abgegebenen Erklärungen nur ein Scheinkonsens, so ist der versteckte Dissens unbehebbar. Der Vertrag ist dann trotz der scheinbaren Einigung nicht zustande gekommen.

19. Welcher Zusammenhang besteht zwischen der Anfechtbarkeit eines Vertrags wegen Willensmängeln und der Störung der Geschäftsgrundlage nach § 313 BGB? (Grdz. § 7 V 2)	In beiden Fällen geht es um die vom wahren Willen der Beteiligten abweichende Festlegung von Vertragsinhalten oder Fehleinschätzungen von Vertragsgrundlagen. Willensmängel betreffen immer nur den Fall, daß *eine Seite* Willenserklärungen abgegeben hat, die mit ihren wirklichen Vorstellungen oder Wünschen nicht übereinstimmen. Demgegenüber geht die Regelung des § 313 BGB davon aus, daß sich die Vertragsparteien *gemeinsam* über das Vorliegen oder die künftige Entwicklung von Tatsachen irren, die sie zur Voraussetzung ihres Geschäfts gemacht haben.
20. Welche Rechtsfolgen ergeben sich bei Störung der Geschäftsgrundlage? (Grdz. § 7 V 2)	Anders als bei Willensmängeln würde die Anfechtung des Vertrags durch einen der Beteiligten mit der Folge der Nichtigkeit ex tunc nicht zu einer adäquaten Rechtsfolge führen. Nach Treu und Glauben besteht vielmehr für *beide Seiten* die Verpflichtung, den Vertrag an die wahren bzw. geänderten Umstände anzupassen; nur als letzter Ausweg ist das Rechtsverhältnis durch Rücktritt oder Kündigung aufzuheben.

§ 8. Andere Mängel des Rechtsgeschäfts

I. Was Sie über die anderen Rechtsgeschäftsmängel lernen müssen

Außer den Willensmängeln gibt es noch eine weitere Gruppe von Einwendungen, mit denen die Wirksamkeit eines Rechtsgeschäfts angegriffen werden kann. Es handelt sich überwiegend um Mängel, die dazu geführt haben, daß das Rechtsgeschäft ohne weiteres als von Anfang an unwirksam (= **nichtig**) anzusehen ist. Insofern müssen Sie von vornherein auf einen grundlegenden Unterschied zu den meisten der bisher erörterten Willensmängel achten.

Bei den **Formmängeln** müssen Sie sich als erstes mit der Bedeutung der Form als Tatbestandselement einer Willenserklärung und den im Bürgerlichen Recht verwendeten Formtypen vertraut machen; schlagen Sie anhand der Hinweise im Lernbuch die einschlägigen Gesetzesstellen mit den wichtigsten Beispielen für Rechtsgeschäfte nach, die einem besonderen Formzwang unterliegen. Vor allem die Regelung des § 311 b Abs. 1 BGB über die notarielle Beurkundung von Grundstücksgeschäften gehört zum Grundwissen, das Sie parat haben müssen. In den letzten Jahren hat sich durch die Ausweitung des Verbraucherschutzes allgemein die Tendenz zum – zumindest einseitigen – Formzwang für „kritische“ Verträge verstärkt. Sie lernen sodann die Paradoxie kennen, daß ein nicht formgerecht vorgenommenes Rechtsgeschäft zwar von Anfang an nichtig ist, aber unter gewissen Voraussetzungen durch Bestätigung oder durch Erbringung der versprochenen Leistung von diesem Mangel **geheilt**

werden kann. Fall 8.01 hilft Ihnen, diese Regelung besser zu verstehen, die sich aus der Hochachtung des BGB-Gesetzgebers vor der Privatautonomie und letztlich aus dem Grundsatz von Treu und Glauben erklärt. Fall 8.03 schildert eine Weiterentwicklung dieses Prinzips, nämlich die – wegen der damit verbundenen Rechtsunsicherheit allerdings nicht unproblematische – Möglichkeit, in besonders begründeten Fällen dem Hinweis auf die Formnichtigkeit des Rechtsgeschäfts auch mit dem **Einwand der Arglist** zu begegnen.

Mit den an den konkreten Inhalt eines Rechtsgeschäfts anknüpfenden Vorschriften über die Nichtigkeit wegen des **Verstoßes gegen ein gesetzliches Verbot** (§ 134 BGB) oder **gegen die guten Sitten** (§ 138 BGB) lernen Sie zugleich die Schranken kennen, die Gesetz und Recht einer privatautonomen Gestaltung von Zivilrechtsverhältnissen setzen; Sie haben dieses Prinzip schon in Grdz. § 4 IV 2 und § 6 I 3 b kennen gelernt und können es nunmehr in seiner vollen Tragweite besser verstehen. Die Fälle 8.04 bis 8.06 führen in die praktische Handhabung dieser Regeln ein; achten Sie vor allem auf die Schwierigkeiten, die sich bei der Beurteilung zweifelhafter Vertragsklauseln anhand des unbestimmten und wertausfüllungsbedürftigen Kriteriums des „Verstoßes gegen die guten Sitten“ ergeben.

Fall 8.06 steht zugleich als Beispiel für die Problematik der **teilweisen Nichtigkeit** eines (aus mehreren Einzelabmachungen zusammengesetzten) Rechtsgeschäfts. Die hierfür geschaffene Regelung des § 139 BGB und die ergänzende Vorschrift des § 306 BGB gehört zu den Bestimmungen, mit denen auch schon ein Anfänger sicher umgehen können muß.

Der enge Sachzusammenhang legt es nahe, an dieser Stelle auch noch die Willenserklärungen **geschäftsunfähiger** und **beschränkt geschäftsfähiger** Personen zu behandeln, die ebenfalls nichtig oder – im Falle der beschränkten Geschäftsfähigkeit – in den meisten Situationen zunächst **schwebend unwirksam** sind. Damit wird Ihnen die Relevanz der Geschäftsfähigkeit einer natürlichen Person, die Sie bereits bei der Aufzählung der rechtlich erheblichen Eigenschaften von Rechtssubjekten in Grdz. § 3 III kennen gelernt haben, in vollem Umfang deutlich. Auf den ersten Blick sehr kompliziert ist insbesondere die Regelung der §§ 107 ff. BGB für Willenserklärungen von beschränkt geschäftsfähigen Personen; der „Taschengeldparagraph“ § 110 BGB spielt im Alltag eine große Rolle und ist ein beliebtes Thema für Prüfungsklausuren; einstweilen bieten die Fälle 8.07 bis 8.10 ergänzendes Anschauungsmaterial.

II. Übungsfälle

Fall 8.01: *Streit unter Genossen*

Anton ist Mitglied der Baugenossenschaft „Neuland e.G.“. Die Genossenschaft erstellt für ihre Mitglieder Einfamilienhäuser. Anton schließt mit der „Neuland e.G.“ am 18.6.1998 einen privatschriftlichen „Baubewerbervertrag“ ab, in dem ihm aus dem Vermögen der Genossenschaft ein bestimmtes Grundstück „zugeteilt“ wird, Details der Bauleistungen beschrieben sind und die von Anton als Eigenbeitrag zu erbringenden Beiträge sowie Abschlagszahlungen festgelegt sind. Es ist vorgesehen, daß Anton nach Fertigstellung des Hauses einen „Geldausgleich“ zur Finanzierung des durch seinen Eigenbeitrag und die Abschlagszahlungen nicht gedeckten Bauaufwandes sowie der von der Genossenschaft vorgehaltenen Planungs- und Baubetreuungsleistungen leisten soll, der dann anhand einer Abrechnung der tatsächlichen Aufwendungen ermittelt werden wird. Dieser Geldausgleich soll innerhalb von vier Wochen fällig werden, sobald zwischen dem Kaufbewerber und der Genossenschaft nach Abschluß der Maßnahme ein Grundstücksvertrag notariell abgeschlossen worden ist.

Das Haus des Anton wird nach fast zweijähriger Planungs- und Bauzeit im Juli des übernächsten Jahres fertiggestellt und von ihm sofort bezogen. Wegen Schwierigkeiten bei der Beseitigung von Baumängeln und bei der Schlußabrechnung kommt es erst nach zwei weiteren Jahren am 17.9.2002 zur notariellen Beurkundung des Grundstücksvertrags. Hierin wird das Grundstück an Anton übereignet und ein von Anton noch zu zahlender „Geldausgleich“ von 22.900,– € festgelegt, der von ihm auch pünktlich auf das Konto der „Neuland e.G.“ überwiesen wird. Anton wird aufgrund des Vertrages als Eigentümer des Hauses im Grundbuch eingetragen. Er glaubt, damit sei nun „alles erledigt“. Umso mehr ist er erstaunt, als er am 17.11.2002 einen Brief der Baugenossenschaft erhält, in dem für die 27 Monate zwischen dem Einzug des Anton und der notariellen Beurkundung des Grundstücksvertrags Zahlung des (an sich angemessenen) Betrags von 13.280,– € als „Nutzungsentschädigung“ verlangt wird, weil er mehr als zwei Jahre lang das Haus ohne gültigen Vertrag bewohnt und daraus seine Vorteile gezogen habe.

Muß Anton den geforderten Betrag zahlen oder wenigstens rückwirkend für 27 Monate für den am 17.9.2002 festgesetzten „Geldausgleich“ noch Zinsen entrichten?

Lösungshinweis: In der Praxis kommt es immer noch vor, daß Baubewerberverträge mit Baugenossenschaften entgegen der zwingenden Vorgabe des § 311 b Abs. 1 BGB nur privatschriftlich abgeschlossen werden. Der Fall zeigt ein (noch relativ harmloses) Beispiel für die Risiken, die diese Verfahrensweise für die „Bauherrn“ mit sich bringt und verdeutlicht die Wirkungsweise der Heilung eines formnichtigen Vertrags durch Erfüllung gem. § 311 b Abs. 1 Satz 2 BGB und die damit zusammenhängende Regelung des § 141 BGB. – Wiederholen Sie Grdz. § 8 I 2, 3 a, b; vgl. auch Grdz. § 15 II 3 b, 6 a!

Musterlösung:

Vertragliche Absprachen, aus denen ein Anspruch auf Zahlung einer Nutzungsentschädigung hergeleitet werden könnte, sind zwischen Anton und der „Neuland e.G.“ nicht getroffen worden. Der Genossenschaft könnten jedoch gem. §§ 812 Abs. 1 Satz 1, 818 Abs. 1 BGB Bereicherungsansprüche zustehen, wenn Anton in den 27 Monaten bis zur notariellen Beurkundung des Grundstückserwerbsvertrags das bis dahin noch im Eigentum der Genossenschaft stehende Haus ohne rechtlichen Grund genutzt hatte. Dies ist gem. Art. 229 § 5 Satz 1 EGBGB noch in Anwendung der bis zum 31.12.2001 geltenden Vorschriften des BGB zu beurteilen, da Anton schon im Jahr 2000 mit der Nutzung des Hauses begonnen hatte und somit möglicherweise bereits vor dem Stichtag für das Inkrafttreten des Schuldrechtsmodernisierungsgesetzes zwischen ihm und der Baugenossenschaft ein Schuldverhältnis begründet worden sein kann.

Ein solches Recht zur Nutzung könnte Anton aus dem am 18.6.1998 abgeschlossenen Baubewerbervertrag herleiten. Dieser Vertrag verpflichtet die Baugenossenschaft, nach Fertigstellung des Hauses dieses samt Grundstück an Anton zu übereignen *und* ihm das Anwesen zu übergeben. Damit hat der „Bauherr" ein Recht zum Besitz und zur Nutzung des Hauses auch dann, wenn die Genossenschaft noch Eigentümerin des Anwesens blieb, weil sich der Abschluß des notariellen Grundstücksvertrags verzögerte.

Der Vertrag vom 18.6.1998 könnte allerdings gem. § 125 BGB nichtig sein, weil er nur privatschriftlich abgeschlossen wurde, nicht aber auch notariell beurkundet war. Der Vertrag regelt nicht nur genossenschaftliche Verpflichtungen im Verhältnis zwischen der „Neuland e.G." und deren Mitglied Anton, sondern soll – zumindest als Vorvertrag – die Verpflichtung der Genossenschaft zur Übereignung des Grundstücks festlegen. Es ist zwar noch ein endgültiger Grundstücksübereignungsvertrag vorgesehen, dessen Abschluß soll jedoch nach dem Willen der Vertragsparteien nur noch von der Fertigstellung der Baumaßnahme und der endgültigen Abrechnung des vereinbarten Barausgleichs abhängen. Damit wird die Verpflichtung der Genossenschaft zur Übertragung des Grundstückseigentums aus ihrem Vermögen bereits durch den Vertrag vom 18.6.1998 begründet. Nach § 313 Satz 1 BGB a.F. (heute § 311 b Abs. 1 BGB n.F.) muß aber ein solcher Vertrag notariell beurkundet werden. Demnach ist der Vertrag vom 18.6.1998 wegen Formmangels nichtig.

Inzwischen wurde jedoch das Grundstück wie im Baubewerbervertrag vorgesehen durch notariellen Vertrag vom 17.9.2002 an Anton übereignet, auch ist die Eintragung des Eigentums im Grundbuch erfolgt. Damit ist gem. § 313 Satz 2 BGB a.F. (= § 311 b Abs. 1 Satz 2 BGB n.F.) der Vertrag vom 18.6.1998 seinem ganzen Inhalt nach gültig geworden. Diese Heilung wird jedoch nur für die Zukunft wirksam; Anton kann daher aus diesem Umstand allein noch nicht rückwirkend für die 27 Monate bis zur notariellen Beurkundung ein Recht zum Besitz an dem Haus gegen die „Neuland e.G." herleiten. Mit dem notariellen Vertrag vom 17.9.2002 wird jedoch zugleich der Vertragsschluß vom 18.6.1998 bestätigt, denn dieser Vertrag baut mit seinem Inhalt auf den im Juni 1998 getroffenen Vereinbarungen auf; insbesondere konkretisiert er die schon damals festgelegte Verpflichtung des Anton zur Zahlung eines „Geldausgleichs". Damit kann die Vorschrift des § 141 Abs. 2 BGB angewendet werden, wonach bei einer Bestätigung eines ursprünglich nichtigen Vertragsschlusses die Vertragsparteien „im Zweifel" – d.h. dann, wenn nichts anderes vereinbart worden ist oder ein anderer Wille angenommen werden muß – verpflichtet sind, einander zu gewähren, was sie haben würden, wenn der bestätigte Vertrag von Anfang an gültig gewesen wäre. Dem Sachverhalt ist nicht zu entnehmen, daß im Vertrag vom 17.9.2002 eine von § 141 Abs. 2 BGB abweichende Regelung für die vorangegangenen 27 Monate getroffen worden ist, vor allem, daß sich die „Neuland e.G." insoweit noch irgendwelche Ansprüche vorbehalten hat. Damit ist die „Neuland e.G." verpflichtet, dem Anton rückwirkend seit Fertigstellung des Hauses dessen Nutzung zu gewähren. Da es üblich ist, daß bei einem Vertrag zur Veräußerung einer Sache bereits mit der Übergabe der Sache unabhängig von der dann noch bestehenden Eigentumslage das Recht zur Nutzung und zum Besitz auf den Erwerber übergeht, kann die Genossenschaft mangels entgegenstehender Vereinbarungen hierfür keine besondere Vergütung verlangen. Der erst mit Schreiben vom 17.11.2002, d.h. nach Bestätigung des Vertrags vom 18.6.1998, eingeforderte Zahlungsanspruch ist somit unbegründet.

Zu prüfen ist noch, ob die „Neuland e.G." wenigstens eine Verzinsung des rückständigen „Geldausgleichs" für die Zeit vor der Zahlung durch Anton verlangen kann. Ein Zahlungsanspruch ist aber nur dann zu verzinsen, wenn dies entweder ausdrücklich vereinbart worden ist oder sich ein gesetzlicher Verzinsungsanspruch (z.B. gem. §§ 284, 288 BGB a.F. – nunmehr §§ 286, 288 BGB n.F. – wegen Zahlungsverzugs) ergibt. Der Sachverhalt enthält keine Aussagen darüber, daß beim Vertragsschluß am 17.9.2002 eine besondere Zinsvereinbarung getroffen worden ist. Es kommen daher allenfalls gesetzliche Zinsansprüche in Betracht. Diese setzen jedoch auf jeden Fall voraus, daß der Anspruch auf Zahlung des „Geldausgleichs" schon beim Einzug des Anton in das fertiggestellte Haus fällig war. Nach dem Vertrag vom 18.6.1998 sollte die Fälligkeit der ggf. noch nachzuleistenden Zahlungen erst vier Wochen nach der im notariellen Grundstücksvertrag festzustellenden Schlußabrechnung eintreten. Auch diese Absprache ist aufgrund der Bestätigung des zunächst formungültigen Vertrags durch die Beurkundung vom 17.9.2002 gem. § 141 Abs. 2 BGB rückwirkend in Kraft getreten. Damit ist die Zahlungsforderung der Genossenschaft von 13.280,– € erst vier Wochen nach dem 17.9.2002 fällig geworden. Anton hat diesen Betrag innerhalb der Vierwochen-Frist bezahlt. Die „Neuland e.G." kann somit von ihm keine weiteren Zinsen verlangen.

Fall 8.02: *Freundschaftsdienste*

Anton sitzt in der Kneipe und wird Zeuge, wie sein Freund Christian den Reichmann um ein Darlehen von 10.000,– € für ein „todsicheres Geschäft" angeht. Reichmann will sich auf diese Sache zunächst nicht einlassen, da Christian ein leichtsinniger Bursche ist und auch keinerlei Sicherheiten bieten kann. Erst auf das Drängen von Anton, der sich für seinen Freund mit Nachdruck einsetzt, sagt Reichmann schließlich das Darlehen zu, macht aber zur Bedingung, daß sich Anton für die Schuld des Christian verbürgt. Anton kann nun auch nicht mehr zurück und verspricht die Bürgschaft. Auf einem Blatt Papier, das er aus seinem Taschenkalender herausreißt, formuliert Reichmann folgenden Text: „Hiermit verbürge ich, Anton, mich für die Rückzahlung des von Herrn Reichmann am 4.9. an Christian gewährten Darlehens in Höhe von 10.000,– €, das drei Monate nach Auszahlung der Darlehenssumme mit 400,– € Zinsen zurückzuzahlen ist". Da Reichmann den Zettel bis zum unteren Rand vollgeschrieben hat, findet Anton nur am oberen Rand über dem Text Platz, um seinen Namen und das Datum hinzuschreiben.

Christian erleidet mit seinem Geschäft Schiffbruch und kann nicht zahlen, als Reichmann am 10.12. sein Darlehen und 400,– € Zinsen zurückfordert. Daraufhin wendet sich Reichmann unter Berufung auf die Bürgschaft an den Anton. Dieser meint, er habe das Kneipengespräch seinerzeit nicht so ernst genommen; es sei für ihn auch unzumutbar, einen so hohen Betrag für eine Transaktion des Christian aufzubringen, an der er selbst überhaupt nicht beteiligt gewesen sei und die selbst bei erfolgreichem Verlauf für ihn keinerlei Vorteile gebracht hätte. Muß Anton die 10.400,– € an Reichmann zahlen?

Lösungshinweis: Der Fall zeigt, daß man gesetzliche Vorschriften – hier den

§ 126 BGB – sorgfältig lesen und möglichst buchstabengenau anwenden muß. Die Formnichtigkeit der Bürgschaftserklärung des Anton führt zur Frage der Umdeutung nach § 140 BGB. Hier lernen sie den Kreditauftrag als einen weiteren (formfreien) Rechtstyp der Besicherung von Zahlungsschulden kennen. Vorab müssen Sie jedoch die schon wiederholt diskutierte (vgl. oben Fälle 5.02 und 5.03) Frage klären, ob Antons „Bürgschaft" nach den Umständen überhaupt als eine rechtsverbindliche Willenserklärung angesehen werden kann. – Wiederholen Sie Grdz. § 5 III 1 b; § 8 I 1, 2 a, c, d; vgl. auch Grdz. § 13 IV 1; § 14 IV 3 a!

Musterlösung:

Reichmann könnte gem. §§ 488, 765 Abs. 1 BGB von Anton Zahlung der 10.400,– € verlangen, wenn zwischen ihm und Anton ein Bürgschaftsvertrag für das an Christian gewährte und ausgezahlte Darlehen besteht. Im Hinblick auf die Einwendung des Anton ist zunächst zu prüfen, ob es bei dem „Kneipengespräch" am 4.9. überhaupt zu einem „ernsthaften" Rechtsgeschäft zwischen Anton und Reichmann gekommen ist oder ob die Äußerungen des Anton als unverbindliche Gefälligkeitserklärung im Rahmen eines rein dem gesellschaftlichen Kontakt dienenden Gesprächs zu werten sind. Die Grenze zwischen (noch) unverbindlichen Gefälligkeitserklärungen und einer rechtlich bindenden Willenserklärung ist dort zu ziehen, wo derjenige, dem gegenüber eine Zusage gemacht worden ist, bei seinen geschäftlichen Dispositionen von besonderer Tragweite erkennbar auf die Zuverlässigkeit des gemachten Versprechens vertraut hatte. Im vorliegenden Fall ging es um die Gewährung eines Darlehens von erheblicher Höhe. Reichmann hatte klar zum Ausdruck gebracht, daß er dieses Darlehen dem von ihm als unzuverlässig eingeschätzten Christian nur aufgrund einer von Anton versprochenen Bürgschaft gewähren werde. Selbst wenn gewisse äußere Umstände (Kneipe als Verhandlungsort, zufällige Anwesenheit des Anton, Beurkundung des Bürgschaftsversprechens auf einem aus dem Notizbuch herausgerissenen Zettel) für fehlenden Rechtsbindungswillen des Anton sprechen könnten, führt diese – auch für Anton erkennbare – große Tragweite dazu, daß Anton es sich nun gefallen lassen muß, daß seine Äußerung ernst genommen wird und hieraus gegen ihn rechtliche Konsequenzen gezogen werden. Seine Zusage, er werde für die Schuld des Christian bürgen, ist daher als Abgabe einer Willenserklärung zum Abschluß eines Bürgschaftsvertrags zu werten.

Nach § 766 Satz 1 BGB ist für die Wirksamkeit des Bürgschaftsvertrags die schriftliche Erteilung des Bürgschaftsversprechens erforderlich. Es liegt eine von Reichmann vorgefertigte schriftliche Erklärung vor, die alle wesentlichen Elemente eines Bürgschaftsversprechens enthält. Daß Anton diese Erklärung nicht selbst eigenhändig niedergeschrieben hat, ist unerheblich; § 126 Abs. 1 BGB fordert zur Erfüllung der gesetzlichen Schriftform lediglich eine eigenhändige Unterschrift, diese kann auch unter eine vom Vertragspartner gefertigte Urkunde gesetzt werden. Anton hat sein eigenhändiges Namenszeichen jedoch nicht *unter,* sondern *über* den von Reichmann vorgeschriebenen Text gesetzt. Eine Namens*unter*schrift i.S.d. § 126 Abs. 1 BGB liegt jedoch nur dann vor, wenn das Namenszeichen den vom Unterschreibenden anerkannten Text räumlich abschließt. Dies ist bei einer bloßen „Überschrift" nicht der Fall, da sie – zumindest theoretisch – noch eine beliebige Ergänzung des nachfolgenden Textes zuläßt. Das am 4.9. ausgefertigte Schriftstück erfüllt somit nicht die gesetzliche Schriftform des § 126 Abs. 1 BGB; damit ist der zwischen Reichmann und Anton abgeschlossene Bürgschaftsvertrag gem. § 125 BGB nichtig.

Im Hinblick darauf, daß Anton dem Reichmann zugeredet hatte, dem Christian ein

Darlehen zu gewähren, könnte gem. § 140 BGB das formungültige Geschäft in einen Kreditauftrag nach § 778 BGB umgedeutet werden. Ein Auftragsvertrag gem. § 662 BGB kann auch formlos abgeschlossen werden; gleichwohl haftet der Auftraggeber aufgrund der Regelung des § 778 BGB für die Erfüllung des an den „Dritten" – im vorliegenden Fall also an Christian – gewährten Kredits wie ein Bürge. Unter einem Auftrag i.S.d. § 662 BGB ist die Erledigung eines Geschäfts „für einen anderen" zu verstehen. Wenn ein Kreditauftrag vorliegen soll, müßte mithin Reichmann durch die Hingabe des Darlehens an Christian (zumindest auch) im geschäftlichen Interesse des Anton tätig geworden sein. Hier ist der Einwand des Anton beachtlich, daß er weder mit dem an Christian gewährten Darlehen noch mit dem Geschäft, das mit diesem Geld finanziert worden ist, irgend etwas zu tun gehabt hat und auch bei einem erfolgreichen Verlauf hieraus keinerlei Vorteile gezogen hätte. Er kann daher auch kein eigenes Interesse an der Gewährung des zur Finanzierung dieses Geschäfts erforderlichen Darlehens an Christian gehabt haben. Wenn er dem Reichmann gut zugeredet hatte, dem Christian Geld zu leihen, so geschah dies allein aus kameradschaftlicher Hilfe für seinen Freund. Das war für Reichmann auch so zu erkennen. Somit läßt sich das zwischen Anton und Reichmann abgeschlossene Geschäft nicht dahin umdeuten, daß Anton anstelle der formbedürftigen und daher nichtigen Bürgschaft dem Reichmann einen formfreien Kreditauftrag zugunsten von Christian erteilt hat. Andere Anspruchsgrundlagen sind nicht ersichtlich; Reichmann kann den Anton nicht für die Rückerstattung des an Christian gewährten Darlehens haftbar machen.

Fall 8.03: *Folgenschwere Schlamperei*

Die Medipharm AG beschäftigt den Witzigmann als fest angestellten Pharmaberater. Seine Aufgabe ist es, Ärzte und Apotheken in den Postleitzahlgebieten 5 und 6 aufzusuchen und für Produkte der Medipharm zu werben. Ende November 2001 bittet er um vorzeitige Auflösung seines Arbeitsverhältnisses zum 31.12.2001, um, wie er sagt, bei einem neu gegründeten Pharmaunternehmen in Sachsen das Vertriebswesen im Innendienst aufzubauen. Die Medipharm AG ist mit dem vorzeitigen Austritt Witzigmanns einverstanden, macht dies jedoch von dem Versprechen abhängig, daß er bis zum Jahresende 2003 innerhalb der Postleitzahlgebiete 5 und 6 nicht als Vertreter für Pharmaprodukte auftritt, die mit Erzeugnissen der Medipharm AG in Wettbewerb stehen. Als Karenzentschädigung wird mit Witzigmann für die ganze Zeit des Wettbewerbsverbots eine monatliche Zahlung von 4.500,– € vereinbart, was etwa $^2/_3$ der von ihm zuletzt bezogenen Monatseinkünfte entspricht. Eine vom Vorstand der Medipharm AG unterschriebene Urkunde über diese Absprache wird zwar vorbereitet, infolge eines Versehens des Personalbüros dem Witzigmann aber nicht zusammen mit seinen Arbeitspapieren zugesandt, sondern im Archiv abgeheftet. Die Karenzentschädigung wird dem Witzigmann gleichwohl in den ersten neun Monaten des Jahres 2002 pünktlich auf sein Konto überwiesen.

Mitte September 2002 stellt sich heraus, daß Witzigmann wieder im Außendienst tätig ist und ausgerechnet unter seinen alten Geschäftspartnern aus den Postleitzahlbezirken 5 und 6 für Erzeugnisse seines neuen sächsischen Arbeitgebers wirbt, die weitgehend der Produktpalette der Medipharm AG entsprechen. Diese mahnt das Verhalten des Witzigmann ab. Witzigmann erwidert, das bei Auflösung seines alten Arbeitsverhältnisses abgesprochene Wettbewerbsverbot sei nichtig, weil ihm keine den Anforderungen des § 74 Abs. 1 HGB entsprechende Urkunde über die getroffenen Abreden ausgehändigt worden sei. Hat er Recht?

Lösungshinweis: Der Fall zeigt, daß in besonderen Situationen die an sich gegebenen Nichtigkeitsfolgen eines Formfehlers mit der Arglisteinrede überwunden werden können. – Wiederholen Sie Grdz. § 8 I 3!

Musterlösung:

Nach § 74 Abs. 1 HGB ist die Vereinbarung eines Wettbewerbsverbots für einen aus dem Arbeitsverhältnis ausscheidenden Handlungsgehilfen in der Tat nur dann gültig, wenn die vereinbarten Bestimmungen schriftlich festgelegt worden sind *und* die hierüber gefertigte Urkunde dem Arbeitnehmer ausgehändigt worden ist. Im vorliegenden Fall wurde die Absprache zwar schriftlich fixiert, die Aushändigung des schriftlichen Vertrags an Witzigmann war jedoch unterblieben. Damit könnte die Wettbewerbsabsprache in der Tat gem. § 125 BGB nichtig sein.

Es stellt sich allerdings die Frage, ob die Berufung des Witzigmann auf diesen Formfehler als Verstoß gegen Treu und Glauben zu werten ist. Zwar sind Formvorschriften im Interesse der Rechtsklarkeit streng zu handhaben; auch die Regelung des § 125 BGB steht jedoch unter dem allgemeinen Rechtsprinzip des § 242 BGB. Formfehler sind daher ausnahmsweise dann nicht zu berücksichtigen, wenn dies – auch unter Berücksichtigung des Zwecks der jeweils in Betracht kommenden Formvorschrift – nach der Lage des konkreten Falles zu einem untragbaren Ergebnis führen müßte. Im vorliegenden Fall ist die Wettbewerbsabsprache inhaltlich korrekt getroffen worden; es kann auch davon ausgegangen werden, daß sie i.S.v. § 74 a Abs. 1 HGB sachlich gerechtfertigt ist. Der Schutzzweck der Formvorschrift des § 74 Abs. 1 HGB besteht darin, zwischen Arbeitgeber und ausscheidendem Arbeitnehmer Klarheit über die Bedeutung und den Umfang der abgeschlossenen Wettbewerbsabrede zu schaffen. Dabei hat die vom Gesetz besonders angeordnete Aushändigung der Urkunde an den Arbeitnehmer den Sinn, diesem die Möglichkeit zu geben, sich jederzeit über die von ihm eingegangenen Verpflichtungen zu informieren und ggf. Beweise in der Hand zu haben, wenn er sich nach § 74 a HGB auf die Unverbindlichkeit oder Nichtigkeit einzelner Abreden berufen will.

Andererseits bestehen zwischen Witzigmann und der Medipharm AG auch ohne Aushändigung der Urkunde keinerlei Unklarheiten über die Tragweite der Wettbewerbsabrede; Witzigmann hat die von ihm gegebenen Versprechen nur schlicht und einfach nicht eingehalten. Inzwischen hat Witzigmann aber den mit seiner Zusage „erkauften“ Vorteil, nämlich die vorzeitige Freisetzung aus seinem Arbeitsvertrag mit der Medipharm AG, genutzt und darüber hinaus neun Monate lang die ihm bewilligte Karenzentschädigung entgegengenommen, ohne auf die Formnichtigkeit der Wettbewerbsabrede hinzuweisen. Nachdem Witzigmann bisher von den Leistungen seines alten Arbeitgebers immer nur profitiert hat, würde seine Berufung auf den Formverstoß jetzt dazu führen, daß er sich seiner eigenen Verpflichtung zur Erbringung der von ihm geschuldeten Gegenleistungen entziehen könnte. Seine Berufung auf die Nichtbeachtung des § 74 Abs. 1 HGB widerspricht daher Treu und Glauben. Im vorliegenden Fall ist der Formfehler bei der Vereinbarung des Wettbewerbsverbots sonach unbeachtlich; die Medipharm AG hat ein Recht, die Vertretertätigkeit der Witzigmann in den Postleitzahlgebieten 5 und 6 abzumahnen.

Fall 8.04: *Ein zügig handelnder Beamter*

Seebald ist Chef einer Bundesmittelbehörde in Neustadt. Ihm sind Gelder für den Bau des Dienstgebäudes seiner Behörde bewilligt worden; auch die Ausbaupläne und die Kostenvoranschläge sind bereits genehmigt. Als Seebald den Hinweis bekommt, „höheren Ortes" plane man wegen der schlechten Haushaltslage die Verschiebung aller noch nicht begonnenen Bauvorhaben, will Seebald „nichts anbrennen lassen" und vergibt kurzerhand den Bauauftrag an den Bauunternehmer Anton, obwohl § 55 der Bundeshaushaltsordnung (BHO) für alle Bundesbehörden verbindlich vorschreibt, daß Leistungsverträge nur nach vorheriger öffentlicher Ausschreibung vergeben werden dürfen. Der Auftragswert des Projekts ist mit 1,2 Mio € veranschlagt. Anton ist dem Seebald bisher nicht bekannt; er war ihm vom Leiter des Landesbauamtes, den er um Rat gefragt hatte, als ein besonders zuverlässiger und zugleich preisgünstiger Bauunternehmer empfohlen worden.

Anton schließt den Bauvertrag ab und beginnt mit den Arbeiten, bekommt aber bald Streit mit Seebald über Nachforderungen. Schließlich fordert Seebald, der inzwischen wegen seiner Übereile vom Rechnungshof scharf gerügt worden ist, den Anton auf, die Arbeiten abzubrechen und die Baustelle zu räumen. Er macht geltend, der mit Anton abgeschlossene Werkvertrag sei nichtig, weil er unter Verstoß gegen § 55 BHO abgeschlossen worden sei. Mit Recht?

Lösungshinweis: Am Beispiel der Vorschriften über die Vergabe von öffentlichen Aufträgen wird die Anwendung des § 134 BGB erläutert. Dabei kommt es auf die genaue Unterscheidung zwischen der rein haushaltsrechtlichen Funktion des öffentlichen Vergaberechts und dessen Bedeutung für den Schutz des Wettbewerbs unter Leistungsanbietern an. – Wiederholen Sie Grdz. § 8 II 1!

Musterlösung:

Der von Seebald namens seiner Behörde mit Anton abgeschlossene Werkvertrag könnte gem. § 134 BGB nichtig sein, weil der Bauauftrag ohne vorherige Durchführung und Auswertung eines Bieterwettbewerbs (z.B. nach öffentlicher Ausschreibung) vergeben worden ist. Als Vorschriften, die ein solches Verfahren zwingend vorsehen, kommen zunächst die §§ 97 Abs. 1, 98 Nr. 1 des Gesetzes gegen Wettbewerbsbeschränkungen (GWB) in Betracht. Diese Bestimmungen sind nach § 100 Abs. 1 GWB aber nur dann anzuwenden, wenn die voraussichtliche Auftragssumme einen bestimmten Schwellenwert erreicht oder überschreitet, der in § 2 Nr. 4 der VergabeVO v. 9.1.2001 mit 5 Mio. € festgesetzt worden ist. Der Bau des Dienstgebäudes ist jedoch „nur" mit 1,2 Mio. € veranschlagt, so daß die §§ 97 ff. GWB im vorliegenden Fall nicht anzuwenden sind.

Eine Pflicht zur Vergabe im transparenten Verfahren konnte sich im vorliegenden Fall für Seebald daher nur aus der allgemeinen Regelung des § 55 BHO ergeben, wonach dem Abschluß *aller* Verträge über Lieferungen und Leistungen durch Bundesbehörden eine öffentliche Ausschreibung vorausgehen „muß", soweit nicht besondere Umstände eine Ausnahme rechtfertigen. Solche „besonderen Umstände" sind im vorliegenden Fall nicht zu erkennen, insbesondere kann eine zu erwartende Mittelsperre kein Grund sein, einen Auftrag wegen besonderer Dringlichkeit ohne vorherige Ausschreibung zu vergeben. Damit hatte Seebald gegen das aus § 55 BHO herzuleitende Verbot verstoßen, den Bauvertrag mit Anton in freihändiger Vergabe abzuschließen.

Wie schon der Wortlaut des § 134 BGB erkennen läßt, führt allerdings nicht jeder Gesetzesverstoß, der im Zusammenhang mit dem Abschluß eines Rechtsgeschäfts begangen wird, ohne weiteres zu dessen Nichtigkeit. Maßgebend ist einmal, ob sich das Verbot gegen den mit dem Geschäft bezweckten Erfolg und nicht nur gegen bestimmte äußere Umstände des Geschäfts richtet. Das Vergaberecht will nicht den Abschluß von Verträgen über Lieferungen und Leistungen als solche verhindern, sondern schreibt die Einhaltung bestimmter Formalien bei der Vorbereitung und dem Abschluß solcher Verträge vor. Auch der Verstoß gegen Verfahrensvorschriften kann allerdings ein Anwendungsfall des § 134 BGB sein. So soll die sich aus den §§ 97 ff. GWB ergebende Pflicht zur Durchführung transparenter Vergabeverfahren den freien Zugang zum Markt und den Wettbewerb unter den in Betracht kommenden Anbietern von Lieferungen und Leistungen schützen (vgl. § 97 Abs. 7 GWB); dieser Schutz könnte nicht durchgesetzt werden, wenn ein Verstoß gegen die Ausschreibungspflicht für *beide* am Vertragsschluß beteiligten Parteien ohne Folgen bliebe. Demgegenüber stellt § 55 BHO als Rechtsnorm des Bundes-Haushaltsrechts sicher, daß bei staatlichen Baumaßnahmen sparsam gewirtschaftet wird. Dies soll durch einen Preiswettbewerb verschiedener Anbieter gewährleistet werden. Solange diese Vorschrift nicht deswegen umgangen wird, um einem bestimmten Unternehmer einen öffentlichen Auftrag zu überhöhten Preisen zu verschaffen, ist jedoch das von § 55 BHO geschützte Sparsamkeitsgebot nicht verletzt. Der vorliegende Sachverhalt gibt keine Hinweise darauf, daß Seebald dem Anton unangemessen hohe Preise zugestanden hätte (was auch gegen andere Verbotsgesetze verstoßen würde); seine Absicht war allein, weitere Verzögerungen bei der Auftragsvergabe zu vermeiden, die mit der Vorbereitung und Durchführung einer öffentlichen Ausschreibung zwangsläufig verbunden sind.

Ein Verbotsgesetz i.S.d. § 134 BGB liegt außerdem i.d.R. nur dann vor, wenn sich das Verbot gegen beide Teile richtet und sie so von dem Abschluß des Geschäfts abhalten will. § 55 BHO wendet sich allein an die Bundesbehörden, enthält jedoch kein an die Unternehmer gerichtetes Verbot, öffentliche Aufträge über Lieferungen und Leistungen nur dann anzunehmen, wenn zuvor eine öffentliche Ausschreibung stattgefunden hatte. Die korrekte Durchführung der Vergabeverfahren fällt allein in die Verantwortung der zur Vergabe befugten Behördenvertreter (so wird sich im vorliegenden Fall Seebald für seine Vorgehensweise ggf. dienstrechtlich zu verantworten haben); dies geht jedoch Anton als Auftragnehmer jedenfalls so lange nichts an, wie er nicht den Versuch unternommen hatte, die Vergabeentscheidung mit unlauteren Mitteln zu seinen Gunsten zu beeinflussen.

Im vorliegenden Fall löst sonach die Nichtbeachtung des § 55 BHO nicht die Folgen des § 134 BGB aus; der Vertrag mit Anton ist gültig.

Fall 8.05: *Übertriebenes Sicherheitsbedürfnis*

Der Bauunternehmer Anton befindet sich in wirtschaftlichen Schwierigkeiten. Er hat bereits die wesentlichen Teile seines Geschäfts- und Privatvermögens an verschiedene Gläubiger verpfändet oder sicherungsübereignet. Mitten in der Durchführung eines Bauauftrags, aus dem ihm noch Erlöse in Höhe von 500.000,– € zustehen, gerät er erneut in eine Liquiditätskrise. Damit er die zur Fertigstellung der Arbeiten erforderlichen Lohnzahlungen und Materialeinkäufe vorfinanzieren kann, räumt ihm die Kreissparkasse Neustadt nochmals einen Betriebsmittelkredit in Höhe von 320.000,– € ein. Als Sicherheit muß ihr Anton durch Vertrag vom 10.1. den Anspruch auf Auszahlung des Unternehmerlohns für das Bauvorhaben in voller Höhe abtreten; Anton räumt der Sparkasse das Recht ein, die Forderung unmittelbar beim Bauherrn einzuziehen und den Erlös zunächst für die Tilgung des neuen Kontokorrentkredits und sodann für die Befriedigung alter Schulden zu verwenden.

Anfang August gelingt es dem Anton noch, das Bauvorhaben fertigzustellen. Dabei wird der von der Kreissparkasse eingeräumte Betriebsmittelkredit in voller Höhe in Anspruch genommen. Gleichwohl können nicht alle Lohnansprüche der am Bau beschäftigten Arbeiter und Forderungen von Lieferanten befriedigt werden. Entsprechend dem bei der Auftragsvergabe vereinbarten Zahlungsplan hatte der Bauherr Abschläge auf den Werklohn geleistet und entsprechend den Anweisungen des Anton an die Kreissparkasse Neustadt überwiesen. Anfang September ist nur noch die letzte Rate von 50.000,– € offen.

Am 10.9. wird über das Vermögen des Anton das Insolvenzverfahren eröffnet. Der Insolvenzverwalter zieht den noch offenen Zahlungsrest aus dem Bauvorhaben zur Insolvenzmasse ein.

Die Kreissparkasse verlangt die Herausgabe dieser Geldsumme an sich unter Hinweis auf die Abtretung der gesamten Werklohnforderung durch Vertrag mit Anton vom 10.1. Mit Recht?

Lösungshinweis: In der Zeit vor dem wirtschaftlichen Zusammenbruch eines Unternehmens steigt die Neigung einzelner besonders einflußreicher Gläubiger, „in letzter Minute“ noch zu Sicherheiten für ihre Außenstände zu kommen. Das Vollstreckungsrecht schiebt dem mit der Insolvenzanfechtung nach §§ 129 ff. InsO einen Riegel vor. Darüber hinaus können solche Sicherungsgeschäfte auch nach der allgemeinen Regel des § 138 Abs. 1 BGB nichtig sein, wie der vorliegende Fall zeigt. – Wiederholen Sie Grdz. § 5 II 3; § 8 II 2; vgl. auch Grdz. § 10 IV 1 b; § 18 III; § 20 V 5!

Musterlösung:

Der Insolvenzverwalter muß gem. § 47 InsO, § 812 Abs. 1 Satz 1 BGB den Betrag von 50.000,– € an die Kreissparkasse Neustadt auszahlen, wenn die von Anton mit Vertrag vom 10.1. vollzogene Abtretung sämtlicher Werklohnforderungen aus dem Bauvorhaben wirksam ist, denn dann hat die Restforderung in Höhe dieses Betrags in Wirklichkeit der Kreissparkasse zugestanden und hätte nicht zur Insolvenzmasse eingezogen werden dürfen.

Einwände gegen die äußere Form der Sicherungsabtretung – insbesondere auch im Hinblick auf die Bestimmbarkeit des im voraus abgetretenen Zahlungsanspruchs – sind aus dem Sachverhalt nicht ersichtlich.

Der Vertrag vom 10.1. könnte allerdings ganz oder teilweise gem. § 138 Abs. 1 BGB nichtig sein, wenn die Art und Weise, in der die Kreissparkasse Neustadt die Sicherung und Befriedigung ihrer eigenen Ansprüche betrieben hatte, gegen die guten Sitten verstößt. Ein Verstoß gegen die guten Sitten könnte darin gesehen werden, daß die Kreissparkasse Neustadt beim Vertragsschluß am 10.1. die wirtschaftliche Zwangslage des Anton ausnutzte, um ihr genehme Bedingungen für die Ausgestaltung des Sicherungsvertrags für den Betriebsmittelkredit durchzusetzen, so daß Anton nicht mehr in vollem Umfang frei handeln konnte. Grundsätzlich ist es allerdings noch nicht zu beanstanden, wenn ein Gläubiger „Druck macht", um bei seinem Schuldner Sicherheiten für einen gewährten Kredit oder die Erfüllung bereits bestehender Verbindlichkeiten durchzusetzen. Auch ist gegen die Bereitschaft der Kreissparkasse, dem Anton durch die Bewilligung eines neuen Kredits die Fertigstellung des bereits begonnenen Bauvorhabens zu ermöglichen und damit weitere Vermögensschäden als Folge eines vorzeitigen Zusammenbruchs zu vermeiden, wenn nicht sogar das Fortleben seines Unternehmens zu ermöglichen, nichts einzuwenden; es kann dann auch nicht auf Bedenken stoßen, wenn sich die Kreditgeberin für dieses Engagement Sicherheiten einräumen läßt. Zu beanstanden ist jedoch, wenn dieser Sanierungsversuch nur noch dazu dient, den Schuldner so lange „am Leben zu halten", bis er möglichst viel von seinen alten Schulden beim Kreditgeber ausgeglichen hat, und wenn der Schuldner durch die konkrete Ausgestaltung der Kreditabwicklung zugleich gezwungen wird, für seine laufenden Geschäfte bei anderen Gläubigern neue Schulden zu machen, für die dann im Falle eines Konkurses mangels anderer Sachwerte keine Deckung mehr vorhanden ist. In diesem Fall liegt der Verstoß gegen die guten Sitten darin, daß die Kreissparkasse ihre wirtschaftliche Machtsstellung als einzige überhaupt noch in Betracht kommende Kreditgeberin dazu ausgenutzt hat, um auf Kosten dritter Gläubiger eine bevorzugte Befriedigung ihrer eigenen Forderungen aus früheren Ausleihungen sicherzustellen.

§ 138 Abs. 1 BGB könnte daher deswegen durchgreifen, weil die Kreissparkasse sich unter Ausnutzung der wirtschaftlichen Zwangslage des Anton durch den Umfang der von ihr geforderten Sicherungsabtretung einen ungerechtfertigten Vorteil gegenüber den *anderen Gläubigern* des Anton verschafft hat. Sie hat sich nämlich nicht nur Werklohnforderungen in Höhe ihres neu gewährten Kredits von 320.000,– € abtreten lassen, sondern die Abtretung des gesamten Anspruchs von 500.000,– € durchgesetzt, um damit zugleich alte Schulden des Anton bei ihr zu decken. Gerade die Ausdehnung der Sicherungsabtretung auf den weitergehenden Betrag von 180.000,– € ist im vorliegenden Sachverhalt erheblich, denn aus diesem Grund können nicht alle Lohnansprüche der am Bau beteiligten Arbeiter und die Forderungen von Lieferanten befriedigt werden.

Da Anton sein gesamtes Geschäfts- und Privatvermögen bereits verpfändet oder sicherungsübereignet hatte, war ihm durch die Abtretung der Werklohnforderung im vollen Umfang jegliche wirtschaftliche Handlungsfreiheit genommen. Zwar hat ihm die Kreissparkasse neue Liquidität zugeführt. Wie das Endergebnis belegt, ist jedoch das von ihr bewilligte Darlehen nicht ausreichend gewesen, um sämtliche, durch das Bauvorhaben neu begründeten Ansprüche dritter Gläubiger zu finanzieren. Zumindest insoweit hatte daher die am 10.1. vereinbarte Sicherungsabtretung zur Folge gehabt, daß sich die Kreissparkasse Neustadt unter zwangsläufiger Schädigung dritter Gläubiger Vorteile bei der bevorzugten Befriedigung ihrer Alt-Forderungen gegen Anton verschafft hatte.

In diesem Umfang verstößt der Vertrag vom 10.1. somit gegen die guten Sitten und ist gem. § 138 Abs. 1 BGB nichtig. Jedenfalls in Höhe des hier streitigen Betrags von 180.000,– € konnte die Kreissparkasse Neustadt daher die Werklohnforderung aus dem Bauvorhaben nicht erwerben; diese Summe ist zu Recht in die Insolvenzmasse geflossen.

Fall 8.06: *Wirtschaftsprobleme*

Anton hat eine Gastwirtschaft neu eröffnet und hierfür mit Vertrag vom 10.12. bei der Königs-Brauerei AG ein zinsvergünstigtes Starthilfe-Darlehen von 25.000,– € aufgenommen. Das Darlehen soll nach fünf Jahren zurückgezahlt werden. Im Gegenzug hat sich Anton verpflichtet, in seiner Gastwirtschaft dreißig Jahre lang nur Bier der Königs-Brauerei auszuschenken. Auch darf er sein Geschäft nur dann an einen Nachfolger übergeben oder weiterverpachten, wenn die Bierabnahmeverpflichtung vom Nachfolger mit übernommen wird.

Von einem Stammkunden erhält Anton den (zutreffenden) Hinweis, nach einer Verordnung der EG-Kommission aus dem Jahre 1983 dürften Bierbezugsverträge höchstens auf die Dauer von 10 Jahren abgeschlossen werden; unabhängig davon führe ein Vertrag mit einer Bindung von mehr als 15, allenfalls 20 Jahren zu einer unzulässigen wirtschaftlichen Knebelung und sei daher auch nach § 138 BGB nichtig. Als Anton den Geschäftsleiter der Königs-Brauerei hierauf anspricht, entgegnet dieser, wenn sich Anton auf die Nichtigkeit des langjährigen Bierbezugsvertrags berufe, dann sei auch der damit verbundene Darlehensvertrag nichtig, so daß Anton das zinsvergünstigte Darlehen sofort in voller Höhe zurückzahlen müsse. Ist das richtig?

Lösungshinweis: Die Nichtigkeit eines Vertrags z.B. wegen wirtschaftlicher Knebelung gem. § 138 Abs. 1 BGB kann für den an sich zu schützenden Vertragspartner die unangenehme Folge haben, daß ihm dann auch die wirtschaftlichen Vorteile aus dem Rechtsgeschäft verloren gehen. Anders als bei den mehr ins Detail gehenden Regelungen des Verbraucherschutzrechts, das in solchen Fällen „chirurgische Eingriffe" zur Ausschaltung nachteiliger Klauseln unter Beibehaltung des Vertrags im übrigen vorsieht (vgl. z.B. § 306 BGB), kann bei der verhältnismäßig grobschlächtigen Regelung des § 138 Abs. 1 BGB nur mit einer „großzügigen" Handhabung des § 139 BGB geholfen werden. Sie lernen auf diese Weise ein weiteres Beispiel für die „teleologische" Handhabung von Rechtsnormen kennen. – Wiederholen Sie Grdz. § 8 II 1 – 3 III und in diesem Arbeitsbuch § 21 IV 2 e!

Musterlösung:

Die Bierabnahmeverpflichtung über 30 Jahre verstößt gegen die Vorgaben der gem. Art. 249 Abs. 2 EG-Vertrag als innerstaatliches Recht verbindlichen EG-Verordnung 1984/83 und ist jedenfalls nach § 138 Abs. 1 BGB wegen unzulässiger Einengung der wirtschaftlichen Bewegungsfreiheit nichtig. Es stellt sich die Frage, ob damit der gesamte Vertrag vom 10.12. zwischen Anton und der Königs-Brauerei AG – also auch der Darlehensvertrag – nichtig ist, oder ob Teile des Geschäfts als wirksam aufrechterhalten werden können. Die Antwort ergibt sich aus der Regelung des § 139 BGB. Nach dieser Vorschrift ist ein aus mehreren Abreden zusammengesetztes Rechtsgeschäft zwar grundsätzlich als Ganzes nichtig; der Vertrag bleibt jedoch mit seinen nicht zu beanstandenden Teilen gültig, wenn nach dem mutmaßlichen Willen beider Geschäftspartner angenommen werden kann, daß sie bei Kenntnis der richtigen Rechtslage das Geschäft auch ohne den nichtigen Teil abgeschlossen haben würden.

Zweifellos wäre Anton von Anfang an damit einverstanden gewesen, das zinsvergünstigte Darlehen der Königs-Brauerei AG auch ohne Abschluß eines Bierlieferungsvertrags zu erhalten, denn damit wird für ihn sein unternehmerischer Handlungsspielraum nur erweitert. Umgekehrt gibt jedoch für die Königs-Brauerei AG die Gewährung eines Darlehens zu schlechteren als den marktüblichen Zinsbedingungen nur dann einen Sinn, wenn sie sich damit eine vertraglich gesicherte Absatzmöglichkeit für ihre Erzeugnisse verschaffen kann, um wenigstens mittel- und langfristig Vorteile aus dem Einsatz ihres Kapitalvermögens zu ziehen; der Sachverhalt spricht ja auch davon, daß Anton den Bierbezugsvertrag „im Gegenzug" für die Gewährung des günstigen Darlehens abgeschlossen hat. Darlehen und Bierbezugsvertrag stehen sonach in einem so engen wechselbezüglichen Verhältnis, daß nicht angenommen werden kann, daß die Königs-Brauerei AG dem Anton das Darlehen zu den am 10.12. vereinbarten Bedingungen auch bei Kenntnis der Nichtigkeit der Bierbezugsvereinbarung gewährt hätte.

Bierbezugsverträge sind allerdings nicht als solche gesetz- und sittenwidrig; die Nichtigkeit des Vertrags vom 10.12. ergibt sich erst aus der übermäßig langen Dauer der mit Anton vereinbarten Bindung. Wenn es möglich wäre, die Abnahmeverpflichtung für 30 Jahre derart in Zeitabschnitte zu zerlegen – z.B. in Perioden von jeweils zehn Jahren –, daß diese sich als „Teile" eines ganzen Vertrags i.S.d. § 139 BGB darstellen, könnte die Vereinbarung bei entsprechend zu unterstellendem Parteiwillen mit dieser kürzeren, dann nicht mehr zu beanstandenden Laufzeit als gültig aufrechterhalten werden. Eine solche Aufteilung erscheint ohne weiteres möglich, denn ein auf eine sehr lange Zeitperiode angelegter Bierbezugsvertrag wird nicht qualitativ etwas anderes, wenn er in mehrere, z.B. für einen Zeitraum von zehn Jahren verbindliche, aufeinander folgende Einzelverträge zerlegt wird.

Es kann auch angenommen werden, daß Anton bereit wäre, als Gegenleistung für die Bewilligung des zinsgünstigen Darlehens wenigstens für eine gewisse, sachlich angemessene Zeit eine feste Bezugsbindung mit der Königs-Brauerei einzugehen. Umgekehrt darf unterstellt werden, daß die Brauerei bei Kenntnis des Verbots 30jähriger Verträge bereit gewesen wäre, sich mit einer auf kürzere Zeit bemessenen Abnahmeverpflichtung des Wirts zufrieden zu geben. Auch diese hätten ihr nämlich immer noch in ausreichendem Maße die wirtschaftliche Chance belassen, aus den Gewinnen des Bierverkaufs einen Ausgleich für die eingeräumte Zinsvergünstigung zu finden. Der Vertrag vom 10.12. ist daher nicht völlig unwirksam. Gem. § 139 BGB kann er sowohl einerseits als Darlehensvertrag für die vereinbarte Zeit von fünf Jahren als auch andererseits als Bierbezugsvertrag für die nach den Maßstäben des EG-Rechts zulässige Zeitdauer von 10 Jahren aufrechterhalten werden.

Fall 8.07: *Im Wein liegt nicht immer Wahrheit*

Der wohlhabende Reichmann sitzt im Wirtshaus mit Bertram und anderen Freunden zu einem fröhlichen Zechgelage zusammen, um Bertrams Geburtstag zu feiern. Nachdem Reichmann der Wein schon ganz schön zu Kopf gestiegen ist, rückt Bertram noch mit einem besonderen Wunsch heraus: Er möchte ein Im- und Exportgeschäft mit den Balkanländern gründen und sucht noch einen stillen Teilhaber, der sich mit einer Einlage von 250.000,– € an dem Geschäft beteiligt. Es gelingt ihm, den Reichmann mit seiner Schilderung der phantastischen Gewinnaussichten in euphorische Stimmung zu versetzen; einige weitere Schoppen Moselwein tun das übrige, so daß Reichmann schließlich eine vorbereitete Urkunde unterschreibt, die Bertram „ganz zufällig" bei sich hat, mit dem Inhalt, daß er sich gem. § 230 HGB mit einer Einlage von 250.000,– € als stiller Gesellschafter an der „Balkan-Im- und Export-GmbH" des Bertram beteiligt.

Als Reichmann am nächsten Tag seinen Rausch ausgeschlafen hat, reut ihn der Geschäftsabschluß. Er macht geltend, derart schwerwiegende Abmachungen müßten notariell beurkundet werden; auch habe er bisher noch nie etwas mit einer „stillen Gesellschaft" zu tun gehabt und wisse gar nicht genau, was das sei, so daß er schon aus diesem Grund den von ihm unterschriebenen Vertragstext nicht richtig verstanden habe. Im übrigen sei er betrunken gewesen. Ist der Vertrag wirksam?

Lösungshinweis: Die Bearbeitung dieses Sachverhalts gibt Ihnen Gelegenheit, die gebräuchlichsten Einwendungen gegen die Gültigkeit eines Rechtsgeschäfts noch einmal Stufe für Stufe durchzuprüfen. – Wiederholen Sie Grdz. § 5 III 1; § 7 III 2 a; § 8 I 2, IV 2!

Musterlösung:

Die Unterschrift des Reichmann unter den ihm von Bertram vorgelegten Vertragstext könnte als Annahme eines Vertragsangebots zu werten sein und damit zum Abschluß eines Vertrags nach § 230 HGB über die Gründung einer stillen Gesellschaft geführt haben.

Fraglich ist allerdings, ob Reichmann im vorliegenden Fall überhaupt eine Willenserklärung abgegeben hat, wenn er sozusagen „blindlings" einen Text unterschreibt, den er nicht richtig verstanden hat. Er wußte aber jedenfalls, daß er seine Unterschrift unter einen Vertragstext setzte; er hatte damit sowohl den für die Abgabe einer Willenserklärung notwendigen Handlungswillen als auch das Bewußtsein, überhaupt ein Rechtsgeschäft vorzunehmen. Damit ist zumindest der formale Tatbestand eines Vertragsschlusses verwirklicht worden.

Reichmann könnte seine Erklärung nach § 119 Abs. 1 BGB wegen Inhaltsirrtums anfechten, weil er seine Unterschrift, die praktisch ein „Ja" zu dem ihm von Bertram vorgelegten Vertragsangebot bedeutet, unter einen Text gesetzt hat, den er „nicht richtig verstanden hat". Zwar führt die Annahme eines falsch verstandenen Vertragsangebots regelmäßig zu einem Irrtum über den Inhalt der wahren Bedeutung der eigenen Annahmeerklärung. Im vorliegenden Fall hat Reichmann den von ihm unterzeichneten Vertragstext jedoch nicht falsch, sondern überhaupt nicht verstanden. Das bedeutet, er hatte bei seiner Unterschriftsleistung keine vom tatsächlichen Vertragstext abweichende eigene Vorstellung über die von ihm abgegebene Willenserklärung, sondern er hatte überhaupt keine Kenntnis von dem genauen Inhalt des von ihm abgeschlossenen Rechtsgeschäfts. Wer jedoch im Geschäftsleben Erklärungen abgibt, ohne deren genaue Bedeutung zu kennen, geht das Risiko ein, später an deren objektivem Inhalt festgehalten zu werden; er hat sich das, was er „wie auch immer" gesagt hat, zu eigen gemacht und kann sich im nachhinein nicht auf einen Inhaltsirrtum berufen.

Der Vertrag könnte gem. § 125 BGB nichtig sein, wenn zum Abschluß eines Vertrags über die Gründung einer stillen Gesellschaft notarielle Beurkundung vorgeschrieben ist. Dies müßte im Gesetz (§§ 230 ff. HGB) besonders angeordnet sein. Das HGB enthält jedoch insoweit keine besonderen Formvorschriften. Demnach wäre sogar ein zwischen Bertram und Reichmann mündlich abgeschlossener Vertrag formgültig.

Schließlich könnte sich im vorliegenden Fall die Nichtigkeit des Vertrags noch daraus ergeben, daß Reichmann im Zeitpunkt des Vertragsschlusses geschäftsunfähig war. Zwar ist davon auszugehen, daß er volljährig ist und auch nicht unter einer dauernden krankhaften Störung seiner Geistestätigkeit leidet (§ 104 Nr. 2 BGB). Reichmann war jedoch bei seiner Unterschriftsleistung stark betrunken, so daß er sich infolge des Alkoholgenusses im Zustand der *vorübergehenden* Störung seiner Geistestätigkeit befunden hatte. Damit sind alle von ihm während seines Rausches abgegebenen Willenserklärungen gem. § 105 Abs. 2 BGB nichtig. Der Vertrag über die stille Beteiligung des Reichmann an der „Balkan-Im- und Export-GmbH" ist sonach unwirksam.

Fall 8.08: *Adeles Einkauf*

Die siebzehn Jahre alte Adele Müller hat mit Erlaubnis ihrer Eltern die Stelle einer Bürogehilfin angenommen und bekommt am Ende des Monats ihr erstes Gehalt in Höhe von 900,– € netto ausbezahlt. Ihre Eltern haben ihr gestattet, daß sie von ihrem Geld 300,– € zur freien Verfügung behalten darf, den Rest soll sie zu Hause abliefern. In der Emma-Boutique entdeckt Adele einen bezaubernden Ledermantel zum Sonderpreis von 498,– €. Sie erliegt der Verlockung und kauft den Mantel, wobei sie mit dem Inhaber der Boutique, dem Christian, vereinbart, daß sie als Anzahlung 198,– € sofort und den Rest in zwei weiteren Monatsraten à 150,– € abzahlen soll. Die Eltern sind mit diesem verschwenderischen Geschäft nicht einverstanden und sind der Auffassung, daß der Kaufvertrag ungültig sei. Mit Recht?

Lösungshinweis: Das für den Anfänger schwierige Verständnis der Regelung der §§ 107 ff. BGB über die beschränkte Geschäftsfähigkeit von heranwachsenden Personen wird durch die komplizierte Regelung des „Taschengeldparagraphen" in § 110 BGB noch weiter verwirrt. – Wiederholen Sie Grdz. § 8 IV 3, 4!

Musterlösung:

Adele Müller ist mit ihren 17 Jahren erst beschränkt geschäftsfähig; die Gültigkeit der von ihr abgeschlossenen Verträge richtet sich daher nach den §§ 107 ff. BGB. Durch den Abschluß eines Kaufvertrags werden für den Käufer Zahlungsverpflichtungen begründet; der Vertragsschluß mit Christian hat somit der Adele „nicht lediglich einen *rechtlichen* Vorteil" i.S.v. § 107 BGB verschafft. Dabei kommt es nicht darauf an, ob der Kauf besonders günstig und damit für Adele *wirtschaftlich* vorteilhaft war. Adele benötigte daher zum Abschluß dieses Vertrags die Zustimmung ihrer Eltern als gesetzliche Vertreter; diese Zustimmung ist verweigert worden, so daß der gem. § 108 Abs. 1 BGB zunächst schwebend unwirksame Kaufvertrag endgültig nichtig sein könnte.

Die Zustimmung der Eltern könnte allerdings entbehrlich sein, wenn der Abschluß des Kaufvertrags in den Rahmen der gegenständlich beschränkten Geschäftsfähigkeit fällt, die Adele nach § 113 Abs. 1 BGB dadurch erworben hat, daß sie mit Erlaubnis ihrer Eltern ein Arbeitsverhältnis eingegangen ist. Die Geschäftsfähigkeit nach § 113 BGB erstreckt sich jedoch nur auf solche Rechtsgeschäfte, die Adele Müller mit ihrem Arbeitgeber abschließt oder die sonst unmittelbar mit ihrem Arbeitsverhältnis zu tun haben. So kann sie z.B. Lohnzahlungen mit befreiender Wirkung entgegennehmen. Nicht von § 113 BGB gedeckt sind dagegen Geschäfte, die Adele über diesen Lohn mit dritten, am Arbeitsverhältnis selbst nicht beteiligten Rechtssubjekten abschließt. Adele Müller kann daher aus § 113 BGB nicht die Berechtigung herleiten, ohne Zustimmung ihrer Eltern von ihrem Arbeitslohn in der Emma-Boutique Einkäufe zu tätigen.

Der Kaufvertrag könnte noch nach § 110 BGB wirksam sein. Adeles Eltern haben ihr von ihrem Arbeitslohn 300,– € zur freien Verfügung gelassen; mit diesem „Taschengeld" kann sie auch ohne Zustimmung ihrer gesetzlichen Vertreter Geschäfte abschließen. § 110 BGB scheint im vorliegenden Fall anwendbar zu sein, da Adele ihre Zahlungspflichten aus dem Kaufvertrag so geregelt hat, daß sie nicht nur die Anzahlung in Höhe von 198,– €, sondern auch die folgenden Raten von jeweils 150,– € aus dem Teil ihres Lohns bezahlen kann, den sie nicht zu Hause abliefern muß. § 110 BGB setzt jedoch voraus, daß die Gegenleistung aus den zur eigenen Verfügung überlassenen Mitteln „bewirkt", d.h. bereits vollständig bezahlt worden ist, damit das gem. § 107 BGB an sich genehmigungsbedürftige Geschäft als von Anfang an wirksam angesehen werden kann. Damit ist der Abschluß eines Ratenzahlungsvertrags ohne Einwilligung der gesetzlichen Vertreter aufgrund des § 110 BGB nicht möglich, selbst wenn die Teilzahlungsraten aus dem „Taschengeld" beglichen werden könnten. Es bleibt daher bei der Regelung der §§ 107, 108 Abs. 1 BGB: Adeles Kaufvertrag mit Christian ist zunächst schwebend unwirksam und wird, nachdem ihre Eltern ausdrücklich die Zustimmung verweigert haben, endgültig nichtig.

Fall 8.09: *Der übervorsichtige Fahrradhändler*

Dem Emil wird aus Anlaß seines siebzehnten Geburtstags am 6.6. und zur Belohnung für ein gutes Schulzeugnis von seinen Eltern eine Erhöhung seines Taschengelds auf 75,– € bewilligt. Zugleich geben ihm seine Eltern die Erlaubnis, beim Fahrradhändler Ferdinand ein von diesem schon seit längerer Zeit angebotenes, gut erhaltenes Mountain-Bike zum Preis von 300,– € zu kaufen und den Kaufpreis von seinem Taschengeld in monatlichen Raten von 50,– € abzuzahlen. Voller Stolz begibt sich Emil am 7.6. in das Geschäft des Ferdinand, erzählt ihm wahrheitsgemäß den gesamten Sachverhalt und kauft das Fahrrad. Ferdinand läßt den Emil einen schriftlichen Kaufvertrag unterschreiben, nimmt die Anzahlung von 50,– € entgegen und übergibt das Rad unter Eigentumsvorbehalt.

Zwei Tage später kommen dem Ferdinand Bedenken, ob Emil ihm auch die Wahrheit gesagt hat, als er behauptete, seine Eltern seien mit dem Kauf des Mountain-Bike einverstanden. Er schreibt an Emils Eltern einen Brief, schildert den Kaufabschluß vom 7.6. und bittet sie, der „guten Ordnung halber" ihr Einverständnis mit dem Geschäftsabschluß ihres Sohnes auf der Rückseite der Anfrage noch einmal schriftlich zu bestätigen. Emils Eltern sind über das am 10.6. bei ihnen eingegangene Schreiben des Ferdinand höchst erstaunt, da sie davon ausgehen, mit ihrer gegenüber Emil erteilten Erlaubnis sei der Kaufvertrag längst wirksam. Auch kränkt sie das Mißtrauen des Fahrradhändlers in die Wahrheitsliebe ihres Sohnes. Um das Selbstbewußtsein ihres sensiblen Kindes nicht zu kränken, werfen sie das Schreiben des Ferdinand in den Papierkorb, ohne eine Antwort zu geben.

Drei Wochen später wird dem Emil sein Mountain-Bike gestohlen. Er hat jetzt nur noch wenig Lust, weitere fünf Monatsraten von seinem Taschengeld zu opfern und fragt seinen Onkel Kurt, der ein berühmter Rechtsanwalt ist, ob er dem Ferdinand überhaupt noch Geld schuldet. Wie wird die Antwort lauten?

Lösungshinweis: Obwohl die Regelung des § 108 Abs. 2 BGB der Schaffung von Rechtsklarheit dient, kann sie ihren „Pferdefuß" haben, da diese Vorschrift in der Praxis kaum bekannt ist. Sie lernen einen Beispielsfall der Abgabe einer Willenserklärung durch „normiertes“ Schweigen kennen. – Wiederholen Sie Grdz. § 8 IV 3 b; vgl. auch Grdz. § 11 IV 2 bb!

Musterlösung:

Ferdinand könnte von Emil gem. § 433 Abs. 2 i.V.m. § 446 BGB die Zahlung der noch offenen Kaufpreisraten auch für das inzwischen gestohlene Mountain-Bike verlangen, wenn aufgrund des Vertragsschlusses vom 7.6. zwischen ihm und Emil ein gültiger Kaufvertrag zustande gekommen ist. Emil ist mit seinen siebzehn Jahren nur beschränkt geschäftsfähig, er braucht daher zum Abschluß eines Vertrags, der ihm – wie z.B. ein Kaufvertrag – nicht lediglich einen rechtlichen Vorteil bringt, gem. § 107 BGB die Einwilligung seiner Eltern als seiner gesetzlichen Vertreter. Im vorliegenden Fall ist die Zustimmung seiner Eltern auch nicht nach § 110 BGB entbehrlich, weil Emil das Mountain-Bike mit seinem Taschengeld bezahlen soll, denn er hat die von ihm geschuldete Gegenleistung bisher nicht in vollem Umfang „bewirkt“, sondern stattdessen eine Ratenzahlungsverpflichtung gegen sich begründet.

Die Zustimmung der Eltern zu dem Kaufvertrag mit Ferdinand ist bereits am 6.6. an Emils Geburtstag erteilt worden. Gem. § 182 Abs. 1 BGB genügt es, wenn die Eltern die nach § 107 BGB erforderliche Erlaubnis dem Minderjährigen gegenüber erklären. Demnach war das am 7.6. abgeschlossene Geschäft bereits voll wirksam gewesen. Es ist aber noch die Sonderregelung des § 108 Abs. 2 BGB zu beachten: Hiernach hat die Anfrage des Ferdinand vom 10.6. dazu geführt, daß die von Emils Eltern schon erteilte Zustimmung rückwirkend unwirksam wurde mit der Folge, daß der Vertrag vom 7.6. gem. § 108 Abs. 1 BGB nunmehr erneut schwebend unwirksam wurde und daß die jetzt nochmals erforderliche Genehmigung von Emils Eltern nur gegenüber Ferdinand erklärt werden konnte. Da innerhalb der Zweiwochenfrist des § 108 Abs. 2 Satz 2 BGB, also bis zum 24.6., bei Ferdinand keine Antwort auf seine Anfrage eingegangen war, wird kraft Gesetzes unterstellt, daß die Eltern die Genehmigung verweigern. Sonach ist der Kaufvertrag vom 7.6. endgültig unwirksam geworden.

Onkel Kurt wird deshalb dem Emil den Rat geben, daß er die noch offenen Raten nicht mehr zu bezahlen braucht und sogar noch gem. § 812 Abs. 1 Satz 1 BGB von Ferdinand die Rückerstattung seiner Anzahlung verlangen kann. Der wirtschaftliche Schaden aus dem Diebstahl des Fahrrads geht damit im Ergebnis allein zu Lasten des Ferdinand.

Fall 8.10: *Die Schwarzfahrt*

Auf der Heimfahrt von einem Schülersportfest wird die fünfzehnjährige Marietta in der Hamburger S-Bahn ohne gültigen Fahrausweis angetroffen. Marietta hat das Fahrgeld, das ihr ihre Eltern gegeben hatten, noch in der Tasche; sie gibt an, „vergessen“ zu haben, sich einen Fahrschein zu lösen. Unter Hinweis auf § 9 ihrer von der zuständigen Aufsichtsbehörde genehmigten „Allgemeinen Beförderungsbedingungen (ABB)“, wonach jeder Fahrgast zur Zahlung eines „Strafgeldes“ von 30,– € verpflichtet ist, wenn er auf Verlangen keinen gültigen Fahrausweis vorlegen kann, fordert die Hamburger Hochbahn AG von Mariettas Eltern den Betrag von 30,– €. Diese erklären jedoch, daß sie mit der Schwarzfahrt ihrer Tochter niemals einverstanden gewesen wären und diese auch jetzt nicht genehmigen. Sie verweigern daher die Zahlung der Vertragsstrafe. Mit Recht?

Lösungshinweis: Weitere Probleme bei Rechtsgeschäften mit beschränkt geschäftsfähigen Personen ergeben sich bei Situationen, in denen bestimmte Formen sozialtypischen Verhaltens als „stillschweigender" Abschluß von Leistungsverträgen fingiert werden (vgl. schon oben Fall 6.02). – Wiederholen Sie Grdz. § 5 III 1 d; § 6 IV 2; § 8 IV 3 b!

Musterlösung:

Zwischen der Hamburger Hochbahn AG und Mariettas Eltern sind offensichtlich keine unmittelbaren vertraglichen Rechtsbeziehungen zustande gekommen; ein Vertrag und ein hieraus abzuleitender Zahlungsanspruch kann nur im Verhältnis zu Marietta bestehen, deren Rechte und Pflichten im vorliegenden Fall durch ihre Eltern als gesetzliche Vertreter wahrgenommen werden.

Die Hamburger Hochbahn AG hätte gegen Marietta einen Anspruch auf Zahlung der Vertragsstrafe von 30,– €, wenn zwischen ihr und dem Mädchen ein Beförderungsvertrag besteht, in dem auch ein Strafversprechen gem. § 339 BGB vereinbart worden ist. Der Vertragsschluß zwischen Marietta und der Hamburger Hochbahn AG könnte dadurch erfolgt sein, daß diese die S-Bahn bestiegen und tatsächlich benutzt hatte. Die Leistungen der öffentlichen Verkehrsmittel können üblicherweise nur zu den vom Betreiber festgelegten Vertragsbedingungen in Anspruch genommen werden. Das Vorhalten und der Betrieb der Transporteinrichtung bringt sonach durch schlüssiges Handeln das Angebot des Unternehmers – hier der Hamburger Hochbahn AG – zum Abschluß eines Beförderungsvertrags zum Ausdruck; wer die S-Bahn besteigt, erklärt seinerseits stillschweigend die Annahme dieses Angebots und führt so den Vertragsschluß herbei. Dabei kommt es nicht darauf an, daß Marietta den geheimen Vorbehalt hatte, eine Schwarzfahrt zu machen und das festgelegte Fahrgeld nicht zu zahlen (§ 116 Satz 1 BGB). Einzelheiten des Vertrags hat die Hamburger Hochbahn AG durch Allgemeine Geschäftsbedingungen – ihre ABB – geregelt. Diese ABB sind an allen Haltestellen und auch im Inneren der Waggons für jedermann lesbar bekannt gemacht und sonach gem. § 305 Abs. 2 BGB zum Bestandteil der jeweils individuell abgeschlossenen Beförderungsverträge geworden.

Allerdings ist Marietta noch minderjährig. Da durch den Abschluß des Vertrags eine Zahlungsverpflichtung begründet wurde, erlangt sie durch den Vertragsschluß nicht nur einen rechtlichen Vorteil. Gem. § 107 BGB konnte sie sonach die Annahme des Vertragsangebots der Hamburger Hochbahn AG nur mit Einwilligung ihrer Eltern erklären. Diese Einwilligung könnten ihr ihre Eltern im vorliegenden Fall dadurch erteilt haben, daß sie Marietta das Fahrgeld für die S-Bahn-Fahrt ausgehändigt hatten. Die Eltern stehen indessen auf dem Standpunkt, daß sie dem Abschluß eines *ordnungsgemäßen* Beförderungsvertrags zugestimmt, d.h. nur in die Benutzung der S-Bahn nach vorherigem Lösen einer Fahrkarte und nicht auch in die von Marietta tatsächlich versuchte Schwarzfahrt mit den damit verknüpften schwerwiegenden Rechtsfolgen eingewilligt haben. Es muß daher geklärt werden, ob es Mariettas Eltern möglich ist, ihre Einwilligung davon abhängig zu machen, daß ihre Tochter beim Abschluß des Geschäfts bestimmte Bedingungen einhält. Wie sich aus § 110 BGB ergibt, führt die Überlassung von Mitteln zur freien Verfügung oder – wie im vorliegenden Fall – zu einem bestimmten Zweck nur dann zu einem wirksamen Vertragsschluß des/der Minderjährigen, wenn die geschuldete Gegenleistung mit den überlassenen Mitteln auch tatsächlich bewirkt worden ist. Die Eltern als gesetzliche Vertreter haben es daher in der Hand, ihre Einwilligung zu einem Geschäft ihres Kindes mit der Auflage zu verknüpfen, daß es die dann geschuldete Gegenleistung korrekt mit dem ihm zu diesem Zweck zur Verfügung gestellten Geld erfüllt. Da Marietta im vorliegenden Fall von dieser Bedingung abgewichen ist, war ihr Verhalten, das bei einem Volljährigen zum Vertragsschluß geführt hätte, von der elterlichen Erlaubnis nicht mehr gedeckt. Der zunächst schwebend unwirksam abgeschlossene Beförderungsvertrag ist dann durch die Erklärung von Mariettas Eltern, daß sie die Schwarzfahrt nicht genehmigen, endgültig unwirksam geworden.

Damit kann sich die Hamburger Hochbahn AG gegenüber Marietta auch nicht auf § 9 ihrer ABB berufen, denn die Anwendung von Allgemeinen Geschäftsbedingungen setzt voraus, daß es überhaupt zu einem Vertragsschluß gekommen ist.

Zu erwägen bleibt noch, ob Mariettas Eltern mit der nachträglichen Verweigerung ihrer Zustimmung gegen Treu und Glauben verstoßen, denn mit ihrem Verhalten hindern sie die Hamburger Hochbahn AG daran, gegen Marietta angemessene Sanktionen für ihr unkorrektes Verhalten zu verhängen, so daß die Eltern ihr Kind bei seinem rechtswidrigen Tun letztlich sogar noch decken. Auch öffnet diese Beurteilung einer mißbräuchlichen Benutzung von öffentlichen Verkehrsmitteln durch Minderjährige geradezu Tür und Tor, da den Betreibern die Möglichkeit genommen wird, sich durch die Androhung von Vertragsstrafen wenigstens in einem gewissen Umfang gegen die Erschleichung unentgeltlicher Beförderungsleistungen zu schützen. Bei der Beurteilung zivilrechtlicher Rechtsbeziehungen kommt es indessen immer nur auf die Abwägung der Interessen der unmittelbar am Rechtsverhältnis Beteiligten an, nicht dagegen auf mögliche Vorbildfunktionen gegenüber der Allgemeinheit. Dies zu bedenken und durch geeignete Regelungen zu steuern ist Sache des Gesetzgebers. Betrachtet man aber den vorliegenden Fall aus dieser engeren Sicht, so ist zunächst festzuhalten, daß zwischen Mariettas Eltern und der Hamburger Hochbahn AG überhaupt keine unmittelbaren Vertragsbeziehungen bestehen, die diese nach Treu und Glauben zur Rücksichtnahme auf die Interessen der Verkehrsgesellschaft verpflichten würden. Die Eltern durften (und mußten) sich bei ihrer Entscheidung über die Genehmigung des von ihrer Tochter abgeschlossenen Rechtsgeschäfts allein von der Erwägung leiten lassen, was im konkreten Fall für ihr Kind den größten Vorteil bot. Dies konnte nur die Verweigerung der Zustimmung sein, denn damit wurden die nachteiligen Vermögensfolgen des von Marietta leichtfertig eingegangenen Geschäfts für sie vermieden. Daß hieraus für die Hamburger Hochbahn AG Vermögensschäden erwachsen, liegt im System der §§ 107 ff. BGB begründet, welches dem Schutz Minderjähriger im Rechtsverkehr besondere Priorität einräumt.

Marietta ist sonach nicht verpflichtet, das in § 9 ABB angedrohte Strafgeld an die Hamburger Hochbahn AG zu zahlen.

III. Wiederholungsfragen

1. Warum schreibt das Gesetz für bestimmte Rechtsgeschäfte besondere Formerfordernisse vor? (Grdz. § 8 I 1)	Formerfordernisse haben einmal eine *Warn*funktion, indem sie die Handelnden auf die Tragweite des von ihnen vorbereiteten Rechtsgeschäfts aufmerksam machen, und zum anderen eine *Klarstellungs*funktion, indem sie den genauen Wortlaut der getroffenen Absprachen fixieren und für die Zukunft beweisbar erhalten.
2. Welche Formtypen unterscheidet das BGB? (Grdz. § 8 I 2)	Das BGB kennt die (einfache) schriftliche Form (§§ 126, 127), die notarielle Beurkundung (§ 128 i.V.m. §§ 6 ff. BeurkG), die öffentlich beglaubigte Erklärung (§ 129) sowie neuerdings die elektronische Form (§ 126 a BGB) und die Textform (§ 126 b BGB).

3. Ist es für die Einhaltung der gesetzlichen Schriftform erforderlich, daß der Erklärende den Text der von ihm abgegebenen Willenserklärung selbst formuliert und schriftlich niedergelegt hat? (Grdz. § 8 I 2 a)	Nein. Die Schriftform ist gewahrt, wenn der Erklärende eine (von ihm selbst oder von anderen gefertigte) Urkunde mit dem Text der von ihm als seine Willensbekundung anerkannten Erklärung eigenhändig mit seinem Namen unterschrieben oder seinem notariell beglaubigten Handzeichen versehen hat. Lediglich beim privatschriftlichen Testament muß der Text der gesamten letztwilligen Verfügung vom Testator eigenhändig (d.h. ohne mechanisches Hilfsmittel wie z.B. eine Schreibmaschine) *ge*schrieben und *unter*schrieben sein (§ 2247 BGB).
4. Welche Rechtswirkungen hat eine nicht in der vorgeschriebenen Form abgegebene Willenserklärung? (Grdz. § 8 I 3 a)	Rechtsgeschäfte, die nicht in der durch Gesetz angeordneten Form vorgenommen worden sind, sind gem. § 125 BGB nichtig.
5. Worin besteht der Unterschied zwischen der Anfechtbarkeit und der Nichtigkeit eines Rechtsgeschäfts? (Grdz. § 7 III 4 a; § 8 I 3 a)	Ein *anfechtbares Rechtsgeschäft* ist so lange gültig und wirksam, bis es durch fristgerechte – i.d.R. empfangsbedürftige – Willenserklärung des Anfechtungsberechtigten angefochten wird; erst von diesem Moment an ist es als von Anfang an nichtig anzusehen (§ 142 BGB). Der Anfechtungsberechtigte hat es daher allein in der Hand, aus der Anfechtbarkeit des Rechtsgeschäfts die Konsequenzen zu ziehen. Das *nichtige Rechtsgeschäft* ist dagegen von Anfang an unwirksam; dieser Mangel ist von jedermann, der mit dem Rechtsgeschäft in Berührung kommt, zu beachten und kann auch von jedermann geltend gemacht werden.
6. Gibt es Möglichkeiten, Formfehler zu heilen? (Grdz. § 8 I 3 b, c)	In einer Reihe von Fällen, die jeweils im Gesetz besonders geregelt sein müssen (vgl. z.B. §§ 311 b Abs. 1 Satz, 766 Satz 2 BGB), führt die tatsächliche Erfüllung des an sich nichtigen Vertrags dazu, daß der Mangel der Form geheilt wird. Nach § 140 BGB besteht ferner unter Umständen die Möglichkeit, ein formnichtiges Rechtsgeschäft in ein anderes, im wesentlichen den gleichen wirtschaftlichen Erfolg sicherndes Rechtsgeschäft umzudeuten, das weniger strengen Formvorschriften unterliegt und daher auch in der tatsächlich benutzten Form gültig wäre. Schließlich kann ein formnichtiges Rechtsgeschäft unter Wahrung der vorgeschriebenen Form wiederholt und sonach bestätigt werden; wegen der Regelung des § 141 Abs. 1 BGB hat dies allerdings nur bei Verträgen die Wirkung einer Heilung des Formmangels.
7. Welcher Zusammenhang besteht zwischen Formzwang und dem Grundsatz von Treu und Glauben? (Grdz. § 8 I 3 d)	Unter sehr engen Voraussetzungen kann es gegen Treu und Glauben verstoßen, wenn sich der Partner eines Rechtsgeschäfts auf Formmängel und dessen daraus abzuleitende Nichtigkeit beruft. In diesem Falle ist der Formverstoß unbeachtlich; das Geschäft wird so behandelt, als ob es in der gesetzlich vorge-

schriebenen Form vorgenommen worden wäre. Auch kann derjenige, der für den Formverstoß verantwortlich ist, gegenüber dem anderen Teil unter dem Gesichtspunkt der Haftung für Verschulden beim Vertragsschluß nach §§ 311 Abs. 2, 241 Abs. 2 BGB schadensersatzpflichtig sein.

8. Worin unterscheidet sich ein Geschäft, das gegen die guten Sitten verstößt, von einem Geschäft, das durch arglistige Täuschung oder Drohung zustande gekommen ist? (Grdz. § 7 IV 3; § 8 II 3)

Im ersteren Fall leidet das Geschäft unter einem inhaltlichen Mangel, es ist daher gem. § 138 Abs. 1 BGB nichtig. Arglistige Täuschung oder Drohung führt dagegen zu einem Willensmangel und macht das Geschäft bereits aus diesem Grund anfechtbar, ohne daß es noch auf den konkreten Inhalt der durch die unerlaubte Manipulation beeinflußten Willenserklärung ankommt.

9. Führt jeder Verstoß gegen ein gesetzliches Verbot nach § 134 BGB zur Nichtigkeit des Rechtsgeschäfts? (Grdz. § 8 II 1)

Nichtig ist das Geschäft nur dann, wenn sich das Verbot gegen den mit dem Geschäft bezweckten Erfolg und nicht nur gegen bestimmte Umstände des Geschäftsabschlusses richtet. Ein Kriterium hierfür kann insbesondere sein, daß durch den Abschluß des Geschäfts nur einer der beiden Partner verbotswidrig handelt.

10. Wie ist der Begriff der guten Sitten in § 138 Abs. 1 BGB definiert; handelt es sich hierbei in erster Linie um eine Angelegenheit der Sexualsphäre (der „Sittlichkeit“)? (Grdz. § 8 II 2)

Ein Rechtsgeschäft verstößt gegen die guten Sitten, wenn es „das Anstandsgefühl aller billig und gerecht Denkenden“ verletzt. Dabei deckt der Begriff „Sitte“ den gesamten Bereich der herrschenden Rechts- und Sozialmoral ab, insbesondere auch die Grundregeln eines fairen Geschäftsverkehrs. Ein Verstoß gegen die guten Sitten kann sich aus dem Verhalten gegenüber dem Geschäftspartner, aber auch aus den Auswirkungen der konkreten Geschäftsausgestaltung auf die Gemeinschaft oder auf betroffene Dritte ergeben. In letzterem Fall können auch Eingriffe in die Sexualsphäre von § 138 Abs. 1 BGB erfaßt sein, wobei allerdings zu beachten ist, daß gegenwärtig die Normen einer von der Allgemeinheit noch als verbindlich anerkannten öffentlichen Sexualmoral einer starken Wandlung unterworfen sind.

11. Würde z.B. ein Leihmuttervertrag, durch den sich eine Frau gegen Bezahlung verpflichtet, die in vitro befruchtete Eizelle einer anderen Frau in ihre Gebärmutter einpflanzen zu lassen, den Embryo auszutragen und nach der Geburt das Kind an die Frau abzugeben, von der die Eizelle stammt, gegen die guten Sitten verstoßen? (Grdz. § 8 II 3)

Ein solcher Vertrag würde nach den in der BRD herrschenden Vorstellungen gem. § 138 Abs. 1 BGB nichtig sein, da durch ihn Gemeinschaftsgüter verletzt werden. Es würde nämlich sowohl mit der durch Art. 1 Abs. 1 GG unter den besonderen Schutz des Staates gestellten Würde des Menschen unvereinbar sein als auch dem durch Art. 6 Abs. 1 GG gewährleisteten Schutz von Ehe und Familie als Institution widersprechen, wenn auf diese Weise die Geburt eines Menschen kommerzialisiert werden könnte.

12. Was bedeutet die Teilnichtigkeit eines Rechtsgeschäfts; welche Regeln kennt das BGB für diesen Fall? (Grdz. § 8 III)

Insbesondere bei einem aus mehreren Absprachen zusammengesetzten Vertrag können formelle oder inhaltliche Mängel auf einen Teil der getroffenen Abreden beschränkt sein. Für diesen Fall bestimmt § 139 BGB als Regel, daß gleichwohl das gesamte Geschäft nichtig ist. Ausnahmsweise bleiben jedoch die nicht mit Mängeln behafteten Teile gültig, wenn der Wille der Parteien unterstellt werden kann, daß sie das Rechtsgeschäft auch ohne die nichtigen Teile vorgenommen hätten.

13. Welche Auswirkungen hat die Unwirksamkeit einzelner Klauseln in Allgemeinen Geschäftsbedingungen? (Grdz. § 6 IV 5; § 8 III)

Abweichend von der Regel des § 139 BGB legt § 306 Abs. 1 BGB fest, daß in diesem Fall der Vertrag im übrigen wirksam bleibt und anstelle der unwirksamen Klauseln das Gesetz anzuwenden ist. Nur ausnahmsweise führt gem. § 306 Abs. 3 BGB die Nichtigkeit einzelner Klauseln zur Unwirksamkeit des gesamten Vertrags, wenn ohne die Klauseln auch bei Anwendung der dann eingreifenden gesetzlichen Bestimmungen das Festhalten am Vertrag für eine Partei eine unzumutbare Härte bedeuten würde.

14. Inwieweit können geschäftsunfähige oder in der Geschäftsfähigkeit beschränkte Personen für sich selbst handeln? (Grdz. § 8 IV)

Geschäftsunfähige Personen können gem. § 105 Abs. 1 BGB überhaupt keine Rechtsgeschäfte vornehmen. In der Geschäftsfähigkeit beschränkte Personen können bereits selbst rechtsgeschäftlich handeln, die Wirksamkeit der von ihnen abgegebenen Willenserklärungen richtet sich dann aber nach den §§ 107 ff. BGB.

15. Wonach bestimmt es sich, ob die Abgabe einer Willenserklärung durch einen Minderjährigen für ihn i.S.v. § 107 BGB „vorteilhaft" ist? (Grdz. § 8 IV 3 a)

§ 107 BGB stellt darauf ab, ob der Minderjährige ein Rechtsgeschäft vornimmt, durch das er „lediglich einen rechtlichen Vorteil erlangt"; d.h. er darf durch das Geschäft nur neue Rechte erwerben, aber keine bestehenden Rechte verlieren oder irgendwelche Verbindlichkeiten gegen sich begründen. Daß das Geschäft ihm einen wirtschaftlichen Vorteil bringen würde, reicht nicht aus, solange dieser Vorteil mit einem Rechtsverlust oder der Übernahme einer Verbindlichkeit erkauft werden muß.

16. Wann muß die nach § 107 BGB notwendige Zustimmung des gesetzlichen Vertreters vorliegen? (Grdz. § 8 IV 3 b)

Bei einseitigen Rechtsgeschäften muß gem. § 111 BGB die Zustimmung bereits im Zeitpunkt der Abgabe der Willenserklärung durch den Minderjährigen vorliegen. Beim Abschluß eines Vertrags kann die Zustimmung zum Geschäft sowohl im voraus *(Einwilligung)* als auch noch nachträglich *(Genehmigung)* erteilt werden (§ 108 Abs. 1 BGB).

17. Wie kann der Geschäftspartner sich Gewißheit darüber verschaffen, daß der Minderjährige das Geschäft mit Zustimmung seiner gesetzlichen Vertreter vornimmt? (Grdz. § 8 IV 3 b, bb)

Bei einem einseitigen Rechtsgeschäft kann er die Vorlage einer schriftlichen Erklärung der gesetzlichen Vertreter verlangen und, wenn ein solcher Nachweis nicht geführt werden kann, die Willenserklärung des Minderjährigen als unwirksam zurückweisen (§ 111 Satz 2 BGB). Bei einem Vertrag kann er die gesetzlichen Vertreter gem. § 108 Abs. 2 BGB zur Erklärung über die Genehmigung auffordern. In diesem Fall wird eine gegebenenfalls schon bereits erteilte Einwilligung unwirksam; es ist nur noch maßgebend, was die gesetzlichen Vertreter von nun an gegenüber dem Geschäftspartner selbst erklären. Antworten sie nicht innerhalb von zwei Wochen auf die Anfrage, so gilt die Genehmigung als verweigert und der Vertrag ist nichtig, selbst wenn die gesetzlichen Vertreter bereits zuvor gegenüber dem Minderjährigen ihre Einwilligung zum Vertragsschluß erklärt haben sollten.

18. Ist der gute Glaube an die Geschäftsfähigkeit einer Person oder an das Vorliegen der Zustimmung des gesetzlichen Vertreters geschützt? (Grdz. § 8 IV 3 b)

Nein. Die Sicherstellung einer korrekten gesetzlichen Vertretung für nicht voll geschäftsfähige Personen genießt uneingeschränkten Vorrang vor dem Schutz des redlichen Geschäftsverkehrs.

19. Was bedeutet der Taschengeldparagraph? (Grdz. § 8 IV 3 b, bb)

§ 110 BGB unterstellt, daß die gesetzlichen Vertreter mit der Überlassung von Geldmitteln zur freien Verfügung zugleich dem Minderjährigen die Zustimmung zum Abschluß derjenigen Geschäfte erteilt haben, die er mit diesem Geld unmittelbar bezahlen kann.

20. Wie unterscheiden sich beschränkte und gegenständlich beschränkte Geschäftsfähigkeit? (Grdz. § 8 IV 3, 4)

Die *beschränkte* Geschäftsfähigkeit ermöglicht den eigenständigen Abschluß nur von solchen Geschäften, die für den Minderjährigen lediglich rechtlich vorteilhaft sind, und macht im übrigen die Wirksamkeit seiner Willenserklärung von der Zustimmung der gesetzlichen Vertreter abhängig. Die in den §§ 112, 113 BGB geregelte *gegenständlich beschränkte* Geschäftsfähigkeit verleiht einem Minderjährigen, dem seine gesetzlichen Vertreter die Ermächtigung zum selbständigen Betrieb eines Erwerbsgeschäfts oder zum Eintritt in ein Dienst- oder Arbeitsverhältnis erteilt haben, die Fähigkeit zum eigenständigen Abschluß der meisten in diesen Tätigkeitsbereichen anfallenden Rechtsgeschäfte.

§ 9. Das Recht der Stellvertretung

I. Was Sie über die gewillkürte Stellvertretung lernen müssen

Zum Abschluß Ihrer Beschäftigung mit der Rechtsgeschäftslehre lernen Sie mit der gewillkürten Stellvertretung eine Möglichkeit kennen, dritte Personen in den Abschluß eines Rechtsgeschäfts einzuschalten. Damit kann der eigentliche Partner des Rechtsgeschäfts den eigenen rechtsgeschäftlichen Wirkungskreis erweitern, indem er andere Personen für sich handeln läßt. Sie müssen sich zunächst mit dem **Anwendungsbereich** dieses Rechtsinstituts vertraut machen, der nicht unbegrenzt ist; ein besonderes Problem stellt in diesem Zusammenhang das **Verbot des Selbstkontrahierens** dar. Die Stellvertretung ist überdies nicht die einzige Rechtsform, dritte Personen beim Abschluß eines Rechtsgeschäfts ins Spiel zu bringen: So gibt es einen wichtigen Unterschied zwischen Stellvertreter und **Boten;** Fall 9.01 zeigt dessen Tragweite. An anderer Stelle werden Sie dann noch den **Vertragsschluß zugunsten Dritter** (Grdz. § 10 VI) und die **Ermächtigung zur Verfügung über fremde Rechte** kennen lernen (Grdz. § 17 I 4 b). Sie können die Rechtsfigur der Stellvertretung am besten an ihren beiden charakteristischen Merkmalen erkennen: Der Stellvertreter realisiert in vollem Umfang in **eigener** Person den subjektiven und den objektiven Tatbestand einer Willenserklärung und **legt offen**, daß er diese Willenserklärung für einen anderen abgibt. An diese Grundstruktur knüpfen zwei Problemkreise an: Die in **§ 166 BGB** geregelte Frage, auf wessen Person es bei einem Stellvertretergeschäft ankommt, wenn Willensmängel oder die für den Erfolg des Rechtsgeschäfts wesentliche Kenntnis bestimmter Umstände zur Diskussion stehen, und inwieweit im konkreten Einzelfall das Erfordernis der **Offenkundigkeit des Stellvertreterhandelns** von Bedeutung ist.

Für das Verständnis des Rechtsinstituts der Stellvertretung ist es wichtig, daß Sie sich zwischen der **Vertretungsmacht** des Stellvertreters und der **Vollmacht** als der Willenserklärung, mit der der Geschäftsherr dem für ihn handelnden Stellvertreter die Befugnis zum Tätigwerden in seinem Geschäftskreis verleiht, unterscheiden lernen. Sie müssen beachten, daß **Erteilung** und **Widerruf** der Vollmacht eigene (einseitige) Rechtsgeschäfte sind; darauf beruht z.B. die Lösung des Falles 9.02. Die Rechtsordnung räumt insoweit dem Vollmachtgeber weitgehende Gestaltungsmöglichkeiten ein. Dasselbe wiederholt sich bei der Festlegung des **Umfangs** der Vertretungsmacht. Auf diese Weise können für den dritten Geschäftspartner erhebliche Unsicherheiten entstehen. Sie sind inzwischen schon so gut geschult, daß sich damit für Sie automatisch die Frage nach dem Schutz des **guten Glaubens an den Bestand und den Umfang der Vertretungsmacht** stellt. Zwar gilt insoweit der Grundsatz, daß der redliche Geschäftsverkehr nur sehr begrenzt geschützt ist; mit den Begriffsprägungen der **Duldungsvollmacht** und der **Anscheinsvollmacht** lernen Sie dann allerdings zwei Regelungsansätze kennen, mit denen die Rechtspraxis über die vorhandenen gesetzlichen Bestimmungen hinaus wenigstens in gewissem Umfang den Interessen eines in das Vorhandensein einer Vollmacht vertrauenden Geschäftspartners Rechnung trägt. Die Fälle 9.03 und 9.04 bieten Ihnen Anschauungsmaterial zu diesem praktisch wichtigen Thema.

Eine der am häufigsten auftretenden Fehlerquellen bei der Beurteilung von Stellvertretergeschäften beruht auf der ungenügenden Differenzierung zwischen der **Außenwirkung** des Stellvertreterhandelns und den **Innenrechtsbeziehungen** des Vollmachtgebers mit dem Stellvertreter. Die Regelung der §§ 164 ff. BGB geht vom Grundsatz der Abstraktheit der Vollmacht aus und beschäftigt sich lediglich mit dem Außengeschäft, das der Stellvertreter im Namen des Vollmachtgebers abgeschlossen hat. Daß aber auch das Innenverhältnis zwischen Geschäftsherrn und Stellvertreter auf den Bestand der Vertretungsmacht durchschlagen kann, zeigt die in Fall 9.03 angesprochene Regelung des § 168 Satz 1 BGB; ein weiteres – allerdings schon sehr kompliziertes – Beispiel findet sich in Fall 9.05.

Zum Grundwissen über das Recht der Stellvertretung gehört schließlich noch die Kenntnis der Rechtsfolgen, die vorgesehen sind, wenn eine Person, die als Vertreter eines anderen zu handeln vorgibt, tatsächlich aber entweder zu diesem Geschäft überhaupt nicht bevollmächtigt ist oder hierbei den Rahmen ihrer Vollmacht überschreitet (und auch keine der nur ausnahmsweise anwendbaren Regeln über den Schutz des guten Glaubens an eine Vollmacht eingreifen). Sie können die Vorschriften der §§ 177 bis 179 BGB über den **Vertreter ohne Vertretungsmacht** am besten verstehen, wenn Sie sich vergegenwärtigen, daß das Gesetz in zwei Stufen vorgeht: Zunächst werden Möglichkeiten aufgezeigt, das Geschäft durch Genehmigung des angeblichen Vollmachtgebers doch noch zustande zu bringen. Greift diese Lösung nicht, so stellt sich die Frage, auf welche Weise derjenige, der ohne die erforderlichen Vollmachten gehandelt hat, für das von ihm abgeschlossene Geschäft einzustehen hat. In Fall 9.07 können Sie die Handhabung dieser Vorschriften üben.

II. Übungsfälle

Fall 9.01: *Der nachlässige Geselle*

Der Bauunternehmer Anton benötigt dringend eine Partie Stabstahl, Durchmesser 15 mm. Da das Telefax-Gerät nicht funktioniert und zu allem Unglück auch noch der Einkaufsleiter der Firma in Urlaub ist, schickt Anton den zufällig im Büro anwesenden Baugesellen Fridolin zur Ferrum-AG, mit der er in ständigen Geschäftsbeziehungen steht, um die Bestellung der benötigten Menge und Qualität mündlich „an den Mann zu bringen". Fridolin hat jedoch nicht richtig hingehört, so daß er den Auftrag durcheinander bringt und bei der Ferrum-AG Stabstahl mit einem Durchmesser von 12 mm bestellt. So wird das

Material auch bei der Baustelle angeliefert. Anton weist die Lieferung mit dem Bemerken zurück, Fridolin habe sich nicht an seine Anweisungen gehalten; Stabstahl mit einem geringeren Durchmesser als 15 mm könne er nicht gebrauchen.

Die Ferrum-AG verlangt von Anton wenigstens Erstattung ihrer Kosten für die Bearbeitung der Bestellung und für die Anlieferung des Stahls zur Baustelle, die sie mit 5.000,– € beziffert. Mit Recht?

Lösungshinweis: Die praktische Bedeutung der Unterscheidung zwischen der Abgabe einer Willenserklärung durch einen Boten und dem Abschluß eines Rechtsgeschäfts durch einen Stellvertreter zeigt sich dann, wenn die Mittelsperson von ihrem Auftrag abweicht. – Wiederholen Sie Grdz. § 7 III 2 b, 3 c; § 9 II 2!

Musterlösung:

Die Ferrum-AG könnte von Anton gem. § 122 Abs. 1 BGB Ersatz ihrer Spesen verlangen. Dies wäre dann der Fall, wenn Fridolin die Bestellung für Stabstahl mit 12 mm Durchmesser als Bote des Anton übermittelt hatte, so daß durch die Annahme dieser Bestellung tatsächlich ein Kaufvertrag abgeschlossen worden ist, den Anton inzwischen gem. § 120 BGB wegen falscher Übermittlung angefochten hat. Handelte Fridolin dagegen als Vertreter des Anton, so liegt ein Stellvertretergeschäft vor, bei dem Fridolin seine Vertretungsmacht überschritten hatte. Hier würde sich die Frage, ob zwischen der Ferrum-AG und Anton wegen des Stabstahls überhaupt ein Kaufvertrag abgeschlossen worden ist, nach § 177 Abs. 1 BGB richten. Nachdem Anton es inzwischen abgelehnt hat, die Bestellung des Fridolin nachträglich zu genehmigen, wäre es nicht zu Geschäftsbeziehungen mit Anton gekommen. Damit würde der Ferrum-AG gegen Anton auch keine Anspruchsgrundlage für den Ersatz ihrer Geschäftsunkosten zustehen; sie müßte sich gem. § 179 BGB allein an Fridolin als Schuldner halten.

Jemand tritt als Bote für einen anderen auf, wenn er dessen Willenserklärung zu übermitteln vorgibt; ein Stellvertreter schließt dagegen das Rechtsgeschäft durch seine eigene Willenserklärung selbst ab, wenn auch im Namen eines anderen. Der Fall ist mithin danach zu entscheiden, ob die für die Entgegennahme von Bestellungen verantwortlichen Mitarbeiter der Ferrum-AG den Fridolin für einen Erklärungsboten des Anton oder für dessen Stellvertreter halten mußten. Es handelte sich um den Abschluß eines Kaufvertrags über eine nach Art und Menge genau beschriebene Ware; es ist auch davon auszugehen, daß der Preis für den Stabstahl anhand der Preislisten der Ferrum-AG von vornherein festlag. Damit hatte der Fridolin bei der Abgabe seiner Erklärung gegenüber der Ferrum-AG keinerlei Handlungsspielraum; er hatte praktisch nur das zu tun, was ihm Anton aufgetragen hatte. Dies spricht dafür, den Fridolin lediglich als Boten des Anton bei der Übermittlung eines von diesem festgelegten Vertragsangebots anzusehen. Hinzu kommt noch, daß die eigenständige Bearbeitung von Materialbestellungen nicht in den üblichen Aufgabenbereich des Baugesellen Fridolin fällt, dieser war lediglich zufällig mit dem Geschäftsgang zur Ferrum-AG beauftragt worden, was ebenfalls als ein Indiz dafür gewertet werden kann, daß Fridolin nur als Bote für seinen Chef auftreten sollte. Da die Ferrum-AG mit Anton in ständigen Geschäftsbeziehungen steht, dürfte deren Mitarbeitern die Betriebsorganisation bei Anton wenigstens insoweit vertraut sein, daß diese erkannt hatten, daß diesmal der Auftrag nicht von dem üblicherweise für Bestellungen zuständigen Einkaufsleiter, sondern von einem untergeordneten Arbeiter des Unternehmens übermittelt worden ist. Es ist somit ein Fall der fehlerhaften Übermittlung einer Bestellung durch einen Boten gegeben. Damit war Anton an seine von Fridolin übermittelte Willenserklärung gebunden und konnte sie nur nach

§ 120 BGB anfechten, so daß nunmehr der Ferrum-AG gem. § 122 Abs. 1 BGB ein Anspruch auf Ersatz ihrer Spesen in Höhe von 5.000,– € zusteht.

Fall 9.02: *Wer hat den Ring gekauft?*

Dietrich bietet dem Anton telefonisch den Verkauf eines Brillantrings zu einem besonders günstigen Preis an. Da Anton eine eilige Reise antreten muß, erklärt er dem Dietrich, er werde den Juwelier Hofer schicken, der sich das Schmuckstück ansehen und ggf. für ihn kaufen werde. Hofer geht auftragsgemäß zu Dietrich, um den Ring zu besichtigen. Da es sich in der Tat um ein sehr schönes Stück handelt und Hofer den von Dietrich geforderten Preis noch herunterhandeln kann, schließt er den Kaufvertrag ab und läßt den Ring zunächst unbezahlt bei Dietrich zurück. Bei der Verhandlung über den Kauf gibt Hofer nicht ausdrücklich zu erkennen, ob er das Geschäft für sich oder für Anton tätigt.

Kann Anton nach seiner Rückkehr von Dietrich die Aushändigung des Rings gegen Zahlung des vereinbarten Kaufpreises verlangen? Inzwischen hat sich nämlich Hofer bei Dietrich gemeldet und geltend gemacht, er habe den Ring für sich selbst gekauft und werde ihn demnächst abholen.

Lösungshinweis: Der Fall demonstriert die Notwendigkeit einer eindeutigen Offenlegung des Handelns als Stellvertreter. – Wiederholen Sie Grdz. § 9 II 4, III 2 a!

Musterlösung:

Anton könnte gem. § 433 Abs. 1 BGB von Dietrich Übergabe und Übereignung des Rings verlangen, wenn zwischen den beiden ein Kaufvertrag zustande gekommen ist. Da Anton selbst keinen Vertrag abgeschlossen hat, müßte das Geschäft durch Hofer als Vertreter des Anton vermittelt worden sein. Dazu müssen die Voraussetzungen des § 164 Abs. 1 BGB vorliegen.

Anton hat sowohl gegenüber dem Dietrich als auch gegenüber Hofer erklärt, daß dieser beauftragt sein soll, den von Dietrich angebotenen Ring ggf. für ihn zu kaufen; damit hat er gem. § 167 BGB dem Hofer Vertretungsmacht zum Abschluß des Kaufvertrags erteilt. Zweifelhaft ist allerdings, ob Hofer den Kaufvertrag auch im Namen des Anton abgeschlossen hat. Er selbst hat nicht ausdrücklich erklärt, das Geschäft als Vertreter des Anton abschließen zu wollen. Gem. § 164 Abs. 2 BGB müßte sonach grundsätzlich von einem Handeln des Hofer in eigenem Namen ausgegangen werden. Maßgebend sind jedoch nicht nur die ausdrücklich abgegebenen Erklärungen, sondern die gesamten äußeren Umstände des Geschäftsabschlusses: Dietrich hatte sein Verkaufsangebot nur dem Anton gemacht, dieser hatte den Hofer als seinen Vertreter für den Abschluß des Geschäfts angekündigt und damit gegenüber Dietrich als seinen Bevollmächtigten ausgewiesen. Als Hofer dann tatsächlich erschien und das Geschäft tätigte, konnte Dietrich auch ohne ausdrückliche Offenlegung des Vertretungsverhältnisses davon ausgehen, daß Hofer den Vertrag im Namen des Anton abschloß. Diese besondere Situation war auch dem Hofer bekannt. Wenn er den Kauf für sich selbst tätigen wollte, hätte er daher ausdrücklich betonen müssen, daß er nicht als Vertreter für Anton auftritt. Ohne einen solchen Vorbehalt hatte er gewissermaßen die gesamten äußeren Umstände des Geschäftsabschlusses mit zum Inhalt seiner Erklärung gemacht; sein eigener Wille, den Kauf in Wirklichkeit für sich selbst abzuschließen, bleibt demgegenüber außer Betracht, wie sich im Umkehrschluß aus § 164 Abs. 2 BGB ergibt.

Es ist somit allein zwischen Anton und Dietrich ein Kaufvertrag über den Ring abgeschlossen worden; Anton kann gegen Zahlung des Kaufpreises von Dietrich die Herausgabe und Übereignung des Schmuckstücks verlangen.

Fall 9.03: *Der ungetreue Eckhardt*

Eckhardt, bisher Bürovorsteher des Rechtsanwalts Dr. Justus und in dieser Eigenschaft auch mit dem nicht immer einfachen Geschäft des Inkassos von Honorarforderungen der Anwaltskanzlei betraut, wird am 14.12. fristlos entlassen, weil er Mandantengelder veruntreut hat. Am 15.12. trifft Eckhardt den nichtsahnenden Paul, einen alten „Kunden" des Dr. Justus, der dem Anwalt für eine erfolgreiche Strafverteidigung noch das Honorar von 5.000,– € schuldet. Eckhardt nimmt die Gelegenheit wahr, den Paul an diese Schuld zu erinnern. Paul ist gerade gut bei Kasse und händigt dem Ex-Bürovorsteher diesen Betrag gegen eine von ihm mit: „für Rechtsanwalt Dr. Justus: i.V. Eckhardt" unterzeichnete Empfangsquittung aus. Eckhardt unterschlägt auch diesen Geldbetrag. Muß Dr. Justus gleichwohl die Zahlung des Paul gegen sich gelten lassen?

Lösungshinweis: Der Sachverhalt bietet einen Anwendungsfall des § 168 Satz 1 BGB und führt in die Problematik des Schutzes des guten Glaubens in eine nicht (mehr) vorhandene Vertretungsmacht ein. – Wiederholen Sie Grdz. § 9 III 2 b, 4 b, 5 b; vgl. auch Grdz. § 10 III 1!

Musterlösung:

Nach § 362 Abs. 1 BGB tritt die Erfüllung einer Zahlungsschuld dann ein, wenn der zu leistende Geldbetrag dem Gläubiger der Zahlungsverpflichtung, im vorliegenden Fall also dem Dr. Justus, tatsächlich zugeflossen ist. Dies ist nicht geschehen, denn Eckhardt hat das ihm zur Weitergabe an Dr. Justus ausgehändigte Geld unterschlagen. Demnach scheint die Honorarschuld noch zu bestehen; Paul müßte den Betrag von 5.000,– € noch ein weiteres Mal an Dr. Justus zahlen.

Der Fall wäre anders zu beurteilen, wenn Eckhardt als Stellvertreter des Dr. Justus die Geldsumme entgegengenommen hätte. In diesem Falle würde bereits die Aushändigung des Geldes an Eckhardt zur Erfüllung der Zahlungsschuld geführt haben, gleichgültig, ob der Betrag später auch tatsächlich in das Vermögen des Dr. Justus gelangt ist. Auch die Annahme einer Geldzahlung als Erfüllung einer Schuld ist ein Rechtsgeschäft, bei dem Willenserklärungen abgegeben werden. Es ist daher grundsätzlich möglich, Leistungen an einen Stellvertreter des Gläubigers mit Wirkung für diesen zu erbringen. Wie vor allem aus dem Wortlaut der von Eckhardt ausgestellten Quittung ersichtlich ist, trat dieser dem Paul gegenüber als Stellvertreter des Dr. Justus auf. Als Bürovorsteher des Anwalts hatte er von diesem auch Inkassovollmacht erhalten. Inzwischen ist Eckhardt allerdings von Dr. Justus fristlos entlassen worden; damit ist diese Vollmacht gem. § 168 Satz 1 BGB ohne weiteres erloschen. Bei der Entgegennahme des Geldes handelte Eckhardt daher als Vertreter ohne Vertretungsmacht; er konnte mit Wirkung für Dr. Justus keine Erfüllungsleistungen mehr entgegennehmen.

Paul war jedoch „nichtsahnend", d.h. ihm war die Entlassung des Eckhardt bisher nicht bekannt, so daß er in gutem Glauben sein durfte, daß Eckhardt nach wie vor zum

Inkasso von Honorarforderungen der Anwaltskanzlei befugt sei. Es kommt daher darauf an, ob der gute Glaube des Paul in die Vollmacht des Eckhardt geschützt ist. Dies richtet sich nach den §§ 170 bis 173 BGB. Im vorliegenden Fall kann man davon ausgehen, daß die bisherige Funktion des Eckhardt und die ihm in diesem Zusammenhang erteilte Inkassovollmacht in den Klientenkreisen des Dr. Justus allgemein bekannt war. Ein solcher tatsächlicher Zustand hat dieselbe Wirkung wie die ausdrückliche Erteilung einer Außenvollmacht. Demnach ist im vorliegenden Fall auch die Regelung des § 171 Abs. 2 i.V.m. § 173 BGB anzuwenden; d.h. trotz der Entlassung des Eckhardt wirkte die diesem erteilte Vollmacht zum Inkasso von Honorarforderungen gegenüber Paul noch so lange, bis Dr. Justus in einer an ihn gerichteten Erklärung die Bevollmächtigung widerrufen hatte oder Paul auf andere Weise erfuhr oder hätte wissen müssen, daß Eckhardt nicht mehr bei Dr. Justus beschäftigt und daher auch nicht mehr zur Entgegennahme von Zahlungen für den Anwalt befugt ist. Nach den Angaben des Sachverhalts sind diese Voraussetzungen nicht erfüllt; im Verhältnis zu Paul ist sonach die Inkassovollmacht des Eckhardt noch in Kraft.

Dr. Justus muß daher die am 15.12. erfolgte Zahlung gegen sich gelten lassen und kann das Geld nicht noch einmal von Paul verlangen.

Fall 9.04: *Die ehrgeizige Putzfrau*

Der Boutiquenbesitzer Christian beschäftigt die Reinemachefrau Emma, die sein Ladengeschäft in Ordnung hält, aber heimlich davon träumt, auch einmal als Verkäuferin all der schönen Sachen tätig sein zu können, die sie jeden Tag wegräumen muß. Tatsächlich mischt sich Emma hin und wieder in Verkaufsgespräche ein oder hilft Kundinnen beim Anprobieren, was Christian belustigt über so viel Eifer stillschweigend duldet. Als im Trubel des Weihnachtsgeschäfts niemand auf sie achtet, geht Emma schließlich auf Ganze und verkauft an Frau Überholz, eine gute Kundin des Christian, eine schwarze Seidenrobe, füllt den Kassenzettel ordnungsgemäß aus und bewilligt Frau Überholz auch noch großzügig einen Vorweihnachtsrabatt von 15% auf den an der Ware ausgezeichneten Kaufpreis. Christian ist mit diesem Geschäftsabschluß seiner ehrgeizigen Reinemachefrau keineswegs einverstanden. Ist durch die Aktivitäten der Emma ein Kaufvertrag zwischen Christian und Frau Überholz zu dem von Emma „bewilligten" Kaufpreis abgeschlossen worden?

Lösungshinweis: Die Lösung dieses Sachverhalts beruht auf den in Analogie zu den §§ 170 ff. BGB entwickelten Grundsätzen der Anscheinsvollmacht. – Wiederholen Sie Grdz. § 9 III 4 c!

Musterlösung:

Zwischen Christian und Frau Überholz könnte nur dann ein Kaufvertrag abgeschlossen worden sein, wenn Emma das Geschäft als Stellvertreterin ihres Chefs abgeschlossen hatte. Gem. § 56 HGB gelten Ladenangestellte als bevollmächtigt, stellvertretend für den Ladeninhaber Geschäfte über die im Laden vorhandenen Waren abzuschließen. Emma war jedoch keine Ladenangestellte des Christian, sondern nur als Reinemachefrau beschäftigt; sie war daher nicht bevollmächtigt, mit Kundinnen der Boutique Geschäfte über die dort angebotene Ware abzuschließen.

Emma ist allerdings gegenüber Frau Überholz so aufgetreten, als sei sie im Geschäft als Verkäuferin angestellt. Dies hatte sie auch früher schon getan, ohne daß Christian hiergegen eingeschritten wäre. Christian hatte sonach durch die Duldung des an sich nicht korrekten Verhaltens der Emma als Verkäuferin das Vertrauen seiner Kunden in eine in Wirklichkeit nicht vorhandene Abschlußvollmacht geweckt. Dies rechtfertigt es, in entsprechender Anwendung des der Regelung der §§ 170 bis 172 BGB zugrunde liegenden Rechtsgedankens den guten Glauben in die Bevollmächtigung der Emma zum Abschluß von Verträgen über die im Laden vorhandene Ware zu schützen. Mithin ist kraft der von Christian bewirkten Duldungsvollmacht durch das Handeln der Emma der Kaufvertrag zustande gekommen.

Fall 9.05: *Der leichtfertige Ferdinand*

Bei der Handelsbank Neustadt sind außer dem Direktor drei Prokuristen angestellt, darunter der Ferdinand. Im Dienstvertrag ist geregelt, daß die Prokuristen ohne Zustimmung des Direktors nur im Geschäftsbereich ihrer Abteilung tätig sein dürfen. Ferdinand ist Leiter der Wertpapierabteilung.

In der Zeit von Juni bis Oktober 2002 gab Ferdinand für seinen Freund, den Bauunternehmer Dittmann, namens der Handelsbank gegenüber der Wiederaufbaubank Bürgschaftserklärungen über insgesamt 500.000,– € ab. Dies alles geschah hinter dem Rücken des Direktors. Dem Geschäftsführer Meier der Wiederaufbaubank war dieser Sachverhalt bekannt; er unterließ es jedoch bewußt, beim Direktor der Handelsbank oder bei dem für Kreditgeschäfte zuständigen Prokuristen zurückzufragen, weil er befürchtete, daß dann die Bürgschaft für Dittmann überhaupt verweigert werden würde. Im Dezember wird über das Vermögen des Dittmann das Insolvenzverfahren eröffnet. Muß die Handelsbank aufgrund der von Ferdinand abgegebenen Bürgschaftserklärungen gegenüber der Wiederaufbaubank für die Schulden des Dittmann in Höhe von 500.000,– € aufkommen?

Lösungshinweis: Bei den in ihrem Umfang gesetzlich vertypten Vertretungsbefugnissen, vor allem bei der Prokura, kann es zu einem Auseinanderklaffen zwischen der im Außenverhältnis wirksamen Handlungs*macht* und der im Innenverhältnis festgelegten Handlungs*befugnis* kommen. Der Sachverhalt zeigt, daß wenigstens bei einem kollusiven Zusammenwirken des Geschäftspartners mit dem Stellvertreter beide Kompetenzen in Deckung gebracht werden können. Sie finden außerdem ein Beispiel für die Anwendung des § 166 BGB. – Wiederholen Sie Grdz. § 9 II 3, III 5 d, e; vgl. auch Grdz. § 14 IV 3 a!

Musterlösung:

Die Handelsbank müßte gem. § 765 Abs. 1 BGB als Bürge für die Schulden des Dittmann aufkommen, wenn durch die von Ferdinand abgeschlossenen Geschäfte zwischen der Handelsbank und der Wiederaufbaubank ein Bürgschaftsvertrag zustande gekommen wäre. Ferdinand hat in seiner Eigenschaft als Prokurist als Stellvertreter für die Handelsbank gehandelt. Die ihm durch die Erteilung der Prokura verliehene Vertretungsmacht deckt gem. § 49 Abs. 1 HGB auch derartige Geschäfte, denn die Übernahme von Bürgschaften gehört zum Kreis derjenigen außergerichtlichen Rechtshandlungen, die der Betrieb einer Bank mit sich bringt. Allerdings hatte Ferdinand gegen die Auflage seines Dienstvertrags verstoßen, Geschäfte außerhalb der ihm zugewiesenen Abteilung nur mit Zustimmung des Direktors abzuschließen, so daß seine an sich auf den gesamten Bankbetrieb erstreckte Vertretungsmacht im Innenverhältnis eingeschränkt war. Gem. § 50 Abs. 1 HGB sind jedoch derartige auf internen Absprachen beruhende Beschränkungen des gesetzlichen Umfangs der Prokura dritten Personen gegenüber unwirksam. Ferdinand hat zwar durch seine Verhaltensweise gegen Dienstpflichten aus seinem Arbeitsvertrag mit der Bank verstoßen und wird sich dafür verantworten müssen; das von ihm pflichtwidrig abgeschlossene Geschäft würde aber für die Handelsbank bindend bleiben.

Im vorliegenden Fall wußte jedoch der Geschäftsführer Meier der Wiederaufbaubank, daß Ferdinand nicht befugt war, Geschäfte außerhalb des Zuständigkeitsbereichs seiner Abteilung abzuschließen. Es war ihm auch bekannt, daß Ferdinand aus Freundschaft zu Dittmann hinter dem Rücken seines Bankdirektors handelte. Gleichwohl hatte er es bewußt vermieden, die zuständigen Personen der Handelsbank zu informieren, weil er befürchten mußte, daß dann die Bürgschaften für Dittmann nicht mehr erteilt werden würden. Somit hat Meier mit Ferdinand bewußt zum Nachteil der Handelsbank zusammengewirkt, um sich (bzw. seiner Bank) aus dessen Kompetenzüberschreitung Vorteile zu verschaffen. Ein solches kollusives Zusammenwirken zwischen Stellvertreter und Geschäftspartner zum Nachteil des Vertretenen verstößt gegen die guten Sitten mit der Folge, daß der unter solchen Umständen abgeschlossene Bürgschaftsvertrag gem. § 138 Abs. 1 BGB nichtig sein könnte.

Geschäftspartner der Handelsbank ist allerdings nicht der mit den Einzelheiten vertraute Meier, sondern die von ihm vertretene Wiederaufbaubank. Es stellt sich daher die Frage, ob die Bank sich das Verhalten ihres Geschäftsführers und gesetzlichen Vertreters zurechnen lassen muß. Insoweit kann auf die Regelung des § 166 Abs. 1 BGB zurückgegriffen werden, der nicht nur für die gewillkürte Stellvertretung gilt, sondern für alle Formen des rechtsgeschäftlichen Handelns für einen anderen – also z.B. auch in Bezug auf die Organe einer juristischen Person – anwendbar ist. Für die Wirksamkeit des zwischen Ferdinand als Vertreter der Handelsbank und Meier als Organ der Wiederaufbaubank abgeschlossenen Bürgschaftsvertrags ist daher allein die Kenntnis des Meier von dem Umstand beachtlich, daß Ferdinand gegen seine intern festgelegten Kompetenzen verstieß und hinter dem Rücken seines Direktors handelte. Zwischen der Handelsbank und der Wiederaufbaubank ist daher kein gültiger Bürgschaftsvertrag geschlossen worden; die Handelsbank muß nicht für die Schulden des Dittmann einstehen.

Fall 9.06: *Ein fürsorglicher Familienvater*

Anton hat bei Notar Dr. Hoffmann ein Testament errichtet, in dem er für den Fall seines Todes seinen Nachlaß geregelt und in dem er auch seinen besten Freund Kuno zum Testamentsvollstrecker bestimmt hat. Als ihm Dr. Hoffmann von der Überlastung der Gerichte erzählt und ihm schildert, daß es manchmal Wochen nach dem Erbfall dauern könne, bis das Nachlaßgericht eine Testamentseröffnung durchführt und den Erbschein sowie das Testamentsvollstreckerzeugnis ausstellt, macht sich Anton Sorgen, was aus seinen weitverzweigten geschäftlichen Aktivitäten werden wird, wenn die formelle Klärung der Erbfolge längere Zeit in Anspruch nehmen sollte.

Anton fragt Dr. Hoffmann um Rat, was er tun könne, damit sofort nach seinem Tod jemand vorhanden ist, der die Befugnis hat, sich bis zur förmlichen

Legitimierung des Testamentsvollstreckers um sein Vermögen zu kümmern und für die Familie zu sorgen. Welchen Ratschlag wird ihm Dr. Hoffmann geben?

Lösungshinweis: In Verbindung mit der Regelung des § 672 BGB bietet § 168 Satz 1 BGB auch die Möglichkeit zur Erteilung einer Vollmacht über den eigenen Tod hinaus. – Wiederholen Sie Grdz. § 6 II 6; § 9 III 5 c!

Musterlösung:

Anton kann mit seinem Freund Kuno einen Geschäftsbesorgungsvertrag abschließen und diesen beauftragen, sich um seine sämtlichen Vermögensangelegenheiten zu kümmern. Gem. § 158 Abs. 1 BGB kann er diesen Vertrag unter der aufschiebenden Bedingung abschließen, daß das Recht und die Pflicht des Kuno zur Geschäftsführung erst mit Antons Tod entstehen soll. Gleichzeitig kann Anton dem Kuno gem. § 167 Abs. 1 BGB die Vollmacht zu allen Rechtsgeschäften mit Wirkung für und gegen Anton (bzw. seine Erben) erteilen, die zur Besorgung seiner Vermögensangelegenheiten erforderlich werden sollten. Der Geschäftsbesorgungsvertrag wird von Anton mit Kuno bereits jetzt als ein Rechtsgeschäft unter Lebenden abgeschlossen; gem. § 672 BGB wird dieses Vertragsverhältnis den Tod des Anton überdauern, bis es von der zur Verwaltung des Erbes zuständigen Person – dies wäre im vorliegenden Fall der Kuno selbst als Testamentsvollstrecker – gekündigt wird. Auch die im Rahmen des Geschäftsbesorgungsvertrags erteilte Vollmacht wirkt nach § 168 Satz 1 BGB über den Tod hinaus. Da Vertrag und Vollmacht durch den Tod des Anton aufschiebend bedingt sind, ist zugleich sichergestellt, daß Kuno keine Möglichkeit hat, sich schon zu Lebzeiten des Anton in dessen Geschäfte einzumischen.

Fall 9.07: *Der Pantoffelheld*

Anton hat sein Einfamilienhaus zum Verkauf angeboten. Als Interessent meldet sich der Schröder, der die Absicht erklärt, das Haus gemeinsam mit seiner Frau als Familienwohnsitz erwerben zu wollen. Es kommt zu einer Einigung über den Verkauf zum Preis von 175.000,– €; der Kaufpreis soll von beiden Ehegatten als Gesamtschuldnern vier Wochen nach Vertragsschluß bar bezahlt werden. In diesem Sinne wird der Kaufvertrag am 1.2. notariell beurkundet; Schröder tritt bei der Verhandlung beim Notar sowohl für sich selbst als auch als Vertreter seiner Frau auf; auf Frage des Notars behauptet er, eine Vollmacht zu besitzen.

Schröder war in Wirklichkeit von seiner Frau zum Erwerb des Hauses nicht bevollmächtigt gewesen. Seine Hoffnung, sie doch noch zur Zustimmung bewegen zu können, trügt; Frau Schröder teilt vielmehr Anton und dem Notar durch eingeschriebenen Brief mit, daß sie ihren Mann niemals zum Abschluß des Kaufvertrags in ihrem Namen bevollmächtigt habe und auch ihre nachträgliche Zustimmung hierzu verweigere. Kann Anton nunmehr von Schröder allein die Zahlung des vereinbarten Kaufpreises von 175.000,– € verlangen?

Lösungshinweis: Der Sachverhalt wirft Probleme der Haftung des Vertreters ohne Vertretungsmacht bei der angeblichen Mitvertretung einer anderen Person beim Abschluß eines vom Stellvertreter teilweise auch für sich selbst abgeschlossenen Geschäfts auf. Sie lernen einen weiteren Anwendungsfall des § 139 BGB kennen. – Wiederholen Sie Grdz. § 8 III; § 9 IV!

Musterlösung:

Da Schröder den Kaufvertrag vom 1.2. ohne Vollmacht seiner Frau abgeschlossen hat und diese auch die nachträgliche Genehmigung verweigert, ist der Vertrag gem. § 177 Abs. 1 BGB unwirksam, soweit er sich auf Frau Schröder bezieht. Fraglich ist, ob der Vertrag dann wenigstens in seinem auf den Ehemann bezüglichen Teil gültig geworden ist und welche Verpflichtungen sich hieraus ggf. für Schröder ergeben. Dies ist nach der Regelung des § 139 BGB zu entscheiden; d.h. es muß geprüft werden, ob Anton und Schröder den Kaufvertrag über die von Schröder für sich selbst erworbene (ideelle) Hälfte des Grundstücks auch dann abgeschlossen haben würden, wenn ihnen von Anfang an bekannt gewesen wäre, daß Frau Schröder die für sie bestimmte Hälfte definitiv nicht erwerben würde. Angesichts der Tragweite und des finanziellen Umfangs des Geschäfts wird man einen solchen Willen jedenfalls bei Anton nicht unterstellen können, denn der wollte das Grundstück insgesamt verkaufen. Hinzu kommt, daß bei einer Nichtigkeit des gesamten Vertrags im durch die in diesem Fall eintretende volle Haftung des Schröder als Vertreter ohne Vertretungsmacht weitaus bessere Gestaltungsmöglichkeiten zur Verfügung stehen. Demnach ist gem. § 139 BGB i.V.m. § 177 Abs. 1 BGB als Zwischenergebnis davon auszugehen, daß die von Frau Schröder erklärte Verweigerung der Zustimmung zu dem Kaufabschluß ihres Ehemanns insgesamt zur Unwirksamkeit des am 1.2. beurkundeten Kaufvertrags geführt hat.

Allerdings kommt noch eine Haftung des Schröder für die Kaufpreisschuld nach § 179 Abs. 1 BGB in Betracht. Schröder hatte beim Kaufabschluß eine Vollmacht seiner Frau vorgetäuscht. Nach dem Sachverhalt kann davon ausgegangen werden, daß sowohl der Notar als auch Anton ihm Glauben geschenkt hatten, so daß § 179 Abs. 3 BGB im vorliegenden Fall nicht anzuwenden ist. Da Schröder genau gewußt hatte, daß er keine Vollmacht seiner Frau zum Abschluß des Geschäfts hatte, muß er sonach gem. § 179 Abs. 1 BGB dem Anton nach dessen Wahl entweder für die Durchführung des Kaufvertrags einstehen oder Schadensersatz wegen Nichterfüllung leisten. Anton kann mithin von Schröder die Abwicklung des Kaufvertrags verlangen. Hierbei handelt es sich um eine besondere gesetzliche Garantenhaftung; anders als bei der oben diskutierten Anwendung des § 139 BGB kommt es daher in diesem Zusammenhang nicht darauf an, ob für den Schröder der alleinige Erwerb des Hauses wirtschaftlich sinnvoll ist oder nicht.

Anton hat demnach gegen Schröder allein einen Anspruch auf Bezahlung der 175.000,– € gegen Übereignung des Hauses.

III. Wiederholungsfragen

1. Was bedeutet Stellvertretung? (Grdz. § 9 I, II 1)	Stellvertretung ist die Abgabe von Willenserklärungen mit unmittelbarer rechtlicher Wirkung für und gegen die vertretene Person.
2. Ist Stellvertretung nach §§ 164 ff. BGB bei allen Rechtsgeschäften möglich? (Grdz. § 9 II 1)	Stellvertretung ist nur bei der Abgabe von Willenserklärungen, nicht aber bei der Vornahme von Realakten möglich (selbst wenn diese, wie z.B. der Besitzerwerb, Bestandteil eines Rechtsgeschäfts sind). Außerdem ist die Stellvertretung auch bei den sog.

	höchstpersönlichen Rechtsgeschäften (Eheschließung, Testamentserrichtung oder Annahme als Kind) nicht möglich.
3. Was bedeutet das Verbot des Selbstkontrahierens, wo ist es geregelt? (Grdz. § 9 II 1)	Das in § 181 BGB geregelte Verbot des Selbstkontrahierens legt fest, daß niemand als Vertreter eines anderen mit sich selbst oder mit einer dritten von ihm vertretenen Person Rechtsgeschäfte vornehmen kann. Der Vollmachtgeber kann allerdings von der Beschränkung des § 181 BGB Befreiung erteilen.
4. Gibt es noch andere Formen, um dritte Personen bei der Vornahme eines Rechtsgeschäfts einzubeziehen? (Grdz. § 9 II 2)	Dritte Personen können bei der Vornahme eines Rechtsgeschäfts im fremden Rechtskreis auch als Bote, beim Vertrag zugunsten Dritter oder bei der Verfügung über fremde Rechte mit Einwilligung des Berechtigten beteiligt werden.
5. Wie unterscheidet sich insbesondere der Stellvertreter vom Boten? (Grdz. § 9 II 2)	Der Stellvertreter gibt eine *eigene* Willenserklärung ab, wenn auch im Namen des Vollmachtgebers. Der Bote übermittelt eine *fremde* Willenserklärung, trägt also zur Vornahme des Rechtsgeschäfts nicht durch eigenes rechtsgeschäftliches Handeln bei.
6. Nach wessen Person richtet sich beim Stellvertretergeschäft das Vorhandensein von Willensmängeln oder die für die Wirksamkeit eines Rechtsgeschäfts erhebliche Kenntnis bestimmter Umstände? (Grdz. § 9 II 3)	Gem. § 166 BGB ist die Person der Stellvertreters maßgebend. Soweit der Stellvertreter nach Weisung des Vollmachtgebers gehandelt hat, muß sich der Vollmachtgeber allerdings auch seine eigene Kenntnis von Umständen zurechnen lassen, die für die Wirksamkeit des Rechtsgeschäfts von Bedeutung sind.
7. Was sind die Grundvoraussetzungen des Stellvertretergeschäfts? (Grdz. § 9 II 4, III 1)	Gem. § 164 Abs. 1 BGB kommt ein Stellvertretergeschäft nur dann zustande, wenn der Stellvertreter sein Handeln für den Vollmachtgeber offenlegt und wenn Vertretungsmacht besteht *und* das konkrete Geschäft in vollem Umfang abdeckt.
8. Ist ein Geschäftsabschluß unter Benutzung des Namens des Vollmachtgebers ebenfalls als Stellvertretergeschäft zu behandeln? (Grdz. § 9 II 5)	Es kommt auf die Interessenlage des Geschäftspartners an: Lag ihm daran, mit dem Namensträger ein Geschäft abzuschließen, so kann das Handeln unter fremden Namen als Stellvertretergeschäft behandelt werden. Wollte er dagegen mit der konkret handelnden Person das Geschäft eingehen, so schlägt die Verletzung des Offenkundigkeitsprinzips durch und das Geschäft wird gem. § 164 Abs. 2 BGB als Eigengeschäft desjenigen angesehen, der zwar unter fremdem Namen aufgetreten ist, aber sonst nicht darauf hingewiesen hat, daß er das Geschäft nicht für sich selbst, sondern für einen anderen abschließen will.

9. Welche Rolle spielt die Vertretungsmacht als Wirksamkeitsvoraussetzung des Stellvertretergeschäfts? (Grdz. § 9 III 1)

Durch die Vertretungsmacht wird die Verbindung zwischen dem konkret handelnden Stellvertreter und demjenigen Rechtssubjekt hergestellt, bei dem die Wirkungen des Rechtsgeschäfts eintreten sollen. Die Übertragung der Wirkungen des Stellvertretergeschäfts auf den Vollmachtgeber ist daher grundsätzlich nur dann und nur insoweit möglich, wie eine Vertretungsmacht überhaupt vorhanden ist und diese den Geschäftsabschluß deckt.

10. Worauf beruht die Vertretungsmacht? (Grdz. § 9 III 2)

Die Vertretungsmacht beruht auf der Vollmacht, d.h. einem einseitigen und grundsätzlich formfreien (§ 167 Abs. 2 BGB) Rechtsgeschäft des Vollmachtgebers, das durch Willenserklärung entweder gegenüber dem Stellvertreter (*Innenvollmacht*) oder gegenüber dem Geschäftspartner bzw. durch öffentliche Bekanntmachung (*Außenvollmacht*) vorgenommen wird.

11. Wie wird der Umfang der Vertretungsmacht festgelegt? (Grdz. § 9 III 3)

Es ist grundsätzlich allein Sache des Vollmachtgebers, den genauen Umfang des Handlungsspielraums des von ihm eingesetzten Stellvertreters festzulegen. Lediglich die Prokura ist in den §§ 48 ff. HGB als vertypte Vertretungsmacht ausgestaltet, deren Umfang gem. § 50 HGB vom Vollmachtgeber – jedenfalls mit Wirkung nach außen – nicht eingeschränkt werden kann.

12. Ist der Vollmachtgeber an die einmal ausgesprochene Vollmacht gebunden? (Grdz. § 9 III 2 b)

Die Bevollmächtigung ist jederzeit frei widerruflich; der Vollmachtgeber muß allerdings darauf achten, daß der Widerruf der Vollmacht beim Geschäftspartner auch bekannt wird, um die Fortbestehensfiktion der §§ 171 bis 173 BGB zu vermeiden. Im Rahmen der privatautonomen Gestaltung seiner Rechtsverhältnisse kann der Vollmachtgeber mit dem Stellvertreter allerdings auch vereinbaren, daß die erteilte Vollmacht nur unter gewissen Voraussetzungen oder überhaupt nicht mehr widerrufen werden kann.

13. Ist der gute Glaube des Geschäftspartners an die Existenz oder an einen bestimmten Umfang der Vollmacht geschützt? (Grdz. § 9 III 4)

Nein; ist eine Bevollmächtigung nicht erteilt oder wird das Geschäft durch sie nicht gedeckt, so ist das Geschäft mit dem angeblichen Vollmachtgeber nicht zustande gekommen. Bei Verträgen kann der „Vertretene“ gem. § 177 Abs. 1 BGB das Auftreten in seinem Namen noch nachträglich genehmigen und damit den Vertrag für und gegen sich wirksam machen. Zum Ausgleich für den nur unzureichenden Schutz des guten Glaubens in das Bestehen von Vertretungsmacht sieht das Gesetz in § 179 BGB eine strenge Garantiehaftung des Vertreters ohne Vertretungsmacht vor.

14. Gibt es von dem zu Frage 13 erörterten Prinzip irgendwelche Ausnahmen? (Grdz. § 9 III 4 b, c)

In den §§ 170 bis 173 BGB ist der gute Glaube des Geschäftspartners an den Fortbestand einer früher erteilten, inzwischen aber widerrufenen Vollmacht geschützt. Auch die in Analogieschluß zu dieser Gesetzesregelung entwickelten Rechtsinstitute der *Duldungsvollmacht* und der *Anscheinsvollmacht* stellen wenigstens in einem gewissen Umfang den Schutz des guten Glaubens in das Vorhandensein einer Vollmacht sicher.

15. Was sind die gemeinsamen Voraussetzungen, was ist der Unterschied zwischen Duldungs- und Anscheinsvollmacht? (Grdz. § 9 III 4 c)

In beiden Fällen wird ein angeblicher Stellvertreter im Geschäftskreis eines anderen tätig, ohne jedoch von diesem hierzu bevollmächtigt zu sein. Gleichwohl wird dieses „Stellvertreterhandeln" wie im Falle einer echten Stellvertretung dem Geschäftsherrn zugerechnet, weil dieser das unbefugte Handeln des angeblichen Stellvertreters zu verantworten hat. Bei der *Duldungsvollmacht* ist dem Geschäftsherrn die Eigenmächtigkeit des Handelnden bekannt; er ist aber hiergegen nicht eingeschritten und hat daher durch sein Dulden dieses Zustandes den Anschein einer Bevollmächtigung selbst geschaffen. Bei der *Anscheinsvollmacht* weiß der „Geschäftsherr" zwar nichts von dem Auftreten des angeblichen Stellvertreters; er hat jedoch durch unzureichende Organisation seines Geschäftsbetriebs die Möglichkeit geschaffen, daß der Handelnde selbst den Anschein erwecken konnte, zum Abschluß derartiger Geschäfte bevollmächtigt zu sein.

16. Welche Rolle spielt beim Stellvertretergeschäft das Innenverhältnis zwischen Vollmachtgeber und Stellvertreter? (Grdz. § 9 III 5 a, b)

Zwischen Stellvertreter und Vollmachtgeber existiert regelmäßig ein (schuldrechtliches) Rechtsverhältnis (z.B. Arbeitsvertrag oder Geschäftsbesorgungsvertrag), durch das die Rechte und Pflichten des Stellvertreters zum Tätigwerden im Geschäftsbereich des Vollmachtgebers näher festgelegt sind. Da die Erteilung der Vollmacht auf einem eigenen Rechtsgeschäft beruht (vgl. oben Frage 10), führt die Begründung eines solchen Innenverhältnisses noch nicht automatisch zu einer Bevollmächtigung des Dienstverpflichteten. Die im Rahmen eines solchen Dienstverhältnisses erteilte Vollmacht kann außerdem gem. § 168 BGB frei widerrufen werden, ohne daß damit zugleich das Dienstverhältnis beendet werden muß (Grundsatz der Abstraktheit der Bevollmächtigung). Umgekehrt führt jedoch gem. § 168 Satz 1 BGB das Erlöschen des Dienstverhältnisses ohne weiteres auch zu einem Widerruf der in dessen Rahmen erteilten Vollmachten.

17. Inwieweit gibt es eine Vollmacht über den Tod hinaus? (Grdz. § 9 III 5 c)

Beim Tod des Vollmachtgebers bleibt gem. § 672 Satz 1 i.V.m. § 168 Satz 1 BGB die noch zu dessen Lebzeiten erteilte Vollmacht so lange bestehen, bis sie durch die nunmehr für das Vermögen zuständigen Erben widerrufen wird. Beim Tod des Stellvertreters erlischt die ihm erteilte Vollmacht gem. § 673 Satz 1 i.V.m. § 168 Satz 1 BGB.

18. Kann durch Vereinbarungen im Innenverhältnis der Umfang einer erteilten Vertretungsmacht näher festgelegt werden? (Grdz. § 9 III 4 d)

Da der Umfang der Vertretungsmacht in der Vollmacht festgelegt wird, spielt das Innenverhältnis für die Reichweite der Befugnisse des Stellvertreters keine Rolle. Normalerweise können insoweit keine Probleme entstehen, da es der Vollmachtgeber ohnehin in der Hand hat, den Umfang der Handlungsmacht des Stellvertreters festzulegen oder auch nachträglich noch einzuschränken, so daß immer die Möglichkeit besteht, die dem Stellvertreter verliehene Vertretungsmacht mit dessen z.B. im Arbeitsvertrag festgelegten Geschäftsführungsbefugnissen in Deckung zu bringen. Lediglich bei der Prokura kann es zu Divergenzen zwischen der in §§ 48, 49 HGB gesetzlich vertypten Vertretungsmacht und internen Handlungsbeschränkungen kommen. Für diesen Fall bestimmt § 50 HGB ausdrücklich, daß solche intern vereinbarten Einschränkungen der Vertretungsmacht dritten Geschäftspartnern nicht entgegengehalten werden können.

19. Ist der Vertragsschluß eines Vertreters ohne Vertretungsmacht schlechthin nichtig? (Grdz. § 9 IV)

Nein. Im Verhältnis zum angeblichen Vollmachtgeber ist der Vertrag gem. § 177 Abs. 1 BGB zunächst schwebend unwirksam; d.h. dieser hat die Möglichkeit, mit seiner Genehmigung das Geschäft doch noch für und gegen sich wirksam werden zu lassen, soweit nicht der Geschäftspartner den Vertragsschluß nach § 178 BGB vorher widerruft. Wird die Genehmigung nicht erteilt, bleibt der Vertragsschluß als Grundlage für Regreßansprüche des Geschäftspartners gegen den Vertreter ohne Vertretungsmacht zumindest eingeschränkt wirksam.

20. Worauf kommt es bei der Haftung des Vertreters ohne Vertretungsmacht an? (Grdz. § 9 IV)

Die in § 179 BGB geregelte Haftung des Vertreters ohne Vertretungsmacht setzt zunächst voraus, daß der angebliche Vollmachtgeber den Vertragsschluß nicht noch nachträglich gem. § 177 Abs. 1 BGB genehmigt und damit in der ursprünglich vorgesehenen Form wirksam gemacht hat. Ist dies nicht der Fall, hängt gem. § 179 Abs. 3 BGB die Verantwortlichkeit des Vertreters ohne Vertretungsmacht für das fehlgeschlagene Geschäft weiter davon ab, ob dem Geschäftspartner der Mangel der Vertretungsmacht bekannt war oder er diesen Mangel hätte erkennen müssen. War der Geschäftspartner gutgläubig, kommt es schließlich darauf an, inwieweit der als Stellvertreter Handelnde selbst (positive) Kenntnis von dem Mangel der Vertretungsmacht hatte. Handelte er selbst in gutem Glauben, braucht er dem Geschäftspartner nur Ersatz des Vertrauensschadens zu leisten; hatte er sich dagegen wider besseres Wissen einer nicht vorhandenen Vertretungsmacht berühmt, so muß er das von ihm abgeschlossene Geschäft gegen sich gelten lassen und dem Geschäftspartner nach dessen Wahl entweder für die tatsächliche Erfüllung des Vertrags einstehen oder ihm Schadensersatz wegen Nichterfüllung leisten.

DRITTER TEIL
SCHULDVERHÄLTNISSE

§ 10. Das Schuldverhältnis

I. Was Sie über die Grundlagen des Schuldrechts lernen müssen

Das nun folgende Kapitel stellt an Ihren Fleiß und an Ihre Aufmerksamkeit besondere Anforderungen: In einer einzigen Lektion sind die wichtigsten Rechtsprinzipien des Allgemeinen Schuldrechts zusammengefaßt; lediglich die Leistungsstörungen werden dann noch gesondert dargestellt. Sie müssen sich daher durch eine verhältnismäßig abstrakte Aufzählung einer Vielzahl von Rechtsproblemen hindurcharbeiten; dieses Basiswissen ist jedoch für das richtige Verständnis der Regelungen des Schuldrechts sehr wichtig. Zusätzliche Schwierigkeiten für Ihre Lernarbeit ergeben sich aus dem Inkrafttreten des Schuldrechtsmodernisierungsgesetzes am 1.1.2002. Zwar hat das neue Gesetz an den über viele Jahrzehnte hinweg entwickelten Regeln und Grundprinzipien des Allgemeinen Schuldrechts im Ergebnis inhaltlich nur wenig geändert, bei der Novellierung des 2. Buches des BGB wurde die Numerierung der Paragraphen jedoch z.T. stark verschoben und es wurden auch neue Begriffe eingeführt. Sie sollten daher nur Lehrbücher verwenden, die seit 2002 neu erschienen oder überarbeitet worden sind und die neue Gesetzgebung bereits berücksichtigen (auch die 9. Auflage der „Grundzüge" von 1995, auf die sich dieses Buch immer wieder bezieht, ist insoweit veraltet und nicht mehr brauchbar!).

Zu den Grundlagen, die Sie genau verstanden haben müssen, gehört als erstes das Prinzip der **Relativität des Schuldverhältnisses** und die Unterscheidung von **Schuld und Haftung**; ein interessanter Aspekt dieser Problematik wird in Fall 10.01 angesprochen. Die auf den ersten Blick etwas pedantisch anmutende Aufzählung der **Pflichten im Schuldverhältnis** wird Ihnen später für das Verständnis bestimmter Formen von Leistungsstörungen nützlich sein; das gleiche gilt für die Unterscheidung in **einseitige und mehrseitige Schuldverhältnisse** – hier vor allem die **wechselseitigen (synallagmatischen) Schuldverhältnisse** –. Das Modell des synallagmatischen Schuldverhältnisses müssen Sie verstanden haben, wenn Sie sich später mit den Leistungsstörungen im Schuldverhältnis beschäftigen.

Aus den verschiedenen Aspekten der Inhaltsbestimmung von Leistungspflichten ist – ebenfalls wieder im Hinblick auf mögliche Leistungsstörungen

– vor allem die Unterscheidung zwischen **Stück- und Gattungsschulden** wichtig. Bedeutsam für die Durchführung eines Schuldverhältnisses und von erheblicher praktischer Relevanz ist ferner die Bestimmung des **Leistungs-(Erfüllungs-)orts** und der richtigen **Leistungszeit**, von der nicht nur die Fälligkeit der Leistung, sondern auch – wie Fall 10.03 zeigt – die Erfüllbarkeit der Schuld abhängt. Schließlich müssen Sie sich noch mit möglichen **Zurückbehaltungsrechten des Schuldners** vertraut machen; vor allem die **Einrede des nicht erfüllten Vertrags** ist eine wichtige Rechtsfolge aus der Wechselbezüglichkeit der Leistungspflichten im gegenseitigen Vertrag, die Sie gerade erst kennen gelernt haben; Fall 10.04 gibt Ihnen erste Hinweise zur Vertiefung.

Das Thema der Beendigung des Schuldverhältnisses lernen Sie einerseits unter dem jeweils auf die einzelnen Leistungsverpflichtungen bezogenen Gesichtspunkt der **Erfüllung** und der verschiedenen **Erfüllungssurrogate** kennen; hierzu bietet außer dem bereits erwähnten Fall 10.03 auch Fall 10.05 ein anschauliches Beispiel. Außerdem stoßen Sie mit dem Rechtsgeschäft der **Kündigung** (mit Wirkung für die Zukunft) und des **Rücktritts** (mit Wirkung für die Zeit ab Vertragsschluß) oder des **Widerrufs bei Verbraucherverträgen** auf besondere Gestaltungsformen der auf das ganze Schuldverhältnis bezogenen **einseitigen** Beendigung des Rechtsverhältnisses und der hieraus begründeten Leistungsverpflichtungen. Beachten Sie, daß der Rücktritt zwar das ursprüngliche Schuldverhältnis auch für die Vergangenheit aufhebt, im Hinblick auf die möglicherweise bereits hierauf erbrachten Leistungen aber nicht zu einem völligen „juristischen Nichts" führt: Mit Erklärung des Rücktritts bzw. des Widerrufs entsteht kraft Gesetzes ein **Rückgewährschuldverhältnis**, das die Restitution der ursprünglichen Vertragsleistungen einschließlich etwaiger Folgeansprüche wie z.B. Verzinsung u.ä. zum Gegenstand hat; Fall 10.06 macht dies am Beispiel der Rückabwicklung eines Teilzahlungsgeschäfts deutlich.

Im Rahmen der privatautonomen Weiterentwicklung von Rechtsverhältnissen besteht grundsätzlich die Möglichkeit, die ursprünglichen Partner eines Schuldverhältnisses durch Rechtsnachfolger zu ersetzen. Hier ist zwischen der Rechtsnachfolge in das Schuldverhältnis als Ganzes (**Vertragsübernahme**); und der Veränderung in der Zuständigkeit für einzelne Leistungsansprüche zu unterscheiden. Vor allem der Austausch des Gläubigers einer Forderung durch **Abtretung** ist von großer praktischer Bedeutung; die zuverlässige Kenntnis der wegen der Berücksichtigung unterschiedlicher Interessen recht komplizierten Regelungen der §§ 398 ff. BGB zählt zum juristischen Grundwissen, das Sie anhand der Fälle 10.07 und 10.08 gleich erproben können.

Sie müssen ferner einen wenigstens informatorischen Überblick über die Regelung der §§ 420 ff. BGB haben, die sich mit den Verwaltungs- und Haftungsfragen auseinandersetzen, die auftreten können, wenn in einem Schuldverhältnis auf der Gläubigerseite und/oder auf der Schuldnerseite mehrere Personen auftreten, so daß eine **Gläubiger- bzw. Schuldnermehrheit** mit je nach Lage des Einzelfalls unterschiedlich engen Rechtsbeziehungen zwischen den

Beteiligten vorliegt. Über die Haftung des **Gesamtschuldners** sollten Sie etwas genauer Bescheid wissen; Fall 10.09 kommt auf dieses Problem zurück.

Eine besondere Form der Einbeziehung dritter Personen in ein Schuldverhältnis bieten schließlich die Schuldverhältnisse mit Drittwirkung. Hierbei handelt es sich bereits um sehr spezielles juristisches Fachwissen, das über den Rahmen eines auf die Vermittlung einer Übersicht über das Bürgerliche Recht abzielenden Lernbuchs schon fast hinausgeht. Sie sollten versuchen, wenigstens die Rechtsfigur des **Vertrags zugunsten Dritter** und seine Regelung in § 328 BGB näher kennen und von dem in Kapitel 9 bereits angesprochenen Stellvertretergeschäft unterscheiden zu lernen.

II. Übungsfälle

Fall 10.01: *Einen Bürgen kann man würgen*

Der Bauunternehmer Anton muß bei der Volksbank Neustadt ein Darlehen über 250.000,– € aufnehmen, um ein Bauvorhaben vorzufinanzieren. Da die Bank Sicherheiten verlangt, bittet er seinen wohlhabenden Freund Fabian, für ihn zu bürgen, womit dieser auch einverstanden ist, nachdem ihm Anton versprochen hat, ihm für seine Gefälligkeit sofort nach Auszahlung des Darlehens eine „Abstandssumme" von 25.000,– € zur Verfügung zu stellen. Am 5.3. gibt Fabian gegenüber der Volksbank das schriftliche Bürgschaftsversprechen über das an Anton auszuzahlende Darlehen nebst Zinsen und allen Kosten ab; am 6.3. wird der auf 12 Monate befristete Kredit dem Konto des Anton gutgeschrieben und am 10.3. erhält Fabian von Anton die versprochenen 25.000,– € bar ausbezahlt.

Anton erleidet mit seinem Bauvorhaben Schiffbruch; am 1.8. wird über sein Vermögen das Insolvenzverfahren eröffnet. Nunmehr meldet sich die Volksbank bei Fabian und verlangt von ihm die sofortige Rückzahlung der gesamten Darlehenssumme von 250.000,– € nebst den inzwischen aufgelaufenen Zinsen. Fabian meint, ihn gingen die Schulden des Anton nichts an; er selbst habe von der Darlehenssumme nur 25.000,– € erhalten, die er an die Bank rückzuzahlen bereit sei. Wenn überhaupt sei der Schuldbetrag auch erst im März nächsten Jahres fällig, da der Kredit auf 12 Monate gewährt gewesen sei. Schließlich müsse die Bank zunächst versuchen, sich für ihre Forderung aus dem trotz der Insolvenz noch vorhandenen Vermögen des Anton zu befriedigen, bevor sie ihn in Anspruch nehme. Muß Fabian zahlen?

Lösungshinweis: Am Beispiel der Bürgenhaftung wird der Unterschied zwischen der durch eigenen Vertrag begründeten Leistungsverpflichtung und eigenen Einreden gegen den Anspruch und der – in diesem Fall nach § 767 BGB „akzessorischen" – Haftung für Verbindlichkeiten aus einem „fremden"

Schuldverhältnis deutlich. – Wiederholen Sie Grdz. § 10 I 5; § 14 IV 3 a!

Musterlösung:

Die Bank könnte den Fabian gem. § 765 Abs. 1 BGB wegen der Erfüllung der Darlehensschuld des Anton in Anspruch nehmen. Der Abschluß eines Bürgschaftsvertrags durch Annahme des in Schriftform (§ 766 Satz 1 BGB) erteilten Bürgschaftsversprechens ist erfolgt. Das Darlehen, für das sich Fabian verbürgt hatte, wurde an Anton ausgezahlt, nach § 488 Abs. 1 Satz 2 BGB ist somit die verbürgte Schuld entstanden. Ob und mit welchem Anteil Gelder aus diesem Geschäft an Fabian geflossen sind, ist für dessen Haftung als Bürge unerheblich.

Der Sachverhalt enthält allerdings keine Hinweise, daß Fabian in seinem Bürgschaftsversprechen gem. § 773 Abs. 1 Nr. 1 BGB auf die Einrede der Vorausklage verzichtet hatte, so daß eine „selbstschuldnerische" Bürgschaft vorliegt. Damit könnte Fabian die Einrede nach § 771 BGB erheben, die normalerweise dazu führt, daß er die Befriedigung der Bank so lange verweigern kann, solange diese nicht versucht hat, ihre Forderungen gegen Anton im Wege der Zwangsvollstreckung durchzusetzen und dieser Versuch nachweislich erfolglos geblieben ist. Im Hinblick auf das am 1.8. über das Vermögen des Anton eröffnete Insolvenzverfahren ist jedoch auch bei einer *nicht* selbstschuldnerischen Bürgschaft durch § 773 Abs. 1 Nr. 3 BGB die Einrede der Vorausklage gem. § 771 BGB ausgeschlossen; das Konkursrisiko geht daher voll zu Lasten von Fabian. Besondere Sicherheiten für die Darlehensforderung, auf die Fabian nach § 773 Abs. 2 BGB die Volksbank noch hätte verweisen können, sind nach den Angaben des Sachverhalts gerade nicht vorhanden.

Der Einwand des Fabian, die Rückzahlung der Darlehensschuld sei noch nicht fällig, zielt auf die Regelung des § 768 Abs. 1 Satz 1 BGB ab, wonach der Bürge wegen seiner Bürgschaftsschuld dieselben Einwendungen erheben kann, die auch dem Hauptschuldner zustehen würden; die Verpflichtungen des Fabian sind sonach zur Zahlungsverbindlichkeit des Anton akzessorisch. Auch insoweit ist indessen die Bürgschaftsschuld des Fabian von dem Insolvenzverfahren über das Vermögen des Hauptschuldners betroffen: Nach § 41 Abs. 1 InsO gelten die noch nicht fälligen Schulden des Anton mit der Eröffnung des Insolvenzverfahrens als fällig; in entsprechender Anwendung des § 767 Abs. 1 Satz 2 BGB muß Fabian diesen Umstand gegen sich gelten lassen. Er ist sonach verpflichtet, der Volksbank Neustadt Kapital und Zinsen des an Anton gewährten Kredits sofort zurückzuzahlen und kann allenfalls versuchen, wegen der von ihm abgelösten und nach § 774 BGB auf ihn übergegangenen Darlehensforderung seinerseits noch Befriedigung aus der Insolvenzmasse zu finden.

Fall 10.02: *Nicht genug*

Albert erteilt am 2.3. an den Liftservice Meier den Auftrag, einen Schaltfehler an der elektronischen Steuerung im Lift seines Wohnhauses zu beheben. Über die von Meier zu fordernde Vergütung wird keine besondere Abmachung getroffen. Meier führt die Reparatur am 10.3. zur Zufriedenheit des Albert aus und schickt ihm mit Datum vom 24.3. eine Rechnung über 130,– €, die Albert auch prompt bezahlt.

Am 29.4. meldet sich Meier erneut bei Albert mit einer Rechnung für den Auftrag vom 2.3., die diesmal auf 200,– € lautet und verlangt für seine Arbeiten nach Abzug der bereits gezahlten Vergütung von 130,– € weitere 70,– €. Er begründet seine Nachforderung damit, bei der Erstellung der Rechnung vom 24.3. sei seiner Buchhaltung ein Kalkulationsfehler unterlaufen, den er erst beim Nachtragen seines Journals festgestellt habe. Muß Albert die 70,– € bezahlen?

Lösungshinweis: Der Sachverhalt schildert den in der Praxis häufig auftretenden Fall, daß bei der Erteilung eines Handwerkerauftrags keine vorgängigen Absprachen über den Werklohn getroffen werden, sondern der Auftraggeber davon ausgeht, ihm werde vom Auftragnehmer „das Übliche" in Rechnung gestellt werden. Konkret geht es um die Frage, ob eine einmal gestellte und vom Auftragnehmer durch Zahlung akzeptierte Rechnung nachträglich noch erhöht werden kann. – Achten Sie beim Durcharbeiten der Musterlösung noch auf die Technik, mit der bei der rechtlichen Beurteilung des Falls scheinbare Lücken in der Schilderung des Sachverhalts überwunden werden können. – Wiederholen Sie Grdz. § 6 II 4; § 7 III 2; § 10 II 1; § 14 II 1 !

Musterlösung:

Meier könnte gem. §§ 631 Abs. 1, 641 Abs. 1 BGB von Albert die Zahlung von weiteren 70,– € verlangen, wenn ihm aufgrund des mit Albert abgeschlossenen Werkvertrags ein Werklohn von insgesamt 200,– € zusteht.

Da bei der Erteilung des Auftrags am 2.3. keine besonderen Abmachungen über die Höhe der an Meier zu zahlenden Vergütung getroffen worden sind, stellt sich allerdings die Frage, ob damals überhaupt schon ein gültiger Vertrag zustande gekommen ist, weil eine Einigung über einen wesentlichen Vertragsbestandteil, die Höhe der geschuldeten Gegenleistung, bisher zu fehlen scheint. Ein solcher – durch § 154 Abs. 1 BGB an sich nahe gelegter – Schluß würde jedoch nicht dem Willen der Vertragsparteien entsprechen: Üblicherweise werden Handwerkerleistungen nur gegen Vergütung erbracht; der Sachverhalt enthält keine Anhaltspunkte dafür, daß dies im vorliegenden Fall ausnahmsweise anders verabredet gewesen war. Gem. § 632 Abs. 1 BGB ist daher davon auszugehen, daß eine Vergütung als stillschweigend vereinbart gilt, so daß es zwischen Albert und Meier jedenfalls zu einem vollständigen Vertragsschluß gekommen ist.

Allerdings fehlen im Sachverhalt Angaben über eine von beiden Parteien zugrunde gelegte Entgelt-taxe oder über die in der Branche übliche Vergütung, anhand derer gem. § 632 Abs. 2 BGB die konkrete Höhe des dem Meier zustehenden Werklohns ermittelt werden könnte. Da andererseits die stillschweigende Vereinbarung *irgend eines* Entgelts zu unterstellen ist, muß daher weiter von einer Einigung zwischen den Parteien darüber ausgegangen werden, daß einer der Beteiligten die Gegenleistung festsetzen sollte. Gem. § 316 BGB wäre dies „im Zweifel" der Meier als Gläubiger der Gegenleistung. Ihm oblag es daher nach § 315 Abs. 1 BGB, seine Zahlungsforderung nach billigem Ermessen festzusetzen. Diese Beurteilung des Sachverhalts wird nicht zuletzt dadurch bestätigt, daß Meier am 24.3. dem Albert tatsächlich eine Rechnung geschickt und daß Albert diese auch widerspruchslos bezahlt hatte.

Mit der Zusendung der Rechnung hatte Meier gem. § 315 Abs. 2 BGB sein einseitiges Vertragsgestaltungsrecht ausgeübt und damit auch „verbraucht". Von nun an war der Vertragsschluß vom 2.3. auch hinsichtlich der genauen Bestimmung der Höhe des Werklohnanspruchs „komplett" und – jedenfalls nach vorbehaltsloser Anerkennung der Rechnung vom 24.3. durch Albert – für *beide* Seiten bindend. Meier hatte somit nicht mehr die Möglichkeit, am 29.4. eine neue Rechnung zu stellen und seine Forderung nachträglich um 70,– € zu erhöhen.

Die Ausübung des Leistungsbestimmungsrechts ist gem. § 315 Abs. 2 BGB als Abgabe einer Willenserklärung zu werten. Es bleibt daher noch zu prüfen, ob Meier die Rechnung vom 24.3. gem. § 119 BGB wegen Irrtums anfechten kann, was zur Folge hätte, daß diese Erklärung nach § 142 Abs. 1 BGB rückwirkend als nichtig anzusehen wäre und das Leistungsbestimmungsrecht des Meier wieder aufleben würde. Meier beruft sich darauf, daß seiner Buchhaltung bei der Erstellung der Rechnung vom 24.3. ein „Kalkulationsfehler" unterlaufen sei. Unterstellt, diese Behauptung trifft zu, so wäre ein solcher Willensmangel kein Irrtum, der nach § 119 BGB zur Anfechtung des Rechtsgeschäfts berechtigen würde. Im Zeitpunkt der Erstellung der Rechnung wollten die zuständigen Beauftragten des Meier genau den Betrag von 130,– € einfordern, der dann auch im Text des Schreibens vom 24.3. angeführt ist. Es wurde daher weder eine Willenserklärung mit – aus Sicht des Meier – falschem Inhalt abgegeben noch sollte *damals* in Wirklichkeit ein anderer Rechnungsbetrag genannt werden. Mithin liegt weder ein Inhalts- noch ein Erklärungsirrtum i.S.d. § 119 Abs. 1 BGB vor. Der Kalkulationsfehler läßt sich auch nicht als Eigenschaftsirrtum nach § 119 Abs. 2 BGB subsumieren, denn die Höhe des Entgelts für eine als solche richtig beurteilte Leistung ist niemals eine „Eigenschaft" des Vertragsgegenstandes, sondern eine Schlußfolgerung aus der kaufmännischen Bewertung des fehlerfrei erkannten Vertragsgegenstandes und damit „nur" ein nach § 119 BGB unbeachtliches Motiv für die konkrete Ausübung des Leistungsbestimmungsrechts gem. §§ 315, 316 BGB. Etwas anderes müßte nach Treu und Glauben nur dann angenommen werden, wenn Meier in seiner Rechnung vom 24.3. die genauen Grundlagen seiner mit 130,– € abschließenden Preisermittlung so offengelegt hatte, daß Albert schon bei erster Durchsicht der Rechnung auf den Kalkulationsfehler hätte stoßen müssen. Hierfür gibt der Sachverhalt aber keine Anhaltspunkte.

Mithin bleibt Meier an seine Rechnung vom 24.3. gebunden; er kann nicht noch weitere 70,– € nachfordern.

Fall 10.03: *Wassernot*

In der Woche vor Weihnachten wird für die an die Saar angrenzenden Teile der Innenstadt von Saarbrücken wegen Hochwassergefahr Katastrophenalarm angeordnet. Betroffen ist u.a. der Textilgroßhändler Marx, bei dem am 21.12. mit einer der letzten noch möglichen Anlieferungen eine Sendung mit italienischen Strickwaren eingegangen ist; die Lagerräume des Marx sind bei einem Pegelstand der Saar über 8,20 m von Überflutung bedroht. Ein Teil der Kollektion ist vom Modehaus Moeller vorbestellt, das ebenfalls im hochwassergefährdeten Bereich der Innenstadt von Saarbrücken gelegen ist. Um kein Risiko einzugehen, will Marx am Nachmittag des 21.12. die von Moeller bestellten Strickwaren ausliefern. Eine telefonische Ankündigung der Sendung ist nicht mehr möglich, da inzwischen das Telefonnetz der Innenstadt wegen des Hochwassers abgeschaltet worden ist. Bei Moeller hat man bereits alle Hände voll damit zu tun, die Ladenräume notdürftig gegen die immer mehr steigenden Fluten zu sichern; Moeller hat daher weder Zeit noch Platz, die neue Sendung anzunehmen.

In den nächsten Tagen steigt das Hochwasser bis zur Rekordmarke von 9,56 m. Die Lagerräume des Marx werden ebenso überflutet wie die Geschäftsräume des Modehauses Moeller. U. a. wird auch die Kollektion italienischer Strickwaren ein Opfer des Hochwassers. Bei der Auseinandersetzung über die Bezahlung der Bestellung vertritt Marx den Standpunkt, er habe den Moeller mit der Anlieferung der bestellten Ware am Nachmittag des 21.12. gem. § 293 BGB wirksam in Gläubigerverzug gesetzt. Mit Recht?

Lösungshinweis: Der Fall spricht Modalitäten der Leistungserbringung an – konkret geht es um eine „Lieferung zur Unzeit". Dieses Problem spielt eine Rolle für den Eintritt des Gläubigerverzugs nach §§ 293 ff. BGB, was wiederum Auswirkungen auf Fragen des Gefahrübergangs bei Leistungsstörungen hat (s. weiter unten Fall 11.05). – Wiederholen Sie Grdz. § 10 II 3 c; vgl. auch Grdz. § 11 IV 2 b, aa!

Musterlösung:

Gem. § 293 BGB kommt der Gläubiger in Annahmeverzug, wenn er die ihm angebotene Leistung nicht annimmt. Voraussetzung dafür, daß Marx dem Moeller die Warensendung überhaupt in einer den Gläubigerverzug auslösenden Weise anbieten konnte, ist zunächst, daß er befugt war, seine Ware noch am 21.12. bei Moeller anzuliefern. Nach dem Sachverhalt ist davon auszugehen, daß irgendwann vor diesem Zeitpunkt durch die Bestellung des Moeller mit Marx ein Kaufvertrag über die italienische Strickwarenkollektion zustande gekommen war. Aus dem Sachverhalt ergeben sich keine Hinweise auf irgendwelche Absprachen über einen Liefertermin. Demnach richtet sich die Leistungszeit nach der Regelung des § 271 Abs. 1 BGB; im Ergebnis war Marx sonach berechtigt, die von ihm geschuldete Lieferung sofort nach der Ankunft der Sendung bei sich selbst auch an das Modehaus Moeller zu bewirken.

Moeller war jedoch im Zeitpunkt der Anlieferung durch das Hochwasser vorübergehend daran gehindert, die angebotene Leistung anzunehmen. Da ein genauer Liefertermin nicht vereinbart war und Marx die Sendung auch nicht eine angemessene Zeit vorher angekündigt hatte, war Moeller sonach gem. § 299 BGB berechtigt, die für ihn zur Unzeit erbrachte Leistung des Marx zurückzuweisen, ohne dadurch in Gläubigerverzug zu geraten. Darüber hinaus kann sich Moeller auch darauf berufen, daß Marx nach § 242 BGB gehalten war, seine Leistung nach Treu und Glauben zu bewirken. Mit dem Anlieferungsversuch am Nachmittag des 21.12. hatte Marx gegen diesen Grundsatz verstoßen, denn das Angebot, die Ware jetzt zu übergeben, brachte den Moeller zu diesem offensichtlich ungünstigen Zeitpunkt in zusätzliche Schwierigkeiten und diente aus Sicht des Marx weniger der Erfüllung einer Leistungspflicht als dem Bestreben, die Ware noch loszuwerden und so das unmittelbar drohende Risiko eines Hochwasserschadens von sich auf den in gleicher Weise gefährdeten Moeller abzuwälzen. Moeller befand sich somit nicht in Gläubigerverzug.

Fall 10.04: *Geldsorgen*

Der Bauunternehmer Anton hat mit der Readymix AG schon seit mehreren Jahren eine Abmachung über die Lieferung von Fertigbeton. Es ist vereinbart, daß Anton die von ihm jeweils benötigten Mengen drei Tage im voraus gegen Rechnung abrufen kann und daß die Bezahlung des Betons sodann innerhalb von einer Woche nach Lieferung zu erfolgen hat. Im Februar gerät Anton in Zahlungsschwierigkeiten, was sich in der Branche schnell herumspricht. Als

Anton am 10.3. bei der Readymix AG eine Charge Beton anfordert, bekommt er den Bescheid, die Lieferung könne nur gegen Vorkasse ausgeführt werden. Anton ist über diesen „Vertragsbruch" empört; mit Recht?

Lösungshinweis: Die Lösung dieses Falles beruht auf einer Unterscheidung zwischen einzelnen Lieferaufträgen und der Vereinbarung eines Sukzessivlieferungsvertrags „auf Abruf". Auch bei solchen sich über einen längeren Zeitraum hinziehenden Rechtsverhältnissen kann sich allerdings die Notwendigkeit ergeben, die an sich fest abgeschlossenen Vereinbarungen noch nachträglich an eine unvorhergesehene Veränderung der dem ursprünglichen Vertragsschluß zugrunde liegenden wirtschaftlichen Verhältnisse anzupassen. Sie lernen in diesem Zusammenhang erstmals den in §§ 313 f. BGB neu geregelten Begriff der „Störung der Geschäftsgrundlage" kennen. – Wiederholen Sie Grdz. § 10 II 1, 3 d!

Musterlösung:

Zu prüfen ist zunächst, ob zwischen Anton und der Readymix AG überhaupt ein Kaufvertrag besteht, in dessen Rahmen er die Lieferung von Fertigbeton verlangen kann. Die nun schon seit Jahren praktizierte Abmachung ist als Kaufvertrag i.S.d. § 433 BGB mit der besonderen Vereinbarung eines Dauerbezugsvertrags zu beurteilen. Es besteht mithin zwischen beiden Vertragsteilen eine grundsätzliche Übereinkunft über die Leistungsverpflichtung der Readymix AG und die konkrete Abwicklung der jeweils abgerufenen Einzellieferungen; es bleibt jedoch dem Anton überlassen, entsprechend seinen Betriebsbedürfnissen von Fall zu Fall Menge und Anlieferungszeitpunkt des den Gegenstand des Kaufvertrags bildenden Fertigbetons festzulegen. Die einzelnen Bestellungen sind sonach Handlungen zum Vollzug eines bereits bestehenden Kaufvertrags und keine Willenserklärungen, die jeweils zum neuen Abschluß eines Kaufvertrags über die konkret angeforderte Menge Fertigbeton führen. Sonach kann die Readymix AG auch nicht bei jeder Bestellung über deren Annahme neu entscheiden bzw. gegenüber Anton die Bedingungen neu formulieren, unter denen sie die angeforderte Lieferung auszuführen bereit ist.

In einem gegenseitigen Vertrag wie dem Kaufvertrag hat der Verkäufer grundsätzlich das Recht, gem. § 320 Abs. 1 Satz 1 BGB mit der „Einrede des nicht erfüllten Vertrags" die Auslieferung der bestellten Ware so lange zu verweigern, bis der vereinbarte Kaufpreis tatsächlich bezahlt ist. Im vorliegenden Fall hat die Readymix diese Einrede erhoben, indem sie dem Anton mitgeteilt hat, der Beton könne nur gegen Vorkasse ausgeliefert werden.

Das Recht zur Verweigerung der Leistung steht der Verkäuferin nach § 320 Abs. 1 Satz 1 Halbs. 2 BGB allerdings dann nicht zu, wenn sie sich zur Vorleistung verpflichtet hatte. Zwischen Anton und der Readymix AG besteht eine solche Abrede, denn es ist vereinbart, daß die Betonlieferungen „gegen Rechnung" abgerufen werden können und daß dem Anton ein „Zahlungsziel" von einer Woche eingeräumt ist.

Fraglich ist allerdings, ob diese schon vor mehreren Jahren getroffene Abrede auch dann noch aufrechterhalten werden kann, wenn, wie im vorliegenden Fall, sich die Kreditwürdigkeit des Anton deutlich verschlechtert hat. Generell sieht die Regelung des § 313 Abs. 1 BGB vor, daß ein Anspruch auf Vertragsanpassung besteht, wenn sich Umstände, die Grundlage des Vertrags geworden sind – dazu gehört bei einem Verzicht auf die Einrede des § 320 Abs. 1 Satz 1 BGB zweifellos die Kreditwürdigkeit des Käufers –

nachträglich in unvorhergesehener Weise verändert haben. Für die Verpflichtung zur Vorleistung ist dieser Gesichtspunkt in der Regelung der Unsicherheitseinrede gem. § 321 Abs. 1 BGB noch besonders berücksichtigt: Da auf Grund der inzwischen bekannt gewordenen Zahlungsschwierigkeiten des Anton zu befürchten ist, daß der Anspruch der Readymix AG auf Bezahlung des von ihr gelieferten Betons gefährdet sein könnte, kann sie nach dieser Vorschrift die Vorleistung verweigern, bis dieser entweder vorausbezahlt oder für die Zahlung Sicherheit geleistet hat. Mithin muß Anton den Bescheid der Readymix hinnehmen.

Fall 10.05: *Das häßliche Entlein*

Gustav kauft mit Kaufvertrag vom 30.9. beim VW-Händler Fixemer einen VW-Polo zum Preis von 7.500,– €. Es wird vereinbart, daß ein Teilbetrag von 1.500,– € sofort fällig ist, der Rest ist in zwölf Monatsraten à 500,– € zu zahlen. In Höhe des Betrags von 1.500,– € nimmt Fixemer von Gustav dessen „Citroen 2 CV Baujahr 1988 ca. 70.000 km unfallfrei" in Zahlung. Gustav hatte den 2 CV seinerseits im Jahr 1995 gebraucht gekauft und bisher ohne Unfall gefahren. Die Übergabe beider Fahrzeuge erfolgt wie besprochen am 4.10.

Am 15.10. teilt Fixemer mit, eine Überprüfung des 2 CV habe ergeben, daß der Wagen im Jahr 1992 oder 1993 Totalschaden gehabt haben müsse. Damit sei das Fahrzeug selbst als Oldtimer auf dem Gebrauchtwagenmarkt unverkäuflich. Er erkläre daher gem. §§ 437 Nr. 2, 326 Abs. 5 BGB hinsichtlich der Inzahlungnahme des Gebrauchtwagens den Rücktritt vom Vertrag vom 30.9. und fordere den Gustav auf, innerhalb einer Woche den nach dem Kaufvertrag sofort fälligen Betrag von 1.500,– € an ihn zu zahlen, der 2 CV stehe zur Abholung bereit. Gustav ist damit nicht einverstanden. Er argumentiert, wenn er seinen alten 2 CV nicht in Zahlung geben könne, sei er auch nicht in der Lage, sich einen neuen Wagen zu leisten. Fixemer müsse daher schon von dem gesamten Kaufvertrag zurücktreten und auch seinerseits den VW-Polo zurücknehmen, wenn er den 2 CV nicht behalten wolle. Hat er Recht? *Vorgabe zur Lösung des Falls:* Es ist davon auszugehen, daß die besonderen Vorschriften der §§ 501 bis 504 BGB über Teilzahlungsgeschäfte nicht anzuwenden sind.

Lösungshinweis: Der Sachverhalt beschäftigt sich mit der Frage von Ersatzleistungen für die ursprünglich vereinbarte Kaufpreisschuld und beschäftigt sich mit den Möglichkeiten des Verkäufers, wenn der an Erfüllungs Statt „in Zahlung gegebene" Gegenstand sich im nachhinein als fehlerhaft erweist. – Wiederholen Sie Grdz. § 5 III 3; § 6 III 2; § 10 III 2; vgl. auch Grdz. § 12 II 3!

Musterlösung:

Im Kern geht es im vorliegenden Fall darum, ob dem Fixemer der von ihm behauptete Anspruch auf sofortige Leistung des Barbetrags von 1.500,– € gegen Rückgabe des in Zahlung genommenen 2 CV zusteht.

Der Zahlungsanspruch des Fixemer könnte sich gem. § 433 Abs. 2 BGB aus dem Kaufvertrag vom 30.9. ergeben. Hiernach ist ein Teilbetrag des Gesamtkaufpreises in Höhe von 1.500,– € sofort bei Vertragsschluß fällig; anstelle einer Geldsumme ist allerdings der Altwagen des Gustav in Zahlung gegeben worden. Nachdem sich herausgestellt hat, daß der 2 CV wegen des Totalschadens auf dem Gebrauchtwagenmarkt unverkäuflich ist, erhebt sich die Frage, welche Bedeutung die Inzahlunggabe des Altwagens des Gustav für die Abwicklung des Kaufvertrags hat. Dafür stehen grundsätzlich zwei Gestaltungsformen zur Verfügung: Die Übernahme des alten Pkw an Erfüllungs Statt gem. § 364 Abs. 1 BGB, wodurch die Kaufpreisschuld mit einem Teilbetrag von 1.500,– € sofort erfüllt und erloschen wäre, oder die Übernahme des Gebrauchtwagens erfüllungshalber, wodurch der Teilbetrag der Kaufpreisschuld zwar noch nicht getilgt, aber (in erneuter Abänderung der über die Fälligkeit der 1.500,– € getroffenen Abrede) gestundet worden ist mit der Maßgabe, daß Fixemer zunächst zumutbare Versuche unternimmt, seine noch offene Forderung durch den Erlös aus dem Verkauf des 2 CV zu befriedigen. Hat Fixemer das Fahrzeug anstelle einer Geldzahlung lediglich erfüllungshalber angenommen, so könnte er es jetzt ohne weiteres an Gustav zurückgeben und Zahlung des Barbetrags von 1.500,– € verlangen, da eine Möglichkeit zur Befriedigung der Kaufpreisschuld durch Veräußerung des Fahrzeugs nicht mehr besteht.

Im vorliegenden Fall spricht allerdings die Vereinbarung eines festen Übernahmepreises, die Bezeichnung des ratenweise zu entrichtenden Barbetrages als „Rest“ und das Fehlen jeglicher Hinweise darauf, daß Gustav nach wie vor das Risiko der Veräußerlichkeit seines Altwagens zu tragen habe (z.B. durch die Klausel: „Der Altwagen ist in Kommission genommen“), dafür, daß die Inzahlungnahme des 2 CV nicht nur erfüllungshalber, sondern gem. § 364 Abs. 1 BGB an Erfüllungs Statt erfolgt ist. Damit ist der Kaufpreisteilbetrag von 1.500,– € durch die Annahme eines Erfüllungssurrogats zunächst einmal getilgt. Aber auch dann könnte Fixemer nach § 365 BGB das Fahrzeug zurückgeben, wenn der 2 CV einen Sachmangel i.S.d. § 434 BGB hat und Fixemer aus diesem Grund gemäß § 437 Nr. 2 i.V.m. § 440 Satz 1 BGB von der Abrede zurücktreten kann, den Wagen für den Betrag von 1.500,– € in Zahlung zu nehmen. Bei einem als „unfallfrei“ veräußerten Gebrauchtwagen ist ein früherer Totalschaden auch dann, wenn die Unfallfolgen äußerlich wiederhergestellt sind, ein Fehler, der die Verkäuflichkeit des Fahrzeugs in Frage stellt. Jedenfalls für den Autohändler Fixemer, der den 2 CV nicht als Liebhaberobjekt, sondern zur möglichst schnellen Weiterveräußerung angenommen hat, ist der Wagen demnach gem. § 434 Abs.1 Satz 2 Nr. 1 BGB mit einem Sachmangel behaftet.

Dieser Mangel kann auch nicht durch Nacherfüllung gem. § 439 Abs. 1 BGB behoben werden, so daß Fixemer auf Grund des § 440 Satz 1 letzte Alternative BGB den Rücktritt erklären kann, ohne zunächst nach § 323 Abs. 1 BGB dem Gustav noch eine Frist zur Nacherfüllung setzen zu müssen. Im Hinblick auf die Einwendungen des Gustav ist noch zu klären, ob sich der Rücktritt auf den gesamten zwischen Fixemer und Gustav geschlossenen Vertrag vom 30.9. bezieht (mit der Folge, daß Fixemer auch den von ihm verkauften VW-Polo wieder zurücknehmen müßte und den Anspruch auf die Zahlung des Kaufpreises insgesamt verliert), oder ob der Rücktritt auf die Teilabrede des Kaufvertrags beschränkt werden kann, daß der 2 CV in Höhe eines Betrags von 1.500,– € in Zahlung genommen wird. Ein Rücktritt vom gesamten Vertrag käme dann in Betracht, wenn die Veräußerung der beiden Fahrzeuge wirtschaftlich derart eng miteinander verknüpft wäre, daß – wie bei einem Tauschgeschäft – der eine Veräußerer sein eigenes Fahrzeug nur deshalb hergibt, weil er damit das Fahrzeug des anderen erhalten kann. Eine solche Interessenlage kann jedoch nicht unterstellt werden: Das wirtschaftliche Interesse des Fixemer geht – für Gustav erkennbar – in erster Linie dahin, Neuwagen seines Vertragslieferanten zu verkaufen; die Inzahlungnahme der Altwagen seiner Kunden geschieht eher notgedrungen, um mit dieser zusätzlichen Dienstleistung das Geschäft zu fördern. Der Verkauf des VW-Polo diente jedenfalls nicht dem wirtschaftlichen Zweck, auf diese Weise den Gebrauchtwagenbestand des Fixemer um einen 2 CV zu erweitern.

Damit bleibt es bei der Grundregelung des § 365 BGB: Die Erklärung des Rücktritts kann auf die Nebenvereinbarung zum Kaufvertrag beschränkt bleiben, daß Gustav berechtigt sein sollte, einen Teil der Kaufpreisschuld durch die Übereignung seines Altwagens als Ersatzleistung abzugelten. Stellt sich hinterher heraus, daß diese Ersatzleistung fehlerhaft ist, kann sich Fixemer daher darauf beschränken, nur von dieser Erfüllungsabrede zurückzutreten. Auf diese Weise entsteht sein Anspruch auf sofortige Zahlung des Betrags von 1.500,– € erneut; Fixemer kann sonach von Gustav diese Geldsumme gegen Rückgabe des 2 CV verlangen.

Fall 10.06: *Der Ratenkauf*

Meier kauft am 5.1. beim Radiohaus Huber ein Fernsehgerät auf Abzahlung. Der Gesamtpreis von 1.200,– € soll in 12 gleichen Raten zu 100,– € jeweils am Monatsende bezahlt werden. Die Ware wird ihm unter Eigentumsvorbehalt übergeben. Meier zahlt bis Ende Juni seine Raten pünktlich, dann wird er arbeitslos und muß die weiteren Zahlungen schuldig bleiben. Daraufhin erklärt das Radiohaus Huber den Rücktritt vom Kaufvertrag zum 30.9. Dem Meier ist das gerade recht, denn er erwartet, daß er mit der Rückgabe des Fernsehgeräts auch die von ihm bisher gezahlten Raten von insgesamt 600,– € zurückbekommt, die er gut gebrauchen kann. Sind diese Erwartungen begründet?

Lösungshinweis: Der Sachverhalt zeigt die Abwicklungsprobleme im Rahmen des durch den Rücktritt vom Teilzahlungsgeschäft neu begründeten Rückgewährschuldverhältnisses gem. §§ 346 ff. BGB. – Wiederholen Sie Grdz. § 10 III 6; vgl. auch Grdz. § 13 II 3, IV 2 b!

Musterlösung:

Durch den Rücktritt vom Teilzahlungsgeschäft (dessen nach §§ 503 Abs. 2 Satz 1, 498 Abs. 1 BGB zu beurteilende Wirksamkeit unterstellt werden kann) sind Meier und Huber gem. § 346 BGB verpflichtet, einander die im Hinblick auf den Kaufvertrag gewährten Leistungen wieder zurückzugewähren. Danach kann Meier seine bisher gezahlten Kaufpreisraten von insgesamt 600,– € und auch eine Verzinsung der geleisteten Ratenzahlungen verlangen, da davon auszugehen ist, daß Huber als Unternehmer nach den Regeln einer ordnungsgemäßen Wirtschaft die eingegangenen Gelder zinsbringend verwendet oder mit deren Hilfe eigene Kreditaufnahmen erspart hat (§ 347 Abs. 1 BGB).

Andererseits steht dem Huber der Anspruch auf Rückgabe des Fernsehgeräts zu (§ 449 Abs. 2 BGB). Huber kann darüber hinaus von Meier nach § 346 Abs. 1 BGB eine Vergütung für die bisher genossene Nutzung des Fernsehgeräts verlangen, wobei nach § 503 Abs. 2 Satz 3 BGB auch die durch den Gebrauch der Sache eingetretene Wertminderung zu berücksichtigen ist. Ferner steht dem Verkäufer nach § 503 Abs. 2 Satz 2 BGB ein Anspruch auf Ersatz seiner Vertragskosten zu. Schließlich kann Huber für die ab Juli bis zur Erklärung des Rücktritts am 30.9. nicht mehr gezahlten Kaufpreisraten nach §§ 286 Abs. 2 Nr. 1, 288 Abs. 1 BGB Verzugszinsen in Höhe von 5 Prozentpunkten über dem Basiszinssatz gem. § 247 BGB (d.h. Anfang 2002 insgesamt 8,62%) verlangen.

Die Nutzungsentschädigung für kurzlebige Wirtschaftsgüter des täglichen Gebrauchs kann in der Weise bestimmt werden, daß der Anteil der tatsächlichen Nutzungsdauer an der voraussichtlichen Gesamtnutzungsdauer des Wirtschaftsguts in Verhältnis zum Bruttopreis der Ware gesetzt wird. Bei Fernsehgeräten kann die wirtschaftliche Lebensdauer auf drei Jahre geschätzt werden. Damit wäre im vorliegenden Fall als Nutzungsentschädigung ein Betrag von 1.200,– : 36 × 9 € = 300,– € zu errechnen. Die Vertragsunkosten des Huber errechnen sich aus der auf das Geschäft entfallenden Mehrwertsteuer in Höhe von 16% und einem Betriebskostenanteil von 12% des Warennettowertes; dies macht im vorliegenden Fall einen Betrag von 361,26 € aus. Für die von Juli bis September nicht mehr gezahlten Kaufpreisraten von jeweils 100,– € sind rd. 4,31 € Verzugszinsen angefallen. Insgesamt kann Huber sonach von Meier die Erstattung eines Betrags von 665,57 € verlangen. Dem steht ein Kaufpreisrückzahlungsanspruch des Meier einschließlich Zinsen in Höhe von rd. 627,– € gegenüber.

Bei genauer Rechnung muß sich Meier sonach darauf einstellen, daß Huber außer der Rückgabe des Fernsehers von ihm noch die Zahlung von 38,57 € verlangt.

Fall 10.07: *Geschäfte unter Freunden*

Der Bauunternehmer Anton kauft bei seinem alten Freund Häfner einen Bagger zum Preis von 64.000,– €. Häfner will in seiner Firma umbauen und vereinbart in der ersten Juli-Woche mit Anton, daß dieser die Arbeiten gegen einen Werklohn von 75.000,– € durchführt, wobei der Preis des Baggers auf den Werklohn verrechnet werden soll, sobald die Bauarbeiten fertiggestellt und abgenommen sind. Über den Erwerb des Baggers wird ein schriftlicher Kaufvertrag vom 8.7. aufgesetzt. Hinsichtlich des Bauauftrags verbleibt es dagegen „aus steuerlichen Gründen“ bei der mündlichen Absprache unter den beiden Freunden.

Schon am 12.7. tritt Häfner die Zahlungsforderung aus dem Kaufvertrag mit Anton an die Stadtsparkasse ab. Bei der Vornahme des Abtretungsgeschäfts gibt er noch an, mit Anton sei eine Stundung des Kaufpreises bis Ende September vereinbart worden; die Forderung könne daher frühestens ab dem 1.10. eingezogen werden. Am 23.7. wird der Bagger geliefert. Anton führt den Umbau zur Zufriedenheit des Häfner durch. Am 23.9. werden die Bauarbeiten abgenommen; Häfner, der dem Anton von der Abtretung der Kaufpreisforderung nichts gesagt hat, verspricht, den noch offenen Werklohn von 11.000,– € in den nächsten Tagen zu begleichen. Zu seinem Erstaunen sieht sich Anton am 1.10. mit der Aufforderung der Stadtsparkasse konfrontiert, den Kaufpreisanspruch aus dem Vertrag vom 8.7. an sie zu zahlen. Muß er darauf eingehen?

Zusatzfrage: Wie wäre der Fall zu entscheiden, wenn die Stadtsparkasse am 2.8. – also noch während der Bauarbeiten des Anton auf dem Gelände des Häfner – den Anton in aller Form von der Abtretung des Kaufpreisanspruchs in Kenntnis gesetzt hätte?

Lösungshinweis: Der Sachverhalt zeigt die Tilgung einer Zahlungsforderung durch Aufrechnung und – in zwei Varianten – die Durchsetzung des Aufrechnungseinwands nach Abtretung der Gegenforderung. – Wiederholen Sie Grdz. § 10 III 4, IV 1 b!

Musterlösung:

1. Die Stadtsparkasse könnte ihren Zahlungsanspruch gegen Anton gem. §§ 398, 433 Abs. 2 BGB auf den am 8.7. zwischen Anton und Häfner abgeschlossenen Kaufvertrag über den Bagger stützen. Der Kaufvertrag ist zustande gekommen und durch die Lieferung des Baggers erfüllt worden. Die Stadtsparkasse hat den Zahlungsanspruch durch Vertrag vom 12.7. von Häfner erworben; gem. § 398 BGB war es nicht erforderlich, daß Anton als Schuldner an diesem Abtretungsgeschäft mitwirkte oder hiervon überhaupt Kenntnis erhielt. Die Stadtsparkasse könnte somit Inhaberin eines Zahlungsanspruchs gegen Anton in Höhe von 64.000,– € sein.

Anton könnte den Zahlungsanspruch zum Erlöschen gebracht haben, indem er bei der Abnahme der Bauarbeiten auf dem Betriebsgelände des Häfner am 23.9. seine eigene Werklohnforderung gegen den Kaufpreisanspruch aufrechnete. Im Sachverhalt ist zwar von einer Aufrechnung nicht die Rede; es wird jedoch davon berichtet, daß sich Anton und Häfner über die Begleichung der die Kaufpreisschuld übersteigenden Restvergütung des Anton in Höhe von 11.000,– € unterhalten und geeinigt haben, so daß offensichtlich beide Partner davon ausgehen, daß hinsichtlich des Betrags von 64.000,– € die bereits am 8.7. in Aussicht genommene Aufrechnung stattgefunden hat.

Eine Aufrechnung setzt gem. § 387 BGB Gleichartigkeit der in Verrechnung gestellten beiden Ansprüche, Fälligkeit der zur Aufrechnung verwendeten Gegenforderung, Erfüllbarkeit der Hauptforderung sowie die Gegenseitigkeit der Ansprüche voraus. Es handelt sich jeweils um Geldzahlungsansprüche; nachdem Anton seine Bauarbeiten beendet hat und damit sein eigener Werklohnanspruch fällig geworden ist, sind auch die beiden anderen Bedingungen für den Eintritt der Aufrechnungslage erfüllt. Kaufpreisanspruch und Werklohnforderungen sind jedoch keine gegenseitigen Forderungen, denn im Zeitpunkt der am 23.9. vollzogenen Aufrechnung ist aufgrund der Abtretung vom 12.7. die Stadtsparkasse Gläubigerin des Kaufpreisanspruchs für den Bagger in Höhe von 64.000,– €. Anton wußte allerdings nichts von dieser Abtretung; auch am 23.9. hat ihm sein Freund Häfner das Geschäft mit der Stadtsparkasse verheimlicht. Damit kann sich Anton auf die Regelung des § 407 Abs. 1 BGB berufen: Er hat bei der Erklärung der Aufrechnung gegenüber dem (früheren) Gläubiger Häfner in Unkenntnis der Abtretung ein „Geschäft in Ansehung der Forderung" vorgenommen. Dies muß die Stadtsparkasse gegen sich gelten lassen. Demzufolge ist der Kaufpreisanspruch gem. § 389 BGB durch Aufrechnung erloschen; die Sparkasse kann von Anton keine Zahlung mehr verlangen.

2. *Lösung der Zusatzfrage:* In diesem Falle konnte Anton gegenüber Häfner am 23.9. nicht mehr mit der Wirkung des § 407 BGB aufrechnen, denn zu diesem Zeitpunkt war ihm die Abtretung bereits bekannt. Anton könnte jedoch gem. § 406 BGB gegenüber der Stadtsparkasse die Aufrechnung mit seiner Gegenforderung erklären. Hierbei spielt der Zeitpunkt, an dem Anton von der Abtretung der Forderung Kenntnis erlangt hat – also der 2.8. – eine maßgebende Rolle: Anton kann sich nur dann auf § 406 BGB berufen, wenn er seine Werklohnforderung schon vor diesem Zeitpunkt „erworben" hat. Dies könnte im vorliegenden Fall zweifelhaft sein, da die von Anton zu leistenden Bauarbeiten erst am 23.9. fertiggestellt und abgenommen worden sind, so daß der Werklohnanspruch auch erst zu diesem Zeitpunkt fällig geworden ist (§ 641 Abs. 1 BGB). Entstanden und damit zugleich auch von Anton erworben ist der Werklohnanspruch jedoch schon mit dem formlosen Abschluß des Werkvertrags mit Häfner Anfang Juli, dieser Zeitpunkt liegt sogar noch vor der Abtretung der Kaufpreisforderung.

Die Aufrechnung mit dem Werklohnanspruch könnte nach der zweiten Alternative des § 406 BGB jedoch daran scheitern, daß die Werklohnforderung erst am 23.9., also nach Erlangung der Kenntnis von der Abtretung durch die Mitteilung der Stadtsparkasse vom 2.8., fällig geworden ist. Ein Aufrechnungshindernis besteht insoweit aber nur dann, wenn die Werklohnforderung ihrerseits später als die abgetretene Kaufpreisforderung fällig war (so daß die Stadtsparkasse ihr Recht schon vor dem 23.9. hätte geltend machen können, Anton mit seinem Anspruch damals aber noch nicht aufrechnen konnte). Anton und Häfner hatten bei Abschluß des Werkvertrags vereinbart, daß der Werklohn mit der Zahlungsforderung aus dem Kaufvertrag vom 8.7. verrechnet werden sollte. Diese Abrede ist als eine Stundung der an sich sofort bzw. spätestens nach Auslieferung des Baggers am 23.7. fälligen Kaufpreisforderung bis zum Fälligwerden des Werklohnanspruchs auszulegen, denn die vorgesehene „Verrechnung" war ja nur dann möglich, wenn Häfner bis zu diesem Zeitpunkt mit der Einziehung des Kaufpreises für den Bagger zuwartete. In diesem Sinne hatte Häfner die Stadtsparkasse ja auch darüber informiert, daß mit Anton eine Stundung des Kaufpreises vereinbart sei und der abgetretene Zahlungsanspruch erst ab dem 1.10. geltend gemacht werden könne. Werklohnforderung und Kaufpreisanspruch sind somit zum gleichen Zeitpunkt fällig geworden und sich aufrechenbar gegenübergetreten. Somit greift im vorliegenden Fall auch die andere Ausnahmeregelung des § 406 BGB nicht ein; Anton ist vielmehr nach dieser Vorschrift berechtigt, gegenüber dem Zahlungsanspruch der Stadtsparkasse mit seinem Werklohnanspruch gegen Häfner aufzurechnen.

Fall 10.08: *Der unentschiedene Käufer*

Anton kauft mit Vertrag vom 5.10. beim Teppichhändler Darius einen türkischen Hereke-Teppich zum Preis von 6.000,– €. Da Anton sich nicht ganz schlüssig ist, ob er sich das teure Stück tatsächlich leisten soll, vereinbart er mit Darius, daß er noch bis zum 30.11. vom Kaufvertrag zurücktreten kann. Bis dahin soll auch der Kaufpreis gestundet werden.

Bereits am 8.10. verkauft Darius die Zahlungsforderung aus dem Vertrag mit Anton an die Handelsbank AG zum Preis von 5.100,– € und tritt den Zahlungsanspruch ab. Diese teilt dem Anton die Zession mit Schreiben vom 12.10. mit. Am 27.10. erklärt Anton gegenüber Darius den Rücktritt vom Kaufvertrag und gibt ihm auch den Teppich zurück. Gleichwohl fordert die Handelsbank mit Mahnschreiben vom 2.12. den Anton zur Zahlung des an sie abgetretenen Betrages von 6.000,– € auf. Dieser beruft sich auf den fristgerecht gegenüber Darius erklärten Rücktritt vom Kaufvertrag. Die Bank erwidert, nachdem die Kaufpreisforderung schon am 8.10. an sie abgetreten war und dies dem Anton auch mitgeteilt worden sei, habe Anton den Bestand des Anspruchs nicht mehr durch ein Rechtsgeschäft *mit Darius* ändern können. Gegenüber der Handelsbank sei jedoch innerhalb der vereinbarten Frist kein Rücktritt vom Kaufvertrag erklärt worden. Muß Anton zahlen?

Lösungshinweis: Ebenso wie im vorstehenden Fall 10.07 zeigt der Sachverhalt Probleme, die sich für den Schuldner aus der Abtretung der gegen ihn gerichteten Forderung ergeben. Die Lösung beruht auf der Unterscheidung zwischen dem Schuldverhältnis als Ganzem und dem einzelnen, aus dem Schuldverhältnis abgeleiteten Leistungsanspruch. – Wiederholen Sie Grdz. § 4 II 2 d; § 10 I 1, III 6 a, IV 1 c!

Musterlösung:

Die Handelsbank könnte gem. §§ 398, 433 Abs. 2 BGB aufgrund des am 5.10. mit Darius abgeschlossenen Kaufvertrags gegen Anton einen Anspruch auf Zahlung der Kaufpreissumme von 6.000,– € haben. Gegen die Gültigkeit des Kaufvertrags und der am 8.10. erfolgten Abtretung des Kaufpreisanspruchs bestehen keine Bedenken.

Anton könnte den Kaufpreisanspruch dadurch zum Erlöschen gebracht haben, daß er am 27.10. vom Kaufvertrag zurückgetreten ist. Durch die Rücktrittserklärung wird das Schuldverhältnis als Ganzes rückwirkend aufgehoben; damit geht auch der durch den Kaufvertrag begründete Zahlungsanspruch unter. Gem. § 346 Satz 1 BGB hatte sich Anton mit Zustimmung des Darius ein Rücktrittsrecht von dem am 5.10. abgeschlossenen Kaufvertrag vorbehalten. Dieses Recht hat er innerhalb der vereinbarten Frist (vor Ablauf des 30.11.) durch Erklärung gegenüber Darius ausgeübt.

Fraglich ist allerdings, ob Anton am 27.10. sein Rücktrittsrecht überhaupt noch ausüben konnte, nachdem Darius den Zahlungsanspruch aus dem Kaufvertrag bereits am 8.10. an die Handelsbank AG abgetreten hatte und dies dem Anton auch schon seit dem 12.10. bekannt war. Zumindest hinsichtlich des an sie abgetretenen Zahlungsanspruchs aus dem Kaufvertrag ist die Handelsbank inzwischen „Herr" des Schuldverhältnisses; dies könnte bedeuten, daß Anton das mit Darius vereinbarte Rücktrittsrecht entweder überhaupt nicht mehr oder nur noch gegenüber der Zessionarin ausüben darf. Aus der Regelung des § 407 Abs. 1 BGB ist im Umkehrschluß zu folgern, daß der neue Gläubiger (= die Handelsbank AG) ein Rechtsgeschäft zwischen dem Schuldner (= Anton) und dem alten Gläubiger (= Darius) „in Ansehung der Forderung" dann nicht gegen sich gelten zu lassen braucht, wenn der Schuldner (= Anton) bei Vornahme dieses Geschäfts die Abtretung kannte. Der gegenüber Darius erklärte Rücktritt könnte sonach unwirksam sein.

Die Ausübung eines vertraglich vereinbarten Rücktrittsrechts durch den Schuldner ist jedoch kein „Rechtsgeschäft in Ansehung der Forderung", wie es von § 407 Abs. 1 BGB gemeint ist. Hierunter fallen nur solche Rechtsgeschäfte, die sich ausschließlich auf die in Betracht kommende Forderung beziehen und gemeinsam mit dem Gläubiger vorgenommen werden (z.B. Schulderlaß, Stundung oder Änderung der Zahlungsbedingungen). Nur dann kann sich nämlich die Frage stellen, ob nach einer inzwischen erfolgten Abtretung der bisherige Gläubiger überhaupt noch zu solchen Geschäften befugt ist, oder ob derartige Verfügungen über den Bestand der Forderung nunmehr in die alleinige Zuständigkeit des neuen Gläubigers fallen. Das vertraglich vereinbarte Rücktrittsrecht gibt demgegenüber dem Vertragspartner (= Schuldner) das Gestaltungsrecht, sich durch einseitige Willenserklärung vom gesamten Vertrag wieder loszusagen, ohne hierfür auf die Zustimmung oder irgendeine andere Mitwirkungshandlung des anderen Partners (= Gläubigers) angewiesen zu sein. Wird der Rücktritt erklärt, erlischt als weitere Folge dieses Rechtsgeschäftes kraft Gesetzes u.a. auch der Kaufpreisanspruch.

Der Fall ist somit nicht nach § 407 BGB zu lösen, sondern anhand der Vorschrift des § 404 BGB zu beurteilen. Hiernach kann der Schuldner (= Anton) dem neuen Gläubiger (= Handelsbank AG) alle Einreden gegen die abgetretene Forderung entgegenhalten, die im Zeitpunkt der Abtretung, also am 8.10., bereits begründet waren. Zwar war an diesem Tag der Rücktritt vom Kaufvertrag noch nicht erklärt. Der Vertrag war jedoch von Anfang an mit Rücktrittsvorbehalt geschlossen und damit waren auch alle aus dem Vertrag abgeleiteten Ansprüche mit der Möglichkeit des rückwirkenden Erlöschens bei Ausübung des Rücktrittsrechts vorbelastet. In diesem Zustand hat die Handelsbank den Zahlungsanspruch gegen Anton erworben. Gem. § 404 BGB reicht es daher aus, daß der Rücktrittsvorbehalt bereits vor der Abtretung vereinbart war, wie dies im vorliegenden Fall geschehen ist.

Zu prüfen bleibt noch, ob Anton den Rücktritt vom Kaufvertrag durch Erklärung nur gegenüber Darius bewirken konnte, oder ob er die Rücktrittserklärung gegenüber der Handelsbank AG als neuer Gläubigerin des Kaufpreisanspruchs hätte abgeben müssen. Im letzteren Fall wäre sein erst nach dem 2.12. auch der Bank mitgeteilter Rücktritt verspätet. Nach § 349 BGB ist der Rücktritt „gegenüber dem anderen Teil" zu erklären. Da der Rücktritt das Schuldverhältnis als Ganzes betrifft, ist als „anderer Teil" der Partner des Schuldverhältnisses anzusehen. Darius war auch nach Abtretung der Kaufpreisforderung Partner des Kaufvertrags mit Anton geblieben, denn durch die Abtretung war nur ein einzelner Anspruch aus dem mit Vertrag vom 5.10. begründeten Schuldverhältnis herausgelöst, nicht aber der Kaufvertrag als Ganzes auf die Handelsbank übertragen worden.

Anton kann daher gem. § 404 BGB unter Berufung auf den von ihm am 27.10. gegenüber Darius erklärten Rücktritt vom Kaufvertrag gegenüber der Handelsbank AG die Zahlung der Kaufpreisschuld verweigern. – Zur Frage, ob sich die Handelsbank mit ihrer Forderung wenigstens an Darius halten kann, vgl. unten Fall 12.06.

Fall 10.09: *Mitgegangen ist mitgefangen*

Anton verkauft mit notariellem Vertrag vom 12.8. an Hinz und Kunz ein Baugrundstück zum Gesamtpreis von 120.000,– €. Kurz darauf erfährt Anton zu seinem Schrecken, daß Hinz in Zahlungsschwierigkeiten geraten ist. Er möchte wissen, ob er nunmehr von Kunz allein die Zahlung des vollen Kaufpreises von 120.000,– € verlangen kann, obwohl in dem notariellen Vertrag insoweit keine Abmachungen getroffen worden sind.

Lösungshinweis: Am Beispiel des gemeinschaftlichen Erwerbs einer Sache durch zwei Käufer werden Probleme der gesamtschuldnerischen Haftung diskutiert. – Wiederholen Sie Grdz. § 10 V 2!

Musterlösung:

Anton könnte von Kunz Zahlung des gesamten Kaufpreises von 120.000,– € verlangen, wenn dieser für die Zahlungsschuld aus dem notariellen Vertrag vom 12.8. gem. § 421 BGB als Gesamtschuldner haftet. Dies könnte sich mangels ausdrücklicher Vereinbarung entweder aus der Regelung des § 431 BGB oder aus § 427 BGB ergeben. Nach § 431 BGB entsteht ein Gesamtschuldverhältnis kraft Gesetzes dann, wenn mehrere Personen eine unteilbare Leistung schulden. Eine in Geld zahlbare Kaufpreisschuld ist jedoch keine unteilbare Leistung, da die Zahlung in mehrere Teilbeträge zerlegt werden kann. Aus § 431 BGB läßt sich im vorliegenden Fall sonach eine gesamtschuldnerische Haftung des Kunz nicht herleiten.

Gem. § 427 BGB kann allerdings auch bei einer teilbaren Leistung „im Zweifel" eine gesamtschuldnerische Haftung entstehen, wenn der Vertrag, durch den die Verpflichtung zu dieser Leistung begründet worden ist, von mehreren „gemeinschaftlich" abgeschlossen wurde. Im vorliegenden Fall haben Hinz und Kunz zusammen den notariellen Grundstückskaufvertrag mit Anton abgeschlossen. Schon die Tatsache des gemeinsamen Vertragsschlusses begründet die Vermutung, daß beide Käufer auch gemeinschaftlich für die Zahlung des Kaufpreises aufkommen wollen; war dies nicht ihr wirklicher Wille, so hätte im Vertrag eine Regelung darüber getroffen werden müssen, wer von ihnen mit welchen Anteilen für die insgesamt mit 120.000,– € vereinbarte Zahlungsschuld aufkommen soll. Kunz muß somit gegenüber Anton als Gesamtschuldner gem. § 421 Satz 1 BGB für den vollen Kaufpreis aufkommen (und hat sich dann im Innenverhältnis zu Hinz selbst darum zu kümmern, wie er zu der ihm nach § 426 Abs. 2 BGB zustehenden Ausgleichung kommt).

Fall 10.10: *Die enttäuschte Großmutter*

Großmutter Adelheid hat anläßlich des 14. Geburtstags ihres Enkels Emil Huber auf dessen Namen bei der Kreissparkasse Neustadt ein Sparkonto eröffnet und hierauf nach und nach 5.000,– € eingezahlt. Hiervon hat sie weder dem Emil noch dessen Eltern etwas gesagt; auch hat sie sich das auf den Namen von Emil Huber ausgestellte Sparbuch aushändigen lassen und selbst in Verwahrung genommen.

Kurz nach seinem 18. Geburtstag schließt sich Emil der örtlichen Skinheadszene an und überwirft sich wegen seiner rassistischen Parolen mit seinen Eltern. Auch Großmutter Adelheid will von ihrem mißratenen Enkel nichts mehr wissen. Sie entschließt sich daher, das für Emil eingerichtete Sparkonto aufzulösen und das Guthaben mit Zinsen dem Tierschutzverein zu überweisen. Der Sparkassenleiter hat indessen Bedenken, diesem Wunsch ohne weiteres nachzukommen; er meint, Frau Adelheid dürfe über das Sparguthaben nur noch mit Zustimmung des Emil verfügen. Mit Recht?

Lösungshinweis: Der Fall führt in die Besonderheiten des Vertrags zugunsten Dritter nach §§ 328 ff. BGB ein (die Bearbeitung kann ohne Beachtung der in der Praxis üblichen AGB der Sparkasse und der gesetzlichen Kontrollbestimmungen zur Verhinderung unerlaubter Geldwäsche erfolgen). – Wiederholen Sie Grdz. § 9 II 5; § 10 IV 1, VI 1, 2; vgl. auch Grdz. § 13 IV 1!

Musterlösung:

Frau Adelheid kann nach eigenem Gutdünken über das Sparkonto bei der Kreissparkasse Neustadt verfügen, wenn sie Gläubigerin der das Guthaben bildenden Zahlungsforderung gegen die Sparkasse ist.

Durch die Einrichtung eines Sparkontos hat Frau Adelheid mit der Kreissparkasse Neustadt einen Sparvertrag abgeschlossen, der als unregelmäßiger Verwahrungsvertrag i.S.d. § 700 BGB zu qualifizieren ist. Bei der Sparkasse werden Geldbeträge hinterlegt, welche auf Verlangen des Einlegers in gleichwertigen Summen zurückzuerstatten sind. Inzwischen kann die Sparkasse die Mittel für eigene Zwecke einsetzen; gem. § 700 Abs. 1 Satz 1 BGB sind daher auf das Schuldverhältnis insoweit die Regeln der §§ 488 ff. BGB über den Gelddarlehensvertrag anzuwenden. Mit der Ausgabe eines Sparbuchs wird gem. § 808 BGB der Anspruch auf Rückzahlung der Spareinlage in einem besonderen Wertpapier verbrieft. Normalerweise ist derjenige, der das Sparkonto eröffnet, auch der allein zur Verfügung über das Guthaben berechtigte Gläubiger. Im vorliegenden Fall könnte indessen eine andere Rechtslage dadurch entstanden sein, daß Frau Adelheid das Konto nicht auf ihren eigenen Namen, sondern auf den Namen ihres Enkels Emil Huber eröffnet hatte.

Zunächst ist in Betracht zu ziehen, daß Frau Adelheid als Vertreterin ihres Enkels in dessen Namen einen Vertrag mit der Sparkasse abgeschlossen hat, so daß in Wirklichkeit Rechtsbeziehungen nur zwischen Emil Huber und der Kreissparkasse bestehen. Als Großmutter ist sie jedoch keine gesetzliche Vertreterin ihres (im Zeitpunkt der Kontoeröffnung noch minderjährigen) Enkels. Auch eine zu einem Stellvertretergeschäft gem. § 164 BGB ermächtigende Vollmacht der Eltern zur Vertretung des Emil Huber ist nicht vorhanden; denn weder Emil noch seine Eltern wissen bisher überhaupt etwas von dem Sparguthaben. Gegen die Annahme eines Stellvertretergeschäfts spricht außerdem, daß

Frau Adelheid die Einlagen auf das Konto bisher ausschließlich aus ihrem eigenen Vermögen aufgebracht hat; sie hat somit die Einrichtung des Kontos (zumindest auch) als ihre eigene Angelegenheit betrachtet. In dieser Weise ist der Vorgang auch den Mitarbeitern der Sparkasse erkennbar geworden.

Zu prüfen ist ferner die Möglichkeit einer Abtretung des Guthabens an Emil. Die Abtretung müßte gem. § 398 BGB durch einen Vertrag zwischen dem alten Gläubiger (hier: Frau Adelheid) und dem Erwerber der Forderung (hier: Emil Huber, vertreten durch seine Eltern) erfolgt sein. Ein solcher Vertragsschluß hat nicht stattgefunden; auch hier wirkt sich wieder aus, daß weder Emil noch seine Eltern bisher überhaupt etwas von dem Sparguthaben wissen.

Frau Adelheid könnte ihrem Enkel das Sparguthaben auch in der Weise zugewendet haben, daß sie nach § 328 Abs. 1 BGB durch Vertrag mit der Kreissparkasse zugunsten von Emil Huber einen diesem unmittelbar zustehenden Anspruch begründet hat. Ein solcher Vertrag wäre ohne Mitwirkung oder überhaupt Mitwissen des Begünstigten möglich; er kann daher auch zugunsten eines Minderjährigen geschlossen werden, ohne daß dessen gesetzliche Vertreter beteiligt werden müssen. Danach *kann* Emil Huber der allein verfügungsberechtigte Inhaber des Anspruchs auf die Auszahlung der Sparsumme geworden sein, was im vorliegenden Fall die Folge hätte, daß Frau Adelheid über das aus ihren Einzahlungen angesammelte Guthaben und die Zinsen nicht mehr zugunsten des Tierschutzvereins verfügen könnte. Zwingend ist das jedoch nicht; nach § 328 Abs. 2 BGB muß diese Frage anhand der beim Abschluß des Sparvertrags besonders getroffenen Abreden (worüber der Sachverhalt allerdings keine Auskunft gibt, so daß solche Abreden nicht unterstellt werden können) oder aus den Umständen und dem Zweck des Vertrags jeweils im Einzelfall entschieden werden.

Im vorliegenden Fall darf aus dem Umstand, daß das Konto und das Sparbuch auf den Namen des Emil Huber eingerichtet worden sind, jedenfalls geschlossen werden, daß die Kreissparkasse berechtigt sein sollte, an ihn Auszahlungen aus dem Guthaben zu tätigen, wenn Emil in den Besitz des Sparbuchs gelangen sollte und dann die Urkunde zur Einlösung vorlegt (§ 808 Abs. 1 BGB). Dies reicht allerdings für sich allein noch nicht aus, den Emil Huber auch als den allein berechtigten Inhaber der Forderung gegen die Sparkasse anzusehen. Gegen eine solche Annahme spricht, daß Emil bei Anlegung des Kontos noch minderjährig war. Auch erfolgte das Geschäft ohne Wissen des Emil (bzw. ohne Wissen seiner Eltern). Auch ließ sich Frau Adelheid das Sparbuch aushändigen, dessen Vorlage gem. § 808 Abs. 2 BGB erforderlich ist, damit das Guthaben bei der Sparkasse abgehoben werden kann. Gerade bei der schenkweisen Zuwendung eines erst im Laufe der Jahre angehäuften Kapitals an einen nahen Verwandten spricht die Lebenserfahrung dafür, daß der Zuwendende die weitere Entwicklung seiner persönlichen Beziehungen zu dem Bedachten noch abwarten will, bevor er diesen in den Stand setzt, über das angesparte Vermögen frei zu verfügen. Dies gilt vor allem dann, wenn diese Zuwendung vor dem Beschenkten bisher geheimgehalten worden ist. Hier ist die Sachlage im Grunde genommen nicht anders zu bewerten, als wenn Frau Adelheid in einem Testament ihrem Enkel ein bestimmtes Bankguthaben vermacht hätte. Hier wie dort kann man ihren – auch für die Sparkasse erkennbaren – Willen unterstellen, aus gegebenem Anlaß die zugunsten des Enkels beabsichtigte Wohltat ohne dessen Zustimmung auch wieder zurückzunehmen oder abzuändern.

Sonach ist der auf den Namen des Emil Huber abgeschlossene Sparvertrag zwischen Frau Adelheid und der Kreissparkasse Neustadt als ein lediglich ermächtigender Vertrag zugunsten Dritter anzusehen. Frau Adelheid ist damit weiterhin allein berechtigte Gläubigerin des auf dem Konto geführten Guthabens; sie ist daher auch befugt, ohne Zustimmung des Emil das Konto wieder aufzulösen und über Kapital und Zinsen anderweit zu verfügen.

III. Wiederholungsfragen

1. Was ist unter einem Schuldverhältnis zu verstehen? (Grdz. § 10 I 1)	Ein Schuldverhältnis ist ein Rechtsverhältnis zwischen mindestens zwei Rechtssubjekten, aus dem die am Rechtsverhältnis Beteiligten einseitig oder mehrseitig Leistungsansprüche gegen den jeweils anderen Teil herleiten können.
2. Worin besteht der Unterschied zwischen gesetzlichen und rechtsgeschäftlichen bzw. rechtsgeschäftsähnlichen Schuldverhältnissen? (Grdz. § 10 I 3)	Schuldverhältnisse können entweder kraft Gesetzes oder durch Rechtsgeschäft begründet werden. Gesetzliche Schuldverhältnisse entstehen unabhängig von dem Willen der daran beteiligten Personen durch die Verwirklichung bestimmter, im Gesetz näher beschriebener Tatbestandsmerkmale. Rechtsgeschäftliche Schuldverhältnisse entstehen nach § 311 BGB aufgrund eines gezielt auf deren Begründung gerichteten Rechtsgeschäfts zwischen den künftigen Partnern oder durch die Aufnahme von Vertragsverhandlungen bzw. ähnliche Formen *gezielter* geschäftlicher Kontakte.
3. Was sind die Hauptpflichten im Schuldverhältnis, welche systematische Bedeutung kommt ihnen zu? (Grdz. § 10 I 4)	Die Hauptpflichten bilden den wirtschaftlichen Kern des Schuldverhältnisses; bei den rechtsgeschäftlichen Schuldverhältnissen ist die Begründung derartiger Leistungspflichten der eigentliche Anlaß zum Abschluß des Rechtsgeschäfts zwischen den Beteiligten gewesen. Nach dem Inhalt der Hauptpflichten richtet sich die systematische Zuordnung des jeweiligen Schuldverhältnisses zu einem der im Besonderen Teil des Schuldrechts normierten Schuldvertragstypen.
4. In welchem Verhältnis stehen Schuld und Haftung? (Grdz. § 10 I 5)	*Schulden* sind die einzelnen (nicht notwendig in einer Geldzahlung ausgedrückten) Leistungspflichten einer Person (= Schuldner). *Haftung* bedeutet, daß die Erfüllung dieser Leistungspflichten durch Rückgriff auf das Vermögen des Schuldners (gegebenenfalls auch dasjenige von dritten „mithaftenden" Rechtssubjekten) gesichert ist.
5. Was sind die in den §§ 320 ff. BGB erwähnten gegenseitigen Verträge? (Grdz. § 10 I 6)	Gegenseitige Verträge sind schuldrechtliche Verträge mit wechelseitigen Leistungspflichten, bei denen die Leistung der einen Seite das wirtschaftliche Motiv für die Leistung des anderen Teils bildet.
6. Müssen bei einem vertraglichen Schuldverhältnis sämtliche Leistungspflichten im Vertrag ausdrücklich geregelt sein? (Grdz. § 6 III 3; § 10 II 1)	Nein. Lediglich die für den wirtschaftlichen Erfolg des Rechtsgeschäfts wesentlichen Leistungspflichten müssen vertraglich geregelt sein; im übrigen können sich Art und Weise der Leistungserbringung, etwaige Nebenleistungspflichten oder die Pflicht zur Rücksichtnahme auf die Rechte, Rechtsgüter oder sonstige Interessen des jeweils anderen Teils i.S.d. § 241 Abs. 2 BGB oder die Rechtsfolgen einer Leistungsstörung aus dem Gesetz oder einer ergänzenden Ver-

tragsauslegung nach Treu und Glauben ergeben. Auch die genaue Festlegung von vertragswesentlichen Hauptleistungspflichten kann gem. §§ 315 ff. BGB einer der Vertragsparteien oder einer dritten Person überlassen sein, wenn dies so vereinbart wurde.

7. Was ist eine Gattungsschuld; was versteht man unter einer Vorratsschuld; wo spielen diese Begriffe eine Rolle? (Grdz. § 10 II 2)

Die Begriffe tauchen bei Schuldverhältnissen auf, bei denen es um die Leistung von Sachen geht (z.B. bei Kauf- oder Werklieferungsverträgen). Eine *Gattungsschuld* liegt vor, wenn Sachen der geschuldeten Art mehrfach vorhanden sind und als Leistungsgegenstand nicht von vornherein eine in ihrer Individualität festgelegte, d.h. ausgesuchte Sache bestimmt, sondern die Leistung von Stücken dieser Art nur der Anzahl nach vereinbart worden ist. Von *Vorrats-* oder *beschränkten Gattungsschulden* spricht man dann, wenn die nur der Gattung nach bestimmte Sache aus einer näher abgegrenzten Teilmenge der insgesamt vorhandenen Stücke dieser Art geleistet werden muß.

8. Was regelt die Festlegung des Leistungsorts und welcher Zusammenhang besteht mit den Begriffen Hol-, Bring- und Schickschuld? (Grdz. § 10 II 3 b)

Die in § 269 BGB geregelte Frage des Leistungsorts befaßt sich mit dem Problem, wo der Schuldner die von ihm geschuldete Leistung anbieten muß, damit er das „zur Erfüllung seinerseits Erforderliche getan" hat und eine vertragsgerechte Erfüllung möglich ist. Darf der Schuldner die Leistung an seinem Wohn- oder Geschäftssitz andienen, spricht man von einer *Holschuld*; diese ist nach § 269 BGB die Regel. Muß der Schuldner die Leistung in der Wohnung oder im Geschäftslokal des Gläubigers anbieten, besteht eine *Bringschuld*; eine solche Verpflichtung kann sich aus der Art der geschuldeten Leistung (z.B. Arbeitsleistung) oder aus einer besonderen Vereinbarung zwischen Gläubiger und Schuldner ergeben. Ist zwar die Wohnung oder das Geschäftslokal des Schuldners Leistungsort, hat dieser aber die Verpflichtung übernommen, den Leistungsgegenstand nach Anweisung des Gläubigers an einen anderen Ort als den Erfüllungsort abzusenden, handelt es sich um eine *Schickschuld.*

9. Unter welchen Voraussetzungen kann der Schuldner die Erfüllung eines an sich fälligen Leistungsanspruchs verweigern? (Grdz. § 10 II 3 d)

Die Erfüllung eines an sich fälligen Leistungsanspruchs kann abgelehnt werden, wenn dem Schuldner ein besonderes Leistungsverweigerungsrecht zur Seite steht. In Betracht kommen vor allem die Einrede des nicht erfüllten Vertrags gem. § 320 Abs. 1 BGB bei gegenseitigen Verträgen oder die Ausübung des allgemeinen Zurückbehaltungsrechts nach § 273 Abs. 1 BGB zur Durchsetzung eigener konnexer Gegenansprüche.

10. Muß der Schuldner immer in eigener Person leisten? (Grdz. § 10 II 3 e)

Nach § 267 BGB kann die geschuldete Leistung auch von einem Dritten erbracht werden, soweit es sich nicht um die Erfüllung höchstpersönlicher Leistungsverpflichtungen handelt (wie z.B. gem. § 613 BGB bei einem Dienstvertrag).

11. Worin unterscheiden sich Aufrechnung und Ausübung eines Zurückbehaltungsrechts? (Grdz. § 10 II 3 d, III 4)

Bei der *Aufrechnung* stehen sich gleichartige Leistungsverpflichtungen gegenüber, die aber nicht notwendig aus konnexen Rechtsverhältnissen herrühren müssen. Gem. § 389 BGB bewirkt die Aufrechnungs*erklärung* eines der Beteiligten, daß die Ansprüche erlöschen, soweit sie sich aufrechenbar gegenübergestanden haben, und zwar rückwirkend zu dem Zeitpunkt, zu dem die Aufrechnung zum ersten Mal möglich gewesen wäre. Bei der *Ausübung des Zurückbehaltungsrechts* kommt es auf die Gleichartigkeit der Forderungen nicht an; diese müssen jedoch aus einem gegenseitigen Schuldverhältnis oder zumindest aus konnexen Rechtsbeziehungen stammen. Die Ausübung des Zurückbehaltungsrechts läßt den Bestand der Forderungen unangetastet; sie führt dazu, daß die eigene Leistungsverpflichtung nur Zug um Zug gegen die Erbringung der Gegenleistung erfüllt zu werden braucht.

12. Ist die Bezahlung einer Geldforderung mit einem Scheck als Erfüllung, als Leistung an Erfüllungs Statt oder als Leistung erfüllungshalber anzusehen? (Grdz. § 10 III 1, 2)

Die Ausstellung eines Schecks stellt sich rechtlich als Auftrag an die Bank dar, dem Besitzer und Vorleger des Schecks aus dem Bankguthaben des Ausstellers die im Scheck genannte Geldsumme zu zahlen. Ob dieser Auftrag tatsächlich ausgeführt wird, hängt u.a. davon ab, ob der Aussteller bei der Bank noch ein Guthaben hat, das den Scheck deckt, so daß die angewiesene Bank den Scheck auch tatsächlich einlöst. Durch die Entgegennahme des Schecks ist somit das Vermögen des Empfängers noch nicht vermehrt und sonach auch noch nicht die durch den Scheck „beglichene“ Geldforderung erfüllt. Da der Scheck nur eine verhältnismäßig unsichere Rechtsposition gegenüber der Bank verleiht, kann auch nicht unterstellt werden, daß der Scheck gem. § 364 Abs. 1 BGB als Leistung an Erfüllungs Statt angenommen wird. Die Bezahlung mit Scheck erfolgt sonach nur als Leistung erfüllungshalber; d.h. die Zahlungsforderung bleibt noch so lange bestehen, bis die Bank den Scheck tatsächlich eingelöst hat.

13. Nennen Sie die Voraussetzungen für eine Aufrechnung! (Grdz. § 10 III 4)

Aus §§ 387 und 390 BGB lassen sich vier Voraussetzungen zusammenstellen: Die zur Aufrechnung gestellten Forderungen müssen gegenseitig, sie müssen auf dieselbe Leistung gerichtet (gleichartig), die zur Aufrechnung gestellte Forderung muß fällig und die Gegenforderung muß erfüllbar sein, außerdem darf die zur Aufrechnung gestellte Forderung nicht mit einer Einrede behaftet sein. Ferner sind die in den §§ 393 und 394 BGB geregelten Aufrechnungsverbote zu beachten; praktisch wichtig ist vor allem das Verbot der Aufrechnung gegen Forderungen, die unter Pfändungsschutz stehen (z.B. Teile des Arbeitseinkommens).

14. Was haben Rücktritt bzw. Widerruf gem. § 355 BGB und Kündigung gemeinsam; worin liegt der Unterschied? (Grdz. § 10 III 6)

In beiden Fällen wird ein Schuldverhältnis als Ganzes durch eine einseitige Willenserklärung eines der Partner aufgehoben; Voraussetzung für die Wirksamkeit dieses Gestaltungsakts ist daher, daß demjenigen, der das Schuldverhältnis aufheben will, ein entsprechendes Gestaltungsrecht zusteht, das entweder auf vorheriger vertraglicher Vereinbarung oder auf gesetzlicher Regelung beruhen kann. Der *Rücktritt* bzw. der *Widerruf* führt zur Aufhebung des Schuldverhältnisses von Anfang an; mit der Erklärung des Rücktritts werden allerdings nicht nur die durch das Schuldverhältnis bisher begründeten Rechte und Pflichten aufgehoben, sondern es wird kraft Gesetzes ein Rückgewährschuldverhältnis neu begründet, das in den §§ 346 ff. BGB geregelt ist und das die Rückabwicklung der bereits zuvor erbrachten Leistungen und Gegenleistungen sicherstellt. Eine *Kündigung* hebt das Schuldverhältnis nur für die Zukunft (gegebenenfalls erst zu einem späteren Zeitpunkt nach Ablauf einer Kündigungsfrist) auf, die bis dahin begründeten Rechte und Pflichten bleiben aufrechterhalten. Soweit durch die Kündigung eine Abwicklung erforderlich wird (z.B. Rückgabe einer Mietsache nach Kündigung des Mietverhältnisses), sind die entsprechenden Rechte und Pflichten in den gesetzlichen Regelungen über das durch die Kündigung beendete Schuldverhältnis jeweils besonders geregelt.

15. Muß bei der Abtretung einer Forderung auch der Schuldner der Forderung mitwirken? (Grdz. § 10 IV 1 a)

Nein. § 398 BGB regelt die Abtretung einer Forderung als Vertrag zwischen dem bisherigen Gläubiger (= Zedent) und dem Erwerber der Forderung (= Zessionar). Daraus folgt, daß eine Mitwirkung des Schuldners keine Voraussetzung für die Wirksamkeit des Abtretungsgeschäfts ist.

16. Inwieweit ist es erforderlich, den Schuldner davor zu schützen, daß der Gläubiger hinter seinem Rücken eine ihn betreffende Forderung an einen anderen abtritt; wie wird dies sichergestellt? (Grdz. § 10 IV 1 c)

Der Schuldner ist einerseits durch die Beschränkung der Abtretbarkeit bestimmter Ansprüche in den §§ 399, 400 BGB und allgemein durch die Möglichkeit geschützt, mit den Gläubiger ein Abtretungsverbot zu vereinbaren (§ 399 BGB). Soweit die Abtretung einer Forderung möglich ist, kann man sich auf den Standpunkt stellen, daß es dem Schuldner gleichgültig sein müßte, ob er die versprochene Leistung noch an den alten Gläubiger oder einen anderen zu erbringen hat. Der Schuldner muß lediglich dagegen geschützt werden, daß er durch die Abtretung (und die damit verbundene Herauslösung der Forderung aus dem bisherigen Schuldverhältnis) keine Einwendungen verliert, die er aus der Entwicklung des Schuldverhältnisses gegen den alten Gläubiger erworben hat, oder daß er in Unkenntnis der Abtretung mit dem Zedenten noch irgendwelche

Geschäfte über die Forderung vornimmt bzw. an ihn als den nunmehr falschen Gläubiger leistet. § 404 BGB sichert daher dem Schuldner seine Einwendungen gegen die Forderung, die z.Z. der Abtretung bereits bestanden hatten, nach § 406 BGB kann der Schuldner mit Gegenforderungen gegen den bisherigen Gläubiger auch gegenüber dem Zessionar aufrechnen, und nach § 407 BGB sind alle Geschäfte (einschließlich der Erfüllung) über die Forderung auch gegenüber dem Zessionar verbindlich, die der Schuldner in Unkenntnis der Abtretung noch mit dem Zedenten abgeschlossen hat.

17. Wie unterscheidet sich die Schuldübernahme von der Leistung durch einen Dritten? (Grdz. § 10 II 3 e, IV 2 a)

Bei der *Leistung durch einen Dritten* wird der Anspruch tatsächlich erfüllt; damit sind normalerweise die Interessen des Gläubigers in vollem Umfang sichergestellt. Bei der *Schuldübernahme* setzt der Übernehmer lediglich sein Leistungsversprechen (d.h. seinen „Kredit") an die Stelle des Leistungsversprechens des bisherigen Schuldners. Ob damit die Erfüllung des Anspruchs besser oder wenigstens genau so gut gesichert ist wie beim bisherigen Schuldner, bleibt abzuwarten. Gem. §§ 414, 415 BGB kann daher jedenfalls eine befreiende Schuldübernahme nur unter Mitwirkung des Gläubigers erfolgen, damit dieser die Solvenz des neuen Schuldners prüfen kann, bevor er den alten Schuldner aus seiner Haftung entläßt.

18. Welches ist die für den Gläubiger günstigere Ausgestaltung der Leistungsverpflichtung mehrerer: Das Teilschuldverhältnis oder das Gesamtschuldverhältnis? (Grdz. § 10 V 2)

Bei einem *Teilschuldverhältnis* muß gem. § 420 BGB jeder der mehreren Leistungsverpflichteten nur für den auf ihn entfallenden Anteil der Gesamtleistung aufkommen. Bei der *Gesamtschuld* kann der Gläubiger gem. § 421 BGB nach seinem Belieben von jedem der in Betracht kommenden Schuldner die Erfüllung der gesamten Leistung fordern; bis dahin haften alle für die vollständige Erfüllung der Verbindlichkeit, selbst wenn sie den nach interner Absprache unter den Mitschuldnern auf sie entfallenden Teil der Gesamtleistung bereits erbracht haben sollten. Die Gesamtschuld ist sonach die für den Gläubiger vorteilhaftere Ausgestaltung eines Schuldverhältnisses.

19. Inwieweit kann der in einem ermächtigenden Vertrag zugunsten Dritter als Empfänger der Leistung Benannte gegenüber dem Schuldner über den Anspruch verfügen? (Grdz. § 10 VI 1, 2)

Anders als beim berechtigenden Vertrag zugunsten Dritter gem. § 328 Abs. 1 BGB wird bei einem lediglich ermächtigenden Vertrag zugunsten Dritter die als Empfänger benannte Person nicht Inhaber des Anspruchs; sie ist lediglich die „Adresse", an die die Leistung erbracht werden soll. Demnach ist der Dritte auch nicht berechtigt, durch eigene Rechtsgeschäfte über den Anspruch zu verfügen.

20. Aus welchem allgemeinen Rechtsprinzip ergibt sich, daß im Privatrecht keine Verträge zu Lasten Dritter geschlossen werden können? (Grdz. § 2 II 2; § 10 VI 4)	Aus dem Grundsatz der Privatautonomie ergibt sich, daß es nicht möglich ist, vertragliche Absprachen zum Nachteil einer am Vertragsschluß selbst nicht beteiligten Person zu treffen. Denn hiernach gilt, daß nur aufgrund eigenen Willensentschlusses oder durch eigenverantwortliches Handeln eines Rechtssubjekts dessen Rechte vermindert oder neue Pflichten begründet werden können.

§ 11. Pflichtverletzungen im Schuldverhältnis – Die nicht erbrachte Leistung

I. Was Sie über Leistungsstörungen und das Unmöglichwerden der Leistung wissen müssen

Mit diesem Kapitel gelangen Sie gewissermaßen in die „Pathologie" des Schuldrechts, die sich mit den verschiedenen Schwierigkeiten befaßt, die bei der Abwicklung eines Schuldverhältnisses eintreten können. Das Recht der Leistungsstörungen ist durch das Schuldrechtsmodernisierungsgesetz vom 26.11.2001 wesentlich vereinfacht und gestrafft worden. Sie kaufen sich diesen Vorteil für Ihre Lernarbeit allerdings mit dem Nachteil ein, daß die Ihnen zur Verfügung stehende Lehrbuchliteratur aus der Zeit vor 2002 veraltet ist. Das neue Recht geht nunmehr zentral von dem Begriff der (objektiven) Verletzung von Leistungspflichten aus. Die im älteren Schrifttum übliche Unterscheidung der Leistungsstörungen in die Fälle der Unmöglichkeit (= nicht erbrachte Leistung), des Schuldnerverzugs (= Verzögerung der Leistung) und der sonstigen Schlechtleistung mit den weiteren Untergruppen der mangelhaften Leistung und der positiven Vertragsverletzung (= Verletzung von besonderen Schutzpflichten) bietet aber nach wie vor einen anschaulichen Einstieg in die Problematik. Kapitel 11 befaßt sich zunächst mit den Auswirkungen des Unmöglichwerdens der Leistung.

Dazu müssen Sie lernen, was in § 275 Abs. 1 BGB unter **Unmöglichkeit der Leistung** zu verstehen ist; dies bedarf vor allem bei der **absoluten Fixschuld** (dazu Fall 11.07) und bei den **Gattungsschulden** einer genaueren Vertiefung, wie die Fälle 11.02, 11.05 und 11.08 verständlich machen. Beachten Sie auch, daß bei **Geldschulden** das Leistungsunvermögen des Schuldners niemals nach den Regeln über die Unmöglichkeit, sondern allein nach den im nächsten Kapitel dargestellten Bestimmungen über den Schuldnerverzug behandelt wird.

Bei der weiteren Behandlung des Themas kommt es zunächst nur darauf an, daß der Schuldner nicht geleistet hat und auch künftig die verabredete Leistung nicht erbringen wird. Die Gründe, die dazu geführt haben, spielen nur noch für die Ableitung etwaiger Ersatz- oder Ausgleichspflichten eine Rolle.

Schwierig nachzuvollziehen (und in den „Grundzügen" schwerpunktmäßig behandelt) sind die Rechtsfolgen des **Unmöglichwerdens der Leistung im gegenseitigen Schuldverhältnis**. Hier kommt es einmal auf die Veränderung der Leistungspflicht an, deren Erfüllung ausgefallen ist, zum anderen hat dieses Ereignis aber auch Auswirkungen auf den Bestand des Gegenleistungsanspruchs desjenigen, der nicht mehr vertragsgerecht erfüllen kann.

Auch das Schuldrechtsmodernisierungsgesetz hat die Unübersichtlichkeit der gesetzlichen Regelung nicht ganz beheben können, die darin besteht, daß die Auswirkungen des Unmöglichwerdens der Leistung scheinbar zusammenhangslos in zwei voneinander getrennten Abschnitten des 2. Buchs des BGB geregelt behandelt werden: Die Folgen für den gestörten Anspruch selbst werden in den §§ 280 ff. BGB behandelt, während die Konsequenzen dieser Leistungsstörung in Bezug auf den Bestand des Schuldverhältnisses als Ganzes und für den Gegenleistungsanspruch des Schuldners erst in den §§ 323 ff. BGB geregelt werden. Für Sie ergibt sich daraus bei einer Fallbearbeitung die Notwendigkeit, genau zwischen der in Frage stehenden Leistungsverpflichtung des Schuldners und dem Problem der weiteren Bindung des Gläubigers an das Schuldverhältnis und dessen Pflicht zur Zahlung des vereinbarten Preises (oder einer anderen Gegenleistung) zu unterscheiden. Wie so etwas dann im Gutachten dargestellt werden kann, zeigen die nachfolgend abgedruckten Musterlösungen zu den Übungsfällen des Kapitels 11.

Bei den sekundären Ersatz- und Ausgleichsansprüchen, die durch das Unmöglichwerden der Leistung ausgelöst werden können, müssen Sie zwischen den Begriffen „Schadensersatz statt der Leistung" (§ 280 Abs. 3 BGB), „Ersatz vergeblicher Aufwendungen" (§ 284 BGB) und „Herausgabe des (selbst empfangenen) Ersatzes" (§ 285 BGB – in der Literatur auch als „stellvertretendes commodum" bezeichnet) unterscheiden lernen. Wichtig ist auch ein klares Verständnis der Regelungen über das **Vertretenmüssen** der Leistungsstörung; hier spielt auch die **Haftung für das Verschulden von dritten,** bei der Erfüllung des Schuldverhältnisses eingesetzten **Personen** eine große praktische Rolle. Anschauungsmaterial bieten die Fälle 11.03 und 11.09.

Von großer Bedeutung ist ferner die Regelung der §§ 323 ff. BGB über die Auswirkung des Unmöglichwerdens der Leistung auf den **Gegenleistungsanspruch** des Schuldners. Fall 11.04 zeigt, wie diese Vorschriften in der Praxis umgesetzt werden. Weitere Komplikationen entstehen dadurch, daß der den Schuldner mit hohem wirtschaftlichen Risiko belastende Verlust des Gegenleistungsanspruchs bei zufälligem Unmöglichwerden der eigenen Leistung durch eine Reihe von Sonderregelungen außerhalb des Normenbestandes der §§ 323 ff. BGB abgeschwächt wird, die im Einzelfall die **„Preisgefahr"** auf den Gläubiger überwälzen. Es bleibt Ihnen nicht erspart, diese schwierigen Bestimmungen möglichst genau und vollständig zu lernen und ihre Anwendung immer wieder zu üben, denn hier befinden Sie sich nun einmal im Kernbereich des Schuldrechts. Auch die Fälle 11.02 und 11.05 bis 11.08 kommen in immer neuen Varianten auf dieses Thema zurück.

Schließlich müssen Sie sich noch einen ungefähren Überblick über die gesetzliche Regelung der Auswirkungen eines **teilweisen Ausfalls** der Leistung verschaffen; diese Frage ist in Fall 11.01 angesprochen.

II. Übungsfälle

Fall 11.01: *Umweltprobleme*

Der Sandgrubenbesitzer und Fuhrunternehmer Adam aus Tünsdorf schließt am 4.2. mit der Friedrichs-Hütte AG einen Vertrag über die Lieferung von jährlich bis zu 15.000 to. Formsand. Zugleich verpflichtet sich Adam, jährlich bis zu 5.000 to. nicht recyclingfähigen Altsand von der Hütte zurückzunehmen und mit behördlich bestätigtem Entsorgungsnachweis zu beseitigen. Als Vergütung wird ein jährliches Fixum von 150.000,– € und ein an den tatsächlichen Anlieferungen und Abfuhren orientierter Tonnagepreis von 6,– € bzw. 2,– € vereinbart. Die Preise sind mit der üblichen Indexklausel versehen, im übrigen aber fest vereinbart. Der Vertrag wird für beide Teile unkündbar auf drei Jahre abgeschlossen.

Wie in der Branche allgemein üblich baut Adam den von ihm zurückgenommenen Altsand in schon ausgeräumten und zur Rekultivierung anstehenden Abteilungen seiner Sandgrube ein. Hierfür besitzt er eine behördliche Ablagerungserlaubnis. Mitte August stellt sich jedoch bei einer erneuten Überprüfung der geologischen Verhältnisse der Sandgrube zur Überraschung aller Beteiligten heraus, daß das für die Ablagerungen benutzte Grubengelände in einem Bereich mit starken tektonischen Störungen liegt und auch keine natürliche Barriere zum Grundwasserhorizont besitzt. Da die Altsande der Friedrichs-Hütte AG – wie üblich – erheblich mit grundwassergefährdenden Anhaftungen kontaminiert sind, widerruft die zuständige Umweltbehörde ihre Ablagerungserlaubnis aus wasserrechtlichen Gründen. Adam hat nur noch die Möglichkeit, die von der Friedrichs-Hütte AG übernommenen Altsande auf weiter entfernt gelegenen Hausmülldeponien mit Basisabdichtung oder auf Sonderabfalldeponien abzulagern. Dies würde ihn jedoch – einschließlich des zusätzlichen Transportaufwands – mit Mehrkosten von rund 300.000,– €/jährlich belasten.

Umgekehrt findet auch die Friedrichs-Hütte AG bei anderen Sandgrubenbesitzern, die über besser zur Ablagerung von Gießerei-Altsanden geeignetes Gelände verfügen, eine Entsorgungsmöglichkeit für ihre Rückstände zu noch relativ gleichen Preisen wie im Vertrag vom 4.2. nur dann, wenn sie zugleich den Auftrag zur Lieferung der von ihr benötigten frischen Formsande vergibt. Als Adam beim Vorstand der Friedrichs-Hütte AG vorspricht, um über eine angemessene Erhöhung des am 4.2. vereinbarten Entsorgungsentgelts oder die Aufhebung nur des Entsorgungsvertrags zu verhandeln, wird er daher abschlägig beschieden: Er müsse entweder den gesamten Vertrag für den Rest der Vertragslaufzeit mit den bisher vereinbarten Preisen weiter erfüllen oder eine „Kündigung" des Liefer- *und* Entsorgungsvertrags akzeptieren und dann der Friedrichs-Hütte AG die Mehrkosten aus einem Vertrag mit einem anderen Sandgruben-Unternehmer ersetzen, die – korrekt – mit etwa 50.000,– €/Jahr beziffert werden. – Wie ist die Rechtslage?

Lösungshinweis: Es stellt sich zunächst die Frage, ob und inwieweit dem Adam durch den Entzug der Ablagerungserlaubnis für seine Sandgrube die Erfüllung des Vertrags vom 4.2. unmöglich geworden ist. Dabei werden Probleme der sog. „wirtschaftlichen" Unmöglichkeit und der Störung der Geschäftsgrundlage (§ 313 BGB) berührt, die letztlich dazu führen, daß jedenfalls der „Entsorgungsteil" des Vertrags vom 4.2. von Adam gekündigt werden kann. Das wirft dann aber die weitere Frage auf, ob Adam durch die Kündigung der Entsorgung der Altsande auch den – für ihn an sich lukrativen – Vertrag über die Lieferung von frischen Formsanden aufgeben muß. Schließlich sind noch mögliche Ersatzansprüche der Friedrichs-Hütte AG zu prüfen.

Musterlösung:

Aufgrund des Vertrags vom 4.2. hat die Friedrichs-Hütte AG gegen Adam u.a. den Anspruch auf Abfuhr und Entsorgung von bis zu 5.000 to. Altsanden aus ihrem Betrieb gegen Zahlung des vereinbarten Entgelts. Infolge des Widerrufs der Ablagerungserlaubnis für die Sandgrube des Adam könnte dieser Anspruch auf Leistung gemäß § 275 Abs. 1 BGB künftig ausgeschlossen sein. Jedoch ist dem Adam die versprochene Leistung durch die Sperrung seiner eigenen Sandgrube nicht „wirklich" unmöglich geworden, denn er kann immer noch den von ihm übernommenen Altsand auf eine öffentliche Hausmüll- oder Sonderabfalldeponie bringen und – wennauch unter Inkaufnahme zusätzlicher Kosten – dort ordnungsgemäß entsorgen.

Möglicherweise könnte Adam jedoch nach § 275 Abs. 2 BGB das Recht erlangt haben, die Leistung als für ihn nicht (mehr) zumutbar zu verweigern. Diese Vorschrift regelt den Fall der „faktischen" oder auch „praktischen" Unmöglichkeit, die dann anzunehmen ist, wenn die Behebung des Leistungshindernisses zwar theoretisch möglich wäre, aber von keinem vernünftigen Gläubiger ernsthaft erwartet werden kann, weil der Aufwand hierfür in einem groben Mißverhältnis zum Leistungsinteresse des Gläubigers stehen würde. Die Unverhältnismäßigkeit des Aufwandes ist sonach allein aus der Sicht des Gläubigers zu beurteilen, es kommt darauf an, ob das mit der Leistung angestrebte Ziel die mit seiner Erreichung (nunmehr) verbundenen Schwierigkeiten überhaupt noch „wert" ist, so daß der Schuldner nach Treu und Glauben weiterhin zur Primärleistung verpflichtet werden kann. § 275 Abs. 2 BGB erfaßt dagegen nicht das Problem der sogenannten „wirtschaftlichen" Unmöglichkeit, bei der sich *aus Sicht des Schuldners* durch unvorhergesehene außergewöhnliche Schwierigkeiten das Verhältnis von Leistung und Gegenleistung nachträglich so sehr zu seinen Ungunsten verändert hat, daß sich das Geschäft *für ihn* nicht mehr rechnet.

Im vorliegenden Fall geht es um die ordnungsgemäße Entsorgung bestimmter Produktionsrückstände der Friedrichs-Hütte AG, die gewährleistet sein muß, damit der Gießereibetrieb überhaupt weiterlaufen kann (§ 5 Abs. 1 Nr. 3 BImSchG). So betrachtet ist von vornherein davon auszugehen, daß ein sehr hohes wirtschaftliches Interesse der

Friedrichs-Hütte AG an der Erbringung der von Adam zugesagten Leistung besteht, das auch die Inkaufnahme bisher nicht vorhergesehener Schwierigkeiten bei der Erfüllung der Leistungspflicht rechtfertigt. Zum anderen ist der von Adam nunmehr zu tragende Aufwand nicht außergewöhnlich; es handelt sich vielmehr um die „normalen" Anstrengungen, die übernommen werden müssen, wenn belastete Abfälle zu öffentlichen Deponien transportiert und zu den durch die dort üblichen Umweltstandards bedingten Preisen entsorgt werden müssen. Die Erschwernisse des Adam bestehen somit in Wirklichkeit nicht in einer unvorhersehbaren Verschlechterung der objektiven Umstände für die Entsorgung von Altsanden aus Gießereien, sondern in der Tatsache, daß ihm nach Widerruf der Ablagerungserlaubnis für seine Sandgrube eine von ihm bisher genutzte, von der Normalität abweichende besonders günstige Gelegenheit zur Abfuhr und Beseitigung der von der Friedrichs-Hütte AG übernommenen Rückstände nicht mehr zur Verfügung steht. Dies ist jedoch kein Fall, der nach § 275 Abs. 2 BGB im Ergebnis gleich zu behandeln ist wie das tatsächliche Unmöglichwerden der Leistung.

Ein Leistungsverweigerungsrecht des Adam nach § 275 Abs. 3 BGB kommt schon deswegen nicht in Betracht, weil diese Vorschrift Leistungen betrifft, die in eigener Person erbracht werden müssen.

Möglicherweise könnte sich Adam nach § 313 Abs. 1 BGB auf eine Störung der Geschäftsgrundlage berufen, die ihn berechtigen würde, von der Friedrichs-Hütte AG eine Anpassung des Vertrags vom 4.2. zu verlangen. Auf dieser Linie liegt ja auch sein Begehren, den seinerzeit vereinbarten Preis für die Abfuhr und Entsorgung des Altsandes entsprechend seinen angestiegenen Kosten zu erhöhen, damit er den Vertrag ohne wirtschaftliche Verluste weiter abwickeln kann.

In der Tat haben sich die für die Kalkulation des im Vertrag vom 4.2. vereinbarten Entsorgungspreises zugrunde gelegten Umstände schwerwiegend verändert: Ursprünglich konnte Adam davon ausgehen, daß der Abtransport des Altsandes zu seiner Sandgrube als Rückfracht seiner Sandlieferungen ohne nennenswerte Zusatzkosten zu organisieren war; auch die Ablagerung des Altsandes in vorhandenen Kavernen seiner Sandgrube war – vom Aufwand für den fachgerechten Einbau der Massen abgesehen – aus seiner Sicht praktisch kostenlos und brachte ihm sogar noch unentgeltlich Material für die ohnehin notwendige Sanierung der Gewerbebrache. Adam war daher in der Lage, mit der Friedrichs-Hütte AG einen Entsorgungspreis zu vereinbaren, der erheblich unter den Betrag lag, der hätte kalkuliert werden müssen, wenn die Gebühren für eine „reguläre" Entsorgung des Altsandes auf einer weiter entfernt liegenden öffentlichen Deponie mit zusätzlichen Transportwegen von vornherein zu berücksichtigen gewesen wäre.

Die Veränderung der Umstände hat dazu geführt, daß Adam nunmehr mit einem Aufwand allein für die Erfüllung des „Entsorgungsteils" des Vertrags vom 4.2. belastet ist, der das von ihm für sämtliche Leistungen insgesamt vereinbarte Entgelt von rd. 250.000,– € noch um 50.000,– € jährlich übersteigt. Da es im Handel mit Sand branchenüblich ist, zurückgenommene Altsande weit unter dem Preis öffentlicher Deponien auf der eigenen Sandgrube zu entsorgen und sich auf der Grundlage dieser Praxis ein Wettbewerbspreis gebildet hat, kann auch nicht davon ausgegangen werden, daß Adam durch den Abschluß des Vertrags vom 4.2. das Kostenrisiko aus dem – bei Vertragsschluß noch nicht vorhersehbaren – Widerruf der Ablagerungsgenehmigung für seine Sandgrube auf jeden Fall auf sich genommen hatte. Andererseits ist ein auf längere Sicht verlustreiches Geschäft grundsätzlich unzumutbar, wenn solche Verluste nicht bei Abschluß des Vertrags bewußt übernommen worden sind. Aus Sicht das Adam ist daher davon auszugehen, daß die Änderung der Umstände ihn in unzumutbarer Weise mit Vertragsrisiken belasten würde, wenn er genötigt wäre, den Vertrag vom 4.2. nach sechsmonatiger Laufzeit zu „normalen" Bedingungen noch weitere $2^1/_2$ Jahre als erheblich verlustbringendes Geschäft zu erfüllen.

Adam hat mithin gemäß § 313 Abs. 1 BGB gegen die Friedrichs-Hütte AG einen Anspruch auf Vertragsanpassung. Der Anspruch richtet sich indessen nicht ohne weiteres auf eine Angleichung des vereinbarten Entsorgungsentgelts an seine durch die unvorhergesehenen Umstände verursachten höheren Einsatzkosten. Adam hat vielmehr nur das Recht, so gestellt zu werden, wie *beide* Vertragsteile sich vernünftigerweise verhalten hätten, wenn sie vor Abschluß des Vertrags vom 4.2. bereits gewußt hätten, daß Adam keine behördliche Erlaubnis bekommen würde, die von ihm zurückgenommenen Altsande auf seiner Sandgrube einzubauen. Adam hätte dann zwar von vornherein einen höheren Entsorgungspreis kalkulieren und versuchen können, mit der Friedrichs-Hütte AG zu einem Gesamtpreis von jährlich etwa 525.000,– € abzuschließen, womit dann auch der Aufwand für die Ablagerung der Altsande auf einer öffentlichen Deponie in Höhe von 300.000,– € gedeckt gewesen wäre. Da am Markt aber immer noch Sandgrubenbesitzer tätig sind, welche die Lieferung und ordnungsgemäße Entsorgung von Gießereisanden „aus einer Hand" in der von der Friedrichs-Hütte AG benötigten Menge zu Preisen von um die 300.000,– € anbieten können, kann nicht davon ausgegangen werden, daß die Friedrichs-Hütte AG bei vorausschauender Kenntnis der besonderen Situation des Adam am 4.2. überhaupt bereit gewesen wäre, ausgerechnet mit ihm den Vertrag zu für ihn kostendeckenden Preisen abzuschließen. Sie hätte vielmehr allenfalls den marktüblichen Preis von 300.000,– € für die *gesamte* Leistung akzeptieren müssen.

Eine Anhebung des Gesamtpreises des Vertrags vom 4.2. auf einen Betrag von etwa 300.000,– € jährlich würde das Problem des Adam aber noch nicht lösen. Damit wären gerade seine tatsächlichen Eigenkosten für die *Entsorgung* des Altsandes gedeckt, die *Lieferung* des frischen Formsandes müßte von ihm aber unentgeltlich geleistet werden. Somit ist eine Anpassung des Vertrags wegen Störung der Geschäftsgrundlage unter Aufrechterhaltung der bisher vereinbarten Leistungen nicht möglich. Nach § 313 Abs. 3 BGB kann Adam daher nur vom Vertrag zurücktreten. Da es sich vorliegend um einen weitgehend mit einem Dauerschuldverhältnis vergleichbaren Sukzessivlieferungsvertrag handelt und die bereits erfolgte Abwicklung des Vertrags in der Zeit bis August durch die Veränderung der vertragsprägenden Umstände nicht gestört worden ist, steht ihm mithin gem. § 313 Abs. 3 Satz 2 BGB das Recht zu, den Vertrag vom 4.2. mit sofortiger Wirkung zu kündigen.

Als nächstes ist zu prüfen, ob Adam diese Kündigung auf den „Entsorgungsteil" des Vertrags vom 4.2. beschränken kann mit der – für ihn immer noch recht günstigen – Konsequenz, daß er zwar nicht mehr für die Entsorgung der in der Gießerei anfallenden Altsande aufkommen muß und insoweit anteilig auch das vereinbarte Entgelt verliert, für die Laufzeit des Vertrags aber weiterhin das Geschäft mit der Lieferung von frischen Formsanden behält. Der Vertrag vom 4.2. stellt sich als eine Kombination aus Kaufvertrag (Lieferung des Formsandes) und Werkvertrag (Entsorgung der Altsande) dar. Eine vertraglich vereinbarte Verknüpfung beider Leistungen ist nicht ersichtlich, auch tatsächlich und rechtlich können der „Lieferteil" und der „Entsorgungsteil" voneinander unabhängig abgewickelt werden und sind jeder für sich auch wirtschaftlich sinnvoll. Dem steht auch nicht entgegen, daß mit dem vereinbarten Fixum von 150.000,– €/Jahr die Entgelte für beide Leistungen wenigstens teilweise in einem einheitlichen Betrag zusammengefaßt sind; in entsprechender Anwendung der §§ 326 Abs. 1 Satz 1 Halbs. 2, 441 Abs. 3 BGB ließe sich nämlich aus dem einheitlichen Betrag eine anteilige Vergütung für den noch möglichen „Lieferteil" des Vertrags herausrechnen.

Ob die Friedrichs-Hütte AG eine nur auf die Entsorgungsleistungen beschränkte Teilkündigung des Vertrags vom 4.2. durch Adam zurückweisen und statt dessen die Kündigung des Vertrags insgesamt verlangen kann, richtet sich danach, ob sie – objektiv betrachtet – an einer Fortsetzung der Sandlieferungen des Adam allein kein Interesse mehr hat. Aus Sicht der Gießerei würde nämlich eine auf § 313 Abs. 3 Satz 2 BGB gestützte Teilkündigung des Vertrags vom 4.2. zu demselben Effekt führen wie eine teilweise nicht vertragsgemäß erbrachte Leistung; demgemäß kann für die Beurteilung der Möglichkeit einer Teilkündigung die Regelung der §§ 281 Abs. 1 Satz 2, 323 Abs. 5 Satz 1 BGB entsprechend angewendet werden.

Auf den ersten Blick scheint ein objektives Interesse der Gießerei an der Fortsetzung der Sandlieferungen zu bestehen, denn sie will ja ihren Betrieb weiter fortsetzen und hierfür wird immer wieder frischer Formsand benötigt. Aufgrund der besonderen Marktverhältnisse besteht jedoch ein enger wirtschaftlicher Zusammenhang zwischen der Vergabe des Lieferauftrags für frischen Formsand und der Entsorgung von nicht recyclingfähigen Altsanden, denn die im Vergleich zu den Kosten für die Benutzung öffentlicher Deponien weitaus preisgünstigere Möglichkeit zur Ablagerung der Altsande auf ausgeräumten Sandgruben wird nur dann angeboten, wenn zugleich ein Auftrag zur Lieferung von frischem Sand erteilt wird. Damit die Friedrichs-Hütte AG einen solchen Auftrag erteilen kann, muß sie sich erst einmal von dem bestehenden Liefervertrag mit Adam lösen. Wenn dieser den „Entsorgungsteil" des Vertrags vom 4.2. kündigt, besteht sonach objektiv auch kein Interesse der Gießerei mehr, *gerade mit Adam* den Liefervertrag für frische Formsande fortzusetzen. In entsprechender Anwendung der §§ 281 Abs. 1 Satz 2, 323 Abs. 5 Satz 1 BGB kann daher Adam unter Berufung auf § 313 Abs. 3 Satz 2 BGB den Vertrag vom 4.2. nur als Ganzes kündigen.

Sollte Adam von dem vorstehend festgestellten Kündigungsrecht Gebrauch machen, tritt bei der Friedrichs-Hütte AG insofern ein Vermögensnachteil ein, als sie nunmehr genötigt ist, die bisher von Adam erbrachte Leistung zu einem jährlich um 50.000,– € erhöhten Preis an einen anderen Sandgrubenunternehmer zu vergeben. Es ist daher noch zu prüfen, ob die Gießerei hierfür von Adam Ersatz verlangen kann. Nach Lage der Dinge käme für ein solches Begehren nur ein Schadensersatzanspruch wegen Pflichtverletzung nach §§ 280 ff. BGB in Betracht.

Ein Schadensersatzanspruch statt der Leistung nach §§ 281, 283 BGB könnte schon deswegen ausgeschlossen sein, weil Adam den Vertrag gemäß § 313 Abs. 3 Satz 2 BGB gekündigt hat, so daß die Grundlage für weitere Leistungsansprüche der Friedrichs-Hütte AG künftig überhaupt weggefallen ist. Hiergegen spricht jedoch die Regelung des § 314 Abs. 4 BGB, wonach die Berechtigung, Schadensersatz zu verlangen, durch die Kündigung nicht ausgeschlossen ist. Die Kündigung eines Dauerschuldverhältnisses aus wichtigem Grund nach § 314 BGB ist ein Sonderfall der Beendigung eines Vertrags wegen Störung der Geschäftsgrundlage, so daß diese Regelung auch auf die Kündigung eines Sukzessivliefervertrags nach § 313 Abs. 3 Satz 2 BGB anzuwenden ist.

Die §§ 281, 283 BGB sprechen einen Schadensersatzanspruch statt der Leistung nur „unter den Voraussetzungen des § 280 Abs. 1 BGB" zu; d.h. Adam müßte die Umstände, die zum Wegfall der Geschäftsgrundlage und damit zur Kündigung des Vertrags vom 4.2. nach § 313 Abs. 3 Satz 2 BGB geführt haben, selbst durch zumindest fahrlässiges eigenes Verhalten herbeigeführt haben. Die Ungeeignetheit der von Adam betriebenen Sandgrube für die Ablagerung von kontaminierten Altsanden beruht indessen auf objektiv bedingten geologischen Besonderheiten, die sich „zur Überraschung aller Beteiligten" erst nach Abschluß des Vertrags vom 4.2. herausgestellt haben. Ein schuldhaftes Verhalten des *Adam,* das zu einer Verletzung von vertraglichen Pflichten geführt haben könnte, ist sonach auszuschließen.

Wenn Adam den Vertrag vom 4.2. wegen Wegfalls der Geschäftsgrundlage kündigt, kann die Friedrichs-Hütte AG von ihm sonach nicht die Erstattung ihrer Mehrkosten aus dem Abschluß eines neuen Liefer- und Entsorgungsvertrags für die Hüttensande verlangen.

Fall 11.02: *Verunglückte Orchideen*

Anton möchte seiner Freundin Hulda zum Geburtstag ein besonders schönes Blumengeschenk machen. Er läßt sich von dem Blumenhändler Florian telefonisch beraten und kauft schließlich auf dessen Empfehlung eine prächtige

Cattleya als Topfpflanze zum Preis von 30,– €. Er vereinbart mit Florian, daß die Orchidee am Nachmittag des 31.3., dem Geburtstag von Hulda, in deren Wohnung ausgeliefert wird. Florian führt diesen Auftrag selbst aus, gerät jedoch auf der Fahrt zu Hulda ohne eigenes Verschulden mit seinem Lieferwagen in einen Verkehrsunfall. Dabei wird die empfindliche Orchideenpflanze zerstört. Kann Florian von Anton gleichwohl die Zahlung des vereinbarten Kaufpreises verlangen?

Lösungshinweis: Für die Anwendung des § 275 Abs. 1 BGB auf den vorliegenden Fall geht es um die Abgrenzung von Stückschuld und Gattungsschuld und das Problem der Konkretisierung der Gattungsschuld auf ein von Florian für die Erfüllung bereitgestelltes Stück aus der Gattung. Dabei wird der enge Zusammenhang zwischen der Anwendung des § 243 Abs. 2 BGB und der Festlegung des Leistungsorts deutlich. – Wiederholen Sie Grdz. § 10 II 2, 3 b; § 11 II 3, IV 1 a, 2 b, bb!

Musterlösung:

Florian könnte gem. § 433 Abs. 2 BGB seinen Zahlungsanspruch auf den mit Anton abgeschlossenen Kaufvertrag über die Orchideenpflanze stützen. Der Kaufvertrag könnte von ihm bereits erfüllt sein. Dies setzt voraus, daß Florian entweder dem Anton oder einer von diesem bestimmten Empfangsperson (Hulda) eine Pflanze übergeben und übereignet hat. Nach dem Sachverhalt ist die Auslieferung der Orchidee an Hulda wegen des Verkehrsunfalls gerade nicht erfolgt, eine Übereignung und Übergabe der Pflanze hätte daher schon vor diesem Ereignis gegenüber Anton erfolgen müssen. Nach der Darstellung des Sachverhalts sind Anton und Florian jedoch nur telefonisch miteinander in Kontakt getreten, so daß ausgeschlossen werden kann, daß vor dem Unfall eine Übergabe und Übereignung der Blume an Anton stattgefunden hatte. Der Kaufvertrag ist sonach bisher nicht vertragsgemäß erfüllt worden.

Solange sein Anspruch auf die Lieferung der Orchidee (noch) besteht, könnte Anton gem. § 320 Abs. 1 BGB die Zahlung des vereinbarten Kaufpreises verweigern. Die Einrede des nicht erfüllten Vertrags besteht allerdings dann nicht mehr, wenn der Lieferanspruch nach § 275 Abs. 1 BGB ausgeschlossen ist, weil durch die Zerstörung der von Florian für die Auslieferung an Hulda bereitgestellten Pflanze die Erfüllung des Kaufvertrags unmöglich geworden ist. Dies ist daher als erstes zu prüfen. Orchideenpflanzen sind Waren, die in gleicher Art mehrfach vorhanden sind, so daß deren Lieferung gem. § 243 Abs. 1 BGB der Gattung nach geschuldet wird. Zwar ist denkbar, daß der Kaufvertrag über eine bestimmte, vom Kunden zuvor aus dem Warenvorrat ausgesuchte Pflanze abgeschlossen wird, so daß sich das Schuldverhältnis von vornherein nur auf dieses eine Stück bezieht. Im vorliegenden Fall ist der Kauf zwischen Anton und Florian jedoch telefonisch abgemacht worden; damit ist ausgeschlossen, daß eine von Anton eigens aus den Beständen des Florian ausgesuchte Pflanze Gegenstand des Vertrags gewesen sein kann. Bei Gattungsschulden wird die Leistung erst dann unmöglich, wenn Stücke aus der Gattung überhaupt nicht mehr vorhanden sind; dies ist vorliegend nicht der Fall.

Etwas anderes würde dann gelten, wenn sich schon vor dem Unfall die Lieferverpflichtung des Florian auf die Pflanze konkretisiert hatte, die bei dem Unglück zerstört worden ist. Nach § 243 Abs. 2 BGB tritt die Konkretisierung der Gattungsschuld auf einen bestimmten Leistungsgegenstand ein, sobald der Schuldner (= Florian) das „zur Leistung einer solchen Sache seinerseits Erforderliche“ getan hat. Hierzu gehört außer der

Bereitstellung eines bestimmten Stücks aus der Gattung (was im vorliegenden Fall mit der Entnahme der Pflanze aus dem Vorrat geschehen ist), daß Florian alle ihm als Verkäufer obliegenden Vorbereitungen für die Übergabe der Kaufsache getroffen hatte. Dabei kommt es vor allem darauf an, daß der Leistungsgegenstand am richtigen Erfüllungsort vorgehalten bzw. angedient worden ist. Was Florian insoweit zu tun hat, ergibt sich daraus, ob der Kaufvertrag über die Orchideenpflanze als Holschuld, als Bringschuld oder als Schickschuld vereinbart worden ist.

Gem. § 269 Abs. 1 und 2 BGB hat die Leistung im Geschäftslokal des Schuldners zu erfolgen – sie ist also eine Holschuld –, soweit sich ein anderer Leistungsort nicht aus den Umständen oder einer besonderen Vereinbarung mit dem Gläubiger ergibt. Orchideenpflanzen können noch ohne große Mühe transportiert werden und bedürfen auch während des Transports keiner besonderen Behandlung. Es ist auch allgemein üblich, daß die Kunden von Blumenhändlern solche Pflanzen sofort mitnehmen und selbst nach Hause tragen; aus den „Umständen" ergibt sich sonach keine von der Regel des § 269 BGB abweichende Festlegung des Leistungsorts. Anton und Florian könnten allerdings einen anderen Leistungsort und damit eine Bringschuld besonders vereinbart haben, indem sich Florian auf Bitten des Anton bereit erklärt hatte, die Blume in der Wohnung der Hulda auszuliefern. Wie aus § 269 Abs. 3 BGB zu entnehmen ist, führt jedoch nicht jede abweichende Festlegung eines Auslieferungsorts für die Ware bereits zur Vereinbarung eines anderen *Leistungs*orts und damit zur Begründung einer Bringschuld. Zu prüfen ist vielmehr, ob das Versprechen, die gekaufte Ware an einen anderen Ort zu verbringen, als Übernahme einer zusätzlichen (unentgeltlichen oder gesondert zu vergütenden) Nebenleistung auszulegen ist, die zwar aus der Holschuld eine Schickschuld macht, aber gerade nicht als Abmachung eines anderen Leistungsorts unter bewußter Übernahme des Transportrisikos zu interpretieren ist, wie dies bei einer Bringschuld der Fall wäre. Über die Übernahme zusätzlicher Risiken müßte beim Abschluß des Kaufvertrags besonders gesprochen worden sein. Dies ist vorliegend nicht der Fall, Florian wollte die Auslieferung der Pflanze lediglich als zusätzliche Serviceleistung erbringen, ohne damit zugleich das Transportrisiko für die Ware zu übernehmen. Sonach ist zwischen ihm und Anton nur eine Schickschuld vereinbart.

Bei der Schickschuld endet aus der Sicht des Verkäufers die Abwicklung des Kaufvertrags mit der Übergabe der Ware zum Abtransport; die Auslieferung ist – wie bereits ausgeführt – eine Zusatzleistung, die neben die eigentliche Erfüllung des Kaufvertrags tritt. Demnach hatte Florian das „zur Erfüllung des Kaufvertrags seinerseits Erforderliche" in dem Zeitpunkt getan, zu dem er eine von ihm ausgesuchte Orchideenpflanze in seinen Lieferwagen packte, um sie zu Hulda zu transportieren. Von diesem Zeitpunkt an hatte sich gem. § 243 Abs. 2 BGB seine bisher nur der Gattung nach bestimmte Leistungsverpflichtung auf diese Pflanze konkretisiert. Somit ist der Anspruch des Anton auf Lieferung einer anderen Orchideenpflanze nach § 275 Abs. 1 BGB ausgeschlossen.

Damit wäre allerdings auch gem. § 326 Abs. 1 Satz 1 BGB der Kaufpreisanspruch des Florian entfallen, wenn nicht schon vor dem Untergang der beim Verkehrsunfall zerstörten Pflanze die Preisgefahr aus dem Kaufvertrag auf den Käufer Anton übergegangen war. Letzteres könnte nach § 447 Abs. 1 BGB gegeben sein, wenn im vorliegenden Fall ein Versendungskauf vereinbart gewesen war, d.h. ein Kaufvertrag, bei dem auf Wunsch des Käufers die Ware an einen anderen Ort als den Erfüllungsort (= Laden des Florian) ausgeliefert werden sollte. Die besondere Gefahrtragungsregel des § 447 Abs. 1 BGB gilt indessen gem. § 474 Abs. 2 BGB nicht bei einem Verbrauchsgüterkauf i.S.d. § 474 Abs. 1 BGB. Hierbei handelt es sich um Kaufverträge über bewegliche Sachen, die von einem Verbraucher bei einem Unternehmer abgeschlossen worden sind. Die Orchideenpflanze ist eine bewegliche Sache, Anton hat die Blumen auch für einen persönlichen Zweck erworben und damit gem. § 13 BGB das Geschäft als Verbraucher abgeschlossen. Florian hat beim Verkauf der Blumen in Ausübung seines Gewerbes als Blumenhändler und demnach gem. § 14 Abs. 1 BGB als Unternehmer gehandelt. Mithin ist durch den Transport der Pflanze zu Hulda ein Übergang der Preisgefahr auf Anton nicht eingetreten. Anton ist auch nicht i.S.v. § 326 Abs. 2 BGB aus anderen Gründen für den Untergang der Pflanze verantwortlich zu machen; ferner lag im Zeitpunkt des Verkehrsunfalls kein dem Anton als Käufer zuzurechnender Annahmeverzug vor. Es bleibt somit bei der allgemeinen Regel des § 326 Abs. 1 BGB, daß Florian zwar von seiner Lieferverpflichtung frei wird, aber seinerseits den Anspruch auf die Zahlung des vereinbarten Kaufpreises verloren hat. Anton braucht ihm die geforderten 30,– € nicht zu zahlen.

Fall 11.03: *Naturgewalten*

Anton erwirbt mit Kaufvertrag vom 18.7. von Otto einen gebrauchten VW-Golf zum Preis von 7.500,– €. Der Wagen soll am 26.7. von Anton bei Otto abgeholt werden. Dazu kommt es aber nicht, denn in der Nacht zum 24.7. wird der Wagen, den Otto in Ermangelung einer eigenen Garage wie üblich auf der Straße vor seinem Haus geparkt hatte, bei einem ohne Vorwarnung hereinbrechenden orkanartigen Sturm unter einem entwurzelten Baum begraben und vollständig zerstört.

Anton hatte bereits am 23.7. für sein „neues“ Auto einen Satz Reifen zum Preis von 210,– € erworben. Kann er von Otto Erstattung dieser Ausgabe gegen Aushändigung der Reifen verlangen?

Lösungshinweis: Bei diesem Fall geht es um einen Anspruch des Gläubigers auf Ersatz vergeblicher Aufwendungen gem. § 284 BGB und um die Konkretisierung des Fahrlässigkeitsmaßstabs des § 276 Abs. 2 BGB im Einzelfall. – Wiederholen Sie Grdz. § 11 II 1, III 1, 2, IV 3 a!

Musterlösung:

Anton könnte seinen Anspruch auf Erstattung der nutzlosen Ausgaben für den Ankauf von einem Satz neuer Reifen gem. § 433 Abs. 1 i.V.m. §§ 284, 280 Abs. 1, 276 BGB auf den mit Otto abgeschlossenen Kaufvertrag vom 18.7. stützen. Der Kaufvertrag ist über einen von vornherein bestimmten Leistungsgegenstand, den gebrauchten VW-Golf des Otto, abgeschlossen worden. Durch die Zerstörung des Pkw in der Nacht zum 24.7. ist gem. § 275 Abs. 1 BGB der Anspruch des Anton auf Übergabe und Übereignung des VW-Golf ausgeschlossen.

Allerdings könnte Anton von Otto nach § 284 BGB Ersatz seiner Aufwendungen verlangen, die er bereits im Hinblick auf seinen Kaufabschluß über den VW-Golf gemacht hatte. Der Anspruch nach § 284 BGB kann „anstelle“ eines Schadensersatzanspruchs statt der Leistung gem. § 283 BGB erhoben werden, setzt also wie dieser voraus, daß Otto nach § 280 Abs. 1 BGB die Nichterfüllung seiner Lieferverpflichtung zu „vertreten“ hat. Nach § 276 Abs. 1 Satz 1 BGB hat der Schuldner der Leistungspflicht Vorsatz oder Fahrlässigkeit zu vertreten, soweit nicht im Einzelfall eine Verschärfung oder Erleichterung der Haftung vereinbart oder durch besondere Umstände eingetreten ist. Für eine solche Abweichung ergeben sich aus dem Sachverhalt keine Anhaltspunkte; es ist also zu prüfen, ob Otto die Zerstörung des an Anton verkauften VW-Golf durch vorsätzliches oder fahrlässiges Handeln selbst herbeigeführt hat. Ein vorsätzliches Verhalten des Otto scheidet von vornherein aus; zu prüfen bleibt allenfalls, ob Otto dadurch, daß er den Wagen auf der Straße vor seinem Haus abgestellt hatte, fahrlässig gehandelt, mithin die im (Geschäfts-)Verkehr erforderliche Sorgfalt außer acht gelassen hatte

(§ 276 Abs. 2 BGB). Es ist zwar nicht zu verkennen, daß ein auf der Straße abgestellter Pkw einem höheren Schadensrisiko ausgesetzt ist als ein Fahrzeug, das in einer verschlossenen Garage verwahrt wird. Andererseits ist jedoch zu berücksichtigen, daß nicht jedermann über eine eigene Garage verfügt, so daß es heutzutage allgemein üblich ist, Autos auf der Straße zu parken. Die erforderliche Sorgfalt zum Schutz des Fahrzeugs vor Gefahren beschränkt sich dann darauf, als Parkplatz eine Stelle zu suchen, an der es den rollenden Verkehr nicht behindert, und die Einrichtungen zu bedienen, die den Wagen vor Diebstahl sichern sollen. Daß der VW-Golf bei einem ohne Vorwarnung hereinbrechenden Unwetter unter einem Baum begraben wird, ist dagegen ein außergewöhnliches Naturereignis, mit dem Otto nicht zu rechnen brauchte und für das er auch keine besonderen Vorkehrungen treffen mußte. Damit kann ihm jetzt auch nicht angelastet werden, daß er das Unmöglichwerden der Erfüllung des Kaufvertrags mit Anton zu vertreten hat.

Demnach steht dem Anton gegen Otto ein Anspruch nach § 284 BGB auf Ersatz seiner Aufwendungen für den Wagen von vornherein nicht zu, ohne daß noch geprüft werden müßte, ob im vorliegenden Fall die sonstigen Voraussetzungen dieser Vorschrift gegeben sind.

Fall 11.04: *Später Entschluß*

Anton bestellt am 26.10. bei der Sanitärhandlung Glump nach Katalog ein Colani-Waschbecken zum Preis von 1.200,– € einschließlich Montage und vereinbart mit Glump, daß das kostbare Stück, das eigens aus Italien angeliefert werden muß, in seiner Wohnung fachgerecht installiert werden soll. Am 10.11. wird das Waschbecken bei Glump angeliefert. Noch bevor es weiter zu Anton transportiert werden kann, wird es im Lager des Glump aus Gründen, die nicht mehr aufgeklärt werden können, schwer beschädigt. Anton, den inzwischen die teure Anschaffung reut, möchte diesen Vorfall zum Anlaß nehmen, seine Bestellung bei Glump zu „stornieren“. Mit Recht?

Lösungshinweis: Der Fall spricht zunächst Widerrufsrechte beim Verbrauchsgüterkauf nach § 355 BGB an, die hier jedoch nicht einschlägig sind. Bei der Prüfung des Rücktrittsrechts nach § 326 Abs. 5 BGB zeigt sich, daß überhaupt erst einmal eine Leistungsstörung durch nicht erbrachte Leistung vorliegen muß, bevor der Gläubiger hieraus entsprechende Konsequenzen für den Bestand des Vertrags ziehen kann. Wie schon oben in Fall 11.02 müssen auch insoweit bei der Anwendung des § 275 Abs. 1 BGB vorab die Besonderheiten der Gattungsschuld beachtet werden. – Wiederholen Sie Grdz. § 10 II 2, 3 b; § 11 II 3 b, IV 3 b!

Musterlösung:

Anton hat mit Glump wegen des Waschbeckens einen Kaufvertrag nach § 433 BGB abgeschlossen; da Anton die bewegliche Sache für seine Wohnung und somit für seinen privaten Gebrauch erworben hat, handelt es sich bei diesem Geschäft gem. §§ 474 Abs. 1, 13 BGB um einen Verbrauchsgüterkauf. Es ist daher als erstes zu prüfen, ob Anton sich von dem von ihm inzwischen als unerwünscht erachteten Vertrag durch Widerruf nach § 355 BGB lösen kann, ohne daß es noch weiter auf die Besonderheiten des Falles ankommt. In den §§ 355 ff. BGB werden jedoch nur bestimmte „technische“ Voraussetzungen und Rechtsfolgen des Verbraucherwiderrufs geregelt, das Widerrufsrecht als solches muß dagegen im Einzelfall aus besonderen Regeln des Verbraucherschutzrechts abgeleitet werden. Der Sachverhalt gibt jedoch keine Hinweise, daß Anton das Colani-Waschbecken im Rahmen eines Verbraucherdarlehensvertrags oder mit sonstigen Finanzierungshilfen des Glump (§§ 503 Abs. 1, 495 Abs. 1 BGB) erwerben sollte bzw. im Wege der besonderen Vertriebsform eines Haustürgeschäfts (§ 312 Abs. 1 BGB) oder eines Fernabsatzgeschäfts (§ 312 d Abs. 1 BGB) gekauft hat. Ein Widerruf des Vertrags mit Glump nach § 355 BGB ist daher von vornherein auszuschließen.

Ein Recht zur „Stornierung“, d.h. zum Rücktritt von dem am 26.10. abgeschlossenen Kaufvertrag könnte Anton daher allenfalls nach § 326 Abs. 5 BGB daraus herleiten, daß dem Glump wegen der schweren Beschädigung des aus Italien angelieferten Waschbeckens inzwischen die Erfüllung des Kaufvertrags unmöglich geworden ist und er selbst als Verkäufer nach § 275 Abs. 1 BGB nicht mehr liefern muß. Die Lieferung des Colani-Waschbeckens ist als Gattungsschuld vereinbart worden; Unmöglichkeit der Erfüllung des Kaufvertrags kann mithin nur dann eingetreten sein, wenn sich das Schuldverhältnis gem. § 243 Abs. 2 BGB bereits auf das im Lager des Glump befindliche und dort beschädigte Stück konkretisiert hatte. Dies hängt davon ab, ob die Leistung des Glump als Hol-, Bring- oder Schickschuld vereinbart worden ist. Anton hatte mit Glump abgesprochen, daß das von ihm bestellte Waschbecken in seiner Wohnung fachgerecht installiert werden sollte. Bei dieser Leistung handelt es sich nicht lediglich um eine zusätzliche Verrichtung, die neben die Lieferung der Kaufsache tritt, sondern für Anton ist der Kauf überhaupt nur dann wirtschaftlich sinnvoll, wenn zugleich das von ihm erworbene Waschbecken bei ihm zu Hause ordnungsgemäß eingebaut wird. Die Montage ist sonach notwendige Teilleistung für die Erfüllung des am 26.10. abgeschlossenen Vertrags. Da dieses Gewerk nur in der Wohnung des Anton erbracht werden kann, ergibt sich aus der Natur des Schuldverhältnisses, daß das Haus des Anton Erfüllungsort für den Vertrag ist. Demnach ist eine Bringschuld vereinbart.

Mit der Besorgung des von Anton im Katalog ausgesuchten Waschbeckens beim Hersteller in Italien hat Glump sonach noch nicht das zur Erfüllung des Vertrags vom 26.10. seinerseits Erforderliche getan. Demzufolge hat sich seine zunächst nur der Gattung nach festgelegte Leistungspflicht auch noch nicht auf dasjenige Waschbecken konkretisiert, das in seinem Lager beschädigt worden ist. Die Leistung des Glump ist bisher nicht unmöglich geworden; Anton kann daher auch nicht gem. § 326 Abs. 5 BGB vom Vertrag zurücktreten.

Fall 11.05: *Das Tankerunglück*

Egon Müller bestellt am 19.11. bei der Röchling-Ölhandel AG telefonisch 10.000 Liter Heizöl für sein Anwaltsbüro zum Preis von 3.200,– € (brutto). Das Öl soll im Büro des Müller angeliefert werden. Auf der Fahrt dorthin wird das Tankfahrzeug der Röchling AG ohne Verschulden des Fahrers in einen Verkehrsunfall verwickelt; aus Sicherheitsgründen läßt die Feuerwehr das Heizöl abpumpen und entsorgen.

1. Die Röchling AG verlangt von Müller gleichwohl Bezahlung des vereinbarten Kaufpreises von 3.200,– €. Auch ist sie nur dann zu einer erneuten Anlieferung bereit, wenn Müller eine weitere Zahlung in Höhe des inzwischen angestiegenen Tagespreises von 3.380,– € leistet. Mit Recht?

2. Wäre der Fall anders zu beurteilen, wenn das Heizöl am 21.11. gegen

18:30 Uhr zum Büro des Müller transportiert worden war, dort aber nicht ausgeliefert werden konnte, weil niemand mehr anwesend war, um den Tankstutzen aufzuschließen, und wenn der Verkehrsunfall erst auf der Rückfahrt von Müllers Büro zum Depot stattgefunden hatte?

3. Wie ist das Ergebnis von Variante 2, wenn Müller bei seiner Bestellung am 19.11. mit dem Sachbearbeiter vereinbart hatte, daß das Öl am Nachmittag des 21.11. angeliefert werden sollte, die Anlieferung an diesem Tag auch pünktlich gegen 15:30 Uhr erfolgte, aber weder jemand von den Kanzleiangestellten noch Müller selbst anwesend war, weil das Büro einen gemeinsamen Betriebsausflug veranstaltete und Müller zur gleichen Zeit noch in Saarbrücken im Verkehrsstau steckte und sich um zwei Stunden verspätet hatte?

Lösungshinweis: Wie schon in den Fällen 11.02 und 11.04 zeigt der Sachverhalt in einer weiteren Variante das Problem des Eintritts der Konkretisierung einer Gattungsschuld als Voraussetzung dafür, daß der Fall überhaupt nach den Regeln über den Ausfall der geschuldeten Leistung bearbeitet werden kann. Des weiteren wird der Zusammenhang zwischen Annahmeverzug des Gläubigers und Anspruch auf die Gegenleistung bei Unmöglichwerden der Leistung deutlich. – Wiederholen Sie Grdz. § 10 II 2, 3 b; § 11 II 3 b, IV 2 b!

Musterlösung:

Variante 1: Es ist zunächst zu prüfen, ob Müller aufgrund seiner Bestellung vom 19.11. noch den Anspruch auf Lieferung von 10.000 l Heizöl zum damals vereinbarten Preis von 3.200,– € hat. Am 19.11. ist ein Kaufvertrag zustande gekommen. Somit kann Müller nach § 433 Abs. 1 BGB Lieferung verlangen, wenn der Kaufvertrag bisher noch nicht erfüllt ist und die Lieferverpflichtung der Verkäuferin auch nicht durch Unmöglichwerden der Leistung erloschen ist. Bisher wurde die vereinbarte Menge Heizöl dem Müller nicht übergeben und übereignet; mithin ist die Lieferpflicht der Verkäuferin nicht durch Erfüllung weggefallen (§ 362 Abs. 1 BGB).

Der Leistungsanspruch gegen die Röchling-Ölhandel AG könnte jedoch gem. § 275 Abs. 1 BGB ausgeschlossen sein, weil die Erfüllung des Kaufvertrags infolge des Unfalls des Tankwagens der Verkäuferin unmöglich geworden ist. Heizöl ist eine der Gattung nach bestimmte Sache, die in gleicher Art und Menge nahezu unbegrenzt beschafft werden kann. Der Untergang der für Müller bestimmten Tankladung könnte mithin die Erfüllung des Kaufvertrags nur dann unmöglich gemacht haben, wenn im Zeitpunkt des Unfalls die Lieferverpflichtung der Verkäuferin nach § 243 Abs. 2 BGB bereits auf das im Tankwagen abgefüllte Heizöl konkretisiert gewesen war. Da die Verkäuferin in einem solchen Fall das zur Erfüllung des Vertrags ihrerseits Erforderliche bereits getan haben muß, hängt die Entscheidung dieser Frage vor allem davon ab, wo in dem zwischen Müller und der Röchling-Ölhandel AG abgeschlossenen Vertrag der Leistungsort war. Beim Verkauf von Heizöl gehört die ordnungsgemäße Anlieferung der Ware beim Besteller mit einem für derartige Transporte zugelassenen Spezialfahrzeug notwendig zur korrekten Erfüllung des Kaufvertrags. Der Vertrag vom 19.11. hatte sonach eine Bringschuld zum Gegenstand, bei der das Anwaltsbüro des Müller Leistungsort war. Im Zeitpunkt des Unfalls befand sich das Fahrzeug noch auf der Anfahrt zu Müller; die Röchling AG hatte sonach noch nicht das zur Erfüllung des Vertrags ihrerseits Erforderliche getan. Demzufolge hatte sich der Kaufvertrag auch noch nicht auf die im Tankwagen transportierte Ölmenge konkretisiert. Durch den Unfall ist also die Erfüllung des Vertrags nicht unmöglich geworden. Damit bleibt die Röchling-Ölhandel AG dem Müller weiterhin zur Lieferung der von ihm gekauften Ölmenge zum ursprünglich vereinbarten Preis von 3.200,– € verpflichtet. Umgekehrt kann die Verkäuferin schon aus diesem Grund von Müller nicht die Bezahlung des Kaufpreises fordern, ohne tatsächlich liefern zu müssen.

Variante 2: In diesem Fall ist die Ladung erst verloren gegangen, nachdem der Versuch unternommen worden war, das Heizöl im Anwaltsbüro des Müller anzuliefern. Die Röchling-Ölhandel AG hatte somit das bei einer Bringschuld ihrerseits Erforderliche getan, um die Leistung zu erbringen. Demnach hatte sich ihre Lieferverpflichtung auf die im Tankwagen abgefüllte Ölmenge konkretisiert, durch den Verlust dieses Öls ist Unmöglichkeit der Lieferung eingetreten. Gem. § 275 Abs. 1 BGB ist die Verkäuferin sonach von ihrer Verpflichtung zur Erfüllung des Vertrags vom 19.11. frei geworden. Die Röchling AG braucht daher nur dann Heizöl zu liefern, wenn Müller mit ihr einen erneuten Kaufvertrag abschließt. Den Abschluß des Kaufvertrags kann sie davon abhängig machen, daß Müller ihr den inzwischen angestiegenen Tagespreis für Heizöl zahlt.

Möglicherweise kann die Röchling-Ölhandel AG von Müller sogar die Bezahlung der am 19.11. gekauften Menge verlangen, obwohl sie diese nicht mehr liefern kann. Nach der Grundregel des § 326 Abs. 1 BGB entfällt allerdings bei Ausschluß der Leistungspflicht des Schuldners nach § 275 Abs. 1 BGB normalerweise auch der Anspruch auf die vereinbarte Gegenleistung. Da die Röchling-Ölhandel AG den Unfall ihres Tankwagens i.S.v. §§ 276, 278 BGB nicht zu vertreten hat, könnte jedoch im Zeitpunkt der Vernichtung der für Müller bereitgestellten Lieferung nach § 447 BGB die Preisgefahr auf den Käufer übergegangen sein. Diese Vorschrift ist im vorliegenden Fall grundsätzlich anwendbar, denn Müller hat die Ware für sein Büro, mithin für Zwecke seiner selbständigen beruflichen Tätigkeit erworben, so daß er das Rechtsgeschäft nicht als Verbraucher i.S.d. § 13 BGB abgeschlossen hat. Damit ist hier auch nicht die Anwendung des § 447 BGB durch die Vorschrift des § 474 Abs. 2 BGB über den Verbrauchsgüterkauf ausgeschlossen.

§ 447 BGB setzt voraus, daß die Ware auf Wunsch des Käufers an einen anderen Ort als den Erfüllungsort versandt worden ist. Wie bereits festgestellt wurde, ist im vorliegenden Fall das Büroanwesen des Egon Müller Erfüllungsort. Damit liegt das Transportrisiko bei der Röchling AG; sie kann demnach ihren Anspruch auf Zahlung des Kaufpreises nicht auf § 447 BGB stützen.

Der Kaufpreisanspruch könnte sich noch aus § 326 Abs. 2 Satz 1 Fall 2 BGB ergeben, wenn Müller im Zeitpunkt des Verkehrsunfalls in Annahmeverzug war. Annahmeverzug tritt gem. §§ 293, 294 BGB dann ein, wenn der Gläubiger die ihm tatsächlich angebotene Leistung nicht abnimmt. Im vorliegenden Fall ist die Heizöllieferung am 21.11. so, wie sie geschuldet war, am Büro des Müller angedient worden; die Lieferung konnte jedoch nicht abgenommen werden, weil niemand zugegen war, um den Einfüllstutzen zum Heizöltank zu öffnen. Demnach könnte Müller in Annahmeverzug geraten sein. Müller könnte sich jedoch auf die Regelung des § 299 BGB berufen. Müller und sein Personal waren zwar nicht am Lieferort anwesend, aber nur vorübergehend an der Annahme der angebotenen Leistung verhindert. Es war auch weder eine Leistungszeit im Kaufvertrag bestimmt noch hatte die Röchling AG ihre Lieferung am 21.11. eine angemessene Zeit vorher angekündigt. Demnach wurde Müller durch das tatsächliche Angebot der Lieferung nicht in Annahmeverzug gesetzt, zumal die Auslieferung des Heizöls erst gegen 18:30 Uhr, also außerhalb der üblichen Bürozeiten eines Rechtsanwalts erfolgen sollte. Müller braucht daher auch nicht gem. § 326 Abs. 2 Satz 1 Fall 2 BGB den Kaufpreis für die inzwischen untergegangene Sendung zu bezahlen.

Variante 3: In diesem Fall wurde die Lieferung zu dem Zeitpunkt angedient, der im Vertrag vom 19.11. als Leistungstermin vereinbart worden war. Müller kann sich daher nicht auf § 299 BGB berufen. Zu prüfen bleibt noch, ob der Annahmeverzug des Müller dadurch ausgeschlossen ist, daß er ohne eigenes Verschulden an der Einhaltung des Abnahmetermins verhindert gewesen war. Anders als beim Schuldnerverzug kommt es indessen für die Wirkungen des Gläubigerverzugs nicht darauf an, aus welchen Gründen der Gläubiger daran gehindert ist, die ihm korrekt angebotene Leistung abzunehmen. Die Erfüllung des Kaufvertrags vom 19.11. ist mithin zu einer Zeit unmöglich geworden, in der Müller sich im Verzug der Annahme befand. Gem. § 326 Abs. 2 Satz 1 Fall 2 BGB muß er daher den vereinbarten Kaufpreis an die Röchling-Ölhandel AG zahlen. Im übrigen bleibt es bei dem Ergebnis der Fall-Variante 2; d.h. die Röchling-Ölhandel-AG ist nach § 275 Abs. 1 BGB von der Verpflichtung zur Lieferung zu dem am 19.11. vereinbarten Preis frei geworden und kann eine andere Lieferung von dem wiederholten Abschluß eines Kaufvertrags zu den dann geltenden Tagespreisen abhängig machen.

Fall 11.06: *Wassernot*

Frau Anton kauft sich am 18.12. im Modehaus Moeller in Saarbrücken ein Abendkleid für den Sylvesterball zum Preis von 498,– €. Bei der Anprobe ergibt sich, daß das Kleid noch etwas geändert werden muß; dies soll durch die Schneiderei des Modehauses bis zum 22.12. ausgeführt werden. Es wird vereinbart, daß Frau Anton zunächst nur eine Anzahlung von 100,– € leistet und den Rest nach der endgültigen Anprobe und Abholung des Kleides zahlt. In der Woche vor Weihnachten wird die Innenstadt von Saarbrücken von einem Hochwasser der Saar heimgesucht; auch die Verkaufsräume des Modehauses Moeller sind am 22.12. überschwemmt. Sämtliche Warenvorräte werden vernichtet; darunter auch das von Frau Anton gekaufte Abendkleid. Frau Anton möchte wissen, ob sie von Moeller ihre Anzahlung von 100,– € zurückverlangen kann oder ob sie umgekehrt sogar noch den Restkaufpreis von 398,– € an das Modehaus zahlen muß.

Lösungshinweis: Im vorliegenden Sachverhalt handelt es sich darum, wann beim Kauf eines Kleidungsstücks der Kaufvertrag erfüllt ist, wenn der Verkäufer die Ware noch zurückbehält, um nach den Wünschen des Kunden eine Änderung vorzunehmen. Hiervon hängt auch der Übergang der Preisgefahr gem. § 446 BGB ab. Ferner lernen Sie die Rückabwicklung der bereits geleisteten Anzahlung auf den Kaufpreis kennen, wenn die Erfüllung des Kaufvertrags nachträglich unmöglich geworden ist. – Wiederholen Sie Grdz. § 10 III 1!

Musterlösung:

Moeller könnte gem. § 433 Abs. 2 BGB die Bezahlung des noch offenen Restkaufpreises verlangen, wenn der Kaufvertrag über das Abendkleid schon am 18.12. vollständig erfüllt worden ist. Dies setzt voraus, daß das Kleid zu diesem Zeitpunkt an Frau Anton übereignet und übergeben worden ist. Die noch auszuführende Änderung wäre dann als zusätzliche Leistung anzusehen, die von Moeller im Anschluß an die Erfüllung des Kaufvertrags erbracht werden sollte. Nach dem Sachverhalt ist zwar davon auszugehen, daß Moeller das Abendkleid an Frau Anton bereits ausgehändigt hatte, denn es fand eine Anprobe statt, es finden sich jedoch keine Angaben darüber, ob am 18.12. schon eine förmliche Übereignung der Kaufsache vollzogen worden ist. Allerdings ist es im Einzelhandel auch nicht üblich, daß Verkäufer und Käufer die Abwicklung eines Umsatzgeschäfts unter korrekter Verwendung der einschlägigen juristischen Formeln vollziehen. Gem. §§ 133, 157 BGB muß daher anhand der näheren Umstände ermittelt werden, was die Beteiligten vernünftigerweise gewollt haben und wie daher ihr schlüssiges Verhalten zu interpretieren ist.

Für Umsatzgeschäfte im Einzelhandel ist es typisch, daß die gekaufte Ware vom Kunden sofort bezahlt wird, es sei denn, der Verkäufer gewährt ihm aufgrund einer besonderen Absprache Finanzierungshilfen. Daraus ist umgekehrt auf die Gepflogenheit zu schließen, daß der Verkäufer dem Kunden die Ware so lange noch nicht „endgültig" übergeben und übereignet hat, bis sie voll bezahlt ist, selbst wenn er sie dem Kunden zeitweilig in die Hand gegeben hat wie z.B. ein Kleidungsstück zur Anprobe. Im vorliegenden Fall hatte Frau Anton das Abendkleid zwar mit 100,– € angezahlt, aber eben noch nicht vollständig bezahlt. Die Vereinbarung, daß der Rest von 398,– € bei Abholung des Kleides am 22.12. entrichtet werden sollte, ist auch nicht als Gewährung einer Finanzierungshilfe anzusehen. Vielmehr diente die Anzahlung offensichtlich als die vor allem bei Geschäften mit der Laufkundschaft übliche Sicherheit dafür, daß Frau Anton das von ihr gekaufte Kleid nach Durchführung der Änderung auch tatsächlich abholte und bezahlte. Auch Frau Anton dürfte ein berechtigtes Interesse daran haben, zunächst einmal den Erfolg der Änderung abzuwarten, bevor sie den Kaufvertrag endgültig vollzog. Nach Lage der Dinge ist somit das von Frau Anton gekaufte Kleid am 18.12. für sie zunächst nur „zurückgelegt" worden; die definitive Übergabe und Übereignung und damit die Erfüllung des Kaufvertrags sollte absprachegemäß erst am 22.12. erfolgen.

An diesem Tag war die Auslieferung des Kleids wegen des Hochwassers nicht mehr möglich. Da Frau Anton „ihr" Kleid aus dem Warenvorrat des Moeller ausgesucht hatte und dieses für sie eigens noch nach ihren Maßen geändert worden ist, war ein Stückkauf vereinbart. Infolge des Hochwasserschadens ist die Erfüllung des Kaufvertrags vom 18.12. unmöglich geworden. Damit wurde Moeller zwar gem. § 275 Abs. 1 BGB von der Verpflichtung zur Lieferung des gekauften Kleides frei; er könnte aber andererseits auch gem. § 326 Abs. 1 Satz 1 BGB den Kaufpreisanspruch verloren haben, es sei denn, daß die Gefahr des zufälligen Verlustes der Kaufsache inzwischen auf Frau Anton übergegangen ist. Hier käme allenfalls die Regelung des § 446 BGB in Betracht, die voraussetzt, daß die Kaufsache am 18.12. bereits an Frau Anton übergeben worden ist. Bei der in § 446 BGB angesprochenen Übergabe der Kaufsache handelt es sich um dieselbe Handlung, die nach § 433 Abs. 1 BGB zur (Teil-)Erfüllung des Kaufvertrags führt. Wie bereits festgestellt worden ist, war die vorübergehende Aushändigung des Kleides zur Anprobe am 18.12. noch keine Erfüllung des Kaufvertrags. Demnach ist an diesem Tag auch noch nicht die Gefahr des zufälligen Untergangs der von ihr gekauften Sache auf Frau Anton übergegangen. Es bleibt daher bei der Grundregel des § 326 Abs. 1 BGB; Moeller hat den Anspruch auf die Zahlung des Kaufpreises verloren.

Da Moeller den Kaufpreis nicht mehr fordern kann, ist umgekehrt Frau Anton berechtigt, die von ihr geleistete Anzahlung von 100,– € zurückzuverlangen. Gem. § 326 Abs. 4 BGB richtet sich dieser Rückforderungsanspruch nach den Regeln der §§ 346–348 BGB über den Rücktritt vom Vertrag. Im vorliegenden Fall ist § 346 Abs. 1 BGB einschlägig; demnach kann Frau Anton von Moeller die Rückerstattung der von ihr geleisteten Anzahlung von 100,– € in voller Höhe verlangen.

Fall 11.07: *Verspätete Liebesgaben*

Anton bestellt am 21.5. beim Gärtner Florian zum 70. Geburtstag seiner Großmutter Annetraut, einer erklärten Liebhaberin gehobenen britischen Lebensstils, einen Strauß von 70 Tudor-Rosen zum Preis von 280,– €. Den Anlaß für seine Bestellung gibt Anton ganz genau an; er vereinbart mit Florian, daß das Blumengebinde am Geburtstag der Jubilarin, dem 1.6., pünktlich um 11:00 Uhr in deren Wohnung durch einen Boten überbracht wird. Anton muß nämlich an diesem Tag eine Geschäftsreise machen, so daß er seiner Großmutter nicht persönlich gratulieren kann.

Florian muß die seltene Rosensorte im internationalen Blumenhandel bestellen. Wegen eines Pilotenstreiks kann sein Großhändler die aus Nicaragua eingeflogene Ware erst am 2.6. liefern. Als Florian den Blumenstrauß am Abend des 2.6. bei Frau Annetraut ausliefern will, verweigert sie ungeachtet seiner wortreichen Entschuldigungen die Annahme des Blumengeschenks, denn sie hat inzwischen ihren Enkel voller Empörung über die Herzlosigkeit, ihren „runden" Geburtstag zu vergessen, in aller Form enterbt.

Auch Anton, dem Florian am 6.6. die inzwischen stark verblühten Rosen aushändigen will, verweigert die Annahme. Am 8.6. wirft Florian den verwelkten Blumenstrauß auf den Komposthaufen. Trotzdem mahnt er bei Anton die vereinbarte Zahlung von 280,– € an. Mit Recht?

Lösungshinweis: Der Fall führt zum Problem der Leistungsstörung bei Nichteinhalten eines exakt vereinbarten Leistungstermins. – Wiederholen Sie Grdz. § 11 II 2, IV 2 b, aa !

Musterlösung:

Den Anspruch auf Zahlung von 280,– € könnte Florian gem. § 433 Abs. 2 i.V.m. § 326 Abs. 2 Satz 1 Fall 2 BGB auf den am 21.5. mit Anton abgeschlossenen Kaufvertrag stützen. Dann müßte die damals vereinbarte Lieferung von 70 Tudor-Rosen inzwischen unmöglich geworden sein, so daß Florian gem. § 275 Abs. 1 BGB von seiner Leistungspflicht frei geworden ist, und dies müßte zu einem Zeitpunkt geschehen sein, in dem Anton sich in Annahmeverzug befunden hatte.

Die Leistung aus dem Kaufvertrag könnte am 8.6. unmöglich geworden sein, als die für Frau Annetraut beschafften Rosen endgültig verwelkt waren und auf dem Komposthaufen entsorgt worden sind. Allerdings sind auch Tudor-Rosen trotz ihrer Seltenheit der Gattung nach bestimmte Sachen, die – wenn auch nur über den internationalen Blumenhandel – immer wieder neu beschafft werden können. Die Leistung aus dem Kaufvertrag konnte daher nur dann durch den Untergang der von Florian beschafften Exemplare unmöglich geworden sein, wenn sich die Lieferverpflichtung des Blumenhändlers am 8.6. nach § 243 Abs. 2 BGB auf diese Stücke konkretisiert hatte. Florian hatte schon am 2.6. mit seinem erfolglosen Versuch, den Blumenstrauß bei Frau Annetraut abzuliefern, und sodann mit dem erneuten Versuch, die Ware am 6.6. dem Anton anzudienen, auf jeden Fall das zur Erfüllung des Kaufvertrags seinerseits Erforderliche getan, so daß sich die Lieferverpflichtung auf jene 70 Rosen konkretisiert hatte, die dann am 8.6. verwelkt waren und weggeworfen worden sind. Spätestens am 8.6. ist die Leistung dem Florian somit unmöglich geworden.

Durch den Versuch, am Abend des 2.6. die von ihn beschafften Rosen bei Frau Annetraut auszuliefern, könnte Florian gem. §§ 293, 294 BGB den Anton in Annahmeverzug gesetzt haben. Frau Annetraut ist zwar nicht Partnerin des Kaufvertrags, der Sachverhalt gibt auch keine Anhaltspunkte dafür, daß der am 21.5. abgeschlossene Kaufvertrag ein Vertrag zugunsten Dritter gewesen war, so daß sie nach § 328 Abs. 1 BGB Gläubigerin der Lieferanspruchs geworden sein könnte. Anton hatte jedoch den Florian mit der Auslieferung der Blumen an seine Großmutter beauftragt und diese so zur „Empfangsstation" für die versprochene Leistung gemacht. Damit muß er sich auch die Verweigerung der Annahme der Lieferung durch Frau Annetraut zurechnen lassen, wie wenn er selbst die angebotene Leistung nicht angenommen hätte. Mithin könnte nunmehr der Anspruch des Florian auf Zahlung des vereinbarten Kaufpreises nach § 326 Abs. 1 Fall 2 BGB begründet sein.

Der Sachverhalt weist indessen die Besonderheit auf, daß Anton und Florian besonders vereinbart hatten, wegen des Geburtstags von Frau Annetraut die Blumen pünktlich am 1.6. um 11:00 Uhr zu liefern. Es ist daher zu prüfen, welche Folgen die Versäumung dieses Termins für die Erfüllung des Vertrags hat. Anton könnte insoweit nach § 323 Abs. 2 Nr. 2 BGB das Recht erworben haben, ohne Bestimmung einer Nachfrist sofort vom Vertrag zurückzutreten. Einen solchen Rücktritt wegen nicht erbrachter Leistung könnte Anton am 6.6. mit seiner Weigerung erklärt haben, die ihm von Florian nochmals angebotenen Blumen anzunehmen. Die Regelung des § 323 BGB paßt jedoch nicht auf den vorliegenden Sachverhalt, denn Florian war zu diesem Zeitpunkt nach wie vor bereit und in der Lage, die gekauften Blumen zu liefern. Aus seiner Sicht stellt sich mithin die Weigerung des Anton gerade als Verhinderung der vertragsgemäßen Erfüllung dar.

Die Weigerung des Anton, die Blumen am 6.6. noch abzunehmen und damit die Erfüllung des Kaufvertrags möglich zu machen, wäre daher nur dann berechtigt, wenn die angebotene Leistung zu diesem Zeitpunkt nicht (mehr) vertragsgemäß gewesen war. Es muß also nicht nur eine vertragliche Bindung des Leistungsinteresses des Käufers an die Rechtzeitigkeit der Leistung im Sinne einer „einfachen" Fixschuld vereinbart worden sein, sondern es muß eine absolute Fixschuld dergestalt vorgelegen haben, daß objektiv betrachtet die Anlieferung der Blumen zu einem anderen Zeitpunkt als dem Geburtstag der Frau Annetraut nicht mehr als vertragliche Leistung angesehen werden kann. Zwar kann Anton seiner Großmutter zu jeder Zeit Blumen schenken und ihr damit eine Freude bereiten, die Auswahl und der außergewöhnliche Aufwand des Geschenks deuten jedoch klar auf die besonders enge Verknüpfung der Blumenspende mit dem besonderen Ereignis des „runden" Geburtstags der zu Beschenkenden hin. Die Reaktion von Antons Großmutter auf die verspätete Anlieferung des Blumenstraußes macht auch unmißverständlich deutlich, daß der von Anton mit seinem besonderen Geschenk verfolgte Zweck nur bei genauer Einhaltung des vereinbarten Liefertermins erreicht werden konnte. Dies alles war dem Florian bei der Annahme der Bestellung bekannt gewesen und war von ihm vorbehaltslos – insbesondere auch ohne vorsorglichen Hinweis auf die besonderen Schwierigkeiten bei der Beschaffung der seltenen Rosensorte – akzeptiert worden. Die Einhaltung des Liefertermins genau zum Geburtstag von Frau Annetraut war gewissermaßen die Geschäftsgrundlage für den Kaufvertrag des Anton geworden.

Mithin war schon am 2.6. eine ordnungsmäßige Erfüllung des Kaufvertrags vom 21.5. nicht mehr möglich gewesen. Damit ist nicht nur der Lieferanspruch des Anton gem. § 275 Abs. 1 BGB ausgeschlossen, sondern Florian war auch nicht mehr in der Lage, durch seinen Lieferversuch am 2.6. den Anton in Annahmeverzug zu setzen. Erst recht gilt dies für das wiederholte Leistungsangebot am 6.6. In Wirklichkeit ist somit die Unmöglichkeit der Lieferung schon am 1.6. spätestens mit Ablauf der schicklichen Besuchszeit bei der Jubilarin eingetreten. Bis zu diesem Zeitpunkt konnte Florian aber nicht liefern und somit auch nach § 297 BGB nicht den Anton in Annahmeverzug setzen. Demgemäß kann sich Florian nicht auf die Vorschrift des § 326 Abs. 2 Satz 1 Fall 2 BGB berufen; vielmehr ist nach der allgemeinen Regel des § 326 Abs. 1 BGB sein Anspruch auf Zahlung des vereinbarten Kaufpreises von 280,– € entfallen.

Fall 11.08: *Koordinationsschwierigkeiten*

Der Bellmann Media-Markt bietet im Rahmen einer auf die Zeit vom 3.1. bis 8.1. begrenzten Sonderaktion Laptops zum Sonderpreis von 998,– € an.

Sowohl in der Zeitungswerbung als auch im Ladenlokal wird auf diese Aktion mit dem Zusatz „solange Vorrat reicht" hingewiesen. Bellmann hat für diesen Sonderverkauf 30 Geräte bereitgestellt, die er aus einem Konkurs zum Stückpreis von 600,– € – d.h. 400,– € billiger als der vom Hersteller geforderte Großhandelspreis – hatte erwerben können. Die Geräte finden reißenden Absatz. Am Vormittag des 8.1. kann Bellmann, der um diese Zeit selbst im Laden ist, das letzte der 30 Stück an Anton verkaufen. Anton vereinbart mit Bellmann, daß dieser den Computer noch bis zum nachfolgenden Montag an Lager behält; dann will Anton das Gerät abholen und bezahlen.

Am Nachmittag des 8.1. spricht Krause im MediaMarkt vor und fragt nach den Laptops aus dem Sonderangebot. Er wird von Eifrig, einem Verkäufer des Bellmann, bedient, der in der Tat im Lager noch ein Gerät findet und an Krause veräußert. Eifrig weiß nicht, daß es sich hierbei um den für Anton zurückgelegten Computer handelt; in der Eile hat er auch den Zettel übersehen, den Bellmann neben den Karton mit der Ware gelegt und auf dem er notiert hatte, daß der Laptop bereits verkauft ist. Krause nimmt das von ihm erworbene Gerät sofort mit. Als Anton am 10.1. „seinen" Computer abholen will, stellt sich die Konfusion heraus. Welche Ansprüche hat Anton?

Lösungshinweis: Der Sachverhalt betrifft das Unmöglichwerden der Leistung durch die Erschöpfung des Vorrats einer beschränkten Gattungsschuld und zeigt dann, wie der Anspruch auf Schadensersatz statt der Leistung nach § 280 Abs. 3 BGB inhaltlich konkretisiert werden kann. – Wiederholen Sie Grdz. § 10 II 2; § 11 II 3 a, III 1 a, 2 a, IV 3 a; vgl. auch Grdz. § 16 VII!

Musterlösung:

Anton könnte gem. § 433 Abs. 1 BGB aufgrund eines am 8.1. abgeschlossenen Kaufvertrags gegen Bellmann den Anspruch auf Lieferung eines Laptops zum Sonderpreis von 998,– € haben. Nach dem Sachverhalt ist ein solcher Vertrag zweifelsfrei zustande gekommen; nachdem aber keine Stücke aus dem für die Sonderaktion bereitgestellten Warenvorrat mehr vorhanden sind, könnte jedoch die Erfüllung dieses Anspruchs unmöglich und Bellmann gem. § 275 Abs. 1 BGB von seiner Leistungspflicht frei geworden sein. Laptops sind allerdings eine der Gattung nach bestimmte Ware. Im vorliegenden Fall könnte die Lieferverpflichtung des Bellmann jedoch auf die für die Sonderaktion bereitgestellte Menge von Geräten beschränkt sein, so daß lediglich eine Vorratsschuld vereinbart ist. Bellmann hatte das besonders preisgünstige Verkaufsangebot nur gemacht, weil er selbst einen begrenzten Vorrat an Ware zu einem Sonderpreis erworben hatte. Aus diesem Grund hat er auch nur im Rahmen einer zeitlich begrenzten Sonderaktion unter dem ausdrücklichen Hinweis „solange Vorrat reicht" für das Produkt geworben. Der mit Anton am 8.1. abgeschlossene Kaufvertrag hatte sonach nicht die Lieferung irgend eines Laptops des von Bellmann vertriebenen Typs zum Gegenstand, sondern verpflichtete lediglich zur Veräußerung eines Geräts aus dem für die Sonderaktion bereitgestellten Vorrat. Da das letzte Stück am Nachmittag des 8.1. an einen anderen Kunden verkauft und von diesem auch sofort mitgenommen worden ist, kann Bellmann aus der beschränkten Gattung nicht mehr liefern; damit ist die Erfüllung des mit Anton abgeschlossenen Vertrags vom 8.1. unmöglich geworden.

Anton könnte aus dem Kaufvertrag noch aufgrund der §§ 283 Satz 1, 280 Abs. 1 BGB einen Anspruch auf Lieferung eines gleichwertigen Geräts zum vereinbarten Preis herleiten. Dies setzt voraus, daß Bellmann das Unmöglichwerden der Leistung zu vertreten hat. Er selbst hat zwar den letzten noch vorhandenen Laptop für Anton im Lager reserviert und auf diese Weise mit verkehrsüblicher Sorgfalt sichergestellt, daß am 10.1. der Kaufvertrag wie vereinbart erfüllt werden kann. Eifrig hatte jedoch diese Reservierung übersehen und damit aus Unachtsamkeit – also fahrlässig – doch noch die Vertragserfüllung unmöglich gemacht. Für die Abwicklung des Geschäfts mit Anton sind sämtliche Ladenangestellten des Bellmann als dessen Erfüllungsgehilfen anzusehen; gem. § 278 Satz 1 BGB muß Bellmann daher für das fahrlässige Handeln des Eifrig wie für eigenes Verschulden einstehen. Mithin hat Bellmann das Unmöglichwerden der von ihm geschuldeten Leistung zu vertreten. Gem. §§ 283 Satz 1, 280 Abs. 1 BGB kann Anton von ihm Schadensersatz anstelle der Leistung fordern; d.h. er kann verlangen, durch eine Ersatzleistung des Bellmann so gestellt zu werden, als ob er entsprechend der am 8.1. getroffenen Vereinbarung ein note-book zum Sonderpreis von 998,– € hätte erwerben können. Nach § 249 Satz 1 BGB ist Schadensersatz in erster Linie durch tatsächliche Herstellung des Zustandes zu leisten, der ohne das zum Schadensersatz verpflichtende Ereignis eingetreten wäre. Da die Lieferung eines Laptops des von Bellmann verkauften Typs weiterhin möglich ist, muß Bellmann sonach seine Ersatzleistung in der Weise erbringen, daß er dem Anton ein Gerät aus seinem allgemeinen Warenvorrat zur Verfügung stellt, hierfür aber nur den Preis von 998,– € berechnet.

Im Ergebnis kann Anton sonach von Bellmann Lieferung eines Laptops zum Preis von 998,– € verlangen.

Fall 11.09: *Die Katze in der Trauerweide*

Die Katze des Anton hat sich in einer hohen Trauerweide verstiegen und hängt miauend in der Baumspitze, aus der sie nicht mehr zum Boden zurückfindet. Da Anton wegen seines steifen Beins nicht in der Lage ist, selbst den Baum zu erklettern, um das völlig verwirrte Tier herabzuholen, wendet er sich in seiner Not an die Meier AG, die über einen Hubsteiger verfügt und ordert telefonisch das Fahrzeug zu seinem Wohnhaus, um, wie er bei der Bestellung ausdrücklich hervorhebt, die Katze aus der Trauerweide zu retten.

Als nach einer halben Stunde das Fahrzeug endlich zur Stelle ist, hat sich die Katze bereits selbst geholfen: Bei der Jagd nach einer jungen Amsel hat sie ihren Anfall von Höhenangst überwunden und ist schließlich dem schimpfenden Vogel hinterher sicher auf den Boden gesprungen.

Die Meier AG verlangt von Anton die Bezahlung des vereinbarten „Arbeitslohns“ für den Hubsteiger samt Besatzung in Höhe von 200,– €; zumindest fordert sie von ihm Ersatz der ihr selbst entstandenen Kosten für die Anfahrt in Höhe von 130,– €. Anton will nicht zahlen mit dem Argument, die Katze sei beim Anrücken des Fahrzeugs nicht mehr im Baum gewesen, so daß die Leute der Meier AG die vereinbarte Leistung nicht erbracht hätten. Wer hat Recht?

Lösungshinweis: Der Sachverhalt zeigt ein Beispiel für eine Leistungsstörung durch Zweckverfehlung, die ein Anwendungsfall der neuerdings in § 313 BGB geregelten Störung der Geschäftsgrundlage ist.

Musterlösung:

Der Zahlungsanspruch der Meier AG könnte sich gem. § 631 Abs. 1 BGB aus einem Werkvertrag ergeben, der von Anton durch die telefonische Bestellung des Hubsteigers abgeschlossen worden ist. „Werk" i.S.d. § 631 Abs. 1 BGB ist nicht nur eine bestimmte neu zu produzierende Sache, sondern jeder konkrete Leistungserfolg. Anton hat nicht nur die Bereitstellung des Fahrzeugs mit Bedienungsmannschaft vereinbart, sondern „ausdrücklich" die Bergung seiner Katze aus einer Trauerweide zum Vertragsgegenstand gemacht. Mithin liegt ein Werkvertrag vor.

Gem. § 641 Abs. 1 BGB wird der Werklohn erst dann fällig, wenn die vereinbarte Werkleistung *insgesamt* erbracht ist. Diese Voraussetzung ist bisher nicht erfüllt und kann nach Lage des Falles auch künftig nicht mehr herbeigeführt werden, da sich die Katze inzwischen selbst aus dem Baum befreit hat. Nach § 275 Abs. 1 BGB wäre sonach der Anspruch auf die vereinbarte Werkleistung ausgeschlossen; zugleich könnte damit aber auch gem. § 326 Abs. 1 BGB der Anspruch auf Zahlung des vereinbarten Werklohns von 200,– € entfallen sein.

In diesem Fall müßte die Meier AG auch die bei ihr selbst entstandenen Kosten von 130,– € für die Anfahrt des Hubsteigers ohne die Möglichkeit eines Ausgleichs durch Anton tragen, denn diese sollten von dem Werklohn mit gedeckt werden. Wenn der Schuldner einer unmöglich gewordenen Leistung nach der allgemeinen Regel des § 326 Abs. 1 BGB die Preisgefahr zu tragen hat, trifft ihn grundsätzlich auch das Risiko, daß ihm eigene Aufwendungen zur Vorbereitung dieser Leistung nicht vergütet werden. Im vorliegenden Fall ergibt sich ein Anspruch auf den Ersatz vergeblicher Aufwendungen auch nicht aus § 284 BGB, denn diese Vorschrift gilt als Sanktion für eine vom *Schuldner* zu vertretende Vertragspflichtverletzung ausschließlich zugunsten des *Gläubigers* der ausgefallenen Leistung.

Dieses Ergebnis erscheint indessen im vorliegenden Fall unbillig, denn Anton hat durch die Selbstrettung seiner Katze im Ergebnis genau den Erfolg erreicht, für den er andernfalls 200,– € (d.h. einen Betrag weit über dem materiellen Wert einer Hauskatze) aufzuwenden bereit gewesen wäre, wohingegen die Meier AG mit den hohen Kosten der Herstellung ihrer Leistungsbereitschaft ohne Anspruch auf Ausgleich belastet bleiben soll. Sowohl Anton als auch der bei der telefonischen Bestellung tätige Sachbearbeiter der Meier AG sind bei Vereinbarung des Auftrags davon ausgegangen, daß sich bei Eintreffen des Hubsteigers die Katze noch im Baum befinden und sonach die Ausführung der Leistung möglich sein würde. Andernfalls wäre der verhältnismäßig große Aufwand überhaupt nicht gemacht worden. Diese Geschäftsgrundlage ist weggefallen, bevor die eigentlichen Bergungsarbeiten beginnen konnten. Damit ist die Regelung des § 313 Abs. 1 BGB zu beachten. Im vorliegenden Fall haben sich die Umstände, welche die Grundlage der Auftragserteilung waren, nach Vertragsschluß schwerwiegend verändert, denn durch die Selbstrettung von Antons Katze ist der Auftrag als solcher gegenstandslos geworden. Demnach kann die Meier AG von Anton die Anpassung des Vertrags an diesen Umstand verlangen; d.h. sie kann fordern, so gestellt zu werden, wie der Vertrag nach Treu und Glauben ausgehandelt worden wäre, wenn bei Erteilung des Auftrags von vornherein die Möglichkeit bedacht worden wäre, daß die Katze sich schon vor dem Eintreffen des Hubsteigers selbst aus dem Baum befreit. In diesem Fall hätte die Meier AG den Auftrag nur gegen die Zusage angenommen, daß ihr auch dann, wenn die Katze sich inzwischen selbst gerettet haben sollte, auf jeden Fall ein Teil des vereinbarten Werklohns bezahlt wird, der auch die zwangsläufig entstehenden Anfahrtkosten deckt. Anton hätte diese Bedingung billigerweise akzeptieren müssen, denn nur damit hätte er unter allen Umständen die Rettung seiner Katze erreichen können.

Eine solche Vertragsklausel würde auch nicht in ungewöhnlicher Weise von der in

§ 641 Abs. 1 BGB festgelegten Verteilung der Preisgefahr zwischen Unternehmer und Besteller abweichen, denn schon aufgrund der Regelung des § 645 BGB schuldet der Besteller dem Unternehmer trotz Unausführbarkeit des Werks einen der geleisteten Arbeit entsprechenden Teil der Vergütung und Auslagen, wenn dieses Ereignis ohne Verschulden des Unternehmers eingetreten ist, weil vom Besteller gelieferte Materialien oder dessen Anweisungen – also Umstände aus der Risikosphäre des Bestellers – die Leistung unmöglich gemacht haben. § 645 BGB ist zwar im vorliegenden Fall nicht unmittelbar anzuwenden, aus dieser Vorschrift kann jedoch ein allgemeiner Rechtsgedanke über die Risikoverteilung bei der Herstellung eines Werks abgeleitet werden, der die vorstehend entwickelte Handhabung des § 313 Abs. 1 BGB stützt.

Hiernach kann die Meier AG nach § 313 Abs. 1 BGB eine Anpassung des mit Anton abgeschlossenen Vertrags verlangen, welche ihr ungeachtet der Regelung des § 326 Abs. 1 BGB einen Teil der Vergütung unter Einschluß ihrer Aufwendungen für die Herstellung der Leistungsbereitschaft sichert. Im Ergebnis steht ihr sonach der vereinbarte Werklohn jedenfalls in Höhe des die Anfahrtskosten umfassenden Teilbetrags von 130,– € zu.

Fall 11.10: *Geschäftstüchtig*

Der Antiquitätenhändler Kilian bietet dem Anton mit Schreiben vom 3.5. eine Ming-Vase zum (besonders günstigen) Preis von 10.000,– € an. Er schreibt, daß er sich an sein Angebot bis zum 24.5. gebunden hält. Anton will zunächst noch das Gutachten eines Experten abwarten, bevor er sich auf den Kauf einläßt.

In der Nacht zum 9.5. wird im Geschäft des Kilian eingebrochen. Beim Durchsuchen der Räume zerstören die unbekannten Diebe die Vase; die Scherben lassen sich nicht mehr kitten. Zu seinem Glück hatte Kilian die Vase mit einem (angemessenen) Wert von 15.000,– € versichert. Als Anton hiervon aus sicherer Quelle erfährt, schickt er an Kilian einen bei diesem am 19.5. zugestellten Einschreibebrief, in dem er die Annahme des Verkaufsangebots vom 3.5. erklärt. Er teilt zugleich mit, daß er statt der Vase die Abtretung des Anspruchs gegen die Sachversicherung fordere. Mit Recht?

Lösungshinweis: Der Sachverhalt führt zu der in § 311 a BGB n.F. abweichend von der bisherigen Rechtstradition geregelten Frage, ob ein Vertrag zustande kommt, wenn bereits bei Vornahme des Rechtsgeschäfts feststeht, daß die vertraglich versprochene Leistung unmöglich ist. – Wiederholen Sie Grdz. § 6 II 3; § 11 III 2 b, IV 1 c!

Musterlösung:

Anton könnte gem. §§ 433 Abs. 1, 285 BGB von Kilian Abtretung des Anspruchs auf Zahlung der Versicherungssumme von 15.000,– € fordern. Durch die irreparable Zerstörung der Ming-Vase ist die Erfüllung des Kaufvertrags, der auf diesen individuellen Gegenstand gerichtet war, unmöglich geworden. Der Anspruch auf die Versicherungssumme wird wegen der Zerstörung der Vase geschuldet, er ist also als Ersatz an die Stelle der Kaufsache getreten. Der in § 285 Abs. 1 BGB geregelte Anspruch auf die Herausgabe des Ersatzvorteils besteht unabhängig davon, ob Kilian das Unmöglichwerden der Leistung zu vertreten hat.

Fraglich ist allerdings, ob zwischen Anton und Kilian überhaupt ein Kaufvertrag über die Vase zustande gekommen ist. Kilian hatte am 3.5. gegenüber Anton ein bis zum 24.5. befristetes Angebot zum Abschluß eines Kaufvertrags über die Ming-Vase abgegeben, Anton hat dieses Angebot mit einer am 19.5. – also noch innerhalb der gem. § 148 BGB festgesetzten Annahmefrist – bei Kilian zugegangenen Erklärung angenommen. Der Vertragsschluß ist sonach erst am 19.5. erfolgt. Zu diesem Zeitpunkt war die Erfüllung dieses Kaufvertrags jedoch schon unmöglich, denn die Diebe hatten die Vase bereits in der Nacht zum 9.5. zerstört. Ein auf eine objektiv unmögliche Leistung gerichteter Vertrag könnte daher von vornherein nach § 275 Abs. 1 BGB „ausgeschlossen" sein. Nach § 311 a Abs. 1 BGB ist es indessen für die Wirksamkeit eines Vertragsschlusses unerheblich, daß schon im Zeitpunkt der Vornahme des Rechtsgeschäfts ein Leistungshindernis vorliegt, welches dazu führt, daß der Schuldner nach § 275 Abs. 1 BGB nicht zu leisten braucht. Der Kaufvertrag zwischen Anton und Kilian ist mithin wirksam zustande gekommen. Demnach kann Anton auch aufgrund dieses Vertrages gem. § 285 Abs. 1 BGB von Kilian die Abtretung des Anspruchs aus der Sachversicherung für die Ming-Vase verlangen. Umgekehrt bleibt er nach § 326 Abs. 3 BGB zur Zahlung des vereinbarten Kaufpreises verpflichtet und zwar, da der Wert des Ersatzes offensichtlich nicht unter dem (objektiven) Wert der verkauften Sache liegt, in voller Höhe. Nach Verrechnung beider Zahlungsansprüche bleibt dem Anton gegen Kilian noch ein Anspruch auf Zahlung von 5.000,– €.

III. Wiederholungsfragen

<table>
<tr><td>1. Was versteht man unter Leistungsstörungen im Schuldverhältnis? (Grdz. § 11 I)</td><td>Als Leistungsstörungen werden die in der Sphäre des Schuldners eintretenden Ereignisse bezeichnet, die dazu führen, daß die versprochene Leistung überhaupt nicht oder anders als vertraglich festgelegt erbracht wird, so daß es im Ergebnis zur Verletzung einer Leistungspflicht kommt.</td></tr>
<tr><td>2. Welche Arten von Leistungsstörungen werden unterschieden? (Grdz. § 11 I)</td><td>Die Leistungsstörungen werden unter den Begriffen der Unmöglichkeit, des Schuldnerverzugs und der Schlechtleistung (im eigentlichen Sinn) zusammengefaßt; bei letzterer kann weiter zwischen einer mangelhaften Leistung und der Verursachung eines Schadens durch Verletzung der Pflicht zur Rücksichtnahme auf die Rechte, Rechtsgüter und Interessen des jeweils anderen Teils unterschieden werden.</td></tr>
<tr><td>3. Welche eigenständige Bedeutung hat die Unmöglichkeit der Leistung im System des Rechts der Leistungsstörungen?</td><td>Nach der Systematik des durch das Gesetz vom 26.11.2001 reformierten Schuldrechts führt grundsätzlich jede der vorstehend zu 2. aufgezählten Formen der Leistungsstörung zu einer (objektiven) Verletzung von vertraglichen Pflichten. Die Rechtsfolgen sind auch nach einem möglichst einheitlichen Schema – Nacherfüllung, Rücktritt, Schadensersatz – geregelt. Die Unmöglichkeit der Leistung hat jedoch nach wie vor insoweit eigenständige Bedeutung, als in diesem Fall nach § 275 Abs. 1 BGB der (primäre) Anspruch auf die Leistung auch ohne irgendwelche</td></tr>
</table>

Rechtshandlungen des Gläubigers „ausgeschlossen ist" (d.h. untergeht) und daß der Gläubiger gegebenenfalls gem. § 283 BGB Schadensersatz verlangen kann, ohne zuvor dem Schuldner eine Frist zur Nachholung der Leistung setzen oder ihn abmahnen zu müssen. Auch entfällt der Anspruch auf die Gegenleistung nach § 326 Abs. 1 BGB sofort (soweit nicht die Voraussetzungen des § 326 Abs. 2 bis 4 BGB gegeben sind), ohne daß der Gläubiger vom Vertrag zurücktritt.

4. Liegt Unmöglichkeit der Leistung nur dann vor, wenn die Erfüllung des Leistungsversprechens faktisch unmöglich ist? (Grdz. § 11 II 1)

Nein. Eine Leistung ist auch dann unmöglich, wenn ihr zwingende rechtliche Hindernisse entgegenstehen. Darüber hinaus kann *der Schuldner* die Rechtsfolgen der Unmöglichkeit der Leistung herbeiführen, wenn er diese unter den besonderen Voraussetzungen des § 275 Abs. 2 oder 3 BGB verweigert.

5. Welche Bedeutung kann die Versäumung eines vereinbarten Leistungstermins haben; kann hierdurch auch Unmöglichkeit der Leistung eintreten? (Grdz. § 11 II 2, IV 2 b, aa; § 12 I 1)

Normalerweise führt die Versäumung des Leistungstermins zum Schuldnerverzug, wenn das Ereignis in die Sphäre des Schuldners fällt, bzw. zum Annahmeverzug des Gläubigers, wenn sie darauf beruht, daß der Gläubiger die ordnungsgemäß angebotene Leistung nicht angenommen hat. Damit bleibt die Leistung als solche aber noch möglich. Ausnahmsweise kann eine Leistung allerdings so eng mit der genauen Einhaltung des festgelegten Termins verknüpft sein, daß sie zu jedem anderen Zeitpunkt nicht mehr vertragsgerecht wäre (absolute Fixschuld). In diesem Fall führt die Versäumung des bestimmten Leistungstermins zur Unmöglichkeit der Leistung.

6. Macht es einen Unterschied, ob die Leistung überhaupt unmöglich ist oder nur vom Schuldner nicht erbracht werden kann und ob die Unmöglichkeit der Leistung bereits bei Vertragsschluß gegeben war oder der Schuldner erst nachträglich zur Leistung unvermögend geworden ist?

Gem. § 275 Abs. 1 BGB treten dieselben Rechtsfolgen ein, wenn die Leistung für jedermann (d.h. objektiv) oder nur für den Schuldner (d.h. subjektiv) unmöglich ist. War das Leistungshindernis schon bei Vertragsschluß vorhanden (= anfängliche Unmöglichkeit), so hat dies nach § 311 a Abs. 1 BGB keine Folgen für die Wirksamkeit des Vertragsschlusses. Ein Unterschied zum erst nachträglich eintretenden Unmöglichwerden der Leistung besteht jedoch hinsichtlich der Rechtsfolgen: Nach § 311 a Abs. 2 BGB kommt es nicht darauf an, ob der Schuldner die Unmöglichkeit der Leistung zu vertreten hat. Bei anfänglicher Unmöglichkeit haftet er auf Schadensersatz immer schon dann, wenn er bei Abschluß des Vertrags das Leistungshindernis kannte oder hiervon nur aus Fahrlässigkeit nichts wußte.

7. Was bedeutet Konkretisierung der Gattungsschuld; wofür spielt sie eine Rolle? (Grdz. § 10 II 2; § 11 II 3)

Konkretisierung der Gattungsschuld bedeutet die Beschränkung der Leistungsverpflichtung zur Lieferung einer nur der Gattung nach bestimmten Sache auf ein (i.d.R. vom Schuldner ausgewähltes) einzelnes Stück aus der Gattung. Dieser Vorgang ist Voraussetzung dafür, daß der Untergang eines vom Schuldner für die

Leistung bereitgestellten Stücks zum Unmöglichwerden der Leistung mit der Rechtsfolge des § 275 Abs. 1 BGB führt. Andernfalls muß nämlich der Schuldner neue Stücke aus der Gattung nachliefern und sonach das Beschaffungsrisiko so lange tragen, wie überhaupt noch Exemplare aus der Gattung vorhanden sind, soweit er nicht ausnahmsweise nach § 275 Abs. 2 oder 3 BGB ein Recht zur Verweigerung der Leistung hat.

8. Kann sich ein Zahlungsschuldner, der gegenwärtig über keine Geldmittel verfügt, auf Unmöglichkeit der Leistung berufen? (Grdz. § 11 II 4)

Nein. Geldschulden sind keine Sachlieferungsschulden, sondern Wertschulden. Sie sind daher aus dem gesamten gegenwärtigen und zukünftigen Vermögen des Schuldners zu erfüllen. Zahlungsunfähigkeit des Schuldners kann daher lediglich zum Verzug führen.

9. Wann hat der Schuldner das Unmöglichwerden seiner Leistung zu „vertreten“? (Grdz. § 11 III 1 a)

Üblicherweise hat es der Schuldner gem. § 276 BGB zu vertreten, wenn die Leistung infolge eines Umstands unmöglich geworden ist, den er durch eigenes vorsätzliches oder fahrlässiges Handeln herbeigeführt hat (unter Einschluß der leichten Fahrlässigkeit). In gleicher Weise muß er gem. § 278 BGB Vorsatz oder Fahrlässigkeit seines gesetzlichen Vertreters oder eines von ihm beauftragten Erfüllungsgehilfen vertreten. Die Haftung für eigenes oder fremdes Verschulden kann vertraglich oder durch die Art des Schuldverhältnisses eingeschränkt sein; gem. § 276 Abs. 3 BGB kann jedoch die Haftung des Schuldners für *eigenes* vorsätzliches Handeln nicht im voraus ausgeschlossen werden. Andererseits muß der Schuldner unter bestimmten Umständen auch ein von ihm nicht verschuldetes (d.h. „zufälliges“) Unmöglichwerden der Leistung vertreten.

10. Was bedeutet Schadensersatz statt der Leistung; worin unterscheidet er sich vom Ersatz des Vertrauensschadens? (Grdz. § 7 III 4 c; § 11 III 2 a)

Wenn Ersatz *statt der Leistung* (d.h. des positiven Interesses) geleistet werden muß, hat der Schuldner das Vermögen des Gläubigers durch Ersatzleistungen auf den Stand zu bringen, in dem es sich befinden würde, wenn die ursprünglich geschuldete Leistung korrekt erbracht worden wäre. Beim Ersatz des *Vertrauensschadens* (d.h. des negativen Interesses) ist der Gläubiger so zu stellen, als ob das Leistungsverhältnis niemals vereinbart worden wäre. Es müssen ihm sonach die Nachteile ersetzt werden, die ihm entstanden sind, weil er im Hinblick auf das Leistungsverhältnis bereits bestimmte Dispositionen getroffen hatte, die sich für ihn nunmehr als nachteilig oder zwecklos erweisen.

11. Was ist der Anspruch auf Ersatz vergeblicher Aufwendungen; wann kommt er in der Praxis in Betracht?

Nach § 284 BGB kann der Gläubiger anstelle des Schadensersatzes statt der Leistung auch Ersatz seiner Aufwendungen für den wegen der Leistungsstörung nicht durchgeführten Vertrag verlangen. Der Umfang dieses Anspruchs kann über den z.B. in § 122

Abs. 1 BGB geregelten Anspruch auf Ersatz des Vertrauensschadens hinausgehen, weil er in seiner Höhe nicht durch das Erfüllungsinteresse begrenzt ist. Damit sind auch solche vergeblichen Aufwendungen erstattungsfähig, die aus Sicht des Gläubigers nicht durch den zu erwartenden wirtschaftlichen Ertrag der geschuldeten Leistung, sondern durch immaterielle Vorteile gerechtfertigt gewesen wären (z.B. Kosten einer Reise zu einem Theaterbesuch). Im Ergebnis kann sonach der Gläubiger nach § 284 BGB auch einen höheren Ersatz verlangen als den ihm nach § 281 Abs. 1 BGB zustehenden Anspruch auf Schadensersatz statt der Leistung. Nach § 284 letzter Halbsatz BGB sind nur solche Aufwendungen nicht zu ersetzen, die auch bei korrekter Durchführung des Geschäfts für den Gläubiger nutzlos gewesen wären.

12. Was ist der Anspruch auf den Ersatzvorteil (stellvertretendes commodum)? (Grdz. § 11 III 2 b)

Hierunter versteht man den in § 285 Abs. 1 BGB geregelten Anspruch auf Herausgabe der Vermögensgewinne, die der Schuldner gerade infolge der Umstände erzielt hat, die zum Unmöglichwerden der Leistung geführt haben.

13. Was ist die übliche Konsequenz des Unmöglichwerdens der Leistung für den Gegenleistungsanspruch des Schuldners? (Grdz. § 11 IV 1)

Aus der synallagmatischen Verknüpfung von Leistung und Gegenleistung folgt die Grundregel des § 326 Abs. 1 BGB, daß mit dem Unmöglichwerden der eigenen Leistung auch der Anspruch auf die Gegenleistung wegfällt.

14. Geht bei Unmöglichwerden der Leistung der Anspruch auf die Gegenleistung immer unter? (Grdz. § 11 IV 1 c, 2, 3 a)

Nein. Der Anspruch auf die Gegenleistung bleibt bestehen, wenn der Gläubiger für das Unmöglichwerden der Leistung verantwortlich ist (§ 326 Abs. 2 Satz 1 Fall 1 BGB), wenn sich der Gläubiger im Zeitpunkt des Unmöglichwerdens der Leistung in Annahmeverzug befand (§ 326 Abs. 2 Satz 1 Fall 2 BGB) oder wenn aus anderen Gründen die Preisgefahr bereits auf den Gläubiger übergegangen ist. Ein Anspruch auf die Gegenleistung bleibt auch ganz oder anteilig bestehen und wird zumindest durch Anrechnung berücksichtigt, wenn der Schuldner infolge des Unmöglichwerdens seiner Leistung zu Sekundärleistungen verpflichtet bleibt (Herausgabe des Ersatzvorteils, Schadensersatz statt der Leistung, Aufwendungsersatz).

15. Was versteht man unter Preisgefahr? (Grdz. § 11 IV 1 a, 2 b)

Preisgefahr ist das Risiko, die wirtschaftlichen Folgen des Unmöglichwerdens der Leistung tragen zu müssen. Sie liegt gem. § 326 Abs. 1 BGB normalerweise beim Schuldner, indem er bei Unmöglichwerden seiner Leistung auch den Anspruch auf die Gegenleistung verliert. In einer Reihe von Fällen muß allerdings der Gläubiger die Preisgefahr tragen, wenn er zur Gegenleistung verpflichtet bleibt, obwohl die hierfür geschuldete Leistung nicht erbracht werden kann.

16. In welchen Fällen geht z.B. beim Kaufvertrag die Preisgefahr auf den Gläubiger über? (Grdz. § 11 IV 2 b, bb)

Beim Kaufvertrag geht die Preisgefahr auf den Käufer (= Gläubiger) über, sobald ihm die Kaufsache übergeben worden ist (§ 446 BGB) oder beim Versendungskauf, der kein Verbrauchsgüterkauf ist, dann, wenn der Verkäufer die Kaufsache an die mit dem Transport beauftragte Stelle oder Person ausgeliefert hat (§ 447 BGB).

17. Was wird in den Fällen, in denen wegen Unmöglichwerdens der Leistung der Gegenleistungsanspruch des Schuldners weggefallen ist, aus einer vom Gläubiger erbrachten Vorleistung (Anzahlung)? (Grdz. § 11 IV 1 b, 3 b)

Ist die Leistung durch *Zufall* unmöglich geworden, kann der Gläubiger gem. § 326 Abs. 4 BGB die bereits erbrachte Gegenleistung nach den Vorschriften über den Rücktritt vom Vertrag (§§ 346 ff. BGB) zurückverlangen.

18. Nennen Sie die Rechtsfolgen des Annahmeverzugs des Gläubigers! Kann man diese Situation als Leistungsstörung bezeichnen? (Grdz. § 11 IV 2 b, aa)

Bei Annahmeverzug des Gläubigers geht gem. § 326 Abs. 2 Satz 1 Fall 2 BGB die Preisgefahr auf den Gläubiger über; außerdem wird die Haftung des Schuldners für eigenes Verschulden auf Vorsatz und grobe Fahrlässigkeit begrenzt (§ 300 Abs. 1 BGB). Als Leistungsstörung bezeichnet man nur solche Ereignisse, die im Risikobereich des Schuldners stattfinden. Der Annahmeverzug des Gläubigers ist daher nur als eine Gefahrtragungsregel für den Fall einer beim Schuldner außerdem noch eintretenden Leistungsstörung zu betrachten.

19. Welche Rechte hat der Gläubiger im gegenseitigen Vertrag, wenn das Unmöglichwerden der Leistung vom Schuldner zu vertreten ist?

Der Gläubiger kann nach seiner Wahl vier Rechte ausüben: Er kann vom Schuldner Schadensersatz anstelle der Leistung verlangen (§ 283 Satz 1 BGB), in diesem Fall ist die vereinbarte Gegenleistung auf die Ersatzforderung anzurechnen. Er kann stattdessen auch Ersatz seiner vergeblichen Aufwendungen für das Geschäft fordern (§ 284 BGB) oder – gegebenenfalls neben dem Schadensersatz und in Anrechnung hierauf – die Herausgabe des von dem Schuldner selbst erlangten Ersatzvorteils beanspruchen (§ 285 Abs. 1 BGB), wobei der Anspruch auf die Gegenleistung zumindest anteilig bestehen bleibt (§ 326 Abs. 3 BGB). Schließlich kann der Gläubiger auch nach § 326 Abs. 5 BGB sofort vom Vertrag zurücktreten. Auch in diesem Fall bleiben ihm noch gem. § 325 BGB etwa zu fordernde Schadensersatzansprüche; der durch den Rücktritt bewirkte Wegfall der Verpflichtung zur Gegenleistung ist bei der Berechnung der Höhe des Schadensersatzanspruchs zu berücksichtigen.

20. Inwieweit kann sich der Gläubiger Gewißheit über seine Möglichkeiten verschaffen, wenn der Schuldner nicht leistet, aber ungeklärt ist, ob er sich „nur" in Verzug befindet oder die Leistung überhaupt unmöglich ist?

Nach § 323 Abs. 1 BGB kann der Gläubiger dem Schuldner eine angemessene Frist zur Leistung bzw. zur Nacherfüllung setzen und nach fruchtlosem Ablauf dieser Frist vom Vertrag zurücktreten. Unter den Voraussetzungen des § 323 Abs. 2 und 3 BGB ist eine Fristsetzung sogar entbehrlich oder kann durch eine Abmahnung ersetzt werden. Gem. § 325 BGB schließt der Rücktritt vom Vertrag etwaige Schadensersatzansprüche statt der Leistung nicht aus; sobald der Gläubiger Schadensersatz verlangt, ist nach § 281 Abs. 4 BGB der Anspruch auf die (primäre) Leistung auf jeden Fall ausgeschlossen. Damit wird der Vertrag ungeachtet der tatsächlichen Verhältnisse im Ergebnis in einen Zustand versetzt, als ob die Leistung unmöglich geworden wäre.

§ 12. Andere Pflichtverletzungen

I. Was Sie über die anderen Pflichtverletzungen lernen müssen

In diesem Kapitel lernen Sie weitere Leistungsstörungen kennen, die dadurch gekennzeichnet sind, daß sie die Leistung als solche zwar nicht unmöglich machen, aber dazu geführt haben, daß die konkrete Abwicklung des Schuldverhältnisses durch den Leistungspflichtigen zu beanstanden ist.

Als erstes haben Sie es mit dem **Schuldnerverzug** zu tun; machen Sie sich die Besonderheiten dieser Leistungsstörung und ihrer Abgrenzung zu den Ihnen bereits bekannten Fällen der Unmöglichkeit noch einmal am Beispiel der **absoluten Fixschuld** und an Fall 12.01 deutlich. Wichtig ist die genaue Prüfung der Voraussetzungen des Schuldnerverzugs; vor allem die Regelung des **§ 286 BGB** wird oft übersehen, wie Fall 12.02 zeigt, und macht insbesondere dem Anfänger Schwierigkeiten. Um die **Rechtsfolgen des Schuldnerverzugs** verstehen zu können, müssen Sie daran denken, daß diese Pflichtverletzung (jedenfalls zunächst) keine Auswirkungen auf die vertraglich festgelegten Haupt- und Nebenleistungspflichten aus dem Schuldverhältnis hat, sondern dem Gläubiger lediglich zusätzliche Rechte gegen den Schuldner verschafft, um etwaige Nachteile und besondere Risiken auszugleichen, die sich aus der Leistungsverzögerung ergeben können. Ein Anwendungsbeispiel für den Schadensersatzanspruch wegen Verzögerung der Leistung nach § 280 Abs. 2 BGB finden Sie in Fall 12.03. Von besonderer Tragweite ist ferner die Regelung des **§ 287 BGB**, deren praktische Handhabung Sie in Fall 12.04 näher kennenlernen können. Sie müssen sich von Anfang an damit vertraut machen, daß sich für den Gläubiger erst in einer weiteren Entwicklungsphase des Schuldverhältnisses die Möglichkeit bietet, vom Vertrag **zurückzutreten** oder die Leistung **zurückzuweisen** und stattdessen **Schadensersatz** statt der Leistung zu verlangen, so daß das Rechtsverhältnis mit seinem ursprünglichen Leistungsinhalt endgültig beendet ist.

Auch die pünktlich erbrachte Leistung kann nicht vertragsgemäß sein, wie die Regelung der **Sachmängelhaftung** beweist. Sie stoßen hier auf die Schwierigkeit, daß es im BGB keine allgemeine Regelung über mangelhafte Leistungen gibt. Das Schuldrechtsreformgesetz vom 26.11.2001 hat dieses Problem zwar auf die einfache Grundstruktur der Pflichtverletzung zurückgeführt, es ist aber immer noch dabei geblieben, daß diese Leistungsstörung bei den einzelnen (nicht allen!) Vertragstypen des Besonderen Teils des Schuldrechts behandelt wird. Sie lernen in diesem Zusammenhang zum ersten Mal verschiedene Typen von Schuldverhältnissen kennen und greifen damit einem Stoff vor, der erst in den nachfolgenden Kapiteln 13 und 14 eingehender behandelt werden wird. Das Schuldrechtsreformgesetz hat die traditionelle Regelung der Sachmängelhaftung noch mit zusätzlichen Bestimmungen über „Garantien" ergänzt.

Bei der Betrachtung der **Rechtsfolgen der Sachmängelhaftung** müssen Sie sich als erstes mit der Abgrenzung des Mängelrechts von den im Allgemeinen Teil des Schuldrechts geregelten, i.d.R. nur bei Verschulden des Schuldners eintretenden Konsequenzen einer anderen Verletzung der Leistungspflicht auseinander setzen. Das Sachmängelrecht greift grundsätzlich erst dann ein, wenn es bei der Abwicklung des Schuldverhältnisses zur **Abnahme** der (wennauch fehlerhaften) Leistung gekommen ist. Spezifische Rechtsfolgen sind nunmehr durchgängig der Anspruch auf Nacherfüllung (= Nachbesserung) und in zweiter Linie das Recht zum Rücktritt vom Vertrag (früher als „Wandelung" bezeichnet) oder zur Minderung der Gegenleistung. Bei schuldhaft mangelhafter Leistung schlägt § 281 Abs. 1 BGB die Brücke zur allgemeinen Schadensersatzregelung für Vertragspflichtverletzungen. Modifikationen dieses Grundschemas finden sich allerdings im Miet- und Pachtrecht sowie im Reisevertragsrecht. Beachten Sie ferner die inzwischen durch das Schuldrechtsreformgesetz deutlich verlängerten, aber immer noch relativ knappen **Gewährfristen**.

An die nunmehr in § 241 Abs. 2 BGB ausdrücklich normierten Schutzpflichten zur Wahrung des Integritätsinteresses des jeweils anderen Vertragspartners, die *neben* den eigentlichen Leistungspflichten stehen, knüpft die bisher nur gewohnheitsrechtlich entwickelte Rechtsfigur der **Haftung für positive Vertragsverletzung** an. Sie ist über § 280 Abs. 1 BGB ebenfalls in das System der Leistungsstörungen im Schuldverhältnis integriert; auch von einem „Nebenfachjuristen" wird erwartet, daß er mit dieser schwierigen Materie einigermaßen sicher umgehen kann. Über die Anordnung von Schutzpflichten in § 241 Abs. 2 BGB und die Regelung eines besonderen (gewissermaßen „gesetzlichen") Schuldverhältnisses der Inanspruchnahme von Vertrauen bei der Aufnahme von Vertragsverhandlungen und ähnlichen geschäftlichen Kontakten in § 311 Abs. 2 BGB n.F. finden Sie jetzt auch eine praktikable systematische Verbindung zu der bisher ebenfalls nur gewohnheitsrechtlich fundierten **Haftung für Verschulden beim Vertragsschluß („culpa in contrahendo" = „c.i.c.")**.

II. Übungsfälle

Fall 12.01: *Das Taxi zum Flughafen*

Anton bestellt am 18.5. gegen 9:10 Uhr telefonisch bei der Saarbrücker Funktaxi-Zentrale einen Wagen für „exakt 9:45 Uhr", um, wie er am Telefon ausdrücklich erwähnt, pünktlich an den Flughafen Saarbrücken-Ensheim gebracht zu werden, weil er dort die um 10:45 Uhr abgehende Maschine nach Berlin nehmen will. Wegen der verschärften Sicherheitsbestimmungen müssen die Fluggäste spätestens eine halbe Stunde vor dem Start einchecken. Die Fahrtzeit von der Wohnung des Anton zum Flughafen beträgt 20 Minuten.

Das Taxi kommt nicht zur verabredeten Zeit, da der von der Funkzentrale georderte Wagen in einem Verkehrsstau steckt, der durch die Karambolage des Pkw. eines ortsunkundigen Verkehrsteilnehmers mit der Saarbrücker Stadtbahn ausgelöst worden war. Um 10:05 Uhr entschließt sich Anton, mit seinem eigenen Wagen zum Flughafen zu fahren und das Fahrzeug während seiner Reise nach Berlin dort zu parken. Mit Unterstützung eines alten Schulfreunds am Abfertigungsschalter gelingt es dem Anton, in letzter Minute die Maschine nach Berlin noch zu erreichen.

Als der Taxifahrer Meier schließlich um 10:15 Uhr am Haus des Anton ankommt, steht er vor verschlossenen Türen und muß unverrichteter Dinge wieder abziehen.

Meier verlangt von Anton die Zahlung von 28,– €, die er für die Fahrt von der Wohnung des Anton zum Flughafen berechnet hätte. Er beruft sich darauf, daß die Telefonistin, die ihm Antons Bestellung übermittelt hatte, ihm weder das Fahrtziel mitgeteilt noch ihn darauf hingewiesen hatte, daß Anton pünktlich zu seinem Flugzeug nach Berlin mußte. Anton lehnt die Zahlung ab und fordert seinerseits die Erstattung von 75,– € Parkgebühren, die er für das Abstellen seines Pkw. im Parkhaus des Flughafens hatte zahlen müssen.

Meier ist selbständiger Taxiunternehmer. Er ist zusammen mit anderen Taxiunternehmern zu einer Genossenschaft zusammengeschlossen, die u.a. die „Saarbrücker Funktaxi-Zentrale" als gemeinsame Einrichtung für die Entgegennahme und Weiterleitung von telefonisch eingehenden Fahraufträgen betreibt. Laut Satzung kommt der Beförderungsvertrag unmittelbar mit dem einzelnen Taxiunternehmer zustande. – Wie ist zu entscheiden?

Lösungshinweis: Der Sachverhalt wirft zunächst die Frage auf, ob und mit wem überhaupt ein Vertrag über die Benutzung des Taxis zustande gekommen ist. Dies läßt sich am besten im Zusammenhang mit der Prüfung des Zahlungsanspruchs des Meier klären; mit diesem Anspruch ist daher das Gutachten zu beginnen. Wie schon oben in Fall 11.07 geht es dann darum, die Folgen der Nichteinhaltung eines vereinbarten exakten Erfüllungstermins in das Schema der Leistungsstörungen einzuordnen. – Wiederholen Sie Grdz. § 9 II 1, 2 a; § 11 II 2!

Musterlösung:

Meier könnte seinen Anspruch gegen Anton auf Zahlung von 28,– € gem. § 631 Abs. 1 i.V.m. § 326 Abs. 2 Satz 1 Fall 2 BGB aus einem mit Anton abgeschlossenen Werkvertrag herleiten. Der Transport eines Fahrgastes zu einem bestimmten Ziel stellt sich als die Herbeiführung eines konkreten Leistungserfolgs dar, der als „Werk" i.S.d. § 631 Abs. 1 BGB anzusehen ist. Nach § 632 Abs. 2 BGB wird das tarifmäßige Entgelt als Gegenleistung geschuldet.

Fraglich ist allerdings, ob im vorliegenden Fall überhaupt ein Vertrag zwischen Anton und Meier zustande gekommen ist. Dies wäre nämlich dann zu verneinen, wenn üblicherweise ein Transportvertrag erst abgeschlossen wird, wenn ein Fahrgast das Taxi besteigt und sein Fahrtziel angibt. Für dieses Ergebnis scheint die im Sachverhalt erwähnte Satzungsregelung der Taxigenossenschaft zu sprechen, daß auch bei einer Vermittlung des Fahrtauftrags durch die Funk-Taxi-Zentrale der Transportvertrag nur unmittelbar mit dem Unternehmer zustande kommt. Die Satzungsbestimmung kann aber auch die Bedeutung haben, daß die Taxi-Zentrale als Vermittler von Aufträgen in der Weise in Erscheinung tritt, daß sie (in Person der im Telefondienst eingesetzten Angestellten) als Vertreterin desjenigen Unternehmers auftritt, an den der Auftrag jeweils weitergeleitet wird. Der Vertrag käme dann gem. § 164 Abs. 1 BGB mit der Bestätigung des Auftrags durch die Telefonistin zustande (wobei im vorliegenden Fall gem. § 312 b Abs. 3 Nr. 6 BGB die Vorschriften über Fernabsatzverträge nicht anzuwenden sind). Eine solche Handhabung würde normalerweise den Belangen beider Seiten am besten gerecht werden: Sowohl der Besteller des Taxis hat nämlich ein berechtigtes Interesse daran, daß schon aufgrund seines Telefonats ein Vertrag mit einem rechtssicheren Anspruch wenigstens auf „irgendeine" – gegebenenfalls später beim Besteigen des Wagens noch näher zu konkretisierende – Taxifahrt zustande gekommen ist. Andererseits sind die Unternehmer auf diese Weise wenigstens in gewisser Hinsicht dagegen geschützt, daß sie durch nicht ernst gemeinte Bestellungen zu Fehlfahrten gerufen werden. Bedenken im Hinblick auf das Offenkundigkeitsprinzip des § 164 Abs. 1 Satz 1 BGB, weil die Vermittlerin nicht als Vertreterin eines jetzt schon namentlich zu benennenden Unternehmers auftritt, sondern den Auftrag im Anschluß an das Telefonat unter den derzeit freien Wagen „ausruft", bestehen nicht, weil die Fahrgäste i.d.R. nicht an einer bestimmten Person als Auftragnehmer interessiert sind, sondern das Geschäft mit „irgend einem" von der Funkzentrale vertretenen Fahrer abzuschließen wünschen. Es ist daher davon auszugehen, daß aufgrund des Telefonats um 9:10 Uhr zwischen Anton und Meier bereits ein Vertrag über die Taxifahrt abgeschlossen war, als Meier um 10:15 Uhr vor dem Haus des Anton vorfuhr, um ihn als Fahrgast aufzunehmen.

Meier könnte den Anton durch das um 10:15 Uhr erfolgte Leistungsangebot in Gläubigerverzug gesetzt haben und somit die von ihm geforderte Vergütung gem. § 326 Abs. 2 Satz 1 Fall 2 BGB zu fordern haben, da Anton inzwischen kein Interesse mehr an einer Taxifahrt zum Flughafen hat, so daß die Erfüllung des Vertrags auf jeden Fall unmöglich geworden ist. Fraglich ist allerdings, ob Meier um 10:15 Uhr seine Leistung noch vertragsgerecht anbieten konnte. Anton hatte das Taxi für „exakt 9:45 Uhr" für die Fahrt zu einem bestimmten Flug ab Saarbrücken-Ensheim bestellt. Selbst wenn eine Verspätung von einigen Minuten noch hätte toleriert werden können, wäre es für das Flugzeug nach Berlin auf jeden Fall zu spät gewesen, wenn die Fahrt erst um 10:15 Uhr angetreten worden wäre. Die von Meier geschuldete Leistung war daher so eng mit dem vereinbarten Termin verbunden, daß die mit einer Verspätung von einer halben Stunde angebotene Fahrt nicht mehr vertragsgerecht war. Es lag vielmehr eine absolute Fixschuld vor; um 10:15 Uhr war die Erfüllung des abgeschlossenen Transportvertrags bereits unmöglich geworden und der Anspruch auf die Leistung nach § 275 Abs. 1 BGB ausgeschlossen. Demnach konnte Anton zu diesem Zeitpunkt auch nicht mehr in Gläubigerverzug gesetzt werden.

Daß dem Meier der besondere Hinweis des Anton auf die Fahrt zum Flughafen und den Abflug der Maschine nach Berlin von der Telefonistin nicht übermittelt worden war, ist hierfür ohne Belang, denn jedenfalls war die Vermittlerin in der Telefonzentrale über diesen Umstand informiert und Meier muß sich nach § 166 Abs. 1 BGB das Wissen seiner Abschlußvertreterin zurechnen lassen. Da der Anspruch auf die Taxifahrt nach § 275 Abs. 1 BGB ausgeschlossen ist, ist nach § 326 Abs. 1 BGB auch der Anspruch auf das Fahrgeld als Gegenleistung entfallen; Anton braucht sonach die geforderten 28,– € an Meier nicht zu zahlen.

Zu klären ist noch, ob Anton von Meier seinerseits Ersatz für die von ihm aufgewendeten Parkgebühren in Höhe von 75,– € verlangen kann. Anspruchsgrundlage könnte die Regelung der §§ 283, 280 Abs. 1 BGB sein. Schadensersatz statt der Leistung kann nur verlangt werden, wenn Meier seine verspätete Ankunft am Haus des Anton zu vertreten hat, also mindestens fahrlässig gehandelt hatte. Nach den Angaben des Sachverhalts war Meier durch einen nicht vorhersehbaren Verkehrsstau auf der Fahrt zu Anton aufgehalten worden. Dies war höhere Gewalt und von ihm nicht zu vertreten. Meier muß daher auch nicht Schadensersatz an Anton leisten.

Fall 12.02: *Der unpünktliche Zahler*

Anton kauft im Möbelhaus Schick eine Polstergarnitur zum Preis von 3.500,– €; die Ware soll nach der Auslieferung bezahlt werden. Am 5.5. kommen die Möbel in der Wohnung des Anton an. Zwei Tage später erhält Anton die Rechnung zugeschickt; das Formular enthält den Vermerk „zahlbar ohne Abzug innerhalb von zwei Wochen nach Rechnungserhalt".

Aus Nachlässigkeit vergißt Anton, den Rechnungsbetrag innerhalb der angegebenen Frist zu überweisen. Daraufhin geht bei ihm am 1.6. eine „Zahlungsaufforderung" ein, in der außer dem Kaufpreis von 3.500,– € noch ein „Zuschlag für Zinsen und Mahnkosten" in Höhe von 87,50 € geltend gemacht wird. Darf Schick den Zuschlag verlangen?

Lösungshinweis: Der Sachverhalt befaßt sich mit den Voraussetzungen für den Eintritt des Schuldnerverzugs und den sich hieraus ergebenden zusätzlichen Ansprüchen des Gläubigers einer Entgeltforderung.

Musterlösung:

Anton hat mit Schick den Kaufvertrag über die Polstergarnitur als Verbraucher (§ 13 BGB) geschlossen. Der Lieferant könnte sonach gem. §§ 288 Abs. 1, 247 BGB von ihm ab irgend einem Zeitpunkt nach dem 5.5. Verzugszinsen in Höhe von 5 + 3,62% p.a. verlangen. Auch könnte Schick nach §§ 280 Abs. 2, 286 BGB Ersatz seiner Mahnkosten fordern. Voraussetzung ist, daß Anton sich bei Zugang der „Zahlungsaufforderung" mit der von ihm geschuldeten Kaufpreiszahlung in Schuldnerverzug befand. Dazu müßte der Kaufpreisanspruch fällig sein. Im Kaufvertrag ist vorgesehen, daß die Ware „nach Auslieferung" bezahlt werden sollte; im Rechnungsformular ist dem Anton eine Zahlungsfrist von zwei Wochen nach Rechnungserhalt gesetzt worden. Damit ist der Zahlungsanspruch frühestens am 21.5. fällig geworden. Da die von Anton gekauften Möbel korrekt geliefert sind, hat er auch kein Recht, etwa unter Berufung auf die Regelung des § 320 Abs. 1 BGB, die Zahlung des Kaufpreises zu verweigern.

Gem. § 286 Abs. 3 BGB kommt der Schuldner einer Entgeltforderung spätestens 30 Tage nach Fälligkeit *und* Zugang der Rechnung in Verzug. Im vorliegenden Fall wäre dies der 6.6.. Demnach könnten die schon am 1.6. geltend gemachten Zinsen und Mahnkosten nicht als Verzugszinsen bzw. als Schadensersatz wegen Verzögerung der Leistung verlangt werden. § 286 Abs. 3 BGB legt jedoch nur einen gewissermaßen „letzten Zeitpunkt" für den Eintritt des Schuldnerverzugs fest und schließt nicht aus, daß Anton aufgrund der allgemeinen Regelungen des § 286 Abs. 1 oder 2 BGB bereits vorher in Schuldnerverzug gekommen ist.

Nach § 286 Abs. 1 BGB tritt Schuldnerverzug generell dann ein, wenn der Schuldner nach Eintritt der Fälligkeit der Leistung vom Gläubiger gemahnt worden ist. Die Übersendung der Rechnung am 7.5. kann nicht als Mahnung bewertet werden, denn unter der Rechnungsstellung wird im Rechtsverkehr lediglich die Feststellung der Kaufpreisschuld und die Mitteilung des vom Verkäufer gewünschten Zahlungswegs, nicht aber die mit einer Mahnung verbundene nachdrückliche Aufforderung verstanden, zur Vermeidung von Rechtsnachteilen die fällige Leistung nunmehr zu erbringen. Sonach kann erst die Zahlungsaufforderung des Schick vom 1.6. als Mahnung angesehen werden.

Aufgrund des § 286 Abs. 2 Nr. 2 BGB könnte im vorliegenden Fall Schuldnerverzug des Anton auch ohne besondere Mahnung dadurch eingetreten sein, weil als Zahlungstermin eine angemessene Zeit bestimmt gewesen war, die sich im Anschluß an ein vereinbartes Ereignis nach dem Kalender berechnen läßt. Diese Zeitbestimmung könnte sich aus der Aufforderung in der am 7.5. bei Anton zugegangenen Rechnung ergeben, innerhalb von zwei Wochen nach Rechnungserhalt den Kaufpreis von 3.500,– € zu zahlen. Die Anwendung des § 286 Abs. 2 Nr. 2 BGB setzt jedoch voraus, daß Gläubiger und Schuldner *vertragliche* Abmachungen über einen nach dem Kalender bestimmbaren Fälligkeitstermin getroffen haben. Nach dem Sachverhalt ist eine solche vertragliche Abmachung nicht getroffen worden; genaue kalendermäßig berechenbare Zahlungsfristen sind erst in der am 7.5. zugestellten Rechnung genannt worden. Dies ist jedoch eine *einseitige* Erklärung des Schick, auf welche die Regelung des § 286 Abs. 2 Nr. 2 BGB nicht zutrifft. Mithin kam Anton erst aufgrund der – als Mahnung im technischen Sinn zu qualifizierenden – Zahlungsaufforderung vom 1.6. in Schuldnerverzug.

Demgemäß stehen dem Schick Verzugszinsen nach § 288 Abs. 1 BGB erst für den Zeitraum ab 1.6. – und damit keinesfalls in der von ihm geforderten Höhe – zu. Wegen des Aufwandes für das Mahnschreiben kann Schick überhaupt keinen Ersatz verlangen, denn dieser „Schaden" ist ihm bereits vor dem 1.6. entstanden, als Anton noch nicht in Schuldnerverzug war.

Fall 12.03: *Ärger beim Hausbau*

Anton erwirbt mit formgültigem Vertrag vom 2.1. von der Heimbau GmbH ein schlüsselfertiges Einfamilienhaus zu einem Festpreis. Im Zeitpunkt des Vertragsabschlusses ist das von Anton gekaufte Haus bereits im Rohbau fertig; der Geschäftsführer der Heimbau erklärt auf eine entsprechende Frage, „wenn alles gut geht" könne Anton mit dem Einzug in sein Haus „etwa Ende April" rechnen. Im notariell beurkundeten Vertragstext ist allerdings kein Fertigstellungstermin angegeben. Im Vertrauen auf die ihm gegebene Zusage verkauft Anton die von ihm bisher genutzte Eigentumswohnung zum 15.5. und teilt dies auch so der Heimbau GmbH mit.

Die Fertigstellung des neuen Eigenheims verzögert sich, weil der als Subunternehmer beauftragte Heizungsinstallateur mit seinen für die Heimbau GmbH zugesagten Arbeiten nicht nachkommt. Alle Mahnungen des Anton bleiben fruchtlos. Er muß am 15.5. aus seiner alten Eigentumswohnung ausziehen, da der Käufer dieser Wohnung auf pünktliche Übergabe drängt. Um sich notdürftig zu behelfen, zieht Anton mit seiner Familie in eine Pension und stellt seine Möbel bei einem Spediteur unter. Hierdurch entstehen ihm Aufwendungen in Höhe von 1.250,– € monatlich. Das Haus kann schließlich Mitte Juli bezogen werden. Anton verlangt von der Heimbau GmbH den von ihm aufgewendeten Betrag von 2.500,– € als Schadensersatz. Mit Recht?

Lösungshinweis: Der Sachverhalt zeigt die Schwierigkeiten, die Fälligkeit eines Anspruchs als Voraussetzung für den Eintritt des Schuldnerverzugs im Einzelfall zu bestimmen. – Wiederholen Sie Grdz. § 10 II 1, 3 c; § 12 I 2, 3!

Musterlösung:

Anton könnte gem. §§ 631 Abs. 1, 280 Abs. 2, 286 BGB seinen Ersatzanspruch auf den mit der Heimbau GmbH abgeschlossenen Werkvertrag vom 2.1. stützen. Dann müßte der Bauträger durch die verspätete Fertigstellung des Einfamilienhauses mit der von ihm zugesagten Leistung in Verzug gekommen sein.

Schuldnerverzug setzt u.a. die Fälligkeit der geschuldeten Leistung voraus. Im vorliegenden Fall ist daher zu prüfen, wann der Anspruch des Anton auf Übergabe des Hauses fällig geworden ist. In der Vertragsurkunde selbst ist ein bestimmter Termin für die schlüsselfertige Übergabe des Hauses nicht erwähnt. Auch aus dem Gespräch mit dem Geschäftsführer der Heimbau GmbH, das gem. § 157 BGB zur Vertragsauslegung mit heranzuziehen ist, kann Anton nichts für sich herleiten: Die Aussage, daß Anton Ende April mit dem Einzug in sein neuerworbenes Haus rechnen könne, ist durch die Zusätze „etwa" und „wenn alles gut geht" bewußt vage gehalten. Andererseits ergibt sich aus der Natur der geschuldeten Leistung, daß diese nicht entsprechend der Grundregel des § 271 Abs. 1 BGB sofort fällig sein kann. Ein genauer Termin für die Fertigstellung des Hauses ist also zwischen den Vertragsparteien nicht vereinbart worden.

Gem. § 315 Abs. 1 BGB ist sonach davon auszugehen, daß der Zeitpunkt der Fertigstellung des Hauses von der Heimbau GmbH als Schuldnerin nach billigem Ermessen festgelegt werden kann. Lediglich wenn die Herstellung des Hauses unbillig verzögert wird, stehen dem Anton die in § 315 Abs. 3 BGB erwähnten Rechte und hieraus abgeleitete Verzugsansprüche zu. Dafür, daß die Verzögerung der Fertigstellung eines Hausbaus um drei Monate als „unbillig" angesehen werden muß, finden sich indessen keine Anhaltspunkte. Anton kann sonach von der Heimbau GmbH den Ersatz seiner Aufwendungen nicht verlangen.

Fall 12.04: *Folgenschwere Vergeßlichkeit*

Anton kauft bei Bertram einen gebrauchten, aber noch neuwertigen elektrischen Rasenmäher zum besonders günstigen Preis von 150,– €. Er vereinbart mit Bertram, daß er das Gerät am Vormittag des 2.6. bei ihm abholt. Als Anton am festgelegten Termin bei Bertram vorsprechen will, ist dieser nicht zu Hause, da er die Verabredung vergessen hat und in die Stadt gegangen ist. Anton muß unverrichteter Dinge wieder umkehren. In der Nacht zum 3.6. wird bei

Bertram eingebrochen. Dabei wird ihm auch der an Anton verkaufte Rasenmäher gestohlen. Dieser muß sich nun schweren Herzens entschließen, ein neues Gerät zu kaufen, was ihn 350,– € kostet. Von einem juristisch gebildeten Freund erhält Anton den Hinweis, daß er den Mehrpreis von 200,– € von Bertram ersetzt verlangen kann. Stimmt das?

Lösungshinweis: Die Entscheidung dieses Sachverhalts beruht auf dem Umstand, daß Bertram mit seiner Verpflichtung zur Übergabe und Übereignung des Rasenmähers bereits in Schuldnerverzug war, als ihm die Leistung durch einen von ihm an sich nicht zu vertretenden Umstand unmöglich geworden ist. – Wiederholen Sie Grdz. § 11 III 1, 2 a, IV 3; § 12 I 3 b!

Musterlösung:

Anton könnte von Bertram die Erstattung des für den Deckungskauf zusätzlich aufgewendeten Betrags von 200,– € gem. §§ 433 Abs 1, 283, 280 Abs. 1 BGB als Schadensersatz statt der Leistung verlangen. Bertram hatte mit Anton einen Kaufvertrag über eine bestimmte Sache, nämlich seinen gebrauchten, aber neuwertigen Rasenmäher abgeschlossen. Nachdem ihm dieses Stück gestohlen worden war, ist dem Bertram die Erfüllung des Kaufvertrags unmöglich geworden. Schadensersatz statt der Leistung schuldet Bertram nach § 280 Abs. 1 Satz 2 BGB allerdings nur dann, wenn er das Unmöglichwerden der Leistung zu vertreten hat. Dies scheint nicht der Fall zu sein, denn der Sachverhalt gibt keine Anhaltspunkte, daß der Bertram den Einbruch in sein Haus durch eigenes schuldhaftes Verhalten, also vorsätzlich oder fahrlässig ermöglicht hat.

Hier besteht jedoch die Besonderheit, daß der Diebstahl der Kaufsache zu einem Zeitpunkt geschah, als sich Bertram mit seiner Leistung in Schuldnerverzug befand. Es war nämlich vereinbart, daß Anton den Rasenmäher am Vormittag des 2.6. bei Bertram abholen sollte. Zu diesem Zeitpunkt mußte Bertram sonach das Gerät bereitstellen und zur Aushändigung an Anton zu Hause sein; damit war die versprochene Leistung – Übergabe und Übereignung des Geräts (§ 433 Abs. 1 BGB) – zu diesem Termin fällig. Der Leistungstermin war nach dem Kalender genau bestimmt; Anton hat auch den vergeblichen Versuch gemacht, den Rasenmäher zum vereinbarten Termin abzuholen. Damit ist Bertram nach § 286 Abs. 2 Nr. 1 BGB in Schuldnerverzug gekommen, ohne daß ihn Anton nochmals besonders mahnen mußte. Da Bertram die Verabredung zum 2.6. „vergessen hatte“, ist die Lieferverzögerung auch zumindest auf fahrlässiges Handeln zurückzuführen und von ihm nach § 288 Abs. 4 i.V.m. § 276 BGB zu vertreten.

Nach § 287 Satz 2 BGB hat der Schuldnerverzug des Bertram die Folge, daß er von nun an auch ein durch Zufall, d.h. ein auch ohne sein Verschulden eintretendes Unmöglichwerden der Leistung, zu vertreten hat, soweit man nicht annehmen kann, daß der Schaden auch bei pünktlicher Leistung eingetreten wäre. Letzteres ist jedoch im vorliegenden Sachverhalt auszuschließen. Demnach steht dem Anton gegen Bertram nach §§ 283, 280 Abs. 1 BGB ein Anspruch auf Schadensersatz statt der Leistung zu. Die Ersatzforderung des Anton errechnet sich aus der Differenz zwischen dem Betrag von 350,– €, den er konkret für den Kauf eines gleichwertigen Geräts aufwenden mußte, und dem Kaufpreis von 150,– €, den er an Bertram hätte zahlen müssen. Als Folge seiner Unaufmerksamkeit muß Bertram sonach eine Entschädigung von 200,– € an Anton entrichten.

Fall 12.05: *Der enttäuschte Häuslebauer*

Anton möchte sich ein Eigenheim bauen. Endlich findet er am Stadtrand der schönen Stadt Püttlingen ein ihm zusagendes Grundstück, das von seinem Eigentümer, dem Bauer Rüstig, bisher als Obstwiese genutzt worden ist. Er wird mit Rüstig bei einem Quadratmeterpreis von 100,– € handelseinig und schließt mit ihm einen notariellen Vertrag über den Erwerb einer Parzelle von 800 qm. Der Kaufpreis von insgesamt 80.000,– € ist inzwischen bezahlt. Um ganz sicher zu gehen, geht Rüstig vor dem Vertragsschluß noch zum Bauamt der Stadt, um sich zu vergewissern, daß die Obstwiese auch als Bauland nutzbar sei. Der Amtsleiter, ein Baurat Pfiffig, gibt ihm die beruhigende Auskunft, „daß sich das schon machen lassen wird“. Anton beauftragt einen Architekten mit der Fertigung eines Bauplans und des Bauantrags; dafür muß er an den Architekten ein (angemessenes) Honorar von 10.000,– € zahlen.

Zu seiner Überraschung erhält Anton auf sein Baugesuch den Bescheid, daß sein Vorhaben nicht genehmigt werden könne, da das für die Bebauung vorgesehene Grundstück im unbeplanten Außenbereich liege und auch nicht erschlossen sei. Als er sich auf die dem Rüstig erteilte amtliche Auskunft berufen will, erfährt er, daß der Baurat Pfiffig inzwischen wegen Korruptionsverdachts in Untersuchungshaft einsitzt. Anton möchte den Kauf rückgängig machen und fordert von Rüstig Ersatz des vergeblich aufgewendeten Architektenhonorars sowie der Notar- und Gerichtsgebühren von 400,– €. Rüstig beruft sich darauf, er habe sein Menschenmögliches getan, um das Geschäft korrekt vorzubereiten. Den von Anton erhaltenen Kaufpreis von 80.000,– € habe er inzwischen in seinen Landwirtschaftsbetrieb investiert. Er sei daher nicht daran interessiert, den Kauf rückgängig zu machen; erst recht sieht er keinerlei Rechtsgrundlage für einen Ersatzanspruch des Anton. Wie ist zu entscheiden?

Lösungshinweis: Der Fall führt in die Mängelhaftung beim Kaufvertrag ein, wobei es zunächst darum geht, ob die sich aus dem öffentlichen Baurecht ergebende Unbebaubarkeit eines Grundstücks überhaupt als ein Sachmangel angesehen werden kann.

Musterlösung:

1. Rücktritt vom Kaufvertrag und Rückforderung des Kaufpreises von 80.000,– €:

Anton könnte gem. § 437 Nr. 2 i.V.m. §§ 440, 323, 326 Abs. 5 BGB vom Kaufvertrag zurücktreten und nach § 346 Abs. 1 BGB von Rüstig die Rückerstattung der bereits bezahlten 80.000,– € verlangen, wenn das von ihm erworbene Grundstück einen Sachmangel hat.

Ein Sachmangel liegt nach § 434 BGB vor, wenn die verkaufte Sache sich aufgrund ihrer „Beschaffenheit“ nicht für die nach dem Kaufvertrag vorausgesetzte Verwendung eignet. Anton hat die Obstwiese als Baugelände für das von ihm geplante Eigenheim erworben. Auch wenn dies im Wortlaut des Kaufvertrags nicht besonders erwähnt worden sein sollte, ergibt sich diese von beiden Vertragspartnern akzeptierte Geschäftsgrundlage aus der Höhe des vereinbarten Kaufpreises, der den Wert eines nur landwirtschaftlich genutzten Grundstücks um ein Vielfaches übersteigt. Rüstig kannte den von Anton mit seinem Kauf verfolgten Zweck; dies wird im vorliegenden Fall nicht zuletzt durch den Umstand belegt, daß dieser sich vor dem Vertragsschluß beim Bauamt noch selbst nach den Chancen einer Baugenehmigung erkundigt hatte. Da der Obstgarten aus planungsrechtlichen Gründen nicht bebaut werden kann, ist dieser nach dem Vertrag zwischen Anton und Rüstig vorausgesetzte Gebrauch der Kaufsache nicht möglich.

Gleichwohl ist es fraglich, ob damit ein Sachmangel vorliegt, denn die Bebaubarkeit des von Anton erworbenen Grundstücks scheitert nicht an dessen tatsächlichem Zustand (z.B. ungenügende Festigkeit des Baugrunds oder starke Belastungen mit Schadstoffen), sondern an den rechtlichen Rahmenbedingungen, nämlich dessen bauplanungsrechtlicher Einstufung als Außenbereichsgelände, für das regelmäßig keine Baugenehmigung erteilt werden kann. Diese planungsrechtliche Beurteilung richtet sich indessen ihrerseits nach einer körperlichen Eigenschaft des Grundstücks, nämlich nach dessen Lage innerhalb des Gemeindegebiets. Dies rechtfertigt es, auch die zunächst rein nach öffentlichem Baurecht zu beurteilende Bebaubarkeit eines Grundstücks als eine Beschaffenheit der Sache anzusehen, deren Fehlen zu einem Sachmangel führen kann.

Zu prüfen bleibt noch, ob Rüstig im nachhinein für diesen Fehler einstehen muß, obwohl er aufgrund der ihm erteilten Auskunft der Baubehörde im guten Glauben sein konnte, das von ihm verkaufte Gelände sei für die Zwecke des Anton nutzbar. Die Sachmängelhaftung nach § 437 BGB tritt indessen ein, weil Rüstig die von ihm durch den Kaufvertrag übernommene Verpflichtung zur Übergabe und Übereignung eines mangelfreien, d.h. für die Bauabsichten des Anton geeigneten Grundstücks bisher nicht erfüllt hat. Demgemäß setzt die Regelung der Mängelrechte des Käufers in § 437 BGB – jedenfalls in der ersten Stufe des Anspruchs auf Nachleistung oder des Rücktritts wegen Unmöglichkeit der Nachleistung – auch nicht voraus, daß der Verkäufer den Sachmangel zu vertreten hat.

Rüstig hat es nicht in der Hand, die baurechtlichen Bestimmungen, die eine Nutzung des von ihm verkauften Grundstücks als Bauland verhindern, zugunsten des Anton zu verändern. Eine Nacherfüllung zur Behebung des Mangels gem. § 439 BGB ist daher von vornherein unmöglich. Nach § 437 Nr. 2 i.V.m. § 326 Abs. 5 BGB kann Anton sonach vom Kaufvertrag zurücktreten, ohne dem Rüstig noch eine Frist für den Versuch einer Nacherfüllung setzen zu müssen. Aufgrund seines Rücktritts hat Anton gem. § 346 Abs. 1 BGB den Anspruch auf Rückgewähr des bereits gezahlten Kaufpreises von 80.000,– € Zug um Zug gegen die Rückauflassung des Grundeigentums; daß Rüstig den empfangenen Kaufpreis inzwischen in seinen Landwirtschaftsbetrieb investiert hat, ist für diesen Anspruch ohne Belang.

2. Erstattung des Architektenhonorars und der Gebühren:

Die Vorschriften der §§ 346 ff. BGB über den Rücktritt begründen nur einen Anspruch auf Rückgewähr der im Hinblick auf den Kaufvertrag von beiden Partnern gegenseitig erbrachten Leistungen. Das Architektenhonorar und die Gebühren hat Anton an Dritte gezahlt; insoweit könnte er Ausgleich nur dann fordern, wenn ihm wegen seiner nutzlosen Aufwendungen gegen Rüstig nach § 437 Nr. 3 i.V.m. §§ 440, 280, 281, 284 BGB ein Schadensersatzanspruch zusteht. Der Schadensersatzanspruch ist an die Voraussetzung des § 280 Abs. 1 BGB geknüpft; Rüstig muß somit den Sachmangel des von ihm verkauften Grundstücks gem. § 276 BGB vorsätzlich oder fahrlässig herbeigeführt haben. Diese Voraussetzung besteht auch für den Anspruch auf Ersatz vergeblicher Aufwendungen nach § 284 BGB, obwohl § 437 Nr. 3 BGB bei der Verweisung auf diese Regelung – anders als bei der Verweisung auf den Schadensersatzanspruch statt der Leistung nach §§ 281, 283 BGB – den § 280 BGB nicht noch einmal besonders zitiert. Muß der Verkäufer den Mangel der Kaufsache vertreten, so ergibt sich seine Schadensersatzpflicht nach § 437 Nr. 3 BGB nach der nunmehr geltenden Systematik des Sachmängelrechts beim Kauf als Anwendungsfall der allgemeinen Regelung der §§ 280 ff. BGB über die Ersatzpflicht des Schuldners für die Nichterfüllung von Vertragspflichten – hier der Pflicht zur Verschaffung einer mangelfreien Kaufsache gem. § 433 Abs. 1 BGB n.F.

Der Anspruch auf Ersatz vergeblicher Aufwendungen kann nach § 284 BGB „anstelle“ von Schadensersatz statt der Leistung verlangt werden, ist also wie dieser Anspruch nur „unter den Voraussetzungen des § 280 Abs. 1 BGB“ gegeben.

Für die Beurteilung des vorliegenden Sachverhalts ist wieder davon auszugehen, daß Rüstig keinen Einfluß auf die Gestaltung des für das verkaufte Grundstück maßgeblichen öffentlichen Baurechts hatte. Damit kann er auch nicht die (rechtliche) Unbebaubarkeit des Kaufgegenstandes durch eigenes vorsätzliches oder fahrlässiges Handeln herbeigeführt haben. Ein Schadensersatzanspruch des Anton kann somit aus § 437 Nr. 3 BGB nicht hergeleitet werden.

Schließlich könnte Anton den Anspruch auf Ersatz seiner vergeblichen Aufwendungen nach § 282 BGB auch noch darauf stützen, daß Rüstig bei der Durchführung des Kaufvertrags eine Pflicht zur Rücksicht auf seine Interessen nach § 241 Abs. 2 BGB nicht korrekt erfüllt hat. Nach Lage der Dinge könnte dies nur mit dem Vorwurf zu begründen sein, Rüstig habe es bei dem Verkauf des bisher als Obstgrundstück genutzten Geländes als Bauland schuldhaft versäumt, den Anton zuverlässig über die baurechtliche Situation aufzuklären. Auch insoweit ist jedoch eine Verantwortlichkeit des Rüstig schon deswegen von vornherein auszuschließen, weil er selbst die wahre Sachlage nicht gekannt hatte und ihm insoweit auch keine Fahrlässigkeit zur Last zu legen ist, da er sich auf die Auskunft des Bauamts verlassen durfte.

Die Erstattung des fruchtlos aufgewendeten Architektenhonorars und der Gebühren kann Anton von Rüstig sonach nicht verlangen.

Fall 12.06: *Noch einmal: Der unentschiedene Käufer*

Lesen Sie nochmals den Fall 10.08 „Der unentschiedene Käufer“ durch und prüfen Sie, ob die Handelsbank AG gegen Darius irgendwelche Rechte wegen der abgetretenen Kaufpreisforderung hat, nachdem sich Anton mit Erfolg auf den von ihm gegenüber Darius erklärten Rücktritt vom Kaufvertrag berufen hatte.

Lösungshinweis: Der Sachverhalt von Fall 10.08 ist nochmals aus der Sicht der Handelsbank zu diskutieren, die von Darius eine wegen des von Anton erklärten Rücktritts nicht mehr werthaltige Zahlungsforderung gekauft hatte. Dabei lernen Sie die Haftung des Verkäufers für den Bestand eines von ihm abgetretenen Rechts kennen, die im Schuldrechtsmodernisierungsgesetz vom 26.11.2001 nunmehr als ein Unterfall der Sachmängelhaftung nach §§ 434 ff. BGB ausgestaltet worden ist.

Musterlösung:

Nachdem die Handelsbank AG den an sie abgetretenen Zahlungsanspruch gegen Anton über 6.000,– € aus Gründen, die im Bestand des Rechts liegen, nicht realisieren kann, ist noch zu prüfen, inwieweit die Bank gegen den Zedenten Darius Rückgriff nehmen kann. Der Abtretung der Forderung liegt ein Kaufvertrag zwischen Darius und der Bank über die Veräußerung dieses Rechts zugrunde, auf den gem. § 453 BGB die Vorschriften der §§ 433 ff. BGB über den Verkauf von körperlichen Sachen entsprechend anzuwenden sind.

Der an die Bank veräußerte Zahlungsanspruch war bei Abschluß des Kaufvertrags am 8.10. tatsächlich vorhanden, so daß die Bank keine Rechte aus § 311 a Abs. 2 BGB wegen einer Vertragsstörung durch ein von Anfang an vorhandenes Leistungshindernis geltend machen kann. Allerdings war die Zahlungsforderung mit dem Gegenrecht des Anton belastet, nach rechtzeitig erklärtem Rücktritt vom Kaufvertrag die Erfüllung des Anspruchs zu verweigern. Wie festgestellt wurde, kann Anton nach § 404 BGB dieses Gegenrecht auch gegenüber der Bank als Zessionarin geltend machen. Damit war der von der Bank erworbene Zahlungsanspruch mit einem Rechtsmangel i.S.d. § 435 BGB behaftet; damit stehen der Bank gegen den Verkäufer Darius die Rechte nach § 437 BGB zu. Ein Anspruch auf Nacherfüllung scheidet von vornherein aus: Unter keinem rechtlichen Gesichtspunkt wäre es dem Darius möglich, der Bank eine einredefreie Zahlungsforderung gegen den Anton zu verschaffen. Demnach kommt im vorliegenden Fall für die Bank die Möglichkeit in Betracht, gem. § 437 Nr. 2 BGB nach Maßgabe der §§ 326 Abs. 5, 323 BGB vom Kauf der Forderung zurückzutreten.

Die Bank kann also von Darius nach § 346 Abs. 1 BGB Rückerstattung des an ihn gezahlten Kaufpreises von 5.100,– € sowie die bankenübliche Verzinsung dieses Betrags als Ausgleich für die gezogene Kapitalnutzung verlangen.

Fall 12.07: *Pfuscharbeit*

Naumann betreibt eine Autowerkstatt. Um eine neue Hebebühne einbauen zu können, muß er den Haupt-Elektroanschluß seiner Werkstatt verstärken lassen. Mit diesem Gewerk beauftragt er den Installateur Glump. U.a. muß ein Stromverteilerkasten neu gesetzt werden.

Glump läßt diese Arbeit durch seinen Gesellen Ferdinand ausführen. Da dieser den Beginn eines wichtigen Fußballspiels nicht versäumen will, wählt er für die Schaltung der verschiedenen Anschlußkabel eine „schnelle Lösung". Beim Probebetrieb geht alles noch gut; als Naumann jedoch am nächsten Tag den Stromanschluß unter Vollast nutzen will, fällt eines der von Ferdinand geschalteten Relais aus, so daß in der gesamten Werkstatt die Stromversorgung ausfällt und sämtliche Maschinen stillstehen. Der Schaden wird von Glump innerhalb eines Tages behoben.

Naumann kann jedoch einen Tag lang in seinem Betrieb keine Arbeitsaufträge seiner Kunden ausführen und erleidet hierdurch (bereits unter Berücksichtigung ersparter Kosten) Einnahmeverluste in Höhe von 1.000,– €. Kann er von Glump Ersatz verlangen?

Lösungshinweis: Der Sachverhalt zeigt ein weiteres Beispiel für die Ergänzung des Sachmängelrechts durch die Haftung des Schuldners für positive Vertragsverletzung bei „Mangelfolgeschäden".

Musterlösung:

Naumann könnte seinen Schadensersatzanspruch gem. §§ 631 Abs. 1, 633 Abs. 1, 634 Nr. 4 BGB auf den mit Glump abgeschlossenen Werkvertrag stützen. Diese Vorschrift bietet bei schuldhaft mangelhafter Werkleistung einen Anspruch auf Schadensersatz wegen Nichterfüllung. Die von Ferdinand erbrachten Arbeiten haben zu einem fehlerhaften Werk geführt; dieser Umstand wurde von ihm auch zumindest fahrlässig herbeigeführt, denn Ferdinand hatte mit seiner „schnellen Lösung" nicht fachgerecht gearbeitet. Gem. § 278 BGB muß Glump für das Verschulden seines Erfüllungsgehilfen einstehen.

§ 634 Nr. 4 BGB verweist auf § 281 Abs. 1 BGB, der den Anspruch auf Schadensersatz statt der Leistung grundsätzlich erst dann zuspricht, wenn der Gläubiger dem Schuldner „erfolglos" eine angemessene Frist zur Nachholung einer vertragsgemäßen Leistung eingeräumt hat. Im vorliegenden Fall hat Glump inzwischen die fehlerhafte Arbeit des Ferdinand in Ordnung gebracht und ein einwandfreies Werk geliefert. Damit kann Naumann seinen Schadensersatzanspruch jedenfalls nicht auf die Regelung des § 634 Nr. 4 i.V.m. § 281 Abs. 1 BGB stützen. Auch die anderen Schadensersatzvorschriften, auf die in § 634 Nr. 4 BGB verwiesen wird, sind nicht einschlägig, da ja inzwischen eine einwandfreie Nacherfüllung stattgefunden hat.

Naumann könnte Ersatz seines durch die Betriebsstörung verursachten Schadens gem. §§ 282, 280 Abs. 1 BGB auch noch dann fordern, wenn Glump (bzw. sein Geselle Ferdinand, für dessen Verschulden als Erfüllungsgehilfe er nach § 278 BGB einstehen muß) mit der nachlässigen Installation des Elektroverteilerkastens nicht nur die Leistungspflicht zur mangelfreien Herstellung des versprochenen Werks verletzt, sondern zugleich gegen die sich nach § 241 Abs. 2 BGB allgemein aus dem Schuldverhältnis ergebende Pflicht zur Rücksicht auf die Interessen des Auftraggebers verstoßen hatte. Die sich hieraus ergebende Haftung für positive Vertragsverletzung betrifft solche Vermögensnachteile, die nicht schon durch die Nachbesserung eines mangelfreien Werks behoben werden können, sondern die sich als Einbußen an anderen Rechtsgütern des Bestellers – gewissermaßen als „Mangelfolgeschäden" – ergeben haben und trotz der Nachholung der Leistung weiter bestehen bleiben. Wie die Entwicklung des Sachverhalts zeigt, hing der gesamte Betrieb des Naumann von einer korrekten Ausführung der Arbeiten an dem Stromverteilerkasten ab. Hierauf hatte Glump bei der Herstellung des von ihm geschuldeten Werks gem. § 241 Abs. 2 BGB Rücksicht zu nehmen. Da der von ihm als Erfüllungsgehilfe eingesetzte Ferdinand aus Leichtfertigkeit nicht korrekt gearbeitet hatte, muß Glump nunmehr gem. § 282 BGB für den durch diese Schutzpflichtverletzung verursachten weiteren Schaden des Naumann aufkommen, dieser kann somit Ersatz seiner Einnahmeverluste in Höhe von 1.000,– € verlangen.

Fall 12.08: *Vergebliche Mühe*

Anita kauft im Kaufwert-Supermarkt das neue Waschmittel „Hexi", von dem in der Fernsehwerbung behauptet wird, es wasche schon in der 40-Grad-Wäsche selbst den gröbsten Schmutz „porentief rein". Dafür liegt der Preis für das 350g-Paket mit 3,90 € im oberen Segment der Waschmittelpreise. Als ihr auf ihrer neuen Stickdecke eine volle Kaffeetasse umkippt, macht sich Anita daran, den Fleck mit dem neuen Waschmittel herauszuwaschen. Der Erfolg ist allerdings nur sehr mäßig; die Tischdecke bleibt weiterhin durch den Fleck verunziert. Kurze Zeit später wird der Testbericht eines anerkannten Prüfinstituts bekannt, der feststellt, daß auch das neue Produkt „Hexi" über keine bessere Waschkraft verfügt wie die marktüblichen 40°-Waschmittel.

Verärgert will Anita das untaugliche Waschmittel im Supermarkt zurückgeben und den Kaufpreis zurückfordern. Stehen ihr nach dem BGB entsprechende Rechte zu?

Lösungshinweis: Die Lösung des Falles stützt sich auf die durch das Schuldrechtsmodernisierungsgesetz vom 26.11.2001 herbeigeführte Erweiterung der Sachmängelhaftung, die nunmehr auch greift, wenn eine verkaufte Sache nicht die in der Werbung des Herstellers angepriesenen besonderen Eigenschaften aufweist.

Musterlösung:

Anita könnte gem. § 437 Nr. 2 i.V.m. § 326 Abs. 5 BGB vom Kaufvertrag zurücktreten und dann nach § 346 Abs. 1 BGB Rückerstattung des von ihr gezahlten Kaufpreises verlangen, wenn das Waschmittel nicht frei von Sachmängeln ist. Auch ein modernes Haushaltswaschmittel ist üblicherweise nicht geeignet, schon bei einer 40°-Wäsche jede schwere Verschmutzung wie z.B. Verfärbungen durch Kaffeeflecken einwandfrei zu beseitigen. Das Produkt „Hexi“ eignet sich daher trotz der Enttäuschung von Anita i.S.v. § 434 Abs. 1 Satz 2 Nr. 2 BGB für die „gewöhnliche Verwendung“ als 40°-Waschmittel, so daß es frei von Sachmängeln sein könnte.

Im vorliegenden Fall könnte sich indessen etwas anderes aus dem Umstand ergeben, daß der Hersteller des Produkts öffentlich damit wirbt, daß das neue „Hexi“ schon in der 40°-Wäsche selbst den gröbsten Schmutz „porentief rein“ wasche. Nach § 434 Abs. 1 Satz 3 BGB gehören Eigenschaften, die der Käufer nach solchen Werbeaussagen erwarten kann, ebenfalls zur Beschaffenheit der Kaufsache, für die der Verkäufer nach § 437 BGB einzustehen hat. Es gibt auch keine Anhaltspunkte dafür, daß die Verantwortlichen des Kaufwert-Supermarktes die Fernsehwerbung des Herstellers nicht kannten. Da das „Hexi“-Waschmittel die ihm zugesprochenen Qualitäten nicht aufweisen kann, ist mithin das von Anita gekaufte Waschpulver mangelhaft. Sie kann daher gemäß § 437 Nr. 2 i.V.m. § 326 Abs. 5 BGB von dem Kaufvertrag mit dem Kaufwert-Supermarkt zurücktreten, ohne noch eine Frist zur Nachlieferung eines „besseren“ 40°-Waschmittels gewähren zu müssen, da aufgrund des Testberichts feststeht, daß z.Z. kein für „porentief reine“ Waschleistung bei 40°-Wäsche geeignetes Produkt auf dem Markt vorhanden ist.

Fall 12.09: *Falsches Maß*

Die Herbststürme haben im Wintergarten am Wohnhaus des Anton vier Glasscheiben zerbrochen. Als passionierter Heimwerker will Anton den Schaden selbst beheben; er bestellt zu diesem Zweck mit Telefax vom 9.10. beim Glasermeister Banse vier Glasscheiben mit den Maßen 61 cm × 41 cm. Schon am nächsten Tag bringt ein Lieferwagen des Banse die in einem handlichen Paket verpackten Scheiben. Der Lieferung ist ein mit „Auftragsbestätigung/ Rechnung“ überschriebenes Schreiben vom 10.10. beigefügt, in dem als Preis für die Sendung der Betrag von 83,50 € angegeben ist. Auf der Rückseite sind „Lieferbedingungen“ abgedruckt. Unter Ziff. 4 findet sich mit Hervorhebung durch Fettdruck der Satz: „Die gelieferte Ware ist sofort beim Empfang auf Vollständigkeit und richtiges Maß zu prüfen; Beanstandungen sind nur innerhalb von 24 Stunden nach Entgegennahme der Ware möglich.“

Anton zahlt dem Fahrer, der eine vorbereitete Quittung hat, den Rechnungsbetrag von 83,50 € und legt das Paket ungeöffnet beiseite, da er gerade etwas anderes zu tun hat. Als er drei Tage später versucht, die Scheiben in seinem Wintergarten einzubauen, muß er zu seinem Ärger feststellen, daß diese nur auf das Maß von 60 cm × 40 cm zugeschnitten sind und nicht in die Rahmen der Fenster seines Wintergartens passen. Als er bei Banse telefonisch reklamiert und Nachlieferung von vier Scheiben mit den richtigen Maßen verlangt, lehnt dieser die Leistung mit dem Argument ab, die Beanstandung des falschen Maßes sei verspätet. Scheiben mit anderen Maßen liefere er nur dann, wenn Anton ihm dafür nochmals 83,50 € bezahle. Wer hat Recht?

Lösungshinweis: Der Sachverhalt beschäftigt sich mit der Frage, ob eine falsch zugeschnittene Ware einen Sachmangel hat und ob die im Gesetz geregelten Sachmängelansprüche durch Vereinbarung zwischen Lieferant und Kunden bzw. durch AGB abbedungen werden können.

Musterlösung:

Anton könnte seinen Anspruch auf Nachlieferung von Scheiben mit dem richtigen Maß von 61 cm × 41 cm auf die §§ 433 Abs. 1, 437 Nr. 1, 439 Abs. 1 BGB stützen. Durch die Bestellung des Anton mit Telefax vom 9.10. und deren Annahme durch Zusendung der „Auftragsbestätigung“ vom 10.10. ist zwischen Anton und Banse ein Werklieferungsvertrag über vier nach Maß zugeschnittene Glasscheiben zustande gekommen, auf den gem. § 651 Satz 1 BGB die Vorschriften über den Kaufvertrag anzuwenden sind.

Zum Einbau in vorhandene Fenster bestimmte Glasscheiben, die nicht die vom Kunden richtig angegebenen Maße haben und daher nicht in die Rahmen passen, haben nicht die vereinbarte Beschaffenheit und sind daher i.S.v. § 434 Abs. 1 Satz 1 BGB mit einem Sachmangel behaftet.

Der sich sonach aus §§ 437 Nr. 1, 439 Abs. 1 BGB ergebende Anspruch des Anton auf Nachlieferung maßgerechter Scheiben könnte im vorliegenden Fall jedoch ausgeschlossen sein, weil Anton die Ware nicht sofort nach Empfang geprüft, sondern diese zunächst bezahlt und seine Mängelrüge gegenüber Banse erst drei Tage später erhoben hatte. Nach dem Gesetz besteht eine Pflicht des Käufers zur unverzüglichen Untersuchung der angelieferten Ware gem. § 377 Abs. 1 HGB nur bei einem beiderseitigen Handelskauf. Im vorliegenden Fall hat Anton die Scheiben jedoch für sein Wohnhaus – also für seine private Lebensführung – gekauft, so daß schon aus diesem Grund kein beiderseitiger Handelskauf, sondern nach §§ 474 Abs. 1, 13 BGB sogar ein Verbrauchsgüterkauf vorliegt. Das allgemeine Kaufrecht des BGB sieht einen Ausschluß von Mängelrechten des Käufers nur noch in dem einzigen Fall des § 442 BGB vor, wenn der Käufer *schon bei Abschluß des Kaufvertrags* den Mangel der gekauften Sache positiv kennt oder nur infolge grober Fahrlässigkeit nichts davon gewußt hat. Diese Ausnahme kommt im vorliegenden Fall nicht in Betracht. Im übrigen ist jedoch aus der Regelung des § 442 BGB für Kaufverträge, die kein beiderseitiges Handelsgeschäft sind, zu schließen, daß eine *Abnahme* der Ware ohne Prüfung auf Mängelfreiheit auch dann nicht zum Verlust etwaiger Sachmängelansprüche führen kann, wenn der Käufer durch vorbehaltslose Zahlung des Kaufpreises die korrekte Erfüllung des Vertrags anerkannt hat.

Im Hinblick auf die Ziff. 4 der von Banse verwendeten „Lieferbedingungen“ könnte allerdings im vorliegenden Fall noch etwas anderes gelten. Banse hat seine AGB in seiner Auftragsbestätigung, d.h. bei Annahme des von Anton ausgehenden Vertragsangebots gestellt; Anton hat dem nicht widersprochen. Damit sind die von Banse verwendeten AGB gem. § 305 Abs. 2 BGB Bestandteil des zwischen Anton und Banse geschlossenen Vertrags geworden. Eine Anwendung der Ziff. 4 der AGB im vorliegenden Fall würde zu einem Verlust des Sachmängelanspruchs des Anton führen, denn dieser hatte die sofortige Prüfung der Lieferung unterlassen und das falsche Maß der Scheiben erst nach Ablauf der 24-Stunden-Frist gerügt.

Fraglich ist allerdings, ob die gesetzlichen Vorschriften über die Sachmängelhaftung überhaupt durch Vereinbarung der Vertragsparteien abgeändert werden können. Schuldrechtliche Regelungen sind grundsätzlich dispositives Recht, so lange sie nicht vom Gesetz besonders als zwingende Rechtsnorm ausgestaltet sind. Nach § 444 BGB ist eine

Vereinbarung, durch welche die Rechte des Käufers wegen eines Mangels ausgeschlossen oder beschränkt werden sollen, nur dann unwirksam, wenn der Mangel arglistig verschwiegen worden ist oder der Verkäufer eine besondere Garantie für die Beschaffenheit der Sache übernommen hatte. Aus § 444 BGB kann daher im Umkehrschluß gefolgert werden, daß der Gesetzgeber das Sachmängelrecht der §§ 434 ff. BGB in allen anderen Fällen grundsätzlich als dispositives Recht betrachtet.

Im vorliegenden Fall sind indessen noch die Besonderheiten des Verbrauchsgüterkaufs nach §§ 474 ff. BGB zu beachten. Wie bereits festgestellt worden ist, hat Anton den Kauf als Verbraucher i.S.d. § 13 BGB getätigt; der Glasermeister Banse ist Gewerbetreibender und damit Unternehmer i.S.d. § 14 Abs. 1 BGB. Gem. § 475 Abs. 1 BGB kann sich ein Unternehmer nicht auf eine vor Mitteilung des Mangels (wie auch immer) mit dem Kunden getroffene Vereinbarung berufen, durch die u.a. zu Lasten des Verbrauchers von der Regelung der §§ 437, 439 BGB abgewichen wird. Die AGB des Banse sind beim Abschluß des Kaufvertrags, d.h. *vor* der Beanstandung der Lieferung durch Anton vereinbart worden. Die in Ziff. 4 vorgesehene Prüfungspflicht schließt zwar die Sachmängelrechte der Kunden nicht völlig aus; durch sie und vor allem durch die Festlegung einer sehr knappen, die gesetzlichen Garantiefristen weit unterschreitenden Präklusionsfrist für die Mängelrüge wird die Durchsetzung der gesetzlichen Sachmängelrechte jedoch erheblich erschwert, wenn nicht sogar faktisch unmöglich gemacht. Auch dies ist eine Abweichung vom Gesetz zum Nachteil des Verbrauchers i.S.d. § 475 Abs. 1 BGB; Banse kann sich sonach gegenüber Anton nicht auf die Ziff. 4 seiner AGB berufen.

Damit kann Anton gem. §§ 437 Nr. 1, 439 Abs. 1 BGB die kostenlose Nachlieferung passend zugeschnittener Glasscheiben fordern; die mit der ersten Sendung gelieferten Scheiben muß er nach § 439 Abs. 4 BGB dem Banse auf dessen Verlangen zurückgeben.

Fall 12.10: *Holz- und Beinbruch*

Anton beauftragt den Schreinermeister Zimmerle, in sein Einfamilienhaus eine neue Dachbodentreppe einzubauen. Zimmerle schließt die Arbeiten für diesen Auftrag im April ab; am 3.5. bezahlt Anton die von Zimmerle vorgelegte Rechnung. Als Anton am 8.6. zu seinem Dachboden hinaufsteigen will, bricht die Treppe unter ihm zusammen. Anton zieht sich beim Absturz mit der Treppe einen Armbruch zu; für die Behandlung muß er Arzt- und Krankenhauskosten in Höhe von 3.000,– € aufwenden. Die Reparatur des Schadens an der Treppe durch den dann von Anton beauftragten Schreiner Hodapp kostet weitere 2.000,– €. Bei der Reparatur stellt sich heraus, daß ausgerechnet für den Stützbalken morsches Holz verwendet worden ist. Anton verlangt von Zimmerle Schadensersatz in Höhe von 5.000,– €. Zimmerle weigert sich zu zahlen. Es kommt zum Prozeß. Vor Gericht läßt Zimmerle vortragen, er habe den von ihm gelieferten Stützbalken vor dem Einbau sorgfältig untersucht, die morsche Stelle sei damals noch nicht zu erkennen gewesen. Einen Beweis für diese Behauptung kann Zimmerle allerdings nicht erbringen, da er allein gearbeitet hatte. Wie wird das Gericht entscheiden?

Lösungshinweis: Der Sachverhalt zeigt die Beweislastprobleme bei der Durchsetzung von Sachmängelansprüchen. Dabei ist es wichtig, zwischen der Frage, ob überhaupt eine mangelhafte Leistung vorliegt, und der Beweisführung für (bzw. gegen) ein etwaiges Verschulden des Schuldners an diesem Mangel zu unterscheiden. – Wiederholen Sie Grdz. § 12 II 4, III 1; vgl. auch Grdz. § 20 III 4 d!

Musterlösung:

Das Gericht wird den Zimmerle nach Antrag verurteilen, wenn Anton gegen ihn einen Zahlungsanspruch in entsprechender Höhe hat. Dabei ist zwischen der Erstattung der Reparaturkosten für die Treppe und dem Schadensersatzanspruch für die Arzt- und Krankenhauskosten zu unterscheiden.

Anton hat mit Zimmerle einen Werkvertrag über den Einbau einer Dachbodentreppe in seinem Haus abgeschlossen. Sein Anspruch auf Erstattung der an Hodapp gezahlten Reparaturkosten könnte sich daher aus den §§ 634 Nr.2, 637 BGB ergeben. Eine Holztreppe, die zusammenbricht, wenn ein Mensch sie besteigt, eignet sich nicht für die gewöhnliche Verwendung als Treppe und ist somit gem. § 633 Abs. 2 Satz 2 Nr. 2 BGB nicht frei von Sachmängeln hergestellt. Auf den Einwand des Zimmerle, er habe den später gebrochenen Stützbalken vor dem Einbau sorgfältig untersucht, kommt es daher in diesem Zusammenhang nicht an. Ein Recht des Zimmerle zur Verweigerung der Nacherfüllung aufgrund des § 635 Abs. 3 BGB ist nicht ersichtlich; es gibt auch keinen Anhaltspunkt dafür, daß die für die Reparatur der Treppe aufzuwendenen Kosten von 2.000,– € unverhältnismäßig hoch sind.

Nach §§ 634 Nr. 1, 635 Abs. 1 BGB kann Anton allerdings grundsätzlich nur verlangen, daß Zimmerle die schadhafte Treppe *selbst* repariert. Im vorliegenden Fall hat Anton indessen einen anderen Schreiner mit der Behebung des Schadens beauftragt und verlangt nun von Anton die Erstattung des an diesen Schreiner gezahlten Werklohns. Ein solcher Anspruch statt der selbst geleisteten Nachbesserung steht dem Anton nach § 637 Abs. 1 BGB nur dann zu, wenn er dem Zimmerle erfolglos eine Frist zur Nacherfüllung gesetzt hatte, was Anton allerdings nicht getan hat. Ein Anspruch auf Erstattung der Kosten der Ersatzvornahme besteht in einem solchen Fall nur unter den Voraussetzungen des § 323 Abs. 2 BGB oder gem. § 637 Abs. 2 BGB dann, wenn die Nacherfüllung fehlgeschlagen oder für Anton als Besteller unzumutbar war. Nach Lage der Dinge kommt hier allenfalls der in § 637 Abs. 2 BGB angesprochene Gesichtspunkt der Unzumutbarkeit einer erneuten Beauftragung des Zimmerle in Betracht.

Anton kann sich hier darauf berufen, daß er infolge der mangelhaften Arbeit des Zimmerle selbst einen schweren Körperschaden erlitten hat. Durch diesen Umstand ist nicht nur sein Vertrauen in die Fähigkeiten des Zimmerle zu Recht erschüttert, er muß auch damit rechnen, daß dieser bei der Reparatur der Treppe mögliche Beweisanzeichen beseitigt, die Anton für die Verfolgung seines weitergehenden Schadensersatzanspruchs gegen den Schreiner sichern muß. Wie der Sachverhalt zeigt, bestreitet der Zimmerle seine persönliche Verantwortlichkeit für den von Anton erlittenen Unfall. Dem Risiko der Beweisvereitelung hätte Anton zwar auch durch ein besonderes Beweissicherungsverfahren begegnen können, das wäre aber für ihn mit weiteren Aufwendungen und Umständen verbunden gewesen, die ihm nicht ohne weiteres zugemutet werden können.

Somit war Anton gem. § 637 Abs. 2 Satz 2 Fall 2 BGB berechtigt gewesen, sofort den Schreinermeister Hodapp mit der Reparatur der Treppe zu beauftragen. Demgemäß kann er von Zimmerle nach §§ 634 Nr. 2, 637 Abs. 1 BGB Erstattung des von ihm selbst an Hodapp gezahlten Werklohns in Höhe von 2.000,– € verlangen.

Als Anspruchsgrundlage für den Ersatz der Krankenhaus- und Arztkosten in Höhe von 3.000,– € kommen zunächst die §§ 634 Nr. 4, 636 BGB in Betracht. Die Verknüpfung dieser Schadensersatzregelung mit dem Anspruch auf Nacherfüllung durch Herstellung eines mangelfreien Werks zeigt jedoch, daß insoweit nur der Schaden ausgeglichen werden kann, der sich für den Besteller daraus ergibt, daß er das Werk wegen seines Mangels nicht entsprechend dem Vertragszweck gebrauchen kann. Der Unfall des

Anton durch den Einsturz der Treppe hat indessen zu Schäden an anderen Rechtsgütern des Bestellers geführt, die nur mittelbar Folge der nicht vertragsgerechten Leistung des Zimmerle waren und auch durch eine einwandfreie Nachholung der Leistung nicht behoben werden können. Die §§ 634 Nr. 4, 636 BGB sind mithin als Anspruchsnormen nicht einschlägig.

Insoweit kann ein vertraglicher Schadensersatzanspruch des Anton nur nach §§ 280 Abs. 1, 241 Abs. 2 BGB darauf gestützt werden, daß Zimmerle bei der Ausführung der Arbeiten an der Treppe gegen die sich aus dem Vertrag nach Treu und Glauben ergebenden Pflichten zur Rücksichtnahme auf die Schutzinteressen seines Auftraggebers verstoßen hatte. Eine solche Pflichtverletzung kann im vorliegenden Fall angenommen werden, denn bei Arbeiten an einem Gebäude gehört es nach Treu und Glauben zu den Schutzpflichten des Handwerkers, seine Arbeit so fachmännisch und sorgfältig zu verrichten, daß niemand durch die vertragsgemäße Nutzung des Werks verletzt werden kann.

Nach § 280 Abs. 1 Satz 2 i.V.m. § 276 BGB muß ein vorsätzliches oder fahrlässiges Handeln des Schuldners vorgelegen haben, das zu dem Schaden geführt hat. Im vorliegenden Fall ist jedoch streitig, ob Zimmerle das von ihm verwendete Bauholz sorgfältig geprüft hatte. Wenn seine im Prozeß aufgestellte Behauptung zutrifft, daß er die Stützbalken vor dem Einbau genau untersucht und gleichwohl die morschen Stellen nicht erkannt hatte, wird man ihm den Vorwurf fahrlässigen Handelns nicht machen können. Zimmerle hat allerdings keine Beweise für seine Behauptung beibringen können, so daß diese Tatsachenfrage letztlich in Anwendung der Beweislastregeln zu entscheiden ist. § 280 Abs. 1 Satz 2 BGB konstruiert das „Nichtvertretenmüssen“ der Pflichtverletzung als Ausnahme von der Haftungsregelung des § 280 Abs. 1 Satz 1 BGB. Daraus ergibt sich, daß der Schuldner – hier also: Zimmerle –, der sich auf diese Ausnahme beruft, um nicht mit einer Schadensersatzverpflichtung belastet zu werden, den Beweis dafür zu führen hat, daß er die – objektiv feststellbare – Pflichtverletzung „ausnahmsweise“ nicht zu vertreten hat. Da Zimmerle den Beweis für die von ihm behauptete Sorgfalt nicht führen kann, muß sonach das Gericht zu seinem Nachteil davon ausgehen, daß seine Behauptung nicht zutrifft, und bei der Entscheidung des Rechtsstreits eine schuldhafte Vertragspflichtverletzung unterstellen.

Mithin wird das Gericht auch dem Anspruch des Anton auf Ersatz seiner Arzt- und Krankenhauskosten in Höhe von 3.000,– € stattgeben und den Zimmerle entsprechend zur Zahlung verurteilen.

III. Wiederholungsfragen

1. Was ist eine „Pflichtverletzung“ i.S.d. § 280 Abs. 1 BGB?	Hierbei handelt es sich um die objektive Verletzung von Pflichten aus einem Schuldverhältnis unabhängig davon, ob der Schuldner diesem Umstand nach §§ 276 ff. BGB zu vertreten hat. Nach § 241 BGB kann es sich bei diesen Pflichten um Haupt- bzw. Nebenleistungspflichten oder um Schutzpflichten zur besonderen Rücksichtnahme auf die Rechtsgüter und sonstigen Interessen des anderen Vertragspartners handeln.
2. Wie sind die Rechtsfolgen von Pflichtverletzungen grundsätzlich geregelt?	Von den Fällen der Unmöglichkeit und des sonstigen Ausschlusses der Leistungspflicht des Schuldners nach § 275 Abs. 2 und 3 BGB abgesehen, steht dem Gläubiger zunächst nur der Anspruch auf die ver-

tragsgemäße Leistung oder auf Nacherfüllung zu, hierfür muß er dem Schuldner eine angemessene Frist setzen. *Daneben* kann unter den Voraussetzungen des Schuldnerverzugs nach § 286 BGB ein Anspruch auf Ersatz des Verzögerungsschadens (§ 280 Abs. 2 BGB) oder Zahlung von Verzugszinsen (§ 288 BGB) bestehen. Ein unmittelbarer Schadensersatzanspruch besteht nach § 280 Abs. 1 BGB auch bei Schäden aus der Verletzung von Schutzpflichten nach § 241 Abs. 2 BGB (= positive Vertragsverletzung).

Weitergehende Rechte und Ansprüche des Gläubigers wegen nicht oder nicht vertragsgemäß erbrachter Leistung setzen voraus, daß die vom Gläubiger gesetzte Frist für die Leistung oder Nacherfüllung erfolglos abgelaufen ist oder eine Fristsetzung ausnahmsweise nach Maßgabe der §§ 281 Abs. 2 bzw. 323 Abs. 2 „entbehrlich" war. In diesem Fall kann der Gläubiger nach § 323 Abs. 1 BGB vom Vertrag zurücktreten. Ferner kann er nach § 281 Abs. 1 BGB Schadensersatz statt der Leistung oder nach § 284 BGB Ersatz vergeblicher Aufwendungen verlangen, wenn der Schuldner die Leistungsstörung zu vertreten hat. Bei der Verletzung von Schutzpflichten nach § 241 Abs. 2 BGB kann der Gläubiger nach § 282 BGB auch Schadensersatz statt der (gesamten) Leistung verlangen und/oder gem. § 324 BGB vom (gesamten) Vertrag zurücktreten, wenn ihm wegen der positiven Vertragsverletzung ein Festhalten am Vertrag nicht mehr zuzumuten ist.

3. Worin unterscheiden sich Unmöglichkeit und Schuldnerverzug? (Grdz. § 12 I 1)

Bei *Unmöglichkeit der Leistung* kann der Vertrag überhaupt nicht mehr erfüllt werden; beim *Schuldnerverzug* ist eine vertragsgemäße Leistung zwar noch möglich, aber trotz Mahnung oder kalendermäßiger Festlegung des Fälligkeitstermins bisher nicht erfolgt.

4. Worin unterscheiden sich Schuldnerverzug und Annahmeverzug des Gläubigers? (Grdz. § 11 IV 2 b, aa; § 12 I 2)

Beim *Schuldnerverzug* liegt eine durch schuldhafte Pflichtverletzung des Schuldners verursachte Leistungsstörung vor, während der *Annahmeverzug des Gläubigers* grundsätzlich nicht als Vertragspflichtverletzung gewertet wird, jedoch zu einer Haftungsentlastung beim Schuldner und zum Übergang der Preisgefahr auf den Gläubiger im Fall einer außerdem noch eintretenden Leistungsstörung führen kann.

5. Welche Auswirkungen hat der Schuldnerverzug auf die Haftung des Schuldners für das Unmöglichwerden seiner Leistung? (Grdz. § 12 I 3 b)

Wird nach Eintritt des Schuldnerverzugs die versprochene Leistung außerdem noch unmöglich, so muß der Schuldner gem. § 287 Satz 1 BGB auf alle Fälle jede Fahrlässigkeit vertreten. Er muß außerdem für das zufällige Unmöglichwerden seiner Leistung einstehen, wenn dieser Schaden bei rechtzeitiger Leistung nicht eingetreten wäre (§ 287 Satz 2 BGB).

6. Kann im gegenseitigen Vertrag der Schuldnerverzug vom Gläubiger nach freiem Belieben zum Anlaß genommen werden, die Leistung zurückzuweisen und Schadensersatz wegen Nichterfüllung zu verlangen? (Grdz. § 12 I 3 c)

Grundsätzlich nicht. Auch insoweit gilt die allgemeine Regelung des § 323 Abs. 1 BGB, daß zunächst der erfolglose Ablauf einer vom Gläubiger zu setzenden Nachfrist zur Leistung abgewartet werden muß (das kann auch mit der Mahnung nach § 286 Abs. 1 BGB verbunden werden). Eine Fristsetzung ist nur dann entbehrlich, wenn die besonderen Voraussetzungen des § 323 Abs. 2 BGB gegeben sind (vgl. auch schon oben Frage 2).

7. Kann der Besteller einer verspätet gelieferten Ware wegen des Verzugs den Kaufpreis nach § 441 Abs. 1 Satz 1 BGB mindern? (Grdz. § 12 I 4)

Der Schuldnerverzug führt nicht ohne weiteres zu einer Veränderung der ursprünglich vereinbarten Leistungspflichten; demgemäß behält der Verkäufer auch den Anspruch auf den vereinbarten Kaufpreis in voller Höhe. Der Käufer kann allerdings gem. § 320 Abs. 1 BGB die Zahlung des Kaufpreises bis zur Lieferung zurückhalten und mit einem ggf. begründeten Verzugsschadensersatzanspruch nach § 280 Abs. 2 BGB aufrechnen.

8. Was bedeutet der Begriff Minderung; in welchem Zusammenhang ist er von Belang? (Grdz. § 12 II 3 a bb, II 4)

Minderung ist eine besondere Rechtsfolge der Sachmängelhaftung beim Kauf- und beim Werkvertrag. Es handelt sich um die nachträgliche Herabsetzung des vereinbarten Entgelts entsprechend dem durch die Mängel der Kaufsache oder des Werks bedingten Minderwert der Leistung nach den Regeln der §§ 441 Abs. 3, 638 Abs. 3 BGB.

9. Was ist aus der im Sachmängelrecht des „alten" BGB gebräuchlichen Rechtsfolge der „Wandelung" geworden?

Der nach bisherigem Recht z.B. in § 462 BGB a.F. vorgesehene Anspruch auf Rückgängigmachung des Vertrags, der beim Kaufvertrag sofort gefordert werden konnte, ist durch das Recht zum Rücktritt vom Vertrag nach § 437 Nr. 2 bzw. § 634 Nr. 3 BGB n.F. abgelöst worden. Entsprechend der allgemeinen Systematik des Rechts der Pflichtverletzungen (vgl. oben Frage 2) entsteht dieses Rücktrittsrecht nunmehr auch beim Kaufvertrag grundsätzlich erst nach erfolglosem Ablauf einer vom Gläubiger gesetzten Frist zur Nachbesserung der mangelhaften Leistung.

10. Welche Besonderheiten bestehen für die Ausgestaltung der Sachmängelhaftung beim Mietvertrag? (Grdz. § 16 II 6)

Die Sachmängelhaftung beim Mietvertrag beruht auf der in § 535 Abs. 1 Satz 2 BGB festgelegten Verpflichtung des Vermieters, den Mietgegenstand während der gesamten Dauer des Mietverhältnisses in einem zum vertragsgemäßen Gebrauch geeigneten Zustand zu erhalten. Demgemäß fällt bei einem Mangel der Mietsache gem. § 536 Abs. 1 Satz 1 BGB der Anspruch auf Zahlung des Mietzinses ohne weiteres weg bzw. er kürzt sich entsprechend dem mangelbedingten Minderwert. Unter den Voraussetzungen des § 543 BGB kann der Mieter den Vertrag auch fristlos kündigen. Damit stehen dem Mieter im Ergebnis dieselben, vom Verschulden des Schuldners unabhängigen Sachmängelrechte zu wie beim Kauf- oder Werkvertrag. War der Mangel der Mietsache schon bei Abschluß des Vertrags unabhängig von einem etwaigen Verschulden des Vermieters vorhanden oder wird er später vom Vermieter schuldhaft verursacht, steht gem. § 536 a Abs. 1 BGB dem Mieter darüber hinaus ein Schadensersatzanspruch wegen Nichterfüllung zu.

11. Welche Bedeutung hat eine vom Verkäufer oder Werkunternehmer erklärte besondere „Garantie" neben den gesetzlichen Sachmängelansprüchen?

Rechte aus einer Garantie stehen grundsätzliche *neben* den im Gesetz geregelten Mängelansprüchen; die Möglichkeit, die gesetzliche Mängelhaftung durch Gewährung einer Garantie als „Ersatz" abzubedingen, ist durch § 444 BGB stark eingeschränkt und beim Verbrauchsgüterkauf durch § 475 Abs. 1 BGB ganz ausgeschlossen. Im Prinzip haben Garantien daher zur Folge, daß die Sachmängelrechte des Kunden verstärkt werden:

Sachen, welche die in einer *Beschaffenheitsgarantie* gewährleisteten besonderen Eigenschaften nicht haben, sind gem. § 434 Abs. 1 Satz 1 BGB auch dann mangelhaft, wenn sie sonst die bei vergleichbaren Produkten übliche Qualität aufweisen; neben den gesetzlichen Sachmängelansprüchen hat dann der Käufer noch zusätzlich die in der Garantie versprochenen Rechte (§ 443 Abs. 1 BGB). Wird in einer *Haltbarkeitsgarantie* versprochen, daß die Sache für die Dauer einer bestimmten Garantiezeit eine bestimmte Beschaffenheit behält, so wird nach § 443 Abs. 2 BGB vermutet, daß ein während der Garantiezeit auftretender Mangel auf die fehlerhafte Beschaffenheit der Kaufsache zurückzuführen ist (und nicht auf unsachgemäßen Gebrauch oder andere vom Verkäufer nicht zu vertretende Beschädigungen der Sache).

12. Sind in Bezug auf die Verjährung der Sachmängelansprüche noch Besonderheiten zu beachten?

Nach der Neuregelung des allgemeinen Verjährungsrechts und einer generellen Verlängerung der Verjährungsfristen für Sachmängelansprüche durch das Schuldrechtsmodernisierungsgesetz vom 26.11.2001 sind die Regelungen erheblich angegeglichen worden. Sachmängelansprüche im *Mietrecht* verjähren weiterhin in der gesetzlichen Regelfrist, die aber nunmehr durch § 195 BGB n.F. auf drei Jahre deutlich verkürzt worden ist (wobei aber für den Beginn des Laufs der Verjährung § 199 Abs. 1 BGB zu beachten ist!). Beim *Kaufvertrag* und beim *Werkvertrag* verjähren die Sachmängelansprüche nunmehr gem. §§ 438 Abs. 1, 634 a Abs. 1 BGB mit Fristen von zwei bzw. fünf Jahren ab Übergabe, Ablieferung oder Abnahme; wird der Mangel arglistig verschwiegen, gilt die regelmäßige Verjährungsfrist von drei Jahren nach Ablauf des Jahres, in dem das Verschweigen des Mangels aufgedeckt worden ist (§§ 438 Abs. 3, 634 a Abs. 3 BGB). Auch beim *Reisevertrag* ist die Verjährungsfrist für Sachmängel auf zwei Jahre verlängert worden (§ 651 g Abs. 2 BGB n.F.). Die verhältnismäßig knappe Rügefrist von einem Monat nach Beendigung der Reise (§ 651 g Abs. 1 BGB) ist dagegen unverändert geblieben.

13. Welche Rolle spielt die Haftung des Schuldners für positive Vertragsverletzung; wo ist sie geregelt?

Hierbei handelt es sich um eine besondere Pflicht zur Rücksichtnahme auf die Rechte, Rechtsgüter und Interessen des jeweils anderen Teils bei der Abwicklung des Schuldverhältnisses (= „Schutzpflicht"). Sie tritt neben die geregelte Verantwortlichkeit für das Leistungsvermögen überhaupt, für die Rechtzeitigkeit der Leistung oder (bei bestimmten Vertragstypen) für die Mangelfreiheit des Leistungsgegenstands. Sie ist nunmehr dem Grunde nach in § 241 Abs. 2 BGB geregelt und muß jeweils im Einzelfall durch ergänzende Vertragsauslegung gem. § 157 BGB aus dem konkret abgeschlossenen Vertragsverhältnis hergeleitet werden.

14. Welche Rechtsfolgen treten bei einer positiven Vertragsverletzung ein?

Grundsätzlich besteht eine Ausgleichspflicht für die Schäden, die der Gläubiger als Folge der Schutzpflichtverletzung erlitten hat; d.h. es muß Schadensersatz für die Folgen der Verletzung der Schutzpflicht geleistet werden. Die Schadensersatzpflicht setzt Verschulden i.S.d. § 276 BGB voraus, auch muß der Schuldner in entsprechender Anwendung des § 278 BGB für das Verschulden seiner Erfüllungsgehilfen einstehen. Hat die vom Schuldner zu vertretende positive Vertragsverletzung dazu geführt, daß für den Gläubiger die Abnahme der vereinbarten Hauptleistung bzw. das Festhalten am Vertrag überhaupt unzumutbar geworden ist, so kann der Gläubiger auch gem. § 324 BGB vom Vertrag zurücktreten und/oder nach § 282 BGB Schadensersatz statt der ganzen Leistung verlangen.

15. In welchem Verhältnis steht die Haftung für positive Vertragsverletzung zu den Rechtsfolgen, die bei den anderen Leistungsstörungen eintreten?

Die vom Schuldner zu vertretende Verletzung von Schutzpflichten nach § 241 Abs. 2 BGB führt gem. § 280 Abs. 1 BGB unmittelbar zu Schadensersatzansprüchen; die Rechtsfolgen der anderen Vertragspflichtverletzungen sind jeweils an die hierfür vorgesehenen besonderen Voraussetzungen gebunden und treten i.d.R. stufenweise ein (s. auch Frage 2). Wenn der Schuldner nicht nur eine Schutzpflicht verletzt, sondern außerdem noch die vereinbarten Leistungen nicht oder nicht wie geschuldet erbringt, stehen dem Gläubiger somit noch weitere Rechte zu, wobei auch zu beachten ist, daß gem. § 325 BGB ein Rücktritt vom Vertrag nicht das Recht ausschließt, Schadensersatz statt der Leistung zu verlangen. Andererseits kann die positive Vertragsverletzung unter den Voraussetzungen der §§ 282, 324 BGB auch auf den Bestand des gesamten Vertrags „durchschlagen".

16. Welcher Zusammenhang besteht zwischen der positiven Vertragsverletzung und der Rechtsfigur des Vertrags mit Schutzwirkung für Dritte? (Grdz. § 10 VI 3; § 12 III 3)

Schutzpflichten bei der Leistungserbringung bestehen nicht nur gegenüber dem unmittelbaren Gläubiger der Leistung, sondern unter Umständen auch gegenüber anderen Personen, die mit dem Ergebnis der Leistung in Berührung kommen können und demnach durch eine Sorgfaltspflichtverletzung des Schuldners Schaden erleiden können (vgl. auch § 311 Abs. 3 BGB). Soweit der Gläubiger ein für den Schuldner erkennbares Interesse hat, daß die Integrität dieser dritten Personen ebenfalls geschützt wird, erstreckt sich die durch den Vertrag begründete Schutzpflicht des Schuldners analog den Regeln über den Vertrag zugunsten Dritter auch auf diese Personen. Wirkt sich eine schuldhafte Schlechtleistung auf diese Personen aus, bestehen daher ebenfalls Schadensersatzansprüche wegen positiver Vertragsverletzung, die je nach Lage des Falls vom Gläubiger des Schuldverhältnisses oder auch von den unmittelbar betroffenen Dritten geltend gemacht werden können.

17. Was ist die Produkthaftung; in welchem Verhältnis steht sie zur Sachmängelhaftung und zur Haftung für positive Vertragsverletzung? (Grdz. § 12 III 5)

Hierunter versteht man die auf einem besonderen Gesetz, dem ProdhaftG aus dem Jahre 1989, beruhende Schadensersatzpflicht der Herstellers, ersatzweise auch des Lieferanten von Waren und von Elektrizität für Schäden, die beim Endverbraucher eingetreten sind, weil die in den Verkehr gebrachte Ware bestimmte Konstruktions-, Fabrikations- oder Instruktionsfehler aufweist. 1997 wurde das ProdhaftG durch das Produktsicherheitsgesetz ergänzt, durch das für Produkte, die für die private Nutzung durch den Verbraucher in den Handel gebracht werden, eine von den Behörden überwachte und mit Bußgeldern bewehrte öffentlich-rechtliche Pflicht der Hersteller und des Handels begründet worden ist, nur sichere Erzeugnisse in den Verkehr zu bringen, sich nachträglich als unsicher erweisende Produkte zurückzurufen und die Verbraucher vor den mit der Benutzung der Sache gleichwohl noch verbundenen Schadensrisiken zu warnen.

Bei der Produkthaftung nach dem ProdhaftG handelt es sich um eine dem allgemeinen Deliktsrecht verwandte Schadensersatzhaftung, die mit der auf Vertragsrecht beruhenden Sachmängelhaftung oder der Haftung für positive Vertragsverletzung nichts zu tun hat, weil zwischen dem Hersteller oder Importeur des mangelhaften Produkts und dem geschädigten Endverbraucher i.d.R. keine unmittelbaren Vertragsbeziehungen bestehen.

18. Was ist der Unternehmerrückgriff?

Der in §§ 478, 479 BGB bei Mängeln an Verbrauchsgütern vorgesehene Rückgriff gegen die Vorlieferanten ergänzt die nach § 437 BGB ohnehin bestehenden Sachmängelrechte des Einzelhändlers, wenn er selbst die Ware als Folge eines Sachmangels von seinem

Kunden zurücknehmen mußte oder der Verbraucher den Kaufpreis gemindert hat. Insbesondere werden im Verhältnis zum Vorlieferanten die „klassischen" Sachmängelrechte um einen Anspruch auf Aufwendungsersatz erweitert (§ 478 Abs. 2 BGB) und der Eintritt der Verjährung von Rückgriffsansprüchen hinausgezögert (§ 479 BGB).

19. Welche Bedeutung hat die Haftung für Verschulden beim Vertragsschluß (c.i.c.)? (Grdz.§ 12 IV 1)

Hierbei handelt es sich um eine Haftung für die schuldhafte Verletzung von Pflichten nach § 241 Abs. 2 BGB zur Rücksichtnahme auf Rechtsgüter und sonstige Interessen des anderen Teils, die sich (noch) nicht aus einem vertraglichen Schuldverhältnis ergeben, aber nach § 311 Abs. 2 BGB dadurch begründet worden sind, daß durch die Aufnahme von Vertragsverhandlungen oder vergleichbare geschäftliche Kontakte eine Art gesetzliches Schuldverhältnis geschaffen worden ist. Die Schutzpflichten ergeben sich nach Treu und Glauben daraus, daß einer der Beteiligten im Vertrauen auf die Sorgfalt und die Loyalität des anderen Teils Risiken eingegangen ist und daß dieses Vertrauen schuldhaft enttäuscht worden ist.

20. Nennen Sie Anwendungsfälle der Haftung für Verschulden beim Vertragsschluß! (Grdz. § 12 IV 2)

Es gibt im wesentlichen drei Hauptgruppen: Schuldhafte Störung des Vertragsschlusses, Nichtbeachtung von Verkehrssicherungspflichten in bezug auf die Gestaltung der äußeren Umstände des Vertragsabschlusses sowie die Verletzung von Aufklärungspflichten.

§ 13. Typen vertraglicher Schuldverhältnisse – Umsatz- und Gebrauchsüberlassungsverträge

I. Was Sie über die einzelnen Vertragstypen lernen müssen

Nunmehr kommen Sie zum **Besonderen Teil des Schuldrechts,** nämlich zu den im 8. Abschnitt des 2. Buches des BGB zusammengefaßten Regelungen über einzelne typische (vertragliche oder gesetzliche) Schuldverhältnisse. Sie müssen sich zunächst mit dem Zweck der gesetzlichen Ausformung von speziellen Schuldvertragstypen vertraut machen; hierbei stoßen Sie erneut auf die Ihnen bereits von der Erörterung der Vertragsgestaltungsfreiheit her bekannte Unterscheidung zwischen **dispositiven** und **zwingenden Rechtsnormen.**

Sie lernen zunächst die Schuldvertragstypen kennen, deren wirtschaftlicher Schwerpunkt in der Bereitstellung von Sachen für den Gläubiger liegt. Wenn der Leistungsgegenstand endgültig in das Vermögen des anderen Teils übergeht, liegt ein **Umsatzgeschäft** vor; muß der Gläubiger die ihm überlassene Sache irgendwann zurückgeben, wird ihm sonach nicht die Sachsubstanz, sondern nur ein vorübergehender Gebrauch der Sache verschafft, spricht man von einem **Gebrauchsüberlassungsgeschäft**.

Das typische Umsatzgeschäft ist der in den §§ 433 ff. BGB geregelte **Kaufvertrag**. Da der Kaufvertrag das Grundmodell eines gegenseitigen Schuldverhältnisses darstellt, haben Sie viele Detailprobleme aus dem Kaufrecht wie z.B. Leistungsstörungen bereits bei der Beschreibung der allgemeinen Lehren des Schuldrechts kennengelernt. Die Darstellung des Kaufs kann daher verhältnismäßig knapp ausfallen, was Sie allerdings nicht zur Unterschätzung der großen wirtschaftlichen und rechtsdogmatischen Bedeutung dieser Materie verleiten sollte; einige dieser Probleme sind unten in den Fällen 13.01 bis 13.05 angesprochen. Auch sollten Sie die Schutzbestimmungen für den Verbrauchsgüterkauf wenigstens in ihrer Begrifflichkeit kennen; als Sonderform des Rechtskaufs ist in den letzten Jahren der Teilzeit-Wohnrechtevertrag in der Gesetzgebung ausgebaut und nunmehr in den §§ 481 ff. BGB geregelt worden.

Die Dogmatik der Gebrauchsüberlassungsverträge wird am Beispiel des **Mietvertrags** dargestellt. Die Mietrechtsreform vom Juni 2001 hat endlich zu einer übersichtlichen Gliederung des 5. Titels über Miet- und Pachtverträge und zur Integration der bisher sehr verstreuten Regelung über die **Wohnungsmiete** in den Normenbestand des BGB geführt. Obwohl es sich hierbei schon um eine sehr spezielle Materie handelt, sollten auch Sie sich wenigstens in groben Zügen mit der Wohnraummiete vertraut machen, weil es sich hierbei nicht nur um ein Rechtsgebiet von großer praktischer Bedeutung handelt, sondern weil die gesetzliche Regelung ein interessantes Anschauungsbeispiel für das schwierige Unterfangen des Gesetzgebers darstellt, Eigentümerinteressen und sozialstaatliche Prinzipien gegeneinander abzuwägen. Sie behalten den Überblick am besten dadurch, daß Sie sich zunächst mit einigen allgemeinen mietrechtlichen Regelungsprinzipien vertraut machen. Diese ergeben sich u.a. daraus, daß durch den Abschluß des Mietvertrags ein **Dauerschuldverhältnis** begründet wird, so daß die Notwendigkeit entsteht, eigene Bestimmungen für den Fall der **Rechtsnachfolge in das Mietverhältnis** beim Tod einer der Vertragsparteien oder bei der Veräußerung der Mietsache (dazu Fall 13.08) und Möglichkeiten für die einseitige Beendigung des Vertragsverhältnisses durch **Kündigung** zu schaffen. Bedeutsam sind ferner bei der Vermietung von Grundstücken und Räumen die Sicherung des Mietzinsanspruchs des Vermieters durch das **Vermieterpfandrecht** und die Vorschriften über die **Erhaltung** und die **Befugnis zur Veränderung der Mietsache** während der Mietzeit, die die Ihnen schon bekannten Regelungen über die Sachmängelhaftung beim Mietvertrag ergänzen.

Bei der Darstellung der Wohnraummiete geht es zunächst um die Klärung des Begriffs **Wohnung** als Anknüpfungspunkt für die verschiedenen Sonderregelungen; welche Schwierigkeiten in diesem Zusammenhang auftauchen können, zeigt Fall 13.07. Neben den zwingenden Vorschriften für die inhaltliche Gestaltung von Wohnungsmietverträgen sollten Sie sich sodann mit den beiden sozialpolitisch umstrittenen Problemkreisen der **Festsetzung des Mietzinses** und der **Beschränkung des Kündigungsrechts für den Vermieter** vertraut machen. Wichtig ist vor allem die genaue Unterscheidung zwischen der generellen Einschränkung des freien Verfügungsrechts des Vermieters über „seine" Wohnung durch Beschränkung der Rechts zur ordentlichen Kündigung des Mietverhältnisses und der die Vermieterbefugnisse noch weiter beschränkenden Widerspruchsmöglichkeit des Mieters auch gegenüber einer begründeten und ordnungsgemäßen Kündigung zur Abwehr von **unzumutbaren Härten**.

Als eine weitere Form des Gebrauchsüberlassungsvertrags ist dann noch das **Darlehen** zu behandeln. Durch das Schuldrechtsmodernisierungsgesetz vom 26.11.2001 ist eine systematische Unterscheidung zwischen dem Gelddarlehen und dem (in der Praxis kaum bedeutenden) Sachdarlehensvertrag neu eingeführt worden. Die Bestimmungen über den Gelddarlehensvertrag sind zusammen mit den Regelungen über Ratenlieferungsverträge und andere Finanzierungshilfen in einem eigenen Titel im unmittelbaren Anschluß an die Umsatzverträge normiert worden. Die Schutzbestimmungen über Verbraucherkredite sind jetzt vollständig im BGB enthalten, ihre sichere Kenntnis wird bald zum Grundwissen gerade der wirtschaftswissenschaftlich orientierten Juristen zählen; einstweilen finden Sie in den Fällen 13.09 und 13.10 weiteres Anschauungsmaterial.

II. Übungsfälle

Fall 13.01: *Der Ratenvertrag*

Frau Anton kauft im Oktober im Elektrohaus Bauer eine Kühltruhe zum Preis von 600,– €. Der Kaufpreis soll am 1.11. beginnend in zwölf Monatsraten zu 50,– € bezahlt werden. Im schriftlichen Kaufvertrag hat sich Bauer das Eigentum an der Kaufsache bis zur Zahlung der letzten Kaufpreisrate vorbehalten. Das Kühlgerät wird Ende Oktober angeliefert und auf Anweisung von Frau Anton im Vorratskeller ihres am Ufer der Saar gelegenen Wohnhauses aufgestellt. Im Lieferschein weist Bauer nochmals auf den im Kaufvertrag vereinbarten Eigentumsvorbehalt hin.

Während eines Saarhochwassers in der Woche vor Weihnachten wird der Keller des Antonschen Hauses überschwemmt. Die neue Kühltruhe konnte nicht mehr rechtzeitig vor den Fluten geborgen werden und ist durch das Hochwasser unbrauchbar geworden. Muß Frau Anton weiterhin die Kaufpreisraten aus dem Vertrag mit Bauer bezahlen?

Lösungshinweis: Der Sachverhalt zeigt die Wirkung von Sonderregelungen des Kaufrechts über den Übergang der Preisgefahr auf den Käufer einer im Rahmen eines Ratenzahlungsvertrags unter Eigentumsvorbehalt übergebenen Sache. – Wiederholen Sie Grdz. § 6 II 6; § 11 IV 1 a, 2 b, bb; § 13 II 3; vgl. auch Grdz. § 18 I 3 c!

Musterlösung:

Der Zahlungsanspruch des Bauer könnte sich gem. § 433 Abs. 2 BGB aus dem im Oktober mit Frau Anton abgeschlossenen Kaufvertrag ergeben. Da Ratenzahlung vereinbart worden ist, hat Frau Anton Ende Dezember von dem insgesamt mit 600,– € festgesetzten Preis erst zwei Raten à 50,– € bezahlt, so daß von der Kaufpreisschuld noch ein Teilbetrag von 500,– € offen steht.

Der Kaufpreisanspruch könnte allerdings nach § 326 Abs. 1 Halbs. 1 BGB erloschen sein, wenn dem Bauer infolge der Zerstörung der Kühltruhe durch das Hochwasser die Erfüllung des im Oktober abgeschlossenen Kaufvertrags unmöglich geworden ist. Der Rückgriff auf § 326 BGB setzt voraus, daß Ende Dezember die Leistung des Bauer überhaupt noch unmöglich werden konnte. Das wäre nur dann der Fall, wenn der im Oktober abgeschlossene Kaufvertrag zu diesem Zeitpunkt vom Verkäufer noch nicht vollständig erfüllt war. Bauer war gem. § 433 Abs. 1 BGB verpflichtet, die Kühltruhe nicht nur an Frau Anton zu übergeben (was bereits Ende Oktober geschehen war), sondern ihr auch das Eigentum hieran zu verschaffen. Absprachegemäß war das Gerät lediglich unter Eigentumsvorbehalt geliefert worden; d.h. die Übereignung war nur unter der aufschiebenden Bedingung gem. § 158 Abs. 1 BGB erklärt worden, daß Frau Anton den Kaufpreis vollständig bezahlte. Ende Dezember war diese Bedingung noch nicht eingetreten und somit der Kaufvertrag von Bauer noch nicht vollständig erfüllt. An dem durch Hochwasser zerstörten Kühlgerät kann eine Übereignung wirtschaftlich sinnvoll nicht mehr nachgeholt werden; mithin könnte insoweit dem Bauer die Erfüllung des im Oktober abgeschlossenen Kaufvertrags unmöglich geworden sein.

Bei einer serienmäßig hergestellten Kühltruhe handelt es sich allerdings um einen Gegenstand, der üblicherweise der Gattung nach geschuldet wird. Bauer könnte sonach durch den Vertrag vom Oktober weiterhin verpflichtet sein, eine andere einwandfreie Kühltruhe der gleichen Art nachzuliefern, ohne nochmals dafür Bezahlung verlangen zu dürfen. Jedoch hatte der Verkäufer mit der Ablieferung des Geräts bei Frau Anton Ende Oktober i.S.v. § 243 Abs. 2 BGB die seinerseits zur Leistung der Sache erforderlichen Handlungen vorgenommen; somit hatte sich das Schuldverhältnis schon vor Eintritt des Hochwasserschadens auf das im Haus des Anton aufgestellte Gerät konkretisiert. Damit könnte dem Bauer die Erfüllung des mit Frau Anton abgeschlossenen Kaufvertrags vom Oktober unmöglich geworden und nach § 275 Abs. 1 der Lieferanspruch ausgeschlossen sein.

Der Hochwasserschaden ist weder von Bauer noch von Frau Anton zu vertreten; demnach würde die Grundregel des § 326 Abs. 1 BGB anzuwenden sein, daß Bauer seinen Kaufpreisanspruch verliert und sogar noch gem. §§ 326 Abs. 4, 346 Abs. 1 BGB die bereits empfangenen Abzahlungsraten an Frau Anton zurückerstatten müßte.

Im Dezember könnte allerdings gem. § 446 Abs. 1 Satz 1 BGB schon die Preisgefahr des Kaufvertrages auf Frau Anton übergegangen sein. Die Kühltruhe war Ende Oktober an Frau Anton übergeben worden. Damit ist die Gefahr des zufälligen Untergangs auf Frau Anton als Käuferin der Sache übergegangen. Mithin bleibt sie gem. §§ 433 Abs. 2, 446 Abs. 1 Satz 1 BGB trotz der inzwischen eingetretenen Zerstörung der Kühltruhe weiterhin verpflichtet, dem Bauer die noch offenen Kaufpreisraten zu bezahlen.

Fall 13.02: *Mißglückte Schnäppchenjagd*

Anton stößt beim abendlichen Fernsehgenuß auf einen Werbespot, in dem ein Album mit 10 CDs seines Lieblings-Jazzers Dave Brubeck zum „Tiefstpreis" von 128,90 € zuzüglich Versandspesen angeboten wird. Angeblich sollen die CDs „nur im Versandhandel" erhältlich sein. Kurz entschlossen ruft Anton bei der im Werbespot angegebenen Telefonummer an. Dort meldet sich eine Mitarbeiterin der „Südwestdeutschen Call-Center GmbH", die Antons Bestellung entgegennimmt, seine Adresse und seine Kreditkartennummer abfragt und die Lieferung der Ware innerhalb der nächsten zwei Wochen zusagt, sonst aber keine weiteren Details der Geschäftsabwicklung erläutert. Nach 10 Tagen geht das Dave-Brubeck-Album bei Anton ein. Dem Paket ist eine Rechnung der „Ariola-GmbH" in Köln beigefügt, einschließlich Versandspesen werden dem Anton 138,80 € in Rechnung gestellt, die von seinem Kreditkartenkonto abgebucht werden. Weder auf dem Rechnungsformular noch auf der CD-Kassette finden sich irgendwelche Belehrungen des Käufers über Vertragsbedingungen.

Noch am Abend öffnet Anton die versiegelte Zellophanhülle der CD-Kassette und hört sich mit Genuß die schönsten Titel des Albums an. Zwei Tage später kommt Anton zufällig in die Medienabteilung des Kaufhaus Pieper, wo er zu seiner Überraschung feststellen muß, daß dort genau dasselbe Dave-Brubeck-Album zum Preis von 118,90 € angeboten wird. Anton fühlt sich von der „Ariola-GmbH" hereingelegt und will wissen, ob er den per Telefon geschlossenen Vertrag über die CD-Kassette wieder rückgängig machen oder wenigstens Erstattung der Differenz von 19,90 € zwischen dem von seiner Kreditkarte abgebuchten Versandhandelspreis und dem im Kaufhaus Pieper geforderten Preis verlangen kann.

Lösungshinweis: Der Sachverhalt führt in die Besonderheiten der Fernabsatzverträge nach §§ 312 b ff. BGB ein und macht Sie mit dem Verbraucherwiderruf gem. § 355 BGB bekannt.

Musterlösung:

Zwischen Anton und der Ariola-GmbH ist ein Kaufvertrag nach § 433 BGB über das Dave-Brubeck-Album abgeschlossen worden. Es ist zunächst zu prüfen, ob Anton diesen Vertragsschluß wieder rückgängig machen kann.

Anton könnte das Recht haben, den Vertrag nach § 355 BGB zu widerrufen. Diese Vorschrift gibt selbst kein eigenes Widerrufsrecht, sondern setzt das Vorhandensein eines solchen Gestaltungsrechts nach besonderen Regelungen des Verbraucherschutzrechts voraus. Als eine solche Regelung kommt im vorliegenden Fall § 312 d Abs. 1 BGB in Betracht. Dies setzt voraus, daß Anton mit der Ariola-GmbH, die zweifelsfrei als Unternehmer i.S.d. § 14 BGB anzusehen ist, einen Vertrag als Verbraucher abgeschlossen hat und daß der Vertragsschluß unter den besonderen Umständen eines Fernabsatzvertrages zustande gekommen ist. Anton hat die CDs für seinen persönlichen Gebrauch erworben; damit hat er i.S.v. § 13 BGB als Verbraucher gehandelt. Der Vertrag ist durch die telefonische Bestellung des Anton bei dem im Werbespot der Verkäuferin angegebenen Call-Center geschlossen worden. Es handelt sich also um einen Vertragsschluß unter Verwendung des Fernkommunikationsmittels Telefon ohne gleichzeitige körperliche Anwesenheit der Vertragsparteien (§ 312 b Abs. 2 BGB) im Rahmen eines für den Fernabsatz organisierten Vertriebssystems (§ 312 b Abs. 1 BGB). Der Vertrag über die Lieferung von CDs unterfällt auch nicht einer der in § 312 b Abs. 3 BGB aufgezählten Ausnahmen. Mithin liegt ein Fernabsatzvertrag vor

Bei Fernabsatzverträgen steht dem Verbraucher nach § 312 d Abs. 1 BGB grundsätzlich ein Widerrufsrecht nach § 355 BGB zu. Dieses Widerrufsrecht könnte im vorliegenden Fall allerdings gem. § 312 d Abs. 4 Nr. 2 BGB ausgeschlossen sein, weil es sich um einen Vertrag über die Lieferung von Audioaufzeichnungen handelt und Anton inzwischen die Versiegelung des Datenträgers entfernt hat.

Fraglich ist jedoch, ob sich im vorliegenden Fall die Verkäuferin auf diesen Ausschluß des Widerrufsrechts berufen kann. Sie hat nämlich weder dafür gesorgt, daß Anton rechtzeitig vor dem Vertragsschluß von den Mitarbeitern des Call-Centers entsprechend der Anforderungen des § 312 c Abs. 1 und 2 BGB i.V.m. § 1 InfPflVO über Einzelheiten des Vertragsschlusses informiert worden ist, noch diese Verbraucherinformationen der Sendung selbst beigefügt. Nach § 1 Abs. 3 Nr. 1 InfPflVO „hat" der Unternehmer den Verbraucher spätestens bei Aushändigung der Ware auf dauerhaftem Datenträger auch Informationen über den Ausschluß des Widerrufsrechts nach § 312 d Abs. 4 Nr. 2 BGB zur Verfügung zu stellen. Weder in § 312 c BGB noch in § 1 InfPflVO finden sich indessen Regelungen der Rechtsfolgen, die sich für den Unternehmer ergeben können, wenn er seine Informationspflichten nicht erfüllt. Auch § 355 Abs. 2 Satz 1 BGB (für Fernabsatzverträge modifiziert durch § 312 d Abs. 2 BGB) sieht als einzige Sanktion für eine unzureichende Verbraucherinformation nur vor, daß die Zweiwochenfrist des § 355 Abs. 1 Satz 2 BGB für den Verbraucherwiderruf erst nach formgerechter Aushändigung einer Belehrung des Verbrauchers über das ihm zustehende Widerrufsrecht zu laufen beginnt. Im vorliegenden Fall geht es jedoch nicht darum, bis wann Anton sein Widerrufsrecht auszuüben hat, sondern darum, ob ihm überhaupt noch ein Widerrufsrecht zusteht, wenn er die Versiegelung der CD-Kassette erbrochen und einzelne Tonträger bereits in Gebrauch genommen hat. Mangels gesetzlicher Regelung ist demnach davon auszugehen, daß sich die Ariola-GmbH gegenüber Anton auf den Ausschluß des Widerrufsrechts nach § 312 d Abs. 4 Nr. 2 BGB berufen kann, obwohl sie ihn nicht in der vorgeschriebenen Weise auf die Folgen einer Öffnung der Versiegelung der CD-Kassette hingewiesen hatte.

Möglicherweise könnte Anton nach § 324 BGB vom Kaufvertrag zurücktreten, weil die Verkäuferin durch die Unterlassung der vorgeschriebenen Verbraucherinformation eine Vertragspflicht nach § 241 Abs. 2 BGB verletzt hat. Mit der Festlegung bestimmter Informationspflichten speziell beim Abschluß eines Fernabsatzvertrags hat der Gesetzgeber insoweit Schutz- und Rücksichtspflichten des Verkäufers i.S.d. § 241 Abs. 2 BGB im einzelnen konkretisiert; die unzureichende Unterrichtung des Käufers über seine Rechte ist sonach als positive Vertragsverletzung anzusehen. Allerdings begründet dieser Umstand nach § 324 BGB ein Recht zum Rücktritt vom gesamten Vertrag nur dann, wenn der Pflichtenverstoß die Erfüllung des Vertragszwecks derart gefährdet hat, daß dem Käufer ein weiteres Festhalten am Vertrag nach Treu und Glauben nicht mehr zugemutet werden kann. Dies ist im vorliegenden Fall jedoch auszuschließen, denn die von Anton bestellte Ware wurde korrekt geliefert und damit der Vertrag als solcher einwandfrei erfüllt. Die in § 312 c BGB und § 1 InfPflVO festgelegten Informationspflichten betreffen lediglich Nebenumstände des Fernabsatzvertrags, die für die meisten Käufer als „reine Formalitäten" ohnehin belanglos sein dürften. Konkret geht es darum, ob Anton bei einem entsprechenden Hinweis auf die Folgen des § 312 d Abs. 4 Nr. 2 BGB davon abgehalten worden wäre, die CD-Kassette zu entsiegeln. Als er dies tat, wußte er aber noch nicht, daß er drei Tage später die Brubeck-CDs auch in einem Kaufhaus zu einem weitaus günstigeren Preis hätte erwerben können. Auch bei Fernabsatzverträgen besteht der Zweck des Vertrags im Erwerb und Verbrauch von Waren und nicht in der Sicherung des Rechts zum Widerruf und zur Rückgabe der gerade erst erworbenen Kaufsache. Mithin stellt die Verletzung von Informationspflichten über das Recht zum Vertragswiderruf nach § 355 BGB die korrekte Erfüllung des Vertragszwecks als solchen nicht in Frage; eine Verletzung dieser Informationpflicht berechtigt den Anton also nicht dazu, gem. § 324 BGB vom gesamten Vertrag zurückzutreten.

Dem Anton könnte jedoch nach § 280 Abs. 1 BGB ein Schadensersatzanspruch wegen Verletzung der Vertragspflicht zur Verbraucherinformation zustehen. Der auszugleichende Schaden könnte darin bestehen, daß Anton ohne Entsiegelung der CD-Kassetten die Möglichkeit gehabt hätte, den Kaufvertrag noch zu widerrufen und das Brubeck-Album um 19,90 € billiger im Kaufhaus Pieper zu erwerben. Es ist jedoch bereits unsicher, ob ein solcher Geschehensverlauf überhaupt unterstellt werden kann, denn bei der hier gebotenen ex-ante-Betrachtung kann nicht angenommen werden, daß Anton durch einen rechtzeitigen Hinweis auf die Folgen des § 312 d Abs. 4 Nr. 2 BGB davon abgehalten worden wäre, am Abend des Eingangs der Lieferung die Kassette zu entsiegeln und sich die schönsten Stücke des Albums anzuhören. Er hatte die CDs ja gerade gekauft, um sich die Musik seines Lieblings-Jazzers zu gönnen. Ausschlaggebend ist jedoch, daß weder das Widerrufsrecht nach § 312 d Abs. 1 BGB noch die Informationspflicht nach § 312 c BGB den Zweck verfolgen, dem Verbraucher die Chance zu sichern, eine von ihm nachgefragte Ware auf jeden Fall zum niedrigsten derzeit auf dem Markt geforderten Preis erwerben zu können. Andernfalls müßte nämlich das Recht zum Verbraucherwiderruf nicht nur bei Fernabsatzverträgen, sondern auch bei allen anderen in „konventionellen" Vertriebsformen vollzogenen Warenumsätzen gesetzlich geregelt sein. Ein Schadensersatzanspruch des Anton wegen positiver Vertragsverletzung ist somit zu verneinen.

Im Hinblick darauf, daß die Ariola-GmbH in ihrer Fernsehwerbung verkündet hatte, das Brubeck-Album sei „nur im Versandhandel" erhältlich, und der von ihr geforderte Preis von 128,90 € sei ein „Tiefstpreis", könnte Anton noch nach § 437 Nr. 2 i.V.m. §§ 440, 323 und 326 Abs. 5 BGB vom Kaufvertrag zurücktreten. Dann müßte die an Anton gelieferte CD-Kassette mit einem Sachmangel behaftet sein. Die CDs als solche sind einwandfrei. Ein Sachmangel könnte indessen nach § 434 Abs. 1 Satz 3 BGB deswegen anzunehmen sein, weil die von der Ariola-GmbH geschaltete Fernsehwerbung falsche Aussagen enthielt: Weder wird die Kassette ausschließlich im Versandhandel angeboten noch ist der von der Verkäuferin geforderte Preis niedriger als der sonst auf dem Markt verlangte Preis. Falsche Werbeaussagen führen jedoch nur dann zu einem Sachmangel des verkauften Produkts, wenn hierdurch die Erwartung besonderer, über die übliche Qualität hinausgehender Eigenschaften der angebotenen Ware geweckt wird. Der Umstand, daß ein Produkt nur im Versandhandel vertrieben wird, ist jedoch keine für dessen Qualität als Ware charakteristische Eigenschaft. Auch der Preis einer verkauften Sache ist nicht deren „Beschaffenheit", die irgend einen Einfluß auf ihre Verwendungsfähigkeit als Sache hat. Die im Ergebnis falschen Werbeaussagen konnten somit bei Anton keine Vorstellungen über bestimmte qualitative Eigenschaften der verkauften CDs erwecken, deren Nichtvorhandensein als Sachmangel zu bewerten ist.

Zusammenfassend ist sonach festzustellen, daß Anton keine Möglichkeit hat, den Kaufvertrag mit der Ariola-GmbH rückgängig zu machen; ihm stehen auch keine Ersatzansprüche gegen die Verkäuferin zu.

Fall 13.03: *Die Kaffeefahrt*

Oma Weber aus Saarbrücken findet in der Zeitung die Einladung zu einer Tagestour in das Unterelsaß „mit Unterhaltung, reichlichem Imbiß und einer kommerziellen Veranstaltung" zum Preis von 9,80 €. Frau Weber nimmt an der am 17.4. stattfindenden Bustour teil und erlebt bei herrlichem Frühlingswetter eine eindrucksvolle Exkursion durch das Tal der Sauer und des Steinbachs vorbei an den ehrwürdigen Ruinen der Burg Fleckenstein und des aus dem Waltharilied wohlbekannten Wasgensteins. Im Gasthof „Le coq rouge" in der französischen Festungsstadt Bitche wird schließlich bei einer üppigen Jause Rast gemacht; hier wird der Reisegesellschaft ein folkloristisches Programm geboten, dem sich alsbald auch ein Team Propagandisten anschließt, das allerlei

Messeneuheiten wie energiesparende Dampfkochtöpfe, geruchsfreie Friteusen und Rheumadecken vorführt. Als der sympatische Reiseleiter dann mit Bestellscheinen von Gast zu Gast geht, entschließt sich Frau Weber, eine Rheumadecke zum „Vorzugspreis" von 198,– € zu ordern. Das von ihr unterschriebene und ihr in Kopie ausgehändigte Formular enthält außer dem Hinweis, daß der Vertrag in Bitche/Frankreich abgeschlossen ist, nur den Namen und die Adresse von Frau Weber, als Lieferanten eine Firma „Simpex GmbH" mit einem Postfach in Luxemburg als Anschrift und die Verpflichtung, den Kaufpreis innerhalb einer Woche nach Lieferung auf ein Konto der Simpex GmbH bei einer Bank in Luxemburg zu überweisen.

Am 14.5. erhält Frau Weber ein Postpaket mit der von ihr bestellten Rheumadecke. Inzwischen hat sie sich mit guten Freunden besprochen und dabei erfahren, daß es sich hierbei um nichts anderes handelt als um eine Decke einer bestimmten Wollqualität, die im Einzelhandel überall zu Preisen zwischen 100,– und 120,– € erhältlich ist. Auch ist Frau Weber mittlerweile eingefallen, daß sie überhaupt kein Rheuma hat und zu Hause schon über genug Wolldecken verfügt. Sie möchte daher den Kauf rückgängig machen. Was kann ihr geraten werden?

Lösungshinweis: Der Sachverhalt spricht mit einem Beispiel für ein „Haustürgeschäft" einen anderen Aspekt des Verbraucherschutzes an. Wie schon im Fall 6.08 sind zunächst Fragen des Internationalen Privatrechts zu klären, bevor Sie zu einer Anwendung der Schutzbestimmungen des § 312 BGB kommen. – Wiederholen Sie Grdz. § 2 VI; § 7 III 3 c, IV 1; § 8 II 2; § 13 II 4!

Musterlösung:

Frau Weber hat am 17.4. einen vom äußeren Tatbestand her einwandfreien Vertrag über den Kauf einer Rheumadecke zum Preis von 198,– € abgeschlossen. Bevor die Frage erörtert werden kann, ob Frau Weber die Möglichkeit hat, diesen Vertrag anzufechten oder von ihm zurückzutreten, ist zunächst abzuklären, nach welchem nationalen Recht das durch ein Rechtsgeschäft in Frankreich begründete Vertragsverhältnis mit einem in Luxemburg ansässigen Unternehmen zu beurteilen ist. Gem. Art. 27 Abs. 1 EGBGB können die Parteien eines schuldrechtlichen Vertrags das anzuwendende Recht frei wählen. Da im vorliegenden Fall eine solche Rechtswahl weder ausdrücklich vereinbart worden ist noch aus den näheren Umständen des Vertragsschlusses zu entnehmen ist, kann gem. Art. 28 Abs. 2 EGBGB auf das Recht des Staates abgestellt werden, in dem die Partei, die die charakteristische Vertragsleistung zu erbringen hat, ihren gewöhnlichen Aufenthalt besitzt. Im vorliegenden Fall ging die charakteristische Vertragsleistung von der Fa. Simpex GmbH aus, denn diese war die Veranstalterin der Kaffeefahrt und die Lieferantin der aus diesem Anlaß vertriebenen Produkte. Zwar ist von diesem Unternehmen nur eine Postfachadresse aus Luxemburg bekannt; mangels anderer Hinweise ist jedoch zu unterstellen, daß das Unternehmen in diesem Land auch seine geschäftliche Niederlassung hat. Demnach könnte gem. Art. 28 Abs. 2 EGBGB auf den Kaufvertrag luxemburgisches Recht anzuwenden sein. Hier sind indessen noch die besonderen Vorschriften des Art. 29 EGBGB über Kollisionsnormen bei Verbraucherverträgen zu beachten. Im vorliegenden Fall hat die längst dem Berufsleben entrückte Frau Weber die Rheuma-Decken für ihren persönlichen Bedarf erworben und mithin nach § 13 BGB einen Verbrauchervertrag abgeschlossen. Dieser Vertrag ist in einem anderen Staat als ihrem Heimatland Deutschland abgeschlossen worden; Frau Weber ist eigens wegen dieses Vertragsschlusses nach Frankreich „gereist worden", so daß der Kaufvertrag unter den Umständen des Art. 29 Abs. 1 Nr. 3 EGBGB zustande gekommen ist. Nach Art. 29 Abs. 2 EGBGB ist daher auf den Vertrag deutsches Recht anzuwenden.

Frau Weber ist an diesen Vertrag gebunden, falls das Rechtsgeschäft nicht wegen inhaltlicher Mängel nichtig oder anfechtbar ist oder ihr sonst ein Rücktrittsrecht zur Seite steht.

(1) Der Vertrag könnte nach § 138 Abs. 2 BGB wegen Wuchers nichtig sein. Ein wucherisches Rechtsgeschäft liegt vor, wenn der Mangel an Urteilsvermögen des Geschäftspartners dazu mißbraucht wird, um Vermögensvorteile zu erlangen, die in einem auffälligen Mißverhältnis zur eigenen Leistung stehen.

Offensichtlich ist die geschäftliche Unerfahrenheit der Frau Weber benutzt worden, um ihr eine Rheumadecke zu einem überhöhten Preis aufzuschwatzen. Allerdings ist es fraglich, ob der mit ihr vereinbarte Preis, der um knapp zwei Drittel über dem Durchschnitt der üblichen Marktpreise liegt, bereits in einem „auffälligen Mißverhältnis" zur erbrachten Gegenleistung steht. Dies ist zu verneinen, zumal auch zu berücksichtigen ist, daß der mit der „Kaffeefahrt" gebotene Vorteil einer ganztägigen Bustour mit reichhaltiger Jause und Folkloreprogramm sicher größer ist als der von Frau Weber gezahlte Fahrpreis von 9,80 € und somit aus den Erlösen der bei dieser Fahrt veranstalteten Verkaufsaktion noch mitfinanziert werden muß. Der Vertrag ist daher nicht wegen Wuchers nichtig.

(2) Frau Weber könnte den Vertrag gem. § 123 Abs. 1 BGB wegen arglistiger Täuschung anfechten, wenn ihr durch die Bezeichnung der Decke als „Rheumadecke" und des Verkaufspreises von 198,– € als „Vorzugspreis" in verwerflicher Weise falsche Tatsachen vorgespiegelt worden sind.

Wolldecken haben generell eine lindernde Wirkung für Rheumakranke, so daß die Kennzeichnung einer Wolldecke als „Rheumadecke" nicht falsch ist; von einer Irreführung kann erst dann die Rede sein, wenn der Decke eine besondere therapeutische Wirkung für diese Krankheit nachgesagt worden ist. Hierfür gibt der Sachverhalt jedoch keinen Anhalt. Auch die Bezeichnung „Vorzugspreis" ist im täglichen Sprachgebrauch lediglich eine werbende Anpreisung; der Umstand, daß eine Ware zu einem im Vergleich zum Durchschnitt überhöhten Preis verkauft wird, führt ebenfalls noch nicht zu einer arglistigen Täuschung, da kein Kunde erwarten kann, daß der ihm konkret abgeforderte Preis marktübliches Niveau hat. Eine Anfechtung des Geschäfts wegen arglistiger Täuschung ist sonach nicht möglich.

(3) Frau Weber könnte den Vertrag noch gem. § 119 Abs. 2 BGB wegen Eigenschaftsirrtums anfechten, weil sie sich über die Angemessenheit des Preises und über die Eigenschaften der Wolldecke als Rheumadecke geirrt hat. Die Angemessenheit des im Einzelfall vereinbarten Preises und dessen Verhältnis zu den üblichen Marktpreisen ist keine verkehrswesentliche Eigenschaft der Kaufsache; die Beurteilung der Preisgünstigkeit eines Geschäftsabschlusses gehört vielmehr zu den von § 119 BGB nicht mehr erfaßten Motiven einer Willenserklärung. Ob Frau Weber den Kaufvertrag in der Annahme abgeschlossen hatte, bei der von ihr erworbenen Decke handele es sich um ein spezielles Heilmittel gegen Rheuma, ist aus dem Sachverhalt nicht zu entnehmen. Im übrigen leidet Frau Weber nicht an Rheuma, so daß ein etwaiger Irrtum in dieser Hinsicht auch unerheblich wäre. Schließlich handelt es sich im vorliegenden Fall um einen bereits abgewickelten Kaufvertrag; hier wäre ein möglicherweise vorhandenes Recht zur Anfechtung wegen Eigenschaftsirrtums durch die Sondervorschriften über die Sachmängelhaftung beim Kauf ausgeschlossen.

(4) Ein Rücktrittsrecht von Frau Weber gem. §§ 437 Nr. 2, 440, 323 Abs. 1 BGB wegen eines Sachmangels der gekauften „Rheumadecke" oder wegen Fehlens einer in der Werbung besonders hervorgehobenen Eigenschaft (§ 434 Abs. 1 Satz 3 BGB) kommt eben-

falls nicht in Betracht, da, wie bereits festgestellt wurde, die Eignung der Decke als ein spezielles Heilmittel gegen Rheuma nicht als die bei Vertragsschluß vorausgesetzte Verwendung anzusehen ist und der Sachverhalt auch keine Anhaltspunkte dafür bietet, daß insoweit bei den Kunden der Kaffeefahrt besondere Erwartungen geweckt worden sind.

(5) Frau Weber könnte noch ein Recht auf Widerruf des von ihr abgeschlossenen Kaufvertrags nach § 312 Abs. 1 Satz 1 i.V.m. § 355 BGB haben. Der Kaufvertrag ist anläßlich einer zumindest auch im Interesse der Verkäuferin durchgeführten Freizeitveranstaltung i.S.v. § 312 Abs. 1 Satz 1 Nr. 2 BGB abgeschlossen worden. Allerdings wäre ein solcher Widerruf nach § 355 Abs. 1 BGB nur binnen einer Frist von zwei Wochen möglich; diese Frist zum Widerruf des schon am 17.4. abgeschlossenen Kaufvertrags könnte bei Empfang der Warensendung am 14.5. für Frau Weber bereits abgelaufen sein. Der Lauf der Widerrufsfrist wird gem. § 355 Abs. 2 BGB jedoch erst durch Übergabe einer schriftlichen Belehrung über das Widerrufsrecht an Frau Weber in Gang gesetzt. Dies ist bisher nicht erfolgt; das ihr beim Abschluß des Kaufvertrags ausgehändigte Formular enthält keinerlei Hinweise auf die ihr nach § 355 BGB zustehenden Rechte. Auch ist noch nicht die Ausschlußfrist des § 355 Abs. 3 BGB von sechs Monaten nach Auslieferung der Ware verstrichen. Demnach kann Frau Weber sich auch jetzt noch auf die §§ 312 Abs. 1, 355 BGB berufen und durch einen einfachen Brief an die Fa. Simpex den Widerruf des Kaufvertrags vom 17.4. erklären.

Fall 13.04: *Der düpierte Möbelkäufer*

Anton kauft am 10.4. im Möbelhaus Theobald eine Sitzgarnitur. Der Kaufpreis soll ab 1.7. in zwölf gleichen Monatsraten à 98,– € gezahlt werden. Im schriftlichen Kaufvertrag, der sämtliche notwendigen Verbraucherinformationen enthält, ist u.a. festgelegt, daß das Eigentum an der Ware bis zur vollständigen Bezahlung des Kaufpreises zugunsten des Theobald vorbehalten wird. Am 3.5. wird die Garnitur in der Wohnung des Anton ausgeliefert.

Antons Freude an den formschönen Möbelstücken währt allerdings nicht lange, denn schon in den ersten Wochen der Benutzung gehen die Nähte der Polsterung auf. Als Anton am 25.6. den Mangel persönlich bei Theobald reklamieren will, steht er jedoch vor verschlossenen Türen: Am 18.6. ist über das Vermögen des Theobald das Insolvenzverfahren eröffnet worden. Der Insolvenzverwalter teilt dem Anton am 28.6. mit, daß der Kaufvertrag vom 10.4. weiter erfüllt werde, er fordert Anton auf, die am 1.7. fällige Kaufpreisrate auf das bisherige Firmenkonto zu zahlen, das nunmehr von ihm verwaltet wird. Anton möchte überhaupt nichts zahlen, solange nicht die Nähte an der Polsterung seiner Sitzgarnitur in Ordnung gebracht werden. Hat er Recht?

Lösungshinweis: Der Sachverhalt zeigt die Durchsetzung von Sachmängelansprüchen beim Abzahlungskauf, wenn vor vollständiger beiderseitiger Erfüllung des Vertrags über das Vermögen des Verkäufers das Insolvenzverfahren eröffnet worden ist.

Musterlösung:

Anton könnte nach § 320 Abs. 1 BGB die Zahlung der an sich fälligen Kaufpreisrate verweigern, wenn ihm gem. §§ 433 Abs. 1, 434 Abs. 1 Satz 2, 437 Nr. 1, 439 Abs. 1 und 2 BGB gegen Theobald ein Anspruch auf kostenlose Nachbesserung der schadhaften Polsternähte an den von ihm gekauften Möbeln zusteht. Aufgehende Nähte im Polster einer Sitzgarnitur entsprechen nicht der üblichen Beschaffenheit i.S.d. § 434 Abs. 1 Satz 2 Nr. 2 BGB. Da es sich bei dem Geschäft zwischen Anton und Theobald um einen Verbrauchsgüterkauf nach § 474 BGB handelt und der Schaden schon während der ersten sechs Monate nach Lieferung aufgetreten ist, kann nach § 476 BGB vermutet werden, daß die Möbel bereits bei Gefahrübergang mit diesem Mangel behaftet waren. Damit steht dem Anton ein Anspruch auf Nacherfüllung zu, gem. § 439 Abs. 1 BGB kann er nach seiner Wahl kostenfreie Behebung des Mangels oder die Lieferung einer einwandfreien Polstergarnitur verlangen.

Bis zur Erfüllung des Nachbesserungsanspruchs könnte Anton die Zahlung der noch offenen Kaufpreisraten verweigern. Das setzt voraus, daß die Kaufpreiszahlung auch als Gegenleistung für die sich nach § 437 BGB ergebenden Sachmängelrechte des Käufers anzusehen ist. Beim Kaufvertrag besteht nach § 433 BGB zunächst nur ein Synallagma zwischen dem Anspruch auf Lieferung der Kaufsache und dem Kaufpreisanspruch. Da jedoch gem. § 433 Abs. 1 Satz 2 BGB der Verkäufer verpflichtet ist, dem Käufer eine mangelfreie Sache zu verschaffen, ist im vorliegenden Fall der Lieferanspruch trotz Übergabe der (defekten) Sitzgarnitur überhaupt noch nicht erfüllt; dieses Recht des Käufers setzt sich gewissermaßen in dem Nacherfüllungsanspruch gem. § 439 Abs. 1 BGB fort und steht insoweit auch mit der Kaufpreisschuld in einem synallagmatischen Zusammenhang. Somit kann Anton nach § 320 Abs. 1 BGB die Zahlung der fällig werdenden Kaufpreisraten bis zur Behebung des Mangels durch Theobald (bzw. dessen Insolvenzverwalter) verweigern.

Allerdings hat Theobald durch die Auslieferung der Möbel wenigstens teilweise geleistet, so daß gem. § 320 Abs. 2 BGB noch zu prüfen ist, ob die Verweigerung der Kaufpreiszahlung nach den Umständen, vor allem wegen der Geringfügigkeit des Sachmangels, gegen Treu und Glauben verstoßen würde. Fehlerhafte Nähte im Polster von Sitzmöbeln setzen indessen die Gebrauchsfähigkeit dieser Sachen erheblich herab, so daß der Mangel – auch im Verhältnis zu den Einzelbeträgen der in Frage stehenden Zahlungsraten – keineswegs als geringfügig angesehen werden kann. Angesichts der wirtschaftlichen Situation des Verkäufers stellt die Zurückbehaltung der Kaufpreisraten überdies für Anton die einzige erfolgversprechende Möglichkeit dar, seinen Anspruch auf Nach-erfüllung überhaupt noch mit Aussicht auf Erfolg durchsetzen zu können. Somit ist die Einrede des nicht erfüllten Vertrags auch nicht nach § 320 Abs. 2 BGB ausgeschlossen.

Solange Anton das Recht hat, die Kaufpreisraten zurückzubehalten, kommt er auch nicht gem. § 286 BGB in Schuldnerverzug. Damit hat Theobald (bzw. sein Insolvenzverwalter) auch nicht die Möglichkeit, nach Nichtzahlung von zwei Teilzahlungsraten das Teilzahlungsdarlehen gem. §§ 499, 498 BGB gesamtfällig zu stellen und die Möbel zurückzuverlangen.

Diese Rechtslage könnte sich allerdings durch die Eröffnung des Insolvenzverfahrens über das Vermögen des Verkäufers am 18.6. geändert haben. Da der Insolvenzverwalter des Theobald gem. § 103 Abs. 1 InsO erklärt hat, daß der Kaufvertrag vom 10.4. weiter erfüllt werden soll, bleibt zunächst alles beim alten. Fraglich ist allerdings, ob Anton nach Eröffnung des Insolvenzverfahrens zur Durchsetzung seines Nachbesserungsanspruchs noch die Einrede des nicht erfüllten Vertrags erheben kann. Dies wäre nicht der Fall, wenn das Recht nach §§ 437 Nr. 1, 439 Abs. 1 BGB nunmehr im Insolvenzverfahren durchgesetzt werden müßte. Alle bei Eröffnung des Insolvenzverfahrens noch nicht vollständig erfüllten Ansprüche gegen den Schuldner werden nach § 87 InsO grundsätzlich Insolvenzforderungen. Hierdurch geht dem Anton wegen seines Nachbesserungsanspruchs die Einrede nach § 320 Abs. 1 BGB jedoch nicht verloren. Das folgt aus der Erwägung, daß der Insolvenzverwalter Forderungen des Schuldners grundsätzlich nur in dem Umfang weiter geltend machen und zur Insolvenzmasse einziehen kann, wie sie z.Z. der Eröffnung des Verfahrens am 18.6. bereits bestanden hatten. Damals hatte Anton den Sachmangel an der Polstergarnitur zwar noch nicht gerügt, die Kaufsache war jedoch schon im Zeitpunkt des Gefahrübergangs – also bereits seit dem 3.5. – mit Sachmängeln behaftet gewesen, so daß der Kaufpreisanspruch des Theobald schon bei Eröffnung des Insolvenzverfahrens mit der sich aus dem Nachbesserungsanspruch ergebenden Einrede nach § 320 Abs. 1 BGB „vorbelastet" gewesen war und diese folgerichtig dem Anton nunmehr auch gegenüber dem Insolvenzverwalter zustand. Anton kann daher zunächst erst einmal abwarten, wie der Insolvenzverwalter auf sein Nacherfüllungsverlangen reagiert. Verweigert dieser die Reparatur der Sesselnähte, kann er immer noch nach §§ 440, 323 Abs. 1 BGB vom Kaufvertrag insgesamt zurücktreten oder nach § 441 Abs. 1 BGB den Kaufpreis mindern.

Fall 13.05: *Noch mehr Probleme*

Im vorstehend geschilderten Fall 13.04 meldet sich am 30.6. bei Anton ein Bevollmächtigter der Ilka-Möbelmanufaktur-GmbH und teilt ihm mit, die von Theobald gelieferte Sitzgarnitur sei von ihr hergestellt und an Theobald unter verlängertem Eigentumsvorbehalt geliefert worden. Theobald habe die Ware vor Eröffnung des Insolvenzverfahrens nicht mehr bezahlt. Die Herstellerin mache ihre Eigentumsrechte nunmehr unmittelbar gegen Anton geltend.

Was folgt daraus für Anton?

Lösungshinweis: Für die Beurteilung dieser Fallvariante müssen Sie das Rang-verhältnis zwischen dem Eigentumsvorbehalt der Vorlieferantin und dem Eigentumsvorbehalt des Verkäufers Theobald und die sich hieraus für Anton ergebenden Rechte an der von ihm erworbenen Kaufsache ermitteln. Da Anton solche Rechte nur aus dem Geschäft mit Theobald herleiten kann, hängt aus seiner Sicht die Entscheidung des Falls davon ab, daß er trotz der älteren Rechte der Herstellerfirma durch die Veräußerung der Möbel das „bessere" Recht erworben hat. Bei der Klärung sachenrechtlicher Rechtsbeziehungen empfiehlt es sich, in chronologischer Reihenfolge vorzugehen. – Wiederholen Sie Grdz. § 18 I 3 c, dd; § 10 IV 1 a!

Musterlösung:

Es ist zunächst zu klären, ob die Ilka-GmbH aufgrund ihres Eigentumsvorbehalts gegenüber Theobald von Anton die Herausgabe der Sitzgarnitur verlangen kann. Dies könnte bereits durch § 449 Abs. 2 BGB ausgeschlossen sein, wonach die Herausgabe einer unter Eigentumsvorbehalt veräußerten Sache nur nach (berechtigtem) Rücktritt vom Kaufvertrag verlangt werden kann. Im vorliegenden Fall gilt § 449 Abs. 2 BGB aber nur im Verhältnis zwischen Anton und Theobald (bzw. dessen Insolvenzverwalter) in Bezug auf den im Kaufvertrag vom 10.4. *zugunsten des Theobald* vereinbarten Eigentumsvorbehalt. Zwischen der Ilka-GmbH und Anton besteht kein Kaufvertrag, so daß diese ihr Eigentum an der Sitzgarnitur gegenüber Anton unmittelbar nach § 985 BGB geltend machen könnte.

Bei der Weiterveräußerung der Möbel durch Theobald an Anton könnte indessen das Eigentum der Vorlieferantin zugunsten des Anton beschränkt oder ganz aufgehoben worden sein. Die Ilka-GmbH hatte nämlich – wie das in Geschäften mit Wiederverkäufern üblich ist – unter „verlängertem Eigentumsvorbehalt" an Theobald geliefert. Damit hatte sie zwar die Übereignung der Ware an Theobald von der Bedingung der Bezahlung ihrer eigenen Lieferantenrechnung abhängig gemacht, diesen aber zugleich nach § 185 Abs. 1 BGB ermächtigt, die Ware an seine Kunden weiter zu veräußern und zu deren Gunsten Rechte an den Kaufsachen zu begründen, die dem von ihr – der Ilka-GmbH – vorbehaltenen Eigentum im Rang vorgehen. Mit dem von Theobald vereinbarten Eigentumsvorbehalt zugunsten des Anton hatte letzterer auch schon vor der vollständigen Bezahlung des von ihm geschuldeten Kaufpreises eine Eigentumsanwartschaft an der Sitzgarnitur erworben, die auch von der Ilka-GmbH respektiert werden muß und die, wenn Anton die von ihm geschuldeten Kaufpreisraten vollständig an Theobald (oder dessen Konkursverwalter) gezahlt hat, zum Erwerb des Eigentums durch Anton auch unter Wegfall des Vorbehaltseigentums für die Ilka-GmbH führen kann. In der Zwischenzeit behält Anton auch gegenüber der Ilka-GmbH das Recht zum Besitz an der Sitzgarnitur, solange sein Kaufvertrag mit Theobald bestehen bleibt und er hieraus ein Recht zum Besitz an der Kaufsache herleiten kann.

Zugleich mit der Vereinbarung des verlängerten Eigentumsvorbehalts hat Theobald auch die künftigen Zahlungsansprüche aus einem Weiterverkauf der Möbel an die Vorlieferantin Ilka-GmbH als Sicherheit für deren Kaufpreisanspruch abgetreten. Damit ist die Ilka-GmbH Gläubigerin der von Anton geschuldeten Kaufpreisraten. Wie oben zu Fall 13.04 festgestellt worden ist, kann dieser allerdings vorerst seine Zahlungen nach § 320 Abs. 1 BGB zurückbehalten, bis die Mängel an der gelieferten Sitzgarnitur behoben sind. Diese Einrede des nicht erfüllten Vertrags darf Anton gem. § 404 BGB auch gegenüber der Ilka-GmbH als Zessionarin geltend machen, denn der Anspruch auf mangelfreie Lieferung der Kaufsache, zu dessen Durchsetzung die Einrede erhoben wird, hat ebenso wie die abgetretene Kaufpreisforderung selbst seine Rechtsgrundlage im Kaufvertrag mit Theobald vom 10.4. Demnach war die Einrede des Anton im Zeitpunkt der Abtretung der Zahlungsforderung i.S.v. § 404 BGB bereits begründet, denn die Abtretung einer künftigen Forderung wird erst mit dem Entstehen der Forderung wirksam.

Die Ilka-GmbH ist nach Eröffnung des Insolvenzverfahrens über das Vermögen des Theobald allerdings nicht (mehr) unbeschränkte Gläubigerin der Kaufpreisforderung gegen Anton. Da der Zahlungsanspruch gegen die Kunden aus einem Wiederverkauf der unter verlängertem Eigentumsvorbehalt gelieferten Ware nur sicherungshalber an die Vorlieferantin abgetreten worden ist, steht das Recht der Ilka-GmbH nach Eintritt des Insolvenzfalls gem. § 51 Nr. 1 InsO einer Absonderungsberechtigung gleich. Nach § 166 Abs. 2 InsO ist der Insolvenzverwalter berechtigt, die Zahlungsforderung gegen Anton einzuziehen und den nach Befriedigung der Ilka-GmbH verbleibenden Überschuß zur Masse zu nehmen. Für Anton ergibt sich aus dieser Situation mithin folgendes: Solange sein Anspruch auf Behebung des Mangels an der Polstergarnitur nicht befriedigt ist, kann er die Zahlung der Kaufpreisraten zurückbehalten, gleichwohl aber die Möbel weiter besitzen. Eventuell später zu zahlende Kaufpreisraten sind zu Händen des Insolvenzverwalters des Theobald zu zahlen; die Ilka-GmbH muß sich mit ihren Ansprüchen an diesen wenden. Das Recht zum Besitz an den Möbeln besteht weiter, solange der Kaufvertrag vom 10.4. besteht. Dies gilt auch im Verhältnis zur Ilka-GmbH.

Fall 13.06: *Wintersorgen*

Ferdinand hat in einem Mietshaus des Anton gegen einen Mietzins von monatlich 350,– € zuzüglich Nebenkosten eine Wohnung gemietet, die er zusammen mit seiner Frau und zwei kleinen Kindern bewohnt. Das Haus verfügt über eine mit Öl befeuerte Zentralheizung. Ausgerechnet am 20.1. versagt der schon etwas altersschwache Brenner der Heizung den Dienst. Der von Anton beauftragte Kundendienst stellt fest, daß nicht nur der Brenner irreparabel ist, sondern daß auch der Heizkessel defekt ist, so daß eine umfangreiche Reparatur der Ölheizung erforderlich wird, die sich bis zum 4.2. hinzieht, weil erst Ersatzteile beim ausländischen Hersteller des Ofens bestellt werden müssen.

Am Wochenende des 23.1. bricht über die Region eine Kältewelle mit Temperaturen unter 10 Grad minus herein. Der Versuch des Ferdinand, die eiskalte Wohnung mit Elektroöfen notdürftig warm zu halten, scheitert. Nachdem er noch einmal bei Anton wegen der Reparatur reklamiert und dabei von diesem erfahren hatte, daß sich die Wiederherstellung der Heizung noch länger hinziehen werde, entschließt sich Ferdinand am 25.1., mit seiner Familie in ein Hotel zu gehen, wo er für die Zeit bis zum 4.2. insgesamt 510,– € an Zimmermiete zahlen muß. Welche Rechte hat Ferdinand gegen Anton?

Lösungshinweis: Der Sachverhalt führt in die Problematik der Sachmängelhaftung bei Mietverträgen ein. Die Schwierigkeit des Falles liegt vor allem in der Frage, inwieweit der Mangel (Ausfall der Heizung) vom Vermieter zu vertreten ist. – Wiederholen Sie Grdz. § 12 I 2, II 6; § 13 III 2!

Musterlösung:

Der Ausfall der Heizung in der von Ferdinand gemieteten Wohnung ist ein Mangel, der die Tauglichkeit der Mietsache zum vertragsmäßigen Gebrauch jedenfalls bei starker Kälte vollständig aufhebt. Ferdinand kann daher gem. §§ 536 Abs. 1 Satz 1 BGB für den halben Monat, während dem die Zentralheizung nicht funktionstüchtig ist, die Zahlung des Mietzinses verweigern und sonach entweder 175,– € seiner bereits bezahlten Miete zurückfordern oder diesen Betrag von einer der nächsten fälligen Monatsmieten absetzen.

Wegen der von ihm gezahlten Hotelkosten könnte Ferdinand ferner gem. § 536 a Abs. 1 BGB von Anton Schadensersatz verlangen. Da der Mangel der Mietwohnung erst nach der Übergabe der Mietsache entstanden ist, besteht ein Schadensersatzanspruch des Ferdinand allerdings nur dann, wenn Anton den Defekt der Heizung zu vertreten hat oder mit dessen Beseitigung in Verzug geraten ist. Spätestens durch die erneute Reklamation des Ferdinand ist Anton gem. § 286 Abs. 1 Satz 1 BGB gemahnt worden, so daß dieser sich in der Zeit ab 25.1. mit der Erfüllung seiner Verpflichtung zur Wiederherstellung der Heizung in Verzug befunden haben könnte. Nach § 286 Abs. 4 BGB setzt Verzug jedoch Verschulden des Leistungspflichtigen voraus. Im vorliegenden Fall verzögerte sich die Reparatur nicht durch die Säumigkeit des Anton, sondern wegen der objektiven Schwierigkeiten, die Heizung von Grund auf zu erneuern und hierfür Ersatzteile aus dem Ausland herbeizuschaffen. Dies hat Anton nicht zu vertreten, so daß er trotz der Mahnung durch Ferdinand mit der Mängelbeseitigung nicht in Verzug ist.

Anton könnte jedoch den Ausfall der Heizung als solchen zu vertreten haben. Wie dem Sachverhalt zu entnehmen ist, war die gesamte Heizanlage „schon etwas altersschwach“, so daß mitten im Winter eine vollständige Erneuerung erforderlich wurde. Dieser Zustand hätte bei einer rechtzeitigen Inspektion des Ölofens während der Sommermonate entdeckt und dann behoben werden können, ohne daß durch den Ausfall der Heizung als Folge länger dauernder Reparaturarbeiten die Benutzbarkeit der Mietwohnungen beeinträchtigt worden wäre. Es gehört zur verkehrsüblichen Sorgfalt eines Vermieters, verschleißanfällige und für die Nutzung wesentliche Teile seines Mietshauses regelmäßig überprüfen und rechtzeitig vor ihrem Totalausfall erneuern zu lassen. Diese

Sorgfalt hat Anton nicht beachtet; jedenfalls gibt der Sachverhalt keinen Hinweis darauf, daß er im vorausgegangenen Sommer oder Herbst eine Kontrolle der Heizanlage durchgeführt oder veranlaßt hatte, so daß nach der Beweislastregel des § 280 Abs. 1 Satz 2 BGB davon auszugehen ist, daß dies nicht geschehen war.

Gem. § 536 a Abs. 1 BGB ist Anton daher verpflichtet, dem Ferdinand den Vermögensschaden zu ersetzen, der ihm durch die Nichtbenutzbarkeit der von ihm gemieteten Wohnung entstanden ist. Dem von Ferdinand für das Hotel bezahlten Betrag von 510,– € steht allerdings die Summe von 175,– € gegenüber, den Ferdinand wegen des Ausfalls der Heizung bei seinen Mietzahlungen „gespart" hat. Insgesamt ist bei ihm daher nur ein Vermögensschaden in Höhe von 335,– € entstanden, den er außer der Mietkürzung von Anton erstattet verlangen kann.

Fall 13.07: *Wohnungsnöte*

Der stud.rer.oec. Balduin Bählamm wohnt seit Oktober 1996 auf unbestimmte Zeit für eine monatliche Miete von (nunmehr) 200,– € in einem Appartement des Studentenwohnheims der Kuhland & Raffke GmbH, das am Staden in Saarbrücken gelegen ist, einem ehemals herrschaftlichen Wohnquartier am Ufer der Saar. Beim Hochwasser der Saar in der Weihnachtswoche 2001 werden die Fundamente des aus den Gründerjahren stammenden und später nur oberflächlich als Appartementhaus umgebauten Gebäudes unterspült; ein Teil des Hauses ist wegen Einsturzgefahr baupolizeilich gesperrt, weitere Anordnungen zur Gefahrensicherung sind angekündigt, sobald ein etwa in zwei Monaten zu erwartendes Sachverständigengutachten vorliegt.

Balduin freut sich schon, daß diese Anordnung nicht auch den Gebäudeflügel betrifft, in dem sich sein Appartement befindet, da erhält er am 4.1.2002 einen Brief der Kuhland & Raffke GmbH, in dem ihm der Mietvertrag mit Ablauf des 31.3.2002 gekündigt wird. Es sei beabsichtigt, wegen des Hochwasserschadens das gesamte Gebäude abzureißen und später durch einen Neubau zu ersetzen. Balduin soll am 10.1.2002 das Thema für seine innerhalb von drei Monaten anzufertigende Diplomarbeit erhalten; außerdem sitzt er schon an den Vorbereitungen zu den Hauptfachklausuren seines für das Sommersemester 2003 geplanten Diplomexamens, so daß er keine Zeit hat, sich auf die auch in Saarbrücken schwierige Suche nach einer neuen Studentenbude zu begeben.

1. Muß er die Kündigung ohne weiteres hinnehmen?

2. Wäre anders zu entscheiden, wenn sich das von Balduin gemietete Appartement in dem Gebäudeflügel befindet, der auf vom Hochwasser unterspülten Fundamenten sitzt, und ihm von der Vermieterin mitgeteilt wird, daß das Mietverhältnis wegen der Baufälligkeit dieses Gebäudeflügels „unverzüglich aufgelöst" sei?

Lösungshinweis: Der Fall spricht Probleme des Kündigungsschutzes bei der Wohnungsmiete an, führt dann aber vor allem bei der Variante 2 auch zu der allgemeinen Frage, in welchem Verhältnis die allgemeinen Regeln über das Unmöglichwerden der

Leistung zur – durch Mieterschutz geprägten – Beendigung eines Dauerschuldverhältnisses durch Kündigung stehen. Zusätzliche Komplikationen entstehen dadurch, daß der Fall zeitlich in den Bereich der Übergangsregelungen zweier wichtiger Novellen des BGB, des MietrechtsreformG vom 19.6.2001 und des SchuldrechtsmodernisierungsG vom 26.11.2001, fällt. Es empfiehlt sich daher, das Gutachten mit Überlegungen darüber zu beginnen, welche Fassung des BGB auf den Sachverhalt überhaupt anzuwenden ist. – Wiederholen Sie Grdz. § 11 II 1, III 1 b; § 13 III 3, 4 a, d!

Musterlösung:

Im Hinblick auf die Änderung der Vorschriften über die Miete von Räumen durch das MietrechtsreformG vom 19.6.2001 zum 1.9.2001 und im Hinblick auf das Inkrafttreten des SchuldrechtsmodernisierungsG vom 26.11.2001 am 1.1.2002 ist zunächst zu klären, nach welchen Vorschriften im vorliegenden Fall die Kündigung des seit Oktober 1996 bestehenden Mietverhältnisses zu beurteilen ist. Die Kündigungserklärung für den Mietvertrag des Bählamm ist erst am 4.1.2002 zugegangen, also nach dem 1.9.2001 wirksam geworden. Damit sind gem. Art. 229 § 3 EGBGB für die Frage der Beendigung des Mietverhältnisses durch Kündigung des Vermieters bereits die §§ 535 ff. BGB in der seit dem 1.9.2001 geltenden Fassung durch das MietrechtsreformG anzuwenden, zumal auch im übrigen keiner der in Art. 229 § 3 EGBGB aufgezählten besonderen Übergangsfälle vorliegt. Soweit darüber hinaus vor allem in Variante 2 allgemeine Rechtsprobleme des Unmöglichwerdens des Mietvertrags vom Oktober 1996 zu beurteilen sind, ist nach Art. 229 § 5 Satz 1 EGBGB noch das BGB in seiner alten, vor dem 1.1.2002 geltenden Fassung anzuwenden. Erst für Leistungsstörungen, die nach dem 1.1.2003 eintreten, würde gem. Art. 229 § 5 Satz 2 EGBGB auch insoweit „neues" Recht anzuwenden sein.

Frage 1: Balduin Bählamm müßte bis zum 31.3.2002 ausziehen, wenn die von der Kuhland & Raffke GmbH ausgesprochene Kündigung seines Mietvertrags wirksam ist. Da der Mietvertrag auf unbestimmte Zeit abgeschlossen ist, kann er gem. §§ 542 Abs. 1, 573 BGB von der Vermieterin grundsätzlich durch ordentliche Kündigung beendet werden. Voraussetzung ist allerdings, daß die im Gesetz vorgesehenen Kündigungsfristen eingehalten sind. Daher kommt es im vorliegenden Fall darauf an, ob für das Mietverhältnis des Bählamm die allgemeinen Kündigungsfristen des § 580 a BGB oder die (i.d.R. längeren) Kündigungsfristen für die Wohnungsmiete nach § 573 c BGB maßgebend sind. Dies hängt nach § 549 BGB zunächst davon ab, ob der Vertrag als Wohnraummietverhältnis zu qualifizieren ist. Wohnraum ist jeder zum „Wohnen" (z.B. Schlafen, dauernde private Benutzung) bestimmte Raum. In § 549 Abs. 3 BGB sind allerdings Wohnräume, die Teil eines Studenten- oder Jugendwohnheims sind, teilweise von den Vorschriften über die Wohnungsmiete ausgenommen. Dies bezieht sich jedoch nur auf die in § 549 Abs. 3 BGB im einzelnen aufgeführten Bestimmungen. Der Anwendungsbereich der Sondervorschriften des Wohnungsmietrechts ist jeweils problembezogen festgelegt, so daß in jedem einzelnen Fall neu geprüft werden muß, ob die fragliche Vorschrift auf das konkrete Mietverhältnis anwendbar ist oder nicht. Die Regelung der Kündigungsfristen für Wohnraum in § 573 c BGB ist in der Ausschlußbestimmung des § 549 Abs. 3 BGB nicht erwähnt, so daß diese Vorschrift auch auf den Mietvertrag des Balduin Bählamm anzuwenden ist. Demnach ist eine ordentliche Kündigung nur unter Einhaltung von Fristen möglich, die sich nach der Dauer der Zeit seit der Überlassung der Wohnung richten. Im vorliegenden Fall bewohnt Balduin das Appartement seit Oktober 1996, also seit mehr als fünf Jahren, so daß die am 4.1.2002 ausgesprochene Kündigung des Mietverhältnisses gem. § 573 c Abs. 1 Satz 2 BGB frühestens zum 30.6.2002 möglich wäre.

Die Kündigung könnte gleichwohl zu dem angegebenen Termin wirksam sein, wenn die Kuhland & Raffke GmbH ein Recht zur fristlosen Kündigung des Mietverhältnisses aus wichtigem Grund hätte. Im Hinblick darauf, daß gem. § 569 Abs. 4 BGB der zur Kündigung führende wichtige Grund im Kündigungsschreiben angegeben werden muß, kann im vorliegenden Fall nur die von der Vermieterin mitgeteilte teilweise Beschädigung des Gebäudes durch Hochwasser und deren Absicht in Betracht gezogen werden, das Wohnheim insgesamt abzureißen und „später" durch einen Neubau zu ersetzen. Nach § 543 Abs. 1 Satz 2 BGB liegt ein wichtiger Grund für eine außerordentliche fristlose (oder vorfristige) Kündigung vor, wenn – in diesem Fall aus der Sicht der Vermieterin – wegen besondere Umstände die Fortsetzung des Mietverhältnisses bis zum Ablauf der ordentlichen Kündigungsfrist unzumutbar ist. Diese in § 543 Abs. 2 und 3 BGB durch Beispiele erläuterte Generalklausel wird für Wohnraummietverhältnisse durch § 569 BGB weiter präzisiert und z.T. eingeschränkt; auch diese Vorschrift ist gem. § 549 Abs. 3 BGB für Wohnraum in einem Studentenwohnheim anzuwenden. Die Auslegung dieser Vorschriften ergibt, daß es grundsätzlich möglich ist, eine außerordentliche Kündigung auch auf objektive, nicht durch das Verhalten des Mieters bedingte Gründe zu stützen. Im vorliegenden Fall ist allerdings das Interesse der Vermieterin, das gesamte Gebäude abzureißen und „später" durch einen Neubau zu ersetzen, keinesfalls als so dringlich zu bewerten, daß es für sie als unzumutbar angesehen werden muß, die knapp sechs Monate bis zum Wirksamwerden einer ordentlichen Kündigung abzuwarten. Umfangreiche Baumaßnahmen, wie sie die Kuhland & Raffke GmbH vorhat, bedürfen erfahrungsgemäß einer Vorbereitung von mehreren Monaten sowohl in planerischer als auch in finanzieller Hinsicht, so daß ohnehin nicht mit einem sofortigen Beginn der Abbruch- und Neubauarbeiten unmittelbar im Anschluß an den von Bählamm für Ende März 2002 geforderten Auszug zu rechnen ist. Schon aus diesem Grund ist daher ein berechtigtes Interesse der Vermieterin an einer vorfristigen Beendigung des Mietverhältnisses nicht anzuerkennen; eine Umdeutung der nicht fristgerechten ordentlichen Kündigung in eine vorzeitige außerordentliche Kündigung zum Ablauf des März 2002 kommt daher nicht in Betracht.

Die zum 31.3.2002 unzulässige Kündigung könnte jedoch zum 30.6.2002 wirksam werden. § 568 BGB, der für die Kündigung eines Mietverhältnisses über Wohnraum bestimmte Formvorschriften festlegt, schreibt nicht vor, daß dem Mieter ein kalendermäßig bestimmter Kündigungstermin überhaupt mitgeteilt werden muß oder soll. Fehlt eine solche Angabe, wird die Kündigung kraft Gesetzes zu dem sich aus § 573 c bzw. § 580 a BGB ergebenden Termin wirksam. Ist sonach die Angabe eines Kündigungstermins keine notwendige Voraussetzung für die Wirksamkeit der Kündigungserklärung, so kann auch eine falsche Terminangabe nicht zur völligen Ungültigkeit der Kündigung führen; diese wird vielmehr zum zulässigen Termin – im vorliegenden Fall also zum 30.6.2002 – wirksam.

Eine Kündigung zum 30.6.2002 könnte nach § 573 Abs. 1 Satz 1 BGB noch daran scheitern, daß der Vermieterin ein berechtigtes Interesse an der Beendigung des Mietverhältnisses mit Balduin Bählamm fehlt. Gem. § 549 Abs. 3 BGB gilt jedoch die Bestandsschutzregelung des § 573 BGB nicht für Mietverhältnisse über Wohnraum, der Teil eines Studentenwohnheims ist. Dies ist hier der Fall, so daß sich Balduin auf diese Schutzvorschrift nicht berufen kann. Es braucht daher auch nicht mehr geprüft zu werden, ob der von der Kuhland & Raffke GmbH geplante Umbau des Hauses ein berechtigtes Interesse für die Kündigung des Mietverhältnisses begründen kann.

Zu prüfen bleibt noch, ob Balduin Bählamm nach § 574 Abs. 1 BGB der Kündigung widersprechen kann, weil die vertragsmäßige Beendigung des Mietverhältnisses für ihn eine besondere Härte bedeuten würde. Wie aus § 549 Abs. 3 BGB hervorgeht, ist diese Vorschrift auch auf Mietverhältnisse über Wohnraum in Studentenwohnheimen anzuwenden. Erhebt Bählamm nach § 574 Abs. 1 BGB Widerspruch gegen die von der Kuhland & Raffke GmbH ausgesprochene Kündigung seines Appartements (was er im vorliegenden Fall ohne Wahrung der in § 574 b Abs. 2 Satz 1 BGB festgelegten Frist tun kann, weil er in der Kündigungserklärung nicht entsprechend den Anforderungen des § 568 Abs. 2 BGB auf die Möglichkeit, die Form und die Frist eines Widerspruchs hingewiesen worden ist – § 574 b Abs. 2 Satz 2 BGB –), so hat eine Abwägung des besonderen Interesses des Mieters an der Fortsetzung des bestehenden Mietverhältnisses gegen den Wunsch des Vermieters nach Beendigung des Mietvertrags zu erfolgen, wobei gem. § 574 Abs. 3 BGB zugunsten des Vermieters nur die Gründe zu beachten sind, die im Kündigungsschreiben angegeben worden sind – im vorliegenden Fall sonach die Absicht der Kuhland & Raffke GmbH, das gesamte Gebäude abzureißen und durch einen Neubau zu ersetzen. Es ist daher zu prüfen, ob die Schwierigkeiten, in Saarbrücken eine passende Studentenwohnung zu finden, und die zeitliche Belastung durch Diplomarbeit und die Vorbereitung auf die Hauptfachklausuren dazu führen, daß ein Auszug aus dem Wohnheim spätestens am 30.6.2002 für Balduin Bählamm zu einer so unzumutbaren Härte führen würde, daß das Interesse der Vermieterin an einem baldigen Abbruch des Gebäudes einstweilen zurückstehen muß. Nach den Angaben des Sachverhalts ist es in Saarbrücken nicht überhaupt unmöglich, zu vergleichbaren Bedingungen eine Studentenbude zu finden; die Suche ist lediglich zeitraubend, wobei allerdings auch zu berücksichtigen ist, daß während der Semesterferien in den Monaten März und April Unterkünfte für Studenten leichter zu finden sind als während der eigentlichen Vorlesungszeit. Balduin wird sich daher nicht darauf berufen können, daß es ihm überhaupt unmöglich ist, innerhalb der Kündigungsfrist angemessenen Ersatzwohnraum zu zumutbaren Bedingungen zu finden (§ 574 Abs. 2 BGB). Die besondere persönliche Härte der Kündigung könnte daher allenfalls in seiner examensbedingten Zeitnot liegen. Auch insoweit sind indessen seine Schwierigkeiten in das richtige Verhältnis zu den Belangen des Vermieters zu setzen: Solange Balduin noch an seiner Diplomarbeit schreibt, für deren Fertigstellung ihm nur eine kurz bemessene Zeitspanne zugestanden ist, wird man ihm zugutehalten können, daß für ihn jede Minute kostbar ist und ihm nicht auch noch zugemutet werden kann, seine Zeit mit der Suche nach einer anderen Bleibe zu verbringen. Indessen verbleibt ihm auch nach Fertigstellung der Arbeit Mitte April 2002 bis zum vertragsmäßigen Auszugstermin am 30.6.2002 noch hinreichend Zeit, ein anderes Quartier zu suchen. Allerdings wird Balduin im Anschluß an die Fertigstellung der Diplomarbeit seine Vorbereitungen auf die Hauptfachklausuren fortsetzen wollen. Hierbei handelt es sich aber um eine Tätigkeit, bei der er nicht ständig konzentriert arbeiten muß, so daß ihm durchaus noch Zeit und Gelegenheit für die Suche nach einer neuen Wohnung bleibt. Notfalls wäre ihm auch zuzumuten, für eine gewisse Zeit in sein Elternhaus zurückzukehren und dort seine Examensvorbereitungen fortzusetzen, bis er in Saarbrücken eine neue Bleibe gefunden hat. Gemessen an diesen Schwierigkeiten sind jedenfalls die Belange der Kuhland & Raffke GmbH höher zu bewerten, alsbald mit dem Abbruch des gesamten Gebäudes beginnen zu können, um angesichts der zu erwartenden baupolizeilichen Abbruchverfügung einen unwirtschaftlichen Teilabbruch des einsturzgefährdeten Hauses zu vermeiden.

Gegenüber einer Kündigung des Mietvertrags zum 30.6.2002 kann sich Balduin Bählamm sonach nicht mit Aussicht auf Erfolg auf die Härteklausel des § 574 BGB berufen und Widerspruch erheben.

Frage 2: In diesem Fall könnte die Erfüllung des Mietvertrags unmöglich geworden sein, so daß das Mietverhältnis auch ohne Kündigung beendet ist, ohne daß Balduin Bählamm irgendwelche Mieterrechte einwenden kann: Infolge des Wegschwemmens der Grundmauern ist die bauliche Substanz des Gebäudeflügels, in dem sich das an Balduin vermietete Appartement befindet, so zerstört, daß dieser endgültig unbewohnbar geworden ist. Damit ist die Erfüllung der von der Kuhland & Raffke GmbH geschuldeten Vermieterleistung unmöglich geworden. Selbst wenn die Vermieterin nach Abbruch des Gebäudes später ein anderes Wohnheim errichten sollte, wären dies andere Mieträume, auf die sich der mit Balduin Bählamm im Jahr 1996 abgeschlossene Vertrag nicht mehr bezieht. Da der Schaden durch Hochwasser, mithin als Folge höherer Gewalt eingetreten ist, wird die Vermieterin nach § 275 Abs. 1 BGB a.F. von ihrer Verpflichtung zur Leistung frei, ohne daß Balduin irgendwelche Ersatzforderungen erheben kann.

Zu prüfen bleibt allerdings, ob sich aus § 535 Abs. 1 Satz 2 BGB etwas anderes ergibt. Nach dieser Vorschrift ist der Vermieter verpflichtet, während der gesamten Dauer des Mietvertrags die Mietsache in einem zum vertragsmäßigen Gebrauch geeigneten Zustand zu erhalten. Dies bezieht sich jedoch nur auf etwaige Mängel der Mietsache und regelt nicht den Fall, daß das Mietobjekt insgesamt untergeht. Wollte man aus § 535 Abs. 1 Satz 2 BGB die Verpflichtung des Vermieters herleiten, auch eine vollständig untergegangene oder schlechthin unbrauchbar gewordene Mietsache im alten Zustand wiederherzustellen, so wäre der Vermieter mit einem Erfüllungsrisiko belastet, das sogar noch weit über das bei Gattungsschulden übliche Beschaffungsrisiko hinausgeht, denn hier hat der Schuldner wenigstens die Möglichkeit, seine Leistungsverpflichtung auf einen bestimmten Gegenstand aus der Gattung zu konkretisieren und sich auf diese Weise für den Fall des Untergangs dieses Gegenstandes von weiteren Leistungsverpflichtungen freizustellen. Für eine noch über die Regelung des § 279 BGB a.F. hinausgehende Pflichtenverstärkung zu Lasten des Vermieters finden sich in der gesetzlichen Ausgestaltung des Mietrechts keine Anhaltspunkte. Auch aus der das Wohnungsmietrecht prägenden besonderen Sozialpflichtigkeit des Hauseigentums lassen sich derart weitreichende Konsequenzen nicht herleiten: Der Eigentümer eines Hauses unterliegt zwar bei der Vermietung dieses Hauses zu Wohnzwecken gegenüber seinen Mietern gewissen Verfügungsbeschränkungen; damit haftet der Vermieter aber noch nicht mit seinem gesamten Vermögen dafür, daß den von ihm aufgenommenen Mietern auch im Falle des Untergangs dieses Hauses auf alle Zeiten Wohnraum zur Verfügung steht. Es bleibt somit bei der allgemeinen Regelung des § 275 BGB a.F., wonach der Schuldner bei einem von ihm nicht zu vertretenden Unmöglichwerden der Leistung von weiteren Leistungsverpflichtungen aus seinem Vermögen freigestellt wird.

In dem in Frage 2 angesprochenen Sachverhalt steht sonach die Kuhland & Raffke GmbH zu Recht auf dem Standpunkt, daß Balduin Bählamm aus seinem Mietvertrag keine Rechte mehr herleiten kann.

Fall 13.08: *Der enttäuschte Hauskäufer*

Anton hat mit notariellem Vertrag vom 24.1. von der Witwe Bolte ein Geschäfts- und Bürohaus erworben. Vertragsgemäß gingen Besitz und Lasten des Hauses zum 1.2. auf Anton über; die Eintragung des Eigentumsübergangs im Grundbuch erfolgte jedoch erst am 24.6.. Eine Etage des Hauses war an die Mümmelmann-GmbH als Büro vermietet; die Mieterin ist nach fristgerechter Kündigung des Mietverhältnisses am 30.4. ausgezogen. Sie ließ die Räume in einem stark abgenutzten Zustand zurück; der im Mietvertrag besonders vereinbarten Pflicht, die laufenden Schönheitsreparaturen durchzuführen, war sie niemals nachgekommen.

Anton mahnt bei der Mümmelmann-GmbH mehrfach die Renovierung der ehemaligen Mieträume an, ohne Erfolg zu haben. Schließlich läßt er die Büroetage mit einem Aufwand von 19.000,– € herrichten, um sie überhaupt vermieten zu können. Bis es so weit ist, hat er Mietausfälle für fünf Monate, die er mit weiteren 20.000,– € veranschlagt. Kann Anton von Mümmelmann Ersatz verlangen? (Ungeachtet der besonderen Übergangsregelung des Art. 229 § 5 Satz 2 EGBGB ist bei der Bearbeitung des Sachverhalts das BGB auf jeden Fall in der seit 1.1.2002 geltenden Fassung durch das Schuldrechtsmodernisierungs G vom 26.11.2001 anzuwenden.)

Lösungshinweis: Im vorliegenden Sachverhalt geht es zunächst um die Umsetzung der in Raummietverträgen üblichen Klausel, daß der Mieter die anfallenden „Schönheitsreparaturen" zu tragen hat. Weitere Probleme ergeben sich aus dem Eigentümerwechsel des Mietshauses; der Fall macht auf die besondere Tragweite des – in der Praxis ebenfalls häufigen – zeitlichen Auseinanderfallens von Nutzungsübergang und formeller Umschreibung des Eigentums im Grundbuch für die Handhabung der §§ 578 Abs. 1, 566 BGB aufmerksam. – Wiederholen Sie Grdz. § 10 IV 3; § 12 I 3 c; § 13 III 1, 2; vgl. auch Grdz. § 18 II 2 a!

Musterlösung:

Anton könnte seinen Schadensersatzanspruch gem. § 280 Abs. 2, 286 BGB auf Verzug der Mümmelmann-GmbH bei der Erfüllung von Nebenpflichten aus dem Mietvertrag stützen. Im vorliegenden Fall kommt eine Verpflichtung der ehemaligen Mieterin zur regelmäßigen Durchführung von Schönheitsreparaturen in Betracht. Zwar ist der Vermieter nach § 535 Abs. 1 Satz 2 BGB normalerweise selbst verpflichtet, die vermietete Sache in einem zum vertragsmäßigen Gebrauch geeigneten Zustand zu erhalten; nach § 538 BGB trägt er auch das Risiko, daß sich der Zustand der Mieträume im Laufe der Mietzeit durch normale Abnutzung verschlechtert, so daß bei einem Auszug des Mieters zunächst Renovierungsarbeiten durchgeführt werden müssen, damit eine erneute Vermietung möglich ist. Die Regelung des § 535 Abs. 1 Satz 2 BGB ist jedoch abdingbar; im vorliegenden Fall ist der Mümmelmann-GmbH die Verpflichtung zur Durchführung der Schönheitsreparaturen vertraglich übertragen worden. Diese war daher aufgrund des Mietvertrags zur malermäßigen Instandhaltung der Büroetage auf ihre Kosten verpflichtet. Werden die notwendigen Arbeiten nicht während der laufenden Mietzeit durchgeführt, müssen diese spätestens bei Beendigung des Mietverhältnisses vor der Rückgabe der Mieträume nachgeholt werden. Die Renovierung der Büroetage ist sonach im vorliegenden Fall am 30.4. fällig geworden; seit diesem Zeitpunkt befindet sich die Mümmelmann-GmbH gem. § 286 Abs. 2 Satz 2 BGB mit der Erfüllung ihrer Mieterpflichten auch in Verzug. Unter den Voraussetzungen des § 281 Abs. 1 Satz 1 BGB könnte Anton von ihr auch Schadensersatz statt der Leistung verlangen.

Fraglich ist allerdings, ob der Anspruch auf die Durchführung der Schönheitsreparaturen dem Anton überhaupt zusteht. Dies setzt voraus, daß er selbst Partner des mit der Mümmelmann-GmbH abgeschlossenen Mietvertrags ist. Ursprünglich war dieser Vertrag mit der früheren Hauseigentümerin, der Witwe Bolte, abgeschlossen worden. Anton könnte jedoch als neuer Eigentümer des Hauses gem. §§ 578 Abs. 2, 566 Abs. 1 BGB in dieses Vertragsverhältnis nachgerückt sein. Nach dieser Vorschrift tritt der neue Erwerber in die sich „während der Dauer seines Eigentums" aus dem Mietverhältnis ergebenden Rechte und Pflichten des Voreigentümers ein. Anton müßte demnach bereits Eigentümer des Hauses gewesen sein, als das Mietverhältnis mit der Mümmelmann-GmbH noch bestanden hatte. Er hat indessen das Eigentum an dem Gebäude nicht schon durch den Abschluß des notariellen Vertrags vom 24.1. erworben, sondern wurde erst durch die Eintragung des Rechtsübergangs im Grundbuch am 24.6. – also nach Beendigung des Mietverhältnisses der Fa. Mümmelmann – neuer Hauseigentümer.

Etwas anderes könnte sich indessen aus der im Kaufvertrag getroffenen Absprache ergeben, daß „Besitz und Lasten" des Anwesens schon am 1.2. auf Anton übergehen sollen. Diese Vereinbarung betrifft jedoch nur das Rechtsverhältnis zwischen ihm und der Witwe Bolte, nicht aber auch seine Beziehungen zu der an diesem Vertragsschluß nicht beteiligten Mümmelmann-GmbH.

Demnach ist der auf §§ 578 Abs. 2, 566 Abs. 1 BGB beruhende Eintritt des Anton in die Rechte und Pflichten aus den mit den Mietern des von ihm erworbenen Hauses bestehenden Verträgen erst mit Wirkung ab dem 24.6. erfolgt. Damit kann Anton Vermieterrechte aus dem damals schon beendeten Mietverhältnis mit der Mümmelmann-GmbH nicht mehr herleiten; ihm stehen sonach keine Schadensersatzforderungen wegen nicht durchgeführter Schönheitsreparaturen zu.

Fall 13.09: *Drückende Schulden*

Anton will sein Wohnhaus umbauen. Um die notwendigen Mittel aufzubringen, nimmt er bei der Sparkasse Neustadt ein Hypothekendarlehen über 50.000,– € auf. Im schriftlich aufgesetzten Darlehensvertrag vom 3.2. wird vereinbart, daß das zu 7% nachschüssig verzinsliche Darlehen am 1.3. zur Verfügung gestellt wird. Kapital und Zinsen sollen ab 1.4. über zehn Jahre hinweg in insgesamt 40 gleichen Quartalsraten zurückgezahlt werden. Die Sparkasse behält sich jedoch das Recht vor, das Darlehen bei Verzug mit zwei aufeinander folgenden Raten oder bei drohendem Vermögensverfall des Anton gesamtfällig zu stellen. Das Darlehen wird wie vereinbart ausgezahlt; Anton verwendet das Kapital für den Umbau seines Hauses und die Anschaffung eines neuen Pkw für seinen privaten Gebrauch.

1. Ein Jahr später gerät Anton mit seinem Bauunternehmen in wirtschaftliche Schwierigkeiten. Am 16.11. dieses Jahres muß er seine laufenden Zahlungen einstellen. Daraufhin kündigt die Sparkasse das Darlehen zum Ablauf des 30.11. Anton hält die Kündigung für ungerechtfertigt, da er die Quartalsraten bisher pünktlich bezahlt hat und der Sparkasse mit einer erstrangigen Hypothek auf seinem Wohnhaus ausreichende Sicherheiten zur Verfügung stehen. Wie ist die Rechtslage?

2. Wäre das Ergebnis anders, wenn Anton die 50.000,– € von der Sparkasse nicht als Hypothekendarlehen, sondern als einen innerhalb von fünf Jahren in gleichen Quartalsraten zurückzuzahlenden verzinslichen „Personalkredit" erhalten hätte?

Lösungshinweis: Der Sachverhalt führt in die komplizierte Regelung des Verbraucherdarlehensvertrags ein.

Musterlösung:

Frage 1: Der Anspruch der Sparkasse Neustadt auf Rückzahlung der noch nicht getilgten Kapitalschuld aus dem Darlehen könnte sich gem. §§ 488 Abs. 1 Satz 2, 490 Abs. 1 BGB aus der Hingabe des Kapitals und der erfolgten Kündigung der Darlehensschuld zum 30.11. ergeben. Zwar ist für die ratenweise Rückzahlung des Darlehens eine sich über zehn Jahre hinziehende Frist vereinbart und damit das Kündigungsrecht der Darlehensgeberin nach § 488 Abs. 3 BGB ausgeschlossen. Die Sparkasse hat sich jedoch vertraglich ein außerordentliches Kündigungsrecht ausbedungen, indem sie vereinbart hat, daß das Darlehen u.a. bei drohendem Vermögensverfall des Anton „gesamtfällig gestellt" werden kann. Diese Voraussetzung ist im vorliegenden Fall eingetreten, denn die Zahlungseinstellung durch einen Unternehmer ist regelmäßig die Vorstufe für eine Insolvenz. Da die Beteiligten im Rahmen der ihnen zustehenden Vertragsgestaltungsfreiheit die Bedingungen für eine außerordentliche Kündigung des Darlehens nach Belieben vereinbaren können, kommt es im vorliegenden Fall auch nicht darauf an, daß Anton seinen Zahlungsverpflichtungen gegenüber der Sparkasse Neustadt bisher pünktlich nachgekommen ist und dieser ausreichende Sicherheiten für ihre Forderung zur Verfügung stehen. Anhaltspunkte dafür, daß das vereinbarte Kündigungsrecht wegen drohenden Vermögensverfalls gegen die guten Sitten verstoßen könnte und diese Abrede daher gem. § 138 Abs. 1 BGB nichtig wäre, sind nicht ersichtlich.

Die Kündigungsabrede könnte allerdings gegen die gem. § 506 BGB zwingende Vorschrift des § 498 BGB verstoßen, der die Gesamtfälligstellung eines in Teilzahlungen zu tilgenden Kredits an bestimmte, im vorliegenden Fall nicht gegebene Voraussetzungen knüpft. § 498 BGB gilt gem. § 491 Abs. 1 BGB für Verbraucherdarlehensverträge. Im vorliegenden Fall hat Anton den verzinslichen (= entgeltlichen) Kredit für den Umbau seines Wohnhauses und die Anschaffung eines Pkw. für seinen privaten Gebrauch aufgenommen und auch verwendet; der Darlehensvertrag ist von ihm demnach als Verbraucher i.S.d. § 13 BGB abgeschlossen worden. Die Sparkasse ist ein gewerblicher Kreditgeber. Mithin liegt ein Verbraucherdarlehensvertrag nach § 491 Abs. 1 BGB vor. Das Darlehen ist allerdings als Hypothekendarlehen ausgegeben worden, mithin durch ein Grundpfandrecht gesichert, so daß gem. § 491 Abs. 3 Nr. 1 BGB die Regelung des § 498 BGB auf den Vertrag zwischen der Sparkasse Neustadt und Anton nicht anzuwenden ist.

Entsprechend der zwischen Anton und der Sparkasse Neustadt getroffenen Absprache ist sonach die außerordentliche Kündigung des Darlehensvertrags zulässig; die Rückzahlung der bisher noch nicht getilgten Kapitalschuld ist zum 30.11. fällig geworden.

Frage 2: In diesem Fall ist die Anwendung des § 498 BGB auf den zwischen Anton und der Sparkasse Neustadt abgeschlossenen Darlehensvertrag nicht durch § 491 Abs. 3 Nr. 1 BGB ausgeschlossen. Demnach ist eine vorzeitige Kündigung des Personalkredits wegen drohenden Vermögensverfalls nicht möglich; die Sparkasse muß schon abwarten, ob Anton wegen seiner Zahlungsschwierigkeiten auch mit der Tilgung des Darlehens mit mindestens zwei aufeinander folgenden Quartalsraten in Verzug gerät. Auch dann muß ihm die Sparkasse gem. § 498 Abs. 1 Satz 1 Nr. 2 BGB zunächst eine zweiwöchige Nachfrist zur Zahlung der Rückstände setzen und ihm die Gesamtfälligstellung der Restschuld besonders androhen sowie ein Gespräch über die Möglichkeiten einer einverständlichen Regelung der Zahlungsprobleme anbieten.

Auf jeden Fall wäre die Kündigung des Personalkredits zum 30.11. unwirksam.

Fall 13.10: *Die schnelle Mark*

Das Rentnerehepaar Bollmann hat sich ein kleines Vermögen angespart. Im Frühjahr 2002 macht Bollmann die Bekanntschaft mit Konrad, einem Reisevertreter der Goldfinger GmbH & Co KG, die Glücksspielautomaten vertreibt. Mit wortreichen Schilderungen über die großen Gewinne, die in diesem Geschäft stecken, läßt sich das Ehepaar Bollmann überreden, auf seine alten Tage noch einmal in das Gewerbe eines Spielautomatenaufstellers einzusteigen. Bollmann unterschreibt auf Anraten des Konrad am 5.3. einen Vertrag, mit dem er zum Preis von 75.000,– € von der Goldfinger GmbH insgesamt 15 Geldspielautomaten des Typs „Las Vegas XRL" zur Lieferung innerhalb von zwei Wochen kauft. Der Kaufpreis soll mit den Ersparnissen der Eheleute in

Höhe von 30.000,– € und einem Bankkredit gedeckt werden. Geschäftstüchtig wie er ist, hat Konrad ein Formular der Warenkreditbank AG für einen Darlehensantrag gleich mit dabei und füllt dieses für Bollmann unterschriftsreif aus. Es wird ein Darlehen in Höhe von 51.000,– € beantragt, wobei der den Kaufpreisrest überschießende Betrag von 6.000,– € dazu dienen soll, die „Bearbeitungsgebühren" der Bank auszugleichen. Laut Antragsformular wird die Bank unwiderruflich angewiesen, den eigentlichen Darlehensbetrag von 45.000,– € unmittelbar an die Goldfinger GmbH & Co KG in Anrechnung auf die Kaufpreisschuld des Bollmann aus dem Kaufvertrag vom 5.3. auszuzahlen. Kapital und Zinsen in Höhe von 12,5% sind innerhalb von drei Jahren in gleichen Monatsraten zurückzuerstatten. Schon am 19.3. geht die Nachricht ein, daß der Kredit bewilligt und weisungsgemäß an die Goldfinger GmbH & Co KG ausgezahlt worden sei.

Nicht ganz so zügig verläuft die Abwicklung des Geschäfts mit der Goldfinger GmbH & Co KG: Die Eheleute warten vergeblich auf die von Konrad angekündigte Warensendung. Nachdem Bollmann zum wiederholten Male reklamiert hat, setzt er der Verkäuferin schließlich eine letzte Frist bis zum 20.4. Als auch diese Frist ohne Ergebnis abgelaufen ist, erklärt Bollmann mit Einschreibebrief vom 21.4. den Rücktritt vom Kaufvertrag.

Anfang Mai erhält Bollmann von der Warenkreditbank AG die Aufforderung, die Kreditrate für April in Höhe von 1.849,– € zu bezahlen. Auf seine Antwort, er sei inzwischen vom Kaufvertrag mit der Goldfinger GmbH & Co KG vom 5.3. zurückgetreten, erhält er den Bescheid, dies alles sei für die Warenkreditbank AG ohne Belang. Aufgrund seines Kreditantrags vom 5.3. sei nämlich ein selbständiger Darlehensvertrag zustande gekommen; das Darlehen sei abredegemäß zur Verfügung gestellt worden und müsse nun entsprechend den vertraglichen Bedingungen ratenweise an die Bank zurückgezahlt werden. Etwaige Reklamationen wegen unzureichender Lieferung der Spielautomaten seien ausschließlich an die Goldfinger GmbH & Co KG zu richten.

Muß Bollmann das Darlehen zurückzahlen?

Lösungshinweis: Der Sachverhalt führt in die Problematik des Einwendungsdurchgriffs bei Darlehensverträgen ein, die als „verbundene" Verträge zur direkten Finanzierung eines Umsatzgeschäfts abgeschlossen sind. – Wiederholen Sie Grdz. § 12 II 3; § 13 II 3, IV 2!

Musterlösung:

Der Anspruch der Warenkreditbank AG auf Zahlung der Kreditrate für April und der weiteren Darlehensraten könnte sich gem. § 488 Abs. 1 Satz 2 BGB aus einem mit Bollmann abgeschlossenen Darlehensvertrag ergeben. Ein solcher Vertrag ist durch die am 19.3. mitgeteilte Annahme des am 5.3. ausgefüllten und von Konrad an die Warenkreditbank weitergeleiteten Darlehensantrags zustande gekommen. Die Darlehensvaluta sind auch inzwischen entsprechend der erteilten Anweisung an die Goldfinger GmbH & Co KG ausgezahlt worden und dienen dort der Tilgung einer von Bollmann eingegangenen Kaufpreisschuld, so daß das Darlehen im Ergebnis seinem Vermögen zugeflossen ist. Entsprechend den im Vertrag festgelegten Zahlungsbedingungen sind sonach die einzelnen Kreditraten zurückzuzahlen.

Bollmann hat möglicherweise ein Recht zur Zahlungsverweigerung, weil er inzwischen von dem Kaufvertrag zurückgetreten ist, dem das Darlehen zur (Teil-)Finanzierung dienen sollte. Zwar weist die Bank zutreffend darauf hin, daß es sich bei Darlehen und Kaufvertrag um zwei verschiedene Schuldverhältnisse mit unterschiedlichen Vertragspartnern handelt. Es liegt jedoch ein Fall des finanzierten Abzahlungskaufs vor, bei dem wirtschaftlich betrachtet ein Teil des nach dem Vertrag mit der Goldfinger GmbH & Co KG geschuldeten Kaufpreises von Bollmann nicht sofort, sondern in Raten bezahlt wird. Zwar wird der Kredit nicht von der Verkäuferin selbst gewährt; diese ist lediglich als Vermittlerin für den Darlehensvertrag mit der Warenkreditbank AG aufgetreten, so daß die weitere Abwicklung des Ratenkredits allein im Verhältnis zwischen Bollmann und der Bank stattfindet. Eine solche Rechtsgestaltung könnte jedoch als „verbundener Vertrag" nach § 358 Abs. 3 BGB anzusehen sein, so daß gem. § 359 BGB zugunsten von Bollmann die Möglichkeit eines Einwendungsdurchgriffs wegen des mit der Goldfinger GmbH & Co. KG abgeschlossenen Kaufvertrags besteht.

Voraussetzung hierfür ist zunächst, daß der für Bollmann vermittelte Darlehensvertrag als Verbraucherdarlehensvertrag i.S.v. § 491 Abs. 1 BGB zu qualifizieren ist. Das könnte zu verneinen sein, weil das Darlehen nach dem vertraglich festgelegten Verwendungszweck kein zur Deckung privater Lebensbedürfnisse gewährter Kredit ist, sondern zur Finanzierung von Anschaffungen für eine gewerbliche Tätigkeit der Eheleute Bollmann – dem Gewerbe eines Spielautomatenaufstellers – dienen soll. Das Rentnerehepaar steht jedoch erst am Beginn seiner gewerblichen Tätigkeit; das Darlehen sollte gerade deren Aufnahme dienen. Kredite an natürliche Personen für die Aufnahme einer gewerblichen oder selbständigen beruflichen Tätigkeit unterfallen gem. § 507 BGB den Vorschriften der §§ 491 ff. BGB über Verbraucherkreditverträge, wenn die Nettokreditsumme den Schwellenwert von 50.000,– € nicht übersteigt. Im vorliegenden Fall hat sich Bollmann zwar 51.000,– € geliehen, diese Summe deckt jedoch „Bearbeitungsgebühren" in Höhe von 6.000,– €, so daß der eigentliche Nettokreditbetrag mit 45.000,– € unter dem Schwellenwert des § 507 BGB liegt.

Nach § 358 Abs. 3 BGB ist ein verbundener Vertrag gegeben, wenn (irgend ein) Vertrag über die Lieferung von Waren ganz oder teilweise durch einen Verbraucherdarlehen (bzw. durch einen nach § 507 BGB einem Verbraucherdarlehen gleich zu stellenden Kredit) finanziert worden ist und Kaufvertrag und Darlehensvertrag eine wirtschaftliche Einheit bilden. Dies ist nach § 358 Abs. 3 Satz 2 BGB insbesondere dann anzunehmen, wenn der Verkäufer (oder die von ihm beschäftigten Vertreter) mit Zustimmung des Kreditgebers zugleich bei der Vorbereitung des Kreditvertrags mitgewirkt hat. Wie bereits festgestellt worden ist, diente das von der Warenkreditbank AG gewährte Darlehen der Finanzierung des Kaufpreises aus dem Kaufvertrag mit der Goldfinger GmbH & Co KG. Der Kreditvertrag ist durch Vermittlung des Vertreters Konrad zustande gekommen; derselben Person, die mit Bollmann auch den Kaufvertrag über die mit diesem Kredit finanzierten Geldspielautomaten ausgehandelt hat. Da Konrad über ein Formular der Warenkreditbank AG für Darlehensanträge verfügte, ist ferner davon auszugehen, daß er bzw. die Goldfinger GmbH & Co KG diese Art der Geschäftsabwicklung in Absprache mit der Warenkreditbank AG durchführte. Hierfür spricht auch, daß die Bank das Darlehen ohne weitere Rückfrage bei Bollmann bewilligt und an die Verkäuferin ausgezahlt hatte. Der Kaufvertrag mit der Goldfinger GmbH & Co KG vom 5.3. und der Kreditvertrag mit der Warenkreditbank vom 19.3. sind sonach ein miteinander verbundenes Geschäft i.S.d. § 358 Abs. 3 Satz 1 BGB.

Nach § 359 Satz 1 BGB könnte Bollmann demnach die Rückzahlung des Kredits verweigern, wenn er berechtigt wäre, aufgrund des mit der Goldfinger GmbH & Co KG abgeschlossenen Kaufvertrags Einwendungen gegen die Kaufpreisschuld zu erheben. Im vorliegenden Fall war die Verkäuferin mit der Lieferung der von ihr verkauften Geldspielautomaten nach Ablauf der vertraglich festgelegten Lieferfrist (zwei Wochen nach Vertragsschluß) gem. § 286 Abs. 2 Nr. 2 BGB in Verzug geraten. Bollmann hat nach wiederholter Reklamation „eine letzte Frist" bis zum 20.4. gesetzt. Da die Goldfinger GmbH & Co KG bis zum 20.4. nicht geliefert hat, war Bollmann nach § 323 Abs. 1 BGB berechtigt, vom Kaufvertrag zurückzutreten. Diese Erklärung hat er mit Einschreibebrief vom 21.4. abgegeben; sonach ist durch Bollmanns Rücktritt der Kaufvertrag vom 5.3. aufgelöst und der Kaufpreisanspruch der Verkäuferin erloschen. Würde der durch das Darlehen der Warenkreditbank AG abgelöste Zahlungsanspruch aus dem Kaufvertrag vom 5.3. noch bestehen, wäre Bollmann demnach berechtigt, dessen Erfüllung zu verweigern. Diesen Einwand kann Bollmann gem. § 359 Satz 1 BGB auch gegenüber dem Darlehensrückzahlungsanspruch der Warenkreditbank AG erheben; er braucht somit nichts zu zahlen.

III. Wiederholungsfragen

1. Gelten z.B. die gesetzlichen Vorschriften der §§ 434 ff. BGB über die Sachmängelhaftung auch für solche Kaufverträge, in denen von den Vertragsparteien nicht ausdrücklich auf das BGB Bezug genommen worden ist? (Grdz. § 13 I 2)

Ja. Die in den §§ 433 ff. BGB normierten Bestimmungen über Kaufverträge gelten ohne weiteres für alle Verträge, die dem in § 433 BGB definierten Typus des Kaufvertrags entsprechen; d.h. für solche Verträge, in denen jemand die Übereignung von Sachen oder die Übertragung von Rechten gegen Zahlung eines Entgelts verspricht. Auf das Gesetz braucht dabei beim Vertragsschluß nicht Bezug genommen zu werden. Nur dann, wenn die Beteiligten die Geltung einzelner (dispositiver) Vorschriften der §§ 433 ff. BGB für ihren Vertrag ausschließen wollen, muß dies ausdrücklich vereinbart werden.

2. Welche Bedeutung haben zwingende Normen für den Abschluß von Verträgen? (Grdz. § 6 I 3 b; § 13 I 3)

Die Geltung zwingender Rechtsvorschriften kann selbst durch ausdrückliche vertragliche Vereinbarung nicht ausgeschlossen werden; d.h. wenn ein konkret ausgehandeltes Geschäft einem Vertragstyp entspricht, dessen gesetzliche Regelung auch zwingende Normen enthält (z.B. Wohnungsmietvertrag), sind diese Vorschriften auf das Vertragsverhältnis auf jeden Fall anzuwenden, gleichgültig, ob die Beteiligten stattdessen etwas anderes festgelegt haben.

3. Was sind atypische und was sind typengemischte Verträge; wie sind sie rechtlich zu behandeln; nennen Sie Beispiele! (Grdz. § 13 I 5)

Atypische Leistungsverträge (z.B. der Kreditkartenvertrag) sind Leistungsverträge, die keiner der im BGB oder in anderen Gesetzen vorgeformten Vertragstypen entsprechen. Trotzdem können sie im Rahmen der Vertragsgestaltungsfreiheit vereinbart werden, wie auch durch § 311 Abs. 1 BGB bestätigt wird. Für ihre rechtliche Beurteilung ist ausschließlich das im Vertrag Vereinbarte maßgebend; notfalls bedarf es der Vertragsergänzung durch Auslegung nach Maßgabe des § 157 BGB und einer Inhaltskontrolle im Rahmen der §§ 307 ff. BGB und des § 138 Abs. 1 BGB. *Typengemischte Verträge* sind Vereinbarungen über ein „Paket" aus mehreren Leistungen, die für sich betrachtet unterschiedlichen Vertragstypen zuzuordnen sind, im konkreten Fall jedoch als Gesamtleistung erbracht werden sollen (z.B. Bewirtung in einer Gaststätte, Hausmeistervertrag). Hier ist die Abwicklung der einzelnen Leistungen nach der gesetzlichen Ausformung desjenigen Vertragstyps zu beurteilen, dem sie jeweils am besten entsprechen.

4. Was ist das Gemeinsame, was ist der charakteristische Unterschied zwischen einem Kaufvertrag und einem Mietvertrag? (Grdz. § 13 II 1, III 1)

Bei beiden Vertragstypen geht es darum, dem anderen Teil gegen Zahlung eines Entgelts Sachen oder Rechte so zur Verfügung zu stellen, daß er sie gebrauchen kann. Beim *Mietvertrag* (bzw. dem Lizenznehmervertrag für Rechte) wird das Gebrauchsrecht nur vorübergehend für eine vertraglich festgelegte oder durch Kündigung zu begrenzende Zeit überlassen; die Sache oder das Recht bleiben auch während der Nutzungszeit dem Vermögen des Vermieters oder Lizenzgebers rechtlich zugeordnet. Vermietete Sachen müssen nach Beendigung der Nutzung dem Vermieter zurückgegeben werden. Beim *Kaufvertrag* sollen Sache oder Recht endgültig in das Vermögen des anderen Teils übertragen werden. Dieser erwirbt sonach nicht nur eine vorübergehende Nutzungsmöglichkeit, sondern alle Rechte an dem Kaufgegenstand und damit die Befugnis, ihn nach seinem Belieben auch völlig zu verbrauchen oder über ihn durch Veräußerung oder Belastung anderweit zu verfügen.

5. Ist es möglich, einen Kaufvertrag in der Weise abzuwickeln, daß die Kaufsache zwar übergeben wird, die Übereignung aber erst dann erfolgen soll, wenn der vereinbarte Kaufpreis vollständig bezahlt ist oder der Käufer eine andere, mit dem Verkäufer vereinbarte Bedingung erfüllt? (Grdz. § 6 II 6; § 13 II 3; § 18 I 3 c)

Nach § 433 Abs. 1 BGB ist der Verkäufer zwar verpflichtet, die Kaufsache dem Käufer zu übergeben *und* zu übereignen. Da nach deutschem Kaufrecht jedoch das Abstraktionsprinzip gilt, sieht § 449 BGB vor, daß Besitz- und Eigentumsübertragung an den Erwerber zeitlich getrennt werden können. Damit hat der Verkäufer bei der Veräußerung beweglicher Sachen die Möglichkeit, spätestens bei der Übergabe der Kaufsache einen sog. Eigentumsvorbehalt zu vereinbaren; d.h. die Übereignung unter der aufschiebenden Bedingung (§ 158 Abs. 1 BGB) zu erklären, daß der Erwerb des Eigentumsrechts erst bei vollständiger Zahlung des Kaufpreises bzw. der Erfüllung einer anderen, mit dem Käufer vereinbarten Bedingung erfolgen soll.

6. Welche besonderen Risiken bestehen aus der Sicht des Verbrauchers beim Abzahlungskauf; wie ist er dagegen geschützt? (Grdz. § 13 II 3, IV 2)

Das Risiko beim Abzahlungskauf besteht darin, daß geschäftlich unerfahrene Verbraucher zu Kaufabschlüssen verleitet werden, die ihre wirtschaftliche Leistungsfähigkeit überschreiten, daß die Vertragsbedingungen unübersichtlich sind, vor allem die volle wirtschaftliche Tragweite des Geschäftsabschlusses verschleiern und daß der Verbraucher bereits geleistete Anzahlungen zusammen mit der Kaufsache verliert und sogar noch Schulden zurückbehält, wenn er mit den Ratenzahlungen in Verzug gerät. Schutz gegen diese Risiken wird vor allem dadurch gewährleistet, daß die Teilzahlungsgeschäfte (und andere Formen der Zahlungserleichterung) nach § 501 BGB in die Bestimmungen der §§ 491 ff. BGB über den Verbraucherdarlehensvertrag mit einbezogen werden. Diese sehen u.a. vor, daß Verbraucherdarlehensverträge schriftlich abgeschlossen sein sowie bestimmte Angaben und Belehrungen enthalten müssen, daß der Verbraucher innerhalb von zwei Wochen das Geschäft nach freiem Belieben gem. § 355 BGB widerrufen kann, daß bei Verzug mit den Zahlungsraten zusätzliche Käuferleistungen nur innerhalb bestimmter Höchstgrenzen verlangt werden dürfen und daß eine Gesamtfälligstellung des Ratenkredits oder ein Rücktritt des Verkäufers vom Vertrag nur in näher festgelegten Fällen des schweren Zahlungsverzugs möglich und Verfallklauseln überhaupt ausgeschlossen sind.

7. Was ist ein finanzierter Abzahlungskauf, welche rechtliche Sonderregelung ist hierbei zu beachten? (Grdz. § 13 II 3, IV 2 e)

Hierbei handelt es sich um einen Kaufvertrag, bei dem durch Vermittlung des Verkäufers zugleich ein in Raten zu tilgendes Darlehen eines Dritten gewährt wird, um die Kaufpreisschuld zu finanzieren. Damit verlagert sich die Ratenzahlungsverpflichtung des Kunden auf das Darlehensschuldverhältnis. Soweit das Kreditgeschäft als Verbraucherkreditvertrag angesehen werden kann, ist das an sich rechtlich selbständige Schuldverhältnis zum Kreditgeber gem. §§ 358, 359 BGB derart mit dem Kaufvertrag verbunden, daß der Verbraucher auch gegenüber dem Kreditgeber alle Widerrufsrechte und Einwendungen gegen seine Zahlungsschuld erheben kann, die er bei einem noch nicht bezahlten Ratenkaufvertrag gegen den Kaufpreisanspruch erheben könnte („verbundenes Geschäft“).

8. Gibt es im Kaufrecht außer den Bestimmungen über Teilzahlungsgeschäfte auch noch andere Schutzvorschriften zugunsten der Verbraucher?

Hinsichtlich des *Zustandekommens* eines Kaufvertrags sind zunächst die Regelungen der §§ 312 ff. BGB über Haustürgeschäfte, Fernabsatzverträge und Vertragsschlüsse im elektronischen Geschäftsverkehr zu beachten, die den Unternehmern besondere Informations- und Klarstellungsverpflichtungen auferlegen und den Verbrauchern ein Widerrufs- oder Rückgaberecht nach §§ 355 ff. BGB zusprechen. – Bezüglich der *Vertragsgestaltung* wirken sich allgemein die §§ 305 ff. BGB über die Einbeziehung und Wirksamkeit von AGB-Klauseln auch auf Kaufverträge aus; sie sind bei Verbraucherverträgen durch § 310 BGB noch mit weiteren Schutzvorschriften verstärkt. Ferner verbessern die §§ 474 ff. BGB über den Verbrauchsgüterkauf die Rechte des Verbrauchers als Käufer in Bezug auf Gefahrtragung, Sachmängelhaftung und besonders versprochene Garantien.

9. Wie ist im BGB das „neue" Mietrecht gesetzestechnisch ausgestaltet?

Das Mietrechtsreformgesetz vom 19.6.2001 hat mit Wirkung vom 1.9.2001 den (nunmehrigen) Titel 5 des „Besonderen Schuldrechts" im BGB neu gefaßt und dabei auch die bisher über mehrere Nebengesetze verstreuten Bestimmungen des Wohnungsmietrechts in das BGB integriert. Im 5. Titel sind wie bisher die Vorschriften über Miet- und Pachtverträge zusammengefaßt. Das Mietrecht beginnt nunmehr mit einer Art *Allgemeinem Teil* mit Vorschriften, die für alle *Mietverhältnisse* gelten (§§ 535–548). Es folgt ein ausführlicher Untertitel über *Wohnraummietverhältnisse* (§§ 549–577 a), der in sechs Kapitel mit *Allgemeinen Vorschriften* (§§ 549–555), über den *Mietzins* (§§ 556–561), das *Vermieterpfandrecht* (§§ 562–562 d), den *Wechsel der Vertragsparteien* (§§ 563–567 b), die *Beendigung des Mietverhältnisses* (§§ 568–576 b) sowie über Besonderheiten bei der *Bildung von Wohnungseigentum an vermieteten Wohnungen* (§§ 577–577 a) weiter unterteilt ist. Der 3. Untertitel über *sonstige Mietverhältnisse* (§§ 578–580 a) erschöpft sich im wesentlichen in einer nach Mietobjekten differenzierten Verweisung auf einen Teil der Regelungen des Wohnungsmietrechts (§ 578). Auch der 4. Untertitel über den *Pachtvertrag* (§ 581–584 b) regelt dieses Schuldverhältnis im wesentlichen durch Verweisung auf die Vorschriften über den Mietvertrag (§ 581 Abs. 2) und befaßt sich im übrigen mit den Rechtsverhältnissen am Pachtinventar. Demgegenüber enthält der letzte 5. Untertitel über den *Landpachtvertrag* eine eigenständige Normierung der Überlassung der Nutzung von landwirtschaftlichen, gartenbaulichen und forstwirtschaftlichen Erzeugerbetrieben.

10. Inwieweit ist bei einem Mietvertrag Rechtsnachfolge auch ohne vertragliche Vereinbarung zwischen den bisherigen Vertragsparteien möglich; worin liegt das begründet? (Grdz. § 13 III 1)

Ein Mietvertrag ist ein Dauerschuldverhältnis. Solange das Mietverhältnis nicht durch Ablauf oder Kündigung beendet wird, tritt daher beim Tod einer der Parteien sowohl auf der Vermieter- als auch auf der Mieterseite die übliche Rechtsnachfolge kraft Erbrechts ein; unter gewissen Voraussetzungen besteht allerdings beim Tod des Mieters nach § 580 BGB ein besonderes Kündigungsrecht. Bei Mietverhältnissen über Wohnraum haben der Ehegatte oder der Lebenspartner des verstorbenen Mieters und/oder andere Familienangehörige, die bisher in der Wohnung einen gemeinsamen Hausstand mit dem Mieter gehabt hatten, nach § 563 BGB einen Anspruch auf Eintritt in den Mietvertrag, auch wenn sie nicht Erben des Mieters geworden sind. Bei einem Verkauf der Mietsache durch den Vermieter gilt ferner gem. § 566 BGB der Grundsatz „Kauf bricht nicht Miete"; d.h. der Erwerber tritt kraft Gesetzes in das von seinem Rechtsvorgänger begründete Mietverhältnis ein.

11. Welche Bedeutung hat die Regelung des § 535 Abs. 1 Satz 2 BGB; welche Auswirkungen hat sie auf die Verpflichtung zur Durchführung von Schönheitsreparaturen an vermieteten Gebäuden oder Räumen? (Grdz. § 13 III 2)

Soweit keine abweichenden vertraglichen Vereinbarungen getroffen sind, muß der Vermieter die Mietsache in ordnungsgemäßem Zustand übergeben und auch während Mietzeit Schäden, die auf einen vertragsmäßigen Gebrauch zurückgehen, auf seine Kosten beseitigen, soweit hierdurch die Benutzbarkeit der Mietsache beeinträchtigt ist. Nach Beendigung der Mietzeit muß er gem. § 538 BGB die Räume in dem Zustand zurücknehmen, in dem sie sich bei einer üblichen Abnutzung befinden. Demzufolge fallen nach der gesetzlichen Regelung auch die üblichen Schönheitsreparaturen im Prinzip dem Vermieter zur Last. In der Praxis wird § 535 Abs. 1 Satz 2 BGB allerdings vertraglich abbedungen. Dann kann der Mieter keine laufenden Renovierungen fordern und er ist verpflichtet, beim Auszug die Räume in dem Zustand zurückzugeben, wie sie sich befinden würden, wenn er die vereinbarten oder üblicherweise vorzunehmenden Schönheitsreparaturen regelmäßig durchgeführt hätte (zu einer Rückgabe der Räume in vollständig renoviertem Zustand ist er also nicht verpflichtet).

12. Wie kann ein Mietverhältnis beendet werden? (Grdz. § 13 III 3, 4 d)

Als Dauerschuldverhältnis kann ein Mietverhältnis gem. §§ 314 Abs. 1 Satz 1, 543 Abs. 1 BGB immer aus wichtigem Grund ohne Einhaltung einer Kündigungsfrist *außerordentlich gekündigt* werden, wobei dann, wenn der wichtige Grund in einer Verletzung von vertraglichen Pflichten durch eine Vertragspartei besteht, i.d.R. eine erfolglose Abmahnung oder Nachfristsetzung vorauszugehen hat (§§ 314 Abs. 2, 543 Abs. 3 BGB). Gründe für eine außerordentliche Kündigung aus Sicht des *Mieters* sind in §§ 543 Abs. 2 Nr. 1, 569 Abs. 1 BGB, aus Sicht des *Vermieters* in §§ 543 Abs. 2 Nrn. 2 und 3, 569 Abs. 3 BGB besonders aufgezählt; für *beide Seiten* gibt § 569 Abs. 2 BGB noch die Möglichkeit zur außerordentlichen Kündigung bei nachhaltiger Störung des Hausfriedens durch den jeweils anderen Teil.

Soweit ein Mietverhältnis für eine *feste Zeit* vereinbart worden ist, endet es mit Ablauf der vereinbarten Zeit ohne weitere Erklärung einer der Vertragsparteien (§ 542 Abs. 2 BGB), falls es nicht verlängert wird, was gem. § 545 BGB auch stillschweigend durch Fortsetzung des Gebrauchs der Mietsache erfolgen kann. Bei der Wohnungsmiete dürfen befristete Mietverhältnisse (= Zeitmietverträge) nur vereinbart werden, wenn einer der in § 575 Abs. 1 BGB aufgezählten Gründe vorliegt. Fällt der Befristungsgrund vor Ablauf der im Vertrag festgelegten Mietzeit weg, kann der Mieter nach § 575 Abs. 3 Satz 2 BGB die Fortsetzung des Mietvertrags auf unbestimmte Zeit verlangen. Eine Kündigung des auf feste Zeit vereinbarten Mietverhältnisses vor Ablauf der Frist ist nicht möglich, soweit keine Gründe für eine („außerordentliche") fristlose Kündigung vorliegen. Allerdings können auch befristete Mietverträge aus den besonderen Gründen der §§ 563 a Abs. 2, 564 Satz 2 BGB nach § 573 d BGB mit gesetzlicher Frist außerordentlich gekündigt werden (s. auch § 575 a BGB).

Unbefristete Mietverträge können von beiden Seiten unter Einhaltung der in §§ 580 a, 573 c BGB aufgeführten Fristen „ordentlich" gekündigt werden. Bei Mietverhältnissen über Wohnraum ist das Kündigungsrecht des *Vermieters* allerdings durch das in den §§ 573, 573 a BGB festgelegte Erfordernis des berechtigten Interesses an der Beendigung des Mietverhältnisses stark eingeschränkt. Außerdem hat der Mieter gem. §§ 574 ff. BGB in besonderen Härtefällen ein Widerspruchsrecht auch gegen eine an sich berechtigte Kündigung.

13. Was versteht man unter Wohnungsmietrecht; auf welche Mietverhältnisse ist es anzuwenden? (Grdz. § 13 III 4, 5)

Mietverhältnisse über Wohnraum sind in den §§ 549–577 a BGB zugunsten der Mieter durch eine Reihe von Sondervorschriften über die Erhöhung des Mietzinses und gegen Kündigung gesichert. Diese Schutzvorschriften gelten allgemein für Mietverträge über Häuser und über abgeschlossene Wohnungen, wenn das Objekt vom Mieter ausschließlich zu Wohnzwecken benutzt wird. Bei Überlassung von Wohnraum zum vorübergehenden Gebrauch, bei nicht von Familien bewohnten möblierten Räumen innerhalb der Wohnung des Vermieters und bei Mietverhältnissen in Studenten- und Jugendwohnheimen ist nach § 549 Abs. 2 und 3 BGB der Anwendungsbereich einzelner Schutzvorschriften eingeschränkt. Eingeschränkter Kündigungsschutz gilt nach § 573 a BGB ferner für Wohnungen in vom Vermieter mitbewohnten Zweifamilienhäusern; erweiterte Kündigungsrechte des Vermieters bestehen gem. §§ 576 ff. BGB außerdem bei Werkwohnungen nach Beendigung des Dienstverhältnisses. Es ist daher notwendig, bei jeder Schutzbestimmung deren Geltungsbereich einzeln abzuklären.

14. Wie wird die Höhe des Mietzinses für eine Mietwohnung festgesetzt? (Grdz. § 13 III 4 c, 5)

Soweit nicht Sondervorschriften für Mieträume des sozialen Wohnungsbaus und für Altbauwohnungen in den neuen Bundesländern eingreifen, kann *beim Abschluß des Mietvertrags* die Höhe der Miete frei vereinbart werden; eine Grenze bietet allerdings das strafrechtliche Verbot des Mietwuchers. Neben dem Mietzins für die Überlassung der Wohnung können nach § 556 BGB auch Pauschalen oder einmal jährlich „spitz" abzurechnende Vorauszahlungen für die anteilige Deckung der Betriebskosten des Mietobjekts vereinbart werden. Gem. § 557 a BGB ist es auch möglich, schon bei Beginn des Mietverhältnisses durch Vereinbarung einer „Staffelmiete" im voraus künftige Mieterhöhungen festzulegen oder gem. § 557 b BGB eine Indexmiete zu vereinbaren.

Nach Bezug der Wohnung kann die Miete durch einseitige Erklärung des Vermieters nur noch erhöht werden, um sie an geänderte Betriebskosten anzupassen oder den Aufwand für bauliche Maßnahmen zur Verbesserung des Gebrauchswerts der Wohnung zu decken. Im übrigen kann der Vermieter gem. § 558 Abs. 1 BGB frühestens 15 Monate nach dem ersten Abschluß des Mietvertrags und sodann jeweils frühestens nach Ablauf eines weiteren Jahres die Zustimmung des Mieters zu einer Vertragsänderung verlangen, um die Miete an die ortsüblichen Vergleichsmieten anzupassen. Innerhalb von drei Jahren dürfen diese Mietanhebungen jedoch die Kappungsgrenze von 20% nicht übersteigen (§ 558 Abs. 3 BGB).

15. Kann ein Mietverhältnis über eine Mietwohnung vom Vermieter nach freiem Belieben ordentlich gekündigt werden? (Grdz. § 13 III 4 d, bb)

Nein. Gem. § 573 BGB ist auch die ordentliche Kündigung einer Mietwohnung nur unter Nachweis eines – in Abs. 2 durch Beispiele näher erläuterten – berechtigten Interesses an der Beendigung des Mietverhältnisses möglich.

16. Welche Formalitäten muß der Vermieter bei der Kündigung eines Mietverhältnisses über Wohnraum beachten? (Grdz. § 13 III 4 d, bb)

Nach § 568 Abs. 1 BGB *muß* die Kündigung auf jeden Fall in schriftlicher Form (§ 126 Abs. 1 BGB) erklärt werden. Nach §§ 569 Abs. 4, 573 Abs. 3 BGB *sind* die Gründe für die ordentliche oder außerordentliche Kündigung im Kündigungsschreiben anzugeben; wenn der Vermieter dies nicht getan hat, werden seine Gründe gem. § 573 Abs. 3 Satz 2 BGB bei der Prüfung der Frage, ob er ein berechtigtes Interesse an der Auflösung des Mietverhältnisses hat, nur noch berücksichtigt, wenn sie erst nach Ausspruch der Kündigung entstanden sind. Nach § 574 Abs. 3 BGB gehen nicht rechtzeitig geltend gemachte Kündigungsgründe auch nicht in die Abwägung der Vermieterinteressen gegenüber einem möglichen Härtewiderspruch des Mieters gegen die Kündigung ein. Gem. § 568 Abs. 2 BGB *soll* der Vermieter außerdem den Mieter über sein Widerspruchsrecht wegen außergewöhnlicher Härte der Kündigung nach §§ 574 ff. BGB und die dabei zu beachtende Form sowie die Erklärungsfristen belehren. Unterläßt er dies, kann er den Kündigungswiderspruch des Mieters nicht wegen Verspätung zurückweisen; der Mieter kann seinen Widerspruch vielmehr sogar noch im Prozeß über die Räumung der Wohnung nachschieben.

17. Ist der Mieter einer Wohnung zur Untervermietung der ihm überlassenen Wohnung oder einzelner Räume hiervon berechtigt? – Welche Rechte hat der Untermieter gegen den Eigentümer?

Für die *ganze Wohnung* verbleibt es bei der allgemeinen Regel des § 540 Abs. 1 BGB, daß der Mieter den Gebrauch der Mietsache nur mit – frei zu verweigernder – Erlaubnis des Eigentümers/ Vermieters an Dritte überlassen darf. Hinsichtlich *einzelner Räume* besteht die Sonderregelung des § 553 BGB, wonach der Mieter bei eigenem berechtigten Interesse an der Untervermietung die Erlaubnis des Vermieters verlangen kann, soweit die Überlassung der Räume an den Dritten für den Vermieter nicht wegen der Person des Untermieters oder aus sonstigen Gründen unzumutbar ist. Nach § 553 Abs. 2 BGB kann der Vermieter seine Erlaubnis zur Untervermietung ggf. von einer angemessenen Erhöhung des Mietzinses abhängig machen.

Trotz Erteilung der Erlaubnis entsteht zwischen dem Eigentümer und dem Untermieter kein eigenes Vertragsverhältnis (allerdings ist der Untermieter nach dem Rechtsgedanken des § 328 Abs. 1 BGB auch in den Schutzbereich der sich gem. § 241 Abs. 2 BGB aus dem Hauptmietvertrag ergebenden Rücksichts- und Schutzpflichten des Vermieters mit einbezogen). Endet das Hauptmietverhältnis, muß nach § 546 Abs. 2 BGB auch der Untermieter die ihm überlassenen Räume an den Eigentümer herausgeben.

18. Kann der für eine feste Zeit abgeschlossene Darlehensvertrag a) vom Darlehensschuldner, b) vom Darlehensgeber vorzeitig widerrufen bzw. gekündigt werden? (Grdz. § 13 IV 1, 2 b)

Zu a): Soweit es sich um einen Verbraucherdarlehensvertrag oder eine nach § 499 BGB diesem gleichgestellte Finanzierungshilfe handelt, kann der *Darlehensnehmer* den Vertrag gem. § 355 BGB innerhalb von zwei Wochen nach Übergabe einer schriftlichen Rechtsbelehrung über das Widerrufsrecht widerrufen. Außerdem kann er ein nicht durch Grundpfandrechte gesichertes Darlehen gem. § 489 Abs. 1 Nr. 2 BGB frühestens nach sechs Monaten seit Empfang der Darlehensvaluta mit einer Frist von drei Monaten vorzeitig kündigen. Gem. § 489 Abs. 2 BGB sind ferner alle Darlehensverträge mit veränderlichem Zinssatz mit einer Frist von drei Monaten jederzeit kündbar. Unter den Voraussetzungen des § 489 Abs. 1 BGB können schließlich auch bei festverzinslichen Darlehen alle Darlehensnehmer den Vertrag vorzeitig mit unterschiedlichen Fristen kündigen. Nach 10 Jahren kann gem. § 489 Abs. 1 Nr. 3 BGB jedes Darlehen jederzeit mit einer Frist von sechs Monaten gekündigt werden. Der Darlehensnehmer hat ferner die Möglichkeit, ein durch Grundpfandrechte gesichertes festverzinsliches Darlehen gem. § 490 Abs. 2 BGB gegen Leistung einer Vorfälligkeitsentschädigung vorzeitig zu kündigen. Der *Darlehensgeber* kann nach § 490 Abs. 1 BGB bei drohendem Vermögensverfall des Darlehensschuldners den Darlehensvertrag fristlos kündigen, und zwar vor Auszahlung der Valuta immer, nach Auszahlung des Darlehens nur „in der Regel“.

19. Was ist ein Verbraucherdarlehensvertrag; welche besonderen Regeln sind zu beachten? (Grdz. § 13 IV 2)

Nach §§ 491 Abs. 1, 499–501 BGB handelt es sich hierbei um ein entgeltliches Darlehen, einen Zahlungsaufschub oder eine sonstige Finanzierungshilfe bzw. die Vermittlung einer solchen Gelegenheit, die einer natürlichen Person außerhalb ihrer bereits ausgeübten gewerblichen oder selbständigen beruflichen Tätigkeit gewährt werden. Die in § 491 Abs. 2 und 3 BGB erwähnten Ausnahmen sind zu beachten. Für das Verbraucherdarlehen bestehen zugunsten des Kreditnehmers besondere Formvorschriften, ein Widerrufsrecht und gem. § 506 BGB zwingende Regeln über die Bemessung und Anrechnung von Verzugszinsen, über die Gesamtfälligstellung des Kredits bei Zahlungsverzug mit den Kreditraten sowie über den Einwendungsdurchgriff bei verbundenen Geschäften.

20. In welcher Weise werden nach Gesamtfälligstellung eines Verbraucherkredits Teilleistungen des Schuldners auf seine insgesamt bestehenden Verbindlichkeiten angerechnet? (Grdz. § 13 IV 2 b)

Abweichend von der Regel des § 367 BGB werden gem. § 497 Abs. 3 Teilzahlungen des Schuldners zunächst auf die Kosten der Rechtsverfolgung, dann auf die bis zur Gesamtfälligstellung aufgelaufenen Rückstände und erst dann auf die seither entstandene Zinsschuld angerechnet.

§ 14. Tätigkeitsverträge und sonstige Vertragstypen

I. Was Sie über Tätigkeitsverträge und die anderen Vertragstypen lernen müssen

Tätigkeitsverträge sind Schuldverhältnisse, die dem Gläubiger die Arbeitskraft eines anderen sichern. Grundtyp ist der in §§ 611 ff. BGB geregelte **Dienstvertrag**, hiervon ist der (heute überwiegend außerhalb des BGB normierte) **Arbeitsvertrag** eine Sonderform. Obwohl das Arbeitsrecht Gegenstand einer besonderen Vorlesung ist, müssen Sie sich bereits beim Studium des Besonderen Schuldrechts einen ersten orientierenden Überblick über die wichtigsten arbeitsrechtlichen Probleme verschaffen und es vor allem lernen, das durch zahlreiche Schutzvorschriften zugunsten des Arbeitnehmers charakterisierte Arbeitsverhältnis von den anderen, ebenfalls auf die Leistung von Diensten gerichteten Schuldverhältnissen zu unterscheiden; Fall 14.01 führt Sie in diese Problematik weiter ein.

Von den vielen Einzelproblemen des Dienst- und Arbeitsvertragsrechts verdienen vor allem die **Leistungsstörungen** Ihre Aufmerksamkeit: Hier muß zunächst erkannt werden, daß das Dienstvertragsrecht keine Sachmängelhaftung kennt, so daß ungenügende Pflichterfüllung nur unter dem allgemeinen Gesichtspunkt der Verletzung einer Schutzpflicht nach § 241 Abs. 2 BGB (= Haftung für positive Vertragsverletzung) zu Ersatzansprüchen und Rücktritts- bzw. außerordentlichen Kündigungsrechten des Leistungsberechtigten führen kann; Fall 14.02 erläutert dies an einem typischen Beispiel. Im Hinblick darauf, daß der Gläubiger nach § 616 BGB für bestimmte Fälle der persönlichen Verhinderung des Schuldners an der Dienst(Arbeits-)leistung die **Preisgefahr** trägt, d.h. gleichwohl die vereinbarte Vergütung weiterzahlen muß, bedarf auch das **Unmöglichwerden** der Dienst- oder Arbeitsleistung einer genaueren Betrachtung. In diesem Zusammenhang müssen Sie sich auch mit dem in der arbeitsrechtlichen Praxis häufig auftretenden Problem des **Annahmeverzugs des Dienstberechtigten** auseinandersetzen; hier spielt vor allem die Abgrenzung zu dem durch von außen kommende Zufälle oder höhere Gewalt verursachten Unmöglichwerden der Arbeitsleistung (mit Verlust des Lohnanspruchs nach § 326 Abs. 1 BGB) eine große Rolle, wie Sie an Fall 14.03 nachvollziehen können. Die – den Stoffrahmen eines einführenden Lernbuchs schon sprengende – Darstellung der für Arbeitsverhältnisse entwickelten Sphärentheorie des Bundesarbeitsgerichts müssen Sie sich nicht unbedingt in allen Facetten einprägen; Sie sollten dieses Problem jedoch als ein interessantes Beispiel für die praktische Bewältigung eines (vor allem bei Arbeitskämpfen) sozial einigermaßen brisanten Rechtsproblems durch die Judikatur zur Kenntnis nehmen.

Als Dauerschuldverhältnis wirft der Dienst- oder Arbeitsvertrag schließlich noch Fragen der Beendigung der Vertragsbeziehungen auf; Sie finden hier die Ihnen schon vom Mietrecht her vertrauten Gestaltungsformen der fristlosen und der ordentlichen **Kündigung** wieder.

Stärker auf den einmaligen Austausch einer konkreten Leistung konzentriert und entsprechend geregelt ist der **Werkvertrag**. Dieser Vertragstyp liegt sozusagen in der Mitte zwischen dem Dienst- und Arbeitsverhältnis auf der einen und dem Kauf auf der anderen Seite; entsprechend wichtig ist in der Praxis eine genaue Abgrenzung zu diesen in ihrer rechtlichen Struktur sehr unterschiedlichen Schuldverhältnissen, wofür Sie in den Fällen 14.01 und 14.04 interessantes Anschauungsmaterial finden. Über die Problematik der **Leistungsstörungen** und der **Gefahrtragung** beim Werkvertrag müssen Sie wenigstens in den Grundlagen informiert sein (vgl. auch die Fälle 14.06 und 14.07). Die anderen Vertragsformen, die die Tätigkeit im Geschäfts- und Interessenbereich eines anderen regeln, sollten Sie zumindest mit ihrer gesetzlichen Definition kennen.

Von den sonstigen Schuldvertragstypen müssen Sie sich mit der **Gesellschaft des Bürgerlichen Rechts** genauer befassen, da die §§ 705 bis 740 BGB die Grundstruktur für die in der Praxis sehr wichtigen handelsrechtlichen Personengesellschaften vorformen und auch für die Kapitalgesellschaften wenigstens in der Gründungsphase Anwendung finden. Sie müssen daher zwischen dem **Innenverhältnis**, das die der Verwirklichung des gemeinsamen Ziels dienenden Rechte und Pflichten der Gesellschafter untereinander und die Organisation eines gemeinschaftlichen **Gesellschaftsvermögens** zum Inhalt hat, und dem **Außenverhältnis** der Gesellschaft mit dritten Rechtssubjekten unterscheiden lernen. Hier treten Fragen der **Geschäftsführungsbefugnis**, der **Vertretungsmacht** und der **Haftung** für die Verbindlichkeiten der Gesellschaft auf, deren Regelung Sie einigermaßen im Griff haben müssen, wenn Sie sich später vertieft mit steuerlichen und betriebswirtschaftlichen Problemen der Handelsgesellschaften beschäftigen wollen. Die Fälle 14.09 und 14.10 vertiefen diese Problematik an zwei Alltagsbeispielen. Auch die Beendigung der Rechtsbeziehungen der Gesellschafter untereinander durch die **Auflösung** der Gesellschaft und die sich hieran anschließende **Liquidation** des Gesellschaftsvermögens werfen im praktischen Umgang mit diesem Vertragstyp interessante Rechtsfragen auf, die im BGB modellhaft für die verschiedenen handelsrechtlichen Gesellschaftsformen geregelt sind.

Eine Reihe von Vertragstypen bezieht sich auf einen schon vorhandenen Anspruch und dient entweder dessen zusätzlicher **Sicherung bzw. Bestätigung** oder soll dessen **Abwicklung im Rechtsverkehr** erleichtern helfen. Obwohl hier wichtige bürgerlichrechtliche Grundlagen des Banken- und Wertpapierrechts angesprochen sind, reicht für einen ersten Einstieg eine knappe Erläuterung der gesetzlichen Definitionen. Sie sollten sich die Begriffe einprägen; in der Praxis besonders wichtig sind vor allem die **Bürgschaft** und die **Anweisung** und die 1999 in den §§ 676 a ff. BGB neu geregelten schuldrechtlichen Regelungen um den **Girovertrag**. Die Funktionsweise einer Bürgschaft haben Sie schon im Fall 10.01 kennengelernt.

II. Übungsfälle

Fall 14.01: *Die Entlassung*

Anton hat für seinen Betrieb, der rd. 100 Mitarbeiter umfaßt, mit Vertrag vom 14.1.1994 den Willibald als Hausmeister angestellt. Da Willibald bereits eine Altersrente bezieht, einigen sich beide, daß Willibald seine Tätigkeit im Rahmen eines Werkvertrags ausüben soll. Der Werklohn des Willibald wird allerdings als fester, monatlich auszuzahlender Betrag vereinbart. Willibald muß für die Versteuerung seines Einkommens selbst sorgen; er berechnet dem Anton Mehrwertsteuer auf seinen Werklohn, die er an das Finanzamt abführt. Die Zeiten, während der er sich auf dem Betriebsgelände von Antons Unternehmen aufzuhalten hat, sind im Werkvertrag genau festgelegt, ebenso sein Pflichtenkreis, der sich im wesentlichen auf die Bedienung der Heiz- und Klimaeinrichtungen, die Pflege der Außenanlagen, die Überwachung und Anleitung des von einem Serviceunternehmen gestellten Reinigungspersonals und die Erledigung von kleineren Reparaturarbeiten am Betriebsgebäude nach Anforderung des Prokuristen erstreckt. Der Vertrag ist auf unbestimmte Zeit abgeschlossen und für beide Teile mit einer Frist von zwei Wochen zum Monatsende kündbar.

In den Folgejahren wird der mit Willibald vereinbarte Werklohn regelmäßig entsprechend den in den Tarifverträgen für die Bauwirtschaft vereinbarten Steigerungen der Ecklöhne angepaßt; auch wird ihm ein bezahlter Urlaub von 20 Arbeitstagen zugestanden. Letzteres geschah in der Erwägung, daß Willibald durch seine Tätigkeit bei Anton so in Anspruch genommen ist, daß er sonst keine anderen Hausmeisterstellen mehr annehmen kann.

Im Februar 2002 entscheidet sich Anton, die Hausmeistertätigkeit auf einen bewährten Arbeiter aus seiner Baufirma zu übertragen. Mit einem am 10.2.2002 zugegangenen Brief kündigt er dem inzwischen schon etwas altersschwach gewordenen Willibald den Hausmeistervertrag zum Ablauf des 28.2.2002. Willibald widerspricht: Da er nun schon länger als acht Jahre bei Anton tätig sei, könne ihm der Vertrag nur mit einer Frist von drei Monaten zum Monatsende gekündigt werden, auch beanspruche er arbeitsrechtlichen Kündigungsschutz. Mit Recht?

Lösungshinweis: Die Entscheidung des Sachverhalts hängt davon ab, ob die Rechtsbeziehungen zwischen Willibald und dem Unternehmen des Anton als Arbeitsverhältnis oder als Werkvertrag zu beurteilen sind. Hierbei handelt es sich um ein Problem, welches Ende der 90er Jahre auch aus sozialversicherungsrechtlichen Gründen unter dem Stichwort „Bekämpfung der Scheinselbständigkeit“ intensiv diskutiert worden ist. Obwohl der Fall in die Zeit vor 2002 zurückreicht, brauchen Fragen des intertemporalen Rechts nicht geprüft zu werden, da die hier maßgeblichen Vorschriften des BGB durch das SchuldrechtsmodernisierungsG vom 26.11.2001 nicht verändert worden sind. – Wiederholen Sie Grdz. § 14 I 1, 4, II 1, 3!

Musterlösung:

Entsprechend der im Vertrag vom 14.1.1994 getroffenen Abrede wäre die Kündigung der Hausmeisterstelle fristgerecht, wenn es sich bei dem Rechtsverhältnis zwischen Anton und Willibald tatsächlich um einen Werkvertrag handelt. Liegt dagegen ein Arbeitsverhältnis vor, so könnte Anton gem. § 622 Abs. 2 Nr. 3 BGB nach mehr als achtjähriger Beschäftigungsdauer dem Willibald nur mit einer Frist von drei Monaten zum Monatsende, mit der am 10.2.2002 zugegangenen Erklärung also erst zum Ablauf des Monats Mai 2002, kündigen. Auch wäre dann zu prüfen, ob die Kündigung des Willibald sozial gerechtfertigt ist oder ob ihm gem. § 1 KSchG Kündigungsschutz gegen die Auflösung seines Arbeitsverhältnisses zusteht. Für die Beurteilung des Falls kommt es daher darauf an, ob das zwischen Anton und Willibald bestehende Rechtsverhältnis aufgrund der vereinbarten Hauptleistungspflichten eher dem Rechtstyp des Arbeitsvertrags zuzuordnen ist oder als Werkvertrag angesehen werden kann.

Für das Vorliegen eines Werkvertrags könnte sprechen, daß Anton und Willibald beim Abschluß des Vertrags vom 14.1.1994 übereinstimmend die Begründung eines Arbeitsverhältnisses vermeiden wollten und daher ganz bewußt die Rechtsform eines Werkvertrags gewählt hatten. Auf den Parteiwillen kommt es jedoch nicht an, wenn durch die

Wahl des Vertragstyps sonst bestehende Schutzvorschriften in zwingenden Rechtsnormen unterlaufen werden. Von den in § 622 BGB festgelegten Kündigungsfristen darf gem. § 622 Abs. 5 BGB nur in bestimmten, im vorliegenden Fall nicht einschlägigen, Ausnahmefällen durch einzelvertragliche Regelung abgewichen werden; auch die Bestimmungen der §§ 1 ff. KSchG über den arbeitsrechtlichen Kündigungsschutz sind zwingendes Recht. Sie können daher nicht dadurch umgangen werden, daß ein in Wirklichkeit bestehendes Arbeitsverhältnis durch Parteivereinbarung als „Werkvertrag" bezeichnet und ggf. auch einzelne untergeordnete Leistungselemente entsprechend den Regeln der §§ 631 ff. BGB ausgestaltet werden.

Im vorliegenden Sachverhalt spricht allerdings für die Annahme eines Werkvertrags, daß die meisten der von Willibald geschuldeten Leistungen auf die Herbeiführung eines konkreten, durch Arbeit oder Dienstleistung herbeizuführenden Erfolgs gerichtet sind (§ 631 Abs. 2 BGB). Auch ist es in der Praxis durchaus üblich, Gewerke wie die Bedienung und die Wartung der Heizung, die Pflege der Außenanlagen oder Reparaturen an der Haustechnik bei Bedarf im Rahmen von Dauerverträgen an Serviceunternehmen zu vergeben. Diese Leistungsverträge werden jedoch völlig unproblematisch als Werkverträge i.S.d. §§ 631 ff. BGB beurteilt. Ferner deuten der Umstand, daß Anton für den Willibald keine Lohnsteuer abführt und die Tatsache, daß Willibald für seine Bezüge Mehrwertsteuer berechnet, darauf hin, daß Willibald als selbständiger Unternehmer anzusehen ist, der dem Anton seine Leistungen im Rahmen eines Werkvertrags erbringt.

Für das Sozialversicherungsrecht legt § 7 Abs. 4 SGB IV fest, daß ein nicht selbständiges Arbeitsverhältnis anzunehmen ist, wenn im Einzelfall wenigstens drei von fünf im Gesetz aufgeführten Merkmalen gegeben sind. Aus diesem Kriterienkatalog würden im vorliegenden Fall vier Merkmale für ein abhängiges Beschäftigungsverhältnis des Willibald sprechen, nämlich der Umstand, daß er selbst keine versicherungspflichtigen Arbeitnehmer beschäftigt, daß er auf Dauer nur für Anton tätig ist, daß vergleichbare andere Auftraggeber die von Willibald erledigten Tätigkeiten regelmäßig durch eigene Arbeitnehmer erledigen lassen und daß typische Merkmale unternehmerischen Handelns nicht erkennbar sind. § 7 Abs. 4 SGB IV dient jedoch in erster Linie der Feststellung einer Beitragspflicht zur Sozialversicherung (der u.U. auch Handwerker und andere Selbständige unterliegen) und begründet auch nur eine „Vermutung" für das Vorliegen einer unselbständigen Tätigkeit, die im Einzelfall widerlegt werden kann. Für die hier zu beurteilende zivilrechtliche Frage der Abgrenzung eines Werkvertrags vom Arbeitsvertrag kann daher nicht unmittelbar auf diese Vorschrift zurückgegriffen werden.

Allerdings dienen auch im Zivilrecht die Tatbestände der dauerhaften Bindung an einen einzigen Auftraggeber und des Fehlens typischer Merkmale unternehmerischen Handelns als Kriterien für die Qualifizierung eines auf die Leistung von Verrichtungen abzielenden Rechtsverhältnisses als Arbeitsverhältnis. Insoweit fällt im vorliegenden Fall auch ins Gewicht, daß Willibald nur Tätigkeiten leistet, die auch ein als Arbeitnehmer eingestellter Hausmeister zu erledigen pflegt. Seine durch die steuerliche Behandlung seines Einkommens unterstrichene Stellung als „selbständiger Unternehmer" wird zudem dadurch relativiert, daß die geschuldeten Leistungen ohne die Beschäftigung von weiterem Personal allein von Willibald in eigener Person erbracht werden und daß Anton sein alleiniger Auftraggeber ist. Damit ist der Vergleich mit den in der Branche sonst tätigen, i.d.R. viele Kunden bedienenden und über mehrere eigene Arbeitnehmer verfügenden Service-Unternehmen kaum möglich. Auch wird die für den Werkvertrag typische Verknüpfung des Werklohns mit dem Ergebnis der geschuldeten Werkleistung im vorliegenden Fall dadurch aufgehoben, daß feste, nach Monaten bemessene Bezüge vereinbart sind. Der Lohncharakter dieses Entgelts wird noch dadurch unterstrichen, daß seine Höhe an den jeweiligen tariflichen Ecklohn gekoppelt ist. Daß Willibald dem Anton in Wirklichkeit Dienstleistungen erbringen muß und hierbei sogar noch wie ein Arbeitnehmer in die Betriebsorganisation von Antons Unternehmen eingeordnet ist, ergibt sich ferner daraus, daß Willibald während bestimmter, im Vertrag festgelegter Zeiten auf dem Werksgelände anwesend zu sein hat und bei den nach Bedarf anfallenden und daher vertraglich nicht im voraus bestimmbaren Reparaturarbeiten den Weisungen des kaufmännischen Prokuristen unterworfen ist. Ausschlaggebend ist schließlich, daß Anton dem Willibald einen bezahlten Urlaub von 20 Arbeitstagen zugestanden hat; dies ist eine typische Arbeitgeberleistung, die nur im Rahmen von Arbeitsverhältnissen gewährt zu werden pflegt.

Das durch den Vertrag vom 10.1.1994 begründete Rechtsverhältnis zwischen Willibald und Anton ist daher als Arbeitsverhältnis anzusehen. Demnach gelten die Kündigungsfristen des § 622 Abs. 2 BGB; im vorliegenden Fall ist die von Anton ausgesprochene Kündigung frühestens zum 31.5.2002 wirksam. Da ein Arbeitsverhältnis vorliegt, könnte Willibald möglicherweise Kündigungsschutz beanspruchen. Ob die Voraussetzungen des § 1 KSchG vorliegen, müßte noch gesondert geprüft werden.

Fall 14.02: *Der nachlässige Advokat*

Anton beauftragt den Rechtsanwalt Siebenkäs, eine rückständige Kundenforderung in Höhe von 2.000,– € beim Amtsgericht Saarbrücken einzuklagen. Die Klage wird abgewiesen, weil der Richter zu dem Ergebnis kommt, daß die Forderung verjährt sei. Anton ist mit dem am 14.1. zugestellten Urteil nicht einverstanden und beauftragt den Siebenkäs, gegen das Urteil Berufung einzulegen, obwohl dieser ihn nachdrücklich auf die Aussichtslosigkeit der Klage hinweist. Da Siebenkäs als begeisterter Wintersportler in den Schiurlaub gereist ist und sein von ihm ohne Aufsicht gelassenes Büropersonal über dem Trubel des Rosenmontags die Kontrolle des Fristenkalenders vergißt, wird der rechtzeitig vorbereitete Schriftsatz zur Berufungseinlegung erst am 15.2. beim Landgericht Saarbrücken abgegeben. Die Berufungsinstanz weist daher gem. § 522 Abs. 1 Satz 2 ZPO das Rechtsmittel des Anton ohne weitere Prüfung in der Sache selbst als verspätet zurück.

Obwohl Siebenkäs den Anton mit dem Hinweis zu beruhigen versucht, sein Prozeß wäre ohnehin verloren gegangen, ist Anton über die Nachlässigkeit seines Anwalts empört. Kann er von Siebenkäs Schadensersatz in Höhe der verlorenen Forderung und der ihm auferlegten Gerichts- und Anwaltskosten für beide Instanzen verlangen?

Lösungshinweis: Die Suche nach einer Anspruchsgrundlage für den von Anton geforderten Schadensersatz führt zu der Frage, ob das an Siebenkäs erteilte Mandat zur Prozeßführung als Werkvertrag oder als Dienstvertrag zu qualifizieren ist. Der Fall zeigt ferner, daß eine vom Schuldner zu vertretende Pflichtverletzung nicht ohne weiteres auch zu einem Schadensersatzanspruch führt: Es muß auch belegt werden, daß hierdurch tatsächlich ein Schaden verursacht worden ist, der bei pflichtgemäßer Vertragserfüllung nicht eingetreten wäre. – Wiederholen Sie Grdz. § 12 III 1; § 14 I 3 a; vgl. auch Grdz. § 20 II 1, III 5 b!

Musterlösung:

Anton könnte sein Begehren auf Schadensersatz auf die §§ 631 Abs. 1, 634 Nr. 4, 280 Abs. 1, 281 Abs. 1 BGB stützen, wenn der mit Siebenkäs geschlossene Vertrag als Werkvertrag anzusehen wäre. Ein Rechtsanwalt, der für seinen Klienten die Führung eines Prozesses übernimmt, schuldet diesem indessen kein bestimmtes Arbeitsergebnis (z.B. die erfolgreiche Durchführung der Rechtssache), sondern „nur" die pflichtgemäße Wahrnehmung des übertragenen Mandats. Das von Siebenkäs angenommene Mandat zur Prozeßvertretung hat somit die Leistung von Diensten höherer Art zum Gegenstand; ein solcher Vertrag unterliegt sonach den §§ 611 ff. BGB und gem. § 675 Abs. 1 BGB bestimmten Vorschriften des Auftragsrechts (die im vorliegenden Fall allerdings nicht einschlägig sind). Das Dienstvertragsrecht kennt keine Sachmängelhaftung; hier könnte Anton Schadensersatzansprüche gegen Siebenkäs auf dessen Haftung für schuldhafte Verletzung von Sorgfaltspflichten gem. §§ 280 Abs. 1, 241 Abs. 2 BGB (positive Vertragsverletzung) stützen.

Im Hinblick darauf, daß der Ausgang eines Zivilprozesses mit der korrekten Einhaltung der gesetzlichen und der vom Gericht gesetzten Fristen steht und fällt, gehört die genaue Beachtung der im Laufe eines Rechtsstreits anfallenden Termine zu den besonders wichtigen Schutzpflichten eines Rechtsanwalts. Dies gilt insbesondere für die Einhaltung der Berufungsfrist, deren Versäumung ohne weiteres zur Zurückweisung des Rechtsmittels und damit zur Bestätigung des angefochtenen Urteils führt. Im vorliegenden Fall hätte gem. § 517 ZPO die Berufung gegen das am 14.1. zugestellte Urteil spätestens am 14.2. beim Landgericht eingelegt werden müssen. Es war allein Sache des Rechtsanwalts Siebenkäs, sich um die Wahrung dieser Frist zu kümmern; mit der um einen Tag verspäteten Einreichung des Berufungsschriftsatzes hat er somit schwerwiegend gegen seine anwaltlichen Pflichten verstoßen. Dabei kommt es nicht darauf an, daß er selbst den Schriftsatz noch ordnungsgemäß vorbereitet hatte und daß nur die Nachlässigkeit seines Büropersonals zur Fristversäumnis geführt hatte. Nach § 278 BGB muß Siebenkäs für das Verschulden seiner Mitarbeiter wie für eigenes Verschulden haften, falls man ihm nicht ohnehin den Vorwurf machen kann, daß sein eigenes Verschulden schon darin liegt, derartige Pannen nicht von vornherein durch gehörige Beaufsichtigung und Organisation seiner Kanzlei verhindert zu haben.

Die positive Vertragsverletzung des Siebenkäs muß indessen auch zu einem Schaden des Anton geführt haben. Dieser liegt nicht schon darin, daß er durch die Zurückweisung der Berufung seinen Prozeß endgültig verloren hat. Ein Vermögensverlust wäre nur dann anzunehmen, wenn Anton ohne den Formfehler des Siebenkäs die Möglichkeit gehabt hätte, in zweiter Instanz ein für sich günstiges Urteil zu erstreiten. War dagegen, wie Siebenkäs behauptet, die Klage des Anton aussichtslos, so wäre sie auch bei korrekter Durchführung des Berufungsverfahrens im Endergebnis abgewiesen worden, und Anton hätte auch dann den Verlust seiner Geldforderung hinzunehmen und die Kosten beider Instanzen zu tragen gehabt. Für die weitere Beurteilung des Falles kommt es daher auf eine Prüfung der Erfolgsaussicht der ursprünglichen Klage an. Der Sachverhalt gibt indessen keine Anhaltspunkte dafür, daß Anton die Möglichkeit gehabt hatte, seinen Prozeß in zweiter Instanz doch noch zu gewinnen. Damit hat das Fehlverhalten des Siebenkäs im Ergebnis nicht zu einem Schaden des Anton geführt, so daß dem Anton auch keine Ersatzansprüche zustehen.

Zu prüfen bleibt noch, ob Anton von Siebenkäs nicht wenigstens Ersatz der nutzlos aufgewendeten Gerichts- und Anwaltskosten der Berufungsinstanz verlangen kann, wenn dieser für ihn einen Prozeß führt, der, wie er selbst behauptet, völlig aussichtslos ist, und ihm damit Kosten und Arbeit verursacht. Es gehört zu den Pflichten eines Rechtsanwalts als Organ der Rechtspflege, seinen Mandanten über die Aussichten eines von diesem beabsichtigten Prozesses sorgfältig zu beraten. Im vorliegenden Fall hatte Anton dem Siebenkäs jedoch trotz „nachdrücklichen" Abratens den Auftrag gegeben,

Berufung einzulegen. Damit hatte Siebenkäs insoweit seine Pflicht getan; den weiteren Schaden muß Anton auf seine eigene Verantwortung nehmen.

Fall 14.03: *Der geizige Chef*

Frieda Müller ist Verkäuferin in der in der Innenstadt von Blieskastel gelegenen Boutique des Hintze. Kurz vor Weihnachten wird die gesamte Innenstadt von Blieskastel vom Hochwasser der Blies überschwemmt; Frieda Müller konnte daher am 21. und 22.12. ihre Arbeitsstelle nicht erreichen. Dafür leistete sie in den folgenden Tagen neben ihrer regulären Arbeitszeit insgesamt 20 Überstunden, um dem Hintze beim Aufräumen des durch das Hochwasser arg mitgenommenen Ladenlokals zu helfen. In Anbetracht dieses aufopferungsvollen Einsatzes erscheint es ihr als ausgesprochen schofel, daß Hintze ihr neben der Auszahlung des vollen Monatslohns für Dezember lediglich vier Überstunden vergüten will mit dem Argument, sie habe die am 21. und 22.12. ausgefallenen Arbeitstage zu je acht Stunden nacharbeiten müssen. Hat Hintze Recht?

Lösungshinweis: Der Sachverhalt zeigt das Problem der Abgrenzung von Annahmeverzug des Arbeitgebers und Unmöglichwerden der Arbeitsleistung durch „höhere Gewalt". – Wiederholen Sie Grdz. § 11 II 2, IV 1, 2 b, aa; § 14 I 3 b–d!

Musterlösung:

Frieda könnte gem. § 611 Abs. 1 BGB den Anspruch auf Bezahlung von 16 weiteren Überstunden auf den mit Hintze abgeschlossenen Arbeitsvertrag stützen. Da Hintze ihr den vollen Monatslohn für Dezember ausgezahlt hat, obwohl die Arbeitstage am 21. und 22.12. ausgefallen waren, bleibt zu prüfen, ob Hintze berechtigt gewesen wäre, die Bezüge von Frieda um den Lohn für diese beiden Tage zu kürzen, so daß mit der Zahlung des vollen Lohns für Dezember in Wirklichkeit bereits 16 der an anderen Tagen geleisteten Überstunden abgegolten worden sind.

Wegen des Hochwassers war es am 21. und 22.12. für Frieda unmöglich, die dem Hintze geschuldete Arbeit zu leisten. Gem. § 326 Abs. 1 BGB könnte sie daher den Anspruch auf Lohnzahlung für diese beiden Tage verloren haben. Möglicherweise könnte Frieda allerdings nach § 616 BGB für diese Tage Entgeltfortzahlung verlangen. Der Anspruch eines Dienstverpflichteten oder Arbeitnehmers auf Lohnfortzahlung besteht jedoch nur bei einem unverschuldeten Unmöglichwerden der Leistung aus einem *in seiner Person* liegenden Grund. Im vorliegenden Fall war die Frieda nicht persönlich verhindert; an den fraglichen Tagen war die Arbeitsleistung vielmehr aus objektiven Gründen unmöglich geworden. Für diese Fälle sieht das Gesetz keine Lohnfortzahlung vor.

Frieda war an der Ausübung ihrer Arbeitstätigkeit gehindert, weil ihre Arbeitsstätte wegen des Hochwassers nicht zugänglich war. Da es normalerweise Sache des Arbeitgebers ist, die Voraussetzungen für die Erbringung der Arbeitsleistung zu schaffen, stellt sich die Frage, ob sich Hintze am 21. und 22.12 gegenüber der zur Arbeit bereiten Frieda in Annahmeverzug befand, so daß sich deren Lohnanspruch für diese beiden Tage auch ohne Verpflichtung zur Nacharbeit aus § 615 Satz 1 BGB ergeben könnte. Fällt die Arbeitsleistung wegen einer Betriebsstörung aus, so ist die Abgrenzung zwischen Unmöglichwerden der Arbeitsleistung (mit der Folge des Verlustes des Lohnanspruchs nach

§ 326 Abs. 1 BGB) und Annahmeverzug des Arbeitgebers (mit der Verpflichtung zur Weiterzahlung des Lohns nach § 615 BGB) nach den Kriterien der Sphärentheorie vorzunehmen. Danach hat der Arbeitgeber für Behinderungen einzustehen, die in der von ihm beherrschbaren Sphäre der technischen und wirtschaftlichen Funktionsfähigkeit des Betriebs eintreten. Ist dagegen die Arbeitsleistung durch andere, jedermann treffende Ereignisse unmöglich geworden, die von außen auf den Betriebsablauf einwirken, verbleibt es bei der allgemeinen Regelung des § 326 Abs. 1 BGB. Ein Hochwasser, das als Naturkatastrophe über eine Stadt hereinbricht und jedes geordnete Leben außer Vollzug setzt, ist ein solches allgemeines Ereignis außerhalb der vom Arbeitgeber noch zu beherrschenden und zu verantwortenden Risikosphäre.

Gem. § 326 Abs. 1 BGB konnte also Frieda Müller für den 21. und 22.12. keinen Lohn verlangen; die in den folgenden Tagen zusätzlich geleisteten Überstunden dienten sonach praktisch dem Nachholen der ausgefallenen Arbeitsleistung, damit ihr überhaupt der Anspruch auf den vollen Monatslohn für Dezember erhalten blieb. Hintze muß ihr lediglich die noch darüber hinaus gearbeiteten weiteren vier Überstunden vergüten.

Fall 14.04: *Ein wankelmütiger Bauherr*

Der Architekt Adam schließt am 4.1. mit der Treubau-GmbH einen Vertrag über die Planung, die Bauoberleitung und die örtliche Bauüberwachung für den Bau eines sechsgeschossigen Appartementhauses ab. Als Gesamthonorar wird ein Betrag von 150.000,– € vereinbart, der in mehreren Raten entsprechend dem Fortschritt der Arbeiten ausgezahlt werden soll. Eine vertragliche Vereinbarung für den Fall, daß der Architektenvertrag vor Abschluß des Bauvorhabens beendet werden sollte, ist nicht getroffen.

Adam fertigt die Entwurfsplanung, die von der Treubau-GmbH auch abgenommen wird, beantragt die Baugenehmigung und führt die Ausschreibung und die Vergabe der Baugewerke durch. Dann gerät das Projekt ins Stocken, da ein Nachbar Widerspruch gegen die Baugenehmigung einlegt. Mit einem am 2.12. eingangenen Schreiben kündigt die Treubau-GmbH den Vertrag vom 4.1. ohne Angabe von Gründen. Nach Zurückweisung des Nachbarwiderspruchs im Januar des folgenden Jahres setzt sie sodann das Projekt unter Leitung eines inzwischen von der GmbH angestellten Bauingenieurs fort.

Adam, der in der Zeit bis zur Kündigung des Architektenvertrags und in der ersten Hälfte des Folgejahres keinen neuen Auftrag hereinnehmen konnte und in dieser Zeit praktisch arbeitslos war, verlangt von der Treubau-GmbH die Auszahlung seines Honorars in der ursprünglich vereinbarten Höhe von 150.000,– €. Diese will ihm jedoch nur den Betrag von 90.000,– € zahlen, der nach dem im Vertrag festgelegten Zahlungsplan bis zur Einreichung der Baugenehmigungsunterlagen und der Durchführung der Ausschreibungen fällig werden sollte. Wer hat Recht?

Lösungshinweis: Wie schon in den Fällen 14.01 und 14.02 hängt auch im vorliegenden Sachverhalt die Entscheidung von der rechtlichen Qualifizierung des zwischen den Parteien vereinbarten Vertragsverhältnisses ab. Hier geht es um die Anwendung des

§ 649 BGB, der nur dann greift, wenn der zwischen Adam und der Treubau-GmbH abgeschlossene Vertrag insgesamt als Werkvertrag zu beurteilen ist. – Wiederholen Sie Grdz. § 14 I 1, 4, II 1, 3!

Musterlösung:

Adam könnte seine Forderung auf Zahlung des vollen Pauschalhonorars auf § 649 Satz 2 BGB stützen, wenn der mit der Treubau-GmbH abgeschlossene Vertrag vom 4.1. insgesamt als Werkvertrag i.S.d. § 631 BGB (gegebenenfalls mit den zusätzlichen Pflichten eines Geschäftsbesorgungsvertrags nach § 675 BGB) zu qualifizieren ist. In diesem Fall könnte die Auftraggeberin den Auftrag zwar jederzeit auch ohne Grund kündigen, müßte dem Adam jedoch das gesamte Honorar zahlen, da er durch den Wegfall des Auftrags weder Aufwendungen erspart hat noch seine frei gewordene Arbeitskraft anderweitig zur Erzielung von Einnahmen verwenden konnte. Wäre der von Adam geschlossene Vertrag dagegen als „einfacher" Dienstvertrag mit Geschäftsbesorgungsverpflichtungen anzusehen, so könnte die Auftraggeberin gem. § 627 Abs. 1 BGB zwar ebenfalls den Auftrag jederzeit ohne die Angabe von Gründen außerordentlich kündigen, dem Adam stünde nach § 628 Abs. 1 Satz 1 BGB jedoch nur ein seinen bisherigen Dienstleistungen entsprechender Anteil des vereinbarten Honorars zu (den die Treubau-GmbH im vorliegenden Fall ja auch zu zahlen bereit ist).

Bei einem Dienstvertrag wird die Leistung von Diensten schlechthin, d.h. ein Tätigwerden nach den Vorgaben und ggf. auch nach den Anweisungen des Dienstberechtigten geschuldet. Auch bei einem Werkvertrag geht es um eine Tätigkeit des Unternehmers für den Besteller; der Schwerpunkt der Leistung liegt jedoch auf dem Arbeitsergebnis, d.h. dem „Werk", für dessen eventuelle Mängel der Unternehmer einzustehen hat (§§ 633 ff. BGB) und dessen Fertigstellung und Abnahme normalerweise Voraussetzung für die Fälligkeit der Vergütung ist (§ 641 BGB).

Im vorliegenden Fall sind die von Adam zu fertigenden Baupläne zweifellos als ein „Werk" i.S.d. § 631 BGB anzusehen: Hier ist der Auftraggeber in erster Linie an der im Plan verkörperten geistigen Leistung des Architekten interessiert; der Plan kann fertiggestellt, auf etwa vorhandene Fehler geprüft und vom Bauherrn abgenommen werden.

Problematisch ist dagegen, ob auch die von Adam zu erbringenden Leistungen bei der Ausschreibung der Baugewerke, bei der Oberbauleitung und bei der örtlichen Bauüberwachung noch als „Herstellung eines Werks" beurteilt werden können und sonach im Rahmen eines Werkvertrags erbracht werden. Gerade um diese Teilgewerke geht es jedoch im vorliegenden Fall, denn die Treubau-GmbH hat den Vertrag mit Adam erst für die Leistungsstufen „Oberbauleitung" und „örtliche Bauüberwachung" gekündigt. Diese Tätigkeiten führen nicht unmittelbar zur Herstellung eines konkret greifbaren Arbeitsprodukts, sondern sorgen allenfalls dafür, daß andere – nämlich die beim Bau tätigen Unternehmer – ein Werk herstellen. Man kann auch nicht sagen, daß der mit der Oberbauleitung und der örtlichen Bauüberwachung befaßte Architekt das zu errichtende Gebäude als körperliche Sache schuldet, denn er allein kann ja gerade nicht die Fertigstellung des Bauwerks bewirken.

Andererseits ist jedoch eine plangerechte Herstellung des Hauses im Zusammenwirken der verschiedenen beim Bau tätigen Einzelunternehmer ohne die koordinierende und kontrollierende Tätigkeit des bauleitenden und überwachenden Architekten nicht denkbar: Er hat die einzelnen Gewerke aufeinander abzustimmen und dafür zu sorgen, daß das Bauwerk wie geplant zur Vollendung kommt. Erst durch diese Leistung wird aus den vielen Unternehmerleistungen ein einheitliches Werk. Man kann daher feststellen, daß auch bei der organisatorischen und überwachenden Tätigkeit des mit der Oberbauleitung und der örtlichen Bauüberwachung betrauten Architekten nicht nur ein abstraktes Tätigwerden an sich, sondern ein an seinen Resultaten meßbares konkretes Arbeitsergebnis geschuldet wird. Diese Tätigkeit ist daher ebenfalls dem Werkvertragsrecht zuzuordnen.

Sonach kann der zwischen Adam und der Treubau-GmbH am 4.1. abgeschlossene Architektenvertrag in seiner Gänze als Werkvertrag i.S.d. §§ 631 ff. BGB beurteilt werden. Für die am 2.12. ausgesprochene Kündigung gilt mithin die Regelung des § 649 BGB. Da Adam bis zur Kündigung und in der ersten Hälfte des Folgejahres keine Möglichkeit hatte, seine Arbeitskraft anderweitig zu nutzen, steht ihm das volle Honorar in der vereinbarten Höhe von 150.000,– € zu.

Fall 14.05: *Feuersnöte*

Der Bauunternehmer Anton wird von der Speditionsfirma Weis & Co. mit dem Neubau einer Lagerhalle zum Vertragspreis von 235.000,– € für die schlüsselfertige Erstellung beauftragt. Es gelingt dem Anton jedoch nur, das Gebäude als Rohbau fertigzustellen; dann werden die Bauarbeiten durch die Baubehörde eingestellt, da Weis es „vergessen" hatte, sich für die an ein Wohngebiet angrenzende Lagerhalle eine Baugenehmigung zu besorgen. Obwohl das Dach der Halle nur notdürftig hergerichtet ist, nutzt Weis, der nebenher auch noch im Müllgeschäft tätig ist, das Gebäude als Zwischenlager für sortierte Kunststoffverpackungen aus der „gelben Tonne" des Dualen Systems. Aus nicht geklärter Ursache bricht ein Feuer aus, das sich in den leicht entflammbaren Kunststoffabfällen schnell zu einem Großbrand ausweitet; dabei wird der Bau vollständig zerstört. Inzwischen hat die Gemeinde einen Bebauungsplan beschlossen, nach dem zum Schutz des angrenzenden Wohngebiets auf dem Betriebsgelände der Fa. Weis Lagerhallen nicht zulässig sind. Die Auftraggeberin gibt daraufhin ihre Bauabsichten auf und bereitet die Verlagerung des Betriebs in eine andere Stadt vor.

Anton mahnt die Zahlung des vereinbarten Werklohns an, der ihm jedoch von Weis mit dem Argument verweigert wird, die Lagerhalle sei bisher nicht schlüsselfertig hergestellt. Mit Recht?

Lösungshinweis: In diesem Fall geht es darum, ob die Auftraggeberin den Vertrag mit Anton überhaupt noch kündigen muß (mit der Folge einer möglichen Zahlungsverpflichtung gem. § 649 BGB – vgl. den vorstehenden Fall 14.04) oder ob sie sich darauf berufen kann, daß dem Anton die Herstellung des Werks unmöglich geworden ist, so daß ihm schon aus diesem Grund überhaupt kein Anspruch auf Vergütung zusteht. – Wiederholen Sie Grdz. § 11 IV 1, 2 a, VI; § 14 II 2!

Musterlösung:

Anton könnte seinen Zahlungsanspruch gem. § 631 Abs. 1 BGB auf den mit der Fa. Weis & Co. abgeschlossenen Werkvertrag stützen. Dies setzt nach § 641 Abs. 1 BGB allerdings Vollendung der schlüsselfertig zu erstellenden Lagerhalle und die Abnahme des Werks durch Weis voraus; beide Voraussetzungen sind bisher nicht erfüllt. Auch ist im vorliegenden Fall der Bau schon vor seiner Fertigstellung untergegangen. Demnach könnte der Werklohnanspruch des Anton nach § 326 Abs. 1 BGB i.V.m. § 644 Abs. 1 BGB weggefallen sein.

Etwas anderes könnte sich aus der Regelung des § 326 Abs. 2 Satz 1 Fall 1 BGB ergeben. Demnach würde dem Anton der ursprünglich vereinbarte Werklohnanspruch zustehen, wenn das Feuer durch einen Umstand entstanden wäre, für den Weis verantwortlich war. Nach den Angaben des Sachverhalts ist der Brand jedoch aus ungeklärter Ursache ausgebrochen. Eine Einstandspflicht des Weis käme daher nur dann in Betracht, wenn auch auf die Haftung des Gläubigers nach § 326 Abs. 2 Satz 1 Fall 1 BGB die Beweislastregel des § 280 Abs. 1 Satz 2 BGB anzuwenden wäre mit der Folge, daß bei einem Schadensereignis, das in die Risikosphäre des Gläubigers fällt, der Gläubiger ebenfalls den Beweis führen muß, daß er dieses Ereignis nicht zu vertreten hat. Gegen die Anwendung des § 280 Abs. 1 Satz 2 BGB im vorliegenden Fall spricht jedoch schon der klare Wortlaut der Vorschrift, die allein den Schuldner erwähnt. Die Beweislastumkehr des § 280 Abs. 1 Satz 2 BGB ist damit begründet, daß der Schuldner normalerweise die alleinige Kontrolle über den Leistungsvorgang hat und daher besser als der Gläubiger auch die Ursachen und Hintergründe einer etwaigen Leistungsstörung kennt und beweisen kann. Dieser Gesichtspunkt läßt sich auf den umgekehrten Fall des vom Gläubiger zu vertretenden Unmöglichwerdens der Leistung nicht übertragen. Hier gilt vielmehr, daß der Schuldner dann, wenn er dem Gläubiger die Verantwortung für die Leistungsstörung anlasten und aus diesem Grund ausnahmsweise den Anspruch auf die Gegenleistung aufrechterhalten will, regelmäßig die Einzelheiten des Leistungsvorgangs besser kennen und daher seine Behauptungen auch beweisen muß. Da die Ursache des Brandschadens ungeklärt ist und Anton sonach nicht behaupten und beweisen kann, daß dieses Ereignis von Weis durch Vorsatz oder Fahrlässigkeit herbeigeführt worden ist, bleibt es somit dabei, daß Anton sich nicht auf die Regelung des § 326 Abs. 2 Satz 1 Fall 1 BGB berufen kann.

Das Feuer hätte allerdings nicht die schädlichen Folgen gehabt, wenn Weis in dem Rohbau keine Kunststoffabfälle aus dem Dualen System gelagert hätte. Es stellt sich daher die Frage, ob Anton seinen Vergütungsanspruch nicht doch noch aus der besonderen Gefahrtragungsregel des § 645 BGB herleiten kann. Zwar ist der Brand der Lagerhalle nicht auf irgendwelche Materialien zurückzuführen, die Weis dem Anton für die Herstellung des Werks zur Verfügung gestellt hatte; auch hat er dem Anton keine besonderen Anweisungen für die Durchführung der Baumaßnahme erteilt. Das Werk ist jedoch untergegangen, weil das Gebäude durch eine Handlung des Weis in eine besondere Gefahrenlage gebracht worden ist. Der Regelung des § 645 BGB liegt der Gedanke zugrunde, daß es unbillig wäre, den Werkunternehmer mit der Preisgefahr zu belasten, wenn der Besteller selbst – wenn auch ohne eigenes Verschulden – durch eigenes Zutun die Voraussetzungen dafür geschaffen hat, daß die Herstellung des Werks unmöglich wird oder daß es vor der Fertigstellung und Abnahme untergeht. Die Vorschrift des § 645 BGB kann daher im vorliegenden Fall ebenfalls angewendet werden. Damit kann Anton von Weis wenigstens den seiner bisher geleisteten Arbeit entsprechenden Anteil der vereinbarten Festvergütung und Ersatz der in dieser Vergütung nicht inbegriffenen Auslagen verlangen. Ein weitergehender Anspruch auf Zahlung des vollen Werklohns wäre gem. § 645 Abs. 2 i.V.m. § 326 Abs. 2 Satz 1 Fall 1 BGB nur bei von der Auftraggeberin zu vertretender Zerstörung des Rohbaus zuzusprechen. Auch insoweit scheitert Anton wieder an der Beweislage.

Fall 14.06: *Verpaßte Frühlingsfreuden*

Anton beauftragt im Januar den Gärtnermeister Hortulus, im März alsbald nach Ende der Frostperiode in seinem Hausgarten die üblichen Frühjahrsarbeiten durchzuführen, als Vergütung wird ein Festbetrag von 600,– € vereinbart. Im März befindet sich Hortulus jedoch wegen eines anderen Auftrags in Stuttgart, so daß der Garten trotz wiederholter Mahnung des Anton unbearbeitet bleibt. Auch im April wartet er vergeblich auf den Gärtner, da dieser nach seiner anstrengenden Arbeit in Stuttgart erst einmal gründlich Osterurlaub macht und anschließend am internationalen Floristenkongreß in Cannes teilnimmt. So kommt es, daß sich Hortulus erst Anfang Mai mit dem Garten des Anton beschäftigen kann, den er dann auch kunstgerecht herrichtet. Inzwischen hat sich Anton jedoch zwei Monate lang mit dem Anblick seines noch mit dem Herbstlaub des Vorjahres bedeckten und auch sonst unaufgeräumten Grundstücks herumgeärgert; auch ist die Frühlingsblüte bei weitem nicht so schön gekommen, wie dies in den früheren Jahren bei rechtzeitiger Pflege der Blumenbeete der Fall gewesen war.

Als Hortulus nach Abschluß der Arbeiten den vereinbarten Werklohn von 600,– € fordert, will Anton ihm wegen des Leistungsverzugs nur einen Teilbetrag von 450,– € zahlen. Hortulus räumt zwar ein, daß er mit seinen Arbeiten in Verzug geraten sei; dies berechtige den Anton jedoch nicht zu einem Abzug von der Vergütung, da durch die Verzögerung bei ihm kein in Geld meßbarer Vermögensschaden eingetreten sei. Wer hat Recht?

Lösungshinweis: Wie schon in Fall 14.02 wird auch in diesem Sachverhalt deutlich, daß nicht jeder Nachteil aus einer Pflichtverletzung zu einem Schadensersatzanspruch führt. Es ist in einem solchen Fall auch nicht ohne weiteres möglich, das vereinbarte Entgelt wegen „Schlechterfüllung" anteilig zu kürzen. – Wiederholen Sie Grdz. § 12 I 3 a; § 14 II 2; vgl. auch Grdz. § 16 II 1!

Musterlösung:

Anton könnte gem. §§ 631 Abs. 1, 280 Abs. 2, 286 Abs. 1 BGB gegen Hortulus einen Anspruch auf Schadensersatz wegen Verzögerung der Leistung haben. Der Gärtner ist mit der im März fälligen Leistung durch die wiederholten Mahnungen des Anton in Verzug geraten und hat dies auch zu vertreten. Ein Schadensersatzanspruch setzt jedoch voraus, daß als Folge dieses Verzugs im Vermögen des Gläubigers Anton ein Schaden eingetreten ist. Dies ist im vorliegenden Fall offensichtlich nicht geschehen: Anton hat sich zwar wegen der Verspätung des Hortulus ärgern und auf den Anblick eines gepflegten Gartens zwei Monate lang verzichten müssen; dies ist jedoch ein ideeller Nachteil und kein Vermögensschaden.

Anton könnte wegen der verspäteten Herstellung noch Sachmängelrecht geltend machen und den vereinbarten Werklohn gem. §§ 634 Nr. 3, 638 BGB mindern. Hortulus hat jedoch die von ihm versprochenen Arbeiten als solche einwandfrei geleistet, wenn auch die Verspätung seiner Leistungen nicht vertragsgemäß war. Das führt jedoch nur dann zu Sachmängeln, wenn hierdurch die „Beschaffenheit" des Werks gegenüber den getroffenen Vereinbarungen negativ verändert worden ist. Bei einer „schlichten" Leistungsverzögerung könnte dies nur dann anzunehmen sein, wenn nach den getroffenen Vereinbarungen oder dem von beiden Parteien vorausgesetzten Vertragszweck der wirtschaftliche Erfolg des Werks mit der genauen Einhaltung der ursprünglich vereinbarten Leistungszeit steht oder fällt. Dies ist jedoch im vorliegenden Fall nicht anzunehmen.

Anton hätte daher allenfalls die Möglichkeit gehabt, wegen des Verzugs des Hortulus nach Fristsetzung vom Vertrag gem. § 323 Abs. 1 BGB zurückzutreten. Da er es aber für besser gehalten hat, abzuwarten, bis Hortulus Zeit findet, sich um seinen Garten zu kümmern, muß er ihm auch für die im übrigen einwandfrei erbrachte Leistung den vollen Werklohn entrichten.

Fall 14.07: *Unliebsame Überraschung*

Anton bringt am 16.2. seinen Pkw, einen neuen Ford Focus, ins Autohaus Bunk zur 1000-km-Inspektion. Da Anton mit seinem Wagen erst am späten Nachmittag zur Werkstatt gekommen ist, muß er sein Fahrzeug über Nacht dort lassen. In der Nacht zum 17.2. wird in der von Bunk sorgfältig gesicherten Werkstatt eingebrochen; die Diebe haben es auf neue bzw. neuwertige Fahrzeuge abgesehen und lassen auch Antons Focus mitgehen. Trotz sofort eingeleiteter Fahndung bleibt der Pkw spurlos verschwunden. Kann Anton von Bunk für seinen Verlust Schadensersatz verlangen?

Lösungshinweis: Die angemessene Beurteilung dieses Sachverhalts hängt von einer genauen Unterscheidung zwischen Haupt- und Nebenpflichten aus dem zwischen Anton und Bunk abgeschlossenen Werkvertrag ab. – Wiederholen Sie Grdz. § 10 I 4; § 11 III 1, 2; § 12 III 2; § 14 II 1, III 5!

Musterlösung:

Anton könnte gem. §§ 631 Abs. 1, 280 Abs. 1, 281 BGB Schadensersatz statt der Leistung fordern, wenn die Rückgabe des Wagens zu den Hauptpflichten des Bunk aus dem über die Inspektion des Pkw abgeschlossenen Werkvertrag gehört und Bunk das Unmöglichwerden dieser Leistung zu vertreten hat. Es fehlt indessen schon die erstgenannte Anspruchsvoraussetzung: Nach dem am 16.2. abgeschlossenen Vertrag schuldet Bunk dem Anton lediglich die fachgerechte Durchführung der 1000-km-Inspektion an seinem neuen Auto. Zwar gehört die Herausgabe des Fahrzeugs nach Durchführung dieser Arbeiten zwangsläufig zur Rückabwicklung des Werkvertrags; damit wird die Verwahrung und spätere Rückgabe der in Arbeit gegebenen Sache aber noch nicht zum Inhalt der Hauptleistungspflicht des Bunk nach § 631 Abs. 1 BGB.

Die ordnungsgemäße Verwahrung des zur Inspektion gebrachten Fahrzeugs ist allerdings eine Nebenpflicht des von Bunk abgeschlossenen Werkvertrags, insoweit sind daher die für den Verwahrungsvertrag in den §§ 688 ff. BGB festgelegten Regelungen anzuwenden. Gem. §§ 688, 280 Abs. 1, 283 BGB müßte Bunk Ersatz für den gestohlenen Wagen leisten, wenn er oder seine Angestellten, für die er nach § 278 BGB einzustehen hat, den Diebstahl des Pkws durch eigenes schuldhaftes Handeln ermöglicht haben. Nach den Angaben des Sachverhalts hatte Bunk seine Werkstatt „sorgfältig gesichert"; demnach kann ihm Fahrlässigkeit nicht zur Last gelegt werden, wenn die Diebe trotzdem bei ihm eingebrochen haben.

Zum selben Ergebnis gelangt man, wenn man die sorgfältige Verwahrung des ihm zur Inspektion anvertrauten Pkw als besondere Schutzpflicht des Bunk i.S.d. § 241 Abs. 2 BGB ansehen würde, für deren Verletzung er nach § 280 Abs. 1 BGB einstehen müßte. Auch hier ist eine Schadensersatzpflicht zu verneinen, weil Bunk den Diebstahl nicht durch fahrlässiges Handeln ermöglicht hatte. Anton kann sonach für den Verlust seines Ford Focus von Bunk keinen Ersatz verlangen.

Fall 14.08: *Schwierige Kalkulation*

Anton hat am 1.6. den Heizungsbauer Neumann damit beauftragt, die über 20 Jahre alte Ölheizungsanlage seines Hauses zu renovieren und entsprechend den Anforderungen der neuen Kleinfeuerungsanlagenverordnung (1. BImSchV) umzurüsten. Vor Vergabe des Auftrags hatte sich Anton von Neumann ein „Angebot" machen lassen, in dem ein Preis von 18.000,– € errechnet worden ist. Nach Beginn der Arbeiten stellt sich heraus, daß nicht nur der Brenner und Teile des Schornsteins erneuert werden müssen, sondern auch der Heizkessel und die Wärmepumpe. Neumann teilt dies jeweils dem Anton mit, der ihm den Auftrag gibt, diese Arbeiten gleich mitzuerledigen. Als Neumann seine Arbeiten schließlich beendet hat, stellt er dem Anton eine Rechnung über 42.000,– €. Der Endbetrag entspricht dem Aufmaß der tatsächlich erbrachten Leistungen und den Rapportzetteln, wobei eingebaute Teile mit den üblichen Preisen kalkuliert und die Arbeitslöhne nach dem bereits im Kostenvoranschlag festgelegten Einheitspreis berechnet sind.

Anton meint, dies brauche er nicht zu bezahlen, denn er habe mit Neumann einen Preis von 18.000,– € vereinbart. Hätte er gewußt, daß Neumann seinen Voranschlag um mehr als 100% überschreiten würde, hätte er auf die Renovierung seiner Ölheizung verzichtet und sein Haus stattdessen an die Fernwärmeversorgung anschließen lassen, was ihn allenfalls 22.500,– € gekostet hätte. Kann Neumann die Bezahlung seiner Rechnung verlangen?

Lösungshinweis: Der Sachverhalt führt in das praktisch bedeutsame Problem der Auftragserweiterung und der Nachtragsvergütung bei Werkverträgen und der Abgrenzung eines unverbindlichen Kostenvoranschlags von der bindenden Vereinbarung einer Werklohnpauschale ein. Auch kommt es im vorliegenden Fall darauf an, ob die Erstellung eines Voranschlags den Charakter eines Fachgutachtens über das zu vergebende Werk hat oder ob Neumann bei sich nachträglich herausstellenden Auftragserweiterungen sich darauf beschränken kann, die Anzeigepflicht nach § 650 Abs. 2 BGB korrekt zu erfüllen. – Wiederholen Sie Grdz. § 10 II 1; § 12 III 1 c, 2; § 14 II 1!

Musterlösung:

Neumann kann gem. § 631 Abs. 1 BGB von Anton Zahlung des Rechnungsbetrags von 42.000,– € verlangen, wenn über die von ihm erbrachten Leistungen ein Werkvertrag zustande gekommen ist, das von ihm geforderte Entgelt der vereinbarten oder üblichen Vergütung entspricht und keine abweichenden Vereinbarungen getroffen worden sind.

Hinsichtlich der erst nach der Auftragsvergabe am 1.6. neu übernommenen Arbeiten am Heizkessel und an der Wärmepumpe hatte sich Neumann jeweils von Anton die besondere Anweisung erteilen lassen, diese mit der Abwicklung des ursprünglichen Auftrags gleich mitzuerledigen. Damit sind auch diese Leistungen nachträglich Gegenstand des Werkvertrags vom 1.6. geworden.

Da das am 1.6. vereinbarte Leistungsprogramm nachträglich erweitert worden ist, kann Anton sich nicht auf den Standpunkt stellen, für die Arbeiten sei insgesamt nur ein Werklohn von 18.000,– € vereinbart worden. Wie aus der Regelung des § 632 BGB hervorgeht, braucht beim Abschluß eines Werkvertrags die genaue Höhe der Vergütung noch nicht festgelegt zu sein; gerade bei Reparaturarbeiten, deren Umfang sich zu Beginn vielfach noch nicht sicher abschätzen läßt, wird dies häufig nicht möglich sein. Für die Ermittlung des Werklohns in solchen Fällen gibt § 632 Abs. 2 BGB Anwendungsregeln; hiernach kommt es auf die übliche Vergütung an. Nach den Angaben des Sachverhalts hat Neumann die eingebauten Teile mit den üblichen Preisen kalkuliert, die Stundenlohnarbeiten sind nach den bereits im Kostenvoranschlag genannten (und damit von Anton durch die Auftragsvergabe akzeptierten) Sätzen berechnet. Der tatsächliche Umfang des Werks ist durch Aufmaß und Rapportzettel belegt; damit ist gegen die sachliche Richtigkeit des von Neumann berechneten Werklohns nichts einzuwenden.

Anton könnte sich noch darauf berufen, daß der Endpreis erheblich von dem im „Angebot" genannten Betrag von 18.000,– € abweicht. Bei Werkverträgen ist es jedoch üblich, daß die vom Unternehmer abgegebenen Preisangebote lediglich als Kostenanschläge anzusehen sind. Gem. § 650 Abs. 1 BGB ist ein Kostenanschlag nur dann verbindlich, wenn der Unternehmer die Gewähr für dessen Richtigkeit besonders übernommen hat. Daraus ergibt sich zugleich, daß eine solche Berechnung nicht ohne weiteres mit der vertraglichen Festlegung eines bestimmten Werklohns für die versprochene Leistung gleichzusetzen ist. Im vorliegenden Fall hat Neumann für die Richtigkeit seiner Vorausschätzung keine besondere Gewähr übernommen. Da im übrigen die Überschreitung des Kostenanschlags darauf zurückzuführen ist, daß im Verlauf der Renovierung die Notwendigkeit zusätzlicher Arbeiten erkennbar wurde und Neumann dem Anton hierüber jeweils entsprechend den Anforderungen des § 650 Abs. 2 BGB Anzeige gemacht hatte, kann Anton von ihm nicht verlangen, daß er sich mit der Bezahlung der ursprünglich veranschlagten 18.000,– € zufrieden gibt.

Denkbar wäre noch, dem Anton einen Schadensersatzanspruch gegen Neumann zuzusprechen, weil dieser ihm ein unrichtiges Gutachten über den Umfang der insgesamt für die Renovierung und Nachrüstung seiner Ölheizungsanlage notwendigen Arbeiten und die damit verbundenen Kosten gegeben und ihn so zu einer falschen Investitionsentscheidung veranlaßt hatte. In diesem Falle müßte ein solches Gutachten jedoch als besondere (Neben-)Leistung des zwischen Anton und Neumann abgeschlossenen Werkvertrags vereinbart worden sein. Solche fachlichen Leistungen, die über die übliche Werbung des Unternehmers um die Erteilung des Auftrags hinausgehen, pflegen jedoch gesondert vergütet zu werden. Schon aus diesem Grund kann die Vergabe eines Gutachtens im vorliegenden Sachverhalt nicht unterstellt werden.

In Betracht käme daher allenfalls eine Haftung des Neumann für die Verletzung von Schutz- und Sorgfaltspflichten bei der Erteilung seiner Auskunft über den Umfang der vorzunehmenden Renovierungsarbeiten, die sich gem. §§ 311 Abs. 2, 241 Abs. 2, 280 Abs. 1 BGB daraus ergeben könnte, daß Anton sich bei seiner Entscheidung über die Durchführung der Heizungsnachrüstung für Neumann erkennbar auf dessen Fachkunde und die Vollständigkeit des vorgelegten Voranschlags verlassen hatte. Die Fehleinschätzung des Anton über den Umfang der Arbeiten beruht jedoch nicht auf einer fahrlässig falschen Kalkulation der Kosten der ursprünglich angefragten Nachrüstung der Heizungsanlage durch Neumann. Die Notwendigkeit zusätzlicher Leistungen hatte sich erst herausgestellt, als im weiteren Verlauf der Arbeiten an dem zunächst vereinbarten Gewerk die Renovierungsbedürftigkeit auch noch anderer Komponenten der Heizungsanlage erkennbar wurde. Deren Zustand stand aber in keinem unmittelbaren Zusammenhang mit den technischen Anforderungen für die Umrüstung der Ölheizung auf die Emissions- und Abgasverlustwerte der neuen 1. BImSchV. Nur darauf bezog sich aber der Kostenvoranschlag des Neumann. Selbst wenn man trotz der Regelung des § 650 Abs. 1 BGB aus allgemeinen Erwägungen eine besondere Sorgfaltspflicht des Unternehmers bei der Bearbeitung einer Preisanfrage seines präsumtiven Auftraggebers aufgrund der §§ 311 Abs. 2, 241 Abs. 2 BGB unterstellt, würde sich diese Pflicht – ohne besonderen Auftrag – nicht auf die technische Beurteilung der gesamten Anlage und die Klärung der grundsätzlichen Frage beziehen, ob es sich angesichts der Möglichkeit des Anschlusses an die Fernwärmeversorgung überhaupt noch wirtschaftlich lohnt, die 20 Jahre alte Ölheizung weiter zu betreiben. Dies hätte Anton durch Beiziehung eines speziellen Fachgutachtens selbst klären müssen.

Mithin stehen dem Anton keine Einwendungen gegen den Werklohnanspruch des Neumann zu; er muß den geforderten Betrag von 42.000,– € zahlen.

14.09: *Studentenstreiche*

Die Saarbrücker Studenten Archibald, Bertram und Christian beschließen einen gemeinsamen Ausflug zum Rosenmontagszug nach Mainz. Christian, ein mit Rechtskenntnissen ausgestatteter angehender Betriebswirt, bestellt ein Taxi und führt auch sonst die Verhandlungen mit dem Taxifahrer Theo, während Archibald und Bertram es sich ohne weitere Kommentare auf dem Rücksitz des Wagens gemütlich machen und dort den beim „Gaudimax" versäumten Schlaf nachholen.

Theo liefert die Corona wohlbehalten in Mainz ab und verlangt von Christian als Fahrgeld den Betrag von 210,– €, was dem branchenüblichen Preis für eine Fernfahrt von Saarbrücken nach Mainz entspricht. Christian widerspricht: Ein so hoher Preis hätte ihm rechtzeitig vor Antritt der Fahrt genannt werden müssen, dies habe Theo aber verabsäumt. Auch verfüge er gerade noch über 80,– €. Kann Theo von Archibald, der als Sohn eines Immobilienmaklers über eine wohlgefüllte Brieftasche verfügt, die Zahlung der 210,– € verlangen?

Lösungshinweis: Die gesamtschuldnerische Haftung für eine Zahlungsforderung wird am Beispiel des Entgelts für eine an mehrere Gläubiger geschuldete unteilbare Werkleistung (= Taxifahrt) erläutert. Die Beurteilung des Sachverhalts erfolgt zunächst anhand von allgemeinen Regeln über die Gesamtschuld, alternativ wird die Lösung auch mit der – allerdings etwas weit hergeholten – Konstruktion einer zwischen den drei Freunden ad hoc verabredeten Gesellschaft des Bürgerlichen Rechts versucht. – Wiederholen Sie Grdz. § 9 II 1, III 2; § 10 V 2; § 14 II 1, IV 1 c!

Musterlösung:

Theo könnte von Archibald gem. §§ 631 Abs. 1, 421 Satz 1, 427 BGB die Zahlung des vollen Preises für die Taxifahrt nach Mainz verlangen, wenn auch mit Archibald ein Beförderungsvertrag zustande gekommen ist und dieser als Gesamtschuldner für das dem Theo insgesamt zustehende Entgelt haftet. Der Vertrag über die Beförderung eines Fahrgastes in einem Taxi ist ein Werkvertrag, denn der Taxiunternehmer schuldet seinem Kunden ein konkretes Arbeitsergebnis, nämlich die ordnungsgemäße Beförderung zu dem gewünschten Ziel. Nach § 632 Abs. 1 BGB entsteht der Anspruch des Unternehmers auf die Vergütung auch dann, wenn hierüber vor Antritt der Fahrt keine ausdrücklichen Abmachungen getroffen worden sind. In diesem Fall gilt die übliche Vergütung als vereinbart. Dem Sachverhalt kann entnommen werden, daß der von Theo geforderte Betrag von 210,– € der übliche Preis ist. Sonach ist aufgrund der von Christian geführten Verhandlungen ein Werkvertrag über die Taxifahrt nach Mainz zum Preis von 210,– € abgeschlossen worden.Theo hat seine Leistung vollständig erbracht. Eine Abnahme ist gem. § 640 Abs. 1 Satz 1BGB nicht erforderlich. Damit ist die Vergütung nach §§ 641 Abs. 1, 646 BGB auch fällig.

Fraglich ist, ob auch Archibald für diese Vergütung aufkommen muß und wenn ja, ob er für den Fahrpreis in voller Höhe einzustehen hat. Dies wäre nach §§ 427, 421 BGB dann der Fall, wenn auch er (und Bertram) mit Theo einen Vertrag über die Taxifahrt nach Mainz abgeschlossen haben, aus dem er gemeinschaftlich mit seinen Freunden zur Zahlung des dem Theo zustehenden Werklohns verpflichtet ist. Der Sachverhalt gibt an, daß allein der Christian mit Theo verhandelt hatte. Dies zwingt aber noch nicht zur Annahme, daß Christian dann das Taxi allein für sich bestellt hatte und daß er seine Freunde lediglich als seine Gäste auf seine alleinige Rechnung befördern lassen wollte. Wenn mehrere Personen ein Taxi für eine gemeinsame Fahrt benutzen, ist es vielmehr üblich, daß sie die Fahrt auch gemeinsam bestellen, d.h. daß jeder von ihnen in ein unmittelbares Vertragsverhältnis zum Taxiunternehmer eintritt. Auf diese Weise ist am besten sichergestellt, daß jedem der Beteiligten ein vertraglich gesicherter Anspruch auf korrekte Leistungserbringung durch den Unternehmer zusteht; umgekehrt hat auch der Unternehmer entsprechende Sicherheiten für die Zahlung des Fahrpreises. Führt einer der Fahrgäste allein die Verhandlungen über die genaueren Einzelheiten der Fahrt (legt er z.B. das Fahrziel fest), so tritt er gegenüber dem Unternehmer jedenfalls dann als Stellvertreter der anderen Mitreisenden i.S.d. § 164 Abs. 1 BGB auf, wenn diese ihm nicht widersprechen. Diese Beurteilung ist auch für den vorliegenden Sachverhalt angemessen: Es gibt keine Hinweise darauf, daß Christian, der als Wortführer der Gruppe auftrat, damit zugleich zum Ausdruck gebracht hat, daß er abweichend von der verkehrsüblichen Handhabung derartiger Situationen gegenüber Theo als alleiniger Vertragspartner auftreten wollte. Ein gemeinschaftlicher Beförderungsvertrag aller drei Freunde entspricht auch der Ausgangslage des Falls, denn diese hatten verabredet, den Taxiausflug zum Rosenmontagszug nach Mainz gemeinsam zu unternehmen. Mit ihrem kommentarlosen Einstieg in das Taxi haben Archibald und Bertram daher gegenüber Theo durch schlüssiges Handeln zum Ausdruck gebracht, daß sie den Christian bevollmächtigt haben, auch als ihr Stellvertreter den Werkvertrag über die Fahrt nach Mainz abzuschließen.

Sonach ist von allen drei Freunden gemeinschaftlich ein Vertrag mit Theo über die Taxifahrt nach Mainz abgeschlossen worden. Gem. § 427 BGB haftet jeder der Beteiligten für die sich aus dem gemeinschaftlichen Vertrag ergebenden Zahlungsverbindlichkeiten als Gesamtschuldner. Mithin kann Theo nach § 421 Satz 1 BGB von Archibald die Zahlung des vollen Betrags von 210,– € verlangen.

Zum selben Ergebnis kommt man, wenn man die Absprache der drei Freunde, gemeinsam einen Ausflug zum Rosenmontagszug nach Mainz zu machen und hierfür ein Taxi zu mieten, als den Abschluß eines Gesellschaftsvertrags i.S.d. § 705 BGB über die Erreichung eines gemeinsamen Zwecks beurteilt. In diesem Falle wäre Christian gem. § 710 BGB von Archibald und Bertram mit der Führung der Geschäfte für die Gesellschaft betraut worden; er hätte durch den Abschluß des Vertrags mit Theo sich und die anderen Gesellschafter gem. § 714 BGB gemeinschaftlich verpflichtet. Nach §§ 164 Abs. 1, 427, 421 BGB haften alle Mitglieder der Gesellschaft gesamtschuldnerisch für die namens der Gesellschaft eingegangenen Verbindlichkeiten. Die Gesellschaft hat kein eigenständiges Vermögen gebildet, das für ihre Schulden haftet. Demnach kann sich Theo wegen der Bezahlung des Fahrpreises in voller Höhe auch unmittelbar an den „Mitgesellschafter“ Archibald halten.

Fall 14.10: *Krach in der Tippgemeinschaft*

Otto, Ludwig und Karl spielen gemeinsam Zahlenlotto in der Weise, daß sie jede Woche mit einem Einsatz von 30,– € bestimmte, jeweils in der Sylvesternacht feierlich ausgewürfelte Zahlenreihen tippen. Aus Aberglauben lehnen sie die Benutzung von Dauerscheinen ab; die Tippscheine müssen vielmehr jede Woche neu ausgefüllt werden. Diese Aufgabe ist dem Karl übertragen, weil er auf dem Rückweg von der Arbeit an einer Lottoannahmestelle vorbeikommt. Er verwaltet auch die gemeinsame „Lottokasse", in die jeder Freund auf Anforderung durch Karl einen Betrag einzahlt, damit das nötige Geld für den Wetteinsatz zur Verfügung steht. Die quittierten Tippscheine nimmt Karl jeweils in Verwahrung; er zieht auch die gegebenenfalls anfallenden Gewinne bei der Totogesellschaft ein. Die Gewinne, die bisher nie den 4. Rang überstiegen haben, werden von Karl auf ein gemeinsames Konto eingezahlt und jeweils am 6. Dezember eines jeden Jahres im Rahmen eines gemütlichen Nikolauskränzchens gleichmäßig unter die drei Freunde verteilt.

In der ersten Februarwoche hat Karl kein Geld mehr in der Wetteinsatzkasse, weil er es wegen der Vorfaschingszeit versäumt hatte, seine Freunde rechtzeitig an die Zahlung ihres Beitrags zu erinnern. Kurzentschlossen legt er die 30,– € aus seiner eigenen Tasche vor und füllt wie gewohnt die Tippscheine aus. Zur überschwenglichen Freude von Otto und Ludwig landet diesmal eine der ausgewürfelten Zahlenkombinationen im zweiten Rang; Karl erhält auf den Tippschein die stattliche Summe von 1.305.683,90 € ausbezahlt. Von seiner Frau Ilsebill dazu angestachelt, weigert sich Karl jedoch, diesen Geldbetrag auf das gemeinsame Gewinnkonto einzuzahlen: Da er den Lottoschein ausnahmsweise mit seinem eigenen Geld bezahlt habe, gehöre der Gewinn auch ihm allein. Wie ist die Rechtslage?

Lösungshinweis: Wie schon in Fall 14.09 geht es auch hier um Beziehungen innerhalb einer Gesellschaft des Bürgerlichen Rechts. Zuvor ist allerdings zu klären, ob zwischen den drei Freunden überhaupt ein Rechtsverhältnis begründet worden ist. Die Lösung hängt dann von einer klaren Unterscheidung zwischen Außenverhältnis und Innenrechtsbeziehungen ab. – Wiederholen Sie Grdz. § 5 III 1 b; § 14 III 4, IV 1!

Musterlösung:

Der Lottogewinn würde allen drei Freunden gemeinschaftlich zustehen, wenn Karl verpflichtet ist, diesen Betrag auf das gemeinsame Gewinnkonto einzuzahlen. Der Anspruch von Ludwig und Otto hierauf könnte sich aus §§ 713, 667, 718 BGB ergeben.

Voraussetzung hierfür ist zunächst, daß zwischen den drei Freunden eine Gesellschaft i.S.d. § 705 BGB besteht, die dem gemeinschaftlichen Zweck dient, sich nach bestimmten Regeln am Lottospiel zu beteiligen. Das Vorliegen eines Gesellschaftsvertrags könnte im vorliegenden Fall zweifelhaft sein, da derartige Verabredungen auch als Spiel auf rein freundschaftlicher Grundlage ohne Rechtsfolgewillen getroffen zu werden pflegen. Karl, Ludwig und Otto betreiben ihre Tippgemeinschaft aber schon seit mehreren

Jahren, haben ein gemeinsames Bankkonto und feste Regeln für die Führung ihrer Geschäfte sowie für die Verteilung der erzielten Gewinne. Die Beziehungen zwischen ihnen sind sonach längst über den Rahmen eines unverbindlichen gesellschaftlichen Kontakts hinausgewachsen und haben sich – jedenfalls im Laufe der Jahre – zu einem echten Rechtsverhältnis herausgebildet.

Gegen das Bestehen einer Gesellschaft gem. § 705 BGB könnte noch sprechen, daß Karl vereinbarungsgemäß jeweils die quittierten Tippscheine in Besitz genommen hat und daher gem. §§ 807, 793 Abs. 1 BGB als einziger gegenüber der Lottogesellschaft zur Entgegennahme der auf den Tipp entfallenden Gewinne berechtigt war. Die drei Freunde treten somit nach außen hin nicht als BGB-Gesellschaft in Erscheinung. Dies ist jedoch nicht notwendig: Ein Gesellschaftsvertrag nach § 705 BGB wird immer schon dann geschlossen, wenn sich mehrere Personen mit Rechtsbindungswillen verabreden, ein gemeinschaftliches Ziel zu verwirklichen. Ob dies auch Dritten gegenüber zum Ausdruck gebracht worden ist, spielt nur dann eine Rolle, wenn es um die Feststellung von Außenrechtsbeziehungen (vor allem bei Haftungsfragen) geht. Im vorliegenden Fall sind jedoch Ansprüche der anderen Gesellschafter gegenüber Karl aus dem Innenrechtsverhältnis streitig.

Karl ist i.S.v. § 710 BGB mit der Geschäftsführung für die Gesellschaft betraut worden, seine Rechte und Pflichten gegenüber den anderen Gesellschaftern bestimmen sich gem. § 713 BGB nach den Vorschriften über den Auftrag. Mithin ist er auch nach § 667 BGB verpflichtet, die auf die gemeinsam festgelegten Lottozahlen entfallenden Gewinne, die im Außenverhältnis zunächst an ihn ausgezahlt werden, dem gemeinschaftlichen Gesellschaftsvermögen zur Verfügung zu stellen, d.h. entsprechend den getroffenen Abreden auf das gemeinsame Gewinnkonto zu überweisen.

Zu prüfen bleibt noch, ob im vorliegenden Fall etwas anderes gilt, weil Karl ausgerechnet den gewinnbringenden Lottoschein mit seinem eigenen Geld bezahlt hatte. Aufwendungen für die Gesellschaft – d.h. die allwöchentlich aufzubringenden Einsätze – sind grundsätzlich nur aus der gemeinschaftlichen Kasse zu decken. Ist diese Kasse leer, kann Karl mit weiteren Aktivitäten für die Gesellschaft zuwarten, bis die anderen Gesellschafter die von ihnen aufzubringenden Nachschüsse geleistet haben. Karl kann die notwendigen Einsätze aber auch aus seiner eigenen Tasche vorlegen, in diesem Fall steht ihm nach § 670 BGB gegenüber seinen Mitgesellschaftern ein Anspruch auf Erstattung seiner Aufwendungen zu, soweit er nicht selbst Einlagen in die Wetteinsatzkasse zu machen hat. Auf jeden Fall bleibt die Teilnahme an der nächsten Spielrunde mit den gemeinschaftlich festgelegten Zahlenkombinationen auch dann eine Geschäftsführung für die BGB-Gesellschaft, wenn Karl ausnahmsweise den hierfür erforderlichen Wetteinsatz aus seiner eigenen Tasche aufgebracht hatte.

Ludwig und Otto können sonach von Karl verlangen, daß er die gewonnenen 1,3 Mio. € in die gemeinschaftliche Gewinnkasse einzahlt.

III. Wiederholungsfragen

1. Erläutern Sie den rechtlichen Zusammenhang zwischen Dienstverhältnissen und Arbeitsverhältnissen; wie unterscheidet sich ein Arbeitsverhältnis von einem Dienstverhältnis? (Grdz. § 14 I 1)

Arbeitsverhältnisse sind Dienstverhältnisse besonderer Art; auf sie finden daher die allgemeinen Regeln der §§ 611 ff. BGB über den Dienstvertrag und außerdem noch die besonderen arbeitsrechtlichen Bestimmungen Anwendung. Sowohl beim Arbeitsverhältnis als auch beim Dienstvertrag wird die Leistung von Diensten und nicht ein bestimmtes Arbeitsergebnis geschuldet; beim Arbeitsverhältnis ist der Schuldner mit seiner Tätigkeit in die betriebliche Organisation des Arbeitgebers eingeordnet und hinsichtlich Art, Ort und Zeit der zu erbringenden Leistung dessen Weisungen unterworfen. Typprägendes Unterscheidungsmerkmal ist sonach die „Unselbständigkeit" der Beschäftigung.

2. Was folgt aus der Höchstpersönlichkeit der Dienst- bzw. Arbeitsleistung; gibt es hiervon Ausnahmen? (Grdz. § 14 I 2)

Gem. § 613 BGB hat der Dienstverpflichtete (bzw. Arbeitnehmer) die geschuldeten Leistungen in eigener Person zu erbringen, der Dienstberechtigte darf den Anspruch auf den Dienst nicht an andere abtreten. Dies gilt jedoch nur „im Zweifel"; d.h. abweichende Vereinbarungen sind möglich. Ein bekanntes Beispiel hierfür sind etwa die Leiharbeitsverhältnisse. Eine Ausnahme von der Grundregel des § 613 BGB macht auch § 613 a BGB, der die Rechte und Pflichten der Arbeitnehmer beim Übergang eines Betriebes oder eines Betriebsteils auf einen anderen Eigentümer regelt.

3. Ergeben sich beim Dienst- oder Arbeitsverhältnis noch besondere typische Nebenpflichten; gibt es hierzu im Gesetz Beispiele? (Grdz. § 14 I 2)

Neben den Hauptpflichten zur Leistung des Dienstes und zur Zahlung der Vergütung ergeben sich aufgrund des durch die Leistungsbeziehung vermittelten engen sozialen Kontakts Fürsorge- und Treuepflichten. Beispiele für Fürsorgepflichten des Dienstberechtigten finden sich in den §§ 617 und 618 BGB.

4. Nach welchen Regeln werden Schlechtleistungen im Dienst- oder Arbeitsverhältnis beurteilt? (Grdz. § 14 I 3 a)

Das Dienst- und Arbeitsvertragsrecht kennt keine Sachmängelhaftung. Gleichwohl müssen die geschuldeten Dienstleistungen ordnungs- und pflichtgemäß erbracht werden. Für Schäden aus schuldhaft pflichtwidrigem Handeln haftet der Dienstverpflichtete (bzw. Arbeitnehmer) gem. §§ 280 Abs. 1, 241 Abs. 2 BGB nach den Regeln der Haftung für positive Vertragsverletzung.

5. Wie ist der Anspruch auf Fortzahlung der Vergütung für bestimmte Fälle des vorübergehenden Unmöglichwerdens der Dienst- oder Arbeitsleistung geregelt? (Grdz. § 11 IV 2 b, bb; § 14 I 3 b)

§ 616 BGB legt für alle Dienst- und Arbeitsverhältnisse einen (allerdings abdingbaren) Anspruch auf Fortzahlung einer nach Zeitabschnitten bemessenen Vergütung für den Fall einer unverschuldeten Verhinderung an der Dienstleistung aus persönlichen Gründen für eine verhältnismäßig nicht erhebliche Zeit fest. Bei Arbeitsverhältnissen ergibt sich außerdem aufgrund des EntgeltfortzahlungsG ein unabdingbarer Anspruch auf Entgeltfortzahlung für die Dauer von bis zu sechs Wochen im Jahr bei Arbeitsverhinderung durch eine unverschuldete Krankheit, bei Kur oder wegen einer Sterilisation bzw. eines legalen Schwangerschaftsabbruchs. Darüber hinaus wird bei Arbeitsverhältnissen auch noch für andere Situationen in speziellen arbeitsrechtlichen Vorschriften der Anspruch auf Lohnzahlung trotz Wegfalls der Arbeitsleistung gesichert.

6. Welche Rolle spielt der Annahmeverzug des Dienstberechtigten (bzw. Arbeitgebers)? (Grdz. § 14 I 3 c)	Gem. § 615 BGB kann der Dienstverpflichtete (bzw. Arbeitnehmer) für die infolge des Annahmeverzugs nicht geleisteten Dienste die volle Vergütung verlangen, ohne nachleisten zu müssen.
7. Gibt es hiernach überhaupt noch Fälle, bei denen durch zufälliges Unmöglichwerden der Dienst- oder Arbeitsleistung gem. § 326 Abs. 1 BGB der Anspruch auf die Vergütung erlischt; nach welchen Kriterien werden sie insbesondere vom Annahmeverzug des Dienstberechtigten abgegrenzt? (Grdz. § 14 I 3 d)	Die Regel des § 326 Abs. 1 BGB, wonach bei zufälligem Unmöglichwerden der eigenen Leistung auch der Anspruch auf die Gegenleistung erlischt, gilt auch bei Dienst- und Arbeitsverhältnissen immer dann, wenn die Leistungsstörung auf Ereignisse zurückzuführen ist, die außerhalb der Einflußmöglichkeit beider Vertragsparteien liegen. Wird der Ausfall der Dienst- oder Arbeitsleistung durch Störungen im Betrieb des Dienstberechtigten (bzw. Arbeitgebers) verursacht, erfolgt die Abgrenzung zwischen Unmöglichwerden der Leistung (mit Verlust des Lohnanspruchs) vom Annahmeverzug (mit Anspruch auf Lohnzahlung) nach der Sphärentheorie.
8. Wie wirkt sich eine durch einen Arbeitskampf herbeigeführte Stillegung des Betriebs auf den Beschäftigungs- und Lohnanspruch der arbeitswilligen Arbeitnehmer aus? (Grdz. § 14 I 3 d)	Nach der modifizierten Sphärentheorie verlieren arbeitswillige Arbeitnehmer den Anspruch auf Beschäftigung und Lohn nur dann, wenn der Arbeitskampf den eigenen Betrieb betrifft oder ein tarifpolitischer Zusammenhang zwischen der Kampfmaßnahme und den betroffenen Arbeitsverhältnissen besteht.
9. Wie werden Dienstverhältnisse beendet? (Grdz. § 14 I 4)	Dienstverhältnisse werden durch die Erledigung des Dienstauftrags beendet; für einen bestimmten Zeitraum eingegangene Dienstverhältnisse sowie befristete Arbeitsverhältnisse enden gem. § 620 Abs. 1 BGB mit Ablauf der Zeit, für die sie abgeschlossen worden sind. Dienst- und Arbeitsverhältnisse, die für unbestimmte Zeit abgeschlossen waren, werden durch ordentliche Kündigung beendet. Dabei sind die Kündigungsfristen der §§ 621, 622 BGB einzuhalten, die unterschiedlich lang bemessen sind, je nachdem, ob es sich um ein Dienst- oder um ein Arbeitsverhältnis handelt. Außerdem können Dienst- oder Arbeitsverhältnisse gem. § 626 BGB jederzeit auch ohne Einhaltung von Fristen aus wichtigem Grund gekündigt werden. Ferner ist nach § 627 BGB eine jederzeitige fristlose Kündigung ohne Angabe von Gründen möglich, wenn kein Arbeitsverhältnis bzw. kein dauerndes Dienstverhältnis mit festen Bezügen vorliegt und Dienste höherer Art zu leisten sind, die aufgrund besonderen Vertrauens übertragen zu werden pflegen.
10. Worin unterscheiden sich Dienstvertrag und Werkvertrag? (Grdz. § 14 I 1, II 1)	Beim Dienstvertrag werden Dienstleistungen schlechthin geschuldet, ohne daß der Dienstverpflichtete für einen bestimmten Arbeitserfolg einzustehen hat. Beim Werkvertrag wird allein ein mängelfreies

Arbeitsergebnis, das „Werk" geschuldet; es ist Sache des Unternehmers, auf welche Weise ihm dieses Werk gelingt und wieviel Arbeit er hierfür aufwenden muß.

11. Ist die Veräußerung einer Sache, die der Veräußerer aus von ihm zu beschaffenden Stoffen eigens für den Kunden herstellen muß, ein Kaufvertrag oder ein Werkvertrag? (Grdz. § 14 III 1)

Nach § 651 BGB liegt ein Werklieferungsvertrag vor. Handelt es sich um die Herstellung von vertretbaren Sachen, richtet sich das Vertragsverhältnis nach Kaufrecht. Geht es um eine nicht vertretbare Sache, gelten teilweise auch die Bestimmungen des Werkvertragsrechts.

12. Wann wird der Anspruch auf den Werklohn fällig? (Grdz. § 14 II 1)

Soweit nichts anderes vereinbart ist, wird der Anspruch auf den Werklohn gem. §§ 641 Abs. 1, 646 BGB fällig, sobald das Werk vertragsgemäß vollendet und – wenn dies nach § 640 Abs. 1 BGB möglich ist – vom Besteller abgenommen worden ist.

13. Was geschieht, wenn das Werk vor der Abnahme durch Zufall untergeht? (Grdz. § 14 II 1)

Da der Unternehmer gem. § 644 Abs. 1 Satz 1 BGB die Preisgefahr bis zur Abnahme des Werks zu tragen hat, verliert er nach § 326 Abs. 1 BGB den Anspruch auf den Werklohn. Ausnahmen gelten nach § 644 Abs. 2 i.V.m. § 447 BGB dann, wenn der Unternehmer das Werk auf Verlangen des Bestellers an einen anderen Ort als den Erfüllungsort zu versenden hat, oder gem. § 645 BGB in dem Fall, in dem das Werk aus Gründen, die in die Verantwortungssphäre des Bestellers fallen, ohne Verschulden des Unternehmers untergegangen oder unausführbar geworden ist.

14. Wann endet ein Werkvertrag? (Grdz. § 14 II 3)

Der Werkvertrag endet grundsätzlich mit der Fertigstellung und Abnahme des Werks und dessen Bezahlung, soweit nicht noch nachwirkende Ansprüche bestehen (z.B. Sachmängelansprüche nach §§ 633 ff. BGB). Gem. § 649 BGB kann der Besteller den Werkvertrag jederzeit auch ohne Angabe von Gründen vorfristig kündigen, bleibt dann aber je nach Lage des Falles ganz oder teilweise zur Zahlung des Werklohns verpflichtet. Außerdem haben die Parteien die üblichen Rücktrittsrechte bei Leistungsstörung.

15. Welches Schuldverhältnis wird begründet, wenn sich jemand verpflichtet, für einen anderen ein Geschäft zu besorgen; welche besonderen Rechte und Pflichten werden hierbei begründet? (Grdz. § 14 III 4)

In diesem Fall liegt gem. § 662 BGB ein Auftrag vor oder, wenn für die Leistung ein Entgelt vereinbart ist, ein Dienst- oder Werkvertrag, auf den gem. § 675 Abs. 1 BGB die wichtigsten Vorschriften des Auftragsrechts ergänzend anzuwenden sind. Der Beauftragte ist nach § 666 BGB zur Auskunft und Rechnungslegung und nach § 667 BGB zur Herausgabe des durch die Geschäftsbesorgung Erlangten verpflichtet, gem. § 670 BGB hat er einen Anspruch auf Ersatz seiner Aufwendungen.

16. Worin unterscheiden sich die Gesellschaft und die Rechtsgemeinschaft als Rechtstyp? (Grdz. § 14 IV)

In beiden Fällen handelt es sich um Schuldverhältnisse zur Koordination der Aktivitäten mehrerer Rechtssubjekte. Die in den §§ 705 ff. BGB geregelte Gesellschaft entsteht aus der Abrede, gemeinschaftlich einen bestimmten Zweck zu verwirklichen, dabei kann (muß aber nicht) im Verlauf der Tätigkeit ein gemeinschaftliches Vermögen angesammelt werden. Hat die Gesellschaft eigenes Vermögen und tritt sie im Außenverhältnis als solche handelnd auf – wird sie vor allem unternehmerisch tätig –, kann sie nach § 14 Abs. 2 BGB rechtsfähig sein und gem. § 50 Abs. 1 ZPO aktiv und passiv prozeßfähig sowie gem. § 11 Abs. 2 Nr. 1 InsO insolvenzfähig werden. Die in den §§ 741 ff. BGB geregelte Gemeinschaft setzt die (aus welchen Gründen auch immer entstandene) gleichrangige Berechtigung mehrerer Rechtssubjekte an einem Vermögen oder an einem einzelnen Gegenstand voraus. Sie regelt die schuldrechtlichen Beziehungen, die sich für die Beteiligten aus dieser Mitberechtigung ergeben, ohne daß die Gemeinschaft gegenüber Dritten als eigenständiger Träger von Rechten und Pflichten auftritt.

17. Welche Rechtsprobleme tauchen bei einer aktiv tätigen Gesellschaft im Innenverhältnis zwischen den Gesellschaftern auf; wie sind diese im Gesetz gelöst? (Grdz. § 14 IV 1 b)

Hier ist zunächst zu klären, wer die Geschäfte zu führen hat, damit der gemeinsame Zweck erreicht werden kann; § 709 BGB legt im Normalfall die gemeinschaftliche Geschäftsführung zugrunde, läßt in den §§ 710 bis 713 BGB aber auch abweichende Gestaltungsformen zu. Für die Beschaffung der notwendigen Mittel sieht § 706 BGB im Zweifel eine gleichmäßige Beitragslast für alle Gesellschafter vor; dem entspricht auch die in § 722 BGB vorgeschlagene Beteiligung an Gewinn und Verlust. Zu regeln ist ferner, wem das für die Zwecke der Gesellschaft angesammelte und durch ihre Tätigkeit erworbene Vermögen gehört; hier bestimmen die §§ 718, 719 BGB, daß das Gesellschaftsvermögen allen Gesellschaftern gemeinschaftlich (= zur gesamten Hand) gehört und daß vor der Auseinandersetzung der Zugriff einzelner Gesellschafter auf dieses Vermögen ausgeschlossen ist.

18. Welche Rechtsprobleme gibt es bei einer aktiven Gesellschaft im Außenverhältnis mit dritten Rechtssubjekten; wie sind sie im Gesetz gelöst? (Grdz. § 10 V 2; § 14 IV 1 c)

Für außenstehende Dritte kommt es in erster Linie darauf an, wer für die Gesellschaft verpflichtende Erklärungen abgeben kann und wer für die Verbindlichkeiten aus der Tätigkeit der Gesellschaft haftet. Hier legt § 714 BGB fest, daß diejenigen Gesellschafter, die Geschäftsführungsbefugnis haben, im Zweifel auch ermächtigt sind, sämtliche Gesellschafter nach außen zu vertreten. Damit werden nach der in der Rechtsprechung nunmehr akzeptierten Akzessorietätstheorie die namens der Gesellschaft eingegangenen Verbindlichkeiten zu Forderungen gegen die insoweit als rechtsfähig angesehene Gesellschaft und zugleich gem. §§ 427, 421 BGB Schulden der einzelnen Gesellschafter, für welche diese unmittelbar und in voller Höhe auch persönlich als Gemeinschuldner aufzukommen haben. Ferner müssen dritte Geschäftspartner wissen, an wen sie auf Forderungen der Gesellschaft ihrerseits mit befreiender Wirkung leisten können. Auch insoweit sind die geschäftsführenden Gesellschafter nach § 714 BGB empfangsberechtigt; gutgläubige Schuldner werden durch § 720 BGB besonders geschützt.

19. Was ist bei der Beendigung einer Gesellschaft zu beachten? (Grdz. § 14 IV 1 d)

Die Beendigung einer Gesellschaft erfolgt in drei Stufen: Zunächst wird die werbende Tätigkeit der Gesellschaft durch Kündigung oder Auflösung aus einem der in §§ 723 bis 728 BGB angeführten Gründe eingestellt. Sodann erfolgt die Abwicklung der laufenden Geschäfte, die Berichtigung der Gesellschaftsschulden und ggf. die Rückerstattung der Einlagen. Schließlich findet die Verteilung eines eventuellen Überschusses oder der Ausgleich von Fehlbeträgen zur Deckung der Schulden und zur Rückerstattung der Einlagen durch Nachschüsse der Gesellschafter statt (§§ 731 bis 735 BGB).

20. Ist die Gesellschaft des Bürgerlichen Rechts eine juristische Person mit eigener Rechtsfähigkeit? (Grdz. § 3 IV 1; § 14 IV 1 a)

Im rechtstechnischen Sinne kann eine Gesellschaft des Bürgerlichen Rechts schon deswegen nicht als juristische Person angesehen werden, weil ihre Entstehung nicht von einer registergerichtlichen Überprüfung des Gründungsrechtsgeschäfts und der Eintragung in ein amtliches Register abhängt. Im übrigen kommt es darauf an, ob die Gesellschaft gleichwohl als rechtsfähiges Gebilde zu betrachten ist: Soweit zur Erreichung des gemeinschaftlichen Zwecks nur ein aufeinander abgestimmtes Handeln der Gesellschafter im Innenverhältnis erforderlich ist, bleibt sie ein rein schuldrechtliches Rechtsverhältnis zwischen den am Vertrag unmittelbar Beteiligten. Tritt die Gesellschaft dagegen nach außen in Erscheinung, indem unter einer „Firma" mit Wirkung für und gegen sie Verträge angeschlossen werden, und wird ein nach § 718 BGB gesamthänderisch gebundenes gemeinschaftliches Vermögen gebildet, so ist auch die Gesellschaft als solche nach § 14 Abs. 2 BGB rechtsfähig und kann klagen und verklagt werden. Auch dann unterscheidet sich die Gesellschaft allerdings von einer „klassischen" juristischen Person dadurch, daß sie nicht unabhängig von dem jeweiligen Bestand ihrer Mitglieder existiert. Auch haftet für die bei der werbenden Tätigkeit der Gesellschaft begründeten Verbindlichkeiten nicht nur das Gesellschaftsvermögen, sondern jeder Gesellschafter als Gesamtschuldner unmittelbar mit seinem sonstigen Vermögen.

§ 15. Gesetzliche Schuldverhältnisse

I. Was Sie über gesetzliche Schuldverhältnisse wissen müssen

Mit den gesetzlichen Schuldverhältnissen gelangen Sie zu einem der für Anfänger am schwierigsten zu vermittelnden Themenkreise des Bürgerlichen Rechts. Sie lernen vorerst drei Gestaltungsformen kennen, die im Besonderen Teil des Schuldrechts geregelt sind. Das ebenfalls als gesetzliches Schuldverhältnis ausgestaltete Eigentümer-Besitzer-Verhältnis wird später bei der Darstellung des Sachenrechts beschrieben werden. Sie finden am besten Zugang zu dieser Materie, wenn Sie sich die Frage stellen, was die Rechtsordnung veranlaßt haben mag, in einer Reihe von Fällen zusätzlich zu den durch privatautonome Rechtsgestaltung begründeten Rechtspflichten kraft Gesetzes Leistungspflichten festzulegen, um die Vermögensverhältnisse zwischen einer besonders herausgehobenen Gruppe von Rechtssubjekten neu zu gestalten. Sie werden schnell herausfinden, daß es sich jeweils um eine nicht gerechtfertigte Störung der bisher bestehenden Güterzuordnung handelt, die Anlaß gegeben hat, durch die Begründung von Ausgleichsansprüchen zugunsten des nachteilig Betroffenen den früheren Zustand im Rahmen des (noch) Möglichen wiederherzustellen. Im übrigen stoßen Sie auf eine Überfülle von komplizierten Rechtsfragen: Aufgrund welcher Umstände werden solche gesetzlichen Schuldverhältnisse begründet; zwischen wem entstehen sie; was ist der Leistungsinhalt und in welchem Verhältnis stehen die so begründeten Leistungsansprüche sowohl untereinander als auch zu den Ausgleichsansprüchen, die wegen der Störung vertraglicher Leistungspflichten in derselben Angelegenheit begründet sein können?

Das Recht der in den §§ 823 bis 853 BGB und in einer Reihe von sondergesetzlichen Bestimmungen geregelten **unerlaubten Handlungen** knüpft daran an, daß Ereignisse, die auf die rechtlich geschützten Interessen eines Rechtssubjekts einwirken, einen **Schaden** verursacht haben. Es geht hier darum, jemanden zu finden, der für diese Einbuße verantwortlich gemacht und verpflichtet werden kann, Ersatz zu leisten. Das Phänomen der Verpflichtung zum Schadensersatz kennen Sie bereits aufgrund Ihrer Beschäftigung mit der Störung von vertraglichen oder vorvertraglichen Rechtsverhältnissen. Sie erfahren nun, daß diese auf Sonderrechtsbeziehungen beruhenden Ausgleichsregelungen noch durch allgemeine Normen ergänzt werden, und daß sich die Anwendungsbereiche der vertraglichen und der deliktischen Schadensersatzvorschriften durchaus überschneiden können. Damit lernen Sie das Problem der **Anspruchskonkurrenz** und die hierdurch gebotene Möglichkeit kennen, ein und dasselbe Leistungsbegehren auf verschiedene rechtliche Gesichtspunkte zu stützen. Einstweilen können Ihnen die Fälle 15.01 und 15.03 als Muster dienen. Sie werden bald die Erfahrung machen, daß diese Anspruchskonkurrenz die Ursache dafür ist, daß im Gutachten für die Beurteilung von

Schadensersatzfällen oft die aufwendige Prüfung einer ganzen Reihe von Anspruchsgrundlagen notwendig ist. Der nachfolgende Abschnitt mit Musterlösungen fällt daher auch besonders umfangreich aus.

Um das **System** des Rechts der unerlaubten Handlung kennenzulernen, müssen Sie sich mit dem Zusammenspiel zwischen der **Generalklausel des § 826 BGB** (dazu als Beispiel: Fall 15.02) und den an die Verwirklichung jeweils bestimmter, im Gesetz näher umschriebener **Deliktstatbestände** anknüpfenden Regelungen der **Verschuldens-** und der **Gefährdungshaftung** vertraut machen. Vor allem der in **§ 823 Abs. 1 BGB** normierte Grundtatbestand der Verschuldenshaftung gehört zu den Vorschriften, deren sichere Beherrschung von Ihnen erwartet wird. Praktisch wichtig sind auch die in den §§ 831 ff. und 30 f. BGB normierten Regeln über die deliktische **Ersatzhaftung für fremdes Handeln**. Hier müssen Sie sich unter anderem den Unterschied zur Haftung für Erfüllungsgehilfen im Rahmen eines Schuldverhältnisses nach § 278 BGB deutlich machen; die Fälle 15.01 und 15.03 geben hierzu Beispiele. Ganz anders konstruiert ist demgegenüber die **Gefährdungshaftung**, die in dem nachfolgenden Fall 15.04 an dem im Alltag häufigsten Anwendungsfall der Haftung für Schäden aus dem Betrieb eines Kfz näher erläutert wird.

Das in den §§ 812 bis 822 BGB normierte gesetzliche Schuldverhältnis zum Ausgleich einer **ungerechtfertigten Bereicherung** knüpft an die umgekehrte Situation an, daß in das Vermögen eines Rechtssubjekts Vorteile gelangt sind, die dort rechtens nicht hingehören, so daß die „Bereicherung" an denjenigen zurückerstattet werden muß, dem sie eigentlich gebührt. Für Sie schließt sich mit der Darstellung des Ausgleichs der durch rechtsgrundlose Leistung bewirkten Bereicherung (**„Leistungskondiktion"**) der Kreis zu der im Allgemeinen Teil des BGB behandelten Lehre von den Rechtsgeschäftsmängeln; Sie erfahren jetzt genauer, was mit den Leistungen wird, die zur Abwicklung eines Schuldverhältnisses bereits erbracht worden sind, das auf einem später als nichtig erkannten oder erfolgreich rückwirkend angefochtenen Vertrag beruht (vgl. auch Fall 15.05). Im übrigen bewegen Sie sich bei der Erörterung des Bereicherungsausgleichs für **Leistungen im Dreiecksverhältnis** und bei der Betrachtung des Ausgleichs einer Bereicherung „in sonstiger Weise" (**„Eingriffskondiktion"**) im Bereich der schwierigsten Themen, die beim Studium des Bürgerlichen Rechts zu bewältigen sind. Einen Eindruck von den hierbei zu bewältigenden Komplikationen vermittelt Fall 15.08; die Fälle 15.06 und 15.07 zeigen (u.a.) den Anwendungsbereich der Eingriffskondiktion. Auch die genaue Festlegung von **Inhalt** und **Umfang** des Bereicherungsanspruchs, vor allem das in § 818 Abs. 3 BGB angesprochene Sonderproblem des **Wegfalls der Bereicherung** stellen an Ihr Verständnis hohe Anforderungen; gleichwohl kann Ihnen nicht erspart werden, sich damit zu beschäftigen, da dies alles noch zum notwendigen Grundwissen gehört.

Einen ganz knappen Überblick müssen Sie sich schließlich noch von den Regelungen der §§ 677 bis 687 BGB über die **Geschäftsführung ohne Auftrag** verschaffen, die den Fall des eigenmächtigen, aber trotzdem nicht unwillkommenen oder doch wenigstens gut gemeinten Eindringens in einen fremden Geschäftskreis betreffen. Der Übungsfall 15.09 macht deutlich, daß dabei der Begriff der „Geschäftsbesorgung" sehr weit auszulegen ist; Fall 15.07 zeigt den unterschiedlichen Anwendungsbereich von Geschäftsführung ohne Auftrag und ungerechtfertigter Bereicherung.

II. Übungsfälle

Fall 15.01: *Ein folgenschwerer Fehltritt*

Anton beauftragt den Malermeister Klecksel damit, die Außenwand seines Hauses neu anzustreichen. Klecksel läßt am Haus des Anton ein baupolizeilich zugelassenes Baugerüst aufstellen und sorgt dafür, daß die Baustelle ordnungsgemäß abgesichert ist. Die Ausführung der Malerarbeiten überträgt er seinem Altgesellen Simon, der schon seit vielen Jahren im Malerbetrieb tätig ist, sich als sehr zuverlässig erwiesen hat und selbständig arbeiten kann. Simon hat allerdings die Marotte, vom Baugerüst herab schönen Frauen nachzupfeifen. So kommt es schließlich zum Unglück: Vor lauter Begeisterung über die Reize einer Unbekannten unterläuft dem Simon ein Fehltritt auf der schmalen Gerüstplattform, dabei stößt er einen schweren Farbeimer an, der vom Gerüst herabstürzt, gegen die Thermopane-Scheibe von Antons Blumenfenster stößt, dort einen Sprung schlägt und sodann weit entfernt vom Hauseingang auf den öffentlichen Gehweg niederkracht, wo Anton gerade auf dem Weg zu einer Besorgung vorübergeht. Anton wird von dem Eimer so unglücklich am Kopf getroffen, daß er mit Platzwunden und einer schweren Gehirnerschütterung für mehrere Tage ins Krankenhaus muß. Schließlich rollt der Eimer noch auf die Fahrbahn und kommt dem Radfahrer Emil in die Quere, der dem plötzlich auftauchenden Hindernis nicht mehr ausweichen kann und hinstürzt, wobei sein teures Rennrad beschädigt wird.

Anton und Emil wollen wissen, ob sie wegen dieses Vorfalls gegen Simon und vor allem auch gegen den gut versicherten Klecksel irgendwelche Schadensersatzansprüche geltend machen können; Emil möchte darüber hinaus auch gegen Anton vorgehen, weil er ja schließlich der Veranlasser der Malerarbeiten gewesen sei und der Farbeimer von dem an seinem Haus errichteten Baugerüst herabgefallen ist.

Lösungshinweis: Der Sachverhalt zeigt das Zusammentreffen von (z.T. miteinander konkurrierenden) Schadensersatzansprüchen aus Vertrag und aus unerlaubter Handlung. Im Gutachten müssen Sie jeweils *alle* in Betracht kommenden Anspruchsgrundlagen prüfen; dabei ist es zweckmäßig, mit den allgemeineren (und „einfacheren") Ansprüchen aus den

§§ 823 ff. BGB zu beginnen und diese zunächst vollständig abzuarbeiten.

Sind mehrere Personen als Geschädigte und/oder als (mögliche) Ersatzpflichtige beteiligt, beginnt man mit der Person, die sich für ihr Ersatzbegehren offensichtlich nicht auf vertragliche Anspruchsgrundlagen stützen kann, was die Prüfung vereinfacht. Als Anspruchsgegner kommt als erster derjenige in Betracht, dessen Verhalten die auslösende bzw. „nähere" Ursache für das Schadensereignis gewesen ist. – Wiederholen Sie Grdz. § 11 III 1 a; § 12 III 1 b, 2; § 15 I 3 a, d, e!

Musterlösung:

1. Ansprüche des Emil:

(a) Emil könnte gem. § 823 Abs. 1 BGB einen Schadensersatzanspruch gegen *Simon* haben. Durch den Sturz ist Emils Rennrad, mithin sein Eigentum beschädigt worden. Dieses Ereignis ist letztlich dadurch verursacht worden, daß Simon sich auf dem Malergerüst nicht mit der erforderlichen Sorgfalt bewegt und hierbei einen Farbeimer herabgestoßen hatte; der Schaden des Emil ist mithin durch fahrlässiges Tun des Simon verursacht worden. Simon hat auch rechtswidrig gehandelt, denn ihm stand für sein Verhalten gegenüber Emil kein Rechtfertigungsgrund zur Seite. Demnach hat Emil gegen Simon einen Schadensersatzanspruch aus unerlaubter Handlung. Weitere Anspruchsgrundlagen sind nicht ersichtlich.

(b) Weiter ist zu prüfen, ob Emil auch von *Klecksel* Ersatz verlangen kann. Da Klecksel den Schaden nicht durch eigenes Handeln verursacht hat, bestehen Ansprüche gegen ihn nur insoweit, als er für das schadensstiftende Verhalten des Simon Dritten gegenüber einstehen muß. Eine solche Einstandspflicht könnte sich daraus ergeben, daß Klecksel nach § 278 BGB das schuldhafte Handeln des Simon gegenüber Emil zu vertreten hat. Dies würde jedoch voraussetzen, daß zwischen Klecksel und Emil irgendwelche vertraglichen oder vertragsähnlichen Rechtsbeziehungen bestehen, aus denen für den Malermeister besondere Leistungs- oder Schutzpflichten folgen, die durch das Verhalten des Simon als Erfüllungsgehilfe verletzt worden sind. Solche vertraglichen Rechtsbeziehungen sind indessen nicht ersichtlich; Emil ist lediglich als zufälliger Passant von dem Unfall betroffen worden.

Demnach kann Emil Ersatzansprüche gegen *Klecksel* wegen des von Simon verursachten Schadens allenfalls auf die Vorschrift des § 831 BGB stützen. Klecksel hat den Simon zu einer Verrichtung, die Durchführung von Anstreicherarbeiten am Haus des Anton, bestellt und der Schaden ist auch bei der Ausführung dieser Verrichtung eingetreten. Simon ist jedoch ein schon seit vielen Jahren im Betrieb beschäftigter zuverlässiger Altgeselle, der zur selbständigen Arbeit befähigt ist. Damit kann Klecksel gem. § 831 Abs. 1 Satz 2 BGB den Beweis führen, daß er die für die Verrichtung bestellte Person sorgfältig ausgewählt hat und daß er diese auch nicht mehr besonders zu beaufsichtigen brauchte. Schadensersatzansprüche wegen des Verhaltens des Simon kann Emil sonach gegen Klecksel nicht geltend machen.

(c) Ein vertraglicher Schadensersatzanspruch des Emil gegen *Anton* scheidet von vornherein aus, da offensichtlich keine vertraglichen Rechtsbeziehungen zwischen den beiden bestehen. Auch ein Ersatzanspruch nach § 823 Abs. 1 BGB scheint nicht in Betracht zu kommen, da der Unfall nicht durch eigenes Handeln des Anton verursacht worden ist.

Da die Straße, auf der Emil verunglückt ist, am Haus des Anton vorüberführt, könnte sich dessen Verantwortlichkeit für das Schadensereignis aber noch aus einem pflichtwidrigen Unterlassen, nämlich aus einer Verletzung der Verkehrssicherungspflicht, ergeben. Jeder Hauseigentümer, der Arbeiten an seinem an einem öffentlichen Weg gelegenen Haus ausführen läßt, ist dafür verantwortlich, daß von diesen Arbeiten keine Gefahren für den fließenden Verkehr ausgehen können. Anton hat seine Verkehrssicherungspflicht indessen dadurch erfüllt, daß er die Malerarbeiten einem Fachmann übertragen hat, der die Baustelle ordnungsgemäß eingerichtet und seinerseits mit der Ausführung der Arbeiten einen zuverlässigen Mitarbeiter beauftragt hat. Damit scheidet eine Haftung des Anton für eigenes Tun (bzw. Unterlassen) nach § 823 Abs. 1 BGB aus.

Anton könnte ferner gem. § 831 Abs. 1 Satz 1 BGB für das widerrechtliche Handeln des Simon verantwortlich sein. Anton ist jedoch weder für die Auswahl noch für die Beaufsichtigung des Simon verantwortlich; sein Beitrag zum Schadensereignis besteht darin, daß er dem Klecksel den Auftrag für die Malerarbeiten erteilt hatte, der dann seinerseits den Simon auf die Baustelle geschickt hatte. Da – wie bereits festgestellt – der Klecksel für das Verhalten des Simon gegenüber Emil nicht einzustehen hat, weil er sich gem. § 831 Abs. 1 Satz 2 BGB entlasten kann, gilt dies erst recht zugunsten von Anton.

Schließlich könnte Anton noch gem. § 836 Abs. 1 BGB für den Schaden des Emil haftbar sein. Der vom Baugerüst herabstürzende Farbeimer ist jedoch weder ein mit dem Grundstück des Anton verbundenes Werk noch ein Teil, der sich vom Gebäude abgelöst hat, so daß schon aus diesem Grund eine Ersatzpflicht des Anton gegenüber Emil nicht in Betracht kommt.

Weitere Anspruchsgrundlagen sind nicht ersichtlich; Emil kann sonach von Anton keinen Schadensersatz verlangen.

2. Ansprüche des Anton:

(a) Im Hinblick auf *Simon* könnten für Anton zunächst vertragliche Schadensersatzansprüche in Betracht zu ziehen sein. Zwischen Anton und Simon besteht jedoch kein Vertragsverhältnis, Anton hat den Werkvertrag mit Klecksel geschlossen, der den Simon lediglich als seinen Erfüllungsgehilfen eingesetzt hat. Dadurch werden jedoch zwischen Anton und Simon noch keine unmittelbaren Vertragsbeziehungen begründet.

Simon könnte jedoch nach § 823 Abs. 1 BGB ersatzpflichtig geworden sein. Durch den herabstürzenden Farbeimer ist Anton sowohl in seinem Eigentum als auch an seiner Gesundheit beschädigt worden. Wie bereits in bezug auf Emil festgestellt wurde, hat Simon diesen Unglücksfall fahrlässig verschuldet; auch im Hinblick auf Anton kann er sich nicht auf Rechtfertigungsgründe berufen.

In gleicher Weise ergibt sich diese Schadensersatzpflicht wegen des erlittenen Körperschadens auch aus § 823 Abs. 2 BGB, da Simon eine fahrlässige Körperverletzung i.S.d. § 230 StGB begangen und sonach gegen ein den Schutz des Anton bezweckendes Strafgesetz verstoßen hat.

Der deliktische Schadensersatzanspruch des Anton gegen Simon erstreckt sich auf die Reparaturkosten für das Blumenfenster und auf den Ausgleich der für die Heilung des Anton aufgewendeten Arzt- und Krankenhauskosten, auf die Erstattung des während der Heilbehandlung eingetretenen Verdienstausfalls (§ 842 BGB) sowie auf ein angemessenes Schmerzensgeld (§ 847 BGB).

(b) Von *Klecksel* könnte Anton zunächst gem. §§ 634 Nr. 4, 636, 281 Abs. 2, 280 Abs. 1 BGB Schadensersatz verlangen. Er hat mit dem Malermeister einen Werkvertrag über den Anstrich seines Hauses abgeschlossen. Der Schaden ist jedoch nicht durch fehlerhafte Herstellung des Werks entstanden, sondern durch die Verletzung sonstiger Schutzgüter des Anton, die im Zusammenhang mit der Arbeit am Werk schuldhaft beeinträchtigt worden sind.

Als vertragliche Anspruchsgrundlage kommt daher ferner eine Haftung des Klecksel für positive Vertragsverletzung nach §§ 631, 241 Abs. 2, 280 Abs. 1 BGB in Betracht.

Dies setzt eine aus dem Werkvertrag abzuleitende Schutzpflicht voraus, die Klecksel bzw. der von ihm als Erfüllungsgehilfe beschäftigte Simon bei der Ausführung des Werks verletzt haben. Eine solche Schutzpflicht besteht zweifellos hinsichtlich des durch den Absturz des Eimers beschädigten Blumenfensters, denn es gehört zu den Pflichten eines mit dem Anstrich einer Hausfassade beauftragten Malers, seine Arbeit so sorgfältig durchzuführen, daß dabei die am Haus befindlichen Fensterscheiben nicht beschädigt werden. Fraglich ist jedoch, ob die Schutzpflicht aus dem Werkvertrag noch so weit reicht, daß Anton auch vor Körperschäden bewahrt werden muß, die ihm beim Vorübergehen am Haus durch herabstürzende Werkzeuge zustoßen können. Zwar muß ein Handwerker im Inneren des Hauses mit seinem Werkzeug so sorgfältig umgehen, daß der Auftraggeber hierdurch weder an seiner Gesundheit noch an seinem Eigentum Schaden erleiden kann. Außerhalb des Hauses besteht diese besondere Sorgfaltspflicht jedoch nur noch für den Eingangsbereich, während hinsichtlich einer möglichen Gefährdung von Passanten auf dem am Haus vorbeilaufenden öffentlichen Gehweg nur die allgemeinen, sich aus dem generellen Verbot von unerlaubten Handlungen ergebenden Schutz- und Unterlassungspflichten bestehen. Wenn Anton zufällig an seinem Haus vorbeikommt, befindet er sich im Verhältnis zu Klecksel in keiner anderen Situation wie jeder beliebige andere Fußgänger. Sein Körperschaden liegt daher gewissermaßen außerhalb des Schutzbereichs des Werkvertrags; insoweit besteht also keine Haftung des Klecksel für positive Vertragsverletzung.

Deliktische Schadensersatzansprüche des Anton gegen Klecksel nach § 823 Abs. 1 BGB bzw. §§ 823 Abs. 2 BGB, 230 StGB entfallen wiederum aus dem bereits im Zusammenhang mit den Ansprüchen des Emil erörterten Grund, daß Klecksel nicht selbst gehandelt hat.

Schließlich könnte Anton den Malermeister noch gem. § 831 Abs. 1 Satz 1 BGB für das Verhalten seines Erfüllungsgehilfen Simon haftbar machen. Auch hier gilt jedoch die Feststellung, daß Klecksel den Simon sorgfältig ausgewählt hatte und nicht mehr besonders zu überwachen brauchte, so daß er sich wegen des Verhaltens seines Mitarbeiters nach § 831 Abs. 1 Satz 2 BGB entlasten kann. Deliktische Schadensersatzansprüche stehen dem Anton sonach gegen Klecksel nicht zu.

Anton kann mithin von Klecksel nur Ersatz für das Blumenfenster verlangen. Soweit auch Simon für diesen Schaden aufkommen muß, haften Klecksel und er entsprechend § 840 Abs. 1 BGB dem Anton als Gesamtschuldner.

Fall 15.02: *Schmutzkonkurrenz*

Der Bauunternehmer Anton hat sich an der Ausschreibung für den Neubau eines Kindergartens der Gemeinde Neustadt beteiligt und hat nun gute Aussichten, den Zuschlag für den Auftrag zu erhalten, da sein Preisangebot das wirtschaftlichste ist. Hiervon erfährt der Bauunternehmer Bellmann, der sich ebenfalls beworben hat und dessen Angebot das nächst günstige ist. Um bei der Vergabeentscheidung des Gemeinderats von Neustadt doch noch Erfolg zu haben, sorgt Bellmann mit Hilfe eines ihm befreundeten Journalisten dafür, daß zwei Tage vor der entscheidenden Stadtratssitzung im „Neustädter Heimatboten“ die (völlig aus der Luft gegriffene) Meldung erscheint, aus „gut unterrichteten Kreisen“ verlaute, daß die Staatsanwaltschaft gegen Anton wegen des Verdachts der Mitbeteiligung am Bestechungsskandal in der Baubehörde einer westdeutschen Großstadt Ermittlungen anstelle. Prompt lehnt es der Neustädter Gemeinderat gem. §§ 25 Nr. 1 Abs. 2, 8 Nr. 5 Abs. 1 Buchst. c)

VOB/A ab, die Erteilung von Aufträgen an Anton überhaupt in Erwägung zu ziehen, so lange der gegen ihn in der Öffentlichkeit diskutierte Bestechungsverdacht nicht ausgeräumt ist, und beschließt den Zuschlag für Bellmann.

Als es Anton mit vieler Mühe endlich gelungen ist, den Fall aufzuklären, sind die Bauarbeiten am Kindergarten längst im Gange. Kann Anton wegen des entgangenen Gewinns aus dem Auftrag gegen Bellmann Schadensersatzansprüche geltend machen?

Lösungshinweis: Der Fall bietet Gelegenheit, verschiedene Deliktstatbestände nacheinander durchzuprüfen. Insbesondere wird der Aufbau des § 823 Abs. 1 BGB deutlich: Obwohl Anton durch das Verhalten seines Wettbewerbers Bellmann unzweifelhaft einen schweren Schaden erlitten hat, kommt es nur dann zu einem Ersatzanspruch, wenn sich dieser Schaden als Folge der Verletzung eines der in dieser Vorschrift aufgezählten Schutzgüter darstellen läßt. – Wiederholen Sie Grdz. § 15 I 2, 3 a, c!

Musterlösung:

(1) Anton hat einen Vermögensschaden dadurch erlitten, daß ihm der Gewinn aus dem Bauauftrag für den Kindergarten der Gemeinde Neustadt entgangen ist. Hierfür könnte er von Bellmann nach § 826 BGB Schadensersatz fordern. Bellmann hat mit Hilfe des ihm befreundeten Journalisten die falsche Meldung über angebliche staatsanwaltschaftliche Ermittlungen gegen Anton in den „Neustädter Heimatboten" lanciert. Dieser Zeitungsbericht hat dazu Veranlassung gegeben, daß Anton bei der Entscheidung des Gemeinderats Neustadt über die Vergabe des Bauauftrags von vornherein aus der Wertung ausgeschlossen ist; andernfalls hätte Anton mit seinem Gebot den Zuschlag erhalten. Damit war die von Bellmann angezettelte Intrige ursächlich für die Nichterteilung des Bauauftrags und den hierdurch eingetretenen Schaden. Bellmann hat die Falschmeldung bewußt lanciert und damit exakt den weiteren Ablauf des Geschehens herbeiführen wollen, wie er dann später eingetreten ist. Er hat sonach vorsätzlich gehandelt. Sein Verhalten verstößt auch gegen die guten Sitten, denn es widerspricht allen Vorstellungen von einem fairen Leistungswettbewerb, einen aussichtsreichen Konkurrenten durch bewußt ausgestreute Lügen aus dem Rennen zu werfen. Mithin steht Anton gegen Bellmann nach § 826 BGB ein Schadensersatzanspruch zu.

(2) Anton könnte seine Schadensersatzforderung auch auf § 824 BGB stützen. Bellmann hat, wie bereits festgestellt, der Wahrheit zuwider eine Tatsache behauptet, die, wie der weitere Verlauf der Auftragsvergabe gezeigt hat, geeignet war, Nachteile für das Fortkommen des Anton herbeizuführen. Hierdurch ist, wie ebenfalls bereits festgestellt worden ist, bei Anton ein Vermögensschaden hervorgerufen worden. Bellmann kannte die Unwahrheit seiner Behauptung, so daß er sogar vorsätzlich gehandelt hat. Damit läßt sich der Ersatzanspruch auch aus § 824 BGB herleiten.

(3) Der Schadensersatzanspruch des Anton könnte ferner mit § 823 Abs. 1 BGB zu begründen sein. Dies setzt voraus, daß Bellmann durch die falsche Pressemeldung ein Schutzgut des Anton verletzt und daß diese Schutzgutverletzung den von Anton erlittenen Schaden zur Folge gehabt hat. Als verletztes Schutzgut könnte zunächst das Eigentum des Anton in Betracht zu ziehen sein. Wie festgestellt worden ist, hat Anton zwar einen Vermögensschaden erlitten, der in § 823 Abs. 1 BGB verwendete Begriff „Eigentum" bezieht sich jedoch nicht auf das Vermögen als Ganzes, sondern auf Rechte an konkreten Sachen, die dadurch verletzt werden, daß diese Sachen beschädigt, zerstört oder

dem Eigentümer entzogen worden sind. Ein solcher Eingriff in die als Eigentum geschützte Sachsubstanz des Vermögens von Anton ist nicht erfolgt.

Als betroffenes Schutzgut kommt ferner das Recht des Anton an seinem eingerichteten und ausgeübten Gewerbebetrieb in Betracht, das als „sonstiges Recht" i.S.v. § 823 Abs. 1 BGB anerkannt ist, soweit die schädigende Handlung nicht schon nach anderen Vorschriften zu Schadensersatzansprüchen führt. Wie bereits festgestellt wurde, kommt im vorliegenden Fall eine Schadensersatzpflicht des Bellmann bereits aufgrund der §§ 826, 824 Abs. 1 BGB in Betracht, so daß ein Rückgriff auf die subsidiäre Anspruchsgrundlage des Eingriffs in den eingerichteten und ausgeübten Gewerbebetrieb nicht mehr erforderlich ist.

Ferner ist zu prüfen, ob Anton durch das Verhalten des Bellmann in seinem allgemeinen Persönlichkeitsrecht geschädigt worden ist, das ebenfalls als „sonstiges Recht" i.S.d. § 823 Abs. 1 BGB anzusehen ist. Die falsche Behauptung, Anton sei in einen Bestechungsskandal verwickelt, greift ihn in seiner Ehre als untadeliger Geschäftsmann an; das allgemeine Persönlichkeitsrecht erstreckt sich auch auf den guten geschäftlichen Ruf einer als Unternehmer tätigen Person. Gerade weil er in den Verdacht unsauberer Geschäftsmethoden geraten war, ist Anton von der Vergabe weiterer Aufträge durch die Gemeinde ausgeschlossen worden. Damit ist der Schaden des Anton auch als Folge der Verletzung seines allgemeinen Persönlichkeitsrechts eingetreten; der Ersatzanspruch kann mithin auch aus § 823 Abs. 1 BGB abgeleitet werden.

(4) Die wissentliche Verbreitung einer falschen Tatsachenbehauptung, die den guten Ruf einer anderen Person herabwürdigen kann, ist außerdem nach § 187 StGB als Verleumdung strafbar. Diese Strafvorschrift ist ein Schutzgesetz i.S.d. § 823 Abs. 2 BGB. Demnach kann der Schadensersatzanspruch des Anton ferner auf § 823 Abs. 2 BGB i.V.m. § 187 StGB gestützt werden.

Anton kann sein Schadensersatzbegehren gegen Bellmann sonach auf die §§ 823 Abs. 1, 823 Abs. 2 i.V.m. § 187 StGB, 824 Abs. 1 und 826 BGB als Anspruchsgrundlagen stützen. Diese Rechtsnormen stehen untereinander in Anspruchskonkurrenz, d.h. der Ersatzanspruch ist zwar mehrfach rechtlich begründet, kann aber insgesamt nur einmal in voller Höhe geltend gemacht werden.

Fall 15.03: *Der steife Arm*

Der Unternehmer Anton muß sich einer Operation am Ellenbogengelenk seines linken Arms unterziehen. Er sucht zu diesem Zweck das vom Landkreis Neustadt unterhaltene Krankenhaus auf; die Operation wird von dem Facharzt Dr. Unrath durchgeführt. Infolge eines Kunstfehlers des behandelnden Arztes kommt es zu einer Komplikation; Antons Arm bleibt steif. Das Krankenhaus führt die notwendigen Nachbehandlungen für Anton kostenlos durch. Durch seinen steifen Arm wird Anton zwar nicht in seiner Berufstätigkeit als selbständiger Unternehmer beeinträchtigt, jedoch mußte er während der Nachbehandlung für seinen Betrieb einen Vertreter beschäftigen, dem er eine (angemessene) Vergütung von 10.000,– € zahlt. Auch kann er wegen seiner Behinderung jetzt nicht mehr Golf spielen, was ihm bisher große Freude gemacht hatte.

Kann Anton gegen Dr. Unrath und gegen den Landkreis Neustadt als Träger des Krankenhauses irgendwelche Ansprüche geltend machen?

Lösungshinweis: Die Haftung eines Arztes für einen Kunstfehler bei der Behandlung seines Patienten bietet nach Fall 15.01 ein weiteres anschauliches Beispiel für das Zusammentreffen von vertraglichen und deliktischen Anspruchsgrundlagen. Der sodann zu prüfende Ersatzanspruch gegen den Krankenhausträger setzt eine genaue Abgrenzung der Organhaftung einer juristischen Person nach §§ 30, 31 BGB von der „schlichten" Haftung des Unternehmers für Verrichtungsgehilfen nach § 831 BGB voraus und zeigt die aus Sicht des Verletzten bestehenden Vorteile von vertraglichen Anspruchsgrundlagen mit der sich dann nach § 278 BGB ergebenden Haftung für das Verschulden von Erfüllungsgehilfen. – Wiederholen Sie Grdz. § 12 II 4, III 1; § 14 I 3 a, II 1; § 15 I 3 a, e, f aa; vgl. auch Grdz. § 16 II 1!

Musterlösung:

Anton hat als Folge der fehlerhaften Operation einen Vermögensschaden erlitten, weil er während der Zeit seiner Nachbehandlung 10.000,– € aufwenden muß, um in seinem Betrieb einen Vertreter zu beschäftigen. Diese Kosten wären ihm nämlich nicht entstanden, wenn die Operation komplikationslos verlaufen wäre. Auch kommt die Zahlung eines angemessenen Schmerzensgeldes zum Ausgleich des erlittenen immateriellen Schadens in Betracht, denn Anton mußte zusätzliche Schmerzen erleiden und ist durch seinen steifen Arm dauernd in seinem körperlichen Wohlbefinden betroffen, was sich u.a. darin zeigt, daß er von nun an auf die Freuden des Golfspielens verzichten muß.

1. Ansprüche des Anton gegen *Dr. Unrath*:

(a) Zu prüfen sind zunächst vertragliche Schadensersatzansprüche. Dies setzt unmittelbare vertragliche Rechtsbeziehungen zwischen Anton und Dr. Unrath voraus. Dr. Unrath ist angestellter Facharzt des Kreiskrankenhauses; unmittelbare vertragliche Rechtsbeziehungen, aufgrund deren er die Behandlung durchführen muß, bestehen nur zwischen ihm und dem Landkreis als Träger des Krankenhauses. Auch Anton hat den Behandlungsvertrag mit dem Krankenhausträger abgeschlossen; der Landkreis hat den für die Behandlung zuständigen Arzt als seinen Erfüllungsgehilfen eingesetzt. Zwischen Anton und Dr. Unrath bestehen sonach keine direkten Vertragsbeziehungen, aus denen der Patient Leistungs- und/oder Schadensersatzansprüche unmittelbar gegen den Arzt herleiten könnte.

(b) Anton könnte den Schadensersatzanspruch gegen Dr. Unrath auch auf § 823 Abs. 1 BGB stützen. Dann müßte sein Schaden auf die rechtswidrige und schuldhafte Verletzung eines ihm zugeordneten Schutzguts durch eine Handlung des Arztes zurückzuführen sein.

Als ein solches Schutzgut kommt im vorliegenden Fall der Körper des Anton in Betracht. Bereits der chirurgische Eingriff als solcher kann als eine Körperverletzung angesehen werden, weil hierdurch die konkrete körperliche Befindlichkeit des Patienten nachteilig verändert wird. Allerdings ist der ärztliche Heileingriff regelmäßig von der Einwilligung des Patienten in die Operation gedeckt und damit keine *rechtswidrige* Schutzgutverletzung. Die Einwilligung des Patienten wird jedoch unter der Voraussetzung erteilt, daß die Operation nach den Regeln der Kunst durchgeführt wird; unterläuft hierbei ein Kunstfehler, so ist der Eingriff in die körperliche Unversehrtheit nicht mehr gerechtfertigt und damit eine unerlaubte Handlung i.S.d. § 823 Abs. 1 BGB.

Aber auch dann, wenn man ärztliche Heileingriffe grundsätzlich nicht als Körperverletzungen i.S.d. § 823 Abs. 1 BGB bewerten will, weil es nicht der Verkehrsanschauung entspricht, das Handeln eines Arztes begrifflich mit einem deliktischen Eingriff in die körperliche Integrität eines Menschen gleichzustellen, hat im vorliegenden Fall das Handeln des Dr. Unrath zu einer Verschlechterung des physischen Allgemeinzustands des Anton und damit zu einer Verletzung seiner Gesundheit geführt. Da diese auf einem Kunstfehler beruht, d.h. bei korrekter Anwendung der ärztlichen Methoden hätte vermieden werden können, gehört die Gesundheitsverletzung nicht mehr zu den adäquaten Folgen, die bei einer Heilbehandlung mehr oder weniger notwendig als Mittel zur Behebung eines noch schlimmeren Übels in Kauf genommen werden müssen. Demnach ist dem Dr. Unrath auch bei dieser Betrachtungsweise eine rechtswidrige Schutzgutverletzung zum Nachteil des Anton anzulasten.

Die Haftung nach § 823 Abs. 1 BGB setzt ferner wenigstens fahrlässiges Handeln voraus, d.h. Dr. Unrath muß bei der Durchführung der Operation die verkehrsübliche Sorgfalt außer acht gelassen haben (§ 276 Abs. 2 BGB). Maßstab für die Sorgfaltspflicht sind hier die von einem Chirurgen zu fordernden beruflichen Fähigkeiten und Einsichtsmöglichkeiten. Diese werden durch die (fachspezifisch konkretisierten) Regeln der ärztlichen Kunst definiert. Nach den Angaben des Sachverhalts ist dem Dr. Unrath bei der Operation des Anton ein Kunstfehler unterlaufen. Damit steht zugleich fest, daß er bei seinem Eingriff nicht die von ihm zu fordernde Sorgfalt angewandt und somit fahrlässig gehandelt hat.

Demnach steht dem Anton gem. § 823 Abs. 1 BGB gegen Dr. Unrath ein Schadensersatzanspruch zu; dieser Anspruch richtet sich sowohl auf den Ausgleich des von Anton erlittenen Vermögensschadens als auch auf die Zahlung eines angemessenen Schmerzensgeldes, wie aus § 847 BGB hervorgeht.

(c) Die fahrlässige Körperverletzung ist nach § 230 StGB eine Straftat. Damit kann Anton gem. § 823 Abs. 2 BGB seinen Schadensersatzanspruch gegen Dr. Unrath auch auf den Verstoß des Arztes gegen ein seinen Schutz bezweckendes Gesetz stützen. Beide Anspruchsgrundlagen stehen miteinander in Anspruchskonkurrenz.

2. Ansprüche des Anton gegen den *Landkreis Neustadt*:

(a) Anton hat mit dem Landkreis Neustadt als Träger des Kreiskrankenhauses einen Behandlungsvertrag abgeschlossen. Für die rechtliche Einordnung dieses Vertrags ist zunächst zu klären, ob die Durchführung der Operation als Werk oder als Dienstleistung geschuldet wird. Da es niemals möglich ist, den Erfolg einer ärztlichen Heilbehandlung im voraus zu gewährleisten, kann er auch nicht als Leistung versprochen werden. Demnach ist auch die Durchführung einer Operation nicht als Werkleistung i.S.d. § 631 Abs. 1 BGB, sondern als die (kunstgerechte) Erbringung eines Dienstes gem. § 611 Abs. 1 BGB zu beurteilen. Der zwischen Anton und dem Landkeis Neustadt abgeschlossene Behandlungsvertrag ist sonach als Dienstvertrag i.S.d. §§ 611 ff. BGB zu beurteilen.

Eine Schadensersatzpflicht des Landkreises für die inkorrekte Erfüllung der geschuldeten Leistung kommt sonach aufgrund der Regeln über die Haftung für positive Vertragsverletzung nach §§ 611 Abs. 1, 241 Abs. 2, 280 Abs. 1 BGB in Betracht. Wie bereits ausgeführt wurde, hat der Landkreis den Dr. Unrath als seinen Erfüllungsgehilfen für die Durchführung des Behandlungsvertrags eingesetzt. Unterläuft ihm bei einer Operation ein ärztlicher Kunstfehler, so wird damit zugleich eine dem Patienten gegenüber bestehende Sorgfaltspflicht verletzt. Dieses Verhalten des Dr. Unrath war fahrlässig. Der Landkreis Neustadt hat gem. § 278 BGB das Verschulden seines Erfüllungsgehilfen gegenüber Anton zu vertreten.

Mithin muß der Landkreis Neustadt als Krankenhausträger dem Anton Schadensersatz für die positive Vertragsverletzung bei der Durchführung des Behandlungsvertrags leisten. Der Anspruch des Anton erstreckt sich auf den Ausgleich des durch die falsche Behandlung verursachten Vermögensschadens, d.h. der Geldsumme von 10.000,– € zur Bezahlung des während der Verlängerung des Krankenhausaufenthaltes beschäftigten Vertreters. Fraglich ist dagegen, ob Anton aufgrund des Behandlungsvertrags vom Krankenhausträger auch ein Schmerzensgeld zum Ausgleich seines immateriellen Schadens verlangen kann. Gem. § 253 BGB besteht ein Anspruch auf Ersatz von immateriellem Schaden nur in den vom Gesetz besonders geregelten Fällen. Eine solche Regelung trifft § 847 BGB für die Verletzung des Körpers durch eine unerlaubte Handlung; diese Bestimmung gilt jedoch nicht für Körperverletzungen, die als Folge einer positiven Vertragsverletzung eingetreten sind.

(b) Anton könnte seinen Schadensersatzanspruch gegen den Landkreis Neustadt auch auf § 823 Abs. 1 BGB stützen. Wie bereits festgestellt wurde, ist die fehlerhafte Operation entweder als rechtswidrige Körperverletzung oder als unerlaubte Gesundheitsbeschädigung zum Nachteil des Anton zu beurteilen. Der Landkreis ist als Körperschaft des öffentlichen Rechts ein abstraktes Rechtsgebilde; es ist daher schon begrifflich nicht möglich, daß er in eigener Person etwas tun oder sogar eine unerlaubte Handlung begehen kann.

Der Landkreis müßte jedoch gem. §§ 30, 31 BGB für das Handeln des Dr. Unrath einstehen, wenn dieser als Organ oder als besonderer Vertreter des Landkreises für einen bestimmten Geschäftsbereich anzusehen ist. Zwar ist das Kreiskrankenhaus eine eigenständige Dienstleistungseinheit des Landkreises, für deren Leitung in den Organisationssatzungen besondere Vertreter der Körperschaft i.S.d. § 30 BGB bestellt sind. Ein angestellter Facharzt ist jedoch in diesem Sinne nicht als Sondervertreter des Krankenhausträgers anzusehen, denn er untersteht innerhalb der Hierarchie der Klinikorganisation noch dem Chefarzt der chirurgischen Abteilung und dieser wieder dem ärztlichen Direktorium. Eine Haftung des Landkreises nach §§ 30, 31 BGB für den von Dr. Unrath verursachten Schaden kommt sonach nicht in Betracht.

(c) Zu prüfen ist schließlich noch, ob der Landkreis nach § 831 Abs. 1 Satz 1 i.V.m. § 823 Abs. 1 BGB für den von Dr. Unrath verursachten Schaden einzustehen hat. Als im Klinikbetrieb beschäftigter Arzt, der – wie festgestellt wurde – nicht als Sondervertreter des Krankenhausträgers eingesetzt ist, ist Dr. Unrath als Verrichtungsgehilfe des Landkreises i.S.d. § 831 Abs. 1 Satz 1 BGB anzusehen. Dr. Unrath ist allerdings Facharzt für Chirurgie und hat damit (nicht zuletzt durch die vorgeschriebenen Prüfungen) seine berufliche Eignung sowohl für die Durchführung von Operationen überhaupt als auch für eine selbständige Ausführung der ihm übertragenen Verrichtungen hinreichend nachgewiesen. Damit wird es auch dem Krankenhausträger möglich sein, gem. § 831 Abs. 1 Satz 2 BGB den Entlastungsbeweis dafür zu führen, daß er bei der Auswahl des Dr. Unrath die erforderliche Sorgfalt beachtet hat und daß ihm auch kein Verschulden bei der Überwachung und Anleitung des Arztes zum Vorwurf gemacht werden kann. Eine Haftung des Kreises für den Schaden des Anton nach § 831 BGB ist daher auszuschließen.

3. Zusammenfassung:
Anton hat somit gegen Dr. Unrath nach § 823 Abs. 1 und nach § 823 Abs. 2 BGB i.V.m. § 230 StGB einen Schadensersatzanspruch, der auf den Ausgleich seines Vermögensschadens in Höhe von 10.000,– € und gem. § 847 BGB auch auf Zahlung eines angemessenen Schmerzensgeldes gerichtet ist. Beide Anspruchsgrundlagen stehen miteinander in Anspruchskonkurrenz. Vom Landkreis Neustadt kann Anton Ausgleich seines Vermögensschadens unter dem Gesichtspunkt der Haftung für positive Vertragsverletzung des Behandlungsvertrags nach §§ 611 Abs. 1, 241 Abs. 2, 280 Abs. 1 BGB verlangen. Die Zahlung eines Schmerzensgeldes kann Anton dagegen vom Landkreis nicht fordern. Soweit die Schadensersatzansprüche gegen Dr. Unrath und gegen den Landkreis deckungsgleich sind, haften sie gem. § 840 Abs. 1 BGB für deren Erfüllung als Gesamtschuldner.

Fall 15.04: *Das traurige Ende einer schönen Ballnacht*

Am frühen Morgen des 14.2. wird Anton von Süffel mit dem Pkw angefahren, als er nach dem Verlassen des großen Faschingsballs in der Saarbrücker Kongreßhalle auf dem Weg zu einem Taxistand war. Süffel, der ebenfalls vom Ball kam, hatte das Fahrzeug, das ihm von seinem Arbeitgeber, der IMEX-GmbH, als Dienstwagen zur Verfügung gestellt worden war, in angetrunkenem Zustand gesteuert. Der Pkw ist bei der Allianz-Versicherungs AG haftpflichtversichert. Kann Anton Ersatz des durch den Unfall erlittenen Vermögensschadens, der sich aus Arztkosten und Verdienstausfall in Höhe von insgesamt 25.000,– € beziffert, und die Zahlung eines angemessenen Schmerzensgeldes verlangen; wenn ja, von wem?

Lösungshinweis: Die Haftung eines Kfz-Halters für die Folgen eines mit dem Kfz verursachten Verkehrsunfalls ist eines der typischen Beispiele für die Wirkungsweise der Gefährdungshaftung. Auch im vorliegenden Fall geht es um die zweckmäßige Reihenfolge der Prüfungsschritte im Gutachten: Gehen Sie in der Reihenfolge der „Nähe" zum Schadensereignis vor! Zum Schluß stellt sich dann noch die Frage, wie die gegen mehrere Ersatzpflichtige wegen desselben Schadens bestehenden Ansprüche zu ordnen sind. – Wiederholen Sie Grdz. § 15 I 3 a, b, 4 a!

Musterlösung:

1. Ansprüche des Anton gegen *Süffel:*

(a) Anton könnte seinen Schadensersatzanspruch gegen Süffel auf § 823 Abs. 1 BGB stützen. Süffel hat durch den von ihm verursachten Verkehrsunfall seinen Körper verletzt und ihn in seiner Gesundheit geschädigt. Das Verhalten des Süffel war auch rechtswidrig und fahrlässig. Mithin besteht ein Schadensersatzanspruch, der sowohl den von Anton erlittenen Vermögensschaden in Höhe von 25.000,– € als auch nach § 847 BGB die Forderung auf Zahlung eines Schmerzensgeldes abdeckt.

(b) Süffel hat sich darüber hinaus nach § 315 c Abs. 1 Nr. 1 a StGB wegen Gefährdung des Straßenverkehrs und nach § 230 StGB wegen fahrlässiger Körperverletzung strafbar gemacht. Beide Strafvorschriften dienen dem Schutz der durch die verbotene Handlung verletzten bzw. gefährdeten Personen. Damit kann Anton seine Schadensersatzansprüche gegen Süffel auch auf § 823 Abs. 2 BGB stützen.

(c) Der Anspruch des Anton könnte ferner nach § 7 Abs. 1 StVG begründet sein. Der Unfall des Anton ist beim Betrieb eines Kraftfahrzeugs verursacht worden. Süffel müßte Halter des von ihm gesteuerten Pkw gewesen sein. Es handelte sich indessen um einen Firmenwagen, der dem Süffel von seinem Arbeitgeber, der IMEX-GmbH, zur Nutzung zur Verfügung gestellt worden ist. Damit ist die IMEX-GmbH und nicht der Süffel Halter des in den Unfall verwickelten Fahrzeugs. Ansprüche gegen Süffel nach § 7 StVG kommen daher nicht in Betracht.

(d) Als Fahrer des Unfallfahrzeugs ist Süffel jedoch gem. § 18 Abs. 1 Satz 1 StVG verpflichtet, dem Anton nach den Vorschriften der §§ 8 bis 15 StVG Ersatz zu leisten. Wie bereits festgestellt worden ist, hat Süffel mit seiner Trunkenheitsfahrt schuldhaft gehandelt, so daß er sich nicht auf die in § 18 Abs. 1 Satz 2 StVG vorgesehene Haftungsentlastung berufen kann.

Die Ersatzpflicht aufgrund der Vorschriften des StVG erstreckt sich gem. § 7 Abs. 1 StVG auf den Ausgleich des durch die Verletzung des Körpers des Anton verursachten Vermögensschadens innerhalb der Höchstgrenzen des § 12 Abs. 1 Nr. 1 StVG, die jedoch im vorliegenden Fall nicht überschritten sind. Wie aus § 11 StVG zu entnehmen ist, steht dem Anton insoweit jedoch kein Anspruch auf Schmerzensgeld zu.

Soweit Anton seinen Ersatzanspruch gegen Süffel auf § 18 StVG stützen möchte, muß er gem. § 15 StVG innerhalb von zwei Monaten den Unfall dem Süffel anzeigen, sobald er von dessen Person und den Umständen, die zu dessen Verantwortlichkeit geführt haben, Kenntnis erlangt hat (in der Praxis geschieht dies durch Einsichtnahme in den polizeilichen Unfallbericht).

(e) Anton kann somit den Anspruch gegen Süffel auf Ersatz seiner Arztkosten und des Verdienstausfalls auf § 823 Abs. 1 BGB und auf § 823 Abs. 2 BGB i.V.m. §§ 315 c Abs. 1 Nr. 1 a bzw. 230 StGB stützen. Aufgrund dieser Anspruchsgrundlagen steht ihm gem. § 847 BGB auch ein angemessenes Schmerzensgeld zu. Für den Anspruch auf Ersatz der Arztkosten und des Verdienstausfalls kann er sich außerdem auf §§ 18 Abs. 1 Satz 1, 7 Abs. 1 StVG berufen. Soweit sie sich decken, stehen diese Anspruchsgrundlagen miteinander in Anspruchskonkurrenz, d.h. Anton kann die Ersatzleistung in Geld insgesamt nur einmal bis zur maximalen Höhe seines tatsächlichen Vermögensschadens und ein angemessenes Schmerzensgeld fordern.

2. Ansprüche des Anton gegen die *IMEX-GmbH:*

(a) Die IMEX-GmbH könnte für die unerlaubte Handlung ihres Angestellten Süffel nach § 831 Abs. 1 BGB einzustehen haben. Dies setzt voraus, daß der Unfall in Ausübung einer Verrichtung geschehen ist, zu der Süffel von seinem Arbeitgeber bestellt worden war. Nach den Angaben des Sachverhalts hatte sich Süffel ebenfalls auf dem Faschingsball befunden, die Schädigung des Anton ist sonach im Zusammenhang mit einer Tätigkeit erfolgt, die in den Privatbereich des Süffel fällt. Hierfür hat die IMEX-GmbH nach § 831 Abs. 1 BGB nicht einzustehen, selbst wenn der Unfall unter Benutzung des dem Süffel zur Verfügung gestellten Firmenwagens verursacht worden ist.

(b) Ein Schadensersatzanspruch gegen die IMEX-GmbH könnte noch aufgrund des § 7 Abs. 1 StVG in Betracht kommen. Anton ist in seiner Gesundheit durch den Betrieb eines Kfz verletzt worden, dessen Halterin die IMEX-GmbH ist. Der Unfall ist auch nicht als ein unabwendbares Ereignis anzusehen, so daß die Haftung der Kfz-Halterin durch § 7 Abs. 2 StVG ausgeschlossen wäre. Zu prüfen bleibt allerdings, ob die Haftung der IMEX-GmbH nach § 7 Abs. 3 StVG entfällt, weil Süffel das ihm als Dienstwagen zur Verfügung gestellte Fahrzeug ohne Erlaubnis seiner Arbeitgeberin zu privaten Zwecken benutzt hatte. Der Sachverhalt gibt keine Auskunft darüber, ob dem Süffel der Firmenwagen ausschließlich für Fahrten aus betrieblichem Anlaß zur Verfügung gestellt und ob ihm die Nutzung zu privaten Zwecken, wie sie die Fahrt zu einem Ballbesuch darstellt, ausdrücklich verboten worden ist. Dies kann indessen dahinstehen, denn dem Süffel ist auf jeden Fall der Wagen von der IMEX-GmbH in der Weise überlassen worden, daß er freien Zugang und die Möglichkeit der jederzeitigen Inbetriebnahme des Pkw hatte. Damit ist gem. § 7 Abs. 3 Satz 2 StVG die Berufung auf eine unerlaubte Benutzung des Fahrzeugs ausgeschlossen.

Die sich demnach aus § 7 Abs. 1 StVG ergebende Schadensersatzpflicht der IMEX-GmbH als Halterin des Pkw ist wiederum nach § 11 StVG auf die Erstattung der Heilungskosten und den Ersatz des Verdienstausfalls beschränkt; ein Anspruch auf Zahlung eines Schmerzensgeldes besteht nicht. Gem. § 15 StVG muß Anton den Unfall der IMEX-GmbH innerhalb von zwei Monaten anzeigen, nachdem er erfahren hat, daß sie Halterin des Fahrzeugs ist, um seine Ansprüche zu wahren.

3. Ansprüche des Anton gegen die *Allianz-Versicherungs AG:*

Da das von Süffel gesteuerte Fahrzeug bei der Allianz-Versicherungs AG haftpflichtversichert ist, kann Anton nach § 3 Nr. 1 PflichtVersG seine gegen Süffel bzw. die IMEX-GmbH gerichteten Schadensersatzansprüche unter bestimmten Voraussetzungen auch unmittelbar bei der Versicherung geltend machen. Der Direktanspruch gegen die Versicherung bezieht sich sowohl auf die Ersatzansprüche aus der Gefährdungshaftung nach dem StVG (ohne Schmerzensgeld) als auch auf den Schadensersatzanspruch wegen unerlaubter Handlung (mit Schmerzensgeld). Um sein Klagerecht gegenüber der Versicherung zu wahren, muß Anton gem. § 3 Nr. 7 StVG dem Versicherer das Schadensereignis innerhalb von zwei Wochen in Textform (§ 126 b BGB) anzeigen.

4. Zusammenfassung:

Anton kann sonach sowohl von Süffel als auch von der IMEX-GmbH Schadensersatz verlangen, wobei Süffel außer dem Ausgleich der Arztkosten und des Verdienstausfalls auch noch die Zahlung eines angemessenen Schmerzensgeldes schuldet. Soweit sich die Ansprüche decken, haften Süffel und die IMEX-GmbH nach § 840 Abs. 1 BGB als Gesamtschuldner. Auch die Allianz-Versicherungs AG haftet gem. § 3 Nr. 2 PflichtVersG neben den von ihr versicherten Personen als Gesamtschuldnerin.

Fall 15.05: *Noch einmal: Der zweifelhafte Jüngling*

Wiederholen Sie den oben bei 7.06 abgedruckten Fall und unterstellen Sie, Anton hätte den Kaufvertrag mit dem Kunsthändler Krause vom März 1992 über das Leibl-Gemälde wegen Irrtums erfolgreich angefochten.

1. Welche Ansprüche stehen nunmehr dem Anton und dem Krause zu?

2. Wie ist die Rechtslage, wenn Krause das Bild bereits zum Preis von 20.000,– DM an die städtische Galerie Rosenheim verkauft und übereignet hatte?

3. Wie ist die Rechtslage, wenn Krause das Gemälde ebenfalls als ein Werk des Malers Duveneck an die städtische Galerie Rosenheim zum Preis von 8.000,– DM weiterverkauft hatte und die wahre Urheberschaft erst im Anschluß daran durch den Kustos der Galerie entdeckt worden ist?

Lösungshinweis: Der Sachverhalt macht Sie noch einmal mit der Rückwirkung der Anfechtung in § 142 Abs. 1 BGB bekannt und zeigt andererseits die Konsequenzen aus dem das deutsche Kaufrecht beherrschenden Abstraktionsprinzip. Sie erkennen außerdem die Bedeutung der Leistungskondiktion nach §§ 812 ff. BGB für die Rückabwicklung eines rechtlich ungültigen, aber schon vollzogenen Leistungsverhältnisses. Da das SchuldrechtsmodernisierungsG vom 26.11.2001 die nachfolgend in Betracht kommenden Vorschriften des BGB nicht verändert hat, kann bei der Beurteilung des bis 1992 zurückreichenden Falls die Übergangsregelung des Art. 229 § 5 EGBGB vernachlässigt werden. – Wiederholen Sie Grdz. § 10 III 6 a; § 13 II 1; § 15 II 1, 3, 6, 7; vgl. auch Grdz. § 17 I 4 a!

Musterlösung:

Frage 1:

Aufgrund der Irrtumsanfechtung durch Anton ist lediglich der Kaufvertrag vom März 1992 gem. § 142 Abs. 1 BGB als von Anfang an nichtig anzusehen. Inzwischen hatte Anton jedoch bereits das Gemälde an Krause übereignet und dieser hatte den ursprünglich vereinbarten Kaufpreis von 6.000,– DM an Anton ausgezahlt. Da das deutsche Kaufrecht vom Abstraktionsprinzip beherrscht wird, führt der rückwirkende Wegfall des Kaufvertrags noch nicht ohne weiteres auch zur Unwirksamkeit der in Vollzug dieses Vertrags vorgenommenen Rechtsgeschäfte. Krause ist sonach weiterhin Eigentümer des Bildes, der Betrag von 6.000,– DM befindet sich im Vermögen des Anton.

Anton könnte allerdings nach § 812 Abs. 1 Satz 2 BGB von Krause Herausgabe des Bildes verlangen, d.h. gegen ihn einen Anspruch auf Rückübereignung und Rückgabe des Gemäldes besitzen. Krause hat Eigentum und Besitz an dem Bild durch eine Handlung des Anton erlangt, die gezielt auf die Vermehrung von dessen Vermögen gerichtet war; der Erwerb war sonach durch eine Leistung des Anton erfolgt. Anton hatte diese Leistung zur Erfüllung des Kaufvertrags vom März 1992 erbracht; dieser Vertrag war sonach Rechtsgrund für den Vermögenszuwachs des Krause gewesen. Durch die erfolgreiche Anfechtung des Kaufvertrags ist dieser Rechtsgrund nachträglich weggefallen; mithin kann Anton von Krause gem. § 812 Abs. 1 Satz 2 BGB Rückerstattung seiner Leistung verlangen.

Aus den gleichen rechtlichen Gesichtspunkten kann Krause seinerseits von Anton die Rückerstattung des Kaufpreises von 6.000,– DM verlangen.

Frage 2:

In diesem Fall befindet sich das Bild nicht mehr im Vermögen des Krause, so daß der Bereicherungsanspruch des Anton nicht mehr auf Rückerstattung des durch seine Leistung erlangten Gegenstandes gerichtet sein kann. Gem. § 818 Abs. 2 BGB tritt an die Stelle des Bildes dessen Wert, also der im Kunsthandel für ein Leibl-Gemälde dieser Qualität üblicherweise gezahlte Preis von 20.000,– DM. Genau dies ist der Betrag, den der Krause seinerseits für die Veräußerung des Bildes von der städtischen Galerie Rosenheim erhalten hat. Anton kann sonach gem. §§ 812 Abs. 1 Satz 2, 818 Abs. 2 BGB von Krause Zahlung von 20.000,– DM verlangen. Da Krause ebenfalls einen Anspruch auf Rückerstattung des von ihm entrichteten Kaufpreises in Höhe von 6.000,– DM hat, sind beide Zahlungsansprüche gegeneinander zu saldieren, so daß Anton im Ergebnis von Krause noch die Zahlung von 14.000,– DM fordern und den schon früher vereinnahmten Kaufpreis behalten kann.

Anton könnte seinen Bereicherungsanspruch möglicherweise noch auf § 816 Abs. 1 BGB stützen. Dies setzt allerdings voraus, daß Krause bei der Veräußerung des Gemäldes an die städtische Galerie Rosenheim als Nichtberechtigter eine Verfügung über einen dem Anton gehörenden Gegenstand getroffen hat. Wie bereits festgestellt worden ist, hatte Anton in Erfüllung des Kaufvertrags vom März 1992 dem Krause das Eigentum an dem Leibl-Gemälde übertragen. Die später erfolgte Anfechtung des Kaufvertrags hat diesen Eigentumserwerb nicht betroffen; im Zeitpunkt der Veräußerung des Bildes an die städtische Galerie Rosenheim war Krause sonach dessen Eigentümer und damit auch zur Verfügung berechtigt. § 816 Abs. 1 BGB ist im vorliegenden Fall nicht anwendbar.

Frage 3:

(a) Auch hier gilt wieder, daß Krause nicht mehr Eigentümer und Besitzer des Bildes ist, so daß sich der Inhalt des Bereicherungsanspruchs des Anton wiederum nach § 818 Abs. 2 BGB bestimmt. Die Besonderheit besteht darin, daß Krause für das Gemälde selbst nur 8.000,– DM erhalten hat, ein Betrag, der keinesfalls dem tatsächlichen Wert des Bildes entspricht. Sein Vermögen ist sonach im Zeitpunkt der Geltendmachung des Bereicherungsanspruchs durch Anton nicht um den tatsächlichen Wert des Gemäldes, sondern nur noch um den geringeren Erlös aus dem Verkauf an die städtische Galerie Rosenheim in Höhe des Betrags von 8.000,– DM bereichert. In diesem Fall gilt § 818 Abs. 3 BGB, so daß Anton von Krause nur noch Wertersatz in Höhe von 8.000,– DM fordern kann.

Eine Verpflichtung zur Leistung von Wertersatz in voller Höhe könnte für Krause nach §§ 819 Abs. 1, 818 Abs. 4 BGB allerdings dann bestehen, wenn er den Mangel des rechtlichen Grundes, d.h. den Irrtum des Anton und die hierauf beruhende Anfechtbarkeit des Kaufvertrags vom März 1992, bereits früher gekannt hatte. Nach den Angaben des Sachverhalts ist jedoch die wahre Urheberschaft für das Bild erst zu einem Zeitpunkt an den Tag gebracht worden, als Krause den Verkauf an die städtische Galerie Rosenheim bereits getätigt und ihm selbst nur der geringere Kaufpreis zugeflossen war. Es kann daher davon ausgegangen werden, daß Krause selbst in gutem Glauben war, als er einen dem wahren Wert des Gemäldes nicht entsprechenden Kaufpreis vereinbart hatte und hierdurch der (teilweise) Wegfall der Bereicherung in seinem Vermögen eingetreten ist. Es bleibt daher bei dem Bereicherungsanspruch des Anton gegen Krause in Höhe von 8.000,– DM.

Dieser Zahlungsanspruch ist wiederum mit dem Anspruch des Krause auf Rückerstattung des Kaufpreises von 6.000,– DM zu verrechnen, so daß Anton von Krause im Ergebnis noch die Zahlung von weiteren 2.000,– DM verlangen kann.

(b) Zu prüfen bleibt, ob Anton wegen des Bildes irgendwelche Ansprüche gegen die *städtische Galerie Rosenheim* geltend machen kann. Vertragliche Rechtsbeziehungen zwischen ihm und der Galerie sind nicht zustande gekommen. Gegen die Galerie könnten daher nur dann irgendwelche Ersatzansprüche bestehen, wenn sie durch den Erwerb des Bildes in bestehendes Eigentum des Anton an dem Gemälde eingegriffen hat. Wie bereits festgestellt worden ist, war Krause im Zeitpunkt der Veräußerung des Gemäldes dessen Eigentümer gewesen; dementsprechend konnte auch die Galerie durch das Geschäft mit Krause ihrerseits Eigentum an dem Bild erwerben. Irgendwelche Ansprüche des Anton aus seinem (früheren) Eigentum scheiden daher von vornherein aus.

Der Vermögenserwerb der Galerie beruht auch nicht auf einer Leistung des Anton an sie; diese hat das Gemälde vielmehr aufgrund eines wirksamen Geschäftes mit Krause erworben. Demzufolge kann die Galerie auch nicht auf Kosten des Anton ungerechtfertigt bereichert sein, so daß ein Anspruch nach § 812 Abs. 1 BGB auszuschließen ist. Ein Drittbereicherungsanspruch des Anton gegen die Galerie nach § 822 BGB besteht nicht, weil diese das Bild von Krause nicht unentgeltlich, sondern aufgrund eines Kaufvertrags erworben hat.

Weitere Anspruchsgrundlagen kommen nicht in Betracht; Anton hat daher nur den Zahlungsanspruch gegen Krause in Höhe von 2.000,– DM.

Fall 15.06: *Der betrügerische Juwelier*

Anton möchte eine Brosche verkaufen, die er von seiner Tante geerbt hat. Er wendet sich vertrauensvoll an den Juwelier Pistorius und bittet ihn, das Schmuckstück für ihn zu schätzen. Pistorius erkennt schnell, daß Anton keinerlei Ahnung von Juwelen hat und redet ihm ein, die Brosche sei wegen ihrer unmodernen Fassung und des veralteten Schliffs der Steine nur wenig wert. Anton ist daher froh, daß Pistorius ihm das Schmuckstück noch für 1.500,– € abkauft. Tatsächlich hat die Brosche jedoch einen Wert von mindestens 20.000,– €, was Anton erfährt, als er mit einem sachkundigen Freund über den Verkauf spricht. Empört begibt sich Anton zu Pistorius und verlangt „Wiedergutmachung“. Welche Rechte stehen dem Anton gegen Pistorius zu, wenn

1. Pistorius die Brosche inzwischen bei einer Werbewoche für sein Juweliergeschäft zum Preis von 15.000,– € weiterverkauft hat;

2. Pistorius die Brosche zum Preis von 24.000,– € bei einer Versteigerung verkauft hat;

3. die Brosche bei einem Einbruch aus dem Geschäft des Pistorius gestohlen worden ist und dieser von seiner Versicherung hierfür 23.000,– € erhalten hat?

Lösungshinweis: Im vorliegenden Fall sind neben vertraglichen Schadensersatzansprüchen auch Ausgleichsansprüche wegen ungerechtfertigter Bereicherung (Leistungs- oder Eingriffskondiktion) und unerlaubter Handlung zu prüfen. Es ist hier zweckmäßig, zunächst Schadensersatzansprüche zu prüfen und hier als erstes die vertraglichen Anspruchsgrundlagen zu diskutieren. Die verschiedenen Varianten des Sachverhalts werden lediglich bei der Subsumtion des Bereicherungsanspruchs relevant. – Wiederholen Sie Grdz. § 7 IV 1, 3; § 12 IV 2 c, 3; § 15 I 2, 3 a, b, II 3, 5, 6!

Musterlösung:

1. Schadensersatzanspruch des Anton:

Dem Anton ist durch das betrügerische Verhalten des Pistorius ein Vermögensschaden in der Weise zugefügt worden, daß er veranlaßt worden ist, sein Erbstück zu einem Preis zu veräußern, der erheblich unter dem wahren Wert der Brosche liegt. Sein Vermögen wurde auf diese Weise um die Wertdifferenz von 18.500,– € vermindert. In dieser Höhe könnte dem Anton sonach ein Schadensersatzanspruch zustehen.

(a) Anton könnte gem. §§ 311 a Abs. 2, 241 Abs. 2, 280 Abs. 1 BGB von Pistorius Ausgleich dieses Schadens unter dem Gesichtspunkt der Haftung für Verschulden beim Vertragsschluß fordern. Er hatte sich vor Abschluß des Kaufvertrags von Pistorius über den Wert der Brosche beraten lassen und sich dabei ersichtlich dem fachkundigen Rat des Juweliers anvertraut. Auf diese Weise ist ein vorvertragliches Vertrauensverhältnis begründet worden, das den Pistorius verpflichtete, den ihm abverlangten Rat nach bestem Wissen und vor allem korrekt zu erteilen. Pistorius hat dieses Vertrauen zu seinem Vorteil mißbraucht und dadurch dem Anton den erwähnten Schaden zugefügt. Pistorius hat auch schuldhaft, nämlich vorsätzlich gehandelt. Sonach kann Anton von Pistorius Schadensersatz nach den Regeln der Haftung für Verschulden beim Vertragsschluß in Höhe von 18.500,– € verlangen.

(b) Anton könnte seinen Ersatzanspruch auch auf § 826 BGB stützen. Pistorius hat ihn vorsätzlich über den wahren Wert der Brosche getäuscht. Da sich Anton der besonderen Sachkunde des Pistorius anvertraut hatte und dieser die erkennbare Unerfahrenheit des Anton gezielt ausgenutzt hatte, um sich selbst zu bereichern, verstößt dieses vorsätzliche Verhalten gegen die guten Sitten. Sonach steht dem Anton ein Schadensersatzanspruch aus § 826 BGB zu.

(c) Der Schadensersatzanspruch könnte sich ferner aus § 823 Abs. 1 BGB ergeben. Dann müßte Pistorius mit seinem Verhalten das Eigentum des Anton beschädigt haben. Hierzu hätte es eines Eingriffs in die Sachsubstanz der Brosche gegen den Willen des Anton (z.B. durch Wegnahme der Sache) bedurft. Dies ist jedoch im vorliegenden Fall nicht geschehen; Anton hat vielmehr, wenn auch durch die Täuschung des Pistorius hierzu veranlaßt, diesem die wertvolle Brosche in Erfüllung des abgeschlossenen Kaufvertrags freiwillig ausgehändigt. Die Täuschungshandlung des Pistorius hat sonach bei Anton nicht zu einer Verletzung von „Eigentum" i.S.v. § 823 Abs. 1 BGB geführt; dieser hat nur einen Vermögensschaden erlitten. Das Vermögen als solches ist jedoch kein durch § 823 Abs. 1 BGB geschütztes Rechtsgut. Damit scheidet § 823 Abs. 1 BGB als Anspruchsgrundlage für das Schadensersatzbegehren des Anton aus.

(d) Ein Schadensersatzanspruch des Anton besteht allerdings aufgrund des § 823 Abs. 2 BGB. Das Verhalten des Pistorius ist gem. § 263 StGB als Betrug strafbar; die Strafvorschriften wegen Betrugs sind Schutzgesetze i.S.d. § 823 Abs. 2 BGB.

(e) Sämtliche Anspruchsgrundlagen stehen miteinander in Anspruchskonkurrenz. Da die vertragsähnlichen bzw. deliktischen Schadensersatzvorschriften in gleicher Weise darauf abzielen, eine Wiedergutmachung des beim Geschädigten eingetretenen Vermögensverlustes sicherzustellen, kommt es für die Höhe des Zahlungsanspruchs allein auf den tatsächlich eingetretenen Verlust an, im vorliegenden Fall also darauf, daß Anton durch Pistorius um den Betrag von 18.500,– € betrogen worden ist. Es ist dagegen unerheblich, wie sich in der Zwischenzeit die Vermögensverhältnisse des Pistorius weiterentwickelt haben. Demnach besteht der Schadensersatzanspruch des Anton bei allen drei Varianten des Sachverhalts in gleicher Weise und Höhe.

2. Bereicherungsanspruch des Anton:

Anton könnte den Kaufvertrag mit Pistorius auch gem. § 123 Abs. 1 BGB wegen arglistiger Täuschung anfechten. Dann wäre der rechtliche Grund für die beiderseits erbrachten Leistungen gem. § 142 BGB nachträglich weggefallen; diese Leistungen, insbesondere die Übergabe und Übereignung der Brosche an Pistorius, sind nach Maßgabe des § 812 Abs. 1 Satz 2 BGB auszugleichen. Da Pistorius die Brosche nicht mehr an Anton zurückgeben kann, richtet sich dessen Bereicherungsanspruch nach der Regelung des § 818 BGB. Insoweit kommt es nunmehr auf die verschiedenen Fallvarianten an:

Variante 1: Pistorius muß gem. § 818 Abs. 2 BGB dem Anton den Wert der Brosche ersetzen, d.h. den Betrag von 20.000,– € zahlen (abzüglich der von Anton bereits vereinnahmten Kaufpreissumme von 1.500,– €). Pistorius könnte allerdings einwenden, daß er die Brosche inzwischen unter Wert weiterveräußert hat, so daß sein Vermögen nicht mehr um den vollen Gegenwert der Brosche bereichert ist und der Wertersatzanspruch des Anton daher gem. § 818 Abs. 3 BGB entsprechend gekürzt werden müsse. Pistorius wußte jedoch von Anfang an, daß der Kaufvertrag mit Anton wegen arglistiger Täuschung anfechtbar war. Gem. § 819 Abs. 1 i.V.m. § 818 Abs. 4 BGB haftet er sonach für den Bereicherungsanspruch des Anton schon im Zeitpunkt der Weiterveräußerung der Brosche „nach den allgemeinen Vorschriften". Dies bedeutet für den vorliegenden Fall, daß Pistorius gem. §§ 292, 989 BGB den Wert der Brosche auch nach deren Weiterverkauf in voller Höhe ersetzen muß und sich nicht auf den teilweise erfolgten Wegfall der Bereicherung berufen kann. Anton kann somit von Pistorius Zahlung des Geldbetrags von 18.500,– € verlangen.

Variante 2: Auch hier muß Pistorius dem Anton den Wert der Brosche ersetzen, d.h. den Betrag von 20.000,– € (abzüglich des bereits gezahlten Kaufpreises). Den bei der Versteigerung erzielten Mehrerlös von 4.000,– € kann Anton nur dann beanspruchen, wenn § 818 Abs. 1 BGB anwendbar wäre. Das Entgelt aus einer rechtsgeschäftlichen Veräußerung des erlangten Gegenstandes ist jedoch nicht als der in dieser Bestimmung erwähnte „Ersatz" für die Zerstörung oder (ungewollte) Wegnahme der Sache durch Dritte zu bewerten.

Möglicherweise kann Anton seinen Anspruch auf Herausgabe des Mehrerlöses auf § 816 Abs. 1 BGB stützen. Die Anwendung dieser Vorschrift setzt voraus, daß Pistorius als „Nichtberechtigter" über die Brosche verfügt hatte; diese müßte sich sonach im Zeitpunkt des Weiterverkaufs noch im Eigentum des Anton befunden haben. Die Anfechtung des Kaufvertrags wegen arglistiger Täuschung hat jedoch nur die schuldrechtliche Grundlage des Geschäfts zwischen Anton und Pistorius rückwirkend vernichtet. Die in Erfüllung des Kaufvertrags von Anton vollzogene Übereignung der Brosche an Pistorius bleibt trotz der Anfechtung des Vertrags weiterhin wirksam; dieser hatte sonach die Sache bei der Versteigerung als berechtigter Eigentümer weiterveräußert. § 816 Abs. 1 BGB ist daher nicht einschlägig; Anton kann nur den einfachen Wertersatzanspruch der

§§ 812 Abs. 1 Satz 2, 818 Abs. 2 BGB verlangen, der nach Verrechnung mit dem umgekehrt von Anton an Pistorius zurückzuerstattenden Kaufpreis von 1.500,– € noch auf 18.500,– € zu beziffern ist.

Variante 3: Hier ist die Zahlung der Versicherungssumme Ersatz für die ungewollte Entziehung der erlangten Sache bei Pistorius. Gem. § 818 Abs. 1 BGB kann Anton von ihm sonach die Herausgabe des Betrages von 23.000,– € (wiederum abzüglich der bereits als Kaufpreis gezahlten 1.500,– €) verlangen.

3. Konkurrenzen:

Die Schadensersatzansprüche wegen Verschuldens beim Vertragsschluß, aus unerlaubter Handlung und der Ausgleichsanspruch wegen ungerechtfertigter Bereicherung stehen zueinander in Anspruchskonkurrenz. Da der Ersatzanspruch nach §§ 311 a Abs. 2, 241 Abs. 2, 280 Abs. 1 BGB auf die Verletzung von *vor*vertraglichen (wenn auch vertragsähnlichen) Pflichten gestützt ist, bleibt diese Anspruchsgrundlage auch bestehen, wenn Anton den mit Pistorius abgeschlossenen Kaufvertrag wegen arglistiger Täuschung anficht und somit rückwirkend beseitigt. Soweit durch die Erfüllung der Schadensersatzverpflichtung bei Pistorius die ungerechtfertigte Bereicherung ganz oder teilweise abgeschöpft wird, tritt eine Art Kompensation der Ausgleichsleistungen ein. Umgekehrt wird durch den Vollzug des Bereicherungsausgleichs der Schaden des Anton gemildert oder ganz ausgeglichen. Das führt zu dem Ergebnis, daß Anton die in einer Geldsumme ausgedrückte Ersatz- bzw. Ausgleichsforderung zwar „nebeneinander" auf rechtlich verschiedene Gesichtspunkte stützen kann, die von Pistorius zur Erfüllung dieser Ansprüche geschuldete Geldleistung insgesamt aber nur einmal mit dem Höchstbetrag fordern kann, den die eine oder andere Anspruchsgrundlage jeweils hergibt.

Fall 15.07: *Noch einmal: Die Schwarzfahrt*

Wiederholen Sie den oben bei 8.10 abgedruckten Fall und prüfen Sie, inwieweit die Hamburger Hochbahn AG wegen des nicht gezahlten Fahrgelds Ansprüche entweder gegen Marietta oder gegen ihre Eltern erheben kann!

Lösungshinweis: Dieser Sachverhalt bietet ein Beispiel für das Funktionieren der Eingriffskondiktion zum Ausgleich einer Bereicherung auf sonstige Weise. Im Verhältnis zu Mariettas Eltern kommt aber auch der Gesichtspunkt des Verwendungsersatzes bei Geschäftsführung ohne Auftrag in Betracht. – Wiederholen Sie Grdz. § 15 I 3 a, b, II 4, 6 a, III 1, 2!

Musterlösung:

1. Ansprüche gegen *Marietta:*

Wie bereits festgestellt worden ist, ist ein Beförderungsvertrag zwischen der Hamburger Hochbahn AG und Marietta nicht zustande gekommen; vertragliche Leistungsansprüche kommen daher nicht in Betracht.

(a) Der Verkehrsbetrieb könnte gegen Marietta einen Schadensersatzanspruch geltend machen und diesen entweder auf § 823 Abs. 1 BGB oder auf § 823 Abs. 2 BGB i.V.m. § 265 a StGB (strafbare Leistungserschleichung) stützen. Dies setzt voraus, daß die Hochbahn AG durch das Verhalten der Marietta einen Schaden erlitten hat. Da der von ihr benutzte Hochbahnzug ohnehin gefahren wäre, das Unternehmen mithin auch ohne die unerlaubte Handlung dieselben Betriebskosten aufzuwenden gehabt hätte, kommt ein unmittelbar auf das Verhalten der Schülerin zurückzuführender Vermögensschaden nur dann in Betracht, wenn ihretwegen andere zahlungswillige Fahrgäste hätten zurückgewiesen werden müssen und dem Verkehrsbetrieb hierdurch Einnahmen entgangen wären. Hierfür gibt der Sachverhalt keine Anhaltspunkte; die Hochbahn AG ist sonach durch die „Schwarzfahrt" von Marietta nicht geschädigt worden, so daß schon aus diesem Grund ein Schadensersatzanspruch nicht erhoben werden kann.

(b) Der Hochbahn AG könnte gegen Marietta jedoch ein Bereicherungsanspruch zustehen, denn diese hat mit der kostenlosen Bahnfahrt einen Vermögensvorteil erlangt. Ein Vorteil „auf Kosten" eines anderen kann auch dann erlangt werden, wenn diesem im Vermögen des „Entreicherten" keine Einbußen gegenüberstehen; es kommt allein auf die Vermögenslage des durch das Erlangte Bereicherten an. In Betracht kommt zunächst eine Bereicherung durch eine *Leistung* der Bahn, d.h. durch die zweckgerichtete Zuwendung eines geldwerten Vorteils. Der moderne S-Bahn-Betrieb ist so organisiert, daß den Fahrgästen der Zugang zu den Bahnsteigen und die Benutzung der Züge ohne irgendwelche Kontrollen ermöglicht wird, diese müssen sich vielmehr ihre Fahrausweise selbst besorgen und entweder am Eingang zur Station oder im Wagen entwerten, um eine nachträgliche Überprüfung zu ermöglichen. Es wäre daher gekünstelt, in diesem Zusammenhang noch davon zu sprechen, daß den Bahnkunden vor Antritt der Fahrt die Transportleistung in irgendeiner Weise durch Beauftragte des Unternehmens freigegeben und damit „zugewendet" werden würde.

Die Bereicherung der Marietta kann jedoch auf *sonstige Weise* erfolgt sein, nämlich durch ihr eigenes, auf Erlangung eines ungerechtfertigten Vorteils gerichtetes Tun, indem sie den Zug bestiegen hatte, ohne zuvor eine Fahrkarte gelöst zu haben. Auch dies begründet nach § 812 Abs. 1 Satz 1 BGB einen Bereicherungsanspruch der Hochbahn AG als Anbieterin des von Marietta „auf sonstige Weise" erlangten, nämlich erschlichenen Vorteils. Da der durch den Transport erlangte Vorteil als solcher nicht mehr herausgegeben werden kann, ist gem. § 818 Abs. 2 BGB dessen Wert zu erstatten, d.h. der übliche Fahrpreis, der bei ordnungsgemäßer Benutzung der Bahn hätte bezahlt werden müssen. Um diesen Vorteil ist Marietta auch noch bereichert, denn sie hat das Fahrgeld, das ihr ihre Eltern gegeben hatten, noch bei sich. Der Bereicherungsanspruch stellt allein auf die tatsächlichen Vermögensverhältnisse des oder der Bereicherten ab, die Verpflichtung zur Herausgabe der Bereicherung besteht sonach unabhängig von der Geschäftsfähigkeit des Schuldners. Auf die Minderjährigkeit der Marietta kommt es daher nicht an. Mithin kann die Hamburger Hochbahn AG von ihr gem. §§ 812 Abs. 1 Satz 1, 818 Abs. 2 BGB im Ergebnis wenigstens eine Zahlung in Höhe des tariflichen Beförderungsentgelts verlangen.

2. Ansprüche gegen *Mariettas Eltern:*

Aus den bereits vorstehend erörterten Gründen kommen auch gegenüber Mariettas Eltern weder vertragliche Leistungsansprüche noch irgendwelche Schadensersatzansprüche in Betracht.

Möglicherweise steht der Hochbahn AG jedoch gem. §§ 677, 683, 670 BGB ein Anspruch auf Ersatz ihrer Aufwendungen unter dem Gesichtspunkt der *Geschäftsführung ohne Auftrag* zu. Es gehört zum Pflichtenkreis der Eltern, sich um den sicheren Transport ihrer Tochter vom Schulsportfest nach Hause zu kümmern. Insoweit hat demnach der Verkehrsbetrieb ein „Geschäft" von Mariettas Eltern besorgt. Die Geschäftsführung ohne Auftrag i.S.d. § 677 BGB setzt indessen eine bewußte Tätigkeit voraus, die (zumindest auch) im Interesse eines anderen erfolgt. Es wurde bereits ausgeführt, daß der S-Bahn-Betrieb so organisiert ist, daß – von nachträglichen Kontrollen abgesehen – nirgendwo eine individuelle Zuwendung der Transportleistung stattfindet. Dann kann man in diesem Zusammenhang auch nicht von einem (durch das Bahnpersonal vermittelten) Tätigwerden der Hochbahn AG im Interesse von Mariettas Eltern sprechen. Schon aus diesem Grund scheiden daher Ersatzansprüche nach §§ 677, 683, 670 BGB aus.

Schließlich kommen noch *Bereicherungsansprüche* gegen Mariettas Eltern in Betracht. Ihnen ist jedoch weder eine rechtsgrundlose Leistung der Hochbahn AG zugewendet worden, noch haben sie sich (selbst) auf sonstige Weise durch die Schwarzfahrt ihrer Tochter bereichert.

Es bestehen sonach keine Ansprüche der Hamburger Hochbahn AG gegen Mariettas Eltern.

Fall 15.08: *Teure Schlamperei*

Anton muß an Friedrich eine Rechnung von 300,– € bezahlen. Er fertigt eine Zahlungsanweisung an die Stadtsparkasse Neustadt mit dem Auftrag aus, von seinem Konto einen Betrag von 300,– € auf das Konto des Friedrich umzubuchen. Infolge eines Ablesefehlers wird dem Friedrich jedoch ein Betrag von 3.000,– € gutgeschrieben, den dieser auch alsbald abhebt und in freudiger Überraschung darüber, auf seinem Konto noch ein so großes Guthaben zu besitzen, mit seiner Frau auf einem kurzerhand improvisierten Wochenendurlaub in Venedig ausgibt. Antons Konto wird mit dem Betrag von 3.000,– € belastet, was dieser erst bemerkt, als er zum Quartalsende den Sammelbeleg des Rechnungsabschlusses prüft. Durch Antons Reklamation wird die Sparkasse auf den Irrtum aufmerksam. Auf welche Weise kann der Buchungsfehler wieder in Ordnung gebracht werden?

Lösungshinweis: Dieser Sachverhalt zeigt die Schwierigkeiten für die Konstruktion des Bereicherungsschuldverhältnisses bei der Rückabwicklung rechtsgrundlos erbrachter Leistungen im „Dreiecksverhältnis". Hier stellen sich nicht zuletzt auch Probleme für den Aufbau des Gutachtens: Es empfiehlt sich, mit den Ansprüchen gegen die Person zu beginnen, welche den auszugleichenden Vorteil unmittelbar erlangt hat (hier: Friedrich). Auf der Gläubigerseite beginnt die Prüfung bei demjenigen, aus dessen Vermögen dieser Vorteil konkret zugeflossen ist (hier: Sparkasse). – Wiederholen Sie Grdz. § 14 III 4; § 15 II 3 a, 6 b!

Musterlösung:

1. Ansprüche der *Sparkasse* oder von *Anton* gegen *Friedrich:*

Friedrich hat durch die Fehlbuchung einen Betrag von 2.700,– € gutgeschrieben und auf seinem Bankkonto zur Verfügung gestellt bekommen, den er nicht zu beanspruchen hat. Es liegt daher auf der Hand, daß er diese rechtsgrundlos erlangte Leistung nach der Vorschrift des § 812 Abs. 1 Satz 1 BGB zurückzuerstatten hat. Fraglich ist allerdings, wer Gläubiger des Bereicherungsanspruchs ist, denn insoweit kommen sowohl die Sparkasse Neustadt als diejenige Stelle, die die Gutschrift tatsächlich erteilt hat, als auch Anton in Betracht, von dessen Konto der zu viel bezahlte Betrag abgebucht worden ist.

Der Bereicherungsanspruch steht demjenigen zu, als dessen Leistung der ohne Rechtsgrund zugewendete Vermögensvorteil anzusehen ist. Es ist sonach in vorliegenden Fall zu untersuchen, ob hinsichtlich des zu viel überwiesenen Betrags von 2.700,– € ein Leistungsverhältnis zwischen Friedrich und der Sparkasse oder zwischen ihm und Anton bestanden hat.

Auf Grund der Gutschrift und der Abhebung des Geldbetrags vom Konto ist dem Friedrich die ohne Rechtsgrund zur Verfügung gestellte Summe unmittelbar aus dem Vermögen der Sparkasse zugeflossen. Demnach könnte das fragliche Leistungsverhältnis zwischen ihm und der Sparkasse bestanden haben. Wenn eine Bank oder Sparkasse Überweisungen ausführt, tritt sie allerdings regelmäßig für den Auftraggeber auf, der dem Kontoinhaber eine bestimmte Geldsumme gutbringen möchte. Jedenfalls bei einem korrekten Überweisungsvorgang ist die ausgeführte Gutschrift mithin nicht als eigene Leistung der Bank oder Sparkasse anzusehen; vielmehr tritt das Institut gegenüber dem Empfänger als Leistungsvermittler für denjenigen auf, der den Überweisungsauftrag gegeben hatte. Die Zahlung als solche ist dann aus der Sicht des Empfängers als Leistung des Auftraggebers der Überweisung anzusehen.

Im vorliegenden Fall besteht jedoch die Besonderheit, daß Anton der Sparkasse überhaupt nicht den Auftrag gegeben hat, den (überschießenden) Betrag von 2.700,– € auf das Konto des Friedrich gutzuschreiben. Innerhalb der Zahlungskette fehlt somit der auslösende Anlaß, der dazu führt, die von der Sparkasse erteilte Gutschrift als Leistung des Anton zu beurteilen. Dem Friedrich ist vielmehr durch einen Irrtum des Bankinstituts ein Vermögensvorteil zugeflossen. Zwar kann auch eine irrtümliche Zuwendung noch als Leistung i.S.d. § 812 Abs. 1 Satz 1 BGB angesehen werden; dies ist dann aber immer „nur" eine „Leistung" desjenigen, aus dessen Vermögen diese Zuwendung unmittelbar stammt. Mithin hat im vorliegenden Fall (ausnahmsweise) ein Leistungsverhältnis zwischen Friedrich und der Sparkasse bestanden. Demnach hat auch zwischen diesen beiden der Bereichungsausgleich stattzufinden.

Der Bereicherungsanspruch steht sonach der Sparkasse zu. Friedrich hat allerdings inzwischen das Geld ausgegeben, so daß sich im Hinblick auf die Regelung des § 818 Abs. 3 BGB die Frage stellt, ob er durch die irrtümliche Überweisung noch bereichert ist. Auch dann, wenn der ursprünglich zugewendete Geldbetrag ausgegeben wurde, kann das Vermögen des Friedrich um dessen Wert bereichert sein, wenn dieser mit dem Geld eine Ausgabe getätigt hatte, deren Gegenwert sich noch in seinem Vermögen befindet oder die er sonst mit anderen Mitteln aus seinem Vermögen hätte decken müssen. Die Freuden einer Venedig-Reise stellen lediglich einen ideellen Vorteil dar, ein realer Gegenwert für den hierfür ausgegebenen Betrag von 2.700,– € ist im Vermögen des Friedrich nicht mehr vorhanden. Friedrich hätte die Vergnügungsreise nicht unternommen, wenn er nicht das überraschende Guthaben auf seinem Konto vorgefunden hätte. Durch die Ausgabe des Geldes hat er sonach auch keine Aufwendungen erspart, die er sonst aus seinem übrigen Vermögen hätte decken müssen. Mithin ist Friedrich im Zeitpunkt der Geltendmachung des Rückerstattungsanspruchs durch die ohne Rechtsgrund erbrachte Leistung der Sparkasse nicht mehr bereichert; gem. § 818 Abs. 3 BGB ist der Bereicherungsanspruch der Sparkasse auf Rückzahlung des Geldes ausgeschlossen.

2. Ansprüche des *Anton* gegen die *Sparkasse:*

Die Sparkasse hat Antons Konto mit einer Sollbuchung in Höhe von 3.000,– € belastet; d.h. sie hat von der ihr nach dem Girovertrag zustehenden Befugnis Gebrauch gemacht, ihre Forderung auf Erstattung der von ihr für die Durchführung des Überweisungsauftrags aufgewendeten Geldsumme mit dem bei ihr bestehenden Guthaben des Anton zu verrechnen. Hierzu ist sie jedoch nur dann berechtigt, wenn ihr tatsächlich ein Ausgleichsanspruch gegen Anton zusteht. Ein solcher Anspruch könnte sich im vorliegenden Fall gem. §§ 675 Abs. 1, 670 BGB aus dem zwischen Anton und der Sparkasse bei der Eröffnung des Kontos abgeschlossenen Girovertrag ergeben.

Bei der Erledigung eines vom Kontoinhaber erteilten Überweisungsauftrags handelt es sich um eine Geschäftsbesorgung im Rahmen des Girovertrags, auf welche die §§ 662 ff. sowie die §§ 676 f–h, 676 a–c BGB anzuwenden sind. Demnach steht der Sparkasse normalerweise gem. § 670 BGB ein Anspruch auf Rückerstattung der in Durchführung des Überweisungsauftrags dem Zahlungsempfänger gutgebrachten

Geldsumme zu, der üblicherweise durch Abbuchung von dem auf dem Konto des Anton ausgewiesenen Guthaben nach § 355 Abs. 1 HGB ausgeglichen wird. Im vorliegenden Fall hatte Anton die Sparkasse jedoch nur angewiesen, dem Friedrich einen Betrag von 300,– € gutzuschreiben. Nur in Höhe dieser Summe steht sonach der Sparkasse ein Anspruch auf Rückstattung zu, mit dem sie das Konto des Anton belasten kann.

Denkbar wäre noch, daß die Sparkasse gem. §§ 677, 683, 670 BGB nach den Regeln der Geschäftsführung ohne Auftrag den vollen Erstattungsbetrag von Anton einfordern kann. Die Zahlung der Geldsumme von 3.000,– € an Friedrich entspricht jedoch weder dem Interesse noch dem wirklichen oder mutmaßlichen Willen des Anton, denn dieser schuldete dem Friedrich lediglich einen Betrag von 300,– € und hatte keinen vernünftigen Grund, seinem Gläubiger noch weitere 2.700,– € zur Verfügung zu stellen. Ansprüche der Sparkasse wegen Geschäftsführung ohne Auftrag scheiden daher schon aus diesem Grund aus.

Die Sparkasse könnte in Höhe des Betrags von 2.700,– € nach § 812 Abs. 1 BGB einen Bereicherungsanspruch gegen Anton haben. Dies setzt voraus, daß auch Anton durch die irrtümliche Überweisung auf das Konto des Friedrich „etwas" erlangt hat. Dies ist jedoch ausgeschlossen: Wie bereits ausgeführt wurde, ist die Gutschrift des die Zahlungsanweisung des Anton überschreitenden Betrags von 2.700,– € ein Vorgang, der sich ausschließlich im Verhältnis zwischen der Sparkasse und Friedrich abgespielt hat. Damit kann Anton hieraus keine eigenen Vermögensvorteile (z.B. irgendwelche eigenen Erstattungsansprüche gegen Friedrich) erlangt haben, durch die er im Verhältnis zur Sparkasse auf deren Kosten ungerechtfertigt bereichert sein könnte.

Die Sparkasse hat sonach gegen Anton wegen der Durchführung der Zahlungsanweisung nur einen Anspruch auf Erstattung des Betrages von 300,– €. Hinsichtlich der darüber hinaus gehenden Summe von 2.700,– € konnte eine Aufrechnung mit dem Guthaben des Anton nicht erfolgen, weil der Sparkasse in Wirklichkeit kein Gegenanspruch zusteht. Die Sollbuchung ist daher falsch und muß korrigiert werden, denn sie gibt das Guthaben des Anton nicht richtig wieder. Der Anspruch des Anton auf korrekte Gutschrift ergibt sich gem. § 666 BGB ebenfalls aus dem Girovertrag.

Fall 15.09: *Nächtliches Abenteuer*

Anton fährt mitten in der Nacht auf einer einsamen Landstraße mit seinem Pkw nach Hause. Plötzlich taucht im Scheinwerferlicht der quer über die Fahrbahn liegende Körper des Radfahrers Rudibert auf, der wegen eines Kettenschadens mit seinem Fahrrad gestürzt war und mit einer Gehirnerschütterung bewußtlos auf der Straße liegt. Obwohl Anton vorsichtig gefahren war, kommt er bei dem Versuch, dem Rudibert auszuweichen, mit seinem Pkw ins Schleudern und landet im Straßengraben; sein nicht kaskoversichertes Fahrzeug wird schwer beschädigt. Kann Anton von Rudibert Ausgleich verlangen?

Lösungshinweis: Der Sachverhalt verdeutlicht den großen Anwendungsbereich des gesetzlichen Schuldverhältnisses der Geschäftsführung ohne Auftrag und die – im Vergleich zu den §§ 994 ff. BGB (dazu unten Fälle 15.10 und 17.09) – sehr weit reichende Interpretation des Begriffs „Aufwendung" in § 683 BGB. – Wiederholen Sie Grdz. § 15 I 3 a, 4, III!

Musterlösung:

Anton könnte von Rudibert gem. § 823 Abs. 1 BGB Schadensersatz verlangen, denn durch den Unfall ist sein Pkw, mithin sein Eigentum beschädigt worden, und das Unglück wäre nicht eingetreten, wenn Rudibert nicht auf der Fahrbahn gelegen und den Anton zu seinem gefährlichen Ausweichmanöver genötigt hätte. Ein Anspruch nach § 823 Abs. 1 BGB setzt jedoch schuldhafte Herbeiführung des Schadens voraus. Rudibert war bewußtlos, als er auf der Straße lag, und der Sachverhalt gibt auch keine Hinweise darauf, daß er seinen Sturz vom Fahrrad durch eigenes vorwerfbares Verhalten herbeigeführt hätte. Ein Schadensersatzanspruch nach § 823 Abs. 1 BGB kommt sonach nicht in Betracht.

Anton könnte seinen Schadensersatzanspruch auf § 7 StVG stützen. Die vom eigenen Verschulden unabhängige Haftung für Schädigungen im Straßenverkehr gilt jedoch nur für die Halter von Kraftfahrzeugen, nicht aber auch für Radfahrer, die ihr Fahrzeug mit eigener Muskelkraft bewegen.

Ein Ersatzanspruch des Anton könnte sich schließlich noch gem. §§ 677, 683, 670 BGB aus einer Geschäftsführung ohne Auftrag für Rudibert ergeben. Dies setzt voraus, daß Anton mit seinem Ausweichmanöver ein Geschäft für Rudibert besorgt hat. Der Begriff der Geschäftsbesorgung in § 677 BGB ist weit auszulegen, hierunter ist jede Handlung zu verstehen, die für einen anderen von Vorteil sein kann. Mit seinem Ausweichmanöver hat Anton dem Rudibert das Leben gerettet oder ihn doch mindestens vor weiteren schweren körperlichen Schäden bewahrt. Fraglich ist allerdings, ob Anton im Interesse des Rudibert gehandelt hat. Ihm oblag nämlich die eigene Verpflichtung als Kraftfahrer, sich im Straßenverkehr jederzeit so zu verhalten, daß kein anderer geschädigt wird. Das Fahrmanöver könnte mithin auch als eigenes „Geschäft" des Anton angesehen werden. Dem Sachverhalt ist zu entnehmen, daß Anton vorsichtig gefahren war, als er sich der Unfallstelle näherte. Damit hatte er sich in seinem Verhalten bereits auf das Rücksichtnahmegebot des § 1 Abs. 2 StVO eingestellt. Wenn es dann trotz dieser Vorsicht zu einer Situation kam, in der Anton außergewöhnlich reagieren mußte, um den Rudibert vor Schaden zu bewahren, erfüllte er damit nicht mehr nur seine „normale" Pflicht als Verkehrsteilnehmer, sondern er wurde im Interessenkreis des durch diese Handlung begünstigten Rudibert tätig.

Zweifellos entsprach die Handlungsweise des Anton auch dem Interesse des Rudibert. Gem. §§ 683, 670 BGB steht sonach dem Anton ein Anspruch auf Ersatz seiner Aufwendungen gegen Rudibert zu. Als Aufwendungen sind üblicherweise Vermögensopfer anzusehen, die der Geschäftsführer *freiwillig* zum Zweck der Ausführung des Auftrags gemacht hat. Als ein solches freiwilliges Opfer kann man im vorliegenden Fall die Beschädigung von Antons Pkw nicht ansehen, denn dieser hatte reagiert, ohne sich über die Folgen seines Fahrmanövers überhaupt irgendwelche Gedanken zu machen. Die Regelung des § 683 BGB hat den Sinn, demjenigen, der sich altruistisch für die Interessen eines anderen einsetzt, einen Anspruch auf Ausgleich seiner hierdurch verursachten Vermögensnachteile gegenüber dem durch dieses Handeln Begünstigten zu verschaffen. Führt – wie im vorliegenden Fall – die Wahrnehmung eines Geschäfts für einen anderen zu einem besonderen Risiko, war es aber gleichwohl nach Lage der Dinge erforderlich, dieses Risiko in Kauf zu nehmen, um noch Schlimmeres zu verhüten, spricht der Sinn des § 683 BGB dafür, den Anspruch auf Aufwendungsersatz auch auf die Folgen eines solchen besonderen Risikos auszudehnen. Gem. §§ 677, 683, 670 BGB kann Anton sonach von Rudibert Ersatz für die Beschädigung seines Pkw verlangen.

Fall 15.10: *Frankfurter Geschäftsmethoden*

Anton hat vor einigen Jahren ein großes unbebautes Grundstück geerbt, das in der Nähe des Frankfurter Waldstadions liegt. Als er sich anläßlich eines Besuchs in Frankfurt am Main endlich einmal um sein Besitztum kümmert, muß er mit Überraschung feststellen, daß ein findiger Mensch namens Dagobert hinter seinem Rücken das Gelände als Parkplatz hergerichtet hat und offenbar mit gutem geschäftlichen Erfolg bei Fußballspielen des FSV und anderen sportlichen Großveranstaltungen als Besucherparkplatz vermietet.

Kann Anton von Dagobert die Herausgabe des mit seinem Grund und Boden erzielten Gewinns fordern und hat er irgendeine Möglichkeit, von Dagobert Auskunft über die Dauer der unerlaubten Nutzung und die Höhe der dabei erzielten Einnahmen zu verlangen, damit er seine Ansprüche gegen ihn überhaupt beziffern kann?

Lösungshinweis: Am Beispiel der Rückforderung von Vorteilen aus der eigenmächtigen Nutzung einer fremden Sache können Sie noch einmal alle gesetzlichen Schuldverhältnisse auf mögliche Anspruchsgrundlagen für das Zahlungsbegehren des Anton hin durchprüfen. Erstmals kommt auch das Eigentümer-Besitzer-Verhältnis nach §§ 987 ff. BGB ins Spiel (dazu weiter die Fälle 17.02, 17.04 und 17.09). Auch hier sind im Gutachten zunächst die Schadensersatzansprüche und sodann weitere mögliche Ausgleichsansprüche zu diskutieren. Die §§ 987 ff. BGB stehen (teilweise) in Gesetzeskonkurrenz zu den Ansprüchen wegen ungerechtfertigter Bereicherung, unerlaubter Handlung und wegen Geschäftsführung ohne Auftrag; sie sind daher als erste zu untersuchen. – Wiederholen Sie Grdz. § 15 I 1, II 4, III 3; vgl. auch Grdz. § 17 III 4 b!

Musterlösung:

1. Anspruch auf Herausgabe des erzielten Erlöses:

(a) Anton könnte nach § 823 Abs. 1 BGB von Dagobert Schadensersatz verlangen. Dies setzt voraus, daß er durch die unerlaubte Benutzung seines Grundstücks einen Schaden in Höhe der von Dagobert erzielten Einnahmen erlitten hat. Das Verhalten des Dagobert hat jedoch weder die Sachsubstanz des Grundstücks angegriffen noch sind dem Anton hierdurch Einnahmen entgangen, die er sonst selbst erzielt hätte. Ein Schadensersatzanspruch des Anton kommt demnach nicht in Betracht.

(b) Dagobert hat sich ohne Erlaubnis des Anton in den Besitz des Grundstücks gesetzt, diese Rechtslage war ihm auch von Anfang an klar. Damit ist er bösgläubiger Fremdbesitzer der Sache i.S.d. § 990 Abs. 1 Satz 1 BGB. Demnach hat er gem. §§ 990 Abs. 1 Satz 1, 987 Abs. 1 BGB jedenfalls die tatsächlich gezogenen Nutzungen – das sind gem. §§ 100, 99 Abs. 3 BGB auch die durch die Vermietung des Grundstücks als Parkplatz erzielten Einnahmen – an Anton herauszugeben.

Zu prüfen ist noch, ob Dagobert von diesem Betrag seine eigenen Aufwendungen für die Herrichtung des Geländes als Kurzparkplatz und für die Organisation des Parkbetriebs (Beschäftigung von Kassierern und Einweisern, Versicherungen etc.) absetzen kann. Nach der speziell für das Eigentümer-Besitzer-Verhältnis entwickelten Regelung der §§ 994 ff. BGB könnte Dagobert als bösgläubiger Fremdbesitzer nach §§ 996, 994 Abs. 2 BGB nur Ersatz seiner notwendigen Verwendungen nach den Regeln der Geschäftsführung ohne Auftrag verlangen. Es ist allerdings zweifelhaft, ob die §§ 994 ff. BGB im vorliegenden Fall überhaupt anzuwenden sind, denn die Investitionen des Dagobert in „seinen" Parkplatz sind nicht mehr als „Verwendungen" i.S.d. §§ 994 ff. BGB anzusehen, da sie nicht der Substanzerhaltung der herauszugebenden Sache, sondern deren Umgestaltung zu einem anderen Nutzungsgegenstand gedient haben. Diese Frage kann indessen offen bleiben, denn die von Dagobert getätigten Ausgaben wären nur dann als „notwendig" zu betrachten, wenn sie auch bei dem Eigentümer Anton angefallen wären, weil sie für die ordnungsgemäße Bewirtschaftung des Grundstücks erforderlich gewesen waren. Das ist zu verneinen, denn der Ausbau des Grundstücks als Parkplatz diente nur den Sonderzwecken des Dagobert. Schon aus diesem Grund kann er daher seinen Erstattungsanspruch nicht auf die Regelung des § 994 Abs. 2 BGB stützen. Erst recht sind die Kosten des Parkplatzbetriebs keine Verwendungen auf das Grundstück.

Der Aufwand des Dagobert für den Parkplatzbetrieb kann allerdings als Gewinnungskosten angesehen werden, die nach § 102 BGB immer dann zu erstatten sind, wenn ein (wie auch immer begründeter) Anspruch auf Herausgabe der gezogenen „Früchte" besteht. Bei der Ersatzverpflichtung nach § 102 BGB handelt es sich um einen eigenständigen Anspruch, der unabhängig von dem durch die §§ 994 ff. BGB geregelten Interessenausgleich zwischen Eigentümer und Besitzer besteht, da er wirtschaftlich betrachtet den Umfang der nach § 987 Abs. 1 BGB herzugebenden Nutzungen i.S.d. §§ 100, 99 Abs. 3 BGB begrenzt. Aus dem Sachverhalt ergeben sich keine Anhaltspunkte dafür, daß die Organisation des Parkbetriebs nicht den Grundsätzen einer ordnungsgemäßen Wirtschaft entsprach und die Einnahmen aus der Vermietung der Stellplätze überstiegen hat. Soweit Anton seinen Anspruch auf Herausgabe der Parkeinnahmen auf § 987 Abs. 1 BGB stützt, kann Dagobert sonach gem. § 102 BGB die von ihm aufgewendeten Betriebskosten für den Parkbetrieb (aber nicht die Herstellungskosten für den Parkplatz als solchen) von dem Erstattungsbetrag absetzen.

(c) Anton könnte die Herausgabe des erzielten Gewinns nach § 812 Abs. 1 Satz 1 BGB verlangen. Dagobert hat ohne Rechtsgrund Besitz von dem im Eigentum des Anton befindlichen Grundstück ergriffen und hierdurch Vermögensvorteile erlangt, die ihm nicht gebühren, er hat sich sonach auf sonstige Weise bereichert. Anton, dem als Eigentümer alle Nutzungsvorteile des Grundstücks zustehen, kann daher von ihm Herausgabe dieser Bereicherung verlangen. Nach § 818 Abs. 1 BGB erstreckt sich der Bereicherungsanspruch auch auf die Herausgabe der gezogenen Nutzungen, auch insoweit kann Dagobert wieder nach § 102 BGB die Kosten des Parkplatzbetriebs als Gewinnungskosten von dem Erstattungsbetrag absetzen. Zu prüfen bleibt, ob Dagobert darüber hinaus den Bereicherungsanspruch des Anton noch um den Aufwand für die Herrichtung des Grundstücks als Parkplatz kürzen kann. Insoweit könnte sich Dagobert gemäß § 818 Abs. 3 BGB auf den Wegfall der (= seiner) Bereicherung berufen. Da Dagobert aber von Anfang an wußte, daß er das Grundstück des Anton unrechtmäßig in Besitz genommen hat, greift gegenüber der Berufung auf den Wegfall der Bereicherung die Regelung der §§ 819 Abs. 1, 818 Abs. 4 BGB ein, die hinsichtlich der „Haftung" des Dagobert für den Bereicherungsanspruch auf die „allgemeine Vorschrift" des § 292 BGB verweisen. § 292 BGB bezieht sich seinerseits wieder auf die §§ 987 ff. BGB. Damit könnte Dagobert einen Wegfall seiner Bereicherung durch die von ihm aufgewendeten Kosten für die Herrichtung des Grundstücks als Parkplatz nur insoweit geltend machen, als ihm nach der vorstehend unter (b) geprüften Regelung der §§ 994 ff. BGB ein Anspruch auf Ersatz seiner Verwendungen zusteht. Da dies nicht der Fall ist, wird sonach auch ein auf die §§ 812 Abs. 1, 818 Abs. 1 BGB gestützter Anspruch des Anton auf Herausgabe des Erlöses aus der Vermietung des Grundstücks als Parkplatz nicht um den Herstellungsaufwand des Dagobert zu kürzen sein.

(d) Anton könnte seinen Anspruch auf Herausgabe der erzielten Einnahmen schließlich noch auf die §§ 687 Abs. 2, 681 Satz 2, 667 BGB stützen. Dagobert hat mit der Herrichtung des Grundstücks und dessen Vermietung als Parkplatz ein Geschäft des Grundstückseigentümers geführt, ohne von diesem hierzu beauftragt zu sein. Dagobert wußte, daß er zu diesem Verhalten nicht berechtigt war; es liegt sonach ein Fall der unechten Geschäftsführung ohne Auftrag vor. Damit steht dem Anton auch nach § 687 Abs. 2 i.V.m. §§ 681 Satz 2, 667 BGB ein Anspruch auf Herausgabe der Einnahmen zu. Da Dagobert in diesem Fall verpflichtet ist, das aus seinen Aktivitäten „Erlangte" herauszugeben, entfällt der bei der Herausgabe der gezogenen Nutzungen mögliche Abzug der Gewinnungskosten nach § 102 BGB. Andererseits kann Dagobert jedoch gem. § 687 Abs. 2 Satz 2 BGB von Anton die Herausgabe der durch seine „Geschäftsbesorgung" erlangten Bereicherung gem. § 684 Satz 1 BGB verlangen; im Ergebnis müßte Anton sonach dem Dagobert gerade die Erträge aus der Nutzung des Grundstücks zurückgewähren, deren Herausgabe er nach §§§ 687 Abs. 2 Satz 1, 681 Satz 2, 667 BGB von Dagobert verlangen kann. Das macht indessen keinen Sinn und würde im Ergebnis den widerrechtlich handelnden „unechten" Geschäftsführer gegenüber anderen Formen der Geschäftsführung ohne Auftrag noch besser stellen. Die Verweisung auf das in § 684 Satz 1 BGB angesprochene Bereicherungsrecht durch § 687 Abs. 2 Satz 2 BGB ist daher restriktiv in dem Sinne auszulegen, daß sie in die genau abgestufte allgemeine Regelung der Rechtsfolgen des Handelns im fremden Geschäftskreis durch die §§ 677 ff. BGB paßt. § 684 Satz 1 BGB ist daher nur als Abwandlung der Regelung des § 683 BGB über den Aufwendungsersatzanspruch des Geschäftsführers mit dem Sinn zu verstehen, daß der Geschäftsherr im Fall des § 683 Satz 1 (und der damit korrespondierenden Regelung des § 687 Abs. 2 Satz 2 BGB) zum Aufwendungsersatz nur bis zur Höhe des bei ihm durch die Geschäftsbesorgung bewirkten effektiven Vermögensvorteils verpflichtet ist. Für den hier zu erörternden Sachverhalt bedeutet dies allerdings, daß Dagobert von Anton nach §§ 683, 670 BGB Ersatz *aller* Aufwendungen für die „Verwertung" des Grundstücks als Parkplatz bis zur Höhe der erzielten und an diesen abzuführenden Einnahmen verlangen kann; soweit Anton seine eigenen Ansprüche auf die Regeln über die unechte Geschäftsführung ohne Auftrag stützt, müßte er dem Dagobert also auch die Kosten für die Herrichtung des Grundstücks als Parkplatz erstatten.

(e) Konkurrenzen:

Die vorstehend zu (b) und (c) festgestellten Ansprüche des Anton gegen Dagobert auf Herausgabe der aus der Vermietung des Grundstücks als Parkplatz erzielten Einnahmen nach Abzug der Betriebskosten gem. §§ 987 Abs. 1, 990 Abs. 1 Satz 1 BGB bzw. nach §§ 812 Abs. 1 Satz 1, 818 Abs. 1 BGB stehen zueinander im Verhältnis der „einfachen" Anspruchskonkurrenz; d.h. Anton kann sein Zahlungsbegehren auf beide Anspruchsgrundlagen stützen, die Leistung insgesamt aber nur einmal verlangen.

Ob Anton sich außerdem noch auf die Regelung der §§ 687 Abs. 2 Satz 1, 681 Satz 2, 667 BGB beruft, hängt – wie die Formulierung des § 687 Abs. 2 Satz 2 BGB erkennen läßt – von seiner Entscheidung ab. Macht er gegen Dagobert auch Ansprüche wegen „unechter" Geschäftsführung ohne Auftrag geltend, muß er ihm allerdings bis zur Höhe der herausgeforderten Einnahmen alle Aufwendungen sowohl für die Herrichtung des Grundstücks als Parkplatz als auch für den eigentlichen Parkplatzbetrieb zurückerstatten.

2. Anspruch auf Rechnungslegung:

Der Zahlungsanspruch des Anton richtet sich jeweils auf Herausgabe der tatsächlich erzielten Einnahmen abzüglich der Kosten, die Dagobert für die Aufrechterhaltung des Parkplatzbetriebs (die Entlohnung des Kassierers und der Parkwächter) selbst aufwenden mußte. Anton muß diesen Anspruch beziffern und dessen Höhe im Prozeß notfalls beweisen. Er ist daher darauf angewiesen, von Dagobert nähere Auskünfte über die Dauer und den Umfang der auf seinem Grundstück getätigten Geschäfte zu erhalten. Wenn Dagobert dies nicht freiwillig tut, stellt sich damit die Frage, ob dem Anton gegen Dagobert ein entsprechender Auskunftsanspruch zur Seite steht.

Weder die §§ 812 ff. BGB noch die §§ 985 ff. BGB enthalten irgendeine Anspruchsgrundlage, auf die Anton ein Auskunftsbegehren stützen könnte. Da ein Fall der unechten Geschäftsführung ohne Auftrag vorliegt, steht indessen dem Anton aufgrund des

§ 687 Abs. 2 BGB i.V.m. §§ 681 Satz 2, 666 BGB ein Anspruch auf Auskunft und Rechnungslegung zu.

III. Wiederholungsfragen

1. Worin unterscheiden sich vertragliche und deliktische Schadensersatzansprüche; gibt es Gemeinsamkeiten? (Grdz. § 15 I 1)

Vertragliche Schadensersatzansprüche beruhen auf der Verletzung von Pflichten, die sich aus der durch den Vertragsschluß begründeten Sonderverbindung zwischen Schädiger und Geschädigtem ergeben. *Deliktische* Ansprüche knüpfen entweder an schuldhafte Verstöße gegen allgemeine Handlungspflichten oder (bei der Gefährdungshaftung) an die Verantwortlichkeit für besondere Risiken an. Vertragliche und deliktische Schadensersatzansprüche setzen den Eintritt eines konkret meßbaren Vermögensschadens voraus, bei der Verletzung bestimmter Schutzgüter können deliktische Schadensersatznormen darüber hinaus auch noch den Ausgleich von immateriellen Schäden sicherstellen („Schmerzensgeld"). Der wichtigste Unterschied besteht in der prozeßrechtlichen Beweislastverteilung für das Verschulden des Ersatzpflichtigen: Bei den deliktischen Schadensersatzansprüchen muß der Gläubiger (= Kläger) als anspruchsbegründende Tatsache behaupten und notfalls beweisen, daß der Schuldner (= Beklagter) den Schaden durch vorsätzliches oder fahrlässiges Handeln herbeigeführt hat. Bei den vertraglichen Ersatzansprüchen ergibt sich aus der Formulierung des § 280 Abs. 1 Satz 2 BGB eine Beweislastumkehr, die dazu führt, daß der Schuldner den Entlastungsbeweis dafür zu erbringen hat, daß er die den Schaden verursachende Pflichtverletzung nicht nach §§ 276–278 BGB zu vertreten hat. Im Einzelfall können aus einem Ereignis sowohl vertragliche als auch deliktische Schadensersatzansprüche hergeleitet werden; soweit sie sich inhaltlich decken, stehen diese Anspruchsgrundlagen dann in Anspruchskonkurrenz.

2. Gibt es im Recht der unerlaubten Handlungen einen allgemeinen Rechtsgrundsatz des Inhalts, daß jeder, der einem anderen einen Schaden zufügt, diesen auch ersetzen muß? (Grdz. § 15 I 2)

Nein. Soweit nicht die – von ihren Anspruchsvoraussetzungen sehr enge – Generalklausel des § 826 BGB eingreift, besteht nach dem Recht der unerlaubten Handlungen eine Schadensersatzpflicht nur dann, wenn einer der in den §§ 823 ff. BGB oder in ergänzenden Haftungsregelungen außerhalb des BGB aufgeführten Deliktstatbestände verwirklicht worden ist.

3. Wie ist der Tatbestand des § 823 Abs. 1 BGB aufgebaut? (Grdz. § 15 I 3 a)

Die Schadensersatzpflicht nach § 823 Abs. 1 BGB setzt voraus, daß durch eine ungerechtfertigte und schuldhafte Handlung eines der in dieser Vorschrift aufgeführten Schutzgüter verletzt wurde und daß hierdurch bei demjenigen, dem dieses Schutzgut zusteht, ein Schaden hervorgerufen worden ist.

4. Was ist als Verletzung des „Eigentums" i.S.d. § 823 Abs. 1 BGB anzusehen; zählt hierzu *jede* Handlung, die zu einem Vermögensschaden geführt hat? (Grdz. § 15 I 3 a, cc)

Eigentumsverletzung i.S.d. § 823 Abs. 1 BGB ist die Einwirkung auf eine in fremdem Eigentum stehende Sache in der Weise, daß deren Substanz beschädigt oder ihre Nutzbarkeit beeinträchtigt wird (z.B. durch Wegnahme der Sache). Demnach kann nicht jede Handlung, die im Ergebnis zu einem Vermögensnachteil geführt hat, bereits als Verletzung des Eigentums angesehen werden: Das Vermögen als solches ist kein Schutzgut i.S.d. § 823 Abs. 1 BGB. Ein Vermögensschaden führt nach dieser Vorschrift nur dann zu einem Schadensersatzanspruch, wenn er sich als Folge der Verletzung eines der in Abs. 1 aufgezählten Schutzgüter ergeben hat.

5. Was ist als „sonstiges Recht" i.S.d. § 823 Abs. 1 BGB zu verstehen; nennen Sie Beipiele! (Grdz. § 4 II 1; § 15 I 3 a, cc; § 17 I 1)

Hierunter sind Interessen eines Rechtssubjekts zu verstehen, die ähnlich wie das Leben oder das Eigentum ohne weiteres von jedermann beachtet werden müssen, d.h. alle absoluten Rechte und ähnliche Rechtspositionen. Dazu zählen die beschränkten dinglichen Rechte, aber auch der Besitz an Sachen, das allgemeine Persönlichkeitsrecht oder unter bestimmten Voraussetzungen das Recht am eingerichteten und ausgeübten Gewerbebetrieb.

6. Woraus folgt die Rechtswidrigkeit einer unerlaubten Handlung i.S.d. § 823 Abs. 1 BGB? (Grdz. § 15 I 3 a, bb; § 16 IV)

Der Eingriff in eines der in § 823 Abs. 1 BGB aufgeführten Schutzgüter ist als solcher rechtswidrig, da ja ein absolutes Recht verletzt worden ist. Die Rechtswidrigkeit kann jedoch im Einzelfall ausgeschlossen sein, wenn für die Schutzgutsverletzung ausnahmsweise ein Rechtfertigungsgrund vorliegt (z.B. Beschädigung einer Sache zur Abwehr einer von dieser ausgehenden Gefahr für höherwertige Güter).

7. Wer haftet für den Schaden aus einer unerlaubten Handlung? (Grdz. § 15 I 3 e)

Grundsätzlich nur derjenige, der die für den Schaden ursächliche Handlung in eigener Person vorgenommen hat. Eine Haftung für unerlaubte Handlungen von dritten Personen gibt es nur für juristische Personen aufgrund der §§ 30, 31 BGB und für natürliche und juristische Personen als Haftung für Verrichtungsgehilfen nach § 831 BGB sowie bei Verletzung der Aufsichtspflicht über nicht deliktsfähige Personen gem. § 832 BGB.

8. Worin besteht der Unterschied zwischen der Haftung für Erfüllungsgehilfen nach § 278 BGB und der Haftung für Verrichtungsgehilfen nach § 831 BGB? (Grdz. § 11 III 1; § 12 III 1 b; § 15 I 3 e)

Die Anwendung des *§ 278 BGB* setzt ein Schuldverhältnis oder vorvertragliche Rechtsbeziehungen gem. § 311 Abs. 2 und 3 BGB zwischen dem Geschädigten und demjenigen voraus, der für das Handeln des Schädigers aufkommen soll. Der Schaden muß als Folge der Verletzung von Pflichten aus diesem Schuldverhältnis eingetreten sein und der Schädiger muß vom Schuldner zur Erfüllung dieser Pflichten eingesetzt gewesen sein. In diesem Fall haftet der Schuldner ohne die Möglichkeit eines Entlastungsbeweises für den entstandenen Schaden in gleicher Weise, wie wenn er die zur Vertragspflichtverletzung führende Handlung selbst begangen hätte. Die Haftung nach *§ 831 BGB* setzt einen Schaden als Folge eines widerrechtlichen Handelns i.S.d. §§ 823 ff. BGB voraus. Derjenige, der für den Schaden aufkommen soll, muß den konkret handelnden Schädiger mit der Verrichtung betraut haben, bei deren Ausführung es zu der fraglichen Schädigung gekommen ist. Der Auftraggeber kann sich jedoch nach § 831 Abs. 1 Satz 2 BGB von der Verantwortung für den Schaden freistellen, wenn er beweist, daß er den Verrichtungsgehilfen sorgfältig ausgewählt, mit dem richtigen Arbeitsmaterial ausgestattet und – soweit notwendig – sorgfältig angeleitet und überwacht hat.

9. Was geschieht, wenn eine unerlaubte Handlung durch mehrere Personen begangen worden ist? (Grdz. § 15 I 5)

Es kommt darauf an, ob der Schaden durch ein gemeinschaftliches Handeln dieser Personen, d.h. durch bewußtes und gewolltes Zusammenwirken, herbeigeführt worden ist, oder ob das Schadensereignis auf mehrere voneinander unabhängige (gleichzeitige oder auch aufeinander folgende) Handlungen zurückzuführen ist. Bei nicht gemeinschaftlicher Schädigung haftet jeder als Verursacher in Betracht kommende nur für den Schadensanteil, der nachweislich auf seinen Tatbeitrag zurückzuführen ist. Bei gemeinschaftlicher Schädigung haftet nach § 830 Abs. 1 BGB jeder Mittäter, Anstifter oder Gehilfe für den gesamten Schaden unabhängig von der Ursächlichkeit seines individuellen Tatbeitrags. Nach § 840 Abs. 1 BGB müssen alle Beteiligten für die Schadensersatzforderung als Gesamtschuldner einstehen.

10. Welche besondere Bedeutung hat die Gefährdungshaftung; worin liegt der wesentliche Unterschied zur Verschuldenshaftung; gibt es einen allgemeinen Tatbestand der Gefährdungshaftung? (Grdz. § 15 I 4)

Die *Gefährdungshaftung* ist der Ausgleich dafür, daß bestimmte Handlungen oder die Benutzung bestimmter Geräte oder Einrichtungen nicht verboten werden, obwohl hierbei erfahrungsgemäß schon bei geringer Nachlässigkeit oder sogar trotz aller Vorsicht Unfälle mit Schadensfolgen auftreten können. Die Gefährdungshaftung knüpft an die Konkretisierung dieser spezifischen Betriebsgefahr durch ein Schadensereignis an und macht für dessen Folgen denjenigen ausgleichspflichtig, der die Handlung veranlaßt hat bzw. das Gerät oder die Einrichtung betreibt oder betreiben läßt (und i.d.R. auch den praktischen Nutzen aus dem Betrieb zieht). Im Gegensatz zur *Verschuldenshaftung* kommt es dabei nicht darauf an, ob der Ersatzpflichtige den Unfall verschuldet oder ob er überhaupt selbst gehandelt hat bzw. ob das Schadensereignis auf menschliches Versagen zurückzuführen ist. Die Ersatzpflicht kann inhaltlich eingeschränkt (z.B. nur Ersatz des unmittelbaren Schadens, kein Schmerzensgeld) und auf Haftungshöchstbeträge begrenzt sein. Einen allgemeinen Tatbestand der Gefährdungshaftung gibt es nicht; die vom individuellen schuldhaften Handeln unabhängige Einstandspflicht für Schäden aus Unfällen wird vielmehr immer noch als die durch gesetzliche Einzelregelung besonders anzuordnende Ausnahme angesehen.

11. Wer ist Tierhalter; wer ist Halter eines Kraftfahrzeugs? (Grdz. § 15 I 4 a, c)

Halter ist derjenige, der tatsächlich über das Tier oder das Fahrzeug verfügen kann, hierüber auch zu entscheiden befugt ist und in dessen zumindest allgemeinem Interesse die Nutzung erfolgt. Der Halter braucht nicht notwendig auch Eigentümer des Tiers oder des Kfz zu sein.

12. Was ist die Aufgabe des Bereicherungsrechts? (Grdz. § 15 II 1)

Mit den §§ 812 ff. BGB wird sichergestellt, daß eine ungerechtfertigte Bereicherung abgeschöpft und in das Vermögen desjenigen zurückgeführt wird, von dem sie ursprünglich stammt oder dem der erzielte Vorteil rechtens zusteht.

13. Welches sind die beiden Grundtatbestände des Bereicherungsrechts? (Grdz. § 15 II 2)

Man unterscheidet zwischen einer *Bereicherung durch Leistung* (= die gezielte und gewollte Vermehrung des Vermögens eines anderen) und der *Bereicherung in sonstiger Weise* (i.d.R. durch nicht gerechtfertigten Eingriff in das Vermögen eines anderen; daraus leitet sich der Terminus „Eingriffskondiktion“ ab).

14. Was ist als Bereicherung i.S.d. § 812 BGB anzusehen? (Grdz. § 15 II 2)

Bereicherung ist jede Verbesserung der Vermögensverhältnisse eines Rechtssubjekts gegenüber der Lage, in der sich sein Vermögen ohne das in Frage stehende Ereignis befunden hätte. Hierzu zählen: Der Erwerb neuer vermögenswerter Rechte oder des Besitzes an Sachen; Vorteile aus dem Ge- oder Verbrauch von Sachen, die üblicherweise nur gegen Entgelt zur Verfügung gestellt werden (so daß dieses Entgelt eingespart werden konnte); die Befreiung von Verbindlichkeiten; die Ersparnis von Aufwendungen, die andernfalls aus dem eigenen Vermögen hätten gemacht werden müssen. Von der Bereicherung sind normalerweise die Gewinnungskosten abzusetzen; d.h. die Aufwendungen, die der Bereicherte aus seinem eigenen Vermögen machen mußte, um überhaupt in den Genuß des fraglichen Vorteils zu kommen.

15. Wann liegt eine Bereicherung „ohne rechtlichen Grund“ vor? (Grdz. § 15 II 3 a, 4)

Leistungen sind ohne rechtlichen Grund erlangt, wenn der Zweck, den der Leistende mit seiner Zuwendung gegenüber dem Empfänger verfolgt, nicht erreicht wird. Dies liegt insbesondere dann vor, wenn ein Schuldverhältnis oder eine sonstige Leistungsverpflichtung, zu deren Erfüllung die Leistung erbracht worden ist, in Wirklichkeit nicht besteht oder nachträglich ersatzlos weggefallen ist. Bereicherungen in sonstiger Weise sind dann ohne rechtlichen Grund, wenn derjenige, der den Vorteil hat, nicht befugt war, das fremde Vermögen, aus dem der Vorteil stammt, in der Weise zu nutzen, die zu der in Rede stehenden Bereicherung geführt hat.

16. Welche Bedeutung hat das Leistungsverhältnis für die Beurteilung einer Leistungskondiktion? (Grdz. § 15 II 3 a)

Durch das Leistungsverhältnis wird festgelegt, wer überhaupt als Gläubiger und Schuldner eines Bereicherungsanspruchs in Betracht kommt, wenn die Zuwendung des Vermögensvorteils über mehrere Rechtssubjekte abgewickelt worden ist. Die Rechtsbeziehungen unter den Beteiligten des Leistungsverhältnisses sind auch für die Beurteilung der Frage maßgeblich, ob die Leistung mit oder ohne rechtlichen Grund erbracht worden ist.

17. Was bedeutet der Wegfall der Bereicherung; warum ist dies für die Beurteilung des Anspruchs aus § 812 BGB von Belang? (Grdz. § 15 II 6)

Ist die Herausgabe des rechtsgrundlos Erlangten in der ursprünglichen Form nicht (oder nicht mehr) möglich, wandelt sich gem. § 818 Abs. 2 BGB der Herausgabeanspruch in einen Wertersatzanspruch, d.h. in einen Geldleistungsanspruch, um. Da der Bereicherungsanspruch grundsätzlich auf die Vermögensverhältnisse des Bereicherten abstellt, ist für die Höhe dieses Zahlungsanspruchs der Zustand des Vermögens maßgeblich, wie er im Zeitpunkt der erstmaligen Einforderung des Anspruchs aus § 812 BGB vorhanden ist. Der Bereicherte kann daher nach § 818 Abs. 3 BGB einwenden, daß er nicht den vollen Wert der ursprünglich erlangten Bereicherung zurückzuerstatten braucht, weil der ihm zugewachsene Vorteil nicht mehr in seinem Vermögen vorhanden ist. Damit soll der gute Glaube an die Rechtmäßigkeit einer einmal erlangten Vermögensposition geschützt werden. Folgerichtig gilt gem. §§ 819, 818 Abs. 4 BGB etwas anderes, wenn der Bereicherte von Anfang an oder zu einem späteren Zeitpunkt weiß, daß er den Vermögensvorteil ohne rechtlichen Grund erlangt hatte, oder wenn er auf die Herausgabe der Bereicherung verklagt worden ist.

18. Können auch dritte Personen zum Ausgleich einer ungerechtfertigten Bereicherung herangezogen werden; wann kann eine solche Frage überhaupt relevant werden? (Grdz. § 18 II 7)

Dieser Fall tritt dann ein, wenn der ursprüngliche Schuldner des Bereicherungsanspruchs gem. § 818 Abs. 3 BGB von der Leistungspflicht ganz oder teilweise freigestellt ist, weil er den ungerechtfertigt erlangten Vermögensvorteil an einen Dritten weitergegeben hat, ohne hierfür eine wertgleiche Gegenleistung erhalten zu haben. Da der Dritte den Vorteil nicht aus dem Vermögen des ursprünglich Entreicherten erlangt hat, kann zwischen dem Entreicherten und dem Dritten kein Anspruch nach § 812 BGB begründet worden sein. Eine Ausnahme macht lediglich § 822 BGB für den Fall, daß der Dritte den Vorteil vom ursprünglichen Bereicherungsschuldner unentgeltlich zugewendet erhalten hat.

19. Was ist eine Geschäftsführung ohne Auftrag; wo ist sie geregelt? (Grdz. § 15 III 1)

Die in §§ 677 bis 687 BGB geregelte Geschäftsführung ohne Auftrag erfaßt den Fall, daß jemand im Interessenkreis eines anderen tätig wird, ohne hierzu durch vertragliche Vereinbarung mit dem Betroffenen oder sonst kraft gesetzlicher Regelung beauftragt oder berechtigt zu sein. Entspricht dieses Handeln aber gleichwohl dem mutmaßlichen oder wirklichen Willen desjenigen, dessen Geschäft besorgt wird, oder muß es von ihm geduldet werden (§ 679 BGB), entsteht zwischen Geschäftsführer und Geschäftsherrn ein gesetzliches Schuldverhältnis. Auf dieses sind gem. § 683 BGB die Regelungen über den Auftrag anzuwenden, die die Vorschriften über den Ausgleich einer ungerechtfertigten Bereicherung und über den Schadensersatz wegen einer unerlaubten Handlung verdrängen, die sonst einschlägig sein würden.

20. Wann sind die Regeln über die Geschäftsführung ohne Auftrag anwendbar, obwohl die Übernahme des Geschäfts nicht dem wirklichen oder mutmaßlichen Willen des Geschäftsherrn entsprochen hatte? (Grdz. § 15 III 3)

Abgesehen von dem Fall des § 679 BGB sind die §§ 677 ff. BGB im Prinzip auch dann auf die unerwünschte Geschäftsführung ohne Auftrag anwendbar, wenn der Geschäftsherr die Geschäftsführung nachträglich genehmigt (§ 684 Satz 2 BGB). Die *zugunsten* des Geschäftsherrn angeordneten Sonderregelungen der §§ 677 ff. BGB gelten gem. § 687 Abs. 2 BGB auch dann, wenn sich jemand in klarer Kenntnis der Situation ein fremdes Geschäft als eigenes angemaßt hat.

§ 16. Die Verpflichtung zum Schadensersatz

I. Was Sie über die Rechtsfolge „Schadensersatz“ lernen müssen

Es gibt eine Reihe von Grundsätzen über die allgemeinen Voraussetzungen und über den Inhalt von Schadensersatzansprüchen, die zweckmäßigerweise „vor die Klammer gezogen“ betrachtet werden sollten. Solche Regeln sind erforderlich, weil die Rechtsfolgenanordnung des Gesetzes, daß ein bestimmtes Ereignis zu Ersatzansprüchen führen soll (d.h. jemand ist „dem Grunde nach“ zum Ausgleich eines Nachteils verpflichtet), noch nichts darüber aussagt, was und in welcher Höhe konkret als Ersatz geschuldet wird. Zu dieser Frage enthält das BGB in seinen §§ 249–251 einige Bestimmungen, die im Normalfall in gleicher Weise sowohl für vertragliche als auch für die deliktischen Schadensersatzansprüche gelten. In der Lehrbuchliteratur wird diese Materie daher gewöhnlich zusammen mit dem Allgemeinen Teil des Schuldrechts dargestellt; es ist jedoch einfacher, sich hiermit erst dann zu beschäftigen, nachdem Sie einen Überblick über die Gründe gewonnen haben, aus denen Schadensersatzverpflichtungen entstehen können.

Schon der **Begriff des Schadens** wirft eine Reihe von Zweifelsfragen auf: Sie müssen sich den im Hinblick auf § 253 BGB wichtigen Unterschied zwischen Vermögensschaden und immateriellem Schaden verdeutlichen; wie schwierig es sein kann, einen realen Vermögensschaden von einer „nur" ideellen Schädigung zu unterscheiden, lassen die Fälle 16.01, 16.06 und 16.08 erkennen. Wenigstens in den Grundlagen sollte Ihnen auch die Abgrenzung zwischen unmittelbarem und mittelbarem Schaden und die Unterscheidung zwischen unmittelbar und mittelbar Geschädigtem vertraut geworden sein. Da ein schädigendes Ereignis für den Betroffenen auch Vorteile bringen kann, ist für die Ermittlung des Schadensumfangs ferner der Gesichtspunkt der **Vorteilsausgleichung** von Belang; der Fall 16.02 zeigt, daß man hier leicht in Versuchung gerät, sich in unangemessene „was wäre, wenn"-Spekulationen zu versteigen.

Ein Kernthema der Schadensersatzlehre ist die Ermittlung des **Ursachenzusammenhangs** zwischen einer Schadensfolge und dem Handeln derjenigen Person, die hierfür als Schädiger haftbar gemacht werden soll. Sie müssen sich den doppelten Prüfungsschritt der Klärung des **„natürlichen"** Kausalzusammenhangs, der nach der **conditio-sine-qua-non-Formel** ermittelt wird, und der Frage nach dem **adäquaten Schadenszusammenhang** verständlich machen. Zusätzliche Komplikationen treten auf, wenn mehrere Personen an einem Schadensereignis beteiligt sind, wie die Fälle 16.08 und 16.09 zeigen. Hier können Sie zunächst aus den Kenntnissen Nutzen ziehen, die Sie bereits in Kapitel 15 über die Haftung mehrerer Beteiligter erworben haben. Es taucht dann aber das Problem auf, daß ein bestimmtes Schadensereignis sich als das Resultat von Handlungen mehrerer Personen darstellt, die unabhängig voneinander tätig geworden sind; manchmal ist es sogar der Verletzte selbst, dessen eigenes Tun den Schaden ausgelöst hat. Hier stellt sich die Frage, ab wann ein an sich adäquater Ursachenzusammenhang durch **dazwischentretendes Handeln anderer** so unterbrochen wird, daß der letztendlich entstandene Schaden nicht mehr demjenigen angelastet werden kann, dessen pflichtwidriges oder ein Rechtsgut verletzendes Tun am Anfang der Ereigniskette gestanden hatte. Die Fälle 16.05 und 16.07 geben Beispiele für solche Situationen. Die komplizierten Formeln, mit denen die Rechtspraxis den Versuch unternimmt, einen Schadensregreß „bis in die Unendlichkeit" zu vermeiden, müssen Sie sich ebenso vertraut machen wie den Rechtsgedanken der **überholenden Kausalität** und das Phänomen, daß auch durch **Unterlassen** eines Tuns die Ursache für ein bestimmtes Ereignis gesetzt werden kann.

Die Frage nach der **Rechtswidrigkeit** der Schadenszufügung erweist sich bei genauerer Betrachtung als ein Problem des Haftungsausschlusses durch das Vorliegen von Rechtfertigungsgründen. Sie können hier an Kenntnisse über die Selbsthilfe anknüpfen und müssen sich nunmehr endgültig die in drei Gruppen eingeteilten Gründe einprägen, aus denen der Eingriff in fremde Rechte ausnahmsweise gerechtfertigt sein kann.

Das in der Morallehre so kontrovers diskutierte Problem der menschlichen

Schuld stellt sich für den Zivilrechtler als die anhand simpler psychologischer Kriterien verhältnismäßig einfach zu beantwortende Frage nach der **Schuldfähigkeit** und nach den **Schuldkategorien** Vorsatz und Fahrlässigkeit dar. Sie greifen hier zurück auf die Betrachtung der Deliktsfähigkeit von Personen aus dem Allgemeinen Teil des BGB, auf die Grundregeln über das Vertretenmüssen von Leistungsstörungen und auf die deliktsrechtliche Verschuldenshaftung, die Sie sich nunmehr noch einmal im Zusammenhang vor Augen führen können.

Die bereits im Zusammenhang mit der Prüfung des Ursachenzusammenhangs angesprochene Möglichkeit, daß eigenes Verhalten des Verletzten für den Eintritt (oder für den Umfang) des Schadens (mit-)ursächlich sein kann, ist der Ausgangspunkt für die Regelung des § 254 BGB, daß ein Schadensersatzanspruch im Hinblick auf das **Mitverschulden des Verletzten** gekürzt werden kann. Hier handelt es sich um schwierige Tatsachenfragen, die erst in der täglichen Praxis geläufig werden. Sie müssen sich aber mit dem Grundgedanken dieser Regelung vertraut machen. Einen ersten Einstieg in diese Problematik bilden die Fälle 16.03 (noch recht einfach) und 16.09 (schon wesentlich schwieriger!).

Hinter der Frage nach dem **Inhalt des Schadensersatzanspruchs** verbirgt sich das Prinzip des § 249 Satz 1 BGB, daß Schadensersatz prinzipiell durch Wiederherstellung des vor dem Schadensereignis bestehenden tatsächlichen Zustandes zu leisten ist (Grundsatz der **Naturalrestitution**). Da diese Regel nur begrenzt umsetzbar ist, wird der Schadensersatzanspruch in der Praxis üblicherweise als Geldzahlungsschuld gehandhabt. Die Umwandlung des Sachleistungsanspruchs in einen Wertersatzanspruch regeln die §§ 250, 251 BGB, deren Kenntnis und Beherrschung ebenfalls zum juristischen Grundwissen gehört.

II. Übungsfälle

Fall 16.01: *Die Windsbraut*

Anton besucht seinen Freund Gustav, einen passionierten Sammler von kostbaren Glasvasen. Stolz zeigt ihm Gustav seine neuesten Erwerbungen, darunter eine Vase von Emile Gallé aus dessen Schaffensperiode vor 1889, die ihm von der Ecole des Beaux Arts in Nancy als Anerkennung für seine Forschertätigkeit auf dem Gebiet der lothringischen Jugendstil-Gläser als Ehrengeschenk überreicht worden ist. Nicht sonderlich interessiert nimmt Anton das im Kunsthandel mit etwa 20.000,– € bewertete Stück in die Hand, um es näher zu betrachten, und stellt es dann achtlos auf einem nahegelegenen Fensterbrett ab. Trotz des leicht windigen Wetters ist das Fenster halb geöffnet; ein plötzlicher Windstoß drückt den angelehnten Fensterflügel auf, dabei wird die Gallé-Vase herabgestoßen und am Boden zerschmettert.

Kann Gustav von dem gut gegen Haftpflicht versicherten Anton Schadensersatz verlangen? Spielt es für die Bemessung der Höhe des Schadensersatzes eine Rolle, daß die Vase dem Gustav als Ehrengeschenk für seine wissenschaftlichen Verdienste überreicht und von ihm daher über ihren materiellen Wert hinaus besonders hoch geschätzt worden war?

Lösungshinweis: Da Schadensersatzbegehren sowohl auf vertragliche als auch auf allgemeine deliktsrechtliche Anspruchsgrundlagen gestützt werden können, ist bei Sachverhalten, in denen es vor dem in Frage stehenden Schadensereignis zu sozialen Kontakten zwischen dem Schädiger und dem Geschädigten gekommen war, zunächst zu prüfen, ob dieser Kontakt zu vertraglich geordneten bzw. vorvertraglichen Rechtsbeziehungen zwischen den Beteiligten geführt hat. Weitere Probleme ergeben sich im vorliegenden Fall bei der Ermittlung des Ursachenzusammenhangs zwischen dem Verhalten des Anton und der Zerstörung der Gallé-Vase und der näheren Begründung des Fahrlässigkeitsvorwurfs. Schließlich ist wegen der besonderen Beziehungen zwischen Anton und Gustav die Frage eines stillschweigenden Haftungsverzichts zu prüfen (vgl. schon Fall 5.03) sowie bei der Bemessung der Höhe des Ersatzanspruchs die Möglichkeit eines Ausgleichs des besonderen Affektionsinteresses des Eigentümers der zerstörten Sache zu klären. – Wiederholen Sie Grdz. § 5 III 1 b; § 15 I 3 a; § 16 II 1, III 1!

Musterlösung:

Gustav könnte seinen Ersatzanspruch gem. §§ 241 Abs. 2, 280 Abs. 1 BGB aus einer Art Verwahrungsvertrag herleiten, den er – jedenfalls stillschweigend – mit seinem Gast Anton abgeschlossen haben könnte, als er ihm Zutritt zu seiner kostbaren Glassammlung gewährt hatte. Üblicherweise wird jedoch der soziale Kontakt zwischen Gastgeber und Gast auf rein gesellschaftlicher Ebene geordnet, ohne daß es zur Begründung eines vertraglichen Rechtsverhältnisses kommt. Anhaltspunkte dafür, daß im vorliegenden Fall eine von dieser Regel abweichende verbindliche Rechtsgestaltung vorgenommen worden ist, gibt der Sachverhalt nicht her: Zwar handelte es sich um Sammlerstücke von nicht unerheblichem materiellen Wert, die Gustav dem Anton gezeigt hat. Er ist jedoch bei der Besichtigung zugegen und kann normalerweise selbst darauf achten, daß mit den Gläsern nichts passiert. Man kann daher nicht unterstellen, daß er seine Kostbarkeiten dem Anton mit dessen Einverständnis in dem Sinne „anvertraut" hatte, daß dieser rechtlich bindend die Verantwortung für deren sichere Behandlung und Verwahrung übernahm. Aus den gleichen Gründen kommen auch keine Ersatzansprüche aus einem vorvertraglichen Rechtsverhältnis gem. § 311 Abs. 2 BGB zwischen Gustav und Anton in Betracht: Der Sachverhalt gibt keinen Anhalt dafür, daß die durch den Empfang des Anton als Gast begründete besondere soziale Beziehung zwischen den beiden Freunden das Niveau der rein gesellschaftlichen Ebene verlassen und sich zu einem „geschäftlichen Kontakt" i.S.d. § 311 Abs. 2 Nr. 3 BGB „verrechtlicht" haben könnte.

Wegen der zerstörten Gallé-Vase kann Gustav sonach allenfalls aufgrund der allgemeinen Haftungsnorm des § 823 Abs. 1 BGB von Anton Schadensersatz verlangen. Dann müßte durch eine Handlung des Anton rechtswidrig und wenigstens fahrlässig eines der in dieser Vorschrift aufgezählten Schutzgüter des Gustav verletzt worden sein. Anton hatte die Vase zwar nicht eigenhändig zerstört. Hätte er aber das kostbare Stück nicht auf den Fenstersims gestellt, wäre es auch nicht durch den vom Wind eingedrückten Fensterflügel herabgestoßen worden. Das Verhalten des Anton war sonach im Sinne der conditio-sine-qua-non-Regel ursächlich für den eingetretenen Schaden. Dieser Ursachenzusammenhang ist auch adäquat, denn es liegt keineswegs außerhalb des noch als wahrscheinlich anzusehenden Geschehensverlaufs, daß ein bei halb geöffnetem Fenster auf dem Fensterbrett abgestellter Glasgegenstand durch den vom Wind hereingedrückten Fensterflügel zu Boden gestoßen und dabei zerstört wird. Durch das Verhalten des Anton ist Eigentum des Gustav, nämlich eine in seinem Eigentum stehende Sache, beschädigt worden; mithin wurde eines der in § 823 Abs. 1 BGB aufgeführten Schutzgüter verletzt.

Das Handeln des Anton ist auch rechtswidrig, denn es ist kein Grund ersichtlich, der seinen Eingriff in das Eigentum des Gustav rechtfertigen könnte. Anton muß ferner schuldhaft, zumindest fahrlässig gehandelt haben. Fahrlässig handelt, wer die im Verkehr erforderliche Sorgfalt außer acht läßt (§ 276 Abs. 2 BGB); d.h. es muß dem Anton bei zumutbarer Anspannung seiner Geisteskräfte möglich gewesen sein, den Schadensverlauf vorherzusehen und durch geeignete Gegenmaßnahmen abzuwenden. Zumal bei windigem Wetter ist ohne weiteres damit zu rechnen, daß ein halb geöffneter Fensterflügel aufgedrückt werden kann und dann die auf dem Fenstersims abgestellten Gegenstände zu Boden wirft. Anton hat sonach die zerbrechliche Vase auf einem denkbar ungeeigneten Platz abgestellt; es wäre ihm jedoch ein leichtes gewesen, das kostbare Stück an einem sicheren Ort zu deponieren oder dem anwesenden Gustav zurückzugeben, damit dieser sie wieder an ihrem Platz in der Sammlung verstaut. Durch seine Achtlosigkeit hat Anton sonach dem Gustav fahrlässig Schaden zugefügt.

Möglicherweise könnte die Haftung des Anton ausgeschlossen sein, da er von Gustav als Gast eingeladen und von ihm zur Besichtigung seiner Sammlung herumgeführt worden war. Hierin könnte der durch schlüssiges Handeln im voraus erklärte Verzicht des Gustav zu sehen sein, auf Ersatzansprüche zu verzichten, falls Anton aus Ungeschick sein Eigentum beschädigen sollte. Es ist üblich, daß ein Gastgeber bis zu einem gewissen Umfang über Schäden an seinem Eigentum hinwegsieht, die von seinen Gästen verursacht werden, selbst wenn dies fahrlässig geschehen sein sollte. Dieser Haftungsverzicht kraft gesellschaftlicher Konvention ist jedoch nicht unbegrenzt; er reicht nur so weit, wie ein Gastgeber üblicherweise seinen Gästen Freigebigkeit entgegenzubringen und für sie Opfer auf sich zu nehmen bereit ist. Schwerwiegende Vermögensverluste durch die Zerstörung eines kostbaren Sammlerstücks werden durch einen solchen Haftungsverzicht nicht mehr gedeckt. Der Sachverhalt gibt auch sonst keine Anhaltspunkte dafür, daß die Freundschaft des Gustav so weit gehen könnte, daß er ein für ihn mit schwerwiegenden Vermögenseinbußen verbundenes nachlässiges Handeln des Anton folgenlos hinzunehmen bereit sein würde, zumal Anton gut versichert ist, so daß ein von Gustav gewährter Haftungsverzicht letztlich nur den außerhalb des Freundschaftsverhältnisses stehenden Versicherer bevorteilen würde.

Denkbar wäre noch, daß im Hinblick auf die zwischen Anton und Gustav bestehende Sonderbeziehung als Gast und Gastgeber die von Anton zu beachtende Sorgfalt auf konkrete Fahrlässigkeit begrenzt ist; d.h. auf diejenige Sorgfalt, die Anton üblicherweise auch in seinen eigenen Angelegenheiten anzuwenden pflegt. Dies braucht jedoch im vorliegenden Fall nicht weiter diskutiert zu werden, denn es ist sicher als eine besonders schwere Verletzung der verkehrsüblichen Sorgfalt und damit als grob fahrlässig anzusehen, eine kostbare Vase achtlos irgendwohin zu stellen, ohne daß sich Anton überhaupt Gedanken darüber macht, daß das zerbrechliche Stück Schaden leiden könnte. Gem. § 277 BGB schließt die Haftung für Sorgfalt in eigenen Angelegenheiten grob fahrlässiges Verschulden mit ein, so daß Anton seine Verhaltensweise auf jeden Fall vertreten muß.

Nach § 823 Abs. 1 BGB kann Gustav somit von Anton Schadensersatz für die zerstörte Vase verlangen. Da eine Wiederherstellung des ursprünglichen Zustandes nicht möglich ist, ist Gustav gem. § 251 Abs. 1 BGB in Geld zu entschädigen; d.h. Anton muß ihm den im Handel erzielbaren Verkaufspreis der Vase (= gemeiner Wert) erstatten. Zu prüfen ist noch, ob sich im vorliegenden Fall die Höhe des Wertersatzanspruchs dadurch steigert, daß die Vase als Ehrengabe der Ecole des Beaux Arts für Gustav einen besonderen Wert darstellte. Solange dieser Umstand nicht zu einer Erhöhung des Marktpreises des Sammlerstücks führt und damit von Gustav durch Verkauf als zusätzlicher Vermögensvorteil umgesetzt werden kann, hat indessen die Zerstörung der Vase insoweit keinen in Geld meßbaren Vermögensschaden zur Folge gehabt. Die Bedeutung des Stücks als Ehrengabe stellt vielmehr für Gustav „nur" einen immateriellen Wert dar; der Verlust der Vase führt in dieser Hinsicht für ihn zu einem Nachteil, der nicht als Vermögensschaden beziffert werden kann. Gem. § 253 BGB besteht Anspruch auf Ausgleich des immateriellen Schadens nur dann, wenn das Gesetz eine entsprechende Entschädigung besonders anordnet. Im Zusammenhang mit unerlaubten Handlungen sieht § 847 BGB eine Entschädigung für immaterielle Schäden nur bei Verletzung des Körpers oder der Gesundheit sowie bei Freiheitsentziehung vor, nicht aber auch bei Verletzung des Eigentums. Da nach den Angaben des Sachverhalts die Vase im Kunsthandel mit 20.000,– € bewertet wird, ist sonach der Schadensersatzanspruch des Gustav gegen Anton nur auf diese Summe zu beziffern.

Fall 16.02: *Das unpünktliche Taxi*

Anton, ein großer Tennis-Fan, hat mit viel Mühe zum Preis von 80,– € eine Karte für das Endspiel der German Masters in der Frankfurter Messehalle erwerben können. Da er am Morgen des Endspieltages noch in Saarbrücken zu tun hat, kann er erst im letzten Augenblick nach Frankfurt anreisen. Er bestellt bei dem Taxiunternehmer Traugott ein Taxi, das ihn zum Saarbrücker Hauptbahnhof bringen soll, damit er den um 11:46 Uhr abgehenden Zug Paris-Frankfurt-Dresden erreichen kann. Obwohl Anton bei der telefonischen Bestellung ausdrücklich darauf hingewiesen hatte, daß er pünktlich zum Bahnhof müsse, verspätet sich der Wagen, so daß Anton seinen Zug verpaßt. Der nächste nach Frankfurt abgehende Zug trifft dort erst gegen 17:30 Uhr ein, so daß Anton das um 14:00 Uhr beginnende Tennis-Turnier zu spät erreichen würde. Welche Ansprüche stehen ihm gegen Traugott zu?

Lösungshinweis: Der Fall zeigt die Tragweite des Grundsatzes der Naturalrestitution bei der Bestimmung des konkreten Leistungsinhalts der Schadensersatzpflicht und Einzelfragen bei der Bemessung der Höhe einer Ersatzleistung in Geld. – Wiederholen Sie Grdz. § 11 II 2, III 2 a, IV 3; § 14 II 1; § 16 II 2, VII!

Musterlösung:

Anton könnte gem. §§ 631 Abs. 1, 275 Abs. 1, 283 Satz 1, 280 Abs. 1 BGB von Traugott Schadensersatz statt der Leistung verlangen. Zwischen ihm und dem Taxiunternehmer ist ein Beförderungsvertrag zustande gekommen, der auf die Herbeiführung eines bestimmten Leistungserfolgs, den Transfer zum Bahnhof, gerichtet ist; das Schuldverhältnis ist somit nach den §§ 631 ff. BGB zu beurteilen. Als wesentlicher Leistungsinhalt war die zu einem bestimmten Zeitpunkt pünktliche Ankunft vereinbart; die Verspätung des Traugott führt demnach zum Unmöglichwerden der geschuldeten Leistung. Da dem Sachverhalt keine Gründe zu entnehmen sind, die ein schuldhaftes Verhalten des Traugott ausschließen, ist gem. § 280 Abs. 2 BGB davon auszugehen, daß Traugott das Unmöglichwerden seiner Leistung zu vertreten hat.

Zu klären ist, durch welche Leistung Traugott dem Anton den Schaden aus dem Unmöglichwerden der Taxifahrt auszugleichen hat. Durch die Verspätung des Taxis hat Anton den Zug nach Frankfurt nicht mehr erreichen können, was wiederum zur Folge hat, daß er nicht mehr rechtzeitig zu dem um 14:00 Uhr in der Frankfurter Messehalle beginnenden Tennisturnier kommen kann. Da Traugott gem. § 249 Satz 1 BGB Schadensersatz durch Wiederherstellung des Zustandes schuldet, der bestehen würde, wenn die geschuldete Leistung korrekt erbracht worden wäre, ist er sonach verpflichtet, auf seine Kosten dafür zu sorgen, daß Anton rechtzeitig bis 14:00 Uhr zur Messehalle nach Frankfurt gelangen kann. Er kann diese Leistung entweder selbst erbringen oder dem Anton die Mittel zur Bezahlung einer Taxifahrt nach Frankfurt zur Verfügung stellen. Dabei kann er unter dem Gesichtspunkt der Vorteilsausgleichung von Anton Erstattung der Geldsumme verlangen, die dieser für die einfache Eisenbahnfahrt von Saarbrücken nach Frankfurt und für die Fahrt vom Frankfurter Hauptbahnhof zur Messehalle hätte aufwenden müssen.

Sollte es auch unter Benutzung eines Pkws nicht mehr möglich sein, rechtzeitig nach Frankfurt zu kommen, so beruht der Schaden des Anton darin, daß er das Endspiel der German Masters nicht life miterleben kann. Hier wäre die Leistung von Schadensersatz durch Wiederherstellung in Natur von vornherein unmöglich, so daß gem. § 251 Abs. 1 BGB der Ersatzanspruch des Anton von Anfang an auf Zahlung einer Geldsumme gerichtet ist. Die Höhe dieser Geldsumme ergibt sich aus der Bewertung des Vermögens des Anton, wie es sich bei korrekter Erfüllung des Vertrags durch Traugott dargestellt hätte, im Vergleich zu dessen aktuellem Stand. Bei pünktlicher Ausführung der Taxifahrt hätte Anton das Tennisturnier besuchen und damit den Gegenwert für das von ihm bereits bezahlte Eintrittsgeld genießen können, stattdessen muß er nunmehr die Eintrittskarte ungenutzt verfallen lassen. Antons Vermögensschaden besteht daher gem. § 284 BGB in der vergeblichen Aufwendung des Betrages von 80,– €.

Wegen der Verspätung kann Anton jetzt allerdings auch auf die Reise nach Frankfurt ganz verzichten und damit auch die Kosten für die Fahrkarte und den Aufenthalt am Zielort einsparen, die den Betrag von 80,– € deutlich übersteigen. Es ist zu prüfen, ob Anton sich diese Ersparnis ebenfalls anrechnen lassen muß mit dem Ergebnis, daß seine Schadensersatzforderung überhaupt wegfällt. Unter dem Gesichtspunkt der Vorteilsausgleichung muß für die Ermittlung der Schadenshöhe grundsätzlich auch eine durch das Schadensereignis bewirkte günstigere Entwicklung des Vermögens des Betroffenen berücksichtigt werden. Im vorliegenden Fall ist jedoch der Wegfall von Aufwendungen für die Fahrt nach Frankfurt für Anton kein echter Vorteil, denn dieser hatte diese Ausgaben lediglich im Hinblick auf den Besuch der German Masters geplant; d.h. die Reisespesen ergaben für ihn nur dann einen Sinn, wenn er sich damit die persönliche Anwesenheit beim Finalspiel als Gegenvorteil erkauft hätte. Ohne den Besuch des Tennisspiels war für Anton auch nichts einzusparen; der Verzicht auf die Reise nach Frankfurt diente vielmehr dazu, weitere nutzlose Ausgaben zu vermeiden und damit den von Traugott verursachten Schaden nicht noch größer werden zu lassen. Durch die von Traugott zu vertretende Pflichtverletzung hat Anton sonach nichts hinzugewonnen, sondern lediglich den Gegenwert für die bereits gekaufte Eintrittskarte in Höhe von 80,– € verloren. Sollte es nicht mehr möglich sein, Anton überhaupt noch rechtzeitig zu den German Masters nach Frankfurt zu bringen, kann er sonach von Traugott als Schadensersatz wenigstens die Erstattung des Kaufpreises für die bereits erworbene Eintrittskarte verlangen.

Einen Ersatz dafür, daß ihm die Freude vereitelt worden ist, persönlich beim Finalturnier zuschauen zu können, kann Anton dagegen nicht fordern, da es sich insoweit „nur" um einen Nichtvermögensschaden handelt, der gem. § 253 BGB bei vertraglichen Schadensersatzansprüchen allgemein nicht erstattungsfähig ist.

Fall 16.03: *Eile schadet nur*

Dall wird beim Überqueren der Kaiserstraße in Saarbrücken vom Pkw des Anton erfaßt und überfahren. Zu diesem Unfall ist es gekommen, weil Anton noch schnell in die Straßenkreuzung eingebogen ist, obwohl die Verkehrsampel bereits auf „rot" umgesprungen war. Andererseits hatte Dall den Fußgängerübergang bereits betreten, bevor die Fußgängerampel für ihn „grün" angezeigt hatte. Während seines Krankenhausaufenthalts wegen seiner an sich nicht lebensgefährlichen Verletzung erkrankt Dall an Lungenentzündung und stirbt trotz aller Sorgfalt der Ärzte. Dall hinterläßt seine Ehefrau, die nach ihrer Eheschließung mit Dall ihren bisherigen Beruf aufgegeben hatte und nur noch im Haushalt tätig gewesen war.

Kann die Witwe des Dall gegen Anton Schadensersatzanprüche wegen des Todes ihres Mannes geltend machen?

Lösungshinweis: Der Fall befaßt sich mit dem einzigen nennenswerten Beispiel dafür, daß auch ein mittelbar Geschädigter Ersatz für den durch die Verletzung des Rechtsguts „Leben" bei ihm selbst verursachten Vermögensschaden verlangen kann. Sie lernen außerdem die Kürzung des Ersatzanspruchs wegen mitwirkenden Verschuldens des Verletzten nach § 254 BGB kennen. – Wiederholen Sie Grdz. § 15 I 3 a, 4 a; § 16 II 3, III 1, 2, VI; vgl. auch Grdz. § 19 III 3 c!

Musterlösung:

Im vorliegenden Fall kommen nur Schadensersatzansprüche wegen unerlaubter Handlung in Betracht, die auf die § 823 Abs. 1 BGB, § 823 Abs. 2 BGB i.V.m. § 315 c Abs. 1 Nr. 2 a StGB (Straßenverkehrsgefährdung) bzw. § 7 Abs. 1 StVG gestützt werden könnten. Die Witwe des Dall muß als dessen Erbin für die Krankenhaus- und Beerdigungskosten aufkommen. Außerdem verliert sie gem. § 1615 Abs. 1 BGB durch den Tod ihres Mannes den Anspruch auf ehelichen Unterhalt nach § 1360 BGB; es ist damit zu rechnen, daß diese Einbuße durch Renten- und andere Versicherungsansprüche nicht in vollem Umfang ausgeglichen wird. Frau Dall hat also durch den Tod ihres Mannes einen *eigenen* Vermögensschaden erlitten.

Die §§ 823 Abs. 1 und 2 BGB, 7 StVG gewähren jedoch nur dem Dall als Träger der verletzten Schutzgüter „Leben" und „körperliche Unversehrtheit" Schadensersatzansprüche zum Ausgleich des in *seinem* Vermögen eingetretenen Schadens. Insoweit können vor seinem Tod nur Ersatzansprüche wegen der für die Behandlung der Unfallverletzung aufgewendeten Krankenhaus- und Arztkosten sowie ein Schmerzensgeldanspruch nach § 847 BGB begründet worden und dann in den Nachlaß gefallen und auf Frau Dall als Erbin übergegangen sein. Aus Sicht des Dall ist sein Tod als solcher aber kein Schaden mehr. Insoweit könnte sich allerdings für die Witwe Dall ein eigener Ersatzanspruch aus § 844 BGB bzw. § 10 StVG ergeben. Hiernach besteht für die drittbetroffene Ehefrau Anspruch auf Ersatz der Beerdigungskosten und des entgangenen Unterhalts.

Anton hat den Verkehrsunfall verursacht und hierbei die Gesundheit des Dall beschädigt. Das Verhalten des Anton ist auch fahrlässig, denn er ist unter Mißachtung der durch das Ampelsignal festgelegten Vorfahrtsregeln in die Kreuzung eingefahren und hat sonach sein Fahrzeug nicht mit der im Straßenverkehr erforderlichen Sorgfalt geführt. Daß Dall sich seinerseits nicht verkehrsgerecht verhalten hatte, räumt den gegen Anton zu erhebenden Vorwurf nicht aus, sondern kann im Hinblick auf die Regelung des § 254 BGB allenfalls für die Bemessung der noch zu diskutierenden Höhe des Schadensersatzanspruchs von Belang sein.

Fraglich ist allerdings, ob Anton für den Tod des Dall überhaupt verantwortlich gemacht werden kann, da die Verletzung, die dieser durch den Verkehrsunfall erlitten hatte, an sich nicht lebensgefährlich war und der Tod des Dall erst durch ein während des Krankenhausaufenthalts hinzutretendes weiteres Ereignis, die Erkrankung an einer Lungenentzündung, herbeigeführt wurde. Beurteilt man den Geschehensverlauf anhand der conditio-sine-qua-non-Formel, so ist der Ursachenzusammenhang allerdings unzweifelhaft zu bejahen: Dall wäre nicht im Krankenhaus an einer Lungenentzündung erkrankt, wenn er nicht von Anton überfahren und dabei so schwer verletzt worden wäre, daß er stationär behandelt werden mußte. Es liegt auch nicht außerhalb jeder Wahrscheinlichkeit, sondern kommt im Gegenteil nicht selten vor, daß sich Patienten während ihres Krankenhausaufenthaltes weitere Infektionen zuziehen, die dann zu ihrem Tod führen. Eine Haftung des Anton für den Tod des Dall wäre sonach nur dann auszuschließen, wenn die Zurechnung dieses (weiteren) Ereignisses nicht mehr dem Schutzzweck der seine Ersatzpflicht begründenden Haftungsnormen entsprechen würde. Der sowohl der Regelung des § 823 Abs. 1 BGB als auch derjenigen des § 7 Abs. 1 StVG zugrundeliegende Zweck, die körperliche Unversehrtheit dritter Personen zu schützen, dient auch dazu, von ihnen die besonderen Lebensrisiken abzuwenden, die sich allgemein ergeben können, wenn sie an ihrem Körper verletzt werden und sich deswegen einer ärztlichen Behandlung unterziehen müssen, die unter Umständen mit zusätzlichen Gefahren verbunden ist. Es liegt noch innerhalb der besonderen Gefahrenlage, die durch eine zur stationären Behandlung führende Körperverletzung hervorgerufen worden ist, daß der Verletzte sich in seinem ohnehin beeinträchtigten Zustand weitere Krankheiten zuzieht, die sein Befinden verschlimmern oder sogar zu seinem Tod führen. Der Tod des Dall gehört sonach noch mit zu den Unfallfolgen, für die Anton einstehen muß.

Soweit Dalls Witwe die Beerdigungskosten zu tragen hat, steht ihr also gem. § 844 Abs. 1 BGB bzw. § 10 Abs. 1 Satz 2 StVG gegen Anton ein Anspruch auf Ersatz zu. Außerdem kann sie gem. § 844 Abs. 2 Satz 1 BGB bzw. § 10 Abs. 2 Satz 1 StVG von Anton Ausgleich für den Verlust ihres Unterhaltsanspruchs gegen ihren Mann für die Zeit verlangen, in der Dall vermutlich noch gelebt und an sie Unterhalt geleistet hätte. Der Unterhaltsersatz ist gem. §§ 844 Abs. 2 Satz 1, 843 Abs. 2 BGB durch Zahlung einer Geldrente zu leisten.

Dall hatte allerdings durch sein eigenes verkehrswidriges Verhalten, das vorzeitige Betreten des Fußgängerüberwegs, ebenfalls den Unfall mitverursacht. Dies ist gem. § 254 Abs. 1 BGB bei der Ermittlung der Verpflichtung zum Schadensersatz und der Festlegung der Höhe des Ersatzanspruchs mit zu berücksichtigen. Nach § 846 BGB muß sich Dalls Witwe das Verhalten des unmittelbar Geschädigten auch auf ihren eigenen Schadensersatzanspruch gegen Anton anrechnen lassen. Anton und Dall haben in gleicher Weise die Signalregelung an der Kreuzung mißachtet und hierdurch gleichwertige Tatbeiträge zur Verursachung des Verkehrsunfalls geleistet. Sonach ist der gegen Anton gerichtete Schadensersatzanspruch zwar nicht völlig ausgeschlossen, es ist aber eine Schadensteilung je zur Hälfte angemessen.

Der noch dem Dall zustehende Anspruch auf Erstattung seiner Arzt- und Krankenhauskosten für die Behandlung der Unfallverletzung ist somit gem. § 254 Abs. 1 BGB auf die Hälfte des eigentlich aufzuwendenden Betrags vermindert und so auch in den Nachlaß übergegangen. Auch die Witwe Dall kann gem. § 846 BGB ihren eigenen Anspruch auf Ersatz der Beerdigungskosten und den Rentenanspruch zum Ausgleich ihres Unterhaltsschadens nur in halber Höhe fordern.

Fall 16.04: *Alte Liebe rostet nicht*

Die Studentin Michaela fährt einen VW-Polo des Baujahrs 1985, der dank liebevoller Pflege immer noch treu und zuverlässig seinen Dienst tut. Am 27.3.2002 fährt Anton aus Unachtsamkeit mit seinem Mercedes auf den korrekt vor einer Verkehrsampel anhaltenden Wagen der Michaela auf, dabei wird die Heckpartie des VW-Polo schwer beschädigt. Nach dem Gutachten des Sachverständigen hätte der VW-Polo in unbeschädigtem Zustand allenfalls noch einen Marktwert von 400,– € gehabt. Die Reparatur des Unfallschadens würde etwa 1.200,– € kosten; wegen des Alters des Fahrzeugs wäre außerdem eine komplette Lackierung zum Preis von 500,– € erforderlich.

Antons Versicherung bietet Michaela die Zahlung von 500,– € an; diese besteht jedoch darauf, daß ihr die Kosten für die Reparatur ihres alten Wagens in voller Höhe erstattet werden, da sie befürchtet, für den Betrag von 500,– € auf dem Gebrauchtwagenmarkt nur noch ein unzuverlässiges und ständig reparaturbedürftiges Fahrzeug erwerben zu können. Mit Recht?

Lösungshinweis: Die Bemessung der Höhe des Geldersatzanspruchs, welcher der Michaela nach §§ 249 Satz 2, 251 BGB wegen der Beschädigung ihres VW-Polo zusteht, hängt davon ab, ob Schadensersatz in Geld auf den Ausgleich des Wertinteresses des Geschädigten begrenzt werden kann, oder ob die Ersatzsumme an Hand des möglicherweise wesentlich höheren Integritätsinteresses des Betroffenen zu berechnen ist. – Wiederholen Sie Grdz. § 16 II 2, VI, VII!

Musterlösung:

Michaela hat gegen Anton wegen der Beschädigung ihres VW-Polo gem. § 823 Abs. 1 BGB, § 823 Abs. 2 i.V.m. § 1 StVO und § 7 Abs. 1 StVG einen Schadensersatzanspruch, für den die Versicherung des Anton aufkommen muß. Da die Reparatur des VW-Polo noch möglich ist, steht Michaela gem. § 249 Satz 2 BGB grundsätzlich ein Anspruch auf Ersatz der Reparaturkosten zu. Allerdings muß sie für die vollständige Lackierung des Wagens einen Abzug „Neu für Alt" akzeptieren, da damit der Wert ihres Fahrzeugs über die Behebung des unmittelbaren Schadens hinaus verbessert worden ist.

Im vorliegenden Fall ist jedoch auch unter Berücksichtigung eines Abzugs „Neu für Alt" bei den Lackierkosten der Aufwand für die Reparatur des Pkw mehr als dreimal so hoch wie dessen vor dem Unfall noch vorhandener Wert. Hier stellt sich daher die Frage, ob Anton sich gem. § 251 Abs. 2 BGB auf den Ersatz des Wertes des Wagens beschränken kann; d.h. ob Michaela letztlich das Angebot der Versicherung annehmen muß, sie mit der Zahlung von 500,– € zufriedenzustellen. Die Regelung des § 251 Abs. 2 BGB zieht Konsequenzen aus dem Grundsatz von Treu und Glauben und aus der Schadensminderungspflicht des Verletzten nach § 254 Abs. 2 Satz 1 BGB; sie geht davon aus, daß von dem Betroffenen bei der Regulierung des Schadens zumindest das Verhalten zu fordern ist, das er bei vernünftiger Betrachtungsweise wählen würde, wenn er den Verlust aus eigener Tasche zu beheben hätte. Zwar ist der Wunsch von Michaela berechtigt, weiterhin ihren trotz seines Alters noch zuverlässigen und funktionstüchtigen Wagen benutzen zu können und sich nicht auf das Risiko des Erwerbs eines fremden Altwagens in der Preiskategorie von 500,– € einlassen zu müssen. Bei einem 17 Jahre alten Kleinwagen sind jedoch auch bei sorgfältiger Pflege überraschend auftretende Verschleißerscheinungen nie ganz auszuschließen, die zu aufwendigeren Reparaturen führen können; auch muß damit gerechnet werden, daß sich der nicht unerhebliche Unfallschaden auf die weitere Lebensdauer des VW-Polo auswirken wird. Bei Abwägung dieser Gesichtspunkte hätte Michaela aus eigenen Mitteln vernünftigerweise nicht mehr einen Betrag von 1.700,– € ausgegeben, um ein Fahrzeug wieder funktionstüchtig zu machen, das nur noch einen Marktwert von 400,– € hat. Gem. § 251 Abs. 2 Satz 1 BGB kann Anton daher die Übernahme der Kosten für die Reparatur des VW-Polo ebenfalls ablehnen und der Michaela stattdessen als Ersatz einen Geldbetrag in der Größenordnung des Marktwertes ihres Pkw anbieten.

Fall 16.05: *Die wilde Jagd*

Bei einem abendlichen Kontrollgang in seinem Büro überrascht der Bauunternehmer Anton einen Einbrecher, der sich bei seinem Auftauchen mit den aus dem Tresor entwendeten Kalkulationsunterlagen für eine Bauausschreibung eines Kraftwerkneubaus aus dem Staub macht. Anton verfolgt ihn, stürzt aber beim Sprung über eine Mauer so unglücklich, daß er sich ein Bein bricht. Der Einbrecher wird dann aber doch noch von einer zufällig vorbeifahrenden Polizeistreife gefaßt. Die Ermittlungen ergeben, daß der Täter, ein gewisser Dudo, im Auftrag von Antons Konkurrenten Kasimir gehandelt hatte, der den Anton durch den Diebstahl seiner Unterlagen für die Ausschreibung „lahmlegen" wollte. Glücklicherweise schafft es Anton doch noch, den Zuschlag für das Bauvorhaben zu bekommen.

Kann Anton von Kasimir wegen seines gebrochenen Beins Schadensersatz und ein angemessenes Schmerzensgeld verlangen?

Lösungshinweis: Der Sachverhalt führt in die Problematik der Mittäterhaftung bei unerlaubten Handlungen ein. In der Hauptsache geht es jedoch um die Frage, inwieweit ein eigener Handlungsentschluß des Verletzten den Ursachenzusammenhang zwischen Rechtsgutsverletzung (hier: Verletzung des Eigentums des Anton) und Schaden (hier: Beinbruch des Anton) unterbrechen kann. – Wiederholen Sie Grdz. § 15 I 5 b; § 16 III 2!

Musterlösung:

Anton könnte nach § 823 Abs. 1 i.V.m. § 830 BGB einen Schadensersatzanspruch gegen Kasimir haben. Kasimir hat zwar nicht selbst gehandelt, er hatte jedoch den Dudo angestiftet, bei Anton einzubrechen und in dessen Büro Ausschreibungsunterlagen zu entwenden. Er ist daher gem. § 830 Abs. 2 BGB wie ein Mittäter für den durch die unerlaubte Handlung des Dudo verursachten Schaden verantwortlich. Nach §§ 840 Abs. 1,

421 Satz 1 BGB muß er für einen etwaigen Schadensersatzanspruch des Anton als Gesamtschuldner in voller Höhe einstehen. In gleicher Weise könnte Anton seinen Schadensersatzanspruch auch auf § 823 Abs. 2 BGB i.V.m. §§ 26, 243 StGB (Anstiftung zum besonders schweren Diebstahl) stützen. Eine Haftung des Kasimir besteht allerdings nur insoweit, als der Schaden des Anton überhaupt auf eine unerlaubte Handlung zurückzuführen ist.

Dudo ist in die Büroräume des Anton eingedrungen und hat den Versuch gemacht, Geschäftsunterlagen, die in dessen Eigentum stehen, zu entwenden. Schon damit hat er das Eigentum des Anton i.S.v. § 823 Abs. 1 BGB verletzt; das Verhalten des Dudo ist auch ohne weiteres als rechtswidrig und vorsätzlich zu qualifizieren. Dudo hat sonach eine unerlaubte Handlung begangen.

Der Einbruch als solcher hat allerdings bei Anton nicht zu Vermögensnachteilen geführt, da die Polizei den von Dudo geplanten Diebstahl der Ausschreibungsunterlagen vereiteln konnte. Antons Schaden beruht vielmehr auf dem Beinbruch, den er sich bei seiner vergeblichen Verfolgungsjagd zugezogen hatte. Insoweit liegt jedoch keine zielgerichtete Handlung des Dudo, sondern eigenes Tun des Anton vor, so daß sich die Frage stellt, ob der Körperschaden noch der unerlaubten Handlung des Dudo zugerechnet werden kann. Zwar wäre es zu dem Unfall des Anton nicht gekommen, wenn Dudo in dessen Büro nicht die besonders wichtigen Geschäftsunterlagen entwendet hätte. Die Aufnahme der Verfolgung und die hieran anknüpfenden weiteren Ereignisse beruhen jedoch auf einem eigenständigen Willensentschluß des Anton, so daß zu prüfen ist, ob der durch den Einbruch angelegte Geschehensverlauf durch dessen dazwischentretendes Tun in einer Weise unterbrochen worden ist, daß die nun folgenden Ereignisse der unerlaubten Handlung des Dudo nicht mehr zugerechnet werden können. Es ist indessen nicht als unwahrscheinlich anzusehen, daß ein Bestohlener die Verfolgung des Diebes aufnimmt. Das Gesetz sieht in § 859 Abs. 2 BGB die Nacheile nach dem auf frischer Tat betroffenen Täter sogar als besonderes Selbsthilferecht des Besitzers gegenüber einer verbotenen Eigenmacht vor. Dudo hat sonach mit seinem Einbruch selbst die Reaktion des Anton herausgefordert, so daß er sich nunmehr auch die hieraus entstandenen weiteren Folgen zurechnen lassen muß. Dies gilt jedenfalls insoweit, als das von Anton durch seine Verfolgungsjagd eingegangene persönliche Risiko noch in einem angemessenen Verhältnis zu dem angestrebten Erfolg steht. Bedenkt man jedoch, daß die entwendeten Unterlagen für Anton besonders wichtig waren und daß sein Sturz beim Sprung über die Mauer „unglücklich" war, also nicht von vornherein mit seinen Auswirkungen vorausgesehen werden konnte, so liegt dies im hier zu beurteilenden Fall jedoch vor.

Der Körperschaden des Anton ist also der von Dudo begangenen Eigentumsverletzung als Folgeschaden zuzurechnen; mithin muß auch Kasimir insoweit für den Ersatzanspruch des Anton aufkommen. Gem. § 847 BGB umfaßt dies auch den Anspruch auf Zahlung eines angemessenen Schmerzensgeldes.

Fall 16.06: *Belohnte Sparsamkeit*

Am 19.5. wird der Mercedes 300 CE des Anton bei einem Verkehrsunfall mit einem Straßenbahnwagen der Frankfurter Verkehrsbetriebe AG erheblich beschädigt. Die Schuld an dem Unfall trifft allein den Fahrer des Straßenbahnzuges, der die Vorfahrt des Anton nicht beachtet hatte. Anton muß seinen Wagen vom 19.5. bis 12.6. in die Werkstatt zur Reparatur geben. Er verzichtet darauf, während dieser Zeit einen Ersatzwagen anzumieten und fährt stattdessen mit dem VW-Polo seiner Ehefrau. Neben der Erstattung der Reparaturkosten, deren Betrag unstreitig ist, verlangt Anton von den Frankfurter Verkehrsbetrieben AG als Ersatz für den ihm während der Werkstattzeit entgangenen Gebrauchsnutzen seines Mercedes eine Geldzahlung in Höhe von 40% des üblichen Mietpreises für einen vergleichbaren Wagen. Mit Recht?

Lösungshinweis: Am Beispiel des Geldausgleichs für den zeitweiligen Wegfall der Nutzbarkeit einer Sache führt dieser Sachverhalt in das Grenzgebiet zwischen Vermögens- und immateriellem Schaden. – Wiederholen Sie Grdz. § 15 I 4 b; § 16 II 1, VII!

Musterlösung:

Anton könnte seinen Schadensersatzanspruch gegen die Frankfurter Verkehrsbetriebe AG auf § 1 Abs. 1 HaftpflG stützen. Sein Pkw, also eine in seinem Eigentum stehende Sache, ist beim Betrieb einer Schienenbahn beschädigt worden; die Frankfurter Verkehrsbetriebe AG sind der Betriebsunternehmer. Da der Unfall vom Fahrer der Straßenbahn verschuldet worden ist, kommt schon aus diesem Grund ein Ausschluß der Unternehmerhaftung nach § 1 Abs. 2 HaftpflG wegen höherer Gewalt oder wegen eines unabwendbaren Ereignisses nicht in Betracht. Den Fahrer trifft Alleinverschulden, so daß Anton sich auch nicht nach § 4 HaftpflG i.V.m. § 254 BGB bzw. §§ 9, 17 Abs. 2 StVG ein etwaiges Mitverschulden oder die mitwirkende Betriebsgefahr des von ihm gesteuerten Pkw anrechnen lassen muß.

Fraglich ist allerdings, ob dem Anton neben den Reparaturkosten noch ein weiterer Vermögensschaden allein deswegen entstanden sein kann, weil sein Mercedes nahezu vier Wochen zur Reparatur in der Werkstatt stehen mußte und von ihm aus diesem Grund nicht benutzt werden konnte. Das Vorliegen eines Vermögensschadens wird nach § 249 BGB in der Weise festgestellt, daß man den Stand des Vermögens des Betroffenen nach dem Schadensereignis mit dem Vermögensstand vergleicht, der ohne diese Ereignis vorhanden sein würde. Folgt man dieser Differenzmethode, so scheint bei Anton ein Vermögensverlust nicht eingetreten zu sein, denn er brauchte keine zusätzlichen Mittel einzusetzen, um den Wegfall des Gebrauchsnutzens seines Pkw während der Werkstattzeit auszugleichen.

Eine andere Beurteilung wäre nur dann möglich, wenn allein schon die objektive Möglichkeit, eine Sache haben und benutzen zu können, nicht nur als ein ideelles Affektionsinteresse zu beurteilen ist, sondern einen eigenständigen Vermögenswert (wie auch immer bezifferbar) darstellt mit der Folge, daß sich deren Ausfall als negativer Rechnungsposten in der Vermögensbilanz des Geschädigten niederschlägt.

Die Nutzungsmöglichkeit einer Sache stellt jedenfalls dann einen eigenständigen Vermögenswert dar, wenn der Eigentümer die Sache von vornherein zur kommerziellen Nutzung (z.B. als Produktionsmittel oder zur Vermietung an Dritte) in Besitz hatte. Hier führt der zeitweilige Wegfall der Nutzungsmöglichkeit zum entgangenen Gewinn, der nach den Intentionen des Eigentümers während dieser Zeit mit der Sache erwirtschaftet worden wäre. Entgangener Gewinn kann gem. § 252 BGB auch ohne Nachweis einer bilanzierbaren Vermögensverminderung allein „nach dem gewöhnlichen Verlauf der Dinge" ermittelt und als Schaden geltend gemacht werden. Im vorliegenden Fall wollte Anton den Pkw jedoch zu seinem persönlichen Gebrauch nutzen. Indessen kann die Gebrauchsmöglichkeit einer Sache auch bei nichtkommerzieller Nutzung als Vermögensvorteil angesehen werden. Dies wird durch die Regelung des § 346 Abs. 1 BGB belegt, die für den Fall des Rücktritts vom Vertrag einen Anspruch auf Vergütung des Wertes der Benutzung der zurückzugebenden Sache vorsieht. Damit wird dem Umstand Rechnung getragen, daß in der Wirtschaftsordnung die Möglichkeit, bestimmte Sachen zu gebrauchen, nur gegen Entgelt vermittelt wird; sei es, daß der Nutzer die Sache kauft und selbst zu Eigentum erwirbt oder sei es, daß er sie von einem anderen mietet. Wenn der Gebrauch einer Sache generell Entgelt kostet, so stellt auch die dem Eigentümer einer Sache zustehende Möglichkeit, diese nach freiem Belieben zu nutzen, unabhängig von der konkreten Zweckwidmung dieser Sache einen geldwerten Vermögensvorteil dar, so daß auch der vorübergehende Entzug der Gebrauchsmöglichkeit allgemein als Vermögensverlust bewertet werden kann. Dies rechtfertigt sich nicht zuletzt auch aus dem Umstand, daß der Eigentümer für den Erwerb der Sache und für deren laufende Unterhaltung Mittel aufwendet (bei einem Pkw z.B. Steuern, Versicherung und Garagenmiete), gerade um die Möglichkeit des beliebigen Gebrauchs dieser Sache zu haben; bei einem vorübergehenden Verlust der Nutzungsmöglichkeit sind diese Aufwendungen jedoch (anteilig) ohne Gegenwert, da sich ein einmal entgangener Sachnutzen nicht mehr rückwirkend nachholen läßt. Anton hat somit bereits durch den Umstand, daß er fast vier Wochen lang seinen Mercedes nicht benutzen konnte, einen Vermögensschaden erlitten.

Dieser Schaden ist gem. § 251 Abs. 1 BGB durch eine Geldleistung auszugleichen, da eine Wiederherstellung in Natur von vornherein unmöglich ist. Die Höhe der Ersatzleistung richtet sich nach dem Wert des entgangenen Gebrauchsvorteils. Hierbei kann vom üblichen Mietwagenpreis für vergleichbare Fahrzeuge ausgegangen werden. Von diesem Marktpreis ist allerdings der im Mietpreis enthaltene Aufschlag des Mietunternehmens für Wagnis und Gewinn und für die Deckung der Gemeinkosten abzuziehen. Auch hat Anton während der Zeit, in der sein eigener Wagen in der Werkstatt stand, nicht den mit dessen Nutzung verbundenen Wertverzehr hinzunehmen gehabt, was er sich unter dem Gesichtspunkt der Vorteilsausgleichung anrechnen lassen muß. Die Praxis schätzt daher den noch verbleibenden und somit zu erstattenden Nutzungsschaden mit etwa 40% der üblichen Mietwagenkosten.

Fall 16.07: *Kettenreaktion*

Trotz sorgfältiger Wartung tritt an einem Sattelschlepper aus dem Fuhrpark des Didion ein Bremsdefekt auf, so daß sich der Lastzug auf der B 423 bei Bexbach auf der Richtungsfahrbahn nach Homburg/Saar querstellt. Hierdurch wird die an dieser Stelle vierspurig ausgebaute Bundesstraße in Fahrtrichtung Homburg/Saar vollständig blockiert. Es bildet sich schnell ein Verkehrsstau, in dem auch ein Krankenwagen mit einem Notfallpatienten für die Universitätsklinik Homburg steckt. Um dem Krankentransport den Weg zu öffnen, legt die Feuerwehr eine Mittelleitplanke nieder und lotst das Fahrzeug über den Mittelstreifen hinweg auf der Gegenfahrbahn weiter. Dem schließen sich andere ungeduldige Kraftfahrer an, so daß der Polizei nichts anderes übrig bleibt, als bis zum Abschluß der Bergungsarbeiten den Verkehr in Richtung Homburg einspurig auf der Gegenfahrbahn weiterzuleiten. Da nasses Wetter herrscht, beschädigen die überquerenden Fahrzeuge die Bepflanzung des Mittelstreifens erheblich. Für die Wiederherstellung des Grünstreifens muß die Straßenbauverwaltung 5.000,– € aufwenden. Kann sie hierfür von Didion Ersatz verlangen?

Lösungshinweis: Wie schon in den Fällen 16.03 und 16.05 geht es um die Zuordnung von Schäden bei Handlungsabläufen, an denen außer dem Haftungspflichtigen noch Dritte mitgewirkt haben. Sie lernen die Relevanz des Gesichtspunktes des Schutzbereichs der Haftungsnorm als Kriterium für die Beurteilung komplizierter Ursachenzusammenhänge kennen.

– Wiederholen Sie Grdz. § 15 I 3 a, b, 4; § 16 III 2, 3; vgl. auch Grdz. § 17 III 1 a!

Musterlösung:

Der beschädigte Mittelstreifen ist gem. § 1 Abs. 4 Nr. 1 BundesfernstraßenG (FStrG) Bestandteil der Bundesstraße 423, die nach Art. 90 Abs. 1 GG i.V.m. § 3 Ges. vom 2.3.1951 und § 5 Abs. 1 FStrG im Eigentum der Bundesrepublik Deutschland (BRD) steht. Soweit die Nutzung der Straße im Rahmen des Gemeingebrauchs nicht öffentlichrechtlich geregelt ist, stehen der BRD die Eigentümerrechte nach dem BGB zu; dies gilt insbesondere für Ersatzansprüche wegen Verletzung des Eigentums. Diese Rechte können von der Straßenbauverwaltung, der die Verwaltung der Bundesstraßen nach Art. 90 Abs. 2 GG obliegt, namens der BRD wahrgenommen werden.

Ein Schadensersatzanspruch gegen Didion könnte zunächst auf § 823 Abs. 1 BGB gestützt werden, da Eigentum der BRD verletzt worden ist. Der Bremsdefekt am Sattelschlepper, der Auslöser des Schadensereignisses gewesen ist, war jedoch trotz sorgfältiger Wartung des Fahrzeugs aufgetreten und daher für Didion unvermeidbar. Sonach scheidet schuldhaftes Handeln als Schadensursache aus und es ist eine Haftung des Didion nach § 823 Abs. 1 BGB von vornherein auszuschließen, ohne daß die anderen Tatbestandsmerkmale dieser Vorschrift noch geprüft werden müßten. Aus dem gleichen Grund kommt auch keine Schadensersatzpflicht nach § 823 Abs. 2 BGB i.V.m. § 1 Abs. 2 StVO (Verbot der Behinderung des Straßenverkehrs) bzw. § 23 StVO (Verbot der Benutzung eines nicht verkehrssicheren Fahrzeugs) in Betracht.

Als einzige Anspruchsgrundlage für das Schadensersatzbegehren ist demnach § 7 Abs. 1 StVG zu prüfen. Der Sattelzug ist ein Kraftfahrzeug; Didion ist dessen Halter. Fraglich ist, ob der Schaden am Mittelstreifen „beim Betrieb“ des Sattelzugs eingetreten ist, denn zu dem Zeitpunkt, zu dem der Grünstreifen durch überquerende Fahrzeuge beschädigt worden ist, befand sich der Lkw ja gerade nicht mehr in Betrieb, sondern stand quer auf der Fahrbahn. Die in den §§ 7 ff. StVG geregelte Haftung des Kraftfahrzeughalters soll einen Ausgleich für die besonderen Unfallgefahren bieten, die sich allgemein aus der Teilnahme seines Fahrzeugs am Straßenverkehr ergeben können. Dies sind zwar in erster Linie Unfälle, die durch die Bewegung des Fahrzeugs und die hierbei freigesetzten mechanischen Kräfte verursacht werden. Wie schon die Regelung des § 12 StVO über das Halten und Parken bzw. die Normierung von Sorgfaltspflichten des Führers eines liegengebliebenen Fahrzeugs in § 15 StVO andeuten, kann ein Kraftfahrzeug jedoch auch dann, wenn es sich nicht bewegt, eine Gefahrenquelle für andere darstellen. Es ist kein vernünftiger Grund ersichtlich, in diesen Fällen die Halterhaftung auszuschließen, solange der Ruhezustand des Kfz, der zu dem fraglichen Unfall geführt hat, auf dessen Betrieb zurückzuführen ist, was im vorliegenden Fall bejaht werden kann.

Die Beschädigung des Mittelstreifens ist jedoch nicht allein durch das Liegenbleiben des Sattelschleppers verursacht worden, sondern erst durch das Hinzutreten weiterer Umstände, nämlich die Demontage der Mittelleitplanken und das zunächst rechtswidrige und auch später nur notgedrungen von der Polizei geduldete Abfließen des Verkehrsstaus über den Mittelstreifen zur Gegenfahrbahn. Die Schadensersatzpflicht des Didion hängt mithin davon ab, ob auch noch diese Ereignisse dem Betrieb seines Fahrzeugs zugerechnet werden können. Man kann zwar feststellen, daß die nachfolgenden Ereignisse nicht stattgefunden hätten, wenn es beim Betrieb des Sattelschleppers nicht zu einem Bremsdefekt gekommen wäre; auch läßt sich die weitere Entwicklung des Geschehens nicht als eine ganz ungewöhnliche, auch vom Standpunkt eines erfahrenen und mit allen Umständen vertrauten Beobachters unerwartete Verkettung von unglücklichen Umständen abtun. Schließlich wird der Ursachenzusammenhang auch noch nicht dadurch unterbrochen, daß der weitere Geschehensablauf erst durch das Eingreifen dritter Personen so gestaltet worden ist, daß es zu einer Verletzung von Eigentum der BRD gekommen ist. Zumindest das Öffnen der Mittelleitplanke zu dem Zweck, die Abfahrt des

Krankenwagens zu ermöglichen, war nämlich erforderlich, um eine unmittelbar durch das Liegenbleiben des Lastzugs hervorgerufene Gefahrenlage zu beheben und damit ein weiteres Ausufern des Schadens zu verhindern.

Der eigentliche Schaden ist jedoch erst dadurch eingetreten, daß sich andere Verkehrsteilnehmer – wenn auch durch die Blockade der Richtungsfahrbahn nach Homburg hierzu veranlaßt – ihrerseits ordnungswidrig verhalten und die Durchfahrt über den Mittelstreifen erzwungen hatten. Hier stellt sich die Frage, ob es noch dem Schutzzweck der Halterhaftung des § 7 Abs. 1 StVG entspricht, den Halter für die Folgen des durch einen Unfall seines Fahrzeugs ausgelösten rechtswidrigen Verhaltens dritter Personen einstehen zu lassen. In erster Linie wären nämlich diese Personen für den von ihnen angerichteten Schaden am Mittelstreifen zur Verantwortung zu ziehen. Der Vermögensverlust des Straßeneigentümers ist letztendlich dadurch eingetreten, daß es nicht möglich war, die anderen Fahrzeugführer bei deren unerlaubtem Handeln zurückzuhalten oder doch wenigstens deren Identität so sicher festzustellen, daß gegen sie erfolgversprechend Ersatzansprüche durchgesetzt werden können. Dies wird jedoch nicht mehr vom Schutzbereich des § 7 Abs. 1 StVG umfaßt. Die Straßenbauverwaltung kann sonach von Didion keinen Ersatz für die Beschädigung des Mittelstreifens durch die anderen Verkehrsteilnehmer verlangen.

Fall 16.08: *Oberbayerische Folklore*

Anton sitzt nichts Böses ahnend beim Bier in der Wirtsstube des Gasthofs „Zum Stangelwirt“ im idyllischen Farchant, wo er paar Tage Urlaub verbringt, die er sich von seiner anstrengenden Tätigkeit als selbständiger Reisevertreter abgezwackt hat. Plötzlich geraten am Nachbartisch der Gustl, der Xaver und der Florian in einen handgreiflichen Streit über die Tugendsamkeit der Kreszenzia Obermoser, die bei den nächsten Passionsspielen in Oberammergau die Rolle der Jungfrau Maria übernehmen soll. Ohne sein Zutun gerät Anton mitten in die Rauferei, die alsbald die Wende nimmt, daß die drei Bauernburschen ihren ursprünglichen Streit vergessen und mit dem fröhlichen Ruf „dös is a Saupreiß“ einträchtig auf Anton einprügeln. Als die Polizei eintrifft, liegt Anton mit einer Gehirnerschütterung und anderen Verletzungen auf der Walstatt. Er muß bis zum Ende seines Urlaubs sein gemütliches Hotelzimmer, für das er einen Pauschalpreis von 600,– € bezahlt hat, mit der kargen Ambiance eines Krankensaals der Unfallklinik des Kreisspitals von Garmisch-Partenkirchen vertauschen.

Kann Anton gegen Gustl, Xaver und/oder Florian, von denen jeder bei allen Heiligen schwört, er selbst habe den Anton nur „ganz leicht“ gepufft und ihn im übrigen nach bestem Können vor den Prügeln der beiden anderen zu schützen versucht, irgendwelche Schadensersatzansprüche geltend machen und Schmerzensgeld verlangen?

Lösungshinweis: Wie schon in Fall 16.05 geht es in diesem Sachverhalt um die Beteiligung mehrerer Personen an einer unerlaubten Handlung; Sie lernen die Funktionsweise der §§ 830 und 840 BGB kennen, die dem Verletzten auftauchende Beweislastprobleme zu überwinden helfen und ihm eine sichere

Durchsetzung seines Schadensersatzanspruchs ermöglichen. Einmal mehr lernen Sie auch die Abgrenzung von Vermögensschaden und immateriellem Schaden kennen. – Wiederholen Sie Grdz. § 15 I 5; § 16 II 1!

Musterlösung:

Anton ist an seinem Körper verletzt worden; er könnte sonach gem. § 823 Abs. 1 BGB wegen des hieraus entstandenen Schadens Ersatzansprüche gegen die drei Bauernburschen geltend machen. Das Problem liegt im vorliegenden Fall darin, daß im nachhinein nicht mehr festgestellt werden kann, wer welchen Schlag gegen Anton geführt hat und wie sich das Handeln jedes einzelnen der Tatbeteiligten auf den Gesundheitszustand des Anton ausgewirkt hat. Grundsätzlich ist es Sache des Anton, die Tatsachen vorzutragen und notfalls zu beweisen, die seinen Schadensersatzanspruch begründen. Folgerichtig müßte er jedem der drei von ihm als Ersatzpflichtigen in Anspruch genommenen Bauernburschen nachweisen, daß gerade sein Handeln Ursache für die ihm zugefügten Körperschäden gewesen war. Das ist jedoch im nachhinein nicht mehr festzustellen und wäre auch logisch nicht möglich, wenn eine Verletzung sich erst als Folge mehrerer dieselbe Körperpartie wiederholt treffender Schläge von (möglicherweise) mehreren Personen ergeben hat. Anton könnte sich jedoch auf § 830 Abs. 1 BGB berufen, wonach dann, wenn die unerlaubte Handlung durch gemeinschaftliches Handeln mehrerer Personen begangen worden ist, jede einzelne von ihnen ungeachtet ihres individuellen Tatbeitrags für den gesamten Schaden verantwortlich ist. Voraussetzung dafür ist, daß die Schädiger nicht voneinander unabhängig (= jeder für sich) gehandelt und so zum Gesamtschaden beigetragen haben, sondern sich jeweils wechselseitig an der Tat des anderen (= alle zusammen) beteiligt hatten.

Dem Sachverhalt ist zu entnehmen, daß Gustl, Xaver und Florian den Anton zur gleichen Zeit verprügelt hatten. Gleichwohl gibt es zunächst keinen Anhaltspunkt dafür, daß sie diese Tat „gemeinschaftlich" – etwa in Ausführung einer vorher getroffenen Absprache – in einer aufeinander abgestimmten Aktion und mit dem gemeinsamen Willen, dem Anton Schaden zuzufügen, begangen haben. Die Körperschäden des Anton haben sich erst im Verlauf der Rauferei, in die Anton ohne sein Hinzutun hineingezogen worden ist, entwickelt, als sich die drei bisher mit sich selbst beschäftigten Kombattanten spontan gegen Anton als neuen Gegner gewendet hatten. Der Ausspruch „dös is a Saupreiß" macht jedoch hinreichend deutlich, daß ihrem Verhalten ein gemeinschaftlicher Tatentschluß zugrunde liegt. Demnach sind alle drei als Mittäter der Rauferei anzusehen mit der Folge, daß jeder einzelne von ihnen gem. § 830 Abs. 1 BGB für das „Gesamtergebnis" ihres gemeinschaftlichen Handelns einzustehen hat. Auf die Klärung der Frage, wer mit welchen Handlungen zu den Verletzungen des Anton beigetragen hat, kommt es sonach nicht an.

Das Verhalten der Bauernburschen war mangels eines Rechtfertigungsgrundes rechtswidrig und auch schuldhaft. Somit besteht ein Schadensersatzanspruch nach § 823 Abs. 1 BGB. In gleicher Weise kann Anton seinen Ersatzanspruch auch auf § 823 Abs. 2 BGB i.V.m. § 223 a StGB (gefährliche Körperverletzung) stützen. Da jeder der drei Bauernburschen für den gesamten Schaden verantwortlich ist, haften sie alle nach § 840 Abs. 1 BGB als Gesamtschuldner; Anton kann sich sonach nach seiner Wahl mit seinen Ersatzansprüchen an einen der Beteiligten allein oder an alle gemeinsam wenden.

Der zu ersetzende Schaden umfaßt die Heil- und Pflegekosten sowie gem. § 847 BGB ein angemessenes Schmerzensgeld. Auch kann Anton Ersatz für die Hotelpauschale verlangen, soweit er wegen seines Krankenhausaufenthalts von seinem Hotelzimmer keinen Gebrauch machen konnte. Zu prüfen ist, ob er sich nicht andererseits die Unterbringung im Krankenhaus als Vorteil anrechnen lassen muß, der seine nutzlosen Aufwendungen für das Hotel aufwiegt. Anton hatte jedoch das Hotel nicht bezahlt, um überhaupt eine Unterkunft zu finden, sondern um in Farchant seinen Urlaub zu verbringen; andernfalls wäre er zu Hause geblieben, wo für seine Unterbringung ohnehin gesorgt ist. Durch den Aufenthalt im Krankenhaus ist dem Anton sonach kein zusätzlicher Vorteil entstanden, dessen Wert die Höhe seines Ersatzanspruchs mindert.

Schließlich stellt sich noch die Frage, ob Anton auch die verlorenen Urlaubstage als Vermögensschaden geltend machen kann oder ob der Umstand, daß er seinen Urlaub im Krankenzimmer verbringen mußte, nur als immaterieller Schaden bei der Bemessung des Schmerzensgeldes zu berücksichtigen ist. Diese Frage scheint sich durch einen Hinweis auf die Regelung des § 651 f Abs. 2 BGB lösen zu lassen. Nach dieser Vorschrift besteht bei mangelhafter Erfüllung eines Reisevertrags ein Anspruch auf angemessene Entschädigung auch für nutzlos aufgewendete Urlaubszeit. Indessen läßt sich diese Spezialregelung des Mängelrechts für Reiseverträge jedenfalls nicht in dem Sinn verallgemeinern, daß der Gesetzgeber hiermit nutzlos aufgewendete Urlaubszeit generell schon als einen Vermögensschaden anerkannt hat. Es drängt sich vielmehr die Auslegung auf, daß es sich bei § 651 f Abs. 2 BGB um eine jener in § 253 BGB erwähnten Bestimmungen handelt, in denen durch besondere Anordnung des Gesetzgebers ein Ausgleich auch für Nachteile festgelegt wird, die sich nicht als Vermögensschaden darstellen lassen. Eine solche Entscheidung rechtfertigt sich aus dem besonderen Leistungszweck des in § 651 a ff. BGB normierten Reisevertrags, der üblicherweise für die Organisation einer zur Gestaltung von Urlaubszeit unternommenen Reise geschlossen wird. Da § 253 BGB den Ausgleich von immateriellen Schäden nur als vom Gesetzgeber jeweils besonders zuzulassende Ausnahme ansieht, läßt sich sonach aus § 651 f Abs. 2 BGB keine allgemeine Regel herleiten, daß ein Anspruch auf Entschädigung immer schon dann besteht, wenn der Genuß einer Urlaubsreise gestört wird, auch wenn dies – wie im vorliegenden Fall – auf Umstände zurückzuführen ist, die mit der korrekten Erfüllung eines Reisevertrags gem. § 651 a BGB nichts zu tun haben.

In Anwendung des Rechtsgedankens des § 284 BGB kann daher die Störung des Urlaubs bei Anton nur dann zu einem Vermögensschaden geführt haben, wenn er eigens zu diesem Zweck Aufwendungen gemacht hatte, die sich nun wegen seiner Verletzung und seines Krankenhausaufenthaltes als nutzlos erwiesen haben. Anton ist selbständig tätig; daraus ergibt sich, daß er überhaupt nur dann Urlaub machen kann, wenn er für diese Zeit entweder auf Einnahmen aus seiner Erwerbstätigkeit verzichtet oder wenn er eine Urlaubsvertretung bezahlt, die während seiner Abwesenheit das Geschäft weiterführt. In beiden Fällen liegt ein in Geld meßbarer Aufwand vor, der sich nunmehr für Anton als zwecklos herausstellt, da er seine freie Zeit nicht in der ursprünglich vorgesehenen Weise nutzen konnte. Mithin kann Anton auch hierfür Schadensersatz verlangen. Die Höhe seines Anspruchs richtet sich entweder nach dem tatsächlichen Aufwand für die Urlaubsvertretung oder nach den durchschnittlichen Einnahmen, die er hätte erzielen können, wenn er während der Zeit seines Krankenhausaufenthalts in seinem Beruf gearbeitet hätte.

Fall 16.09: *Nebel auf der A 6*

Am 20.9. kommt es auf der A 6 in der Nähe von Waldmohr zu einem Serienunfall, in den Anton und Simon mit ihren Fahrzeugen verwickelt werden. Die Karambolage war dadurch ausgelöst worden, daß zunächst mehrere Kraftfahrer mit weit überhöhter Geschwindigkeit in eine auf 300 bis 400 m Entfernung im voraus erkennbare dichte Nebelbank eingefahren waren und mit einem Lastzug kollidierten, der sich dort vorschriftsmäßig auf der rechten Fahrspur mit einer den extrem schlechten Sichtverhältnissen angepaßten langsamen Geschwindigkeit bewegte. So fährt auch Simon mit einer Geschwindigkeit von etwa 71 km/h auf der Überholspur in die Nebelbank ein und streift nach wenigen Metern einen Mercedes, der nach einem Auffahrunfall an der Mittelleitplanke zum Stehen gekommen war. Simon gelingt es noch, seinen Wagen wieder unter Kontrolle zu bekommen, nach rechts auf die Normalspur zu lenken und auf die für die Weiterfahrt im Nebel angepaßte Geschwindigkeit von etwa 12 km/h abzubremsen. Dann wird aber sein Fahrzeug vom Pkw des Anton gerammt, der ebenfalls auf der Überholspur mit einem Tempo von 120 km/h in die Nebelbank hineingefahren und auf den Mercedes gestoßen ist, ins Schleudern gerät und sodann unlenkbar auf den sich gerade entfernenden Wagen des Simon prallt. An beiden Fahrzeugen entsteht Totalschaden.

Simon verlangt von Anton Schadensersatz; dieser vertritt die Meinung, Simon sei selbst zu schnell in die Nebelbank eingefahren, so daß ihn in Höhe von mindestens 50% ein eigenes Mitverschulden an dem Unfall treffe. Mit Recht?

Lösungshinweis: Am Beispiel einer Massenkarambolage zeigt dieser Fall noch einmal die Problematik der Schadenszurechnung bei einem Ereignis, das durch das – in diesem Fall unkoordinierte – Zusammenwirken mehrerer Verursacher mit seinen letztendlich feststellbaren Auswirkungen gestaltet worden ist. Sie erkennen, wie wichtig es ist, die einzelnen mitursächlichen Handlungsbeiträge klar voneinander abzugrenzen und nach genaueren Zusammenhängen zu suchen. Wie schon in Fall 16.03 spielt auch hier mitursächliches Eigenverschulden i.S.d. § 254 BGB eine wichtige Rolle, wobei die Problematik auf die nach § 17 Abs. 1 Satz 2 StVG ebenfalls zu betrachtende mitwirkende Betriebsgefahr der in den Unfall verwickelten Kfz ausgedehnt wird. – Wiederholen Sie Grdz. § 15 I 3 a, 4 a; § 16 III 2, VI!

Musterlösung:

Simon könnte seinen Schadensersatzanspruch gegen Anton auf § 823 Abs. 1 BGB stützen. Dieser hat durch sein Verhalten, nämlich die Einfahrt in die Nebelbank, die Kollision mit dem Pkw des Simon verursacht. Zwar war Antons Pkw nach dem Zusammenstoß mit dem Mercedes unlenkbar geworden und ohne dessen weiteres Zutun auf Simons Wagen geprallt. Indessen ist auch dieses Ereignis auf ein Verhalten des Anton zurückzuführen, denn seine Einfahrt in die Nebelbank kann nicht hinweggedacht werden, ohne daß dann auch die nachfolgende Unfallserie mit ihren unmittelbar auf das Eigentum des Simon einwirkenden Folgen entfiele. Es liegt auch durchaus im Rahmen eines adäquaten Geschehensverlaufs, daß ein Pkw, der mit hoher Geschwindigkeit mit einem auf der Fahrbahn liegenden Hindernis kollidiert, ins Schleudern kommt und sodann auf andere, sich auf der Straße bewegende Fahrzeuge aufprallt. Anton hat mangels Vorliegens von Rechtfertigungsgründen rechtswidrig gehandelt; sein Verhalten war auch zumindest fahrlässig, denn er hätte rechtzeitig vor der Einfahrt in die weithin sichtbare Nebelbank so abbremsen müssen, daß er auf unvermutet im Nebel auftauchende Hindernisse reagieren konnte.

In gleicher Weise kann Simon seinen Schadensersatzanspruch gegen Anton auch auf § 823 Abs. 2 BGB i.V.m. § 3 StVO (Pflicht zur Anpassung der Fahrtgeschwindigkeit an schlechte Sichtverhältnisse) und auf § 7 Abs. 1 StVG stützen.

Zu prüfen bleibt, ob der Unfall nicht auch durch eigenes schuldhaftes Verhalten des

Simon mitverursacht worden ist, das gem. § 254 Abs. 1 BGB bei der Bemessung seines Schadensersatzanspruchs mit berücksichtigt werden muß; auch ist gem. § 17 Abs. 1 Satz 2 StVG möglicherweise die mitwirkende Betriebsgefahr seines eigenen Fahrzeugs zu berücksichtigen. Schließlich stellt sich noch die Frage, ob auch das offensichtlich verkehrswidrige Verhalten der anderen Unfallbeteiligten, vor allem des Fahrers des Mercedes, für die Beurteilung der Schadensersatzverpflichtung des Anton gegenüber Simon eine Rolle spielt.

Simon könnte selbst zum Eintritt des Unfalls beigetragen haben, da auch er mit nicht angepaßter Geschwindigkeit in die Nebelbank eingefahren war und infolgedessen mit dem Mercedes kollidiert ist. Nur aus diesem Grund befand er sich mit seinem Fahrzeug noch an der Stelle, an der es sodann von dem schleudernden Wagen des Anton erfaßt worden ist. Eine solche Betrachtungsweise nach der conditio-sine-qua-non-Formel würde jedoch zu uferlosen Zurechnungszusammenhängen führen: Es kann nicht der Sinn von Verkehrsregeln sein, eine Ursachenverbindung zwischen irgendeinem im Laufe einer Autofahrt begangenen Verkehrsverstoß und einem später eintretenden Schadensereignis allein deswegen herzustellen, weil im nachhinein rekonstruiert werden kann, daß bei einer korrekten Verhaltensweise des Fahrers dessen Fahrzeug sich (noch nicht oder nicht mehr) an der Unfallstelle befunden haben würde und also auch der Unfall hätte vermieden werden können. Hier ist daher eine die natürliche Kausalbetrachtung korrigierende Bewertung nach dem Schutzzweck der Gebotsnorm insofern angebracht, als ein an sich verkehrswidriges Verhalten des späteren Schadensopfers nur mit denjenigen Ereignissen in Zusammenhang gebracht werden kann, die auf der Gefahrensituation beruhen, deren Eintritt durch die in Frage stehende Verkehrsregel gerade verhindert werden soll. War im Zeitpunkt des (später dann tatsächlich eingetretenen) Unfalls die durch den Verkehrsverstoß ausgelöste Gefahrenerhöhung bereits abgeklungen, so besteht kein rechtlicher Zusammenhang mehr zwischen dem (früheren) verkehrswidrigen Verhalten des Unfallopfers und dem neu hinzutretenden Schadensereignis.

Auf den hier zu entscheidenden Sachverhalt übertragen führt diese Betrachtungsweise dazu, daß dem Simon zwar die Kollision mit dem Mercedes als Folge seiner eigenen inkorrekten Fahrweise angelastet werden muß. Diese Situation war jedoch bereits abgeschlossen und „bereinigt", als Anton mit seinem steuerlosen Fahrzeug auf den Pkw des Simon prallte. Simon war es nämlich gelungen, seinen Wagen nach der Kollision mit dem Mercedes wieder unter Kontrolle zu bekommen und auf der rechten Fahrspur mit dem Tempo weiterzubewegen, wie es für die Fahrt im Nebel angemessen war. Daß im Anschluß daran sein Pkw vom Wagen des Anton gerammt wird, beruht auf einem neuen Geschehensablauf, der mit der von Simon zunächst geschaffenen Gefahrenlage nichts mehr zu tun hat. Ein mitursächliches Eigenverschulden i.S.d. § 254 Abs. 1 BGB kann demnach dem Simon nicht angelastet werden.

Als mitwirkende Unfallursache ist allerdings auch noch die vom Pkw des Simon selbst ausgehende Betriebsgefahr in Betracht zu ziehen. Diese Frage ist nicht schon durch die vorstehende Feststellung beantwortet, daß dem Simon kein eigenes mitwirkendes Verschulden angelastet werden kann. Denn allein schon der Umstand, daß er mit seinem Pkw überhaupt am Straßenverkehr teilnimmt, schafft eine spezifische Betriebsgefahr, die er sich gem. § 17 Abs. 1 Satz 2 StVG auch bei einem durch ein anderes Kfz verursachten Verkehrsunfall möglicherweise anrechnen lassen muß. Eine Berücksichtigung der Betriebsgefahr seines eigenen Fahrzeugs kommt jedoch dann nicht in Betracht, wenn der Unfall sich aus der Sicht des Betroffenen als ein unabwendbares Ereignis darstellt, für das er nach § 7 Abs. 2 StVG auch im Rahmen der Halterhaftung nicht einstehen müßte. Ein solches Ereignis liegt insbesondere dann vor, wenn der Unfall auf das schuldhafte Verhalten eines beim Betrieb von Simons Wagen nicht beschäftigten Dritten zurückzuführen ist. Wie bereits festgestellt wurde, war im vorliegenden Fall das Verhalten von Anton die alleinige Unfallursache. Ferner muß Simon als Führer des Fahrzeugs „jede nach den Umständen des Falles gebotene Sorgfalt beobachtet" haben. Zwar schafft im Straßenverkehr die Weiterfahrt mit stark verminderter Geschwindigkeit üblicherweise eine erhöhte Unfallgefahr. Im vorliegenden Fall war angesichts der schlechten Sichtverhältnisse die Fahrweise des Simon jedoch gerade das, was nach Lage der Dinge geboten war. Auch ein bei der Betrachtung nach § 7 Abs. 2 StVG zugrundezulegender „Idealkraftfahrer" hätte sich nicht anders verhalten und durch weitere Vorsichtsmaßnahmen das Risiko einer Kollision mit einem verkehrswidrig gesteuerten anderen Kfz vermeiden können. Damit fällt die vom Pkw des Simon ausgehende Betriebsgefahr als Unfallursache haftungsrechtlich nicht ins Gewicht; sein Schadensersatzanspruch gegen Anton ist auch nicht in Anwendung des § 17 Abs. 1 Satz 2 StVG zu kürzen.

Zu prüfen ist schließlich noch, ob sich an dem Ersatzanspruch des Simon etwas ändert, weil der Unfall des Anton seinerseits die Folge davon war, daß in der Nebelbank schon vor ihm andere Fahrzeuge infolge nicht angepaßter Fahrweise auf den Lastzug aufgefahren waren. Es ist zwar richtig, daß Anton mit seinem Kfz nicht auf den Wagen des Simon geprallt wäre, wenn er nicht vorher die Kollision mit dem Mercedes gehabt hätte, so daß sich aus seiner Sicht das Verkehrsunglück als Folge des schon früher eingetretenen Auffahrunfalls darstellt. Dies ist dann auch für die Beurteilung der Haftungsfragen im Verhältnis zwischen Anton und den anderen Beteiligten an der Massenkarambolage von Bedeutung. Aus der Sicht des Simon stellt sich indessen die Situation so dar, daß er es gerade geschafft hatte, mit einem „blauen Auge" an der Unfallstelle vorbeizukommen und keine weiteren Schäden hätte mehr in Kauf nehmen müssen, wenn nicht noch der Pkw des Anton mit seinem Wagen zusammengestoßen wäre. Für den Schaden des Simon war sonach das Verhalten des Anton die alleinige Ursache, im Verhältnis zu ihm kann sich Anton nicht auf die Mitwirkung der anderen Unfallbeteiligten berufen.

Der Schadensersatzanspruch aus § 823 Abs. 1 BGB bzw. § 823 Abs. 2 BGB i.V.m. § 13 StVO steht dem Simon gegen Anton sonach in voller Höhe zu. Aus den gleichen Gründen kommt auch für den auf § 7 Abs. 1 StVG gestützten Schadensersatzanspruch eine Anrechnung der mitwirkenden Betriebsgefahr des eigenen Fahrzeugs bzw. einer mitwirkenden Verursachung anderer Kraftfahrzeuge nach § 17 StVG nicht in Betracht.

Fall 16.10: *Mäxchen auf Abwegen*

An einem Samstag Vormittag wird der sechsjährige Max eine Stunde früher als vorgesehen aus der Schule entlassen, weil eine Lehrerin krank ist. Ganz gegen seine sonstige Gewohnheit und trotz der ständigen Ermahnungen seiner Eltern, stets auf dem kürzesten Weg nach Hause zu kommen, nutzt Max die überraschend gewonnene Freiheit zu einem ausgedehnten Spaziergang in die nähere Umgebung. Dabei kommt er auch zu der abseits gelegenen Baustelle des Anton, die in samstäglicher Ruhe ohne jede Aufsicht daliegt. Max verschafft sich Zugang zu dem vorschriftsmäßig eingezäunten Areal und probiert, ob er die dort stehenden Baumaschinen in Gang setzen kann. Tatsächlich schafft er es, einen Betonmischer anzuwerfen. Erschreckt über das laute Geräusch macht sich Max aus dem Staub, ohne die Maschine abzustellen. Am nächsten Montag ist der Motor des Mischers durch den Dauerbetrieb überlastet und durchgebrannt.

Anton verlangt von Max (der über eigenes Vermögen aus einer Erbschaft verfügt) und von dessen Eltern Schadensersatz und verweist auf das am Eingang der Baustelle angebrachte Schild „Betreten verboten. Eltern haften für ihre Kinder!". Mit Recht?

Lösungshinweis: Der Sachverhalt spricht die Problematik der Schadensersatzhaftung von nicht deliktsfähigen Personen und die in solchen Fällen übliche – im vorliegenden Fall im Ergebnis allerdings nicht einschlägige – „Ersatzhaftung" der für den Handelnden aufsichtspflichtigen Personen nach § 832 BGB an. Wegen der Regelung des § 829 BGB weicht der Aufbau des Gutachtens von dem üblichen Schema ab, daß Leistungsbegehren gegen ein Rechtssubjekt unter Berücksichtigung aller in Betracht kommenden Anspruchsgrundlagen auf einmal durchgeprüft werden, bevor die Ansprüche gegen einen anderen Beteiligten untersucht werden: Zunächst wird der „normale" Schadensersatzanspruch gegen Mäxchen (als dem „Tatnächsten") geprüft, sodann der Anspruch gegen die Eltern nach § 832 BGB und im Anschluß daran kommt das Gutachten nochmals auf den – nur subsidiär eingreifenden – Ersatzanspruch gegen Mäxchen aus § 829 BGB zurück: Es gibt eben keine Regel ohne Ausnahme ! – Wiederholen Sie Grdz. § 3 III 3; § 15 I 3 e; § 16 V 2; vgl. auch Grdz. § 19 III 2 a!

Musterlösung:

Anton könnte seinen Schadensersatzanspruch gegen Max auf § 823 Abs. 1 BGB stützen. Der Schüler hat die Maschine des Betonmischers beschädigt und damit „Eigentum" des Anton verletzt. Dieses Verhalten ist auch rechtswidrig, da Max sich für sein Tun nicht auf einen Rechtfertigungsgrund berufen kann. Max hat aber noch nicht das siebte Lebensjahr vollendet und ist sonach gem. § 828 Abs. 1 BGB für sein Handeln nicht verantwortlich. Damit entfällt der Schadensersatzanspruch des Anton aus § 823 Abs. 1 BGB.

Außer Max könnten nach § 832 Abs. 1 Satz 1 BGB dessen Eltern für den Schaden haftbar zu machen sein, da sie im Rahmen ihrer elterlichen Sorge gem. § 1626 BGB für ihr Kind aufsichtspflichtig sind. Die Ersatzpflicht tritt nach § 832 Abs. 1 Satz 2 BGB allerdings dann nicht ein, wenn die Eltern im konkreten Fall ihrer Aufsichtspflicht genügt hatten. Das Maß der hierbei zu beachtenden Sorgfalt richtet sich nach Alter und Charakter des Kindes sowie danach, was nach vernünftigen Anforderungen unternommen werden muß, um mögliche Schädigungen dritter Personen durch das zu beaufsichtigende Kind zu verhindern. Im vorliegenden Fall hätten die Übergriffe des Max auf das Eigentum des Anton zweifellos verhindert werden können, wenn er an diesem Samstag durch seine Eltern von der Schule abgeholt und auf kürzestem Weg nach Hause gebracht worden wäre. Eine ständige Begleitung auf dem Schulweg übersteigt jedoch auch bei einem sechsjährigen Schulanfänger normalerweise das zumutbare Maß der gebotenen Aufsicht und würde auch der sich aus § 1626 Abs. 2 BGB ergebenden Pflicht der Eltern widersprechen, bei der Erziehung ihres Kindes dessen wachsende Fähigkeiten und sein Bedürfnis zum selbständigen verantwortlichen Handeln zu berücksichtigen. Da Max sonst die Gewohnheit hatte, entsprechend den Ermahnungen seiner Eltern nach Schulschluß auf dem kürzesten Weg nach Hause zu kommen, brauchten diese auch nicht mit überraschenden Extratouren zu rechnen und im Hinblick darauf die Überwachung ihres Kindes über das übliche Maß hinaus zu verstärken. Hinzu kommt, daß Max unvorhersehbar eine Stunde früher Schulschluß hatte; selbst durch regelmäßiges Abholen des Kindes von der Schule hätte an diesem Tag dessen eigenmächtiges „Ausreißen" nicht verhindert werden können. Auch lag die Baustelle des Anton abseits vom gewohnten Schulweg, so daß kein Anlaß bestand, insoweit besondere Vorkehrungen zu treffen.

Sonach ist den Eltern des Max im Zusammenhang mit dem bei Anton angerichteten Schaden keine Verletzung ihrer Aufsichtspflicht anzulasten; deren Haftung nach § 832 Abs. 1 Satz 1 BGB entfällt. Etwas anderes ergibt sich auch nicht aus dem von Anton an seiner Baustelle angebrachten Warnschild: Anton hat keine rechtliche Handhabe, durch einseitige Erklärungen an einen unbestimmten Adressatenkreis die Haftpflicht der Eltern von Kindern, die sich unerlaubt Zutritt zur Baustelle verschafft haben, über das in § 832 Abs. 1 BGB gesetzlich festgelegte Maß hinaus zu erweitern.

Da von den aufsichtspflichtigen Personen kein Ersatz für den von Max angerichteten Schaden erlangt werden kann, bleibt noch zu prüfen, ob Anton nach der subsidiär eingreifenden Billigkeitsregelung des § 829 BGB von Max Ausgleich fordern kann. Für die Anwendung dieser Vorschrift ist auf die „Umstände“, insbesondere auf die Vermögensverhältnisse der Beteiligten und die näheren Einzelheiten der Tat (geistige Entwicklung des Täters, hierbei bewiesene Bösartigkeit, Art der Verletzung und ihre Tragweite für den Betroffenen) abzustellen. Ferner darf durch die Heranziehung zum Schadensersatz der standesgemäße Unterhalt des Täters nicht gefährdet werden. Im vorliegenden Fall verfügt Max bereits über eigenes Vermögen, das zur Deckung des Schadens herangezogen werden könnte. Die Verpflichtung zur Ersatzleistung würde ihn sonach nicht mit einer Zahlungsschuld belasten, die ihm von Anfang an den Start ins Leben übermäßig erschweren würde. Auch wäre durch die Anerkennung der Ersatzverpflichtung gegenüber Anton sein standesgemäßer Unterhalt schon deshalb nicht gefährdet, weil er dann, wenn die Erträge seines Vermögens für seinen Unterhalt nicht mehr ausreichen sollten, wie alle anderen Kinder auch auf Unterhaltsansprüche gegen seine Eltern zurückgreifen könnte. Betrachtet man die Einzelheiten der Tat, so ist immerhin festzustellen, daß Max mutwillig gehandelt hatte. Wegen seines Alters ist ihm dieses Verhalten zwar im streng juristischen Sinne noch nicht als vorwerfbar zuzurechnen, von einem allgemeinen ethischen Standpunkt aus betrachtet ist aber die mutwillige Beschädigung der Baumaschine als verwerflich anzusehen und jedenfalls strenger zu bewerten, als wenn Max eine Sache nur aus Unachtsamkeit „ohne Absicht“ beschädigt hätte. Auch ein sechsjähriges Kind weiß schon, daß man sich nicht an fremdem Eigentum vergreifen darf. Ferner ist der bei Anton verursachte Schaden nicht unerheblich. Es kann allerdings festgestellt werden, daß es bis zu einen gewissen Grade üblich und daher noch dem allgemeinen Betriebsrisiko eines Bauunternehmers zuzurechnen ist, daß auf einer Baustelle, die außerhalb der Arbeitszeiten nicht bewacht wird (aus welchen Gründen auch immer), Gerätschaften und andere Dinge beschädigt werden. Derartige Schäden pflegen normalerweise durch eine Versicherung abgedeckt zu werden, deren Prämie in die Kosten des Bauvorhabens einkalkuliert sind. Es würde den Anton daher nicht unbillig hart treffen, wenn man ihm gegen Max keine Ersatzansprüche zusprechen würde. Die Regelung des § 829 BGB muß als Ausnahme von dem das Deliktsrecht beherrschenden Verschuldensprinzip und dem besonderen Schutz Minderjähriger durch die Rechtsordnung eng ausgelegt werden; sie dient dazu, besondere Härten aus der Sicht des Tatopfers auszugleichen. Selbst wenn dem Max erhebliche Vorwürfe zu machen sind, ist ein besonderer Härtefall nicht gegeben. Damit kann Anton auch nicht aus § 829 BGB Ersatzansprüche gegen Max herleiten.

III. Wiederholungsfragen

1. Was ist ein Schaden im Rechtssinne; wie ist der Schadensbegriff weiter untergliedert? (Grdz. § 16 II)

Als Schaden kann jede Einbuße an Lebens- und Wirtschaftsgütern eines Rechtssubjekts bezeichnet werden. Drückt sich diese Einbuße als Verminderung des Vermögens aus, spricht man vom *Vermögensschaden*. Einbußen, die sich nicht als Vermögensschaden beziffern lassen, sind als *immaterieller Schaden* zu beurteilen.

2. Inwieweit besteht Anspruch auf Ersatz von immateriellen Schäden? (Grdz. § 16 II 1)

Gem. § 253 BGB besteht Anspruch auf Ersatz von immateriellen Schäden nur in den vom Gesetz besonders genannten Fällen. Die wichtigste Regelung findet sich für unerlaubte Handlungen in § 847 BGB. Mangels einer gesetzlichen Regelung besteht z.B. bei Schadensersatzansprüchen wegen einer Vertragspflichtverletzung niemals ein Anspruch auf Ausgleich des immateriellen Schadens. Eine Durchbrechung dieser Regel findet sich allerdings für den Reisevertrag in § 651 f Abs. 2 BGB.

3. Wie kann ein Vermögensschaden festgestellt werden? (Grdz. § 16 II 1)

Üblich ist die *konkrete* Schadensberechnung in der Weise, daß der Zustand des Vermögens des Betroffenen nach dem Schadensereignis mit dem Bestand verglichen wird, den es ohne dieses Schadensereignis gehabt hätte. Als Schaden gelten aber auch der Ausfall von Nutzungen, zwecklos gewordene Aufwendungen und gem. § 252 BGB der entgangene Gewinn. In gesetzlich besonders geregelten Fällen (vgl. z.B. § 288 Abs. 1 BGB) wird auch – i.d.R. alternativ – die Möglichkeit einer *abstrakten* Schadensberechnung anhand von gesetzlich festgelegten Pauschalsätzen oder anderer standardisierter Maßstäbe zugelassen.

4. Welche Bedeutung haben in diesem Zusammenhang die Begriffe Schadensersatz statt der Leistung (positives Interesse) und Vertrauensschaden (negatives Interesse)? (Grdz. § 7 III 4 c; § 11 III 2 a; § 16 II 1)

Diese Begriffe spielen u.a. bei der Bestimmung des Umfangs von vertraglichen oder vorvertraglichen Schadensersatzansprüchen eine Rolle: Sie legen fest, nach welchen Maßstäben der (fiktive) Bestand des ohne das Schadensereignis vorhandenen Vermögens abgegrenzt wird, der nach der Differenzmethode mit dem nach dem Schadensereignis (noch) vorhandenen Vermögen des Betroffenen verglichen wird. Der Begriff „*Schadensersatz statt der Leistung*" ist im SchuldrechtsmodernisierungsG neu geprägt worden (vgl. § 280 Abs. 3 BGB n.F. mit Weiterverweisungen); der hierdurch verdrängte Begriff „*Schadensersatz wegen Nichterfüllung*" findet sich aber auch noch im Gesetz (s. z.B. § 651 f Abs. 1 BGB). Dieser Schadensbegriff orientiert sich am Erfüllungsinteresse des Gläubigers einer Leistung (= „*positives*" Interesse). Für die Schadensermittlung und die Berechnung des Geldersatzes ist der Vermögensstand heranzuziehen, der vom Gläubiger bei korrekter Erbringung der geschuldeten Leistung hätte erreicht werden können. Beim Ersatz des *Vertrauensschadens* kommt es auf das (früher schon vorhandene) Vermögen an, über das der Geschädigte ohne das Schadensereignis (bzw. ohne seine im Vertrauen auf eine bestimmte Entwicklung getätigten Dispositionen) noch verfügen könnte.

5. Unterscheiden Sie die Begriffe mittelbarer Schaden und mittelbar Geschädigter! (Grdz. § 16 II 2, 3)

Ein *mittelbarer Schaden* liegt vor, wenn sich beim unmittelbar Betroffenen als Folge eines Schadensereignisses noch weitere Vermögenseinbußen einstellen. *Mittelbar Geschädigter* ist jemand, der zwar nicht selbst Partner des Rechtsverhältnisses ist, bei dem eine zu Schadensersatz verpflichtende Leistungsstörung eingetreten ist, oder der nicht Inhaber des durch die unerlaubte Handlung beschädigten Rechtsgutes ist, der aber als weitere Folge dieser Rechtsverletzung auch an seinem eigenen Vermögen Einbußen erlitten hat.

6. Wann haben mittelbar Geschädigte Anspruch auf Ersatz des von ihnen erlittenen Schadens? (Grdz. § 16 II 3)

Bei der Verletzung schuldrechtlicher Pflichten steht ihnen dann Schadensersatz zu, wenn die fraglichen Vertragsbeziehungen ein Vertrag zugunsten Dritter oder gem. § 311 Abs. 3 BGB mit Schutzwirkung für Dritte sind und die konkret verletzte Vertrags- oder Schutzpflicht (zumindest auch) dem Schutz ihrer Interessen dient. Bei unerlaubten Handlungen können Drittbetroffene eigene Ersatzansprüche nur in den Fällen der §§ 844 und 845 BGB geltend machen.

7. Was bedeutet Vorteilsausgleichung? (Grdz. § 16 II 2)

Vorteilsausgleichung ist die Anrechnung von Vorteilen auf den Schadensersatzanspruch, die dem Betroffenen als unmittelbare Folge des schadenstiftenden Ereignisses zugewachsen sind. Hierzu zählen z.B. Wertverbesserungen als Folge der Reparatur des Schadens, wenn hierdurch die wiederhergestellte Sache in einen Zustand versetzt worden ist, der sie wertvoller macht als vor der Beschädigung (Abzug „neu für alt“).

8. Welche Rolle spielt der Ursachenzusammenhang für die Zurechnung des Schadens? (Grdz. § 15 I 3 a, aa; § 16 III)

Durch den Ursachenzusammenhang wird festgelegt, welche Vermögenseinbußen dem rechtswidrigen Handeln der als Schädiger in Anspruch genommenen Person als Folge zuzurechnen sind und sonach von ihr ausgeglichen werden müssen. Es sind zwei Kausalketten zu prüfen: Zunächst ist der Zusammenhang zwischen einem bestimmten Verhalten dieser Person und dem als Vertragspflichtverletzung bzw. als Verwirklichung des Tatbestandes einer unerlaubten Handlung zu bewertenden Ereignisses festzustellen (sog. haftungs*begründende* Kausalität). Sodann muß der Ursachenzusammenhang zwischen diesem Ereignis und den in Frage stehenden Einbußen an Lebens- oder Vermögensgütern festgestellt werden (sog. haftungs*ausfüllende* Kausalität).

9. Was ist der „natürliche Ursachenzusammenhang“; wie wird er ermittelt; reicht schon die Feststellung des natürlichen Ursachenzusammenhangs für die Schadenszurechnung aus? (Grdz. § 16 III)

Jedes Ereignis, das sich aus einem zeitlich vorausgehenden Ereignis als dessen weitere Folge ergibt, steht mit diesem in einem natürlichen Ursachenzusammenhang. Nach der conditio-sine-qua-non-Formel ist ein früheres Ereignis immer schon dann Ursache des späteren Ereignisses, wenn es nicht weggedacht werden kann, ohne daß damit auch das spätere Ereignis nicht eingetreten wäre. Für die Schadenszurechnung reicht die Ermittlung des natürlichen Ursachenzusammenhangs allein nicht aus. Als weitere Bedingung muß hinzutreten, daß der Geschehensablauf nach der allgemeinen Lebenserfahrung auch wahrscheinlich ist, so daß das spätere Ereignis als die adäquate Folge des früheren Ereignisses bewertet werden kann. Darüber hinaus muß die Zurechnung der Schadensfolge auch dem Schutzzweck der haftungsbegründenden Norm entsprechen.

10. Kann auch Nichtstun die Ursache für einen eingetretenen Schaden sein? (Grdz. § 16 III 5)

Ja, nämlich dann, wenn durch ein bestimmtes Handeln der konkret eingetretene Schaden hätte verhindert werden können. Eine Zurechnung des Schadens im haftungsrechtlichen Sinne erfolgt aber nur dann, wenn derjenige, der durch sein Handeln das Ereignis hätte verhindern können, dem Betroffenen gegenüber zum Handeln verpflichtet gewesen war.

11. Wird der Ursachenzusammenhang durch dazwischentretendes Handeln Dritter oder des Verletzten selbst unterbrochen? (Grdz. § 16 III 2)

Normalerweise nicht, insbesondere dann nicht, wenn das den Geschehensablauf weiterführende Handeln der anderen an die vom Schädiger geschaffene Lage anknüpft oder von diesem überhaupt erst herausgefordert worden ist. Erst ein völlig ungewöhnlicher oder unsachgemäßer Eingriff in den Handlungsablauf kann den Ursachenzusammenhang unterbrechen.

12. Welche Rolle spielt der Gesichtspunkt der überholenden Kausalität für die Schadenszurechnung? (Grdz. § 16 III 4)

Von *überholender Kausalität* spricht man dann, wenn zwar ein bestimmtes Tun oder Unterlassen die unmittelbare Ursache für den Schadenseintritt gewesen war, wenn aber unabhängig vom konkreten Handlungsablauf derselbe Schaden auch durch ein später eintretendes Ereignis zwangsläufig herbeigeführt worden wäre. Unter gewissen Voraussetzungen kann der Hinweis auf einen überholenden Kausalverlauf die Zurechnung der tatsächlich eingetretenen Schadensentwicklung ausschließen oder einschränken.

13. Welche Bedeutung hat die Frage nach der Rechtswidrigkeit der Schadenszufügung? (Grdz. § 16 IV)

Da die Verletzung von Vertragspflichten oder die Schädigung einer der durch die Vorschriften über unerlaubte Handlungen geschützten Interessen eo ipso rechtswidrig ist, führt die Frage nach der Rechtswidrigkeit der Schadenszufügung zur Prüfung, ob im konkreten Fall ausnahmsweise ein Rechtfertigungsgrund gegeben ist, der die Haftung für den eingetretenen Schaden ausschließt.

14. Welche Rechtfertigungsgründe können unterschieden werden? (Grdz. § 16 IV 2; § 17 II 3 a)

Die Nichterfüllung von schuldrechtlichen Verpflichtungen kann im Einzelfall durch das Vorliegen von Leistungsverweigerungsrechten (Einreden) gerechtfertigt sein. Bei unerlaubten Handlungen kommen als Rechtfertigungsgründe die Einwilligung des Betroffenen (oder sonstige Eingriffsbefugnisse), die Verteidigung eigener oder fremder Rechte gegenüber rechtswidrigem Tun oder Gefahren aus der Sphäre des Betroffenen (Notwehr bzw. Nothilfe gem. § 227 BGB oder Sachwehr = Verteidigungsnotstand gem.

§ 228 BGB) oder Selbsthilferechte nach § 229 BGB in Betracht. Bei der Besitzstörung durch verbotene Eigenmacht sind die Selbsthilferechte des Besitzers oder Besitzdieners in § 859 BGB als Besitzwehr bzw. Besitzkehr besonders normiert.

15. Gibt es eine Schadensersatzpflicht auch für eine rechtmäßige Schadenszufügung? (Grdz. § 16 IV 3)

Ausnahmsweise sieht § 904 Satz 2 BGB für den Fall des „Angriffsnotstands" einen Aufopferungsanspruch des Eigentümers einer Sache vor, die berechtigterweise zur Abwehr der aus einer dritten Quelle drohenden Gefahr benutzt worden ist, wenn der (unbeteiligte) Eigentümer hierdurch einen Schaden erlitten hat.

16. Was versteht der Ziviljurist unter schuldhaftem Handeln? (Grdz. § 16 V 1)

Der zivilrechtliche Begriff der Schuld kennzeichnet das rechtswidrige Handeln einer Person, für das diese verantwortlich ist, weil sie im Zeitpunkt der Tat überhaupt schuldfähig ist und weil sie entweder vorsätzlich oder unter Außerachtlassung der erforderlichen Sorgfalt (= fahrlässig) gehandelt hat.

17. Wonach bestimmt sich die Schuldfähigkeit einer Person? (Grdz. § 16 V 2)

Die Schuldfähigkeit einer Person bestimmt sich einmal danach, ob sie gem. § 828 BGB wegen ihres Alters bereits als deliktsfähig angesehen werden kann, und zum anderen gem. § 827 BGB nach ihrem geistigen Zustand während der Tat.

18. Was bedeuten die Begriffe Vorsatz und Fahrlässigkeit; gibt es in diesem Zusammenhang noch weitere Unterscheidungen? (Grdz. § 16 V 3)

Jemand handelt *vorsätzlich*, wenn er den tatsächlich eingetretenen Erfolg seines Tuns zu Beginn seines Handelns vorausgesehen und auch so gewollt oder zumindest in Kauf genommen hat. *Fahrlässig* handelt, wer bei Beginn seines Tuns zwar dessen später eingetretene Folgen nicht bedacht hatte, bei Anwendung der verkehrsüblichen Sorgfalt diese jedoch hätte erkennen können und daher zu deren Vermeidung rechtzeitig hätte Vorsorge treffen oder sein Handeln ganz unterlassen müssen. Die Fahrlässigkeit kann auch darin bestehen, daß die zur Vorsorge gegen eine erkannte mögliche Gefahr ergriffenen Gegenmaßnahmen sich als ungeeignet erweisen und dies bei gehöriger Sorgfalt hätte erkannt werden müssen.

Für den Schuldvorwurf reicht i.d.R. auch leichte Fahrlässigkeit aus. Nur ein herabgeminderter Grad an Sorgfalt wird gefordert, wenn im Einzelfall die Verantwortlichkeit auf „grobe" Fahrlässigkeit oder Sorgfalt in eigenen Angelegenheiten (= „konkrete" Fahrlässigkeit, § 277 BGB) beschränkt ist.

19. Welche Auswirkung hat das Handeln des Betroffenen auf den Umfang des Schadensersatzanspruchs? (Grdz. § 16 VI)

Eigenes Verhalten des Verletzten kann im äußersten Fall den Ursachenzusammenhang ganz unterbrechen (vgl. oben Frage 11). Liegt ein lediglich mitwirkendes Handeln des Verletzten vor, so daß der Kausalzusammenhang noch bestehen bleibt, kann es nach § 254 BGB zu einer Minderung der Schadensersatzpflicht (sog. Schadensverteilung) führen, wenn es entweder für den Eintritt des Schadens überhaupt oder für die Verstärkung seiner Auswirkungen ursächlich gewesen war, und wenn diese Handlungsweise dem Verletzten als eine zumindest fahrlässige Außerachtlassung der im eigenen Interesse zu wahrenden Vorsicht vorgeworfen werden kann (= Verschulden gegen sich selbst). In gleicher Weise muß sich der Verletzte auch eine von ihm selbst in Gang gesetzte Betriebsgefahr anrechnen lassen.

20. In welcher Weise ist Schadensersatz zu leisten? (Grdz. § 16 VII)

Nach § 249 BGB ist Schadensersatz grundsätzlich durch Wiederherstellung des ursprünglichen Zustands bzw. durch Ersatz der Kosten zu leisten, die der Geschädigte für die Wiederherstellung des ursprünglichen Zustandes aufwenden muß. Ist die Wiederherstellung unmöglich, als Ausgleich unzureichend oder nur mit unverhältnismäßigem Aufwand durchführbar, ist gem. § 251 BGB Wertersatz in Geld zu leisten. Nach § 250 BGB kann der Gläubiger Wertersatz auch dann fordern, wenn der Schuldner mit der Wiederherstellung in Verzug ist und eine vom Gläubiger gesetzte Nachfrist versäumt hat.

VIERTER TEIL
ÜBERBLICK ÜBER DIE ANDEREN RECHTS-GEBIETE DES BÜRGERLICHEN RECHTS

§ 17. Sachenrecht – Grundbegriffe

I. Was Sie von den sachenrechtlichen Grundlagen lernen müssen

Zu Ihrem Ausbildungsprogramm gehören auch die Grundlagen des Sachenrechts, die Ihnen so ausführlich vermittelt werden, daß Sie in der Lage sein sollten, auch dieses Rechtsgebiet einigermaßen zu überblicken und einfachere Rechtsfälle mit sachenrechtlichem Einschlag zu lösen. Zunächst stoßen Sie auf eine Reihe von Grundbegriffen, die Sie kennen müssen, um die im dann folgenden Kapitel enthaltene Darstellung der wichtigsten Regeln des Fahrnis- und Immobiliarsachenrechts nachvollziehen zu können.

Bereits aus der Darstellung der subjektiven Rechte ist Ihnen der Begriff des Herrschaftsrechts bekannt, dessen wichtigste Ausprägungen, die **dinglichen Rechte**, den Gegenstand der Regelungen des dritten Buches des BGB bilden. Bevor Sie diese Rechte im einzelnen kennenlernen, müssen Sie allerdings erst wissen, was überhaupt eine **Sache** ist. Probleme bestehen in diesem Zusammenhang vor allem bei den **Sachgesamtheiten;** hier kommt es insbesondere auf eine klare Unterscheidung zwischen den Begriffen **Zubehör** und **wesentlicher Bestandteil** an; die Tragweite des Sachbegriffs wird z.B. in den Fällen 17.01 und 17.10 deutlich. Ergänzend zu dem, was Sie schon über **Verfügungsgeschäfte** gelernt haben, müssen Sie sich ferner mit dem **Abstraktionsprinzip** und der **Verfügungsbefugnis** vertraut machen; eine nicht uninteressante Variante dieses Themas wird in Fall 17.03 diskutiert.

Als wichtiger sachenrechtlicher Grundbegriff wird Ihnen sodann der **Besitz** vorgestellt. Sie lernen den **Mitbesitz** und den **mittelbaren Besitz** sowie die Rechtsfigur des **Besitzdieners** als unterschiedliche Formen der Organisation der Besitzbeziehungen mehrerer Personen zu derselben Sache kennen. Die Regelungen über **Erwerb** und **Übertragung** des Besitzes sind vor allem zum Verständnis des Begriffs der **verbotenen Eigenmacht** wichtig, die u.a. das Thema des Falls 17.08 bildet. An die verbotene Eigenmacht knüpfen wiederum jene Selbsthilfe- und Klagerechte an, die die besondere **Schutzfunktion** des Besitzes ausmachen; hiervon schildern die Fälle 17.05 und 17.06 zwei geläufige Beispiele. Die für Sie insgesamt sehr wichtige Darstellung des Besitzrechts schließt mit einer Erörterung der **Publizitätsfunktion** des Besitzes ab, deren Bedeutung in Fall 17.02 veranschaulicht wird.

Mit dem **Eigentum** lernen Sie sodann den Zentralbegriff des Sachenrechts kennen. Wichtig ist zunächst das Verständnis der allgemeinen Beschreibung des **Inhalts** und des **verfassungsrechtlichen Schutzes** dieses neben der Vertragsfreiheit wichtigsten Rechtsinstituts der Bürgerlichen Rechtsordnung. Wie jedes Freiheitsrecht hat das Eigentum aber auch **Schranken,** die sich sowohl generell aus allgemeinen Regeln als auch im Einzelfall aus früheren Verfügungen des Eigentümers über sein Recht an der fraglichen Sache ergeben können. Die Darstellung über den **Schutz des Eigentums** ergänzt Wissen, das Sie bereits im Zusammenhang mit dem Ausgleich von Eingriffen in das Eigentumsrecht durch Schadensersatz- und Bereicherungsansprüche erworben haben und das Sie bei der Lösung des Falles 17.02 wiederholen können.

Neu lernen Sie sodann den in diesem Zusammenhang wichtigsten Anspruch kennen, den **Herausgabeanspruch des Eigentümers nach § 985 BGB.** Dieser ist Kern des **Eigentümer-Besitzer-Verhältnisses.** Die genaue Abgrenzung des Anwendungsbereichs der §§ 987 ff. BGB und der hier festgelegten Regeln über die Herausgabe der vom Besitzer aus der Sache gezogenen Nutzungen, über Ersatzansprüche bei Beschädigung oder Untergang der herauszugebenden Sache und den Ersatz von Verwendungen des Besitzers für die Sache gehören zu den Rechtsproblemen, die den Studenten anfänglich erhebliche Schwierigkeiten bereiten. Sie kommen hiermit besser zurecht, wenn Sie sich vergegenwärtigen, daß die §§ 987 bis 1004 BGB in einem besonderen gesetzlichen Schuldverhältnis die Beziehungen zwischen Eigentümer und Besitzer einer Sache nur für den Fall regeln, daß die Befugnis zum Besitz und die damit verbundenen Haftungs- und Ausgleichsprobleme nicht in einem speziellen (i.d.R. schuldrechlich organisierten) Rechtsverhältnis mit dem Eigentümer geregelt sind. Ferner müssen Sie daran denken, daß die §§ 987 ff. BGB in erster Linie die Aufgabe haben, den redlichen Besitzer in seinem guten Glauben an sein Besitzrecht zumindest in der Weise zu schützen, daß er von den sich normalerweise aus dem Delikts- oder Bereicherungsrecht ergebenden Ersatz- oder Ausgleichsansprüchen wenigstens teilweise freigestellt und ihm auch noch ein Ersatz für seine in der Zwischenzeit auf die Sache gemachten Verwendungen gewährt wird. Wir haben es hier also mit einem Fall der **Gesetzeskonkurrenz** zu tun, wo (anders als bei der Anspruchskonkurrenz, die Sie z.B. in Kapitel 15 kennengelernt haben) die speziellere gesetzliche Regelung andere ihrem Wortlaut nach einschlägige Anspruchsgrundlagen von der Anwendung ausschließt. Typische Beispiele für die Entstehung und Abwicklung solcher Eigentümer-Besitzer-Verhältnisse schildern die Fälle 17.04, 17.08 und 17.09; Fall 17.07 zeigt die Anwendung des § 1004 BGB.

II. Übungsfälle

Fall 17.01: *Unsichere Sicherheiten*

Der Bauunternehmer Anton hat vom Baron von Hammerschlag den Auftrag erhalten, dessen Schloß in ein Hotel umzubauen und mit allem erforderlichen Mobiliar schlüsselfertig einzurichten. Hierüber wird am 4.1. ein schriftlicher Vertrag abgeschlossen. Im Verlauf der Arbeiten liefert er unter Eigentumsvorbehalt u.a. neue Fenster, Türen und Heizkörper sowie das komplette Mobiliar für 20 Hotelzimmer. Dann gerät das Vorhaben eine Weile ins Stocken, bis Anton eines Tages die Nachricht erhält, daß der bisherige Bauherr das Schloßareal an die Neuland-GmbH verkauft hat und daß die Übereignung des Grundstücks bereits im Grundbuch vollzogen worden ist. Anton macht sich Sorgen, was aus seinen inzwischen auf den Betrag von 200.000,– € aufgelaufenen Werklohn- und Lieferantenforderungen und dem Eigentumsvorbehalt an den von ihm gelieferten Gegenständen geworden ist, und fragt, ob er gegenüber der Neuland-GmbH als neuer Grundstückseigentümerin irgendwelche Rechte hat.

Lösungshinweis: Der Sachverhalt zeigt die Funktionsweise von Pfandrechten und des Eigentumsvorbehalts als Instrumente zur Sicherung von Zahlungsforderungen auch gegenüber dem Rechtsnachfolger des Schuldners. Beim Aufbau des Gutachtens empfiehlt sich wiederum, die mitgeteilten Fakten in chronologischer Reihenfolge durchzuprüfen. – Wiederholen Sie Grdz. § 10 I 2; § 13 II 3; § 17 I 3; vgl. auch Grdz. § 18 I 1 c, 3 b, c!

Musterlösung:

Der Generalübernehmervertrag vom 4.1. ist ein schuldrechtlicher Vertrag, der teils als Werkvertrag, teils als Kaufvertrag zu qualifizieren ist. Der Anspruch auf Zahlung des Betrags von 200.000,– € könnte sonach gem. §§ 433 Abs. 1, 631 Abs. 1 BGB begründet sein. Da Schuldverträge grundsätzlich nur zwischen den unmittelbar beteiligten Vertragsparteien gelten, kann Anton diese Forderung allerdings nicht gegen die Neuland-GmbH geltend machen. Der Sachverhalt enthält keine Hinweise auf irgendwelche Vereinbarungen zwischen den Beteiligten, aus denen sich ergeben könnte, daß die Neuland-GmbH zusammen mit dem Schloßgrundstück auch die Verbindlichkeiten des Barons von Hammerschlag gegenüber Anton übernommen hätte.

Rechte gegen die Neuland-GmbH könnte Anton nur dann geltend machen, wenn er aufgrund seines Rechtsverhältnisses mit Baron von Hammerschlag irgendwelche dinglichen Rechte an dem Schloßgebäude oder seiner Einrichtung erworben hat, die auch die Neuland-GmbH als Rechtsnachfolgerin des bisherigen Eigentümers gegen sich gelten lassen muß. Mit der Übereignung des Grundstücks ist diese nämlich neue Eigentümerin auch des Schloßgebäudes geworden, da das von Anton hergerichtete Bauwerk gem. § 94 BGB wesentlicher Bestandteil des Grundstücks ist, so daß sich das Grundeigentum kraft Gesetzes auch auf das aufstehende Gebäude erstreckt.

Anton könnte gem. § 647 BGB für seine Forderungen aus dem Werkvertrag ein gesetzliches Unternehmerpfandrecht an dem von ihm hergestellten Werk erworben haben. Dieses Pfandrecht kann jedoch nur an *beweglichen* Sachen des Bestellers begründet werden und setzt voraus, daß sich das Objekt der Werkleistung noch im Besitz des Unternehmers befindet. Somit scheidet der Erwerb eines dinglichen Rechts an dem von Anton bearbeiteten Schloßgebäude von vornherein aus.

Nach § 648 BGB hat Anton für seine Forderungen aus dem Umbau des Schloßgebäudes gegen den Baron von Hammerschlag den Anspruch auf Einräumung einer Sicherungshypothek am Schloßgrundstück. Der Sachverhalt enthält jedoch keine Angaben darüber, daß Anton diesen Anspruch gegenüber seinem Auftraggeber tatsächlich durchgesetzt hat und daß es noch rechtzeitig vor der Übereignung des Grundstücks an die Neuland-GmbH zur Eintragung einer solchen Hypothek im Grundbuch gekommen war. Nur dann wäre gem. § 873 Abs. 1 BGB ein solches Grundpfandrecht zugunsten des Anton entstanden und könnte von ihm gegenüber der neuen Eigentümerin geltend gemacht werden.

Anton könnte jedoch Eigentumsrechte gegen die neue Grundstückseigentümerin haben, wenn sich die Sachen, die er in das Gebäude eingefügt hat, noch in seinem Eigentum befinden. Anton hat die in das Schloß eingebauten Materialien und eingebrachten Einrichtungsgegenstände unter Eigentumsvorbehalt geliefert, d.h. nach den getroffenen Vereinbarungen soll das Eigentum an ihnen vom Auftraggeber nur unter der aufschiebenden Bedingung erworben werden, daß die für die Leistungen von Anton geschuldete Vergütung vollständig bezahlt wird. Nach dem Sachverhalt kann unterstellt werden, daß dies bisher nicht der Fall gewesen ist. Demnach scheint Anton noch Eigentümer der von ihm gelieferten Fenster, Türen, Heizkörper und des Hotelmobiliars zu sein, so daß er insoweit gegen die Neuland-GmbH nach § 985 BGB Herausgabeansprüche geltend machen könnte.

Fenster, Türen und Heizkörper sind indessen Sachen, die zur Herstellung eines Gebäudes in dieses eingefügt zu werden pflegen. Ohne Rücksicht darauf, ob sie bei der Einfügung mit dem Gebäude untrennbar verbunden werden oder nicht, werden sie damit gem. § 94 Abs. 2 BGB wesentliche Bestandteile des Gebäudes und sonach ebenfalls wesentlicher Bestandteil des Grundstücks, auf dem das Gebäude aufsteht. Da ein Eigentumserwerb kraft Gesetzes allen rechtsgeschäftlichen Vereinbarungen vorgeht, hat sich damit gem. § 946 BGB ungeachtet des vereinbarten Eigentumsvorbehalts das Eigentum an dem Grundstück auch auf die in das Gebäude eingefügten Bestandteile erstreckt. Die Fenster, Türen und Heizkörper sind sonach ohne weiteres zunächst in das Eigentum des Barons von Hammerschlag übergegangen und später zusammen mit der Veräußerung des Schloßareals Eigentum der Neuland-GmbH geworden.

Etwas anderes könnte allerdings hinsichtlich des bereits aufgestellten, unter Eigentumsvorbehalt gelieferten Mobiliars und der sonstigen Hoteleinrichtung gelten. Diese Sachen sind nicht zur „Herstellung" des Hotels in das Gebäude eingebracht worden. Die Möbel dienen dem wirtschaftlichen Zweck des Hotels; sie sind daher gem. §§ 97, 98 BGB als Zubehörstücke des Hotelgebäudes anzusehen. Die Rechte am Zubehör folgen nicht zwangsläufig dem Recht an der Hauptsache, deren wirtschaftlichem Zweck es zu dienen bestimmt ist. Zwar wird gem. §§ 311c, 926 BGB mit der Übereignung eines betrieblich genutzten Grundstücks im Zweifel auch das Betriebszubehör mit übereignet, dies gilt jedoch nur insoweit, als diese Sachen sich im Zeitpunkt des Grundstückserwerbs auch tatsächlich im Eigentum des Veräußerers befunden hatten. Im vorliegenden Fall war Anton aufgrund des mit Baron von Hammerschlag vereinbarten Eigentumsvorbehalts auch nach der Anlieferung noch Eigentümer der Möbel geblieben, damit wurden diese Sachen von der Veräußerung des Hotelgrundstücks nicht mit umfaßt. Es gibt auch keine Anhaltspunkte dafür, daß die Neuland-GmbH an dem Mobiliar gutgläubig Eigentum erworben haben könnte.

Somit kann Anton gem. § 985 BGB von der Neuland-GmbH die Herausgabe des von ihm gelieferten Mobiliars verlangen, falls bei der Bezahlung seiner Rechnungen durch Baron von Hammerschlag irgendwelche Probleme auftreten sollten.

Zu prüfen bleibt noch, ob Anton wegen des Verlustes seines Eigentums an den von ihm in das Schloß eingebauten Fenstern, Türen und Heizkörpern irgendwelche Bereicherungsansprüche gegen die Neuland-GmbH geltend machen kann. Nach § 951 Abs. 1 BGB hat derjenige, der (u.a.) aufgrund des § 946 BGB einen Rechtsverlust erleidet, gegen denjenigen, zu dessen Gunsten dies erfolgt, einen Anspruch auf Vergütung nach den Vorschriften über die Herausgabe einer ungerechtfertigten Bereicherung. Im vorliegenden Fall ist der Rechtsverlust jedoch schon vor der Weiterveräußerung des Hotels eingetreten, so daß (zunächst) der Baron von Hammerschlag aufgrund des § 946 BGB das Eigentum an den eingebauten Gegenständen erworben hatte. Der Rechtserwerb der Neuland-GmbH ist demnach schon aus dem Eigentum des Barons erfolgt und kann nicht mehr auf Kosten des Anton eingetreten sein. Anton könnte mithin Ansprüche nach § 951 Abs. 1 BGB allein gegen Baron von Hammerschlag als den unmittelbar Begünstigten richten. Insoweit besteht jedoch ein Leistungsvertrag zwischen Anton und seinem Auftraggeber, aufgrund dessen Anton die Lieferung der Gegenstände schuldet, so daß der Baron das Eigentum an ihnen mit rechtlichem Grund erworben hat und eine Anwendung des § 951 Abs. 1 BGB nicht in Betracht kommt.

Fall 17.02: *Der Kunstraub*

Bei einem Einbruch während der Ostertage des Jahres 1996 ist dem Anton ein Gemälde von Paul Klee gestohlen worden. Zufällig entdeckt Anton das Bild in einem Katalog des Kunsthauses Mümmelmann. Als Anton seine Rechte bei Mümmelmann geltend machen will, bestreitet dieser, daß Anton jemals Eigentümer der Kunstwerks gewesen war. Ihm seien beim Ankauf des Objekts von einem in Fachkreisen gut beleumdeten Agenten schlüssige Eigentumszertifikate vorgelegt worden. Auch hat Mümmelmann das Bild inzwischen zum Preis von 25.000,– € weiterveräußert. Unter Berufung auf seine Schweigepflicht über seine Geschäftspartner weigert er sich ganz entschieden, die Namen der Personen preiszugeben, von denen er das Bild erworben und an die er das Kunstwerk weiterveräußert hat. Hat Anton irgendwelche Rechte gegen Mümmelmann?

Lösungshinweis: Der Sachverhalt gibt Gelegenheit, die verschiedenen rechtlichen Möglichkeiten des Eigentümers einer gestohlenen Sache durchzuprüfen, sein Eigentumsrecht in der Kette der Nachbesitzer weiter zu verfolgen. Auch hier empfiehlt sich wieder eine möglichst genaue chronologische Vorgehensweise. Eine zentrale Rolle spielt ferner die Ausgestaltung der Beweislast. – Wiederholen Sie Grdz. § 15 I 3 a, II 5, III 2, 3; § 17 I 4 b, II 2, 4, III 3, 4; vgl. auch Grdz. § 18 I 1 b!

Musterlösung:

(1) Anton könnte gem. § 985 BGB gegen Mümmelmann einen Anspruch auf *Herausgabe* des Gemäldes haben. Mümmelmann ist jedoch nicht mehr im Besitz der Sache; damit stößt der Anspruch auf Herausgabe von vornherein ins Leere.

(2) Anton könnte nach § 989 BGB von Mümmelmann *Schadensersatz* für das Bild verlangen, weil dieser die Sache nicht mehr herausgeben kann. Dann muß Anton zunächst beweisen, daß das Gemälde in dem Zeitpunkt, in dem es Mümmelmann weiterverkauft hatte, noch in seinem Eigentum gewesen ist. Nach dem Sachverhalt steht fest, daß das Bild bei einem Einbruch aus der Wohnung des Anton gestohlen worden ist.

Damit ist geklärt, daß es sich bis zu diesem Zeitpunkt in seinem Besitz befunden hatte, so daß gem. § 1006 Abs. 2 BGB die Vermutung besteht, daß Anton jedenfalls in der Zeit vor dem Einbruch auch Eigentümer des Bildes gewesen war. Mümmelmann hat hiergegen keine schlüssigen Einwendungen erhoben; es ist daher davon auszugehen, daß Anton im Zeitpunkt des Einbruchs in seine Wohnung Eigentümer des Klee-Gemäldes gewesen war.

Anton könnte in der Zeit nach Ostern 1996 das Eigentum an dem Gemälde verloren haben. Da er nicht selbst über die Sache verfügt haben kann, wäre dies nur gem. §§ 932 ff. BGB durch Verfügung eines Nichtberechtigten möglich gewesen. Nach § 935 Abs. 1 Satz 1 BGB ist kein gutgläubiger Eigentumserwerb an Sachen möglich, die dem Eigentümer gestohlen worden waren. Es hilft dem Mümmelmann auch nicht, daß er sich darauf beruft, das Bild von einem Agenten mit gutem Ruf und unter Vorlage schlüssiger Eigentumszertifikate erworben zu haben. Es ist daher davon auszugehen, daß Anton im Zeitpunkt der Weiterveräußerung des Gemäldes durch Mümmelmann noch dessen Eigentümer war.

Allerdings war Mümmelmann ebenfalls Besitzer des Klee-Bildes gewesen, so daß auch er sich auf die Eigentumsvermutung des § 1006 Abs. 2 BGB stützen kann. Die Vermutung zugunsten eines früheren Besitzers gilt jedoch nur in dem Umfang des § 1006 Abs. 1 BGB. Demgemäß ist auch die Regelung des § 1006 Abs. 1 Satz 2 BGB anzuwenden, wonach die – wegen des zeitlich späteren Besitzes an sich „bessere" – Eigentumsvermutung nicht einem früheren Besitzer entgegengehalten werden kann, dem die Sache gestohlen worden ist. Da der Diebstahl des Bildes bei Anton feststeht, gilt Anton sonach auch gegenüber dem Mümmelmann als Eigentümer des Bildes.

Gem. §§ 989, 990 BGB schuldet der zur Herausgabe unvermögende Besitzer dem Eigentümer der Sache nur dann Schadensersatz, wenn er beim Erwerb des Besitzes nicht in gutem Glauben oder wenn der Anspruch auf Herausgabe bereits rechtshängig war, als er die Sache weiterveräußert hatte. Nach den Angaben des Sachverhalts ist davon auszugehen, daß Mümmelmann beim Erwerb des Gemäldes gutgläubig war; es gibt auch keine Anhaltspunkte dafür, daß bisher der Anspruch auf Herausgabe von Anton gegen Mümmelmann rechtshängig gemacht worden ist, d.h. daß dieser den Kunsthändler wegen des Bildes verklagt hat. Ein Schadensersatzanspruch nach §§ 989, 990 BGB steht dem Anton gegen Mümmelmann somit trotz seines Eigentums nicht zu.

(3) Wegen des guten Glaubens des Mümmelmann an sein Recht zu Besitz ist es schon aufgrund der Regelung des § 993 Abs. 1 BGB ausgeschlossen, daß Anton gem. § 823 Abs. 1 BGB von ihm Schadensersatz wegen der Verletzung seines Eigentums verlangen kann.

(4) Anton könnte von Mümmelmann *Auskunft* über die Person des Erwerbers verlangen, um die Spur des Klee-Bildes bis zu seinem jetzigen Besitzer weiterzuverfolgen. Die §§ 985 ff. BGB normieren keine eigenständigen Auskunftspflichten des Besitzers gegenüber dem Eigentümer. Als Anspruchsgrundlage kommen jedoch die §§ 687 Abs. 2, 681, 666 BGB in Betracht. Dann müßte Mümmelmann mit der Veräußerung des Bildes an seinen Kunden in Wirklichkeit ein Geschäft des Anton besorgt haben. Wie festgestellt worden ist, muß Anton im Zeitpunkt des Weiterverkaufs als Eigentümer des Gemäldes angesehen werden. Sonach hat Mümmelmann mit der Verfügung über das Bild in Wirklichkeit ein Geschäft des Anton besorgt, denn nach § 903 Satz 1 BGB ist es grundsätzlich allein Sache des Eigentümers, eine ihm gehörende Sache an einen Dritten zu veräußern. Im Zeitpunkt des Verkaufs hielt sich Mümmelmann jedoch in Unkenntnis der wahren Sachlage selbst für den berechtigten Eigentümer des Bildes und betrachtete damit das von ihm abgeschlossene Geschäft als sein eigenes. Damit liegt kein Fall der unechten Geschäftsführung ohne Auftrag nach § 687 Abs. 2 BGB vor; gem. § 687 Abs. 1 BGB sind vielmehr die §§ 677 ff. BGB auf den vorliegenden Sachverhalt überhaupt nicht anwendbar.

Andere Anspruchsgrundlagen, auf die Anton sein Auskunftsbegehren stützen könnte, sind nicht ersichtlich; Mümmelmann kann daher die Preisgabe des Namens seines Kunden, an den er das Klee-Bild weiterveräußert hat, zu Recht verweigern.

(5) Anton könnte von Mümmelmann wenigstens die *Herausgabe des Erlöses* verlangen, den dieser bei der Veräußerung des Bildes an den Kunden erlangt hat.

Anspruchsgrundlage könnten die §§ 681 Satz 2, 667 BGB sein. Wie jedoch schon festgestellt worden ist, hat Mümmelmann das Geschäft mit seinem Kunden in Unkenntnis der wahren Sachlage als sein eigenes behandelt. Damit scheiden für Anton sowohl eine unmittelbare Anwendung der §§ 677 ff. BGB als auch die Rechte aus § 687 Abs. 2 BGB aus.

Der Herausgabeanspruch könnte sich noch aus § 816 Abs. 1 Satz 1 BGB ergeben. Mümmelmann hat über das Bild verfügt, ohne hierzu als Eigentümer berechtigt oder (bisher) von Anton ermächtigt zu sein. Allerdings setzt § 816 Abs. 1 BGB voraus, daß die von Mümmelmann vollzogene Übereignung der Kunstwerks an den unbekannten Kunden gleichwohl dem Anton gegenüber wirksam geworden ist, mithin zum Verlust seines Eigentums geführt hatte. Trotz des – nach dem Sachverhalt zu unterstellenden – guten Glaubens des Kunden konnte dieser jedoch nicht wirksam Eigentum an dem Bild erwerben, da gem. § 935 Abs. 1 Satz 1 BGB ein gutgläubiger Eigentumserwerb schlechthin ausgeschlossen ist. Die Verfügung des Mümmelmann ist sonach dem Anton gegenüber unwirksam, so daß dieser sich jetzt auch nicht auf die Regelung des § 816 Abs. 1 Satz 1 BGB berufen kann.

Anton könnte allerdings als berechtigter Eigentümer die Übereignung das Gemäldes auf den unbekannten Kunden im nachhinein genehmigen. Damit wird gem. § 185 Abs. 2 Satz 1 BGB von nun an die Verfügung des Mümmelmann wirksam, ohne daß er jedoch in dem Zeitpunkt, in dem die Veräußerung von ihm tatsächlich vorgenommen worden war, hierzu berechtigt gewesen wäre. Damit sind die Voraussetzungen des Anspruchs aus § 816 Abs. 1 Satz 1 BGB erfüllt; Anton kann von Mümmelmann sonach die Herausgabe des von ihm eingenommenen Kaufpreises von 25.000,– € verlangen.

Fall 17.03: *Ein rücksichtsloser Mitbewerber*

Anton ist inzwischen im Kunsthandel tätig und erlebt dessen rauhe Geschäftssitten. Bei der Witwe Bollinger entdeckt er eine Madonnenstatue aus der Riemenschneider-Schule. In der Hoffnung, hierfür einen zahlungskräftigen Käufer zu finden, schließt er am 4.4. mit der Witwe einen privatschriftlichen Vertrag, in dem diese verspricht, ihm den Verkauf der Statue exklusiv an die Hand zu geben und bis zum 30.6. nicht anderweit über den Kunstgegenstand zu verfügen. Anton steht bereits in Verhandlung mit verschiedenen Interessenten, als er Ende April erfährt, daß inzwischen auch der ebenfalls im Kunsthandel tätige Streichholz mit der Witwe Bollinger in Kontakt getreten ist, um die Madonna zu erwerben. Anton, dem die Beeinflußbarkeit seiner Kundin sowie das Verhandlungsgeschick und die Geschäftstüchtigkeit seines Konkurrenten nur zu gut bekannt sind, möchte wissen, ob durch den Vertrag vom 4.4. hinreichend abgesichert ist, daß ihm sein Geschäft nicht „durch die Lappen geht", oder ob er besser noch etwas unternehmen sollte, um seine Exklusivrechte zu wahren.

Lösungshinweis: Wie schon in den Fällen 4.03 und 5.01 wird auch in diesem Sachverhalt die Unsicherheit lediglich schuldrechtlich begründeter Aussichten auf den Erwerb einer Sache verdeutlicht. Sie lernen das durch einstweilige Verfügung erwirkte behördliche Veräußerungsverbot als Mittel kennen, den Schutz einer solchen Rechtsposition zu verstärken. – Wiederholen Sie Grdz. § 10 I 2; § 17 I 4; vgl. auch Grdz. § 20 IV 2!

Musterlösung:

Anton steht mit Streichholz in keinen unmittelbaren vertraglichen Beziehungen, aus denen er den Anspruch herleiten könnte, daß dieser ihn nicht in seinen Geschäften mit der Witwe Bollinger stört. Rechte gegen den Konkurrenten könnten daher nur aus dem Vertrag vom 4.4. abgeleitet werden. Dann müßte Anton durch das Rechtsgeschäft mit der Witwe Bollinger ein die Veräußerung hinderndes Recht an der Madonnenstatue erworben haben.

Dies könnte dann der Fall sein, wenn die Witwe Bollinger ihm mit diesem Vertrag das Kunstwerk übereignet hat. Nach der Darstellung des Sachverhalts ist dies jedoch gerade nicht geschehen; die Witwe Bollinger hat den Anton lediglich „exklusiv" mit der Vermittlung des Verkaufs der Statue betraut und versprochen, bis Ende Juni nicht anderweit über den Kunstgegenstand zu verfügen. Gem. § 137 Satz 1 BGB führt die rechtsgeschäftliche Vereinbarung eines Veräußerungsverbots nicht dazu, daß die Witwe Bollinger die ihr als Eigentümerin zustehende Befugnis zur Verfügung über die Sache verliert. Sie könnte sonach trotz des mit Anton geschlossenen Vertrags die Statue auch noch an den Streichholz oder an einen von ihm vermittelten Kunden übereignen.

Allerdings hat die Witwe Bollinger durch den Vertrag vom 4.4. gegenüber Anton die schuldrechtliche Verpflichtung übernommen, bis Ende Juni alle anderen Geschäfte über die Madonnenstatue zu unterlassen. Gem. § 137 Satz 2 BGB ist diese Verpflichtung wirksam. Schuldrechtliche Rechtsbeziehungen wirken jedoch nicht gegenüber Dritten; d.h. durch den Vertrag vom 4.4. wird der Streichholz nicht gehindert, wegen der Statue seinerseits mit der Witwe Bollinger in Geschäftsbeziehungen zu treten. Diese würde dann allerdings Vertragspflichten gegenüber Anton verletzen und sich ihm gegenüber schadensersatzpflichtig machen, was aber wiederum den Streichholz nichts anzugehen braucht.

Anton kann die Störung seiner Geschäfte durch den Mitbewerber sonach nur verhindern, wenn es ihm gelingt, aufgrund des Vertrages vom 4.4. gegenüber der Witwe Bollinger ein behördliches Veräußerungsverbot gem. § 136 BGB zu erwirken. Dieses würde nach § 135 Abs. 1 BGB dazu führen, daß andere Verfügungen der Witwe Bollinger über die Statue ihm gegenüber unwirksam sind; d.h. er könnte von einem dritten Erwerber – z.B. von Streichholz – verlangen, daß dieser die von ihm erworbene Sache wieder an die Witwe Bollinger zurückgibt, damit sie sodann die Statue an ihn bzw. den von ihm benannten Kunden übereignen kann. Ein solches „behördliches" Veräußerungsverbot könnte Anton beim Amtsgericht durch Antrag auf Erlaß einer einstweiligen Verfügung nach § 935 ZPO erwirken: Wenn sich die Witwe Bollinger auf eine Veräußerung der Madonnenstatue an Streichholz einlassen sollte, würde sie damit einen dem Anton aus seinem Vertrag vom 4.4. gegen sie zustehenden Leistungsanspruch vereiteln. In einem solchen Fall braucht sich Anton nicht mit einem Schadensersatzanspruch statt der Leistung abspeisen zu lassen, sondern kann darauf pochen, daß die tatsächliche Realisierung seines Erfüllungsanspruchs angemessen geschützt wird. Anton wird daher mit Aussicht auf Erfolg eine einstweilige Verfügung beantragen können, in welcher der Witwe Bollinger durch das Gericht verboten wird, die Statue vor Ende Juni an Dritte zu verkaufen.

Wenn die einstweilige Verfügung an die Witwe Bollinger gerichtet ist, besteht allerdings noch die Gefahr, daß Streichholz hiervon nichts erfährt und gem. § 135 Abs. 2 BGB in gutem Glauben unbelastetes Eigentum an der Statue erwirbt. Um die Wirkung des § 135 Abs. 2 BGB zu verhindern, muß Anton also auch den Streichholz über den Erlaß der einstweiligen Verfügung in Kenntnis setzen.

Fall 17.04: *Kurze Freude*

Anton ist Alleinerbe nach seinem Onkel Theobald geworden. In einer Scheune des von Theobald hinterlassenen Bauernhofs findet Anton zu seiner Freude einen Porsche Targa aus den sechziger Jahren vor. Mit einem Aufwand von 2.000,– € läßt Anton das offensichtlich über längere Zeit hinweg nicht mehr benutzte Fahrzeug wieder funktionstüchtig machen und für weitere 3.000,– € neu lackieren. Auch schließt er für das Fahrzeug eine Haftpflichtversicherung ab und besorgt sich eine Zulassung, was ihn nochmals 1.400,– € kostet. Sodann benutzt Anton, der selbst über einen Opel verfügt, den Porsche mit großer Freude zu verschiedenen Vergnügungstouren. Bei einem dieser Ausflüge verliert er in einer engen Kurve die Herrschaft über den Wagen und landet im Straßengraben. Durch den alles in allem noch glimpflich, weil ohne Schaden an Leib und Leben verlaufenden Unfall wird das Fahrzeug so schwer beschädigt, daß der Reparaturaufwand etwa 6.300,– € betragen würde. Da Anton diese Ausgabe vorerst nicht machen will, stellt er den stark lädierten Wagen in die Scheune zurück.

Einige Monate später taucht Otto auf, der von einem mehrjährigen Auslandsaufenthalt in Übersee zurückgekommen ist. Es stellt sich heraus, daß der Porsche Targa dem Otto gehört, der mit Erlaubnis des Theobald, „aber rein aus Gefälligkeit und völlig auf eigenes Risiko“, seinen Wagen für die Dauer seiner Auslandsreise in der nicht mehr benutzten Scheune untergestellt hatte. Otto verlangt von dem überraschten Anton Herausgabe des Fahrzeugs und Ersatz des Unfallschadens, ferner eine Nutzungsentschädigung in Höhe der üblichen Mietwagenkosten für einen Porsche für die Zeit, in der Anton den Wagen benutzt hatte. Anton ist zwar notgedrungen bereit, den Pkw herzugeben, weigert sich aber, Schadensersatz und Nutzungsentschädigung zu leisten und meint, daß ihm Otto auch zunächst die 6.400,– € erstatten müsse, die er selbst in die Inbetriebnahme des Fahrzeugs investiert hatte. Wer hat Recht?

Lösungshinweis: Auch im Verhältnis zu den Ansprüchen aus §§ 987 ff. BGB haben mögliche vertragliche Ersatzansprüche (hier: Ansprüche aus einem Verwahrungsvertrag) Vorrang, da das Eigentümer-Besitzer-Verhältnis (EBV) nur die Beziehungen zwischen dem Eigentümer und dem unberechtigten Eigenbesitzer regelt (= die §§ 987 ff. setzen das Vorhandensein einer „Vindikationslage“ voraus). Innerhalb des EBV prüft man zweckmäßigerweise zunächst Schadensersatzansprüche wegen Beschädigung der Sache, sodann den Anspruch auf Rückerstattung möglicher Nutzungen und am Schluß etwaige Gegenansprüche des Besitzers auf den Ausgleich seiner Verwendungen auf die herauszugebende Sache. – Wiederholen Sie Grdz. § 5 III 1 b; § 12 III 2; § 14 III 5; § 15 I 3 a, II 6 a, b; § 17 II 2 b, III 4; vgl. auch Grdz. § 19 VII 1!

Musterlösung:

1. Schadensersatzansprüche des Otto:

(a) Otto könnte gem. § 688 BGB i.V.m. §§ 241 Abs. 2, 280 Abs. 1 BGB Schadensersatz wegen positiver Vertragsverletzung verlangen. Voraussetzung hierfür ist, daß seinerzeit zwischen ihm und Theobald wegen der Unterstellung des Pkw ein Verwahrungsvertrag abgeschlossen worden ist, für dessen Erfüllung nunmehr der Anton als Alleinerbe seines Onkels gem. § 1967 BGB einstehen muß. Wie aus dem Sachverhalt hervorgeht, hatte Theobald den Wagen jedoch nicht aufgrund einer vertraglichen Absprache in Verwahrung genommen, sondern dem Otto lediglich aus „reiner Gefälligkeit“ die Erlaubnis erteilt, das Fahrzeug auf „eigenes Risiko“ in seiner alten Scheune unterzustellen. Zwischen den Beteiligten hat sonach nur ein Gefälligkeitsverhältnis bestanden, aus dem keine vertraglichen Ansprüche hergeleitet werden können.

(b) Die Rechtsbeziehungen zwischen Otto und Anton richten sich daher allein nach den §§ 985 ff. BGB. Otto ist Eigentümer des Wagens, Anton hat Besitz an dem Fahrzeug. Da Anton gegenüber Otto kein Recht zum Besitz i.S.d. § 986 BGB geltend machen kann, ist er nach § 985 BGB dem Otto gegenüber zur Herausgabe seines Eigentums verpflichtet. Ob er darüber hinaus dem Otto auch noch Schadensersatz wegen der von ihm verursachten Beschädigung des Porsche leisten muß, richtet sich nach den §§ 989, 990 BGB. Hiernach ist Anton für eine Beschädigung der Sache nur dann verantwortlich, wenn er bei Eintritt des Schadens entweder bereits auf Herausgabe des Pkw verklagt gewesen war oder wenn er zu diesem Zeitpunkt schon wußte, daß er nicht zum Besitz berechtigt war. Im vorliegenden Fall hatte Anton nach Lage der Dinge zunächst davon ausgehen können, daß der Porsche mit zur Erbschaft gehörte und er sonach als dessen Eigentümer auch zum Besitz und beliebigem Gebrauch befugt war. Erst einige Monate nach dem Unfall hat er „zu seiner Überraschung“ von der wahren Rechtslage Kenntnis erlangt. Im Zeitpunkt der Beschädigung des Pkw war Anton sonach redlicher Eigenbesitzer des Fahrzeugs; gem. § 993 Abs. 1 BGB ist er mithin dem Otto nicht zu Schadensersatzleistungen wegen einer Verschlechterung der herauszugebenden Sache verpflichtet.

(c) Da Eigentum des Otto verletzt worden ist, könnte er seinen Schadensersatzanspruch gegen Anton noch auf § 823 Abs. 1 BGB stützen. Aus § 993 BGB geht jedoch hervor, daß der Eigenbesitzer einer Sache dem Eigentümer gegenüber für Schäden, die er an der herauszugebenden Sache verursacht hat, nur dann nach den Vorschriften über den Schadensersatz wegen unerlaubter Handlungen haftet, wenn er sich den Besitz an der Sache durch verbotene Eigenmacht oder durch eine Straftat verschafft hatte. Gem. § 858 Abs. 1 BGB würde verbotene Eigenmacht dann vorliegen, wenn Anton (oder dessen Rechtsvorgänger Theobald) dem Otto den Besitz an dem Porsche ohne dessen Willen entzogen hätte. Otto hat jedoch selbst den Wagen in die Scheune des Theobald eingestellt und damit in dessen unmittelbaren Besitz gegeben; in diese Besitzlage ist Anton als Erbe des Theobald eingetreten. Auch ein Besitzerwerb durch eine Straftat ist nach dem Sachverhalt auszuschließen; damit kommen im vorliegenden Fall schon aus diesem Grund Schadensersatzansprüche des Otto nach § 823 Abs. 1 BGB nicht in Betracht.

Anton braucht sonach dem Otto für die Beschädigung seines Porsche keinen Schadensersatz zu leisten.

2. Anspruch des Otto auf Nutzungsentschädigung:

Der Anspruch des Otto auf Zahlung einer Nutzungsentschädigung ist mangels vertraglicher Rechtsbeziehungen zu Anton ebenfalls nach den §§ 987 ff. BGB zu beurteilen.

Wie sich aus § 100 BGB ergibt, gehören zu den Nutzungen einer Sache auch die Vorteile aus deren Gebrauch. Da Anton den Porsche gefahren hat, hat er Nutzungen aus dem Pkw gezogen.

Gem. § 993 Abs. 1 BGB ist Anton als redlicher Besitzer grundsätzlich nicht zur Herausgabe von Nutzungen verpflichtet. Anton hat den Besitz an dem Porsche jedoch unentgeltlich, nämlich durch Erbgang erworben. Nach § 988 BGB ist er daher dem Otto zur Erstattung der gezogenen Nutzungen nach den Vorschriften über die Herausgabe einer ungerechtfertigten Bereicherung verpflichtet. Da derartige Nutzungen nicht mehr als solche herausgegeben werden können, ist gem. § 818 Abs. 2 BGB deren Wert zu ersetzen, der sich danach bemißt, was üblicherweise für eine Anmietung der genutzten Sache hätte bezahlt werden müssen. Um diesen Wert muß das Vermögen des Anton im Zeitpunkt der Geltendmachung des Herausgabeanspruchs noch bereichert sein. Anton hat den Wagen für sich selbst verwendet. Sein Vermögen ist daher um diesen Vorteil nur insoweit bereichert, als er durch den Gebrauch des Porsche Aufwendungen erspart hat, die ihm sonst zwangsläufig anderweit erwachsen wären. Im vorliegenden Fall verfügte Anton über einen eigenen Wagen; er war sonach auf den Gebrauch des Porsche nicht angewiesen. Tatsächlich hat er den Pkw auch nur zu Vergnügungstouren benutzt, ihn mithin für Zwecke verwendet, auf die er hätte verzichten können, wenn er nicht im Besitz des zweiten Wagens gewesen wäre. Anton hat sonach durch den Gebrauch des Porsche keine zwangsläufigen Aufwendungen erspart; die Möglichkeit einer außerordentlichen Nutzung stellt keine Bereicherung seines Vermögens dar. Demnach kann Otto auch aufgrund des § 988 BGB von ihm keine Nutzungsentschädigung für den Porsche verlangen.

3. Anspruch des Anton auf Verwendungsersatz:

Anton hat seinerseits Ausgaben gehabt, um den Wagen in einen fahrtüchtigen Zustand zu versetzen. Hierfür könnte er von Otto aufgrund der §§ 994 ff. BGB Ersatz verlangen. Da Anton im Zeitpunkt der Herrichtung und Wiederinbetriebnahme des Porsche noch redlicher Eigenbesitzer des Wagens war, könnte er seinen Ersatzanspruch auf § 994 Abs. 1 BGB stützen. Danach steht ihm Ersatz seiner „notwendigen Verwendungen“ zu. Hierunter sind alle Aufwendungen zu verstehen, die erforderlich sind, um den Bestand und die Funktionsfähigkeit der Sache aufrechtzuerhalten. Im vorliegenden Fall ist dies der Betrag von 2.000,– €, den Anton ausgeben mußte, um den wegen der langen Ruhezeit nicht mehr funktionstüchtigen Wagen überhaupt wieder fahrbereit zu machen. Diese Aufwendungen sind dem Besitzer auch dann zu erstatten, wenn sie im Zeitpunkt der Herausgabe der Sache für den Eigentümer nicht mehr werthaltig sind. Es ist also unerheblich, daß Anton mit dem Fahrzeug inzwischen einen Unfall hatte, der wesentlich höhere Reparaturkosten verursacht, die er aber gleichwohl als redlicher Besitzer dem Otto nicht zu ersetzen braucht.

Die Ausgaben für Kfz-Steuer und die Versicherung des Fahrzeugs können als Lasten der Sache i.S.d. § 995 BGB angesehen werden. Sie zählen ebenfalls zu den notwendigen Verwendungen. Insoweit ist jedoch § 995 Satz 2 BGB zu beachten: Im Umkehrschluß aus dieser Vorschrift ergibt sich, daß der Ersatzanspruch für gewöhnliche, nicht auf dem Stammwert der Sache liegende Lasten nicht besteht, wenn sie in der Zeit anfallen, in der gem. § 993 BGB die Nutzungen der Sache dem Besitzer verbleiben. Sowohl die Kfz-Steuer als auch die Haftpflichtversicherung sind keine außergewöhnlichen, der Abschöpfung des Stammwerts des Kfz dienenden Lasten, sondern sind Abgaben bzw. Kosten, die sich aus der Nutzung des Fahrzeugs herleiten. Sie gehören sonach zu den gewöhnlichen Lasten i.S.d. § 995 Satz 2 BGB. Wie bereits festgestellt worden ist, braucht Anton dem Otto die Nutzungen des Porsche nicht zu erstatten. Damit entfällt auch sein eigener Anspruch auf Ersatz des Betrags von 1.400,– €, den er für die Zulassung, für Kfz-Steuer und für die Versicherung des Fahrzeugs ausgegeben hatte.

Die mit 3.000,– € bezahlte Neulackierung des Pkw war keine Verwendung, die für die Erhaltung der Substanz oder der Funktionsfähigkeit des Fahrzeugs erforderlich gewesen war. Nach § 996 BGB kann Anton sonach insoweit nur Ersatz verlangen, als er diese Aufwendungen vor Kenntnis der tatsächlichen Eigentumslage gemacht hatte – was im vorliegenden Fall zutrifft – und Otto im Zeitpunkt der Rückgabe seines Wagens hierdurch noch bereichert ist. Die Lackierung eines älteren Fahrzeugs, das überdies noch mehrere Jahre ohne Pflege stillgelegen hat, führt normalerweise zu einer Wertsteigerung der Sache und somit zu einer Bereicherung ihres Eigentümers. Im vorliegenden Fall muß jedoch berücksichtigt werden, daß der Wagen im Zeitpunkt der Rückgabe stark beschädigt ist und daß bei einer Reparatur des Fahrzeugs erneut eine Lackierung notwendig werden wird. Otto ist sonach durch die Verschönerung seines Porsche nicht bereichert, so daß er dem Anton insoweit nach § 996 BGB keinen Ersatz leisten muß.

Demnach kann Anton von Otto lediglich die Erstattung des Betrags von 2.000,– € verlangen, den er aufwenden mußte, um den Porsche wieder funktionstüchtig zu machen. Nach § 1000 Satz 1 BGB darf er die Herausgabe des Pkw so lange verweigern, bis ihm Otto diese Geldsumme zahlt.

Fall 17.05: *Parkplatzsorgen*

Anton hat sich auf dem Hinterhof eines Geschäftshauses in der Innenstadt von Saarbrücken einen Parkplatz für seinen Geschäftswagen angemietet. Der Platz ist markiert und mit Hinweisschildern deutlich gekennzeichnet. Am 2.4. beobachtet Anton zufällig, wie der Otto seinen Wagen in aller Seelenruhe auf diesem Parkplatz abstellt. Anton stellt Otto zur Rede und verlangt von ihm, daß er den Pkw unverzüglich von „seinem" Parkplatz entfernt. Otto lacht ihn jedoch nur aus und läßt ihn einfach stehen. In unmittelbarem Anschluß an diese Szene beauftragt Anton das Abschleppunternehmen Fuhrmann, den Wagen des Otto abzutransportieren, in Verwahrung zu nehmen und nicht eher herauszugeben, bis Otto die Abschleppkosten bezahlt hat. Vorsorglich tritt Anton an Fuhrmann alle Ansprüche ab, die ihm selbst gegen Otto wegen der unbefugten Benutzung seines Parkplatzes zustehen.

Wutschnaubend verlangt Otto von Fuhrmann die Rückgabe seines Pkw, der auf dem abgeschlossenen Betriebshof des Abschleppunternehmens abgestellt ist. Fuhrmann will den Wagen aber nur gegen Zahlung der Abschleppkosten in Höhe von 180,– € herausgeben. Hat er Recht?

Lösungshinweis: In diesem Sachverhalt lernen Sie Besitzschutzrechte nach §§ 859 ff. BGB kennen, mit deren Hilfe das lediglich schuldrechtlich vermittelte Recht zum Besitz an einer Sache Dritten gegenüber mit quasi dinglicher Wirkung verstärkt werden kann. Die weitere Entscheidung des Falles beruht auf der Ergänzung des (hier nicht einschlägigen) Verwendungsersatzanspruchs des Besitzers durch Schadensersatzansprüche wegen Besitzentzugs. – Wiederholen Sie Grdz. § 10 II 3 d; § 17 II 3 a, b, 4 b, III 3c, 4 d!

Musterlösung:

(1) Otto könnte den Anspruch gegen Fuhrmann auf Herausgabe seines Pkw zunächst auf § 861 Abs. 1 BGB stützen. Er war Besitzer des Wagens gewesen, denn durch das vor-

übergehende Parken hat er die tatsächliche Herrschaft über sein Fahrzeug noch nicht aufgegeben. Sein Besitz am Pkw ist ihm erst von Anton bzw. dem auf dessen Veranlassung handelnden Fuhrmann entzogen worden; nunmehr befindet sich der Wagen im Besitz des Fuhrmann, denn dieser hat die alleinige tatsächliche Verfügungsgewalt über das Fahrzeug.

Der Anspruch aus § 861 Abs. 1 BGB ist jedoch nur dann gegeben, wenn dem Anspruchsteller der Besitz an der Sache durch verbotene Eigenmacht entzogen worden ist und der derzeitige Besitzer diese ihm gegenüber fehlerhaft besitzt. Verbotene Eigenmacht liegt gem. § 858 Abs. 1 BGB dann vor, wenn dem Besitzer der Besitz an der Sache ohne dessen Willen unerlaubt entzogen worden ist. Im vorliegenden Fall hatte sich Fuhrmann ohne den Willen des Otto des Wagens bemächtigt. Der Eingriff in das Besitzrecht des Otto könnte jedoch durch gesetzliche Selbsthilferechte gerechtfertigt sein. Dabei ist in Betracht zu ziehen, daß Fuhrmann auf Anweisung des Anton gehandelt hatte; es kommt daher darauf an, ob dem Anton eine Befugnis zugestanden hatte, auch gegen den Willen des Otto dessen Pkw. von „seinem" Parkplatz entfernen und von Fuhrmann sicherstellen zu lassen.

Ein solches Recht könnte Anton aufgrund des § 859 Abs. 3 BGB gehabt haben. Der Parkplatz, auf dem Otto den Wagen abgestellt hatte, befand sich im Besitz des Anton. Da Otto den Platz ohne und sogar gegen den Willen des Anton besetzt hatte, handelte er seinerseits in verbotener Eigenmacht. Anton durfte sich dieser verbotenen Eigenmacht mit Gewalt erwehren; der Abtransport von Ottos Pkw war ein geeignetes Mittel, um sich wieder in den Besitz des Grundstücks zu setzen. Anton hatte auch „sofort nach der Entziehung" sich seines Besitzes an dem Parkplatz wieder bemächtigt. Mithin ist dem Otto der Besitz an seinem Wagen nicht durch verbotene Eigenmacht entzogen worden; ein Herausgabeanspruch nach § 861 Abs. 1 BGB steht ihm nicht zu.

(2) Otto könnte nach § 985 BGB die Herausgabe des Pkw verlangen. Er ist Eigentümer des Wagens; Fuhrmann hat die Sache derzeit in Besitz.

Fuhrmann könnte jedoch gem. § 986 Abs. 1 BGB ein Recht zum Besitz an dem Pkw geltend machen. Ein solches Recht könnte sich zunächst aus der bereits festgestellten Befugnis des Anton zur Besitzwehr herleiten lassen. Dieses Selbsthilferecht gibt dem Anton aber nur die Erlaubnis, den störenden Pkw von seinem Parkplatz entfernen zu lassen. Damit ist jedoch noch nicht das Recht verbunden, den Wagen auch nach Behebung der Störung weiterhin in Besitz zu behalten, wenn Otto als dessen Eigentümer die Herausgabe verlangt.

Fuhrmann könnte ferner nach § 1000 Satz 1 BGB ein Zurückbehaltungsrecht zustehen, bis ihm Otto seine Abschleppkosten ersetzt. Dies setzt voraus, daß das Abschleppen des Fahrzeugs als eine Verwendung auf die Sache anzusehen ist, die Otto ihm (oder dem Anton) gem. §§ 994 ff. BGB ersetzen muß. Als Verwendungen auf die Sache sind indessen nur solche Vermögensopfer anzusehen, die der Sache in irgendeiner Weise „zugute kommen", indem deren Zustand wiederhergestellt, erhalten oder verbessert wird. Der Abschleppvorgang hat in keiner Weise zur Erhaltung oder Verbesserung des Zustandes von Ottos Pkw beigetragen. Damit können die Abschleppkosten auch nicht als Aufwendungen auf die Sache i.S.d. §§ 994 ff. BGB angesehen werden, deren Erstattung von Otto durch die Verweigerung der Herausgabe des Wagens erzwungen werden kann.

Fuhrmann könnte noch gem. § 273 Abs. 1 BGB ein Zurückbehaltungsrecht an dem Pkw ausüben, um die Erfüllung eines Zahlungsanspruchs durchzusetzen, den Anton ihm abgetreten hat. Anton könnte nämlich gem. § 823 Abs. 1 BGB gegen Otto einen Anspruch auf Ersatz der Abschleppkosten haben. Otto hatte durch die unerlaubte Benutzung des Parkplatzes den Besitz des Anton rechtswidrig und vorsätzlich verletzt. Besitz ist ein „sonstiges Recht" i.S.d. § 823 Abs. 1 BGB, so daß Otto verpflichtet ist, dem Anton alle Vermögensschäden zu ersetzen, die dieser als Folge seiner unerlaubten Handlung erlitten hatte. Dazu gehören auch Aufwendungen zur sachgerechten Abwehr der von Otto provozierten rechtswidrigen Störung. Die Beauftragung eines Abschleppunternehmens zur fachgerechten Beseitigung des falsch parkenden Pkw war ein taugliches und auch noch angemessenes Mittel zur Abwehr der Besitzstörung. Hierfür mußte Anton jedoch selbst eine Zahlungsverpflichtung gegenüber Fuhrmann eingehen, denn er hat mit ihm einen Werkvertrag über die Durchführung der Abschleppaktion abgeschlossen. Demnach steht dem Anton nunmehr gegen Otto ein Schadensersatzanspruch in der Weise zu, daß er von ihm verlangen kann, von seinen Zahlungsverpflichtungen gegenüber Fuhrmann freigestellt zu werden. Anton hat diesen Anspruch an Fuhrmann abgetreten; mit der Abtretung hat sich der Freistellungsanspruch in einen Anspruch auf Zahlung von 180,– € umgewandelt, der nunmehr dem Fuhrmann gegen Otto zusteht. § 273 Abs. 1 BGB setzt zwar nicht voraus, daß Herausgabeanspruch und Zahlungsanspruch aus einem gegenseitigen Schuldverhältnis stammen (in diesem Falle könnten sich Fuhrmann bzw. Anton auf § 320 Abs. 1 BGB stützen), beide Ansprüche müssen jedoch aus „demselben rechtlichen Verhältnis" stammen. Dies setzt nicht notwendig ein einheitliches Rechtsverhältnis voraus; es reicht vielmehr aus, daß Anspruch und Gegenanspruch in einem rechtlich begründeten sachlichem Zusammenhang stehen (= „Konnexität"). Im vorliegenden Fall ergibt sich dieser Zusammenhang daraus, daß Otto das Besitzrecht des Anton verletzt hatte und der nunmehr begründete Herausgabeanspruch des Otto die Folge einer berechtigten, allerdings auch mit Kosten verbundenen Abwehr dieser Besitzrechtsverletzung ist.

Demnach kann Fuhrmann die Erfüllung des dem Otto nach § 985 BGB an sich zustehenden Anspruchs auf Herausgabe des Pkw so lange verweigern, bis dieser ihm die Abschleppkosten in Höhe von 180,– € bezahlt hat.

Fall 17.06: *Zweifelhafter Kunstgenuß*

Gustav ist Mieter in einem Mietshaus des Anton, das in den fünfziger Jahren noch unter weitgehender Vernachlässigung der Regeln des baulichen Schallschutzes errichtet worden ist. Seit einiger Zeit ist in die Wohnung über ihm die Musikpädagogin Wanda eingezogen, die an ihrer Heimstätte auch Klavierstunden gibt. Gustav ist bei den städtischen Elektrizitätswerken als Leitstandfahrer in der Nachtschicht eingesetzt und muß daher tagsüber in seiner Wohnung schlafen. Von den Klängen des „Fröhlichen Landmanns" und holprig geklimperten Czerny-Etüden an den Rand des Wahnsinns getrieben, verlangt Gustav von Wanda, daß sie den Klavierunterricht einstellt. Diese entgegnet jedoch spitz, daß sie schließlich irgendwann ihrem Broterwerb nachgehen müsse und verweist im übrigen auf ihren Mietvertrag, in dem ihr zu bestimmten Tageszeiten das Abhalten von Klavierstunden in der von Anton gemieteten Wohnung ausdrücklich erlaubt worden ist. Hat Gustav irgendwelche Rechte?

Lösungshinweis: Wie schon im vorausgehenden Fall 17.05 geht es um Besitzschutzrechte, die in diesem Sachverhalt vorhandene schuldrechtliche Ansprüche gegen den Eigentümer selbst ergänzen, darüber hinaus aber auch wie ein dingliches Recht unmittelbar gegen den Besitzstörer ausgeübt werden können. – Wiederholen Sie Grdz. § 13 III 2; § 17 II 3 b!

Musterlösung:

1. Ansprüche gegen Anton:

Gustav könnte von seinem Vermieter verlangen, daß dieser gegen das störende Klavierspiel einschreitet. Eine Anspruchsgrundlage für dieses Begehren könnte § 535 Abs. 1 Satz 2 BGB bieten. Hiernach ist Anton verpflichtet, dem Gustav die an ihn vermietete Wohnung in einem Zustand zu überlassen, daß sie zum vertragsmäßigen Gebrauch geeignet ist. Dazu gehört auch, daß Anton akustische Einwirkungen fernhält, durch die die ungestörte Nutzung der Wohnung beeinträchtigt wird. Ständiges Klavierspiel in der Nachbarschaft ist eine Belästigung, die die ungestörte Nutzung einer Wohnung erheblich beeinträchtigt, zumal wenn es von ungeübten Schülern praktiziert wird und die Schallisolierung zur Nachbarwohnung unzureichend ist.

Zwar ist die Gestaltung der Lebensverhältnisse des Gustav ungewöhnlich, da er in der Nachtschicht arbeitet und tagsüber auf seinen Schlaf angewiesen ist. Er muß daher trotz seines Ruhebedürfnisses mit den Verhältnissen seiner Umgebung vorlieb nehmen, wie sie tagsüber üblich sind. Ununterbrochenes stümperhaftes Klavierspiel ist jedoch auch dann eine unzumutbare Belästigung, wenn es nur während der Tagesstunden ausgeübt wird. Durch das Klavierspiel würde Gustav auch dann in nicht mehr hinnehmbarer Weise behelligt sein, wenn er nicht auf Schlaf angewiesen wäre, sondern sich in wachem Zustand in seiner Wohnung aufhalten wollte.

Normalerweise wäre Anton auch in der Lage, gegen die Klavierstunden der Wanda einzuschreiten, denn er kann als Vermieter gegen eine vertragswidrige Nutzung der von ihm überlassenen Mietwohnung mit Abmahnungen und Unterlassungsklagen nach § 541 BGB vorgehen. Dieser Unterlassungsanspruch scheitert auch nicht daran, daß Wanda mit ihren Klavierstunden ihren Broterwerb bestreitet. Soweit in Wohnhäusern eine berufliche Tätigkeit überhaupt zulässig ist, kann diese nur in der Weise erfolgen, daß hierdurch nicht die Rechte der anderen Mitbewohner beeinträchtigt werden. Im vorliegenden Fall hat Anton gegenüber Wanda auf seine Rechte aus § 541 BGB allerdings insoweit verzichtet, als er ihr im Mietvertrag das Abhalten von Klavierstunden innerhalb bestimmter Tageszeiten ausdrücklich erlaubt hat; damit ist die Berufstätigkeit der Wanda kein vertragswidriger Gebrauch der Mietsache.

Diese Gestattung betrifft jedoch nur die schuldrechtlichen Beziehungen zwischen Anton und Wanda, nicht aber auch die Vertragspflichten, die Anton nach wie vor gegenüber seinem Mieter Gustav hat. Gustav hat sonach ungeachtet der Vereinbarungen zwischen Anton und Wanda gegen seinen Vermieter einen Anspruch auf Einschreiten gegen den ruhestörenden Lärm. Soweit sich Anton durch seinen Vertrag mit Wanda die Erfüllung dieses Anspruchs unmöglich gemacht hat, muß er an Gustav nach § 536 a Abs. 1 BGB Schadensersatz leisten. Vorerst ist Gustav berechtigt, nach Maßgabe des § 536 Abs. 1 BGB den an Anton zu zahlenden Mietzins zu mindern.

2. Ansprüche gegen Wanda:

Gustav könnte auch von Wanda selbst Unterlassung des Klavierspiels verlangen. Zwar bestehen zwischen ihm und seiner Nachbarin keine vertraglichen Beziehungen, aus denen Gustav irgendwelche Ansprüche herleiten kann. Er könnte jedoch sein Begehren auf § 862 Abs. 1 BGB stützen. Gustav ist Besitzer der ihm von Anton vermieteten Wohnung. Wie bereits ausgeführt worden ist, wird er durch das aus der Wohnung der Wanda herübertönende Klavierspiel in unzumutbarer Weise in seinem Besitz gestört.

Möglicherweise kann sich Wanda ihm gegenüber auf die ihr von Anton erteilte Erlaubnis zum Klavierspiel berufen. Nach § 863 BGB ist gegenüber einem Besitzstörungsanspruch die Berufung auf ein Recht zum Besitz (bzw. die Erlaubnis für eine bestimmte Art und Weise der Besitzausübung) nur insoweit möglich, als hierdurch die Widerrechtlichkeit der Besitzstörung (§ 858 Abs. 1 BGB) aufgehoben wird. Demnach müßte aus dem Mietvertrag zwischen Wanda und Anton das Recht abzuleiten sein, auch gegen den Willen des Gustav in dessen Besitzbefugnisse eingreifen zu dürfen. Ein solches Recht zu Lasten des Gustav kann Anton durch den Vertragsschluß mit Wanda schon deshalb nicht begründet haben, weil sogar er als Eigentümer nicht befugt wäre, eigenmächtig in den Besitz des Gustav einzugreifen. Wanda hat sonach gegenüber Gustav kein Recht, ihn gegen seinen Willen in seinem Besitz zu stören. Er kann von ihr daher gem. § 862 Abs. 1 Satz 2 BGB verlangen, daß sie den Klavierunterricht in ihrer Wohnung unterläßt.

Fall 17.07: *Die Last der gelben Säcke*

Anton hat eine Lagerhalle an die Südwestdeutsche Transport GmbH (SWT) vermietet. Diese führt u.a. im Auftrag des Oberländischen Entsorgungsverbandes (OLEV) den Abtransport und die Zwischenlagerung von sortierten Kunststoffverpackungen aus der Wertstofferfassung des Dualen Systems durch und hat im Zusammenhang hiermit etwa 300 to aus dem Hausmüll aussortierte PVC-Flaschen in der von Anton angemieteten Halle eingelagert. Nach den vertraglichen Regelungen über die Organisation des Dualen Systems ist der OLEV Eigentümer des Plastikmülls. Irgendwann gerät die SWT in einen Skandal wegen illegaler Giftmülltransporte in die osteuropäischen Länder; dies führt dazu, daß ihre Geschäftsführer in Haft genommen und am 14.3. über das Vermögen der SWT das Insolvenzverfahren eröffnet wird.

Der Insolvenzverwalter kündigt gem. § 109 Abs. 1 Satz 1 InsO den Mietvertrag über die Lagerhalle fristlos. Anton verlangt vom Insolvenzverwalter, daß er den eingelagerten Kunststoffmüll entfernen läßt. Dieser ist zwar bereit, die Halle an Anton zurückzugeben, sieht sich jedoch außerstande, für den Abtransport der Plastikabfälle zu sorgen, da in der Insolvenzmasse keine Mittel hierfür vorhanden sind. Vom OLEV, an den er sich ebenfalls wendet, bekommt Anton auf seinen Brief noch nicht einmal eine Antwort.

Da die Halle in der Nachbarschaft eines Wohngebiets liegt, macht sich in der Bevölkerung Unruhe wegen der Brandgefahr breit, die von den eingelagerten Plastikmaterialien ausgeht. Schließlich erteilt die Baubehörde dem Anton als Grundeigentümer die sofort vollziehbare Auflage, das Lager zu räumen und den Müll in einer zugelassenen Abfallbehandlungsanlage zu entsorgen. Nach vielen Mühen gelingt es dem Anton schließlich, die PVC-Flaschen in einer Müllverbrennungsanlage entsorgen zu lassen. Anton muß hierfür den Betrag von 72.000,– € aufwenden. Kann er vom OLEV als dem Eigentümer des Plastikmülls und früherem Auftraggeber der SWT Erstattung seiner Ausgaben verlangen?

Lösungshinweis: Der Sachverhalt zeigt die Funktionsweise des § 1004 BGB und macht die Verantwortlichkeit des Eigentümers für Störungen deutlich, die von „seinem“ Eigentum ausgehen, und der er sich letztlich auch nicht dadurch entziehen kann, daß er Dritte mit der Sorge dafür beauftragt. – Wiederholen Sie Grdz. § 15 III; § 17 III 3 b!

Musterlösung:

(1) Vertragliche Ansprüche des Anton gegen den OLEV kommen nicht in Betracht. Dieser war zwar Eigentümer der in seinem Auftrag von der SWT abtransportierten und in der Halle des Anton eingelagerten Verpackungsreststoffe gewesen, er ist jedoch niemals

in unmittelbare vertragliche Beziehungen zu Anton getreten, aus denen Anton nunmehr irgendwelche Leistungsansprüche herleiten könnte. Den Mietvertrag über die Halle hatte Anton allein mit der SWT abgeschlossen, die jedoch nach ihrer Insolvenz für ihn als Schuldnerin nicht mehr greifbar ist.

(2) Möglicherweise hat Anton gem. § 823 Abs. 1 BGB einen Schadensersatzanspruch gegen den OLEV. Dies setzt eine rechtswidrige Verletzung des Eigentums an der Lagerhalle durch eine den Organen oder Verrichtungsgehilfen des OLEV zurechenbare Handlung voraus. Die einzige, dem Einflußbereich des OLEV zurechenbare Handlung besteht darin, daß er die SWT beauftragt hatte, aussortiertes Material aus der Wertstofferfassung des Dualen Systems zwischenzulagern. Insoweit bestand jedoch ein Vertrag zwischen Anton und der SWT und eine entsprechende Einwilligung des Anton, so daß die Einlagerung des PVC-Materials als solche noch keine unerlaubte Handlung darstellt, für welche der OLEV einstehen müßte.

(3) Anton könnte noch gem. §§ 683, 670 BGB Ersatz seiner Aufwendungen fordern, wenn er mit der Entsorgung des Kunststoffmülls ein Geschäft des OLEV besorgt hatte.

Allerdings ist Anton mit der Entfernung des feuergefährlichen Lagerguts einer gegen ihn gerichteten Auflage der Baubehörde gefolgt. Er hat sonach insoweit eine eigene (öffentlich-rechtliche) Pflicht erfüllt und ist damit in seinen eigenen Angelegenheiten tätig geworden. Ein i.S.d. § 677 BGB fremdes, nämlich dem OLEV zuzuordnendes, Geschäft würde jedoch auch dann vorliegen, wenn Anton Pflichten wahrgenommen hat, die nicht nur ihn angehen, sondern letztendlich in den Verantwortungs- oder Interessenbereich des OLEV fallen. Es kommt daher im vorliegenden Fall darauf an, ob der OLEV die letzte Verantwortung dafür zu tragen hatte, daß die Kunststoffmaterialien wieder aus der Lagerhalle des Anton entfernt wurden, nachdem die SWT nicht mehr handlungsfähig ist, oder ob dies allein seine Sache als Vermieter war. Dies ist danach zu entscheiden, ob Anton gegen den OLEV einen Anspruch auf Entfernung der PVC-Reste gehabt hatte.

Ein solcher Anspruch könnte sich aus § 985 BGB ergeben, wenn Anton vom OLEV die Herausgabe der Lagerhalle frei von den dort untergebrachten Materialien verlangen konnte. In diesem Fall müßte der OLEV unmittelbarer Besitzer der Halle gewesen sein. Mit der von ihm beauftragten Einlagerung von Plastikmüll, der in seinem Eigentum steht, hat der OLEV jedoch noch keine tatsächliche Sachherrschaft über die Halle übernommen. Besitzerin der Halle war vielmehr allein die SWT, die den Besitz inzwischen aufgegeben hat. Gegen den OLEV stehen dem Anton in bezug auf die Halle sonach keine Rechte aus § 985 BGB zu.

Anton könnte einen Räumungsanspruch noch aus § 1004 Abs. 1 Satz 1 BGB herleiten. Solange die Plastikabfälle in seiner Halle lagerten, ging von ihnen eine Störung seines Eigentums aus, denn Anton konnte die Halle nicht anderweit nutzen. Für diese Störung war der OLEV als Eigentümer der PVC-Reste verantwortlich, ungeachtet der Art und Weise, wie das Material in die Halle des Anton gelangt war. Aufgrund des mit der SWT abgeschlossenen Mietvertrags mußte Anton diese Störung seines Eigentums zwar zunächst gem. § 1004 Abs. 2 BGB dulden. Diese Duldungspflicht endete jedoch mit der Insolvenz der SWT und der hierdurch bedingten Auflösung des Mietvertrags.

Anton hätte sonach vom OLEV den Abtransport der in seiner Halle gelagerten Stoffe verlangen können. Da dieser auf seine Aufforderung nicht reagierte und andererseits eine behördliche Auflage zur fachgerechten Entsorgung der feuergefährlichen Stoffe bestand, war Anton berechtigt, diese an sich in die Zuständigkeit des OLEV fallende Leistung auch selbst zu erledigen. Ob dies dem mutmaßlichen Willen der gesetzlichen Vertreter des OLEV entsprach, ist gem. § 679 BGB unerheblich, da die Geschäftsbesorgung des Anton der Erfüllung einer letztendlich dem Eigentümer der Stoffe obliegenden öffentlich-rechtlichen Pflicht zur Gefahrenbeseitigung entsprach. Damit hat Anton bei der Entsorgung der Abfälle in einer Müllverbrennungsanlage in Geschäftsführung ohne Auftrag für den OLEV gehandelt. Gem. §§ 683, 670 BGB kann er daher die Erstattung seiner Aufwendungen in Höhe von 72.000,– € verlangen.

Fall 17.08: *Folgenreicher Irrtum*

Nach einem feuchtfröhlichen Abend in „Hauck's Weinstube" nimmt sich Anton seinen Mantel vom Haken und begibt sich auf den Heimweg. Es hat sich leichtes Glatteis gebildet, was den vom Wein angeregten, aber durchaus noch seiner Sinne mächtigen Anton zu einer mutwilligen Schlitterpartie animiert. Dabei rutscht er auf dem von den Stadtplanern kunstvoll angelegten Pflaster der Fußgängerzone St. Johanner Markt aus und zerreißt sich den Mantel. Erst jetzt stellt sich heraus, daß Anton im Lokal irrtümlich den zum Verwechseln ähnlich aussehenden Mantel des Wenzel angezogen hatte. Kann Wenzel von Anton Schadensersatz verlangen?

Lösungshinweis: In diesem Fall geht es um die Gesetzeskonkurrenz zwischen den Regelungen für das Eigentümer-Besitzer-Verhältnis und den allgemeinen Schadensersatzvorschriften des Rechts der unerlaubten Handlung. Bei der Anwendung des § 992 BGB lernen Sie ein Beispiel für die restriktive Auslegung einer gesetzlichen Bestimmung kennen. – Wiederholen Sie Grdz. § 15 I 3 a; § 17 II 2 b, III 4; vgl. auch Grdz. § 18 I 1b!

Musterlösung:

Wenzel könnte wegen der Beschädigung seines Mantels nach § 823 Abs. 1 BGB von Anton Schadensersatz verlangen. Es wurde Eigentum des Wenzel – nämlich eine ihm gehörende Sache – verletzt; Anton handelte ohne Rechtfertigungsgrund und auch fahrlässig, denn der Versuch einer Schlitterpartie auf Glatteis ist immer mit Risiken verbunden und daher als leichtsinnig, mithin als fahrlässig zu bewerten.

Im Zeitpunkt des Unfalls war Anton Besitzer des Mantels, wobei er sich – wenn auch irrtümlich – für den Eigentümer hielt. Zwischen ihm und Wenzel als dem tatsächlichen Eigentümer bestand sonach ein Eigentümer-Besitzer-Verhältnis nach §§ 985 ff. BGB. Demgemäß richtet sich eine etwaige Schadensersatzpflicht des Anton wegen einer Beschädigung der herauszugebenden Sache unter weitgehendem Ausschluß der sonst anwendbaren deliktsrechtlichen Regeln nach den §§ 989 bis 992 BGB.

Anton müßte gem. § 990 BGB dem Wenzel Ersatz für die von ihm fahrlässig verschuldete Beschädigung des Mantels leisten, wenn er beim Erwerb des Besitzes „nicht in gutem Glauben" war. Hierunter ist in entsprechender Anwendung der Legaldefinition des § 932 Abs. 2 BGB zu verstehen, daß Anton beim Anziehen des Mantels erkannt oder doch nur infolge grober Fahrlässigkeit nicht erkannt hatte, daß das Kleidungsstück nicht ihm gehörte und er sonach auch kein Recht zum Besitz daran hatte. Eine vorsätzliche Wegnahme der fremden Sache ist nach Lage des Falles auszuschließen; den Anton trifft aber auch nicht der Vorwurf grober Fahrlässigkeit, denn sein und der Mantel des Wenzel waren sich „zum Verwechseln ähnlich". Damit scheidet ein Schadensersatzanspruch des Wenzel nach § 990 BGB aus.

Ein Schadensersatzanspruch könnte sich noch aus § 992 i.V.m. § 823 Abs. 1 BGB ergeben. In diesem Fall müßte Anton gem. § 848 BGB sogar für eine zufällige Beschädigung des Mantels einstehen. Dies setzt voraus, daß Anton sich den Besitz an Wenzels Mantel durch verbotene Eigenmacht i.S.d. § 858 Abs. 1 BGB verschafft hat. Verbotene Eigenmacht liegt ohne Rücksicht auf die beim Störer vorhandenen Kenntnisse über die Besitzlage immer schon dann vor, wenn der Besitz ohne den Willen des bisherigen Besitzers entzogen worden ist. Wenzel war Besitzer seines Mantels geblieben, als er diesen im Lokal auf den Kleiderständer hängte, denn hierdurch hatte er noch nicht die Sachherrschaft an dem Kleidungsstück aufgegeben. Den Besitz an seinem Mantel hatte er erst verloren, als Anton sich diesen anzog und damit die Weinstube verließ. Dies geschah ohne den Willen des Wenzel und war auch sonst nicht gerechtfertigt, mithin durch verbotene Eigenmacht.

Die Frage ist allerdings, ob eine Haftung nach § 992 BGB auch dann begründet ist, wenn derjenige, der den Besitz ergreift, von seiner verbotenen Eigenmacht nichts weiß, weil er sich irrtümlich für den Eigentümer der Sache hält. Würde man den Anwendungsbereich dieser Vorschrift so weit ausdehnen, so käme schon die Besitzergreifung durch verbotene Eigenmacht als solche einem Fall der Gefährdungshaftung gleich. Dies würde jedoch dem Zweck der Regelung der §§ 987 ff. BGB widersprechen, den redlichen Eigenbesitzer wegen seines guten Glaubens an sein Eigentum oder an sein Recht zum Besitz im Verhältnis zu den sonst anwendbaren Vorschriften des Delikts- oder Bereicherungsrechts zu privilegieren. Aus dem systematischen Zusammenhang zwischen den §§ 987 ff. BGB und dem Recht der unerlaubten Handlungen folgt daher, daß für die Anwendung des § 992 BGB der aus § 858 Abs. 1 BGB übernommene Begriff der „verbotenen Eigenmacht" einschränkend zu interpretieren ist: Der in § 992 BGB angeordnete Rückgriff auf das Recht der unerlaubten Handlungen findet nur dann statt, wenn die Besitzstörung schuldhaft war. Da Anton im vorliegenden Fall in entschuldbarem Irrtum den Mantel des Wenzel verwechselt hatte, ist diese Vorschrift somit nicht einschlägig. Wenzel kann demnach für die Beschädigung seines Mantels keinen Schadensersatz verlangen.

Fall 17.09: *Die übereifrigen Vereinsbrüder*

Anton ist Eigentümer eines brachliegenden Wiesenareals in der saarländischen Gemeinde Weiskirchen, um das er sich lange nicht mehr gekümmert hat. Als er wieder einmal nach Weiskirchen kommt, stellt er fest, daß der örtliche Anglerverein, der schon immer Gelände in der Nachbarschaft angepachtet hatte, den alten Zaun des Wiesengrundstücks niedergelegt, sich in den Besitz dieser Parzelle gesetzt und dort einen Fischteich sowie ein festes Steinhaus als Vereinsheim errichtet hat.

Anton verlangt die Beseitigung des Fischteichs, mit dem er nichts anfangen kann, und die Rückgabe des Grundstücks mit Haus. Der Verein will die Rückgabe von der Erstattung seiner Aufwendungen in Höhe von 20.000,– € für die Anlegung des Fischteichs und in Höhe von 80.000,– € für den Bau des Vereinsheims abhängig machen, das hervorragend als Wochenendhaus nutzbar ist und auch in seinem derzeitigen Wert den damaligen Herstellungskosten entspricht. Wie ist die Rechtslage?

Lösungshinweis: Ähnlich wie im vorhergehenden Fall 17.08 werden Fragen der Gesetzeskonkurrenz der §§ 987 ff. BGB zu anderen gesetzlichen Schuldverhältnissen erörtert – diesmal geht es um die Frage des Aufwendungsersatzes und die Verdrängung möglicher allgemeiner Ausgleichsregelungen des Bereicherungsrechts durch die Vorschriften der §§ 994 ff. BGB. – Wiederholen Sie Grdz. § 15 II 3; § 16 V 3 a; § 17 I 3 d, III 4 d; vgl. auch Grdz. § 18 I 1 c!

Musterlösung:

Anton hat gegen den Anglerverein einen Anspruch auf Rückgabe des Grundstücks gem. § 985 BGB. Anton ist Eigentümer des Geländes, der Verein ist (unrechtmäßiger) Besitzer und sonach zur Herausgabe verpflichtet. Die in diesem Fall zu entscheidende Frage ist, ob der Verein seinerseits gegen Anton einen Anspruch auf Erstattung seiner Aufwendungen für den Bau des Vereinsheims und die Anlegung des Fischweihers hat, und ob der Verein aus diesem Grund nach § 1000 Satz 1 BGB berechtigt ist, bis zum Ausgleich dieses Anspruchs die Herausgabe des Grundstücks zu verweigern.

Gem. § 1000 Satz 2 BGB wäre ein Zurückbehaltungsrecht allerdings ungeachtet etwaiger Gegenansprüche des Anglervereins von vornherein ausgeschlossen, wenn dieser den Besitz am Grundstück durch eine vorsätzlich begangene unerlaubte Handlung erlangt hatte. Durch die eigenmächtige Inbesitznahme von Antons Grundstück hat der Verein (bzw. haben die für ihn handelnden Personen) das Eigentumsrecht des Anton i.S.v. § 823 Abs. 1 BGB verletzt und damit eine unerlaubte Handlung begangen. Diese Verhaltensweise war auch vorsätzlich, denn die Vereinsbrüder haben den Zaun, der ein deutlich sichtbares Merkmal für die bestehende Eigentumsgrenze war, niedergelegt und sich ohne weiteres in den Besitz des Grundstücks gesetzt. Dies reicht für den Vorwurf vorsätzlichen Handelns aus, so daß im vorliegenden Fall § 1000 Satz 2 BGB gilt.

Der durch § 1000 Satz 2 BGB bewirkte Ausschluß des Zurückbehaltungsrechts des Besitzers nimmt diesem jedoch nur eine besondere rechtliche Gestaltungsmöglichkeit zur Durchsetzung eines etwa vorhandenen Erstattungsanspruchs, sagt jedoch noch nichts darüber aus, ob ein solcher Anspruch überhaupt besteht. Dies ist vielmehr anhand der §§ 994 ff. BGB zu beurteilen, wenn man den Bau des Hauses und die Anlegung des Fischweihers als „Verwendung auf das Grundstück" ansehen kann.

Im vorliegenden Fall käme dann aber zugunsten des Vereins allenfalls die Anwendung des § 996 BGB in Betracht, da der Hausbau und die Anlegung des Fischweihers keineswegs i.S.v. § 994 BGB „notwendig" waren, um die Erhaltung des Grundstücks zu sichern. Auch ein Ersatzanspruch für „nützliche Verwendungen" wäre jedoch im vorliegenden Fall zu verneinen, da der Verein die Bauarbeiten in klarer Kenntnis des Umstandes getätigt hat, daß dies auf einem fremden Grundstück geschieht und daß ihm kein Recht zum Besitz zusteht. Die für den Verein handelnden Personen waren sonach von Anfang an als bösgläubige Besitzer anzusehen; § 996 BGB gibt einen Anspruch auf Ersatz von nützlichen Verwendungen nur dann, wenn diese zu einer Zeit gemacht worden sind, als der Besitzer sich noch gutgläubig zum Eigenbesitz berechtigt angesehen hatte.

Nach den für das Eigentümer-Besitzer-Verhältnis geschaffenen Regelungen des Ausgleichs für Verwendungen auf die herauszugebende Sache steht dem Anglerverein sonach kein Erstattungsanspruch zu.

Möglicherweise könnte der Verein jedoch noch aufgrund der §§ 951 Abs. 1, 946, 812 Abs. 1 BGB Ausgleich für die Wertverbesserungen verlangen, die das Grundstück des Anton – zumindest bei objektiver Betrachtung – durch den Bau des Vereinsheims und die Anlegung des Fischteichs gewonnen hat. Vereinsheim und Fischteich sind mit dem Grundstück als wesentlicher Bestandteil verbunden worden, damit erstreckt sich das Grundeigentum des Anton gem. § 946 BGB auch auf diese Sachen. Andererseits verliert der Verein die von ihm für diesen Zweck aufgewendeten Sach- und Arbeitsleistungen, wenn er das Grundstück an Anton zurückgeben muß. Gem. § 951 Abs. 1 BGB besteht in einem solchen Fall grundsätzlich ein Anspruch auf Ausgleich für den Rechtsverlust nach den Vorschriften des Bereicherungsrechts. Im Verhältnis zu Anton sind die Aufwendungen des Vereins auch ohne rechtlichen Grund (ja sogar in verbotener Eigenmacht) erfolgt. Da Fischteich und Vereinsheim als solche nicht mehr an den Verein zurückgegeben werden können, käme ein Wertersatzanspruch in Geld nach § 818 Abs. 2 BGB in Betracht. Gegen diesen Anspruch könnte Anton allerdings einwenden, daß er mit dem Fischteich nichts anfangen kann, und sich jedenfalls insoweit nach § 818 Abs. 3 BGB auf den Wegfall der Bereicherung berufen. Das Vorliegen einer Bereicherung i.S.d. § 812

Abs. 1 BGB ist jedoch nach objektiven Kriterien und nicht nach den Bedürfnissen desjenigen zu beurteilen, bei dem der Vermögensvorteil eingetreten ist. Grundsätzlich ist davon auszugehen, daß ein Fischteich von Nutzen ist und daher objektiv einen Wertzuwachs darstellt. Die Anwendung des § 818 Abs. 3 BGB ist daher im vorliegenden Fall nicht möglich, Anton ist sonach um die Aufwendungen des Anglervereins sowohl für den Fischteich als auch für das Vereinsheim in Höhe von insgesamt 100.000,– € bereichert.

Fraglich ist allerdings, ob im vorliegenden Fall über die Regelung des § 951 Abs. 1 BGB die allgemeinen Vorschriften über den Bereicherungsausgleich überhaupt noch neben den Vorschriften der §§ 994, 996 BGB angewendet werden können, nachdem die bisherige Betrachtung der besonderen Vorschriften über das Eigentümer-Besitzer-Verhältnis zu einem Ausschluß von Erstattungsansprüchen des Vereins geführt hat. Nach § 951 Abs. 2 BGB bleiben diese Vorschriften über den Ersatz von Verwendungen „unberührt"; d.h. sie gehen als die spezielleren Bestimmungen der Ausgleichsregelung der §§ 951 Abs. 1, 812 BGB grundsätzlich vor. Insoweit richtet sich der Ausgleich für gemachte Verwendungen aber allein danach, ob sie „notwendig" oder wenigstens im Interesse des tatsächlichen Eigentümers der Sache waren. Der Gesichtspunkt der Werterhöhung der herauszugebenden Sache kommt gem. § 996 BGB allenfalls zugunsten des gutgläubigen Eigenbesitzers ins Spiel. Wie bereits festgestellt worden ist, hätte das im vorliegenden Fall zur Folge, daß dem Anglerverein Ausgleichsansprüche nicht zustehen, wenn die Frage des Aufwendungsersatzes durch die §§ 994, 996 BGB abschließend geregelt wäre.

Dies kommt auf die Auslegung des in diesen Bestimmungen verwendeten Begriffs „Verwendungen" an. Hierunter werden üblicherweise Maßnahmen zur Wiederherstellung, Erhaltung oder Verbesserung der vom Besitzer herauszugebenden Sache verstanden. Hier haben jedoch die vom Anglerverein durchgeführten Baumaßnahmen zu einer völligen Umgestaltung des bisher vorhandenen Wiesengrundstücks in ein intensiv genutztes Freizeitareal geführt. Es würde nicht dem Ausgleichszweck der §§ 994 ff. BGB entsprechen und auch keinen vernünftigen Sinn machen, eine solche Umgestaltung noch als eine „Verwendung" auf die Sache anzusehen und den Ausgleich der hierdurch bewirkten Bereicherung des Eigentümers allein anhand des Kriteriums zu regeln, ob eine solche Umgestaltung als „notwendig" angesehen werden kann und/oder von einem gutgläubigen Eigenbesitzer vorgenommen worden ist. Die Regelung der §§ 994 ff. BGB ist vielmehr auf solche Maßnahmen zu beschränken, die der Eigentümer (mehr oder weniger) auch selbst hätte ergreifen müssen, wenn er die ganze Zeit Besitzer der Sache gewesen wäre.

Die §§ 994 ff. BGB erfassen somit nicht mehr der Fall der Umgestaltung der vom Besitzer herauszugebenden Sache. Insoweit besteht daher auch keine Gesetzeskonkurrenz zu den allgemeinen bereicherungsrechtlichen Regelungen, so daß die §§ 951 Abs. 1, 812 Abs. 1 BGB Fall auf den Erstattungsanspruch des Anglervereins anwendbar sind ungeachtet des Umstandes, daß dieser bei der Inbesitznahme von Antons Grundstück in verbotener Eigenmacht gehandelt hatte.

Allerdings gibt diese widerrechtliche und vorsätzliche Verletzung seines Eigentums dem Anton das Recht, vom Verein sowohl nach § 823 Abs. 1 BGB Wiederherstellung des ursprünglichen Zustandes seines Grundstücks als Schadensersatz als auch nach § 1004 BGB Beseitigung der Einbauten als Behebung der Störung seines Eigentums zu verlangen. Dieser Wiederherstellungsanspruch wäre weitgehend entkräftet, wenn Anton zugleich verpflichtet sein würde, die Leistungen des Vereins als ungerechtfertigte Bereicherung zurückzuvergüten. Anton muß daher die Möglichkeit haben, die ihm eigenmächtig aufgedrängte Bereicherung zurückzuweisen und sich von den Ersatzansprüchen des Vereins nach § 812 BGB freizustellen, indem er die Entfernung der Einbauten verlangt. Da Anton die Beseitigung des Fischteichs verlangt, kann der Verein von ihm sonach keinen Bereicherungsausgleich fordern. Für das Haus, das Anton mit übernehmen will und das ihm einen künftig nutzbaren Vorteil bringt, steht dem Verein dagegen ein Anspruch auf Herausgabe der Bereicherung in Höhe des derzeitigen Werts von 80.000,– € zu. Zu prüfen bleibt noch, ob dem Anglerverein wegen seines aus allgemeinem Bereicherungsrecht hergeleiteten Erstattungsanspruchs ein Zurückbehaltungsrecht an dem herauszugebenden Grundstück zusteht, so daß er lediglich zur Rückgabe Zug um Zug gegen Zahlung von 80.000,– € durch Anton verpflichtet werden kann. Aus § 1000 Satz 1 BGB kann er dieses Zurückbehaltungsrecht nicht herleiten, denn diese Vorschrift sichert nur die in den §§ 994 ff. BGB geregelten Ersatzansprüche und wäre – wie schon festgestellt worden ist – im vorliegenden Fall auch deswegen nicht anwendbar, weil der Verein sich das Grundstück durch eine vorsätzlich begangene unerlaubte Handlung verschafft hatte. Der Verein könnte sich aber noch auf das allgemeine Zurückbehaltungsrecht des § 273 Abs. 1 BGB berufen. Sowohl der Herausgabeanspruch des Anton als auch der Bereicherungsanspruch des Vereins sind fällig, zwischen beiden Ansprüchen besteht auch ein rechtlicher Zusammenhang; so daß die für die Anwendung dieser Vorschrift vorauszusetzende Konnexität besteht. Auch hier fällt jedoch wieder ins Gewicht, daß sich der Verein den Besitz an dem Grundstück durch eine vorsätzlich begangene unerlaubte Handlung verschafft hat; in diesem Fall ist nämlich gem. § 273 Abs. 2 BGB das Zurückbehaltungsrecht ausdrücklich ausgeschlossen. Der Anglerverein muß sonach dem Anton das Wiesengrundstück sofort zurückgeben und kann sich erst im Anschluß daran darum kümmern, daß Anton ihm die 80.000,– € Baukosten für das Vereinsheim zurückerstattet.

Fall 17.10: *Philemon und Baucis im Schrebergarten*

Die Eheleute Kellermann haben im April 1982 von Christian ein Gartengrundstück in den Bruchwiesen in Saarbrücken angepachtet und hierauf später mit dessen Zustimmung „für die Dauer des Pachtvertrags“ eine Holzbaracke errichtet. Im Laufe der Jahre haben sie sich die Hütte zu einem gemütlichen Häuschen ausgebaut. Anfang 1989 hat das Ehepaar dann schließlich seine Wohnung aufgegeben und ist ganz in das Gartenhaus eingezogen. Christian hat dem in einem Zusatz zum schriftlichen Pachtvertrag ausdrücklich zugestimmt und aus diesem Anlaß die Jahrespacht für das Grundstück von 500,– DM auf 1.000,– DM erhöht, die zum 1.1.2002 auf 511,29 € umgestellt worden ist. Im Mai 2002 verkauft Christian das Gartengrundstück an die WOBA GmbH, die das gesamte Gelände erschließen und mit einer Reihenhaussiedlung bebauen möchte. Mit einem am 30.9.2002 zugegangenen Kündigungsschreiben kündigt die WOBA GmbH das Pachtverhältnis zum Ablauf des 31.3.2003. Das inzwischen hochbetagte Ehepaar Kellermann ist der Meinung, die Kündigung sei nicht fristgerecht; außerdem stehe ihm Mieterschutz zu. Mit Recht?

Lösungshinweis: Der Sachverhalt zeigt den Zusammenhang zwischen der dinglichen Rechtslage und der Qualifizierung eines schuldrechtlichen Nutzungsverhältnisses und macht die großen Unterschiede im Kündigungsschutz zugunsten des Nutzers einer fremden Sache deutlich, je nachdem, ob das Nutzungsverhältnis als Wohnraummiete oder als „einfacher“ Pachtvertrag zu bewerten ist. Außerdem lernen Sie die Rechtsfigur des „Scheinbestandteils“ nach § 95 Abs. 1 BGB kennen. – Wiederholen Sie Grdz. § 13 III 1, 4, 6 a; § 17 I 3 d!

Musterlösung:

Die Beurteilung der von der WOBA GmbH als derzeitiger Grundstückseigentümerin ausgesprochenen Kündigung hängt davon ab, welches Rechtsverhältnis über die Nutzung des Gartengrundstücks und des darauf errichteten Häuschens zwischen Christian und den Eheleuten Kellermann bestanden hat, in das die WOBA GmbH gem. §§ 581 Abs. 1, 578 Abs. 1, 566 Abs. 1 BGB (bzw. gem. § 566 Abs. 1 BGB unmittelbar) beim Erwerb des Grundstücks kraft Gesetzes eingetreten ist: Liegt ein Pachtvertrag i.S.d. § 581 Abs. 1 BGB vor, so wäre die ein halbes Jahr im voraus zum Ende des Monats März 2003, also zum Ende des jeweils im April beginnenden Pachtjahrs, ausgesprochene Kündigung gem. § 584 BGB rechtzeitig, und den Eheleuten Kellermann würde auch kein Kündigungsschutz zustehen. Liegt dagegen ein Wohnraummietvertrag vor, so wäre gem. § 573 c Abs. 1 Satz 2 BGB in Anbetracht der länger als acht Jahre andauernden Wohnnutzung nur eine Kündigungsfrist von knapp neun Monaten zulässig; auch müßte ein berechtigtes Interesse der Eigentümerin an der Kündigung des Mietverhältnisses gem. § 573 BGB dargelegt und geprüft werden und schließlich könnte das betagte Ehepaar Kellermann noch unter Berufung auf die Härteklausel des § 574 BGB der Kündigung überhaupt widersprechen.

Im Vertrag vom April 1982 hatte Christian als damaliger Eigentümer dem Ehepaar Kellermann den Gebrauch des Grundstücks und den Genuß der aus dem Garten gewonnenen Früchte gegen Zahlung eines Pachtzinses von zunächst 500,– DM jährlich gewährt. Damit ist ein Pachtvertrag abgeschlossen worden. Zu prüfen bleibt noch, ob es sich bei dem vorliegenden Rechtsverhältnis um einen Landpachtvertrag nach § 585 BGB handelt, so daß die besondere Kündigungsregelung des § 594 a BGB zu beachten wäre. Dann müßte Christian den Eheleuten Kellermann das Grundstück „überwiegend zur Landwirtschaft“ verpachtet haben, d.h. Zweck der Nutzung des Grundstücks müßte es sein, durch Bewirtschaftung des Bodens pflanzliche Erzeugnisse zu gewinnen oder eine Tierhaltung zu betreiben und hiermit einen Erwerb zu erzielen. Der Sachverhalt gibt jedoch keine Anhaltspunkte dafür, daß das Ehepaar aus dem Anbau des Gartens mehr als die Deckung seines persönlichen Bedarfs erzielt; das Gartengrundstück dient ihm primär als Altersruhesitz. Demnach wäre der Vertrag als Pachtvertrag i.S.d. § 581 Abs. 1 BGB zu beurteilen.

Das im April 1982 ursprünglich als Pachtvertrag begründete Nutzungsverhältnis könnte jedoch spätestens Anfang 1989 in einen Wohnungsmietvertrag umgewandelt worden sein, als das Ehepaar Kellermann mit der schriftlichen Zustimmung des Christian und unter Vereinbarung eines höheren „Pacht“-Zinses seinen ständigen Wohnsitz in dem Häuschen eingenommen hatte, das inzwischen auf dem Gartengrundstück errichtet worden ist. Ein Wohnungsmietvertrag kann jedoch nur dann vorliegen, wenn die Wohnung, in die die Eheleute eingezogen sind, im Eigentum des Christian gestanden hat, so daß die Rede davon sein kann, daß *Christian* dem Ehepaar den Gebrauch an den Räumen überlassen hat, mithin als Vermieter der Sache aufgetreten ist.

Die Entscheidung des Falls hängt somit davon ab, wer Eigentümer des von den Eheleuten Kellermann benutzten Häuschens ist. Die Holzbaracke ist ein Bauwerk, das durch sein Gewicht mit dem Grundstück fest verbunden ist. Ungeachtet der Tatsache, daß das Häuschen von den Eheleuten Kellermann gebaut worden ist, könnte es daher gem. § 94 Abs. 1 BGB als wesentlicher Bestandteil des Grundstücks anzusehen sein und mithin gem. § 946 BGB in das Eigentum des jeweiligen Grundstückseigentümers, zunächst also des Christian, später der WOBA GmbH gelangt sein. Laut Absprache mit Christian hatten die Eheleute die Baracke jedoch nur „für die Dauer des Vertrags“, also nur vorübergehend, mit dem von ihnen angepachteten Grundstück verbunden. Demnach ist das Häuschen gem. § 95 Abs. 1 BGB nur Scheinbestandteil des Grundstücks geworden mit der Folge, daß die Eheleute Kellermann als „Bauherren“ Eigentümer der von ihnen errichteten Baracke geblieben sind. Demnach sind sie auch in ihre „eigenen vier Wände“ eingezogen, als sie Anfang 1989 endgültig ihren Wohnsitz auf das von Christian angepachtete Grundstück verlegt hatten. Demnach konnte Christian mit ihnen über diese Wohnräume keinen Mietvertrag abschließen; die Anfang 1989 vereinbarte Vertragsänderung ist sonach nicht als Umwandlung des Pachtvertrags in ein Wohnungsmietverhältnis, sondern lediglich als eine erweiternde Regelung der sich aus dem Pachtvertrag von 1982 ergebenden Nutzungsbefugnisse und als Anpassung des Pachtzinses an diese Erweiterung auszulegen.

Die von der WOBA GmbH als Rechtsnachfolgerin des Christian zum 31.3.2003 ausgesprochene Kündigung des Pachtvertrags über das Gartengrundstück ist somit wirksam.

III. Wiederholungsfragen

1. Auf welche Weise unterscheiden sich dingliche Rechte von schuldrechtlichen Ansprüchen? (Grdz. § 4 II 2 a, c; § 10 I 2; § 17 I 1)	Dingliche Rechte wirken als absolute Rechte gegenüber jedermann; demnach geht das an einer Sache begründete dingliche Recht grundsätzlich allen späteren Verfügungen des ursprünglichen Rechtsinhabers über diese Sache (und auch den Zugriffen von seinen Gläubigern auf diese Sache) vor. Schuldrechtliche Ansprüche begründen demgegenüber lediglich relative Rechtsbeziehungen zwischen dem Schuldner und dem jeweiligen Gläubiger; üblicherweise werden Dritte aus diesen Ansprüchen weder berechtigt noch verpflichtet. Der Eigentümer der Sache kann weiter über sie verfügen und dabei auch die Erfüllung des bereits begründeten schuldrechtlichen Anspruchs auf die Sache stören; andere Gläubiger des Eigentümers können auf die Sache zugreifen, ohne auf den schuldrechtlichen Leistungsanspruch Rücksicht nehmen zu müssen.
2. Was sind beschränkte dingliche Rechte? (Grdz. § 17 I 1)	Hierunter versteht man einzelne Nutzungs- oder Verwertungsbefugnisse an einer Sache, die zu einem sowohl gegenüber dem Eigentümer als auch gegenüber Dritten wirksamen dinglichen Recht ausgestaltet worden sind. Sie beschränken das Eigentum an der Sache und können auch gegenüber einer Zwangsvollstreckung in die Sache durch nachrangige Gläubiger durchgesetzt werden.
3. Was sind Sachen; wie wird ein Grundstück als Sache definiert? Kann z.B. auch ein Bach eine Sache sein? (Grdz. § 17 I 3)	Sachen sind gem. § 90 BGB körperliche Gegenstände, d.h. räumlich abgegrenzte und physisch faßbare Objekte. Grundstücke sind abgegrenzte Teile der Erdoberfläche, die katastermäßig vermessen und mit ihrer Parzellenbezeichnung im Bestandsverzeichnis des Grundbuchs eingetragen sind. Eine oder mehrere im Bestandsverzeichnis unter derselben Ordnungsnummer eingetragene Parzellen bilden ohne Rücksicht auf den tatsächlichen Zustand des Areals ein Grundstück im Rechtssinne. Ein Bach kann keine Sache sein, da fließendes Wasser nicht faßbar ist. Wohl aber ist das Bachbett, durch das der Bach fließt, entsprechend seiner katastermäßigen Vermessung und

der Eintragung der Parzelle im Bestandsverzeichnis des Grundbuchs eine (unbewegliche) Sache.

4. Was ist Fahrnis? (Grdz. § 17 I 3 a)

Fahrnis ist ein anderer Fachausdruck für bewegliche Sachen. Hierzu zählen alle körperlichen Gegenstände, die keine Grundstücke sind oder als Grundstücksbestandteile angesehen werden.

5. In welcher Weise können mehrere Sachen miteinander kombiniert werden; welche rechtlichen Konsequenzen ergeben sich hieraus? (Grdz. § 17 I 3 c, d)

Mehrere Sachen können miteinander so verbunden werden, daß sie entweder *wesentlicher Bestandteil* einer aus ihnen gebildeten neuen Sache oder wesentlicher Bestandteil einer bereits vorhandenen Hauptsache werden. Wesentliche Bestandteile sind keine eigenständigen Rechtsobjekte (§ 93 BGB). Bei der Verbindung einer beweglichen Sache mit einem Grundstück als wesentlicher Bestandteil erstreckt sich gem. § 946 BGB das Eigentum am Grundstück auf die eingefügte Sache; bei der Verbindung mehrerer beweglicher Sachen als wesentliche Bestandteile richten sich die dinglichen Rechte an der so geschaffenen neuen Gesamtsache nach § 947 BGB.

Bewegliche Sachen können auch ohne untrennbare Verbindung einer anderen (Haupt-)Sache so zugeordnet werden, daß sie deren wirtschaftlichem Zweck zu dienen bestimmt sind (z.B. Inventar eines Gewerbebetriebs). Sie sind dann gem. § 97 BGB *Zubehör* der Hauptsache. Zubehörstücke können anderen Rechtsinhabern zustehen als die Hauptsache; stehen Hauptsache und Zubehör demselben Eigentümer zu, beziehen sich Rechtsgeschäfte über die Hauptsache jedoch im Zweifel auch auf das Zubehör. Bei Grundstücken haftet das dem Grundstückseigentümer gehörende Zubehör gem. § 1120 BGB mit für die auf dem Grundstück liegenden Grundpfandrechte.

6. In welchem Verhältnis stehen die Begriffe Nutzungen, Früchte und Gebrauchsvorteile; wo z.B. spielen diese Begriffe eine Rolle? (Grdz. § 15 II 6 a; § 17 I 3 e, III 4 b)

Der Ausdruck *Nutzungen* kennzeichnet gem. § 100 BGB den Oberbegriff für die Vorteile, die aus einer Sache oder einem Recht gezogen werden können. Dieser Begriff wird unterschieden in *Früchte* und *Gebrauchsvorteile.* Als Früchte werden gem. § 99 BGB die Erzeugnisse einer Sache oder die unmittelbar aus ihrer Substanz gewonnene Ausbeute bzw. die Erträge eines Rechts angesehen. Gebrauchsvorteil ist der üblicherweise nur gegen Zahlung eines Entgelts gewährte Nutzen einer Sache aufgrund der Möglichkeit, diese Sache tatsächlich zu besitzen und zu gebrauchen. Bei Rechten werden hierunter alle unmittelbar aus der Ausübung des Rechts gewonnenen Vorteile verstanden.

Der Begriff der Nutzungen spielt z.B. im Bereicherungsrecht eine Rolle; so erstreckt sich gem. § 818 Abs. 1 BGB die Verpflichtung zur Herausgabe einer Bereicherung auch auf die aus dem herauszugebenden Gegenstand gezogenen Nutzungen. Auch im Eigentümer-Besitzer-Verhältnis nach §§ 985 ff. BGB gibt es in den §§ 987, 988, 991 BGB Regelungen über die Verpflichtung des Besitzers über die Herausgabe der während der Besitzzeit gezogenen Nutzungen.

7. Was bedeutet die Verfügungsbefugnis; woraus kann diese hergeleitet werden? (Grdz. § 17 I 4 b)

Die Verfügungsbefugnis ist die rechtliche Möglichkeit, das Eigentum an einer Sache auf andere zu übertragen oder beschränkte dingliche Rechte an dieser Sache zu begründen oder zu übertragen. Die Verfügungsbefugnis wird damit normalerweise zur notwendigen Voraussetzung für die Wirksamkeit eines Verfügungsgeschäfts. Sie ergibt sich aus dem Eigentum oder dem Recht an der Sache, soweit kein gesetzliches oder behördliches Veräußerungsverbot oder dingliche Rechte Dritter die Ausübung dieser Rechte beschränken. Allerdings kann auch ein Nichtberechtigter wirksam verfügen, wenn er hierzu vom Rechtsinhaber ermächtigt ist oder die anderen Voraussetzungen des § 185 BGB vorliegen.

8. Kann man den Besitz als ein dingliches Recht an einer Sache ansehen? (Grdz. § 17 II)

Wie aus § 854 Abs. 1 BGB hervorgeht, knüpft der Besitz an einen realen Zustand, die tatsächliche Gewalt über eine Sache, an. Diese ist gegeben, unabhängig davon, welche Rechte der Besitzer in bezug auf die Sache hat. Man kann den Besitz daher nicht als subjektives Recht bezeichnen. Allerdings schützt das BGB den Besitz an einer Sache vor Entzug oder Störung gegen den Willen des jeweiligen Besitzers durch die Anerkennung von Abwehrrechten gegen verbotene Eigenmacht nach Maßgabe der §§ 858, 859, 861, 862. Es ist daher gerechtfertigt, auch schon die tatsächliche Besitzerstellung z.B. als sonstiges Recht i.S.d. § 823 Abs. 1 BGB oder den rechtsgrundlosen Erwerb des Besitzes als Bereicherung i.S.d. § 812 Abs. 1 BGB anzusehen.

9. In welcher Weise kann eine Sache im Besitz mehrerer Personen stehen? (Grdz. § 17 II 1 a)

Zunächst ist es möglich, an abgrenzbaren Teilen einer einheitlichen Sache (z.B. an der Wohnung eines Miethauses) *Teilbesitz* zu begründen (§ 865 BGB), so daß mehrere Personen an der einheitlichen Sache nebeneinander jeweils auf ihren Teil beschränkt Alleinbesitz haben. Mehrere Personen können aber auch gem. § 866 BGB an einer ungeteilten Sache (gleichrangigen) *Mitbesitz* haben, indem sie die tatsächliche Gewalt hierüber gemeinschaftlich ausüben. Bei der Begründung von Teilzeitwohnrechten i.S.d. § 481 BGB kann der Besitz an einem Wohngebäude oder an einer Wohnung auch in wiederkehrenden Intervallen zeitlich gestaffelt sein.

Ferner kann ein (möglicherweise in mehreren Stufen geordneter) *mittelbarer Besitz* dadurch begründet werden, daß derjenige, der die unmittelbare Gewalt über die Sache ausübt (= unmittelbarer Besitzer), zu einem anderen in einem Rechtsverhältnis steht, aufgrund dessen er ihm gegenüber zum Besitz an der Sache berechtigt, irgendwann einmal aber zur Herausgabe verpflichtet ist. Aufgrund dieses Besitzmittlungsverhältnisses wird der andere gem. § 868 BGB zum mittelbaren Besitzer der Sache. Schließlich können zwei (oder mehrere) Personen auch noch in der Weise am Besitz an einer Sache beteiligt werden, daß die eine gem. § 855 BGB aufgrund eines Dienst- oder Arbeitsverhältnisses für die andere als deren *Besitzdiener* die tatsächliche Sachherrschaft an der Sache ausübt. In diesem Fall ist nur der Dienstherr oder Arbeitgeber unmittelbarer Besitzer der Sache; allerdings stehen auch dem *Besitzdiener* nach § 860 BGB gegenüber Dritten gewisse Schutz- und Abwehrrechte zu.

10. Was bedeutet verbotene Eigenmacht; wie ist der auf diese Weise erworbene Besitz zu beurteilen; wofür spielt dies eine Rolle? (Grdz. § 17 II 2 b)

Gem. § 858 Abs. 1 BGB ist der nicht durch gesetzliche Vorschriften erlaubte Entzug oder die Störung des Besitzes ohne den Willen des Besitzers als *verbotene Eigenmacht* anzusehen. Dabei kommt es auf den Willen der Person an, die als unmittelbarer Besitzer der Sache anzusehen ist (bei Besitzdienerschaft ist also der Wille des Dienstberechtigten, beim Erbenbesitz nach § 857 BGB der Wille des/der tatsächlichen Erben maßgebend). Der durch verbotene Eigenmacht, d.h. ohne den Willen des Besitzers, erworbene Besitz an der Sache ist *fehlerhaft* (§ 858 Abs. 2 Satz 1 BGB).Verbotene Eigenmacht und die Fehlerhaftigkeit des Besitzes spielen z.B. eine Rolle für den Herausgabeanspruch nach § 861 BGB; für die Ansprüche aus dem Eigentümer-Besitzer-Verhältnis gem. § 992 BGB und für die Tragweite der Eigentumsvermutung des § 1006 BGB.

11. Was ist ein redlicher Besitzer; in welchem Zusammenhang kommt es auf diesen Begriff an? (Grdz. § 17 III 4 a)

Redlicher Besitzer ist der Besitzer einer Sache, der zwar gegenüber dem Eigentümer der Sache kein Recht zum Besitz i.S.d. § 986 BGB hat, der sich aber in gutem Glauben zum Besitz berechtigt hält und vom Eigentümer bisher auch noch nicht auf Herausgabe der Sache verklagt worden ist. Gem. § 993 BGB spielt die Redlichkeit des Besitzers für dessen Haftung bei Verlust oder Beschädigung der herauszugebenden Sache und für seine Verpflichtung zur Vergütung gezogener Nutzungen der Sache eine Rolle; außerdem richtet sich der Anspruch des Besitzers auf den Ersatz seiner Verwendungen auf die Sache nach dessen Redlichkeit im Zeitpunkt der Verwendung.

12. Welche Bedeutung hat das Recht des Besitzes für die Verstärkung der vertraglichen Rechtsposition z.B. des Mieters einer Sache? (Grdz. § 13 III 1; § 17 II 3)

Obwohl der Mieter aufgrund des Mietvertrags gegen den Vermieter lediglich einen schuldrechtlichen Anspruch auf Gewährung des Gebrauchs der Mietsache hat und dritten Personen gegenüber aus dem Vertrag überhaupt keine Rechte herleiten kann, erlangt er mit der Inbesitznahme der Sache eine tatsächliche Position, die durch § 858 Abs. 1 BGB wie ein absolutes Recht gegenüber jedermann (also auch gegenüber dem Vermieter) vor Störungen oder Entzug ohne seinen Willen geschützt ist. Bei verbotener Eigenmacht hat der Mieter als Besitzer die Selbsthilferechte des § 859 BGB und die besonderen Klagerechte der §§ 861, 862 BGB.

13. Worin liegt die Publizitätswirkung des Besitzes; bei welchen Regelungen kommt sie zum Tragen? (Grdz. § 17 II 4; § 18 I 1 b)

Die Publizitätswirkung des Besitzes beruht auf der Erfahrung, daß derjenige, der die tatsächliche Gewalt über eine Sache ausübt, in den meisten Fällen auch der Eigentümer der Sache ist. Hieran knüpft die Eigentumsvermutung des § 1006 BGB an: Der derzeitige Besitzer einer Sache wird bis zum Beweis des Gegenteils als Eigentümer der Sache angesehen (dasselbe gilt zugunsten des früheren Besitzers für die Zeit, in der er Besitzer gewesen war). Die Eigentumsvermutung besteht nur dann nicht, wenn das Eigentum gegenüber einem früheren Besitzer der Sache behauptet wird, dem die Sache gestohlen worden oder sonst ohne seinen Willen abhanden gekommen ist. Ebenfalls auf der Publizitätswirkung des Besitzes beruht der Herausgabeanspruch nach § 1007 BGB; ferner knüpft die Regelung der §§ 932 ff. BGB über den gutgläubigen Eigentumserwerb an beweglichen Sachen an die Publizitätswirkung des Besitzes an.

14. Wie drückt sich der verfassungsrechtliche Schutz des Eigentums aus? (Grdz. § 17 III 1 b)

Art. 14 GG sichert das Grundrecht auf Eigentum zunächst in der Weise, daß er die Existenz eines Rechtssystems gewährleistet, in dem als „Eigentum" ausübbare Rechte an Sachen erworben und frei übertragen werden können und in ihrem Bestand Dritten gegenüber durch den Staat geschützt sind (*institutionelle* Garantie des Eigentums). Außerdem sind die dem Einzelnen konkret zustehenden Eigentums- und sonstigen Vermögensrechte vor staatlichen Eingriffen in der Weise geschützt, daß rechtmäßig genutztes Eigentum nur aufgrund einer gesetzlichen Ermächtigung im höherrangigen Allgemeininteresse und nur gegen Entschädigung beschränkt oder entzogen werden kann.

15. Was versteht man unter der Sozialbindung des Eigentums; gibt es hierfür auch im Bürgerlichen Recht Beispiele? (Grdz. § 17 III 2 b)

Art. 14 Abs. 2 GG stellt klar, daß der Eigentümer zwar in seinem Recht geschützt ist, zugleich aber verpflichtet bleibt, sein Eigentum zum Wohl der Allgemeinheit zu gebrauchen. Inhalt und Schranken des Eigentums werden durch die Gesetze bestimmt. Dabei hat der Gesetzgeber auch die Möglichkeit, die Sozialbindung des Eigentums zu konkretisieren und auf diese Weise Eigentümerbefugnisse einzugrenzen, ohne daß dies als eine (entschädigungspflichtige) Enteignung anzusehen ist. Im Bereich des Bürgerlichen Rechts stellt z.B. der Kündigungsschutz für Wohnungsmieter eine Konkretisierung der Sozialbindung des Eigentums am Grundvermögen dar.

16. Auf welche Weise können mehrere Personen an ein und derselben Sache dingliche Rechte innehaben? (Grdz. § 14 IV 2; § 17 I 1, III 2 d)

Gem. § 1008 BGB können sie *Miteigentum* an der Sache haben; dann sind sie gleichrangig zur Nutzung und zur Verfügung über die Sache berechtigt. Miteigentum kann entweder als Bruchteilseigentum (die Regel!) oder als Gesamthandseigentum bestehen. Die Rechtsbeziehungen der Miteigentümer in bezug auf Dritte sind vor allem in den §§ 1008 ff. BGB und im Innenverhältnis untereinander in den Vorschriften der §§ 741 ff. BGB über die Rechtsgemeinschaft geregelt.

Es kann aber auch nur eine Person Alleineigentümer der Sache sein und in Ausübung ihres Verfügungsrechts über die Sache weiteren Personen in bezug auf diese Sache bestimmte Nutzungs- und/oder Verwertungsbefugnisse als *beschränkte dingliche Rechte* einräumen. In diesem Fall bestimmen sich die Rechtsbeziehungen unter den Beteiligten nach der Rangfolge und dem gesetzlich festgelegten Inhalt der jeweiligen Rechte. Im Außenverhältnis gegenüber Dritten steht dagegen jedem Rechtsinhaber das Recht auf Beachtung und Schutz seiner individuellen dinglichen Berechtigung an der Sache zu.

17. Durch welche zivilrechtlichen Regelungen wird das Eigentumsrecht an einer Sache vor rechtswidrigen Beeinträchtigungen durch Dritte geschützt? (Grdz. § 17 III 3)

Soweit zwischen dem Eigentümer und dem Schädiger/Störer in bezug auf die Sache besondere Rechtsbeziehungen bestehen (z.B. ein schuldrechtlicher Gebrauchsüberlassungsvertrag), ergeben sich seine Abwehr- und Schadensersatzansprüche in erster Linie aus diesem Sonderrechtsverhältnis (z.B. Anspruch des Vermieters auf die Unterlassung des vertragswidrigen Gebrauchs der Mietsache nach § 550 BGB). Außerdem stehen dem Eigentümer gegebenenfalls Schadensersatzansprüche nach §§ 823 ff. BGB oder Bereicherungsansprüche nach §§ 812 ff. BGB zu. Je nach Lage des Falls hat der Eigentümer ferner den Herausgabeanspruch nach § 985 BGB und die Rechte der §§ 987 ff. BGB aus einem Eigentümer-Besitzer-Verhältnis. Bei einer Störung seines Eigentums ohne Besitzentzug kann sich der Eigentümer auch auf den Beseitigungs- und Unterlassungsanspruch nach § 1004 BGB berufen. Ist der Eigentümer zugleich Besitzer der Sache, stehen ihm ferner die Besitzschutzrechte nach §§ 859 ff. BGB zu.

18. Was ist das Eigentümer-Besitzer-Verhältnis; unter welchen Voraussetzungen kann ein solches Rechtsverhältnis entstehen? (Grdz. § 17 III 4)

Hierbei handelt es sich um ein in den §§ 987 bis 1003 BGB geregeltes gesetzliches Schuldverhältnis, das dann entsteht, wenn ein anderer als der Eigentümer die Sache in Besitz hat, ohne daß er i.S.v. § 986 BGB dem Eigentümer gegenüber zum Besitz an der Sache berechtigt ist. Voraussetzung für das Eigentümer-Besitzer-Verhältnis ist sonach das Vorhandensein eines Herausgabeanspruchs des Eigentümers gegen den Besitzer nach § 985 BGB (= das Bestehen einer Vindikationslage).

19. In welchem Verhältnis stehen die Regelungen über Ansprüche aus dem Eigentümer-Besitzer-Verhältnis zu den Ansprüchen nach den §§ 812 ff. bzw. §§ 823 ff. BGB; woraus ergibt sich das? (Grdz. § 17 III 4 a)	Die §§ 987 ff. BGB stehen zu den allgemeinen Vorschriften über deliktsrechtliche Schadensersatzansprüche oder über die Herausgabe einer ungerechtfertigten Bereicherung in Gesetzeskonkurrenz; d.h. soweit in den §§ 987 ff. BGB eine Regelung enthalten ist, verdrängt die speziellere Norm die allgemeinen Bestimmungen. Dies folgt aus dem gesetzgeberischen Zweck des gesetzlichen Schuldverhältnisses, den redlichen Eigenbesitzer vor Vermögensnachteilen zu bewahren, die über die Hergabe der Sache hinausgehen, und läßt sich auch aus dem Wortlaut der §§ 992 und 993 BGB ableiten.
20. Was sind Verwendungen auf eine Sache; werden von diesem Begriff alle Investitionen umfaßt, die der Besitzer in die Sache getätigt hat? (Grdz. § 17 IV 1)	Verwendungen sind alle Leistungen des Besitzers zur Erhaltung, Verbesserung oder Wiederherstellung der Sache in ihrem Bestand zur Zeit der Inbesitznahme. Man unterscheidet zwischen notwendigen und nützlichen (= werterhöhenden) Verwendungen sowie den sogenannten Luxusverwendungen. Von diesen Begriffen nicht mehr umfaßt und sonach auch nicht in den §§ 994 ff. BGB geregelt sind dagegen Aufwendungen des Besitzers zu einer wesentlichen Umgestaltung der Sache.

§ 18. Sachenrecht – Fahrnis- und Liegenschaftsrecht

I. Was Sie über den Rechtsverkehr mit beweglichen Sachen und Grundstücken sowie die Rechte hieran lernen müssen

Das Sachenrecht des BGB geht – leider nicht sehr übersichtlich – von der Einteilung des Sachen als Rechtsobjekte in Fahrnis (bewegliche Sachen) und Liegenschaften (Grundstücke) aus und formuliert dementsprechend Regeln über die Begründung, die Übertragung und den Inhalt der dinglichen Rechte je nachdem, ob es sich um eine bewegliche oder um eine unbewegliche Sache handelt. Mit zum „Sachen"recht gehören auch die Bestimmungen über Rechte an Rechten, die über die Verfügung über das Recht als solches hinaus ebenfalls Rechtsgegenstände sein können. Für Sie wird allerdings nur das in der Praxis am häufigsten auftretende Thema der **Sicherungszession** von Geldforderungen etwas ausführlicher behandelt.

Schwerpunkt des **Fahrnisrechts** sind die Regeln über den **Eigentumserwerb**, wobei die **Eigentumsübertragung durch Rechtsgeschäft** die größte Rolle spielt. Sie müssen sich mit dem in den §§ 929 ff. BGB zugrunde gelegten Prinzip vertraut machen, daß zur rechtsgeschäftlichen Einigung zwischen Veräußerer und Erwerber über den Eigentumsübergang noch irgendeine Form der Besitzverschaffung treten muß, was für Sie im Hinblick auf die Ihnen bereits bekannte Publizitätsfunktion des Besitzes plausibel sein sollte. Die in den §§ 929 bis 931 BGB abgehandelten insgesamt vier Varianten der Besitzübertragung auf den Erwerber lassen die Freude des Gesetzgebers am Detail erkennen und geben Ihnen Gelegenheit, noch einmal Besitzkonstruktionen zu wiederholen. Zum Verständnis der in der Praxis sehr wichtigen Regeln über den **gutgläubigen Eigentumserwerb** müssen Sie sodann als erstes den Zusammenhang zwischen dem Gutglaubensschutz (der zugleich so etwas wie eine Bestrafung des Eigentümers für seine Leichtfertigkeit ist, den Besitz an seinen Sachen einem Dritten anzuvertrauen) und der Vorschrift des § 935 BGB begreifen; die praktischen Konsequenzen dieser Regelung werden in Fall 18.02 deutlich. Im übrigen knüpfen auch die Vorschriften der §§ 932 ff. BGB an die Art und Weise der Besitzübertragung an; sie sind daher ähnlich aufgebaut wie die §§ 929 ff. BGB. Sie können sich die verschiedenen Varianten am besten in der Weise einprägen, daß Sie die vier Tatbestände des rechtsgeschäftlichen Eigentumserwerbs zusammen mit den ihnen korrespondierenden Vorschriften über den gutgläubigen Rechtserwerb auf einem Zettel nebeneinander schreiben und jeweils vermerken, wann und unter welchen Voraussetzungen der Eigentumsübergang dann tatsächlich erfolgt. Fall 18.03 läßt erkennen, daß im Einzelfall Ergebnisse auftreten können, die zumindest auf den ersten Blick überraschend sind.

Den **Eigentumserwerb kraft Gesetzes** kennen Sie z.T. schon aus der Darstellung der Rechtsfolgen der Verbindung von beweglichen Sachen mit einem Grundstück oder mit einer anderen Hauptsache als wesentlichem Bestandteil. Sie lernen jetzt auch den § 951 BGB genauer kennen, der für den Ausgleich der vermögensrechtlichen Folgen des kraft Gesetzes eintretenden Rechtsübergangs (subsidiär) auf die §§ 812 ff. BGB verweist. Nach Fall 17.09 schildert Fall 18.04 ein weiteres Beispiel für die praktische Handhabung dieser wichtigen Vorschrift.

Unter den beschränkt dinglichen Rechten an beweglichen Sachen spielen nur die **Sicherungsrechte** eine praktische Rolle, unter diesen tritt wiederum die Bedeutung des in den §§ 1204 ff. BGB näher geregelten **Faustpfandrechts** hinter den im wesentlichen gewohnheitsrechtlich entwickelten Formen des **Eigentumsvorbehalts** und des **Sicherungseigentums** zurück. Zuvor müssen Sie sich allerdings die wirtschaftliche Bedeutung der Kreditsicherung deutlich machen. Die unterschiedlichen Rechtskonstruktionen des Vorbehaltseigentums (als vorläufig noch nicht vollzogene Übergabe der als „Pfand" dienenden Sache an den Kreditnehmer) und des Sicherungseigentums (als vorläufige Übertragung des „Pfandes" aus dem Vermögen des Kreditnehmers in das Vermögen des Kreditgebers unter Beibehaltung des Besitzes durch den Kreditnehmer) und die damit verbundenen Detailprobleme gehören zu dem Grundwissen, das schon bei einer nur einführenden Befassung mit dem Sachenrecht von Ihnen erwartet wird. Von großem Interesse ist auch die Rechtskonstruktion des durch die Übereignung unter Eigentumsvorbehalt begründeten **Anwartschaftsrechts** des Erwerbers; Fall 18.06 vermittelt Ihnen einen anschaulichen Eindruck von den hier auftauchenden Problemen.

Damit Sie die materiellen Regelungen des **Grundstückssachenrechts** nachvollziehen können, müssen Sie sich zunächst mit der Organisation des **Grundbuchs** vertraut machen und die praktische Bedeutung der Grundbucheintragung für die Begründung, den Bestand, die Rangstelle und den Schutz des guten Glaubens in das Vorhandensein eines eingetragenen Rechts verstehen lernen. In diesem Zusammenhang sind auch die **Vormerkung,** der **Widerspruch** und der **Grundbuchberichtigungsanspruch** als technische Formen der Sicherung und Durchsetzung von Grundstücksrechten wissenswert; die besonders wichtige Rolle des Widerspruchs gegen ein eingetragenes Recht wird in Fall 18.07 angesprochen.

Wichtige Elemente des Grundwissens über das Grundstückssachenrecht sind sodann die Regelungen über den **Erwerb von Grundstückseigentum.** Mit den vom BGB in großer Ausführlichkeit normierten Vorschriften über den **Inhalt** des Grundeigentums, insbesondere den nachbarrechtlichen Bestimmungen der §§ 906 ff. BGB, brauchen Sie sich dagegen nur in einem orientierenden Überblick vertraut zu machen. Auch die drei grundstücksähnlichen Nutzungsrechte, das **Erbbaurecht,** das **Wohnungseigentum** sowie das in den neuen Bundesländern noch aus der Zeit vor dem Beitritt übergeleitete **Gebäudeeigentum** müssen Sie nur mit der Ausführlichkeit zur Kenntnis nehmen, die Sie benötigen, um sich von diesen in der Praxis sehr wichtigen Rechtstypen wenigstens in etwa einen Begriff machen zu können. Eingehenderes Wissen wird Ihnen dagegen über die **Grundpfandrechte** abverlangt. Hier müssen Sie sich schon etwas ausführlicher mit der Bedeutung des Pfandrechts als Kreditsicherungsmittel, der Verbriefung dieser Rechte und der für die Unterscheidung zwischen **Hypothek** und **Grundschuld** charakteristischen Verknüpfung von dinglichem Recht und gesichertem Anspruch vertraut machen; die Fälle 18.08 bis 18.10 helfen Ihnen, sich das Gelernte weiter zu veranschaulichen.

II. Übungsfälle

Fall 18.01: *Komplizierte Geschäfte*

Anton hat durch Vertrag vom 15.4. zwei aus seinem Betrieb ausgemusterte Baumaschinen zum Preis von 50.000,– € an den Bauunternehmer Berthold verkauft, übergeben und unter Eigentumsvorbehalt übereignet, da Berthold auf den Kaufpreis nur eine Anzahlung von 20.000,– € geleistet und versprochen hat, den Rest in drei Quartalsraten zu bezahlen. Als ruchbar wird, daß Berthold in Schwierigkeiten geraten ist, sieht sich Anton vorsorglich nach einem neuen Käufer für die Maschinen um. Er findet den Christian als neuen Käufer. Dieser ist bereit, ihm für die Maschinen noch 40.000,– € zu geben, sobald Anton die Sachen von Berthold zurück bekommt und sie ihm aushändigt, verlangt aber schon jetzt die Übereignung. Daraufhin übereignet Anton mit

Vertrag vom 3.5. die Maschinen an Christian durch Abtretung seines Herausgabeanspruchs gegen Berthold.

1. Ist Christian durch dieses Geschäft Eigentümer der Maschinen geworden; wenn ja, kann er ohne weiteres die Herausgabe der Sachen von Berthold verlangen?

2. Angenommen, die Gerüchte über die Schwierigkeiten des Berthold erweisen sich als falsch; Berthold bezahlt vielmehr die vereinbarten Raten aus dem Vertrag vom 15.4. pünktlich und vollständig an Anton. Ist Berthold damit Eigentümer der Maschinen geworden?

Lösungshinweis: In diesem Fall lernen Sie die Eigentumsanwartschaft des Vorbehaltskäufers als eine eigenständige, bereits mit dinglicher Wirkung ausgestattete Rechtsposition kennen, die hier insbesondere dazu dient, den Berthold gegen die „hinter seinem Rücken" erfolgte Weiterveräußerung der Baumaschinen an Christian zu schützen. Bei der Anfertigung des Gutachtens kommt es einmal mehr auf die schrittweise Prüfung der verschiedenen Rechtshandlungen des Anton in der chronologisch richtigen Reihenfolge an. – Wiederholen Sie Grdz. § 6 II 6; § 10 IV 1 c; § 13 II 3, IV 2; § 17 I 4 a, III 3 c; § 18 I 1 a, 3 c!

Musterlösung:

Frage 1: Aufgrund des Vertrages vom 3.5. könnte Christian von Anton nach § 931 BGB Eigentum an den Maschinen erworben haben. Voraussetzung hierfür ist zunächst, daß Anton im Zeitpunkt des Vertragsschlusses mit Christian noch Eigentümer der veräußerten Sachen war. Die beiden Baumaschinen gehörten ursprünglich zum Betriebsvermögen des Anton. Dieser könnte jedoch durch den Vertrag vom 15.4. und die anschließende Übergabe der Sachen gem. § 929 Satz 1 BGB sein Eigentum auf Berthold übertragen haben. Anton hatte sich in diesem Vertrag mit Berthold zwar schon über den Übergang des Eigentums geeinigt, da jedoch ein Eigentumsvorbehalt vereinbart war, stand die Wirksamkeit dieses Rechtsgeschäfts gem. § 158 Abs. 1 BGB unter der aufschiebenden Bedingung der vollständigen Bezahlung des von Berthold geschuldeten Kaufpreises. Diese Bedingung war am 3.5. noch nicht eingetreten, so daß Anton zu diesem Zeitpunkt noch Eigentümer der von ihm an Christian veräußerten Maschinen war.

Durch den Vertrag mit Berthold könnte Anton allerdings die Verfügungsbefugnis über die Maschinen verloren haben. Gem. § 137 BGB kann jedoch die Befugnis zur Verfügung über ein veräußerliches Recht – hierzu zählt auch das Eigentum an einer Sache – durch Rechtsgeschäft nicht ausgeschlossen werden. Selbst wenn der Vertrag mit Berthold vom 15.4. als Vereinbarung eines Veräußerungsverbots ausgelegt werden könnte, hätte dieser sonach nicht die Wirkung, daß Anton nicht mehr über das ihm noch zustehende Eigentum an den Maschinen verfügen kann. Diese Folgerung wird auch durch die Regelung des § 161 Abs. 1 Satz 1 BGB bestätigt, wonach weitere Verfügungen über eine Sache, über die bereits unter einer aufschiebenden Bedingung verfügt worden ist, erst dann unwirksam werden, wenn die für das Wirksamwerden der ersten Verfügung festgelegte Bedingung tatsächlich eingetreten ist.

Damit Anton am 3.5. die Baumaschinen an Christian übereignen konnte, mußte ihm zu diesem Zeitpunkt ferner ein Herausgabeanspruch gegen Berthold zugestanden haben, den er gem. § 931 BGB an Christian abtreten konnte. Ein solcher Herausgabeanspruch könnte ihm aufgrund des zu diesem Zeitpunkt noch vorbehaltenen Eigentums gem.

§ 985 BGB zugestanden haben. Berthold hat jedoch seinerseits aufgrund des am 15.4. abgeschlossenen Kaufvertrags und des durch die aufschiebend bedingte Übereignung erworbenen Anwartschaftsrechts ein Recht zum Besitz an den von ihm erworbenen Maschinen, das er gem. § 986 Abs. 1 BGB gegen den Herausgabeanspruch des Anton einwenden kann, solange der Kaufvertrag besteht. Erst wenn Berthold mit seinen Zahlungsraten für die Maschinen in Verzug geraten und Anton (oder sein Rechtsnachfolger) aus diesem Grund gem. § 449 Abs. 2 BGB vom Kaufvertrag zurücktritt, kann die Herausgabe verlangt werden. Der Herausgabeanspruch des Anton ist sonach mit einer Einrede behaftet, die dessen Durchsetzbarkeit im gegenwärtigen Zeitpunkt behindert. Dies schließt allerdings nicht aus, daß Anton den Anspruch schon jetzt an Christian abtritt und ihm so gem. § 931 BGB das Eigentum an den Maschinen verschafft.

Christian ist sonach durch die Verfügung des Anton vom 3.5. Eigentümer der Baumaschinen geworden. Da er selbst nicht in Vertragsbeziehungen zu Berthold steht, könnte er von diesem die Herausgabe der Maschinen nur gem. § 985 BGB unter Berufung auf sein Eigentum verlangen. Wie bereits festgestellt worden ist, steht dem Berthold jedoch derzeit (noch) ein Anwartschaftsrecht auf das Eigentum an den Maschinen zu, das als eigentumsähnliches Recht dinglich wirkt und ein Recht zum Besitz verleiht. Dieses Recht zum Besitz kann gem. § 986 Abs. 1 BGB gegen den Herausgabeanspruch des Christian eingewendet werden. Außerdem hat Berthold aufgrund des Kaufvertrags vom 15.4. gegen Anton einen Anspruch auf Überlassung der Kaufsachen, den er gem. § 936 Abs. 2 BGB auch gegenüber dem Christian als Rechtsnachfolger des Anton entgegensetzen kann. Im gegenwärtigen Zeitpunkt kann Christian sonach gegenüber dem Berthold von seinem Eigentumsrecht noch keinen Gebrauch machen.

Frage 2: Nach Zahlung der letzten Kaufpreisrate ist die im Vertrag vom 15.4. vereinbarte aufschiebende Bedingung für die Wirksamkeit der Übereignung der Maschinen an Berthold eingetreten. Damit wäre dieser Eigentümer geworden, ohne daß es hierfür noch irgendwelcher Rechtsgeschäfte zwischen ihm und Anton bedarf. Die inzwischen am 3.5. vollzogene (zweite) Übereignung der Sachen an Christian könnte allerdings diesen Eigentumsübergang vereiteln. Hierbei handelt es sich jedoch um eine Zwischenverfügung des Anton während der durch die aufschiebend bedingte Übereignung der Baumaschinen an Berthold begründeten Schwebezeit. Gem. § 161 Abs. 1 Satz 1 BGB wird daher die Übereignung an Christian nunmehr ohne weiteres unwirksam. Berthold ist von jetzt an der endgültige und alleinige Eigentümer der Baumaschinen.

Fall 18.02: *Unrecht Gut gedeiht nicht*

Emil, der im Materialdepot der Bauunternehmung des Anton als Lagerverwalter beschäftigt ist, entwendet aus dem Lager ein Colani-Waschbecken und verkauft es an den Baustoffhändler Ludwig, um sein karges Gehalt etwas aufzubessern. Ludwig verkauft dieses Becken gegen sofortige Barzahlung an den pensionierten Bergmann Warken, der sich seinen Vorruhestand mit der liebevollen Renovierung seines Eigenheims vertreibt. Durch Zufall entdeckt Anton das Waschbecken bei Warken, bevor dieser es in seinem Haus einbauen konnte.

1. Kann Anton von Warken Herausgabe des Waschbeckens verlangen?

2. Wäre der Fall anders zu beurteilen, wenn Warken das Waschbecken bereits in seinem Badezimmer installiert hätte?

Lösungshinweis: Bei diesem Sachverhalt geht es um den Eigentumserwerb an beweglichen Sachen kraft guten Glaubens und die Einschränkung des Anwendungsbereichs der §§ 932 ff. BGB durch die Regelung des § 935 BGB. Dabei kommt es entscheidend auf die Klärung der Besitzverhältnisse an dem im Lager des Anton vorgehaltenen Colani-Waschbeckens an; Sie lernen in diesem Zusammenhang die Rechtsfigur des Besitzdieners kennen. Die zweite Fallvariante betrachtet dann noch den Eigentumserwerb kraft Gesetzes beim Einbau einer Sache zur Herstellung eines Gebäudes. – Wiederholen Sie Grdz. § 15 II 3, 4; § 17 I 3 d, III 3 c; § 18 I 1 b, c!

Musterlösung:

Frage 1: Anton könnte gem. § 985 BGB von Warken Herausgabe des Colani-Waschbeckens verlangen. Warken ist Besitzer der Sache, zu klären ist, ob diese sich noch im Eigentum des Anton befindet. Anton war Eigentümer der im Materiallager seines Unternehmens vorgehaltenen Materialien. Er könnte jedoch sein Eigentum an dem Waschbecken durch die von Emil getätigte Veräußerung an Ludwig oder durch die Weiterübertragung dieser Sache von Ludwig an Warken verloren haben.

Emil könnte gem. § 164 Abs. 1 Satz 1 BGB als Vertreter des Anton das Waschbecken wirksam an Ludwig übereignet haben. Aufgrund seiner Position als Lagerverwalter hat er jedoch keine Vollmacht zur Verfügung über die ihm anvertrauten Lagerbestände. Emil hatte also bei der Veräußerung der Sache an Ludwig als Nichtberechtigter gehandelt. Gleichwohl könnte Ludwig gem. § 932 Abs. 1 Satz 1 BGB durch gutgläubigen Erwerb Eigentum an dem Waschbecken erlangt haben. Selbst wenn man im vorliegenden Fall Gutgläubigkeit des Ludwig i.S.d. § 932 Abs. 2 BGB unterstellt (was allerdings schon etwas lebensfremd wäre, denn fabrikneue Designer-Waschbecken werden üblicherweise nur durch den Fachhandel vertrieben), könnte dessen Eigentumserwerb allerdings an der Regelung des § 935 Abs. 1 BGB gescheitert sein. Dazu müßte Anton in der in dieser Vorschrift beschriebenen Weise seinen bisher bestehenden Besitz an der Sache verloren haben. Ein Diebstahl durch Ludwig liegt allerdings nicht vor, denn die Colani-Becken sind mit Willen – und sogar durch das Zutun – des mit der Obhut betrauten Lagerverwalters Emil aus dem Gewahrsam des Anton entfernt worden. Im Hinblick darauf, daß Emil eigenmächtig handelte, könnten die Sachen jedoch i.S.v. § 935 Abs. 1 Satz 1 BGB dem Anton „sonst abhanden gekommen sein". Dieses Tatbestandsmerkmal deckt alle Fälle ab, in denen der Eigentümer ohne seinen Willen den Besitz an seiner Sache verloren hatte.

Im vorliegenden Fall ist das Waschbecken allerdings mit Willen des Lagerverwalters Emil in den Besitz des Ludwig gelangt. Für die Anwendung des § 935 BGB kommt es somit darauf an, ob im vorliegenden Fall überhaupt auf den Besitz des Eigentümers Anton abzustellen ist oder ob hier nicht der Wille des Emil maßgebend ist, der als Lagerverwalter an den in seine Obhut gegebenen Sachen jedenfalls wesentlich „näher dran" ist als der Eigentümer Anton. Wie aus der Regelung des § 935 Abs. 1 Satz 2 BGB zu entnehmen ist, richtet sich die Beantwortung dieser Frage danach, ob Emil als Lagerverwalter unmittelbarer Besitzer der von ihm verwahrten Sachen und Anton lediglich deren mittelbarer Besitzer ist. Dies wäre gem. § 868 BGB dann anzunehmen, wenn Emil den Besitz an den Lagervorräten aufgrund eines Rechtsverhältnisses mit seinem Chef ausüben würde, „vermöge dessen er" dem Anton gegenüber „auf Zeit zum Besitz berechtigt ist". Seine arbeitsrechtliche Stellung als Lagerverwalter verleiht dem Emil jedoch gegenüber Anton keine eigenen Besitzrechte an den ihm anvertrauten Sachen; er ist vielmehr insoweit voll den Anweisungen des Anton (bzw. der anderen leitenden Angestellten des Unternehmens) unterworfen und muß das Lagergut entgegennehmen oder herausgeben, wann immer dies angeordnet wird. Emil übt die tatsächliche Gewalt über die im Lager aufbewahrten Sachen sonach nur als Besitzdiener des Anton aus. Damit ist gem. § 855 BGB allein der Anton als unmittelbarer Besitzer der Lagervorräte anzusehen. Für die Entscheidung der Frage, ob ihm das Waschbecken i.S.v. § 935 Abs. 1 BGB abhanden gekommen ist, kommt es daher nur auf dessen Wissen und Willen an. Da das Colani-Waschbecken hinter dem Rücken des Anton, also ohne dessen Willen aus dem Lager entfernt worden war, ist es ihm sonach abhanden gekommen. Auch dann, wenn Ludwig gutgläubig gewesen sein sollte, konnte er nicht nach § 932 BGB Eigentum an der Sache erwerben.

Als Nichteigentümer konnte auch Ludwig dem Warken nur über § 932 BGB Eigentum an dem von ihm gekauften Stück verschaffen. Wiederum scheitert gem. § 935 BGB ein gutgläubiger Eigentumserwerb daran, daß das Waschbecken dem Anton abhanden gekommen ist. Mithin ist Anton noch Eigentümer des von Warken erworbenen Waschbeckens. Der lediglich mit Ludwig abgeschlossene Kaufvertrag gibt dem Warken gegenüber Anton kein Recht zum Besitz an der Sache. Gem. § 985 BGB kann Anton sonach von Warken Herausgabe des Waschbeckens verlangen.

Frage 2: Durch den Einbau des Waschbeckens im Badezimmer des in seinem Eigentum stehenden Hauses könnte Warken gem. § 946 BGB Eigentum an der Sache erworben haben. Waschbecken und andere sanitäre Einrichtungen werden üblicherweise zur Herstellung eines Gebäudes in dieses eingefügt, denn sie dienen dazu, es als Wohnhaus benutzbar zu machen und damit fertigzustellen. Dies gilt auch dann, wenn eine Sache im Austausch für einen bisher für die Fertigstellung des Gebäudes verwendeten Gegenstand neu eingefügt wird. Nach § 94 Abs. 2 BGB ist also das Waschbecken durch seinen Einbau wesentlicher Bestandteil des Hauses des Warken geworden. Das Haus ist wiederum gem. § 94 Abs. 1 BGB wesentlicher Bestandteil von Warkens Grundstück, auf dem es steht. Mithin ist das Waschbecken als wesentlicher Bestandteil des Grundstücks gem. § 946 BGB in das Eigentum des Warken gelangt.

Anton hat also sein Eigentum an der Sache verloren. Er kann daher nicht mehr gem. § 985 BGB von Warken die Herausgabe des Waschbeckens verlangen, selbst wenn es noch möglich sein sollte, das Becken auch ohne Beschädigung des Badezimmers wieder auszubauen.

Stattdessen könnte Anton gegen Warken gem. § 951 Abs. 1 BGB einen Geldanspruch auf Entschädigung für den durch den Einbau des Waschbeckens erlittenen Rechtsverlust haben, der sich nach den Vorschriften über die Herausgabe einer ungerechtfertigten Bereicherung (§§ 812 ff. BGB) richtet. Demnach müßte Warken durch den Erwerb der Sache ungerechtfertigt bereichert sein. Als Rechtsgrund für den Erwerb könnte der Kaufvertrag mit Ludwig in Betracht kommen, den Warken wirksam abgeschlossen (und auch ordnungsgemäß bezahlt) hat. Wie bereits festgestellt worden ist, hat aber die Erfüllung dieses Kaufvertrags durch Ludwig gerade noch nicht dazu geführt, daß Warken Eigentum an dem Waschbecken erworben hat. Der Rechtsübergang ist erst durch ein weiteres, sich hieran anschließendes Ereignis eingetreten. Das Vermögen des Warken ist mithin nicht schon durch die (mit Rechtsgrund erbrachte) Leistung des Ludwig um das Eigentum an der Sache vermehrt worden, sondern erst im Anschluß daran „auf sonstige Weise“, nämlich durch den Einbau der Sache im Haus des Warken aufgrund der Regelung des § 946 BGB. Für diesen Vermögenszuwachs auf Kosten des Anton ist jedoch kein Rechtsgrund vorhanden.

Demnach muß Warken gem. §§ 951 Abs. 1, 812 Abs. 1 Satz 1, 818 Abs. 2 BGB dem Anton für den Verlust seines Eigentums an dem Waschbecken einen Geldersatz in Höhe des Werts der Sache leisten. Zu prüfen bleibt noch, ob die Bereicherung des Warken i.S.v. § 818 Abs. 3 BGB dadurch weggefallen sein kann, daß er in gutem Glauben an seinen Eigentumserwerb an Ludwig den vereinbarten Kaufpreis für das Waschbecken bezahlt hat. Wenn aber der Eigentumsübergang erst im Anschluß an das mit Ludwig abgeschlossene Geschäft und unabhängig davon eingetreten ist, hat auch der von Warken bezahlte Kaufpreis nichts mit diesem Rechtserwerb und der hierdurch bewirkten Bereicherung zu tun. Der Bereicherungsanspruch des Anton besteht sonach ungekürzt; Warken ist vielmehr darauf angewiesen, sich das für das Waschbecken bezahlte Geld bei Ludwig zurückzuholen.

Fall 18.03: *Unsichere Sicherheiten*

Im März kauft Keller bei Lehmann für seinen Schreinereibetrieb eine Fräsmaschine unter Eigentumsvorbehalt. Obwohl er erst einen Teil des Kaufpreises abgezahlt hat, übereignet er die Maschine sodann im Juli an den Holzhändler Zacharias zur Sicherung einer Zahlungsforderung aus einer Holzlieferung. Die Sicherungsübereignung wird durch Vereinbarung eines Leihvertrags als Besitzkonstitut vorgenommen. Keller gelingt es, den Zacharias durch Vorlage von gut gefälschten Quittungen davon zu überzeugen, daß er die Fräsmaschine bei Lehmann bereits vollständig bezahlt hat.

Zacharias nimmt seinerseits im August bei der Barum-Bank ein Darlehen auf und tritt der Bank als Sicherheit für die Darlehensschuld u.a. seine Zahlungsforderung gegen Keller mit allen Rechten aus dem mit Keller abgeschlossenen Sicherungsübereignungsvertrag ab. Dabei übergibt er auch der Bank die ihm von Keller überlassenen Beweismittel für dessen (angebliches) Eigentum an der Maschine. Im Dezember wird über das Vermögen des Keller das Insolvenzverfahren eröffnet. Der Kaufpreis für die Fräsmaschine ist noch nicht vollständig bezahlt; auch die Forderung des Zacharias ist nicht erfüllt. Wer ist Eigentümer der Fräsmaschine und kann diese vom Insolvenzverwalter herausverlangen?

Lösungshinweis: Wie schon in Fall 18.02 geht es um die verschiedenen Stufen des gutgläubigen Eigentumserwerbs an beweglichen Sachen. – Wiederholen Sie Grdz. § 18 I 1 b, 3 c, d!

Musterlösung:

Die Fräsmaschine steht zunächst im Eigentum des Lehmann, denn er hatte sie im März an Keller nur unter Eigentumsvorbehalt übereignet und die Bedingung für den Eigentumsübergang auf Keller, die vollständige Bezahlung des Kaufpreises, ist bisher nicht eingetreten.

Das Vorbehaltseigentum des Lehmann könnte jedoch durch die im Juli von Keller verfügte Sicherungsübereignung der Maschine an Zacharias erloschen sein. Zwar war Keller damals nicht zur Verfügung über die Sache berechtigt, nach Lage der Dinge mußte ihn Zacharias jedoch in gutem Glauben für den Eigentümer halten, so daß ein Rechtserwerb nach §§ 932 ff. BGB in Betracht kommt. Lehmann hatte dem Keller freiwillig den Besitz an der Fräsmaschine überlassen; ein Ausschluß des gutgläubigen Eigentumserwerbs nach § 935 Abs. 1 BGB scheidet sonach aus. Die Sicherungsübereignung an Zacharias erfolgte auf dem Weg des § 930 BGB durch Vereinbarung eines Besitzkonstituts (hier: Leihvertrag). Ein Rechtserwerb kraft guten Glaubens durch Zacharias kann sonach gem. § 933 BGB erst dann eingetreten sein, wenn dieser aufgrund des dem Besitzkonstitut zugrunde liegenden Rechtsverhältnisses von Keller tatsächlich den unmittelbaren Besitz an der Fräsmaschine erlangt hat. Dies ist bisher noch nicht geschehen, die Maschine war vielmehr ununterbrochen im Besitz des Keller und befindet sich nunmehr in der Insolvenzmasse. Trotz seines guten Glaubens konnte Zacharias sonach im Juli kein Sicherungseigentum an der Fräsmaschine erwerben; das Vorbehaltseigentum des Lehmann blieb weiterhin unangetastet.

Eine Änderung der Eigentumsverhältnisse könnte noch dadurch eingetreten sein, daß Zacharias im August sein vermeintliches Sicherungseigentum in entsprechender Anwendung des § 401 Abs. 1 BGB zusammen mit der Sicherungsabtretung seiner Zahlungsforderung gegen Keller auf die Barum-Bank übertrug. Auch hier könnte ein Eigentumsübergang nur nach den Vorschriften über den gutgläubigen Rechtserwerb eingetreten sein. Diesmal sollte die Übertragung des Sicherungseigentums von Zacharias auf die Barum-Bank gem. § 931 BGB durch Abtretung des Herausgabeanspruchs gegen Keller aus dem im Juli vereinbarten Leihvertrag erfolgen; demnach richtet sich der gutgläubige Erwerb des Sicherungseigentums durch die Bank nach § 934 BGB. Auch bei der Bank bzw. den für sie handelnden Personen kann guter Glaube an das Eigentum sowohl des Zacharias als auch des Keller, von dem dieser seinerseits sein Sicherungseigentum herleitet, unterstellt werden. Maßgeblicher Zeitpunkt für den guten Glauben der Beteiligten ist diesmal der Zeitpunkt der Abtretung des Herausgabeanspruchs im August. Voraussetzung für den Erwerb ist ferner die Existenz eines Herausgabeanspruchs gegen den unmittelbaren Besitzer Keller, der von Zacharias an die Bank abgetreten worden ist. Zwar hat der Sicherungsübereignungsvertrag vom Juli (bisher) nicht zu einem Eigentumserwerb des Zacharias geführt. Im Zusammenhang damit war jedoch über die Maschine ein Leihvertrag vereinbart worden, den Keller als schuldrechtlichen Vertrag ungeachtet der tatsächlichen Eigentumsverhältnisse wirksam abschließen konnte. Demnach ist zwischen Keller und Zacharias ein Besitzmittlungsverhältnis begründet worden, aufgrund dessen Keller bei Fälligkeit der Sicherungsabrede zur Herausgabe der Maschine an Zacharias verpflichtet ist. Letzterer war mithin (wenigstens) gem. § 868 BGB mittelbarer Besitzer der Maschine geworden und ist insoweit Gläubiger eines Herausgabeanspruchs, den er im August entsprechend den Anforderungen der §§ 931, 934 BGB an die Barum-Bank abgetreten hat.

Demnach ist die Barum-Bank im August Sicherungseigentümerin der Fräsmaschine geworden. Das bisher bestehende Vorbehaltseigentum des Lehmann ist untergegangen. Nach § 49 InsO kann die Bank vom Insolvenzverwalter verlangen, daß ihr die Fräsmaschine zur abgesonderten Befriedigung wegen der an sie abgetretenen Zahlungsforderung gegen Keller zur Verfügung gestellt wird. Führt der Insolvenzverwalter gem. § 166 Abs. 1 InsO die Verwertung der Fräsmaschine selbst durch, steht der Bank nach § 170 Abs. 1 Satz 2 InsO das Recht zur bevorzugten Befriedigung aus dem nach Abzug der Verwertungskosten verbleibenden Erlös zu.

Fall 18.04: *Unangenehme Auswirkungen einer Zahlungskrise*

Die Stadt Saarbrücken hat mit der Baufirma Lembert einen Vertrag über den Bau einer Straßenbrücke geschlossen. Zum Bau der Brücke werden u.a. Stahlträger verwendet, die Lembert zum Preis von 300.000,– € bei der Ferrum AG bestellt und unter Eigentumsvorbehalt geliefert bekommen hat. Die Träger werden in das Bauwerk montiert.

Noch bevor die Stadt eine Abschlagszahlung an Lembert geleistet und dieser die Stahllieferung bei der Ferrum AG bezahlt hat, wird über das Vermögen des Lembert das Insolvenzverfahren eröffnet. Die Brücke wird später durch ein anderes Bauunternehmen fertiggestellt; die Stadt als Auftraggeberin hat jedoch die Zahlungen für den noch von Lembert geleisteten Teil der Bauarbeiten vorsorglich zurückgehalten. Nunmehr machen sowohl der Insolvenzverwalter des Lembert als auch die Ferrum AG wegen der eingebauten Stahlträger gegen die Stadt eine Forderung von 300.000,– € geltend. Wem steht wegen der Stahlträger eine Geldforderung gegen die Stadt zu?

Lösungshinweis: Wie schon in Fall 18.02 befaßt sich dieser Sachverhalt mit der Ausgleichsregelung des § 951 Abs. 1 BGB bei Rechtsverlusten durch den Einbau von beweglichen Sachen in ein Grundstück gem. § 946 BGB. Das hierbei gefundene Ergebnis scheint auf den ersten Blick der Lösung des Falls 18.02 zu widersprechen; es ergibt sich jedoch aus der Konstruktion der Bereicherungsansprüche in § 812 Abs. 1 BGB und dem dort gewahrten Prinzip, daß bei der Frage nach dem Rechtsgrund für eine Vermögensverschiebung die Bereicherung durch Leistung Vorrang vor der Eingriffskondiktion hat. – Wiederholen Sie Grdz. § 15 II 2 bis 4; § 17 I 3 b; § 18 I 1 c, 3 c, bb; vgl. auch Grdz. § 20 V 5!

Musterlösung:

Ein Anspruch auf Zahlung des Betrags von 300.000,– € steht zunächst gem. §§ 631 Abs. 1, 641 Abs. 1 BGB dem Lembert bzw. dessen Insolvenzverwalter zu, denn der mit der Stadt Saarbrücken über den Bau der Brücke abgeschlossene Werkvertrag ist zumindest bis zum Einbau der Stahlträger erfüllt worden.

Fraglich ist, ob außerdem noch die Ferrum AG gegen die Stadt Zahlungsansprüche erheben kann. Diese hat die zum Bau der Brücke verwendeten Stahlträger unter Eigentumsvorbehalt geliefert. Da ihre Forderung gegen Lembert bisher noch nicht bezahlt ist (und wegen der Insolvenz des Lembert voraussichtlich auch nicht mehr in voller Höhe bezahlt werden wird), ist die Bedingung für den Eigentumsübergang bisher nicht eingetreten. Allerdings sind die Stahlträger inzwischen in das Brückenbauwerk eingefügt und damit dessen wesentlicher Bestandteil i.S.d. § 94 Abs. 2 BGB geworden. Unterstellt man, daß die Stadt Eigentümerin des Grundstücks ist, auf dem die Brücke errichtet wird, hat sie sonach gem. § 946 BGB Eigentum an den Stahlträgern erworben. Da die Ferrum AG mithin ihr Eigentum an die Stadt verloren hat, könnte sie gem. § 951 Abs. 1 BGB gegen diese einen Anspruch auf Ersatz für den Rechtsverlust nach den Vorschriften über die Herausgabe einer ungerechtfertigten Bereicherung haben.

Die Anwendung des § 812 Abs. 1 Satz 1 BGB setzt voraus, daß der Erwerb des Eigentums an den Stahlträgern aus Sicht der Stadt ohne rechtlichen Grund erfolgt ist. Für die Stadt als (nunmehrige) Eigentümerin stellt sich indessen der Vermögenserwerb als eine Leistung des Lembert dar. Er hatte sich zu dem Bau der Brücke und damit auch zur Beschaffung des hierfür erforderlichen Materials verpflichtet. Wo er die Stahlträger herbekam und unter welchen Bedingungen sie ihm geliefert wurden, durfte der Stadt als Auftraggeberin gleichgültig sein. Da der Eigentumsübergang an den eingebauten Materialien die gesetzliche Folge der von Lembert erbrachten Bauleistung ist, ist auch der Eigentumsübergang als solcher noch Teil der Leistung des Lembert und kein Ereignis, das sich an den bereits abgeschlossenen Leistungsvorgang erst nachträglich anschließt. Für die Bauleistung des Lembert existiert eine vertragliche Vereinbarung als Rechtsgrund, die auch durch dessen Insolvenz nicht weggefallen ist; wie bereits dargelegt worden ist, ergibt sich aus diesem Vertrag die Verpflichtung der Stadt zur Zahlung des anteiligen Werklohns in Höhe von 300.000,– € an den Insolvenzverwalter.

Sonach ist der Eigentumserwerb an den Stahlträgern durch die Stadt mit Rechtsgrund erfolgt; ein Anspruch der Ferrum AG aus § 951 Abs. 1 BGB besteht nicht. Diese ist vielmehr darauf angewiesen, sich mit ihren Ansprüchen allein an den Insolvenzverwalter des Lembert zu halten.

Fall 18.05: *Der unsolide Ferdinand*

Ferdinand hat im Januar seinen Porsche-Targa an die Goldstein-Bank zur Sicherung eines Kredits von 10.000,– € sicherungsübereignet und den Kfz-Brief bei der Bank hinterlegt. Im Oktober bringt er den Wagen zur Autowerkstatt Kümmelmann zum Einbau eines Austauschmotors. Er hinterlegt dabei den Kraftfahrzeugschein. Auf der Rückseite des von Ferdinand unterschriebenen Auftragsscheins sind „Bedingungen für die Ausführung von Arbeiten an Kraftfahrzeugen" abgedruckt, in denen es u.a. heißt: „Der Werkstatt steht wegen ihrer Forderungen aus dem Auftrag ein Pfandrecht an dem ihr zur Durchführung des Auftrags übergebenen Fahrzeug zu." Im November taucht Ferdinand auf der Flucht vor seinen zahlreichen Gläubigern unter, ohne noch Gelegenheit zu finden, seinen Wagen bei Kümmelmann abzuholen und die Reparaturrechnung in Höhe von 7.000,– € zu bezahlen.

Kümmelmann möchte sich wegen seiner Forderung durch Pfandverkauf befriedigen. Die Goldstein-Bank, von deren Sicherungseigentum er erst jetzt erfährt, widerspricht mit dem Argument, Kümmelmann sei beim „Erwerb" des Pfandrechts nicht in gutem Glauben gewesen, denn er habe es versäumt, sich von Ferdinand den Kfz-Brief vorlegen zu lassen. Wer hat Recht?

Lösungshinweis: Der Fall zeigt eines der wenigen praktischen Anwendungsbeispiele für ein Faustpfand und befaßt sich außerdem mit den Sorgfaltsmaßstäben, die beim Rechtserwerb kraft guten Glaubens an die Aufklärung der tatsächlichen Eigentumslage durch den Rechtserwerber zu stellen sind. – Wiederholen Sie Grdz. § 6 IV 2; § 14 II 1; § 18 I 1 a, b, 3 b, d!

Musterlösung:

Gem. § 1228 BGB könnte sich Kümmelmann wegen seiner Zahlungsforderung durch Pfandverkauf des Porsche-Targa befriedigen, wenn er an dem Pkw ein Faustpfandrecht erworben hat, das dem Sicherungseigentum der Goldstein-Bank im Rang vorgeht.

Das Pfandrecht an einer beweglichen Sache wird gem. § 1205 Abs. 1 BGB durch Übergabe der Pfandsache an den Gläubiger und durch Einigung mit dem Eigentümer über die Begründung eines Pfandrechts bestellt. Die Übergabe des Wagens an Kümmelmann ist durch Einlieferung des Fahrzeugs zur Reparatur erfolgt. Die Einigung über die Bestellung des Pfandrechts könnte darin zu sehen sein, daß Ferdinand den Auftragsschein unterschrieben hat, auf dessen Rückseite die AGB des Kümmelmann mit einer Verpfändungsklausel abgedruckt sind. Auf diese Weise sind die von der Kfz-Werkstatt verwendeten „Reparaturbedingungen" gem. § 305 Abs. 2 BGB Bestandteil des zwischen Ferdinand und Kümmelmann abgeschlossenen Werkvertrags über den Einbau eines Austauschmotors geworden. Bei der Vereinbarung eines Pfandrechts handelt es sich auch nicht um eine für den Kunden überraschende Klausel i.S.d. § 305 c BGB; wie sich aus § 647 BGB ergibt, muß der Besteller einer Werkleistung schon kraft Gesetzes damit rechnen, daß der Werkunternehmer für seine Forderung an der ihm übergebenen Sache ein Pfandrecht erwirbt. Auch inhaltlich bestehen weder aufgrund der Klauselverbote der §§ 308 und 309 BGB noch im Hinblick auf die Generalklausel des § 307 BGB durchschlagende Bedenken gegen die Wirksamkeit der von Kümmelmann verwendeten Pfandrechtsklausel. Mithin hatten sich Ferdinand und Kümmelmann über die Bestellung eines Pfandrechts an dem Porsche zur Sicherung der Lohnforderung aus dem Werkvertrag geeinigt.

Im Zeitpunkt des Vertragsschlusses mit Kümmelmann war Ferdinand jedoch nicht mehr Eigentümer der Pfandsache, denn er hatte seinen Wagen schon mehrere Monate zuvor an die Goldstein-Bank sicherungsübereignet. Ferdinand hatte sonach keine Verfügungsbefugnis über den Porsche-Targa mehr und war somit auch nicht mehr berechtigt, den Pkw an den Kümmelmann zu verpfänden. Dieser könnte daher das Pfandrecht nur gem. §§ 1207, 932 BGB kraft guten Glaubens erworben haben. Nach dem Sachverhalt kann man ohne weiteres davon ausgehen, daß der Werkstattbesitzer keine positive Kenntnis von der Sicherungsübereignung des von ihm hereingenommenen Wagens gehabt hatte. Zu prüfen bleibt jedoch, ob seine Unkenntnis auf grober Fahrlässigkeit beruhte; auch dies würde gem. § 932 Abs. 2 BGB den gutgläubigen Rechtserwerb verhindern.

Im vorliegenden Fall könnte der Vorwurf grob fahrlässigen Handelns damit begründet werden, daß Kümmelmann es unterlassen hatte, sich bei der Annahme des Reparaturauftrags von Ferdinand den Kfz-Brief vorlegen zu lassen. Hätte er nach diesem Dokument gefragt, wäre Ferdinand genötigt gewesen, die Sicherungsübereignung des Fahrzeugs an die Goldstein-Bank offenzulegen. Die Entscheidung des Falls hängt somit davon ab, ob es zu den Sorgfaltspflichten gehört, die sich einem ordentlichen Geschäftsmann ohne weiteres aufdrängen, bei Geschäften über die Rechte an einem Pkw von dem (angeblichen) Eigentümer immer die Vorlage des Kfz-Briefes zu verlangen. Dazu ist zunächst die Funktion eines Kfz-Briefes für den allgemeinen Rechtsverkehr zu klären: Der gem. § 20 Abs. 3 StVZO für jedes einzelne Fahrzeug ausgefertigte Kfz-Brief ist keine privatrechtliche Urkunde über die Rechtsverhältnisse an dem Kfz. Er ist vielmehr ein Zeugnis darüber, daß für das betreffende Fahrzeug eine allgemeine Betriebserlaubnis besteht. Das Dokument wird nur einmal ausgefertigt und muß nach § 27 Abs. 3 StVZO bei jeder Veräußerung des Fahrzeugs (und damit auch bei einer Sicherungsübereignung) der Behörde vorgelegt werden. Obwohl es sich sonach um eine Urkunde über ein öffentlich-rechtliches Rechtsverhältnis handelt, hat sich im zivilrechtlichen Rechtsverkehr der Geschäftsgebrauch eingebürgert, daß bei der Sicherungsübereignung eines Kfz der Brief beim Kreditgeber für die Dauer der Kreditgewährung hinterlegt wird, um zu verhindern, daß der Schuldner das weiterhin in seinem Besitz belassene Fahrzeug heimlich weiterveräußert. Als Legitimation bei Polizeikontrollen behält der Besitzer den bei der Zulassung *außerdem* ausgestellten Fahrzeugschein. Kann bei der Veräußerung des Kfz nur der Fahrzeugschein und nicht auch der Kfz-Brief vorgelegt werden, muß der Erwerber im Hinblick auf diesen Geschäftsgebrauch damit rechnen, daß der Wagen bereits veräußert ist. Verläßt er sich in einem solchen Fall auf die schlichte Auskunft des Veräußerers, der Wagen sei sein Eigentum, oder gar nur auf den äußeren Anschein des Besitzes, so verletzt er die beim Erwerb einer Sache verkehrsübliche Sorgfalt zur Erkundung der tatsächlichen Eigentumsverhältnisse in besonders schwerem Maße. Stellt sich später heraus, daß das fragliche Kfz tatsächlich sicherungsübereignet ist oder sonst einem anderen gehört, kann sich der Erwerber daher nicht auf seinen guten Glauben berufen.

Diese Regel ist bisher nur für die *Übereignung* von Kfz entwickelt worden. Fraglich ist, ob sie auch auf die vertragliche Begründung eines Faustpfandrechts zur Sicherung der Werklohnforderung aus einem Reparaturauftrag für den Wagen übertragen werden kann. Anders als im Fall der Veräußerung braucht die Verpfändung des Fahrzeugs nicht bei der Kfz-Zulassungsstelle gemeldet zu werden; es findet auch keine amtliche Eintragung des Pfandrechtsinhabers in den Kfz-Brief statt. Demnach wird der Brief in diesem Fall zur Rechtswahrung gegenüber der Behörde nicht benötigt. Im Gegensatz zum Kfz-

Schein braucht der Kfz-Brief bei der Benutzung des Fahrzeugs auch nicht ständig als Ausweis mitgeführt zu werden; hiervon wird wegen der Gefahr des Diebstahls sogar abgeraten. Im Kfz-Gewerbe hat sich daher bisher auch noch nicht der Brauch durchgesetzt, bei der Annahme eines Kfz zur Reparatur nicht nur die Vorlage des Kfz-Scheins zu fordern, sondern darüber hinaus zur einwandfreien Klärung der Eigentumslage des Wagens die Einsicht in den Kfz-Brief oder sogar dessen Hinterlegung zu verlangen. Dies würde vielmehr den auf schnelle Abwicklung angelegten Geschäftsbetrieb unnötig durch Formalien erschweren und z.B. die Durchführung von eiligen und unvorhergesehenen Reparaturaufträgen ganz unmöglich machen.

Die für die Übereignung eines Kfz entwickelte Regel über die Sorgfaltsanforderungen bei der Aufklärung der Eigentumsverhältnisse durch den Erwerber läßt sich sonach auf die Bestellung eines Faustpfandrechts aus Anlaß einer Reparatur des Fahrzeugs nicht übertragen. Demnach kann man es im vorliegenden Fall dem Kümmelmann nicht als grob fahrlässig anlasten, wenn er sich bei der Annahme des Reparaturauftrags auf die Eintragung des Ferdinand im Kfz-Schein verlassen und nicht auch noch einen Eigentumsnachweis durch Vorlage des Kfz-Briefs gefordert hatte.

Kümmelmann hat somit gem. §§ 1207, 932 BGB gutgläubig ein Pfandrecht an dem Porsche erworben. Dies hat zwar nicht dazu geführt, daß das Sicherungseigentum der Goldstein-Bank ganz untergeht; deren Eigentum ist jedoch nunmehr mit dem vorrangigen Sicherungsrecht belastet. Daraus folgt, daß die Bank der Pfandverwertung durch Kümmelmann nicht unter Berufung auf ihr Eigentum widersprechen kann und daß der beim Pfandverkauf erzielte Erlös auch in erster Linie dem Kümmelmann zur Deckung seiner Forderung gegen Ferdinand zur Verfügung steht. Ein dann noch vorhandener Überschuß tritt gem. § 1247 Satz 2 BGB an die Stelle des Pfandes, d.h. er ist an die Bank als die (Sicherungs-)Eigentümerin der Pfandsache herauszugeben.

Fall 18.06: *Schadensbegrenzung*

Anton hat bei der Prodac AG für sein Bauunternehmen einen Bagger zum Preis von 125.000,– € erworben. Das Gerät wird unter Eigentumsvorbehalt geliefert, da Anton den Kaufpreis nur in Raten zahlen kann. Nachdem 100.000,– € des Kaufpreises an die Prodac AG abbezahlt sind, muß Anton zur Überbrückung eines Liquiditätsengpasses bei der Volksbank Südwest einen Kredit in Höhe von 50.000,– € aufnehmen. Als Sicherheit steht nur der Bagger zu Verfügung, der noch sehr gut erhalten ist, da Anton nur wenige Aufträge zu bearbeiten hatte. Unter ausdrücklichem Hinweis darauf, daß der Bagger bei der Prodac AG noch nicht vollständig bezahlt sei, schließt Anton mit der Volksbank im April einen Sicherungsübereignungsvertrag, wobei als Besitzkonstitut eine Leihe vereinbart wird. Trotz aller Bemühungen kann Anton seine wirtschaftlichen Probleme nicht lösen und muß im Juni Insolvenzantrag stellen.

Der Insolvenzverwalter überlegt, ob es sinnvoll ist, die noch offene Rate von 25.000,– € an die Prodac AG zu bezahlen, um den Bagger, der noch einen erzielbaren Verkaufswert von 75.000,– € hat, in die Insolvenzmasse zu ziehen und zugunsten aller Insolvenzgläubiger zu verwerten. Was würden Sie ihm raten?

Lösungshinweis: Ähnlich wie in Fall 18.01 beruht auch die Lösung dieses Sachverhalts auf der Bedeutung der Eigentumsanwartschaft des Vorbehaltskäufers als eigenständige, bereits im Rechtsverkehr übertragbare Rechtspostition an der Sache, die sich auch bei einer später eintretenden Insolvenz des Vorbehaltskäufers gegenüber dem Zugriff des Insolvenzverwalters behaupten kann. – Wiederholen Sie Grdz. § 18 I 1 a, 3 c, d; vgl. auch Grdz. § 20 V 5!

Musterlösung:

Der Bagger kann nach § 35 InsO nur dann zur Insolvenzmasse gezogen werden, wenn er sich bei Verfahrenseröffnung bereits im Eigentum des Schuldners befunden hat. Die Prodac AG hatte gem. § 158 Abs. 1 BGB die Übereignung des Geräts unter der aufschiebenden Bedingung der vollständigen Bezahlung des Kaufpreises erklärt. Diese Bedingung war bei Verfahrenseröffnung noch nicht erfüllt, so daß die Verkäuferin noch Eigentümerin des Baggers sein könnte. Allerdings stünde dem Anton zur Zeit der Eröffnung des Insolvenzverfahrens normalerweise schon ein Anwartschaftsrecht auf Erwerb des Eigentums zu, das gem. § 35 InsO ebenfalls zur Insolvenzmasse gehören würde. Führt der Insolvenzverwalter durch die Bezahlung des Kaufpreises aus Mitteln der Masse dann doch noch die Bedingung für den Eigentumserwerb herbei, erstarkt dieses Anwartschaftsrecht zum Vollrecht; damit wäre der Bagger auch Teil der Insolvenzmasse und könnte zugunsten der Insolvenzgläubiger verwertet werden.

Im vorliegenden Fall könnte jedoch durch das im April zwischen Anton und der Volksbank Südwest vereinbarte Sicherungsgeschäft eine andere Rechtslage eingetreten sein. Allerdings war Anton im April nicht Eigentümer des Baggers und sonach auch nicht zur Übereignung des Geräts befugt. Da er beim Geschäftsabschluß auf das noch bestehende Vorbehaltseigentum der Prodac AG ausdrücklich hingewiesen hatte, scheidet auch von vornherein die Möglichkeit eines gutgläubigen Erwerbs des Sicherungseigentums durch die Volksbank aus.

Wie bereits festgestellt worden ist, stand dem Anton aufgrund der aufschiebend bedingten Übereignung durch die Prodac AG bereits eine Eigentumsanwartschaft an dem Bagger zu. Hierbei handelt es sich um ein eigentumsähnliches Recht, über das nach denselben Regeln wie für das Volleigentum selbständig verfügt werden kann. Mithin war Anton im April in der Lage, zur Sicherung des von ihm aufgenommenen Kredits seine Eigentumsanwartschaft an der Baumaschine auf die Volksbank Südwest zu übertragen. Er hat sich mit der Bank über den Rechtsübergang geeinigt und hinsichtlich des ihm belassenen Besitzes am Bagger einen Leihvertrag als Besitzmittlungsverhältnis vereinbart. Mithin ist die Eigentumsanwartschaft gem. § 930 BGB durch Besitzkonstitut auf die Bank übertragen worden. Seit April besteht sonach im Hinblick auf den Bagger folgende Rechtslage: Die Prodac AG ist weiterhin (Vorbehalts-)Eigentümerin der Sache; die Volksbank Südwest ist Inhaberin der Eigentumsanwartschaft.

Durch die Zahlung der letzten Kaufpreisrate wäre der Eigentumsvorbehalt zugunsten der Prodac AG erloschen und die der Volksbank zustehende Anwartschaft würde zum Vollrecht erstarken. Im Hinblick auf die inzwischen erfolgte Eröffnung des Insolvenzverfahrens über das Vermögen des Anton erhebt sich allerdings die Frage, ob der Eigentumsübergang unmittelbar aus dem Vermögen der Lieferfirma in das Vermögen der Bank erfolgt oder ob dies in der Weise geschieht, daß zunächst Anton das Eigentum an dem Bagger erwirbt und sodann gem. § 185 Abs. 2 BGB die im April von Anton als – hinsichtlich des Eigentums an der Sache – Nichtberechtigtem vorgenommene Sicherungsübereignung zugunsten der Bank wirksam wird. Würde die Eigentumsübertragung auf dem Umweg über das Vermögen des Anton erfolgen, würde nämlich der inzwischen eingetretene Insolvenzbeschlag des Gesamtvermögens wirksam werden und es käme die Regelung des § 91 Abs. 1 InsO zum Tragen, daß nach der Verfahrenseröffnung an

Gegenständen der Insolvenzmasse keine Rechte mehr erworben werden können, soweit nicht der Insolvenzverwalter die Sachen freigibt.

Erkennt man indessen das Anwartschaftsrecht des Vorbehaltskäufers als ein besonderes, dem Eigentum ähnliches Recht an der Sache an, das auch schon vor dem Eintritt der aufschiebenden Bedingung auf Dritte übertragen werden kann, macht es keinen Sinn, die Umwandlung dieses Rechts zum Vollrecht in der Weise zu erklären, daß letzteres zunächst in das Vermögen des Veräußerers der Anwartschaft fällt und erst über diesen Umweg nach § 185 Abs. 2 Satz 1 BGB in das Vermögen des Anwartschaftserwerbers gelangt. Im vorliegenden Fall würde daher die vollständige Bezahlung der noch offenen Kaufpreisschuld an die Prodac AG dazu führen, daß der Bagger nunmehr unmittelbar in das Sicherungseigentum der Volksbank Südwest fallen würde und vom Insolvenzverwalter nur insoweit für die Insolvenzmasse in Anspruch genommen werden könnte, wie er dies auch mit anderen, rechtzeitig vor der Insolvenzeröffnung durch den Gemeinschuldner an Dritte sicherungsübereigneten Gegenständen tun kann; d.h. er darf zwar gem. § 166 Abs. 1 InsO den Bagger verwerten, da das Gerät sich in seinem Besitz befindet, er muß jedoch die Volksbank nach § 168 Abs. 1 InsO über seine Veräußerungsabsicht unterrichten und ihr Gelegenheit geben, gegebenenfalls eine bessere Verwertungsmöglichkeit zu finden. Nach Veräußerung des Baggers muß gem. § 170 Abs. 1 InsO der Erlös nach Abzug der Verwertungskosten vorrangig dazu verwendet werden, um den Zahlungsanspruch der Bank zu befriedigen. Erst ein dann noch verbleibender Überschuß kann zur Masse gezogen und für die Befriedigung der anderen Insolvenzgläubiger zur Verfügung gestellt werden.

Dem Insolvenzverwalter kann somit nicht der Rat gegeben werden, die Forderungen der Prodac AG bevorzugt zu bezahlen. Wenn überhaupt, wäre dies eine Sache der Volksbank Südwest, die auf diese Weise volles Sicherungseigentum an dem Bagger erwerben und damit die Möglichkeit haben würde, sich sowohl für ihr Darlehen als auch für den Betrag von 25.000,– € zu befriedigen, der zusätzlich aufgewendet werden müßte, um auch gegenüber der Vorbehaltsverkäuferin das Sicherungsrecht ausüben zu können.

Fall 18.07: *Unsicheres Erbe*

Emmas Onkel Kuno ist am 12.3. in Saarbrücken gestorben. Aufgrund eines notariellen Testaments vom 10.1.1995 wird die Emma als Alleinerbin angesehen. Zum Nachlaß gehört auch ein Geschäftshausgrundstück in der Bahnhofstraße in Saarbrücken; am 19.5. wird die Emma als neue Eigentümerin im Grundbuch eingetragen. Bereits am 24.5. verkauft Emma das Anwesen an die Dr. Schnitter AG zum Preis von 1,3 Mio. € und erklärt im notariellen Vertrag die Auflassung. Der Antrag des Notars auf Umschreibung des Eigentums geht am 14.7. beim Grundbuchamt ein, die Eintragung des Eigentums der Dr. Schnitter AG erfolgt am 12.8.

Schon Anfang Juni meldet sich der Tierschutzverein Saarbrücken e.V. und legt ein privatschriftliches Testament des Kuno vom 10.3.1999 vor, in dem dieser unter Widerruf aller bisherigen letztwilligen Verfügungen den Tierschutzverein wegen seiner Verdienste um die Verhinderung der Taubenbekämpfungsaktion der Saarbrücker Stadtverwaltung zum Alleinerben seines Vermögens einsetzt. Emma bestreitet die Echtheit und die Wirksamkeit des von Kuno noch kurz vor seinem Tod in stark sklerotischer Verfassung errichteten Testaments. Es kommt zu einem Prozeß, der im Oktober mit einem Vergleich vor dem Landgericht Saarbrücken endet, in dem Emma gegen Zahlung einer Entschädigung das Erbrecht des Tierschutzvereins anerkennt.

1. Kann der Tierschutzverein von der Dr. Schnitter AG noch die Rückerstattung des ursprünglich zum Nachlaß gehörenden Geschäftshausgrundstücks verlangen; wie wäre ein solcher Anspruch zu formulieren?

2. Falls der Rechtserwerb der Dr. Schnitter AG nicht mehr angreifbar sein sollte: Welcher praktische Rat hätte dem Vorstand des Tierschutzvereins erteilt werden können, damit dieses Ergebnis noch rechtzeitig hätte verhindert werden können?

Lösungshinweis: Nachdem in den Fällen 18.02, 18.03 und 18.05 der gutgläubige Rechtserwerb an beweglichen Sachen zu erörtern war, befaßt sich dieser Sachverhalt mit dem gutgläubigen Erwerb des Eigentums an einem Grundstück. Dabei kommt es vor allem auf die durch den öffentlichen Glauben des Grundbuchs bewirkte Besonderheit an, daß nur die positive Kenntnis des Erwerbers von der tatsächlichen Rechtslage den Erwerb vom Nichtberechtigten verhindert. Bei der Bearbeitung der Frage 2 lernen Sie daher mit dem Grundbuchwiderspruch gem. § 899 BGB einen spezifischen Behelf kennen, um bei noch streitiger Rechtslage einen vorläufigen Schutz gegen Rechtsverluste aufgrund der Regelung der §§ 892, 893 BGB zu schaffen. – Wiederholen Sie Grdz. § 18 II 1 b bis d, 2 a; vgl. auch Grdz. § 19 VI 3 b, VII 1; § 20 III 3 d!

Musterlösung:

Frage 1: Nachdem die Emma im Oktober durch gerichtlichen Vergleich das Erbrecht des Tierschutzvereins nach Kuno anerkannt hat (was auch der Rechtslage entspricht, denn der Erblasser kann nach §§ 2253 ff. BGB bis zu seinem Tode ein früheres Testament jederzeit widerrufen und neue Erben einsetzen), steht fest, daß der Verein das Vermögen des Kuno geerbt hat. Diese Rechtslage gilt gem. § 1922 Abs. 1 BGB vom Zeitpunkt des Todes des Erblassers an, im vorliegenden Fall sonach seit dem 12.3. Demgemäß war der Verein auch Eigentümer des Geschäftshausgrundstücks in der Bahnhofstraße in Saarbrücken geworden. Trotz der zunächst zu ihren Gunsten erfolgten Eintragung im Grundbuch war Emma nicht zur Verfügung berechtigt, als sie das Grundstück am 24.5. an die Dr. Schnitter AG verkaufte und gem. §§ 925, 873 BGB an die Käuferin auflieߧ d.h. die Einigung über den Übergang des Eigentums erklärte.

Es liegt nahe, daß der Tierschutzverein als tatsächlicher Erbe und Eigentümer im Anschluß an den für ihn günstigen Ausgang des Erbfolgestreits sein Recht an dem Grundstück gegenüber der Dr. Schnitter AG geltend macht. Zu diesem Zweck könnte er gem. § 894 BGB einen Anspruch auf Berichtigung des Grundbuchs geltend machen.

Dieser Anspruch wäre berechtigt, wenn der Inhalt des Grundbuchs, d.h. die am 12.8. erfolgte Eintragung der Dr. Schnitter AG als Eigentümerin, mit der wirklichen Rechtslage nicht übereinstimmt und wenn stattdessen der Tierschutzverein als Eigentümer des Anwesens eingetragen sein müßte. Wie bereits festgestellt worden ist, ist der Verein als Erbe des Kuno mit Wirkung vom 12.3. neuer Eigentümer geworden. Da der Verein an der Übereignung des Anwesens an die Dr. Schnitter AG nicht mitgewirkt hat, könnte deren Rechtserwerb aufgrund der Auflassung vom 24.5. durch die schon damals nicht berechtigte Emma ausgeschlossen und demnach die Eintragung im Grundbuch unrichtig sein.

Die Dr. Schnitter AG könnte indessen durch das Geschäft mit Emma gem. § 892 Abs. 1 Satz 1 BGB gutgläubig Eigentum an dem Grundstück erworben haben. Sie hat sich am 24.5. mit der damals als Eigentümerin eingetragenen Emma formgerecht über den Übergang des Eigentums geeinigt. Zu diesem Zeitpunkt war das Testament des Kuno vom 10.3. noch nicht bekannt. Demnach gilt zugunsten der Dr. Schnitter AG das Grundbuch als richtig; d.h. sie konnte von Emma wirksam Eigentum erwerben.

Allerdings hat der Tierschutzverein bereits ab Anfang Juni, also noch vor der erst am 12.8. erfolgten Umschreibung des Eigentums auf die Dr. Schnitter AG, sein Erbrecht und damit auch sein Eigentum an dem Grundstück geltend gemacht. Im Hinblick darauf, daß nach § 873 Abs. 1 BGB das Eigentum an einem Grundstück durch Einigung *und* Eintragung übertragen wird, ist daher zu prüfen, ob dieser Umstand den gutgläubigen Erwerb verhindert hat. Dies wird durch die Regelung des § 892 Abs. 2 BGB beantwortet, wonach die Kenntnis des Erwerbers über die Eigentumslage zwar nicht im Zeitpunkt der Eintragung, wohl aber bei der Stellung des Eintragungsantrags maßgebend ist. Im vorliegenden Fall hatte der Notar den Antrag auf Umschreibung des Eigentums am 14.7. beim Grundbuchamt gestellt. Auch zu diesem Zeitpunkt bestand zwischen Emma und dem Tierschutzverein bereits Streit über die Erbfolge in das Vermögen des Kuno. Es stellt sich daher die Frage, ob die Dr. Schnitter AG am 14.7. noch von der Richtigkeit des Grundbuchs ausgehen und sonach kraft guten Glaubens Eigentum an dem ihr von Emma aufgelassenen Grundstück erwerben konnte. Anders als im Fall des § 932 Abs. 2 BGB, wo auch die grob fahrlässige Unkenntnis der richtigen Eigentumslage den gutgläubigen Rechtserwerb ausschließt, wird gem. § 892 Abs. 1 Satz 1 BGB der öffentliche Glaube in die Richtigkeit einer Grundbucheintragung nur durch die positive Kenntnis der von der Eintragung abweichenden Rechtslage ausgeschlossen. Ein Erbschaftsstreit mit einem neuen Erbprätendenten läßt noch nicht zwangsläufig den Schluß zu, daß die bisher als Erbe handelnde und im Grundbuch eingetragene Person in Wirklichkeit kein Erbe und daher auch nicht zur Verfügung über das Grundstück berechtigt ist. Solange in der Sache noch kein Gericht entschieden hat oder der Rechtsstreit auf andere Weise für die Beteiligten verbindlich geklärt worden ist, konnte die Dr. Schnitter AG daher mit gutem Grund von dem Recht der Emma ausgehen.

Somit waren am 14.7. die Voraussetzungen für einen gutgläubigen Eigentumserwerb durch die Dr. Schnitter AG noch gegeben. Mit der Eintragung des neuen Eigentümers am 12.8. hat der Tierschutzverein sein durch Erbschaft erworbenes Eigentumsrecht an dem Geschäftsanwesen endgültig verloren; ein Anspruch auf Grundbuchberichtigung gem. § 894 BGB steht ihm gegen die Dr. Schnitter AG nicht zu.

Frage 2: Nach § 892 Abs. 1 Satz 1 BGB ist der gutgläubige Eigentumserwerb von der im Grundbuch als Eigentümer eingetragenen Person auch dann ausgeschlossen, wenn gegen diese Eintragung im Grundbuch ein Widerspruch eingetragen ist. Der Tierschutzverein hätte daher von Emma (als zumindest formell Berechtigte) gem. § 894 Abs. 1 i.V.m. § 899 Abs. 2 BGB die Bewilligung der Eintragung eines Widerspruchs verlangen und diesen sodann beim Grundbuchamt zur Eintragung anmelden müssen. Hätte sich Emma geweigert, eine solche Bewilligung zu erteilen, hätte der Verein den Erlaß einer einstweiligen Verfügung nach § 935 ZPO beantragen können, durch welche das Grundbuchamt zur Eintragung des Widerspruchs auch ohne Bewilligung der Emma angewiesen worden wäre. Hierfür hätte es ausgereicht, daß der Verein durch Vorlage des Testaments vom 10.3.1999 sein Erbrecht und den hieraus folgenden Anspruch auf Berichtigung des Grundbuchs gegenüber Emma vorläufig glaubhaft machte. Wäre es dem Verein auf diese Weise gelungen, noch rechtzeitig vor dem 14.7., dem Tag des Eingangs des Eigentumsumschreibungsantrags auf die Dr. Schnitter AG, die Eintragung eines Widerspruchs gegen das Eigentum der Emma im Grundbuch zu erwirken, hätte der gutgläubige Rechtserwerb durch die Käuferin verhindert werden können.

Fall 18.08: *Drückende Schulden*

Anton hat sich am 15.1. von dem Privatmann Salomon ein Darlehen von 50.000,– € geben lassen, das am 30.8. zurückgezahlt werden soll. Zur Sicherung des Darlehens bestellt er auf einem in seinem Eigentum befindlichen Grundstück eine Buchhypothek, die im Grundbuch eingetragen wird. Mit Vertrag vom 1.3. tritt Salomon den Darlehensanspruch an Diewald ab. In einem weiteren Vertrag vom 12.4. tritt Salomon dann nochmals Darlehensforderung und Hypothek an die Kreissparkasse Merzig ab; die Sparkasse wird als neue Inhaberin der Hypothek im Grundbuch eingetragen.

Am 30.8. melden sich bei Anton sowohl der Diewald als auch die Kreissparkasse Merzig und verlangen von ihm Zahlung von 50.000,– €. An wen muß Anton zahlen?

Lösungshinweis: Der Sachverhalt befaßt sich mit der Situation des Schuldners einer an verschiedene Zessionare abgetretenen Hypothekenforderung und zeigt die Funktion der §§ 1153, 1154 BGB, die eine Trennung von schuldrechtlichem Anspruch und dinglichem Sicherungsrecht verhindern und so sicherstellen, daß die Leistung insgesamt nur einmal erbracht werden muß. – Wiederholen Sie Grdz. § 10 IV 1 a bis c; § 13 IV 1; § 18 II 4 a bis c!

Musterlösung:

Die Entscheidung des Falls hängt davon ab, wer Inhaber der Darlehensforderung gegen Anton und der diesen Zahlungsanspruch sichernden Hypothek ist.

Gläubiger der Darlehensforderung war gem. § 488 Abs. 1 Satz 2 BGB zunächst der Salomon, der dem Anton 50.000,– € geliehen hatte. Zu seinen Gunsten war auch nach § 1113 Abs. 1 BGB auf dem Grundstück des Anton eine Hypothek bestellt worden. Es handelt sich hierbei um eine „Buchhypothek"; d.h. die Erteilung eines Hypothekenbriefs ist durch Einigung zwischen Anton und Salomon gem. § 1116 Abs. 2 BGB ausgeschlossen und dies ist auch so im Grundbuch vermerkt.

Salomon könnte die Darlehensforderung am 1.3. durch Vertrag gem. § 398 BGB an Diewald abgetreten haben. Da die Zahlungsschuld jedoch durch eine Buchhypothek gesichert ist, ist eine Abtretung des Anspruchs durch „einfachen" Vertrag zwischen dem bisherigen Gläubiger und dem Erwerber nicht mehr möglich. Gem. § 1153 Abs. 2 BGB kann vielmehr die Forderung nur noch zusammen mit der Hypothek in der Form des § 1154 BGB abgetreten werden. Im vorliegenden Fall wäre mithin gem. §§ 1154 Abs. 3, 873 BGB die Eintragung des Diewald als neuer Hypothekengläubiger im Grundbuch erforderlich gewesen. Da dies nicht geschehen ist, konnte Diewald die Forderung durch das Geschäft mit Salomon nicht wirksam erwerben. Zugunsten des Diewald ist auch kein gutgläubiger Erwerb der Darlehensforderung möglich. Die Regelung des § 408 BGB, die bei mehrfacher Abtretung einer Forderung einen gewissen Gutglaubensschutz sicherstellt, gilt nur zugunsten des Schuldners der abgetretenen Forderung. Demzufolge kann Diewald nach Fälligkeit des Darlehens von Anton keine Zahlung verlangen.

Die am 12.4. vereinbarte Übertragung der Darlehensschuld und der Hypothek auf die Kreissparkasse Merzig ist dagegen formgerecht erfolgt. Demnach ist die Sparkasse die neue Gläubigerin des Anton geworden; an sie ist die nunmehr fällig gewordene Schuld zu zahlen.

Fall 18.09: *Der mutige Investor*

Der Immobilienmakler Otto hat ein etwa 2 ha großes Grundstück auf dem Lochfeld bei Saarbrücken erworben, das er erschließen und mit 30 Einfamilienhäusern bebauen möchte. Für die Endfinanzierung des Projekts hat er sich von der Bodenbank AG mit Vertrag vom 14.1. ein Darlehen von 9 Mio. € zusagen lassen. Das Darlehen soll bei verkaufsreifer Fertigstellung der Häuser ausgezahlt und nach deren Veräußerung entweder aus dem Verkaufserlös zurückgezahlt oder von den Käufern anteilig übernommen werden. Zur Sicherung dieses Darlehens hat Otto auf dem gesamten Areal für die Bodenbank AG eine Buchhypothek bewilligt, die am 10.3. zugunsten der Gläubigerin im Grundbuch eingetragen wird.

Um den Kaufpreis für das Grundstück und seine sonstigen Aufwendungen für die Realisierung des Projekts vorfinanzieren zu können, möchte Otto im April bei der Sparkasse Saarbrücken einen Kredit von 8 Mio. € aufnehmen. Welche Sicherheiten kann Otto für diesen Kredit bieten?

Lösungshinweis: In diesem Fall lernen Sie eine interessante Konsequenz der aus dem Akzessorietätsprinzip herrührenden Regelung des § 1163 BGB und deren praktische Nutzung für die Zwischenfinanzierung des künftigen Hypothekenkredits kennen. – Wiederholen Sie Grdz. § 18 II 4, III!

Musterlösung:

Otto kann als Sicherheit für den Vorfinanzierungskredit zunächst eine Sicherungsabtretung des ihm von der Bodenbank AG bewilligten Hypothekenkredits zur Verfügung stellen. Die Auszahlung des Darlehens wird aber erst nach verkaufsreifer Fertigstellung der von Otto projektierten Häuser erfolgen; bis dahin kann die Bodenbank gem. § 490 Abs. 1 BGB den Darlehensvertrag jederzeit fristlos kündigen, falls sich die Vermögensverhältnisse des Otto zwischenzeitlich so verschlechtern sollten, daß eine Rückzahlung des Darlehens gefährdet erscheint. Die Sicherungsabtretung des Auszahlungsanspruchs aus dem Hypothekenkredit ist daher keine taugliche Sicherheit für den Sparkassenkredit.

Das von Otto erworbene Grundstück auf dem Lochfeld bei Saarbrücken ist bereits mit dem Grundpfandrecht zugunsten der Bodenbank AG weit über seinen derzeitigen Wert hinaus belastet. Diese Hypothek ist gem. § 873 Abs. 1 BGB durch Vertrag vom 14.1. zwischen Otto und der Bodenbank bestellt und im Grundbuch eingetragen worden; nach § 1113 Abs. 2 BGB kann eine Hypothek auch für eine künftige Forderung bestellt werden, so daß das Grundpfandrecht entstanden ist, obwohl gegenwärtig die zu besichernde Geldforderung noch nicht existiert. Da die Hypothek noch nicht valutiert ist, steht sie allerdings gem. § 1163 Abs. 1 Satz 1 BGB kraft Gesetzes derzeit noch dem Otto als Eigentümer des Grundstücks zu; nach § 1177 Abs. 1 Satz 1 BGB besteht sie als (Eigentümer-)Grundschuld. Da die Hypothek gem. § 1116 Abs. 2 BGB als Buchhypothek bestellt worden ist, handelt es sich auch bei dem Grundpfandrecht des Otto um eine Buchgrundschuld.

Mit diesem Grundpfandrecht könnte Otto den ihm von der Sparkasse eingeräumten Zwischenkredit besichern. Dies könnte in der Weise geschehen, daß er die ihm noch zustehende Eigentümergrundschuld an die Sparkasse abtritt, wodurch das Recht zur Fremdgrundschuld wird, das die Darlehensforderung der Sparkasse besichert. Die Abtretung einer Grundschuld, für die die Erteilung eines Grundpfandbriefs ausgeschlossen ist, erfolgt gem. §§ 1192, 1154 Abs. 3, 873 Abs. 1 BGB durch Einigung und Eintragung im Grundbuch. Da jedoch die Bodenbank AG im Grundbuch als Gläubigerin der Grundschuld eingetragen ist, darf nach § 19 GBO das Grundbuchamt die Sparkasse als neue Gläubigerin des Grundpfandrechts nur dann eintragen, wenn die Bodenbank AG als die von der Eintragung formell Betroffene dies bewilligt.

Gem. § 894 BGB hat Otto gegen die Bodenbank AG einen Anspruch auf Erteilung dieser Bewilligung, denn (gegenwärtig) ist das Grundbuch mit der Eintragung der Bodenbank AG als Hypothekengläubigerin unrichtig. Dadurch, daß die Bank die Eintragungsbewilligung erteilen muß, hat sie zugleich die Möglichkeit, die geschäftlichen Aktivitäten des Otto zu kontrollieren und z.B. die Auflage zu machen, daß sie berechtigt ist, das von ihr zugesagte Darlehen unmittelbar an die Sparkasse Zug um Zug gegen Rückübertragung der Hypothek auszuzahlen. Damit kann eine lückenlose hypothekarische Sicherung sowohl des von der Sparkasse zugesagten Zwischenfinanzierungsdarlehens als auch des von der Bodenbank AG bereitgestellten Endfinanzierungsdarlehens gewährleistet werden.

Fall 18.10: *Schuldenfrei*

Antons Frau hat zur Sicherung eines Kontokorrentkredits der Volksbank Saarbrücken für das Bauunternehmen ihres Mannes auf einem ihr allein gehörenden Grundstück eine Briefgrundschuld von 500.000,– € bestellt. Inzwischen hat Anton sein Bauunternehmen verkauft, seine Schulden bei der Volksbank bezahlt und sich zur Ruhe gesetzt. Frau Anton möchte wissen, was aus der auf ihrem Grundstück eingetragenen Grundschuld geworden ist.

Lösungshinweis: Da die Grundschuld kein akzessorisches Grundpfandrecht ist, entstehen besondere Rückabwicklungsprobleme, wenn die ursprünglich gesicherte Zahlungsschuld erfüllt ist. Der Sachverhalt zeigt, wie diese Aufgabe durch Rückgriff auf die der Grundschuldbestellung zugrundeliegende Sicherungsabrede gelöst werden kann. – Wiederholen Sie Grdz. § 18 II 4 d!

Musterlösung:

Frau Anton könnte gem. § 894 BGB gegen die Volksbank einen Anspruch auf Bewilligung der Löschung des Grundpfandrechts auf ihrem Grundstück haben. Das würde voraussetzen, daß das Grundbuch mit der Eintragung der Volksbank als Grundschuldgläubigerin unrichtig (geworden) ist. Die Grundschuld ist seinerzeit durch Vertrag zwischen Frau Anton und der Volksbank ordnungsgemäß bestellt worden und sonach als Grundpfandrecht entstanden. Das Grundbuch könnte mithin nur dann i.S.v. § 894 BGB unrichtig sein, wenn durch die Bezahlung der Schulden des Anton das Grundpfandrecht erloschen bzw. in ein Eigentümergrundpfandrecht umgewandelt worden sein sollte. Anders als eine Hypothek setzt eine Grundschuld jedoch nicht die Existenz einer zu sichernden Forderung voraus. Zwar werden auch Grundschulden gewöhnlich zur Sicherung einer persönlichen Forderung bestellt; gem. § 1192 BGB sind jedoch Vorschriften wie die Regelung des § 1163 BGB, die sich aus dem Grundsatz der Akzessorietät der Hypothek ergeben, auf die Grundschuld nicht anwendbar. Demnach bleibt die Grundschuld als Recht der Volksbank auch dann weiter bestehen, wenn sie – wie im vorliegenden Fall – infolge der Beendigung und vollständigen Abrechnung des zu sichernden Kontokorrentkredits nicht mehr valutiert ist. Demnach steht Frau Anton gegen die Volksbank auch kein Grundbuchberichtigungsanspruch aus § 894 BGB zu.

Ein Anspruch auf „Rückgabe" der Grundschuld könnte sich für Frau Anton allerdings auch aus schuldrechtlichen Beziehungen zur Volksbank ergeben. Grundlage der Belastung ihres Grundstücks mit einer Grundschuld zugunsten der Bank war nämlich ein Sicherungsvertrag, der die Ausübung der (nach seinem sachenrechtlichen Inhalt an keine weiteren Bedingungen mehr geknüpften) Verwertungsbefugnis aus dem Grundpfandrecht gegenüber Frau Anton als Grundstückseigentümerin im einzelnen regelte. Aufgrund dieser Sicherungsabrede ergibt sich auch die Verpflichtung der Bank, nach vollständiger Befriedigung der gesicherten persönlichen Schuld des Anton das Grundpfandrecht auf Frau Anton wieder zurückzuübertragen. Dies geschieht entweder dadurch, daß die Bank an Frau Anton eine Löschungsbewilligung gem. § 876 BGB erteilt und ihr den Grundschuldbrief zurückgibt, oder in der Weise, daß die Bank die Grundschuld an Frau Anton abtritt, indem sie gem. §§ 1192, 1154 BGB den Grundschuldbrief mit ihrer Abtretungserklärung an Frau Anton aushändigt.

III. Wiederholungsfragen

1. Welche Rolle spielt bei der Übereignung einer beweglichen Sache der Besitz an dieser Sache? (Grdz. § 18 I 1 a)

Nach §§ 929 ff. BGB erfolgt der Übergang des Eigentums in der Weise, daß neben der Einigung über den Eigentumsübergang der Erwerber (in irgend einer Form) vom bisherigen Eigentümer Besitz an der Sache übertragen bekommt. Dies kann auf viererlei Weise geschehen: (1) Der bisherige Eigentümer übergibt die zuvor in seinem unmittelbaren Besitz stehende Sache an den Erwerber und macht ihn so zum unmittelbaren Besitzer (§ 929 Satz 1 BGB). (2) Die Beteiligten knüpfen an eine bereits früher erfolgte Übergabe der Sache an den Erwerber an; dieser wird nunmehr Eigenbesitzer (§ 929 Satz 2 BGB). (3) Der Veräußerer bleibt unmittelbarer Besitzer, vereinbart aber mit dem Erwerber ein Besitzkonstitut und macht ihn so zum mittelbaren Besitzer der Sache (§ 930 BGB). (4) Der Veräußerer ist gegenwärtig selbst nur mittelbarer Besitzer und tritt seinen Herausgabeanspruch gegen den unmittelbaren Besitzer an den Erwerber ab, wodurch dieser neuer mittelbarer Besitzer wird (§ 931 BGB).

2. Kann Eigentum auch von einem Nichtberechtigten erworben werden? (Grdz. § 17 I 4 b; § 18 I 1 b, II 1 c, 2 a)

Grundsätzlich kann nur der Eigentümer durch eigenes oder durch einen von ihm bevollmächtigten Vertreter vorgenommenes Rechtsgeschäft Eigentum oder andere Rechte an der ihm gehörenden Sache übertragen. Hiervon gibt es jedoch zwei Ausnahmen: (1) Die Verfügung eines Nichtberechtigten, die gem. § 185 BGB durch Zustimmung des Berechtigten oder durch nachträglichen Rechtserwerb des Verfügenden wirksam wird. (2) Der Eigentumserwerb kraft guten Glaubens aufgrund der §§ 932 ff. bzw. des § 892 BGB.

3. Welche Bedeutung hat in diesem Zusammenhang die Regelung des § 935 BGB? (Grdz. § 18 I 1 b)

§ 935 BGB stellt sicher, daß der gutgläubige Eigentumserwerb an beweglichen Sachen dann nicht möglich ist, wenn die Sache dem Eigentümer „abhanden gekommen", d.h. ohne seinen Willen aus seinem Besitz gelangt ist. § 935 BGB gilt allerdings nicht bei

Geld oder Inhaberpapieren oder bei der Veräußerung von Sachen in einer öffentlichen Versteigerung.

4. Nach welchen Regeln werden die wirtschaftlichen Folgen eines gutgläubigen Eigentumserwerbs im Verhältnis zwischen dem früheren Eigentümer und dem Erwerber bzw. dem unberechtigt verfügenden Veräußerer ausgeglichen? (Grdz. § 15 II 5, 7, III 3; § 17 III 3, 4 c; § 18 I 1 b)

Der bisherige Eigentümer hat gegen den gutgläubigen Erwerber grundsätzlich keinerlei Rechte. Ihm bleibt nur der Weg, gem. § 816 Abs. 1 BGB vom Veräußerer die Herausgabe des durch die Verfügung Erlangten zu fordern; möglicherweise stehen ihm auch nach den Vorschriften über die Geschäftsführung ohne Auftrag, nach Deliktsrecht oder aufgrund der §§ 989, 990 BGB Herausgabe- oder Schadensersatzansprüche gegen den Veräußerer oder dessen Vorbesitzer zu. Nur dann, wenn der Erwerber das Eigentum an der Sache unentgeltlich erlangt hat, kann der Eigentümer nach § 822 BGB auch an ihn Bereicherungsansprüche richten.

5. Welche Rechtswirkungen hat die Verbindung einer Sache mit einer anderen Sache als deren wesentlicher Bestandteil? (Grdz. § 17 I 3 d; § 18 I 1 c)

Durch die Verbindung geht gem. §§ 946, 947 BGB kraft Gesetzes das bisher an der Sache bestehende Eigentum unter. Je nach Lage des Falls werden die bisherigen Eigentümer der Einzelsachen Miteigentümer der neu entstandenen Gesamtsache oder das Eigentum der Hauptsache erstreckt sich auf die als Bestandteil eingefügte Sache (vor allem bei Grundstücken und Gebäuden). Geht auf diese Weise Eigentum unter, erfolgt im Verhältnis zum „Erwerber" gem. § 951 BGB ein Vermögensausgleich nach den Vorschriften der §§ 812 ff. BGB, falls zwischen den Beteiligten kein Rechtsverhältnis bestehen sollte, das den Rechtserwerb regelt.

6. Setzt der Erwerb von Eigentum durch Verbindung, Vermischung oder Verarbeitung Gutgläubigkeit desjenigen voraus, der Eigentümer wird? (Grdz. § 18 I 1 c)

Nein. Gutgläubiger Rechtserwerb kommt nur bei Eigentumsübertragung durch Rechtsgeschäft in Betracht. Der Eigentumserwerb durch Verbindung, Vermischung oder Verarbeitung ist kein rechtsgeschäftlicher Erwerb, sondern erfolgt gem. §§ 946 bis 950 BGB kraft Gesetzes. Demgemäß sieht § 951 BGB vor, daß ein Wertausgleich für den Rechtsverlust nach den Vorschriften über die Herausgabe einer ungerechtfertigten Bereicherung zu erfolgen hat.

7. Was bedeutet die Akzessorietät des Faustpfandrechts bzw. der Hypothek; welche Folgerungen ergeben sich hieraus? (Grdz. § 18 I 3 b, II 4 c)

Die sich aus den §§ 1163 Abs. 1 bzw. 1252 BGB ergebende Akzessorietät der Hypothek und des Faustpfandrechts bedeutet, daß diese Pfandrechte nur dann und nur so lange bestehen, wie eine persönliche Forderung vorhanden ist, die durch dieses Recht gesichert wird. Daraus folgt, daß der Grundstückseigentümer bzw. der Verpfänder dem Rechtsinhaber (auch) alle Einwendungen entgegenhalten kann, die gegen die Durchsetzung der persönlichen Forderung erhoben werden können (§ 1137 bzw. § 1211 BGB), und daß das Pfandrecht nur zusammen mit der Forderung übertragen werden kann (§ 1153 bzw. 1250 BGB). Auch hängt der Bestand des Pfandrechts von der Existenz der zu sichernden Forderung ab. Bei

Nichtentstehen oder Wegfall der zu sichernden Forderung erlischt sonach das Faustpfandrecht gem. § 1252 BGB kraft Gesetzes bzw. die Hypothek wird nach §§ 1163, 1177 BGB zur Eigentümergrundschuld.

8. Gibt es Pfandrechte, die nicht akzessorisch sind; wie wird bei diesen Rechten der Eigentümer davor geschützt, daß das Recht ausgeübt wird, ohne daß eine zu sichernde Forderung besteht? (Grdz. § 18 II 4 d)

Ja. Als nicht akzessorisches Grundpfandrecht gibt es die Grundschuld, die nach § 1191 BGB ein abstraktes Verwertungsrecht am Grundstück darstellt. Ihr Bestand ist daher nicht von der Existenz einer zu sichernden Forderung abhängig (§ 1192 BGB). Gegen eine ungerechtfertigte Inanspruchnahme aus der Grundschuld kann sich der Eigentümer dadurch schützen, daß er zugleich mit der Bestellung der Grundschuld mit dem Gläubiger eine Sicherungsabrede vereinbart, durch die der Gläubiger verpflichtet wird, die Rechte aus der Grundschuld nur dann und nur insoweit auszuüben, wie die Grundschuld durch eine persönliche Forderung valutiert ist, und die Grundschuld zurückzuübertragen oder sonst freizugeben, wenn die gesicherte Forderung nicht mehr bestehen sollte. In ähnlicher Weise ist auch das Sicherungseigentum an einer beweglichen Sache ein abstraktes Verwertungsrecht, soweit nicht die Existenz der zu sichernden Forderung als aufschiebende Bedingung für die Übereignung bzw. deren Tilgung als auflösende Bedingung für das Eigentum an der Sache vereinbart worden war. Auch insoweit stellt wieder die Sicherungsabrede die Verknüpfung von Sicherungsrecht und persönlicher Schuld her.

9. Worin besteht der Unterschied zwischen einem Faustpfandrecht und der Sicherungsübereignung bzw. dem Eigentumsvorbehalt als Kreditsicherungsmittel? (Grdz. § 18 I 3 b)

Gem. §§ 1205, 1253 BGB entsteht und besteht das *Faustpfandrecht* an beweglichen Sachen nur dann, wenn der Gläubiger die Pfandsache in unmittelbarem Besitz hat; er muß sie gem. § 1215 BGB für den Schuldner verwahren. Demgegenüber ist bei der *Sicherungsübereignung* und beim *Eigentumsvorbehalt* der Kreditnehmer unmittelbarer Besitzer der als Sicherheit dienenden Sache; er kann sie also auch während der Dauer der Kreditgewährung nutzen, und der Gläubiger braucht sich nicht um die Verwahrung der Sache zu kümmern. Allerdings hat der Gläubiger das Risiko, daß der Schuldner die Sache abredewidrig an einen gutgläubigen Erwerber weiterveräußert und so das Sicherungsrecht zum Erlöschen bringt.

10. Wie ist die Rechtslage an einer unter Eigentumsvorbehalt veräußerten Sache, solange der Kaufpreis noch nicht vollständig bezahlt ist? (Grdz. § 18 I 3 c, bb)

Der Veräußerer ist weiterhin Eigentümer der Sache, da die Übereignung gem. § 158 BGB unter der aufschiebenden Bedingung der vollständigen Bezahlung des Kaufpreises erklärt ist. Der Käufer ist aber bereits Besitzer der Sache und hat aufgrund des Kaufvertrags gegenüber dem Eigentümer ein Recht zum Besitz an der Sache i.S.d. § 986 BGB, solange der Verkäufer nicht wegen Zahlungsverzugs oder der Gesamtfälligkeit des Teilzahlungskredits (§ 498 BGB) gem. § 323

Abs. 1 BGB vom Kaufvertrag zurücktritt und damit nach § 449 Abs. 2 BGB das Recht erwirbt, sowohl aufgrund seines Eigentums als auch gem. § 346 Abs. 1 BGB die Herausgabe der Sache zu verlangen. Außerdem steht dem Käufer bereits ein Eigentumsanwartschaftsrecht zu, das Dritten gegenüber wie ein „sonstiges Recht“ i.S.d. § 823 Abs. 1 BGB geschützt ist und über das er bereits ähnlich wie über ein Eigentumsrecht verfügen kann, mit der Wirkung, daß der Erwerber der Anwartschaft unmittelbar Eigentümer der Sache wird, sobald der Kaufpreis (von wem auch immer) vollständig bezahlt ist.

11. Welche Bedeutung hat das Grundbuch für den Rechtserwerb an Grundstücken und an Grundstücksrechten? (Grdz. § 18 II)

Gem. § 873 BGB können das Eigentum oder andere Rechte an einem Grundstück nur erworben, aufgehoben oder übertragen werden, wenn die Rechtsveränderung im Grundbuch eingetragen ist; diese Eintragung ist somit neben der Einigung zwischen den Beteiligten Wirksamkeitsvoraussetzung der Rechtsveränderung. Ebenso können auch Rechte an Grundstücksrechten i.d.R. nur durch Eintragung im Grundbuch erworben oder übertragen werden.

12. Was ist der Rang eines Rechts; wie wird insbesondere der Rang von Grundstücksrechten festgelegt? (Grdz. § 17 I 1; § 18 II 1 b, 4 a)

Die Frage nach dem Rang eines Rechts ergibt sich immer dann, wenn an derselben Sache außer dem Eigentum auch noch andere dingliche Rechte zugunsten anderer Rechtssubjekte bestehen, die sich in ihrer Ausübung gegenseitig blockieren. Hier folgt aus dem Rang dieser Rechte, inwieweit der jeweilige Rechtsinhaber sich bei der Ausübung seines Rechts die Rechte der anderen vorgehen lassen muß. Bei Grundstücksrechten bestimmt sich der Rang gem. § 879 BGB grundsätzlich nach der zeitlichen Reihenfolge der Eintragung der Rechte im Grundbuch; es ist allerdings möglich, durch Vereinbarung zwischen den Beteiligten eine abweichende Rangfolge festzulegen (§ 880 BGB). Auch kann der Eigentümer bei der Eintragung des Rechts bestimmen, daß dieses Recht sich andere Rechte im Rang vorgehen lassen muß (Rangvorbehalt, § 881 BGB).

13. Was ist der öffentliche Glaube des Grundbuchs; welche Rolle spielt dieser für den Rechtserwerb an Grundstücken und den Erwerb von Grundstücksrechten? (Grdz. § 18 II 1 c, 2 a)

Gem. § 891 BGB besteht eine *gesetzliche Vermutung* für die Richtigkeit und Vollständigkeit des Grundbuchs; d.h. es wird bis zum Beweis des Gegenteils unterstellt, daß an einem Grundstück nur diejenigen Rechte bestehen, die dort eingetragen und noch nicht gelöscht sind, und daß diese Rechte den Personen zustehen, die als Rechtsinhaber eingetragen sind. Zugleich wird umgekehrt vermutet, daß andere als die eingetragenen Rechte nicht existieren, soweit für deren Entstehung eine Eintragung im Grundbuch erforderlich wäre.

Hieraus leitet sich der *öffentliche Glaube* des Grundbuchs ab, der gem. § 892 BGB zugunsten desjenigen wirkt, der mit dem im Grundbuch eingetragenen Rechtsinhaber ein Rechtsgeschäft über das Recht vornimmt: Solange kein Widerspruch gegen das Recht eingetragen ist oder solange der Geschäftspartner nicht positiv weiß, daß die Eintragung unrichtig ist, ist das Geschäft auch dann wirksam (es wird z.B. das fragliche Recht erworben), wenn sich später die Unrichtigkeit der Grundbucheintragung herausstellen sollte. Auf diese Weise ist insbesondere der gutgläubige Erwerb von Rechten an Grundstücken vom (falsch eingetragenen) Nichtberechtigten möglich. Nach § 893 BGB ist der gute Glaube in die Richtigkeit der Grundbucheintragung auch dann geschützt, wenn jemand mit dem Inhaber dieses Rechts in bezug auf das Recht andere Geschäfte vornimmt (z.B. eine Leistung bewirkt).

14. Welche Bedeutung haben die Eintragung eines Widerspruchs bzw. einer Vormerkung im Grundbuch? (Grdz. § 18 II 1 d)

Durch Eintragung eines *Widerspruchs* wird gem. § 899 BGB vorläufig Zweifel an der Richtigkeit der Eintragung eines Rechts im Grundbuch angedeutet. Damit wird das vom Widerspruch betroffene Recht nicht in seinem Bestand berührt; sollte sich jedoch später herausstellen, daß das Recht tatsächlich unrichtig eingetragen war, und daher gem. § 894 BGB eine Berichtigung erfolgen, so ist bei einer inzwischen vorgenommenen Verfügung über dieses Recht gutgläubiger Erwerb aufgrund des § 892 Abs. 1 Satz 1 BGB nicht möglich, d.h. auch diese Zwischenverfügung ist unwirksam und muß wieder aus dem Grundbuch entfernt werden.

Eine *Vormerkung* sichert gem. § 883 BGB einen Anspruch auf künftige Übertragung oder Einräumung eines Rechts an einem Grundstück. Kommt dieses Recht später zustande, so bestimmt sich sein Rang nach dem (früheren) Zeitpunkt der Eintragung der Vormerkung. Wurden inzwischen andere Rechte an dem Grundstück begründet, die die Ausübung des vorgemerkten Rechts behindern können, sind sie insoweit unwirksam. Gem. § 888 BGB kann die Löschung dieser Rechte verlangt werden.

15. Auf welche Weise unterscheidet sich die rechtsgeschäftliche Übereignung von beweglichen Sachen von der Übereignung eines Grundstücks? (Grdz. § 18 I 1 a, II 2 a)

Die rechtsgeschäftliche Übereignung von beweglichen Sachen erfolgt gem. §§ 929 ff. BGB durch (prinzipiell formlose) Einigung zwischen Veräußerer und Erwerber über den Eigentumsübergang und durch Übertragung des Besitzes an der Sache auf den Erwerber. Die Übereignung eines Grundstücks erfolgt gem. § 873 Abs. 1 BGB ebenfalls durch Einigung über den Eigentumsübergang – allerdings in der Form einer gem. § 925 BGB notariell beurkundeten Auflassung – und durch Eintragung des neuen Eigentümers im Grundbuch. Eine Übertragung des Besitzes an dem Grundstück ist dagegen kein konstitutives Element des Übereignungsgeschäfts.

16. Wer ist bei Bestellung eines Erbbaurechts Eigentümer des in Ausübung dieses Rechts errichteten Bauwerks? (Grdz. § 18 II 2 c, aa)

Abweichend von der Regel der §§ 94, 946 BGB ist nicht der Grundstückseigentümer, sondern der Erbbaurechtsinhaber Eigentümer des errichteten Bauwerks. Erst wenn das Erbbaurecht erlischt, verbindet sich gem. § 12 Abs. 3 ErbbauVO das Eigentum am Bauwerk mit dem Grundstückseigentum. Nach § 27 Abs. 1 ErbbauV hat der Grundstückseigentümer dem Erbbauberechtigten eine Entschädigung für das Bauwerk zu bezahlen.

17. Worin unterscheidet sich ein dingliches Nutzungsrecht von einem nur durch schuldrechtlichen Vertrag (z.B. Mietvertrag) an einem Grundstück eingeräumten Nutzungsanspruch? (Grdz. § 17 III 2 c; § 18 II 3)

Dingliche Nutzungsrechte an einem Grundstück sind sowohl gegenüber dem Eigentümer als auch gegenüber Dritten als sonstiges Recht i.S.d. § 823 Abs. 1 BGB geschützt. Darüber hinaus behält das Recht Bestand gegenüber anderen Verfügungen des Eigentümers über das Grundstück, die ihm im Rang nachgehen und es ist insbesondere auch gegenüber späteren Zugriffen von Gläubigern des Eigentümers auf das Grundstück gesichert. *Schuldrechtliche Nutzungsansprüche* können demgegenüber nur gegen den unmittelbaren Vertragspartner durchgesetzt werden und können durch spätere Verfügungen über das Objekt unmöglich gemacht werden. Dritten gegenüber können schuldrechtliche Nutzungsansprüche nur im Rahmen des § 571 BGB und mit Hilfe der Besitzschutzrechte der §§ 859 ff. BGB durchgesetzt werden; gegen den Zugriff von Gläubigern des Eigentümers auf das Grundstück sind schuldrechtliche Nutzungsansprüche i.d.R. überhaupt nicht geschützt.

18. Wie wird ein Briefgrundpfandrecht begründet und wie wird es übertragen? (Grdz. § 18 II 4 b)

Für die *Entstehung* des Grundpfandrechts ist gem. § 873 BGB die Einigung und die Eintragung im Grundbuch erforderlich; der Gläubiger einer Hypothek erwirbt diese gem. § 1163 Abs. 1 BGB nur dann und nur insoweit, als auch die zu sichernde Forderung entstanden ist. Darüber hinaus wird eine Hypothek oder eine Grundschuld, über die gem. § 1116 Abs. 1 BGB vom Grundbuchamt ein Grundpfandbrief erteilt worden ist, vom Gläubiger erst dann *erworben*, wenn dieser vom Eigentümer (oder auf dessen Veranlassung) Besitz an dem Grundpfandbrief erlangt hat (§ 1117 BGB).

Zur *Übertragung* des Briefgrundpfandrechts ist gem. § 1154 BGB die Abtretung der gesicherten Forderung (wenn es sich um eine Hypothek handelt) bzw. des Grundpfandrechts selbst (im Falle einer Grundschuld) in schriftlicher Form und die Übergabe des Grundpfandbriefs erforderlich. Die Eintragung des neuen Gläubigers im Grundbuch ist dagegen – abweichend von der Regelung des § 873 Abs. 1 BGB – *nicht* notwendig. Sie kann aber erfolgen und ersetzt dann gem. § 1154 Abs. 2 BGB die schriftliche Abtretungserklärung, *nicht* dagegen die Übergabe des Grundpfandbriefs.

19. Worin besteht der Unterschied zwischen einer Hypothek und einer Grundschuld; was ist ihnen gemeinsam? (Grdz. § 18 II 4 c, d)

Beides sind Grundpfandrechte, die dem Gläubiger das Recht geben, sich wegen einer Zahlungsforderung durch Zwangsvollstreckung in das Grundstück und die Gegenstände, auf die sich das Recht bezieht, zu befriedigen (§ 1147 BGB). Der Unterschied besteht darin, daß die *Hypothek* notwendig die Existenz einer zu sichernden Forderung voraussetzt; d.h. sie kann nur dann ausgeübt werden, wenn der Hypothekengläubiger zugleich Inhaber der persönlichen Forderung ist, für die die Hypothek bestellt worden war. So lange und so weit eine Forderung nicht vorhanden ist, wandelt sich die Hypothek gem. §§ 1163, 1177 BGB kraft Gesetzes in eine Eigentümergrundschuld um. Die *Grundschuld* besteht dagegen als Verwertungsrecht unabhängig von dem Vorhandensein einer persönlichen Forderung; gem. § 1192 BGB gelten daher die Vorschriften des Hypothekenrechts für die Grundschulden auch nur insoweit, als diese nicht von der Existenz einer persönlichen Forderung ausgehen.

20. Welche Rolle spielt die Sicherungsabtretung? (Grdz. § 18 III)

Die Sicherungsabtretung ist eine nach § 398 BGB vorgenommene (i.d.R. verdeckte) Abtretung von bestehenden und künftigen Zahlungsforderungen eines Unternehmers, die (ähnlich wie die Sicherungsübereignung von beweglichen Sachen) einem Kreditgeber Sicherheit für eine diesem zustehende Zahlungsforderung verschaffen soll. Der Kreditgeber wird Inhaber der abgetretenen Forderung, so daß sie dem Zugriff anderer Gläubiger des Sicherungsgebers entzogen ist und bei einem möglicherweise über dessen Vermögen eröffneten Insolvenzverfahren ein Recht zur abgesonderten Befriedigung am Erlös der eingezogenen Forderung nach §§ 50 ff., 68 ff. InsO besteht. Der Kreditgeber hat die Möglichkeit, die Abtretung offenzulegen und die Forderung selbst einzuziehen, wenn der Kredit notleidend werden sollte.

§ 19. Grundzüge des Familien- und Erbrechts

I. Was auch Sie über das Familien- und Erbrecht wissen sollten

Das Familien- und das Erbrecht gehören nicht mehr zum eigentlichen Ausbildungsprogramm eines Nebenfach-Juristen. Sie sollten sich aber schon aus allgemeiner fachlicher Neugier auch für diese Rechtsgebiete interessieren, die in ganz maßgeblicher Weise die persönlichen Beziehungen eines jeden Menschen beeinflussen. Darüber hinaus können im Einzelfall familien- und erbrechtliche Rechtsverhältnisse auch in den alltäglichen Rechtsverkehr übergreifen, wie Fall 19.06 dokumentiert. Sie benötigen einen Überblick über die im Familien- und im Erbrecht anstehenden Regelungsprobleme und in groben Umrissen Kenntnisse von deren gesetzgeberischen Lösungen.

Um einen Überblick über das **Familienrecht** zu gewinnen, müssen Sie sich zunächst mit dessen Grundeinteilung in das Eherecht, in das Verwandtschaftsrecht und in das Vormundschaftsrecht vertraut machen; benutzen Sie hierfür am besten das Inhaltsverzeichnis Ihrer BGB-Ausgabe. Von besonderem Interesse ist das **Eherecht**, das sich mit der Begründung, den Rechtswirkungen und der Beendigung einer Ehe durch Ehescheidung und deren Folgen befaßt. Auf die Feinheiten des Rechts der Eheschließung können Sie getrost verzichten; dagegen sind von den **Rechtswirkungen der Ehe** außer dem durch die gesetzgeberische Umsetzung der Gleichberechtigungsgrundsatzes immer komplizierter werdenden Recht des **Ehenamens** vor allem die Ordnung der Vermögensbeziehungen zwischen den Ehegatten durch das **Ehegüterrecht** von erheblicher praktischer Bedeutung. Die wechselseitigen **Unterhaltspflichten** der Ehegatten sollten Sie aus Gründen der besseren Übersicht erst im Zusammenhang mit dem Verwandtschaftsrecht betrachten (obwohl die Heirat gerade kein Verwandtschaftsverhältnis zwischen den Ehegatten begründet). Das Recht der **Ehescheidung** ist heute weniger wegen der Festlegung der Voraussetzungen für die Auflösung der (prinzipiell immer noch für das ganze Leben geschlossenen) Ehe als wegen der Regelung der hieran anknüpfenden **Scheidungsfolgen** wichtig, die weit auf die allgemeinen Vermögensverhältnisse der ehemaligen Partner ausstrahlen. Selbst ein Laie sollte einen Überblick über die Regelung des **Ehescheidungsunterhalts**, des **Versorgungsausgleichs** und des **Zugewinnausgleichs** haben. Einige praktische Konsequenzen des modernen Rechts des Unterhalts bei Trennung und Scheidung der Ehegatten werden in Fall 19.02 angesprochen.

Aus dem **Verwandtschaftsrecht** ist insbesondere das **Kindschaftsrecht** mit der Regelung des Rechts der **elterlichen Sorge** von Belang; angesichts der sich allmählich wandelnden soziologischen Strukturen gewinnt hier das (ursprünglich nur für einen Fehltritt moralisch ungefestigter Mädchen konzipierte) Recht der **nichtehelichen Kinder** eine immer größer werdende praktische Bedeutung. Eine wichtige Rechtsfolge der Verwandtschaft ist ferner die **Unterhaltspflicht,** die wegen der nachlassenden Leistungsfähigkeit des sozialen Netzes als eine jede Person ihr ganzes Leben lang begleitende latente Leistungsberechtigung, aber auch -verpflichtung ebenfalls wieder an Relevanz zunimmt und Ihnen daher wenigstens in ihren Grundstrukturen bekannt sein sollte.

Aus dem **Erbrecht** sollten Sie die Unterscheidung zwischen **gesetzlicher** und **gewillkürter Erbfolge** und ihre Regelung als die beiden möglichen Formen der Organisation der Rechtsnachfolge in das Vermögen einer verstorbenen (und damit als Rechtssubjekt weggefallenen) Person kennen. Daß die Ermittlung des Erbgangs auch bei Vorliegen eines Testaments ganz schön Kopfzerbrechen bereiten kann, wird am Fall 19.05 demonstriert. Die im BGB sehr ausführlich geregelten Vorschriften über die Errichtung und den möglichen Inhalt von **letztwilligen Verfügungen** zur privatautonomen Gestaltung der eigenen Vermögensverhältnisse über den Tod hinaus müßten Ihnen wenigstens im orientierenden Überblick vertraut sein. Bei der Regelung des **Anfalls der Erbschaft** kommt es vor allem auf die Bestimmungen über die **Haftung für Nachlaßverbindlichkeiten** und die Organisation der Rechtsbeziehungen unter mehreren Miterben in der Zeit bis zur Auseinandersetzung der Erbschaft **(Miterbengemeinschaft)** an; Fall 19.06 schildert ein typisches Rechtsproblem aus diesem Themenkreis.

II. Übungsfälle

Fall 19.01: *Mein und Dein*

Das seit 1980 verheiratete Ehepaar Mattuschka lebt seit seiner Eheschließung in Cottbus (Bundesland Brandenburg). 1989 hatte Clara Mattuschka von ihrem Arbeitslohn ein Gemälde eines inzwischen auch in Düsseldorf und Köln gefragten Malers des sozialistischen Realismus erworben und seither in ihrem Büro aufgehängt. Im März 2002 bietet ihr ein Düsseldorfer Kunsthändler für das Bild den Betrag von 25.000,– €. Clara will auf das Geschäft eingehen. Ihr Mann Otto ist jedoch strikt dagegen, diese Erinnerung an die gute alte Zeit an einen „Wessi" zu verscherbeln. Er beruft sich auf die §§ 13, 15 des Familiengesetzbuchs der DDR (FGB), wonach alle Sachen, die ein Ehgegatte während der Ehe aus seinen Arbeitseinkünften erwirbt, beiden Ehegatten gemeinsam gehören und auch nur in beiderseitigem Einverständnis veräußert werden dürfen. Clara meint, mit der „Wende" sei alles anders geworden und verweist auf die §§ 1363 Abs. 2, 1364 und 1369 BGB. Wer hat Recht?

Lösungshinweis: Der Fall zeigt, wie die durch die Eheschließung begründeten Vermögensrechtsbeziehungen zwischen Ehegatten auch ohne deren Zutun durch neue gesetzliche Vorschriften verändert werden können. Besonders für die Ehen deutscher Staatsbürger mit Wohnsitz in der früheren DDR sind durch die Vereinigung beider Staaten und die Wiederherstellung der Rechtseinheit auf der Grundlage des BGB seit dem 3.10.1990 ganz neue Verhältnisse geschaffen worden. Dabei ergibt sich zwangsläufig die Notwendigkeit von Übergangsregelungen, welche für die in diesem Sachverhalt angesprochene Situation in Art. 234 §§ 4 und 4 a EGBGB enthalten sind. – Wiederholen Sie Grdz. § 2 III; § 19 II 3 b !

Musterlösung:

Clara Mattuschka könnte ohne Rücksicht auf den Widerspruch ihres Ehemanns über das Bild verfügen, wenn sie dessen Alleineigentümerin wäre. Indessen wurde nach den im Jahr 1989 in der DDR geltenden Bestimmungen der §§ 13, 15 FGB der Ehepartner kraft Gesetzes Miteigentümer der von einem Ehegatten mit seinem Arbeitslohn angeschafften beweglichen oder unbeweglichen Sachen. Allerdings ist gem. Art. 234 § 4 Abs. 1 EGBGB der seinerzeit in der DDR geltende gesetzliche Güterstand der Eigentums- und Vermögensgemeinschaft seit dem 3.10.1990 auf den gesetzlichen Güterstand der Zugewinngemeinschaft der §§ 1363 ff. BGB übergeleitet worden, soweit nicht durch Ehevertrag eine abweichende Regelung getroffen worden ist oder einer der Ehegatten bis zum 2.10.1992 dem Kreisgericht gegenüber erklärt hatte, daß für seine Ehe der bisherige Güterstand weitergelten sollte. In Sachverhalt finden sich keine Hinweise, daß die Eheleute Mattuschka für ihre Ehe am alten Recht der DDR festgehalten haben; demnach leben sie nunmehr im gesetzlichen Güterstand der Zugewinngemeinschaft. Gem. § 1363 Abs. 2 BGB behält jeder Ehegatte sein eigenes Vermögen und kann dies nach § 1364 BGB auch selbständig verwalten (d.h. darüber auch selbständig verfügen); dies gilt gem. § 1363 Abs. 2 Satz 1 BGB ausdrücklich auch hinsichtlich der erst nach der Eheschließung erworbenen Gegenstände. Lediglich bei Verfügungen über das Vermögen im Ganzen oder über Gegenstände des gemeinschaftlichen Hausrats ist nach §§ 1365, 1369 BGB die Zustimmung des Ehepartners erforderlich; diese Ausnahmen sind jedoch im vorliegenden Fall nicht einschlägig.

Die Entscheidung über den Streit zwischen Clara und Otto Mattuschka hängt somit davon ab, ob das Inkrafttreten des gesetzlichen Güterstandes der Zugewinngemeinschaft gem. §§ 1363 ff. BGB am 3.10.1990 auch rückwirkend zu einer Veränderung der schon vor diesem Stichtag noch nach DDR-Recht begründeten Vermögensbeziehungen zwischen den Eheleuten geführt hat. Diese Frage wird in Art. 234 a § 4 Abs. 1 EGBGB in der Weise entschieden, daß das bisher erworbene gemeinschaftliche Eigentum Miteigentum zu gleichen Bruchteilen i.S.d. §§ 1008 ff. BGB wird. Otto Mattuschka ist somit nach wie vor Miteigentümer des von Clara im Jahr 1989 von ihrem Arbeitslohn erworbenen Gemäldes; nach § 747 Satz 2 BGB kann sonach eine Veräußerung nur gemeinschaftlich mit ihm erfolgen. Damit besteht sein Widerspruch gegen das Geschäft mit dem Kunsthändler aus Düsseldorf zu Recht.

Fall 19.02: *Der gehörnte Ehemann*

Der wohlhabende Geschäftsmann Willibald Bolte zieht sich in den Ruhestand zurück und ehelicht die attraktive Studentin Amanda Siebenschön, die wegen der Eheschließung ihr Medizinstudium noch vor dem Ersten Zwischenexamen aufgibt. Die Ehe bleibt kinderlos und geht trotz liebevollen Bemühens des

Bolte um seine junge Ehefrau nach vier Jahren auseinander, da Amanda ihren alten Studienfreund Theobald Tiger wiedertrifft und mit ihm in einer von ihr angemieteten Wohnung zusammenzieht, um ihr Studium wieder aufzunehmen. Tief verletzt reicht Bolte die Ehescheidung ein. Amanda ist damit einverstanden, verlangt jedoch sowohl für die Zeit bis zur Scheidung als auch danach von Bolte Unterhalt entsprechend dem Status einer Ehefrau eines wohlhabenden Geschäftsmanns. Bolte versteht die Welt nicht mehr, zumal Amanda mit dem von ihm gezahlten Geld auch noch ihren Freund Theobald unterstützt. Kann Bolte die Unterhaltszahlung verweigern?

Lösungshinweis: Bei der Beurteilung des Unterhaltsanspruchs der Amanda ist zwischen der Zeit des Getrenntlebens der Ehegatten vor der Ehescheidung und der Periode nach der Ehescheidung zu unterscheiden. In beiden Fällen kommen sodann noch „negative Härteklauseln" zum Tragen. – Wiederholen Sie Grdz. § 19 II 4 e, III 3 c!

Musterlösung:

1. *Bis zum Wirksamwerden des Scheidungsurteils* richtet sich der Unterhaltsanspruch der Amanda nach § 1361 BGB, da sie sich inzwischen von ihrem Mann getrennt hat. Hiernach kann sie von Bolte Zahlung einer Geldrente zur Deckung ihres den bisherigen Erwerbs- und Vermögensverhältnissen entsprechenden Unterhalts einschließlich der Kosten einer angemessenen Altersvorsorge sowie einer Versicherung für den Fall einer Berufs- oder Erwerbsunfähigkeit verlangen, da sie nicht über eigene Einkünfte verfügt.

Möglicherweise könnte Bolte die Amanda darauf verweisen, sich anstelle ihres Studiums ihren Unterhalt durch eigene Erwerbstätigkeit selbst zu verdienen. Da Amanda im Zeitpunkt der Trennung nicht berufstätig war, wäre ihr indessen gem. § 1361 Abs. 2 BGB die Aufnahme einer solchen Erwerbstätigkeit nur dann zuzumuten, wenn sie schon früher für ihren Lebensunterhalt gearbeitet hatte und wenn bei den wirtschaftlichen Verhältnissen der Ehegatten eine eigene Erwerbstätigkeit der Ehefrau ohnehin erwartet werden kann. Im vorliegenden Fall war Amanda noch nie berufstätig gewesen, sondern sie hatte wegen ihrer Eheschließung ihr Studium abgebrochen, so daß ihr nach Scheidung der Ehe gem. § 1575 BGB normalerweise ohnehin ein Unterhaltsanspruch zur Fortsetzung ihrer Berufsausbildung zustehen würde. Bei den wirtschaftlichen Verhältnissen eines wohlhabenden Geschäftsmanns ist auch nicht zu erwarten, daß die Ehefrau zur Deckung des Lebensunterhalts selbst mitarbeitet.

Zu prüfen ist ferner, ob die Tatsache des Zusammenlebens mit Theobald Tiger irgendwelche Auswirkungen auf den Unterhaltsanspruch der Amanda hat. Dies könnte einmal insofern der Fall sein, als durch Leistungen des Theobald der Unterhaltsbedarf der Amanda herabgesetzt wird. Nach dem Sachverhalt ist jedoch anzunehmen, daß die Amanda selbst für die Kosten des Zusammenwohnens aufkommt, denn sie hat den Studenten in die von ihr angemietete Wohnung aufgenommen und unterstützt ihn mit dem Geld, das ihr der Bolte zur Verfügung stellen soll.

Darüber hinaus könnte es aber auch gem. § 1361 Abs. 3 i.V.m. § 1579 Nrn. 2 bis 7 BGB wegen der besonderen Lage des Falles als unbillig anzusehen sein, den Bolte zu Unterhaltsleistungen an Amanda zu verpflichten. Amanda nutzt nämlich die Trennung von Bolte und die ihr durch dessen Unterhaltsleistungen gesicherte wirtschaftliche Unabhängigkeit dazu, aus ihrer Ehe heraus eine nichteheliche Lebensgemeinschaft mit einem anderen Mann aufzunehmen. Ihr Ehegatte soll auch noch dazu beitragen, denjenigen zu alimentieren, der bei der Zerstörung seiner Ehe mitwirkt. Daher kommt im vorliegenden Fall als Härtegrund vor allem die Regelung des § 1579 Nr. 6 BGB in Betracht, die ein Recht zur Verweigerung des Unterhalts dann gewährt, wenn dem unterhaltsberechtigten Ehepartner ein schwerwiegendes, eindeutig bei ihm liegendes Fehlverhalten gegen den Unterhaltsverpflichteten zur Last zu legen ist. Als (noch an ihre Ehe gebundene) Ehefrau ist die Amanda gem. § 1353 Abs. 1 BGB gegenüber Bolte zur ehelichen Lebensgemeinschaft und damit zur ehelichen Treue verpflichtet. Die Begründung einer neuen partnerschaftlichen Beziehung aus der Ehe heraus verletzt diese eheliche Treuepflicht ganz entschieden und nimmt beiden Partnern von vornherein jede Chance, innerhalb der in § 1566 Abs. 1 BGB festgelegten Wartezeit von einem Jahr die zwischen ihnen eingetretene Entfremdung doch noch zu überwinden und so ein Scheitern ihrer Ehe zu verhindern. Der Sachverhalt spricht davon, daß sich Amanda von ihrem Mann trotz liebevollen Bemühens um sie abgewendet hat; demnach ist davon auszugehen, daß die Verletzung der ehelichen Treuepflicht eindeutig bei ihr liegt. Der Pflichtenverstoß ist so schwerwiegend, daß der Unterhaltsanspruch vollständig versagt werden muß, zumal im vorliegenden Fall Amanda auch nicht für ein Kind aus der Ehe mit Bolte sorgen muß.

Bolte kann sich somit gegenüber dem Unterhaltsbegehren der Amanda auf die Härteklausel der §§ 1361 Abs. 3, 1579 Nr. 6 BGB berufen und jegliche Zahlung an sie verweigern.

2. *Nach der Ehescheidung* richtet sich ein etwaiger Leistungsanspruch der Amanda nach der Regelung der §§ 1569 ff. BGB. Anspruchsvoraussetzung ist demnach gem. § 1569 BGB das Vorliegen von Unterhaltsbedarf nach Maßgabe des § 1577 BGB, der vorliegend zweifelsfrei gegeben ist, *und* das Vorhandensein eines der in den §§ 1570–1576 BGB abschließend aufgezählten Umstände, aus denen die Amanda ihre Unterhaltsberechtigung herleiten kann. Im vorliegenden Fall könnte Amanda ihr Unterhaltsverlangen allein auf § 1575 Abs. 1 BGB stützen, da sie wegen ihrer Ehe ihre Berufsausbildung abgebrochen hat und nunmehr ihr Studium wieder fortsetzen will. In diesem Fall steht ihr grundsätzlich ein Unterhaltsanspruch zur Sicherung des ihren bisherigen Lebensverhältnissen entsprechenden Bedarfs (§ 1578 BGB) für die Dauer der üblichen Ausbildungszeit (§ 1575 Abs. 1 Satz 2 BGB) zu. Auch insoweit ist zu prüfen, ob Willibald Bolte seine geschiedene Frau darauf verweisen kann, ihren Unterhaltsbedarf zunächst durch eigene Erwerbstätigkeit zu decken, so daß er Unterhalt allenfalls bei Erwerbslosigkeit oder als „Aufstockungsunterhalt" bei nicht ausreichenden eigenen Einkünften schuldet, wie dies in § 1573 BGB vorgesehen ist. Der Unterhaltsanspruch aus § 1575 Abs. 1 BGB zur Sicherung der Wiederaufnahme einer durch die Ehe unterbrochenen Berufsausbildung geht indessen als lex specialis der allgemeinen Regelung des § 1373 BGB vor; für Bolte besteht daher keine Möglichkeit, darauf zu bestehen, daß Amanda zunächst erst einmal durch Aufnahme einer angemessenen Arbeit selbst für sich sorgt.

Auch hier könnte indessen wegen der besonderen Umstände ein Unterhaltsanspruch wegen grober Unbilligkeit zu versagen oder zu begrenzen sein. Die entsprechende Regelung ergibt sich auch diesmal aus § 1579 BGB. In Betracht kommt zunächst die Nr. 1 dieser Vorschrift, wonach sich die Unbilligkeit der Unterhaltsverpflichtung des Bolte aus der kurzen Dauer seiner Ehe mit Amanda ergeben könnte. Bolte und seine Frau waren bis zur Einleitung des Scheidungsverfahrens vier Jahre lang verheiratet gewesen; dies kann allgemein nicht mehr als eine kurze Dauer der Ehe bewertet werden. Erfahrungsgemäß haben Eheleute nach so viel Jahren ihre gemeinsame Lebensgestaltung aufeinander abgestimmt, daß eine Umstellung auf die neuen Verhältnisse nach der Ehescheidung (vor allem die Einkommensverhältnisse) auf jeden Fall einer gewissen Phase des Übergangs bedarf, während der die Hilfe des wirtschaftlich leistungsfähigeren früheren Ehepartners in Anspruch genommen werden darf. Auch im übrigen weist der Sachverhalt keine Besonderheiten auf, die allein wegen der Ehedauer eine Unterhaltsverpflichtung des Bolte als grob unbillig erscheinen läßt. So spricht der Umstand, daß sich Amanda Siebenschön inzwischen wieder ihrem alten Studienfreund Theobad Tiger zugewendet hat, nicht dagegen, daß während der vorangegangenen vier Jahre ihre Ehe mit Willibald Bolte sich wenigstens zeitweilig zu einer gefestigten Lebensgemeinschaft entwickelt hatte, die den Anspruch auf Hilfe beim Lebensunterhalt auch über die Zeit der Scheidung hinaus jedenfalls dem Grundsatz nach rechtfertigt. Zu berücksichtigen ist auch, daß es sich um einen von vornherein zeitlich begrenzten Leistungsanspruch handelt; die übliche Ausbildungszeit, für die der Unterhaltsanspruch auf Grund des § 1575 BGB besteht, dürfte bei Amanda in etwa der Dauer ihrer Ehe mit Bolte entsprechen.

Allerdings könnte auch insoweit das Verhältnis der Amanda zu Theobald Tiger letztlich ein Grund sein, der ihr Unterhaltsverlangen nach § 1579 Nr. 6 BGB grob unbillig erscheinen läßt. Zwar ist Amanda nach ihrer Ehescheidung dem Bolte gegenüber nicht mehr zur ehelichen Treue verpflichtet, so daß die Fortsetzung ihrer Beziehung zu Theobald Tiger ihr nicht als Fehlverhalten angelastet werden kann. Die Härteregelung knüpft indessen daran an, daß der unterhaltsberechtigte Teil sich gegenüber dem Unterhaltsverpflichteten überhaupt eine schwere Pflichtverletzung hat zuschulden kommen lassen. Daher spielt auch hier wieder eine Rolle, daß Amanda *schon während ihrer Ehe* durch ihr ehewidriges Verhalten die Ursache für die Scheidung gesetzt hat. Die Rechtsordnung kann nicht dazu verhelfen, daß ein Ehegatte zwar die Ehe zerstört, aber gleichwohl noch die vermögensrechtlichen Vorteile aus dem bisherigen Eherechtsverhältnis beibehält. Wie bereits ausgeführt worden ist, sind im vorliegenden Fall die Belange von Kindern aus der Ehe mit Bolte nicht zu berücksichtigen. Es ist daher auch hier angemessen, der Amanda den Unterhaltsanspruch gegen ihren geschiedenen Ehegatten ganz zu versagen. Sie ist damit in derselben wirtschaftlichen Lage wie vor ihrer Eheschließung mit Bolte.

Amanda kann somit auch nach der Scheidung keinen Unterhalt verlangen.

Fall 19.03: *Ungeordnete Familienverhältnisse*

Amandas Zusammenleben mit ihrem Studienfreund Theobald Tiger bleibt nicht ohne Folgen: Am 2.5. wird ihr Sohn Horst geboren, dessen Vaterschaft Theobald Tiger in einem handschriftlichen Dokument sofort anerkennt. Amanda ist zu diesem Zeitpunkt allerdings noch mit Willibald Bolte verheiratet; ihre Ehe wird nach Ablauf der einjährigen Trennungszeit erst am 17.5. durch ein Urteil des Familiengerichts beim Amtsgericht Saarbrücken geschieden. Das Urteil wird sofort rechtskräftig, da beide Parteien auf Rechtsmittel verzichten. Überraschend stirbt Bolte am 3.6. an einem Herzinfarkt, ohne ein Testament zu hinterlassen. Als einzige Verwandte von Bolte lebt eine Nichte Berta Bolte, die Tochter seines schon vor einigen Jahren verstorbenen Bruders.

Amanda möchte wissen, wem das nicht unerhebliche Erbe des Bolte zusteht. Auch beklagt sie sich darüber, daß der Standesbeamte bei der Beurkundung der Geburt ihres Kindes bisher nur dessen Vornamen Horst eingetragen, die Registrierung eines Geburtsnamens für das Kind jedoch „bis zur weiteren Klärung" zurückgestellt hat. Sie ist der Auffassung, ihr Sohn müsse nach seinem wirklichen Vater den Geburtsnamen Tiger tragen.

Lösungshinweis: Die Weiterentwicklung des vorstehenden Falls 19.02 gibt Gelegenheit, Fragen der „juristischen Verwandtschaft" eines Kindes zu diskutieren; hieran knüpfen dann praktisch so wichtige Konsequenzen wie das Erbrecht und namensrechtliche Fragen an. Es zeigt sich, daß „Verwandtschaft" nicht immer auch etwas mit der natürlichen Abstammung zu tun hat. – Wiederholen Sie Grdz. § 19 II 2, III 1, 2, VI 2 a, b!

Musterlösung:

1. Erbfolge nach Willibald Bolte:

Da Bolte ohne Hinterlassung einer letztwilligen Verfügung gestorben ist, kommen als Rechtsnachfolger in sein Vermögen nur seine gesetzlichen Erben in der durch die §§ 1924 ff. BGB festgelegten Rangfolge in Betracht. Seine frühere Ehefrau Amanda hat durch ihre Ehescheidung das ihr nach § 1931 BGB zustehende gesetzliche Erbrecht verloren. Demnach scheint die Nichte Berta Bolte als Abkömmling der Eltern des Willibald Bolte gem. § 1925 Abs. 3 BGB die einzige Erbin (2. Ordnung) des Verstorbenen zu sein.

Die Erbschaft könnte jedoch gem. § 1924 Abs. 1 BGB an das Kind Horst als Erben 1. Ordnung gegangen sein. Dieses stammt zwar aus der Verbindung der Amanda Bolte mit Theobald Tiger und ist mit dem früheren Ehemann seiner Mutter nicht leiblich verwandt, es ist jedoch noch während der Ehe seiner Mutter mit Willibald Bolte geboren. Nach § 1592 Nr. 1 BGB wird daher unterstellt, daß Willibald Bolte als Ehemann seiner Mutter auch Vater des Kindes Horst ist.

Da zur Zeit der Geburt bereits das Scheidungsverfahren über die Ehe der Mutter rechtshängig war (die Ehe wurde 15 Tage nach der Geburt geschieden), könnte diese Abstammungsvermutung jedoch gem. § 1599 Abs. 2 Satz 1 BGB durch die von Theobald Tiger erklärte Anerkennung seiner Vaterschaft ausgeschlossen sein. Der „echte" Vater hat bisher sein Anerkenntnis nur in privatschriftlicher Form erklärt, die Anerkennungserklärung hätte jedoch gem. § 1597 Abs. 1 BGB öffentlich beurkundet werden müssen. Da dies nicht geschehen ist, ist die Willenserklärung des Theobald Tiger gem. § 125 BGB nichtig. Auch fehlen die nach §§ 1595 Abs. 1 und 1599 Abs. 2 Satz 2 BGB erforderlichen Zustimmungen von Amanda als Mutter und von Willibald Bolte als „Scheinvater", die gem. § 1597 Abs. 1 BGB ebenfalls in öffentlich beglaubigter Form hätten erklärt werden müssen und die, was den Willibald Bolte anbelangt, nach dessen überraschendem Tod auch nicht mehr beigeschafft werden können. Demnach ist der durch § 1599 Abs. 2 BGB eröffnete Weg, die Vaterschaftsvermutung des § 1592 Nr. 1 BGB in Bezug auf Willibald Bolte auszuräumen, versperrt; es bleibt somit dabei, daß Willibald Bolte als Vater des Kindes Horst angesehen wird.

Damit kann gem. § 1599 Abs. 1 BGB auch von dritten Personen – mithin auch von möglichen Erbprätendenten nach dem inzwischen verstorbenen Willibald Bolte – die Nichtabstammung des Kindes Horst von dem früheren Ehemann seiner Mutter erst dann geltend gemacht werden, wenn aufgrund einer Anfechtung der Vaterschaft durch förmliche Klage beim Familiengericht gem. §§ 1600 ff. BGB durch Urteil rechtskräftig festgestellt ist, daß Willibald Bolte nicht der Vater des Kindes ist. Eine solche Entscheidung ist bisher nicht ergangen. Damit ist das Kind Horst als Abkömmling des früheren Ehemanns seiner Mutter anzusehen und sonach gem. § 1924 Abs. 1 BGB auch dessen gesetzlicher Erbe.

Als Erbe 1. Ordnung schließt das Kind Horst gem. § 1930 BGB die ihm im Rang nachfolgende Berta Bolte von der Erbfolge in vollem Umfang aus. Es stellt sich daher die Frage, ob Berta Bolte die Nichtabstammung des Horst von ihrem Onkel geltend machen kann, um so doch noch Erbin des Willibald Bolte zu werden. Gem. § 1600 BGB steht das Recht zur Anfechtung der Abstammung jedoch nur einem eng begrenzten Personenkreis, nämlich dem Ehemann der Mutter, der Mutter oder dem Kind selbst zu. Willibald Bolte ist durch seinen Tod als Anfechtungsberechtigter ausgeschieden; das Gesetz sieht auch keine Möglichkeit mehr vor, daß nunmehr an seiner Stelle das Anfechtungsrecht von einem nahen Verwandten oder von einer staatlichen Behörde wahrgenommen wird. Solange Amanda Siebenschön oder das Kind Horst von ihrem Anfechtungsrecht keinen Gebrauch machen, kommt es mithin auch zu keinem Prozeß, in dem die Abstammungsfrage den wirklichen Tatsachen entsprechend geklärt werden könnte. Das

Kind Horst behält sonach bis auf weiteres (und nach Ablauf der Anfechtungsfristen des 1600 b BGB definitiv) die Rechtsstellung eines Abkömmlings des Willibald Bolte und ist nach §§ 1924 Abs. 1, 1930 BGB dessen einziger gesetzlicher Erbe.

Zu erwägen bleibt noch, ob die Berta Bolte die gesetzliche Erbfolge des Kindes Horst nach §§ 2339 ff. BGB wegen Erbunwürdigkeit anfechten kann. Die in § 2339 BGB abschließend aufgeführten Erbunwürdigkeitsgründe beruhen jedoch ausnahmslos auf schweren Verfehlungen der *als Erbe in Betracht kommenden Person* gegenüber dem Erblasser, das gerade erst geborene Kind Horst kommt für derartige Taten von vornherein nicht in Frage.

2. Der Name des Kindes:

Da das Kind Horst als eheliches Kind des früheren Ehemannes seiner Mutter gilt, erhält es gem. § 1616 BGB den Ehenamen seiner Eltern als Geburtsnamen. Es ist daher als erstes zu klären, ob Willibald Bolte und Amanda Siebenschön während ihrer Ehe gem. § 1355 Abs. 1 Satz 2 BGB einen gemeinsamen Ehenamen bestimmt hatten. Hierüber finden sich in den Sachverhalten der Fälle 19.02 und 19.03 keinerlei Hinweise. Mithin ist nach § 1355 Abs. 1 Satz 3 BGB davon auszugehen, daß es nicht zu einer solchen Namensbestimmung gekommen ist, sondern daß jeder Ehegatte auch nach der Eheschließung seinen bisherigen Namen weitergeführt hat.

In diesem Fall wird der Geburtsname des Kindes nach §§ 1617, 1617 a BGB durch Erklärung seiner Eltern bestimmt, wobei gem. § 1592 Nr. 1 BGB wiederum der Willibald Bolte und nicht Theobald Tiger als Vater des Neugeborenen anzusehen ist. Da im Zeitpunkt der Geburt die Ehe noch nicht geschieden war, steht dem Willibald Bolte nach § 1626 Abs. 1 BGB kraft Gesetzes gemeinsam mit Amanda Siebenschön auch das Sorgerecht über das Kind Horst zu. Ihm hätte daher gemeinsam mit seiner damaligen Ehefrau die Anmeldung der Geburt beim Standesamt oblegen, so daß er bei dieser Gelegenheit (oder auch später) gehalten gewesen wäre, gem. § 1617 Abs. 1 Satz 1 BGB eine Erklärung über den Geburtsnamen des Kindes abzugeben. Dies ist (aus naheliegenden Gründen) jedoch nicht geschehen; der Standesbeamte hat daher zu Recht bei der Beurkundung der Geburt des Kindes Horst die Eintragung des Geburtsnamens als „ungeklärt“ unterlassen.

Theoretisch hätte bei Erlaß des Scheidungsurteils am 17.5. auch eine Entscheidung über das Sorgerecht am dem am 2.5. scheinbar als gemeinsames Kind der Ehegatten geborenen Säugling Horst getroffen werden müssen. Auch war der Standesbeamte nach Ablauf der Monatsfrist des § 1617 Abs. 2 BGB am 2.6. gem. § 21 a PStG verpflichtet, eine Entscheidung des Familiengerichts darüber herbeizuführen, welcher Elternteil das Recht zur Bestimmung des Geburtsnamens des Kindes erhalten soll. Alle diese Komplikationen haben sich indessen durch den überraschenden Tod des Willibald Bolte am 3.6. gewissermaßen von selbst gelöst: Nunmehr ist gem. § 1680 Abs. 1 BGB das alleinige Sorgerecht über das Kind Horst auf Amanda Siebenschön als überlebendem Elternteil übergegangen; damit erhält das Kind nach § 1617 a Abs. 1 BGB kraft Gesetzes den Familiennamen, den seine Mutter im Zeitpunkt seiner Geburt geführt hatte, der Neugeborene heißt also „Siebenschön“.

Nach § 1617 a Abs. 2 BGB hat Amanda Siebenschön noch die Möglichkeit, durch öffentlich beglaubigte Erklärung gegenüber dem Standesbeamten ihrem Kind den Namen des anderen Elternteils zu geben, dies wäre aber nicht der Name des leiblichen Vaters Theobald Tiger, sondern im Hinblick auf die bisher nicht ausgeräumte Abstammungsvermutung des § 1592 Nr. 1 BGB der Name ihres früheren Mannes Willibald Bolte.

Eine Möglichkeit, dem Kind als Geburtsnamen den Namen seines wirklichen Vaters zu geben, entsteht erst dann, wenn Amanda Siebenschön und Theobald Tiger heiraten und sich nach § 1355 Abs. 1 Satz 1, Abs. 2 BGB auf den Namen „Tiger“ als Ehenamen festlegen. In diesem Fall können beide Ehegatten dem Kind Horst nach § 1618 Satz 1 BGB durch Einbenennung den Geburtsnamen „Tiger“ erteilen; solange das Kind noch nicht das fünfte Lebensjahr vollendet hat, kann dies nach § 1618 Satz 3 BGB ohne Einwilligung des Kindes geschehen.

Fall 19.04: *Überraschende Wende*

Der in Dresden, seinem letzten Wohnsitz, am 3.4.1999 verstorbene August Stark hinterläßt eine Witwe Bettina aus seiner am 2.5.1985 in Leipzig geschlossenen Ehe und zwei eheliche Kinder Walter und Erich sowie eine natürliche Tochter Katja, die am 10.10.1988 in Cottbus geboren ist, und deren Vaterschaft er im Jahr 1989 gem. §§ 55, 57 FGB-DDR anerkannt hatte. Nach der „Wende" hat er sich als Grundstücksmakler selbständig gemacht und inzwischen ein beachtliches Vermögen aufgebaut. Er hat ein öffentliches Testament vom 2.11.1998 errichtet, in dem er unter Ausschluß aller in Betracht kommenden gesetzlichen Erben sein gesamtes Vermögen dem „Verein zum Wiederaufbau der Dresdener Frauenkirche e.V." zuwendet. Entsetzt erkundigt sich die völlig überraschte Witwe, die selbst über kein eigenes Vermögen verfügt, ob ihr und den Kindern noch etwas von dem Wohlstand ihres Mannes erhalten bleibt.

Lösungshinweis: Der Grundsatz der Testierfreiheit gilt nicht schrankenlos; war der Erblasser im gesetzlichen Güterstand verheiratet, ist der Nachlaß zunächst mit Zahlungsverpflichtungen aus dem Zugewinnausgleich zugunsten des überlebenden Ehegatten belastet; darüber hinaus sind Pflichtteilsansprüche naher Verwandter zu erfüllen. Wie schon in Fall 19.01 tauchen auch in diesem Sachverhalt Fragen des Übergangs erb- und familienrechtlicher Vermögensbeziehungen aus dem Recht der früheren DDR in das Güterrecht des BGB auf. – Wiederholen Sie Grdz. § 19 VI 2 , 3 a, c!

Musterlösung:

Da der Erbfall am 3.4.1999, also nach dem 2.10.1990, eingetreten ist, richtet sich gem. Art. 235 § 1 Abs. 1 EGBGB die Beurteilung der Erbfolge nach August Stark nach dem Recht des BGB, auch wenn der Erblasser und seine Familie vor dem Beitritt der neuen Bundesländer Bürger der DDR gewesen waren. Allerdings sind im Hinblick auf die am 2.5.1985 in Leipzig nach dem damals verbindlichen DDR-Familienrecht geschlossene Ehe gem. Art. 234 §§ 4 und 4 a EGBGB noch güterrechtliche Übergangsvorschriften zu beachten.

Zunächst gilt jedoch, daß dann, wenn – wie im vorliegenden Fall – der Verstorbene die Erbfolge durch Verfügung von Todes wegen geregelt hat, sein Testament Vorrang vor einer gesetzlichen Regelung der Erbfolge hat; wie aus der Regelung des § 1938 BGB hervorgeht, können dabei gesetzliche Erben auch vollständig von der Erbfolge ausgeschlossen werden. Da formelle Mängel des öffentlichen Testaments vom 2.11.1998 nicht ersichtlich sind, ist somit der „Dresdener Frauenkirchen-Verein" nach dem Tod des August Stark dessen Erbe und jedenfalls dem Grunde nach Inhaber seines beachtlichen Vermögens geworden. Wie sich das konkret auswirkt, richtet sich allerdings danach, welchen Bestand der Nachlaß umfaßt und inwieweit der Verein gem. § 1967 BGB nicht nur für die vor dessen Tod begründeten Schulden des August Stark aufkommen muß, sondern auch für Forderungen, die den Erben aus Anlaß des Todes des Erblassers belasten.

1. Der Bestand des Nachlasses:

Bei der Ermittlung des zum Nachlaß des August Stark gehörenden Aktivvermögens sind Besonderheiten zu beachten, wenn sich in der Hinterlassenschaft noch Gegenstände befinden, die August Stark während seiner Ehe vor dem 3.10.1990 erworben hatte. Insofern bleiben nach Art. 234 § 4 a Abs. 1 EGBGB die Regelungen des gesetzlichen Güterstandes der Eigentums- und Vermögensgemeinschaft des Familiengesetzbuches der DDR weiterhin gültig mit der Folge, daß alle Sachen, die der Erblasser vor diesem Stichtag mit Mitteln seines Arbeitseinkommens erworben hatte, zur Hälfte im Miteigentum seiner Frau stehen. Dasselbe gilt (jedenfalls theoretisch) umgekehrt für Vermögensgegenstände, die seine Frau Bettina vor dem 3.10.1990 erworben hatte. Bevor der Bestand des Nachlasses ermittelt werden kann, müssen mithin zunächst diese Miteigentumsverhältnisse auseinandergesetzt werden.

Zu prüfen ist ferner, ob Bettina als Ehefrau des Verstorbenen nach § 1932 BGB die Herausgabe der in dessen Eigentum befindlichen Haushaltsgegenstände als Voraus verlangen kann. Der Anspruch auf das Vorausvermächtnis setzt jedoch voraus, daß der überlebende Ehegatte gesetzlicher Erbe des Verstorbenen geworden ist. Da dies nicht der Fall ist, ist für Bettina Stark auch kein Anspruch auf den Voraus entstanden.

2. Zugewinnausgleich für Bettina Stark:

Die überlebende Ehefrau des Erblassers kann vom Erben den Zugewinnausgleich fordern, wenn sie beim Tod des Erblassers mit diesem im gesetzlichen Güterstand der Zugewinngemeinschaft gem. §§ 1363 ff. BGB gelebt hatte. Nach ihrer Eheschließung in Leipzig im Jahr 1985 lebte Bettina Stark mit ihrem Mann zunächst im gesetzlichen Güterstand der Eigentums- und Vermögensgemeinschaft nach §§ 13 ff. FGB-DDR. Am 3.10.1990 wurde dieser Güterstand gem. Art. 234 § 4 Abs. 1 EGBGB kraft Gesetzes in den Güterstand der Zugewinngemeinschaft der §§ 1363 ff. BGB übergeleitet, soweit nicht die Ehegatten abweichende Vereinbarungen getroffen oder einer der Ehegatten bis zum 3.10.1992 diesem Rechtsübergang formell widersprochen hatte. Für beides finden sich im Sachverhalt keine Anhaltspunkte, es gibt auch sonst keine Hinweise darauf, daß August Stark vor seinem Tod mit seiner Frau noch einen anderen Ehegüterstand vereinbart hatte. Mithin ist davon auszugehen, daß die Eheleute seit dem 3.10.1990 im gesetzlichen Güterstand der Zugewinngemeinschaft gelebt haben.

Da Bettina Stark von der gesetzlichen Erbfolge ausgeschlossen ist, kann sie gem. § 1371 Abs. 2 BGB den Ausgleich des Zugewinns nur nach den güterrechtlichen Vorschriften der §§ 1373 bis 1383, 1390 BGB verlangen. Gem. § 1373 BGB ist der Zugewinn durch Subtraktion des Anfangsvermögens vom Endvermögen des ausgleichspflichtigen Ehegatten zu ermitteln. Stichtage für die Ermittlung des Anfangsvermögens sind im vorliegenden Fall der 3.10.1990 und für die Ermittlung des Endvermögens der Todestag des August Stark am 3.4.1999, d.h. der Zeitpunkt, an dem die Ehe durch den Tod aufgelöst und damit auch der gesetzliche Güterstand beendet worden ist. Da keine Anhaltspunkte dafür bestehen, daß die Eheleute Stark zum 3.10.1990 ein gemeinschaftliches Vermögensverzeichnis nach Maßgabe des § 1377 Abs. 1 BGB aufgestellt hatten, wird gem. § 1377 Abs. 3 BGB vermutet, daß das gesamte beim Tod des August Stark vorhandene Vermögen dessen während der Dauer des Güterstandes erworbenen Zugewinn darstellt. Nach den Angaben des Sachverhalts verfügt Bettina Stark selbst über kein eigenes Vermögen, aus dem ein von ihr erworbener Zugewinn ermittelt werden könnte. Somit ist das am 3.4.1999 bei August Stark vorhandene Vermögen (nach Abzug möglicher noch zu dessen Lebzeiten begründeter Verbindlichkeiten) zugleich dessen Überschußzugewinn, aus dem gem. § 1378 Abs. 1 BGB die Ausgleichsforderung von Bettina Stark zu errechnen ist. Sonach kann sie gem. § 1378 Abs. 1 BGB im Ergebnis die Hälfte des beim Tod ihres Mannes vorhandenen Aktivvermögens als Zugewinnausgleich verlangen. Als Alleinerbe hat der „Dresdener Frauenkirchen-Verein" diese Erblasserschuld aus dem Nachlaß zu befriedigen.

3. Pflichtteilsansprüche:

Pflichtteilsberechtigt sind gem. § 2303 BGB Bettina Stark als Ehefrau des Erblassers und dessen drei Kinder. Der Pflichtteilsanspruch besteht in Höhe der Hälfte des Werts des gesetzlichen Erbteils, der nach Abzug der Nachlaßverbindlichkeiten (einschließlich des als Erblasserschuld vorab zu berücksichtigenden Ausgleichsanspruchs der Ehefrau gem. §§ 1371 Abs. 2, 1378 Abs. 1 BGB) noch verbleibt. Gründe, welche nach den §§ 2333 bis 2335 BGB eine Entziehung des Pflichtteils bei einem der Erbprätendenten rechtfertigen würden, sind nicht ersichtlich; außerdem existiert keine letztwillige Verfügung des August Stark, mit der dieser gem. § 2336 Abs. 1 BGB eine Entziehung des Pflichtteils bei seiner Frau oder seinen Abkömmlingen angeordnet hat.

Der gesetzliche Erbteil von Frau Stark beträgt, da sie neben Kindern des Erblassers, also gesetzlichen Erben der ersten Ordnung, geerbt hätte, gem. §§ 1931 Abs. 1 Satz 1, 1371 Abs. 2 Halbs. 2 BGB ein Viertel der Erbschaft. Der Pflichtteilsanspruch beläuft sich sonach auf ein Achtel der Erbschaft bzw. im Ergebnis – da die Erbschaft wegen des Zugewinnausgleichs ohnehin schon auf die Hälfte des Aktivvermögens des August Stark reduziert ist – auf ein weiteres Sechzehntel des Nachlasses. Wie § 1371 Abs. 2 Halbs. 2 klarstellt, kann Frau Stark den ihr zustehenden Pflichtteilsanspruch neben ihrem Anspruch auf Zugewinnausgleich geltend machen. Insgesamt kann sie somit vom Erben die Abgeltung von 9/16 des Aktivvermögens ihres verstorbenen Mannes fordern.

Die drei Kinder des August Stark wären neben der Ehefrau dessen gesetzliche Erben zu je einem Viertel des Nachlasses geworden (§ 1924 Abs. 1 und 4 BGB i.V.m. § 1931 Abs. 1 BGB). Daß die Tochter Katja nichtehelicher Abstammung ist, spielt keine Rolle, da August Stark deren Vaterschaft gem. §§ 55, 57 FGB-DDR anerkannt hatte. Diese Anerkennung ist gem. Art. 234 § 7 Abs. 1 Satz 2 EGBGB weiterhin gültig. Damit ist auch Katja gem. § 1592 Nr. 2 BGB als nach § 1924 Abs. 1 BGB erbberechtigter Abkömmling des August Stark anzusehen. Gem. § 2303 Abs. 1 Satz 2 BGB steht den drei Kindern des August Stark sonach jeweils ein Pflichtteilsanspruch in Höhe eines Achtels des Nettowertes des Nachlasses zu. Zieht man auch insoweit wieder den vorab an Bettina Stark zu leistenden Ausgleichsanspruch ab, kann jedes Kind noch eine Quote von einem Sechzehntel des Gesamtnachlasses des Vaters beanspruchen.

„Unter dem Strich" verbleibt letztendlich für den als Alleinerben eingesetzten Bauverein nach Begleichung der Ausgleichs- und Pflichtteilsforderungen noch ein Anteil von einem Viertel an den Aktiva des von August Stark hinterlassenen Vermögens.

Fall 19.05: *Komplizierter Erbgang*

Das Ehepaar Paula und Otto Regsam, das zwei Kinder Berta und Claus hat, errichtet am 1.1.1990 ein privatschriftliches Testament, in dem sich beide Ehegatten unter Ausschluß ihrer Kinder gegenseitig zu Erben einsetzen und festlegen, daß die Kinder nach dem Tode des letztversterbenden Ehegatten das gesamte Vermögen beider Eltern zu gleichen Teilen erben werden. Sollte eines der Kinder nach dem Tod des Erstversterbenden den Pflichtteil verlangen, wird es von der weiteren Erbfolge ausgeschlossen. Frau Regsam stirbt im Jahr 1996 und hinterläßt ein Grundvermögen im Wert von 800.000,– DM. Herr Regsam, der im Zeitpunkt des Todes von Paula Regsam ein eigenes Vermögen von 1.800.000,– DM hatte, stirbt im Frühjahr 2002.

Otto Regsam hat am 23.12.1997 noch einmal geheiratet. Im Ehevertrag mit seiner zweiten Frau Emma vereinbaren die Eheleute Gütertrennung. Am 25.12.1999 errichtet Otto Regsam ein neues Testament, in dem er seine Tochter Berta mit einem Barbetrag von 700.000,– DM sowie einem Drittel seines sonstigen Vermögens bedenkt. Die anderen zwei Drittel wendet er seiner zweiten Frau Emma und dem am 10.10.1998 von ihr geborenen Kind Gustav zu gleichen Teilen zu. Seinen Sohn Claus Regsam enterbt er. Dieser hatte nämlich nach der zweiten Eheschließung seines Vaters diesen „Wortbruch" schon vorausgesehen, im Jahr 1998 den Pflichtteil aus dem Erbe seiner Mutter verlangt und von seinem Vater auch den Betrag von 100.000,– DM ausgezahlt erhalten. Nach dem Tode von Otto Regsam streiten sich alle Beteiligten um die Verteilung des Nachlasses, der inzwischen dank einiger geglückter Spekulationsgeschäfte den Wert von 3,2 Mio. € hat.

Lösungshinweis: Die rechtlichen Schwierigkeiten des Falles ergeben sich nicht nur aus dem Widerstreit der aus zwei Ehen des Erblassers stammenden Erbberechtigten, sondern aus der Widersprüchlichkeit der beiden Testamente aus den Jahren 1990 und 1999. Entgegen der Regel des § 2258 BGB, daß ein späteres Testament abweichende Verfügungen eines früheren Testaments ohne weiteres aufhebt, war Otto Regsam nach §§ 2270, 2271 BGB an sein im Jahr 1990 zusammen mit seiner ersten Ehefrau errichtetes gemeinschaftliches Testament gebunden und hatte es versäumt, diese Bindung rechtzeitig rückgängig zu machen. Wie schon in Fall 19.05 kommt es daher auch hier auf Pflichtteilsansprüche an. Beim Aufbau des Gutachtens empfiehlt sich einmal mehr eine sorgsame chronologische Prüfung der relevanten Umstände. – Wiederholen Sie Grdz. § 19 VI 2, VI 3 b, c!

Musterlösung:

Die Erbfolge in das Vermögen des Otto Regsam richtet sich nach den beiden Testamenten vom 1.1.1990 und 25.12.1999; gegebenenfalls kommen auch noch Pflichtteilsansprüche in Betracht.

1. Das Testament vom 1.1.1990:

In ihrem gem. §§ 2265, 2267 BGB errichteten gemeinschaftlichen Testament haben sich die Eheleute Paula und Otto gegenseitig als Erben des Erstversterbenden eingesetzt und zugleich ihre Kinder von der Erbfolge nach dem erstversterbenden Ehegatten ausgeschlossen. Die Kinder Berta und Claus sind sodann als (Schluß-)Erben des letztversterbenden Ehegatten eingesetzt, wobei mangels anderer Anhaltspunkte im Sachverhalt nach der Auslegungsregel des § 2269 Abs. 1 BGB davon auszugehen ist, daß hinsichtlich des Nachlasses des erstversterbenden Ehegatten nicht nur Vor- und Nacherbfolge angeordnet worden ist, sondern daß Otto Vollerbe von Paula geworden ist, so daß sich in seiner Hand das ererbte Vermögen mit seinem eigenen Vermögen zu einer einheitlichen Vermögensmasse vereinigt hat. Die beiden Kinder Berta und Claus sind als Erben des erstversterbenden Elternteils enterbt und erst als Schlußerben nach dem überlebenden Elternteil eingesetzt.

Aufgrund des Testaments vom 1.1.1990 würde nach dem Tod des Otto Regsam dessen im Frühjahr 2002 vorhandenes Vermögen auf Berta und Claus als Abkömmlinge aus der ersten Ehe zu gleichen Teilen übergehen (vorbehaltlich etwaiger Pflichtteilsansprüche der auf diese Weise völlig von der Erbfolge nach Otto Regsam ausgeschlossenen Stiefmutter und des Halbbruders Gustav). Da Claus jedoch im Jahr 1998 seinen Pflichtteil aus dem Nachlaß der Mutter gefordert hatte, ist er enterbt und somit nachträglich als Erbe weggefallen. In diesem Fall wächst gem. § 2094 BGB der ihm zugedachte Erbteil seiner Schwester Berta an; diese wäre somit Alleinerbin des gesamten Vermögens ihres Vaters geworden. Für Claus Regsam bleibt nur der Anspruch auf den Pflichtteil aus dem im Jahr 2002 angefallenen Nachlaß des Vaters. Hierauf ist später zurückzukommen.

2. Das Testament vom 25.12.1999:

In seinem neuen Testament vom 25.12.1999 hat Otto Regsam die Einsetzung der Berta als (noch verbliebene) Alleinerbin aufgehoben und außer ihr auch seine zweite Frau und das Kind aus zweiter Ehe als Erben bestimmt. Damit ist das Testament vom 1.1.1990 teilweise widerrufen, was gem. § 2258 Abs. 1 BGB grundsätzlich möglich ist. Da die letztwillige Verfügung des Otto vom 1.1.1990 Bestandteil eines zusammen mit der ersten Ehefrau Paula errichteten gemeinschaftlichen Testaments gewesen war, ist allerdings noch zu prüfen, inwieweit bei der Errichtung des neuen Testaments die Testierfreiheit des Otto gem. § 2271 BGB durch die Bindung an dieses gemeinschaftliche Testament eingeschränkt war.

Gem. § 2271 Abs. 2 BGB kann der überlebende Ehegatte nach dem Tod des anderen Ehegatten eine im gemeinschaftlichen Testament getroffene wechselbezügliche Verfügung von Todes wegen nur noch aufheben, wenn er entweder das ihm angefallene Erbe des erstversterbenden Ehegatten ausschlägt (was nur kurz nach dem Tod der Emma im Jahr 1996 innerhalb der Sechswochenfrist des § 1944 Abs. 1 BGB möglich gewesen wäre) oder die als Schlußerbe bedachte Person ihm gegenüber eine Verfehlung begangen hat, die ihn zur Entziehung des Pflichtteils berechtigen würde (§§ 2294, 2336 BGB). Beide Voraussetzungen sind im vorliegenden Fall nicht erfüllt. Somit ist zu prüfen, ob die im Testament vom 1.1.1990 von Otto Regsam verfügte Erbeinsetzung seiner Kinder aus erster Ehe als mit der Verfügung seiner ersten Frau wechselbezüglich anzusehen ist.

Nach § 2270 Abs. 1 BGB ist eine letztwillige Verfügung dann wechselbezüglich, wenn anzunehmen ist, daß der eine Ehegatte seine Verfügung nicht ohne die Verfügung des anderen getroffen hätte. Gem. § 2270 Abs. 2 BGB spricht eine Vermutung für die Wechselbezüglichkeit, wenn die Ehegatten sich gegenseitig als Erben eingesetzt haben und wenn der überlebende Ehegatte als seine Schlußerben Personen eingesetzt hat, die mit dem vorversterbenden Ehegatten verwandt sind oder ihm sonst nahestehen. Genau dies ist im vorliegenden Fall geschehen: Otto und Paula haben sich gegenseitig zu Vollerben ihres gesamten Vermögens eingesetzt und die Kinder aus ihrer Ehe zu Schlußerben des Letztversterbenden bestimmt. Anhaltspunkte für eine abweichende Auslegung des Testaments gibt der Sachverhalt nicht her. Die Erbeinsetzung der Kinder bezieht sich auf das beim Tod des Letztversterbenden vorhandene Vermögen, so daß Otto Regsam in seiner Testierfreiheit auch hinsichtlich des Teils seines Vermögens beschränkt ist, den er erst nach dem Tod seiner ersten Ehefrau neu hinzugewonnen hat.

Allerdings könnte Otto Regsam wenigstens insoweit in der Verfügung über sein Vermögen frei geworden sein, als Claus Regsam inzwischen als Schlußerbe ausgeschieden ist, weil er den Pflichtteil aus dem Nachlaß seiner Mutter gefordert hat. Dies wäre dann der Fall, wenn der dem Claus zustehende Hälfteanteil nicht der Berta als Erbin angefallen wäre. Wie bereits festgestellt worden ist, spricht jedoch gem. § 2094 Abs. 1 BGB die Vermutung dafür, daß bei dem nachträglichen Wegfall eines der als Schlußerben eingesetzten Kinder dessen Erbteil dem anderen Kind anwachsen sollte. Da diese Vermutung auf der i.S.v. § 2270 BGB als wechselbezüglich anzusehenden Erbeinsetzung der Kinder beruht, nimmt auch die hieraus abgeleitete Auslegung des Testaments an der Bindungswirkung des § 2271 Abs. 2 BGB teil. Otto Regsam bleibt sonach auch daran gebunden, daß seine Tochter Berta aus erster Ehe als seine Alleinerbin nachgerückt ist.

Schließlich könnten Emma und Gustav Regsam das Testament vom 1.1.1990 noch nach § 2079 BGB anfechten und so den Weg für die Wirksamkeit des Testaments vom 25.12.1999 frei machen. Die Möglichkeit zur Anfechtung des Testaments vom 1.1.1990 könnte sich für Emma und Gustav Regsam aus § 2080 Abs. 3 i.V.m. § 2079 BGB ergeben. Sie könnte darauf gestützt werden, daß die Ehefrau und das Kind aus zweiter Ehe gem. § 2303 BGB beim Tod des Otto Regsam ein Pflichtteilsrecht haben, das – nach Lage der Dinge – erst nach der Errichtung des Testaments vom 1.1.1990 entstanden ist und sonach in dieser Verfügung von Todes wegen noch nicht berücksichtigt werden konnte.

Hier ist allerdings die für Erbverträge getroffene Sonderregelung der §§ 2281 ff. BGB zu beachten, die auf wechselbezügliche Verfügungen in gemeinschaftlichen Testamenten ebenfalls anzuwenden ist: Gem. § 2285 BGB können pflichtteilsberechtigte Ehegatten und Abkömmlinge das auf § 2079 BGB gestützte Anfechtungsrecht nur dann ausüben, wenn dem Erblasser im Zeitpunkt des definitiven Erbfalls noch die Möglichkeit zur Anfechtung des Erbvertrags (bzw. des gemeinschaftlichen Testaments) zugestanden hatte. In entsprechender Anwendung des § 2281 Abs. 1 BGB hätte Otto Regsam nämlich gem. § 2079 BGB das Testament vom 1.1.1990 anfechten können, soweit es ihn in der Möglichkeit beschränkte, seine zweite Ehefrau und seinen Sohn aus zweiter Ehe zu seinen Erben zu machen. Von dieser Anfechtungsmöglichkeit hätte Otto Regsam gem. § 2283 BGB nur innerhalb einer Frist von einem Jahr nach Erlangung der Kenntnis über den Anfechtungsgrund Gebrauch machen können; im vorliegenden Fall hätte er also die Anfechtung des gemeinschaftlichen Testaments zugunsten des Erbrechts seiner zweiten Frau Emma spätestens bis zum 23.12.1998 und zugunsten des Erbrechts seines in zweiter Ehe geborenen Kindes Gustav spätestens bis zum 10.10.1999 erklären müssen, was er aber nicht getan hat. Da die Testamentsanfechtung gem. §§ 2281 Abs. 2, 2081 Abs. 1 BGB gegenüber dem Nachlaßgericht erklärt werden muß, ist es auch nicht möglich, das Testament vom 25.12.1999 in eine Anfechtung umzudeuten, ganz abgesehen davon, daß zur Zeit der Errichtung dieses Testaments das Anfechtungsrecht des Otto Regsam bereits erloschen war. Gem. § 2285 BGB können nach dem Tod des Otto seine Hinterbliebenen aus zweiter Ehe das ihnen an sich nach §§ 2079, 2080 BGB zustehende Anfechtungsrecht ebenfalls nicht mehr ausüben.

Demnach ist das Testament vom 25.12.1999 gem. § 2271 Abs. 2 BGB unwirksam, da es die Erbeinsetzung der Berta Regsam schmälert; diese ist nach dem Tod ihres Vaters aufgrund des gemeinschaftlichen Testaments vom 1.1.1990 dessen Alleinerbin geworden.

3. Ansprüche der Hinterbliebenen aus der zweiten Ehe und des Sohnes Claus:

Einen Anspruch auf *Zugewinnausgleich* nach § 1371 Abs. 2 i.V.m. §§ 1373 ff. BGB kann Ottos zweite Ehefrau nicht geltend machen, da nach den Angaben des Sachverhalts für die Ehe mit Emma Gütertrennung vereinbart worden ist.

Als Ehefrau des Otto Regsam könnte Emma gem. § 1932 Abs. 1 Satz 2 BGB die zum ehelichen Haushalt gehörenden Gegenstände im Eigentum des Erblassers als „*Voraus*" beanspruchen, soweit sie diese für eine angemessene Weiterführung ihres eigenen Hausstandes benötigt. Der Vorausanspruch hängt jedoch davon ab, daß der überlebende Ehegatte gesetzlicher Erbe des Erblassers geworden ist. Dies ist hier nicht der Fall, damit kann Emma Regsam auch nicht den Voraus verlangen.

Als von der gesetzlichen Erbfolge ausgeschlossene Hinterbliebene können Emma Regsam und die Kinder Claus und Gustav jedoch gem. § 2303 BGB von der Alleinerbin Berta den *Pflichtteil* verlangen. Der Pflichtteil besteht in der Höhe des Wertes des gesetzlichen Erbteils. Emma Regsam hätte als Ehefrau des Otto gem. § 1931 Abs. 1 BGB neben dessen Kindern aus erster und zweiter Ehe ein Viertel des im Jahr 2002 insgesamt vorhandenen Vermögens als gesetzlichen Erbteil beanspruchen können. Die für Ehen mit Gütertrennung vorgesehene Sonderregelung zugunsten des Ehegatten in § 1931 Abs. 4 BGB spielt im vorliegenden Fall keine Rolle, da Otto Regsam mehr als zwei erbberechtigte Kinder hinterlassen hat. Als Pflichtteil steht ihr sonach gem. § 2303 Abs. 1 Satz 2 BGB ein Achtel des Nachlasses zu.

Wären die drei Kinder des Otto Regsam gesetzliche Erben geworden, so hätten sie, gleichgültig aus welcher Ehe sie stammen, neben dessen zweiter Ehefrau je ein Viertel des Nachlasses als gesetzlichen Erbteil beanspruchen können (§§ 1924 Abs. 4, 1931 Abs. 1 Satz 1 BGB). Der Pflichtteilsanspruch der von der Erbfolge ausgeschlossenen Söhne Claus und Gustav richtet sich sonach ebenfalls je auf ein Achtel des Nachlasses.

Für die Berechnung der Höhe des Pflichtteils ist gem. § 2311 Abs. 1 BGB der Wert des Gesamtvermögens des Otto im Zeitpunkt des Erbfalls, also der Betrag von 3,2 Mio. €, zugrunde zu legen. Zu prüfen bleibt noch, ob der Pflichtteilsanspruch des Claus Regsam um den Betrag von 100.000,– DM zu kürzen ist, der ihm schon nach dem Tod seiner Mutter als Pflichtteil ausbezahlt worden war. Ein etwaiger Vorausempfang des Pflichtteilsberechtigten ist jedoch nur unter den Voraussetzungen des § 2315 BGB auf seinen Anspruch anzurechnen. Diese Vorschrift ist im vorliegenden Fall schon deshalb nicht anwendbar, weil Claus diesen Betrag nicht aufgrund eines Rechtsgeschäfts unter Lebenden mit dem Erblasser Otto Regsam erhalten hatte, sondern durch Einforderung einer ihm aus eigenem Recht – als in der Erbschaft übergangener Abkömmling seiner Mutter – zustehenden Verbindlichkeit gegen den Nachlaß seiner Mutter. Berta Regsam muß somit aus dem ihr allein zugefallenen Nachlaß an ihre Brüder Claus und Gustav sowie an ihre Stiefmutter Emma jeweils den Betrag von 400.000,– € als Pflichtteil auszahlen.

Fall 19.06: *Zoff in der Erbengemeinschaft*

Im Nachlaß des Paul Müller, der von seinen Kindern Otto, Richard und Friedrich beerbt worden ist, befindet sich u.a. eine historische Luther-Bibel. Die Verteilung des Erbes gestaltet sich außerordentlich schwierig, da die Brüder immer wieder in Streit über die Zuteilung der einzelnen Nachlaßgegenstände geraten, wozu sie von ihren jeweiligen Ehefrauen mit Nachdruck angefeuert werden. Schließlich wird es dem Otto zu bunt und er nimmt mit der (zutreffenden) Erklärung, der Vater habe ihm als dem ältesten Sohn und „Stammhalter" schon vor seinem Tode die Bibel versprochen, die Luther-Bibel an sich. Seine Brüder widersprechen heftig; gleichwohl behält Otto das Buch und verkauft und übereignet es an den Antiquar Abraham, der ihn gutgläubig für den Eigentümer hält, zum Preis von 150.000,– €. Richard und Friedrich verlangen von Abraham die Herausgabe des Erbstücks; mit Recht?

Lösungshinweis: Die Rechtsbeziehungen innerhalb einer noch nicht vollständig auseinandergesetzten Erbengemeinschaft gehören zu den Standardthemen des Erbrechts und zu den alltäglichen Ärgernissen der Rechtspraxis. Der Sachverhalt macht außerdem die besondere Schutzfunktion des Erbenbesitzes im Hinblick auf die Regelung des § 935 BGB deutlich. – Wiederholen Sie Grdz. § 17 II 1 a, III 2 d, 3 c; § 18 I 1 b; § 19 VII 4!

Musterlösung:

Richard und Friedrich Müller können gem. § 985 BGB von Abraham die Herausgabe der Luther-Bibel verlangen, wenn dieser durch das Geschäft mit Otto Müller nicht wirksam Eigentum an dem Buch erworben hat. Mit dem Tod des Paul Müller ist das Eigentum an der Luther-Bibel auf dessen Söhne Otto, Richard und Friedrich als dessen Erben übergegangen. Der Nachlaß ist gem. § 2032 BGB bis zur Auseinandersetzung nach Maßgabe des § 2042 BGB gemeinschaftliches Vermögen aller drei Söhne geworden. Demnach kann keiner der Miterben vor der einvernehmlich durchzuführenden Aufteilung des Nachlasses bereits alleiniges Eigentum an einzelnen Nachlaßgegenständen für sich beanspruchen, selbst wenn er sich insoweit auf etwaige Teilungsanordnungen des Erblassers nach § 2084 BGB berufen kann. Gem. § 2040 Abs. 1 BGB kann über einen einzelnen Nachlaßgegenstand nur von allen Miterben gemeinschaftlich, d.h. durch einstimmigen Beschluß, verfügt werden. Ein solcher Beschluß war nicht gefaßt worden. Otto Müller war sonach nicht berechtigt, allein über die Luther-Bibel zu verfügen, als er sie an Abraham verkauft und übereignet hat.

Abraham könnte gem. § 932 BGB gutgläubig Eigentum an der Bibel erworben haben. Dies wäre allerdings von vornherein ausgeschlossen, wenn das Buch den anderen Miterben abhanden gekommen ist, so daß die Regelung des § 935 BGB eingreift. Nach § 857 BGB geht mit dem Erbfall der Besitz an den zum Nachlaß gehörenden Sachen kraft Gesetzes auf die Erben über. Sind – wie im vorliegenden Fall – mehrere Erben vorhanden, erwerben diese somit Mitbesitz an allen Nachlaßgegenständen, der wiederum vor der Erbauseinandersetzung gem. §§ 2038, 2040 BGB nur von allen gemeinschaftlich ausgeübt werden kann. Zwar ist es grundsätzlich möglich, daß die Miterben auch schon vor der endgültigen Verteilung des Nachlasses durch einstimmigen Beschluß einem von ihnen den Alleinbesitz an einer einzelnen Sache übertragen; eine solche Situation ist jedoch im vorliegenden Fall nicht gegeben, denn Otto Müller hat die Bibel unter dem ausdrücklichen Protest seiner Brüder eigenmächtig an sich gebracht. Damit haben Richard und Friedrich den Besitz an dem Nachlaßgegenstand ohne ihren Willen verloren; die an Abraham übereignete Sache ist der Erbengemeinschaft i.S.v. § 935 BGB abhanden gekommen.

Auch durch guten Glauben konnte Abraham sonach kein Eigentum an der Luther-Bibel erwerben; dieses steht vielmehr nach wie vor der Erbengemeinschaft zu. Gem. § 985 BGB können die beiden Brüder von Abraham die Rückgabe der Antiquität in den Nachlaß verlangen; dabei sind sie gem. § 2039 Satz 2 BGB nicht darauf angewiesen, daß ihr Bruder Otto bei der Durchsetzung des Herausgabeanspruchs mitwirkt.

III. Wiederholungsfragen

1. Wann liegt nach deutschem Recht eine Ehe vor? (Grdz. § 19 II 1, 4)	Eine Ehe im Rechtssinne liegt dann vor, wenn ein Mann und eine Frau in Gegenwart eines Standesbeamten erklären, eine Ehe miteinander eingehen zu wollen (§ 1310 Abs. 1 Satz 1 BGB). Die Ehe besteht so lange, bis sie entweder durch den Tod eines der Ehegatten beendet, durch rechtskräftiges Nichtigkeits- oder Aufhebungsurteil eines Gerichts für unwirksam erklärt oder durch rechtskräftiges Scheidungsurteil geschieden wird.

2. Was bedeuten die Begriffe Geburtsname, Familienname, Ehename, Lebenspartnerschaftsname und Begleitname? (Grdz. § 19 II 2, III 2 a–c)

Geburtsname ist der Nachname, den eine Person bei der Geburt erhält. Bei Kindern, die in einer Ehe geboren werden, ist dies gem. § 1616 BGB der Ehename der Eltern; führen diese keinen gemeinsamen Ehenamen, erhält das Kind nach Entscheidung seiner Eltern den Nachnamen eines Elternteils als Geburtsnamen; notfalls legt das Vormundschaftsgericht gem. § 1617 Abs. 2 BGB von Amts wegen fest, welcher Elternteil das Recht zur Namensbestimmung hat. Dasselbe gilt bei Kindern, deren Eltern bei deren Geburt nicht miteinander verheiratet sind, aber nach § 1626 a BGB die elterliche Sorge gemeinschaftlich ausüben. Andere Kinder erhalten gem. §§ 1617 a Abs. 1, 1626 a Abs. 2 BGB den Nachnamen, den ihre Mutter im Zeitpunkt ihrer Geburt führt. Unter den Voraussetzungen der §§ 1617 b–1618 BGB kann der Geburtsname eines Kindes auch nachträglich geändert werden.

Familienname ist der Nachname, der von allen Mitgliedern (Ehegatten, eigene oder in die Ehe eingebrachte Kinder) einer durch Eheschließung begründeten Familie geführt werden *soll.* Er ergibt sich aus dem von den Eheleuten gewählten Ehenamen (§ 1355 Abs. 1 Satz 1 BGB).

Ehename ist der Name, den die Verlobten gem. § 1355 BGB bei ihrer Eheschließung (oder später) als gemeinschaftlichen Namen bestimmen, wenn sie für ihre Ehe einen gemeinsamen Namen führen wollen. Als Ehename kann der *Geburts*name des Mannes oder der Frau gewählt werden.

Lebenspartnerschaftsgemeinschaftsname ist der gemeinsame Nachname, den zwei zu einer eingetragenen Lebenspartnerschaft zusammengeschlossene Personen gem. § 3 Abs. 1 LPartG bestimmen und führen können. Wie beim Ehenamen wird der gemeinsame Name aus dem Geburtsnamen eines der Lebenspartner gebildet.

Begleitname ist der Name, den der Ehegatte oder Lebenspartner, dessen Geburtsname nicht als Ehename oder Lebenspartnerschaftsname bestimmt worden ist, gem. § 1355 Abs. 4 BGB bzw. § 3 Abs. 2 LPartG für seine Person dem Ehenamen oder Lebenspartnerschaftsnamen voran- oder nachstellt. Als Begleitname kann entweder der Geburtsname oder der zur Zeit der Bestimmung des Ehenamens oder Lebenspartnerschaftsnamens geführte Name (also z.B. auch der durch eine frühere Ehe erworbene Familienname) verwendet werden. Auf diese Weise darf insgesamt aber nur ein aus zwei Namensbestandteilen zusammengesetzter Doppelname gebildet werden.

3. Was ist die Schlüsselgewalt? (Grdz. § 19 II 2)

Schlüsselgewalt ist gem. § 1357 BGB eine Art gesetzlicher Vertretungsbefugnis, durch die jeder Ehegatte ermächtigt ist, Geschäfte zur angemessenen Deckung des Lebensbedarfs der Familie mit Wirkung für und gegen den anderen Ehegatten abzuschließen. Die Schlüsselgewalt besteht nach § 1357 Abs. 3 BGB nur, wenn die Ehegatten nicht getrennt leben.

4. Kann eine Eheschließung von Rechtsgeschäftsmängeln betroffen sein? (Grdz. § 19 I 1)

Wie jedes Rechtsgeschäft kann eine Eheschließung wegen schwerer Form- oder Inhaltsmängel fehlerhaft sein. Die §§ 1314 ff. BGB regeln die Aufhebungsgründe jedoch z.T. abweichend von den Bestimmungen des Allgemeinen Teils des BGB über Rechtsgeschäftsmängel. So wird nicht zwischen (automatisch wirksamen) Nichtigkeits- und Anfechtungsgründen unterschieden; nach § 1313 BGB besteht einheitlich die Möglichkeit, aus den in § 1314 BGB aufgezählten Gründen die Aufhebung einer Ehe durch Gerichtsurteil zu verlangen. Ohne ein solches Gestaltungsurteil können sich weder die Eheleute noch Dritte auf Mängel der Eheschließung berufen. Außer den Ehegatten können andere Personen oder Behörden nur in den in § 1316 BGB aufgeführten Fällen ein Verfahren zur Aufhebung der Ehe beantragen. Gem. § 1315 BGB besteht in weitem Umfang die Möglichkeit, Mängel einer Eheschließung zu heilen; auch nach ungenutztem Ablauf der Antragsfrist für das Aufhebungsverfahren, die gem. § 1317 BGB in den meisten Fällen auf die Spanne von einem Jahr seit Aufdeckung des Mangels begrenzt ist, kann die Gültigkeit der Eheschließung nicht mehr in Frage gestellt werden.

5. Was ist ein „Güterstand"; wie wird er festgelegt? (Grdz. § 19 II 3 a)

Güterstand ist die Regelung der Vermögensverhältnisse der Ehegatten während ihrer Ehe sowohl im Innenverhältnis als auch gegenüber Dritten. Die Ehegatten können in einem notariellen Ehevertrag nur einen der in den §§ 1414 ff. BGB geregelten Güterstände festlegen. Besteht für die Ehe kein vertraglicher Güterstand, gilt als gesetzlicher Güterstand der in den §§ 1363 ff. BGB geregelte Güterstand der Zugewinngemeinschaft.

6. Welche Regelungen gelten für den Güterstand der Zugewinngemeinschaft? (Grdz. § 19 II 3 b, 4 g, VI 2 b)

Im gesetzlichen Güterstand der Zugewinngemeinschaft bleibt jeder Ehegatte Inhaber des von ihm in die Ehe eingebrachten oder während der Ehe erworbenen Vermögens und er kann hierüber auch frei verfügen; lediglich zur Verfügung über sein Vermögen als Ganzes oder über Einzelgegenstände, die zum gemeinschaftlichen Hausrat gehören, benötigt er gem. §§ 1365, 1369 BGB die Einwilligung des anderen Ehegatten. Erst bei Auflösung der Ehe durch Tod oder Ehescheidung kommt es nach Maßgabe der §§ 1371 ff. BGB zum Ausgleich des während der Ehe erzielten Zugewinns; d.h. ist bei einem der Ehegatten dessen Vermögen während der Ehe stärker gewachsen als beim anderen Partner, so ist die Wertdifferenz der Zuwächse auszugleichen. Dabei wird beim Tod eines Ehegatten der Zugewinnausgleich i.d.R. durch Erhöhung des gesetzlichen Erbteils des überlebenden Ehegatten um ein Viertel der Erbschaft pauschaliert; bei der Ehescheidung kommt es zu einer genauen Ermittlung und Aufteilung des Zugewinns nach den güterrechtlichen Grundsätzen der §§ 1373 ff. BGB.

7. Reicht für eine Ehescheidung das Einverständnis der beiden Eheleute aus; aus welchem Grund wird eine Ehe geschieden; wie wird dieser Scheidungsgrund nachgewiesen? (Grdz. § 19 II 4 a)

Nach deutschem Recht ist nach wie vor eine einverständliche Ehescheidung nicht möglich. Gem. § 1565 Abs. 1 BGB kann eine Ehe nur dann geschieden werden, wenn sie gescheitert ist. Das Scheitern einer Ehe wird nach § 1566 BGB unwiderlegbar vermutet, wenn die Ehegatten eine näher festgelegte Zeit unter Aufhebung der häuslichen Gemeinschaft getrennt gelebt haben. Die Trennungsdauer muß dann, wenn beide Gatten die Scheidung beantragt haben, mindestens ein Jahr betragen, bei Scheidung auf einseitigen Antrag wird eine Trennungszeit von drei Jahren vorausgesetzt.

8. Was ist eine „Folgesache"; welche Fragen werden in diesem Verfahren entschieden? (Grdz. § 19 II 4 b)

Folgesachen sind familienrechtliche Verfahren, in denen die durch die Ehe begründeten und nunmehr wegen der Ehescheidung gegenstandslos werdenden Rechtsbeziehungen der Ehegatten abgewickelt werden. Gem. § 623 ZPO kann das Verfahren über die Folgesachen mit der Scheidungssache verbunden und zusammen mit der Auflösung der Ehe entschieden werden. Folgesachen sind: Die Regelung der *elterlichen Sorge* für die aus der Ehe hervorgegangenen Kinder, die Regelung des *Unterhalts* der Kinder und des geschiedenen Ehegatten, der *Versorgungsausgleich,* die Zuteilung der *Ehewohnung* und die Aufteilung des *ehelichen Hausrats* sowie der *Zugewinnausgleich.*

9. Was ist der „Zugewinnausgleich"; gibt es einen Zugewinnausgleich auch für deutsche Ehegatten, die vor dem 3.10.1990 in der früheren DDR gelebt haben? (Grdz. § 19 II 3 b, 4 g, VI 2 b)

Zugewinnausgleich findet gem. §§ 1371 ff. BGB bei der Beendigung von Ehen mit gesetzlichem Güterstand durch Tod, Ehescheidung oder Auflösungsurteil statt. Der Zugewinnausgleich findet auch für Eheleute statt, die vor dem 3.10.1990 in der früheren DDR gelebt haben, deren Ehe aber erst nach diesem Stichtag beendet worden ist, und die sich nicht bis zum 2.10.1992 für die Fortsetzung des Güterstandes der Eigentums- und Vermögensgemeinschaft des FGB-DDR erklärt hatten. Gem. Art. 234 § 4 Abs. 1 EGBGB leben nämlich Ehepaare, die am Tag des Beitritts der DDR in dem dort bisher geltenden gesetzlichen Güterstand gelebt hatten, seitdem im gesetzlichen Güterstand der Zugewinngemeinschaft des BGB. Bei der Vermögensauseinandersetzung ist jedoch zu beachten, daß gem. Art. 234 § 4 a EGBGB i.V.m. § 39 FGB-

DDR das bis zum Ablauf des 2.10.1990 erworbene Vermögen i.d.R. zu gleichen Bruchteilen im Miteigentum beider Eheleute steht. Der Zugewinnausgleich kommt daher nur für solches Vermögen in Betracht, das nach dem 2.10.1990 neu hinzugewonnen worden ist.

10. Kann ein geschiedener Ehegatte von seinem früheren Partner Unterhaltszahlungen verlangen? (Grdz. § 19 II 4 e)

Im Prinzip hat nach der Ehescheidung jeder Partner selbst für seinen Unterhalt zu sorgen. Hiervon machen die §§ 1570 ff. BGB jedoch eine Vielzahl von Ausnahmen für den Fall, daß ein geschiedener Teil unterhaltsbedürftig und aus bestimmten Gründen (z.B. wegen der Erziehung gemeinsamer Kinder oder wegen seines Alters) nicht in der Lage ist, seinen Unterhalt durch eigene Erwerbstätigkeit aufzubringen. Gem. § 1579 BGB kann der Unterhaltsanspruch allerdings bei grober Unbilligkeit gekürzt werden oder ganz wegfallen; hierbei spielt neuerdings auch pflichtwidriges Verhalten gegenüber dem leistungspflichtigen Partner während der Ehe eine Rolle.

11. Was ist eine „eingetragene Lebenspartnerschaft“ ?

Nach dem LebenspartnerschaftsG v. 16.2.2001 (LPartG) besteht seit dem 1.8.2001 die Möglichkeit, daß zwei unverheiratete Personen gleichen Geschlechts gegenüber der nach Landesrecht zuständigen Behörde (i.d.R. sind das die Standesämter) die Erklärung abgeben, miteinander eine Partnerschaft auf Lebenszeit führen zu wollen. Die Lebenspartnerschaftserklärung wird wie eine Eheschließung amtlich registriert, die Partnerschaft hat hinsichtlich der persönlichen und gemeinsamen vermögensrechtlichen Verhältnisse weitgehend dieselben *zivil*rechtlichen Wirkungen wie eine Bürgerliche Ehe. Eine nachträgliche Aufhebung der Lebenspartnerschaft ist nur durch Gerichtsurteil analog zur Ehescheidung möglich und hat auch ähnliche Nachwirkungen.

12. Wie kann die Verwandtschaft eines Kindes zu seinem Vater festgestellt werden? (Grdz. § 19 III 1)

Ist das Kind *während der Ehe* seiner Mutter oder innerhalb von 300 Tagen nach Auflösung dieser Ehe durch den Tod des Ehemanns geboren worden, so gilt es als Kind des Ehemannes seiner Mutter und ist mit ihm und seinen Blutsverwandten verwandt, solange die Vaterschaft nicht angefochten und durch Gerichtsurteil rechtskräftig festgestellt ist, daß der Ehemann der Mutter nicht der Vater des Kindes ist.

Im übrigen ergibt sich die Abstammung (und damit auch die Verwandtschaft zu den Verwandten des Vaters) aus der Anerkennung der Vaterschaft mit Zustimmung der Mutter und gegebenenfalls auch des Kindes gem. §§ 1594 ff. BGB. Die Vaterschaftsanerkennung kann unter bestimmten Voraussetzungen nachträglich widerrufen und außerdem durch Klage angefochten werden. Gem. § 1600 d BGB kann die

Vaterschaft auch auf Klage des Kindes oder der Mutter gegen den Mann oder auf Klage des Mannes gegen das Kind gerichtlich festgestellt werden. Dabei gilt die (widerlegbare) Vaterschaftsvermutung des § 1600 d Abs. 2 BGB, daß das Kind von dem Mann gezeugt worden ist und von ihm abstammt, der seiner Mutter während der Empfängniszeit beigewohnt hat.

13. Was bedeutet elterliche Sorge; wem steht sie zu? (Grdz. § 19 II 4 c, III 2)

Die elterliche Sorge ist nach § 1626 Abs. 1 BGB das Recht und die Pflicht, für ein minderjähriges Kind zu sorgen. Sie umfaßt die Sorge für die Person und für das Vermögen des Kindes einschließlich seiner gesetzlichen Vertretung (§ 1629 BGB). Sind die Eltern bei Geburt des Kindes miteinander verheiratet, steht ihnen die elterliche Sorge gemeinsam zu. Sind die Eltern nicht miteinander verheiratet, so erwirbt der Vater, der die Abstammung anerkannt hat, das Sorgerecht gemeinsam mit der Mutter, wenn beide Eltern eine Sorgeerklärung nach § 1626 a Abs. 1 BGB abgeben oder später einander heiraten. In den anderen Fällen hat die nicht verheiratete Mutter nach § 1626 a Abs. 2 BGB das alleinige Sorgerecht.

Zum Schutz des Kindes kann die elterliche Sorge nach §§ 1666 ff. BGB entzogen oder beschränkt oder bei nicht nur vorübergehendem Getrenntleben der Eltern gem. § 1671 BGB auf einen Elternteil allein übertragen werden. Seit 1998 ist es allerdings nicht mehr die zwingende Rechtsfolge einer Ehescheidung, daß das Sorgerecht über die gemeinsamen Kinder auf einen der geschiedenen Ehegatten allein übertragen wird.

14. Wie wird der Unterhaltsanspruch von Kindern realisiert; gibt es noch Unterschiede zwischen ehelichen und nichtehelichen Kindern? (Grdz. § 19 III 3 b)

Grundsätzlich ist ein Kind gegenüber seinen *beiden* Eltern unterhaltsberechtigt, unabhängig davon, ob diese miteinander verheiratet sind oder sonst zusammenleben. Der Anspruch wird bei *Zusammenleben der Eltern* und bestehender Ehe in der Weise realisiert, daß beide Eltern gem. § 1360 BGB in gleichwertiger Weise zum Familienunterhalt beitragen, wobei die Haushaltsführung und die persönliche Pflege der Kinder als gleichwertiger Unterhaltsbeitrag neben der Aufbringung der zur Deckung des Lebensbedarfs erforderlichen Geldmittel durch Erwerbstätigkeit angesehen wird. I.d.R. erfüllt die Mutter gem. § 1606 Abs. 3 Satz 2 BGB ihre Unterhaltsverpflichtung gegenüber einem minderjährigen Kind durch die Pflege und Erziehung des Kindes. Im übrigen können die Eltern gem. § 1612 Abs. 2 BGB bestimmen, in welcher Art und für welche Zeit im voraus sie durch Zahlung einer Geldrente Unterhalt gewähren. Ein minderjähriges Kind, das *nicht im Haushalt des unterhaltsverpflichteten Elternteils lebt,* kann nach § 1612 a BGB Unterhalt durch Zahlung einer Geldrente verlangen, die als Vomhundertsatz des jeweiligen Regelbetrags nach der Regelbetrags-VO festgesetzt wird. Aufgrund des § 1615 a BGB macht es für den Unterhaltsanspruch eines Kindes heute im Prinzip keinen Unterschied mehr, ob seine Eltern miteinander verheiratet sind. Maßgebend ist vielmehr, ob es im Haushalt des Unterhaltsverpflichteten lebt und wem die Personensorge zusteht.

15. Was bedeutet gesetzliche Erbfolge; wie ist sie geregelt? (Grdz. § 19 VI 2)

Die gesetzliche Erbfolge regelt den Übergang des Vermögens einer verstorbenen Person für den Fall, daß diese nicht selbst durch Verfügung von Todes wegen Anordnungen über die vollständige Vergabe ihres Nachlasses getroffen hat. Die gesetzliche Erbfolge knüpft an die Verwandtschaft der Hinterbliebenen zum Erblasser an, wobei nach dem Grad der Verwandtschaft Rangordnungen gebildet werden, so daß lebende Verwandte der näheren Ordnung die nachfolgenden Ordnungen vom Erbgang ausschließen. Außerdem ist der Ehegatte gesetzlicher Erbe, wenn die Ehe zur Zeit des Erbfalls besteht und auch keine begründete Klage des Erblassers auf Scheidung oder Aufhebung der Ehe anhängig ist. Bei Regelung des Erbgangs durch letztwillige Verfügung des Erblassers kann die gesetzliche Erbfolge noch für die Begründung von Pflichtteilsansprüchen von nahen Verwandten gegen den/die Testamentserben eine Rolle spielen.

16. Auf welche Weise kann der Erblasser durch Verfügung von Todes wegen die Erbfolge regeln? (Grdz. § 19 VI 3 c)

Der Erblasser kann bestimmte Personen (auch abweichend von der gesetzlichen Erbfolge) zu von ihm festgesetzten Bruchteilen als Erben seines Vermögens einsetzen. Er kann in diesem Zusammenhang Anordnungen über die Verteilung des Nachlasses unter den Miterben treffen. Er kann auch einzelne Nachlaßgegenstände an bestimmte Personen als Vermächtnis zuwenden. Er kann ferner festlegen, daß nach dem Tod des Erben oder bei Eintritt eines bestimmten Ereignisses sein dann noch vorhandenes Vermögen einer anderen Person als Nacherben anfallen soll. Er kann den Erben oder Vermächtnisempfänger mit Auflagen beschweren und er kann schließlich für die Abwicklung des Erbfalls oder auch für die künftige Verwaltung des Nachlasses einen Testamentsvollstrecker einsetzen.

17. Was ist der Grundsatz der wohlwollenden Testamentsauslegung; inwieweit unterscheidet er sich von den allgemeinen Auslegungsregeln für Willenserklärungen? (Grdz. § 5 III 3; § 19 VI 3 d)

Der in den §§ 2084 bis 2086 BGB angesprochene Grundsatz der wohlwollenden Testamentsauslegung legt fest, daß eine letztwillige Verfügung mit dem Ziel auszulegen ist, den irgendwie noch feststellbaren Erblasserwille zu verwirklichen und die Nichtigkeit oder Anfechtbarkeit des Testaments nach Möglichkeit zu vermeiden. Bei der Auslegung eines Testaments braucht auf den Schutz des Vertrauens eines Erklärungsempfängers oder die Sicherheit des Rechtsverkehrs keine Rücksicht genommen zu werden; zur Ausdeutung des Gesagten können daher auch Umstände außerhalb der eigentlichen Testamentsurkunde herangezogen werden, soweit überhaupt eine formgültige letztwillige Verfügung vorliegt und ein Zusammenhang des Beweisanzeichens mit dieser Verfügung noch hergestellt werden kann.

18. Was ist ein gemeinschaftliches Testament; worin liegt seine Besonderheit? (Grdz. § 19 VI 3 b)

Hierbei handelt es sich um eine Verfügung von Todes wegen, die von Ehegatten gemeinsam errichtet und aufeinander abgestimmt worden ist. Sie kann sowohl als öffentliches Testament als auch gem. § 2267 BGB als eigenhändiges Testament durch Mitunterzeichnung des anderen Ehegatten unter einer von dem einen Ehegatten eigenhändig erstellten Urkunde errichtet werden. Das gemeinschaftliche Testament hängt in seiner Wirksamkeit im wesentlichen von dem Fortbestand der Ehe bis zum Tod des erstversterbenden Ehegatten ab. Wechselbezügliche Verfügungen können zu Lebzeiten des anderen Ehegatten nur durch Erklärung ihm gegenüber (§§ 2271 Abs.1, 2296 BGB) und nach dem Tod des erstversterbenden Ehegatten nur noch um den Preis der Ausschlagung der Erbschaft widerrufen werden (§ 2271 Abs. 2 BGB).

19. Was wird nach dem Tod des Erblassers aus dessen Schulden und den aus Anlaß des Todesfalls neu begründeten Verbindlichkeiten? Hat der Erbe eine Möglichkeit, sein eigenes Vermögen gegen die Haftung für die Nachlaßverbindlichkeiten zu schützen? (Grdz. § 19 VII 3)

Gem. § 1967 BGB haftet der Erbe für die Nachlaßverbindlichkeiten sowohl mit dem ererbten als auch mit seinem eigenen Vermögen. Zu den Nachlaßverbindlichkeiten gehören außer den Schulden des Erblassers die durch den Todesfall verursachten Kosten (z.B. Beerdigungskosten) und die sonstigen Erbfallschulden, die durch Ansprüche aus Vermächtnissen, Pflichtteilsrechte und den Zugewinnausgleich entstehen können. Der Erbe kann sein eigenes Vermögen vor der Haftung für diese Verbindlichkeiten schützen, indem er entweder gem. § 1944 BGB die Erbschaft ganz ausschlägt, gem. §§ 1975 ff. BGB beim Nachlaßgericht die Anordnung der Nachlaßverwaltung oder unter den Voraussetzungen des § 320 InsO die Eröffnung eines Nachlaßinsolvenzverfahrens beantragt.

20. Was ist eine Miterbengemeinschaft, wie kann sie beendet werden? (Grdz. § 19 VII 4)

Eine Miterbengemeinschaft entsteht gem. § 2032 Abs. 1 BGB kraft Gesetzes, wenn der Erblasser mehrere Erben hinterläßt. Bis zur Auseinandersetzung ist der Nachlaß gemeinschaftliches Vermögen sämtlicher Erben. Eine Verfügung über einzelne Nachlaßgegenstände kann nur durch alle Erben gemeinschaftlich erfolgen (§ 2040 BGB), Ansprüche aus dem Nachlaß können nur durch Leistung an alle Erben gemeinschaftlich erfüllt werden (§ 2039 BGB). Die Erben haften für die Nachlaßverbindlichkeiten als Gesamtschuldner, können aber vor der Teilung des Nachlasses die Erfüllung aus ihrem eigenen Vermögen verweigern (§§ 2058, 2059 BGB). Die Erbengemeinschaft wird durch die Auseinandersetzung des Nachlasses nach den §§ 2042 ff. BGB beendet, die jeder Miterbe jederzeit verlangen kann, soweit sie nicht durch Anordnung des Erblassers ausgeschlossen ist oder Aufschub nach §§ 2043, 2045 BGB besteht.

§ 20. Zivilprozeß und Zwangsvollstreckung

I. Was Sie über Zivilprozeß und Zwangsvollstreckung wissen müssen

Ihr Wissen über die Grundzüge des materiellen Bürgerlichen Rechts wäre unvollständig, wenn Sie nicht eine wenigstens ungefähre Vorstellung darüber haben, auf welche Weise bestrittene oder verweigerte subjektive Rechte in einem Gerichtsverfahren festgestellt und durch staatliche Organe im Wege der Zwangsvollstreckung durchgesetzt werden können.

Sie müssen sich zunächst mit dem **Aufbau** der deutschen Gerichtsbarkeit und deren Detailorganisation durch die Festlegung von **Rechtswegen** sowie mit der Regelung der **sachlichen** und der **örtlichen Zuständigkeit** vertraut machen. Beispielhaft lernen Sie den **Instanzenzug** der Zivilgerichtsbarkeit kennen. Fall 20.01 zeigt die Relevanz der Zuständigkeitsordnung auf. Wenigstens im Überblick sollten Sie sich auch mit den tragenden **verfassungsrechtlichen Garantien** einer rechtsstaatlichen Rechtspflege befassen.

Wenigstens in groben Zügen sollten Sie den **Ablauf eines Zivilprozesses** von der Klageerhebung bis zum Erlaß eines Schlußurteils und die dabei zu beachtenden wichtigsten Verfahrensregeln und Organisationsprinzipien kennen. Sie werden schnell feststellen, daß der Ihnen aus dem materiellen Bürgerlichen Recht gut bekannte Grundsatz der Privatautonomie (im Sinne der Chance *und* Verpflichtung zur selbstverantwortlichen Gestaltung der eigenen Rechtsangelegenheiten) im Zivilprozeß als **Dispositionsmaxime** und als **Verhandlungsgrundsatz** erneut begegnet, was in diesem Zusammenhang konkret bedeutet, daß sich das Gericht nur um den geordneten äußeren Ablauf des Verfahrens zu kümmern hat, daß es aber sonst grundsätzlich Sache der Prozeßparteien ist, das Streitprogramm ihres Prozesses festzulegen und dem Richter die für seine Entscheidung erheblichen Fakten vorzulegen und nachzuweisen. Wichtig ist ferner, daß Sie sich die formale Aufgliederung des Prozeßgangs in **Termine** vertraut machen, in denen in **mündlicher und** (aus rechtsstaatlichen Gründen) i.d.R. **öffentlicher Verhandlung** vom „frühen ersten Termin zur mündlichen Verhandlung“ (§ 275 ZPO) bis hin zum Verkündungstermin für das Urteil (§ 310 ZPO) der Ablauf des Verfahrens unter tunlicher Beschleunigung und „Konzentration“ organisiert wird, wobei die Parteien allerdings auch durch die

Versäumung einzelner Termine nicht wieder aufholbare Nachteile in Kauf nehmen müssen.

Als ein weiteres, für das Verständnis eines Prozesses wichtiges Begriffspaar kommt es ferner auf die Unterscheidung zwischen der **Zulässigkeit** und der **Begründetheit der Klage** an. Für den weiteren Prozeßgang ist außerdem wichtig, daß es für die Prüfung der Begründetheit des Klagebegehrens zunächst nur darauf ankommt, ob der Sachvortrag des Klägers **schlüssig** ist. Erst von diesem Punkt an kommt es für den weiteren Ausgang des Prozesses auf das **Verhalten des Beklagten** an; Sie lernen in diesem Zusammenhang, daß es außer der Verteidigung auf die Klage noch eine Reihe von anderen Möglichkeiten gibt, in einem Prozeß zu einem Ergebnis zu kommen, wobei die **Säumnis** und der **Prozeßvergleich** die in der Praxis wichtigsten Formen der unstreitigen Beendigung eines Rechtsstreits sind. Für den Laien auf den ersten Blick ungewöhnlich ist die Tatsache, daß im Zivilprozeß eine **Beweisaufnahme** nur dann stattfindet, wenn zwischen den Parteien Tatsachen streitig sind, die für die Entscheidung des Rechtsstreits erheblich sind. Im übrigen hat das Gericht den ihm vorgelegten Sachvortrag als richtig zu unterstellen. Sie müssen die wichtigsten im Zivilprozeß zugelassenen **Beweismittel** kennen, auch können Sie nunmehr aus der Sicht der „Beweisstation" die große praktische Bedeutung der Ihnen aus der Beschäftigung mit dem materiellen Recht schon bekannten **Beweislast** für die effektive Durchsetzung einer materiellen Rechtsposition vermutlich erst jetzt richtig nachvollziehen. Nach Fall 12.10 bringt der nachfolgende Übungsfall 20.02 hierfür ein einprägsames Beispiel.

Wichtig ist auch, daß Sie wissen, was unter einem **Urteil** zu verstehen ist und auf welche Grundlagen es sich stützt; hier sollten Sie vor allem versuchen, sich über die Bedeutung der **Rechtskraft** von Urteilen kundig zu machen; Fall 20.04 gibt hierfür ein Beispiel. Letztlich wird von Ihnen auch noch ein wenigstens orientierender Überblick über zwei **summarische Verfahrensarten** erwartet, welche die Möglichkeit bieten, zur Durchsetzung von Zahlungsansprüchen oder zur Sicherung gefährdeter Rechte einen vorläufigen Vollstreckungstitel auch ohne die umständlichen und zeitraubenden Formalien eines regulären Zivilprozesses zu erlangen.

Für das Verständnis der Regelung des **Zwangsvollstreckungsverfahrens** ist zunächst die Unterscheidung zwischen **Einzelzwangsvollstreckung** und **Insolvenzverfahren** wichtig. Im übrigen brauchen Sie einen Überblick über die verschiedenen **Verfahrenstypen** der Einzelzwangsvollstreckung, die unterschiedlich organisiert sind, je nachdem, ob das Objekt des Zugriffs eine bewegliche Sache, ein Recht oder ein Grundstück (bzw. grundstücksgleiches Recht) ist. Die Grundstückszwangsvollstreckung verdeutlicht die Bedeutung des Rangs der einzelnen Grundstücksrechte, der bereits im Grundstückssachenrecht angesprochen worden ist. Mit Fall 20.07 können Sie Ihr neues Wissen testen.

II. Übungsfälle

Fall 20.01: *Rascher Zugriff*

Jaromir gerät auf der Stadtautobahn in Saarbrücken in eine Verkehrskontrolle. Bei der Durchsicht seiner Papiere sieht der Polizeibeamte zufällig auf dem Beifahrersitz ein Päckchen mit 2 g Kokain liegen, das sich Jaromir gerade beschafft und noch nicht verstaut hatte. Jaromir wird zur verantwortlichen Vernehmung vorläufig festgenommen und nach Feststellung seiner Personalien und Protokollierung seiner Aussage wieder entlassen. Das bei ihm aufgefundene Kokain wird jedoch von den Polizeibeamten gem. § 94 Abs. 1 StPO beschlagnahmt, da damit zu rechnen sei, daß das Rauschgift in einem Strafverfahren gegen Jaromir als Beweismittel von Bedeutung sein kann.

Jaromir ist über diese Kleinlichkeit empört. Als er erfährt, daß der Bundesgerichtshof vor einigen Jahren in einer Entscheidung den Verzicht auf die Strafverfolgung wegen des Besitzes geringer Mengen von Rauschgift zum privaten Konsum ausdrücklich gebilligt hat, wird ihm der schwerwiegende Eingriff der Polizeibeamten in sein vom Grundgesetz geschütztes Recht auf Eigentum so recht deutlich. Voller Empörung und im Vollgefühl seines guten Rechts beauftragt er seinen Freund Justus, einen aufstrebenden Jung-Rechtsanwalt, für ihn beim Amtsgericht Saarbrücken Klage gegen den Innenminister des Saarlandes als Dienstherrn der Polizeibeamten auf Herausgabe des beschlagnahmten Kokains zu erheben. Justus erledigt diesen Auftrag mit einem schwungvollen Schriftsatz, in dem er den Herausgabeanspruch des Jaromir nach § 985 BGB minutiös begründet. Der zuständige Inspektionsleiter ist krank; so kommt es, daß auf die ordnungsgemäß zugestellte Klage für das Innenministerium weder erwidert wird noch in dem am 16.5. anberaumten Termin vor dem Amtsrichter ein von der Behörde legitimierter Anwalt auftrittt, um das beklagte Land gegen die von Jaromir mit Hilfe des Justus eingereichte Klage zu verteidigen.

Wie wird das Gericht entscheiden?

Lösungshinweis: Erfüllt eine Klageschrift die rechtstechnischen Minimalanforderungen des § 253 Abs. 2 und 3 ZPO, so muß das Gericht den anhängig gemachten Zivilprozeß durchführen und der Beklagte muß die Last eines solchen Verfahrens auf sich nehmen, auch wenn die Klage „jedem vernünftig Denkenden“ von vornherein als abwegig erscheint. Das Gericht muß auch abwarten, wie sich der Beklagte auf die Klage verteidigt; es hat nur einen begrenzten Spielraum, von Amts wegen Umstände in den Prozeß einzuführen, die für die Abweisung der Klage sprechen. Bleibt der Beklagte – wie im vorliegenden Fall – im Termin aus und verteidigt er sich nicht, läuft er daher in das Risiko, daß eine Entscheidung gegen ihn ergeht. – Wiederholen Sie Grdz. § 1 V; § 20 II 1, 3, III 2 b, 3 a!

Musterlösung:

Da der beklagte Innenminister im Termin zur mündlichen Verhandlung nicht anwesend und auch nicht anwaltlich vertreten ist, ist er säumig. Auf Antrag des Justus als Vertreter des Klägers Jaromir kann daher gem. § 331 Abs. 1 ZPO die Sache durch Versäumnisurteil entschieden werden, wobei das Gericht davon ausgehen muß, daß der Beklagte das tatsächliche Vorbringen des Klägers als richtig zugestanden hat. Wenn die Klage zulässig ist und aufgrund des einseitigen Sachvortrags des Klägers als begründet erscheint, ist ihr stattzugeben, andernfalls muß sie abgewiesen werden (§ 331 Abs. 2 ZPO).

Im vorliegenden Fall stellt sich allerdings schon die Frage, ob die zum Amtsgericht Saarbrücken als Zivilgericht erhobene Klage überhaupt zulässig ist. Gem. §§ 13, 23 GVG sind die Zivilgerichte nur für die bürgerlichen Rechtsstreitigkeiten zuständig, d.h. für solche Klagen, die sich aus einem nach Zivilrecht zu beurteilenden Rechtsverhältnis ergeben. Ist (wie im vorliegenden Fall) am Prozeß eine Behörde beteiligt, so kann es zu einer bürgerlichen Rechtsstreitigkeit nur dann kommen, wenn Anlaß hierfür ein nicht hoheitliches Handeln der Behörde war, sondern eine Tätigkeit unter Anwendung privatrechtlicher Gestaltungsformen zum Streit geführt hat (außerdem gehören noch Schadensersatzansprüche wegen einer Amtspflichtverletzung oder der Streit über die Höhe einer Enteignungsentschädigung vor die Zivilgerichte; eine solche Klage ist jedoch im vorliegenden Fall nicht erhoben).

Im vorliegenden Fall war die Polizei in ihrer Zuständigkeit als Hilfsorgan der Staatsanwaltschaft gem. § 152 GVG bei der Durchführung von Ermittlungen gegen Jaromir wegen des Verdachts einer Straftat tätig geworden. Im Rahmen dieser Ermittlungen stehen sowohl der Staatsanwaltschaft als auch den Polizeibehörden gewisse Befugnisse gegen tatverdächtige Personen zu, so z.B. gem. § 98 Abs. 1 Satz 1 StPO die Anordnung der Beschlagnahme von beweglichen Sachen aufgrund des § 94 Abs. 1 StPO. Für den Fall, daß diese Anordnungen rechtswidrig sein sollten, kann der Betroffene hiergegen besondere Rechtsbehelfe geltend machen; so kann z.B. gem. § 98 Abs. 2 Satz 2 StPO gegen die Beschlagnahme beweglicher Sachen jederzeit die richterliche Entscheidung beantragt werden. Hierbei handelt es sich jedoch um eine Zuständigkeit der ordentlichen Gerichte als Gerichte der Strafgerichtsbarkeit und nicht um die Eröffnung eines Rechtswegs zu den Zivilgerichten.

Justus hat sonach die für den Jaromir erhobene Klage im falschen Verfahren und vor dem falschen, nämlich dem Zivilrichter, erhoben. Damit ist die Klage ungeachtet der Säumnis des Beklagten durch Prozeßurteil als unzulässig abzuweisen.

Fall 20.02: *Schlechte Aussichten*

Anton hat dem Theobald am 3.2.2001 einen Geldbetrag von 1.000,– DM zur Verfügung gestellt. Am 3.2.2002 fordert er von Theobald die Zahlung von 511,29 € mit der Begründung, das Geld sei als zinsloses Darlehen für ein Jahr gegeben worden und müsse ihm nunmehr zurückerstattet werden. Theobald behauptet demgegenüber, Anton habe ihm den Betrag von 1.000,– DM als eine Art Provision gezahlt, weil er ihn bei der Vermittlung eines größeren Bauauftrags unterstützt habe. Dies könne er durch die Aussage seiner Frau, die bei der Übergabe des Geldes mit dabei gewesen sei, einwandfrei beweisen. Anton, der über keinerlei schriftliche Unterlagen verfügt und am 3.2.2001 bei der Übergabe des Geldes mit den Eheleuten Theobald allein zusammen war, fragt den Rechtsanwalt Dr. Müller, ob es aussichtsreich ist, den Theobald auf die Rückzahlung des Darlehens zu verklagen. Welchen Rat wird Dr. Müller erteilen?

Lösungshinweis: Der Fall wirft von der materiellrechtlichen Seite her keine Probleme auf. Zwar ist nach Art. 229 § 5 Satz 1 EGBGB noch „altes" BGB anzuwenden, da ein Schuldverhältnis, das nach dem Vortrag des Klägers den Zahlungsantrag begründen soll, vor dem 1.1.2002 entstanden sein würde. Die Bestimmungen über den Darlehensanspruch sind durch das SchuldrechtsmodernisierungsG zwar novelliert, aber im wesentlichen nur umnumeriert und nicht inhaltlich geändert worden. Für die Beurteilung der Prozeßchancen des Anton entscheidend ist allerdings die Beweisfrage und die Verteilung der Behauptungs- und Beweislast. – Wiederholen Sie Grdz. § 13 IV 1; § 15 II 3; § 20 III 4!

Musterlösung:

Der Erfolg einer möglichen Klage des Anton gegen Theobald hängt davon ab, welche Tatsachen im Prozeß voraussichtlich bestritten sein werden, wer dann die Beweislast dafür zu tragen hat und welche Beweismittel der beweispflichtigen Partei zur Verfügung stehen. Der Anspruch auf Rückzahlung eines Gelddarlehens setzt den Abschluß eines Darlehensvertrags gem. § 607 BGB a.F. (jetzt § 488 Abs. 1 Satz 2 BGB n.F.) und die Auszahlung der dargeliehenen Geldsumme sowie Fälligkeit voraus. Diese anspruchsbegründenden Tatsachen müssen allesamt vom Gläubiger des Rückzahlungsanspruchs bewiesen werden, falls die als Schuldner in Anspruch genommene Partei sie bestreitet.

Im vorliegenden Fall ist zwar damit zu rechnen, daß Theobald auch in einem Prozeß den Empfang der Geldsumme von 1.000,– DM bestätigen wird, so daß insoweit kein Beweis mehr erbracht werden muß. Theobald wird jedoch den Abschluß eines Darlehensvertrags über diese Geldsumme bestreiten und seine Version darüber vortragen, warum ihm Anton diesen Betrag gegeben hat. Anton wird somit die Existenz einer Darlehensabrede im Zusammenhang mit der Geldhingabe beweisen müssen. Da er über keine zum Urkundenbeweis geeignete schriftliche Unterlagen verfügt, muß sich Anton auf Zeugenaussagen als Beweismittel stützen. Mangels eigener Zeugen müßte Anton sonach Theobalds Frau als Zeugin benennen und notfalls noch eine Parteivernehmung des Theobald zu seiner Behauptung beantragen, am 3.2.2001 sei bei der Hergabe des Geldes ein Darlehensvertrag geschlossen worden. Dann muß sich Anton seiner Sache schon ganz sicher sein und darüber hinaus auch noch die Hoffnung haben, daß Theobalds Frau und unter Umständen auch Theobald selbst unter dem Druck der Strafbarkeit einer falschen Zeugenaussage vor Gericht etwas anderes sagen als das, was Theobald bisher über den Erwerb der 1.000,– DM im Prozeß behauptet hat. Ein vorsichtiger Anwalt wird unter diesen Umständen allerdings von der Erhebung einer Klage auf Rückzahlung eines Darlehens eher abraten.

Da die Auszahlung des Betrags von 1.000,– DM unstreitig ist, könnte Anton die Rückforderung der Geldsumme allerdings noch auf § 812 Abs. 1 BGB stützen. In diesem Fall müßte sich Theobald gegen den Anspruch mit der Behauptung verteidigen, das Geld sei ihm als Provision für die Vermittlung eines Bauauftrags gezahlt worden. Damit kommt es aber noch nicht zu einer Umkehrung der Beweislast, obwohl Theobald nunmehr in die Lage versetzt worden ist, eine rechtshindernde Einwendung gegen den Bereicherungsanspruch erheben zu müssen (= das Vorliegen eines rechtlichen Grundes für den erlangten Vorteil), die normalerweise vom Beklagten zu beweisen ist. Da bei dieser Version die angebliche Bereicherung des Theobald auf einer Leistung des Anton beruhen würde, könnte dieser den Anspruch aus § 812 Abs. 1 BGB nur als Leistungskondiktion geltend machen. In diesem Fall muß jedoch der Anspruchsteller behaupten und beweisen, daß er zur Erfüllung einer Verbindlichkeit geleistet hatte, diese Verbindlichkeit in Wirklichkeit aber nicht bestanden hatte. Damit wäre Anton wieder in der „Zwickmühle", seine von Theobald bestrittene Version des Zahlungsvorgangs beweisen zu müssen; d.h. daß entgegen dem Vortrag des Theobald seinerzeit über eine Hergabe des Betrags von 1.000,– DM als Darlehen gesprochen worden war (gleichwohl aber aus irgendeinem Grund ein Darlehensvertrag als Rechtsgrund für diese Leistung nicht zustande gekommen ist).

Mithin ist die Situation so oder so für Anton ziemlich aussichtslos: Er hätte seinerzeit auf sein Geld besser aufpassen und sich für sein Darlehen von Theobald einen Schuldschein ausstellen lassen müssen.

Fall 20.03: *Kurzer Prozeß*

Der Bauunternehmer Anton hat von Paulus aus Saarbrücken für den Bau eines Werkstattgebäudes noch den Werklohn von 27.000,– € zu bekommen. Paulus zögert die Zahlung mit verschiedenen Mängelrügen hinaus, die nach Auffassung des Anton jedoch unbegründet sind. Schließlich beantragt Anton beim Amtsgericht Saarbrücken den Erlaß eines Mahnbescheids. Da Paulus auch jetzt nicht zahlt, aber auch keinen Widerspruch gegen den Mahnbescheid erhebt, wird vom Amtsgericht auf Antrag des Anton der Erlaß eines Vollstreckungsbescheids verfügt und dem Paulus zugestellt. Paulus erhebt durch Schriftsatz seines Rechtsanwalts Siebenkäs fristgerecht Einspruch. Daraufhin gibt das Amtsgericht die Sache an das von Anton vorsorglich als zuständig bezeichnete Landgericht Saarbrücken ab. Die Geschäftsstelle der Zivilkammer fordert den Anton auf, seinen Anspruch zu begründen, was dieser auch mit Schriftsatz des Rechtsanwalts Dr. Schneider vom 17.5.2002 tut.

Im Verhandlungstermin vor dem Einzelrichter der Zivilkammer am 8.6.2002, zu dem die Parteien rechtzeitig geladen worden sind, ist jedoch nur der Paulus durch den Rechtsanwalt Siebenkäs vertreten, während für Anton, der sich mit Rechtsanwalt Dr. Schneider überworfen und ihm das Mandat entzogen hat, kein Anwalt erscheint. Anton ist allerdings selbst zugegen und stellt den Antrag, den Paulus zu verurteilen, hilfsweise bittet er um Vertagung, bis er sich einen neuen Prozeßbevollmächtigten gesucht hat. Siebenkäs beantragt für Paulus die Abweisung der Klage durch Versäumnisurteil. Wie wird die Kammer entscheiden?

Lösungshinweis: Dieser Fall zeigt die Weiterentwicklung des Mahnverfahrens, nachdem der Schuldner Einspruch gegen den Vollstreckungsbescheid eingelegt hat. Einmal mehr wird deutlich, daß es Sache jeder Partei ist, sich rechtzeitig um die Förderung des Prozeßbetriebs zu kümmern, um zu vermeiden, daß aus formalen Gründen Entscheidungen des Gerichts ergehen, die mehr oder weniger deutlich von den wahren rechtlichen Verhältnissen abweichen. – Wiederholen Sie Grdz. § 20 II 2, III 1, IV 1!

Musterlösung:

Die Auseinandersetzung zwischen Anton und Paulus über die Zahlung der Werklohnforderung hat inzwischen das Stadium eines summarischen Verfahrens verlassen und ist bis zu einem streitigen Zivilprozeß gediehen: Nachdem Paulus gegen den Vollstreckungsbescheid Einspruch eingelegt hatte, hat das Amtsgericht gem. § 700 Abs. 3 ZPO die Sache an das vorsorglich als zuständig bezeichnete Landgericht Saarbrücken abgegeben. Die Zuständigkeit dieses Gerichts ergibt sich gem. §§ 71 Abs. 1, 23 Nr. 1 GVG und § 13 ZPO daraus, daß der Streitwert der Sache den Betrag von 5.000,– € übersteigt und daß Paulus in Saarbrücken wohnt. Anton hat auch noch seinen Anspruch durch Schriftsatz seines damaligen Rechtsanwalts Dr. Schneider begründet, so daß nach § 700 Abs. 4 ZPO wie nach Eingang einer Klage weiter zu verfahren ist. Demnach kommt es zu einem frühen ersten Termin zur mündlichen Verhandlung gem. §§ 272, 275 ZPO, für den – die Sache befindet sich nunmehr in einem „regulären Zivilprozeß" – auch die Vorschriften der §§ 330 ff. ZPO über die Säumnis der Parteien im Verhandlungstermin gelten.

Im vorliegenden Fall ist im Verhandlungstermin am 8.6.2002 der Kläger Anton ohne Beistand eines Rechtsanwalts erschienen, während der Beklagte Paulus durch den Rechtsanwalt Siebenkäs vertreten wird. Gem. § 78 Abs. 1 ZPO muß sich eine Partei vor dem Landgericht durch einen Anwalt vertreten lassen; sie selbst kann vor dem Gericht keine Prozeßhandlungen vornehmen. Obwohl Anton vor der Zivilkammer aufgetreten ist, gilt er daher als „nicht erschienen", da niemand da ist, der für ihn Anträge stellen oder gegenüber dem Gericht sonstige Erklärungen abgeben kann, die das Verfahren voranbringen. Anton ist auch nicht in der Lage, selbst einen Vertagungsantrag zu stellen, bis er einen neuen Anwalt gefunden hat. Gem. § 330 ZPO ist Anton sonach als Kläger säumig; auf Antrag des anwaltlich vertretenen Beklagten Paulus wird mithin seine Klage ohne weitere Prüfung durch Versäumnisurteil abgewiesen.

Fall 20.04: *Falsche Taktik*

Gehen Sie davon aus, daß Anton in Fall 20.03 gegen das Urteil des Landgerichts Saarbrücken, durch das seine Klage gegen Paulus abgewiesen wird, nichts mehr unternimmt, da er inzwischen bei Paulus Waren im Wert von 28.000,– € eingekauft hat, die von ihm noch nicht bezahlt sind. Anton rechnet durch Schreiben vom 12.6.2002 gegen diese Schuld mit seinen eigenen Forderungen an Paulus auf, so daß er glaubt, nicht mehr auf ein Urteil angewiesen zu sein. Ist damit der (im übrigen zutreffend berechnete) Kaufpreisanspruch des Paulus bis auf den Restbetrag von 1.000,– € getilgt, so daß Anton der von Paulus angedrohten Zahlungsklage mit Gelassenheit entgegensehen kann?

Lösungshinweis: Nachdem über den Werklohnanspruch des Anton inzwischen eine durch Verzicht auf den Einspruch gegen das Versäumnisurteil rechtskräftige Gerichtsentscheidung ergangen ist, läßt sich der Fall nicht mehr so ohne weiteres nur nach den Regeln der §§ 387, 389 BGB entscheiden. Es muß vielmehr auch berücksichtigt werden, wie ein Gericht, welches nunmehr von Paulus für die Durchsetzung seines Kaufpreisanspruchs angerufen wird, an das über den zur Aufrechnung gestellten Gegenanspruch ergangene rechtskräftige Urteil vom 8.6.2002 gebunden ist, auch wenn Anton dieses Urteil für falsch hält. – Wiederholen Sie Grdz. § 10 III 4; § 20 III 5 c!

Musterlösung:

Normalerweise könnte Anton mit seiner Werklohnforderung in Höhe von 27.000,– € gegen die Kaufpreisforderung des Paulus von 28.000,– € gem. § 387 BGB aufrechnen, da beide Ansprüche wechselseitig und gleichartig sind und Anton die Zahlung seiner Forderung verlangen kann. Gem. § 389 BGB würde Anton dem Paulus sonach nur noch einen Restbetrag von 1.000,– € schulden und könnte, falls dieser auf der Bezahlung des vollen Kaufpreises bestehen sollte, in aller Ruhe eine Klage des Paulus abwarten.

Die Klage wegen der Werklohnforderung ist jedoch durch das Versäumnisurteil des Landgerichts Saarbrücken abgewiesen worden. Da Anton gegen das Urteil vom 8.6.2002 nichts mehr unternommen hat (gem. §§ 338, 339 ZPO hätte er innerhalb einer Frist von zwei Wochen nach Zustellung des Versäumnisurteils durch einen Anwalt Einspruch gegen die Abweisung seiner Klage einlegen und damit eine neue Verhandlung und die Prüfung seiner Anspruchsbegründung erwirken können), ist diese Entscheidung rechtskräftig geworden. Dies bedeutet nicht nur, daß Anton wegen des Werklohnanspruchs gegen Paulus keine neue Klage mehr erheben kann, sondern auch, daß in jedem anderen Prozeß zwischen ihm und Paulus, in dem es um die Existenz der Werklohnforderung als Vorfrage geht, das Gericht bei seiner Entscheidung davon ausgehen muß, daß dieser Zahlungsanspruch rechtskräftig aberkannt ist, mithin nicht existent ist.

Wenn also Paulus gegen Anton Klage auf Zahlung des Kaufpreises in der vollen Höhe von 28.000,– € erhebt und Anton sich zu seiner Verteidigung auf die Aufrechnung mit der Werklohnforderung beruft, darf das Gericht bei seiner Entscheidung *dieses* Prozesses diese Forderung nicht mehr berücksichtigen. Es muß vielmehr davon ausgehen, daß Anton gegen Paulus keine Gegenforderung besitzt, so daß die von ihm erklärte Aufrechnung auch nicht gem. § 389 BGB zur Tilgung der Kaufpreisforderung des Paulus geführt hat. Auf Antrag des Paulus wird das Gericht sonach den Anton zur Zahlung des vollen Betrags von 28.000,– € verurteilen.

Fall 20.05: *Die Konsorten*

Die drei Landschaftsarchitekten August, Berthold und Christian haben sich zu einem Büro für Umweltplanung zusammengeschlossen, das sie unter dem Namen „Ökoplan Berthold & Partner“ als eingetragene Partnerschaftsgesellschaft (PartG) betreiben. Berthold führt die Geschäfte der Gesellschaft und schließt insbesondere die Verträge mit den Auftraggebern namens der PartG ab; im übrigen wickelt jeder Partner die vom Büro übernommenen oder von ihm selbst akquirierten Aufträge eigenständig ab, wobei er von Fall zu Fall auch die Hilfe seiner Kollegen in Anspruch nimmt und vor allem auch das beim Büro angestellte Personal einsetzen kann. Berthold stellt die Honorarrechnungen aus; die eingehenden Vergütungen werden zu einem Teil nach einem komplizierten Verteilungsschlüssel sofort an die Partner ausgezahlt und im übrigen auf einem Bankkonto des Büros angesammelt, aus dem die laufenden Kosten des Bürobetriebs und die gemeinschaftlich beschlossenen Anschaffungen für das Betriebsvermögen bezahlt werden. Jeweils zum 1.12. wird der erwirtschaftete Überschuß durch gemeinschaftlichen Beschluß auf die Partner verteilt. Das Anlage- und Umlaufvermögen der PartG beläuft sich gegenwärtig auf 3,6 Mio. €.

Durch Vertrag vom 3.2.1998 hatte das Büro den Auftrag zur Planung von Maßnahmen des Umweltschutzes für den Neubau eines Galvanisierungswerks der Saarland-Metall GmbH in Bexbach übernommen. Der Auftrag war sehr schwierig, da das Betriebsgelände der Auftraggeberin an eine Wasserschutzzone angrenzt, die zur Sicherung des weiteren Einzugsbereichs der Gemeindewasserwerke Bexbach AG angeordnet ist. Die Projektbearbeitung erfolgte allein durch Christian, da seine Kollegen damals mit anderen Aufträgen voll ausgelastet waren; ihm wurde von Berthold ein beim Büro angestellter Diplomgeograph und eine Praktikantin zugeteilt. Trotz der von den Gemeindewerken Bexbach AG bei der öffentlichen Anhörung geltend gemachten Bedenken erhielt die Saarland-Metall GmbH im August 1998 die Bau- und Betriebsgenehmigung gem. § 4 BImSchG für das Galvanisierungswerk, das nach einjähriger Bauzeit im Oktober 1999 seinen Betrieb aufnahm. Der Genehmigungsbescheid stützt sich insbesondere auf das von Christian gefertigte Umweltgutachten, in dem dargelegt ist, daß das Betriebsgelände der Saarland-Metall GmbH im Grundwasser*ab*strom zum Wassereinzugsgebiet der Trinkwasserbrunnen der Gemeindewasserwerke Bexbach AG liegt, so daß eine Gefährdung der natürlichen Trinkwasservorräte nicht zu befürchten ist.

Ende 2001 wird festgestellt, daß das von Christian erstellte Gutachten falsch ist. Die Gemeindewasserwerke Bexbach AG müssen auf ihrem Gelände umfangreiche Sicherungsmaßnahmen zum Schutz ihrer Brunnen vor Metallsalzen aus dem Betrieb der Saarland-Metall GmbH durchführen. Nachdem durch ein Rechtsgutachten festgestellt worden ist, daß die für das Umweltgutachten Verantwortlichen den Wasserwerken u.a. gem. § 823 Abs. 1 BGB Schadensersatz für die mit ca. 2 Mio. € veranschlagten Sicherungskosten schulden, möchte der Vorstand wissen, gegen wen er eine möglicherweise zu erhebende Klage richten muß, um den Schadensersatzanspruch vor Gericht durchzusetzen.

Lösungshinweis: Im vorliegenden Fall ist von der Existenz eines Ersatzanspruchs auszugehen und nur die Fragestellung zu bearbeiten, wer der richtige Beklagte für die von der Gemeindewasserwerke Bexbach AG beabsichtigte Klage ist. Neben dem materiellrechtlichen Problem, wer als Schuldner des Ersatzanspruchs in Betracht kommt und somit die richtige Partei des Regreßprozesses ist, hängt die Antwort auf diese Frage vor allem davon ab, ob das Büro für Umweltplanung als solches verklagt werden kann.

Musterlösung:

1. Wenn, was nach den Vorgaben des Sachverhalts als richtig unterstellt werden kann, die Fertigung des Umweltgutachtens aus Sicht der Gemeindewasserwerke Bexbach AG

als unerlaubte Handlung i.S.d. § 823 Abs. 1 BGB bewertet werden muß, welche den für das Gutachten Verantwortlichen zu Schadensersatz verpflichtet, so ist auf jeden Fall der Christian als Verfasser des Gutachtens Schuldner des Ersatzanspruchs. Als natürliche Person ist Christian rechtsfähig und damit gem. § 50 Abs. 1 ZPO auch parteifähig. Damit kommt er für einen Schadensersatzprozeß der AG als Beklagter in Betracht.

2. Weiter ist zu prüfen, ob auch die PartG verklagt werden kann.

Hier ist zunächst die materiellrechtliche Vorfrage zu klären, ob eine Partnerschaftsgesellschaft als solche überhaupt für Schäden aus unerlaubten Handlungen einstehen muß, die von einzelnen Partnern begangen worden sind. Die Regelung des § 31 BGB, die nicht nur für Vereine, sondern für alle juristischen Personen eine eigene Verantwortlichkeit für Schäden aus unerlaubten Handlungen ihrer Organe bei Verrichtungen im Geschäftsbereich der juristischen Person begründet, ist nicht ohne weiteres anwendbar, da eine PartG nicht als juristische Person im eigentlichen Sinne anzusehen, sondern gem. § 1 Abs. 3 PartGG nach den Vorschriften der §§ 705 ff. BGB über die Gesellschaft des Bürgerlichen Rechts (GbR) zu beurteilen ist (soweit das PartGG keine besonderen Regelungen getroffen hat). Eine GbR ist jedoch ein – wenn auch mit gewissen Außenwirkungen ausgestatteter – schuldrechtlicher Vertrag zwischen einzelnen Gesellschaftern, und stellt als solche keine juristische Person dar. Immerhin ist im vorliegenden Fall die „Ökoplan Berthold & Partner" in erheblichen Umfang im Außenverhältnis gegenüber Dritten werbend tätig geworden und sie verfügt auch über ein nicht unbeträchtliches eigenes Vermögen, das nach §§ 718, 719 BGB gesamthänderisch gebunden ist und in welches gem. § 736 ZPO auch nur aufgrund eines gegen alle Gesellschafter – d.h. gegen die GbR als solche – gerichteten Titels vollstreckt werden kann. Über das Vermögen der GbR könnte auch gem. § 11 Abs. 2 Nr. 1 InsO ein eigenständiges Insolvenzverfahren eröffnet werden; schließlich ist die GbR als PartG nach § 7 Abs. 2 PartGG i.V.m. § 124 HGB parteifähig und kann auch im übrigen nach diesen Vorschriften unter ihrem Namen Rechte erwerben und Verbindlichkeiten eingehen. Diese unternehmerische Tätigkeit spricht dafür, die PartG gem. § 14 Abs. 2 BGB als *rechtsfähige* Personengesellschaft anzusehen. Ein rechtsfähiges Subjekt ist mindestens im Umfang des § 31 BGB auch selbständig deliktsfähig. Die dem Partner Christian zur Last zu legende unerlaubte Handlung ist bei der Ausführung eines Geschäftsauftrags der PartG begangen worden; mithin ist die „Ökoplan Berthold & Partner" für die Erfüllung des Schadensersatzanspruchs der Gemeindewasserwerke Bexbach AG auch mit ihren Vermögen verantwortlich.

Wie bereits erwähnt, kann die PartG nach § 7 Abs. 2 PartGG i.V.m. § 124 HGB unter ihrem Namen verklagt werden; im einem Schadensersatzprozeß kommt sie daher ebenfalls als Beklagte in Betracht.

3. Die Partner August und Berthold haften gem. § 8 Abs. 1 Satz 1 PartGG i.V.m. § 128 HGB neben dem Vermögen der Partnerschaft mit ihrem eigenen Vermögen für die vorstehend festgestellte Schadensersatzverbindlichkeit der PartG als Gesamtschuldner. Auch sie kommen daher als Beklagte in Betracht.

4. Zusammengefaßt ergibt sich somit folgendes Ergebnis: Sowohl die „Ökoplan Berthold & Partner" als auch jeweils die drei Partner August, Berthold und Christian haben als Gesamtschuldner jeweils in voller Höhe für den Schadensersatzanspruch der Gemeindewasserwerke Bexbach AG einzustehen. Da Christian für die von ihm begangene unerlaubte Handlung selbst haftet und auch die beiden anderen Partner für die Verbindlichkeiten der PartG kraft Gesetzes unmittelbar persönlich schulden, können in demselben Schadensersatzprozeß sowohl die PartG als auch die drei Partner sofort als Beklagte in Anspruch genommen werden. Im Hinblick darauf, daß jedenfalls August und Berthold für die Verbindlichkeiten der PartG im Rahmen des § 8 Abs. 1 Satz 1 PartGG i.V.m. § 129 HGB nur in dem Umfang wie die PartG selbst (= akzessorisch) haften, kann ihnen und der PartG gegenüber der Schadensersatzanspruch der Wasserwerke nur einheitlich festgestellt werden; die „Ökoplan Berthold & Partner" und August und Berthold sind mithin gem. § 62 ZPO als notwendige Streitgenossen zu verklagen.

Fall 20.06: *Der lange Weg zum Recht*

Mühlmann hat nach langem Prozessieren ein Urteil des Amtsgerichts Saarlouis erstritten, in dem ihm gegen den Junggesellen Fridolin ein Schadensersatzanspruch von 3.800,– € zugesprochen wird. Das Urteil ist gegen Sicherheitsleistung für vorläufig vollstreckbar erklärt. Fridolin hat gegen diese Entscheidung Berufung eingelegt, über die noch nicht entschieden ist. Mühlmann will allerdings nicht warten, bis das Berufungsgericht seine Entscheidung gefällt hat, zumal Fridolin gerade bei den Ford-Werken in Saarlouis Arbeit gefunden hat und dort einen Nettolohn von 2.350,– € bezieht. Was kann Mühlmann unternehmen, um an sein Geld heranzukommen?

Lösungshinweis: Der Sachverhalt zeigt die Durchsetzung eines Zahlungstitels durch Pfändung einer dem Vollstreckungsschuldner zustehenden Geldforderung, wobei bei der Pfändung von Lohnansprüchen der in den §§ 850 ff. ZPO geregelte Pfändungsschutz für Arbeitseinkommen besonders beachtet werden muß. Achten Sie bei der Verwendung älterer Lohnpfändungstabellen darauf, daß sich die Freigrenzen zum Jahreswechsel 2001 und aus Anlaß der Umstellung auf den EURO geändert haben! – Wiederholen Sie Grdz. § 20 III 5 b, c, V 1, 3 b!

Musterlösung:

Mühlmann könnte zu seinem Geld kommen, indem er die Zwangsvollstreckung in das Vermögen des Fridolin betreibt. Hierzu benötigt er einen Vollstreckungstitel; gem. § 704 Abs. 1 ZPO könnte das von ihm erstrittene „End"urteil des Amtsgerichts Saarlouis ein solcher Vollstreckungstitel sein. Fridolin hat allerdings gegen dieses Urteil Berufung eingelegt, was nach § 511 Abs. 1 Nr. 1 ZPO zulässig ist, weil der Betrag der Verurteilung und damit der Beschwerdegegenstand die Grenze von 600,– € übersteigt. Damit ist das Urteil des Amtsgerichts noch nicht rechtskräftig (§ 705 Satz 2 ZPO). Gleichwohl ist es nach § 704 Abs. 1 ZPO als Vollstreckungstitel geeignet, weil es vom Gericht gem. § 709 ZPO gegen Sicherheitsleistung für vorläufig vollstreckbar erklärt worden ist. Sobald Mühlmann in Höhe des vom Prozeßgericht festgesetzten Betrags Sicherheit für den Fall einer möglichen Abweisung seiner Klage durch das Landgericht und den dann bestehenden Schadensersatzanspruch des Fridolin wegen einer ungerechtfertigten Vollstreckung des Amtsgerichtsurteils beigebracht hat, kann er mit der Vollstreckung beginnen. Die Sicherheit ist in der Art des § 232 BGB zu leisten.

Als aussichtsreiche Vollstreckungsmaßnahme kommt eine Pfändung des Lohnanspruchs des Fridolin gegen die Ford-Werke in Betracht. Die Lohnpfändung erfolgt in der Weise, daß Anton beim Amtsgericht Saarlouis als dem gem. § 828 Nr. 2 ZPO zuständigen Vollstreckungsgericht einen Beschluß beantragt, daß der pfändbare Teil der noch nicht ausgezahlten Lohnansprüche des Fridolin gegen die Ford-Werke Saarlouis gepfändet und ihm überwiesen wird. Zu diesem Zweck ergeht an die Ford-Werke ein Zahlungsverbot, den gepfändeten Teil des Lohns weiterhin an Fridolin auszuzahlen, und die Anweisung, diesen Betrag dem Anton zur Verfügung zu stellen (§§ 829 Abs. 1, 835 ZPO). Diesen Beschluß muß Anton den Ford-Werken als Drittschuldnern des Lohnanspruchs amtlich zustellen lassen (§ 829 Abs. 2 ZPO). Gem. § 832 ZPO erstreckt sich die Pfändung auch auf die künftigen Monatslöhne des Fridolin, bis die Forderung des Anton voll bezahlt ist, so daß er die Prozedur nicht jeden Monat neu wiederholen muß.

Allerdings unterliegt Arbeitseinkommen dem Pfändungsschutz nach Maßgabe der §§ 850 ff. ZPO. Gem. § 850 c Abs. 2 Satz 2 ZPO ist nur der den Betrag von 2.851,– € übersteigende Teil des monatlichen Nettolohns uneingeschränkt pfändbar, der Nettomonatslohn, der unterhalb dieser Grenze liegt, ist nur zu einem Teilbetrag pfändbar, der sich nach § 850 c Abs. 1 ZPO errechnet und in der Praxis aus einer amtlichen Tabelle abgelesen wird, die als Anlage zu § 850 c ZPO bekannt gemacht ist. Da Fridolin als Junggeselle für keine Familienangehörigen Unterhalt leisten muß, ist der pfändbare Anteil seines beschränkt pfändbaren Nettoeinkommens verhältnismäßig hoch; laut Tabelle beträgt er 994,– €. Demnach kann Anton wegen seines Vollstreckungstitels in Höhe von 3.800,– € von dem Nettolohn des Fridolin in einem Monat höchstens diesen Betrag pfänden lassen. Wenn Fridolin über seinen Lohn bereits durch Abtretungen verfügt hatte oder wenn schon andere Lohnpfändungen erfolgt sind, muß Anton möglicherweise noch länger warten, bis er durch die Zwangsvollstreckung in das Arbeitseinkommen des Fridolin zu seinem Geld kommt.

Fall 20.07: *Der Streit um die „Beute"*

Wegen einer durch rechtskräftiges Urteil festgestellten Zahlungsforderung gegen den Kfz-Meister Schröder hat Anton durch den Gerichtsvollzieher in der Werkstatt des Schröder zwei in dessen Eigentum befindliche Maschinen pfänden lassen. Die Pfandsiegel wurden am 4.7. an den Maschinen angebracht. Einige Zeit später teilt die Volksbank Südwest dem Anton mit, sie habe am 8.7. wegen einer nicht bezahlten Hypothek die Zwangsversteigerung des Betriebsgrundstücks des Schröder beantragt und beanspruche daher aufgrund des am 12.7. dem Schröder zugestellten Beschlusses des Vollstreckungsgerichts über die Anordnung der Zwangsversteigerung des Grundstücks ebenfalls das Pfandrecht an den beiden Maschinen. Anton meint, die Hypothek der Volksbank habe mit den Maschinen nichts zu tun, da diese bewegliche Sachen seien; auch sei er mit seiner schon am 4.7. durchgeführten Pfändung an einer besseren Rangstelle. Hat Anton Recht?

Lösungshinweis: Auch in der Zwangsvollstreckung kann beim Zugriff mehrerer Gläubiger auf dieselbe Sache des Schuldners das Problem der Rangfolge auftauchen, das üblicherweise nach der zeitlichen Priorität des Vollstreckungszugriffs geregelt wird. Besonderheiten gelten allerdings in der Grundstückszwangsvollstreckung, wenn diese der Durchsetzung von älteren durch Rechtsgeschäft begründeten Grundpfandrechten dient. – Wiederholen Sie Grdz. § 17 I 3 c; § 18 II 4 a; § 20 V 3 a, c!

Musterlösung:

Im vorliegenden Sachverhalt scheint Anton auf jeden Fall das bessere Recht zu haben, denn er hatte mit der am 4.7. durchgeführten Pfändung als erster auf die Maschinen des Schröder zugegriffen; auch sind Maschinen bewegliche Sachen, so daß die Pfändung gem. § 808 ZPO in der Weise zu erfolgen hat, daß der Gerichtsvollzieher die Sache in Besitz nimmt, was durch Anlegung eines Pfandsiegels vollzogen wird. Eine Pfändung durch Beschlagnahmeanordnung des Vollstreckungsgerichts ist dagegen gem. §§ 864 ff.

ZPO i.V.m. § 20 ZVG üblicherweise nur bei der Immobiliarzwangsvollstreckung möglich.

Es besteht indessen die Besonderheit, daß die beiden Maschinen als Teil des gewerblichen Inventars gem. §§ 97, 98 BGB Zubehörstücke des Betriebsgrundstücks sind. Gem. § 1120 BGB erstreckt sich daher eine das Grundstück belastende Hypothek auch auf diese im Eigentum des Schröder stehenden Gegenstände. Damit könnte gem. § 865 Abs. 2 ZPO eine Pfändung der Maschinen im Wege der Mobiliarzwangsvollstreckung generell ausgeschlossen sein. Aus § 805 Abs. 2 Satz 2 ZPO geht jedoch hervor, daß auch bei Zubehör eines mit einem Grundpfandrecht belasteten Grundstücks eine Pfändung so lange möglich bleibt, wie die Beschlagnahme des Grundstücks im Wege der Immobiliarvollstreckung noch nicht erfolgt ist. Gem. §§ 20 Abs. 1, 22 Abs. 1 ZVG wird die Beschlagnahme eines Grundstücks erst mit der Zustellung des Gerichtsbeschlusses wirksam, in dem die Zwangsversteigerung angeordnet wird. Im vorliegenden Fall erfolgte dies am 12.7., also erst acht Tage nach der zugunsten des Anton ausgebrachten Pfändung der beiden Maschinen.

Gegen die im Wege der Mobiliarzwangsvollstreckung erfolgten Pfändung bestehen somit keine formellen Einwände. Zu prüfen bleibt, ob Anton aufgrund des ihm durch den Gerichtsvollzieher vermittelten Pfandbesitzes (§ 808 Abs. 1 ZPO) und seines Pfändungspfandrechts nach § 804 ZPO befugt ist, die Maschinen auch noch nach der inzwischen erfolgten Beschlagnahme des Betriebsgrundstücks zu entfernen und zur Versteigerung bringen zu lassen, bzw. ob er wenigstens ein Recht hat, nach § 771 ZPO i.V.m. §§ 37 Nr. 5, 55 Abs. 2 ZVG einer Mitversteigerung dieser Sachen zur Befriedigung der Hypothekenforderung der Volksbank Südwest entgegenzutreten. Dies hängt davon ab, ob Anton aufgrund der zeitlich früheren Pfändung der Zubehörstücke gegenüber dem Verwertungsrecht der Volksbank Südwest ein „besseres", nämlich ein „die Veräußerung hinderndes" Recht erworben hat. Die lange Zeit vor der im Auftrag des Anton durchgeführten Pfändung zugunsten der Volksbank Südwest bestellte Hypothek hat sich jedoch gem. § 1120 BGB von Anfang an, und somit schon lange vor der Pfändung dieser Sachen und vor der förmlichen Beschlagnahme gem. §§ 20 Abs. 1, 22 Abs. 1 ZVG, bereits auf das Betriebszubehör des Grundstücks erstreckt. Damit hatte die Volksbank Südwest auch das ältere und mithin vorrangige Pfandrecht an den beiden Maschinen. Dieses Recht könnte allenfalls nach § 1121 Abs. 1 BGB durch Enthaftung der Zubehörstücke erloschen sein. Eine solche Enthaftung wird nicht schon allein durch die im Auftrag des Anton am 4.7. durchgeführte Pfändung bewirkt; § 1121 Abs. 1 BGB greift nur dann, wenn die beiden Maschinen rechtzeitig vor der Beschlagnahme des Grundstücks am 12.7. physisch von dem Grundstück entfernt worden wären. Dies war nicht der Fall gewesen; somit kann sich Anton einer Verwertung der beiden Maschinen im Rahmen der von der Volksbank Südwest wegen ihrer Hypothekenforderung betriebenen Zwangsversteigerung nicht widersetzen.

III. Wiederholungsfragen

1. Was ist die ordentliche Gerichtsbarkeit; für welche Rechtssachen sind die ordentlichen Gerichte zuständig? (Grdz. § 20 II 1, 3)

Die ordentliche Gerichtsbarkeit ist derjenige, zu einem einheitlichen Instanzenzug zusammengefaßte Teil der Gerichte des Bundes und der Länder, der sich nicht mit den öffentlich-rechtlichen Streitigkeiten und auch nicht mit der Sondermaterie der Arbeitsrechtssachen befaßt. Als ordentliche Gerichte werden daher die Amtsgerichte, die Landgerichte, die Oberlandesgerichte und der Bundesgerichtshof bezeichnet. Sie sind zuständig für die Erledigung der zivilrechtlichen Streitigkeiten, für die Durchführung der Strafprozesse und die richterlichen Entscheidungen in Bußgeldsachen sowie (teilweise) für die Vollstreckung der in diesen Verfahren ergangenen Urteile. Außerdem erledigen die ordentlichen Gerichte die Angelegenheiten der Freiwilligen Gerichtsbarkeit, eine besondere Form der vorsorgenden Rechtspflege im Zivilrecht, sowie die den Gerichten bei der Zwangsvollstreckung bzw. im Insolvenzverfahren als Vollstreckungs- und Insolvenzgericht zufallenden Aufgaben.

2. Wie verläuft der Instanzenzug bei einer Klage wegen einer zivilrechtlichen Zahlungsforderung in Höhe von 1.800,– €? (Grdz. § 20 II 2, III 5 b)

Gem. § 23 Nr. 1 GVG ist für eine Klage wegen einer bürgerlichen Rechtsstreitigkeit wegen eines Gegenstandes im Wert von weniger als 5.000,– € das Amtsgericht in erster Instanz zuständig. Gegen das Urteil des Amtsgerichts kann nach § 511 ZPO Berufung eingelegt werden, über die gem. § 72 GVG das Landgericht zu entscheiden hat. Damit ist der Instanzenzug beendet, da gegen Berufungsurteile der Landgerichte in Zivilsachen keine Revision möglich ist.

3. Wie sichert das Grundgesetz das korrekte Funktionieren der Rechtspflege? (Grdz. § 20 II 5)

Eine korrekte Rechtspflege wird durch die beiden Prozeßgrundrechte des *Rechts auf den gesetzlichen Richter* (Art. 101 Abs. 1 Satz 2 GG) und des *Anspruchs auf rechtliches Gehör* (Art. 103 Abs. 1 GG) gewährleistet. Auch sichert das Grundgesetz in Art. 97 in vollem Umfang die sachliche und persönliche *Unabhängigkeit des Richters* bei seinen Entscheidungen. Richterliche Entscheidungen, die auf einem Verstoß gegen diese Verfassungsgrundsätze beruhen, können mit den zulässigen Rechtsmitteln und, wenn der Instanzenzug erschöpft ist, gem. Art. 93 Abs. 1 Nr. 4 a GG mit der Verfassungsbeschwerde zum Bundesverfassungsgericht angefochten werden.

4. Wie erfolgt die Erhebung einer Klage im Zivilprozeß; welche praktische Bedeutung hat die Rechtshängigkeit des (Klage-) Anspruchs? (Grdz. § 20 III 1)

Die Klage wird gem. § 253 ZPO durch die amtliche Zustellung (§ 270 Abs. 1 ZPO) der Klageschrift erhoben, die der Kläger zuvor bei Gericht eingereicht hat. Der Klageschriftsatz muß u.a. Angaben über den Kläger und den Beklagten, einen Klageantrag und Angaben über den Gegenstand und den Grund des erhobenen Anspruchs enthalten. Das Gericht veranlaßt die Klagezustellung allerdings erst dann, wenn der Kläger entweder einen Vorschuß für die Kosten des Gerichtsverfahrens eingezahlt hat oder ihm in einem besonderen Verfahren gem. §§ 114 ff. ZPO Prozeßkostenhilfe bewilligt worden ist. Durch die Erhebung der Klage wird gem. § 261 Abs. 1 ZPO die Rechtshängigkeit der „Streitsache“ (d.h. des Klageanspruchs) begründet. Dies hat u.a. eine Reihe von materiellrechtlichen Wirkungen; so wird z.B. der Lauf der Verjährungsfrist gehemmt (§ 204 Abs. 1 Nr. 1 BGB), es entsteht gem. § 291 BGB der Anspruch auf Prozeßzinsen und beim Bereicherungsanspruch sowie beim Herausgabeanspruch nach § 985 BGB wird die Haftung des Schuldners verschärft.

5. Was ist Anwaltszwang; besteht er in allen Zivilverfahren? (Grdz. § 20 III 1, IV, V 1)

Hierunter versteht man die sich aus § 78 ZPO ergebende Notwendigkeit, daß eine Partei in einem Zivilprozeß in allen Handlungen gegenüber dem Gericht (z.B. Klageerhebung, Verteidigung auf eine Klage, Auftreten im Termin) durch einen Rechtsanwalt vertreten sein muß. Eine Partei, die in Anwaltsprozessen ohne Anwalt auftritt, ist nicht postulationsfähig; ihre Anträge und ihr Sachvortrag werden schon aus diesem Grund zurückgewiesen und vom Gericht als nicht beachtlich behandelt.

Anwaltszwang besteht in Zivilverfahren vor den Landgerichten und den Gerichten der weiteren Instanzen. Mit Ausnahme der Verfahren vor dem Familiengericht (§ 608 ZPO) besteht dagegen vor den Amtsgerichten *kein* Anwaltszwang. Dies bedeutet, daß eine Partei Zivilprozesse, in denen das Amtsgericht in erster Instanz zuständig ist, sowie vor allem Mahnverfahren und Zwangsvollstreckungsverfahren selbst durchführen kann.

6. Was bedeutet es, wenn eine Klage durch Prozeßurteil als unzulässig abgewiesen wird? (Grdz. § 20 III 2 b)

Die Abweisung der Klage durch Prozeßurteil bringt zum Ausdruck, daß das Gericht es mangels Zuständigkeit oder wegen irgendwelcher anderer formeller Mängel der Klage ablehnt, über den materiellen Klageanspruch eine sachliche Entscheidung zu treffen. Der Kläger behält daher die Möglichkeit, nach Behebung der formellen Mängel in derselben Sache bei dem zuständigen Gericht noch einmal Klage zu erheben und ein Sachurteil zu begehren.

7. Darf in einem Zivilprozeß das erkennende Gericht von Amts wegen Ermittlungen über den zur Entscheidung anstehenden Sachverhalt anstellen; welches Prinzip kommt hier zum Tragen? (Grdz. § 20 III 2 c)

Grundsätzlich nicht. Mit Ausnahme der Verfahren in Ehesachen und (mit Einschränkungen) in Kindschaftssachen (vgl. §§ 616, 640 d ZPO) gilt im Zivilprozeß der Verhandlungsgrundsatz. Danach ist es allein dem Ermessen der Parteien überlassen, welche Tatsachen zur Begründung und zur Verteidigung auf die Klage vorgetragen, im Prozeß als streitig angesehen und welche Beweismittel dem Gericht vorgelegt werden. Das Gericht hat zwar gem. § 139 ZPO die Pflicht, die Sache mit den Parteien in tatsächlicher und rechtlicher Hinsicht zu erörtern und diese auf Unvollständigkeiten und Unstimmigkeiten in ihrem Sachvortrag hinzuweisen sowie auf eine sachdienliche Antragsstellung hinzuwirken, es darf sich jedoch nicht mit eigenen Ermittlungen selbst in die Aufklärung des Streitfalls einschalten.

8. Was bedeutet die Schlüssigkeitsprüfung eines Antrags; welche Rolle spielt sie im Prozeß? (Grdz. § 20 III 2 d, 3 a, e)

Damit prüft das Gericht, ob die für einen Antrag (vor allem für den Klageantrag) vorgetragenen Gründe diesen rechtfertigen würden, wenn vorläufig unterstellt wird, daß die behaupteten Tatsachen zutreffen. Ein Antrag, der unschlüssig begründet ist, ist ohne weiteres abzuweisen, selbst wenn die Gegenseite hierzu keine weiteren Ausführungen macht (d.h. auch nicht den Tatsachenvortrag bestreitet). Daraus ergibt sich z.B., daß eine unschlüssige Klage gem. § 331 Abs. 2 ZPO auch dann als unbegründet abgewiesen wird, wenn der Beklagte säumig geblieben ist und im Versäumnisurteil der Sachvortrag des Klägers als vom Beklagten zugestanden angesehen werden kann.

9. Welche Risiken geht ein Beklagter ein, wenn er nicht fristgerecht auf die Klage oder auf weiteres Vorbringen des Klägers erwidert oder im Verhandlungstermin ganz säumig bleibt? (Grdz. § 20 III 3 a)

Wenn der Beklagte nicht innerhalb der ihm vom Gericht gesetzten Frist auf die Klage oder den weiteren Sachvortrag des Klägers erwidert und hierbei die ihm zur Verfügung stehenden Angriffs- und Verteidigungsmittel (vor allem seine Beweisantritte) rechtzeitig angibt, muß er damit rechnen, daß das Gericht seinen erst nach Ablauf dieser Frist mitgeteilten Sachvortrag gem. § 296 Abs. 1 ZPO als verspätet zurückweist und diesen bei seiner Entscheidung nicht mehr berücksichtigt, selbst wenn er wahr ist und geeignet wäre, die Klage zu Fall zu bringen. Bleibt der Beklagte im Verhandlungstermin säumig, d.h. ist er trotz ordnungsgemäßer Ladung bei Aufruf der Sache nicht anwesend bzw. in Anwaltsprozessen nicht durch einen Anwalt vertreten oder verhandelt er nicht zur Sache (§ 333 ZPO), so kann das Gericht den gesamten Tatsachenvortrag des Klägers als zugestanden unterstellen und über den Rechtsstreit durch Versäumnisurteil entscheiden.

10. Worüber muß in einem Zivilprozeß vom Gericht Beweis erhoben werden? (Grdz. § 20 III 4 a)

Die Beweisaufnahme des Gerichts erstreckt sich nur auf solche Tatsachen, die beweisbedürftig sind. Diese Tatsachen müssen von einer der Parteien behauptet worden und geeignet sein, die Klage oder die Verteidigung auf die Klage schlüssig zu begründen (erhebliche Tatsachen). Auch erhebliche Tatsachenbehauptungen bedürfen des Beweises nur dann, wenn sie von der Gegenseite wirksam bestritten worden sind.

11. Welche Beweismittel stehen zur Verfügung; kann eine Partei sich selbst als Zeugen benennen? (Grdz. § 20 III 4 c)

Als Beweismittel können Urkunden, die Augenscheinseinnahme durch das Gericht, Sachverständige, Zeugen und die Vernehmung der Parteien selbst verwendet werden. Der Beweis durch Parteivernehmung kann gem. § 445 ZPO normalerweise nur durch Vernehmung des Prozeßgegners geführt werden; eine Vernehmung der beweispflichtigen Partei selbst ist nach §§ 447, 448 ZPO nur in sehr engen Ausnahmefällen möglich.

12. Welche Bedeutung hat die Beweislast im Zivilprozeß? (Grdz. § 20 III 4 b, d)

Aus der Beweislast ergibt sich zunächst, welche der Parteien die Obliegenheit hat, dem Gericht die für die Feststellung einer beweisbedürftigen Tatsache geeigneten Beweismittel zu benennen (Beweisführungslast). Nach der Beweislast richtet sich ferner, zu wessen Nachteil es letztlich geht, wenn im Prozeß für eine beweisbedürftige Tatsache Beweismittel nicht beigebracht worden sind oder das Gericht nach freier Würdigung der von ihm erhobenen Beweise (und gegebenenfalls der Gegenbeweise) gem. § 286 ZPO zu dem Ergebnis gekommen ist, daß immer noch begründete Zweifel an der Wahrheit der behaupteten Tatsache bestehen (materielle Beweislast).

13. Wann tritt die Rechtskraft eines Urteils ein; welche Bedeutung hat sie? (Grdz. § 20 III 5 c, V 1)

Ein Urteil wird *formell* rechtskräftig, wenn gegen die Entscheidung des Gerichts im üblichen Instanzenzug keine Rechtsmittel mehr möglich sind oder wenn die unterlegene Partei auf Rechtsmittel verzichtet bzw. innerhalb der Rechtsmittelfrist kein Rechtsmittel eingelegt hat, wenn ein Rechtsmittel in letzter Instanz verworfen oder nicht zugelassen worden ist oder wenn die angefochtene Entscheidung von der letztzuständigen Rechtsmittelinstanz bestätigt worden ist. Die formelle Rechtskraft bedeutet, daß der Prozeß nicht mehr fortgesetzt werden kann; auch wird das Urteil endgültig wirksam und vollstreckbar, soweit eine sachliche Verurteilung ausgesprochen worden ist. Für die Zukunft wirkt die *materielle* Rechtskraft des Urteils gem. § 322 ZPO in der Weise, daß die Parteien über denselben Streitgegenstand nicht nochmals prozessieren können und daß die im Urteil getroffene „Entscheidung über den Anspruch" zwischen ihnen auch dann verbindlich bleibt, wenn die Existenz dieses Anspruchs in einem anderen Rechtsstreit zwischen den Parteien als Vorfrage für die Existenz eines anderen Rechtsverhältnisses erheblich werden sollte.

14. Was ist ein Vollstreckungstitel? (Grdz. § 20 V 1)

Hierbei handelt es sich um ein Dokument über die Existenz eines Rechts, das für die Vollstreckungsorgane (Vollstreckungsgericht oder Gerichtsvollzieher) die formelle Grundlage für die Durchführung von Zwangsvollstreckungsmaßnahmen zur Durchsetzung dieses Rechts gegenüber dem Schuldner bildet. Vollstreckungstitel sind gem. § 704 ZPO vor allem die formell rechtskräftigen Endurteile bzw. die für vorläufig vollstreckbar erklärten Endurteile, ferner die in § 794 ZPO aufgeführten Entscheidungen und Urkunden.

15. Auf welche Weise erfolgt die Zwangsvollstreckung wegen einer Geldforderung; wer ist für die Durchführung der Vollstreckungsmaßnahmen zuständig? (Grdz. § 20 V 3)

Die Zwangsvollstreckung wegen einer Geldforderung zielt darauf ab, zugunsten des Vollstreckungsschuldners einzelne Gegenstände aus dem Vermögen des Schuldners durch Pfändung sicherzustellen und (i.d.R. durch Zwangsversteigerung) zu verwerten, um aus dem Erlös die Kosten des Verfahrens zu decken und sodann die Geldforderung zu befriedigen. Einzelheiten sind in den §§ 803 ff. ZPO geregelt. Je nach Art des Vermögensgegenstandes, in den die Vollstreckung durchgeführt wird, stehen drei Verfahren zur Verfügung, für die unterschiedliche Vollstreckungsorgane zuständig sind: (1) Die Pfändung von *beweglichen körperlichen Sachen* (§§ 803 bis 827 ZPO), die vom Gerichtsvollzieher durchzuführen ist; das Vollstreckungsgericht fungiert hier im wesentlichen nur als Aufsichtsbehörde über den Gerichtsvollzieher. (2) Die *Pfändung und Überweisung von Forderungen und anderen Vermögensrechten* des Schuldners (§§ 803 bis 807, 828 bis 863 ZPO), für die das Vollstreckungsgericht zuständig ist. (3) Die Zwangsvollstreckung in das *unbewegliche Vermögen* (§§ 864 bis 871 ZPO, das gesamte ZVG), die ebenfalls vom Vollstreckungsgericht durchgeführt wird.

16. Wie ist ein Vollstreckungsschuldner gegen eine Kahlpfändung geschützt? (Grdz. § 20 V 3 a, b)

Bestimmte Gegenstände aus dem Vermögen des Schuldners, die zur Erhaltung des Existenzminimums erforderlich sind, unterliegen kraft Gesetzes nicht der Zwangsvollstreckung. Es handelt sich vor allem um die in § 811 ZPO aufgeführten beweglichen Sachen, im Rahmen des § 811 c ZPO auch um Tiere sowie gem. § 812 ZPO um sonstige, nur schwer verwertbare Hausratsgegenstände. Ferner sind nach Maßgabe der §§ 850 bis 850 k ZPO das Arbeits- und das Renteneinkommen des Schuldners und seine hieraus gebildeten Bankguthaben entweder überhaupt nicht oder nur unter Beachtung bestimmter Pfändungsfreigrenzen pfändbar. Pfändungsschutz besteht nach §§ 851–852 ZPO auch für bestimmte andere Forderungen, ferner nach Maßgabe der §§ 54, 55 SGB I für einzelne Sozialleistungen.

17. Welche Bedeutung hat der Rang eines Rechts bei der Immobiliarzwangsvollstreckung? (Grdz. § 20 V 3 c)

Bei der Zwangsvollstreckung in Grundstücke muß der die Vollstreckung betreibende Gläubiger sich alle dinglichen Nutzungs- und Befriedigungsrechte vorgehen lassen, die dritte Personen mit Rang vor ihm am Grundstück erworben haben. Dies bedeutet, daß diese Rechte trotz der Zwangsvollstreckung bestehen bleiben und bei einer Zwangsversteigerung der Immobilie vom Erwerber mit übernommen werden müssen. Technisch geschieht dies in der Weise, daß bei der Festsetzung der Versteigerungsbedingungen die vorrangigen Rechte gem. § 44 ZVG mit in das „geringste Gebot" aufgenommen werden, so daß für die Erteilung des Zuschlags nur ein Meistgebot zugelassen wird, das außer den Kosten des Verfahrens auch den Kapitalwert der vorrangigen Rechte deckt. Umgekehrt gehen gem. § 91 ZVG bei einer Zwangsversteigerung des Grundstücks solche Rechte unter, die im Rang nach dem Recht des die Vollstreckung betreibenden Gläubigers stehen. Sie werden aus dem Versteigerungserlös nur dann befriedigt, wenn zuvor außer dem geringsten Gebot auch der Anspruch des Vollstreckungsgläubigers in vollem Umfang gedeckt worden ist.

18. Welche Möglichkeiten hat ein Vollstreckungsgläubiger, um sich einen Überblick über das für die Zwangsvollstreckung zur Verfügung stehende Vermögen des Schuldners zu verschaffen? (Grdz. § 20 V 4)

Wenn eine vom Gläubiger betriebene Vollstreckungsmaßnahme fruchtlos geblieben ist, kann er gem. §§ 900, 807 ZPO den Schuldner durch den Gerichtsvollzieher auffordern lassen, ein vollständiges Verzeichnis seines Vermögens vorzulegen und dessen Richtigkeit durch eidesstattliche Versicherung zu bestätigen.

19. Wie unterscheiden sich Einzelzwangsvollstreckung und Insolvenzverfahren?

Bei der Einzelzwangsvollstreckung kommen nur solche Gläubiger zum Zuge, die bereits über einen Vollstreckungstitel gegen den Schuldner verfügen. Die Vollstreckung findet für jeden Gläubiger getrennt in einzelne Vermögensgegenstände des Schuldners statt; im übrigen kann der Schuldner weiterhin über sein Vermögen frei verfügen und zu dessen Lasten auch neue Verbindlichkeiten eingehen. Die Gläubiger werden nach der zeitlichen Priorität ihres Vollstreckungszugriffs befriedigt. Beim Insolvenzverfahren wird demgegenüber im Prinzip das gesamte im Zeitpunkt der Eröffnung des Verfahrens vorhandene vollstreckbare Vermögen des Schuldners beschlagnahmt und der Kontrolle eines Treuhänders (i.d.R. = Insolvenzverwalter) unterstellt; der Schuldner kann über dieses Vermögen nicht mehr verfügen und zu dessen Lasten auch keine Verbindlichkeiten eingehen. Das gesamte Vermögen des Schuldners wird liquidiert und an seine Gläubiger (im Prinzip) gleichmäßig verteilt. Hierbei werden auch Gläubiger berücksichtigt, die bisher noch keinen Vollstreckungstitel gegen den Schuldner haben; zu diesem Zweck findet im Rahmen des Verfahrens unter Leitung des Insolvenzverwalters und unter Beteiligung aller anderen Gläubiger ein besonderes Verfahren zur Ermittlung der Schuldenmasse statt.

20. Was ist die wirtschaftliche Bedeutung des Insolvenzplans?

Das durch die Zahlungsunfähigkeit des Schuldners ausgelöste Insolvenzverfahren führt i.d.R. zur Vernichtung von Werten durch die Auflösung des Schuldnervermögens als Produktionseinheit und zu einer sich über längere Zeit hinziehenden Blockade der wirtschaftlichen Aktivitäten des Gemeinschuldners. Nach § 156 InsO ist daher der Insolvenzverwalter verpflichtet, in der Gläubigerversammlung darüber zu berichten, welche Aussichten bestehen, das Unternehmen des Schuldners ganz oder teilweise zu erhalten, und ob es sinnvoll ist, die Rechte aller Gläubiger abweichend von den üblichen Regeln des Insolvenzverfahrens in einem Insolvenzplan nach §§ 217 ff. InsO so zu gestalten, daß eine Vernichtung von Sachwerten vermieden werden kann. Im Berichtstermin nach § 157 InsO haben dann die Gläubiger über die Stillegung oder vorläufige Weiterführung des Unternehmens und/oder die Aufstellung eines Insolvenzplans zu entscheiden. Dieser Plan ist sodann nach Vorabprüfung durch das Insolvenzgericht gem. § 231 InsO in einem vom Gericht anzuberaumenden Erörterungs- und Abstimmungstermin der Gläubigerversammlung zur Entscheidung – gegebenenfalls durch Abstimmung nach Gruppen – vorzulegen.

Bei Annahme des Plans durch die jeweiligen Mehrheiten der Gläubigergruppen wird er vom Gericht nach § 248 InsO bestätigt; nach Rechtskraft des Bestätigungsbeschlusses ist das Insolvenzverfahren gem. § 256 InsO aufzuheben. Damit erlangt der Schuldner die Verfügungsgewalt über sein Vermögen zurück, muß dieses aber nunmehr für die Umsetzung des Insolvenzplans einsetzen. Nach § 260 InsO kann auch angeordnet werden, daß der Insolvenzverwalter die Erfüllung des Plans weiter zu überwachen hat. Nach vollständiger Abwicklung des Plans sind sämtliche Schulden des Schuldners, die in der Insolvenz zu berichtigen waren, durch Befriedigung oder durch planmäßigen Teilerlaß getilgt.

Die praktische Bedeutung des Insolvenzplans liegt vor allem darin, die Übernahme eines in der Substanz noch erhaltenswürdigen Unternehmens und dessen Fortführung in einer Auffanggesellschaft vorzubereiten und abzuwickeln (vgl. § 260 Abs. 3 InsO).

FÜNFTER TEIL
ANLEITUNG FÜR DIE BEARBEITUNG VON RECHTSFÄLLEN

§ 21. Die Tätigkeit des Juristen

I. Methodik der Fallbearbeitung

Die abstrakte Kenntnis des Inhalts der Rechtssätze und des Aufbaus des Rechtssystems nützt dem Juristen nur wenig, wenn er nicht in der Lage ist, dieses Fachwissen in die rechtliche Beurteilung von konkreten Lebenssachverhalten umzumünzen. Ziel der juristischen Ausbildung ist es daher, verläßliche Routine in der Bearbeitung von Rechtsfällen zu vermitteln. Dabei geht es nicht nur um die zutreffende Analyse des zur Beurteilung anstehenden Fragenkomplexes und das Auffinden der einschlägigen Rechtsvorschriften sowie deren korrekte Subsumtion, sondern in besonderem Maße auch um die logisch einwandfreie Entwicklung des eigenen Gedankengangs und dessen sprachlich gelungene Darstellung. Außer seinem Fachwissen ist das wichtigste Handwerkszeug des Juristen seine Sprachfertigkeit; sein Beruf ist es, mit anderen in den Dialog zu treten und sie von der Richtigkeit der von ihm vertretenen Sache zu überzeugen.

Für die rechtliche Beurteilung von Sachverhalten und den Aufbau juristischer Gedankengänge hat sich seit langem eine bestimmte Arbeitstechnik gebildet. Die Anwendung dieser Technik ist zwar kein starres Dogma; es erweist sich jedoch i.d.R. als zweckmäßig, nach einem festen gedanklichen Schema vorzugehen, um einen Sachverhalt erschöpfend und auch für Dritte nachvollziehbar zu analysieren und zu beurteilen. Man sollte die Bedeutung dieser rein formalen Argumentationskunst nicht überbewerten; sie kann keinesfalls profundes juristisches Fachwissen ersetzen. Andererseits beruht jedoch die innere Autorität der rechtlichen Entscheidungsfindung zu einem wesentlichen Teil darauf, daß sie bei der Umsetzung abstrakter Normen auf einen bestimmten Sachverhalt nach einem Denkschema vorgeht, das von Fachleuten allgemein als schlüssig und nachvollziehbar anerkannt wird.

Im übrigen hängt die Wahl der Falltechnik davon ab, welche konkrete Arbeitsaufgabe ein Jurist hat. Man kann drei Grundsituationen unterscheiden: (1) Die Entscheidung eines bereits vorliegenden Streitfalls; (2) die Begutachtung eines Sachverhalts im Hinblick auf mögliche Rechtsfolgen und (3) die vorausplanende Organisation von Rechtsbeziehungen.

II. Juristische Aufgabenstellungen

1. Entscheidung von konkreten Streitfällen

Die Beurteilung eines konkreten Sachverhalts zur Beantwortung der Frage, welche Rechtsfolgen eingetreten sind, ist die typische Aufgabe des Richters, der einen Prozeß zu entscheiden hat. Hier geht es darum, ein juristisch fundiertes Urteil zu fällen, indem abstrakte Rechtssätze gesucht und gefunden werden, die zu dem Ereignis passen; d.h. die eine Subsumtion des zu beurteilenden Sachverhalts unter ihren Normtatbestand zulassen, um die durch sie vorgesehenen Rechtsfolgenanordnungen ableiten zu können. In ähnlicher Weise werden auch Behörden oder andere in der Rechtspflege tätige Amtspersonen mit abgegrenzten Lebenssachverhalten konfrontiert, wenn sie dazu aufgerufen sind, über Anträge zu entscheiden oder sonst in einer bestimmten Situation amtliche Maßnahmen zu ergreifen.

Als Beispiel sind etwa der Rechtspfleger im Verfahren der Anmeldung eines Vereins zur Eintragung ins Vereinsregister oder bei der Eintragung von Grundstücksrechten im Grundbuch zu nennen; eine Entscheidung über einen abgeschlossenen Sachverhalt wird aber z.B. auch von der Baubehörde bei der Genehmigung eines Bauantrags oder vom Finanzamt bei der Festsetzung von Steuern anhand der Steuererklärung des Steuerpflichtigen getroffen.

2. Begutachtung von Sachverhalten

Vor einer etwas anderen Situation sieht sich der Jurist, wenn er einen Sachverhalt daraufhin zu untersuchen hat, welche möglichen Rechtsfolgen angesichts der gegebenen Situation überhaupt in Betracht zu ziehen sind. Solche Fragen stellen sich immer dann, wenn es darum geht, Anträge an das Gericht oder an eine Behörde zur Umsetzung bestimmter rechtlicher Interessen vorzubereiten. Ein charakteristisches Beispiel bildet etwa die Tätigkeit eines Rechtsanwalts bei der Vorbereitung einer Klageschrift oder einer Erwiderung auf die Klage eines Gegners seines Mandanten. Hier geht es darum, sämtliche nach Lage der Dinge überhaupt ernsthaft ins Kalkül zu ziehenden möglichen Rechtsfolgen systematisch abzuprüfen, um abzuklären, ob ein bestimmtes Ziel (z.B. die Durchsetzung bzw. die Abwehr eines Zahlungsanspruchs) überhaupt erreicht werden kann und, wenn ja, welche rechtliche Begründung hierfür der richtige Weg ist. Ein Gutachten diskutiert daher auch Rechtsvorschriften an, die sich bei genauerer Prüfung als für den Fall nicht einschlägig erweisen, um ein möglichst erschöpfendes juristisches Bild des Sachverhalts und der weiter zu verfolgenden Strategie zu gewinnen.

Die Nützlichkeit der Prüfung verschiedener Anspruchsgrundlagen zeigt sich z.B. in Arzthaftungsprozessen (vgl. etwa Fall 15.03): Je nach Rechtsgrundlage für das Schadensersatzbegehren kann neben dem Ausgleich von Vermögensschäden auch die Zahlung eines Schmerzensgeldes gefordert werden oder es kommt zu einer Umkehrung der Beweislast.

Jedes Rechtsgutachten zielt letztlich darauf ab, das Ergebnis einer denkbaren richterlichen Entscheidung über den Sachverhalt abzuschätzen; der Gutachter muß sich daher immer in die Situation des Richters hineinversetzen. Umgekehrt wird auch ein Richter den ihm zur Beurteilung vorgelegten Fall zunächst erst einmal gutachterlich prüfen, bevor er sich ein abschließendes Urteil bildet, damit er sicher sein kann, keinen wesentlichen rechtlichen Gesichtspunkt übersehen zu haben. Begutachtung und Entscheidung eines Sachverhalts stehen daher in enger Wechselbeziehung zueinander.

3. Erarbeitung von Handlungsstrategien

Außer der Lösung von sozialen Konflikten liegt eine wichtige Aufgabe der Rechtsanwendung darin, Handlungsabläufe für die Zukunft zuverlässig festzulegen. Vor allem das Institut des Vertrags dient dazu, Beziehungen zu anderen Personen zu gestalten und bestehende Rechtsverhältnisse (z.B. sachenrechtliche Befugnisse) zielbewußt zu verändern. Eine wesentliche Aufgabe des Juristen besteht daher darin, in vorsorgender Rechtsanwendung Szenarien dafür zu entwerfen, wie bestimmte vorgegebene soziale Kontakte mit Hilfe rechtlicher Abmachungen weiterentwickelt und zukunftssicher gestaltet werden können. Dabei ist nicht nur Erfahrung und Phantasie gefragt, um in der Zukunft schlummernde „Pannen" im Verhältnis zwischen den Beteiligten vorauszusehen, sondern es geht in erster Linie darum, durch vorausschauend zu gestaltende Absprachen die jeweils bestmögliche Lösung für derartige Fälle vorzubereiten, um Konflikte zu vermeiden und berechtigte Interessen zu sichern.

So geht es im Fall 18.06 u.a. darum, aus Anlaß der Gewährung eines Kredits zugunsten des wirtschaftlich schon schwer angeschlagenen Bauunternehmers Anton Vorsorge für den nicht ganz unwahrscheinlichen Fall zu treffen, daß das Unternehmen trotz des Stützungsversuchs doch noch insolvent werden und dann das von der Volksbank Südwest gewährte Darlehen notleidend werden sollte. In diesem Fall ist es dann die Aufgabe des Rechtsberaters, Möglichkeiten für eine dingliche Sicherung des Kredits zu ermitteln und vertraglich so festzulegen, daß diese Sicherheit bei einem künftigen Konkurs des Schuldners auch tatsächlich „hält", d.h. zu einem Recht auf bevorzugte Befriedigung der Bank führt (s. auch Fall 18.03). Andernfalls wäre es Aufgabe des Juristen, von der Gewährung des Kredits abzuraten, womit Anton zwar seine letzte Chance für eine Sanierung verlieren würde, die Bank aber auch den Verlust von 50.000,– € vermeiden könnte.

Auch bei der Vorbereitung von rechtlichen Handlungsstrategien wird daher als erstes eine gutachtliche Analyse der Ausgangssituation und sodann eine Prüfung der sich hieran anknüpfenden Handlungsalternativen gefordert. Letztlich läuft dann aber auch hier die Arbeit des Juristen auf die Klärung der Frage hinaus, mit welcher Entscheidung des Richters angesichts der Ausgangslage und der weiter getroffenen Vorbereitungen zu rechnen sein wird, wenn die Dinge eine bestimmte als möglich vorausgesehene Entwicklung nehmen sollten.

Zusammenfassend ist als Resultat der Betrachtung der Arbeit des Juristen folgendes festzuhalten: (1) Im Ergebnis ist jede Art der juristischen Beurteilung eines Sachverhalts darauf angelegt, den Vorfall aus der Sicht eines Richters zu bewerten. (2) Der Zugang zur Betrachtung des Falls wird am zuverlässigsten durch eine gutachterliche Untersuchung sämtlicher überhaupt in Erwägung zu ziehender rechtlicher Gesichtspunkte eröffnet.

Aus diesem Grund ist auch die Ausbildung der Juristen schwerpunktmäßig darauf angelegt, sie in der Anfertigung von Rechtsgutachten zu schulen.

III. Tatsachenermittlung

1. Sachverhaltsaufklärung

Jede Fallbeurteilung muß mit einer sorgfältigen Erfassung des in Frage stehenden Sachverhalts beginnen. In der Praxis bedeutet die richtige Ermittlung und Darstellung der Tatsachen häufig die eigentliche Schwierigkeit der Rechtsfindung; mancher Prozeß geht nur deswegen verloren, weil es nicht gelungen ist, dem Gericht einen zutreffenden Eindruck vom „wahren" Ablauf des Geschehens zu vermitteln. Erinnern Sie sich daran, daß die Prozesse in bürgerlichen Rechtsstreitigkeiten i.d.R. dem Verhandlungsgrundsatz unterstehen. Das bedeutet, daß das Gericht zwar die Aufgabe hat, durch entsprechende Hinweise darauf hinzuwirken, daß die Parteien sachgerechte Anträge stellen und den Streitstoff umfassend darstellen; grundsätzlich bleibt es jedoch allein den Parteien überlassen, die aus ihrer Sicht erfolgversprechenden Fakten vorzutragen und unter Beweis zu stellen. Nach § 138 ZPO sind die Prozeßparteien zum vollständigen und wahrheitsgemäßen Sachvortrag verpflichtet; das schließt es aber nicht aus, daß jede Seite versucht, durch Hervorhebung der für sie sprechenden Argumente (und durch Weglassen der für eine andere Beurteilung sprechenden Fakten) zunächst erst einmal ihren eigenen Standpunkt zu untermauern: Der Prozeßgegner wird schon von allein seine Einwände vortragen, wenn die Darstellung der Dinge zu einseitig ausgefallen sein sollte.

Wenn z.B. der Auftraggeber Konrad sich weigert, dem Bauunternehmer Anton den vereinbarten Werklohn zu zahlen, weil die von Anton erbrachte Leistung angeblich Mängel aufweist, wird sich Anton bei einer Klage gegen Konrad zunächst damit begnügen, die für seinen Zahlungsanspruch günstigen Tatsachen – also den Abschluß eines Werkvertrags, die Vereinbarung der Vergütung und die Abnahme des Werks durch Konrad – vorzutragen. Erst wenn Konrad in der Klageerwiderung seine Mängelrüge erhebt, ist es zweckmäßig, sich mit diesem Einwand auseinanderzusetzen. Der Anwalt, der für Anton ein Gutachten über die Aussichten eines möglichen Prozesses gegen Konrad zu fertigen hat, wird dessen Mängelrügen allerdings von vornherein in seine Überlegungen mit einbeziehen und zu prüfen haben, inwieweit sie überhaupt erheblich sind oder von Anton anderweit ausgeräumt werden können.

Die Betrachtung des Sachverhalts erfolgt somit über die Kenntnisnahme des rein Anekdotischen hinaus bereits unter einem bestimmten Blickwinkel, nämlich mit den Augen des Rechtskundigen, der in der Geschichte einen Fall sieht, für den bestimmte Lösungen gefunden werden müssen. Schon das Zusammenstellen der Fakten für die Tatsachenschilderung kann nicht ohne Rechtskenntnisse erfolgen.

2. Fragen der Behauptungs- und Beweislast und Tatsachenvermutungen

Im Einzelfall können Beweislastprobleme erhebliche Bedeutung für die erfolgreiche Durchsetzung von Rechten vor Gericht haben. Durch Beweislastregeln wird nicht nur festgelegt, wer die Folgen der Unaufklärbarkeit des Sachverhalts tragen muß, sondern auch bestimmt, wer die entsprechenden Tatsachen in den Prozeß einzuführen hat (prozeßtechnisch entspricht also der Beweislast die Behauptungslast).

Im Grundsatz muß derjenige, der sich vor Gericht auf eine bestimmte Rechtsposition beruft, alle Tatsachen behaupten und notfalls auch unter Beweis stellen, die für die Begründung dieses Rechts erforderlich sind (d.h. die Tatbestandsmerkmale der Norm). Sache des Gegners ist es dann, die vom Regelverlauf abweichenden Ausnahmen zu behaupten und mögliche Gegenrechte (Einwendungen oder Einreden) darzulegen und zu beweisen, die die Entstehung des Rechts gehindert haben sollen oder die Durchsetzung des entstandenen Rechts im besonderen Fall blockieren. Dieses Zusammenspiel von Rechtsbehauptungen einerseits und Einwendungen bzw. Einreden andererseits wird im nachfolgenden § 22 noch näher geschildert und zum Aufbau eines Gliederungsschemas für juristische Gutachten ausgewertet werden.

In der Rechtspraxis liegt das Problem darin, im konkreten Einzelfall Regel und Ausnahme exakt auseinander zu halten. Grundsätzlich ist es Sache des Gesetzes, festzulegen, welche Umstände zur Begründung eines Rechts führen (und demzufolge von demjenigen geltend gemacht werden müssen, der sich auf dieses Recht beruft), und welche Tatsachen ausnahmsweise die Entstehung des Rechts hindern oder es nachträglich wieder aufheben können. Die Bestimmung der Behauptungs- und Beweislast im Einzelfall ist somit eine Frage der Anwendung des materiellen Rechts und ist letztlich durch Auslegung des Gesetzes zu lösen. In vielen Situationen hat der Gesetzgeber auch recht eindeutige Hinweise darauf gegeben, wie er sich die Festlegung des Regel/Ausnahmeverhältnisses bei der Organisation bestimmter Rechtsbeziehungen denkt.

So deutet z.B. die Formulierung „es sei denn, daß …" darauf hin, daß im folgenden im Gesetzestext eine Ausnahme festgelegt wird, durch die die im Vordersatz aufgestellte Regel eingeschränkt ist; vgl. z.B. § 932 Abs. 1 Satz 1 BGB. Eine Beweislastregel verbirgt sich auch in der Formulierung z.B. des § 280 Abs. 1 BGB (dazu die Fälle 12.10 und 14.05) und des § 286 Abs. 4 BGB. Eine ähnliche Rolle spielt vor allem bei der Auslegung und Handhabung von Verträgen der Terminus „im Zweifel": Das Gesetz legt eine bestimmte Rechtsfolge oder Vertragspraxis als Regel fest; wer eine hiervon abweichende Absprache geltend machen will, muß dies darlegen; vgl. etwa die §§ 154 Abs. 1 Satz 1 und Abs. 2, 270 Abs. 1, 271 Abs. 2 oder 420 BGB.

Eine besondere Bedeutung haben in diesem Zusammenhang gesetzliche Beweislastregeln, in denen der Gesetzgeber aus von ihm für angemessen erachteten Gründen ein sich nach den Gesetzen der Logik ergebendes Regel/Ausnahmeverhältnis bewußt umdreht. Beweislastregeln sind gelegentlich im Gesetz ausdrücklich als solche bezeichnet,

Vgl. z.B. § 363 BGB: Wer eine ihm als Erfüllung angebotene Leistung angenommen hat, trägt die „Beweislast" dafür, daß nicht korrekt erfüllt worden ist, weil die Leistung nicht vertragsgerecht oder unvollständig war; vgl. auch § 179 Abs. 1 BGB.

teilweise ergeben sie sich auch aus der Formulierung des Gesetzes; etwa dann, wenn bestimmte Tatbestandsmerkmale in doppelter Negation formuliert werden.

Das praktisch wichtigste Beispiel bildet der bereits erwähnte § 280 Abs. 1 Satz 2 BGB: „Dies (d.h. ein Schadensersatzanspruch wegen Pflichtverletzungen) gilt *nicht*, wenn der Schuldner die Pflichtverletzung *nicht* zu vertreten hat" – vgl. auch § 286 Abs. 4 BGB. Ähnlich § 179 Abs. 3 BGB: „Der Vertreter haftet *nicht*, wenn der andere Teil den Mangel der Vertretungsmacht kannte oder kennen mußte". Eine ähnliche Bedeutung hat die Formulierung „... es sei denn, daß ... (nicht) ..."; vgl. z.B. den bereits erwähnten § 932 Abs. 1 Satz 1 BGB.

Eine Reihe von Beweislastregeln gehört zum juristischen Grundwissen; so z.B. das Prinzip, daß beim Vorliegen einer Vertragspflichtverletzung oder der Verletzung einer vorvertraglichen Pflicht der Schuldner darlegen und beweisen muß, daß er die Pflichtverletzung nicht zu vertreten hat (§§ 280 Abs. 1, 286 Abs. 4 BGB); ferner die Konstruktion des „Entlastungsbeweises" bei der Haftung für Verrichtungsgehilfen in § 831 Abs. 1 Satz 2 BGB oder bei der Haftung des Aufsichtspflichtigen für Schädigungen durch deliktsunfähige Personen in § 832 Abs. 1 Satz 2 BGB bzw. der sich aus den §§ 932 Abs. 1 Satz 1, 892 Abs. 1 Satz 1 BGB ergebende Grundsatz, daß beim Erwerb vom Nichtberechtigten der „böse Glaube" des Erwerbers vom Gegner dargelegt und bewiesen werden muß.

Beweislastregeln eigener Art stellt der Gesetzgeber auf, wenn er für das Vorliegen bestimmter Tatsachen und Umstände (widerlegbare) Vermutungen aufstellt: In diesen Fällen hat derjenige, für den die Vermutung „streitet", zunächst nur die (i.d.R. wesentlich einfachere) Darlegungs- und Beweislast für die Vermutungstatsachen; den „Vollbeweis" für sein Recht muß er erst dann führen, wenn es dem Gegner im Einzelfall gelingen sollte, die Tatsachenvermutung zu widerlegen.

Wichtigstes – ebenfalls zum Grundwissen gehörendes – Beispiel sind die Eigentumsvermutung für den Besitzer in § 1006 BGB (vgl. Fall 17.02) und die gesetzliche Vermutung für die Richtigkeit und Vollständigkeit des Grundbuchs in § 891 BGB (vgl. Fall 18.07); ähnliche Regelungen enthalten die §§ 2365, 2368 Abs. 3 BGB für den Erbschein und das Testamentsvollstreckerzeugnis; erhebliche materiellrechtliche Bedeutung hat auch die Vermutung des § 1377 Abs. 3 BGB für das Anfangsvermögen der Ehegatten beim Zugewinnausgleich. Eine wesentlich weiterreichende, weil nur durch fristgerechte, auf einen eng begrenzten Kreis von Antragstellern beschränkte Anfechtung in einem förmlichen Gerichtsverfahren zu entkräftende Rechtsvermutung stellt die Vermutung der Vaterschaft (= Abstammung) nach §§ 1592 Nrn. 1 und 2, 1599 Abs. 1 BGB dar (vgl. Fall 19.03).

3. Der Sachverhalt in den Übungsfällen

Im Rechtsunterricht wird Ihnen die schwierige Aufgabe der Sachverhaltsermittlung noch weitgehend abgenommen; Sie erhalten fertige Tatbestandsschilderungen ähnlich wie die in diesem Arbeitsbuch geschilderten Übungsfälle zur Begutachtung vorgelegt. Als Bearbeiter müssen Sie dann davon ausgehen, daß der fragliche Rechtsfall in tatsächlicher Hinsicht bereits vollständig aufgeklärt ist, bzw. daß eine bessere Tatsachenermittlung nicht möglich war. Damit verbietet sich i.d.R. auch das Nachdenken über Tatbestandsvarianten; alternative Lösungsvorschläge sollten nur dann ausgearbeitet werden, wenn es sich aus der Aufgabenstellung besonders ergibt, daß solche Untersuchungen erwünscht sind.

Auf jeden Fall sollte ein „Umbauen" des Sachverhalts vermieden werden, weil der Bearbeiter glaubt, auf diese Weise die Chance zu bekommen, sein Wissen über bestimmte „Probleme" besser anbringen zu können. Zwar sind Übungsfälle üblicherweise so entworfen, daß mit ihrer Lösung ein bestimmtes Wissensgebiet repetiert werden soll. Gefragt ist dann aber *nur* das zur Diskussion gestellte Rechtsproblem; es gehört mit zur Bewältigung der gestellten Aufgabe, exakt *dieses* Problem aus dem Sachverhalt herauszufinden und richtig zu lösen. Es bringt daher keinerlei Pluspunkte, wenn der Kandidat mit einer „Tatbestandsquetsche" auch noch besonders darauf aufmerksam macht, daß er das Thema der Arbeit nicht erkannt hat.

Gerade ein sorgfältiger Bearbeiter wird allerdings immer wieder darauf stoßen, daß der Sachverhalt einzelne Angaben nicht macht, die von der Systematik der anzuwendenden Norm aus gesehen eigentlich geprüft werden müßten, um auf bestimmte Rechtsfolgen schließen zu können.

So fehlen in Fall 2.04 Angaben darüber, in welchem Güterstand Anton lebt. Die Verfügungsbeschränkung des § 1365 BGB greift jedoch nur dann, wenn der Veräußernde dem gesetzlichen Güterstand der Zugewinngemeinschaft untersteht.

Bei der Fallbearbeitung sind diese Sachverhaltslücken durch Anwendung von Rechtsregeln zu schließen; von Ihnen wird daher schon dieselbe Arbeit gefordert, die später in der Praxis bei der Beurteilung eines nicht mehr weiter aufklärbaren Sachverhalts zu leisten ist: Es geht darum, aufgrund von gesetzlichen Tatsachenvermutungen und Beweislastregeln, wie sie vorstehend unter III 2 geschildert worden sind, zu gesicherten Entscheidungsgrundlagen zu kommen. Läßt sich allerdings im Einzelfall eine solche Regel nicht finden, so ist die fragliche Tatsache als nicht existent zu behandeln mit der Konsequenz, daß die geprüfte Norm nicht anwendbar ist.

Im Übungsfall 2.04 kann beispielsweise von der Regel des § 1363 Abs. 1 BGB ausgegangen werden, daß Eheleute im gesetzlichen Güterstand der Zugewinngemeinschaft leben, wenn ein abweichender Güterstand nicht besonders durch Ehevertrag vereinbart worden ist. Fehlende Angaben über die güterrechtlichen Verhältnisse des Anton lassen demnach den Schluß zu, daß solche von der Regel abweichenden ehevertraglichen Vereinbarungen im vorliegenden Fall nicht getroffen worden sind; vgl. auch Fall 19.03, wo es darum geht, ob Willibald Bolte und Amanda Siebenschön bei (bzw. nach) ihrer Heirat einen gemeinsamen Ehenamen angenommen haben.

Im übrigen ist es unbedingt erforderlich, den Sachverhalt des Übungsfalls in aller Ruhe und mit großer Aufmerksamkeit zu studieren. Detailangaben werden regelmäßig nicht ohne Grund gemacht; Einzelheiten, die für den Laien auf den ersten Blick nebensächlich zu sein scheinen, können die Lösung des Falles in eine ganz andere Richtung lenken.

So deutet im Übungsfall 11.02 der Umstand, daß die Bestellung der Orchideenpflanze beim Blumenhändler Florian telefonisch erfolgt ist, darauf hin, daß der Kaufabschluß nicht über eine bestimmte, zuvor von Anton aus dem Warenvorrat des Florian ausgesuchte Pflanze erfolgt ist, so daß eine Gattungsschuld vorliegt. Damit entsteht das zusätzliche Rechtsproblem, ob sich die Leistungspflicht des Florian im Zeitpunkt des Verkehrsunfalls bereits auf die zur Auslieferung an Hulda bereitgestellte Cattleya konkretisiert hatte.

Wichtig sind vor allem Daten und Zeitangaben; vor allem bei sachen-, familien- und erbrechtlichen Übungsfällen kann auch die Ortsangabe eine Rolle spielen, da in den neuen Bundesländern auch die Übergangsregelungen der Art. 230 ff. EGBGB und Vorschriften des früheren DDR-Rechts aus der Zeit vor dem 3.10.1990 beachtet werden müssen.

Vgl. die Übungsfälle 19.01 und 19.04, in denen mögliche Nachwirkungen güterrechtlicher Verhältnisse des bis zum 2.10.1990 gültigen FGB der DDR zu untersuchen sind.

Angesichts der vielen Rechtsreformen in den letzten Jahren kann die Mitteilung von Daten im Sachverhalt auch die Frage nach den intertemporal anzuwendenden gesetzlichen Vorschriften aufwerfen; darauf wird im nachfolgenden Abschnitt IV unter 3 e, aa noch gesondert zurückzukommen sein.

Vgl. einstweilen Fall 2.02.

Insbesondere bei Verfügungsgeschäften sollten Sie sich eine genaue Chronologie des Geschehensablaufs zusammenstellen, da die Rechtsprobleme des Sachverhalts häufig davon herrühren, daß über ein und denselben Gegenstand mehrere einander widersprechende Verfügungen getroffen worden sind, so daß nunmehr die Frage auftaucht und zu beantworten ist, welche dieser Verfügungen letztendlich wirksam geworden ist.

Vgl. den Übungsfall 18.03 mit dem auch für Fachleute auf den ersten Blick überraschenden Ergebnis, daß die zweite Verfügung eines Nichtberechtigten doch noch zum Rechtserwerb führen kann; noch komplizierter stellt sich die Rechtslage in Fall 18.01 dar, wo sich die Verfügung des Vorbehaltsverkäufers über die (noch) in seinem Eigentum stehende Sache mit dem Anwartschaftsrechtserwerb des Käufers kreuzt; ähnlich schwer durchschaubar ist die Sachlage in Fall 20.07.

Bedeutsam sind auch Zusicherungen, Absprachen und sonstige Hinweise im Zusammenhang mit Vertragsverhandlungen, die als Garantieerklärung oder als Übernahme besonderer Vertragspflichten gedeutet oder ganz allgemein für die Auslegung der getroffenen Vereinbarungen verwendet werden können. Nicht zuletzt ergeben sich aus solchen Nebenumständen auch Ansatzpunkte für eine Haftung eines der Beteiligten für positive Vertragsverletzung oder für Verschulden beim Vertragsschluß.

So setzt z.B. der subjektive Fehlerbegriff der §§ 434 Abs. 1 Satz 2, 536 Abs. 1 und 633 Abs. 2 BGB voraus, daß häufig erst anhand der näheren, von *beiden* Partnern in Betracht gezogenen Umstände des Vertragsschlusses ermittelt werden kann, ob die tatsächlich geleistete Sache (das Werk) eine Beschaffenheit hat, die sie „zu dem nach dem Vertrag vorausgesetzten Gebrauch" untauglich macht; vgl. etwa Fall 12.05.

IV. Rechtsfindung

Die eigentliche Berufsaufgabe des Juristen besteht darin, den in Rede stehenden Sachverhalt unter die hierfür geeigneten Rechtssätze zu subsumieren und damit zu einer Aussage über die konkret vorhandene Rechtslage zu kommen. Hier helfen keine „Rezepte": Ein solides Grundwissen über den Inhalt und die Regelungsstrukturen eines bestimmten Rechtsgebiets müssen Sie sich nun einmal zulegen, damit überhaupt eine sinnvolle und fachmännische juristische Sachbearbeitung möglich ist. Es gibt aber einige allgemeine Arbeitsregeln, deren Handhabung Sie üben sollten, da sie den Umgang mit dem Gesetz und die Auslegung der einzelnen Vorschriften wesentlich erleichtern helfen.

1. Der Aufbau der Rechtssätze

Der hohe Abstraktionsgrad und die strenge Begrifflichkeit des Bürgerlichen Rechts bringen es mit sich, daß die im konkreten Fall anzuwendende Rechtsnorm sich nur in ganz wenigen Fällen in einem einzelnen Gesetzesparagraphen findet; i.d.R. haben Sie die Aufgabe, durch das Zusammensetzen verschiedener Einzelvorschriften die für die Beurteilung des jeweiligen Sachverhalts einschlägige Regel abzuleiten. Sie müssen daher von Anfang an auf die Bildung solcher „Paragraphenketten" achten und diese immer wieder neu nachvollziehen; auf diese Weise finden Sie die häufig begangenen Trampelpfade durch das auf den ersten Blick so undurchdringliche Dickicht des Gesetzestextes. Das Auffinden solcher Regelzusammenhänge wird im nachfolgenden Kapitel 22 noch näher erläutert.

Gerade bei der Arbeit mit einem noch nicht so vertrauten Gesetzestext sollten Sie es sich von Anfang an zur Gewohnheit machen, auch dann, wenn eine von Ihnen aufgefundene Rechtsnorm für Ihren Fall einschlägig zu sein scheint, vorsichtshalber auch noch einige Paragraphen vor und nach dieser Fundstelle nachzusehen. Die scheinbar für alle Situationen gültige Regelung kann nämlich durch ergänzende Sondervorschriften, die dann üblicherweise in der „Nachbarschaft" abgedruckt sind, eingeschränkt oder abgewandelt sein.

So werden z.B. die in den §§ 932 ff. BGB abgedruckten Vorschriften über den gutgläubigen Erwerb des Eigentums an beweglichen Sachen von einem Nichteigentümer durch die sehr wichtige Regelung des § 935 Abs. 1 BGB eingeschränkt, die den Erwerb ausschließt, wenn die veräußerte Sache dem Eigentümer abhanden gekommen war; vgl. dazu den Fall 18.02. Von dieser Ausnahme macht dann § 935 Abs. 2 BGB wiederum eine

Ausnahme für den Erwerb von Geldzeichen und Inhaberpapieren sowie den Erwerb bei einer öffentlichen Versteigerung.

Bei den Novellierungen des BGB aus jüngster Zeit findet sich immer mehr die Praxis, den gesamten Titel mit der Regelung des Schuldverhältnisses neu zu ordnen und dabei in einem ersten Untertitel eine Art „Allgemeinen Teil" mit den Grundregelungen für das jeweilige Schuldverhältnis voranzustellen, die dann in den nachfolgenden Untertiteln für bestimmte Abwandlungen dieses Vertragstyps ergänzt und gelegentlich auch abgeändert werden. Diesen Gesetzesaufbau finden Sie z.B. im ersten Titel über den Kaufvertrag (§§ 433 ff. BGB), im dritten Titel über Gelddarlehen (§§ 488 ff. BGB mit einem eigenen 7. Titel über das Sachdarlehen gem. §§ 607 ff. BGB), im fünften Titel über den Miet- und Pachtvertrag (§§ 535 ff. BGB) und im 12. Titel über Auftrag und Geschäftsbesorgungsvertrag (§§ 662 ff. BGB). Machen Sie sich anhand des Inhaltsverzeichnisses Ihres BGB-Textes mit dem Aufbau und der Feingliederung wenigstens des 8. Abschnitts des 2. Buches über die verschiedenen Schuldverhältnistypen und anhand des Inhaltsverzeichnisses Ihres HGB-Textes mit dem 4. Buch des HGB über Handelsgeschäfte (§§ 343 ff. HGB) vertraut!

2. Gesetzesauslegung

Auch wenn die vermutlich einschlägige Gesetzesstelle gefunden ist, kann die Rechtsfindung im Einzelfall problematisch sein, weil die vom Gesetzgeber verwendeten Begriffe unklar, mehrdeutig oder ungewohnt sind. Hier stellt sich – wie in allen Fällen der Kommunikation durch Verwendung von Worten – das Problem der Auslegung eines in Sprache gefaßten Textes.

Welche Schwierigkeiten insoweit entstehen können, macht etwa der Fall 16.06 deutlich, der zeigt, daß selbst ein so eindeutig erscheinender Ausdruck wie der Begriff „Vermögensschaden" im Einzelfall noch zu Interpretationsproblemen führen kann.

Die besondere Schwierigkeit besteht einerseits darin, daß sich der „Gesetzgeber" nur sehr begrenzt als eine konkrete Person individualisieren läßt, die man befragen könnte, was sie mit der von ihr gewählten Formulierung eigentlich sagen wollte. Zum anderen gewinnt jede Rechtsnorm aufgrund ihrer Anwendung in der alltäglichen Praxis (und der damit verbundenen Anerkennung als verbindlich und „richtig") allmählich eine von den Intentionen ihres Verfassers unabhängige Eigenbedeutung, die es im Einzelfall zu erschließen gilt.

a) Maßgeblichkeit des objektiven Wortlauts

Die erste Annäherung ergibt sich aus der Erwägung, daß gesetzliche Vorschriften abstrakte, d.h. für eine Vielzahl von gleichgearteten Sachverhalten gedachte Handlungsanweisungen enthalten, die an eine anonyme Öffentlichkeit gerichtet sind. Gesetzestexte müssen daher notwendig objektiv ausgelegt werden. Maßgebend ist der Wortlaut, wie er nach dem **allgemeinen Sprachge-**

brauch jedenfalls der Fachleute zu verstehen ist; auch ein möglicherweise noch feststellbarer „Wille des Gesetzgebers" kann daher für die Auslegung nur dann eine Rolle spielen, wenn er in dem tatsächlich formulierten Text hinreichend deutlich zum Ausdruck gekommen ist.

Bei der Berücksichtigung des objektiven Wortlauts ist allerdings zu bedenken, daß sich unter Juristen eine **eigene Terminologie** herausgebildet hat, deren Begriffsbildung z.T. von den Sinngehalten der Umgangssprache abweicht. Der Gesetzgeber knüpft üblicherweise an diese Fachsprache an, da er sich in erster Linie gegenüber juristischen Fachleuten verständlich machen will.

Oft zitiertes Beispiel für den eigenständigen Sprachgebrauch der Juristen ist die exakte Unterscheidung zwischen „Besitz" und „Eigentum" an einzelnen Sachen. Daß aber auch der Begriff „Eigentum" innerhalb des BGB durchaus mit unterschiedlichem Bedeutungsinhalt verwendet wird, zeigt die Regelung des § 823 Abs. 1 BGB, wo als „Verletzung des Eigentums" ausschließlich der Zugriff auf konkrete, im Eigentum des Geschädigten stehende Sachen gemeint ist; vgl. dazu Fall 15.02.

Gelegentlich legt der Gesetzgeber auch selbst durch **„Legaldefinitionen"** fest, was mit einem bestimmten, von ihm verwendeten Begriff gemeint sein soll. Diese Verfahrensweise findet sich immer öfter in modernen Gesetzen, die z.T. mit einer Art Glossar beginnen, in dem für die Handhabung dieses Gesetzes bestimmte Erläuterungen einzelner Fachausdrücke für verbindlich erklärt werden. In das BGB als einem inzwischen schon recht alten Gesetz sind solche Definitionen nur sporadisch und ohne nachvollziehbare Systematik eingestreut; sie sind gelegentlich daran zu erkennen, daß hinter einer als erläuternde Umschreibung gedachten Formulierung in Klammern der damit gemeinte Fachausdruck wiederholt wird.

Bekannteste Beispiele sind die Legaldefinition des Begriffs „Anspruch" in § 194 BGB und des Ausdrucks „unverzüglich" in § 121 Abs. 1 BGB; vgl. ferner die Definition der Begriffe „Einwilligung" und „Genehmigung" in den §§ 183, 184 BGB und die minutiöse Erläuterung des Wortes „Sache" und der damit verknüpften Nebenbegriffe in den §§ 90 bis 100 BGB. – Erhebliche prakische Bedeutung haben die im Jahr 2000 neu in das BGB eigefügten §§ 13 und 14 mit der Legaldefinition der Begriffe „Verbraucher" und „Unternehmer", denn durch sie wird der Anwendungsbereich der im Bürgerlichen Recht neuerdings immer mehr ausgeformten Regelungen des Verbraucherschutzes festgelegt. Beachten Sie, daß der in § 14 BGB definierte Begriff „Unternehmer" weiter reicht als der Begriff des „Kaufmanns" in § 1 HGB, der dort den Zugang zu den Sonderregelungen des Allgemeinen Handelsrechts öffnet (vgl. Fall 2.01): Als „Unternehmer" werden auch die freiberuflich tätigen selbständigen Anbieter von Dienst- und Werkleistungen sowie die land- und forstwirtschaftlichen Betriebe angesehen, die keine „Gewerbetreibenden" sind und daher nicht dem § 1 HGB unterfallen, ferner die „Minderkaufleute".

b) Unbestimmte Rechtsbegriffe („Generalklauseln")

In anderen Vorschriften verwendet der Gesetzgeber demgegenüber ganz bewußt Begriffe mit einem nicht genau definierten Bedeutungsinhalt, um in den hiermit angesprochenen Sachverhalten entweder den Anwendungsbereich der Norm oder die angeordnete Rechtsfolge offen zu gestalten. Dies geschieht, weil bei Formulierung des Gesetzes der Regelungsbedarf noch nicht genau abgeschätzt werden kann, oder weil es als unmöglich oder unzweckmäßig angesehen wird, in jedem Einzelfall schon im vorhinein eine genaue Rechtsfolge festzulegen.

So bestimmt § 138 Abs. 1 BGB den Verstoß gegen die „guten Sitten" als Nichtigkeitsgrund für Rechtsgeschäfte; die Schädigung eines anderen „in einer gegen die guten Sitten verstoßenden Weise" macht nach § 826 BGB schadensersatzpflichtig; § 823 Abs. 1 BGB nennt „sonstige Rechte" als Schutzgüter gegenüber unerlaubten Handlungen; nach § 308 BGB sind bestimmte Klauseln in AGB nur dann unwirksam, wenn sie konkret den Vertragspartner des Anwenders „unangemessen", „unzumutbar" oder „sachlich nicht gerechtfertigt" benachteiligen (Beispiele für die offene Gestaltung des **Anwendungstatbestandes** von Rechtsnormen). Gem. § 242 BGB müssen Verträge nach „Treu und Glauben" und „mit Rücksicht auf die Verkehrssitte" erfüllt werden; in vielen Fällen wie z.B. bei der Festsetzung des Schmerzensgeldes nach § 847 BGB ist die „Billigkeit" (im Sinne des Begriffspaars „recht und billig") das einzige Kriterium für die Bestimmung von Leistungspflichten; § 1360 a BGB spricht vom „angemessenen Unterhalt", der „nach den Verhältnissen der Ehegatten erforderlich ist" (Beispiele für die Festlegung von **Rechtsfolgen** in unbestimmten Rechtsbegriffen).

Der Gesetzgeber legt in diesen Fällen nur eine allgemeine Richtlinie für die Entscheidung des Richters fest und überläßt es im übrigen der Rechtspraxis, allmählich Anwendungsfälle herauszuarbeiten und zu systematisieren. So hat z.B. die Rechtspraxis im Zusammenhang mit § 847 BGB Kriterienkataloge und Tabellen für die Bemessung „billiger" Leistungen im Einzelfall ausgearbeitet. Generalklauseln wie die „guten Sitten" oder „Treu und Glauben" bilden darüber hinaus im Bürgerlichen Recht das Einfallstor für Wertvorstellungen, die im Grundrechtsteil der Verfassung zunächst nur für das Verhältnis zwischen Bürger und Staat entwickelt worden sind, die aber auch Maßstäbe für die konkrete Ausgestaltung des Rechtsverkehrs zwischen den Staatsbürgern untereinander darstellen. Ganz allgemein bieten solche Generalklauseln den Gerichten und der Rechtspraxis die Möglichkeit, die Rechtsanwendung dem gewandelten gesellschaftlichen Werteverständnis anzupassen.

Für Ihre praktische Arbeit bedeutet die Existenz solcher unbestimmter Rechtsbegriffe, daß Sie mit dem Gesetzestext allein nicht mehr weiterkommen, sondern sich aus der Lehrbuchliteratur bestimmte charakteristische Anwendungsfälle einprägen müssen.

Vgl. z.B. Grdz. § 8 II 2 zum Begriff der „guten Sitten"; ein gängiges Beispiel aus der Praxis zum Thema der gegen die guten Sitten verstoßenden Sicherung von Krediten durch die Banken schildert Fall 8.05.

Im übrigen sind Sie auf die Hilfe von Kommentaren angewiesen, die den jeweils aktuellen Stand der Handhabung des fraglichen Begriffs in der Praxis wiedergeben. Dabei muß allerdings immer bedacht werden, daß solche Zusammenstellungen nicht zwingend sind, sondern immer nur Hilfsmittel und Vergleichsmöglichkeit für die eigene Beurteilung des Sachverhalts sein können: Der Richter ist in jedem einzelnen Fall aufgerufen, im Rahmen der gesetzlichen Vorgaben zu einer eigenständigen Bewertung unter Berücksichtigung aller Umstände zu gelangen.

Dies wird durch den Übungsfall 1.04 verdeutlicht, der zeigt, daß z.B. bei der Bemessung von Schmerzensgeld noch nicht einmal die am selben Gericht tätigen Richter an frühere Beurteilungen ähnlicher Fälle durch ihre Kollegen gebunden sind.

c) Teleologische Auslegung

Das Recht ist kein von der Realität abgehobenes Wertsystem, sondern es dient der Verwirklichung von Zwecken und letztlich dem Schutz bestimmter Interessen. Dementsprechend soll auch die Rechtsanwendung im Einzelfall den in der Regelung verfolgten Zweck – den „Geist" oder den „Willen des Gesetzes" – so genau wie möglich umzusetzen versuchen. Dies rechtfertigt es, bei der Auslegung von Gesetzesbegriffen darauf abzustellen, inwieweit ein bestimmtes Interpretationsergebnis dem mit der jeweiligen Regelung insgesamt verfolgten Ziel besser entspricht als eine andere – allein vom Textwortlaut her betrachtet ebenfalls mögliche – Variante.

Vgl. z.B. Fall 14.05, in dem aus dem Zweck der Gefahrtragungsregel des § 645 BGB, den Werkunternehmer vor Leistungsstörungen zu schützen, die vom Besteller verursacht worden sind, geschlossen worden ist, daß der Anspruch auf anteiligen Werklohn auch dann erhalten bleibt, wenn das Werk zwar nicht wegen eines Mangels des vom Besteller zur Herstellung gelieferten Stoffes, wohl aber als Folge einer Gefahrenlage untergegangen ist, die dadurch geschaffen wurde, daß der Besteller das noch nicht fertige Werk mit bestimmten Sachen (im Beispielsfall: leicht brennbare Kunststoffe) in Verbindung gebracht hat. Nur durch Interpretation anhand des Gesetzeszwecks kann auch ermittelt werden, ob im Einzelfall der Verstoß gegen eine Ge- oder Verbotsvorschrift zur Nichtigkeit des Rechtsgeschäfts nach § 134 BGB führt; vgl. z.B. zu Formverstößen beim Vergabeverfahren für öffentliche Bauaufträge Fall 8.04.

Je nach Lage des Einzelfalls kann die teleologische (= zweckbezogene) Auslegung zu einer Erweiterung des Anwendungsbereichs der in Frage stehenden Regelung führen

Vgl. den vorstehend erwähnten Beispielsfall 14.05; s. auch Fall 15.09, wo es darum geht, ob Vermögensverluste aus der Übernahme eines besonderen Schadensrisikos als „Aufwendungen" i.S.d. §§ 683, 670 BGB angesehen werden können; s. auch Fall 2.04 mit der aus dem Sicherungszweck des § 1365 BGB abgeleiteten Erweiterung des Begriffs „Verfügung über das Vermögen im Ganzen" auf Geschäfte über einzelne Vermögensgegenstände, wobei aber für Fälle des Erwerbs einzelner Sachen in nicht grob fahrlässiger Unkenntnis der tatsächlichen Vermögensverhältnisse des Veräußerers eine Gesetzeslücke entsteht, die durch Analogieschluß zu den §§ 135 Abs. 2, 932 Abs. 2, 892 BGB geschlossen werden muß.

oder zur Folge haben, daß eine nach dem Wortlaut des Gesetzestextes an sich noch mögliche Interpretation ausgeschlossen wird (= restriktive Auslegung oder „teleologische Reduktion" des Gesetzeswortlauts).

Vgl. z.B. Fall 17.08, in dem der Begriff der „verbotenen Eigenmacht" für Fälle der irrtümlichen Besitzergreifung eingeschränkt wird, oder Fall 17.09, in dem es um die Auslegung des Begriffs „Verwendung" i.S.d. §§ 996 ff. BGB geht (mit der Konsequenz, daß im konkreten Sachverhalt die restriktive Interpretation des Begriffs den Rückgriff auf die allgemeinen Regelungen des Bereicherungsrechts und damit im Ergebnis eine Erweiterung der in Betracht kommenden Rechtsfolgen ermöglicht). S. auch Fall 15.10 mit einer teleologischen Reduktion des Begriffs „durch die Geschäftsbesorgung erlangte Bereicherung" in § 684 Satz 1 BGB.

Die teleologische Interpretation erfolgt in der Weise, daß aus dem Zusammenhang der auszulegenden Rechtsnorm mit anderen Vorschriften (gegebenenfalls auch aus deren Entstehungsgeschichte) zunächst der Sinn der in Frage stehenden gesetzlichen Bestimmung ermittelt wird. Auch muß der Wortsinn des Textes das Auslegungsergebnis decken können; die Berufung auf den Zweck des Gesetzes darf nicht dazu führen, daß die Rechtsnorm so, wie sie nun einmal formuliert worden ist, vom Interpreten abgeändert wird, weil ihm persönlich eine andere Regelung des Streitfalls „sinnvoller“ erscheint.

3. Rechtsfindung anhand der Gesetzessystematik

Rechtsnormen bilden ein geschlossenes, nach den Regeln der Logik aufgebautes System. Dies dient nicht nur der Vermeidung von Wertungswidersprüchen und als Lernhilfe bei der Aneignung des Inhalts der einzelnen Rechtssätze; der Rückgriff auf die Gesetzessystematik ist auch ein hervorragendes Mittel zur Gewinnung von Regeln im Einzelfall auch dort, wo eine ausdrückliche Bestimmung zu fehlen scheint, oder zur Interpretation eines auf den ersten Blick mehrdeutigen Textes. Dies gilt vor allem für das Bürgerliche Recht, bei dessen Kodifikation im BGB der Gesetzgeber bereits auf eine gut entwickelte wissenschaftliche Tradition der geistigen Durchdringung des Rechtssystems zurückgreifen konnte. Die Verfasser des BGB haben daher bei der Formulierung des Gesetzestextes bewußt davon Gebrauch gemacht, durch Anknüpfung an systematische Zusammenhänge des Gesetzesaufbaus Regeln festzulegen.

a) Allgemeine und besondere Regelungen

Ein wesentliches Element der Gesetzessystematik ist zunächst die Unterscheidung zwischen allgemeinen und besonderen Regelungen. Schon der Studienanfänger lernt die §§ 1 bis 240 BGB als den „Allgemeinen Teil“ des Bürgerlichen Rechts kennen; ähnliches wiederholt sich dann im Schuldrecht mit der Zusammenfassung der ersten sieben Abschnitte des Zweiten Buchs (§§ 241 bis 432 BGB) zu einem „Allgemeinen Teil des Schuldrechts“ und der Ausgrenzung des umfangreichen achten Abschnitts (§§ 433 bis 853 BGB) als „Besonderen Teil des Schuldrechts“. Auch innerhalb der einzelnen Abschnitte und Titel finden sich solche Gliederungsstrukturen.

So enthalten die §§ 21 bis 53 BGB allgemeine Vorschriften des Vereinsrechts und die §§ 55 bis 79 BGB ergänzende Sonderbestimmungen für eingetragene Vereine; das Kaufrecht ist in die allgemeinen Vorschriften für Kaufverträge und kaufähnliche Verträge der §§ 433 bis 453 BGB und die Regeln der §§ 454 bis 473 BGB über „Besondere Arten des Kaufs“ sowie den Untertitel 3 mit den §§ 474 bis 479 BGB über den „Verbrauchsgüterkauf“ untergliedert; in ähnlicher Weise ist das Pachtrecht als Sonderregelung des Mietrechts (vgl. § 581 Abs. 2 BGB) entwickelt und beide Vertragstypen sind wiederum durch Sondervorschriften für die Wohnungsmiete (§§ 549 bis 577a BGB) bzw. die Landpacht (§§ 585 bis 597 BGB) ergänzt.

In dem hier angesprochenen Sinn stellen sich allgemeine Regeln als „vor die

Klammer gezogene" Bestimmungen dar, die die im Einzelfall anzuwendenden Vorschriften **ergänzen** und so Anlaß für die Ausformung der bereits erwähnten Paragraphenketten bilden.

So richtet sich die Beurteilung z.B. eines Rechtsverhältnisses über den Erwerb einer Sache gegen Zahlung eines bestimmten Preises nach den Vorschriften der §§ 433 ff. BGB über den Kaufvertrag; diese werden – z.B. für die Beurteilung von Leistungsstörungen – durch die Vorschriften des Allgemeinen Teils des Schuldrechts in den §§ 241 ff. BGB ergänzt. Für die rechtliche Würdigung z.B. des Vertragsschlusses als Geschäftsakt sind darüber hinaus die Bestimmungen des Ersten Buches des BGB maßgebend.

Besondere Vorschriften können aber nicht nur als inhaltliche Ergänzungen der allgemeinen Vorschriften deren Geltungsbereich und Aussagekraft verstärken, sondern können auch darauf abzielen, eine generelle Regel abzuändern oder aufzuheben (Grundsatz der **„Spezialität"**). Hier bringt der Gesetzgeber zum Ausdruck, daß er in ausgewählten Einzelfällen eine von ihm für den „Normalfall" geschaffene Anordnung durch eine andere Bestimmung ersetzen will.

So wird durch die bereits erwähnte Vorschrift des § 935 Abs. 1 BGB die Anwendung der §§ 932 ff. BGB über den gutgläubigen Erwerb von beweglichen Sachen vom nicht berechtigten Besitzer für den Fall ausgeschlossen, daß die fragliche Sache dem Eigentümer oder dessen Besitzmittler abhanden gekommen ist. Die Spezialvorschrift des § 935 Abs. 1 BGB wird dann wiederum durch die weitere Spezialvorschrift des § 935 Abs. 2 BGB eingeschränkt. – Inzwischen werden allgemein viele gesetzliche Regelungen vor allem des Schuldrechts durch Sondervorschriften über „Verbraucherverträge" modifiziert (vgl. etwa § 310 Abs. 3 BGB für AGB, die §§ 312 ff. BGB für den Vertragsschluß aufgrund besonderer Vertriebsformen, die §§ 474 ff. für den Verbrauchsgüterkauf sowie die §§ 491 ff. für den Verbraucherdarlehensvertrag mit den §§ 499 ff. BGB über andere Finanzierungshilfen bei Verbrauchern und die §§ 655 a ff. BGB für die Darlehensvermittlung an Verbraucher.

Häufig kommt diese Spezialität in der Formulierung des Gesetzestextes unmittelbar zum Ausdruck; z.B. durch die Floskeln wie „... die Rechtsfolge XY tritt nicht ein, wenn ...", „... sofern nicht ...", „... es sei denn, daß ...". Hier enthält der Text der besonderen Regeln gewöhnlich zugleich Hinweise auf das oben III 2 diskutierte Problem der Verteilung der Behauptungs- und Beweislast. In anderen Fällen läßt sich das Vorhandensein einer die allgemeinen Bestimmungen einschränkenden oder aufhebenden Spezialvorschrift nur durch teleologische Interpretation aus dem Gesamtzusammenhang des Textes erschließen. So ist aus der Regelung der §§ 992, 993 BGB zu folgern, daß die Ausgleichs- und Haftungsregelungen des Eigentümer-Besitzer-Verhältnisses zugunsten des gutgläubigen Eigenbesitzers die allgemeinen Vorschriften des Delikts- und Bereicherungsrechts als die spezielleren Normen ausschließen; vgl. dazu die Fälle 17.04, 17.08 und 17.09. Ähnliches gilt nach § 684 BGB für das Verhältnis zwischen den Vorschriften über Geschäftsführung ohne Auftrag und dem allgemeinen Bereicherungsrecht; dazu Fall 15.10.

b) Umkehrschluß („argumentum e contrario")

Häufig begnügt sich das Gesetz damit, nur bestimmte Teilaspekte eines umfassenderen Sachproblems zu regeln und damit zum Ausdruck zu bringen, daß in den von dieser Regelung nicht angesprochenen übrigen Fällen das genaue Gegenteil gelten soll. Es liegt hier gewissermaßen ein beredtes Schweigen des Gesetzgebers vor, das es dem Rechtsanwender ermöglicht, im Umkehrschluß doch noch zu einer präzisen inhaltlichen Aussage darüber zu kommen, was in den im Gesetz nicht ausdrücklich erwähnten Situationen rechtens sein soll.

Das bekannteste Beispiel bildet die Regelung der §§ 104 bis 113 BGB über die Geschäftsfähigkeit (die noch um die Vorschrift des § 1903 BGB über die Betreuung mit Einwilligungsvorbehalt ergänzt wird): Der Gesetzgeber hat sich damit begnügt, die Fälle der Geschäftsunfähigkeit und der beschränkten Geschäftsfähigkeit aufzuführen und festzulegen, wie die Wirksamkeit von Rechtsgeschäften einer mit diesem Manko behafteten Person zu beurteilen ist. Daraus ist im Umkehrschluß zu folgern, daß in allen anderen Fällen natürliche Personen als „voll" geschäftsfähig anzusehen sind und die Wirksamkeit der von ihnen abgegebenen Willenserklärungen jedenfalls nicht wegen anderer als der im Gesetz beschriebenen persönlichen Eigenschaften (z.B. wegen des Geschlechts oder der Herkunft) des Handelnden in Frage gestellt werden kann.

Ob ein solcher Umkehrschluß gewollt ist, kommt vielfach im Gesetzestext selbst zum Ausdruck; so deuten insbesondere **abschließende** (= enumerative) **Aufzählungen** von Tatbestandsmerkmalen darauf hin, daß in den nicht erwähnten Fällen etwas anderes (i.d.R. das Gegenteil) gelten soll.

So enthalten z.B. die §§ 2231 ff. BGB eine abschließende Auflistung von Formen, in denen ein Testament errichtet werden kann mit der Folge, daß jede andere Art der Übermittlung eines „letzten Willens" (z.B. die Beauftragung eines Erklärungsboten) nicht als gültige Testamentserrichtung gewertet werden kann. – Die §§ 119 und 120 BGB formulieren eine nicht mehr erweiterungsfähige Aufzählung der Fälle, in denen ein Irrtum beim Rechtsgeschäft zur Anfechtung berechtigt (d.h. beachtlich ist); daraus ergibt sich z.B. im Umkehrschluß, daß vom Fall des Eigenschaftsirrtums abgesehen ein Motivirrtum kein Anfechtungsgrund ist. – Aus der Regelung des § 569 Abs. 5 Satz 2 BGB, daß bei der Vermietung von Wohnraum die Vereinbarung weiterer Gründe für eine fristlose Kündigung des Mietverhältnisses durch den Vermieter unwirksam ist, kann zugleich geschlossen werden, daß die Formulierung von Gründen für eine fristlose Kündigung von Mietverträgen in § 543 BGB, die für die Wohnraummiete in § 569 BGB noch weiter präzisiert und eingeschränkt sind, abschließend ist (in der Praxis wichtig im Hinblick auf die Beschränkung der Möglichkeit zur ordentlichen Kündigung eines Wohnungsmietverhältnisses durch den Vermieter durch die §§ 573 ff. BGB). – Durch § 253 BGB wird festgelegt, daß ein Anspruch auf Ersatz von immateriellem Schaden nur in den vom Gesetz ausdrücklich erwähnten Fällen (vgl. §§ 847, 1300 Abs. 1 BGB) besteht mit der sich als Umkehrschluß ergebenden Konsequenz, daß bei einer Haftung für Sachschäden oder für Körperschäden allein aufgrund von vertraglichen Anspruchsgrundlagen oder bei Gefährdungshaftung kein Anspruch auf Ersatz von Nichtvermögensschäden (Schmerzensgeld, Ausgleich des Affektionsinteresses) besteht; s. dazu u.a. die Fälle 12.08 und 16.01. Das schließt allerdings nicht aus, daß eine vom Gesetzgeber als geschlossen angesehene Regel im Laufe der Jahre durch „modernes" Verfassungsrecht einem Wertewandel unterworfen und so für eine Erweiterung durch Analogieschlüsse geöffnet wird; dazu Fall 2.05.

Die abschließende (und demnach zum Umkehrschluß berechtigende) Aufzählung von Tatbestandsmerkmalen darf allerdings nicht mit der im Gesetz ebenfalls vorkommenden **beispielhaften Regelung** verwechselt werden: Hier läßt der Gesetzgeber ähnlich wie bei der Verwendung von unbestimmten Rechtsbegriffen die inhaltliche Ausgestaltung des Tatbestandes bis zu einem gewissen Grad offen und gibt dem Richter durch die Angabe einiger Beispiele nur einen Hinweis, wie er die in der Norm enthaltene Regelung auch auf andere vergleichbare Sachverhalte erweitern kann.

Vgl. etwa § 823 Abs. 1 BGB, wo neben Leben, Körper, Gesundheit, Freiheit und Eigentum auch „sonstige Rechte“ als Schutzgüter angeführt sind. § 308 BGB deutet mit der Formulierung „... ist *insbesondere* unwirksam ...“ an, daß zusätzlich zu den in den nachfolgenden Ziffern 1 bis 8 aufgeführten Beispielen auch noch andere Klauselverbote mit Wertungsmöglichkeit entwickelt werden können. Auch in § 573 BGB stellt das Wort „insbesondere“ klar, daß die dort aufgezählten Gründe für ein berechtigtes Interesse des Vermieters an einer Wohnraumkündigung nur beispielhaft gemeint sind.

Grundlage eines Umkehrschlusses kann auch das **Weglassen** einzelner Worte oder von Regelungsdetails bei der Formulierung von Regelungen für ähnlich gelagerte Sachverhalte sein.

In § 309 BGB fehlt im Einleitungssatz das in § 308 BGB verwendete Wort „insbesondere“. Daraus ergibt sich, daß die vom Gesetzgeber aufgestellte Liste der Klauselverbote *ohne* Wertungsvorbehalt enumerativ ist und – anders als die Regelung der Klauselverbote *mit* Wertungsmöglichkeit – eine weitere Ausdehnung auf ähnliche Sachverhalte nicht zuläßt (hier ist dann allerdings im Einzelfall noch der Rückgriff auf die allgemeine Generalklausel des § 307 BGB möglich, so daß die Tragweite dieser Unterscheidung nicht überschätzt werden sollte).

Insgesamt ist allerdings die Argumentation mit Umkehrschlüssen sehr problematisch, wenn sie sich nicht auf irgendwelche ausdrücklichen Hinweise im Gesetz stützen kann. Nicht immer kann nämlich aus der Nichterwähnung eines Tatbestandsmerkmals ohne weiteres der Schluß gezogen werden, daß der Gesetzgeber insoweit bewußt eine Abweichung von der von ihm im übrigen getroffenen Regelung angeordnet hat: Möglicherweise ist dieser Sonderfall vom Gesetzgeber schlicht und einfach übersehen worden, so daß in Wirklichkeit eine **Lücke im Gesetz** besteht, die weitaus sachgerechter durch eine analoge Anwendung der ausdrücklich getroffenen Anordnungen zu schließen ist. Darauf wird unter f) noch näher zurückzukommen sein.

c) Verweisungen im Gesetz, Fiktionen

Eine besondere Gesetzestechnik besteht darin, für die Regelung bestimmter Sachverhalte auf andere Vorschriften zu verweisen. Hier macht sich der Normverfasser den hohen Abstraktionsgrad und die intensive begriffliche Systematisierung moderner Gesetze zu Nutze, die es gestatten, Einzelregelungen wie Textbausteine miteinander zu verknüpfen, um Situationen, die auf den ersten Blick kaum etwas miteinander zu tun zu haben scheinen, nach analogen Prinzipien zu ordnen.

So verweist z.B. § 357 BGB für das Widerrufs- und Rückgaberecht bei Verbraucherverträgen mit bestimmten Modifikationen auf die Vorschriften der §§ 346 ff. BGB über den Rücktritt vom Vertrag. Die Hauptnorm des § 355 BGB über den Widerruf bei Verbraucherverträgen ist ihrerseits im wesentlichen nur eine Festlegung von Rechtsfolgen; ob sie im Einzelfall angewendet werden kann, hängt davon ab, ob bei der gesetzlichen Ausgestaltung der verschiedenen Vertragstypen die Rechtsfolge des § 355 BGB besonders angeordnet ist. Das ist der Fall in § 312 Abs. 1 Satz 1 BGB für Haustürgeschäfte, in § 312 d BGB für Fernabsatzverträge, in § 495 BGB beim Verbraucherdarlehensvertrag, über die Verweisung auf § 495 BGB in § 499 BGB auch in sonstigen Fällen der Finanzierungshilfe und in § 505 BGB für Ratenlieferungsverträge. § 355 BGB gilt aber nicht für *alle* Verbraucherverträge (so vor allem nicht beim „einfachen" Verbrauchsgüterkauf nach §§ 474 ff. BGB!).

Die Schwierigkeit von Gesetzesverweisungen besteht darin, daß zwei Typen mit völlig unterschiedlichem Regelungsgehalt genau unterschieden werden müssen:

(1) Rechts**folgen**verweisungen regeln ihren Anwendungstatbestand selbst und verweisen lediglich für die in diesem Fall eintretenden Rechtsfolgen auf andere Bestimmungen. Beispiel hierfür ist die bereits erwähnte Verweisung auf die Vorschriften über den Vertragsrücktritt in der Regelung des Verbraucherwiderrufs gem. § 355 ff. BGB: Hier regelt der Gesetzgeber zuvor in eigenen Normen, unter welchen Voraussetzungen den Verbrauchern nach Vertragsschluß ein Widerrufsrecht gem. § 355 BGB zusteht.

Andere Beispiele: § 581 Abs. 1 BGB (genereller Verweis auf das Mietrecht bei allgemeinen Pachtverträgen), im Werkvertragsrecht finden sich bei der Regelung der Wandelung und Minderung wegen mangelhafter Herstellung des Werks Verweisungen auf das Sachmängelrecht beim Kauf, § 675 BGB (Verweisung auf Vorschriften über den Auftrag bei entgeltlicher Geschäftsbesorgung), §§ 681, 683 BGB (Verweisung auf das Auftragsrecht bei der Geschäftsführung ohne Auftrag), § 865 BGB (Anwendung der Regelung der Rechte des Sachbesitzers auf den Teilbesitz), § 1192 BGB („entsprechende" Anwendung der Vorschriften über die Hypothek auf die Grundschuld), § 1257 BGB („entsprechende" Anwendung der Vorschriften über das rechtsgeschäftliche Faustpfandrecht auf gesetzliche Pfandrechte). – Eine besonders komplizierte Verweisung enthält die für bestimmte Herausgabeansprüche angeordnete „Haftung nach den allgemeinen Vorschriften" (vgl. z.B. § 818 Abs. 4 BGB): Diese Formulierung bezieht sich regelmäßig auf den § 292 BGB, der für die Ansprüche des Gläubigers wegen einer Verschlechterung, des Untergangs oder der aus einem anderen Grund eintretenden Unmöglichkeit der Herausgabe der Sache auf die Regelung der Ansprüche des Eigentümers gegen den Besitzer nach Rechtshängigkeit des Herausgabeanspruchs und damit auf § 989 BGB verweist, woraus sich dann letztlich ergibt, daß Schadensersatzansprüche nur dann bestehen, wenn die Unmöglichkeit der Herausgabe schuldhaft herbeigeführt worden ist. Auch besteht nach § 987 BGB ein Anspruch auf Herausgabe der gezogenen Nutzungen bzw. auf Ersatz der schuldhaft nicht gezogenen Nutzungen.

(2) Das Gegenstück zur Rechtsfolgenverweisung ist die Rechts**grund**verweisung: Hier stellt der Gesetzgeber für bestimmte Varianten des Sachverhalts klar, daß die von ihm für die anderen Fälle getroffene Regelung nicht eingreifen soll und somit die Beurteilung dieses Falles nach anderen allgemeineren Normen freigegeben wird. So macht z.B. die Verweisung auf die Vorschriften über die Herausgabe einer ungerechtfertigten Bereicherung zum Ausgleich eines aufgrund der §§ 946 bis 950 BGB erlittenen Rechtsverlustes in § 951 Abs. 1 BGB deutlich, daß der Gesetzgeber die Ordnung der Eigentumsverhältnisse für den Fall der Verbindung, Vermischung oder Verarbeitung von Sachen (anders als die Regelung des gutgläubigen Eigentumserwerbs) im Verhältnis zwischen früherem Eigentümer und Erwerber hinsichtlich ihrer wirtschaftlichen Auswirkungen noch keineswegs als endgültig betrachtet. Damit bleibt noch die Frage des Vermögensausgleichs zu prüfen, wobei dann auf die §§ 812 ff. BGB zurückzugreifen ist. Dies ist deshalb eine Rechts*grund*verweisung, weil vor der Zuerkennung von Bereicherungsansprüchen auch noch

geprüft werden muß, ob im konkreten Fall ein solcher Bereicherungsanspruch dem Grunde nach besteht, d.h. ob der aufgrund der §§ 946 ff. BGB beim Begünstigten eingetretene Wertzuwachs überhaupt „ohne rechtlichen Grund" erfolgt ist. Besteht ein solcher Rechtsgrund (z.B. aufgrund eines Vertrags zwischen dem Begünstigten und dem früheren Eigentümer oder auch mit einem Dritten, der diesen Vermögenszuwachs als seine Leistung zu erbringen hat), so entfällt auch der Bereicherungsanspruch (was scheinbar dem klaren Wortlaut des § 951 Abs. 1 BGB widerspricht).

Vgl. Fall 17.01. Ein weiteres Beispiel für eine Rechtsgrundverweisung enthält § 994 Abs. 2 BGB, der für den Anspruch des verklagten oder bösgläubigen Besitzers auf Ersatz von notwendigen Verwendungen auf die herauszugebende Sache auf die Vorschriften über die Geschäftsführung ohne Auftrag verweist.

Wann jeweils eine Rechtsfolgenverweisung oder eine Rechtsgrundverweisung vorliegt, läßt sich anhand des Gesetzeswortlauts oft nur schwer ermitteln; hier sind schwierige Untersuchungen des systematischen Zusammenhangs erforderlich. Bei der Rechtsgrundverweisung handelt es sich letztlich um die Klarstellung bestimmter Fragen der Gesetzeskonkurrenz (dazu unten d).

Eine mitunter etwas kurios anmutende Form der Rechtsgrundverweisung ist die im BGB gelegentlich anzutreffende **Gesetzesfiktion.** Hier ordnet der Gesetzgeber an, daß bestimmte Sachverhalte als ein anderer Sachverhalt „gelten"; d.h. in der rechtlichen Beurteilung so zu bewerten sind wie der Sachverhalt, mit dem die Gleichartigkeit fingiert wird. Ein berühmtes Beispiel für eine solche Fiktion war die im Jahr 1969 aufgehobene Bestimmung des § 1589 Abs. 2 BGB, wonach ein uneheliches Kind und sein Vater nicht miteinander verwandt sind: Damit konnten und wollten die Verfasser des BGB keineswegs die biologische Tatsache der Blutsverwandtschaft zwischen Vater und Kind beseitigen; vielmehr brachte das BGB mit dieser Regelung entsprechend den gegen Ende des 19. Jahrhunderts allgemein herrschenden, inzwischen durch Art. 6 Abs. 5 GG verworfenen Moralvorstellungen zum Ausdruck, daß die familien- und erbrechtlichen Beziehungen, die üblicherweise durch die leibliche Verwandtschaft begründet werden, im Verhältnis zwischen einem „un"ehelichen Kind und seinem Vater bzw. dessen Familie nicht gelten sollen.

Weitere, auch heute noch gültige Beispiele: In § 119 Abs. 2 BGB wird der (an sich als Motivirrtum zu qualifizierende) Irrtum über verkehrswesentliche Eigenschaften von Personen oder Sachen als Inhaltsirrtum fingiert, um in diesem Fall eine Anfechtung des Rechtsgeschäfts zu ermöglichen; s. ferner §§ 169, 674 BGB: Fiktion des Fortbestehens einer gem. § 168 Satz 1 BGB durch Beendigung des Auftrags erloschenen Vollmacht zugunsten des gutgläubigen Stellvertreters.

d) Gesetzeskonkurrenzen

Gelegentlich sind für die Beurteilung eines Sachverhalts mehrere Regelungen einschlägig, deren Anwendung zu gleichartigen, aber möglicherweise auch zu abweichenden Rechtsfolgenanordnungen führen kann. Eine solche Gesetzeskonkurrenz zeigt viele Ähnlichkeiten zu den bereits oben unter a) erörterten Fällen der Spezialität. Ihre besondere Eigenart besteht darin, daß bei der

Gesetzeskonkurrenz in sich geschlossene Regelungssysteme aufeinandertreffen können, die einander nicht von vornherein nach dem Prinzip von Regel und Ausnahme oder von allgemeiner und spezieller Norm zugeordnet sind. Das Zusammentreffen verschiedener einschlägiger Vorschriften entsteht vielmehr „zufällig“ aufgrund des Umstandes, daß man ein und denselben Sachverhalt aus verschiedenen rechtlichen Perspektiven betrachtet und so auch zu unterschiedlichen Ansätzen für seine Beurteilung kommt.

So läßt sich z.B. beim Stückkauf der Erwerb einer fehlerhaften Sache aus der Sicht des Käufers nicht nur als ein Fall der Sachmängelgewährleistung nach §§ 434 ff. BGB betrachten, sondern auch als Eigenschaftsirrtum nach § 119 Abs. 2 BGB beurteilen: Der Käufer hat sich beim Vertragsschluß über eine verkehrswesentliche Eigenschaft der Kaufsache geirrt, nämlich die Freiheit von Mängeln, die den Wert oder die Nutzbarkeit der Sache beeinträchtigen. Sachmängelhaftung und Irrtumsanfechtung sind Rechtsregelungen, die prima facie unabhängig voneinander mit völlig unterschiedlichem Problembewältigungsauftrag (Lösung eines Sonderfalls der Leistungsstörung bzw. Sicherung der privatautonomen Selbstverwirklichung beim Abschluß von Rechtsgeschäften) bestehen.

Die Gesetzeskonkurrenz ist typisch für Situationen, in denen der Gesetzgeber zur Lösung einer Situation *unterschiedliche* Rechtsfolgenanordnungen zur Verfügung zu stellen scheint.

So würde in dem erwähnten Beispiel die Anfechtung des Kaufvertrags wegen Irrtums über die Beschaffenheit der Kaufsache gem. § 142 BGB zur Nichtigkeit des Kaufvertrags mit Wirkung ex tunc und zur Rückabwicklung der bereits erbrachten Leistungen nach den Regeln der §§ 812 ff. BGB führen – der Käufer wäre allerdings auch mit der Schadensersatzverpflichtung nach § 122 BGB belastet. Bei zunächst verdeckten Mängeln wäre die Anfechtung gem. § 121 Abs. 2 BGB noch innerhalb eines Zeitraums von zehn Jahren nach Vertragsschluß möglich. Bei Anwendung des Sachmängelrechts kann der in seinen Vorstellungen über die Qualität der Kaufsache enttäuschte Käufer nach § 437 Nr. 2 BGB den Vertrag zwar auch rückgängig machen, er muß jedoch gem. §§ 439, 440 BGB i.d.R. vorerst Nacherfüllungsversuche des Verkäufers abwarten; bei endgültiger Auflösung des Vertrags durch Rücktritt erfolgt die Rückabwicklung der bereits erbrachten Leistungen nach Rücktrittsrecht gem. §§ 346 ff. BGB. Entscheidend ist aber, daß beim Kauf beweglicher Sachen das Rücktrittsrecht auch bei verborgenen Sachmängeln gem. §§ 438 Abs. 4, 218 BGB schon zwei Jahre nach Übergabe der Sache an den Käufer verjährt.

Das Zusammentreffen verschiedener für die Beurteilung eines Rechtsfalls einschlägiger Regelungen kann dazu führen, daß der Art nach gleichgerichtete Rechtsfolgen eines Sachverhalts **rechtlich mehrfach begründet** sind (man könnte so etwas als „Rechtsnormenkonkurrenz“ bezeichnen). Hieraus ergibt sich im Einzelfall zwar keine Vervielfachung der Rechtsfolgen, für den Begünstigten aber immerhin der Vorteil, daß er bei der Durchsetzung der von ihm beanspruchten Rechtsfolge je nach Wahl der rechtlichen Begründung Erleichterungen bei der Behauptungs- und Beweislast oder andere prozeßtaktische Vergünstigungen nutzen kann. Auch können die materiell-rechtlichen Auswirkungen variieren, so z.B. bei der Bemessung von Verjährungsfristen oder bei der Regelung des Leistungsumfangs.

Das geläufigste Beispiel hierfür stellt die Anspruchskonkurrenz zwischen deliktischen und vertraglichen Schadensersatzansprüchen dar: Häufig kann ein und derselbe Sachverhalt unter mehrere der in den §§ 823 ff. BGB aufgeführten Deliktstatbestände subsumiert (vgl. Fall 15.02) und möglicherweise auch noch unter dem Aspekt der Gefährdungshaftung beurteilt werden (vgl. Fall 15.04). Darüber hinaus kann sich die Schädigung als Verletzung von Vertragspflichten darstellen und auch aus diesem Grund zu Schadensersatzansprüchen gegen den hierfür Verantwortlichen führen (vgl. Fälle 15.01 und 15.03). Bei der Haftung für positive Vertragsverletzung gilt die bereits erwähnte Beweislastumkehr des § 280 Abs. 1 Satz 2 BGB, auch besteht volle Verantwortlichkeit des Prinzipals für Hilfspersonen, der Anspruch deckt aber keine immateriellen Schäden ab. Für den deliktischen Schadensersatzanspruch muß der Geschädigte Vorsatz oder Fahrlässigkeit des Handelnden beweisen, die Einstandspflicht für Hilfspersonen ist durch die Möglichkeit des Entlastungsbeweises nach § 831 Abs. 1 Satz 2 BGB eingeschränkt, dafür besteht bei Eingriffen in die körperliche Integrität ein Anspruch auf Schmerzensgeld. Lediglich hinsichtlich der Verjährung des Schadensersatzansprüche (beachte bei Körperschäden die lange Verjährungsfrist des § 199 Abs. 2 BGB von 30 Jahren!) ist durch das SchuldrechtsmodernisierungsG seit dem 1.1.2002 eine für alle Anspruchsgrundlagen einheitliche Regelung geschaffen worden. Bei der Gefährdungshaftung kommt es auf ein Verschulden des Verursachers überhaupt nicht an, der Umfang der Ersatzpflicht ist auf bestimmte Ausgleichsbeträge beschränkt und deckt auf keinen Fall Schmerzensgeldansprüche, auch werden an die Rechtzeitigkeit der Geltendmachung des Schadens strengere Anforderungen gestellt. Vertragliche Ansprüche können nur beim Gericht des Wohnorts oder Geschäftssitzes des Schuldners bzw. am Gerichtsstand des Erfüllungsorts eingeklagt werden; Deliktsansprüche können auch bei dem Gericht des Ortes des Schadenseintritts rechtshängig gemacht werden, was vor allem bei Prozessen gegen Ausländer Vorteile bieten kann.

Gesetzeskonkurrenz kann aber auch nach dem Prinzip der **Spezialität** geregelt sein; d.h. die eine Rechtsfolgenanordnung schließt andere ebenfalls mögliche Rechtsfolgen aus.

So werden durch die speziellen Vorschriften der §§ 987 ff. BGB über das Eigentümer-Besitzer-Verhältnis zugunsten des gutgläubigen Eigenbesitzers möglicherweise einschlägige delikts- oder bereicherungsrechtliche Vorschriften verdrängt, soweit nicht durch die §§ 992 und 993 BGB der Rückgriff auf Bestimmungen über den Schadensersatz wegen unerlaubter Handlung bzw. über die Herausgabe einer ungerechtfertigten Bereicherung ausdrücklich freigegeben ist; vgl. Fall 17.04.

Wann die eine oder die andere Erscheinungsform der Gesetzeskonkurrenz vorliegt, läßt sich im Einzelfall nur schwer bestimmen. Rechtsfolgenverweisungen für besondere Situationen wie die vorstehend erwähnten §§ 992, 993 BGB sind ein Indiz für die Spezialität der im übrigen angeordneten Regelung. Ansonsten hilft eine Beurteilung nach dem Gesetzeszweck weiter: Es kommt darauf an, ob es sinnvoll ist, ein und denselben Sachverhalt aus verschiedenen Perspektiven zu betrachten und hierfür Rechtsfolgen zu formulieren, deren systematischer Ansatz eine umfassendere Beurteilung ermöglicht (dann liegt ein Fall der Rechtsnormenkonkurrenz vor);

So kann die Schädigung eines anderen sowohl unter dem Aspekt der Vertragspflichtverletzung als auch als Verstoß gegen allgemeine Handlungsnormen betrachtet werden. Soweit keine vertraglichen Beziehungen zwischen den Parteien bestehen, kann es sinnvoll sein, die von dem einen Teil zu Lasten des anderen verursachte Vermögensveränderung sowohl als ungerechtfertigte Bereicherung des einen als auch als rechtswidrige Schädigung des anderen zu beurteilen, demnach gibt es auch eine Anspruchsnormenkonkurrenz zwischen delikts- und bereicherungsrechtlichen Vorschriften (vgl. Fall 15.06).

führt dagegen die Anwendung der einen Vorschrift dazu, daß der Anwendungsbereich einer mit ihr konkurrierenden Norm erheblich eingeschränkt werden würde, obwohl sich hierfür kein vernünftiger Anlaß bietet, geht die mit dem schärferen Regelungsprofil ausgestattete Bestimmung als die speziellere Norm vor.

So unterliegen z.B. die Sachmängelansprüche beim Kauf gem. § 438 BGB immer noch einer recht knappen Verjährungsfrist unabhängig von dem Zeitpunkt, an dem der Käufer Kenntnis von seinen Mängelrechten erlangt hat, weil der Gesetzgeber im Interesse des Handels etwaige Garantiefälle schnell geklärt wissen und Streitereien über die im Laufe der Jahre immer schwerer zu beweisende Frage eindämmen wollte, ob die Kaufsache schon im Zeitpunkt des Gefahrübergangs mit dem nunmehr festgestellten Mangel behaftet war. Dieser Befriedungszweck wäre weitgehend unterlaufen, wenn es neben der Sachmängelhaftung noch die Möglichkeit der Anfechtung des Kaufvertrags wegen Eigenschaftsirrtums gäbe, die gem. § 121 Abs. 2 BGB theoretisch noch bis zu zehn Jahren nach Abschluß des Kaufvertrags erfolgen könnte, wenn nur die Anfechtung unverzüglich nach Entdeckung der mangelhaften Eigenschaft erklärt wird. Daher schließen beim Kaufvertrag die §§ 459 ff. BGB das an sich nach § 119 Abs. 2 BGB gegebene Recht des *Käufers* zur Anfechtung des Vertrags wegen Eigenschaftsirrtums als die spezielleren Normen aus, sobald die Gefahr auf den Käufer übergegangen ist; vgl. zu diesem Thema Fall 7.06.

Ein weiteres Beispiel für die Spezialität einer gesetzlichen Regelung bieten die Vorschriften der §§ 683, 677 ff. BGB über die gerechtfertigte Geschäftsführung ohne Auftrag im Verhältnis zu den Regelungen des Bereicherungs- und Deliktsrechts, wie aus den §§ 684, 687 BGB abgeleitet werden kann; auch die Bestimmungen der §§ 932 ff. BGB über den gutgläubigen Eigentumserwerb an beweglichen Sachen vom Nichtberechtigten (guter Glaube bleibt auch bei leicht fahrlässiger Unkenntnis der tatsächlichen Eigentumslage geschützt, vgl. § 932 Abs. 2 BGB!) sind gegenüber den §§ 812 ff. und 823 ff. BGB Spezialvorschriften, wie u.a. im Umkehrschluß aus § 951 BGB gefolgert werden kann.

Für den Studienanfänger bleibt in dieser schwierigen Materie nur der Rat, sich die – zum Glück nicht sehr zahlreichen – Beispiele für Gesetzeskonkurrenzen einzuprägen; die wichtigsten Anwendungsbeispiele werden unten in § 22 II 4 bei der Aufzählung der in Übungsfällen zu prüfenden Anspruchsgrundlagen dargestellt.

e) Rangverhältnisse unter Normen, verfassungs- und europarechtskonforme Auslegung

Ein besonderer Fall der Gesetzeskonkurrenz besteht bei Vorschriften, die in einem zeitlichen oder hierarchischen Rangverhältnis zueinander stehen:

aa) So hebt eine **neue Rechtsvorschrift,** die einen durch eine ältere Bestimmung bereits geregelten Sachverhalt anders normiert, die ältere Norm auf oder ändert sie ab, auch wenn dies im neuen Gesetz nicht ausdrücklich so bestimmt sein sollte. Einzelheiten werden üblicherweise in Übergangsregelungen bestimmt, die dem neu erlassenen Gesetz beigefügt sind. Damit ist auf jeden Fall klargestellt, daß Sachverhalte, die nach Inkrafttreten der neuen Norm neu wirksam geworden sind, nur nach dem neuen Recht zu beurteilen sind. Ob dies auch für bereits in der Vergangenheit liegende, noch in die Gegenwart hineinwirkende Sachverhalte so gilt, oder ob solche „Altfälle" auch weiterhin noch nach früherem Recht zu beurteilen sind, richtet sich dagegen nach den vom

Gesetzgeber hierzu erlassenen Übergangsvorschriften, hilfsweise nach allgemeinen Regeln des „intertemporalen Privatrechts", deren komplizierte Details allerdings das Lernprogramm einer Einführung in die Grundzüge des Bürgerlichen Rechts überschreiten (vgl. etwa die Art. 219 bis 229 EGBGB).

Angesichts der großen Tragweite der Veränderung des BGB durch das seit dem 1.1.2002 geltende SchuldrechtsmodernisierungsG v. 26.11.2001 sollten Sie wenigstens die Übergangsvorschriften für dieses Gesetz im Kopf haben: Für „alte" Schuldverhältnisse, die vor dem 1.1.2002 begründet worden sind, bleiben gem. Art. 229 § 5 Satz 1 EGBGB das BGB in seiner bis zum 31.12.2001 gültigen Fassung und seine damals vorhandenen Nebengesetze weiter maßgebend. Dauerschuldverhältnisse (z.B. Miet- oder Arbeitsverträge) aus der Zeit vor diesem Stichtag werden allerdings mit einem Jahr Verzögerung ab dem 1.1.2003 auf das „neue" Recht umgestellt (Art. 229 § 5 Satz 2). Sondervorschriften gelten nach Art. 229 §§ 6 und 7 EGBGB für die Verjährung von Ansprüchen, die vor dem 1.1.2002 entstanden sind, aber noch nicht bis zum Ablauf des 31.12.2001 verjährt waren, sowie für Zinsvorschriften.

Vgl. die Fälle 2.02 und 4.02. – Ferner sind Fragen des intertemporalen Rechts im Zusammenhang mit dem Beitritt der früheren DDR zur Bundesrepublik Deutschland aufgeworfen worden; hier ging es darum, sozusagen über Nacht ein komplettes, auf wesentlich anderen gesellschaftlichen Vorstellungen beruhendes Rechtssystem zum Stichtag des 3.10.1990 auf die Rechtsordnung der BRD umzustellen. Für das Bürgerliche Recht wird dies durch die Art. 230 bis 236 EGBGB geleistet; vgl. dazu die Fälle 19.01 und 19.04.

Bei der Bearbeitung der Ihnen vorgelegten Übungsfälle sollten Sie daher genau auf etwa mitgeteilte Daten achten. Fehlen solche Zeitangaben, so müssen Sie davon ausgehen, daß das *im Zeitpunkt der Aufgabenbearbeitung geltende Recht* auf den Sachverhalt anzuwenden ist und Probleme des Übergangsrechts nicht bedacht zu werden brauchen.

bb) Konkurrenzfragen entstehen auch dann, wenn Rechtsnormen mit **„höherrangigen" Vorschriften** zusammentreffen. Zwar sind grundsätzlich alle Rechtssätze gleich verbindlich, unabhängig davon, aus welcher Rechtsquelle sie herstammen. Wie aus Art. 1 Abs. 3 GG zu entnehmen ist, sind jedoch die in den Art. 2 bis 19 GG aufgeführten Grundrechte auch für die Gesetzgebung „bindend" mit der Folge, daß verfassungswidrige Rechtsvorschriften ungültig sind; in gleicher Weise statuiert Art. 25 GG einen Vorrang für die allgemeinen Regeln des Völkerrechts und Art. 31 GG ein Rangverhältnis zwischen Bundesrecht und Landesrecht. Schließlich kommt es immer häufiger vor, daß die Europäische Gemeinschaft durch eigene Rechtsakte innerstaatliches Recht aufhebt oder abändert, was in Anbetracht des Art. 23 Abs. 1 GG ebenfalls Konsequenzen hat.

Die komplizierten verfassungsrechtlichen Fragen, die derartige Kollisionsfälle aufwerfen, können hier nicht weiter diskutiert werden. Wichtig für Sie ist der Umstand, daß der Vorrang verfassungs- bzw. europarechtlicher Normen zur **verfassungs- (bzw. europarechts-)konformen Auslegung** geführt hat: Läßt der Wortlaut einer Vorschrift mehrere Interpretationsmöglichkeiten zu, hat diejenige den Vorzug, die am besten den verfassungs- oder vorhandenen europarechtlichen Vorgaben entspricht. Ebenso soll immer die Auslegung gewählt werden, mit deren Hilfe eine mögliche Kollision der fraglichen Rechtsnorm mit höherrangigem Recht vermieden werden kann.

Ein berühmtes Beispiel für die verfassungskonforme Auslegung des BGB ist die Entwicklung des Allgemeinen Persönlichkeitsrechts als „sonstiges Recht" i.S.d. § 823 Abs. 1 BGB und die Anerkennung von Schmerzensgeldansprüchen bei Beleidigungen und anderen Persönlichkeitsrechtsverletzungen durch die moderne Zivilrechtsprechung (sogar gegen den erklärten Willen des historischen Gesetzgebers, der noch aus den Gesetzgebungsmaterialien zum BGB nachgewiesen werden kann; vgl. Fall 2.05).

f) Gesetzeslücken und Analogieschlüsse

Die Rechtsordnung stellt sich als ein prinzipiell lückenloses System von Regelungen für alle denkbaren Situationen dar. Auch dort, wo eine ausdrückliche Rechtsfolgenanordnung für einen bestimmten Sachverhalt fehlt, ist in Wirklichkeit eine Regelung dieses Falles vorhanden: Aus dem „Schweigen des Rechts" folgt nämlich im Umkehrschluß die Entscheidung des Normgebers, daß dieser spezielle Fall ohne Sanktionen oder andere Regelungen bleiben, sondern ausschließlich dem freien Spiel der gesellschaftlichen Kräfte überlassen sein soll.

Vgl. etwa den Fall 1.03: Durch Beschränkung der Schadensersatzpflicht für unerlaubte Handlungen auf bestimmte, genau abgegrenzte Tatbestände hat der Gesetzgeber z.B. Schäden und andere Nachteile, die sich für die wirtschaftliche Existenz eines Gewerbetreibenden aus dem Auftreten eines Mitbewerbers ergeben können, zumindest so lange ohne Sanktionen gestellt, wie der Wettbewerb unter fairen Bedingungen stattfindet. Insoweit ist die Schadenszufügung daher als nicht rechtswidrig anzusehen, selbst wenn dabei das Lebenswerk eines der Beteiligten zerstört werden sollte.

Es kommt allerdings immer wieder vor, daß sich in einer gesetzlichen Regelung **Lücken** finden, weil der Gesetzgeber bestimmte Situationen oder die Weiterentwicklung von sozialen Verhältnissen nicht vorausgesehen und aus diesem Grund hierfür keine Regelung getroffen hat. Hier kann daher aus dem Schweigen des Gesetzgebers nicht gefolgert werden, daß die von der gesetzlichen Regelung nicht erfaßte Situation rechtsfolgenlos bleiben muß.

Der Richter, der einen Sachverhalt zu entscheiden hat, der in eine solche Gesetzeslücke fällt, kann aber andererseits mit der Erledigung des Prozesses nicht so lange zuwarten, bis der Gesetzgeber dieses Manko durch Erlaß einer entsprechenden Rechtsnorm ausgeglichen hat. Hier ist es vielmehr die Befugnis (und die Pflicht) des Gerichts, durch Vergleich des zur Entscheidung anstehenden Sachverhalts mit ähnlichen im Gesetz geregelten Fällen, d.h. durch einen **Analogieschluß,** zu einer Regelung zu kommen, die sich widerspruchslos in die Systematik des Gesetzes einfügt und am besten dessen Intentionen entspricht.

In der praktischen Rechtsanwendung setzt ein Analogieschluß sonach als erstes voraus, daß das Vorliegen einer Gesetzeslücke nachgewiesen wird (denn sonst müßte die Rechtsfrage aus den vorhandenen Regelungen im Umkehrschluß direkt beantwortet werden). Diese Beurteilung kann schwierig sein und setzt einen zuverlässigen Überblick über den Gesamtzusammenhang wenigstens des fraglichen Teilrechtsgebiets voraus, denn eine Gesetzeslücke ist letztlich immer ein Systemfehler der Rechtsordnung; um Fehler im System feststellen zu können, muß man aber das System erst einmal kennen. In einem zweiten Schritt erfolgt sodann die Suche nach vergleichbaren Sachverhalten, deren gesetzliche Regelung sich auf den fraglichen Fall „entsprechend“ übertragen läßt.

Die Musterlösung zu Fall 2.05 zeigt am Beispiel des § 847 BGB die Methode der schulmäßigen Entwicklung eines Analogieschlusses im Gutachten: Zunächst ist das Vorhandensein einer Gesetzeslücke zu begründen; im Anschluß daran wird dargelegt, inwieweit es möglich ist, die für einen „ähnlichen“ Fall formulierte gesetzliche Regelung auf den konkreten Sachverhalt zu übertragen. Vgl. auch Fall 11.09 mit einer Analogie zur Gefahrtragungsregelung des § 645 BGB.

V. Die Darstellung des Arbeitsergebnisses

Schließlich besteht die Aufgabe des Juristen darin, das Ergebnis seiner rechtlichen Beurteilung des Sachverhalts anderen mitzuteilen. Dabei geht es nicht allein um die Formulierung der als Abschluß der Analyse ermittelten Rechtsfolge, sondern vor allem um deren Begründung, also um die Darlegung des Gedankengangs, der zu dieser Feststellung geführt hat: Das gilt nicht nur für den Anwalt, der die Sache seines Klienten zu vertreten hat, sondern in gleicher Weise auch für den Richter oder andere Amtswalter, die zur Prüfung und Bescheidung des Falls berufen sind. Der Rechtsanwender unserer Tage ist kein Potentat, der über einen ihm vorgelegten Streitfall kraft der ihm innewohnenden und von niemandem hinterfragten Autorität seinen Spruch fällt, weil er allein es so und nicht anders für richtig und „gerecht“ befindet. Wie schon am Eingang dieses Kapitels gezeigt worden ist, beruht Rechtsfindung vielmehr auf der nachvollziehbaren und auch für andere überzeugenden Ableitung des im konkreten Sachverhalt formulierten Urteils aus dem Gesetz. Das bedeutet in der praktischen Arbeit verbale Kommunikation mit anderen; für den Juristen ist die Fähigkeit zur folgerichtigen Entwicklung von Gedankengängen und die sichere Beherrschung der Sprache als „Arbeitswerkzeug“ daher ebenso wichtig wie die Kenntnis der Gesetze.

Entsprechend der oben zu II geschilderten Aufgabenstellung teilt der Jurist seine Beurteilung des Sachverhalts entweder in der Form einer Entscheidung oder als Gutachten mit. Hieraus haben sich zwei unterschiedliche Formen der Darstellung entwickelt: der **Gutachtenstil** und der **Urteilsstil.**

1. Gutachtenstil

Der Gutachtenstil zielt auf eine umfassende rechtliche Überprüfung des Sachverhalts ab; dabei werden auch Gesichtspunkte diskutiert, die zwar bei erster

Betrachtung mit zu bedenken sind, nach näherer Prüfung jedoch als nicht weiter zielführend ausgeschlossen werden können. Gerade die Untersuchung aller überhaupt in Frage kommenden Aspekte des Falls und die fundierte Ausschließung der irrelevanten Beurteilungsvarianten macht den Wert eines sorgfältigen Rechtsgutachtens aus. Selbstverständlich muß dann auch das so gefundene negative Ergebnis mitgeteilt werden, denn derjenige, für den das Gutachten bestimmt ist, muß auch insoweit die Möglichkeit der Überprüfung haben, ob er sich bei seiner dann zu treffenden Entscheidung der Beurteilung des Gutachters anschließt.

Nach Darstellung des Tatbestandes, den der Gutachter entweder selbst ermittelt oder – wie bei Übungsarbeiten im Studium – als Fragestellung vorgegeben erhalten hat, beginnt das Gutachten daher mit der Angabe der Rechtsnormen, die (als möglicherweise einschlägig) zur Prüfung des Falles herangezogen worden sind. Der Bearbeiter tastet sich sodann anhand der Tatbestandsmerkmale dieser Vorschriften allmählich an das Ergebnis heran, indem die Fakten des zu prüfenden Sachverhalts hierunter subsumiert werden, d.h. geprüft wird, ob im Einzelfall die gesetzlichen Anforderungen für eine Feststellung der angeprüften Rechtsfolge gegeben sind.

Dies bedingt die sprachliche Eigenart des Gutachtenstils, die darin besteht, daß die jeweils aufgeworfenen Fragestellungen und die aus dem Gesetz abgeleiteten Vorgaben für die eine oder andere Antwort zunächst mit unverbindlichen Formulierungen wie „könnte (kann) … sein“, „Voraussetzung ist …“, „dazu ist erforderlich …“ einführt, bis nach vollständiger Erörterung aller Gesichtspunkte eine abschließende Beantwortung möglich ist. Das festgestellte Ergebnis folgt jeweils am Schluß des Textes aus den in den vorangestellten Sätzen entwickelten Argumenten. Die für ein Gutachten typische sprachliche Verknüpfung der einzelnen Satzperioden wird durch Worte wie „somit“, „demnach“, „daher“ oder „daraus folgt“ hergestellt.

Vom Rechtsstudenten wird erwartet, daß er während seines Studiums den Gutachtenstil sicher beherrschen lernt; Übungsfälle sind üblicherweise in der Form eines Rechtsgutachtens zu bearbeiten. Auch bei den in diesem Arbeitsbuch abgedruckten Beispielsfällen sind die Musterlösungen durchweg im Gutachtenstil verfaßt.

2. Urteilsstil

Im Urteilsstil wird eine bereits getroffene Entscheidung (oder eine Rechtsbehauptung wie z.B. in einem Antrag an das Gericht oder eine Behörde) begründet. Demnach steht das Ergebnis am Anfang, die nachfolgenden Darlegungen zeigen die Argumente auf, aus denen sich diese Feststellung ergibt. Die rechtlichen Gesichtspunkte, die sich für das dargestellte Ergebnis nicht als tragend erwiesen haben, treten in den Hintergrund und werden allenfalls am Schluß des Textes als Beleg dafür angeführt, daß sie bei der Beurteilung des Falles zwar ebenfalls bedacht worden sind, aber zu keinem abweichenden Ergebnis geführt haben.

Der Gedankenaufbau der rechtlichen Würdigung eines Sachverhalts im Urteilsstil erfolgt demnach in umgekehrter Reihenfolge wie beim Gutachten. Seine sprachliche Form ist bestimmt, die mitgeteilten Fakten und rechtlichen Schlußfolgerungen werden als gegeben und nicht mehr weiter hinterfragbar dargestellt. Einwände werden mit einem „zwar …" eingeführt, um im nächsten Satz mit einem „aber …" oder „jedoch …" widerlegt zu werden. Im übrigen werden die Folgesätze mit dem vorangestellten Ergebnis durch Worte wie „da …", „weil …", „denn …", „nämlich …" oder „dies folgt daraus, daß …" verbunden. Insgesamt ist eine rechtliche Beurteilung im Urteilsstil wesentlich knapper (und für den Leser möglicherweise auch leichter verständlich) als ein gelegentlich doch ziemlich langatmiges und umständlich alle denkbaren Gesichtspunkte erörterndes Gutachten.

Der Rechtsstudent wird mit dem Urteilsstil zwar ständig konfrontiert, weil er die übliche Sprachform für Lehrbuchdarstellungen und Gerichtsentscheidungen ist. Er selbst sollte diese Ausdrucksweise allerdings besser vermeiden, weil sie dazu verleitet, an einen Fall mit vorgefaßter Meinung heranzutreten und dadurch möglicherweise wesentliche Beurteilungsgesichtspunkte zu übersehen. Gerade der Anfänger muß sich daher zunächst in der möglichst breit angelegten gutachterlichen Analyse eines Sachverhalts üben. In Übungsarbeiten ist eine Rechtsauskunft im Urteilsstil nur dort am Platze, wo eine knappe Antwort gefragt ist oder wo es darum geht, im Rahmen eines Gutachtens nicht weiter problematische Nebenfragen schnell abzuhandeln.

3. Beispiel

Der Unterschied in der Darstellung der rechtlichen Beurteilung eines Sachverhalts im Gutachtenstil und im Urteilsstil soll anhand der Lösung des nachfolgenden Fallbeispiels gezeigt werden:

Sachverhalt:

Konrad kauft am 26.8. in der Buchhandlung des Viktor im Rahmen einer bis zum 27.8. befristeten „Aktionswoche für die italienische Literatur" eine fabrikneue Ausgabe von „Casanovas Memoiren" in 12 Bänden zum Sonderpreis von 120,– € (üblicher Preis: 180,– €). Er übernimmt die Bücher in der folienverschweißten Originalkassette, ohne sich die einzelnen Bände noch einmal anzuschauen. Erst einige Tage später beginnt er, in seinem Neuerwerb herumzublättern. Dabei stellt er fest, daß in drei der zwölf Bände einige Bögen verheftet sind, so daß jeweils mehrere Seiten doppelt, andere dagegen überhaupt nicht vorhanden sind.

Am 2.9. bringt Konrad die Buchkassette in den Laden des Viktor zurück und verlangt Lieferung einer neuen einwandfreien „Casanova-Ausgabe". Viktor weist diese Forderung zurück: Er habe von den verhefteten Seiten nichts gewußt, sondern die Bücher so, wie er sie von seinem Lieferanten erhalten habe, weiterverkauft. Die von ihm vorgenommenen Stichproben hätten keinerlei Hinweise darauf ergeben, daß einzelne Bände aus der Lieferung möglicherweise nicht in Ordnung sein könnten. Es wäre vielmehr

Konrads Sache gewesen, sich das von ihm ausgewählte Bücherpaket vor dem Kauf anzusehen und sofort zu reklamieren; wenn er erst einige Tage später auf verheftete Seiten stoße, so sei dies nunmehr sein Problem. Auch sei während der Sonderaktion der Preis für die Gesamtausgabe um 33% reduziert gewesen; dies sei ein hinreichendes Äquivalent dafür, daß bei 25% der verkauften Bücher teilweise Mängel aufgetreten sind. Viktor wendet ferner ein, daß er die während der Sonderaktion reduzierten Bücher aus einem Insolvenzverkauf günstig habe erwerben können; dieser Vorrat sei inzwischen aufgebraucht. Wenn Konrad eine einwandfreie Ausgabe der „Memoiren" haben wolle, könne er sie ihm daher nur noch zum regulären Verlagspreis besorgen.

Ist der Anspruch des Konrad berechtigt?

Bei dem vorstehenden Sachverhalt geht es um Rechte des Konrad aus dem mit Viktor abgeschlossenen Kaufvertrag, und zwar um Sachmängelansprüche. Eine schulmäßige Erörterung des Falls im **Gutachtenstil** würde etwa folgendermaßen lauten:

Konrad könnte den Anspruch auf Nachlieferung einer fehlerfreien Gesamtausgabe von „Casanovas Memoiren" gem. §§ 433 Abs. 1, 434 Abs. 1, 437 Nr. 1, 439 BGB auf den am 26.8. mit Viktor abgeschlossenen Kaufvertrag stützen. Gegen das Zustandekommen eines solchen Kaufvertrags ergeben sich aus dem vorliegenden Sachverhalt keine Bedenken.

Unterstellt man, daß die von Viktor gelieferten Bücher als i.S.v. § 434 Abs. 1 BGB nicht frei von Sachmängeln anzusehen sind, würde sich ein Anspruch des Konrad auf Umtausch der gekauften Buchkassette in eine mangelfreie Gesamtausgabe gem. § 439 Abs. 1 BGB dann ergeben, wenn die Lieferung mangelfreier Ware noch möglich ist. Da die von Konrad erworbene Casanova-Ausgabe aus einer aktuellen Verlagsproduktion stammt, kann davon ausgegangen werden, daß einwandfreie Stücke (entweder die gesamte Kassette oder Ersatz für die drei verhefteten Einzelbände) von Viktor noch beschafft werden können.

Im vorliegenden Fall könnte jedoch zumindest an eine beschränkte Gattungsschuld zu denken sein, da Viktor die Casanova-Ausgabe jedenfalls zu dem mit Konrad vereinbarten Preis von 180,– € nur während einer zeitlich begrenzten, von ihm als „Woche der italienischen Literatur" bezeichneten Sonderaktion verkauft hatte und die Ware, wie sich nunmehr herausstellt, aus einem von Viktor besonders günstig beschafften Vorrat stammt, der inzwischen erschöpft ist. Sind bei einer beschränkten Gattungsschuld Stücke aus dem ursprünglichen Vorrat nicht mehr verfügbar, so ist – jedenfalls aus Sicht des Schuldners – nach § 275 Abs. 1 BGB ebenfalls der Nachlieferungsanspruch ausgeschlossen und (da im vorliegenden Fall eine Reparatur der gelieferten Ware nicht in Betracht kommt) der Sachmängelanspruch des Käufers auf das Recht zum Rücktritt oder zur Minderung des Kaufpreises beschränkt. Die Tatsache allein, daß der Verkäufer im Rahmen einer zeitlich begrenzten Sonderverkaufsaktion Waren zu einem herabgesetzten Preis anbietet, macht dieses Warenangebot aber noch nicht zu einer beschränkten Gattungsschuld. So lange Stücke aus der Gattung ohne Schwierigkeiten auf dem Markt beschafft werden können (wenn auch unter höheren Einstandskosten), kann von einer beschränkten Gattungsschuld nur dann die Rede sein, wenn der Verkäufer sein Beschaffungsrisiko für den Käufer erkennbar auf einen definierten Vorrat begrenzt hat (z.B. durch die Aussage „Verkauf solange Vorrat reicht"). Andernfalls führt die grundsätzliche Wiederbeschaffbarkeit der Ware zu einer unbeschränkten Gattungsschuld. Auch der Umstand, daß die verkaufte Ware vom Verkäufer selbst besonders günstig erworben werden konnte, ist irrelevant, solange nicht während der Aktion (in wettbewerbsrechtlich zulässiger Weise) auf die Begrenztheit des angepriesenen Warenvorrats hingewiesen wird; andernfalls könnte beim Handel mit der Gattung nach bestimmten Waren das Beschaffungsrisiko des Verkäufers in einer für den Käufer nicht mehr kontrollierbaren Weise zum Nachteil des Kunden eingeschränkt werden. Demnach ist im vorliegenden

Fall davon auszugehen, daß Konrad einen Anspruch auf Nachlieferung mangelfreier Bücher hätte, wenn sein Sachmängelanspruch im übrigen begründet ist.

Voraussetzung hierfür ist zunächst, daß die von Viktor am 26.8. gelieferten Bücher überhaupt i.S.v. § 434 Abs. 1 BGB als fehlerhaft anzusehen sind. Normalerweise ist ein Buch, in dem einzelne Bögen so verheftet sind, daß mehrere Seiten fehlen, nicht mehr im Zusammenhang lesbar und damit in seinem Gebrauch erheblich gemindert.

Im Hinblick darauf, daß eine zwölfbändige Gesamtausgabe verkauft worden ist und dieser Mangel nur in drei der verkauften Bücher aufgetreten ist, stellt sich jedoch die Frage, ob der Fehler die gesamte Buchkassette betrifft oder nur ein Mangel der drei Bände ist, in denen sich die verhefteten Bögen befinden. Der Gebrauchswert von Büchern wird indessen auch dann durch verheftete Druckbögen gemindert, wenn dieser Mangel nur an einigen Bänden einer mehrbändigen Gesamtausgabe auftritt, denn der Käufer hat ein berechtigtes Interesse an der unbehinderten Lektüre des gesamten in der Ausgabe enthaltenen Textes. Im übrigen stellt sich die Frage, ob die Buchkassette insgesamt oder nur die drei Bände mit den verhefteten Bögen als fehlerhaft anzusehen sind, für den hier zu diskutierenden Nacherfüllungsanspruch noch nicht: Wenn Konrad gem. § 439 Abs. 1 BGB die Nachlieferung mangelfreier Ware verlangen kann, ist es allein Sache des Viktor, darüber zu entscheiden, ob er diesen Anspruch durch Austausch der drei fehlerhaften Einzelbände oder durch Lieferung einer kompletten neuen Casanova-Ausgabe erfüllt.

Viktor könnte gem. § 439 Abs. 3 BGB die von Konrad geforderte Nacherfüllung verweigern, weil sie für ihn mit unverhältnismäßig hohen Kosten verbunden ist. Der aus einem Insolvenzverkauf preisgünstig erworbene Warenbestand ist inzwischen verbraucht, für die Nachlieferung müßte sich Konrad zu den üblichen, teueren Großhandelspreisen eindecken, obwohl er als Gegenleistung nur den von Konrad gezahlten geringeren Sonderpreis eingenommen hat. Der Unternehmerrückgriff nach § 478 BGB ist für den Konrad im vorliegenden Fall nicht möglich, da er die Ware nicht beim Grossisten oder unmittelbar beim Verlag, sondern aus einem Insolvenzverkauf erworben hat. Viktor hat bei seiner Sonderaktion die wirtschaftlichen Hintergründe der günstigen Kalkulation des Endverkaufspreises für die Casanova-Buchkassette nicht weiter offengelegt, das ganze lief vielmehr unter der Werbung für eine „Aktionswoche für die italienische Literatur". Konrad brauchte sich daher nicht darum zu kümmern, aus welchen Gründen die von ihm erworbenen Bücher billiger waren als der „normale" Preis; auch hier gilt wieder, daß dem Sachverhalt keine Hinweise auf eine Begrenzung des den Viktor treffenden Beschaffungsrisikos entnommen werden können. Es gehört jedoch grundsätzlich zu dem mit einem Gattungskauf verbundenen Beschaffungsrisiko des Verkäufers, daß die für eine Nachlieferung gem. § 439 Abs. 1 BGB benötigte neue Ware auch zu einem höheren Einstandspreis besorgt werden muß als die ursprünglich verkauften Stücke. I.S.v. § 439 Abs. 3 Satz 1 BGB „unverhältnismäßig" werden die auf diese Weise vom Verkäufer aufzubringenden Kosten erst dann, wenn infolge anderer Umstände der Einstandspreis für die neue Ware inzwischen erheblich über das übliche Preisniveau angestiegen ist und in keinem Verhältnis zur Bedeutung des Mangels und zu den Nachteilen des Käufers bei einer Verweigerung der Nacherfüllung stehen würde. Dies ist vorliegend nicht der Fall; Viktor kann sonach den von Konrad erhobenen Anspruch nicht nach § 439 Abs. 3 BGB ablehnen.

Der Mangel könnte im vorliegenden Fall deshalb als (vergleichsweise) unerheblich anzusehen sein, weil Viktor die Casanova-Ausgabe zu einem gegenüber dem regulären Verlagspreis um ein Drittel niedrigeren Verkaufspreis an Konrad überlassen hatte. Auch dann, wenn eine Ware „billiger" verkauft wird, hat der Käufer indessen grundsätzlich ein Recht auf mangelfreie Lieferung, es sei denn, der Preisnachlaß wird ausdrücklich damit motiviert, daß die Kaufsache möglicherweise nicht mehr ganz fehlerfrei ist, so daß der Kunde Mängel im Rahmen der Preisminderung beim Kaufabschluß bewußt in Kauf nimmt. Eine solche Situation ist jedoch im vorliegenden Fall nicht gegeben: Wie schon erwähnt hatte Viktor seine Sonderaktion vielmehr mit einem kulturellen Anlaß („Woche der italienischen Literatur") begründet; hier brauchen seine Kunden nicht damit zu rechnen, daß die preisgünstig angebotenen Bücher mit Fehlern behaftet sind, für die eine Sachmängelhaftung des Verkäufers ausgeschlossen sein soll.

Es bleibt weiter zu prüfen, ob die Sachmängelhaftung des Viktor deswegen ausgeschlossen ist, weil ihm selbst die Mängel der noch in der Originalverpackung des Verlags angelieferten Bände trotz der von ihm vorgenommenen üblichen Stichproben nicht bekannt gewesen sind, so daß ihm jedenfalls weder Vorsatz noch Fahrlässigkeit i.S.d. § 276 BGB zur Last gelegt werden können. Die Sachmängelhaftung tritt indessen unabhängig von einem möglichen Verschulden des Verkäufers in bezug auf die Fehlerhaftigkeit der Kaufsache ein; demnach ist es für den Anspruch des Konrad unerheblich, ob der Viktor von den Mängeln der verkauften Bücher wußte oder nicht.

Der Anspruch des Konrad könnte ferner entfallen sein, weil dieser es bei Entgegennahme des Buchpakets unterlassen hatte, die Ware zu prüfen, so daß er auch nicht deren Mängel sofort rügen konnte. Nach § 442 BGB wird die Sachmängelhaftung des Verkäufers wegen eines vom Käufer zu vertretenden Umstandes überhaupt nur dann ausgeschlossen, wenn dieser *schon bei Abschluß des Kaufvertrags* den Sachmangel kannte oder hiervon nur infolge grober Fahrlässigkeit nichts wußte. *Bei Übernahme der Ware* spielt dagegen eine etwa vorhandene Kenntnis des Käufers von Mängeln der Sache keine Rolle mehr; demgemäß kann ihn (jedenfalls bei Kaufverträgen, die kein beiderseitiges Handelsgeschäft i.S.d. § 377 Abs. 1 HGB sind) auch keine Obliegenheit treffen, die Ware bei Entgegennahme auf Mängelfreiheit zu prüfen. Da die Kassette mit der Casanova-Ausgabe in Folien verschweißt war, ist es schon aus diesem Grund ausgeschlossen, daß Konrad bei Abschluß des Kaufvertrags die fehlerhafte Beschaffenheit der von ihm erworbenen Bücher kannte oder kennen mußte. Der insoweit erhobene Einwand des Viktor ist daher unbegründet.

Weitere Gesichtspunkte, die zu einem Ausschluß des Sachmängelanspruchs des Konrad führen könnten, sind nicht ersichtlich. Zusammenfassend kann sonach festgehalten werden: Gem. §§ 433 Abs. 1, 434 Abs. 1, 437 Nr. 1, 439 Abs. 1 BGB kann Konrad von Viktor mangelfreie Nachlieferung der drei verhefteten Bände der Casanova-Ausgabe verlangen. Viktor kann diesen Nachlieferungsanspruch entweder dadurch erfüllen, daß er dem Konrad gegen Rücknahme der Buchkassette eine andere fabrikneue Gesamtausgabe von Casanovas Memoiren liefert, oder indem er die drei verhefteten einzelnen Bände gegen einwandfreie Bücher austauscht.

Im **Urteilsstil** wäre die Lösung wie folgt zu formulieren:

Konrad kann von Viktor gem. §§ 433 Abs. 1, 434 Abs. 1, 437 Nr. 1, 439 Abs. 1 BGB den Austausch der drei verhefteten Bücher aus der Gesamtausgabe von „Casanovas Memoiren" in einwandfreie Exemplare verlangen; Viktor kann nach seiner Wahl diesen Anspruch auch durch Nachlieferung einer mangelfreien neuen Casanova-Gesamtausgabe erfüllen.

Der Anspruch auf Nacherfüllung besteht gem. §§ 437 Nr. 1, 439 Abs. 1 BGB, weil drei Bände der am 26.8. von Konrad erworbenen Casanova-Gesamtausgabe mit einem Sachmangel i.S.d. § 434 Abs. 1 BGB behaftet sind. Ein Buch, in dem Druckbögen verheftet sind, so daß einige Seiten fehlen und andere doppelt eingebunden sind, eignet sich nicht für die Verwendung als Buch, denn der Käufer kann die Möglichkeit zur ungestörten Lektüre des gesamten Buches erwarten. Der Umstand, daß sich diese Fehler nur in drei Bänden der 12-bändigen Gesamtausgabe befinden, macht diesen Mangel nicht unerheblich, denn der Käufer einer Gesamtausgabe hat Anspruch darauf, Zugriff auf den gesamten in der Edition enthaltenen Text zu erhalten. Der Mangel ist auch nicht deswegen unbedeutend, weil Konrad die Gesamtausgabe zu einem um ein Drittel verbilligten Preis erworben hatte, denn auch beim Kauf zu einem Sonderpreis hat der Käufer grundsätzlich Anspruch auf Lieferung von einwandfreier Ware, es sei denn, der Preis ist gerade wegen möglicher Mängel der Kaufsache herabgesetzt worden. Zu letzterem bietet der Sachverhalt jedoch keinen Anhalt: Konrad hatte die Casanova-Edition im Rahmen einer von Viktor veranstalteten „Woche der italienischen Literatur", also aus einem kulturellen Anlaß, erworben und brauchte sich daher keine weiteren Gedanken darüber zu machen, daß die Gründe für den Preisnachlaß auch in technischen Qualitätsmängeln der verkauften Bücher liegen könnten.

Der Umstand, daß Viktor von dem Fehler der ihm als fabrikneu in Originalverpackung angelieferten Ware selbst nichts wußte, spielt für die Anwendung der §§ 434 ff. BGB keine Rolle, denn der Buchhändler war gem. § 433 Abs. 1 Satz 2 BGB aufgrund des von ihm abgeschlossenen Kaufvertrags verpflichtet, dem Konrad die Bücher frei von Sachmängeln zu liefern, so daß bisher nicht korrekt erfüllt ist. Entgegen der Auffassung des Viktor hat Konrad andererseits seinen Sachmängelanspruch auch nicht dadurch verloren, daß er die Buchkassette nicht sofort bei Empfang öffnete und auf mögliche Fehler der gelieferten Bücher prüfte. Jedenfalls bei einem Kaufvertrag, der – wie im vorliegenden Fall – kein beiderseitiges Handelsgeschäft ist, werden nach § 442 BGB wegen eines in der Sphäre des Käufers liegenden Umstands Sachmängelansprüche nur dann ausgeschlossen, wenn die Mängel der Kaufsache *bereits bei Abschluß des Kaufvertrags* dem Käufer bekannt oder nur infolge grober Fahrlässigkeit unbekannt sind. Ob der Käufer *bei der Entgegennahme der Ware* von deren Mängeln wußte oder hätte wissen müssen, ist dagegen unerheblich, demgemäß kann es auch nicht darauf ankommen, ob der Käufer bei der Annahme der Kaufsache deren Fehlerfreiheit besonders geprüft hat oder nicht. Im vorliegenden Fall kann Konrad nach Lage der Dinge ebensowenig wie der Verkäufer Viktor beim Abschluß des Kaufvertrags Kenntnis davon gehabt haben, daß sich in der original verpackten und folienverschweißten Buchkassette verheftete Einzelbände der Casanova-Ausgabe befinden.

Der Anspruch auf Nachlieferung mangelfreier Bände der Casanova-Ausgabe ist für Viktor trotz Verbrauchs des für die Sonderaktion bereitgehaltenen Warenbestandes auch erfüllbar, denn es sind weitere gleichartige und einwandfreie Exemplare der Edition beim Grossisten oder beim Verlag vorhanden. Der Sachverhalt bietet keine Anhaltspunkte dafür, daß Viktor in seiner Werbung oder durch besondere Vereinbarung mit Konrad seine Lieferpflicht bzw. das Beschaffungsrisiko auf den Warenbestand des Sonderverkaufs beschränkt hatte. Auch sonst sind keine Gründe für eine Begrenzung des Beschaffungsrisikos des Viktor ersichtlich, denn andere Casanova-Bände sind im Großhandel zu dem üblichen Großhandelspreis erhältlich.

Viktor kann die Nachlieferung auch nicht nach § 439 Abs. 3 BGB verweigern. Der Umstand, daß er nicht mehr auf den Vorrat aus einem für ihn zu besonders günstigen Preisen möglichen Insolvenzverkauf zurückgreifen kann, sondern sich nunmehr unter Zahlung der üblichen Großhandelspreise neu eindecken muß, bewirkt für sich allein noch nicht, daß die Nacherfüllung für ihn mit „unverhältnismäßigen" Kosten verbunden ist. Bei einer Gattungsschuld, wie sie im vorliegenden Fall zwischen Viktor und Konrad vereinbart worden ist, gehört der Erwerb eines mangelfreien Ersatzstücks zur Nachlieferung jedenfalls bei üblichen Marktpreisen noch zum Beschaffungsrisiko des Verkäufers. Andere Gründe, die eine Nachlieferung aus den in § 439 Abs. 3 Satz 1 und 2 BGB aufgeführten Gesichtspunkten als für Viktor wirtschaftlich unzumutbar erscheinen lassen, sind nicht ersichtlich.

§ 22. Das Rechtsgutachten

Im folgenden sollen nunmehr einige praktische Anleitungen für die Bearbeitung von Übungsklausuren für Studenten dargestellt werden. Entsprechend der oben § 21 II 3 und V geschilderten didaktischen Zielsetzung solcher Aufgaben handelt es sich jeweils um die Anfertigung von Gutachten. Dies gilt auch dann, wenn der Übungsfall in Fragen ausmündet wie z.B.: „Wie wird der Richter entscheiden?" oder „Welchen Rat wird Rechtsanwalt XY geben?", denn auch hier geht es um die gutachterliche Vorklärung des Sachverhalts mit dem Ziel, eine erschöpfende Antwort auf diese Fragen zu finden.

I. Der Einstieg in die Aufgabe

Als erstes muß der Bearbeiter die dem Sachverhalt zugrunde liegende Interessenlage erfassen und zu klären versuchen, worum es in dem Streitfall überhaupt geht. Die möglichen Fragestellungen sind auf zwei Grundtypen zurückzuführen: Es kann um die Feststellung eines streitigen Rechtsverhältnisses oder darum gehen, daß einer der Beteiligten gegen einen anderen ein Leistungsbegehren erhebt (oder ihm gegenüber ein anderes Recht als einen Anspruch, z.B. ein Gestaltungsrecht ausüben will). Der Einstieg in die Aufgabe beginnt sonach für den Bearbeiter mit der Formulierung der **Fallfrage** des Sachverhalts.

1. Die Frage nach der Rechtslage

Bei der Frage nach der Rechtslage geht es darum, den Bestand eines – i.d.R. zwischen den Beteiligten streitigen – Rechtsverhältnisses zu klären oder **sämtliche** im Sachverhalt in Betracht kommenden subjektiven Rechte zwischen den Beteiligten festzustellen. Üblicherweise handelt es sich bei solchen Fragestellungen als erstes um die Ermittlung der chronologischen Entwicklung von Rechtsbeziehungen; hieran schließt sich dann eine umfassende Darstellung der aus dem festgestellten Status abzuleitenden Rechtsfolgen. Gelegentlich ist auch die Frage gestellt, ob für einen der Beteiligten die Möglichkeit besteht, durch bestimmte Rechtshandlungen seine Lage zu verändern.

Solche Fallfragen finden sich öfters bei familien- oder erbrechtlichen Sachverhalten; vgl. z.B. die Fälle 19.03, 19.05, 19.06 oder Fall 2.04. Auch in Fällen mit sachenrechtlicher Thematik kann es angebracht sein, eine umfassende Untersuchung der Rechtslage anzustellen, wenn z.B. Unklarheiten dadurch entstanden sind, daß über dasselbe Rechtsobjekt mehrere einander widersprechende Verfügungen erfolgt waren; vgl. etwa die Fälle 17.01 und 17.02, ferner 18.01, 18.03 bis 18.06 und 18.10. Die Frage nach der sich aus einer bestimmten Rechtslage ergebenden Handlungsstrategie wird z.B. in den Fällen 18.06 bis 18.09 aufgeworfen; vgl. auch Fall 17.03 oder Fall 13.02.

2. Die Frage nach einem bestimmten Anspruch oder Gestaltungsrecht

In den meisten Übungsfällen werden von vornherein bestimmte Leistungsbegehren eines oder mehrerer Beteiligter zur Diskussion gestellt. Dies beruht auf dem Umstand, daß die meisten Rechtsstreitigkeiten dadurch ausgelöst werden, daß irgend jemand von einem anderen ein Tun, Dulden oder Unterlassen in seinem Interesse verlangt (d.h. einen Anspruch i.S.d. § 194 BGB geltend macht) und daß der Adressat dieses Begehrens dessen Berechtigung in Frage stellt. In ähnlicher Weise kann auch die von einem Teil in Anspruch genommene Befugnis zur Ausübung eines Gestaltungsrechts umstritten sein.

Vgl. Übungsfall 13.07, wo es um die Kündigung einer Studentenbude geht; ähnlich Fall 17.10.

Fälle, die auf eine solche Thematik zugeschnitten sind, enden gewöhnlich mit der Frage: „Kann A von B die Leistung X verlangen?“ oder: „A fordert von B die Leistung X. Mit Recht?“ bzw.: „B weigert sich, die von A geforderte Leistung X zu erbringen. Mit Recht?“. Leider ist diese Regel nicht ganz zuverlässig, denn auch Übungssachverhalte, die in die Fallfrage münden „Wie ist die Rechtslage?“, erweisen sich bei näherem Hinsehen vielfach als eine „Anspruchsklausur“, weil der dargestellte Rechtsstreit lediglich um die Berechtigung eines ganz konkreten Leistungsbegehrens geht.

Vgl. etwa Fall 14.10, wo es in Wirklichkeit um den Anspruch der beiden Freunde Otto und Ludwig auf Einzahlung des von Karl erzielten Lottogewinns in die gemeinschaftliche Gewinnkasse geht, über die nur alle drei Freunde einvernehmlich verfügen können; s. ferner Fall 17.09: Hier geht es um den Anspruch des Anton auf Herausgabe seines Grundstücks und im Gegenzug um Verwendungsersatz- oder Bereicherungsansprüche der Mitglieder des Anglervereins, die möglicherweise dem Herausgabeverlangen als Einrede entgegengehalten werden können.

Häufig wird die Frage nach der Rechtslage auch nur deswegen gestellt, um Abwandlungen des Sachverhalts zu diskutieren; hier geht es dann um die Klärung, ob die rechtliche Beurteilung des Ausgangsfalls dadurch beeinflußt wird, daß einzelne Tatbestandselemente der Fallerzählung variiert werden (ein beliebter Kunstgriff des Verfassers der Übungsaufgabe, um seinen Studenten Abwandlungen oder andere systematische Besonderheiten der abgeprüften Rechtsvorschrift vor Augen zu führen).

Vgl. Übungsfall 15.05; hier zielt die Frage nach der Rechtslage in den Varianten 2 und 3 ebenfalls auf einen ganz bestimmten Bereicherungsanspruch des Anton ab, um dem Bearbeiter einige Varianten der Regelung des § 818 BGB vor Augen zu führen.

3. Die Formulierung der Fallfrage

Aus dem Vorstehenden ergibt sich, daß der Bearbeiter sich als erstes darüber schlüssig werden muß, ob er die gestellte Aufgabe mit einem Gutachten über die allgemeine Rechtslage oder als Anspruchsklausur zu bearbeiten hat. Diese Interpretation der Fragestellung sollte er am Beginn des Gutachtens in einem einleitenden Satz ausdrücklich formulieren, denn damit verschafft er sich einerseits selbst darüber Klarheit, wie er das nachfolgende Gutachten aufbaut, und er erleichtert andererseits dem Leser das Verständnis seiner Ausführungen.

Bei Klausuren, die sich mit der **Feststellung eines Rechtsverhältnisses** beschäftigen, kann die Fallfrage z.B. als Kapitelüberschrift (z.B.: „Erbfolge nach NN") oder in einem einleitenden Satz des Gutachtens enthalten sein, in dem beschrieben wird, welches Rechtsverhältnis in den nachfolgenden Ausführungen untersucht wird (z.B.: „Es ist zu prüfen, ob A noch Eigentümer der im Besitz des B befindlichen Sachen XY ist."). In Übungsarbeiten, in denen ein bestimmter **Anspruch** geprüft wird, wird in einem Einleitungssatz so genau wie möglich formuliert, **wer** nach den obwaltenden Umständen **gegen wen** ein Leistungsbegehren **welchen Inhalts** erheben kann (z.B.: „A könnte von B aufgrund des Vertrags vom … die Leistung XY verlangen"). Zweckmäßigerweise wird diese „3-W-Fallfrage" (Wer will was von wem?) noch mit der Angabe der Anspruchsgrundlage verknüpft, die für die Beurteilung des in Frage stehenden Leistungsbegehrens in Betracht gezogen wird (also z.B.: „Gem. §§ 000 BGB könnte A von B aufgrund des Vertrags vom … die Leistung XY verlangen"); darauf wird unter II noch zurückzukommen sein.

Bei Anspruchsklausuren kann sich noch die Schwierigkeit ergeben, daß bei genauerer Betrachtung des Falls die in der Aufgabe gestellte Frage nicht exakt den Kern des Rechtsstreits trifft. Dies tritt vor allem dann ein, wenn im Sachverhalt Einwendungen geschildert werden, die der Anspruchsgegner gegen das Leistungsbegehren erhoben hat (z.B.: „A verlangt von B die Leistung YX; B erwidert, er sei aus dem Grund NN nicht zur Leistung verpflichtet. Mit Recht?"). Hier ist es Aufgabe des Bearbeiters, bei der Formulierung der Fallfrage, die er seinem Gutachten voranstellt, diejenige Forderung zu finden, die den eigentlichen Anlaß der Auseinandersetzung zwischen den Beteiligten bildet. Es macht nämlich wenig Sinn, Einreden und andere Gegenrechte zu diskutieren, solange nicht feststeht, daß der Anspruch, gegen den sie eingewendet werden, überhaupt besteht.

Vgl. Fall 10.05: Das Hin und Her von Einwendungen des Fixemer und des Gustav läßt sich am besten in der Weise klären, daß man prüft, inwieweit der ursprüngliche Kaufpreisanspruch des Fixemer noch vorhanden bzw. durch die Rückgabe des 2 CV an Gustav wiederhergestellt worden ist.

Bei der Bearbeitung einer Anspruchsklausur sollten Sie sich daher auf dasjenige Leistungsbegehren konzentrieren, das den **wirtschaftlichen Schwerpunkt** des Sachverhalts bildet. Mögliche andere Ansprüche oder sonstige Gegenrechte sind erst in zweiter Linie als Einwendungen oder auch als sekundäre Leistungsansprüche für den Fall zu diskutieren, daß der zunächst geprüfte Anspruch nicht bestehen sollte.

Vgl. Fall 7.02: Hier liegt der wirtschaftliche Kern des Rechtsstreits in der Frage, ob die Fa. Wasa von Anton die Zahlung des Kaufpreises für die von ihr gelieferten 3.456 Pakete Toilettenpapier verlangen kann. Erst wenn feststeht, daß insoweit überhaupt ein Kaufvertrag mit Anton zustande gekommen ist, stellt sich das Problem, ob Anton diesen Vertrag wegen Irrtums anfechten kann und ob er dann wenigstens gem. § 122 Abs. 1 BGB Ersatz des Vertrauensschadens schuldet. In Fall 13.10 geht es in erster Linie um den Zahlungsanspruch der Bank und erst dann um das Rücktrittsrecht des Bollmann; in Fall 14.03 streiten die Parteien nicht darum, ob Überstunden zu leisten sind, um den Laden nach dem Hochwasser wieder aufzuräumen, sondern über die Frage, ob diese Arbeitsleistung zusätzlich vergütet werden muß.

Weitere Probleme bei der Formulierung der Fallfrage können sich daraus ergeben, daß im Sachverhalt **mehrere Personen** auftreten, die gegeneinander Rechte haben können. Typisch sind vor allem Sachverhalte mit Leistungsstörungen, in denen der eine Teil (immer noch) für das ursprünglich vereinbarte Entgelt die versprochene Leistung verlangt, der andere aber nicht (mehr) leisten will, gleichwohl aber Zahlung des Entgelts fordert. Hier müssen Sie sich zunächst entscheiden, mit welchem Leistungsbegehren in Ihrem Gutachten Sie anfangen wollen.

Vgl. etwa die Übungsfälle 11.02 oder 11.05: Hier geht es jeweils darum, daß möglicherweise der ursprüngliche Lieferanspruch des Käufers nach § 275 Abs. 1 BGB entfallen ist. Trifft das zu, so braucht der Verkäufer nicht mehr zum alten Preis zu liefern, wenn inzwischen eine Preissteigerung eingetreten ist. Andererseits kann der Verkäufer nach § 326 Abs. 2 BGB möglicherweise auch ohne Lieferung der vereinbarten Ware einen Anspruch auf den vereinbarten Kaufpreis haben. Um all dies entscheiden zu können, muß erst einmal das „rechtliche Schicksal" des ursprünglichen Lieferanspruchs festgestellt werden.

Auch in anderen Situationen müssen Sie ein Konzept für die „strategisch" zweckmäßige Prüfungsreihenfolge der in Betracht kommenden Ansprüche entwickeln.

Vgl. etwa Übungsfall 12.01, in dem der Taxifahrer seinen Lohn, der Fahrgast aber Ersatz seiner Aufwendungen dafür verlangt, daß er wegen der Verspätung des Taxis selbst zum Flugplatz gefahren ist. Andere Konstellationen mit mehreren Beteiligten zeigt z.B. Übungsfall 19.05; hier geht es um die Aufteilung einer Erbschaft zwischen dem als Erben eingesetzten Verein und den pflichtteilsberechtigten Verwandten des Erblassers (ähnlich auch Fall 19.06); siehe ferner Fall 15.08, wo die Rückabwicklung einer ungerechtfertigten Bereicherung im „Dreiecksverhältnis" zu erörtern ist.

Erstes Kriterium für die Festlegung der Prüfungsreihenfolge ist die **logische Vorgreiflichkeit**: Zunächst ist die Rechtsbeziehung zu untersuchen, von deren Bestand oder Leistungsumfang die Rechte zwischen den übrigen Beteiligten abhängen.

So ist in Fall 19.05 zunächst zu ermitteln, ob die Erbeinsetzung des Bauvereins wirksam ist, denn nur dann stellt sich überhaupt die Frage, ob die Ehefrau und die Kinder des August Stark Pflichtteilsansprüche haben. Sodann muß der Pflichtteilsanspruch der Ehefrau untersucht werden, da von dessen Umfang die Pflichtteilsansprüche der Kinder abhängen.

Ein weiterer, sich mit dem Kriterium der logischen Vorgreiflichkeit z.T. überschneidender Aufbaugesichtspunkt wird durch die **Sachnähe** einer Rechtsbeziehung oder eines Ereignisses zum Kernproblem des Sachverhalts gebildet: Es empfiehlt sich, mit der Untersuchung des Umstandes zu beginnen, der den in Frage stehenden Rechtskonflikt ausgelöst hat, so daß als erstes die Rechtsbeziehungen zwischen den Personen zu untersuchen sind, die als Handelnde und/oder Betroffene unmittelbar an diesem Ereignis beteiligt waren. So beginnt z.B. die Prüfung von Schadensersatzansprüchen regelmäßig mit der Untersuchung von Ansprüchen gegen denjenigen, der den Schaden als Täter verursacht hat; erst in zweiter Linie kommen Ansprüche gegen diejenigen Personen in Betracht, die möglicherweise außerdem noch für den Schaden einstehen müssen.

Vgl. die Fälle 15.01, 15.03, 15.04 und 16.09.

Ähnlich setzt die Untersuchung von Ausgleichsansprüchen wie z.B. von Ansprüchen auf Herausgabe einer ungerechtfertigten Bereicherung am besten bei den Rechtssubjekten an, zwischen deren Vermögen die fragliche Zuwendung unmittelbar geflossen ist. In gleicher Weise beginnt die Untersuchung von Herausgabeansprüchen mit der Prüfung der Rechte gegenüber derjenigen Person, die gegenwärtig unmittelbarer Besitzer der Sache ist, deren Herausgabe verlangt wird.

Vgl. etwa Fall 17.05, wo der Abschleppunternehmer derzeitiger Besitzer des Pkw ist.

II. Die Suche nach der Rechtsnorm

Nachdem die Fallfrage geklärt ist, hat der Bearbeiter als nächsten Schritt die für die Beurteilung maßgebliche Rechtsnorm zu ermitteln. Damit ist der eigentliche juristische Kern der Aufgabe erreicht.

1. Einführung der zu prüfenden Rechtsnorm in das Gutachten

Die Eingrenzung der Fragestellung auf die Prüfung der Existenz und der im Einzelfall gegebenen Anwendbarkeit einer bestimmten Rechtsnorm leuchtet ohne weiteres ein bei den Anspruchsklausuren: Dem von einem der Beteiligten erhobenen Begehren auf eine Leistung kann nur dann stattgegeben werden, wenn es eine einschlägige Rechtsvorschrift gibt, die als **Anspruchsgrundlage** für die geltend gemachte Forderung in Betracht kommt. Diese Anspruchsgrundlage ist zu Beginn des Gutachtens näher zu beschreiben; hierbei muß – soweit vorhanden – auch die zu untersuchende gesetzliche Regelung möglichst genau (d.h. auch nach Absatz und Satz der betreffenden Gesetzesstelle) zitiert werden (z.B.: „A könnte gem. § 433 Abs. 2 BGB von B Zahlung des Betrags von XY DM aufgrund eines am … geschlossenen Kaufvertrags verlangen“).

Wird das Leistungsbegehren auf eine abgetretene Forderung gestützt, sollten Sie neben der Anspruchsnorm auch den § 398 BGB zitieren, um damit von vornherein anzudeuten, daß sich der Anspruchsteller auf ein Recht stützt, das ursprünglich zugunsten einer anderen Person begründet worden ist. I.d.R. muß dann außer dem Anspruch selbst noch die Legitimation des (jetzigen) Gläubigers geprüft werden, die Leistung an sich zu verlangen.

Vgl. Übungsfall 10.08, in dem von einer Bank ein an sie abgetretener Zahlungsanspruch geltend gemacht wird.

In gleicher Weise stellt sich die Frage nach den gesetzlichen Vorschriften aber auch bei den Klausuren über die Feststellung der Rechtslage. Hier ist es allerdings zweckmäßig, zunächst das **Rechtsverhältnis** zu beschreiben, dessen Existenz untersucht werden soll; auch hier sollte wieder – soweit vorhanden – die für die Definition dieses Rechtsverhältnisses maßgebliche Rechtsvorschrift zitiert werden, wenn es bereits auf Anhieb möglich ist, die Fragestellung schon so eng einzugrenzen (z.B. „Zwischen A und B könnte in bezug auf die Sache XY ein Besitzmittlungsverhältnis i.S.v. § 868 BGB bestehen"; aber: „Durch die Abmachung vom ... könnten zwischen A und B Vertragsbeziehungen mit noch näher zu prüfendem Inhalt begründet worden sein").

Durch die Prüfung der Tatbestandselemente der zur Diskussion gestellten Rechtsnorm ist die gedankliche Gliederung für die rechtliche Beurteilung des Sachverhalts bereits weitgehend festgelegt. Wird diese Aufgabe in der richtigen (gelegentlich etwas monoton anmutenden) Reihenfolge mit der notwendigen Sorgfalt erfüllt, kann dem Bearbeiter eigentlich kaum noch ein wesentlicher Aspekt der Aufgabe entgehen.

Ein immer wieder auftretender schwerwiegender Fehler ist es allerdings, daß bei der Anfertigung des Gutachtens die für die Beurteilung herangezogenen gesetzlichen Vorschriften nicht noch einmal Wort für Wort genau durchgelesen werden, weil der Bearbeiter glaubt, sie vollständig im Kopf zu haben. Das birgt die Gefahr, Details oder Abweichungen, die gerade für diesen Fall von Bedeutung sein können, zu übersehen und so folgenschwere Fehler zu machen. Nicht umsonst ist es in den Universitätsübungen den Jurastudenten gestattet, bei Klausurarbeiten den Gesetzestext zusammen mit allen sich aus einer gut redigierten Gesetzesausgabe ergebenden Hilfsmitteln zu benutzen; auch der gewissenhafte Praktiker wird sich stets noch einmal durch einen Blick ins Gesetz (und gegebenenfalls auch in einen Kommentar) vergewissern, bevor er irgend eine verbindliche Rechtsauskunft gibt oder eine Entscheidung trifft.

Aufbau und Gedankenführung des Rechtsgutachtens lehnen sich im übrigen an das Schema an, das in dem unten aufgeführten Abschnitt III noch näher erläutert werden wird. Dabei gibt es nur wenige Unterschiede zwischen einer Anspruchsklausur einerseits und einem Gutachten zur Feststellung der Rechtslage andererseits: Auch bei der Anspruchsklausur geht es als Vorfrage letztlich immer um die Feststellung eines Rechtsverhältnisses, aus dem der in Betracht kommende Anspruch abgeleitet werden kann (die Existenz eines Rechts, dessen Veränderung zur Entstehung eines gesetzlichen Anspruchs geführt haben kann, oder der Bestand von vertraglichen Rechtsbeziehungen, aus denen der Anspruch herzuleiten ist). Im folgenden wird daher nur noch die Arbeitstechnik der Anspruchsklausur betrachtet; sie läßt sich ohne wesentliche Veränderungen auch auf den Aufbau eines Gutachtens übertragen, das die allgemeine Erörterung der sich aus einem bestimmten Sachverhalt ergebenden Rechtslage zum Thema hat.

2. Das Auffinden der Anspruchsgrundlage

Entsprechend der allgemeinen Systematik wird zwischen **gesetzlichen** und **rechtsgeschäftlichen (= i.d.R. vertraglichen Anspruchsgrundlagen)** unterschieden, deren Prüfung jeweils einen anderen Aufbau des Gutachtens notwendig macht: Die Existenz eines **gesetzlichen Anspruchs** ist immer schon dann geklärt, wenn die für die jeweilige Anspruchsnorm festgelegten gesetzlichen Tatbestandsvoraussetzungen geprüft sind (z.B. die Feststellung eines Eigentümer-Besitzer-Verhältnisses für den Anspruch aus § 985 BGB oder das Vorliegen einer ungerechtfertigten Bereicherung für den Anspruch nach § 812 BGB). Für die Erörterung von **vertraglichen Anspruchsgrundlagen** muß dagegen noch außerdem ermittelt werden, ob zwischen den Beteiligten überhaupt ein Vertrag zustande gekommen ist, aus dem ein solches Leistungsbegehren hergeleitet werden kann.

Gesetzliche Anspruchsgrundlagen sind im gesamten BGB und seinen Nebengesetzen verstreut. Für die Kenntnis der Grundzüge des Bürgerlichen Rechts genügt die einigermaßen sichere Beherrschung der Ansprüche aus dem Eigentümer-Besitzer-Verhältnis (§§ 985, 987 ff. BGB), der Störungsabwehransprüche aus § 1004 und § 862 BGB; ferner der Ansprüche wegen unerlaubter Handlung (§§ 823 ff. BGB), wegen ungerechtfertigter Bereicherung (§§ 812 ff. BGB) und der Ansprüche aus Geschäftsführung ohne Auftrag (§§ 677 ff. BGB). Außerdem gibt es noch weitere sachenrechtliche Ansprüche (z.B. den Grundbuchberichtigungsanspruch gem. § 894 BGB), Ansprüche aus familienrechtlichen Beziehungen (z.B. Unterhaltsansprüche oder die Ausgleichsansprüche nach einer Ehescheidung) und erbrechtliche Ansprüche (z.B. die Pflichtteilsansprüche nach §§ 2303 ff. BGB).

Als **rechtsgeschäftliche Anspruchsgrundlagen** kommen Ansprüche aus Schuldverträgen in Betracht – möglicherweise verstärkt durch akzessorische Sicherungsrechte wie Hypotheken oder Bürgschaften bzw. durch Sicherungsrechte, die über eine Sicherungsabrede mit der persönlichen Forderung verknüpft sind wie Grundschulden oder Sicherungseigentum. Durch § 311 Abs. 2 BGB sind nunmehr auch Ersatzansprüche wegen der Verletzung von Schutzpflichten nach § 241 Abs. 2 BGB aus vorvertraglichen geschäftlichen Kontakten (= Verschulden beim Vertragsschluß – culpa in contrahendo) in den Kreis der rechtsgeschäftlichen Anspruchsgrundlagen einbezogen worden.

Für das Auffinden der im Sachverhalt einschlägigen Anspruchsnorm benötigen Sie einen einigermaßen sattelfesten Überblick über die unterschiedlichen Rechtsgeschäftstypen des 8. Abschnitts des Zweiten Buches des BGB. Zum Grundwissen gehört die Kenntnis der wichtigsten Umsatz-, Gebrauchsüberlassungs- und Tätigkeitsverträge sowie ein orientierender Überblick über die Ansprüche aus einer BGB-Gesellschaft (§§ 705 ff. BGB). Hier müssen Sie jeweils die wichtigsten Primärleistungsansprüche und die sich bei einer möglichen Leistungsstörung ergebenden Sekundäransprüche einigermaßen sicher beherrschen. Weitere Anspruchsgrundlagen aus vertraglich begründeten Rechtsverhältnissen finden sich sowohl im Zweiten Buch als auch in anderen Teilen des BGB und seiner Nebengesetze; so ist etwa auf die als Anspruch formulierten Befugnisse der Inhaber von dinglichen Nutzungsrechten oder der Gläubiger von Pfandrechten bzw. die schon zum spezielleren juristischen Fachwissen gehörenden Ansprüche aus einem Erbvertrag hinzuweisen.

Bei der Prüfung von vertraglichen Anspruchsgrundlagen sollten Sie nach Möglichkeit auch die Rechtsnorm zitieren, in der der Vertragstyp definiert wird, der für das jeweilige Schuldverhältnis charakteristisch ist. Aus der Zuordnung eines Schuldverhältnisses zu einem der im BGB geregelten Vertragstypen können sich nämlich Besonderheiten für die inhaltliche Ausgestaltung des Anspruchs ergeben (so sind z.B. Sachmängelansprüche beim Kaufvertrag anders geregelt als beim Mietvertrag, also müssen Sie z.B. zitieren: „A könnte von B gem. §§ 535, 536 a BGB Ersatz seines Schadens aufgrund des Vertrags vom … fordern").

3. Die Systematik der Anspruchsgrundlagen

Das Auffinden der für die Lösung des konkreten Falles einschlägigen Anspruchsgrundlage ist in erster Linie eine Sache des durch solide Lernarbeit erworbenen juristischen Fachwissens. Sie können sich jedoch die Aufgabe etwas erleichtern, wenn Sie sich bei der Suche nach der „richtigen" Rechtsnorm z.B. an folgender Systematik orientieren:

Ansprüche können sich ergeben aus der **Ausübung eines dinglichen Rechts,** als Anspruch auf **Erfüllung von Primärleistungspflichten** oder als **Ausgleichsansprüche,** wobei letztere noch genauer in **vertragliche** und **gesetzliche** Ausgleichsansprüche unterschieden werden können.

a) Ansprüche aus der Ausübung eines dinglichen Rechts

Hierbei handelt es sich um die **Herausgabeansprüche** nach § 985 oder § 861 BGB oder um die **Abwehransprüche gegen Störungen** gem. §§ 1004 oder 862 BGB. Im Sachverhalt sind solche Ansprüche daran erkennbar, daß jemand unter Berufung auf seine Stellung als Eigentümer oder Besitzer der Sache von einem anderen, der mit dieser Sache ebenfalls zu tun hat, ein bestimmtes Handeln oder Unterlassen verlangt.

Vgl. Fall 17.05, der sich mit der Frage beschäftigt, ob der Eigentümer des Pkw von dessen derzeitigem Besitzer die Herausgabe des Wagens verlangen kann; vertragliche Rechtsbeziehungen zwischen den Beteiligten (und hieraus abzuleitende Ansprüche) können nach Lage des Sachverhalts von vornherein außer Betracht bleiben.

In ähnlicher Weise lassen sich auch andere dingliche Ansprüche wie die Verwertungsrechte von Pfandgläubigern oder Gebrauchs- und Besitzansprüche von dinglich Nutzungsberechtigten verhältnismäßig einfach aus einem Übungssachverhalt ablesen.

b) Ansprüche auf die Erfüllung von Primärleistungspflichten

Ansprüche auf die Erfüllung von Primärleistungspflichten kommen als **gesetzliche Ansprüche** in Betracht (z.B. als familienrechtlicher Unterhaltsanspruch), in erster Linie sind hier jedoch **schuldvertragliche Leistungsansprüche** zu erörtern. Solche Ansprüche lassen sich daran erkennen, daß sich im

Sachverhalt jemand auf den Abschluß eines Vertrags beruft und von einem anderen die Erbringung bestimmter Leistungen verlangt.

Bei derartigen Fallkonstellationen wird das Fachwissen des Bearbeiters bereits damit gefordert, daß er schon für die Kennzeichnung der Anspruchsgrundlage erkennen muß, welchem **Vertragstyp** die zwischen den Beteiligten (möglicherweise) getroffene Abmachung zuzuordnen ist. Dies ist anhand derjenigen Leistungsverpflichtung zu beurteilen, die nach den Vorstellungen der Beteiligten als der eigentliche wirtschaftliche Anlaß des Vertragsschlusses (= Hauptleistung) anzusehen ist (sie sind in den seit Ende 2001 neu gefaßten – nunmehr amtlich als Teil des Gesetzestextes formulierten – Paragraphenüberschriften des BGB als „vertragstypische Pflichten" oder als „Hauptpflichten" des jeweiligen Schuldverhältnistyps bezeichnet). Dabei bleibt bei entgeltlichen Schuldverhältnissen die Verpflichtung zur Gegenleistung regelmäßig außer Betracht; d.h. die Typisierung des Schuldverhältnisses richtet sich vor allem nach der Leistung, für die die Gegenleistung zu erbringen ist.

Entsprechend dem in Grdz. § 13 I 4 dargestellten Überblick der schuldrechtlichen Vertragstypen läßt sich die Qualifikation der in Frage stehenden Vereinbarung als Schuldvertragstyp dann wie folgt ermitteln:

(1) Der eine Teil muß dem anderen Teil einen Gegenstand **aus seinem Vermögen leisten**:

– Soll der Leistungsgegenstand (eine Sache oder ein Recht) definitiv im Vermögen des anderen Teils verbleiben, liegt ein **Umsatzvertrag** vor; die genaue Qualifizierung richtet sich nach der Gegenleistung: Besteht die Gegenleistung in einer Geldzahlung („Preis"), handelt es sich um einen **Kaufvertrag** (§ 433 BGB); wird als Gegenleistung eine andere Sachleistung geschuldet, liegt ein **Tauschvertrag** vor (§ 480 BGB); soll die Leistung unentgeltlich erfolgen, ist das Rechtsverhältnis ein **Schenkungsvertrag** (§ 516 BGB). Wird der zu leistende Gegenstand vom Leistungsverpflichteten aus einem von ihm zu beschaffenden (bzw. von ihm vorrätig gehaltenen) Stoff eigens auf Bestellung des anderen Teils angefertigt, liegt ein **Werklieferungsvertrag** nach § 651 BGB vor.

– Soll der Leistungsgegenstand dem anderen Teil nur vorübergehend zur Nutzung zur Verfügung gestellt werden; d.h. geht er wirtschaftlich nicht in das Vermögen des Empfängers über und muß bei Beendigung des Schuldverhältnisses der Leistungsgegenstand (oder gleichartige Sachen) dem einen Teil zurückgegeben werden, so ist von einem **Gebrauchsüberlassungsvertrag** auszugehen. Liegt der wirtschaftliche Schwerpunkt auf dem Gebrauch der überlassenen Sache, liegt bei Vereinbarung eines Entgelts („Mietzins") ein **Mietvertrag** gem. § 535 BGB und bei unentgeltlicher Überlassung ein **Leihvertrag** (§ 598 BGB) vor. Die vorübergehende Überlassung von Geld ist Gegenstand eines **Gelddarlehensvertrags** (§ 488 BGB), die Hergabe von anderen vertretbaren Sachen gegen das Versprechen zur Rückgabe einer gleichen Menge gleichartiger Sachen führt zum **Sachdarlehen** (§ 607 BGB). Liegt der wirtschaftliche Zweck außerdem darin, daß der andere Teil aus dem Gebrauch des ihm überlassenen Gegenstandes Früchte zieht (d.h. den Bestand seines eigenen Vermögens vermehrt), so liegt ein **Pachtvertrag** i.S.d. § 581 Abs. 1 BGB vor; bei Verpachtung eines Grundstücks zur land- oder forstwirtschaftlichen Nutzung sind außerdem die besonderen Vorschriften über den **Landpachtvertrag** (§ 585 Abs. 1 BGB) zu beachten. – Bei einigen dieser Vertragstypen hat der Gesetzgeber noch spezielle Unterformen ausgebildet und geregelt; besonders ausgeprägt z.B. den **Wohnungsmietvertrag** (§§ 549 ff. BGB). Achten Sie auch auf die Abwandlung der

Kauf- und Gelddarlehensverträge zum **Verbrauchsgüterkauf** (§§ 474 ff. BGB), zum **Verbraucherdarlehensvertrag** (§§ 491 ff. BGB) und zu den **sonstigen Finanzierungshilfen** zwischen einem Unternehmer und einem Verbraucher (§§ 499 ff. BGB).

– Sind Vermögensleistungen zur Verwirklichung eines gemeinschaftlich mit anderen angestrebten Zwecks zu erbringen, kann das Schuldverhältnis auch als **Gesellschaftsvertrag** i.S.d. § 705 BGB zu qualifizieren sein.

– Andere Schuldverhältnisse, die Vermögensleistungen (i.d.R. eine Geldzahlung) zum Gegenstand haben, sind die **Bürgschaft** (§ 765 BGB), der **Vergleich** (§ 779 BGB), das **Schuldanerkenntnis** (§ 781 BGB), die **Anweisung** (§ 783 BGB) und die **Schuldverschreibung** (§ 793 BGB). Diese Schuldvertragstypen unterscheiden sich von den bisher erwähnten Verträgen dadurch, daß die neu vereinbarte Leistungspflicht an einen bereits vorhandenen (d.h. auf einem anderen Schuldgrund beruhenden) Anspruch anknüpft und diesen bestätigen oder bestärken soll.

(2) Der eine Teil muß dem anderen Teil eine Leistung durch Einsatz **seiner Person** (bzw. durch persönliche Dienstleistungen der von ihm beschäftigten Erfüllungsgehilfen) erbringen:

– Besteht die Leistung in der Zurverfügungstellung von Arbeitskraft ohne Gewähr für einen konkreten Leistungserfolg, so liegt ein **Dienstvertrag** i.S.d. § 611 BGB vor; ist der zur Leistung Verpflichtete in den Betrieb des Leistungsberechtigten eingeordnet und von ihm aus diesem Grund sozial abhängig, kann ein Dienstvertrag nach § 611 BGB in der Sonderform des **Arbeitsvertrags** angenommen werden.

– Bestehen die zu leistenden Dienste in der Besorgung eines Geschäfts für einen anderen, so liegt entweder ein (entgeltlicher) **Geschäftsbesorgungsvertrag** gem. § 675 BGB mit Schwerpunkt entweder als Dienstvertrag oder als Werkvertrag oder ein (unentgeltlicher) **Auftrag** nach § 662 BGB vor (weitere Sonderformen: **Überweisungsvertrag** (§ 676 a BGB), **Zahlungsvertrag** (§ 676 d BGB), **Girovertrag** (§ 676 f BGB) sowie – in seiner Struktur schon weitgehend erfolgsorientiert – der **Maklervertrag** gem. § 652 BGB).

– Soll durch die zu leistenden Dienste ein konkreter Leistungserfolg herbeigeführt werden, so legt ein **Werkvertrag** gem. § 631 BGB vor (weitere Sonderformen: **Werklieferungsvertrag** über nicht vertretbare Sachen gem. § 651 Satz 3 BGB; **Reisevertrag** nach § 651 a BGB).

– Bei Tätigkeiten, die in Koordination mit anderen Personen zu leisten sind (Arbeit für einen gemeinsamen Zweck) sollte auch das Vorliegen einer **Gesellschaft** gem. § 705 BGB untersucht werden.

– Andere auf eine persönliche Leistung gerichtete Schuldverhältnisse sind die **Verwahrung** (§ 688 BGB) und zahlreiche **handelsrechtliche Schuldverhältnisse** (im 4. Buch des HGB als „Handelsgeschäfte“ bezeichnet).

c) Ausgleichsansprüche

Fordert der eine Teil von dem anderen Teil eine Leistung, ohne sich auf einen Vertrag zu berufen, in dem genau diese Leistung als Hauptpflicht vereinbart worden ist, so kann dieses Begehren nur als Ausgleichsanspruch begründet sein. Der rechtssystematische Ansatz für Ausgleichsansprüche kann entweder darin bestehen, daß im Vermögen desjenigen, der die Leistung fordert, ein Verlust eingetreten ist, der von einem anderen ausgeglichen werden muß **(Schadensersatz)**, oder der Ausgleich wird damit gerechtfertigt, daß im Vermögen desjenigen, der leisten soll, ein Vorteil eingetreten ist, der einem anderen gebührt **(Herausgabe oder Erstattung).** Sie finden die richtige Anspruchsgrundlage somit dadurch, daß Sie die Sachverhaltsschilderung daraufhin untersuchen, ob derjenige, der die Leistung verlangt, sich in seiner Argumentation auf eigene Vermögensnachteile oder auf angebliche Vermögensvorteile des Anspruchsgegners beruft (bzw. berufen könnte – in der Praxis kommt es allerdings oft zu einer Überschneidung).

(1) **Schadensersatzansprüche** sind sowohl als gesetzliche als auch als vertragliche Ansprüche denkbar:

– Die wichtigsten **gesetzlichen Schadensersatzansprüche** sind die Ansprüche aus **unerlaubter Handlung** (§§ 823 ff. BGB und Nebengesetze), wegen **ungerechtfertigter Geschäftsführung gegen des Willen des Geschäftsherrn** (§ 678 BGB) sowie der Schadensersatzanspruch gegen den **verklagten oder bösgläubigen Besitzer** im Eigentümer-Besitzer-Verhältnis (§§ 989, 990 BGB).

– **Vertragliche Schadensersatzansprüche** kommen bei bei einer vom Schuldner zu vertretenden Verletzung von vertraglichen oder quasivertraglichen Pflichten in Betracht (§ 280 BGB). Bei der Verletzung einer vertraglichen oder vorvertraglichen (§ 311 Abs. 2 BGB) Pflicht nach § 241 Abs. 2 BGB ergibt sich der Ersatzanspruch unmittelbar aus § 280 Abs. 1 BGB. Bei sonstigen Vertragspflichtverletzungen (d.h. bei Nicht- oder nicht vertragsgemäßer Erfüllung von Haupt- und Nebenleistungspflichten) kann es zu einem Anspruch auf Ersatz wegen Verzögerung der Leistung oder auf Schadensersatz statt der Leistung kommen, wobei außer der allgemeinen Voraussetzung des § 280 Abs. 1 BGB noch die besonderen Tatbestandsmerkmale der §§ 281–283, 286 BGB geprüft werden müssen. Besonderheiten ergeben sich gem. § 311 a Abs. 2 BGB auch dann, wenn für den Schuldner ein Leistungshindernis bereits bei Abschluß des Vertrags bestanden hatte.

– Eine Zwischenstellung zwischen den gesetzlichen und den vertraglichen Schadensersatzansprüchen nehmen die Ansprüche auf **Ersatz des Vertrauensschadens** nach §§ 122 und 179 Abs. 2 BGB ein.

(2) Auch für **Herausgabe- und Erstattungsansprüche** kommen sowohl gesetzliche als auch vertragliche Anspruchsgrundlagen in Betracht:

– **Gesetzliche Anspruchsgrundlagen** sind etwa die schon oben unter a) aufgezählten **dinglichen Herausgabeansprüche.** Im **Eigentümer-Besitzer-Verhältnis** ergeben sich weitere Ausgleichsansprüche aus den Regelungen der §§ 987, 988 und 993 sowie der §§ 994 ff. BGB. Zum Grundwissen gehört ferner der in § 951 BGB geregelte Ausgleichsanspruch bei Eigentumserwerb kraft Gesetzes. Besonders wichtig sind sodann die Ansprüche auf Herausgabe einer **ungerechtfertigten Bereicherung** (§§ 812, 816, 822 BGB). Herausgabe- und/oder Erstattungsansprüche können sich ferner bei einer **Geschäftsführung ohne Auftrag** ergeben (§ 681 Satz 2 mit § 667 BGB, §§ 683, 684, 687 Abs. 2 BGB).

– **Vertragliche Anspruchsgrundlagen** für Herausgabe- und Erstattungsansprüche können sich aus der Rückabwicklung beendigter Gebrauchsüberlassungsverträge ergeben: Anspruch des **Vermieters** auf Rückgabe der Mietsache (§ 546 BGB; s. auch §§ 539, 547 BGB), Zurückgewähranspruch des **Verpächters** (§§ 582 a Abs. 3, 596 ff. BGB), Rückgabeanspruch des **Verleihers** (§ 604 BGB) oder Rückerstattungsanspruch des **Darlehensgebers** (§§ 488, 607 BGB) – hier überschneiden sich die Erstattungsansprüche teilweise mit den oben unter b) erörterten Hauptleistungspflichten.

– In diesem Zusammenhang sind ferner die in den §§ 346 ff. BGB geregelten Rückgewährpflichten nach einem **Rücktritt** vom Schuldverhältnis zu erwähnen. Hier ist bei der Benennung der Anspruchsgrundlage ergänzend die Rechtsnorm zu zitieren, aus der sich die Befugnis zum Rücktritt ableiten läßt: Das Recht zum Rücktritt kann sich entweder aus dem **Vertrag** selbst ergeben (§ 346 Satz 1 BGB) oder ein **gesetz-**

liches Rücktrittsrecht sein (vor allem bei Verletzung von Leistungspflichten aufgrund der §§ 323, 324, 326 BGB oder im Sachmängelrecht nach den §§ 440 und 636 BGB; s. auch das Kündigungsrecht nach §§ 543 Abs. 3, 651 e, 651 j BGB). Achten Sie darauf, daß die Ausübung des Rücktrittsrechts zwar den ursprünglichen Leistungsvertrag rückwirkend („ex tunc") aufhebt, aber nach §§ 346 ff. BGB zu einem gesetzlichen Rückgewährschuldverhältnis führt, wobei neuerdings weiter zu berücksichtigen ist, daß durch den Rücktritt vom Schuldverhältnis wegen Pflichtverletzungen etwa verwirkte Schadensersatzansprüche wegen dieser Pflichtverletzung gem. § 325 BGB *nicht* ausgeschlossen werden.
Durch § 357 BGB weitgehend dem Rücktritt gleichgestellt ist auch die Ausübung des **Widerrufs- und Rückgaberechts nach § 355 BGB** bei bestimmten Verbraucherverträgen. Hier muß bedacht werden, daß § 355 BGB im wesentlichen nur eine generelle Rechtsfolgenanordnung formuliert; ob dann im Einzelfall tatsächlich ein solches Recht existiert, muß anhand der einschlägigen Bestimmungen für die verschiedenen Anwendungsfälle des Verbraucherschutzes jeweils noch gesondert festgestellt werden.

– Beim Unmöglichwerden der Leistung können sich weitere Ausgleichsansprüche als Anspruch auf **Herausgabe des Ersatzvorteils** (§ 285 BGB) oder als Anspruch auf **Rückerstattung einer bereits erbrachten Gegenleistung** (§ 326 Abs. 4 BGB) ergeben.

4. Prüfungsreihenfolge bei mehreren Anspruchsgrundlagen

Es wurde bereits erwähnt, daß in einem Rechtsgutachten auch rechtliche Gesichtspunkte zu diskutieren sind, die sich nach genauerer Prüfung als nicht relevant erweisen. Der Gutachter muß in einem solchen Fall wenigstens andeuten, daß er dieses Problem ebenfalls geprüft hat, und den Grund angeben, warum es seiner Meinung nach nicht zur Beantwortung der Fallfrage beitragen kann. Daraus folgt, daß bei einer Anspruchsklausur **alle** für das streitige Leistungsbegehren in Betracht kommenden Anspruchsgrundlagen durchzuprüfen sind. Hier stellt sich für den Aufbau des Gutachtens das Problem, in welcher Reihenfolge eine solche Prüfung zweckmäßigerweise durchzuführen ist. Hinter dieser Fragestellung verbirgt sich letztlich das bereits oben § 21 IV 3 d in anderem Zusammenhang diskutierte Phänomen der Gesetzeskonkurrenz.

a) Ansprüche aus der Ausübung eines dinglichen Rechts

Hier kommt eine Anspruchskonkurrenz vor allem zwischen Ansprüchen aus dem Besitz und aus dem Eigentum in Betracht. Man beginnt üblicherweise mit den Ansprüchen aus dem Besitz, weil sie von weniger Voraussetzungen abhängig sind und der Besitz als tatsächliche Sachherrschaft einfacher festgestellt werden kann als das Eigentum. Besitz- und Eigentumsrechte stehen miteinander in Anspruchskonkurrenz, d.h. sie können nebeneinander geltend gemacht werden und schließen sich nicht gegenseitig aus.

b) Ansprüche auf die Erfüllung von Primärleistungspflichten

Hier prüft man vertragliche Ansprüche vor Ansprüchen, die aus einem „nur" durch Gesetz geordneten Rechtsverhältnis hergeleitet werden können, da bei

Vorliegen einer vertraglichen Vereinbarung anhand der getroffenen Abmachungen der Leistungsinhalt i.d.R. präziser bestimmt werden kann. In vielen Fällen führt der Wegfall von Primärleistungspflichten zu weiteren Ausgleichsansprüchen (z.B. im Fall einer Leistungsstörung); daher kann es zweckmäßig sein, nach Verneinung des zunächst untersuchten Anspruchs auf die Erörterung von solchen „sekundären" Leistungsansprüchen überzugehen, falls die Fragestellung der Aufgabe für solche Überlegungen Raum gibt. In vielen Fällen schließen vertragliche Ansprüche andere in Betracht kommende gesetzliche Anspruchsgrundlagen von vornherein aus.

c) Ausgleichsansprüche

Bei **Schadensersatzansprüchen** prüft man vertragliche Ansprüche vor gesetzlichen Ersatzansprüchen. Diese Ansprüche können untereinander und mit anderen Ausgleichsansprüchen in Anspruchskonkurrenz stehen. Liegt eine Geschäftsführung ohne Auftrag oder ein Eigentümer-Besitzer-Verhältnis vor, so werden allerdings *gesetzliche* Schadensersatzansprüche sowie Bereicherungsansprüche in Gesetzeskonkurrenz durch diese Regelungen weitgehend ausgeschlossen. Daraus ergibt sich, daß die Möglichkeit einer Anwendung der §§ 677 ff. bzw. §§ 987 ff. BGB stets als erstes zu prüfen ist.

Daß es sich hierbei nicht um eine „eiserne Regel" handelt, wird in Fall 15.01 gezeigt; vgl. demgegenüber Fall 15.06.

Für die Erörterung von **Herausgabeansprüchen** prüft man die dinglichen Anspruchsgrundlagen zuerst und beginnt auch hier wieder mit dem Herausgabeanspruch aus Besitz vor dem Anspruch aus Eigentum. Macht allerdings der Besitzer der Sache ein Recht zum Besitz geltend, ist es zweckmäßig, zunächst die vertraglichen Herausgabeansprüche (und damit auch mögliche, auf dem Vertrag beruhende Gegenrechte des Besitzers) zu untersuchen. Auf diese Erörterung kann dann zurückgegriffen werden, wenn bei der Diskussion des Anspruchs aus § 985 BGB geklärt werden muß, ob sich der Besitzer gem. § 986 Abs. 1 BGB auf ein Recht zum Besitz berufen darf.

Bei anderen **Erstattungsansprüchen** muß dagegen erst das Vorliegen vertraglicher Anspruchsgrundlagen geklärt werden; erst im Anschluß daran kommen mögliche Ausgleichsansprüche im Rahmen eines Eigentümer-Besitzer-Verhältnisses, aufgrund einer Geschäftsführung ohne Auftrag und schließlich etwaige Bereicherungsansprüche in Betracht. Diese Prüfungsreihenfolge ergibt sich daraus, daß ein zwischen den Beteiligten möglicherweise bestehendes Vertragsverhältnis etwaige Leistungs- und/oder Erstattungspflichten abschließend regelt, so daß daneben ein Rückgriff auf Anspruchsgrundlagen aus einem gesetzlichen Schuldverhältnis nicht mehr möglich ist.

So schließt ein vertragliches Schuldverhältnis, das ein Recht zum Besitz an einer Sache begründet (und damit auch die Rückgabe dieser Sache nach Beendigung des Besitzmittlungsverhältnisses regelt), die in den §§ 987 ff. BGB vorausgesetzte „Vindikationslage" aus; etwa vorhandene Ansprüche von Eigentümer und/oder Besitzer der Sache lassen sich daher aus den Vorschriften über das Eigentümer-Besitzer-Verhältnis nicht ableiten. Ein Dienstvertrag oder ein Auftragsverhältnis regelt das Recht und die Pflicht zur Besorgung eines fremden Geschäfts und schließt damit die Existenz eines gesetzlichen Schuldverhältnisses der Geschäftsführung *ohne Auftrag* nach §§ 677 ff. BGB von vornherein aus. Die §§ 812 ff. BGB sind nicht anzuwenden, wenn ein Leistungsvertrag den rechtlichen Grund für die in Frage stehende Vermögensverschiebung bildet (wichtig vor allem auch bei der Verweisung auf die §§ 812 ff. BGB in § 951 BGB!).

Daraus folgt, daß nach Feststellung eines Vertragsverhältnisses die Prüfung weiterer gesetzlicher Ausgleichsansprüche nicht mehr erforderlich ist; diese sind dann vielmehr durch die speziellere Regelung von vornherein ausgeschlossen.

Innerhalb der gesetzlichen Schuldverhältnisse enthalten die §§ 985 ff. BGB die spezielleren Vorschriften zur Frage der Herausgabe von Nutzungen und über die Erstattung von Verwendungen des Besitzers auf die Sache, so daß sie insoweit die Anwendung des Bereicherungsrechts und der Regelungen über die Geschäftsführung ohne Auftrag ausschließen (soweit nicht in § 988 BGB für Nutzungen des unentgeltlichen Eigenbesitzers auf Bereicherungsrecht, in § 992 BGB für die Haftung des deliktischen Besitzers auf die §§ 823 ff. BGB oder in § 994 Abs. 2 BGB für notwendige Verwendungen des verklagten oder bösgläubigen Besitzers wieder auf die Vorschriften über die Geschäftsführung ohne Auftrag verwiesen wird).

Daß es dabei Probleme mit der Abgrenzung des Anwendungsbereichs der §§ 987 ff. BGB geben kann, wird z.B. in Übungsfall 17.09 (Hausbau auf fremdem Grundstück durch bösgläubigen Besitzer) deutlich. Ein weiteres Beispiel für die Verdrängung deliktsrechtlicher Schadensersatzansprüche durch die Regelungen des Eigentümer-Besitzer-Verhältnisses findet sich in Übungsfall 17.08 (vertauschter Mantel); s. auch Übungsfall 17.04 (fremder Pkw im Nachlaß des Erbonkels).

Die §§ 681 bis 683 BGB über die Geschäftsführung ohne Auftrag stehen schließlich in Gesetzeskonkurrenz zum Bereicherungsrecht (Umkehrschluß aus § 684 BGB).

Deliktsrechtliche Schadensersatzansprüche und bereicherungsrechtliche Ansprüche können dagegen in Anspruchskonkurrenz nebeneinander geltend gemacht werden; hier prüft man üblicherweise die Ansprüche nach §§ 823 ff. vor den Ansprüchen nach §§ 812 ff. BGB, obwohl es dafür keine logisch zwingende Regel gibt.

Vgl. als Beispiel den Fall 15.06.

III. Die weitere Prüfungsreihenfolge im Rechtsgutachten

Bereits oben II 1 wurde gezeigt, daß sich der weitere Aufbau des Gutachtens fast von selbst aus der Prüfung der einzelnen Tatbestandsvoraussetzungen der in Betracht kommenden Rechtsvorschriften ergibt, sobald erst einmal die Arbeit geleistet worden ist, die möglicherweise einschlägigen Anspruchsgrundlagen zu ermitteln. Dabei gewinnt die Weiterentwicklung der Gedankenführung ihre spezifische Spannung und Anschaulichkeit aus einer Argumentationstechnik, die eigentlich aus dem Szenario des Zivilprozesses stammt, die aber auch eine wichtige Rolle für die Aufbereitung des Für und Wider von Gesichtspunkten im Gutachten spielt: Die Erörterung von **Einwendungen** und **Einreden.**

1. Einwendungen und Einreden im Gutachten

Einwendungen und Einreden sind Argumente, durch die eine an sich begründete Rechtsposition erschüttert werden kann (im Zivilprozeß spricht man auch von „Verteidigungsmitteln" gegenüber den Rechtsbehauptungen der Gegenseite, wenn sie sich nicht nur auf ein schlichtes Bestreiten des gegnerischen Tatsachenvortrags beschränken). Dabei stellen **Einwendungen** den Bestand des vom anderen Teil behaupteten Rechts insgesamt in Frage, sei es, daß man geltend macht, das Recht sei aus besonderen Gründen überhaupt nicht entstanden („rechtshindernde" Einwendungen wie z.B. Nichtigkeitsgründe bei einem Rechtsgeschäft), sei es, daß vorgebracht wird, das Recht sei zwar ursprünglich entstanden, aber nachträglich wieder weggefallen („rechtsvernichtende" Einwendungen wie z.B. die Behauptung, der streitige Anspruch sei durch Erfüllung oder durch Aufrechnung erloschen). **Einreden** sind subjektive Rechte, die die Durchsetzung des Rechts eines anderen dauernd oder zeitweilig hindern oder ganz einschränken; demgemäß unterscheidet man zwischen ausschließenden Einreden (z.B. die Einrede der Verjährung, die gem. § 214 Abs. 1 BGB das Recht gibt, die an sich geschuldete Leistung auf Dauer zu verweigern) und den aufschiebenden Einreden (z.B. das Zurückbehaltungsrecht nach § 273 BGB, das ein Recht zur Verweigerung der eigenen Leistung nur so lange gibt, bis der andere Teil leistet, oder die besonders wichtige Einrede des nicht erfüllten Vertrags nach § 320 BGB bei gegenseitigen Schuldverhältnissen).

Zwischen Einreden und Einwendungen gibt es bedeutsame rechtssystematische Unterschiede (so sind die Einreden als eigenständige subjektive Rechte des Schuldners ausgestaltet; im Prozeß darf daher das Gericht die Umstände, die eine Einrede begründen – z.B. die Verjährung einer Forderung –, bei seiner Entscheidung nur dann berücksichtigen, wenn der Schuldner von seinem Recht auch tatsächlich Gebrauch gemacht hat), die in diesem Zusammenhang aber nicht weiter diskutiert werden müssen. Für das hier zu erörternde Problem des Aufbaus eines Rechtsgutachtens müssen Sie nur folgendes beachten:

(1) Nachdem im Gutachten anhand der einschlägigen Normen die Grundvoraussetzungen für die Existenz eines Rechtsverhältnisses geprüft (und bejaht) worden sind, schließt sich als nächster Prüfungsschritt die Frage an, ob der andere Teil sich auf Einwendungen oder Einreden berufen kann, die die Existenz dieses Rechtsverhältnisses oder die Durchsetzbarkeit der hieraus abgeleiteten Rechte wieder in Frage stellen können. Im Gutachten findet sonach ein wiederholter Wechsel zwischen dem Standpunkt desjenigen, der sich auf ein Recht beruft, und der Perspektive seines Widersachers statt.

(2) Einwendungen und Einreden spielen eine große Rolle für das schon oben § 21 III 2 diskutierte Problem der Behauptungs- und Beweislast. Sie kennen bereits die Faustregel, daß die Grundvoraussetzungen für die Existenz eines Rechtsverhältnisses oder eines einzelnen Rechts von demjenigen dargetan und notfalls bewiesen werden müssen, der sich auf dieses Recht beruft. Es leuchtet ein, daß demgegenüber das Vorliegen von Einwendungen und Einreden als Ausnahme betrachtet wird; diese müssen sonach von demjenigen vorgetragen und bewiesen werden, der die Existenz dieses Rechts in Frage stellt. Demgemäß sind in Übungsfällen Einwendungen und Einreden nur dann zu diskutieren, wenn sich aus dem zur Bearbeitung gestellten Sachverhalt insoweit irgendwelche Anhaltspunkte ergeben, denn nur dann können Sie davon ausgehen, daß der Schuldner sich hierauf berufen hat.

2. Die Prüfung von gesetzlichen Anspruchsgrundlagen

Gesetzliche Anspruchsgrundlagen sind i.d.R. in einer Gesetzesvorschrift zusammengefaßt, so daß es verhältnismäßig einfach ist, die für die Entstehung des Anspruchs **dem Grunde nach** erheblichen Tatbestandsvoraussetzungen unmittelbar aus dem Gesetz abzulesen.

So setzt z.B. der Herausgabeanspruch nach § 985 BGB voraus, daß derjenige, der Anspruch auf die Sache erhebt, Eigentümer der Sache ist, und daß der andere die Sache in Besitz hat; vgl. als Beispiele für eine solche Fallgestaltung Fall 17.05 oder Fall 18.02.

Ergibt sich der in Frage stehende Anspruch aus der Existenz eines anderen Anspruchs oder einer bestimmten Rechtslage, so muß außerdem der Bestand dieses bedingenden Rechtsverhältnisses geprüft werden.

Z.B. setzt ein Anspruch auf Auskunft und Rechnungslegung gem. §§ 681, 666 BGB voraus, daß derjenige, der Auskunft geben soll, für den anderen in Geschäftsführung ohne Auftrag gehandelt hat. Es muß also als Vorfrage erörtert werden, ob der Vorgang, über den Auskunft verlangt wird, als „Geschäft" des Anspruchsstellers angesehen werden kann, und ob derjenige, von dem Auskunft begehrt wird, die Absicht hatte, im Interesse des Anspruchsstellers zu handeln, oder ob doch wenigstens ein Fall der unechten Geschäftsführung ohne Auftrag vorliegt; vgl. dazu Fall 15.10. – Ähnlich setzt der Anspruch auf Zahlung von Nutzungsentschädigungen nach §§ 987 ff. BGB die Existenz einer Vindikationslage zwischen Eigentümer und Besitzer der Sache voraus; siehe Fall 17.04.

Auch bei gesetzlichen Ansprüchen kann es **Einwendungen** oder **Einreden** geben, die die zunächst bejahte Rechtsposition wieder in Frage stellen; diese sind dann als nächstes zu untersuchen.

Das bekannteste Beispiel ist die Ausschaltung des Herausgabeanspruchs des Eigentümers nach § 985 BGB durch die Berufung des Besitzers auf ein Recht zum Besitz gem. § 986 BGB. Gegen den Herausgabeanspruch können aber auch noch andere Zurückbehaltungsrechte eingewendet werden; vgl. etwa die Fälle 17.05 und 17.09.

Schließlich kann es noch erforderlich sein, den genauen **Inhalt** des gesetzlichen Leistungsanspruchs zu diskutieren; dieser ergibt sich z.B. für Schadensersatzansprüche aus den §§ 249 ff. BGB oder für Bereicherungsansprüche aus den §§ 818, 819 BGB.

Probleme des Inhalts von Schadensersatz- und Bereicherungsansprüchen sind beispielsweise in den Fällen 15.05, 15.06, 15.10 und 16.06 angesprochen.

3. Die Prüfung von vertraglichen Anspruchsgrundlagen

Besonders umfangreich kann die Prüfung von vertraglichen Anspruchsgrundlagen werden. Das hängt damit zusammen, daß in vielen Fällen ein Rechtsproblem schon darin liegt, ob zwischen den Beteiligten überhaupt ein Vertrag zustande gekommen ist. Hier ist daher der Prüfung des Anspruchs eine mehr oder weniger ausführliche Erörterung des Vertragsverhältnisses vorgeschaltet, so daß das Gutachten mindestens in zwei Teile zerfällt:

a) Liegt überhaupt ein Vertrag vor?

(1) Ein Vertrag liegt vor, wenn die **Formalien des Vertragsschlusses** aus dem Sachverhalt festgestellt werden können; d.h. von den Beteiligten müssen Handlungen vorgenommen worden sein, die als Abgabe eines **Vertragsangebots** und dessen **Annahme** zu werten sind. Dies führt Sie dazu, den Sachverhalt nach der Abgabe von **Willenserklärungen** zu prüfen. Dabei stoßen Sie im Gutachten erstmals auf das Problem der **Auslegung von Willenserklärungen,** wenn es um die Feststellung geht, ob überhaupt und worüber sich die Beteiligten geeinigt haben.

Die hier angeschnittenen Themen werden in den Übungsfällen 5.02 (erschlichene Unterschrift), 5.03 (Abgrenzung von Willenserklärung und Gefälligkeitserklärung), 5.05 (Zugang der Annahmeerklärung), 5.07 (Widerruf einer Willenserklärung), 6.01 (Vertragsantrag oder unverbindliche Anpreisung), 6.03 (Vertragsabschluß im Selbstbedienungsladen), 6.04 (Bestellung im Versandhandel) und 6.05 (Schweigen auf Bestätigungsschreiben) behandelt.

In diesem Zusammenhang können dann auch Fragen des **offenen Einigungsmangels** und das Problem des **versteckten Dissenses** eine Rolle spielen.

Vgl. dazu die Übungsfälle 6.06 (Abbruch von bereits weit fortgeschrittenen Vertragsverhandlungen) und 6.08 (Franc-Fall).

Kommt es auf die Anwendung von **Allgemeinen Geschäftsbedingungen** an, schließt sich sodann die Frage an, ob und inwieweit die von einem der Beteiligten verwendeten AGB Bestandteil des konkreten Vertragsschlusses geworden sind.

Ein Beispiel hierfür in Fall 6.10 (Vorrang der Individualabrede gegenüber AGB).

Zusätzliche Fragen können auftauchen, wenn Personen als **Stellvertreter** für andere am Vertragsschluß mitgewirkt haben. Hier müssen Sie die Voraussetzungen des § 164 Abs. 1 BGB – Offenlegung des Vertretungsverhältnisses und Existenz einer Vollmacht, die das konkret vorgenommene Rechtsgeschäft deckt – prüfen.

Dazu gehören u.a. die Übungsfälle 9.02 (Offenlegung des Vertretergeschäfts), 9.03 (Nachwirkung einer erloschenen Vollmacht), 9.04 (Duldungsvollmacht) und 9.05 (Umfang einer Prokura).

(2) Wenn Sie mit Ihren Untersuchungen bis zu diesem Punkt gelangt sind, haben Sie abgeklärt, ob die Beteiligten jedenfalls den äußeren Tatbestand eines Vertragsschlusses verwirklicht haben. Damit steht allerdings noch nicht fest, daß der Vertrag auch **wirksam** zustande gekommen ist. Die Beantwortung dieser Frage hängt davon ab, ob irgendwelche **Einwendungen** gegen die Gültigkeit des Vertragsschlusses erhoben werden können.

Solche Einwendungen können sich darauf stützen, daß sich einer der Beteiligten auf **Willensmängel** bei der Abgabe der zum Vertragsschluß führenden Willenserklärungen berufen kann. Sie müssen daher den Sachverhalt auf Anhaltspunkte für Willensmängel beim Rechtsgeschäft, also auf das Vorliegen eines **Irrtums** (§§ 119, 120 BGB), einer **arglistigen Täuschung** (§ 123 BGB) oder einer **widerrechtlichen Drohung** (§ 123 BGB) untersuchen.

Vgl. u.a. die Übungsfälle 7.02, 7.03 und 7.04 (Inhaltsirrtum), 7.05 und 7.08 (arglistige Täuschung), 7.06 (Eigenschaftsirrtum) und 7.09 (rechtswidrige Drohung); siehe auch den Fall 7.01 (Scheingeschäft).

Dabei ist darauf zu achten, daß Irrtum, arglistige Täuschung und Drohung nicht eo ipso zur Unwirksamkeit des Rechtsgeschäfts führen, sondern nur dann Folgen haben, wenn unter Berufung auf sie eine Anfechtung erklärt worden ist. Nach Feststellung eines solchen Willensmangels müssen daher noch die **Formalien der Anfechtung** (Abgabe einer entsprechenden Willenserklärung und Einhaltung der Anfechtungsfrist) geprüft werden. Auch sind bei der Anfechtung von Dauerschuldverhältnissen und beim Eigenschaftsirrtum im Kaufvertrag **Gesetzeskonkurrenzen** zu beachten, die im Ergebnis zu einer Einschränkung der Anfechtungsmöglichkeiten führen können.

Dazu die Übungsfälle 7.04 und 7.06.

Andere Einwendungen gegen die Wirksamkeit eines Vertragsschlusses können sich auf Fehler bei den **Formalien des Rechtsgeschäfts** stützen (§ 125 BGB). Hier ist zu klären, ob es irgendwelche Bestimmungen gibt, die für das in Frage stehende Rechtsgeschäft die Wahrung einer bestimmten Form vorschreiben; so sind z.B. für schuldrechtliche Verträge die allgemeine Regelung des § 311 b BGB oder die speziellen Formvorschriften zu beachten, die im Zusammenhang mit der Normierung einzelner Vertragstypen angeordnet worden sind (§§ 518 Abs. 1, 550, 585 a, 766, 780 und 781 BGB); besondere Formerfordernisse und inhaltliche Vorgaben für die Ausgestaltung der Vertragsurkunden finden sich auch bei den Spezialvorschriften über Verbraucherverträge (vgl. allgemein § 355 Abs. 2 BGB, s. ferner z.B. §§ 492, 494, 499 Abs. 1, 502 BGB). – Auch in diesem Zusammenhang zeigt es sich, wie sehr eine korrekte Fallbearbeitung davon abhängt, daß von Anfang an neben der eigentlichen Anspruchsgrundlage auch die Norm zitiert wird, durch die das fragliche Schuldverhältnis als Vertragstyp definiert wird.

Dazu die Übungsfälle 8.01 bis 8.03.

Formfehler können allerdings unter bestimmten Voraussetzungen durch nachträgliche Erfüllung des Vertrags **geheilt** werden (vgl. §§ 313 Satz 2, 518 Abs. 2, 766 Satz 2 BGB). Auch kann im Einzelfall die Berufung auf einen

Formmangel gegen **Treu und Glauben** verstoßen. Ferner kommen die **Bestätigung** eines zunächst formfehlerhaft abgeschlossenen Rechtsgeschäfts oder die Möglichkeit einer **Umdeutung** in ein ähnliche Ziele verfolgendes, aber nicht formbedürftiges Rechtsgeschäft (§ 140 BGB) in Betracht.

Dazu die Übungsfälle 8.01 und 8.03.

Die Unwirksamkeit eines Vertragsschlusses kann sich ferner aus **inhaltlichen Mängeln** des Rechtsgeschäfts ergeben; in diesem Zusammenhang sind daher Hinweise im Sachverhalt auf einen **Gesetzesverstoß** (§ 134 BGB), auf die Verletzung der **guten Sitten,** beispielsweise **Wucher** (§ 138 BGB), bei der Verwendung von AGB auch ein Verstoß gegen **Klauselverbote** (§§ 308, 309 BGB; beachte ferner § 307 HBG) weiter zu verfolgen.

Dazu die Übungsfälle 8.04 und 8.06 (Gesetzesverstoß) sowie 8.05 (sittenwidriges Geschäft).

Eine vierte Gruppe von Einwendungen gegen die Wirksamkeit eines Vertragsschlusses kann sich schließlich daraus ergeben, daß bei den am Rechtsgeschäft Beteiligten Probleme mit der **Geschäftsfähigkeit** bestehen. Sie müssen also den Sachverhalt auch noch dahin untersuchen, ob einer der Beteiligten i.S.v. §§ 104, 105 Abs. 2 BGB als **geschäftsunfähig** oder gem. §§ 106, 1903 Abs. 1 BGB als **beschränkt geschäftsfähig** anzusehen ist. Bei einem Vertragsschluß durch einen beschränkt Geschäftsfähigen kommt es dann weiter darauf an, ob das Geschäft für ihn nur einen rechtlichen Vorteil bringt und – wenn nicht – ob die Zustimmung seiner gesetzlichen Vertreter vorliegt oder die Regelung des § 110 BGB anwendbar ist.

Dazu die Übungsfälle 8.07 (Vertragsschluß im Zustand der Trunkenheit) und 8.08 bis 8.10 (Geschäfte mit Minderjährigen).

(3) Führen Ihre Untersuchungen zu der Feststellung, daß Einwendungen gegen die Gültigkeit des Vertragsschlusses bestehen, stellt sich die weitere, vor allem anhand der Regelung des § 139 BGB zu diskutierende Frage, ob dieser Mangel das **ganze** Rechtsgeschäft erfaßt oder ob **Teile** hiervon aufrechterhalten werden können. Besondere Regelungen für die (Teil-)Unwirksamkeit von Klauseln in AGB sind in § 306 BGB entwickelt, die darauf abzielen, den Vertrag im Zweifel ohne die unwirksamen Klauseln aufrechtzuerhalten.

Ein Beispiel für die „vertragserhaltende" Anwendung des § 139 BGB zeigt Übungsfall 8.06 (Bierlieferungsvertrag).

(4) Auch kann die Ungültigkeit des Vertragsschlusses **weitere Rechtsfolgen** in der Gestalt von Ausgleichsansprüchen haben. Damit geht Ihr zunächst nur auf die Feststellung von vertraglichen Primärleistungsansprüchen gerichtetes Gutachten in eine Untersuchung von gesetzlichen Ausgleichsansprüchen über: Soweit in bezug auf den unwirksamen Vertrag bereits Leistungen erbracht worden sind, sind nunmehr **Bereicherungsansprüche** nach § 812 BGB zur Rückabwicklung dieser Leistungen zu prüfen.

Dazu die Übungsfälle 7.01 (Bereicherungsansprüche bei Scheingeschäft), 15.05 (Bereicherungsansprüche nach Anfechtung eines Kaufvertrags wegen Irrtums), 15.06 (Ansprüche nach Anfechtung wegen arglistiger Täuschung) und 15.07 (Rückforderung der Bereicherung aus einem unwirksamen Geschäft mit einem Minderjährigen).

Ferner kommt bei der Anfechtung eines Vertrags wegen Irrtums der in § 122 BGB geregelte Anspruch auf **Ersatz des Vertrauensschadens** und darüber hinaus ganz allgemein ein Schadensersatzanspruch aus der Haftung eines der Beteiligten für **Verschulden beim Vertragsschluß** in Betracht.

Dazu die Übungsfälle 7.02 und 7.03.

(5) Schließlich kann ein einwandfrei zustande gekommener Vertrag inzwischen wieder **aufgehoben** worden sein. Dies kann durch **Vereinbarung zwischen den Vertragsparteien,** durch **wirksame Kündigung** oder durch **Rücktritt vom Vertrag** geschehen sein. Beim Vorliegen eines Aufhebungsvertrags haben Sie praktisch noch einmal dieselbe Prüfungsreihenfolge abzuwickeln, die Sie bereits zur Untersuchung des Vertragsschlusses als solchen durchzuführen hatten. Sowohl bei der Kündigung als auch beim Rücktritt sind außer dem Vorliegen entsprechender Gestaltungserklärungen und der Einhaltung von Fristen noch das Vorhandensein von **Kündigungsrechten** (und die Möglichkeit etwaiger Kündigungsschutzrechte) bzw. von vertraglichen oder gesetzlichen **Rücktrittsrechten** zu prüfen.

Praktische Beispiele enthalten die Übungsfälle 10.08 (vereinbartes Rücktrittsrecht), 13.07 (Wohnungskündigung), 13.09 (Darlehenskündigung), 14.01 (Kündigung eines Arbeitsverhältnisses), 14.04 (Kündigung eines Architektenvertrags). Vgl. ferner die gesetzlichen Rücktrittsrechte bei Leistungsstörungen.

In diesen Zusammenhang gehört auch das **Widerrufsrecht**, das zum Schutz der Verbraucher für bestimmte Arten von Geschäften (Haustürgeschäfte, Fernabsatzverträge und Verbraucherkreditverträge) vorgesehen ist.

Dazu die Übungsfälle 13.01 (Bestellung am Telefon) und 13.05 (Vertragsschluß auf einer „Kaffeefahrt").

(6) Auch bei einer nachträglichen Aufhebung des Vertragsverhältnisses kommt wieder die Prüfung von **Ausgleichsansprüchen** in Betracht, die Sie nunmehr anstelle der durch die Vertragsauflösung weggefallenen primären Leistungsverpflichtung klären müssen. Es handelt sich hierbei um die oben II 3 c dargestellten Herausgabe- und Rückerstattungsansprüche. Bei der Kündigung von Gebrauchsüberlassungsverträgen geht es mithin um die Rückgabe der überlassenen Sache oder des zur Verfügung gestellten Kapitals, beim Rücktritt vom Vertrag und beim Widerruf sind die in den §§ 346 ff. BGB geregelten Rückgewähransprüche zu diskutieren.

Siehe Übungsfall 10.06 (Gesamtfälligstellung eines Ratenkaufvertrags).

b) Läßt sich der geltend gemachte Anspruch aus dem Vertrag herleiten?

Stellt sich dagegen nach Prüfung der vorstehend zu a) dargestellten Gesichtspunkte heraus, daß ein Vertragsverhältnis (noch) existiert, so ist als nächstes zu untersuchen, ob das strittige Leistungsbegehren auf diesen Vertrag auch gestützt werden kann.

(1) Als erstes ist zu klären, ob die Leistung ihrem **Inhalt** nach aus dem Vertrag folgt. Dabei spielt vor allem die Frage, ob der Anspruch bereits **fällig** ist, eine besondere Rolle. Dies ist vor allem durch **Auslegung der** von den Ver-

tragspartnern formulierten **Leistungsvereinbarung** zu ermitteln, wobei mitunter auch eine **ergänzende Vertragsauslegung** zu Rate zu ziehen ist.

Dazu Übungsfall 6.09 (Ruhestörung durch Hühner).

In diesem Zusammenhang ist auch zu erörtern, ob und bejahendenfalls in welchem Umfang vertragliche Abreden durch **Allgemeine Geschäftsbedingungen** ergänzt werden;

Dazu. Übungsfall 6.10 (Ausschluß von Ersatzansprüchen).

auch muß in Betracht gezogen werden, daß es möglicherweise „übliche Taxen" für die Ermittlung von Entgelten gibt oder die Vertragsparteien gem. **§§ 315 ff. BGB** die genaue Festlegung der Leistungspflicht einem der Beteiligten oder einem Dritten überlassen haben.

Dazu Übungsfall 10.02 (Bestimmung des Werklohns durch Zusendung einer Rechnung). Zur Höhe des Werklohnanspruchs siehe auch Fall 14.08.

Häufig kann sich die genauere Festlegung der Leistungspflichten auch aus dem **Gesetz** ergeben. Eine Reihe von Bestimmungen über **Leistungsmodalitäten** wie Fälligkeit, Leistungsort und die Abgrenzung von Stück- und Gattungsschulden finden sich im Allgemeinen Teil des Schuldrechts;

Vgl. z.B. zum Problem der Leistungszeit Fall 10.03.

eine Vielzahl von Regelungen vor allem über Nebenansprüche sind dann den gesetzlichen Vorschriften über die einzelnen Schuldvertragstypen zu entnehmen.

Beachten Sie, daß Unklarheiten über die Leistungspflichten möglicherweise dazu führen können, daß ein wirksamer Vertrag wegen **versteckten Dissenses** noch gar nicht zustande gekommen ist. Dies wäre dann spätestens an dieser Stelle Ihres Gutachtens festzustellen.

Dazu die Übungsfälle 6.08 (Franc-Fall) sowie 7.10 (Mehrdeutige Fernschreiben).

(2) Nachdem Sie zu dem Ergebnis gekommen sind, daß der Vertrag den zur Diskussion stehenden Anspruch hergibt, ist weiter zu prüfen, ob das Leistungsbegehren auch vom **richtigen Gläubiger** gegen den **richtigen Schuldner** des Anspruchs erhoben wird. Diese Frage stellt sich vor allem dann, wenn in der Zeit nach dem Vertragsschluß gem. § 398 BGB durch Abtretung bzw. gem. §§ 414 ff. BGB durch eine Schuldübernahme Verfügungen über den Anspruch getroffen worden sind, so daß die Beteiligten nicht mehr mit den ursprünglichen Parteien des Vertragsschlusses identisch sind. Da sich i.d.R. eine solche Fragestellung ohne weiteres aus dem Übungssachverhalt ergibt, ist es üblich, die Möglichkeit einer Abtretung bzw. einer Schuldübernahme bereits bei der Formulierung der Anspruchsgrundlage anzudeuten (z.B.: „Die Z-Bank könnte den Anspruch auf Zahlung des Betrags von … € gem. §§ 433 Abs. 2, *398* BGB aus dem Kaufvertrag zwischen A und B herleiten").

In einem solchen Fall ist dann im Anschluß an die Untersuchung der Wirksamkeit des ursprünglichen Vertragsschlusses zusätzlich zu klären, ob gem. § 398 BGB mit dem jetzigen Gläubiger eine Abtretung vereinbart worden ist. Gegen diesen Abtretungsvertrag können möglicherweise gem. §§ 399, 400

BGB Einwendungen erhoben werden. Ähnlich müßten die in §§ 414 ff. BGB geregelten Voraussetzungen für einen Schuldnerwechsel geprüft werden.

Dazu die Übungsfälle 10.07 (Aufrechnung mit Anspruch gegen den Zedenten nach Abtretung) und 10.08 (Rücktritt vom Vertrag nach Abtretung der Zahlungsforderung); zur Abtretung einer Hypothekenforderung s. noch Fall 18.08.

Die Gläubigerstellung einer am Vertragsschluß selbst nicht beteiligten Person kann sich auch aus einem **Vertrag zugunsten Dritter** gem. § 328 BGB ergeben.

Dazu Übungsfall 10.10 (Sparguthaben als Vertrag zugunsten Dritter).

An dieser Stelle sind ferner die Voraussetzungen für eine **Gesamtgläubigerschaft** bzw. das Vorliegen einer **Gesamtschuld** zu prüfen.

Vgl. zu diesen komplizierten Rechtsfragen die Übungsfälle 10.09 (Gesamtschuld bei gemeinschaftlichem Vertragsschluß), 14.09 (Gemeinsame Taxifahrt), 14.10 (Tippgemeinschaft) sowie 16.08 (Wirtshausschlägerei).

(3) Nachdem Sie auf diese Weise festgestellt haben, ob der geprüfte vertragliche Leistungsanspruch überhaupt, mit welchem Inhalt und im Verhältnis zwischen wem entstanden ist, können Sie sich nun der schwierigen Frage zuwenden, ob gegen den Anspruch im Nachhinein noch **Einwendungen** geltend gemacht werden können.

(i) Der vielgestaltige Katalog möglicher Einwendungen beginnt mit Argumenten, die daraus hergeleitet werden, daß der Anspruch mittlerweile gem. § 362 Abs. 2 BGB durch **Erfüllung** oder eines der anderen in Betracht kommenden Erfüllungssurrogate erloschen ist, von denen Sie die **Aufrechnung** etwas näher kennen gelernt haben. Sie müssen sich also damit auseinandersetzen, was im Einzelfall zur korrekten Erfüllung der Forderung geleistet werden muß (hier tauchen auch wieder Probleme der Leistungszeit und des Leistungsortes auf!), und ob diese Leistungen nach dem Sachverhalt richtig erbracht worden sind bzw. ob die Voraussetzungen eines Erfüllungssurrogats (z.B. die Bedingungen des § 387 BGB für eine Aufrechnung) vorliegen.

Dazu die Übungsfälle 10.05 (Leistung an Erfüllungs Statt) und 11.06 (Erfüllung eines Kaufvertrags).

Wenn der streitige Anspruch inzwischen **abgetreten** worden ist, muß anhand der §§ 404, 406 und 407 BGB geprüft werden, ob sich der neue Gläubiger eine noch an den alten Gläubiger erbrachte Leistung bzw. die Aufrechnung mit einer gegen den alten Gläubiger bestehenden Forderung anrechnen lassen muß.

Dazu u.a. nochmals Übungsfall 10.07 (Aufrechnung mit Forderung gegen den Zedenten nach Abtretung des Anspruchs).

(ii) In einer zweiten Gruppe von Einwendungen lassen sich vorläufige oder endgültige Leistungsverweigerungsrechte zusammenfassen, die sich einerseits auf die noch nicht vorhandene **Fälligkeit des Anspruchs** (möglicherweise auch auf das Vorliegen einer Stundungsabrede), andererseits auf eine inzwischen eingetretene **Verjährung** oder drittens auf das Vorhandensein eines **Zurückbehaltungsrechts** stützen können. Vor allem die Einrede der Verjährung (§ 214 Abs. 1 BGB) und des Zurückbehaltungsrechts nach § 320 oder § 273 BGB können sehr eingehende Untersuchungen notwendig machen.

Beispiele bieten die Übungsfälle 4.02 (Verjährung) sowie 10.04 und 17.05 (jeweils Zurückbehaltungsrechte).

(iii) Einwendungen können ferner auf einer **Leistungsstörung** beruhen. Soweit diese zum Unmöglichwerden der Leistung geführt hat, kommt es ohne weiteres (oder nach begründeter Leistungsverweigerung durch den Schuldner gem. § 275 Abs. 2 oder 3 BGB) zum Wegfall des (Primär-)Leistungsanspruchs. In diesem Zusammenhang kommt es bei Umsatzverträgen auf den Unterschied zwischen **Stück-** und **Gattungsschulden** an; liegt eine Gattungsschuld vor, muß weiter geprüft werden, ob sich die Leistungsverpflichtung inzwischen gem. § 243 Abs. 2 BGB auf den untergegangenen Gegenstand **konkretisiert** hat.

Übungsbeispiele zum Thema „Konkretisierung einer Gattungsschuld" in Fall 11.02 (Orchideenkauf), 11.04 (Colani-Waschbecken) oder 11.05 (Heizöllieferung).

Soweit die in Frage stehende Leistung als **Gegenleistung** zu einer Leistung geschuldet wird, bei der eine Leistungsstörung eingetreten ist, kann sich die bereits erörterte **Einrede des nicht erfüllten Vertrags** nach § 320 BGB (bei noch erfüllbarer Hauptleistung) oder ein **Wegfall des Gegenleistungsanspruchs** gem. § 326 Abs. 1 BGB (bei unmöglich gewordener Hauptleistung) ergeben. Im letzteren Fall ist dann aber noch zu prüfen, ob die Gegenleistung trotzdem erbracht werden muß, weil der zur Gegenleistung Verpflichtete das Unmöglichwerden der Hauptleistung verantworten muß (§ 326 Abs. 2 BGB) bzw. weil er sich in Annahmeverzug befand, als die Unmöglichkeit eingetreten ist (§ 326 Abs. 2 BGB) oder weil er aus einem anderen Grund die Preisgefahr zu tragen hat.

Vgl. die Übungsfälle 11.02 (Untergang der Ware bei Versendungskauf), 11.05 (Unmöglichwerden bei als Bringschuld zu leistender Auslieferung von der Gattung nach geschuldeter Ware), 11.06 (zufälliges Unmöglichwerden bei Untergang der nach dem Kauf zurückgelegten Ware), 11.07 und 12.01 (Geburtstagsblumen bzw. Taxi zum Flughafen), 13.03 (Gefahrübergang nach Aushändigung der auf Abzahlung gekauften Ware), 14.03 (Gläubigerverzug des Arbeitgebers) und 14.05 (Gefahrübergang beim Werkvertrag).

Eine Leistungsstörung im Bereich des anderen Vertragspartners kann ferner dazu führen, daß der Schuldner des in Frage stehenden Gegenleistungsanspruchs das Recht erhält, gem. §§ 323 Abs. 1, 324 oder 326 Abs. 5 BGB vom Vertrag **zurückzutreten** und so seine eigene Leistungsverpflichtung zum Erlöschen zu bringen. Soweit nicht schon oben unter a (4) als Einwand gegen den Bestand der vertraglichen Anspruchsgrundlage erörtert (dazu kommen Sie nur dann, wenn sich nach der Sachverhaltsschilderung der Adressat des Leistungsbegehrens schon ausdrücklich vom Vertrag losgesagt und eine entsprechende Einwendung hatte), wären sonach an dieser Stelle die Möglichkeiten zu diskutieren, durch Ausübung der erwähnten Gestaltungsrechte den an sich vorliegenden Anspruch zum Wegfall zu bringen.

(iv) Viertens bleibt noch der allgemeine **Einwand der Arglist** übrig, der immer dann erhoben werden kann, wenn es nach der besonderen Lage des Einzelfalls gegen Treu und Glauben verstoßen würde, den an sich rechtlich existenten Anspruch gegenüber dem Schuldner auch tatsächlich durchzusetzen. Wie immer bei der Anwendung des § 242 BGB setzt die Benutzung dieser Argumentationsfigur großes juristisches Fingerspitzengefühl voraus, sie sollte daher von einem Anfänger oder einem Nebenfachjuristen besser nicht benutzt werden. Übungsfälle, die für die Leser dieses Buches zugeschnitten sind, sind in aller Regel auch ohne eine Berufung auf den Einwand der Arglist lösbar.

(4) Auch dann, wenn Einwendungen gegen die Existenz eines vertraglichen Anspruchs bestehen, kann sich wieder die Frage stellen, ob an die Stelle dieses Anspruchs **Ausgleichsansprüche** getreten sind. Dies gilt vor allem dann, wenn eine Leistungsstörung vorliegt: Beim Untergang der Leistungspflicht durch Unmöglichkeit kann ein Schadensersatzanspruch nach §§ 280, 284 BGB oder ein Anspruch auf Herausgabe des Ersatzvorteils gem. § 285 BGB begründet worden sein.

Dazu u.a. die Übungsfälle 11.03 (Autokauf), 11.08 (irrtümlich verkaufter Laptop) und 11.10 (Versicherungssumme statt Antiquität).

Ferner kann der andere Teil gem. § 326 Abs. 4 BGB einen Anspruch auf Herausgabe seiner bereits erbrachten Gegenleistung haben oder im Anschluß an die Erklärung des Rücktritts die Rückabwicklung des Vertragsverhältnisses nach den Regeln der §§ 346 ff. BGB fordern.

4. Schlußbemerkung

Die vorstehend aufgeführten Gesichtspunkte, die bei der Prüfung von gesetzlichen oder – vor allem – von vertraglichen Anspruchsgrundlagen in Erwägung zu ziehen sind, sollte als eine Art Checkliste verstanden sein, anhand derer Sie den als Aufgabe gestellten Fall zunächst erst einmal für sich selbst durchprüfen, um ihn auf für die Lösung relevante Rechtsfragen abzuklopfen. Es ist sicher auch zweckmäßig, eine Zusammenfassung des Prüfungsschemas auf einer freien Seite der bei den Klausuren benutzten Gesetzesausgabe als Gedächtnisstütze zu notieren (so etwas sollte ein vernünftiger Prüfer jedenfalls dann zulassen, wenn der Benutzer der Textausgabe nicht nur schlicht den Fotokopierer bedient, sondern sich die Mühe gemacht hat, eine von ihm selbst überarbeitete und damit in analoger Anwendung des § 950 BGB zu seinem geistigen Eigentum transformierte Version in sein Buch einzutragen).

Bei der **Niederschrift des Gutachtens** darf man dann allerdings nicht in den Fehler verfallen, alle hier aufgeführten vorgreiflichen Rechtsfragen des Prüfungsschemas mit gleicher Vollständigkeit abzuhandeln. Der Leser will immer nur das wissen, was gerade für die Beurteilung des in Rede stehenden Sachverhalts wichtig ist. In der Praxis sind viele Detailfragen sowohl in tatsächlicher als auch in rechtlicher Hinsicht völlig unstreitig, und auch die Übungsfälle für Studenten sind regelmäßig so ausgestaltet, daß viele Stationen der

Argumentationskette, die dann letztendlich zur abschließenden Beurteilung des Sachverhalts führt, von vornherein als unproblematisch anzusehen **und dann auch so zu behandeln sind.** Nur die wirklich erheblichen Rechtsfragen des Falles müssen **und dürfen** eingehend erörtert werden – der Student soll mit der Begutachtung des ihm vorgelegten Sachverhalts keinen umfassenden Test über sein gesamtes juristisches Fachwissen ablegen, sondern zeigen, daß er erkannt hat, worauf es gerade bei der ihm gestellten Aufgabe als entscheidungserheblich ankommt. Hier beweist sich dann, wie weit er schon Routine in der Falltechnik erworben hat und wie gut sein Überblick über die Systematik des Bürgerlichen Rechts ist. Nichts ist peinlicher als der berechtigte Einwand des Lesers: „Was da gesagt wird, ist zwar alles richtig, darauf kommt es jedoch **für diesen Fall** nicht an".

Wenn Sie die Musterlösungen zu den in diesem Arbeitsbuch abgedruckten Übungsfällen lesen, werden Sie feststellen, daß regelmäßig der größte Teil der in Ihrer Checkliste aufgeführten Fragen im Gutachten überhaupt nicht erwähnt worden ist. Selbst die so wichtige Voraussetzung, ob zwischen den Kontrahenten des Sachverhalts ein Vertrag abgeschlossen oder auf andere Weise ein Rechtsverhältnis begründet wurde, wird oft nur beiläufig erwähnt, wenn nach den im Sachverhalt mitgeteilten Tatsachen keine Anhaltspunkte dafür bestehen, daß die Existenz eines solchen Rechtsverhältnisses sinnvoll bestritten werden könnte. Nur dann, wenn der Sachverhalt es erfordert, sind Detailfragen zu diskutieren – i.d.R. enthält die Ihnen gestellte Aufgabe Rechtsprobleme genug, so daß Sie ohnehin reichlich zu tun haben, um mit der Ihnen zugemessenen Bearbeitungszeit auszukommen.

Wenn Sie die Begutachtung eines Sachverhalts skizzenhaft abgeschlossen und ein Ergebnis gefunden haben, sollten Sie sich vor der Niederschrift der Klausur noch einmal kurz überlegen, ob das, was Sie als Lösung des Falls vorschlagen wollen, auch „recht und billig" ist, so daß Ihre Entscheidung auch für einen juristischen Laien akzeptabel wäre und ihm vermittelt werden kann. Die durch Parallelwertung in der Laiensphäre gebildete Rechtsmeinung ist ein sehr zuverlässiges Kriterium dafür, ob in der juristischen Konstruktion des Falls keine Fehler gemacht worden sind. Ziel der Rechtsanwendung sollte es nämlich stets sein, zu einem vernünftigen und für alle Beteiligten annehmbaren Ergebnis zu kommen: Die Rechtsordnung ist keine Sammlung von „Kniffen" und „Tricks", mit deren Hilfe man dem natürlichen Gerechtigkeitsgefühl zuwider das Recht nach freiem Belieben verbiegen kann.

Sachverzeichnis

(Die Ziffern verweisen auf die Seiten im Text)